V&R

Abhandlungen
der Akademie der Wissenschaften
zu Göttingen

Philologisch-Historische Klasse
Dritte Folge, Band 267

Vandenhoeck & Ruprecht

Ernst Schubert

Königsabsetzung im deutschen Mittelalter

Eine Studie zum Werden der Reichsverfassung

Vandenhoeck & Ruprecht

Für Ursula Geller

Vorgelegt von Herrn Professor Schubert in der Sitzung vom 9. Januar 2004

Unveränderter Nachdruck

Bibliografische Information Der Deutschen Bibliothek

Die Deutsche Bibliothek verzeichnet diese Publikation in der Deutschen Nationalbibliografie; detaillierte bibliografische Daten sind im Internet über <http://dnb.ddb.de> abrufbar.

ISBN 3-525-82542-0

Satz: Dörlemann Satz. Lemförde
Druck und Bindung: Hubert & Co., Göttingen

Gedruckt auf alterungsbeständigem Papier.

Inhalt

Fünfter Teil: Die Absetzungspläne des 15. Jahrhunderts

Vorwort

Eine lange Entstehungsgeschichte hat das hier vorgelegte Buch. Bereits 1977 formulierte ich optimistisch in einer Anmerkung: Eine Studie über die spätmittelalterlichen Königsabsetzungen steht vor dem Abschluß. Tatsächlich hatte ich bald darauf einen entsprechenden Aufsatz dem Deutschen Archiv eingereicht, der dank der souveränen Generosität von Hans Martin Schaller im Prinzip auch angenommen wurde. Im Prinzip: Alexander Patschovsky hatte zahlreiche Mängel aufgedeckt. Die drei Seiten seiner zumeist berechtigten Kritik lagen seitdem immer griffbereit und haben zahlreichen Studierenden Trost geboten, wenn ich ihre Arbeiten zerzauste und ihnen diese drei Seiten mit dem Bemerken zu lesen gab, daß das wissenschaftliche Gespräch keine Empfindlichkeiten kennen sollte.

Weder die fördernde Kritik Alexander Patschovskys noch die beruflichen Anforderungen seit meiner 1980 erfolgten Berufung nach Konstanz und dann seit 1985 nach Göttingen haben die Realisierung des 1977 gegebenen Versprechens verhindert. (Angesichts dessen, was heutzutage Privatdozenten zugemutet wird, erscheint mir meine Erlanger Privatdozentenzeit geradezu als Privileg, als Zeit, in der dem wissenschaftlichen Nachwuchs noch das kontinuierliche, langfristig angelegte Forschen möglich war. Es gab damals sogar einen selbstbewußten, von allen Statusgruppen getragenen Stolz, sich im Namen deutscher Gründlichkeit nicht dem amerikanischen Prinzip des »publish or perish« zu beugen.) Zwar ließ mich das Thema nie ganz los, einmal behandelte ich es auch in einem Seminar, aber die Grundfrage blieb, wie bei den unterschiedlichen Vorgängen über einen aufzählenden Katalog hinauszukommen wäre. Der Entschluß, auch die Absetzungspläne einzubeziehen und vor allem die Einsicht, daß das Thema nicht auf das Spätmittelalter beschränkt werden kann, erwiesen sich nicht gerade als förderlich, einen Abschluß der Forschungen zu erreichen.

Zwei unterschiedliche Umstände bewirkten, daß ich meine nur zeitweise intensive Beschäftigung mit dem Thema energischer und mit dem Ziel einer Monographie in Angriff nahm. Erstens klemmte die dem Thema Königsabsetzungen gewidmete Schreibtischschublade immer mehr und ich sah, daß ich den Benutzer meines Nachlasses vor kaum lösbare Probleme stellen würde. Erst aber – zweitens – als erkennbar wurde, daß nämlich über die Abfolge der Königsabsetzungen und der Absetzungspläne das Werden der Reichsverfassung beschrieben werden konnte, erwachte der Wunsch, das Thema monographisch zu behandeln. Es wäre bei dem Wunsch geblieben, hätte nicht der Sensibilität und Intelligenz vereinende Ordnungssinn meiner Mitarbeiterin, Frau Ursula Geller, einen Autor hilfreich geleitet, der nicht ganz zufällig ein Buch über das Vagantentum im Mittelalter geschrieben hatte. Zur Folklore des Instituts für Historische Landesforschung in Göttingen gehört, daß in die Raucherecke, die Kommunikation einer Minderheit unterbrechend, Frau Geller mit Manuskriptseiten wedelnd die Frage stellt: »Was will der Autor hier wohl sagen«?

Schmerzlich ist es für mich, daß ich in der Endphase des Abschlusses meines Buches teils nicht mehr die Kraft, teils auch nicht mehr die Gelegenheit hatte, die neuesten Forschungen einzuarbeiten. Stellvertretend seien genannt Ute Rödel und Frank Rexroth. Während ich aus Ute Rödels Werk (Die Zeit Wenzels: 1397–1400. Urkundenregesten zur Tätigkeit des deutschen Königs- und Hofgerichts bis 1451. Bd. 14. 2004) unter anderem die Bestätigung meiner Ansicht über die Absetzung Wenzels herauslese, ist in dem Aufsatz meines Göttinger Kollegen ein anderer Weg vorgeschlagen worden, als ich ihn verfolgt habe (Tyrannen und Taugenichtse. Beobachtungen zur Ritualität europäischer Königsabsetzungen im späten Mittelalter. HZ 278, 2004, 27–53). Diese beiden ganz unterschiedlichen Arbeiten belegen die ungebrochene Kraft der deutschen Mediaevistik, ihre Fähigkeit zur Quellenerschließung und Quelleninterpretation jenseits aller aufgeregten »Neuansätze«. In dieser Tradition stehe ich, an ihren Werten möchte ich gemessen werden.

Einleitung

1. Was ist eine Königsabsetzung im mittelalterlichen Reich?

Die Problematik der Auflistung von Herrscherentmachtungen – die Zeiten eines nicht angefochtenen Königtums – Königswahl und Königsabsetzung – die Herrscherentmachtung als Aufkündigung des Gehorsams – warum sind die Königsabsetzungen des deutschen Mittelalters langweiliger als die in Erbkönigreichen? – Die besondere, von der Weite des Reichs erzwungene Integrationsaufgabe des Königs – der wörtlich zu verstehende weite Spielraum der Herrscherabsetzungen im Reich – Schwierigkeiten und Chancen eines erst in der Zusammenfassung zu erörternden komparatistischen Ansatzes

Königsabsetzungen versprechen ein interessantes Thema zu sein, Dramatik ebenso verheißend wie Schilderungen von Opposition und Widerstand als Vorboten der Demokratie. Die entsprechenden Erwartungen werden im Folgenden enttäuscht werden. Und noch schwerwiegender ist das nicht gerade vertrauenserweckende Eingeständnis: Der Gegenstand der Untersuchung ist nicht einfach und klar zu beschreiben. Ein solcher einleitender Satz erscheint um so unverständlicher, als der Begriff Absetzung an Eindeutigkeit nichts zu wünschen übrig läßt. Wenn wir uns dieser Eindeutigkeit fügen, so können wir elf Absetzungen von dem Tag zu Forchheim (1077) bis zu den Vorgängen zu Oberlahnstein und Rhens (1400) auflisten, nämlich in den Jahren 1080, 1098, 1106, 1205, 1235, 1245, 1298, 1324, 1346. Wie aber verhält es sich erstens mit der Begründung und zweitens mit der Vollständigkeit unserer Liste?

Philipp von Schwaben legt 1205 die Krone nur in der Absicht nieder, sich anschließend vom Kölner Erzbischof erneut wählen zu lassen, der auf diesem Verfahren bestand, um für sich das Prinzip der freien Wahl zu gewährleisten.[1] Bildet dieser Vorgang, obwohl dabei das Verb »deponere« fällt, eine Absetzung? Ein anderer Fall, der die Problematik unserer Liste enthüllt. Der hier mit der Jahreszahl 1324 aufgeführte päpstliche Prozeß gegen Ludwig den Bayern beabsichtigte aus kurialer Sicht keine Absetzung; denn Johannes XXII. hatte dem Wittelsbacher alle aus seiner Königswahl herrührenden Rechte abgesprochen, faktisch, aber nicht

---

[1] Regg. Köln Bd. 2, 1651 und 1655. Vgl. Erkens (1987), 37f.; Ders. (2002), 66; Wiegand (2002), 383f.; Stehkämper (2003), 6f., 9 und 19.

rechtlich ein Versuch, den Herrscher zu entmachten. Wenn wir umgekehrt die »Kassation« der ersten Wahl Friedrichs II. im Jahre 1198 in unsere Liste aufnähmen, würden wir gar zwölf Depositionen aufzählen können.

Eine einfache Frage enthüllt die Problematik unserer Aufstellung. Wer darf absetzen? 1080, 1245 und 1324 hatte jeweils ein Papst diese Kompetenz beansprucht; zur Durchsetzung seines Urteils aber war er auf die Großen des Reichs angewiesen, weswegen eine Unterscheidung von kirchlichen und weltlichen Depositionsvorhaben die Gefahr des Formalismus enthält. Und weiterhin: Von den Ereignissen der Jahre 1098, 1235 und 1298 abgesehen, läßt sich in allen anderen Fällen – sogar bei der Absetzung Wenzels im Jahre 1400 – mit unterschiedlichen Argumenten darüber streiten, ob der Herrscher tatsächlich seine Macht vollständig eingebüßt habe. Es bleibt eigentlich, von den beiden Absetzungen von Königssöhnen durch den eigenen Vater 1098 und 1235 abgesehen, für einen eindeutigen Absetzungsvorgang im Reich nur der Zufall des Schicksals Adolfs von Nassau (1298) übrig, der Zufall, daß ein lediglich formal abgesetzter, ansonsten aber im Besitz aller Herrschaftsmittel befindlicher König sich in einer Schlacht erschlagen ließ. Das aber wurde von den Zeitgenossen nicht als Absetzung, sondern als Königsmord verstanden.

Zuspitzungen waren vonnöten, um das Eingeständnis zu begründen, daß dem Thema der Absetzung nicht die vom Begriff her naheliegende Eindeutigkeit eignet, daß wir uns also dem gattungsspezifischen Zwang der Einleitung, nämlich der Definition des Gegenstandes, nur mit umständlicher Deskription beugen können. Anzudeuten war, daß jede Absetzung ihre spezifischen Vorraussetzungen und Verlaufserscheinungen kennt. Deswegen sind wir aber nicht gezwungen, zum Begriff der Macht, dem Alleskleber politischer Geschichtsschreibung, Zuflucht zu nehmen. Natürlich gehört Macht zur Herrschaft. Wenn sie aber als wichtigste Grundlage der Verfassungsentwicklung vorrausgesetzt wird, kann das auch Folge historiographischer Hilflosigkeit sein.

Es scheint abenteuerlich zu sein, in eine Untersuchung, in der schon der thematische Begriff der Absetzung schillert, die von der Sache her noch unklareren Depositionspläne einzubeziehen. Damit droht das Thema vollends seine Kontur zu verlieren und in den Strudel der gängigen Vorstellung von einer grundsätzlichen Machtrivalität zwischen König und Fürsten zu geraten. Wo schon der Sinn fraglich ist, eine mit Daten versehene Aufzählung von Absetzungen vorzulegen, ohne die ganz unterschiedlichen Zusammenhänge und Folgen zu würdigen, wäre es vollends sinnlos, Zahlen für entsprechende, aber nie zur Entscheidung gediehene Pläne anzugeben. Schwer sind Opposition und Konspiration auseinanderzuhalten. Noch schwerer ist es in vielen Fällen, den wahren Kern hinter Gerüchten von einem Absetzungsvorhaben zu erkennen. Sinnvoll hingegen kann die Umkehrung einer entsprechenden Aufzählung sein. Es gibt Zeiten, in denen nichts von Absetzungsplänen, geschweige denn von einer Herrscherentmachtung zu vernehmen ist. Die größte Zeitspanne ist durch die Jahreszahlen von 1125 und 1190 markiert, die Epoche, in der die Staufer von der lange verkannten Stabilisierung des Königtums durch Lothar III. profitierten.[2] Danach jedoch sind es lediglich, gewissermaßen individuell begründet, die Herrschaftszeiten einzelner Könige, in denen die Gefahr einer Deposition nicht oder nur am Rande auftaucht, die Zeiten Rudolfs von Habsburg (1273–1291), Karls IV. (1349–1377), Siegmunds (1411–1437) und die zweite Regierungshälfte Friedrichs III. seit etwa 1462 bis zu seinem Tod 1494. Seit der Regierungszeit Maximilians, dessen Vater ihn noch vor den Gefahren einer Absetzung gewarnt hatte, ist die Reichsverfassung bereits so gefestigt, daß die immerhin noch begegnenden Absetzungspläne nie das Stadium der Projektemacherei verlassen.

Die Besonderheiten einer jeden Königsabsetzung im Reich sind nicht zuletzt in der Eigenart eines Wahlreiches beschlossen. Aber voreilig wäre die Ansicht eines direkten Zusammenhangs von Wahl- und Absetzungsrecht. Absetzungskompetenz als Folge der Wahlkompetenz?[3] Diese vom modernen Verfassungsdenken abgeleitete, scheinbar logische, für die mittelalterlichen Rechtsauffassungen aber nicht zwingende Konsequenz ist bei den einzelnen Depositionsvorgängen gar nicht nachweisbar. Das läßt sich bereits an der zwar bemühten, aber notwendigerweise hilflosen Beantwortung einer Frage erkennen, die sich 1886 ein Forscher stellte: »Hat eine rechtliche Befugnis zur Absetzung der Könige im Deutschen Reich bestanden?«[4] Im gleichen Jahr, in dem dieser, eine Kontroverse auslösende Aufsatz erschien, hatte Julius Weizsäcker geglaubt, die einfachste Antwort auf die Frage zu finden: Aus dem Wahlrecht folge – so lehre die Absetzung Adolfs von

---

[2] Nur ein Absetzungsgerücht ist aus dieser Zeit überliefert. Herbert Bosham, der Biograph des Thomas Becket, berichtet 1166 Papst Alexander III., daß mehrere Große nach dem Würzburger Hoftag sich verschworen hätten, einen neuen König zu erheben, wenn der Kaiser bei seiner papstfeindlichen und der deutschen Freiheit abträglichen Politik nicht auf ihr Urteil höre: »iuraverunt de novo imperatore faciendo, nisi iste de parte ecclesiae et libertate Alemanniae ad eorum arbitrium steterit.« Epistola Herberti Boshamensis ad Alexandrum Papam, ed. James Craig Robertson, in: Rerum Britannicarum medii aevi scriptores (Rolls Series) Bd. 67,5. London 1881, 285ff., hier: 286. Herbert Bosham nennt die Erzbischöfe von Trier, Magdeburg und Salzburg mit einigen ihrer Suffraganen (»cum quibusdam suffraganeis suis«), Herzog Friedrich (den Sohn König Konrads), Herzog Berthold von Zähringen und Welf VI., sowie Friedrich, den Bruder des Erzbischofs von Mainz. Ob es sich tatsächlich nur »um ein bloßes und unglaubwürdiges Gerücht handelt« (Schmidt [1987], 171), kann dahingestellt bleiben. Politische Konsequenzen hat eine solche Verschwörung, wenn es sie denn gegeben haben sollte, nicht gehabt.

[3] Vgl. nur Moraw (1983), 91: »Die Wahlkompetenz rechtfertigte die Absetzungskompetenz«.

[4] Otto Harnack, Hat eine rechtliche Befugnis zur Absetzung der Könige im deutschen Reich bestanden? ForschDtG 26 (1886), 146–152. Die etwas oberflächliche, nur auf die Absetzung Wenzels eingehende Arbeit verneint die Themenfrage. Immerhin: Die Frage war gestellt, auch wenn sie in der Forschung eher selten aufgegriffen wurde. Unerheblich die Antwort auf Harnack: Leopold von Borch, Zur Absetzung des Königs der Deutschen. Innsbruck 1886.

Nassau – das Depositionsrecht,[5] eine Ansicht, die auch in der Folgezeit nachgeschrieben wurde, für die es aber vor dem 15. Jahrhundert, vor dem Präzedenzfall des Jahres 1400, in den Quellen keinerlei Anhaltspunkte gibt.[6] Erst im 16. Jahrhundert wird an protestantischen Fürstenhöfen der vom Widerstandsrecht abgeleitete Absetzungsgedanke als selbstverständliche Umkehrung des Wahlrechts erwogen.[7] Wenn sich 1617 der protestantische Jurist Daniel Otto den Umkehrschluß von Wahlrecht zum Absetzungsrecht zu eigen macht,[8] so hatte er eine erst im 15. Jahrhundert verbreitete Auffassung, die im konfessionellen Zeitalter für die Protestanten aktuell geworden war, zitiert.

Die Ansicht, daß aus der Wahl- die Absetzungskompetenz folge, täuscht eine Rechtssicherheit vor, die gar nicht bestand. Deswegen muß aber noch längst nicht die Zuflucht zu einem undifferenzierten Machtbegriff gesucht werden, wenn von einem schlichten Sachverhalt ausgegangen wird. Wer König ist, ist zunächst bei allen Oppositionen logischerweise unbestritten. Ihn will man schließlich entfernen. Diese Trivialität gilt für alle europäischen Monarchien. Ungeregelt und umstritten hingegen ist überall, in welchen Formen dies zu geschehen hat.

Ob Wahlreich, ob Erbreich: Es gibt einen Zusammenhang von Herrscherentmachtung und Integrationsaufgabe des Königs. Es liegt allein bei ihm, ob er durch sein Verhalten die Mächtigen in seinem Reich zur Eintracht oder aber zu einem Zusammenschluß im Widerstand zwingt. Erst im zweiten Fall können die Großen wie in salischer Zeit aus dem Fehlverhalten des Königs ihre Verantwortung für das Reich formulieren. Es scheint eine Trivialität zu sein, aber es handelt sich um einen bei der Interpretation von Königsabsetzungen oft vergessenen Sachverhalt: Der wichtigste Grund für die Entmachtung eines Königs ist bei diesem selbst zu suchen.

Wenn auch nicht im Sinne einer logischen Umkehrung besteht ein innerer Zusammenhang zwischen Königswahl und Königsabsetzung. Das lehrt schon eine einfache Überlegung: Jeder Entmachtung eines Herrschers mußte eine Neuwahl folgen. Elektion und Deposition stellen gleichermaßen die Frage, wie es mit Zustimmung der Großen zu einem Herrscher bestellt ist. Und damit – endlich – gelangen wir zu einer Definition von Königsabsetzungen in einem Wahlreich. Königswahlen, so sagte Nikolaus von Kues knapp und treffend, seien eigentlich nichts anderes als Erklärungen, den Herrschern gehorsam zu sein (»velle regibus oboedire«).[9] Und in

---

5 Weizsäcker (1886), 13.

6 Vgl. Schubert (2001).

7 Vgl. unten, 510.

8 Daniel Otto, Dissertatio Juridico-Politica de Jure Publico Imperii Romani methodice conscripta. Jena 1617, 302.

9 De concordantia catholica II.14, ed. Kallen, 163. – Zur juristischen Kompetenz des Nikolaus von Kues vgl. Meuthen (2002), 247ff.

dieser Feststellung liegt die einfachste Antwort auf die Frage beschlossen, was eine Königsabsetzung ist: eine Gehorsamsaufkündigung.

Mit der Umkehrung der genial einfachen Formel des Nikolaus von Kues wird sichtbar, daß der Begriff Absetzung wegen des Variantenreichtums personaler Beziehungen keine rechtlich umrissene Kontur haben kann. Werden aber damit die entscheidenden Fragen nur auf eine andere Ebene verlagert? Welchen Inhalt hat zu welcher Zeit »Gehorsam« und was bedeutet seine Aufkündigung? Widerstand und Widerspruch der Großen gehören zum mittelalterlichen Königtum. Die Frage ist, wann die Opposition die Grenze zwischen Widerspruch gegen einzelne königliche Maßnahmen zur grundsätzlichen Infragestellung der Herrschaft überschreitet. Wir bemühen uns im folgenden um möglichst einfache (und damit besonders angreifbare) Kriterien aus der Einsicht heraus, daß zwar das Recht eine zentrale Rolle in der mittelalterlichen Welt einnahm, daß aber daraus noch keine Verfassung zu konstruieren ist. Deswegen ist es sinnvoll, die Definitionsnetze sehr weitmaschig und das heißt: einfach zu stricken. Das wichtigste, das – zugegeben – mit den größten Maschen und sehr robust geknüpfte Definitionsnetz ist das des Konsenses.

Wir verzichten auf eine langatmige theoretische Erörterung, welches Verhältnis zwischen dem Gehorsamsversprechen und dem Konsensprinzip in Bezug auf die Königsherrschaft besteht. Es genügt, darauf hinzuweisen, daß beide Begriffe im mittelalterlichen Verständnis eine größere gemeinsame Schnittmenge haben, als ihre modernen Inhalte nahelegen. Diese gemeinsame Schnittmenge ist in Treueid und Huldigung ritualisiert. Aber auf einen Unterschied ist Wert zu legen. Während der Gehorsam ein individuell personales Verhältnis zwischen dem König und einem Adeligen begründet, ist der Konsens von kollektiver Willensbildung der Großen abhängig. Damit ist die Frage nach der gemeinsamen Verantwortung von König und seinen Großen auf das engste verknüpft. Diese gemeinsame Verantwortung kann sich nur auf ein unabhängig vom jeweiligen König existierendes im weitesten Sinne zu verstehendes »Königtum« und in weiterer Konsequenz auf das »Reich« beziehen.

Es liegt nicht an den weiten Maschen unseres Definitionsnetzes, sondern an den Fischgründen, daß wir keinen europäischen Vergleich der Absetzungsgefahr einfangen können. Ungerechte und unfähige Könige gehören zur Geschichte der europäischen Monarchien. Wir glauben uns aber nicht einer thematischen Verengung schuldig zu machen, wenn wir nur die Entwicklung in deutschen Landen berücksichtigen.[10] Wir sehen diese Einschränkung wegen der Eigenart des Heiligen Römischen Reiches als zwingend an. Das betrifft für unser Thema weniger die Stellung des Königs, der, künftiger Kaiser, immer noch als »dominus mundi« an-

---

10 Wir sprechen von deutschen Landen, weil sich die Einzahl »Teutschland« erst im 16. Jahrhundert durchsetzt. Schubert (1979), 239.

gesprochen wurde,[11] der, ranghöher als alle anderen Fürsten, immer noch als weltliches Haupt der Christenheit gelten konnte; unsere thematische Einschränkung ist vor allem durch die Eigenart des Reiches erzwungen; diese wirkte sich auf die Frage der Herrscherentmachtungen im Unterschied zu anderen europäischen Königreichen darin aus, daß ein Wahlreich eine vor anderen Fürsten herausgehobene Stellung der Königswähler entwickeln mußte. Herrscherabsetzungen sollten deswegen hier anders als in den europäischen Erbmonarchien ablaufen – konkret: Sie sind wesentlich langweiliger. Die Absetzungen eines Edward II. oder Richard III. von England konnten Dramatikern von Shakespeare bis Bert Brecht Stoff bieten. Die Fälle, die wir hingegen zu schildern haben, eignen sich mit der allenfalls möglichen Ausnahme der Entmachtung Heinrichs IV. durch seinen Sohn nicht für eine Dramatisierung. Und das hängt wesentlich mit der Sonderentwicklung des Imperium Romanum zusammen, das nie ein Königreich wie ansonsten in Europa genannt werden konnte, sondern stets nur »Reich« hieß.

Nikolaus von Kues lehrt, das Verhältnis von Königswahl und Königsabsetzungen vom Gehorsamsprinzip her zu bestimmen. Aber: Die Formen und die Reichweite einer Königswahl waren bis 1411 noch gar nicht festgelegt. Vorsorgliche Stimmenbindung als künftiges Gehorsamsversprechen, Verzicht auf die aus einer Wahl entstammenden Rechte (wie 1198, 1205 und 1349 geschehen), Sohneswahl bei Lebzeiten des Kaisers. Eine Doppelwahl, eine »electio in discordia« wird keineswegs als irregulärer Sonderfall angesehen.[12] Wo es keine festen Regeln für eine rechtskonforme Wahl gab, konnte es schwerlich Einigkeit über das Verfahren bei einer Entmachtung des Königs geben. Anders als bei den Papstabsetzungen kannte

---

11 Vgl. nur: Othmar Hageneder, Weltherrschaft im Mittelalter. MIÖG 93 (1985), 257–278 und die Hinweise bei Boshof (1993), 2 mit Anm. 2. Zur Ausformung dieser Idee bei Friedrich II.: Hans Martin Schaller, Die Kaiseridee Friedrichs II., in: Ders. (1993), 53–83, hier: 74ff. Zum »dominus mundi« in der Kanonistik: Kempf (1954), 234ff. und 315. Zur legistischen Ausdeutung im 14. Jahrhundert: Walther (1992), 117f. und 123. Die klassischen Stellen, die Legisten in diesem Zusammenhang aus dem Römischen Recht zitieren, bei Canning (1987), 24ff. und 28ff. – Grundsätzlich klärend: Jürgen Miethke, Politisches Denken und monarchische Theorie. Das Kaisertum als supranationale Institution im späten Mittelalter, in: Joachim Ehlers (Hg.), Ansätze und Diskontinuität deutscher Nationsbildung im Mittelalter. (Nationes 8) 1989, 121–144. – Wir wollen uns Belege für die sprachliche Dekoration, mit der noch im Spätmittelalter die Stellung des »dominus mundi« ausgestaltet werden konnte, nicht entgehen lassen. 1349 schließt Bischof Thomas von Toul sein Schreiben an Karl IV:, den er zuvor mit »imperialis magnificentia« angeredet hatte: »Valeat vestra imperialis celsitudo, celesti monarchie commendata, quam deus generali mundi machine ... dignetur.« MGH Const. Bd. 9, 215 Nr. 277. 1440 nennt Dr. Heinrich Leubing als Orator der Kürfürsten den gerade zum König gewählten Friedrich III.: »caput temporale, monarcham et patricium universi orbis, patrem omnium, deum terrestrem, legem animatam«. DRTA Bd. 14, 184 Nr. 106.

12 Schubert (1977), 299ff.; Miethke (2002), 70; Becher (2002), 136 (mit Berufung auf Lupold von Bebenburg).

die Welt nicht den Prozeß, der spätestens seit dem 8. Jahrhundert unerläßlich für eine Deposition des Bischofs von Rom war,[13] sie kannte keine »Devestitur« und keine »Dethronisation«.[14]

Die Königswahl unterliegt keineswegs nur Veränderungen ihrer äußeren Gestalt, sie ist im Hochmittelalter zudem in die allgemeineren gesellschaftlichen Wandlungen einbezogen. Das Wahlverfahren von 1125 läßt die damals noch vorhandene Bedeutung der Stämme als Rechtsgemeinschaften erkennen. Was Aufschluß über vorhandene Zustände gibt, muß noch längst nicht Bestandteil einer Verfassung sein. Diese entsteht über die Wiederholbarkeit der konstituierenden Akte. Und die Wahlform des Jahres 1125 konnte schon deshalb nicht wiederholt werden, weil ihr tragendes Element, die Stammesgliederung, hinter dem Aufstieg Hochadeliger zum weitgehend geschlossenen Heiratskreis der Reichsfürsten verblassen mußte. Zwischen der Königserhebung von 1125 und der Doppelwahl von 1198 liegen also nicht formale Veränderungen des Wahlgedankens, sondern dieser reagiert auf die Entstehung eines Fürstenstandes. Spätestens 1198 sind die Zeiten vorbei, in denen die Stämme die Rechtswahrung zur Vorbedingung ihres Gehorsamsversprechens machen konnten. Es mag Zufall sein, aber es ist doch auffallend, daß in einer Zeit, in der die Königswählerschaft die tiefsten Wandlungen durchmacht, nichts von Absetzungsplänen überliefert ist.

Ohne die Annahme tiefer Wandlungen in der Folgezeit ist die erste staufische Königswahl 1127 nicht in die Geschichte der Königswahlen einzuordnen.[15] Diese Wahl ist Episode geblieben. Jedoch können auch Episoden aufschlußreich sein. Bevor die Nürnberger Königswähler für politisch unbedarft gehalten werden, die unbesonnenen gegen einen noch nicht einmal angefochtenen, geschweige denn abgesetzten Lothar III., einen eigenen König aufstellten, sei auf die noch fehlende Verfassungsnorm einer Königswahl hingewiesen. Die Großen, die zu Nürnberg den Staufer zum König erhoben, beurkundeten: Nur diesem Herrscher wollten sie gehorsam sein.

Dieses Reich war räumlich größer als England, als die Königreiche auf der Iberischen Halbinsel, in Skandinavien, um von Mallorca ganz zu schweigen,[16] es enthielt in sich im Unterschied zu den genannten Reichen eine Mehrzahl als

---

13 Zimmermann (1968), bes. 181ff.

14 Ebd., 203.

15 Alles Wesentliche zu dieser Episode bei Petke (1985), 283ff. Vgl. Schmidt (1987), 60ff.; Schimmelpfennig (1996), 7f.; Erkens (2002/II), 147.

16 Nachdrücklich ist Graus (1987), 25 zuzustimmen, daß schon die unterschiedliche Größe von Königreichen es verwehre, »die ›Strukturen‹ von England, Frankreich, Böhmen und dem Reich miteinander vergleichen zu wollen.« Zu den Schwierigkeiten eines Vergleichs schon allein der monarchischen Gewalt in den europäischen Königreichen vgl. Reinhard Schneider, Zur Einführung, in: Ders. (1987), 9–14.

»Stämme« bezeichneter Ethnien.[17] Die Integrationsaufgabe des Königs reichte, um die italienischen Reichsrechte auszuklammern, von den Bayern bis zu den Sachsen,[18] und das bedingte andere Abläufe der Herrscherentmachtungen. Das, was wir oberflächlich als langweilig bezeichnet haben, beruht darauf, daß in dem Wahlreich dieser Größe eine Aufkündigung des Gehorsams ein überaus komplexer Kommunikationsvorgang sein mußte. Wir stimmen Peter Moraw zu, daß die Größe des Reiches als verfassungsgeschichtlicher Faktor »traditionell unterschätzt« wird.[19] In dieser räumlichen Weite liegt begründet: Kein anderes Königreich in Europa kennt einen an Härte und zeitlicher Dauer vergleichbaren Fall zum Widerstand der Sachsen gegen das salische Königtum.[20] In keinem anderen Königreich ist der Reichsbegriff schon so früh, schon in der zweiten Hälfte des 11. Jahrhunderts, derart konturiert zur Begründung von Mitspracherechten der Großen entwickelt worden wie in deutschen Landen. Das führte dazu, letztlich die apostrophierte Langweiligkeit begründend, daß der Spielraum zwischen Macht und Recht bei Herrscherentmachtungen in einem Wahlreich wörtlich verstanden und rein räumlich gesehen viel weiter war als in den Erbmonarchien: Von keiner willkürlichen Kerkerhaft, von keiner Verbrennung in effigie, von keinen tumultarischen Vorgängen im Königshof ist bei den Königsabsetzungen im Reich zu berichten.

Das alles hat nichts mit einem deutschen Sonderweg zu tun;[21] denn jede Monarchie in Europa geht ihren eigenen Weg. Europas Geschichte besteht aus Sonderwegen. Den Charakter des mehrere Ethnien umfassenden Wahlreiches hatten wir nur deswegen anzudeuten, um zu begründen, warum wir den zunächst naheliegenden europäischen Vergleich bei den Herrscherdepositionen nicht durchführen können. Niemand geringeren als Papst Innozenz IV. ziehen wir als Gewährsmann heran, jenen Papst, der 1245 einen Kaiser absetzte, aber im gleichen Jahr mit der Dekretale Grandi einem »rex inutilis« einen Vormund gab und den Erbanspruch der portugiesischen Königssippe bestätigte, die er der staufischen »stirps pestifera« bestritt. Zudem: Angesichts der Vielzahl von Absetzungen und Absetzungsplänen im mittelalterlichen Europa – mehr als 400 sollen es gewesen sein –[22] würde ein Versuch, die europäischen Herrscherentmachtungen auf gemeinsame Prinzipien

---

17 Es genügt der Verweis auf den Sachsenspiegel. Landrecht III. 53.1, ed. Eckhardt, 238 (155): Jedes deutsche Land hat seinen Pfalzgrafen, Sachsen, Bayern, Franken und Schwaben. »Dit waren alle koningrike«. Vgl. dazu Karl Ferdinand Werner, Völker und Regna, in: Brühl – Schneidmüller (1997), 15–44, hier: 29.

18 Zum Problem der »praesentia regis« in diesem Reich vgl. zuletzt Zotz (1991), 168ff.

19 Moraw (1995), 9.

20 Schubert (1997), 263ff.

21 Vgl. Timothy Reuter, The Origins of the German Sonderweg? The Empire and its Rulers in the High Middle Ages, in: Anne J. Duggan (Edtr.), Kings and Kingship in Medieval Europe. London 1993, 179–211.

22 Bund (1979), 7.

zurückzuführen, wenn er nicht auf ein zehnbändiges Werk zielte, dem Verdacht der manipulativen Auswahl ausgesetzt sein. Statt dessen werden wir uns bemühen, nachdem die Geschichte der Absetzungen in deutschen Landen dargelegt worden ist, mit einer Zusammenfassung auch die Möglichkeiten eines Vergleichs zwischen den europäischen Wahlreichen zu erörtern.

Auch ohne einläßliche Vergleiche ist ein Grund zu erkennen, warum im Reich die Entmachtungsvorgänge kein Sujet für Dramatiker abgeben können. Die ansonsten im europäischen Mittelalter vielfach begegnende Abfolge von Absetzung und Königsmord ist im Reich nicht gegeben.[23] Die Königsmorde 1208 und 1307 sind Racheakte ohne jeden Zusammenhang mit Absetzungsgedanken gewesen.[24] Und weiterhin: Anders als etwa in den skandinavischen Königreichen gibt es im Reich lediglich zwei Fälle, in denen eine Schlacht über das Königtum entschied. Unter dem Eindruck der Schlacht von Göllheim, in der 1298 Adolf von Nassau sein Leben verlor, konnte Herzog Leopold von Österreich nach der Schlacht bei Mühldorf im Jahre 1322 es nicht fassen, daß sein Bruder mit Schlacht und Königtum nicht auch sein Leben verloren habe.[25] Grundsätzlich konnte im Reich ein Königsmord nicht den Abschluß eines Entmachtungsvorganges bilden,[26] weil hier nicht wie in Erbreichen, der nächstberechtigte Erbe als Nachfolger feststand. In einem Wahlreich mußte nach einer Absetzung neu gewählt werden.

---

[23] Vgl. zum Frühmittelalter: Bund (1979), besonders 140, 144, 171, 339f. und 589ff.

[24] Zum Mord an Philipp von Schwaben vgl. oben, 201f. – Die Literatur und Fakten zur Geschichte des Mordes an Albrecht I. sind zusammengestellt in Urkundenregesten Hofgericht Bd. 5, 283 Anm. 1. Vgl. ebd., Nrn 426–429, 431–433, 435, Urkundenregesten Hofgericht Bd. 7, Nr. 3: Das Verbrechen wird aufgrund des crimen laesae maiestatis mit dem Entzug der Reichslehen der Verschwörer geahndet. Dazu MGH Const. Bd. 10, 359f. Nr. 471 (Wiedereinsetzung in die Güter, die dem Vater wegen Verdachts an der Ermordung Albrechts I. entzogen worden waren. 1352). Vgl. auch Meyer (2000), 41ff. mit Abb. 18f.

[25] Mathias von Neuenburg, ed. Hofmeister, 38.

[26] Als Ausnahme sei notiert, daß 1089 Markgraf Ekbert (II.) von Meißen zu Regensburg verurteilt wird, weil er den Sachsen bei ihren Plänen Unterstützung gewährt habe, Heinrich IV. abzusetzen und zu ermorden (»in nostram et depositionem et mortem«). Urkundenregesten Hofgericht Bd. 1, Nr. 139. Vgl. Althoff (1997), 47ff.; Pischke (2002), 122f. – Anders gelagert, in das Vorfeld der Abkehr der Fürsten von Heinrich V. gehörend, ist der 1112 gegen Erzbischof Adalbert von Mainz erhobene Vorwurf, er habe sich mit Verschwörungen (»conventiculis et coniurationibus«) gegen das Reich aufgelehnt und durch Giftanschläge den Tod des Kaisers und seiner Getreuen herbeiführen wollen. Urkundenregesten Hofgericht Bd. 1, Nr. 174. 1192 wurde Heinrich VI. gewarnt, daß Hermann von Thüringen einen Mordanschlag gegen ihn vorbereite, damit die Fürsten künftig frei über ihre Herrschaft verfügen könnten. Aber von der entsprechenden Anklage durch Albrecht von Meißen wurde der Landgraf vor dem Hofgericht freigesprochen. Chronica Reinhardsbrunnensis, ed. Holder-Egger, 552. Vgl. Csendes (1993), 113; Wiegand (1998), 5. Als Drahtzieher des Mordanschlags auf Wilhelm von Holland 1255 vermuten die Zeitgenossen den Kölner Erzbischof Konrad von Hochstaden. Groten (1993), 484. – Außer Betracht können die Storys von den Giftmordanschlägen süditalienischer Bischöfe auf Friedrich II. bleiben. Vgl. Sommerlechner (1999), 443.

Absetzungen sind Sonderfälle, aber keine Ausnahmen. Als Ergebnis unserer Erwägungen kann aus drei Gründen über diese Sonderfälle versucht werden, einen Beitrag zum Werden der Reichsverfassung zu leisten. Erstens: Die Geschichte der Herrscherentmachtungen ist auch ohne Umkehrschlüsse von der Wahl- auf die Absetzungskompetenz integraler Teil der Geschichte eines Wahlreiches. Zweitens: Es gibt zwischen dem ausgehenden 11. Jahrhundert bis zum Ende des Mittelalters nur wenige Herrschaftszeiten, zusammengenommen etwa 120 Jahre, in denen ein Königtum nicht angefochten wurde. Das bildet eine Art Kontinuum. Drittens schließlich: Absetzungen und entsprechende Pläne weisen nicht nur auf momentane politische Konstellationen, sondern auch auf – modern gesprochen – konstitutionelle Eigenarten königlicher Herrschaft in einem Wahlreich zurück.

2. Königsabsetzungen und Verfassungsbildung

Die Aussagen der Kaiserchronik zu den Absetzungsmotiven – Verlassung, Verurteilung, Anfechtung und Abkehr als interpretierende, nicht als typisierende Begriffe – die stets gegebene Gefahr einer Herrscherabsetzung: der Hintergrund für literarische Fiktionen und das Matt im Schachspiel – Verfassungsbildung als Geschichte der Leitlinien oder Geschichte der Zufälle? – der Wert der Ereignisgeschichte – Regnum und Sacerdotium: eine Leitlinie der Geschichte der Herrscherabsetzungen? – »rex iniustus, rex inutilis, rex iniquus«. Gelehrte mittelalterliche Typisierungen als Schlüssel von Depositionen? – wie entsteht und was ist Verfassung? – Ausgangsbedingungen der Verfassungsbildung: Konsens, Reich und öffentliche Meinung

Der Dichter der Kaiserchronik steht um 1147 vor dem Zwang, den Übergang der fränkischen Herrschaft auf die Sachsen 918/19 zu erklären. Ohne daß ein aktueller Bezug auf seine Zeit erkennbar wäre, erfindet er zur Vorgeschichte des Thronwechsels eine Begebenheit, die ihm und seinen Lesern plausibel erscheinen mußte:

> »Der chunich Chuonrât begunde siechen.
> die vursten sprâchen waerlîche,
> er nemahte dem rîche nehain frum sîn.
> si newolten sîn niht mêre
> ze rihtaere noch ze hêrren«.[27]

[27] Kaiserchronik, ed. Schröder, 366 V. 15740–15745.

Die Fürsten wollten einem König nicht mehr als ihrem Herrn und Richter gehorchen. Die Verse bestätigen unsere von Nikolaus von Kues inspirierte Auffassung. Der Dichter, ein Regensburger Geistlicher, konnte sich eine Absetzung als Gehorsamsaufkündigung der Großen vorstellen. Schildert er wie er vorgibt, frühmittelalterliche Zustände, schildert er eine Herrscherverlassung deren Prinzipien Konrad Bund dargelegt hat?[28] Im vorangehenden Vers begründen die Fürsten – offenbar sind es nur die weltlichen – ihr Vorhaben mit der körperlichen Schwäche des Herrschers, die es nicht mehr zulasse, des Reiches Nutzen zu wahren. Doch eine schlichte Herrscherverlassung leuchtet dem Verfasser der Kaiserchronik nicht mehr ein, wenn er fortfährt:

»ain hof ze Wirzeburch gesprochen wart
da gefrist es der biscof Gebehart:
er sprach, daz iz dem rîche niene zaeme,
daz man dehainen Rômiscen rihtaere
âne sculde verstieze;
daz man in vur komen lieze
ze ainer andern sprâche«.[29]

In dieser Argumentation ist der Unterschied zu den frühmittelalterlichen formlosen Verlassungen enthalten. Der Zwang zu rechtlicher Begründung erfordert neue Verfahrensregeln, wobei aber, wie in der Geschichte üblich, immer wieder die älteren Zustände durchschimmern können.

Zwei mögliche Depositionsformen stellte der Dichter vor, die eine, die Herrscherverlassung, erschien ihm mit der Würde des Reiches unvereinbar, und die andere, der Thronverlust durch Urteilsspruch der Großen, war möglicherweise 1098 eingetreten, sollte 1298 ein aus der Not geborenes Verfahren werden und im Jahre 1400 zu Oberlahnstein die Grundlage der Absetzung König Wenzels bilden. Im Gegensatz dazu ist eine Herrscherverlassung die Umkehrung des »velle regibus oboedire«. Sie ist ein pragmatischer Vorgang, kein Rechtsprinzip und begegnet mehrfach bei Herrscherentmachtungen als Begleiterscheinung. So ist Otto IV. schon 1211, schon vor der Schlacht von Bouvines ebenso ein verlassener Herrscher wie Heinrich (VII.) im Jahre 1235.

Mit den Begriffen Verlassung und Verurteilung sind zwei mögliche Verlaufsformen charakterisiert worden, die bei Herrscherentmachtungen begegnen können.[30] Ein weiterer interpretierende Begriff ist in der »Anfechtung« zu finden. Damit sind insbesondere die Absetzungspläne zu fassen. Weiterhin ist der Begriff Anfechtung

---

28 Vgl. nur zum Fall der Königsverlassung durch das Heer: Bund (1979), 182ff., 187, 204f., 221f., 261, 300, 322ff., 516f., 520 und 593f.

29 Kaiserchronik, ed. Schröder, 366, V. 15746–15753.

30 Zum Problem der auf vergleichender Methode beruhenden Typenbildung von Depositionsvorgängen vgl. Bund (1979), 80ff. und 112ff.

hilfreich, um die päpstlichen Maßregelungen von Königen zu charakterisieren. Sie sind zwar als Bannspruch oder gar (1080 und 1245) als Absetzung mit dem Gestus richterlicher Gewalt verkündet worden, aber ihre Wirkung in der Welt ist erst noch zu prüfen. Auch für den Papst als Richter gilt: Erst die Akzeptanz des Urteils schafft das Recht.

Mit noch einem vierten Begriff versuchen wir Ordnung in die Vielfalt der Herrscherentmachtungen zu bringen, mit dem Begriff der Abkehr. Damit seien Vorgänge bezeichnet, die bei aller faktischen Nähe zur Herrscherverlassung durch ihre Unverbindlichkeit gekennzeichnet sind. Heinrich V. war zwar nach 1112 kein verlassener Herrscher, wohl aber ein Kaiser, von dem sich immer mehr Fürsten abwandten. Die Situation in deutschen Landen nach 1238 und vollends nach der Absetzung Friedrichs II. durch den Papst 1245 ist schwer zu analysieren, weil die landesgeschichtlichen Quellen noch nicht allzu ergiebig sprudeln. Erkennbar allerdings ist, daß weder eine rechtsgeschichtliche noch eine machtpolitische Analyse erklären können, warum Heinrich Raspe und Wilhelm von Holland keine wirkliche Reichsherrschaft ausüben konnten. Am einfachsten ist die Situation noch mit dem Begriff der Abkehr zu beschreiben. Bei aller noch vorhandenen Königstreue hatten sich in zunehmendem Maße seit 1238 Große vom Kaiser abgewandt, ohne deshalb gleich zu Anhängern eines neuen Königtums zu werden oder die Prinzipien der päpstlichen Absetzungssentenz zu billigen. Diesen Vorgang des Abkehr überlagern im rechtlichen Sinne die beiden Königswahlen des Jahres 1247, ohne damit die politische Situation klären zu können.

Die Begriffe Verlassung, Verurteilung, Anfechtung und Abkehr verdeutlichen, wie komplex die Vorgänge bei Herrscherentmachtungen selbst bei einem engeren Spielraum zwischen Recht und Macht waren. Zugleich aber deuten sie an, warum wir uns anheischig machen können, mit unserem Thema einen Beitrag zum Werden der Reichsverfassung zu leisten. Während zumeist traditionellerweise das Königtum als handelndes Subjekt im Mittelpunkt der Verfassungsgeschichtsschreibung steht, ist es in unserer Darstellung das behandelte Objekt, an dessen Schicksal sich die Bedeutung der Großen für die Geschichte des Reichs ablesen läßt.

Der Dichter der Kaiserchronik projizierte bei der Fiktion einer Herrscherabsetzung zugleich reale Gegebenheiten seiner Zeit in die Vergangenheit wie etwa den erst in salischer Zeit entstandenen Führungsanspruch des Mainzer Erzbischofs bei einer Königswahl. Daraus leitet der Dichter bei seiner Fiktion ab: Demjenigen, dem inzwischen unbestritten der ehrende Vorrang bei einer Königserhebung gebührt, steht – so der Dichter, den die Geschichte darin nicht bestätigen wird – auch das entscheidende Wort bei einer Herrscherentmachtung zu. Eine verfassungsbildende Realität der Entstehungszeit der Dichtung bildet der Vers ab: »ain hof ze Wirzeburch gesprochen wart«. Der Hoftag ist die Institution geworden, auf der Übereinstimmung des Handelns der Großen hergestellt werden kann. Konsensbildung.

Bei aller gebotenen Vorsicht können literarische Quellen für unsere Untersuchungen von Wert sein. Neben die Kaiserchronik stellen wir ein weiteres Beispiel aus einer jener Zeiten, in der niemand an die reale Möglichkeit einer Deposition gedacht hatte. Wenn Nicolaus von Bibra 1281/82 das Ideal des »rex iustus« beschwört und dem römischen König, der diesem Leitbild zuwiderhandelt, das Schicksal Sauls androht,[31] so ist das kaum auf eine 1281 bestehende Opposition im Reich gegen Rudolf von Habsburg zu beziehen.[32] Nicht eine aktuelle, sondern eine überzeitlich gültige Warnung sprach Nicolaus von Bibra aus.[33] Die Gefahr einer Entmachtung – davon gingen Nikolaus von Bibra und der Dichter der Kaiserchronik aus – bedrohte das mittelalterliche Königtum viel stärker als die »Dei gratia«-Formel vermuten läßt. Es genüge zunächst ein Beispiel. Für den Sachsenspiegel ist die Möglichkeit der Absetzung eines Königs durch (Fürsten-)Urteil so selbstverständlich, daß er sie nur beiläufig erwähnt: Niemand kann den König wegen eines todeswürdigen Verbrechens verklagen, wenn ihm nicht zuvor das Reich gerichtlich abgesprochen sei (»ne mach deme koninge neman an sin lif spreken, eme ne si dat rike voren mit ordelen verdelet«).[34]

Sowohl die Kaiserchronik als auch Nicolaus von Bibra bieten keine harten Fakten, aber sie überliefern Einstellungsmuster, die den Hintergrund für den Siegeszug eines Spieles bilden, das, aus militärischen und politischen Komponenten zusammengesetzt, eine spezifische Form der Realitätsfiktion darstellt. Seit dem 12. Jahrhundert hatte sich das Schachspiel in Europa verbreitet, ein Spiel, bei dem die Vernichtung des gegnerischen Königs das Ziel war. Es ging dabei nicht nur um ein Kampfurteil, sondern auch um eine Königsabsetzung; denn als solche definiert der anerkannteste Schachtheoretiker des Mittelalters, Jacobus de Cessolis, das Matt; dieses bedeute, den König abzusetzen und den Gefangenen des Throns und des Lebens zu berauben (»regem deponere et captum regno privare et vita«).[35] Natürlich hat niemand im Mittelalter an einen Königsmord beim Schachspielen gedacht, aber ihm war der Realitätsbezug dieses Spiels bewußt. Die Gefahr der Absetzung gehörte im Mittelalter zum Königtum;[36] sie galt seit der späten Salier-

---

31 »Dicatis regi: ›Non fac contraria legi; / Cum sis augustus, debes iudex fore iustus. / Si facis iniuste, vult precipitare Deus te, / Sicut per David Saul regem praecipitavit«. Occultus Erfordensis, ed. Mundhenk, 212.

32 So Grauert (1912), 350.

33 Mundhenk (1997), 352.

34 Sachsenspiegel Ldr. III.54.4, ed. Eckhardt, 240f. (157).

35 Zit. nach Hans Jürgen Kliewer, Die mittelalterliche Schachallegorie und die deutschen Schachzabelbücher in der Nachfolge des Jacobus de Cessolis. Diss. Heidelberg 1966, 70. Konrad von Ammenhausen kennt diese Beziehung auf die Absetzung nicht, sondern formuliert an der entsprechenden Stelle: »das si mügen van / den künig und im sprechen mat.« Ebd.

36 Treffend: »Die graduell sicher sehr unterschiedliche, aber dennoch grundsätzliche Instabilität war eines der wesentlichen Kennzeichen der Königs- und Fürstenherrschaft«. Schwinges (1987), 183.

zeit keineswegs von vornherein als ein irreguläres Verfahren. Das »Gottesgnadentum« des gesalbten Königs ist nur die »Schauseite«, welche die Historiker lange geblendet hat.[37] Das angeblich aus archaischer Frühzeit stammende »Königsheil« ist ebenso eine historiographische Überzeichnung[38] wie das analog erfundene »Geblütsrecht«.[39] Die »dei gratia«-Formel schützte den Herrscher nicht dergestalt, daß er vor Angriffen gefeit war; schließlich führten nicht nur Könige, sondern auch Fürsten und seit dem 13. Jahrhundert auch Grafen[40] diese Formel in ihrer Titulatur, Herren, die in dauernde Fehden verwickelt waren.

Fiktionen, aber auch Fakten untermauern die These von der latenten Gefährdung des mittelalterlichen Monarchen. Rund 400 Herrscherabsetzungen soll es nach den Schätzungen von Konrad Bund im mittelalterlichen Europa gegeben haben.[41] Die Zahl der Absetzungspläne dürfte, wenn wir das Beispiel der deutschen Königsgeschichte verallgemeinern, unübersehbar sein.

Es erleichtert unsere Aufgabe, über einen reinen aufzählenden Katalog von Absetzungsvorgängen hinauszukommen, nicht gerade, daß in einem Wahlreich, in dem niemals ein geplanter Königsmord den Abschluß eines Depositionsvorgangs markiert hatte, der Zufall Geschichte schreiben kann; der Zufall des Todes Heinrichs IV., der die Anhänger seines Sohnes triumphieren läßt (1106), der Zufall des Todes Friedrichs II., der das riskante Spiel des Papstes zum Erfolg führt (1245), der Zufall des Schlachtentodes Adolfs von Nassau (1298), der Albrecht I. einen zunächst gar nicht angestrebten Erfolg beschert, der Zufall des Schlaganfalls Ludwigs des Bayern bei einer Bärenjagd (1347), der erst dem Königtum Karls IV. Chancen auf Verwirklichung einräumt.

Das Stichwort des Zufalls benennt ein methodisches Problem. Auf die Ereignisgeschichte können wir nicht verzichten; können wir aber über einen solchen (nach

---

[37] Die besondere Entwicklung des Gottesgnadentums in Frankreich behandelte zuletzt Joachim Ehlers, Der wundertätige König in der monarchischen Tradition des Früh- und Hochmittelalters, in: Heinig u.a. (2000), 3–20. Vgl. dazu aus frühneuzeitlicher Perspektive: Hermann Weber, Das »Toucher Royal« in Frankreich zur Zeit Heinrichs IV. und Ludwigs XIII., in: Duchhardt u.a. (1992), 155–170; David J. Sturdy, The Royal Touch in England, in: ebd., 171–184.

[38] Forschungsbilanz: Schmidt (1987), 13f. mit Anm. 61f.; Boshof (1997), 109f. Vgl. zum Beispiel für die merowingische Zeit: Reinhard Schneider: Königswahl und Königserhebung im Frühmittelalter. Untersuchungen zur Herrschaftsnachfolge bei den Langobarden und Merowingern. (MonographienGMa 3) 1972, 204ff.; Bund (1979), 349f. Dagegen verfolgt Erkens (2002/II) den Gedanken des Sakralkönigtums als eines universalen Prinzips. Vgl. Ders., Sakrallegitimierte Herrschaft im Wechsel der Zeiten und Räume. Versuch eines Überblicks, in: ebd., 7–32. Aus diesem interessanten, universalhistorisch orientierten Sammelband ist als oberflächliche Erkenntnis zu gewinnen: Die Sakralisierung von Herrschermacht liegt immer im Interesse jener Gruppen, die sakralisieren können, Priester also, wie sie auch immer in universalgeschichtlicher Perspektive erscheinen.

[39] Vgl. zur Problematik dieses von Fritz Kern (1914) erfundenen Begriffs Schmidt (1987), 11ff.

[40] Schubert (1997), 537.

[41] Bund (1979), 7.

lange gültiger wissenschaftlicher Übereinkunft antiquierten) Ansatz überhaupt, wie im Untertitel versprochen, einen Beitrag zum Werden der Reichsverfassung leisten? Die Antwort auf diese Frage steht natürlich nur dem Leser zu. Der Autor darf jedoch darauf hinweisen, daß die Ablehnung der Ereignisgeschichte nie einläßlich diskutiert worden war, daß sie lediglich auf einem wissenschaftlichen Komment beruhte.

So wenig wir geneigt sind, die Ereignisgeschichte früherer Observanz als Forschungsleistung zu verwerfen, so wenig sind wir auch geneigt, sie in jenem Verständnis anzuwenden, das ein polemisch gemeinter Positivismus-Begriff unterstellt.[42] Das liegt zunächst einmal im Versprechen, einen Beitrag zum Werden der Reichsverfassung zu leisten. Verfassungsgeschichte setzt die Prüfung von Ereignissen auf ihre allgemein akzeptierte Folgewirkung voraus. Daß der Historiker als »rückschauender Prophet« gemäß August Wilhelm Schlegels polemischem und dennoch genialen Wort sich von der Sichtweise der Zeitgenossen lösen muß, ist unbestritten. In welchem Maße dies geschehen darf, ist Gegenstand der Geschichtstheorie. Für die Verfassungsgeschichtsschreibung ist die Rückversicherung bei den Einstellungen der Zeitgenossen unerläßlich, weil nur dadurch die rechtskonstituierende Folgewirkung von Ereignissen sich ermitteln läßt. Die magistralen Ausführungen von Andrea Sommerlechner über das Bild Friedrichs II. in der Geschichtsschreibung seiner Zeit[43] nehmen dem Historiker die Reste der Rankeschen Illusion, daß beschreibbar wäre, »wie es eigentlich gewesen ist«. Es kann im Gegensatz zur Arithmetik kein »historiographisches Mittel« aus der in sich widersprüchlichen Überlieferung gezogen werden. Das aber gilt für die Bewertung der Fakten, weniger, worauf es verfassungsgeschichtlich ankommt, für die Abschätzung der Folgewirkung von Ereignissen.

Das schlichte Aschenputtel-Verfahren des Sichtens, des Verwerfens oder Nutzens der Geschichtsquellen ist durch Andrea Sommerlechner in seiner Fragwürdigkeit entlarvt worden; das bedeutet nicht unbedingt einen grundsätzlichen Verzicht auf ein solches Verfahren (zu sympathisch erscheint mir, mit Aschenputtel die Naivität des selbstsicheren Wissens zu teilen, wonach die Tauben, in unserem Fall die Quellen, schon das Richtige herausgepickt haben),[44] aber es sei doch, gegen die Depressionen über den Wert historischer Aussagen, ein altes Hausmittel empfohlen – eben die Ereignisgeschichte. Die Begriffe von Rezeption und Tradition seien am gegebenen Ort als Mittel, die Folgewirkungen von Geschehnissen abzuschät-

[42] Diese gewundene Formulierung mußten wir wählen, weil in vielen Fällen der Positivismus-Vorwurf, den aus Profilierungsgründen Historiker der 20er Jahre gegen ihre Vorgänger erhoben, teils ungerecht, teils undankbar ist. Zum Beispiel ist das in den Jahrbüchern der deutschen Geschichte verwendete annalistische Verfahren von den Bearbeitern als pragmatische Form verstanden worden – und wohl oft genug auch als Fron –, mit der eine schnelle Information gewährleistet werden sollte.

[43] Sommerlechner (1999).

[44] Vgl. dagegen aber Sommerlechner (1999), 479.

zen, vorgestellt. Hier reicht die lapidare Feststellung: Die jeweilige Gegenwart entscheidet darüber, was aus den Geschehnissen der Vergangenheit wichtig oder unwichtig war. Ein Beispiel: 1298 und 1400 wurde jeweils eine Absetzungsurkunde ausgefertigt; die des Jahres 1298 blieb unbekannt, die des Jahres 1400 hatte die Folgewirkungen eines Präzedenzfalls.

Ereignisgeschichte. Die Ausführlichkeit, mit der ich glaube, etwa die Absetzung Wenzels behandeln zu müssen, wird einen auf schnelle Information bedachten Leser quälen; aber es geht dabei um das Verständnis der Ereignisse als eines Fensters, durch das der Blick auf ansonsten verborgene Konstellationen möglich ist. (Das Bild des Fensters ist deshalb hilfreich, weil es nie um einen Gesamtprospekt, sondern stets nur um Ausschnitte gehen kann.)

Beiläufig erwähnt sei nur, daß statt oberflächlicher Verketzerung der politischen Geschichte endlich die überfällige Diskussion einsetzen sollte, was aus dem in ehrbarer handwerklicher Solidität zusammengetragenen Faktenreichtum etwa der Jahrbücher für deutsche Geschichte aussagekräftig oder zufällig, was wichtig und was unwichtig ist. Konkretisiert sei an einem Beispiel, was wir unter Ereignisgeschichte im Zusammenhang mit unserer Fragestellung verstehen. Die rechtlichen Konturen einer Herrscherabsetzung, wie sie im Januar 1106 auf dem Mainzer Hoftag nach dem Willen der Großen sichtbar werden sollten, werden alsbald durch die Kämpfe im Frühjahr verwischt. Ein formal abgesetzter Kaiser kann den Kampf gegen seinen Sohn aufnehmen. Damit öffnet sich ein Fenster, durch welches das Ausmaß der Kaisertreue in der Bevölkerung zu erkennen ist.

Niemand steigt zweimal in den gleichen Fluß. Die Ereignisgeschichte als historiographisches Auskunftsmittel zu begreifen, heißt nicht, zu den Perlenketten der aneinandergereihten Fakten zurückzukehren. Die Aufgabe des Historikers ist es unter anderem, Entwicklungen darzustellen. Das aber scheint bei unserem Thema zunächst nicht gelingen zu wollen. Obwohl die Gefahr der Entmachtung zum mittelalterlichen Königtum gehörte, sind die entsprechenden Vorhaben von den jeweils gegebenen Konstellationen in einem Maße abhängig, daß sie jeweils auch eigene Verlaufsformen aufweisen. Mit dieser Feststellung sehen wir uns eingezwängt zwischen Baum und Borke: Einerseits Zweifel an den Leitlinien und andererseits das im Untertitel gegebene Versprechen, einen Beitrag zum Werden der Reichsverfassung liefern zu wollen. Zunächst die Borke.

Das sprachliche Bild der Leitlinie verspricht Logik, schließt Zufall aus. Aber – wir wiesen bereits darauf hin – der Zufall des Todes Heinrichs IV. verwehrt klare Aussagen darüber, ob das im Jahre 1106 zutage tretende Prinzip der freien Wahl langfristig richtungweisend sein konnte, ob es nicht der dynastische Zufall, das Aussterben des salischen Geschlechts war, der 1125 die Großen erneut zu einer solchen Wahl zusammenkommen ließ.

Das Bild der Leitlinie enthält die Gefahr einer täuschenden Vereinfachung, welche Peter Moraw in ihren historiographischen Voraussetzungen beschrieben hat, ohne – noblerweise – ihre bis heute wirksame historiographischen Folgen zu notieren.[45] Obwohl nicht in Abrede zu stellen ist, daß die Ermittlung von Leitlinien ein legitimes und wichtiges historiographisches Ziel ist, so muß doch auf die damit verbundenen Risiken hingewiesen werden. Insbesondere in einem Wahlreich können scheinbar gesicherte Leitlinien wie die eines staufisch-welfischen Gegensatzes sich als Konstrukte selektiver Faktenauswahl erweisen.[46] Ein weiteres Beispiel: Schon unsere einleitende Auflistung läßt erkennen, wie wenig die von der älteren Forschung hervorgehobene Alternative von erbrechtlicher Verfügung und »freier Wahl« den mittelalterlichen Verhältnissen gerecht wird.[47] Es wäre, was längst erkannt wurde, formalistisch, Wahl- und Erbgedanken einander alternativ gegenüberzustellen.[48]

Vollends für die spätmittelalterliche Königsgeschichte wird das Bild der Leitlinie als historiographische Verlegenheitslösung entlarvt, die sich allein in quellenärmeren Zeiten einigermaßen durchhalten ließ. (Für diese Entlarvung hat sich mancher Historiker dadurch gerächt, daß er das Spätmittelalter in Bausch und Bogen zur Krisenzeit erklärte.) So nüchtern Peter Moraw von der Königsgeschichte her die Fragwürdigkeit von Leitlinien aufdeckte, so mochte er doch nicht ganz von ihnen lassen: »Ein jeder der Könige des 13., 14. und 15. Jahrhunderts ist ein Sonderfall gewesen; den Durchschnittsherrscher wird man nicht auffinden können. Wir nennen dies das deutsche Kontinuitätsproblem.«[49] Wenn das sprachliche Bild der Leitlinie durch den Kontinuitätsgedanken ersetzt werden könnte, so hieße das, Peter Moraw beim Wort nehmend, in der Permanenz von Brüchen ein kontinuierliches Element zu sehen.

Im Bemühen um Vereinfachung sei das Bild der Leitlinie durch das des Leitfadens ersetzt und deswegen die Absetzungen als Knäuel charakterisiert, in denen sich verschiedene Stränge verknüpfen und wieder voneinander lösen können. Die Stränge Konsens und Reichsgedanke sind dabei immer wieder in ihrer Verschnürung mit zeitgebundenen ereignisgeschichtlichen Knäueln zu erkennen. (Vor allem Lesern, die ihren Kindern das Drachensteigen beibringen wollten, wird die metaphorische Logik dieser Ausführungen einleuchten.)

---

[45] Vgl. Peter Moraw, Vom langen und nur kurze Zeit erfolgreichen Weg zu einem einheitlichen Verfassungsverständnis in der älteren deutschen Geschichte, in: Boockmann – Grenzmann – Moeller – Staehelin (2001), 387–405.

[46] Werner Hechberger, Die Vorstellung vom staufisch-welfischen Gegensatz im 12. Jahrhundert. Zur Analyse und Kritik einer Deutung, in: Johannes Fried – Otto Gerhard Oexle (Hgg.), Heinrich der Löwe. Herrschaft und Repräsentation. (VortrrForsch 57) 2003, 381–426.

[47] Vgl. nur Boshof (1997), 56ff. – Schon Mitteis (1944), 23f. hatte davor gewarnt, einen historisch leitenden Gegensatz von Wahl- und Erbrecht konstruieren zu wollen.

[48] Vgl. nur die Hinweise auf die Forschung bei Keller (1983), 128 mit Anm. 33.

[49] Moraw (1994), 28.

Aber gibt es nicht eine Leitlinie, ehrwürdig in ihrer langen historiographischen Tradition, an deren Verlauf sich die Geschichte der Herrscherabsetzungen erzählen ließe, nämlich die Auseinandersetzung zwischen Regnum und Sacerdotium als Schicksalsbestimmung deutscher Königsherrschaft? Daß die Leitlinie eines Kampfes zwischen Kaisertum und Papsttum brüchig ist, zeigt bereits, ohne auf unsere Darstellung der einzelnen Vorgänge zu verweisen, daß es im sogenannten Investiturstreit um einen jungen fehlbaren König, daß es aber bei den Auseinandersetzungen der Staufer oder Ludwigs des Bayern mit dem Papsttum um das Imperium, nicht aber um das Regnum ging. Das Kaisertum bildete den Angriffspunkt der Päpste, die Großen jedoch, die einen Herrscher entmachten wollten, zielten stets auf das Königtum.

Eine lange, eine ehrwürdige Tradition hat die Auffassung, der wir widersprechen. Sie setzt allerdings erst im 15. Jahrhundert ein. Zuvor war trotz der Parallelisierung von Papst- und Kaiserlisten in der Weltchronistik die Auffassung eines Grundsatzstreites zwischen Kaiser und Papst den Geschichtsschreibern fremd. Der für diese Listen als Autorität angesehene Martin von Troppau, der ein Datengerüst zur Aufschlüsselung des Decretum Gratiani schaffen wollte,[50] mußte, als er, von dieser Aufgabe entlastet, die Zeitgeschichte behandelte, bei den Kämpfen zwischen Kaisern und Päpsten eine Verknüpfung annehmen;[51] aber das blieb einer rein personalen Betrachtungsweise verhaftet und reflektierte noch nicht einmal ansatzweise institutionelle Gegensätze.[52] Dem entsprach die nachfolgende Weltgeschichtsschreibung; sie sieht keinen Grundsatzstreit, der zur Parteinahme herausfordern mußte, sie verfolgt eine »distanzierte Betrachtung der kaiserlich-päpstlichen Auseinandersetzung«, wobei sie »die anekdotische Verdichtung der Situation« bevorzugt.[53]

Als im 15. Jahrhundert die Staufer wiederentdeckt wurden,[54] waren zugleich die Päpste als deren Widerpart und als Gegenspieler einer machtvollen Kaiserherrschaft namhaft gemacht worden. Humanisten zogen diese Linie kräftig nach,[55] so daß sie in der Reformationszeit zur konfessionellen Invektive taugte. Eberlin von Günzburg konnte bei dem Thema des deutschen Leidens am Papsttum an »die theuren Heinrici, Ottones, Friderich Barbarossa und der ander Friderich, und

---

50 Vgl., die Forschungen von Anne-Dorothee von den Brincken bestätigend: Sommerlechner (1999), 38f. und 209.

51 Sommerlechner (1999), 211ff.

52 Ebd., 213.

53 Ebd., 217.

54 Brigitte Schürmann, Die Rezeption der Werke Ottos von Freising im 15. und frühen 16. Jahrhundert. 1986.

55 Frank L. Borchardt, Medievalism in Renaissance Germany, in: L. R. Phelps – A. Thilo Alt (Edtrs.), Festschrift for Herman Salinger. Chapel Hill 1978, 73–85.

Ludwicus der Paier« erinnern.[56] Die Breitenwirkung dieser Deutung zeigt sich etwa bei Lazarus von Schwendi[57] oder dem schlichten Goslarer Bürger Hans Geismar, der in seiner um 1580 entstandenen Chronik bei der Erwähnung Heinrichs IV. in ein Lamento verfällt: »Dieser frome kaiser Hinrich hat 50 jar regirt und sich mit synen feinden 62 mal zu feldt geslagen; wy es ihme ergangen ist vam babst gestifft ... kann nicht wol gelesen ohn beweinung werden.«[58]

Scheinbar bestätigen markante Jahreszahlen ein päpstliches Absetzungsrecht, das bereits den national gesonnenen Humanisten so aufstieß: 1076, 1080, 1210, 1245, 1324. Ein Papst hatte jeweils einen König bzw. einen Kaiser gebannt, hatte ihn 1080 und 1245 sogar abgesetzt; aber diese Jahreszahlen täuschen eine Kontinuität vor, die nicht bestand. Die jeweiligen mit den genannten Daten verbundenen Ereignisse erweisen bei genauerer Untersuchung, wie abhängig von den politischen Konstellationen die päpstlichen Zensuren gehandhabt worden waren. Und grundsätzlich ist in jedem Einzelfall zu fragen, wieweit den päpstlichen Geboten Wirkung in der Welt beschieden sein konnte.[59]

Wir werden noch im Einzelnen darauf einzugehen haben, welche Wechselwirkung zwischen Kanonistik und Ausbau des hierokratischen Papsttums bestand, eine Wechselwirkung, die lediglich im Jahre 1245 einem Kaiser zum Schicksal wurde. Bei den Königsabsetzungen 1298 und 1400 war der Papst noch nicht einmal gefragt worden, und Johannes XXII. scheiterte mit seinen Approbationsforderungen an Ludwig dem Bayern, den Kurfürsten und der öffentlichen Meinung.

Die These sei vorab in aller Schroffheit aufgestellt: Ein weitgehend akzeptiertes päpstliches Depositionsrecht hat es im Mittelalter gar nicht gegeben. Es wurde an-

---

56 Eberlin von Günzburg. Sämtliche Schriften, hg. von Ludwig Enders Bd. 1, 1896, 81. - Vgl. auch als instruktives Beispiel: Klaus Schreiner, Vom geschichtlichen Ereignis zum historischen Exempel. Eine denkwürdige Begegnung zwischen Kaiser Friedrich Barbarossa und Papst Alexander III. in Venedig und ihre Folgen in Geschichtsschreibung, Literatur und Kunst, in: Peter Wapnewski (Hg.), Mittelalter-Rezeption. Ein Symposion. 1986, 145–176, hier: 153f.

57 Die Königsmacht sei »durch die bäpst und ir anstiftung« geschwächt worden. Lanzinner (1987), 157.

58 Gerhard Cordes (Hg.), Die Goslarer Chronik des Hans Geismar. (BeitrrGStadtGoslar 14) 1954, 14.

59 Zu bedenken ist etwa, daß Gregor VII. im November 1078 auf einer römischen Synode feierlich mit Berufung auf die apostolische Autorität verboten hatte, daß Laien Zehnten besitzen dürfen. Registrum, ed. Caspar, 400ff. Nr. VI,5b; Quellen Bd. 1, ed. Schmale, 284ff. Nr. 94 (§ 7/16). Nirgendwo ist die Befolgung dieses Verbots nachzuweisen. - Ein spätmittelalterliches Beispiel: 1325 teilt Johannes XXII. den drei geistlichen Kurfürsten unter Berufung auf Bestimmungen des Laterankonzils von 1122, das die Einrichtung neuer Zollstätten bei Strafe verbot, mit, daß Ludwig der Bayer wegen der Zollstätte bei Kaub exkommuniziert sei. Der Papst befahl, diese Verfügung zu veröffentlichen und die entsprechenden Sanktionen durchzusetzen. Die Kurfürsten aber reagierten überhaupt nicht. Das Verfahren verlief im Sande. Huber (1983), 68ff.

satzweise seit dem 12. Jahrhundert in der Gelehrtenwelt der Kanonisten entwickelt und dann in der Folgezeit ausgebaut, aber gelangte darüber hinaus nicht, oder nur bedingt in die Welt der Laien. Schon von ihren theoretischen Ausgangsbedingungen kann die Leitlinie eines Gegensatzes von Regnum und Sacerdotium nicht halten, was sie verspricht.

Könnten nicht, wenn Leitlinien nicht feststellbar sind, wenigstens Typisierungen helfen, ein umständliches Untersuchen von Absetzungsvorgängen zu vereinfachen, könnte nicht einfach von einem Typus des wahren Königs ausgegangen werden, dem logischerweise ein negativer Typus gegenüberstände, zu dem die Gefahr der Absetzung gehöre?[60] Denn was geschieht, wenn der Gehorsam angesichts der Unfähigkeit eines Königs bis zur Unerträglichkeit belastet wird? Diese Fragen stellen sich in den Wahlreichen ebenso wie in den Erbmonarchien. Schließlich war jede Huldigung ebenfalls ein Gehorsamsversprechen.[61] Der Begriff des »rex inutilis« wird in all seinen Varianten in Europa häufig herangezogen, wenn Mächtige glauben, daß ihre Gehorsamspflicht Grenzen habe.[62] Aber war dies ein handlungsleitender oder nur ein Handlungen interpretierender Begriff? Konkretheit eignet ihm nicht. Die Großen werden sich kaum wegen vager Topoi auf gefährliche Konspirationen eingelassen haben, sie brauchten handfeste Gründe. Dabei waren Topoi gerade wegen ihrer Unbestimmtheit nicht allein aus propagandistischen Gründen nützlich, sie konnten auch nach außen innere Gegensätze unter den Königsgegnern verschleiern.

Vage Topoi. Hinter der »inutilitas« steht die gefährliche Aufweichung eines augustinischen Gedankens, wie bereits Ernst Bernheim erkannt hat.[63] Augustin sprach noch sehr präzise vom »rex iniustus« – damit war das Recht als Maßstab benannt, an dem die Unfähigkeit eines Herrschers zu messen sei. Eines der meistgelesenen Bücher des Mittelalters aber verwischte diese Klarheit. Der neunte Mißbrauch in des Pseudo Cyprian »Zwölf Mißbräuchen der Welt«, ist der Mißbrauch der Macht durch den unfähigen König, durch den – Augustins klare Bezeichnung

---

60 Die ehrwürdige Unterscheidung von Ideal- und Realtypus sei vermieden, weil der Realtypus eben der Typus ist und ebenso wie der Grundtenor einen weißen Schimmel der Wissenschaftssprache bildet, und weil ein hinter den verschiedenen jeweiligen Konkretisierungen zu ermittelnder Typus stets eine Abstraktion darstellen muß, die in historischer Perspektive von einem Ideal gar nicht zu unterscheiden ist.

61 Vgl. Kolmer (1989), 89ff.

62 Vgl. als ersten Überblick Peters (1970); Klaniczay (1992), 70 und 77; Walther (1996), 7. – Die trefflichen Ausführungen Blattmanns (1996) leiden etwas daran, daß ein sogenanntes Königsheil die Folie bilden soll, auf der sich der Typ des »rex iniquus« negativ abbilde. Blattmann, 101 f. sieht aber zu recht, daß das Gegenbild der »rex pius et iustus« ist. – Zum »rex iniquus« in merowingischer Zeit: Bund (1979), 353.

63 Bernheim (1918), 58 Anm. 2. Zur patristischen Grundlegung der Leitvorstellung vom »rex iustus« vgl. Stürner (1987), 39 und 65f.

ersetzend – »rex iniquus«.[64] Wegen dieser Unbestimmtheit kann der im Irland des 7. Jahrhunderts entstandene Pseudo-Cyprian im sogenannten Investiturstreit sowohl von den Gegnern als auch von den Anhängern des Saliers herangezogen werden;[65] denn Maßstäbe, an denen die Unfähigkeit eines Herrschers abzulesen wären, entwickelte der Autor nicht, obwohl er das leidende Erdulden einer als ungerecht empfundenen Herrschaft in Frage stellte.[66] Ungerechtigkeit eines Herrschers kann nach Maßgabe der bestehenden Rechtsauffassungen nachweisbar sein; die Unfähigkeit hingegen ist ein weit auslegbarer Sachverhalt.

Das fleißigste Zitatsammeln zum Thema des fehlbaren oder unfähigen Herrschers kann nicht darüber hinwegtäuschen, daß kein mittelalterlicher Autor erläuterte, wie sich diese gelehrten Topoi in der Wirklichkeit darstellen könnten.[67] Wie irreführend es wäre, der Figur des »rex iniquus« einen Realitätsgehalt zuzuschreiben, lehrt eine einfache Überlegung: Der alternde König wäre schon allein kräftemäßig nicht in der Lage gewesen, seine Herrschaft gegen einen angeblich stets widerspenstigen Hochadel zu behaupten.[68] Aber jene Könige des deutschen Mittelalters, denen es vergönnt war, altersschwach und friedlich zu sterben, Rudolf von Habsburg, Karl IV., Siegmund und Friedrich III.,[69] sind in den letzten Jahrzehnten ihres Lebens nicht angefochten worden. Als König Wenzel 1419 starb, war er bereits 19 Jahre zuvor abgesetzt worden. So wichtig uns die Kaiserchronik in der Benennung des Spielraums von Recht und Macht erscheint, so wird sie doch von den Fakten her nicht in der Behauptung bestätigt, daß die körperliche Schwäche eines Königs einen Absetzungsgrund darstellen kann.

Wer nicht voreilig aus Topoi den Typ des »rex iniquus« oder »rex inutilis« konstruiert, wer nicht voreilig ein angebliches Widerstandsrecht mit diesem Typ in

---

64 Pseudo-Cyprianus, De XII. abusivis saeculi, ed. Siegmund Hellmann. (TextUntersGAltchristlLit Reihe 3 Bd. 4/1) 1909, 17 und 52f. Vgl. Kleinschmidt (1974), 51; Hans Hubert Anton, Pseudo-Cyprian. De duodecum abusivis saeculi und sein Einfluß auf den Kontinent, insbesondere auf die karolingischen Fürstenspiegel, in: Heinz Löwe (Hg.), Die Iren und Europa im früheren Mittelalter. Bd. 2. 1982, 568–617; Staubach (1998), 585. – Zum »rex iniquus« als Gegenbild des wahren Herrschers vgl. auch Schulze (1977), 397; Walther (1989), bes. 473f.

65 Robinson (1978), 115ff.

66 Das Prinzip des leidenden Gehorsams sahen zum Beispiel Hrabanus Maurus und Hinkmar von Reims selbst zu Zeiten der Thronkämpfe im karolingischen Reich als den Christen verpflichtend an. Bund (1979), 423f. bzw. Töpfer (1999), 104.

67 Peters (1970), 21f. wies darauf hin, daß erst die Kanonisten versuchten, den seit der Merowingerzeit viel gebrauchte Topos vom »rex inutilis« in jenem rechtlichen Sinne zu definieren, den dann, worauf Walther (1987), 474 hinwies, Innozenz IV. in seinem Dekretalenkommentar unterstellte, um daraus ein päpstliches Absetzungsrecht abzuleiten.

68 Schubert (1987), 141f.

69 Einen Sonderfall stellt Lothar III. dar, der nicht altersschwach, sondern tätig, dem Tod Tribut zollte. Anders als der Tod Barbarossas wurde der seine nicht als Unfall, sondern als natürliches Ereignis von den Zeitgenossen wahrgenommen.

Verbindung bringen will, der sieht sich gezwungen, den mittelalterlichen Vorgängen Schritt für Schritt nachzugehen. Denn die abgesetzten, entmachteten oder angefochtenen Herrscher des deutschen Mittelalters von Heinrich IV. bis Friedrich III. waren alles andere als unfähig oder untauglich. Lediglich Wenzel entspricht einigermaßen den gängigen Topoi; aber gerade in seinem Fall, dem Fall, in dem mit den massivsten Bestechungen in der Geschichte der Königswahl das »velle regibus oboedire« zugunsten des Erbgedankens erreicht worden war, erweist sich ein Vorteil des Wahlreiches: Mochte diesem auch vor 1438 die dynastische Kontinuität mangeln, so kannte es doch nicht die Probleme zum Beispiel geistiger Debilität des Herrschers wie manche Erbkönigreiche. Deshalb wird Innozenz IV. im gleichen Jahr 1245, in dem er einen Kaiser absetzte, die theoretische Figur des »rex inutilis« auf Sancho II. von Portugal unter Berücksichtigung des Erbgedankens anwenden. Den Kaiser hatte er wegen angeblicher Verbrechen, aber nicht wegen seiner »inutilitas« abgesetzt, dem »rex inutilis« Portugals aber gab er einen Vormund. Denn, wie die Dekretale »Grandi« dieses Papstes feststellte, ein Erbkönigtum kann den erbberechtigten Verwandten nicht entfremdet werden.[70]

Gelehrte Typisierungen des unnützen Herrschers erweisen sich als ebenso ungeeignet für die Entwicklung von Leitlinien wie der angebliche Grundsatzstreit zwischen Regnum und Sacerdotium. Eine händeringend gesuchte Leitlinie könnte jedoch aufscheinen, wenn, wie bereits begründet, die Königswahlen in die Untersuchung einbezogen werden müssen. Dabei aber sehe ich mich (etwas widerwillig) zur Abgrenzung von einer bedeutenden historiographischen Leistung gezwungen. Heinrich Mitteis konnte seine Thesen über die Entwicklung der mittelalterlichen Königswahl in einer stringenten Ablaufsschilderung vortragen,[71] konnte vermeintliche Leitlinien verfolgen. Für ihn waren Königswahlen Rechtsakte, die in ihrer Abfolge direkt oder indirekt aufeinander bezogen werden konnten.[72] Die Kunst bestand darin, eine plausibel erscheinende Entwicklung zu konstruieren, eine Kunst, die in der souveränen Auswahl der Fakten – manche Wahlvorgänge werden einfach übergangen – und des Wertens bzw. Verwerfens der jeweils einschlägigen Quellen überzeugend wirkte.[73] Somit konnte er Staatsexamenskandidaten eine Sicherheit bieten, die ich nicht bieten kann; denn es hat nie eine auch nur ansatzweise allgemein akzeptierte Rechtsform einer Königsabsetzung gegeben. Heinrich Mitteis, dessen Leistung gröblich mit der Unterstellung eines Rechtsformalismus verkannt

---

70 Buisson (1958), 288.

71 Heinrich Mitteis, Die deutsche Königswahl. Ihre Rechtsgrundlagen bis zur Goldenen Bulle. 1938. Die zweite Auflage von 1944 wurde zweimal unverändert nachgedruckt: Darmstadt 1965 und 1969.

72 Vgl. nur Mitteis (1944), 45: »Alle Thronerhebungen deutscher Könige vor 1198 sind auf dem gleichen rechtlichen Grundgedanken aufgebaut.«

73 Dazu vgl. Schmidt (1987), 6f. und zu den Einwänden Fritz Rörigs gegen Mitteis: ebd., 7ff.; Dotzauer (1995), 167.

würde, verfolgte die sympathische Idee einer Rechtslogik, die sich allen Irritationen zum Trotz langfristig im Ablauf der Geschehnisse spiegeln müsse. Mein Zweifel an dieser Auffassung begründet letztlich die mangelnde Stringenz meiner Darstellung.

Wahl und Absetzung: Eine Königswahl ist der Regelfall; eine Absetzung hingegen der Sonderfall, aber, wie bereits betont, kein Ausnahmefall. Über Sonderfälle ist naturgemäß keine Stringenz in der Geschichtserzählung zu erreichen, und unser Bemühen, die Geschichte der Königswahlen in die Darstellung einzubeziehen, könnte diesen Mangel nur dann beheben, wenn wir eine verfassungsgeschichtliche Logik annehmen würden. Das aber verwehrt uns die bereits angesprochene Bedeutung des ereignisgeschichtlichen Zufalls. So scheint auf den ersten Blick nicht erreichbar zu sein, was der Untertitel unserer Untersuchung ankündigt, nämlich einen Beitrag zum Werden der Reichsverfassung zu leisten. Dieses Versprechen hoffen wir jedoch deswegen einlösen zu können, weil Herrscherdepositionen und selbst entsprechende Pläne ereignisgeschichtlich ein Fenster öffnen, das den Blick auf Zustände erlaubt, die uns sonst verborgen blieben, weil sie Einblicke in jene Gegebenheiten gewähren, aus denen Verfassung entsteht, Einblicke in die allmählich sich durchsetzende Limitierung des primitiven Machtprinzips, Einblicke auch in konsensgebundene Machtstrukturen.[74] Diese Fenster werden bei Sonderfällen, die zugleich umstrittene Ereignisse sind, weit geöffnet. Was Herrschaft eigentlich ist, wird vor allem deutlich, wenn sie angefochten wird.

Eingezwängt zwischen Baum und Borke ist der Verfassungshistoriker, der dem Ereignis und dem Zufall das ihnen gebührende Gewicht einräumt. Nach der Borke nun zum Stamm! Verfassung entsteht über die in der Zustimmung der Zeitgenossen gesicherten Regeln. Diese Regeln können wandelbar sein, wie etwa die Geschichte der Wahlkompetenz im 13. Jahrhundert lehrt, aber sie müssen, wie diese Geschichte ebenfalls lehren kann, das Kriterium der überpersonalen Verbindlichkeit erfüllen, die langfristig selbst die im mittelalterlichen Sinne verstandene Willkür[75] ausschließt. Von dem Vorstimmrecht der Ersten an der Kur, von dem der Sachsenspiegel sprach, bis zum exklusiven Wahlrecht der Kurfürsten war doch – ansatzweise verfassungsbildend – im späten 13. Jahrhundert eine Regelhaftigkeit des Wahlvorgangs als Voraussetzung für eine Königserhebung akzeptiert, welche die »willkürliche« Meinungsbildung, die Wipo für das Jahr 1024 so anschaulich schildert,[76] ebenso ausschloß, wie das im Jahre 1125 improvisierte Verfahren, welche die Mehrdeutigkeit, die noch im 11. Jahrhundert die Begriffe »eligere« und »electio« kennzeichnete, vereinfachte.[77]

[74] Dazu treffend: Huth (1992), 292.

[75] Wilhelm Ebel. Die Willkür. Eine Studie zu den Denkformen des älteres deutschen Rechts. (GöttingRechtswissStud 6) 1953. Vgl. Dilcher (1994), 11.

[76] Wipo c.2, ed. Bresslau, 13ff. – Zu diesem Bericht vgl. Reuling (1990), bes. 232–241.

[77] Reuling (1990), 231f.

So naheliegend der ereignisgeschichtliche Ansatz auch ist, so enthält er die Gefahr der Einseitigkeit. Verfassungsgeschichte wird gemeinhin in ganz Europa aus der Perspektive der Herrschaft beschrieben. Sowie Anfechtungen der Herrschaft nicht die Nobilitierung als Frühgeschichte des Parlamentarismus erfahren, gelten sie als irregulär. Das Ergebnis ist vorhersehbar: Im Verein mit dem Königtum haben Juristen den Staat erschaffen. Wenn hingegen die Entmachtungsvorgänge und -versuche eine andere Sichtweise nahelegen, ist zu berücksichtigen, daß gescheiterte Konspirationen wenig Überlieferungschancen haben. Alles was in deren Zusammenhang schriftlich niedergelegt wurde, wird nach Möglichkeit getilgt, teils aus Furcht vor dem Sieger, teils aus Veranlassung des Siegers. Da die Sieger über die Überlieferung entschieden, konnte jenes in sich stimmige Quellenkorpus entstehen, das die Monarchie in das Zentrum der mittelalterlichen Verfassungsbildung rückt und die Rolle einer überpersönlichen Institution spielen läßt, von der die neuzeitlichen Entwicklungen der Staatlichkeit, Gewaltmonopol ebenso wie Gewaltenteilung ausgehen konnten.[78] Die Anlehnung der traditionellen Verfassungsgeschichte an die Geschichte der Monarchie ist einseitig. Gerade die Geschichte des Reiches ist geeignet, Verfassungsbildung als einen dialektischen Prozeß der Herrschaft und der Beherrschten zu verstehen, war es doch im Reich dem Kaiser niemals möglich gewesen, den notwendigen Konsens mit den Reichsfürsten aufzukündigen. Wer es wie Karl V. 1547 versuchte, mußte scheitern.

In der Geschichte des Königtums können große, aber beileibe nicht alle Teile der Verfassung beschlossen liegen. Schon allein die Entwicklung der Transpersonalität des monarchischen Gedankens ist nur innerhalb von Rahmenbedingungen denkbar, die unabhängig von der jeweiligen personalen königlichen Herrschaft entwikkelt worden waren; ebenfalls außerhalb der Reichweite des Königtums liegt der immer enger werdende Spielraum von Recht und Macht. Hierzu trugen in erster Linie die Ausformungen des Konsenses und – damit zusammenhängend – des Reichsbegriffs bei.

Der Begriff des Konsenses würde in Gefahr einer anachronistischen Vereinfachung stehen, wenn nicht berücksichtigt würde, daß hinter dem gleichen lateinischen Terminus »consensus« unterschiedliche Sachverhalte sich verbergen können. Der »consensus fidelium« ist bereits in der Merowingerzeit als Umformung spätantiker Prinzipien erschlossen worden.[79] Eduard Hlawitschka wies nach, daß erstmals nach dem Tode Arnulfs von Kärnten die Verbindung von Wahl und »consensus« begegnet.[80] Aber diese Zustimmung zu der erbrechtlich gebotenen Wahl

[78] Zum unterschiedlichen Verständnis von »Verfassungsgeschichte«, wofür das Französische keinen Begriff kennt, in der englischen und deutschen Historiographie vgl. Richard A. Jackson, Introduction, in: Duchhardt u.a. (1992), 1–16, hier: 8 Anm. 43.

[79] Hanning (1982), bes. 50ff.

[80] Hlawitschka (1997), 59f.

eines Kindes kann nicht mit dem Konsens gleichgesetzt werden, den die Großen in salischer Zeit von ihrem Herrscher einforderten; denn der wahre König, der »rex iustus« war an die Zustimmung gebunden, die seine Entscheidungen finden mußten.

Wir wiederstehen der Versuchung kontinuitätsstiftende Leitlinien auf scheinbar unangreifbare, aus den Quellen geschöpfte terminologische Befunde zu stützen. Wenn sich die soziale Stellung der Konsentierenden, der hohen Adeligen, verändert, verändert sich auch der »consensus« in Beziehung zur Königsmacht. Und weiterhin: »Consensus« in einem teilbaren Herrschaftsbereich[81] bedeutet etwas anderes als Zustimmung zu Herrschermaßnahmen in einem unteilbaren, und das heißt bereits: transpersonal gedachten Reich. Ohne unsere Begrifflichkeit überstrapazieren zu wollen, sei festgestellt: »Consensus« im frühen Mittelalter deckt den Sinnbereich des willigen Gehorsams ab, enthält noch keine über die individuelle Königsherrschaft hinausweisenden Elemente. Das aber sollte sich mit dem ausgehenden 11. Jahrhundert ändern. Der Hoftag wird das neue institutionelle Forum für die Herstellung eines Konsenses, der von allgemeiner Billigung bis zu einer so verhaltenen Zustimmung zu herrschaftlichen Maßnahmen reichen kann, daß, wie im Jahre 1196 geschehen, der Herrscher seine Pläne zurückzieht.

Mit dem Konsens ist das Gehorsamsgebot des verfassungsbildenden Treueides unlösbar verbunden. Zerstörter Konsens tritt bei Königsabsetzungen als Aufkündigung der Treueverhältnisse in Erscheinung. Dabei schloß das Gehorsamsgebot, von dem Nikolaus von Kues gesprochen hatte, nicht, wie etwa die Aufstände und Absetzungen in salischer Zeit erweisen, die duldende Untertänigkeit ein. Otto von Northeim hatte es auf den Punkt gebracht: »Solange mir Heinrich ein wirklicher König war, habe ich ihm alles geleistet, was ich einem König schuldig war ... Nachdem er sich aber so unköniglich verhalten hatte, war er nicht mehr derjenige, dem ich Treue schuldig bin.«[82] Daß die Treueide dem König seit dem 14. Jahrhundert auch »von des Reiches wegen« geschworen werden, sollte eine der wichtigsten Voraussetzungen der Deposition Wenzels bilden. Die Konfrontation der beiden, von mehr als drei Jahrhunderten getrennten Zeugnisse hat den Sinn: Bei den Herrscherentmachtungen sind über die Grenzen des Gehorsamsgebotes hinaus die Prinzipien zu ermitteln, aufgrund derer sich aus personalen Beziehungen eine überpersonale Verfassung entwickeln kann.

Von den Großen in salischer Zeit über die Angehörigen des um 1200 ausgebildeten Fürstenstandes bis zu den spätmittelalterlichen Kurfürsten verändert sich der Kreis derjenigen, auf deren Zustimmung der Herrscher in besonderem Maße angewiesen ist. Bei allen Wandlungen erscheint als überzeitliche Forderung die Pflicht des Königs zur Beratung mit seinen Großen. Über drei Jahrhunderte liegen

---

[81] Vgl. Hanning (1982), 170ff. zum Begriff des »consensus« in den Kapitularien.

[82] Bruno c. 25, ed. Schmale, 225.

zwischen dem Sachsenaufstand und der Absetzung Wenzels. Und dennoch sind beide Vorgänge vom Prinzip des Konsenses her vergleichbar. Was die »principes« in salischer Zeit bei der Bevorzugung von Ministerialen im königlichen Rat aufbrachte, beruhte auf dem gleichen Denken wie die kurfürstliche Empörung über Wenzels Regierungspraxis, der seine Räte mit Blanketten ins Reich sandte, in die sie nach eigenem Gutdünken eine königliche Verfügung eintragen konnten. Bei allen Wandlungen besitzt »consensus« einen festen Kern, den der Beratung des Herrschers.

Fern steht dem Konsens der moderne Gedanke des Kompromisses. Die beiden Gedanken werden erst mit der Wandlung des Hoftags zum Reichstag, mit der Ausbildung der ständischen Reichsverfassung im 15. Jahrhundert[83] sich einander annähern.

Ebenso wandlungsfähig wie der Konsens ist eine weitere Rahmenbedingung königlicher Herrschaft, das Reich. Dieses ist weder räumlich noch rechtlich eine konstante Größe, die bei der Verfassungsbildung vorausgesetzt werden kann. Es hat sich allmählich seit salischer Zeit als transpersonaler Begriff königlicher Herrschaft ausgebildet[84] und sich im Spätmittelalter von der transpersonalen zur transnaturalen Größe gewandelt, bis es um 1500 einen neuen Inhalt als Gemeinschaft von König und Reichsständen gewann.[85] Andeutungen mögen fürs Erste genügen. Die das salische Königtum aus ihrer Verantwortung für das Regnum bekämpfenden Großen verstanden unter Reich etwas anderes als die rheinischen Kurfürsten, die im Jahre 1400 in Verantwortung für das Reich einen König absetzten. Um 1100 bezeichnete Reich den transpersonalen Inhalt königlicher Herrschaft bei hochadeliger Mitverantwortung, dreihundert Jahre später war es ein vom Königtum, das »von der Reiches wegen« herrschte, abgelöster Begriff.

---

[83] Um unsere Einleitung nicht allzu sehr zu überfrachten, wählten wir diesen, einen langgestreckten Prozeß vereinfachenden Begriff. Dieser Prozeß drückt sich in seinem Endpunkt darin aus, daß um 1500 unter Reich die Gesamtheit der Reichsstände verstanden werden konnte (Schubert [1979], 253), daß der königliche Hoftag sich zum Reichstag wandelte, und daß schon zuvor über die weitverbreitete Quaternionentheorie den Zeitgenossen das Reich in ständischer Hierarchie versinnbildlicht erschien.

[84] Verwiesen sei nur auf den klassischen Aufsatz von Helmut Beumann, Zur Entwicklung transpersonaler Staatsvorstellungen, in: Das Königtum. Seine geistigen und rechtlichen Grundlagen. (VortrrForsch 3) 1956, 185–224.

[85] Schubert (1979), 275.

3. Die fehlende Tradition der Herrscherabsetzungen vom frühen zum hohen Mittelalter und der Neuansatz in salischer Zeit

Die Aussage der Herrscherentmachtungen von 833 und 887 – Erbrecht und Reichsrecht – die entscheidende Veränderung: die Unteilbarkeit des ottonischen Regnum – die neue Grundlage für Herrscherentmachtungen seit salischer Zeit: Konsensanspruch und Reichsverantwortung der Großen – das gewandelte Verhältnis der »principes« zum König – »rex iustus«: der Wandel des Herrscherbildes – der richtende König als Gesetzgeber – konkurrierende Vorstellungen: der gerechte und der mächtige Herrscher

Daß die Kaiserchronik den für die Zukunft wirksamen Gegensatz von formloser Herrscherverlassung und förmlichem Gerichtsverfahren benennen konnte, erweckt die Frage, wieweit dieser Gegensatz in der Vergangenheit, vielleicht sogar in der Karolingerzeit wurzeln könne. Das Ergebnis sei vorweggenommen. So wichtig der Bericht der Kaiserchronik für das Verständnis des hochmittelalterlichen Absetzungsproblems ist, so wenig sagt er über karolingischen Zustände aus. Es sind für unsere Thematik keine frühmittelalterlichen Wurzeln auszugraben. Die Opposition der Großen gegen Herrscher ist eine überzeitliche Erscheinung und veranlaßt uns nicht, Kontinuitäten und Analogien zu verwechseln. Daß die karolingischen Neuordnungen im Schrift-, Maß- und Münzwesen, vor allem in der Zeitbestimmung[86] dem werdenden Europa ein zur Selbstverständlichkeit gewordenes Erbe vermacht haben, läßt sich nicht, wie wir am Beispiel der Herrscherabsetzungen verdeutlichen wollen, auf das Werden von Verfassung übertragen.

Bei der Absetzung Ludwigs des Frommen[87] ist bereits zu erkennen: Die Formen der Herrscherverlassung durch das Heer, die der Kaiser bei Colmar erfahren mußte,[88] reichen nicht mehr aus. Der in der Zukunft entscheidende Begriff fällt bereits: »deponere«. Dieses aus dem Kirchenrecht übernommene Verb, das die Amtsenthebung eines Klerikers bezeichnet, findet erst jetzt allmählich seinen Weg in den weltlichen Bereich. Zuvor wurden Worte wie »derelinquere«, »eicere«, »deicere« bei einer Herrscherabsetzung gebraucht.[89] Dennoch leiten wir ebenso-

---

86 Arno Borst, Der karolingische Reichskalender und seine Überlieferung bis ins 12. Jahrhundert. (MGH Libri memoriales 2) 3 Bde. 2001.

87 Vgl. neben Bund (1979), 415ff.; Peters (1970), 57ff.; Becher (2001), 36f. Erhellendes an unerwarteter Stelle: Huth (1992), 299f.

88 Bund (1979), 409.

89 Ebd., 378, 420f. und 523. Vgl. ebd., 410f.: Die Quellen zur Absetzung Ludwigs vermeiden den Begriff der Absetzung und fassen sprachlich das Ereignis als Verlust der Macht.

wenig bei dem »consensus« aus dem zukunftsweisenden »deponere« von der sprachlichen eine sachliche Kontinuität ab. Es geht um die Realität hinter den Worten. Bei der Wiedereinsetzung Ludwigs im Dom zu Metz bekennt 835 Ebo von Reims öffentlich und mit voller (also keineswegs gepreßter) Stimme (oder: mit offenen Worten), daß Kaiser Ludwig unrechtmäßig abgesetzt worden sei (»libera voce ... eundem augustum iniuste depositum«).[90] Das »deponere« wird unbeschadet seiner kirchenrechtlichen Herkunft ganz konkret verstanden. Auf Anstiftung Ebos war 833 der gefangene Kaiser so lange gequält worden, bis er seine Waffen ablegte und anstelle seiner kaiserlichen Kleidung das Büßerhemd anzog.[91] (Das entsprach ungefähr dem Verfahren der Dethronisation bei einer Papstabsetzung.) Die Peiniger verstießen den Kaiser in einer Art und Weise, daß niemand mit ihm zu reden wagte, außer denen, die dazu abgeordnet waren (»liminibus ecclesiae pepulerunt ita ut nullus cum eo loqui auderet nisi illi qui ad hoc fuerant deputati«).[92] Neben der wörtlich zu nehmenden »Entkleidung« hat »deponere« also den konkreten Inhalt der an Äußerlichkeiten verdeutlichten Rangminderung, des Sturzes von der Höhe der Herrschaft in die Tiefe des Ausschlusses: Absetzung,[93] aber immerhin: keine Blendung, keine (damit zumeist faktisch verbundene) Todesstrafe,[94] kein Abschneiden des Königshaares, keine zwangsweise Mönchung. Aber: Nicht einmal ansatzweise begegnen die bei Ludwigs Absetzung gebrauchten Formen bei späteren Herrscherabsetzungen wieder, weder im Reich, noch in Europa.

Wurde die Absetzung Ludwigs als »Staatsstreich«, wurde sie als illegitim verstanden?[95] Die Wiedereinsetzung des Kaisers 835 gibt die Antwort. Zwar muß Ebo von Reims, bevor er selbst seines bischöflichen Amtes im Dom von Metz enthoben wird, bekennen, daß das, was gegen Ludwig unternommen worden sei, allen Gesetzen widersprochen habe,[96] aber diese Erklärung reicht nicht aus. Viel zu tief hatte die Absetzung in den gesamten Herrschaftsaufbau eingewirkt. Niemand konnte darin allein ein Intrigenspiel des Erzbischofs von Reims sehen. Ludwig ist personal Unrecht geschehen, und deshalb wird nur das personale Unrecht wieder gutgemacht. Die Rituale bei der Absetzung werden insofern ernstgenommen, als sie eine ebenso zeremonielle Antwort erfahren. Eine förmliche Wiedereinsetzung

[90] Annales Bertiniani, ed. Rau, 28.

[91] Zu der vergleichsweise heranzuziehenden öffentlichen Buße des Kaisers 822 zu Attigny, die keine Demütigung enthielt, vgl. Schieffer (1972), 354f.; Staubach (1998), 587f.

[92] Annales Bertiniani, ed. Rau, 20.

[93] Schieffer (1972), 355f. Vgl. Bund (1979), 417 und 419: »Entkleidung« und Büßergewand sollten die künftige lebenslang währende Unfähigkeit zur Herrschaft in einer Rechtshandlung zur Anschauung bringen.

[94] Zum Beispiel starb 817 der Kaiserneffe Bernhard, nachdem er wegen einer Verschwörung geblendet worden war. Bund (1979), 393ff.

[95] Vgl. zur Unsicherheit der Zeitgenossen in dieser Frage: Bund (1979), 412 und 427f.

[96] Annales Bertiniani, ed. Rau, 28. Vgl. Bund (1979), 426.

findet 835 in Metz statt.[97] Die Krone wird von Priestern vom Altar genommen und Ludwig – der einst von seinem Vater gekrönt worden war – wieder aufgesetzt.[98] Es bildet weiterhin einen rechtssichernden Akt, wenn die Wiedereinsetzung des Kaisers unter größtem Jubel aller Anwesenden (»maximo omnium gaudio«) vollzogen wurde.[99] Bis tief in das 19. Jahrhundert hinein wird der Jubel bei einem Herrschereinzug und die Trauer der Untertanen beim Herrschertod zu den erwünschten (aber noch nicht inszenierten) Erscheinungen öffentlicher Meinung gehören. (Erst die Diktatoren des 20. Jahrhunderts haben mit politischer Regie dieses alteuropäische Erbe öffentlicher Meinung zur Demonstration depraviert.)

Zeremonien überdecken Probleme. Die Gründe der Absetzung Ludwigs des Frommen werden wir nie in all ihren Voraussetzungen erfahren. Daß Sieger die Geschichte schreiben, bedingt Quellenverlust. Bei allen Überlieferungslücken zeigt sich jedoch im Zeremoniell: Trotz der Verwendung des Ausdrucks »deponere«, trotz der Rituale bei Absetzung und Wiedereinsetzung Ludwigs, trotz der Betonung des Gesetzwidrigen bei der Absetzung, ist noch nicht an überpersonal verantwortete Ordnung, an eine entstehende Verfassung zu denken, in deren Rahmen die »depositio« einzuordnen wäre.[100] Verfassung setzt, ohne zur anachronistischen Unterscheidung von öffentlichem und privatem Recht zurückkehren zu wollen, ein Bewußtsein von der Transpersonalität der Herrschaft voraus, aber, wenn wir den Mönchen von St. Bertin folgen, so ist selbst bei Gebildeten die Herrschaft allein in dem personalen Recht des Herrschers begründet. Auf Erbrecht beruht die Stellung des Kaisers, und aus dem Erbrecht leiten die Annales Bertiniani rückblickend die Unrechtmäßigkeit des Verfahrens im Jahre 833 ab. Unverdientermaßen seien Ludwig die vom Vater ererbte Herrschaft und die königlichen Ehren und Titel entzogen worden (»inmerito depositus paterno hereditarioque regno et honore et regio nomine«).[101]

Absetzung und Wiedereinsetzung Ludwigs des Frommen erweisen in ihren Vorgängen einen Träger politischer Entscheidungen, der für die Zukunft hätte verfassungsbildend werden können: der in politischen Fragen urteilende Episkopat.[102] Die Autorität der Bischöfe erst führte die Akte von 833 und 835 herbei. Eine vergleichbare Rolle aber konnten bei aller nach wie vor vorhandenen Autorität die dem König loyalen Bischöfe der ottonischen und salischen Zeit nicht spielen – und seit Gregor VII. beanspruchte der Papst eine Urteilerkompetenz, die zu karolingi-

---

97 Vgl. Bund (1979), 423ff.

98 Annales Bertiniani, ed. Rau, 28.

99 Ebd.

100 Die Depositionsrituale bei den damaligen Papstabsetzungen, die zumeist um den Verzicht des Abgesetzten und seine Selbstverdammung kreisten, waren im Jahre 833 nicht übernommen worden. Vgl. Zimmermann (1968), 197 und 200ff.

101 Annales Bertiniani, ed. Rau, 26.

102 Vgl. Bund (1979), 413, 431ff. und 541f.; Brunner (1979), 72ff.

schen Zeiten von den Bischöfen wahrgenommen worden war. Aber davon abgesehen: Bei aller Autorität, welche Bischöfe in den karolingischen Reichen besitzen können, ist es doch nicht möglich, ihre Rolle dergestalt zu interpretieren, daß sie »die Kirche« vertreten haben, also ein verfassungsbildendes Prinzip der überpersonalen Ordnung. Zu deutlich treten Individualitäten politisch handelnder Bischöfe, zu deutlich auch die Rangabstufungen ihrer jeweiligen Kirchen zu Tage, als daß der erst im hohen Mittelalter entwickelte Gedanke einer institutionellen Verantwortung »der Kirche« auf frühere Zeiten übertragbar sein könnte.

Wir übergehen eine geplante Herrscherabsetzung im Jahre 858, als Ludwig der Deutsche das Reich Karl des Kahlen einnehmen wollte: So viele Klagen über den Zustand des westfränkischen Reiches sollen zu Ludwig gedrungen sein, daß er seine Bruderliebe hinter dem Gebot der gerechten Herrschaft zurückstehen lassen wollte. Eine Herrscherverlassung aber, auf die der ostfränkische König bei seinem Feldzug gerechnet haben mochte, fand nicht statt. Die Bischöfe stützten Karl den Kahlen.[103]

Wie die Absetzung Ludwigs war auch der Absetzungsplan des Jahres 858 Folge eines handfesten Familienkrachs, in dem die Großen lediglich Partei nahmen. Ganz anders die Situation im Jahre 887.[104] Die Großen des ostfränkischen Reiches haben sich von Karl III. abgewandt, haben keine förmliche Absetzung wie im Jahre 833 vollzogen,[105] als sie Arnulf von Kärnten zu ihrem Herren erkoren. Die Sprache der Quellen ist eindeutig, benennt eine Herrscherverlassung: »deficere a fidelitate«, »deficientes«, »relinquerunt«.[106] Mitleid schlägt Karl III. entgegen – aber die Herrscherentmachtung wird nicht in Frage gestellt.[107] Niemand – so klagt insgeheim im dürren Nachrichtenstil der Annalist – habe sich noch um den schwerkranken[108] Karl III. gekümmert. Während für die Annalen von St. Vaast ein direkter Zusammenhang zwischen dem gescheiterten Normannenfeldzug Karls III. und seiner Absetzung besteht,[109] schildern die Mönche, welche die Fuldaer Annalen

103 Vgl. Bund (1979), 453ff. und Staubach (1998), 593ff.

104 Hagen Keller, Zum Sturz Karls III. Über die Rolle Liutwards von Vercelli und Liutberts von Mainz, Arnulfs von Kärnten und der ostfränkischen Großen bei der Absetzung des Kaisers. DA 22 (1966), 333–384. Vgl. Peters (1970), 69f.; Bund (1979), 478ff.; Brunner (1979), 154f.; Schieffer (1993), bes. 146; Blattmann (1996), 97 mit Anm. 57; Becher (2001), 49.

105 Bund (1979), 486. Vgl. ebd., 547ff. zur angeblichen »Absetzungsliturgie« des Jahres 887.

106 Ebd., 483f. Vgl. ebd., 485 und 521.

107 Ebd., 488.

108 Günther G. Wolf, Die Operation Kaiser Karls III. 887. ArchDiplomatik 45 (1999), 15–19: nicht Aderlaß, sondern Schädeltrepanation.

109 »Franci vero australes videntes imperatoris vires ad regendum imperium invalidas, eiecto eo de regno, Arnulfum filium Karlomanni, qui eius erat nepos, in regni solio ponunt.« Annales Vedastini, ed. Rau Bd. 2, 314f. Wie ungenau die Mönche in St. Vaast unterrichtet waren, lassen sie erkennen, indem sie die falsche Nachricht wiedergeben, Karl solle (»fertur«) von den Seinigen erdrosselt worden sein. Ebd., 316. – »A suis strangulatus« – das weiß auch Hermann der Lahme

fortschreiben und den Ereignissen näher stehen, eine Herrscherverlassung. Die Alemannen, die er bei der Verwaltung seines Reiches bevorzugt herangezogen hatte, fielen alle von ihm ab (»ab eo defecerunt«). Als Karl sah, daß er von allen verlassen worden war, bat er Arnulf, ihm einige Orte in Alemannien zu überlassen. Er starb aber bald darauf. Während man ihn in aller Feierlichkeit in der Reichenau begrub, haben »viele Zuschauer den Himmel offen gesehen«. Die Verachtung der Welt wurde von Gott nicht geteilt.[110]

Die Vorgänge von 833 und 887 belegen: Regeln für ein Depositionsverfahren gehören nicht zu dem Erbe, das der ottonischen Herrschaft von den Karolingern vermacht worden war. Und das konnte schon deshalb nicht geschehen, weil die Teilungspraxis im karolingischen Imperium, die teils direkt, teils indirekt auf die Herrschaftsabsetzungen eingewirkt hatte, in den Nachfolgereichen überwunden worden war. Unteilbarkeit des Regnum setzt einen Strukturwandel der Königsherrschaft voraus,[111] der erklärt, warum alle Vorformen von Staatlichkeit in karolingischer Zeit – Kapitulariengesetzgebung, weiträumige Handels- und Verkehrsbeziehungen,[112] Untertaneneid[113] – keine Folgewirkung für das Mittelalter hatten, daß hingegen das Erbe im Alltag, in Schrift, Münze und Zeitmessung lag.

Zu einem Seitenblick auf die Kontinuitätsproblematik zwingt die Frage nach dem Herrscher als Gesetzgeber: Alle karolingischen Normierungen von der Zeitbestimmung bis zu den Münzrelationen sind als gesetzliche Regelungen zu verste-

---

vom Schicksal des letzten Karolingers zu berichten. Maurer (1984), 93 und 97. In solchen Überlieferungen dürften die Sagen vom Kaiser Karl III. wurzeln, der in Neudingen an der Donau erstickt worden sei und als Gespenst den Menschen begegnen könne. Ebd., bes. 94ff.

110 Annales Fuldenses, ed. Rau Bd. 3, 144f.

111 Zu Recht herausgestellt von Eduard Hlawitschka, Vom Frankenreich zur Formierung der europäischen Staaten- und Völkergemeinschaft 840–1046. 1986, bes. 198; Ders. (1997), 56, 60 und 71; Matthias Springer, Fragen zur Entstehung des mittelalterlichen deutschen Reiches. ZfG 43 (1995), 405–420; Eduard Hlawitschka, Der Übergang von der fränkischen zur deutschen Geschichte. Ein Abwägen von Kriterien. ZBayerLdG 59 (1996), 365–394; vgl. auch Franz-Reiner Erkens, Einheit und Unteilbarkeit. Bemerkungen zu einem vielerörterten Problem der frühmittelalterlichen Geschichte. AKG 80 (1998), 269–295. – Dem von mir wegen seiner polemischen Offenheit geschätzten Buch von Brühl (1991) sei ebenso polemisch entgegengehalten, daß es sich leicht argumentieren läßt, wenn man zentrale Gegenargumente außer acht läßt. Die Grundlegung des Reichs der Deutschen war vollzogen, bevor es den entsprechenden Ausdruck gab. Vgl. Karl Schmid, Das Problem der »Unteilbarkeit des Reiches«, in: Ders. (Hg.), Reich und Kirche vor dem Investiturstreit. 1985, 1–15; Schneidmüller (1997), 84ff. Der Bewußtseinswandel von der Eigenständigkeit der Regna zeichnet sich bei Richer von Reims ebenso wie bei Widukind ab. Ebd., bes. 92ff. und 96ff. Dazu auch Ehlers (1997), 10ff.

112 Robert Koch, Fossa Carolina. Neue Erkenntnisse zum Schiffahrtskanal Karls des Großen, in: Konrad Elmshäuser (Hg.), Häfen, Schiffe, Wasserwege. (SchrrDtSchiffahrtsmuseum 58) 2002, 54–70.

113 Matthias Becher, Eid und Herrschaft. Untersuchungen zum Herrscherethos Karls des Großen. (VortrrForsch Sonderband 39) 1993, 78ff.

hen. Aber die Kapitularien mit ihrer Paragraphenfülle fanden vor den Landesordnungen des späten 15. und 16. Jahrhunderts keine legislatorische Nachfolge, was Themenkatalog und – beanspruchte – soziale Tiefenwirkung anging. Zu dem Neuansatz des Herrschaftsverständnisses in salischer Zeit gehört auch, daß bezeichnenderweise der sogenannte Petrus Crassus für ein kaiserliches »ius condendi legum« eintritt, dieses aber nicht aus einer lebendigen Tradition, sondern aus dem Römischen Recht ableitet.[114] Die verwickelte Geschichte des königlichen Gesetzgebungsrechtes[115] können und brauchen wir nicht zu behandeln; denn die Kompetenz des Herrschers, Gesetze zu erlassen, hatte nie den Anlaß zur Opposition, geschweige denn zu Absetzungsplänen geboten. Nur dem modernen Denken erscheinen die sich im mittelalterlichen Verständnis ergänzenden Begriffe von Gebot und Konsens[116] als Gegensätze.

Analogien, aber keine Kontinuität bildet das universalgeschichtliche Problem der Nachfolge des söhnelosen Herrschers. Die Frage, ob der kinderlose Karl III. die Nachfolge durch Adoption zu sichern versuchte,[117] ist deshalb kaum endgültig zu beantworten, weil erstens im Gegensatz zur Antike die Adoption nicht eine selbstverständliche Rechtsnachfolge garantierte, und weil zweitens mit der Herrscherverlassung von 887 gemäß dem Prinzip, daß Sieger die Geschichte schreiben, möglicherweise einschlägige Zeugnisse »bereinigt« wurden; ein den Karolingern bereits so vertrauter Vorgang, daß noch nicht einmal der Name der ersten Gemahlin Karls des Großen zu ermitteln ist, weil diese Ehe durch den Kurswechsel der Langobardenpolitik des späteren Kaisers inopportun erschien.

Allenfalls die schlichte Form der Herrscherverlassung, die Aufkündigung des »velle regibus oboedire«, hätte eine karolingische Tradition für die ottonische Zeit stiften können. An entsprechenden Versuchen fehlte es bekanntlich in der Frühzeit Ottos I. nicht.[118] Und auch darin wäre ein karolingisches Erbe zu suchen, daß nach 936 sich Brüder untereinander um die Herrschaft streiten. Die Königinwitwe Mathilde hatte mit der Auffassung, daß Heinrich geboren wurde, als sein Vater bereits König war (»Henricus natus in aula regia«) seine Ansprüche gegenüber dem Erst-

---

114 Chodorow (1972), 150.

115 Vgl. das Forschungsreferat bei Schlinker (1999), 6ff. und Gerhard Dilcher, Die Zwangsgewalt und der Rechtsbegriff vorstaatlicher Ordnungen im Mittelalter, in: Cordes – Kannowski (2002), 111–153, hier: 121ff. Vgl. auch Gerd Althoff, Ungeschriebene Gesetze. Wie funktioniert Herrschaft ohne schriftlich fixierte Normen, in: Ders. (1997), 282–304.

116 Vgl. Schlinker (1999), 13f. und – exemplarisch – Elmar Wadle, Zum Recht der Heerfahrt jenseits der Grenze: Friedrich Barbarossas Heerfrieden von 1158 als Teil der mittelalterlichen Friedensbewegung, in: Haubrichs – Jäschke – Oberweis (1999), 191–204.

117 Eduard Hlawitschka, Nachfolgeprojekte aus der Spätzeit Kaiser Karls III. DA 34 (1978), 19–50.; Schieffer (1993), bes. 139.

118 Schubert (1997), 124ff.

geborenen gefördert.[119] Dieser ziemlich eigenwilligen Auslegung der Erbfolge setzte Otto I. die schon in seiner Zeit berühmte Krönungsfeier von 936 mit dem Dienst der Herzöge (wobei der Repräsentant des sächsischen Stammes fehlte) entgegen. Das alles weist auf den grundsätzlichen Gegensatz zu den Bruderkriegen in karolingischer Zeit; es geht nicht mehr um Auseinandersetzungen über die einzelnen »regna«, sondern um ein Regnum, dessen Charakter zwar noch schwankend war, das aber unter dem Eindruck von Ottos I. Herrschaft nicht mehr als Regnum Saxonum verstanden werden konnte.[120]

Selbst in der Kindheit Ottos III. sehen wir in den Bestrebungen des Bayernherzogs kein Weiterleben fränkischer Verwandtenkriege. Es ging Heinrich dem Zänker um die Herrschaft im Regnum, nicht um die in einem Teilreich.[121] Ob seine Bestrebungen in das Thema der Herrscherverlassung oder das der Herrscherabsetzung einzuordnen wären (für beide Möglichkeiten lassen sich Argumente finden),[122] halten wir angesichts des schnell erfolgenden einsichtsvollen Verzichts des Bayernherzogs (der erst im 16. Jahrhundert den Beinamen der Zänker erhielt) für belanglos.

Was sind Analogien, was sind Traditionen. Daß noch im hohen Mittelalter Formen der Herrscherverlassung die Königsentmachtungen begleiten, halten wir für Analogien, wie sie sich innerhalb einer von personalen Beziehungen geprägten Herrschaftswelt einstellen können. Dazu gehört auch, daß im Jahre 1077 auf die Königsverwandtschaft des neuen Herrschers noch ebenso geachtet wurde wie zwei Jahrhunderte zuvor bei der Wahl Arnulfs von Kärnten 887.[123] Epochenwandel: Nachdem die Sachsen bereits 1080 mit Hermann von Salm einen König aus nicht königlichem Geblüt gewählt hatten, sollte 1125 mit dem Sachsenherzog Lothar III. der erste einhellig im Reich anerkannte Herrscher gewählt werden, der keine königlichen Ahnen hatte.

Der Spruch des Mainzer Erzbischofs in der Kaiserchronik enthielt einen Leitgedanken unserer Untersuchung, jenen Gedanken, der die Darstellung der einzelnen Vorgänge mit all ihrer Unterschiedlichkeit zusammenhält. Wie entwickelten sich aus Willkür – und eine Herrscherverlassung ist konsensgebundene Willkür im mittelalterlichen Sinne – Regeln, die zur Verfassung führen? Obwohl ich mein Bedauern wiederholen muß, den Leser um Entschuldigung dafür bittend, daß ich die logisch nachvollziehbare Entwicklung nicht liefern kann, läßt sich doch erkennen,

119 Ebd., 124f.

120 Ebd., 101ff.

121 Vgl. Althoff (1997/II), 35 und ebd., 22ff. zu »rebellio« und »coniuratio« in ottonischer Zeit.

122 Giese (1979), 23ff.; Boshof (1997), 17 und 20. – Entscheidend scheint mir jedoch die Berücksichtigung des für die Wahl Ottos II. konstitutiven »sacramentum militare« zu sein, das dem minderjährigen Otto III. nicht geleistet werden konnte. Schubert (1997), 116.

123 Zur Abstammung Arnulfs vgl. Schieffer (1993), 135f.

daß die Frage des »biscof Gebehart« seit dem 13. Jahrhundert eher in seinem Sinne beantwortet wird. Immer rechtlicher werden die Diskussionen. Immer weniger können sich die Mächtigen von dem entfernen, was als Recht im Konsens der Zeitgenossen verstanden wird.[124] Das aber beruht auf Entwicklungen in salischer Zeit.

Konsens, königlicher Rat, Hoftage sind die Stichworte, welche begründen, warum wir unsere Studien in salischer Zeit beginnen lassen. Im Stile eines Rechtsformalismus wären diese drei Faktoren auch unschwer in den karolingischen Regna aufzuspüren; die Unterschiede ließen sich dann mühelos auf den modifizierenden Charakter des Geschichtsablaufs zurückführen. Gegenüber diesen möglichen Einwänden sei festgehalten: Die Verdichtung der genannten drei Faktoren in der späten Salierzeit und ihr neues Zusammenspiel, die zeitliche Häufung also von Hoftagen[125] ebenso wie die massiv erhobene mit dem Interesse des Reiches begründete Forderung der Großen auf Mitsprache lassen nicht nur quantitativ, sondern – was das unteilbare Regnum seit ottonischer Zeit angeht – auch qualitativ einen Neuansatz für die Begründung von Herrschaft und damit auch für Oppositionen gegen diese Herrschaft erkennen. Wenn das Regnum nicht mehr teilbar ist, kann es einen sowohl den König als auch die Fürsten verpflichtenden Charakter gewinnen. Das bestimmt die Diskussion in der Kaiserchronik. Dem Reich ist der König verantwortlich – so die weltlichen Fürsten –, das Reich stellt aber auch – so »biscof Gebehart« – eine Rechtsordnung dar, die den Herrscher selbst schützen kann (»daz iz dem rîche niene zaeme«). Dies bildet den Unterschied zur Herrscherverlassung, einer rein personalen Aufkündigung von Treuebindungen, die als pragmatischer Vorgang hochmittelalterliche Herrscherentmachtungen allenfalls begleiten, aber nicht mehr begründen kann.

Der enger werdende Spielraum zwischen Recht und Macht betraf zunächst den König. Denn dessen Richteraufgabe, von der die Kaiserchronik als selbstverständlich ausging, war mit der Abschwächung von unmittelbarer Gewaltanwendung, von Willkür verbunden. Karl der Große lebt in der kollektiven Erinnerung nicht als machtvoller Herrscher, sondern als gerechter Richter weiter;[126] deshalb kann er

---

124 Vgl. die Zusammenfassung der auf diesen Wandel zielenden Forschungen bei Hartmann (1993), 94ff. und Tilman Struve, Die Wende des 11. Jahrhunderts. Symptome eines Epochenwandels im Spiegel der Geschichtsschreibung. HJb 112 (1992), 324–365.

125 Zur Begrifflichkeit, zum Inhalt und zur Bedeutung von Hoftagen in salischer Zeit vgl. Schlick (2001), 8f., 51ff. und 185f. Ein Einwand gegen diese trefflichen Untersuchungen: Der Begriff des »königslosen Hoftags«, ist damals noch nicht gerechtfertigt. Auch das Argument überzeugt nicht, daß es bei diesen Tagsatzungen um das Reich ging. Ebd., 32 mit Anm. 123 und 51f. Eindeutig unterscheiden die Quellen damals noch zwischen einer Versammlung der Großen und der an die Person des Königs gebundenen »curia«.- Zum Konsensprinzip vgl. auch Suchan (1997), 56ff. und 292f.

126 Robert Folz, Le souvenir et la légende de Charlemagne dans l'Empire germanique médiéval. (Publications de l'Université de Dijon 7) Paris 1950 (Neudruck Genève 1973). Vgl. Schubert

im Spätmittelalter als Inbegriff des Friedensherrschers gelten.[127] Das hatte direkte und indirekte Folgen für die Herrscherdepositionen. Die Gleichsetzung von gerechter Herrschaft mit der Wahrung des Richteramts bestimmte schon die Erzählung der Kaiserchronik. Einig sind sich die Königsgegner und »biscof Gebehart« darin, daß die wichtigste Aufgabe des Königs in seiner Richtergewalt liegt. Die Typen des »rex iniustus« und des »rex inutilis« erscheinen hier noch deckungsgleich.

Macht: Kein König des hohen und späten Mittelalters hatte es noch wie einst Otto III. wagen können, einen seiner mächtigsten Großen zur Strafe für dessen Widerspenstigkeit ausprügeln zu lassen.[128] Und diese Bestrafung erschien um das Jahr 1000 den Zeitgenossen noch keineswegs als ungewöhnlich; erfahren wir davon doch erst im Zusammenhang mit einem anderen Ereignis, mit der Königswahl von 1002. Beeindruckend ist die den Forschungen von Adelheid Krah zu verdankende Liste der Bestrafungen von Großen durch die Herrscher in der Zeit von Karl dem Großen bis Heinrich III.[129] Diese haben seit Ludwig dem Frommen – anders als unter seinem Vater – »hauptsächlich Vertreter der höchsten fränkischen Adelsschicht betroffen.«[130] Wer so vorgeht, braucht sich um gegen ihn gerichtete Konspirationen nicht zu sorgen,[131] die schließlich zu seiner Absetzung führen werden. Seit ottonischer Zeit hingegen begnügen sich die Herrscher selbst »bei Hochverrat häufig mit einer öffentlichen Unterwerfung«,[132] für die regelhafte Rituale entwikkelt wurden.[133]

Die Zeit, in der sich Hoftage und Konsens als gestaltende Faktoren durchsetzen, ist die Zeit, in der die archaische Form von Gewalt und Gegengewalt im Verhältnis der Großen zum Königtum überwunden wird. Ein Beispiel. Mit einem Zweikampf in der Pfalz zu Pöhlde konnte noch Heinrich III. 1048 die Beweisfrage einer Konspiration entscheiden lassen, mit einem Zweikampf, der ein grausiges Nachspiel hatte.[134] Als aber Heinrich IV. fordert, daß der baierische Herzog Otto von Northeim sich am Königshof gegen Konspirationsvorwürfe rechtfertige, folgt der Herzog dem nicht, was ihm keine Quelle als Feigheit auslegt.[135]

(1979), 114 Anm. 6. Dazu: Wilfried Hartmann, Karl der Große und das Recht, in: Karl der Große und sein Nachwirken. 1200 Jahre Kultur und Wissenschaft in Europa. Bd. 1. Turnhout 1997, 173–192. – Zur Berufung auf Karl den Großen in salischen und staufischen Urkunden vgl. Zotz (1998), 240ff.

[127] Vgl. das Beispiel des Johann von Viktring: Hillenbrand (1982), 449f.

[128] Schubert (1997), 199 mit Anm. 213.

[129] Krah (1987), 379ff.

[130] Ebd., 81.

[131] Vgl. ebd., 60ff.

[132] Becher (2001), 40.

[133] Althoff (1997/II).

[134] Schubert (1997), 214.

[135] Lampert, ed. Fritz, 124 und 126. Vgl. Tellenbach (1988), 355; Althoff (1997/II), 45.

Die Großen fordern den Konsens – für sich. Das Volk sah nicht dieses Prinzip, sondern den Effekt. Es hoffte auf den friedensschaffenden Herrscher. Und auf das Volk waren – ein Begleitthema unserer Untersuchungen – auch die Großen angewiesen. Frieden aber vermochte, wovon die Menschen überzeugt waren, nur ein starker Herrscher durchzusetzen.[136] Deswegen sollte in der spätmittelalterlichen Begriffssprache »gewaltig sein« zum Synonym für »herrschen« werden. Die Offenheit der im Mittelalter angelegten Entwicklungen zeigt sich nicht zuletzt in der Fähigkeit, konkurrierende Prinzipien gemeinsam zuzulassen. Neben dem Prinzip des Konsenses steht das der Macht. Wir denken gar nicht daran, letzteres mit Verweis auf die einseitige Auslegung in der älteren Forschung in Frage zu stellen, auch wenn wir im Verlauf unserer Untersuchung gegen die »Machthistoriker« polemisieren werden.

Der Konsens mit den Großen kann die königliche Macht ebenso schwächen wie stabilisieren. Entscheidend bleibt stets, daß die Herrschaft des Monarchen durch seine Verantwortung für den Frieden legitimiert wird. Aus dieser verantworteten Macht kann im Königreich Sizilien während der Herrschaft Rogers II. sogar eine Umdeutung des traditionellen Tyrannen-Bildes erfolgen. Zur Friedenssicherung kann tyrannische Macht gerechtfertigt sein: »tyrannus utilis«.[137] Selbst wenn dieser Begriff keine weitere Verbreitung erfahren hat, so oszillieren in ihm an der Oberfläche tiefere und weit verbreitete Vorstellungen, wie sie etwa im Reich des 13. Jahrhunderts ältere Auffassungen präzisierend benannt wurden. Der König braucht Macht, um Frieden zu schaffen;[138] fehlt ihm diese, sind Zwietracht und Unfrieden die unvermeidlichen Folgen.[139]

Verfassung bedarf – wir wiederholen – der Akzeptanz durch die Betroffenen, was uns immer wieder zwingen wird, die öffentliche Meinung, den zeitgenössischen Kommentar zu den Ereignissen zu berücksichtigen. So wenig ansonsten über die Haltung des gemeinen Mannes zum Handeln der Großen zu erfahren ist, so erregen doch gerade Absetzungsvorgänge die öffentliche Meinung in einem Maße,

---

[136] Schon bei Alkuin konnte man den später immer wiederholten Gedanken lesen, daß die Bösen nur mit Furcht und Schrecken zu bessern seien. Stürner (1987), 98 und 106. Zur Aufgabe des Königs, Furcht zu verbreiten, um den Frieden zu schaffen, vgl. für das Hochmittelalter: Karl Leyser, Herrschaft und Konflikt. Adel und König im ottonischen Sachsen. 1984, 62; Vollrath (1996), 43; Hans-Werner Goetz, »Potestas«. Staatsgewalt und Legitimität im Spiegel der Terminologie früh- und hochmittelalterlicher Geschichtsschreiber, in: Franz-Reiner Erkens – Hartmut Wolff (Hgg.), Von Sacerdotium und Regnum. Festschrift für Egon Boshof. 2002, 47–66.

[137] Helene Wieruszowski, Roger II of Sicily, »Rex Tyrannus« in Medieval Political Thought. Speculum 38 (1963), 46–78.

[138] Kaufhold (2000), 104, 106f. und 110f.

[139] Ebd., 125f. Diese Zusammenhänge sind schon Hinkmar bekannt. Töpfer (1999), 104. Sie gelten aber in der Karolingerzeit angesichts der königlichen Zwangsgewalt als derart selbstverständlich, stellten eigentlich nur eine Legitimierung des Bestehenden dar, so daß anders als im 13. Jahrhundert eine nähere Reflexion ausblieb.

welches Rückschlüsse auf allgemeine Vorstellungen zuläßt. Das wird, wir beschränken uns auf dieses Beispiel, bei der Bewertung der Herrschaft Ludwigs des Bayern zu der grundsätzlichen Frage führen, ob diese Herrschaft tatsächlichen in einem Maße angefochten war, wie es die Verlautbarungen aus Avignon unterstellen.

Die Sehnsucht des Gemeinen Mannes nach dem friedenschaffenden Herrscher, nach dem »rex pacificus«[140] brauchte gar nicht die von Gelehrten herangezogene Berufung auf die göttliche Weltordnung, wonach Christus der »princeps pacis« gemäß der Messiasprophetie (Jesaja 9.6) war, brauchte auch nicht die augustinische Forderung von »pax et tranquillitas« als Inbegriff wahren weltlichen Regiments;[141] schon allein die Lebensumstände forderten Frieden. Selbst ein machtbewußter Herrscher – wir begnügen uns mit diesem Beispiel –, selbst Heinrich II. unterließ 1002 einen Feldzug, bewegt von den Klagen armer Leute, die am meisten unter den Kriegen der Großen zu leiden hatten.[142] Im Hochmittelalter wurde die Sehnsucht nach dem »rex pacificus« immer konkreter: Mit Gewalt muß der Friede herbeigeführt werden.[143] So wird schon in Dichtungen des 13. Jahrhunderts die Friedensklage zugleich zur Forderung, der Herrschaftsverantwortung zu genügen,[144] einer Verantwortung, die König und Fürsten gleichermaßen auferlegt war.[145] Nur anzudeuten war in diesem Zusammenhang, was mehrfach bei den Depositionsvorgängen etwa im Jahre 1106, in der zeitgenössischen Bewertung des Thronsturzes von 1298 und selbst (allerdings in abgeschwächter Form) noch bei der Absetzung Wenzels sichtbar werden wird: Der gemeine Mann sah seine Friedenshoffnungen eher beim König als bei den Großen aufgehoben.

Die verschiedensten Orientierungen werden sich in den Kämpfen seit salischer Zeit feststellen lassen: traditionell hierarchische, kirchliche, erbrechtliche, stammesgebundene und verwandtschaftliche Interessen. Allesamt haben sie vordergründig nichts mit Verfassungsbildung zu tun. Aber inmitten dieser konkurrierenden Orientierungen bildet sich eine unter den Großen konsensfähige Vorstellung vom Reich heraus. Es ist keineswegs ein überlieferungsgeschichtlicher Zufall, daß sich jetzt der Begriff vom »Regnum Teutonicum« durchsetzt.[146] Den zweiten

---

140 Vgl., auch zu den Nuancen dieser Sehnsucht: Hagenlocher (1992), 184ff.

141 Vgl. ebd., 191ff. zur Rezeption dieses augustinischen Gedankens bei Wipo und bei Otto von Freising. Für das Spätmittelalter vgl. nur die Bedeutung, die Johannes von Viktring diesem Gedanken gibt, an dem er die Leistung eines Herrschers mißt, Hillenbrand (1982), 447 und 453.

142 Thietmar V. 13, ed. Trillmich, 206. Vgl. in diesem Zusammenhang Schulze (1982), 181f.

143 Hagenlocher (1992), 202ff.

144 Ebd., 231ff.

145 Ebd., 237ff.

146 Vgl. Joachim Ehlers, Die Entstehung des deutschen Reiches. (EdG 31) 1994, 47f. und 98; Heinz Thomas, Die Wahrnehmung der »Anderen« im Spiegel schwäbischer und oberitalienischer Schriftzeugnisse des 10. und 11. Jahrhunderts, in: Maurer – Schwarzmaier – Zotz (2001), 53–81, hier: 68f. – Zum Begriff des regnum Teutonicum bei Lampert vgl. Thomas (1992), 270ff.

Grund neben dem Stichwort Konsens für das zeitliche Einsetzen unserer Studien bildet also das Stichwort Reich. Was in ottonischer Zeit noch schlicht als »Regnum« zur Bezeichnung genügte, wird seit der ausgehenden Salierzeit terminologisch präzisiert, Vorbereitung dessen, was in der staufischen Epoche zum »sacrum imperium« führen wird.[147]

[147] Dabei ist nicht zu übersehen, daß der seit 1110 begegnende Titel »rex Romanorum« eine »deutliche Antwort auf die ›rex-Teutonicorum‹-Politik der römischen Kirche seit Gregor VII.« ist. Zey (2000), 478.

Erster Teil: Schrift und Verfassungsbildung. Mittelalterliche Theorien der Herrscherabsetzung und ihr Realitätsbezug

In der Natur der Wissenschaft liegt die selten eingestandene Parteinahme für den Wert gelehrter Analysen, die in ferner Vergangenheit formuliert worden waren. Taktvoll werden dabei – schließlich grüßen sich über die Zeiten hinweg Kollegen – Widersprüche eingeebnet oder gar ausgeblendet; und vor allem wird die Frage nach dem Realitätsbezug wissenschaftlicher Ansichten nicht gestellt. Wenn hingegen im folgenden die These vertreten wird, daß nicht die Feder, sondern das Schwert über Königsabsetzungen und damit über das Werden von Verfassung entschied, so hoffe ich, daß ich mir trotz dieser groben Vereinfachung das Vertrauen des Lesers mit der Versicherung vorerst erhalten kann: Ich habe mich keineswegs voreingenommen, sondern nach Maßgabe meiner Irrtumsfähigkeit um eine nüchterne Prüfung der Absetzungstheorien bemüht.

Ich trenne mit der Gliederung Ereignis- und Wissenschaftsgeschichte und weise allein schon dadurch letzterer einen isolierbaren Charakter und damit indirekt mangelnde Bedeutung für die politische Wirklichkeit zu. Gefahr der Einseitigkeit. Nur langatmig können vorerst die Begründungen ausfallen, wonach diese Einseitigkeit vom Gegenstand erzwungen ist. Allein der Preis, den ich deswegen für die Darstellung zahlen muß, ist hoch. Wieviel kulturelles Flair gibt einer Ablaufsschilderung nicht der Verweis auf zeitgenössische Gelehrsamkeit? Staubtrocken muß ohne solche Verweise die Erzählung politischer Geschichte wirken, weil das früher als Gegenmittel verwendete Pathos mir nicht mehr zu Gebote steht.

Es gibt einen methodischen Grund für die auf den ersten Blick künstliche Trennung. Das Insert kanonistischer Lehrsätze in die Ereignisgeschichte ist in den meisten Fällen nur durch die Annahme eines im Interesse des Papsttums errichteten festen kanonistischen Lehrgebäudes plausibel gemacht worden. Aber schon allein die Überlieferungs- und Diskursproblematik des Kirchenrechts stellt in Frage, ob mit dem zielgerichteten Ausbau eines hierokratisch das Papsttum gegen das Königtum stützenden kanonistischen Systems überhaupt zu rechnen ist. Gern wird die Metapher vom Lehrgebäude der mittelalterlichen Kirche gebraucht. Ich nehme diese Metapher auf, um angesichts der Überlieferung des kanonistischen Wissensstoffes festzustellen: Nicht im Versammlungsraum dieses Gebäudes, nicht dort, wo sich alle einfinden, die mit kirchenrechtlichen Argumenten ihre Ansprüche verfechten wollen, sind die Texte zur Herrscherdeposition zu finden, sondern in einem Nebengelas, für das eigene Schlüssel notwendig waren.

I. Erschließen Papst und Kanonisten die rechtliche Möglichkeit einer Königsabsetzung?

1. Das vermeintliche Schlüsselbund – die unterschiedlichen kanonistischen Begründungen einer päpstlichen Absetzungskompetenz

Konnte es allgemein akzeptierte kanonistische Lehrsätze zum Depositionsrecht geben? – die Herrscherabsetzung als Randthema der Kanonistik – die Absetzung Heinrichs IV. als Präzedenzfall? – die nur unterstellte Programmatik Gregors VII. und der Dictatus papae – die ausbleibende Rezeption der Ansprüche Gregors VII. – Gratian – die Ableitung hochmittelalterlicher Depositionstheorien vom Thema des Gewaltenverhältnisses – die Dekretalen Innozenz III. und ihre Wirkungen

Die von der Verlaufsgeschichte getrennte Darstellung der Lehrmeinungen von Kanonisten und Legisten ist (unabhängig von unserer Ansicht der mangelnden Realitätswirkung ihrer Gelehrsamkeit) unumgänglich. Das seit dem 12. Jahrhundert sich entwickelnde gelehrte Recht kannte nicht jene Zeitgebundenheit, die sich aus der aktuellen politischen Situation herleiten konnte. Schon allein die Verbreitung und Zugänglichkeit von Handschriften entschied über das, was heute als »Stand der Forschung« bezeichnet wird. Die immer wieder unterstellte Autoritätsgläubigkeit unserer mittelalterlichen Kollegen ist in Wahrheit eine Frage der Bücherbeschaffung.[1] Das schließt für unsere Fragen nach dem gelehrten Recht allerdings nicht aus, daß mit der Glossierung von Dekret, Dekretalen und (im weltlichen Recht) Corpus iuris sich im 13. Jahrhundert an Europas Hohen Schulen – ansatzweise – eine Aktualisierung des Wissensstandes ergab. Dies jedoch – und betont sei das »ansatzweise« – war nicht von neuen Anforderungen der Welt diktiert und erfolgte auch selten über Kontroversen und deren Lösungen, sondern beruhte auf einer Akzeptanz bestimmter Texte in der wissenschaftlichen Welt, auf einer Ak-

[1] Vgl. zu den Schwierigkeiten der mittelalterlichen Gelehrten bei der Bücherbeschaffung. Miethke (1992), 9. – Die bedeutende Rolle der Bettelorden bei der Entstehung von »Publikationskanälen« (ebd., 16ff.) schlägt sich auch in ihrer Bedeutung für die Entwicklung der politischen Theorien nieder. Coleman (1992), 176ff. – Zur Frage der Erreichbarkeit speziell der kanonistischen Texte vgl. Miethke (2000/II), 20.

zeptanz, die sich etwa in Bezeichnungen wie »Glossa ordinaria« für den nach 1215 verfaßten Apparat des Johannes Theutonicus zum Dekret, für das Werk des Tancred um 1220 oder für den Kommentar des Bernardus Parmensis († 1266) zum Liber Extra spiegelte. In der Legistik faßte die »Glossa ordinaria« des Accursius die seit Irnerius überlieferten mehr als 96000 Glossen zum Römischen Recht zusammen.[2]

Am Beispiel der Herrscherabsetzungen behandeln wir die Frage, wie sich unter den erschwerten mittelalterlichen Kommunikationsbedingungen Lehrmeinungen bilden konnten. Zu bedenken ist dabei, daß angesichts des gewaltigen Wissensstoffs, den allein schon das Decretum Gratiani birgt – selbst die platzsparende moderne Edition Emil Friedbergs gibt davon eine Vorstellung –,[3] das Thema der Königsabsetzung von eher marginaler Bedeutung sein mußte. Studienführer, um in den kanonischen Stoff einzuführen und ebenso Nachschlagewerke, welche entweder alphabetisch oder nach Sachgruppen geordnet wurden, waren angesichts der riesigen Stoffülle unentbehrlich.[4] Die Studenten, die entscheidenden Traditionsträger, wird dabei die Depositionsproblematik weit weniger interessiert haben als die Gegenstände des vielgestaltigen kirchenrechtlichen Alltags, die es – schon allein wegen der Aussicht auf Pfründen – zuerst zu lernen galt.[5]

Allerdings kann auch kanonistischer Lehrstoff, der im akademischen Unterricht eher am Rande stand, politisch aktuell werden. Das war bei der Herrscherdeposition im Jahre 1245 durchaus der Fall, aber eben nur in diesem Jahre. Ein Papst wie Innozenz IV. konnte auf gediegenes Expertenwissen zurückgreifen. Die Kurfürsten hingegen, die 1298 Adolf von Nassau absetzten, mußten sich mit den Kenntnissen eines kanonistisch ziemlich unbedarften Klerikers behelfen. Die berühmten Proseminarfragen sind also für unser Thema zu variieren: Wer kann überhaupt aus der Masse des gelehrten Rechts was aus welchen Gründen wann und mit welchen Hilfsmitteln zu wessen Nutzen anwenden?

Umständlich werden im folgenden unsere Ausführungen sein. Das liegt in der vielberufenen Natur der Sache; denn über das päpstliche Recht einer Fürstenabsetzung bestand selbst bei papsttreuen Gelehrten kein politisch instrumentalisierbarer Konsens. Und sodann: Die in vielen Forschungen immer wieder unterstellte, aber nie belegte, geschweige denn bewiesene Wirkung auch jener kirchenrechtlichen Grundsätze, die außerhalb des unmittelbaren kirchlichen Administrations-

---

2 Sellert (1998), 128f.

3 Genauer wird die Vorstellung des gewaltigen Wissensstoffes durch die großartige Aufschlüsselung von Stephan Kuttner, Repertorium der Kanonistik (1140–1234). Prodromus corporis glossarum. (Studi e Testi 64) Città del Vaticano 1937 (Neudruck 1972).

4 Vgl. Becker (1998), 16f.; Ders. (2001), 283f. Vgl. grundsätzlich: Dieter Girgensohn, Anleitungen zum Studium der Jurisprudenz an den Universitäten des späteren Mittelalters, in: Landau – Müller (1997), 523–552.

5 Sellert (1998), 133.

bereichs lagen, gilt es zunächst einmal zu prüfen. Um das Ergebnis vorwegzunehmen: Natürlich wurden immer wieder bei Adelsoppositionen »iuris periti« herangezogen. Die Frage ist aber nicht, ob die Mächtigen Juristenwissen für nützlich bei der Legitimierung ihrer Aktionen gehalten haben, sondern ob sie sich von Juristenwissen leiten ließen. Und letzteres verneinen wir. Im Gegensatz zu unserer Ansicht vertritt Helmuth G. Walther die Auffassung, daß Rechtsgelehrte politisches Handeln hätten bestimmen können.[6] Bei den von ihm gewählten Fallbeispielen, etwa der Absetzung Richards II. von England oder der des römischen Königs Wenzel, bleibt die Frage offen, ob die hier begegnenden Experten nicht lediglich das bereits Beschlossene mit dem Mantel des Rechts einkleideten. Wenn dann zu Zeiten Kaiser Friedrichs III. gelehrte Räte direkt in das Räderspiel der Macht einzugreifen versuchen, nutzen sie ihre Vertrautheit mit den politischen Ränken, nicht aber ihre Vertrautheit mit dem gelehrten Recht.

Unseren Verdacht gegen die sogenannten Leitlinien haben wir bereits artikuliert. Bei der angeblichen Leitlinie der Auseinandersetzung zwischen Regnum und Sacerdotium bereitet bereits der Ausgangspunkt, die Auseinandersetzung zwischen Gregor VII. und Heinrich IV., Kopfzerbrechen. Der Frage der Königsabsetzung, einem eigenen, aber kleineren Thema innerhalb des sogenannten Investiturstreits, werden wir in ihren politischen Voraussetzungen und Wirkungen noch nachgehen, aber selbst von den theoretischen Prämissen her gesehen, erscheint der erwähnte Ausgangspunkt problematisch. Jedoch sei zugestanden, daß unsere künstliche Trennung einer gewissermaßen »theoretischen« von der »faktischen« Seite der Herrscherentmachtung auch in diesem Fall die Gefahr einer Ergebnismanipulation dergestalt enthält, daß durch diese Trennung die »theoretische« Seite verharmlost wird. Den entsprechenden Verdacht hoffen wir im Folgenden dadurch entkräften zu können, daß wir immer wieder bei den Flüssen der Überlieferung die Brücke zwischen den beiden Ufern von Theorie und Praxis suchen. Ausgerechnet in dem scheinbar so eindeutigen Fall der Absetzung Heinrichs IV. durch Gregor VII. sehen wir allerdings keinen gangbaren Steg, um trockenen Hauptes durch die Flut von Forschungsmeinungen zu gelangen. Darum sei selbst unter der Gefahr, von diesen Fluten überspült zu werden, eine Furt gesucht, die uns durch folgende Gegebenheiten an den beiden Ufern verlockt. Der Ufergrund der Argumentation Gregors VII. in Fragen der Herrscherabsetzung ist ziemlich seicht. Argumentativ hat der große Papst in diesem Fall nicht viel zu bieten. Ohne den Aufstand der Sachsen wäre sein Vorgehen gegen Heinrich IV. verpufft. (Eine so lange gewiß als vorwitzig zu bezeichnende Behauptung, so lange wir nicht in unserem »Faktenteil« den Beweis antreten werden.) Das andere Ufer: Die Entwicklung der öffentlichen Meinung in jener Zeit zeigt, daß die Leidenschaftlichkeit

---

[6] Walther (1996), 5.

des Papstes die Zeitgenossen zur Stellungnahme zwang. Die Fragen, die er aufwarf, waren schließlich nur vordergründig die zwischen Regnum und Sacerdotium, sie waren für die Zeitgenossen unlösbar mit den Fragen nach gerechter und ungerechter Herrschaft verbunden.[7]

Referiert sei, was uns als seichte Argumentation Gregors VII. erscheint, die folgerichtig Korrekturen selbst bei jenen Gefolgsleuten erfahren hat, die mit ihm die Notwendigkeit der Kirchenreform erkannten. Diese Reform, nicht aber das Verhältnis zum Regnum war das zentrale Anliegen des Papstes. (Das zeigt schon rein quantitativ selbst ein oberflächlicher Blick in das »Registrum« Gregors.) Er hatte darüber hinaus kein »Programm«, welches die Eigenständigkeit der weltlichen Königsherrschaft verneint. Die anachronistisch unterstellten hierokratischen Konzeptionen hat es noch gar nicht gegeben. Um einen prinzipiellen Gegensatz von Regnum und Sacerdotium konstruieren zu können, sah sich die Forschung oft zur selektiven Interpretationskunst veranlaßt. Sie unterstellte Gregor VII. ein klares Ziel. Obwohl dessen Pontifikat an programmatischen Erklärungen nicht gerade arm ist, konnte in diesem angeblichen Grundsatzstreit nicht auf eine eindeutige päpstliche Verlautbarung zurückgegriffen werden. Konstruktion. »Die päpstlichen Intentionen werden ... in vereinzelten und in ihrer Bedeutung umstrittenen Texten ausfindig gemacht wie dem Dictatus papae; oder situationsbezogene Konstellationen werden für das gesamte Pontifikat verallgemeinert«.[8] Monika Suchans zutreffender Formulierung sei angefügt: Geschichte selbst, die seit den großen Konzilien des 15. Jahrhunderts nie verstummende Frage nach dem institutionellen Wert des Papsttums, die Frage, die vom Humanismus über die Reformation bis hin zum Kulturkampf in immer neuen Argumentationsketten gefesselt wird, spiegelt sich in der Unterstellung eines hierokratischen Programms Gregors VII. Der Gehorsam, den er forderte, hatte – wie Werner Goez darlegte –[9] mit seinem Charakter viel, mit Hierokratie wenig zu tun.

Aber gibt es nicht ein klares Zeugnis, wonach es Gregor VII. um eine grundsätzliche Frage des Verhältnisses von kirchlicher und weltlicher Gewalt gegangen war? Im Satz 12 des Dictatus papae wird das päpstliche Recht der Kaiserabsetzung als unumstößliche Gewißheit hingestellt: »Quod illi liceat imperatores deponere«.[10] Wieweit darf fünf – allerdings wuchtigen – Worten ein Programm abgelesen werden? Wir übergehen, daß der Dictatus papae gar keine Wirkungsgeschichte gehabt

---

7 Vgl. Suchan (1997), bes. 13 und 15.

8 Ebd., 9.

9 Goez (1978), 193–216.

10 Vgl. zum Dictatus papae die Forschungszusammenfassung bei Hartmann (1993), 86f. und 94f. – Ohne Angabe von Gründen behauptet Laudage (1993), 100, daß der Dictatus papae die »Rechtsbasis« dafür gebildet hatte, »daß Gregor ... 1076 über Heinrich IV. den Bann verhängen konnte.«

hat[11] und nehmen zunächst an, daß er wenigstens die Intentionen des Pontifex enthalten könnte. Gregor hat immerhin entsprechende Positionen, allerdings vorsichtiger formuliert, in seinem berühmten Brief an Hermann von Metz näher begründet, wobei er Exkommunikation und Absetzung unterschied und für letztere den Fall des Jahres 751 heranzog. Dieser Brief war eigentlich eine Enzyklika;[12] er ist »das längste Stück in der gesamten Korrespondenz Gregors«,[13] und er ist weit verbreitet, findet sich in den Rechtssammlungen des Kardinals Deusdedit und des Anselm von Lucca.[14] Anselm faßt den entsprechenden eher vorsichtig formulierten Abschnitt mit dem Lehrsatz zusammen, der zwar nicht dem Wortlaut, wohl aber den Intentionen des Briefes entspricht: »Quod apostolico liceat imperatores excommunicare et deponere«.[15]

Wir übergehen, daß der Dictatus papae und Kardinal Deusdedit von Kaisern gesprochen haben, daß aber 1076 ein König exkommuniziert und 1080 ein König abgesetzt wurde. In einer Zeit, in der noch nicht wie im Italien des Spätmittelalters die terminologischen Unterschiede zwischen römischem König und Kaiser abgeschliffen waren, scheint das doch darauf hinzuweisen, daß die beiden zitierten Sätze gar nichts mit dem Schicksal Heinrichs IV. zu tun haben. Aber selbst wenn: Was besagen die fünf wuchtigen Worte des Dictatus papae, wenn man sie mit dem Verhalten Gregors VII. nach 1076 konfrontiert? Er hatte zwischen Heinrich IV. und Rudolf von Rheinfelden bis 1079 zu vermitteln versucht. Es bestehen zwar wenig Zweifel, daß Gregor eher Rudolf als Heinrich zuneigte, aber dennoch sind seine Vermittlungsbemühungen nicht taktischer Natur. Im Mittelpunkt seines Denkens stand nicht der momentane politische Erfolg, sondern die dauernde »auctoritas« seines Amtes. Aus der vom Salier mißachteten päpstlichen Würde war der Konflikt entstanden,[16] mit dieser Würde aber war eine parteiliche Stellungnahme für den »Gegenkönig« unvereinbar. Vermittlung also. Dabei ging es gar nicht um Regnum und Sacerdotium, sondern, wie es Berthold von der Reichenau darstellt, um die Überwindung des Zerwürfnisses zwischen dem Salier und seinen Großen; die »discordia inter regem et principes« war das Thema.[17]

---

[11] Gilchrist (1973), 70; Hartmann (1993), 87. Schieffer (1986), 57 stellte fest, »daß die zeitgenössische und überhaupt die mittelalterliche Resonanz der 27 ›Leitsätze‹ ganz erheblich hinter der Aufmerksamkeit zurückbleibt, die sie bei modernen Historikern gefunden haben«.

[12] Vgl. Stefan Beulertz, Gregor VII. als Publizist. Zur Wirkung des Schreibens Reg. VIII, 21. ArchHistPont 32 (1994), 7–29.

[13] Fuhrmann (1989), 130.

[14] Kempf (1975), 123.

[15] Ebd.

[16] Dazu zuletzt: Suchan (1997), 93ff.

[17] Berthold, ed. Robinson, 168 und 180f. Daß die päpstlichen Vermittlungsbemühungen scheitern, liegt für Berthold natürlich nur an Heinrich, während Rudolf nach Kräften diese Bemühungen gefördert habe. Ebd., 212, 214 und 276 zum Jahre 1073.

Der Forschung blieb nicht verborgen, daß die Berufung auf fünf Worte angesichts des päpstlichen Verhaltens zwischen 1076 und 1079 keine verläßliche Stütze eines nachzuweisenden gregorianischen Programms bilden konnte. Eine neue Quelle mußte her. Hubert Mordek hat aus den »Propriae auctoritates«, die Anselm von Lucca überliefert, einen zweiten Dictatus Papae herauszulesen versucht, wobei in unserem Zusammenhang besonders der Satz 27 interessiert: »(Papa) regna mutare potest, ut Gregorius Stephanus Adrianus fecerunt«.[18] Mordeks auf das Schreiben des Papstes an Hermann von Metz 1081 gestützte These, »daß Gregor die ›Propriae auctoritates‹ wenn nicht verfaßt, so doch durch ihre Benutzung in einem offiziellen Schriftstück approbiert hat«,[19] unterzog Friedrich Kempf der Prüfung. Die größere Wahrscheinlichkeit spräche nach ihm dafür, »daß der Verfasser der ›Propiae auctoritates‹ die Kanonessammlung Deusdedits sowie Gregors Brief an Hermann von Metz gekannt und benutzt hat. Eine Abhängigkeit von Deusdedit vertrüge sich freilich schlecht mit Mordeks Ansicht, die ›Propriae auctoritates‹ müßten noch zu Lebzeiten Gregors niedergeschrieben worden sein, aber gerade in diesem für seine gesamte Deutung so überaus wichtigen Punkt vermag ich ihm nicht zu folgen. Die ›Propriae auctoritates‹ müssen keineswegs auf die Jahre 1075–1085 datiert werden, ja es gibt sogar beachtliche Gründe, die eine spätere Entstehung nahe legen dürften.«[20]

Zu Recht weist Kempf darauf hin, daß in den »Propriae auctoritates« bei der Schilderung des Exempels von 751 das entscheidende Wort gar nicht verwendet wird: »deponere«. Weiterhin: Was hat es mit den beiden Päpsten Gregorius und Adrianus auf sich, die nach den »Propriae auctoritates« ebenso wie Stephan II. eine Herrschaftsveränderung herbeigeführt haben sollen? Gregor VII. waren die angeblich von diesen beiden Päpsten ausgehenden Maßnahmen unbekannt geblieben. Kempf gelang es mit dem Nachweis, daß Gregor III. und Hadrian I. gemeint waren,[21] die Wendung des »regna mutare« in dem angeblich zweiten Dictatus Papae zu erklären. »Der Verfasser der ›Propriae auctoritates‹ will in Satz 27 kein eigentliches Depositionsrecht des Papstes herausstellen. Für ihn bedeutet ›regna mutare‹ die Anbahnung neuer, bleibender Herrschaftsverhältnisse. An diesem Wechsel darf sich das Papsttum kraft seiner geistlich-politischen Führungsgewalt maßgebend beteiligen, und es hat dies nach Ansicht des Verfassers in mindestens drei Fällen getan. Trifft diese Deutung zu, dann ist es eine müßige Frage, warum der Verfasser den drei von ihm aufgezählten Päpsten nicht Gregor VII. zugesellt

---

18 Mordek (1972), 131.

19 Ebd., 123.

20 Kempf (1975), 123. Vgl. auch Myron Wojtowytsch, Proprie auctoritates apostolicae sedis. Bemerkungen zu einer bisher unbeachteten Überlieferung. DA 40 (1984), 612–621; Fuhrmann (1989), 140ff. und 147f. sowie die Forschungsbilanz bei Hartmann (1993), 88.

21 Kempf (1975), 125f.

hat. Ist doch genau das, worauf es in Satz 27 ankommt, Gregor VII. nicht geglückt: Er hat keine ›mutatio regni‹ erreicht. Trotz Bann und Absetzung blieb Heinrich IV. der Herrscher.«[22] Und dadurch erklärt sich auch: »Anders als des Ambrosius Zensur von 390 ist Gregors Vorgehen gegen Heinrich IV. auch seinen Anhängern stets mehr Objekt der Rechtfertigung denn der Verherrlichung geblieben.«[23]

Friedrich Kempf ordnet seine Ergebnisse in die Publizistik der Zeit ein und macht bei den gregorianischen Streitschriften die zunächst erstaunliche, aber zutreffende Beobachtung, »wie wenig sie im Grunde auf das Absetzungsproblem eingehen«.[24] Besonders aufschlußreich ist der indirekte Kommentar des Kardinals Deusdedit, der an der Seite Gregor VII. die schwierigsten Zeiten durchgestanden und sein 1087 abgeschlossenes Werk Viktor III. gewidmet hatte. Er bestätigte mit dem Hinweis auf den Brief an Hermann von Metz das päpstliche Recht der Exkommunikation von Herrschern und der Auflösung von Gehorsamseiden. Aber über eine Absetzungskompetenz schweigt er sich beharrlich aus.[25] Und das sollte die Position der nach 1080 verfaßten gregorianischen Streitschriften ebenso bestimmen wie die der 1122/23 beginnenden nachgregorianischen Reformbewegung.[26] Die »Spuren im Kirchenrecht«, die der Papst zurückgelassen hat, »sind überraschend gering«.[27] Präzise das Ergebnis Friedrich Kempfs: »Gregor hat den Depositionsanspruch gleichsam mit ins Grab genommen.«[28]

Wir werden noch näher begründen, warum wir Friedrich Kempf auch darin zustimmen, daß vor dem Jahre 1245 im Grunde gar keine Herrscherabsetzung durch den Papst in deutschen Landen bekannt geworden war.[29] Weit mehr als die Bannsentenz erregte die Zeitgenossen die Frage nach der Rechtmäßigkeit der Forchheimer Wahl. Rezeptionsgeschichtlich rächte sich, daß 1080 Gregor VII. behauptet hatte, er hätte bereits 1076 eine Deposition vollzogen. Damit hatte er sich die Möglichkeit verbaut, mit großer, die Nachwelt beeindruckender Geste vor einer Fastensynode jenen Akt zu vollziehen, den erst Innozenz IV. vor dem akklamierenden Konzil von Lyon wagte: das Absetzungsrecht gegenüber Bischöfen auch auf den römischen Kaiser auszudehnen.

Mag auch der Ausgangspunkt der historiographischen Leitlinie eines Gegensatzes von Regnum und Sacerdotium problematisch sein, so könnte doch, zumal jeder An-

---

22 Ebd., 127.

23 Schieffer (1972), 361.

24 Kempf (1975), 130.

25 Ebd., 134f.

26 Ebd., 135f.

27 Fuhrmann (1989), 126.

28 Kempf (1975), 135. – Zur Entwicklung der Kanonessammlungen in dieser Zeit vgl. Hartmann (1993), 115f.; Goez (2000), 151f. und (aus der Perspektive der Instrumentalisierung von Schriftlichkeit) Suchan (1997), 249ff.

29 Kempf (1974), 345.

fang schwer ist, die Fortsetzung um so eindeutiger sein. Begeben wir uns zur Überprüfung dieses Einwandes zunächst in den ruhigen Raum der Rechtstheorien von Kanonisten. Sie bestätigen im wesentlichen die Erzählung von Papst Hadrian in der Kaiserchronik, jene Erzählung, die – wollte man der gängigen Forschungsmeinung folgen – bestenfalls als anachronistische Deutung, über welche die Geschichte hinweg gegangen sei, zu interpretieren wäre. Diese Erzählung paßt nicht zu den Konstruktionen der Historiker, wohl aber zu den Einstellungen ihrer Entstehungszeit. Denn nicht von Verlautbarungen Gregors VII., sondern von Gratian gingen alle wissenschaftlichen Depositionstheorien aus. Aber der Begründer des wissenschaftlichen Kirchenrechts war ebenso wie Kardinal Deusdedit, wie die gregorianische Publizistik seit 1090 und die nachgregorianischen Reformschriften seit 1122/23 bemüht, die von Gregor behauptete Binde- und Lösegewalt zu bestätigen, jedoch die vom Papst seit 1080 daraus abgeleitete Absetzungskompetenz zu übergehen.[30]

Gratian vereinheitlichte, kompilierte, ergänzte und gestaltete dadurch neu, was an kirchenrechtlichen Sätzen überliefert war. Aber sowohl seine weltgeschichtlich bedeutsame Leistung als auch die ihm überkommenen Textkorpora lagen vor der Entstehung des hierokratischen Papsttums. Wenn er ein päpstliches Absetzungsrecht bei nachgewiesener »inutilitas« eines Herrschers annimmt,[31] dann kommt in seinem Verständnis die Kirche der Welt zu Hilfe, ist doch diese »inutilitas« in der Welt bereits nachgewiesen, in ihrer Notorietät von der Welt beklagt. Konsequenterweise gestand Gratian dem Papst keine generelle Depositionskompetenz zu, sondern wollte diese nur als zu begründende Folge, aber keineswegs als automatische Konsequenz der Exkommunikation gelten lassen.[32] Denn es ist unübersehbar: Gratian erwähnt das Ereignis von 751 innerhalb einer »quaestio«, in der es um die Lösung von Eiden geht.[33] Das Verhältnis von Regnum und Sacerdotium interessierte ihn in diesem Zusammenhang gar nicht. Weiterhin: Allein an dieser Stelle verwendet Gratian »deponere« im weltlichen Kontext, ansonsten gebraucht er das Verb nur für den Entzug der Amtsgewalt eines Geistlichen. Dieser kann abgesetzt, der Laie aber nur gebannt werden: »clericus ... deponatur; si laicus, anathemizetur«.[34] Den gleichen Befund zeigt auch der Gebrauch von »destituere«, das im Dekret überhaupt nicht für Weltliche verwendet wird.[35]

---

30 Kempf (1975), 136f.

31 C. 15 qu. 6 c. 3, ed. Friedberg Bd. 1, 756: »Zacharias scilicet regem Francorum non tam pro suis iniquitatibus, quam pro eo, quod tantae potestati erat inutilis, a regno deposuit ... omnesque Francigenas a iuramento fidelitatis absolvit.«

32 Hageneder (1963), 59.

33 Darin sieht Kempf (1954), 197 zutreffend eine »wohlbedachte Zurückführung des Absetzungsrechts auf die geistliche Gewalt der Kirche«. Vgl. auch Chodorow (1972), 216f.; Kalb (1992), 172ff.

34 Timothy Reuter – Gabriel Silagi, Wortkonkordanz zum Decretum Gratiani. Teil 2. D–G. (MGH Hilfsmittel 10/2) 1990, 1175–1178. Vgl. ebd., 1179 zu »depositio«.

35 Ebd., 1201.

Wenn die Gelehrten des hohen Mittelalters nach ihren Ansichten über eine Herrschaftsabsetzung befragt werden, ist die Gefahr groß, die Frage zu eng, ja schlicht falsch zu stellen, falls nicht der theoretische Kontext ihrer Ausführungen berücksichtigt wird. Die Gelehrten antworten gar nicht auf aktuelle politische Fragen, ebensowenig wie die einleitend zitierte Schilderung der Kaiserchronik irgend etwas mit realen Vorgängen der Zeit zu tun hatte. Sie interessiert das Depositionsrecht in seiner Aussage über das Verhältnis von weltlicher und geistlicher Gewalt. Sie stehen Gratian in ihrer Auffassung der »potestas indirecta« des Papstes nahe, aber Gregor VII. fern. Und das entsprach dem akademischen Unterricht: »Von Politik ... war auf der mittelalterlichen Universität nicht eigens die Rede.«[36]

»Politische Aktualität« haben wir in einem sehr engen Sinne, den wir auch im folgenden beibehalten werden, aus dem Blickwinkel der Herrschaftsgeschichte verstanden. Dabei haben wir die seit dem 11. Jahrhundert sich dramatisch verändernden sozialen Verhältnisse – neue Freiheitsformen, Entstehung der Ministerialität, Landesausbau, Erweiterung kommunaler Rechte – ausgeklammert. Die Forschung hat vor allem auf den Nutzen geachtet, welche die Herrschaft aus dieser Entwicklung zog. Wer aber kontrollierte diese Herrschaft in ihrer Gewaltanwendung? Vor dem 13. Jahrhundert blieb die Herrschaftskritik im Anspruch auf Herrschaftskontrolle noch stumm. Kritik am Herrscher, so betonte Klaus Schreiner, stand den »Untertanen« noch nicht zu.[37] Allein die Kirche konnte in Notfällen auf einer »correctio principis« bestehen.[38]

Die Kirche als Helfer in den Nöten der Welt. Das bildet nach unserer Auffassung den Hintergrund der lebhaften kanonistischen Diskussion im 12. Jahrhundert, als die Laien noch stumm waren, über den kirchlichen Auftrag in seiner Beziehung zur weltlichen Gewalt. »Mit einer erstaunlichen Gründlichkeit« haben die Gelehrten alles an Themen und Fakten zusammengetragen, »was ihnen für das Verhältnis von Regnum und Sacerdotium ... wichtig zu sein schien«.[39] In diesem Sinne kann die Kanonistik als »Leitwissenschaft der politischen Theorie« bezeichnet werden.[40] Den Hierokraten, welche im 12. Jahrhundert den Gedanken der päpstlichen Machtvollkommenheit vorbereiten, stehen die Dualisten gegenüber, die von einem Eigenrecht der weltlichen Herrschaft ausgehen.[41] Im Gedankenaustausch aber stehen sich beide Seiten nicht so unversöhnlich gegenüber, wie es nach dieser verein-

---

36 Miethke (1997), 1027.

37 Schreiner (1987), 208.

38 Ebd., 210.

39 Kempf (1954), 70.

40 Miethke (1997), bes. 1037; Ders. (2000/II), 18f.

41 Die immer noch souveränste Zusammenfassung der kanonistischen Lehre über das Verhältnis von Regnum und Sacerdotium bietet Kempf (1954), 205–223 und 240–252. Ein Beispiel: Der Gratian nahestehende Johannes Faventinus entwickelt in der Tradition des Stephan von Tournai die kirchenrechtlichen Grundlagen des Dualismus weiter. Kalb (1992), bes. 175ff.

fachenden Klassifizierung den Anschein hat.[42] Friedrich Kempf hat am Beispiel des Alanus Anglicus verdeutlicht, wie lebhaft darüber die Diskussion um 1200 gewesen sein muß, die einen Autor im Laufe seines Lebens zu verschiedenen Ansichten gelangen ließ. Alanus war anfangs ein Dualist und »verteidigte daher in der Absetzungsfrage mit aller Energie die Autonomie des Regnum. Nicht nur der Papst, so erklärt er, ist außerstande, einen Herrscher abzusetzen, auch die Untertanen vermögen es an sich nicht. Wenn sie ihren König entthronen, ist das allein aufgrund des Notrechts erlaubt; denn an sich widerspricht die Deposition der gesetzlichen Ordnung, wie sie in der Lex regia des römischen Kaiserrechts formuliert ist. Kurz darauf ist jedoch Alanus zu einem radikalen hierokratischen Vertreter geworden und nun lautet seine These, die Absetzung sei allein Sache des Papstes, und zwar fungiere er hier als ordentlicher Richter; die Untertanen seien dazu nicht befugt, nicht einmal aufgrund des Notrechtes.«[43]

So sehr eine unmittelbare Realitätswirkung scholastischer Diskussionen zu bezweifeln ist, so zweifelhaft ist ein europaweites Interesse in gelehrten Kreisen an dieser Diskussion. Eine aus der Zeit Innozenz III. stammende, in einer Halberstädter Handschrift überlieferte Glosse des Alanus leitet aus der Behauptung, daß der Papst das geistliche ebenso wie das weltliche Schwert innehabe, die päpstliche Berechtigung ab, den Kaiser ebenso wie jeden anderen seiner adeligen Untergebenen abzusetzen, wenn er, der Papst, von seiner Machtvollkommenheit Gebrauch machen wolle: »Si ergo papa iudex ordinarius est et quod spiritualia et quod temporalia, potest ab eo deponi imperator et eodem modo quilibet laicus habens potestatem vel dignitatem aliquam sub imperatore, si plenitudine potestatis suae uti vellet.«[44] Aber gibt diese Aussage eine von den Zeitgenossen geteilte Meinung oder nicht vielmehr, wie wir annehmen, eine Position in der innerakademischen Diskussion wieder?

In den Kontext der Diskussion um die Herrscherabsetzung gehört auch die während des Investiturstreits in ihrer Aktualität entdeckte Zwei-Schwerter-Lehre:[45] Seit etwa 1220 ermattet dann – wir folgen weiterhin Friedrich Kempf – die zuvor heftige Diskussion, ob der Kaiser das Schwert vom Papst habe.[46] Neue The-

---

42 Vgl. Kalb (1992), 162ff.

43 Kempf (1974), 352.

44 Rosenstock (1912), 120.

45 Goez (2000), 148. Vgl. Hartmut Hoffmann, Die beiden Schwerter im hohen Mittelalter. DA 20 (1964), 78–114; Arno Borst, Der Streit um das geistliche und das weltliche Schwert, in: Ders., Barbaren, Ketzer und Artisten. Welten des Mittelalters. 1988, 99–122; Robinson (1988), 288ff. – Zur karolingischen Interpretation: Staubach (1998), 587 mit Anm. 21. – Zur Zwei Schwerter-Lehre im Investiturstreit und bei Gratian: Kempf (1954), 196 und 202f.; Struve (1992), bes. 238.

46 Kempf (1974), 353; Folz (1987), 323. – Vgl. zur Sache: Ulrich Schmidt, »A quo ergo habet, si a domno papa non habet imperium?« Zu den Anfängen der »staufischen Kaiserwahlen«, in: Lorenz – Schmidt (1995), 61–88. – Mit dem fürstlichen Wahlrecht wurde in jener Zeit zum großen

men hatten die Diskussionszusammenhänge verändert. Wir wählen ein einführendes Beispiel, das zugleich belegt, wie die jeweiligen Konsequenzen, die aus der Zwei-Schwerter-Lehre gezogen werden konnten, unter anderem auch das Depositionsproblem betreffen. Ein Hierokrat wie Laurentius Hispanus verliert das Vertrauen in die Tragfähigkeit der von ihm bisher vertretenen Positionen. »So nimmt er in einer wohl ihm zuzuschreibenden Glosse zum ›Decretum Gratianum‹ den dualistischen Standpunkt ein, und zwar im Sinne Huguccios, d.h. er leugnet ein Absetzungsrecht des Papstes: ›nisi auctoritate et consensu principum‹«.[47] Unsicherheit eines Gelehrten. In einer anderen Glosse, diesmal zur Dekretale Venerabilem Innozenz' III., billigt Laurentius den päpstlichen Depositionsanspruch.[48]

Unterbrochen sei kurz unsere Gedankenführung, um die gewaltsam erscheinende Trennung von gelehrten und politischen Entwicklungen zu verteidigen. Mit der Entwicklung der »studia generalia« im 12. Jahrhundert korrespondiert zeitlich die Umformung der Herrschaftswelt, die Entstehung eines Reichsfürstenstandes und die der den künftigen niederen Adel bildenden Ministerialität. Daß beide Entwicklungen miteinander zusammenhängen, ist klar, aber wie sie zusammenhängen eben nicht. Unsere Trennung geht letztlich von der Unterschiedlichkeit des Lebensentwurfes aus, der aus der gleichen sozialen Schicht den einen den Magistergrad, den anderen den Rittergürtel erstrebenswert erscheinen läßt.[49]

Das Schwanken des Laurentius Hispanus, hervorgerufen durch die in der deutschen Verfassungsgeschichte am häufigsten zitierte Dekretale, zeigt Grundsätzliches. War die kanonistische Diskussion des 12. Jahrhunderts von dem Material ausgegangen, welches das Decretum Gratiani aufbereitet hatte, so hatten die »zwar wenigen, aber richtungsweisenden Dekretalen« Innozenz' III.[50] der wissenschaftlichen Diskussion neue Nahrung gegeben. Seit Alexander III. hatte das Papsttum über die Dekretalen direkt in die kanonistische Diskussion eingegriffen. Aber dieser Papst hatte sich, obwohl in einen Grundsatzstreit mit Kaiser Friedrich I. verwickelt, gehütet, eine Dekretale zum Verhältnis von Regnum und Sacerdotium zu erlassen. Und diese Vorsicht bestimmt ebenfalls die Dekretalen seines Nachfol-

---

Ärger des Alanus Anglicus die Auffassung bestritten, daß der Papst beide Schwerter innehabe: »dicunt quidam, quod potestatem et gladium habet tantum a principibus, quorum est imperatorem eligere ex jure consuetudinario.« Diese in einer Halberstadter Handschrift überlieferte Glosse zit. bei Rosenstock (1912), 119.

47 Kempf (1974), 353.

48 Ebd. – Vgl. Kempf (1954), 100f. und 105: Was im 12. Jahrhundert »ein Schulstreit« innerhalb der Kanonistik war, nutzt Innozenz III., um politische Argumente vor allem für päpstliche Mitsprache bei der Kaiserkrönung zu gewinnen.

49 Es genügt auf die Verse des Archipoeta zu verweisen: »Fodere non debeo, quia sum scolaris / ortus ab militibus, preliandi gnaris. / Sed quia me terruit labor militaris, / malleo Vergilio sequi / quam te Paris.«

50 Kempf (1974), 353.

gers Innozenz III., so sehr sie auch die Diskussionen der Kanonisten intensivierten.

Wiederum sei daran erinnert, daß innerhalb des riesigen kanonistischen Lehrstoffs die Frage der Herrscherabsetzung nur eine marginale Rolle spielte. Das erklärt, warum nicht aus einem vorgegebenen Thema, sondern über theoretische Ableitungen aus anderen Lehrsätzen diese Frage nach 1200 diskutiert wurde. Die Lehrmeinungen der Dekretalisten um das Depositionsrecht kreisten hinfort um die Stichworte, welche die Gesetzgebung Innozenz III. lieferte, obwohl keine der Dekretalen dieses Papstes direkt auf die Frage einer Herrscherabsetzung eingegangen war, kreisten um Begriffe wie »translatio imperii, iurisdictio vacante imperio, ius examinandi personam regis in imperatorem electi, plenitudo potestatis, vicarius Christi«.[51] Unübersehbar ist – unabhängig von unserer unbeweisbaren Vermutung, wonach die Kanonistik des 12. Jahrhunderts in ihren Fragen nach Regnum und Sacerdotium einer damals noch stummen Welt zur Hilfe kommen wollte –, daß nunmehr im Zusammenhang der Etablierung der »studia generalia« eine spezifisch innerakademische Diskussion begann, die, neben Gratians Dekret auch die neuen Dekretalen behandelnd, in einem neuen, einem besonders von den Dekretalen Innozenz III. begründeten Verständnis das Papsttum in den Mittelpunkt rükken mußte, wenn es um das Verhältnis der Kirche zur weltlichen Macht ging.

In knappen Worten hat Friedrich Kempf die kanonistische Position, welche die donnernd verkündeten Lehrsätze Innozenz' III. festgelegt hatten, zusammengefaßt: »An sich, ›de iure‹, besitzt der Papst als ›vicarius Christi‹ die höchste geistliche und weltliche Gewalt, ist also Herr der Welt, de facto aber muß er, dem Willen Christi gehorchend, die weltliche Regierung dem Kaiser und den Königen einräumen.« Und doch behält er – vertraut war jedem Gelehrten die Beziehung von »potentia« und »actus« aus dem philosophischen Grundkurs – potentiell die oberste Gewalt in weltlichen Dingen, und diese Potentialität kann in bestimmten Fällen Handeln (»actus«) erzwingen. Einer dieser Fälle – so wiederum Kempf – »bei denen der Papst als ›judex in temporalibus‹ befindet, ist die Absetzung eines souveränen Fürsten.«[52] Das deckt politisch gesehen den »favor apostolicus« im deutschen Thronstreit seit 1198 ab, aber – allzu eng sollte man sich die Bindung von Kanonistik an das Papsttum auch nicht vorstellen – befriedigt nicht die Gelehrtenfreude an der Lösung des Prinzipiellen. Alanus Angliucus, der im Laufe seines Gelehrtenlebens zum überzeugten Hierokraten geworden war und dem Papst grundsätzlich die Kompetenz der Kaiserabsetzung zusprach, fühlte sich deshalb aufgerufen, die wichtigsten Gründe für ein Depositionsverfahren anzugeben, Häresie, Simonie, dauernde Wirren und dergleichen (»ut est haeresis, symonia,

---

[51] Ebd., 354.
[52] Ebd., 349.

discordia continua et si qua sunt similia«).[53] Die Bedeutung der Dekretalen Innozenz' III. erweist sich daran, daß die Kanonisten zunächst nicht an der zentralen Stellung des Papstes in der Kirche interessiert waren, daß aber »allein schon die Herkunft der Normen, an denen sie sich orientierten, ... ihre Aufmerksamkeit auf die Kompetenzen des römischen Stuhls« richtete.[54]

Aus dem zitierten Themenkatalog der Dekretalen Innozenz' III. greifen wir einen scheinbar alle Probleme lösenden Punkt heraus, die von diesem Papst ausgebaute, im Kern ältere[55] Lehre von der »plenitudo potestatis« des »vicarius Christi«.[56] Es hieße jedoch das Niveau der Kanonistik und auch das der Intentionen Innozenz' III. zu verkennen, wenn in der »plenitudo potestatis« eine Begründung jedweden päpstlichen Machtanspruchs gesehen würde. Es handelt sich vielmehr um die sprachliche Verknappung eines Grundsatzes, der die Richtergewalt des Papstes und seine Befugnis zur Rechtssetzung benennen soll.[57] Wer über die »Machtvollkommenheit« verfügt, darf Gesetze erlassen. In diesem Sinne haben seit Otto IV.[58] auch die deutschen Kaiser und Könige diese Formel immer dann verwandt, wenn sie Privilegien vergaben oder Rechtsregeln verkündeten.[59] Otto IV. hatte sogar in seinem Wahlbericht an den Papst von der »plenitudo regie dignitatis« gesprochen.[60] (Nebenbei notieren wir, daß Wilhelm von Ockham die Anwendung der päpstlichen »plenitudo potestatis« in weltlichen Angelegenheiten ablehnte[61] und ihre Anwendung auf eine Herrscherabsetzung als »plenitudo pravitatis« bezeichnete.)[62]

So wichtig auch die Festlegungen Innozenz' III. für die Kanonistik werden sollten, so formulierten sie für sich genommen doch keine Überlegenheit über die weltliche Herrschaft. Innozenz übernahm die dualistische Position seines Lehrers Huguccio von Pisa, der sowohl dem Papst als auch den Fürsten ein Absetzungsrecht zugebilligt hatte: Ebenso wie die Fürsten bei einer Kaiserentmachtung die

53 Rosenstock (1912), 120.

54 Miethke (2000/II), 17.

55 Zur langen, bis auf Leo I. zurückgehenden Vorgeschichte vgl. Buisson (1958), 58. Laudage (1993), 106 verweist darauf, daß die »plenitudo pontificalis officii« bereits zur Zeit Paschalis II. begegnet. Vgl. auch Robinson (1988), 282f. Zum Begriff bei Gratian: Chodorow (1972), 178.

56 Vgl. Kempf (1954), 296ff.; Buisson (1958), 59, 74ff. und 216ff.

57 Buisson (1958), bes. 89f., 93, 114f. und 122f.

58 Hucker (1990), 119 und 121.

59 Schubert (1979), 128ff. Weiterführend: Schmidt (2000), 26ff.; Canning (1987), 72f.; Isenmann (2001), 210ff. – Vgl. für das französische Königtum Buisson (1958), 349f.

60 Regestum Innocentii III papae super negotio Romani imperii, ed. Friedrich Kempf. Rom 1947, 11 Nr. 3. Vgl. Miethke (2000), 95.

61 Breviloquium, ed. Scholz, 59ff. und 103ff.

62 Ebd., 101: »Sed si statuerit vel ordinaverit de plenitudine pravitatis ... ut imperator cedat imperio et iura imperii non defendat ... non est ... observandum«. Vgl. auch De imperatorum et pontificum potestate, ed. Offler, 282ff. und Allegationes, ed. Offler, 419.

Einwilligung des Papstes brauchen, benötigt dieser in einem solchen Fall die Zustimmung der Großen.[63] Deshalb wird Innozenz III. im Thronstreit erklären, er könne nur dann als Richter walten, wenn sich die Fürsten seinem Urteil anschließen würden.[64] Gewiß hat er sich ebenso wie später ein Johannes XXII. ungefragt in einen Thronstreit eingemischt. Aber gerade diese Vergleichbarkeit erhellt sein Vorgehen. Die päpstliche Autorität steht bei weitem nicht so sehr im Mittelpunkt wie später bei dem avignonischen Pontifex. Diesem sollte die Rücksichtnahme auf die Reichsfürsten gleichgültig sein.

Innozenz III. verstand sich als »vicarius christi« – aber das »vicem Christi gerere« gehörte gleichfalls zum Selbstverständnis des christlichen Herrschers.[65] Die »plenitudo potestatis« enthält einen Autoritätsanspruch, aber sie ist, auch von weltlichen Herrschern übernommen, keineswegs das willkürlich einzusetzende Instrument bei einer Herrscherdeposition. Wir stimmen der Interpretation Friedrich Kempfs zu, wonach Innozenz III. viel stärker dem Standpunkt der Dualisten zuneigte als die spätere hierokratische Rezeption seiner Dekretalen vermuten läßt.[66]

Selbst das Schlagwort »Hierokraten« hält um 1200 noch nicht, was es verspricht, nämlich eine in sich konsistente und zumindest unter Gelehrten akzeptierte Theorie der Königsabsetzungen. Eine solche Theorie konnten selbst jene Kanonisten nicht entwickeln, die davon überzeugt waren, daß das Imperium vom Papst verliehen worden sei. Unterstrichen sei die eher beiläufig am Beispiel der mittelalterlichen Kanonistik formulierte Ansicht von Friedrich Kempf: »Lehrstreitigkeiten verlieren auf Dauer die innere Spannkraft«.[67] Der passende Schlüssel für die Herrscherdeposition war im 12. Jahrhundert noch nicht gefunden worden.

---

63 Kempf (1954), 220f. mit Anm. 69f.

64 Ebd., 272.

65 Kleinschmidt (1974), 45. Vgl. ebd., 47; Zotz (1991), 171. – Für Ockham, Allegationes, ed. Offler, 419f. sind aus der Stellung des »vicarius Christi« keine weltlichen Kompetenzen abzuleiten, wie das Beispiel Christi selbst lehre.

66 Kempf (1954), bes. 272ff. Der Rechtssatz: »principaliter et finaliter negotium imperii ad sedem apostolicam pertinet« (dazu vgl. ebd., 57ff.), diente Innozenz III. als Begründung für sein Eingreifen im Thronstreit, bedeutete keine Festlegung auf hierarchische Positionen, zumal das »pertinet« ebenso wie das entsprechende »spectat« oder »contingit« bewußt unbestimmt gehalten ist. Ebd., 59f. Die Ergebnisse Friedrich Kempfs nuanciert, ohne sie in ihrer Substanz zu widerlegen, Hageneder (2000), 170f.

67 Kempf (1974), 352.

2. Der päpstliche Dietrich: Häresie als Absetzungsgrund

Der neue Ausgangspunkt eines verselbständigten päpstlichen Depositionsanspruchs: die Häresie – die Bestimmungen des IV. Laterankonzils und ihre Folgen – Absetzungsrecht als Notrecht – eine indirekte Zusammenfassung kanonistischer Positionen in deren Ablehnung durch Wilhelm von Ockham

Erst seit etwa 1230 billigten Dekretalisten dem Papst das Absetzungsrecht zu.[68] Unter dem legislatorischen Gestus der Dekretalengesetzgebung wird die Verschiebung der Gewichte im Verhältnis von Papsttum und Kanonisten leicht übersehen. Inspirierten die Dekretalen Innozenz' III. noch die wissenschaftliche Diskussion, so begann jetzt diese Diskussion das Papsttum zu inspirieren. Vereinfacht: Aus den Nehmenden waren Gebende geworden. An dem, was als Konsequenz der monarchischen Gewalt des »vicarius Christi« von den Kanonisten entwickelt worden war,[69] hielt in der Folgezeit die Kurie fest. Diese Lehre war von der Frage des Verhältnisses zwischen Regnum und Sacerdotium abgeleitet worden, war also Teilantwort auf eine grundsätzliche Frage. Was an der Wendung etwa um 1230 in der kanonistischen Betonung eines päpstlichen Absetzungsrechts zu beachten ist, ist Folge einer Dekretale Innozenz' III. zum Problem der Häresie, welche die Kanonisten aus dem traditionellen Kontext lösten und als eigenständige Kompetenzthematik behandelten. (Zu selten wird berücksichtigt, daß kanonistische Lehrsätze mit gleicher inhaltlicher Tendenz ganz verschiedene Wurzeln haben können.)

Der geheime Wendepunkt kanonistischer Lehren zum Absetzungsrecht etwa um 1230 liegt mitnichten in einer logischen Diskussionsentwicklung, er liegt in der Kreuzung eines aktuellen Themas mit traditionellen Gedankengängen, einer Kreuzung, auf welche die Wissenschaft mit der sie ehrenden Verspätung reagierte.

Das die Entwicklung der Kirche begleitende Problem der Abweichung von festgelegten Lehren wird mit dem Begriff der Häresie in neuer Form justiziabel.[70] Dieser Begriff wird seit dem Dritten Laterankonzil präzise in seinen Rechtsfolgen

---

[68] Kempf (1974), 355 und 357.

[69] Ebd., 354; Hageneder (1963), 53ff., bes. 87ff. Referierend: Unverhau (1973), 352ff. (mit weiterer Lit.).

[70] Othmar Hageneder, Der Häresiebegriff bei den Juristen des 12. und 13. Jahrhunderts, in: The Concept of Heresy in the Middle Ages (11th–13th c.) Leuven/The Hague 1976, 42–103; Ders. (1978), 33f.; Lothar Kolmer, Christus als beleidigte Majestät. Von der Lex »Quisquis« (397) bis zur Dekretale »Vergentis« (1199), in: Hubert Mordek (Hg.), Papsttum, Kirche und Recht im Mittelalter. Festschrift für Horst Fuhrmann. 1991, 1–13.

gefaßt, 1199 mit der Dekretale »Vergentis« kirchenrechtlich festgelegt[71] und wird nach dem Vierten Laterankonzil von 1215 vielen Kanonisten als Begründung eines päpstlichen Absetzungsrechts dienen:[72] Ergebnis einer innerwissenschaftlichen Gesetzen unterliegenden Debatte. Bereits um 1200 hatten Kanonisten aus Gratians Kommentar zum Jahre 751 (c 15 q 6 c 3) ein päpstliches Absetzungsrecht herausgelesen und dieses mit der Häresie kombiniert.[73] Sie berücksichtigten dabei noch den Kontext, in den Gratian das Urteil des Papstes Zacharias gestellt hatte, und definierten die päpstliche Kompetenz der Auflösung von Treueiden als eine Folge der Ketzerei des Ungehorsams.[74]

Im Gegensatz zur Zeit des sogenannten Investiturstreits, als Gregor VII. alle Anhänger Heinrichs IV. und den König selbst kurzweg als Häretiker bezeichnete,[75] ist die Häresie nach 1215 der Absetzungsgrund, nicht wie seinerzeit die Folge, die sich nach Gregors VII. Meinung dann ergeben mußte, wenn den Sprüchen der römischen Kirche kein Gehorsam geleistet wurde.[76] Schließlich war die Lehre, wonach die Häresie schon im Ungehorsam gegen den Papst begründet sei, bereits von dem gemäßigten Petrus Damiani formuliert worden.[77] Das aber war lediglich argumentative Hilfe zur Verteidigung des päpstlichen Vorgehens und spielte in der leidenschaftlichen Streitliteratur der Zeit keine Rolle. Ganz anders die Situation 1215. Auf dem Vierten Laterankonzil ging es bei der Frage der Ketzerei gar nicht um das Kaisertum. Aktuell war vielmehr der Fall des »fautor haereticorum«, des Grafen Raimund VI. von Toulouse.[78] Die damalige politische Zuspit-

[71] Druck: Register Innocenz' III. Bd. 2, 3ff. Nr. 1. Vgl. Hageneder (1963), 66f.; Ders., Studien zur Dekretale »Vergentis« (X.V, 7, 10). Ein Beitrag zur Häretikergesetzgebung Innocenz' III. ZRG kan. 49 (1965), 138–173. Vgl. Unverhau (1973), 350f. – Schon vor dem Erlaß der Dekretale hatte Innozenz deutlich gemacht, wie sehr ihm an der Ketzerbekämpfung gelegen war. Register Innocenz' III. Bd. 1, 119f. Nr. 81, 234 Nr. 165.

[72] Hageneder (1978), 29ff. Vgl. Schäfer (2000), 108.

[73] Folz (1987), 329f.

[74] Kolmer (1989), 347f.

[75] Zum Beispiel in den Briefen an Hermann von Metz oder an die Getreuen zu Mailand 1076. Registrum IV.2 bzw. IV.7, ed. Caspar, 293ff. bzw. 305.; Quellen Bd. 1, ed. Schmale, 224ff. Nr. 73 bzw. 238f. Nr. 76. Zur Bedeutung des Häresie-Begriffes im Zeitalter Gregors VII. vgl. Hartmann (1998), 30f.

[76] Vgl. nur Quellen Bd. 1, ed. Schmale, 406 Nr. 136 (1079). – Registrum VII.24, ed. Caspar 502ff.; Quellen Bd. 1, ed. Schmale 340f. Nr. 108 (1089). Vgl. Fuhrmann (1989), 139. – Auch Cadalus von Parma wurde wegen der Häresie des Ungehorsams verurteilt. Registrum V.14a, ed. Caspar, 368ff.; Quellen Bd. 1, ed. Schmale, 263ff. Nr. 86 (§ 4). Vgl. Goez (2000), 138. – Die Ketzerei des Ungehorsams überlagerte die Ketzerei der Simonie, deretwegen 1074 Heinrich IV. von päpstlichen Legaten beschuldigt worden war. Lampert, ed. Fritz, 251.

[77] Manegoldi ad Gebehardum liber. MGH Libelli de lite Bd. 1, 428f. Vgl. Hageneder (1978), 35ff. – Zum Gehorsam gegenüber dem Papst im Denken Gregors VII. vgl. Goez (1978), 193–216; Fuhrmann (1989), 135.

[78] Kempf (1974), 354.

zung enthielt jedoch eine prinzipielle, eine übertragbare Aussage. Nur vom Kaiser- bzw. vom Königtum waren die theoretischen Bemühungen um das päpstliche Depositionsrecht ausgegangen. Nunmehr aber wird in der inhaltlich immer mehr ausgeweiteten Häresie[79] eine Legitimation für die Absetzung eines jeden Herrschers gefunden. Dabei ist erneut die eher marginale Rolle dieser Frage im Zusammenhang der Diskussion zu berücksichtigen; denn im Gegensatz zu vergangenen Zeiten, da man den Häretiker allenfalls unter hochgebildeten Klerikern finden konnte, hatte die Kirche des IV. Laterankonzils es mit einer wirklichen Ketzergefahr, mit den Albigensern zu tun.[80]

In ganz Europa hatten schon vor dem Vierten Laterankonzil die Katharer für tiefe Irritationen gesorgt, hatten die Frage der Lehrautorität ins Prinzipielle erhoben.[81] Diese Irritationen, im politischen Handeln notwendigerweise zu Standpunkten verengt und stilisiert, erklären, warum in diesem Fall kanonistische Lehren auch für die weltlichen Großen verbindlich wurden. Die europaweit diskutierte Albigenser-Frage wirkte sich auch auf politische Entscheidungen aus, die damit nichts zu tun hatten. 1211 ersparten sich die opponierenden Fürsten eine umständliche Begründung der Absetzung Ottos IV. mit der Übernahme des Häresievorwurfs: Weil Otto IV. trotz der Exkommunikation des Jahres 1210 weiterhin der Messe beiwohne, mißachte er die päpstliche Schlüsselgewalt und sei deshalb göttlichem Urteil gemäß als Ketzer zu betrachten (»nos eum hereticum esse divino iudicio decernemus«).[82] Das wird den Laien kaum verständlich gewesen sein, war aber kanonistisch konsequent gedacht. Maßgebend war hier noch die Dekretale »Vergentis«. Ganz anders steht es mit der Absetzung Friedrichs II. 1245, bei der die Häresie in den Mittelpunkt der päpstlichen Argumentation gerückt wurde.[83] Hier leben weder Doktrinen des Investiturstreits noch die Aussagen der Dekretale »Vergentis« weiter, vielmehr werden wissenschaftliche Ergebnisse politisch vereinnahmt.

Trotz aller politischen Instrumentalisierung im Jahre 1245: Die Bestimmungen des Vierten Laterankonzils über die Häresie wurden für die zukünftige wissenschaftliche Argumentation produktiv. Sie waren integraler Bestandteil der Absetzung Friedrichs II. und drangen über die Kanonistik[84] sogar – wie noch darzustel-

---

79 Ebd., 354f.

80 Vgl. Hageneder (1978), 40f.

81 Arno Borst, Die Katharer. (MGH Schrr 12) 1953.

82 Hageneder (1978), 43. Vgl. Laufs (1980), 223f. – Auch 1228 sollte Gregor IX. dem Kaiser diese Konsequenz androhen. Ebd.

83 Hageneder (1978), 30f. – Den Vorwurf der Häresie versuchte noch 1246 eine kaiserliche Gesandtschaft an die Kurie mit dem brüsk zurückgewiesenen Angebot einer »purgatio canonica« zu entkräften. Baaken (1997/I), 278f.

84 Vgl. in diesem Zusammenhang zu Johannes Theutonicus: Unverhau (1973), 363; Stürner (1987), 69f.

len ist – teilweise in das weltliche Recht ein. In den großen Auseinandersetzungen zwischen Johannes XXII. und Ludwig dem Bayern, die in der europäischen Gelehrtenwelt ein lautes Echo fanden, sollte selbst ein der kaiserlichen Seite zuneigender Jurist ein päpstliches Depositionsrecht mit dem Rückgriff auf die Häresie-Doktrin einräumen. Ugolinus von Celle rechtfertigte das Absetzungsurteil von 1245 nicht im direkten Kommentar zu den Ereignissen seiner Zeit, sondern als überzeitlich gültige Aussage: Der Papst könne dem Kaiser die Herrschaft nehmen (»ipsum privare posset«), falls dieser, der doch die Kirche verteidigen müsse, ein Ketzer sei (»quia non est dubium, quia, si imperator esset hereticus, qui debet ecclesiam defendere«).[85]

Als Ugolinus von Celle das Absetzungsrecht des Papstes im Falle der Häresie eines Kaisers bestätigte, war umgekehrt von Ludwig dem Bayern der Papst der Ketzerei bezichtigt worden. Wilhelm von Ockham begründete, daß selbst ein Papst wegen dieses Deliktes abgesetzt werden könne, ja müsse.[86] Tatsächlich kannte das Prinzip der Nichtjudifizierbarkeit des Papstes eine Ausnahme, den Abfall vom christlichen Glauben. Dieser schon bei Isidor von Sevilla begegnende Gedanke, wurde von dem seit der Mitte des 11. Jahrhunderts entwickelten Kirchenrecht übernommen und fand damit auch Aufnahme im Decretum Gratiani.[87]

Mit der Sentenz von 1245, mit der Absetzungspflicht des Papstes im Falle der Häresie eines Herrschers war durch das päpstliche Depositionsrecht nicht nur der Kaiser als der »defensor ecclesiae«, sondern grundätzlich jeder »princeps« bedroht. Schon Friedrich II. hatte diese Konsequenz erkannt, als er in der Enzyklika gegen seine Absetzung die europäischen Herrscher warnte: »was müßt ihr, einzelne Könige einzelner Länder nicht von solch einem Hohenpriester (a facie talis principis sacerdotum) befürchten, der sich erkühnt, uns abzusetzen«.[88]

Friedrichs II. Warnung – dieser Seitenblick sei gestattet – hat sich nicht bewahrheitet. Weder im Reich noch in anderen Königreichen hat im Spätmittelalter das Papsttum eine entscheidende Rolle bei den zahlreichen Absetzungen oder Absetzungsplänen gespielt. Daß im Jahre 1245 auch Sancho II. von Portugal scheinbar aufgrund päpstlicher Verfügung entmachtet wurde,[89] hat nichts mit einer päpst-

---

85 Nova Alamanniae, ed. Stengel Bd. 1, 77 Nr. 123 § 15.

86 De imperatorum et pontificum potestate, ed. Offler, 325ff. und 355. Vgl. Zimmermann (1986), 221ff.; Miethke (1974), 285 und 287. Die Umkehrung, die Wilhelm von Ockham mit dem gegen den Papst gerichteten Häresiebegriff vollzog, entsprach der Sachsenhäuser Appellation von 1324. Becker (1988), 87. – Zur Frage des häretischen Papstes, die erst während der Konzilszeit des 15. Jahrhunderts wirklich aktuell wurde, vgl. Buisson (1958), 166ff., 173f., 182f. und 190ff.

87 Zimmermann (1968), 168ff., 205, 218ff. und 227f.

88 Acta, ed. Winkelmann Bd. 1, 39ff. Nr. 46. Die Enzyklika ist auch aufgenommen bei Albert Beheim, edd. Frenz – Herde, 100f. Nr. 31.

89 Sancho II. wurde seinem Bruder Alfons als Kurator unterstellt. Buisson (1958), 288f.; Walther (1996), 7f.

lichen Absetzungskompetenz zu tun, sondern ist dem alten Gedanken der päpstlichen Hilfeleistung in den Wirren der Welt verpflichtet. Unserer Auffassung, daß etwa um 1200 die Diskussion über das Verhältnis von weltlicher und geistlicher Gewalt eine innerakademische Diskussion war, entspricht ein den innerakademischen Diskussionen inhaerenter Konservatismus der Lehrmeinungen. Was 1245 Innozenz IV. zu einem gewagten politischen Spiel veranlaßte, gilt 1570 Pius V. mit der natürlich vergeblichen Deposition Elisabeths von England[90] als unbezweifelbares Kirchenrecht, mit dem er den Anhängern der Stuarts ein legitimierendes Argument zu liefern versucht. Aber – um dem Gedanken eines 1245 geschaffenen Präzedenzfalles vorzubeugen – es handelte sich nur um ein gelehrtes Zitat. Das Kirchenrecht diente 1570 als ein Argument unter vielen im politischen Spiel. An eine politisch bestimmende Kraft der päpstlichen Absetzungsansprüche glaubte damals niemand mehr.

Gleichviel, ob unsere Ansicht sich durchsetzt, daß die Kanonistik für die Königsabsetzungen bei weitem nicht die politische Konsequenz gehabt hatte, die ihr aus überzeitlicher Gelehrtenfreude am wissenschaftlichen Zitat zugeschrieben wurde, so ist doch unbestritten, daß die Kanonisten über die Zeiten und alle Lehrunterschiede hinweg sich in einem einig waren: Das Absetzungsrecht des Papstes war ein Notrecht, das lediglich bei Gründen schwerwiegendster Natur angewendet werden durfte, bei – wie der wissenschaftliche Konsens im 15. Jahrhundert lauten sollte – Todsünden.[91] Aber dabei schwangen immer noch alte Vorstellungen mit. Der Papst hat nach Johannes Monachus nicht nur »propter crimen«, sondern auch »propter inutilitatem« ein Absetzungsrecht gegenüber Kaisern und Königen.[92] Das war zwar in den Auseinandersetzungen zwischen Bonifaz VIII. und Philipp dem Schönen als Verteidigung der kurialen Politik formuliert worden, entsprach im Kern noch jenem Denken, mit dem die Kaiserchronik dem Papst ein Urteil bei einer Herrscherabsetzung zubilligte: Der Bischof von Rom muß der bedrängten Welt zu Hilfe kommen. Noch Innozenz III. hat sich daran gehalten. Als Innozenz IV. 1245 diese Balancierung im hierokratischen Sinne aufhob, scheiterte er bei vordergründig politischem Sieg. Die Kurfürsten haben bei ihren Vorhaben, einen König abzusetzen, weder 1298 noch 1300 und 1400 den Papst überhaupt gefragt.

Wenn wir die kanonistischen Lehrmeinungen, wie sie sich bis zum Beginn des 14. Jahrhunderts entwickelt hatten, mit einem Referat der Ansichten Wilhelms von Ockham zusammenfassen, so glauben wir nicht, uns einer unzulässigen Vereinfachung schuldig zu machen, selbst wenn die Wirkung von Ockhams Streitschriften

---

[90] Zur Bulle Pius' V. »Regnans in excelsis«: J. A. Watt, Spiritual and temporal powers, in: Burns (1988), 367–423, hier: 422.

[91] Andrae (1951), 11 und 49.

[92] Finke (1902), 138.

gegen das Papsttum in der wissenschaftlichen Welt nicht die Wirkung seiner theologischen Werke erreichte.[93] In der Sorgfalt, mit der er die Argumente seiner kanonistischen Gegner widerlegt,[94] spiegelt sich wider, welchen dieser Argumente innerhalb der damaligen Gelehrtenwelt Bedeutung zugebilligt wurde. Schließlich gehört er einem Orden an, dessen Gelehrte, wie Jürgen Miethke hervorgehoben hat,[95] sich in besonderem Maße den Fragen der Herrschaftsbegründung und – begrenzung widmeten. Auf die politische Theorie des großen Franziskaners braucht dabei nicht näher eingegangen zu werden; wichtig erscheint nur der Hinweis, daß diese zwar mit der Verteidigung Ludwigs des Bayern zusammenhing,[96] aber, wie Jürgen Miethke herausstellte, ihre eigentliche Basis in der Frage der theologischen Begründung des Eigentums hatte.[97] Nicht als die große wissenschaftliche Autorität, sondern als sorgfältig auch gegnerische Argumente prüfenden Gelehrten rufen wir Wilhelm von Ockham gewissermaßen in den Zeugenstand.

In den Streitschriften der Zeit Ludwigs des Bayern rückte ein Wissenstoff, der innerhalb der gesamten Kanonistik als eher marginal zu betrachten ist, in den Mittelpunkt der Argumentation.[98] Ockhams Breviloquium belegt in seiner radikalen Infragestellung aller mit den Herrscherabsetzungen zusammenhängenden kanonistischen Doktrinen, welche kanonistischen Theorien jene allgemeine Geltung gewonnen hatten, die einer Widerlegung wert waren; sein Themenkatalog reicht also von der Auslegung der Zwei Schwerter-Lehre angefangen[99] bis hin zur Ableitung einer päpstlichen Oberherrschaft aus der Konstantinischen Schenkung.[100] Ausführlich wird begründet, »quod imperium Romanum non est a papa«,[101] woraus schließlich folge, daß der Papst weder nach göttlichen noch nach menschlichen Gesetzen ein Absetzungsrecht besitze (»quod papa non habet regulariter potestatem deponendi imperatorem«).[102]

Das populäre Bild vom kirchlichen Lehrgebäude aufnehmend läßt sich zur päpstlichen Autorität bei den Königsabsetzungen als Zusammenfassung formulieren:

---

93 Miethke (1992/II), 226. Vgl. Ders. (1992), 6f.

94 Vgl. Miethke (1992/II), 211.

95 Miethke (1987), 174f.

96 Ebd., 224.

97 Ebd., 219f.

98 Vgl. nur Ockhams Dialogus, ed. Miethke, 132ff.

99 Breviloquium, ed. Scholz, 176ff. und 185f. (Eine weitere Edition des Breviloquiums bietet Hilary Seton Offler (Edtr.), William Ockham, Opera Politica IV. Oxford 1997, 79–260).

100 Ebd., 201ff.

101 Ebd., 141ff. Vgl. die Conclusio ebd., 146: »Constat ergo, quod nec iure divino nec iure humano imperium est a papa«.

102 Ebd., 200. – Es bezieht sich wohl auf die Absetzung des englischen Königs Edward II., wenn Ockham an anderer Stelle mit einem realen Beispiel argumentiert: »Nostris autem temporibus quidam de potestate sua nullatenus dubitanda, regem suum sententialiter deposuerant, papa nullatenus requisito.« Octo Quaestiones II.9, ed. Sikes Bd. 1, 87.

Hier handelt es sich um einen Anbau ohne solide Fundamente. Der »favor apostolicus« eines Innozenz III. war nicht wegen der kanonistischen Gelehrsamkeit, sondern wegen der Persönlichkeit des Papstes durchsetzungsfähig. Der Gebrauch hierokratischer Positionen bei der Absetzung Friedrichs II. verschleierte ein politisch hoch riskantes Spiel. Und das avignonesische Papsttum sollte mit seinen Angriffen gegen Ludwig den Bayern nicht zuletzt – wie noch darzustellen sein wird – an der Haltung der Laien scheitern. Der tiefere Grund für dieses Scheitern aber dürfte an den damals von Ockham bloßgelegten schwachen Fundamenten gelegen haben, auf denen die päpstlichen Ansprüche aufgebaut waren.

Das Recht der Königsabsetzung, das er dem Papst abgesprochen hatte, gesteht Ockham, eine frühere Beweisführung aufnehmend und die Lex regia (Inst. 1.2.6) zitierend, nur dem Senat oder dem römischen Reichsvolk, für die Gott das Römische Reich gegründet (»instituit«) habe, zu.[103] Das gilt selbst für den Fall des häretischen Kaisers.[104] »Nam senatus vel populus Romanus poterat pro defectu vel crimine depositione dignissimo deponere imperatores infideles«.[105] Mitgedacht ist dabei die von Lupold von Bebenburg entwickelte Auslegung der Lex regia, wonach die Macht des römischen Volkes auf die Kurfürsten übergegangen sei.[106]

Lex regia: Am Hofe Ludwigs des Bayern hatte Ockham im Kontakt mit anderen Gelehrten – weswegen nicht gleich von einer »geistlichen Hofakademie« gesprochen werden muß –[107] die Grenzen zwischen den akademischen Disziplinen, zwischen Theologie und Kanonistik, aber auch die zwischen geistlichem und weltlichen Recht überwinden können. Er stand damit nicht allein.[108] Während des Kampfes Ludwigs des Bayern entdeckten auch andere Gelehrte im Umkreis des Wittelsbachers die Argumentationshilfen, die ihnen das Römische Recht bot.

---

103 Breviloquium, ed. Scholz, 147.

104 Vgl. ebd., 198 über die Kompetenzen des Papstes: »quod etiam pro crimine heresis non potest imperatorem deponere, presertim si illi, ad quos spectat de imperio ordinare, circa correctionem debitam imperatoris non fuerint negligentes.« Sind die Kurfürsten aber nachlässig, so fällt das Absetzungsrecht an das römische Reichsvolk zurück. Ebd.

105 Ebd., 200.

106 Vgl. ebd., 198: Absetzungsurteil und -vollziehung »spectat ad Romanos, vocando Romanos, qui de Romano habent imperio disponere et ordinare, cuiusmodi sunt principes electores imperatoris ... qui loco senatus successisse videntur.« Zu Lupolds Theorie, die Ockham übernimmt, vgl. Hofmann (1974), 229ff. und (zur Abhängigkeit Ockhams von Lupold) 233f.

107 Karl Bosl, Die »geistliche Hofakademie« Kaiser Ludwigs des Bayern im alten Franziskanerkloster zu München, in: Der Mönch im Wappen. Aus Geschichte und Gegenwart des katholischen München. 1960, 97–129. Nuancierend: Miethke (1998), 175.

108 Daß im Rechtsalltag kanonisches Recht gemeinsam mit dem Römischen Recht rezipiert wurde, belegt Sellert (1998), 121f. Auch auf der Gelehrtenebene läßt sich die Kenntnis der unterschiedlichen Positionen beweisen. Die Lex regia war natürlich auch den Kanonisten bekannt. Kalb (1992), 170.

3. Der antike Schlüssel – das Römische Recht

Das Thema der Herrscherabsetzung als Domäne der Kanonisten – legistische Eigenständigkeit und die Ausdeutung der Lex regia – die Kurfürsten als Repräsentanten des römischen Reichsvolkes – das ernüchternde Gutachten des Kardinals Zabarella zur angeblichen politischen Kraft der Depositionstheorien

Das seit dem hohen Mittelalter allmählich rezipierte Römische Recht bot wenig Anknüpfungspunkte, um die neuen Experten, die Legisten über eine Herrscherabsetzung zu befragen. Denn ebenso wie zur Königswahl schwieg sich aus naheliegenden Gründen das bezeichnenderweise »Kaiserrecht« genannte Corpus iuris zum Absetzungsproblem aus. So wichtig die Rezeption des Römischen Rechts für die Ausbildung des Staatsgedankens auch war: Die genuin mittelalterlichen Themen Königswahl und Herrscherabsetzung blieben lange eine Domäne der Kanonisten, die bis tief in das 14. Jahrhundert hinein, bevor die eigentliche Blütezeit des Römischen Rechts begann, den Gelehrten des weltlichen Rechts die Kompetenz in Fragen der politischen Theorie absprachen.[109] Dazu kommt noch die rein quantitative Überlegenheit kanonistischer Texte, deren Überlieferung auf das Siebenfache der legistischen Handschriften geschätzt wird.[110] Die Legisten bestätigten weitgehend, was Konsens ihrer kirchenrechtlichen Kollegen war: Ein Absetzungsrecht des Papstes könne nur als Notrecht in schwerwiegendsten Fällen angenommen werden.[111]

Dennoch wäre es verfehlt, die Aussagen römisch-rechtlich geschulter Glossatoren für unser Thema zu vernachlässigen. Wie bei den Lehren der Kanonisten ist auch bei denen der Legisten auf die Fülle des Lehrstoffes zu verweisen. Zudem gehen die politischen Gedanken der Gelehrten des Römischen Rechts von den Bedürfnissen der kommunalen Autonomie aus (wie es zumeist den Lebensverhältnissen der Professoren an den italienischen städtischen Universitäten entsprach).[112] Anders aber als bei den Kanonisten, deren Forschungsgegenstand durch die päpstlichen Dekretalen ständig vermehrt wurde, waren die Experten des Römischen Rechts auf ein unveränderbares Corpus iuris angewiesen. (Der staufische Versuch einer Erweiterung durch Authentiken blieb Episode bis auf die bezeichnende Ausnahme der Authentica habita Friedrichs I., die zum Grundbestand des universitä-

---

[109] Miethke (1997), 1048.

[110] Diese Schätzung von Gero Dolezalek wird unter anderem auch von Miethke (2000/II), 15 bestätigt.

[111] Andrae (1951), 87.

[112] Canning (1987), 93ff.; Walther (1992), 115 und 118f.

ren Rechts gezählt wurde.) Das zwang bei genauem Lesen zu der damit verbundenen Entdecker- und Interpretationsfreude. Deswegen wurde für das abendländische Staatsdenken die Ausdeutung der Lex regia folgenreich.[113]

Die im justinianischen Recht eher beiläufig vermerkte Legitimierung des Prinzipats, wonach das Volk all seine Rechte dem Augustus abgetreten habe, mußte im mittelalterlichen Rechtsdenken, das nur Delegation von Befugnissen, nicht aber einen juristischen Verzicht auf Herrschaftsrechte kannte, in ganz andere Zusammenhänge übersetzt werden. Delegation statt Preisgabe. Nicht die Verdeutschung von »populus« bereitete Probleme – zu eindeutig war den Gelehrten, daß nicht die Menschen von den Fahrenden bis hin zum Gelichter in den Städten das »Volk« bildeten, sondern nur diejenigen, die in der Gesellschaft zählten –, sondern die näherliegende Frage, wie die Delegation von Rechten denkbar war. Jeder Pfandschaftsvertrag bot Anschauungsmaterial dafür, daß die Übertragung von Rechten nicht die Ansprüche des Übertragenden aufhob. Delegation hieß nicht Preisgabe. Das sollte zu ersten Gedanken von einer Volkssouveränität führen. Wir übergehen ein Referat über die in der Rezeption der Lex regia einbeschlossene Theorie der Volkssouveränität und benennen – die Metapher von der Puppe in der Puppe strapazierend –, daß in dieser Theorie eine weitere Konsequenz beschlossen war: Die Absetzung des Herrschers entsprach der »Abschaffung« desjenigen – und auch hier bot das mittelalterliche Pfandrecht genügend Anknüpfungspunkte –, der ein ihm übertragenes Recht oder Amt nicht ordnungsgemäß wahrnahm. Es war – was wir mit der immer kleiner werdenden Gestalt der Puppe in der Puppe anzudeuten versuchen – gewiß keine in der Rezeptionsgeschichte des Römischen Rechts markant hervortretende, sondern nur eine »kleine« Theorie; aber diese war eben getreues Abbild einer größeren: In der Umkehrung der mittelalterlichen Ausdeutung der Lex regia hätte schließlich das Volk allein die Kompetenz besessen, einen Herrscher abzusetzen, ihm – Übertragung von Realitäten von einer Kultur in die andere – wegen untreuer Verwaltung des übertragenen Pfandes dieses zu entziehen.

Schon während der Auseinandersetzungen um die Maßregeln Gregors VII. hatte der sogenannte Petrus Crassus auf die Lex regia verwiesen, um die Irregularität der Forchheimer Wahl nachzuweisen. Denn – so Petrus Crassus – das Volk kann zwar den Herrscher einsetzen, unterwirft sich aber damit unwiderruflich dessen Gewalt.[114] Wenn auch die Lex regia während des Investiturstreits nicht ganz unbekannt war,[115] so waren die Zeiten doch noch fern, in denen hieraus Gedanken

---

113 Vgl. Canning (1987), 26, 55ff. und 73.

114 Stürner (1987), 127 mit Anm. 6. Das entspricht der Argumentation des Pseudo-Chrysostomos, eines Anhängers Heinrichs IV.: Der vom Volk gewählte König kann von diesem nicht mehr abgesetzt werden. Robinson (1978), 130. Vgl. Struve (1992), 234ff.; Kölmel (1993), 273.

115 Fuhrmann (1975), 23f. – Zur Lex regia in den Ravennater Fälschungen vgl. Goez (1958), 388f.

einer Volkssouveränität abgeleitet wurden. Manegold von Lautenbach erwähnt die Lex regia mit keinem Wort.[116] Und selbst kaisertreue Streitschriften konnten mit diesem Argument aus dem ihnen damals noch fremden Römischen Recht nicht viel anfangen.[117] Die politische Instrumentalisierung lag noch fern, aber die Grundsatzfrage beeindruckte die Zeitgenossen. Welten liegen zwischen dem sogenannten Petrus Crassus und Cosmas von Prag. Aber das gleiche Argument legt Cosmas der Libussa in ihrer fulminanten Rede in den Mund: Wenn ihr, das Volk, einmal dem Herrscher die Macht übertragen habt, ist das eine endgültige Entscheidung.[118]

Wenn die politische Instrumentalisierung der Lex regia im sogenannten Investiturstreit noch ausblieb, so hatte sich das spätestens in der Zeit Friedrichs II. in Reaktion auf die allmählichen Verfestigungen kanonistischer Doktrinen geändert.[119] Die Lex regia wurde als Beweis für die rein weltliche Begründung des Kaisertums herangezogen. So konnte ein kaiserliches Manifest feststellen, daß das römische Volk gemäß dieses Gesetzes dem Kaiser die Macht übertragen habe (»in quem lege regia prodita Romanus populus auctoritatis et iustitie contulit potestatem«).[120] Bei der Bekanntheit der Lex regia zu Zeiten Friedrichs II. konnte es nicht ausbleiben, daß sie nicht nur für die weltliche Begründung des Kaisertums, sondern auch für Ansprüche der römischen Bürgerschaft herangezogen wurde. Die schon zu Zeiten Arnolds von Brescia begegnenden stadtrömischen Auffassungen, allein die Römer und ihr Senat hätten das Recht, einen Kaiser zu wählen,[121] sollte erst, von den Umständen gezwungen, Manfred, der Sohn Friedrichs II., anerkennen;[122] die Grundlage, von der 1328 das »Volkskaisertum« Ludwigs des Bayern ausgehen sollte.

Die Lex regia konnte als eine aus römischer Zeit stammende Begründung des fürstlichen Königswahlrechts und damit als eine vom Papst unabhängige weltliche Kompetenz verstanden werden. Das Wahldekret des Jahres 1237 sollte feststellen: Die deutschen Königswähler sind die Nachfolger des römischen Senats[123] – ein Gedanke, der dann (verengt auf die Kurfürsten) bei Lupold von Bebenburg wiederkehren wird.

Vom Investiturstreit bis in die staufische Zeit hinein wurde aus der allerdings selten herangezogenen Lex regia lediglich die weltliche Begründung der Königswahl

116 Stürner (1987), 140.

117 Vgl. dazu Fuhrmann (1975), 23ff.

118 Zit. nach Töpfer (1999), 135f.

119 Vgl. Goez (1958), 174.

120 J. L. A. Huillard-Bréholles, Historia Diplomatica Friderici Secundi. Bd. 4/2. 1855, 912.

121 Schmidt (1987), 151f.

122 Goez (1958), 392 mit Anm. 1. Peter Classen, Causa imperii, in: Ders., Ausgewählte Aufsätze. (VortrrForsch 28) 1983, 45–66, hier: 63. – Kempf (1954), 217 verweist auf eine bereits dem zweiten Jahrzehnt des 13. Jahrhunderts entstammende kanonistische Glosse, wonach allein das römische Volk das Absetzungsrecht habe.

123 MGH Const. Bd. 2, 440 Nr. 329. Vgl. Goez (1958), 175f.

herausgelesen. Das sollte sich im Spätmittelalter ändern. Mit der Intensivierung wissenschaftlicher Kommentierung des Römischen Rechts wurde ein neuer politischer Hintergrund der Lex regia ausgeleuchtet. Dem »Volk«, dem »populus Romanus« billigten Glossatoren aufgrund dieses Rechtssatzes einen Absetzungsanspruch zu, weil das Volk zurücknehmen könne, was es eingeräumt habe: »revocare possit populus romanus quid concessit«.[124] Entsprechend hatte um 1320 Jean Favre, die Lex regia nicht allein auf den Nachfolger des Augustus, sondern auf alle Fürsten beziehend, gefolgert, das Volk wäre berechtigt, einen Herrscher abzusetzen, und bedenklich wäre, diese Befugnis mit dem Vorbehalt einzuschränken; sie dürfe nur aus einem wichtigen Grunde (ex causa) ausgeübt werden.[125]

Die Lex regia bildete 1328 die rechtliche Grundlage für die Kaiserkrönung des »Bawarus« durch das »Volk«. Marsilius von Padua hatte sie im Defensor pacis erweitert und in den Mittelpunkt seiner Argumentation gestellt, ohne aber – die Schwäche seiner Repräsentationslehre – sagen zu können, in welchen Formen, durch welche Vertreter denn dieses »Volk« handeln könne.[126] Hier konkretisierte Lupold von Bebenburg: Die Gewalt und das Wahlrecht des römischen Reichsvolkes sind den Kurfürsten delegiert worden.[127] Wer, so folgert Lupold, die »institutio« eines Herrschers wahrnehme, der habe auch das Recht zur »destitutio«, zur Absetzung.[128] Das aber ist nicht als schlichte logische Umkehrung begründet worden. Lupold, der natürlich nur die Kurfürsten als Wähler kennt, billigt das Absetzungsrecht nicht nur ihnen, sondern auch den Fürsten und allen anderen, die das Reich repräsentieren, zu, den »principes et alios populum regni et imperii repraesentantes«.[129] Wen Lupold mit den »alios ... repraesentantes« meint, ist nicht klar. Klar ist hingegen, daß eine solche Äußerung in die Zeit der Rhenser Kurfürsteneinung von 1338 gehört, die zu einer Reichseinung ausgeweitet werden sollte. Lupolds Position teilt auch Ockham: Falls der Kaiser das Reich mindere oder unwürdig vernachlässige, können das römische Volk oder diejenigen, denen es die Macht übertragen habe, ihn absetzen (»Romani vel illi in quos suam potestatem Romani dederunt, debent ipsum deponere«).[130]

---

124 Zit. nach Ercole (1911), 115.

125 R. W. Carlyle – A. J. Carlyle, A History of Medieval Political Theory in the West. Bd. 4. Edinburgh-London 1937, 22.

126 Zu Marsilius vgl. Struve (1992), 164ff. mit der hier in Anm. 47 genannten Literatur.

127 Wand (1949), 40 und 93; Günter Pleuger, die Staatslehre Wilhelms von Ockham. Diss. iur. Köln 1966, 63. – Weitere Belege für diese Ansicht: Ercole (1911), 117.

128 Vgl. Wand (1949), 45.

129 Tractatus de iure regni et imperii, ed. Schard (1609), 386.

130 Ockham, Octo quaestiones II.8, ed. Sikes, 84. – Vgl. zur Repräsentation des römischen Reichsvolkes durch die Kurfürsten: Hasso Hofmann, Der spätmittelalterliche Rechtsbegriff der Repräsentation in Reich und Kirche, in: Hedda Ragotzky – Horst Wenzel (Hgg.), Höfische Repräsentation. 1990, 17–31, hier: 24ff.

Lupold ging es natürlich nicht um konkrete Maßnahmen gegen Ludwig den Bayern; im Gegenteil: Er verteidigte ihn.[131] Indem er die rechtlichen Grundlagen einer Absetzung herausarbeitete, schloß er zugleich aus, daß der Papst dieses Recht besäße. (Auf nichts anderes war auch die Argumentation von Sachsen- und Schwabenspiegel hinausgelaufen.) Zwar hätten die Theorien des Bebenburgers, aus ihrem aktuellen politischen Zusammenhang gelöst, in der Wissenschaft rezipiert werden können, aber bei genauerem Hinsehen erweist sich, daß seine Lehren – in dieser Hinsicht das Schicksal der Theorien eines Petrus Crassus, eines Jean Favre und selbst eines Marsilius von Padua teilend – keine Schule machten, weder im akademischen Bereich noch bei den politisch Handelnden. Die späteren Glossatoren werden erkannt haben, daß Lupolds in sich so folgerichtige Lehre ein päpstliches Absetzungsrecht ausschloß; und die Fürsten konnten ihre Aktionen nicht mit solchen feingesponnenen Gedanken legitimieren, sie brauchten kräftigere Argumente. Lupolds Theorien sind Spiegel politischer und theoretischer Diskussionen um Kurfürstenrecht, Kaisertum und päpstliche Amtsgewalt in der Zeit des sogenannten Kurvereins von Rhens. Verwiesen sei allerdings darauf, daß bei der stärkeren Verknüpfung von kanonistischer und legistischer Staatstheorie im 15. Jahrhundert aus Lupolds Beweisführung der Gedanke des »collegium« der Kurfürsten von der Kanonistik übernommen wurde;[132] eines der wenigen Beispiele dafür, daß das gelehrte Recht auf Veränderungen der verfassungsgeschichtlichen Realitäten reagieren konnte; denn es wird noch darzulegen sein, daß das Wählergremium sich erst im 15. Jahrhundert zum Kurfürstenkolleg entwickelte.

Der Gedanke, daß den Kurfürsten als Repräsentanten des römischen Reichsvolkes mit dem Wahlrecht auch ein Absetzungsrecht übertragen worden sei, war trotz seiner Berufung auf die Lex regia noch nicht einmal unter den Legisten konsensfähig.[133] Deswegen kann Bartolus allein dem Papst das Recht zubilligen, das Reichsoberhaupt abzusetzen: »Jus enim eligendi habent principes de Alemannia, et jus privandi habet solus Papa«.[134] Selbst Kardinal Zabarella, der gleich zu Wort kommen wird, zog nicht Lupolds Folgerungen, als er, um sich über das Absetzungsrecht klar zu werden, auf antike Exempel zurückgriff.

Bei all dem ist zu berücksichtigen: Erst im Zeitalter des Humanismus gewann das Römische Recht ein Ansehen, das im Namen der neuen Autorität der Antike die Legistik gegenüber der zuvor dominierenden Kanonistik aufwertete. Unabhängig von geistesgeschichtlichen Veränderungen läßt sich bereits an der Professo-

---

[131] Zu Lupolds Begriff vom Kaisertum vgl. Miethke (1998), 204ff.

[132] Vgl. Canning (1987), 33. Deshalb können für den alle erreichbaren Autoritäten ausschreibenden Peter von Andlau, ed. Müller, 184 die Kurfürsten Nachfolger des römischen Senats sein.

[133] Vgl. Walther (1998), 253.

[134] Cecil N. Sidney Woolf, Bartolus of Sassoferrato. His Position in the History of Medieval Political Thought. Cambridge 1913, 37.

renbesoldung im 15. Jahrhundert der Aufstieg der Legisten gegenüber den zuvor wesentlich besser bezahlten kirchenrechtlichen Kollegen erkennen.[135] Ein neues Selbstwertgefühl der Lehrer des weltlichen Rechts entstand, weswegen Ulrich Zasius alle hierokratischen Theorien wegwerfend einfach als abwegig bezeichnen und das Absetzungsrecht allein den Kurfürsten zusprechen konnte, wobei er – typisch für die damalige innerakademische Diskussion – auch den als Autorität gefeierten Baldus demontierte: Baldus behaupte zwar, daß der Papst als Oberhaupt des römischen Volkes den Kaiser absetzen könne, was aber keineswegs zu akzeptieren sei. Heutzutage haben die Kürfürsten dieses Recht (»dicit Baldus, quod papa sit cerebrum et vertex populi rom., qui posset deponere et revocare potestatem principis, quod verum esse minime puto: quandoquidem res hodie ad electores imperii pertineat«).[136] Heutzutage, »hodie«? Schon Friedrich II. hatte der Absetzung durch den Papst entgegen gehalten, daß nur den Fürsten ein solches Vorgehen zustünde.[137] In dem »hodie« erweist sich, wie – vordergründig – unpolitisch die akademische Diskussion war, indem sie lange die Argumente der Welt gar nicht zur Kenntnis nahm.

Fassen wir die typischen kontroversen Lehrmeinungen der akademischen Welt zusammen, indem wir uns in die Situation eines Studenten an einer spätmittelalterlichen Universität versetzen.[138] Von Marsilius von Padua wird er nichts gehört haben;[139] die Gedanken einer Volkssouveränität werden ihm, wenn sie ihm je vorgetragen worden wären, allenfalls als »extravaganter« Lehrstoff erschienen sein. Denn es darf nicht vergessen werden: Die Verfügbarkeit (natürlich nicht die geistige Durchdringung) der Grundlagentexte scholastischer, kanonistischer und legistischer Wissenschaft ist heute aufgrund technischer Bedingungen größer, als sie es im Spätmittelalter sein konnte.

Unsere Vergegenwärtigung, die nicht auf eine lineare Entwicklung von Gedanken, sondern auf die Rezeptionschancen der jeweiligen Ideen ebensoviel Wert legt wie auf die Bedingungen der akademischen Diskussion, stiftet auf den ersten Blick

---

135 Ernst Schubert, Motive und Probleme deutscher Universitätsgründungen des 15. Jahrhunderts, in: Peter Baumgart – Notker Hammerstein (Hgg.), Beiträge zu Problemen deutscher Universitätsgründungen der frühen Neuzeit. (Wolfenbütteler Forschungen 4) 1978, 13–74, hier: 29.

136 Andrae (1951), 86.

137 MGH Const. Bd. 2, 366 Nr. 682.

138 Instruktiv im Zusammenhang mit unserer Frage: Quaglioni (1992), 103ff. und Dieter Girgensohn, Anleitungen zum Studium der Jurisprudenz an den Universitäten des späteren Mittelalters, in: Landau – Müller (1997), 523–552. Vgl. Peter Weimar, Die legistische Literatur und die Methode des Rechtsunterrichts der Glossatorenzeit, in: Ders. (1997), 3–44 und 351–359; Ders., Argumenta Brocardica, in: ebd., 45–80; Manlio Bellomo (Hg.), Die Kunst der Disputation. Probleme der Rechtsauslegung und Rechtsanwendung im 13. und 14. Jahrhundert. (SchrrHistKolleg Kolloquien 38) 1997.

139 Vgl. Miethke (1992), 6 und 10. – Zur Marsilius-Rezeption durch Nikolaus von Kues vgl. Stürner (1987), 250f.

Verwirrung, bietet nicht jene Klarheit, die vorgegaukelt wird, wenn in der modernen Forschung bei politischen Aktionen die scheinbar passenden kanonistischen Lehrsätze zitiert werden. Glücklicherweise für uns gibt es einen unverdächtigen Zeugen, der die Ansicht von der mangelnden Praxistauglichkeit der mittelalterlichen gelehrten Rechtsdeutungen bei einer Herrscherabsetzung stützt. Ein Gutachten des Kardinals Zabarella über die Absetzung Wenzels läßt einmal erkennen, daß über die rechtlichen Grundlagen einer Königsabsetzung römisch-rechtlich geschulte Juristen wenig aussagen konnten, und zeigt zum zweiten, daß an der Kurie selbst Zweifel bestanden, ob angesichts der von den Kurfürsten bereits vollzogenen Absetzung ein päpstliches Depositionsrecht als hierokratisch gedachter Entscheid ausgespielt werden könne. Zabarella kommt zu dem Schluß, wonach festzuhalten sei, daß das römische Volk einen Herrscher absetzen könne, wie das Beispiel des vom Senat als Reichsfeind verurteilten Nero lehre: Deshalb könnten heutzutage auch die Kurfürsten aus schwerwiegenden Gründen entsprechend vorgehen, vor allem dann, wenn sie der stillschweigenden Billigung des Papstes sicher wären (»dicendum est, quod sicut populus Romanus ex causa poterat imperatorem deponere, sicut dicitur factum de Nerone, qui fuit hostis a senatu iudicatus, ut est in historiis, ita et isti ex causa haec possunt, praecipue tacite approbante papa«).[140] Wenn Zabarella bemerkt, daß er seines Wissens keine verläßliche Begründung zur Beantwortung der ihm vorgelegten Frage einer Königsabsetzung gefunden habe (»dico, quod nunquam hoc legi per aliquem tactum, quod meminerim«),[141] belegt er als große Aussage, daß selbst die fleißigste Blütenlese in den heute leichter als im Mittelalter verfügbaren kanonistischen Texten nicht zu einem schlüssigen, und das heißt von den Zeitgenossen akzeptierten Konsens führen kann; sodann belegt Zabarellas Bemerkung (als kleinere Aussage), daß eine zur Erforschung der Absetzung Wenzels erhobene und in ihrer Beiläufigkeit einen wissenschaftlichen Konsens widerspiegelnde Forderung ins Leere zielt: »Die Einwirkungen des kanonischen Rechts und daneben das ius Romanum müssen unbedingt berücksichtigt werden«.[142]

Zwei einfache Sachverhalte sind zu berücksichtigen, um nicht vorschnell eine politische Handhabung von Rechtssätzen anzunehmen. Erstens gehört Pluralismus der Lehrmeinungen schon zur mittelalterlichen Wissenschaft.[143] Gelehrte

140 Finke (1890), 632.

141 Ebd. – Zu Zabarella vgl. Dieter Girgensohn, Francesco Zabarella aus Padua. Gelehrsamkeit und politisches Wirken eines Rechtsprofessors während des großen abendländischen Schismas. ZRG kan. 79 (1993), 232–277.

142 Schnith (1971), 325.

143 Selbst als zu Zeiten Bonifaz VIII. vor allem Mendikanten die politische Theorie in der ekklesiologischen Debatte beherrschten, kann von Konformität keine Rede sein, obwohl die Mendikanten »den spezifischen Papalismus an der Wende vom 13. zum 14. Jahrhundert recht eigentlich heraufgeführt, jedenfalls formuliert haben«. Miethke (1987), 174f.

sind sich nie einig. Das erschwert eine Umsetzung ihrer Ansichten in die Realität. Zum Beispiel erklärt Johann von Winterthur die verworrene Situation um 1330 nicht nur durch die Verschiedenheit der Gewissen, sondern auch daraus, daß die befragten Rechtsgelehrten die »canones« des Kirchenrechts verschieden auslegten: »quod iurisperiti in hiis requisiti diversimode canones iuris ecclesiastici interpretabantur«.[144] Denn das Individuelle, das schon damals dem wissenschaftlichen Zitieren eigen war, kann nicht übersehen werden. Nikolaus von Kues zum Beispiel zitierte über fünfhundert mal das Decretum Gratiani, aber nur fünfundvierzig mal das päpstliche Dekretalenrecht.[145] Zweitens ist zu bedenken, daß im Mittelalter Rechtssätze möglichst gebündelt, ungeachtet ihrer Provenienz argumentativ verwendet wurden, daß kirchliche und weltliche Rechtslehren, wenn sie zum Beweis taugten, vermischt wurden.[146] So berief sich Dr. Peter Knorr 1452 vor dem Kaiser darauf – ein typisches Beispiel –, daß die Gegenpartei, der Preußische Bund, »wider göttlich, natürlich, geistlich und kaiserlich Recht, gegen die Goldene Bulle, die Freiheit der Kirche und des Ordens, gute Sitten, Vernunft und löbliche Gewohnheit« verstieße.[147] Diese Bündelung von Rechtssätzen ist unerläßlich in einer Welt, die mit konkurrierenden Rechtsvorstellungen zu leben verstand, etwa damit, daß der König auf der einen Seite das Recht geradezu verkörperte (»lex animata in terris«), auf der anderen Seite sich selbst »in das Recht begibt«, sich ihm unterwirft.[148]

Ein erstes, ein ernüchterndes Fazit deutet sich an: Aus der gut dokumentierten wissenschaftlichen Diskussion sind keine Rückschlüsse auf die weniger gut dokumentierten Absetzungen zu ziehen. Das bedeutet aber auch, wenn wir diese Absetzungen und Absetzungspläne in ihrer Aussage für das Werden der Reichsverfassung interpretieren, daß Papsttum und Kanonistik nicht überschätzt werden sollten. Unsere Aussage ist insofern zu ergänzen bzw. anders zu begründen, weil es unter den Kriterien der Tradition und der Rezeption zu einer auswählenden Wertung gelehrter Theorien in der Welt der Laien gekommen war.

---

144 Johann von Winterthur, ed. Baethgen, 91.

145 Meuthen (2001), 263.

146 Dilcher (1994), 11; Sellert (1998), 121.

147 Weise (1955), 182.

148 Schubert (1979), 117 und 121.

4. Die Rezeption päpstlicher und kanonistischer Positionen

Die für Kleriker und Laien verbindliche Geschichte: die Translatio Imperii und ihre unterschiedlichen Ausdeutungen – Geschichte als Argument und dessen historiographische Verführung. Das Exempel des Jahres 751 – die unterschiedliche Ausdeutung während des Investiturstreits – die Auslegung des Exempels als Gelehrtenstreit – das von den Laien nicht akzeptierte historische Argument: die Kurfürstenfabel – die Kenntnis kanonistischer Positionen in der Laienwelt – Rezeption des Absetzungsgrundes Häresie? Gotfrid Hagen und Ruprecht von Freising als zweifelhafte Zeugen – die eigenständige Lehre der Herrscherabsetzung in den Rechtsspiegeln – der hilflose Widerspruch des Johannes Klenkok gegen den Sachsenspiegel – schwächte das kanonische Recht tatsächlich die Stellung des römischen Königs?

Die Welt der Kanonisten war eine gelehrte Welt für sich. Die Wirkung ihrer Theorien hing von der Welt der Laien ab. Das hat selbst ein bedeutender Kanonist auf dem päpstlichen Thron zu erkennen gegeben, als er sich unvermittelt mit der Absetzung eines römischen Königs konfrontiert sah. Nicht auf die eingeschliffenen Doktrinen der Kanonistik, sondern auf die Geschichte, auf die ebenfalls von Innozenz III. hervorgehobene Translatio Imperii[149] berief sich Bonifaz VIII., als er den Gesandten Albrechts von Habsburg entgegen hielt: Die Deutschen sollten sich klar machen, daß so, wie ihnen das Imperium übertragen worden sei, der Papst als Stellvertreter Christi das Recht habe, das Imperium von den Deutschen auf Andere zu übertragen, falls er dieses wolle (»Et attendant hic Germani, quia sicut translatum est imperium ab aliis in ipsos, sic Christi vicarius successor Petri habet potestatem transferendi imperium a Germanis in alios quoscumque, si vellet, et hoc sine iuris iniuria«).[150] Wie später noch manche seiner Nachfolger drohte der Papst unter Berufung auf die Translatio Imperii damit, das Kaisertum von den Deutschen auf ein anderes Volk, bei dem es sich stets um die Franzosen handelte, zu übertragen.[151]

Die Lehre von der Translatio Imperii war »vor dem Ende des 12. Jahrhunderts ... kaum jemals auf päpstliches Handeln zurückgeführt« worden.[152] Erst in den sech-

[149] Folz (1987), 326.

[150] MGH Const. Bd. 4, 140 Nr. 173 § 5. Vgl. Goez (1958), 108f.

[151] Deshalb konnten 1390 Gerüchte im Reich verbreitet werden, daß Clemens VII. das Reich auf die Franzosen übertragen wolle. Thomas (1983), 330.

[152] Goez (1958), 151. – Seit der Aufnahme der konstantinischen Schenkung in die pseudoisodrischen Dekretalen ist die Wendung »imperium transferre« in kirchenrechtlichen Quellen zu belegen. Aber ein Zusammenhang dieser Tradition mit der Translationstheorie besteht nicht. Ebd., 189. – In den Dekretalen ist die Translatio imperii kaum erwähnt. Herde (2002), 223f.

ziger Jahren des 12. Jahrhunderts wurde sie von Parteigängern Alexanders III. in der Auseinandersetzung mit Friedrich I. im kurialen Sinne umgedeutet.[153] Indirekt war in dieser Lehre ein Depositionsanspruch des Papstes enthalten, wie schon Alexander III. erkannte, als er Friedrich I. mit einer »retranslatio imperii ad Grecos« drohte.[154] Damit waren Kompetenzbegründungen gegeben worden, die, verfeinert, auch Innozenz III. aus der Translationstheorie ableitete.[155] Politisch aktuell wurde dieser Rückgriff auf die angebliche Geschichte im Jahre 1239, als Gregor IX. mit der Bannung Friedrichs II. auch erwog, das Kaisertum dem Bruder Ludwigs des Heiligen, Robert, zu übertragen.[156]

Die Kanonistik hatte nach dem Pontifikat Innozenz III. die kuriale Translationslehre rezipiert,[157] die dominikanische Geschichtsschreibung hatte ihr weitere Bekanntheit gesichert,[158] aber in Konkurrenz dazu wurden immer noch mit der Vier Reiche-Lehre weltliche Anschauungen verbunden, die der kurialen Ausdeutung zuwiderliefen.[159] Als der Sachsenspiegel die Abfolge der vier Weltreiche aufzählt, lehnt er die päpstliche Geschichtsdeutung nicht nur unmißverständlich ab; er bezieht auch die Zwei-Schwerter-Lehre dergestalt in die Translatio Imperii ein, daß das geistliche Schwert der weltlichen Herrschaft untergeordnet ist: Bei den Griechen war das dritte Weltreich so lange geblieben, »wante sek Roma underwant unde <dat> Julius Keiser wart. Noch hevet Roma behalden dat wertleken swert und van sante Petrus halven dat geistleke; dar umme het se hovet aller werlde«.[160] Das weltliche Rom, nicht der Sitz des Papstes, ist Haupt der Welt gemäß der Abfolge der vier Weltreiche.

Friedrich II. stand keineswegs allein, als er im Juli 1245 formulieren ließ: »So liest man doch nirgends, daß nach göttlichem oder menschlichem Recht es dem Papst zugestanden worden sei, daß er nach seiner Willkür Reiche transferieren könne«.[161] Ebensowenig wie der Sachsenspiegel weiß das vor 1294 entstandene sächsische Weichbildrecht etwas von einer päpstlichen Übertragung, als es die Abfolge der vier Weltreiche erzählt.[162] Weil die kuriale Translationsidee sich nicht als allgemein anerkannte Geschichtsdeutung durchsetzen konnte, hatte Nikolaus III. von Rudolf von Habsburg die feierliche Anerkennung der päpstlichen Auslegung verlangt.[163]

---

[153] Goez (1958), 151 ff.
[154] Ebd., 151.
[155] Ebd., 165 f.
[156] Ebd., 169 f.
[157] Ebd., 191 ff.
[158] Ebd., 199 ff.
[159] Ebd., 177.
[160] Sachsenspiegel Ldr. III.44.1, ed. Eckhardt, 229 f. (151).
[161] MGH Const. Bd. 2, 362 Nr. 262. Vgl. Goez (1958), 171.
[162] Ed. Rosenstock, 44 f.
[163] Goez (1958), 179 f.

Die Kanonistik verwendete – und das mag tatsächlich ein Erbe des Investiturstreits sein – die Geschichte als Argument, eine Geschichte, die sie in ihrer Tragfähigkeit nicht näher nachprüfte, sondern aus den ihr überlieferten Texten ablas. Was aber in den Grundsatzfragen des Verhältnisses von Regnum und Sacerdotium ein Hilfsargument war, konnte sich verselbständigen, so wenn Bonifaz VIII. den deutschen Gesandten entgegenhalten sollte, daß der Papst das von ihm den Deutschen übertragene Weltreich ihnen auch wieder entziehen könne.[164] Während des Kampfes Ludwigs des Bayern mit der Kurie leitete z.B. Heinrich von Cremona ein päpstliches Ein- und Absetzungsrecht des Kaisers aus der Translatio Imperii ab.[165]

Die Berufung auf die Translatio Imperii gleichermaßen bei einem machtbewußten Papst und bei einem bald zu zitierenden nachdenklichen Gelehrten zeigt, wie wenig dem theoretisch durch Häresie und »plenitudo potestatis« festgelegten Fundament getraut wurde. Nicht kanonistischen Doktrinen, sondern der in kanonistischen Texten anerkannten Geschichte wurde Überzeugungskraft zugemessen.[166] Aber diese Geschichte war außerhalb der Kanonistik unterschiedlich auslegbar. Und die Abfolge der vier Weltreiche konnte auch anders als in Rom verstanden werden. Ein päpstliches Absetzungsrecht war aus der Ausdeutung von Nebukadnezars Vision zwar abzuleiten, aber kaum so überzeugend zu begründen, daß es allgemein akzeptiert werden konnte.

Lupold von Bebenburg versuchte zunächst zwischen Anhängern und Verächtern der kanonischen Lehre von der Translatio Imperii zu vermitteln.[167] Er lehnte zwar alle aus dieser Lehre abgeleiteten päpstlichen Ansprüche ab, gestand aber zu, daß diese Lehre eine Rechtswirkung entfalten könne, »wenn sie mittels Salbung und Krönung des römischen Königs durch den Papst erneuert werde«.[168] Diese vermittelnde Position Lupolds war für Ockham nicht akzeptabel.[169] Die von Eva Luise Wittneben erschlossenen Ergänzungen, die Lupold an seinem Werk vornahm, zeigen, daß sich Lupold Ockhams Position annäherte.[170] Schroff sollte schließlich Nikolaus von Kues einem mit der Translatio imperii begründeten päpstlichen Absetzungsrecht widersprechen: Wenn die Absetzung von Kaisern oder die Übertragung des Reiches (an ein anderes Volk) die Politik des heiligen Stuhls bestimmen sollte, ist zur Kenntnis zu nehmen, was, von den Fragen des Christentums und der Menschlichkeit ganz abgesehen, gegen alle entsprechenden

---

164 Vgl. Anm. 150. Dazu Goez (1958), 180f.; Unverhau (1973), 260.

165 De potestate papae, ed. Scholz Bd. 2, 158ff. Zur Rolle der Translationstheorie in den Streitschriften der Zeit Ludwigs des Bayern vgl. Goez (1958), 214ff.

166 Hierauf wies bereits Hageneder (1963), 73f. hin.

167 Goez (1958), 226ff. – Von der Souveränität des französischen Königs ausgehend hatte auch Johann Quidort die kuriale Translationstheorie abgelehnt. Ebd., 221ff.

168 Wittneben (1997), 573.

169 Dialogus, ed. Miethke, 135ff. und 154ff.; Allegationes, ed. Offler, 428f.

170 Wittneben (1997), 574f., 577f. und 581f. Vgl. auch Heckmann Bd. 1 (2002), 501f.

Maßnahmen eingewandt werden muß, daß nämlich ohne Zustimmung der Betroffenen zu den päpstlichen Verfügungen diese, anders als die Päpste behaupten, wirkungslos sind (»Si regum et imperatorum depositiones ac imperii translationem et cetera forte ad hoc praesumendum apostolicum moverent, sciat, nisi forte religioni et humilitati obstaret, omnibus illis vere et clarissime responderi posse et taliter, quod forte haec minime tantam potestatem absque partium contendentium aut consensu aut acceptatione in papa ut papa arguerent«).[171] Anders als seine Vorgänger hatte Nikolaus von Kues nicht allein in juristischen Werken nachgeschlagen. Er war geübt darin, historische Quellen aufzuspüren, die er bereits in kritischer Absicht prüfte.[172]

Zur Zeit des Nikolaus von Kues, zur Zeit der großen Konzilien hatte die kuriale Translationsdoktrin längst ihre argumentative Rolle für die Begründung päpstlicher Herrschaft ausgespielt. Vollends seit Maximilians verblüffend unspektakulärer Annahme des Kaisertitels, genauer: des Titels »Erwählter Römischer Kaiser«, war sie auch politisch gegenstandslos geworden.[173] Wenn Maximilian sich 1508 zur Begründung seines Schrittes darauf berief, daß man in Italien schon seit jeher bereits den römischen König »caesar« nenne, so macht er mit dieser zutreffenden Begründung[174] zugleich die nicht allzu große Reichweite einer Theorie deutlich, die dem Protestantismus immerhin noch einen heftigen Angriff als Ausdruck päpstlicher Machtansprüche wert war.[175] Denn zählebig können sich bis in die frühe Neuzeit hinein mittelalterliche Lehrmeinungen erweisen. Papst Paul IV. berief sich nach 1555 auf die Translatio Imperii, als er mit der Behauptung, Karl V. hätte gar nicht ohne päpstliche Zustimmung abdanken dürfen, politischen Druck auszuüben versuchte.[176]

Die Translatio Imperii war eine dem Mittelalter wohlvertraute Geschichtsdeutung,[177] aber eben eine Deutung: auslegungsfähig, jedoch kaum konsensfähig. Ebenso steht es mit dem gleichfalls im Mittelalter berühmten Fall der Entmachtung Childerichs III. im Jahre 751, eine vom Papst autorisierte Herrscherverlassung, die den Übergang vom merowingischen zum karolingischen Königtum begründete.[178]

---

171 De concordantia catholica III.14, ed. Kallen, 464.

172 Meuthen (2001), 272f.

173 Goez (1958), 187.

174 Hermann Wiesflecker, Maximilians I. Kaiserproklamation zu Trient (4. Februar 1508). Das Ereignis und seine Bedeutung, in: Österreich und Europa. Festgabe für Hugo Hantsch. 1965, 15–38.

175 Goez (1958), 281ff.

176 Duchhardt (1977), 57 und 59.

177 Zur Verwirrung in der spätmittelalterlichen Historiographie trug bei, daß keine Einigkeit über die Datierung der Übertragung des Reichs auf die Deutschen und die Person des übertragenden Papstes – Stephan II. oder Leo III. – bestand. Goez (1958), 202ff.

178 Vgl. dazu Bund (1979), 363ff.

Hier konnte sowohl im sogenannten Investiturstreit als auch späterhin die konkrete Geschichte zum Exempel für das Recht der Absetzung werden.

Nach dem Investiturstreit zitierte das Decretum Gratiani den Fall des Jahres 751 ohne sich dabei dessen Auslegung durch Gregor VII. zu eigen zu machen.[179] Für Kanonisten hingegen, die von einer »potestas directa« des Papstes bei der Deposition des Herrschers ausgingen, bot das Jahr 751 das historische Schlüsselargument.[180] Andere Kirchenrechtler aber teilten diese Auffassung nicht. Für sie, die Gratian näherstanden,[181] war das Absetzungsrecht allenfalls Ausdruck einer päpstlichen »potestas indirecta«.[182] Während Alexander III. das Ereignis von 751 im Sinne eines päpstlichen Machtanspruchs auslegte,[183] formulierte eine Generation später Johannes Theutonicus wie schon der Verfasser des »Liber de unitate«, daß Zacharias den Absetzenden nur zugestimmt habe.[184] Damit war der bis in die Zeiten Ludwigs des Bayern aktuelle Gegensatz der akademischen Diskussion abgesteckt.[185] Der kaisertreue Jurist Ugolinus von Celle übernahm 1323 Formulierung und Gedanken jener Kanonisten, die wie ein Johannes Theutonicus im Sinne Gratians ein direktes päpstliches Absetzungsrecht bestritten:[186] »Zacharias non deposuit, sed deponentibus tantum consensit«.[187] Im gleichen Verständnis, das ein Absetzungsrecht in diesem Falle nur bei den »deponentes«, bei den Fürsten, sieht, deuten auch Ockham[188] und Lupold von Bebenburg[189] das Ereignis des Jahres 751, das hingegen Vertretern der kurialen Ansprüche wie Tholomaeus von Lucca,[190]

---

179 Gratians Deutung zitiert der Hostiensis in seinem Kommentar zur Dekretale Venerabilem. Druck und Übersetzung: Miethke – Bühler (1988), 95ff., hier: 96.

180 Hageneder (1963), 60ff. Mit spürbarer Distanz kommentiert Otto von Freising die Konsequenz, die aus dem Fall des Jahres 751 an der Kurie gezogen wurde: »Ex hoc Romani pontifices regna mutandi auctoritatem trahunt«. Chronica V. 21, ed. Lammers, 410. – Eine individuelle Variante bot Sicard von Cremona, der die »potestas directa« des Papstes bei einer Absetzung von der konstantinischen Schenkung ableitete. Hageneder (1963), 61 Anm. 26.

181 Kempf (1974), 350.

182 Hageneder (1963), 60. Vgl. Kempf (1974), 345 und 350; Folz (1987), 323ff.

183 Goez (1958), 151.

184 Unverhau (1973), 354.

185 Deshalb konnte zum Beispiel Johann Quidort ausführen, daß der Papst bei der Absetzung Childerichs III. nur mitgewirkt, aber sie keineswegs vollzogen hätte. Miethke (1974), 280. Allerdings ist nicht zu verkennen, daß für das Papsttum immer stärker die Translationstheorie an Stelle des Falles von 751 für das Recht des »regna mutandi« herangezogen wird. Goez (1958), 156.

186 Kempf (1954), 216f.

187 Nova Alamanniae, ed. Stengel Bd. 1 (1921), 123 Nr. 77 § 15. Vgl. MGH Const. Bd. 4, 1312 Nr. 1248.

188 Allegationes de potestate imperiali (1338), ed. Scholz Bd. 2, 430. Vgl. Dialogus, ed. Miethke, 132f. und 137.

189 Tractatus de iure regni et imperii, ed. Schard (1609), 386.

190 Determinatio compendiosa c. 14, ed. Krammer, 31ff. Vgl. Miethke (1974), 276.

Konrad von Megenberg[191] und Aegidius Spiritalis[192] als Beweis im Sinne Gratians gilt.

Wo die konsensfähige Geschichte nur bedingt als Argumentationshilfe taugte, mußte eine erfundene Geschichte aushelfen. Die Kurfürstenfabel.[193] Ohne auf deren verworrene Entstehungsgeschichte einzugehen, sei darauf verwiesen, daß die verbreitetste Rezeption der Mär, wonach im Jahre 1030 Gregor V. gemeinsam mit seinem Vetter Otto III. die Kurfürsten eingesetzt habe, in jener Zeit des 13. und frühen 14. Jahrhunderts liegt, in der Papst und Kanonisten die kirchlichen Ansprüche auf Königswahl und Kaisertum immer weiter ausdehnten und schließlich überspannten. Vor allem die Determinatio compendiosa sollte diese Fabel um 1300 verbreiten,[194] eine Fabel, die, oft mit der Translatio imperii verschmolzen,[195] trotz ihrer faktischen Unmöglichkeit sogar von Lupold von Bebenburg geglaubt wurde, der allerdings Otto III. zum Schöpfer des Kurkollegs machte.[196] 1356 sollte die Goldene Bulle die Kurfürstenfabel noch nicht einmal in höflicher Reverenz zitieren – einer jener in der Forschung selten interpretierten Fälle, nach denen dieses Gesetz auch bedeutsam in dem ist, was es nicht sagt.

Ebenso wie der kurialen Translationstheorie eine weltliche Ausdeutung der Vier Reiche-Lehre gegenüberstand, ist auch die Geschichte von der Einsetzung des Kurfürsten-Kollegs nicht nur im päpstlichen Sinne erzählt worden. Für die Magdeburger Geschichtsschreibung zum Beispiel ist das Wählergremium eine Stiftung Karls des Großen.[197] Sodann kann die Fabel auch wie um 1270 durch Gotfrid Hagen als historische Begründung des Wahlreiches, das eine Sohnesfolge nicht zulasse, erzählt werden, wonach Papst Silvester das Wählergremium mit der Bestimmung eingesetzt habe, »wanne dat ein keiser sterve, / dat it up sin kint neit enerve.«[198] Um 1400 wird dann Dietrich von Nieheim alle kurialen aus der Kurfürstenfabel abgeleiteten Aussprüche beiseite schieben. Mochte diese auch als gelehrter Ballast von manchen Autoren noch weiter transportiert werden, so stellt Dietrich nüchtern das Ergebnis seiner Forschungen dagegen. Er, der davon ausgeht, daß die Römische Kirche vom Reich gestiftet und herrlich ausgestattet sei,[199] datiert die Entstehung des Kurfürstenkollegs in die Zeit nach dem Tode Ottos III.,

191 Tractatus de translatione imperii, ed. Scholz Bd. 2, 114.

192 Libellus, ed. Scholz Bd. 2, 106.

193 Max Buchner, Die Entstehung und Ausbildung der Kurfürstenfabel. Eine historiographische Studie. HJb 33 (1912), 54–100. Vgl. auch Stengel (1965), 151 ff.

194 Stengel (1965), 151.

195 Ebd., 158 ff.

196 Ebd., 151. Bei manchen Autoren erscheint nicht Otto III., sondern Heinrich II. und sogar Karl der Große als Schöpfer des Kurkollegs. Erkens (2002), 2 mit Anm. 9f.

197 Lenz (2002), 142 und 145.

198 Gotfrid Hagen, 39 (V. 592f.).

199 Gesta Karoli Magni, edd. Colberg – Leuschner, 362.

in die Zeit des Übergangs vom ottonischen zum salischen Haus.[200] Ausgemacht ist für ihn, daß ein Kaiser einem Kurfürsten die »vox electionis« entziehen kann, so wie es Friedrich I. im Falle Heinrichs des Löwen getan habe.[201] Vom Papsttum ist bei all dem nicht die Rede.

Blicken wir zurück. Die für Kleriker und Laien gleichermaßen verbindliche Geschichte konnte ganz verschieden ausgelegt werden. Das galt für die reale Historie wie beim Exempel von 751 und für die fiktive Historie wie bei der Translatio imperii und der Kurfürstenfabel. Zwischen realer und fiktiver Geschichte steht die legistische Ausdeutung der Lex regia. Alle genannten Fälle aber haben gemeinsam, daß Rechtsgründe in der Vergangenheit gesucht oder aus ihr abgeleitet werden. Und das hängt mit einer der agrarischen Welt eigentümlichen Auffassung von Geschichte zusammen: Wo Erbrecht und Herkunft gleichermaßen in der Vergangenheit begründet sind, kann das historische Argument als legitimierendes Fallbeispiel wie das Exempel des Jahres 751 verstanden werden oder wie Translatio imperii und Kurfürstenfabel als legitimierende Herkunftslegende.

Wieweit war ein päpstliches Absetzungsrecht außerhalb der Gelehrtenwelt der Kanonisten überhaupt anerkannt? Zur Beantwortung dieser Frage verweisen wir auf die den Eigenwert weltlicher Herrschaft betonende Gegenposition, welche die Kanzlei Friedrichs II. zu den kanonistischen Doktrinen bezog. Erstaunlich ist die Wirkung der staufischen Argumente, die, wie Helene Wieruszowski nachweisen konnte, von den Manifesten Manfreds und der Colonna über die Publizistik Philipps des Schönen bis hin zu den Appellationen und Protesten Ludwigs des Bayern reichte.[202] Nur eine Kanzleitradition? In der Zeit Ludwigs des Bayern, in der die Quellen zur Geschichte der öffentlichen Meinung reicher fließen, erweist sich der Sinn dieser Anleihen bei der staufischen Publizistik: gelehrte Bestätigung der königstreuen Ablehnung päpstlicher Positionen im Volk. Aber davon abgesehen stellt sich ein historiographisches Problem. Der Zugriff auf den Liber Extra bzw. die Clementinen ist vergleichsweise leicht. Viel schwerer ist es, die gleichermaßen zu gewichtende Konkurrenz laikalen Denkens zu den Dekretalen zu ermitteln.

Die umfassende Rezeption der Enzykliken Friedrichs II. liefert einen Teil der Begründung, warum kein Papst späterhin wagen konnte, was Innozenz IV. gewagt hatte, eine Herrscherabsetzung allein auf kanonistischer Grundlage zu verkünden. Eine weitere Begründung glauben wir in der Haltung der Laien finden zu

---

200 Karl Pivec, Neue Forschungen zu Dietrich von Niem I. Das Imperium in den Privilegia und im Viridarium, in: Ders. – Hermann Heimpel, Neue Forschungen zu Dietrich von Niem. (NachrrAkadWissGöttingen phil.-hist. Kl. 1951/4) 1951, 1–74, hier: 30.

201 Cronica, edd. Colberg – Leuschner, 159 und 252.

202 Helene Wieruszowski, Vom Imperium zum nationalen Königtum. Vergleichende Studie über die publizistischen Kämpfe Kaiser Friedrichs II. und König Philipps des Schönen mit der Kurie. 1933 (Neudruck 1965), 85.

können. Die Absetzung Friedrichs II. war nicht nur bei den damaligen Zeitgenossen umstritten, sondern auch späterhin. Es wird mit der Darstellung des gefährlichen Spiels des Papstes im Jahre 1245 noch zu behandeln sein, wie unsicher sich die Menschen in der Beantwortung waren, wann die Herrschaft Friedrichs II. beendet war, ob mit seiner Absetzung oder erst mit seinem Tod.

Bereits der Sachsenspiegel hatte die Kompetenz des Papstes, einen Kaiser zu exkommunizieren, auf drei konkrete Fälle eingeschränkt. Den zum Kaiser Gekrönten darf weder der Papst noch ein anderer bannen, ausgenommen wegen Häresie, Ehescheidung oder Zerstörung von Kirchen: »of he an deme rechten geloven twivelet, oder sin echte wif let, oder Goddes hus tostoret«.[203] Hier war zwar den Häresiebestimmungen des Vierten Laterankonzils vordergründig Rechnung getragen, zugleich aber ein ablehnender Kommentar zur Exkommunikation Ottos IV. gegeben worden. (Der Zirkelschluß der Gegner des Welfen im Jahre 1211, wonach der Kaiser als Häretiker anzusehen sei, weil er trotz des päpstlichen Banns noch weiterhin der Messe beigewohnt habe, konnte einen Eike von Repgow natürlich nicht überzeugen.) Von einer grundsätzlichen Richterkompetenz über den Kaiser weiß der Sachsenspiegel nichts. Die drei von ihm genannten Vergehen, deretwegen ein Papst den Kaiser bannen darf, entsprechen einem Rechtsdenken, das ein Jahrzehnt zuvor im Umkreis jenes Kaisers begegnet, dessen Machtschwerpunkt im sächsischen Rechtsbereich lag. In dem »Carmen de Ottone IV.« beklagt sich die Stadt Rom über das Eintreten des Papstes für den Staufer und gegen den Welfen und erklärt, daß es nur drei Gründe für die Bannung eines Kaisers gäbe: Verlassen der Ehefrau, Minderung des Reichs, Ketzerei (»coniux dimissa, minutus Imperialis honor, heresis«).[204]

Die Rechtsspiegel des 13. Jahrhunderts haben einem päpstlichen Absetzungsanspruch das Depositionsrecht der Fürsten entgegengehalten: »ne mach deme künige nieman an sin liph sprechen, yme ne si daz riche voren mit ordelen verdelet«, stellt der Sachsenspiegel fest.[205] Das war nichts anderes als das, was die einleitend zitierte Kaiserchronik dem Bischof Gebhard in den Mund gelegt hatte. Ob Eike überhaupt von den kanonistischen Positionen Kenntnis hatte, denen er widersprach, wissen wir nicht. Was wir aber wissen ist, daß er nicht nur in Laienkreisen verbreitete Auffassungen formulierte. Als der unter Einfluß Augsburger Minoriten entstandene Schwabenspiegel nach den Erfahrungen des Interregnum sich verpflichtet sieht, die Formen der Absetzung zu konkretisieren, folgt den Aussagen des Sachsenspiegels, die mit einer stilistischen Ergänzung unterstrichene Feststel-

---

203 Sachsenspiegel, Landrecht III.57.1, ed. Eckhardt, 243 (159). Vgl. dazu Sachsenspiegel, Landrecht III.54.3, ed. Eckhardt, 240 (Nr. 157): Nicht zum König darf man wählen »lamen man unde meselsuchtegen man, noch den de in des paveses ban mit rechte komen is.« Entsprechend: Schwabenspiegel, Landrecht c.121, ed. Eckhardt, 213. Vgl. Kempf (1954), 168 mit Anm. 58.

204 Rosenstock (1912), 121.

205 III.54.4, ed. Eckhardt, 240.

lung: »dem künig mac nieman an den lip gesprechen, im werde daz riche ê verteilet mit der fürsten urteile. Ueber des küniges lip und über sin ere mac nieman urteil sprechen, wan die fürsten«.[206] Den Bearbeitern des Schwabenspiegels konnte die Kaiserabsetzung von 1245 nicht unbekannt geblieben sein. Deswegen überrascht die fast textgleiche Übernahme des »Absetzungsparagraphen« durch das spätere Rechtsbuch. Die Behauptung des Schwabenspiegels, wonach nur die Fürsten dem König die Herrschaft absprechen könnten, war nunmehr (da bei der Beteiligung Augsburger Minoriten an diesem Rechtsbuch eine Kenntnis der kanonistischen Positionen vorausgesetzt werden darf)[207] direkt gegen die päpstlichen Ansprüche gerichtet. Was bei Eike von Repgow nur zu vermuten ist, kann für den Schwabenspiegel als sicher gelten: Die Ablehnung kanonistischer Positionen der Herrscherabsetzung. Der Papst hat dabei nichts zu suchen.

Daß Eike von Repgow die verbreitetste Ansicht zur Absetzungsfrage formulierte, läßt sich nicht nur über den Schwabenspiegel beweisen. Das zwischen 1235 und 1250 entstandene Weichbildrecht[208] folgt im wesentlichen dem Sachsenspiegel, wenn es die Absetzungsgründe für einen römischen König in drei Gründen sieht: »Das eyne ist, ap er den stul zu Rome zu stören welde; des ander ist, ap das eyne er den vnglowben sterckte; das dritte ist, ap er sein elich weip ließe.«[209] Das Rechtsbuch stellt eine Absetzung als Folge einer Vereinbarung von »fürsten vnd freyherren vnd« allen, »die mit ritters namen begriffen waren« mit den Römern dar (»wie sie mit den Römern zu rate wurden«). Vom Papst ist dabei ebensowenig die Rede wie bei der Gerichtsbarkeit über den König (»den römisch foit«). Wenn dieser in einem der drei genannten Fälle schuldig geworden ist, »so sulde man obir in richten«. Damit sind offenbar die zunächst genannten Adeligen gemeint. Und dann wird das Weichbildrecht geradezu redselig, es benennt sogar den zuständigen Richter, den Pfalzgrafen[210] und die Form der Enthauptung, die mit einem goldenen Beil vollzogen werden soll.[211]

Daß die Rechtsspiegel mit dem Hinweis auf das Recht der Fürsten allen hierokratischen Depositionsdoktrinen widersprachen, sollte Mitte des 14. Jahrhunderts dem Augustiner Johannes Klenkok (dem niedersächsischen Adelsgeschlecht der

---

206 Ldr. 124, ed. Eckhardt, 215.

207 Daß selbst die Dominikaner nicht vorbehaltlos die päpstlichen Begründungen für die Absetzung Friedrichs II. übernahmen, belegt Baaken (1997/II).

208 Oppitz (1990), 47. Rosenstock (1912), 109 nimmt den Zeitraum von 1237 und 1241 als Entstehungszeit an.

209 Weichbildrecht, ed. Rosenstock, 45. Vgl. Kullmann (1959), 41.

210 Das Weichbildrecht denkt dabei wohl nicht an den rheinischen Pfalzgrafen, sondern an das angeblich von Otto II. eingesetzte Pfalzgericht zu Magdeburg. Weichbildrecht, ed. Rosenstock, 48. Vgl. auch die Ausführungen Rosenstocks, ebd., 99ff.

211 »Man sulde im das houpt abeslan mit einer gulden barten dorumb, das er das werltliche swert hat«. Weichbildrecht, ed. Rosenstock, 45.

Klencke entstammend) in seiner Invektive gegen den Sachsenspiegel als Argument dienen.[212] Die Aussagen Eikes von Repgow zum Absetzungsrecht befanden sich unter den 14 Artikeln, die auf Grund der Klenkokschen Sammlung Gregor XI. 1374 (dem Todesjahr Klenkoks in Avignon) für häretisch erklärte, ohne damit nennenswerte Beachtung beim Kaiser und in der Bevölkerung zu finden.[213] Schon eine Begebenheit aus dem Leben Klenkoks läßt erkennen, daß die Laien gar nicht daran dachten, sich von Klerikern in ihre Rechtsauffassung hineinreden zu lassen. Der Augustiner mußte 1369 heimlich in einem nachts über die Stadtmauer hinabgelassenen Korb aus Magdeburg entfliehen, nachdem hier seine Schrift gegen zehn Artikel des Sachsenspiegels, die dem kanonischen Recht widersprächen, bekannt geworden war.[214]

Hierokratische Positionen zum päpstlichen Recht der Fürstenabsetzung sind bei den Laien nicht akzeptiert worden; ja, es ist sogar daran zu zweifeln, daß sie in nennenswertem Maße in der Welt überhaupt bekannt waren. Allein das Häresie-Argument konnte auch bei den Laien verfangen. An zwei Beispielen aber kann gezeigt werden, daß selbst dieses Argument nicht im kurialen Sinne rezipiert wurde.

Der Kölner Kleriker Gotfrid Hagen, ein Geistlicher, der in den Auseinandersetzungen von Stadt und Erzbischof dezidiert auf Seiten der Bürger steht, bemüht sich um eine Reichsgeschichte in seiner um 1270 abgeschlossenen Reimchronik »Dit is dat boich van der stede Colne«.[215] Er zählt die Häresie zu den Absetzungsgründen. Anders aber als Eike von Repgow konnte er genaueres über Erscheinungsformen der Häresie wissen. Deutschland war nie ein Land der Häretiker. Durch Konrads von Marburg weit ausgreifende Ketzerprozesse in den frühen 1230er Jahren[216] war jedoch behauptet worden, daß es selbst in deutschen Landen, ja sogar unter den Adeligen Ketzer gäbe. Aber beachten wir das Ensemble dieser Gründe, die der Chronist aufführte, als er die Legende von der Einsetzung des Kurfürstenkollegs durch Papst Silvester erzählt und dabei Kurfürstenfabel und Konstantinische Schenkung vermischt.[217] Diese narrative Einbettung weist zwar

---

212 Elisabeth Nowak, Die Verbreitung und Anwendung des Sachsenspiegels nach den überlieferten Handschriften. Diss. Hamburg 1965, 279f.; Johanek (1987), 427f.; Oppitz (1990), 28f.

213 Kullmann (1959), 18f.; Oppitz (1990), 29.

214 Kullmann (1959), 15.

215 Gotfrid Hagen, 37–41 (V. 551–686). – Heinrich Kelleter, Gottfried Hagen und sein Buch von der Stadt Köln. Diss. Leipzig 1894; Hartmut Beckers, Hagen, Gottfried, in: Verfasserlexikon Bd. 3 ²(1981), Sp. 384–387; Andrea Rapp, Das Düsseldorfer Fragment von Gottfried Hagens »Reimchronik der Stadt Köln« im Rahmen von überlieferungsgeschichtlichen Fragestellungen und Vorüberlegungen zu einer Neuausgabe. RheinVjbll 59 (1995), 1–30; Hohlweck (2001), 76f.; Lenz (2002), 37ff. und 58ff.

216 Vgl. Alexander Patschovsky, Konrad von Marburg. LexMa 5 (1991), Sp. 1360f. und als Zusammenfassung der Forschung: Stürner Bd. 2 (2000), 288ff.

217 Gotfrid Hagen, 38 (V. 585ff.).

nicht explizit, aber durch ihren Kontext die Absetzungskompetenz nicht dem Papst, sondern den Königswählern zu. Der Papst behält nach Gotfrid Hagen allein das Absetzungsrecht, falls der Kaiser an der Lepra erkrankt, tobsüchtig oder – drittens – ein Ketzer werde: »is hei of wirt hei malait, den si da keisen, / so mois hei dat rîche verleisen. / is dat he duvesuchtich is, / des selven maich hei sin gewis. / dat derde of hei ein ketzer si. / overmitz dese dri / moge wir in intsetzen bi.«[218] Der Sinn ist doch: Das kann geschehen, weil nichts unmöglich ist, aber eine über das Notrecht hinausgehende politisch instrumentalisierbare Absetzungskompetenz hat der Papst nicht.

Gotfrid Hagen schrieb in einer Handelsmetropole am Rhein, in der die politischen Aktionen der Großen zumindest bekannt waren. Ohne behaupten zu wollen, daß Freising eine abgelegene Bischofsstadt gewesen sei, ist es doch für unsere Fragestellung wichtig, was um 1328 ein sorgfältig das in seinem Wirkungsfeld vorhandene »deutsche« Recht sichtender Mann überhaupt noch von den dramatischen Ereignissen des 13. Jahrhunderts wissen konnte. Ruprecht von Freising, nach eigener Aussage 36 Jahre in Gerichten von Stadt und Land tätig,[219] kennt noch nicht einmal die Absetzung Friedrichs II., wohl aber aus dem Schwabenspiegel die Exkommunikation Ottos IV.: »Wir lesen auch das jnnocencius, der pabst, künig Otten von seinem künigreich versties umb annder sein missetat.«[220] Einiges ist Ruprecht hier durcheinander geraten: Otto IV. war bereits Kaiser, als ihn der päpstliche Bannstrahl traf; und wenn der entsprechende Passus unter dem Titel »von ketzerey« subsumiert wird, so werden Reminiszenzen an die Absetzung Friedrichs II. mit der Nachricht über Otto IV. vermischt. In einem aber ist Ruprecht von Freising doch sehr genau. Die Wendung »umb annder sein missetat« in dem Ketzerei-Titel gibt korrekt die Meinung jener Dekretalisten wieder, die durch die Ausweitung des Häresiebegriffs im 13. Jahrhundert zu der Überzeugung gelangten, »der Papst könne gegen weltliche Herrscher nicht bloß wegen Häresie, sondern auch wegen anderer Missetaten vorgehen.«[221]

Nicht in sorgfältigen Spezialstudien, wohl aber in Nebensätzen meinungsbildender Handbücher früherer Zeit war immer wieder zu lesen, wie sehr doch das päpstliche Recht das Königtum in seiner Substanz angegriffen habe. Quellenbelege für diese Ansicht sind derart rar, so daß ausgerechnet ein Mann als Zeuge aufgerufen werden muß, der in seiner Kritik an den päpstlichen Geschichtsfiktionen bereits zitiert wurde. Dietrich von Nieheim behauptete schon um 1400, die Rechte

---

218 Gotfrid Hagen, 40 (V. 631ff.).

219 Johanek (1987), 419; Oppitz (1990), 58f.

220 Ed. Maurer (1839), 217f.

221 Kempf (1974), 355. – Johannes Theutonicus zum Beispiel hatte hervorgehoben, daß der Papst den Kaiser nicht nur wegen Häresie, sondern auch »propter alias iniquitates« absetzen könne. Unverhau (1973), 363; Stürner (1987), 169f.

von König und Reich seien, wie alle Rechtsgelehrten wüßten, durch die neuen Rechtsbücher – gemeint sind Liber Sextus und die Clementinen (»que canoniste Sextum et Clementinam appellant«) – geschwächt worden.[222] Eine solche Ansicht ist allenfalls für die akademische Diskussion, nicht aber für die Realität gültig. Und nicht zu übersehen: Erst mit dieser Polemik gibt Dietrich seiner Argumentation geistigen Rückhalt. Denn die »neuen Rechtsbücher« waren inzwischen nach modernen Vorstellungen zu Dietrichs Lebzeiten schon recht alt, und nach den Clementinen sollte gar keine autorisierte Dekretalensammlung mehr erscheinen.[223] (Das kanonische Recht umfaßt das um 1140 entstandene Dekret Gratians, den Liber Extra Gregors IX. von 1234, den Liber Sextus Bonifaz VIII. von 1298 und die im Jahre 1317 publizierten Clementinen.)

Um die Diskussion mit Dietrich von Nieheim, nicht aber mit den Handbüchern aufzunehmen, sei eine schlichte Frage gestellt, die davon ausgeht, daß zur Wirkung des Rechts zu allererst seine Notorietät gehört. Wieweit waren die ausgefeilten Argumente der Kanonistik überhaupt bekannt? Um die Tiefenschärfe dieser Frage zu verdeutlichen, die angesichts des wissenschaftlichen Konsenses über die große Macht der Kirche selten gestellt wurde, sei auf die Absetzungsurkunde des Jahres 1298 verwiesen, die, so unbedeutend sie für den faktischen Verlauf der Ereignisse gewesen ist, doch aufschlußreich in dem, was sie nicht sagt: Von der politischen Theorie, vom Widerstandsrecht oder von der Tyrannis-Lehre, wie sie damals an europäischen Hochschulen diskutiert wurden, ist überhaupt keine Rede. Die Diskussion um Wesen und Begrenzung weltlicher Herrschaft war im ausgehenden 13. Jahrhundert so lebhaft, daß die darin bewanderten Gelehrten sich selbst als »periti« bezeichneten.[224] Aber davon finden sich in der Absetzungsurkunde noch nicht einmal schwache Andeutungen. Der Geistliche, der den drei opponierenden Kurfürsten zur Hand ging und ihnen aus dem Liber extra wenigstens das Depositionsdekret des Lyoner Konzils von 1245 besorgte, wußte zumindest, wo er zuerst nachzuschlagen hatte, ohne die wissenschaftliche Diskussion für seine Zwecke nutzbar machen zu können. Und das ist typisch für die damalige politische Welt in deutschen Landen; hier war man auch aus Unkenntnis unsicher bei der politischen Instrumentalisierung des gelehrten Rechts. Dieses wird erst unter Ludwig dem Bayern durch den Beraterkreis des Königs argumentativen Einfluß gewinnen.[225]

---

222 Gesta Karoli Magni, edd. Colberg – Leuschner, 347.

223 Zu den Versuchen nach 1317, noch einmal eine Kodifikation der neueren Dekretalen zu schaffen und zum Problem der Extravaganten vgl. Becker (2001), 277ff. bzw. 286f.

224 Miethke (1974), 268ff. und 272ff.; Ders (1992), bes. 11f.

225 Jürgen Miethke, Wirkungen politischer Theorie auf die Praxis der Politik im Römischen Reich des 14. Jahrhunderts. Gelehrte Politikberatung am Hofe Ludwigs des Bayern, in: Joseph Canning – Otto Gerhard Oexle (Hgg.), Political Thought and the Realities of Power in the Middle Ages. Politisches Denken und die Wirklichkeit der Macht im Mittelalter. (VeröffMPIG 147) 1998, 173–210.

5. Die Weltfremdheit spätmittelalterlicher gelehrter Absetzungstheorien

Spätmittelalterliche Überspitzungen eines päpstlichen Absetzungsrechts als Gegenwehr gegen legistische Theorien – die Einsamkeit päpstlicher Positionen: Clemens V., Johannes XXII., Bonifaz IX. – die Einsamkeit eines gelehrten Kanonisten: Peter von Andlau – das Neue im politischen Intrigenspiel des 15. Jahrhunderts: die Drohung mit kanonistischen Argumenten

Eine Zitatensammlung scheint zu belegen, daß sich im Spätmittelalter die hierokratische Position zumindest in der wissenschaftlichen Welt durchgesetzt habe. Was Gratian niemals behauptet hatte, lesen jetzt Gelehrte in seine Texte hinein: Nur der Papst, nicht aber das Volk habe ein Absetzungsrecht. Selbst Legisten zeigen sich davon beeindruckt. Bartolus, die größte Autorität unter den Postglossatoren, sprach unter Berufung auf die Clementine Pastoralis cura den Kurfürsten ein Absetzungsrecht ab, das er allein dem Papst zugestand.[226] Dieser Ansicht seines Lehrers beugt sich im ausgehenden 14. Jahrhundert sogar der gefeierte Jurist Baldus; er fügt lediglich, das ist er seinem Ruf schuldig, die gelehrtenspezifische neue Variante an, wonach auch im Falle der Geisteskrankheit oder Trunksucht ein Kaiser vom Papst abzusetzen wäre.[227] Und schließlich sollte Antonio de Rosellis dezidiert behaupten: Das Absetzungsrecht sei ein dem Papst zustehendes spezifisch geistliches Recht.[228] Um wenigstens etwas Neues zu sagen, stellte Jacobus Alvarotti (1472–1546) fest: Wenn der Kaiser abdanken wolle, könne er dieses nur vor dem Papst, ihm das Imperium zurückgebend, tun.[229] Diese vom Gedanken der Translatio imperii ausgehende Theorie gewann für die Kurie einmal sogar Aktualität. 1558 versteigt sich Paul IV. gegenüber Kaiser Ferdinand zu der Behauptung, Karl V. hätte nicht ohne die Zustimmung des Papstes abdanken dürfen.[230] Was aber die zitierten spätmittelalterlichen Autoritäten angeht, so haben sie keineswegs einen wissenschaftlichen Konsens formuliert, sondern streitlustig Positionen gegen die in Kreisen der Legisten weitverbreitete Ansicht vertreten, daß gemäß der Lex regia nur die Repräsentanten des römischen Reichsvolkes ein Absetzungsrecht besäßen.

---

226 Ercole (1932), 18.
227 Baldus, Dig. 1.38, f. 19, n. 5. Zit. nach Andrae (1951), Anmerkungsband, 86.
228 Andrae (1951), 93.
229 Ebd., 86.
230 Kleinheyer (1987), 130f.

Wie weltfremd die nur in ihrem jeweiligen wissenschaftlichen Diskussionzusammenhang konsequenten kanonistischen Lehren tatsächlich waren,[231] lehrt ein Seitenblick auf die politische Geschichte des Spätmittelalters. Die gegen Heinrich VII. gerichtete Clementine Pastoralis cura brauchte niemals ihre Realitätsprobe im Hinblick auf ein päpstliches Depositionsrecht zu bestehen;[232] ja mehr noch: Ein solches Recht spielte noch nicht einmal im politischen Intrigengeflecht eine nennenswerte Rolle. Augenscheinlich zögerte man angesichts drohender Grundsatzstreitigkeiten an der Kurie, die in der Theorie so scharfe Waffe in der Praxis einzusetzen. Selbst Johannes XXII. hatte keine Absetzung Ludwigs des Bayern vollzogen; er sprach lediglich dem Wittelsbacher alle aus dessen zwiespältiger Wahl herrührenden Rechte ab und verhängte die Strafe des Entzugs jedweden Rechts, das er aus seiner Wahl von 1314 für sein König- und Kaisertum ableitet oder ableiten wolle (»pena privationis omnis iuris, si quod ei ex sua electione predicta ad dicta regnum et imperium competebat seu competierat«).[233] Auf einen fragwürdigen Rechtsstandpunkt mußte sich damit der Papst begeben, um ein direktes Absetzungsrecht zu umgehen. Er verbesserte diesen Rechtsstandpunkt auch nicht dadurch, daß er ihn durch einen weiteren und ebenso fragwürdigen zu stützen versuchte, durch die Behauptung von einem päpstlichen Reichvikariat »vacante imperio«.[234]

Als Ludwig sich den päpstlichen Prozessen nicht fügen wollte, wurde er exkommuniziert. Aber weder damals noch nach seinem Italienzug mit Kaiserkrönung und eigenmächtiger Papstwahl 1328 konnte eine Absetzungssentenz gegen den Wittelsbacher feierlich verkündet werden, da nach Ansicht der Kurie Ludwig durch die »privatio iuris« gar nicht mehr im Besitze eines Amtes war, das ihm durch eine zeremoniell ausgestaltete »depositio« hätte genommen werden müssen. Wir werden noch darzustellen haben, wie entschlossen die Laien ihren Kaiser gegen die päpstlichen Prozesse verteidigten. Für die Kurie kehrte das Problem der fehlenden wirkungsmächtigen Geste, das 1080 schon Gregor VII. hatte, wieder. Die große Inszenierung eines Absetzungsrechts ist nur einmal, 1245, aufgeführt

---

231 Abgewogener als wir urteilt Kempf (1954), 228: Der hierokratische »Standpunkt verriet eine erstaunliche Blindheit gegenüber der faktischen Herrschaft des deutschen Kaisers, traf aber viel genauer das Wesen des mittelalterlichen Kaisertums.« Dieses habe, unterschieden vom Regnum, vor allem den Sinn der »defensio ecclesiae« gehabt.

232 MGH Const Bd. 4, 1211ff. Nr. 1166. Vgl. auch Kurt Ulrich Jäschke, Zu universalen und regionalen Reichskonzeptionen beim Tode Kaiser Heinrichs VII., in: Maurer – Patze (1982), 415–435, hier: 431f.; Heckmann Bd. 1 (2002), 418.

233 MGH Const. Bd. 5, 784 Nr. 944 § 11. Unverhau (1973), 353 setzt dies irrig einer »depositio« gleich, ohne zu bemerken, daß nicht die Absetzungstheorien, sondern allein die Approbationsansprüche damals in Avignon zur Geltung gebracht wurden.

234 Baethgen (1960); Unverhau (1973), 341ff.; Battenberg, in: Urkundenregesten Hofgericht Bd. 5, XXVI. Vgl. auch den Kommentar Wilhelms von Ockham, Dialogus, ed. Miethke, 143.

worden. Das erwies sich selbst im unmittelbaren Einflußbereich des Papstes. Urban VI. hatte zwar Johanna I. von Neapel als Häretikerin abgesetzt (»eam fuisse et esse schismaticam haereticam et blasphemam«), doch die Entmachtung Johannas war allein das Werk Karls III. von Durazzo.[235]

Was für das 13. und 14. Jahrhundert galt, braucht für das 15. nicht mehr zu gelten. Große Veränderungen im Bildungsbereich – Lateinschulen und Universitätsgründungen[236] – hätten, so ist zumindest zu vermuten, die Welt der Kanonisten mit der der Laien in eingere Verbindung bringen können. Das ist ansatzweise auch durchaus geschehen.[237] Nur interessierten weiterhin allein die pragmatischen Lösungen im Alltag des Rechts, nicht aber die Lehrsätze, die in das politische Handeln eingreifen konnten. Den Beweis lieferte ungewollt Peter von Andlau, der mitnichten »das erste deutsche Staatsrecht« schuf,[238] sondern als fleißiger Professor alle kanonistischen Aussagen über Kaisertum, römisches Königtum und Reich zusammentrug. In Bezug auf unser Thema faßte er die in der Kanonistik diskutierten Folgerungen aus Translationstheorie und Kurfürstenfabel dahingehend zusammen, daß bei der Wahl eines unwürdigen künftigen Kaisers die »potestas eligendi« an den Papst zurückfalle, an denjenigen, der ihnen das Wahlrecht, das sie so unwürdig wahrnähmen, übertragen hätte (»quia ex quo potestatem eligendi habuerunt, a papa, debet redire illa potestas ad papam, si ea abutuntur«).[239] Eine gewiß verstiegene, im späten 15. Jahrhundert zumal fernab aller Realitäten formulierte, aber dennoch konsequent aus den akademischen Vorgaben abgeleitete Theorie. Es ist nach unserer Auffassung kein Zufall, daß vor dem 19. Jahrhundert das Werk des Basler Domdekans nicht gedruckt wurde, obwohl Basel als Hauptstadt des deutschen Buchdrucks um 1500 der geeignetste Ort gewesen wäre, um das angeblich »erste deutsche Staatsrecht«[240] an das Licht der Öffentlichkeit zu bringen.

Wer darf absetzen? Peter von Andlau, alles andere als ein origineller Gelehrter, faßte um 1460 die kanonistische Lehrtradition als Zitatenschatz zusammen. So wirkungslos sein Werk war, so aufschlußreich ist es für das damals verfügbare Wissen. Nur der Papst darf einen Kaiser wegen Häresie oder wegen Unfähigkeit entmachten. Ungerührt von abweichenden Meinungen anderer Gelehrter bemüht Peter das angestaubte Exempel des Jahres 751, beruft sich auf die vom Papst veranlaßte Translatio Imperii, zitiert die kanonischen Glossen, welche ihrerseits die hierokratische Ausdeutung des Papsttums seit Innozenz III. und Innozenz IV. zitie-

235 Elze (1987), 126.

236 Vgl. Sönke Lorenz (Hg.), Attempto – oder wie stiftet man eine Universität? Die Universitätsgründungen der sogenannten zweiten Gründungswelle im Vergleich. (Contubernium 50) 1999.

237 Vgl. das biographische Beispiel des Job Vener: Heimpel (1982) Bd. 1, 315ff.

238 Hürbin (1897). Vgl. Stürner (1987), 255ff.; Müller (1998; Nachwort), 321f.

239 Peter von Andlau, ed. Müller, 190.

240 So der erste Herausgeber dieser Schriften Joseph Hürbin (1897).

ren, und kommt zu dem nun keineswegs überraschenden, einen Allerweltstopos bemühenden Schluß: Aus all diesem ginge hervor, daß ein Kaiser nicht nur wegen Häresie, sondern auch wegen Unfähigkeit abgesetzt werden könne (»Ex hoc patet, quod eciam papa non solum propter heresim, ymo eciam propter inutilitatem imperatorem deponere potest«).[241] Das »eciam« meint natürlich nicht, daß neben den Kurfürsten auch der Papst ein Absetzungsrecht habe, sondern daß dem Papst neben vielen anderen Kompetenzen auch dieses Recht zustehe. (Mit dem kritisierten Kollegen des 15. Jahrhunderts weiß ich mich allerdings in der Ohnmacht des Wissenschaftlers gegenüber der Politik einig. Peter von Andlau, der sich 1460 in seinem Libellus so kaiserfreundlich geriert hatte, sah 1473 in Friedrichs III. Bemühen um einen Ausgleich mit Burgund einen Verrat am Reich. Er zitierte in seiner Basler Vorlesung über den Liber Sextus bei der Behandlung der Absetzungsdekretale 1245 »Ad apostolicae sedis« nicht nur die Standardglosse des Johannes Andreae, sondern fügte auch den Seufzer hinzu: »O si exquiretur a. 1473«.)[242]

Obwohl wir betonen mußten, daß die im Hochmittelalter erhobenen päpstlichen Ansprüche keine reale Auswirkung auf die vom Hochadel gestaltete spätmittelalterliche Politik gehabt hatten, so würde es doch der dem Zeitalter noch eigenen Respektierung gelehrter Diskussionen nicht gerecht werden, wollte man ein schematisches Theorie und Praxis-Modell anwenden. (Schließlich ist schon im Mittelalter der Einfluß der Juristen auf die politische Begriffssprache erkennbar.)[243] Die Kompilation eines Peter von Andlau ist immerhin Widerspiegelung eines allgemeineren Vorgangs. Durch die europaweites Interesse erregenden Diskussionen auf dem Konstanzer und Basler Konzil und durch die von ihnen angestoßenen Universitätsgründungen des 15. Jahrhunderts (zu denen auch des Andlauers Wirkungsstätte Basel gehörte), hatte das gelehrte Recht allgemeines Ansehen gewonnen. 1402 war Job Vener der vielleicht einzige Doktor beider Rechte in deutschen Landen,[244] am Ende dieses Jahrhunderts gab es eine Vielzahl seiner Kollegen.[245] Daher ist es nicht verwunderlich, wenn in die politischen Machinationen des 15. Jahrhunderts gelehrte Juristen den Gedanken von einer Verfügungsgewalt des Papstes über das Reich einbringen. Das aber hat nichts mit der inneren Überzeugungskraft dieses Gedankens zu tun. Was zu Zeiten Ludwigs des Bayern noch wütende, bis zum Mord an päpstlichen Boten reichende Gegenwehr der Laien

---

241 Joseph Hürbin, Eine Ergänzung des »Libellus de Caesarea monarchia« Peters von Andlau. ZRG germ. 16 (1895), 41ff., hier: 51.

242 Helmut G. Walther, Basel: Reichsbewußtsein und Reichsferne am Oberrhein in der 2. Hälfte des 15. Jahrhunderts, in: Ferdinand Seibt – Winfried Eberhard (Hgg.), Europa 1500. 1987, 227ff., hier: 241. Vgl. auch Müller (1998; Nachwort), 320.

243 Quaglioni (1992), 94.

244 Heimpel (1982) Bd. 1, 164.

245 Vgl. Koch (1994), 32ff. und 99.

provozierte, wird jetzt – Stilwandel der politischen Praxis – zum Schreibstubenargument.

Nach einem Tagebucheintrag vom Basler Konzil hat bei der anstehenden Königswahl 1438 Eugen IV. den Kurfürsten angedroht, falls sie keinen der Kurie genehmen Kandidaten kürten, würde der Papst selbst für eine angemessene Reichsherrschaft sorgen (»alioquin ipse papa per se vellet providere imperio«). Diese Drohung allerdings hatte der päpstliche Legat abgeschwächt.[246] Sein Verhalten entsprach dem Stilwandel der Politik. Die vom Legaten beanspruchte päpstliche Verfügungsgewalt über das Reich erscheint nurmehr als Argument, das in dem politischen Spiel nicht als Grundsatzfrage aufgeworfen, sondern gemäß der jeweiligen Konstellation als argumentatives Hilfsmittel eingesetzt werden konnte. Die gelehrten Räte der Fürsten werden bisweilen Rechtssätze von der päpstlichen Gewalt in das politische Spiel bringen, werden etwa Georg Poděbrad raten, an den Papst das Ansinnen zu stellen, er möge ihn zum Gubernator des Reiches erheben.[247] Zwei Jahre später hat sich die politische Konstellation gewandelt, nicht aber das Hantieren mit kanonistischen Argumenten. Ein Agent des Breslauer Rates an der Kurie berichtet 1463 dem Rat von einer drohenden Äußerung des Kardinals Franz Piccolomini, falls Friedrich III., wofür es Indizien gäbe,[248] sich zugunsten Böhmens in die Auseinandersetzung Georg Poděbrads mit der Kurie einschalte, hätte er binnen kurzem die Neuwahl eines anderen Herrschers zu gewärtigen (»Dixit ... quod si hoc imperator faceret, nihil aliud efficeret nisi quod infra parvum processum temporis novus imperator et novus rex crearetur«).[249] 1464 gingen am Kaiserhof Gerüchte um, der französische König wolle »ziehen ken Rom und Romischer konig werden«.[250] Drohung mit der Verfügungsgewalt des Papstes über das Imperium – Drohung mit einer Theorie, die noch zur Zeit Maximilians in Befürchtungen weiterwirkte, das Kaisertum könne den Deutschen entzogen werden.[251] Aber diese Befürchtung erregte nicht die Stärke der kanonistischen Lehren oder die des Papsttums, sondern die des französischen Königtums, dem sich das Papsttum willfährig erweisen konnte. In keinem der angeführten Fälle hat der Gedanke einer päpstlichen Verfügungsgewalt über das Imperium die – wir benutzen hilfsweise einen modernen Ausdruck – Referentenebene verlassen.

Weltfremd war es spätestens nach der Absetzung Wenzels im Jahre 1400 und nach der Konzilszeit, noch an ein Absetzungsrecht des Papstes zu glauben. Nüch-

---

246 Concilium Basiliense Bd. 5 (1904), 151.

247 Von Hasselholdt-Stockheim (1865), Urkunden, 301 ff.

248 Vgl. Hubert Jedin, Bischof Domenico de Domenichi und Kaiser Friedrich III., in: Festschrift des Haus-, Hof- und Staatsarchivs. Bd. 2. Wien 1951, 258 ff.; hier: 261.

249 Markgraf Bd. 1 (1873/74), 175 f. Nr. 146.

250 Palacky (1860), 333 Nr. 318.

251 Schubert (1979), 242.

tern hatten aber nur Zabarella und Zasius diese Konsequenz gezogen. Und auch ohne ihre Autorität wird die Realität offenlegen: Alle juristischen Waffen, die für ein päpstliches Absetzungsrecht gegenüber König und Kaiser geschmiedet worden waren, lagerten während des Spätmittelalters schwer benutzbar im kurialen Arsenal. Was wirkte traditionsstiftend nach den Vorgängen von 1080, 1210 und 1245? Bei keinem der zahlreichen Absetzungspläne des späten Mittelalters hat, wie deren Untersuchung zeigen wird, das Papsttum eine nennenswerte Rolle gespielt.

Die Auseinandersetzung von Regnum und Sacerdotium als Leitlinie der deutschen Geschichte des Mittelalters? Die Collage, welche bisweilen die Forschung, ausgehend von der Prämisse einer die Welt beherrschenden Kirche, unter Verwendung von kanonistischen Lehrsätzen und politischen Ereignissen zusammenklebte, könnte in ihrer plakativen Wirkung wenigstens noch durch mittelalterliche Philosophen und Theologen gerettet werden. Im Gegensatz zu der an der Hierarchie und deren Kompetenzen orientierten Kanonistik wählte die Philosophie des Mittelalters, die wir vereinfacht mit dem eingeführten, wenngleich problematischen Begriff der Scholastik bezeichnen, einen anderen Ansatz, den der Weltordnung. Obwohl es unsinnig wäre, gemäß dem erst im 19. Jahrhundert entstandenen Gedanken der wissenschaftlichen Disziplin einen wissenschaftsimmanenten Gegensatz zwischen Rechtsgelehrten und Philosophen konstruieren zu wollen,[252] ist doch am Beispiel des Tyrannen, der die Kanonisten wenig, die Philosophen hingegen sehr interessierte, festzustellen: Die theoretische Rechtfertigung von Handlungen, die faktisch zu einer Herrscherabsetzung führen können, erfolgt von ganz verschiedenen wissenschaftlichen Voraussetzungen her.

---

252 Mit dieser Feststellung seien die oft zu beobachtenden Rivalitäten zwischen Juristen und Philosophen (vgl. Walther [1998], 242f.) nicht eingeebnet. Aber diese Rivalitäten betreffen neben den überzeitlichen wissenschaftlichen Konkurrenzgedanken auch das ebenfalls überzeitliche Problem der Studienordnungen. Es handelt sich nicht um Gegensätze, welche das gemeinsame Fragen über die gerechte Herrschaft trennenden »Disziplinen« zuweist. Wilhelm von Ockham mißtraute den Kanonisten, aber er studierte deren Texte. Miethke (1997), 1025.

II. Gab es rechtliche Legitimierungen eines Widerstandes gegen den König?

1. Das Widerstandsrecht – der falsch gefeilte Schlüssel

Widerstandsrecht als germanisches Prinzip? – die Bindung des Königs an den gemeinen Nutzen und die Gehorsamspflicht der Untergebenen – die Volkssouveränität als theoretische Begründung einer Herrscherabsetzung – ständische und konfessionelle Entwicklungen als Vorraussetzungen des erst frühneuzeitlichen Widerstandsrechts

Die Interpretation von Königsabsetzungen von einem – offenbar vorgegebenen – Widerstandsrecht her hat aus zwei Gründen viel Zuspruch gefunden; zum einen, weil die Interpretation mit der Annahme eines Prinzips, von dem alle Erscheinungen abzuleiten sind, erheblich vereinfacht wurde, und zum andern, weil dieses Prinzip ja nicht weiter erläutert zu werden brauchte: Es erschien als eine germanische Wesenseigentümlichkeit. Aber nichts ist damit gewonnen, wenn allgemein das Widerstandsrecht auf einen »germanischen Staatsgedanken« zurückgeführt wird,[1] oder wenn im speziellen Fall die Absetzung Wenzels als »ein bewußtes oder unbewußtes Wiederanknüpfen an die germanische Tradition des Widerstandsrechtes« erscheinen soll.[2] Weder der Sachsenspiegel noch der Schwabenspiegel formulieren ein solches Recht.

Nun soll nicht bestritten werden, daß Widerstand gegen herrschaftliche Maßnahmen spätestens seit dem ausgehenden 11. Jahrhundert als Adelsrecht angesehen wurde.[3] Dabei brauchten die schwertgewandten Großen gar nicht die noch zu erwähnenden feinsinnigen Distinktionen, die an den Universitäten nach scho-

---

1 Spörl (1972), 92. Zu Recht lehnt die germanische Tradition des Widerstandsrechts ab: Jørn Sandnes, Germanisches Widerstandsrecht und die Schlacht bei Stiklestad 1030, in: Paravicini (1992), 61–66.

2 So Schnith (1971), 326. Vgl. dagegen – zutreffend – Graus (1987), 35. »Beachtenswert ist, daß bei den Begründungen der Absetzungen weder in England noch im Reich auf ein Widerstandsrecht Bezug genommen wurde«.

3 Zuvor, in karolingischer Zeit sind keine Spuren des angeblich germanischen Widerstandsrechts zu erkennen. Empörungen, Auflehnungen, »coniurationes« werden unbarmherzig bestraft. Krah (1987), 65. Die Lösung von »coniurationes« der ottonischen Zeit erfolgte nicht nach Maßgabe der Respektierung des Widerstandes, sondern als – wie Gerd Althoff mehrfach dargelegt hat – Ritualisierung eines Unterwerfungsvorgangs.

lastischer Methode entwickelt wurden; sie hätten diese auch ebensowenig wie das Werk von Fritz Kern verstanden, der in geschickter Kompilation von Rechtsquellen und realen Ereignissen aus dem adeligen Verhalten, aus der Aufkündigung des »velle regibus oboedire«, ein Widerstandsrecht konstruierte.[4] Widerstand aber mußte gar nicht in Rechtsregeln gefaßt werden, denn er war in das Verständnis von adeliger Herrschaft bereits integriert. Wenn ein Herrscher – Unrecht übend – in die adeligen Freiheitsrechte eingriff, ergab sich aus der Verantwortung gegenüber der eigenen Familie und Verwandtschaft, deren Besitz und Rechte als anvertrautes Erbe ein jeweiliger »senior« zu wahren hatte, geradezu eine Widerstandspflicht.[5] Als sich – dieses Beispiel mag genügen – 1073 die sächsischen Großen über die Gewalttaten des jungen Königs beklagten, ernteten sie laut Lampert von Hersfeld nur Kopfschütteln: Warum hätten denn die Sachsen all das Unrecht mit weibischer Geduld (»muliebri paciencia«) so lange ertragen?[6]

Es mag angesichts adeligen Selbstbewußtseins überflüssig erscheinen, den Begriff Widerstandsrecht in seiner Fragwürdigkeit noch weiter zu diskutieren. Schließlich hat das Rechtsdenken im Mittelalter einen viel weiteren Spielraum als den der juridifizierbaren Grundsätze. Aber die Fixierung auf eine rechtliche Begründung des Widerstands für das, was adelige Selbstbehauptung war, hatte nicht nur zu einer unnötigen Komplizierung ziemlich einfacher Sachverhalte, sondern auch dazu geführt, die theoretisch eigenständig begründeten scholastischen Lehren eines – wirklich so zu benennenden Widerstandsrechts – zu verkennen. Diese Lehren antworten nicht auf Zustände ihrer Zeit, aber sie werden wie so viele andere Diskussionen der mittelalterlichen Staatslehre ihre argumentative Sprengkraft in der frühen Neuzeit entfalten.

Ein Recht auf Widerstand im Sinne eines über adeliges Selbstverständnis hinausgehenden allgemeinen Prinzips (um den Ausdruck Menschenrecht zu vermeiden) wird erst in der hoch- und spätmittelalterlichen scholastischen Diskussion entwickelt. Es ging dabei zunächst um die Begründung weltlicher Herrschaftsgewalt und deren Begrenzung. Weil aber ein Realitätsbezug selbst ansatzweise nicht angestrebt wurde, bleiben all diese akademischen Versuche in ihrer Fragestellung wichtig, in ihrer Beantwortung blaß.[7] Vor allem aber enthielten sie die überzeitliche wissenschaftliche Gefahr, mit geschwollenen Formulierungen lediglich Gemeinplätze zu beschreiben. Kein fehdegewohnter Adeliger brauchte um 1450

---

[4] Fritz Kern, Gottesgnadentum und Widerstandsrecht im früheren Mittelalter. Zur Entwicklungsgeschichte der Monarchie. 1914. (2. Aufl. hg. von Rudolf Buchner, 1954). Vgl. Reuter (1992), 299f. und 313ff.

[5] Vgl. für das Frühmittelalter Hanning (1982), 28ff.

[6] Lampert, ed. Fritz, 202.

[7] Spörl (1972), 88 drückt diesen Sachverhalt so aus: Das Mittelalter »ist mit dem Problem nicht fertig geworden«.

von jenem unbekannten Wissenschaftler über die Ableitung des Widerstandsrechtes aus dem Naturrecht belehrt zu werden: »Natura docet, violenciis esse resistendum«.[8]

Kehren wir zu der Feststellung zurück, daß die akademische Frage nach dem Widerstandsrecht von der Frage nach der wahren Herrschaft abgeleitet war. Hier fällt auf, daß die scholastische Staatslehre mit der alten auf die Ethymologie gestützten Formel »rex a recte regendo«[9] nicht mehr viel anzufangen wußte. Eine ebenso kurze Formel – und solche Verkürzungen sind unerläßlich für die akademische Diskussion – setzte sich unter dem Einfluß des Thomas von Aquin durch: »rex propter bonum commune«.[10] Die gottgewollte Legitimation der Macht liegt im Gemeinwohl.[11] Ein Realitätsreflex ist in diesem Fall darin zu sehen, daß der Satz »rex propter bonum commune« angesichts der Verfassungswirklichkeit in den Städten konkreter verstanden werden konnte, war doch die Sorge für das Gemeine Beste die entscheidende Begründung für die spätmittelalterliche Ratsherrschaft, die sich in allen Maßnahmen erweisen mußte. Von da war es kein weiter Weg, auch das Reich mit dem Gemeinen Nutz gleichzusetzen.[12]

Erneut berufen wir uns auf den Gelehrten, den wir bereits wegen seiner Gewissenhaftigkeit in der Referierung wissenschaftlicher Positionen schätzen gelernt haben. Für Wilhelm von Ockham ist jede weltliche Macht neben den Naturgesetzen an das Gemeinwohl gebunden.[13] Gehorsam ist dem Herrscher aber nur in den Bereichen zu leisten, die zum »bonum commune« gehören oder durch das Naturrecht legitimiert sind.[14] Klarer ist, soweit wir sehen, nirgends beschrieben worden, wo in dem erwähnten Problemfeld die Loyalität aufhört und die Willfährigkeit beginnt. Für den großen Gelehrten gehört die Macht, bis zu ihrer Strafgewalt reichend, zur Herrschaft, sofern sich diese dem Gemeinwohl verpflichtet weiß. Im Fall der Korrumpierung wird sie aber zur puren Gewalt, gegen die gemäß dem Prinzip »vim vi repellere licet« vorgegangen werden darf.[15] Dann kann – ein Bei-

---

[8] Weise (1955), 165. Vgl. ebd., 167.

[9] Vgl. Kleinschmidt (1974), 35; für die karolingische Zeit: Staubach (1998), 583. Daß noch zur Zeit Heinrichs IV. diese Formel argumentativ eingesetzt werden konnte, zeigt Berthold, ed. Robinson, 158f.

[10] Schubert (1979), 283f.; Stürner (1987), 189f.; Canning (1987), 90f.; Struve (1996), 300.

[11] Vgl. Stürner (1987), 193ff., bes. 196 (Jean Quidort) und 198 (Engelbert von Admont).

[12] So ist wohl Ockham, Dialogus, ed. Miethke, 169 zu verstehen, wonach der Gemeine Nutz der Nutzen des Königs ist. Vgl. auch ebd., 174.

[13] Kys (1967), 75, 141 und 151; Stürner (1987), 230f. – Die gottgewollten Naturgesetze, das Naturrecht, als Legitimierung und Beschränkung weltlicher Macht: Ockham, Dialogus, ed. Miethke, 173, 178ff. und 183.

[14] Kys (1967), 87f. Vgl. Breviloquium, ed. Scholz, 59f., 99, 166.

[15] Kys (1967), 79f. – Zur juristischen Instrumentalisierung des Satzes »vim vi repellere licet« vgl. Isenmann (2001), 126 und 132ff.

spiel für die in der Gelehrsamkeit so beliebte Zuspitzung des Prinzipiellen – sogar ein Bauer sich dem Kaiser widersetzen und ihn töten.[16] Denn Mißbrauch der Macht hebt, selbst wenn sie der Kaiser begeht, alle Gehorsamspflichten auf,[17] weil der Widerstand nur insofern ein Recht des Volkes ist, als dem Gebot, die göttlichen Regeln durchzusetzen, zu folgen sei.[18] Handreichungen aber, wie ein solcher Widerstand sich artikulieren, wie ein Herrscher entthront werden solle, bot Ockham nicht;[19] das hätte auch jeder akademischen Konvention widersprochen, die unter Realitätsbezug der Wissenschaft noch nicht die handlungsreglementierende Vorschrift, sondern das handlungsorientierende Prinzip sah. Erstmals aber war die Antwort auf die wichtige gestellte Frage nicht blaß, sondern konturiert ausgefallen: Das Recht auf Widerstand ist bei Ockham – jetzt brauchen wie den Ausdruck nicht mehr zu vermeiden – ein Menschenrecht.

Das Widerstandsrecht, wie es Ockham darlegte, enthielt innerhalb der akademischen Diskussion zwei neue Akzentuierungen: Der Gedanke der Volkssouveränität wird – typisch für die Gelehrten im Umkreis Ludwigs des Bayern – allmählich entwickelt, wird zunächst zwar mehr erahnt als begründet, aber er weist bereits in seinen argumentativen Zuspitzungen – selbst ein Bauer darf unter Umständen den Kaiser töten – auf seine herrschaftsverändernden Konsequenzen. Die zweite der Ockhamschen Akzentuierungen. Als Denkfigur für den Herrscher, der seine Gewalt mißbraucht, dient ihm der »rex tyrannus«. Ockham ging mit Augustin von einer ursprünglichen Gleichheit aller Menschen aus. Um aber die gottgewollten Regeln durchzusetzen, bedurften die Menschen einer weltliche Obrigkeit. Falls diese aber ihre Macht mißbraucht, liege – so die Akzentuierung Ockhams – der Fall der Tyrannei vor.[20]

Den Widerstand gegen den »princeps« hatten Theologen und Kanonisten begründet; sie kannten dabei kein speziell auf das Kaisertum anzuwendendes entsprechendes Recht, ein solches kannten sie hingegen für das Papsttum. Mit Argumenten Wilhelms von Ockham – sogar ein Rinderknecht muß dem häretischen Papst Widerstand leisten –[21] sollte das im Verlauf des Großen abendländischen Schismas Folgen haben. Nach Matthäus von Krakau darf unbeschadet des Gebots Römer 13.2 einem Papst bei Amtsmißbrauch (»abusus potestatis«) Widerstand geleistet werden.[22]

---

16 Kys (1967), 109.
17 Ebd., 95, 134 und 141.
18 Ebd., 108ff. und 136.
19 Vgl. Walther (1996), 2; Töpfer (1999), 460.
20 Kys (1967), 74.
21 Vgl. Miethke (1992/II), 223.
22 De squaloribus curie Romane, edd. Miethke – Weinrich, bes. 160 (c. 22). Vgl. auch ebd., 146ff. (c. 20).

Wer in den akademischen Diskussionen die Figur des Bauern oder des Rinderknechts nicht als Denkfiguren des Prinzipiellen, sondern als Ausdruck der Weltfremdheit versteht, begeht in Bezug auf die Staatslehre der Philosophen und Theologen den gleichen Denkfehler, der bei dem Zitieren kanonistischer Autoritäten als eines direkten Kommentars zu politischen Ereignissen zu kritisieren war. Die Gelehrten des Mittelalters wollten gar keine politischen Handlungsanleitungen geben; dazu waren auch die Stätten ihres Wirkens zu weit von den Aktionsräumen der Politik entfernt. Sie verstanden das Nachdenken über die Begrenzung herrschaftlicher Gewalt und Willkür als Überwindung der Gegenwart im Interesse einer gerechten Zukunft.

Was bleibt – zunächst, ohne die frühneuzeitliche Folgen zu berücksichtigen – von der scholastischen Diskussion über die Grenzen herrscherlicher Willkür? Nüchtern ist das Fazit. Die mittelalterlichen Herrscherabsetzungen sind nicht von einem sogenannten Widerstandsrecht her zu entschlüsseln.[23] Das gilt selbst für das Spätmittelalter, in dem dieses Recht in gelehrten Texten näher begründet wird; denn die Wirklichkeit ist konkreter als der akademische Diskurs, und sie entwickelt ihre eigenen Regeln. Gegen den König darf man gar nicht vorgehen. Wenn diesen Grundsatz Wilhelm von Ockham dezidiert festschreibt,[24] dann macht er sich gewiß eines Widerspruchs zu seinen theoretischen Positionen schuldig. Aber ein in sich konsistentes Lehrgebäude wollte der Franziskaner gar nicht errichten. Wenn er dem Volk ein Absetzungsrecht zusprach, so reagierte er auf päpstliche Ansprüche; wenn er aber eine Absetzung für unrechtmäßig erklärte, so reagierte er auf die politische Realität seiner Zeit, dann blickt er, der schon aus der Tradition seines Ordens kein Stubengelehrter sein konnte, über sein Pult hinaus in die Welt des sogenannten »positiven« Rechts. Mit diesem Blick erfaßt er das in diesem Punkt bereits vom Sachsenspiegel festgeschriebenen Reichsrecht.[25] Fürstliche Einungen und Bündnisverträge nehmen stets den König oder Kaiser von den Bündnispflichten der gegenseitigen Kriegshilfe aus.[26]

Wilhelm von Ockham befand sich mit seiner Ansicht, daß dem König, dem künftigen Kaiser kein Widerstand geleistet werden könne, auch in Übereinstimmung mit dem Römischen Recht. Denn seit Friedrich II. hatten die Römischen

---

23 Ein Beispiel: Nach Weise (1955), 16 erscheint ein Widerstandsrecht im Ordensland erstmals 1413 mit der Absetzung des Hochmeisters Heinrich von Plauen. Die Überprüfung des Falls aber ergibt, daß die Absetzung erfolgte, weil der Hochmeister die Ordenstatuten, die ihn an den Rat der Ordensgebietiger banden, gebrochen hatte.

24 Dialogus, ed. Miethke, 171 f.

25 Sachsenspiegel Landrecht II.1, ed. Eckhardt, 130 (48): »Swar herren mit eden sek to samene sekeret, se ne besceden dat rike dar buten, so hebbet se weder deme rike gedan«.

26 Schubert (1979), 273 f.; Garnier (2000), 124 f.

Kaiser und Könige das »crimen laesae maiestatis« in der Gestalt der Lex quisquis (C 9. 8. 5) zur argumentativen Festigung ihrer Position genutzt.[27]

Gemeinsam war Kanonisten (und Legisten) und Philosophen (und Theologen) das Bewußtsein von der Würde akademischer Diskussionen, die sich in ihrem Nachdenken über die gerechte Herrschaft nicht der realen Politik anbiedern könne. Weltfremdheit? Kanonistik und Legistik waren in ihrem handfesten Lehrstoff anwendungsorientiert in der Regelung des komplizierter gewordenen Alltags. Deshalb wurden diese Lehrstoffe von den Studenten als karrierefördernedes Wissen geschätzt. Voller Neid blickten schon im 12. Jahrhundert die Philosophen auf jene, die in ihren Augen nur den »Brotstudien« nachgingen.

Um 1500 wird jener Wandel sichtbar, dessentwegen wir nicht voreilig den Begriff des Widerstandrechts verworfen, sondern uns bemüht haben, ihn in seinem historischen Kontext zu verorten. Während die kanonistischen Theorien unter dem Eindruck humanistischer Quellenkritik allmählich verdorren,[28] blühen die Lehren der Scholastik zum Widerstandsrecht auf. Vollends gewinnen diese Theorien im konfessionellen Zeitalter politische Aktualität. Sie beeinflußten zwar nicht Luthers Gedanken von dem unter Umständen gebotenen Ungehorsam,[29] wohl aber protestantische Fürsten und ihre Berater.[30] Das liegt einmal an der ständischen Entwicklung seit dem Spätmittelalter, die jene organisatorische und rechtliche Basis bildete, die zum Widerstandsrecht vor allem dann führen konnte, wenn – zum zweiten – die konfessionellen Gegebenheiten des 16. Jahrhunderts einen neuen Typ des ungerechten Herrschers evozierten.

Wir fassen unsere Überlegungen dahingehend zusammen, daß ein Hantieren mit dem Begriff des Widerstandsrechts zur Interpretation mittelalterlicher Herrscherentmachtungen nicht tunlich ist. Dieses angeblich im Mittelalter vorhandene Recht hat es in einer Adelswelt nicht geben können, die bei aller Loyalität doch

---

27 Vgl. Krieger (1979), 400ff.; Isenmann (1998), 208f.; Schmidt (2000), 44; Kaufhold (2000), 113. – Die »iniuria violatae regiae maiestatis« hatte schon Heinrich IV. gegen seine Gegner ins Feld geführt. Lampert, ed. Fritz, 190 und 276 (1073 und 1075). – Zur Vorbereitung der Rezeption des Majestätsverbrechens in karolingischer Zeit vgl. Althoff (1997/II), 37f. – Zum crimen laesae maiestatis im europäischen Kontext: Edmond Frézouls, De la »maiestas populi Romani« à la majesté impériale, in: Duchhardt u.a. (1992), 17–26, hier: 22f.

28 Vgl. – abwägender als wir – Becker (2001), 285f.

29 Johannes Heckel, Widerstand gegen die Obrigkeit? Pflicht und Recht zum Widerstand bei Martin Luther, in: Kaufmann (1972), 114–134; Eivind Berggrav, Wenn der Kutscher trunken ist. Luther über die Pflicht zum Ungehorsam gegenüber der Obrigkeit, in: Ebd., 135–151.

30 Diethelm Böttcher, Ungehorsam oder Widerstand? Zum Fortleben des mittelalterlichen Widerstandsrechtes in der Reformationszeit. (HistForsch 46) 1991, bes. 177ff. – Die Literatur zum Widerstandsrecht, wie es sich in der Theologie des 16. Jahrhunderts ausbildete, ist zusammengefaßt bei Thomas Quilisch, Das Widerstandsrecht und die Idee des religiösen Bundes bei Thomas Müntzer. (BeitrPolWiss 113) 1999, bes. 28–50 und 217–230. – Zum frühneuzeitlichen Widerstandsrecht vgl. zuletzt von Friedeburg (2001).

wußte, daß die Grenzzonen zur Willfährigkeit lediglich unter Preisgabe adeliger Ehre (die materielle Interessen nicht ausschloß) zu überschreiten waren. Von blassen bis zu konkreten Gedanken fortschreitend entwickelten Wissenschaftler unabhängig von adeligen Wertvorstellungen die Vorstellung von einem allen Menschen zugehörigen Recht auf Widerstand. Das konnte ansatzweise erst im 16. Jahrhundert wirksam werden, als konfessionelles Denken für Manche gar eine Widerstandspflicht gebot, was sich in der politischen Welt hinter den Schlagworten verbirgt, wonach im Sinne einer »Teutschen Libertät«, die der angeblichen »viehischen hispanischen Servitut« widerspräche, den kaiserlichen Ansprüchen zu wehren sei.

Wiederholt sei nur, daß die Anfechtungen und Gefährdungen mittelalterlicher Herrschermacht nicht von einem sogenannten Widerstandsrecht abgeleitet werden können, um innerhalb des Problemknäuels den Faden nicht zu verlieren. Im Hintergrund all unserer Erwägungen hatte der ungerechte Herrscher, der »rex iniustus« gestanden. Dieser schwer faßbare Typus aber kannte eine Variante, der wir nachzugehen haben, die Variante des Tyrannen.

2. Der Schlüssel zum anderen Haus – die Diskussion um den Tyrannenmord

Wer ist ein Tyrann? – die Lehren des Johann von Salisbury – der Tyrann als Denkfigur scholastischer Staatslehre – der »unberatene Herrscher« als Tyrann – der Streit um die Berechtigung des Tyrannenmordes auf den Konzilien des 15. Jahrhunderts – die gelehrte Diskussion und ihre fehlende Rezeption

Bei der modernen Diskussion über den Begriff des Absolutismus wird übersehen, daß mit der Rezeption des vom Mittelalter vermittelten Rechtsprinzips des »princeps legibus solutus«[31] ein Herrschertypus aus der Geschichte verschwindet, der von der Antike bis in die frühneuzeitlichen Konfessionskämpfe hinein als die negative Entsprechung des wahren Königtums galt: der Tyrann.[32] (Die Geschichte

---

31 Schubert (1979), 122ff.

32 Vgl. Alfred von Martin, Coluccio Salutati's Traktat »Vom Tyrannen«. Eine kulturhistorische Untersuchung nebst Textedition. (AbhhMittlereNeuereG 47) 1913. Zu diesem Traktat vgl. auch Ercole (1932), 219ff. – Mandt (1974) bietet, weit über den Titel ihres Buches hinausgehend, eine kenntnis- und stoffreiche Zusammenfassung der antiken und mittelalterlichen Tyrannis-Lehren und weist (62ff.) deren Rezeption durch die Staatstheorie der frühen Neuzeit nach. Vgl. auch Dies., Tyrannis, Despotie, in: Geschichtliche Grundbegriffe Bd. 6. 1990, 661ff.; Jürgen Miethke, Art. Tyrann, -enmord. LexMa Bd. 8 Sp. 1135–1138. Vgl. auch die Literaturangaben bei Klaniczay (1992), 69.

dieses Herrschertypus ließ man im Mittelalter traditionell mit Nimrod beginnen.)[33] Den Gelehrten des Mittelalters war diese Gestalt wohlvertraut, weniger von Aristoteles[34] als von der Bibel und von Augustin her.[35] Der Kirchenvater hatte das antike Bild des Tyrannen noch weiter verdunkelt: Ein Kind des Teufels, der wider Gott herrscht,[36] getrieben allein von der »libido dominandi«.[37] Von entsprechenden Topoi wird in den Thronkämpfen der merowingischen und karolingischen Zeit reichlich Gebrauch gemacht.[38] Wie in der Antike erscheint hier das Gegenbild des wahren Königs. Aber eine gedankliche Vertiefung fand nicht statt. Deswegen muß in der gregorianischen Polemik Isidor von Sevilla als Stütze für die Verwerfung des »tyrannus« dienen.[39] Dabei ist dieser als besserungsfähig hinzustellen, um die »correctio« durch den Papst zu rechtfertigen.[40] Der Gedanke wurde späterhin nur beiläufig in der kurialen Publizistik verfolgt,[41] und das bedeutete: Der »tyrannus«-Begriff konnte sich außerhalb kanonistischer Diskussionen, und das bedeutet konkret: unabhängig vom Schicksal des römischen Königtums entwickeln.[42]

Der in Thronkämpfen als publizistisches Mittel eingesetzte Tyrannenbegriff war so unscharf, daß er zum Synonym für den »rex iniquus« werden konnte.[43] Erst Lampert von Hersfeld hat sich um eine eindeutige Definition bemüht, wobei zu erkennen ist, wie stark die Vorstellung vom Konsens das Denken von gerechter Herrschaft bestimmt, denn der davon abweichende Monarch wird für Lampert zum Tyrannen. Weiterhin belegt die Definition des Hersfelder Mönchs, welche Bedeutung Gesetz und Gewohnheitsrecht als Herrschaftsbindung haben. Der wahre König, so Lampert, erzwingt nicht wie ein Tyrann den Gehorsam durch Gewalt und Grausamkeit, sondern gewinnt ihn durch ein Regiment, das von Wah-

---

33 Deshalb ist das im Sachregister von Töpfers materialreichem Werk fehlende Lemma »Tyrann« in dem Register der biblischen Namen unter »Nimrod« bzw. unter dem Lemma »Herrscher, schlechte/tyrannische von Gott zugelassen« verborgen. Töpfer (1999), 613 bzw. 630.

34 Politik V. 10: Der Tyrann mißtraut dem eigenen Volk und stützt sich auf Fremde.

35 Vgl. die Literaturzusammenstellung bei Kleinschmidt (1974), 50 mit Anm. 233.

36 De civitate Dei XIV.11. Vgl. Bernheim (1919), 41 und 47; Spörl (1972), 97f. Zum Begriff des Tyrannen in der Patristik vgl. Stürner (1987), bes. 39 und 54.

37 De civitate Dei XIV. 15.

38 Bund (1979), zum Beispiel 207, 230 und 519.

39 Zu Isidors Tyrannus-Bild: Fuhrmann (1975), 38; Stürner (1987), 98 mit Anm. 72. Berthold, ed. Robinson, 161 übernimmt aus Isidors Etymologien IX. 3, 19–20, daß das griechische Wort Tyrann im Lateinischen mit »stark« übersetzt wird. Tyrannen unterdrücken grausam das Volk (»crudelissima dominandi maiestate populum supprimant«).

40 Robinson (1978), 131ff.

41 So bezeichnet Innozenz III. Kaiser Otto IV. als Tyrann (ohne daraus jedoch eine Absetzung abzuleiten). Laufs (1980), 214, 281, 283 und 310; Schaller (1993), 454f. Zur Polemik gegen den »Tyrannen« Friedrich II. vgl. Sommerlechner (1999), 206, 211, 213, 225, 429f. und 441ff.

42 Vgl. Peters (1970), 16ff.

43 Klaniczay (1992), bes. 77f. Vgl. auch Robinson (1978), 131ff.

rung der Gesetze und der seit alters geltenden Gewohnheiten geleitet wird (»legibus ac more maiorum moderetur subiectis«).[44] Unschwer läßt sich erkennen, daß Heinrich IV. eine Personifikation des in diesem Sinne definierten Tyrannen ist.

Daß Lamperts Definition nicht rezipiert wurde, ist nicht unbedingt ein Zufall. Die Zeiten monastisch gebundener Wissenschaft gingen mit dem 11. Jahrhundert zu Ende. Weltgeistliche, Schüler an den Kathedralschulen und den aufkommenden Studia generalia waren die neuen Träger der Wissenschaft. Anders als Mönche wie Lampert, deren Klöster in die Händel der Mächtigen eingebunden waren, mußten sie nicht notwendigerweise daran interessiert sein, die aktuelle Politik zu interpretieren. Der Tyrannenbegriff blieb weiterhin unbestimmt. Die Kanonisten dachten nicht daran, ihn in ihre definitorische Zucht zu nehmen. Die Stunde des Einzelgängers. Was Augustin als weltliche Konsequenz offengelassen hatte, vertrat im 12. Jahrhundert Johann von Salisbury:[45] Die bis zur Ermordung reichende Gegenwehr gegen den Tyrannen ist zulässig. Zwar ist Johannes Schrift »De exitu tyrannorum« verlorengegangen, aber ihre Grundgedanken lassen sich aus seinem Polycraticus rekonstruieren. Johanns Rechtfertigung des Tyrannenmordes bemüht Exempel aus der griechischen und römischen Antike sowie aus dem Alten Testament. Meuchelmord ist für ihn jedoch nicht zu rechtfertigen: Er verbietet Gift und die Ermordung durch Freunde des Tyrannen und setzt sich für das Einschreiten (nicht näher präzisierter) öffentlicher Institutionen ein.[46]

Johann von Salisbury wurde bis ins 15. Jahrhundert hinein kaum gelesen, seine Theorien nicht rezipiert.[47] Das ist kein Wunder bei einem Thema, das in den Diskussionen der Kanonisten keine Rolle spielte. Die Rezeption Johanns im 15. Jahrhundert erfolgte aus einer Tradition scholastischen Denkens. Es waren die typischen, nicht über originelle Einzelgänger, sondern über »approbierte« Autoritäten laufenden Rezeptionsstränge der Scholastik, die mit den Fragen nach der Berechtigung des Widerstandes gegen den ungerechten Herrscher auch nach einer präziseren Definition des Tyrannen verlangten. Entscheidend bestimmte Thomas von Aquin die Diskussion, obwohl seine Meinung nicht aus zusammenfassender Gedankenführung, sondern nur aus einzelnen Stellen zu erfahren ist.[48] Auffallend ist dabei, daß nicht wie einst bei Lampert von Hersfeld die Herrschaftsausübung, sondern der Erwerb der Herrschaft in den Mittelpunkt gerückt wird. Thomas un-

---

44 Lampert, ed. Fritz, 372.

45 Vgl. (immer noch) Spörl (1972), 100ff.; Stürner (1987), 144ff.

46 Polycraticus 4.3, ed. Webb 1, 239ff. Vgl. Stürner (1987), 149f. mit Anm. 43; Klaniczay (1992), 75 und die Literaturhinweise bei Miethke (2000/II), 37 Anm. 100.

47 Max Kerner, Johannes von Salisbury im späteren Mittelalter, in: Miethke (1992), 25–48.

48 Vgl. zu den einschlägigen Stellen (De reg. princ. I c. 6; II Sent. dist. 44q art. 2) Friedrich von Bezold, Die Lehre von der Volkssouveränität während des Mittelalters, in: Ders., Aus Mittelalter und Renaissance. 1918, 1–48, hier: 21; Stürner (1975), 153 mit Anm. 78; Ders. (1987), 190; Töpfer (1999), 237; Miethke (2000/II), 35ff.

terscheidet zwischen einer von Gott verliehenen und einer unrechtmäßigen, usurpierten Gewalt. Demnach gibt es zwei Arten von Tyrannen: den rechtmäßig von Gott gesetzten Herrscher, der in seiner Herrschaftsausübung entartet ist, und den Usurpator. Allein die Ermordung des letzteren billigt der Aquinate. Er beruft sich dabei auf Cicero, der die Mörder Cäsars lobt. Doch faßt Thomas eine solche Tat nur als Notrecht, nur als äußerstes Mittel für den Fall auf, daß keine Zuflucht zu einer richtenden höheren Gewalt mehr verbliebe. Er billigt sie in einer solchen Situation sogar dem Einzelnen zu (was bis zu Wilhelms von Ockham Rinderknecht führen wird). Für Ockham ist ausgemacht, daß bei tyrannischer Herrschaft die Gewalt an das Volk zurückfällt, das den Tyrannen absetzen kann.[49]

Bei Königsabsetzungen konnten die Tyrannis-Lehren des Aquinaten und seiner Nachfolger keine Rolle spielen; denn im Kern waren diese, von der Frage des Herrschaftserwerbs ausgehenden Lehren legitimistisch, bestätigten denjenigen, der in gerechter Wahl auf den Thron gelangt war, und bedrohten denjenigen, der aus dem Umsturz der Verhältnisse als Sieger, als denunzierbarer Usurpator und damit als möglicher Tyrann hervorging.

Obwohl die scholastische Diskussion um die Möglichkeit einer Herrscherabsetzung als Gegensatz zum »rex iustus« den »rex tyrannus« typisierte, verzichtete sie darauf, diesen Gegenbegriff[50] zu präzisieren. Daraus ergab sich eine gedankliche Unschärfe in der Frage nach den Konsequenzen, die sich für das Volk aus der Tyrannis ableiteten. Die alternativen Positionen der Wissenschaft können über die ihnen gemeinsame Unschärfe nicht hinwegtäuschen. Aus theologischer Sicht wurde zwar vielfach argumentiert, daß tyrannische Herrschaft als ein von Gott verhängtes Unglück zu erdulden sei,[51] aber mit dieser Lehrmeinung rivalisierte, gestützt auf Thomas von Aquin, die Auffassung, daß dem »rex tyrannus« Gegenwehr geleistet werden dürfe.[52] Das war lediglich eine Variante innerhalb der Diskussion um das Recht des Volkes auf Widerstand. Eine schärfere Profilierung gewann der Tyrannenbegriff dadurch nicht.

Wies die scholastische Diskussion über den »rex tyrannus« letztlich auf die Frage der Legitimität von Herrschaft zurück, so ließ die Auffassung, daß gegen den »rex inutilis« ebenfalls eine bis zur Absetzung reichende Gegenwehr gestattet sei, die Frage offen, wer denn diese Gegenwehr überhaupt leisten dürfe und könne.[53]

---

[49] Stürner (1987), 231 mit Anm. 58. Zu weiteren scholastischen, in die gleiche Richtung weisenden Aussagen vgl. Schreiner (1987), 210f.

[50] Vgl. Spörl (1972), 99 und (mit zahlreichen Belegen) Kleinschmidt, 50ff.

[51] Diese Gedankenlinie verfolgt: Guenter Lewy, Zu theologischen Lehren über die Tyrannei. Der Staat 2 (1963), 196ff. Vgl. Stürner (1987), 79, 98 und 208.- Nach Jesaia 40, 23 bleibt die Absetzung des verworfenen Königs Gott vorbehalten, der »die Fürsten zunichte macht«.

[52] Vgl. Quaglioni (1983), 29ff.

[53] Noch Peter von Andlau, ed. Müller, 36 läßt diese Frage offen, als er, gestützt auf Isidor von Sevilla die Pflicht feststellt, Tyrannen abzusetzen.

Im Grunde war Lampert von Hersfeld bis ins Spätmittelalter hinein der Einzige gewesen, der sich um die Definition eines vielverwendeten Ausdrucks bemühte. Aber auch seiner, eine indirekte Charakterisierung der Regierungsweise Heinrichs IV. darstellenden Definition war die publizistische Verwendung des Tyrannenbegriffs deutlich anzumerken. Zur Unschärfe dieses Begriffes hatte sicherlich beigetragen, daß anders als in der Antike wirkliche Tyrannen gar nicht auftraten. Das aber glaubten Juristen in ihrem Lebensraum, in der Verfassungssituation mittel- und oberitalienischer Städte anders sehen zu müsssen.[54] Der Gedanke des Thomas von Aquin, wonach der ungerechte Herrschaftserwerb den Tyrannen mache, wird jetzt in legistische Form gebracht. Gegen den »tyrannus ex defectus tituli«, dessen Stadtherrschaft sich weder auf Wahl noch auf Erblegitimität gründet,[55] werden auch antike Vorbilder, insbesondere das Brutus-Ideal geltend gemacht.[56]

Nur einen Seitenblick hatten wir auf die Situation in italienischen Kommunen geworfen, wo um 1400 bereits Legisten und Humanisten gemeinsam die neue kommunale Wirklichkeit der Stadtherrschaft mit aufpolierten antiken Ausdrücken kommentierten, die dadurch einen neuen Inhalt gewannen. Wie zur gleichen Zeit der gleiche Begriff im Reich verstanden werden konnte, belegt das Beispiel eines wenig originellen Gelehrten, der zwar an der Kurie sein Glück zu machen hoffte, aber dennoch, was ihn mehr als wissenschaftliche Originalität ehrt, um ein eigenes Urteil bemüht war. Einläßlich setzte sich Dietrich von Nieheim mit der Frage der Gegenwehr gegen einen solchen Gewalthaber auseinander.[57] Unter Berufung auf Thomas (De reg. princ. I. 5) stellte er fest, daß ein König, der durch Ratschluß von wie immer gearteten Gremien eingesetzt worden sei, mit Recht abgesetzt werden dürfe, wenn er seine Macht tyrannischerweise mißbrauche (»si potestate regia tyrannice abutatur«), wofür Dietrich biblische und antike Beispiele heranzieht.[58] Das alles ist traditionell gedacht, aber der erfahrene Kurtisan weiß, wo er wirklich Tyrannen finden kann, nämlich in Oberitalien.[59] (Das war im Reich seit dem Italien-

---

54 Vgl. Quaglioni (1983), 23, 45 und 51f.; Walther (1992), 120f.

55 E. Emerton, Humanism and Tyranny. Studies in the Italian Trecento. Cambridge, Mass. 1925.

56 Friedrich von Bezold, Zur Geschichte des politischen Meuchelmordes, in: Ders., Aus Mittelalter und Renaissance. 1918, 271–293, bes. 274f. Vgl. Ercole (1932), 262ff. – Bei seinen Invektiven gegen den Papst läßt sich Ockham die Formel »tyrannus ex defectu tituli« nicht entgehen und wendet sie auf die päpstliche Landesherrschaft in Italien an. De imperatorum et pontificum potestate, ed. Offler, 311.

57 Avisamenta de unione et reformacione (1414), edd. Miethke – Weinrich, 246ff., hier: 276f.

58 Ebd., 278.

59 Cronica, edd. Colberg – Leuschner, 197, 199 und 201; Gesta Karoli Magni, ebd., 346f. In ottonischen Zeiten sollen, so Dietrich, die italienischen Tyrannen ihre Macht gewonnen haben. Außer in Italien findet er »Tyrannen« nur unter den Prälaten und Adeligen des Verdener Bistums, wo er vergeblich versucht hatte, Bischof zu werden. Das führt ihn zu der Aussage: besser ein Tyrann als viele. Gesta Karoli Magni, ebd., 314.

zug Heinrichs VII. nicht unbekannt.)[60] Das Kaisertum ist, so Dietrich, zu schwach geworden, als daß es wie in der Antike Tyrannen absetzen könne.[61] Und wer ist daran Schuld? Das Papsttum. Weil der Papst – so Dietrich weiter – dem Kaiser soviel Rechte genommen hätte, bleibt die Herrschaftsgewalt besonders in Italien im Ungewissen (»in ambiguo«). Darüber sind viele Tyrannen nicht unglücklich, die sich der faktischen Gewalt ihrer Herrschaft erfreuen.[62]

Gelehrt versponnen erscheint zunächst die scholastische Diskussion über den Tyrannen. Aber hier nuancieren wir unsere leitende These, wonach das gelehrte Denken nicht mit der zeitgleichen Politik korrespondiert. In diesem Fall nämlich hängt die Theorie durchaus an dünnen Fäden mit der politischen Realität zusammen. Selbst diese dünnen Fäden wollen beachtet sein. Denn bei aller Unschärfe repräsentiert die Gestalt des Tyrannen einen Gegenentwurf zu dem Typus des wahren Königs, was durchaus mit der realen Herrschaftspraxis seit der späten Salierzeit zu tun hat. Das hatte bereits Lampert von Hersfeld erkannt. Zur Herrschaft gehört der »consensus«, ausgedrückt im Rat der Großen. Zu recht hat Hella Mandt festgestellt: »Die alteuropäische Tyrannislehre ist ohne Kenntnis der Bedeutung der Kategorien des Rates und der Beratung nicht angemessen zu begreifen. Denn der Tyrann gilt ihr als unberaten«.[63] So konnte auch Marsilius von Padua definieren: Dem Tyrannen fehle die Zustimmung seiner Untergebenen (»subditorum voluntas sive consensus«), weil er nur an seinen Eigennutz denke (die plakative scholastische Formel »rex propter bonum commune« läßt grüßen).[64]

Ausgerechnet bei einer Diskussion, die um einen Begriff kreiste, der von den Kanonisten gar nicht und von den Legisten erst sehr spät, seit der zweiten Hälfte des 14. Jahrhunderts in die akademische Zucht genommen wurde, sind einige, allerdings sehr dünne Fäden des Zusammenhangs von Theorie und Realität zu erkennen. Im Begriff des »unberatenen Tyrannen« wurde das politische Prinzip des Konsenses kommentiert. Aus dieser Tradition heraus konnte über die Berechtigung des Tyrannenmordes auf den großen Konzilien des 15. Jahrhunderts heftig gestritten werden. Das war vorbereitet durch den Traktat »De tyranno« des Bartolus, einer Schrift, die, aus dem kommunalen oberitalienischen Erfahrungsraum geschrieben, in der Zeit des Großen abendländischen Schismas weite Verbreitung

---

60 Heckmann Bd. 1 (2002), 429f.

61 Avisamenta, edd. Miethke – Weinrich, 280.

62 Ebd., 304. Daß das Papsttum das Kaisertum geschwächt habe, behauptet Dietrich immer wieder. Vgl. Cronica, edd. Colberg – Leuschner, 235; Gesta Karoli Magni, ebd., 346f.

63 Mandt (1974), 56.

64 Defensor pacis 1. VIII. 38. – Der Gedanke, daß der Tyrann nicht wie ein wahrer Herrscher sich dem »bonum commune« verpflichtet weiß, sondern nur seinen Eigennutz gelten läßt, begegnet schon bei Thomas von Aquin. Stürner (1987), 190.

gewonnen hatte.[65] Allzu leicht ließen sich die ausgangs des 14. Jahrhunderts begegnenden Ursupationen von Herrschaft als Folge der ungeklärten Papstfrage begreifen, wobei einmal mehr die Unschärfe des Tyrannen-Begriffs zur publizistischen Instrumentalisierung taugte.

Es handelte sich bei der Diskussion auf den Konzilien über den Tyrannenmord keineswegs um eine Weiterführung der von Bartolus angestoßenen Debatte, eine abstrakte Diskussion der Staatslehre, sondern um eine jener Diskussionen, die durch die Verflechtung dieser Konzilien mit der Politik hervorgerufen worden waren. (Eine ganz neue Erfahrung in der Welt der Gelehrten, ebenso neu wie die Erfahrung der gelebten und nicht nur der gelehrten rezipierten Internationalität. Jetzt – aber erst jetzt – nähern sich Politik und Wissenschaft an.) Dem französischen Königtum war daran gelegen, den Mord an Herzog Johann Ohnefurcht von Burgund im Jahre 1407 als berechtigte Notwehr gegen einen Tyrannen darzustellen.[66] Es gelang Jean Petit, dieser durchsichtigen Argumentation einen geschliffenen Traktat über die Berechtigung des Tyrannenmordes vorzublenden und damit die Gelehrtenfreude am Prinzipienstreit anzufachen. Nicht die unbestreitbare Tatsache eines Meuchelmordes, sondern der Streit um das Für und Wider der Thesen des Jean Petit wühlte die Konzilsväter auf.[67]

Offensichtlich war die Argumentation Jean Petits an den Haaren herbeigezogen. Unter dem Vorwand einer wissenschaftlichen Diskussion sollte die Auseinandersetzung über einen Gewaltakt bemäntelt werden. Die Konzilsväter, darunter Zierden der damaligen Gelehrtenwelt, fielen auf diesen Trick herein. Weltfremdheit ist dafür nicht die alleinige Ursache. Denn es gibt noch kein Bewußtsein von der Eigenständigkeit des Politischen und keine Fragen nach den Maßstäben, die aus dieser Eigengesetzlichkeit heraus entwickelt werden mußten. Das Handeln der Großen wird nach den vorhandenen Einstellungen, seien es die der innerwissenschaftlichen Meinungsbildung, seien es die des traditionellen Königsbildes des gemeinen Mannes bewertet.

Es waren die Thesen des Jean Petit – genauer: die Diskussionen um diese Thesen auf dem ersten Forum europäischer Geistigkeit und Gelehrsamkeit, dem Konstan-

---

65 Ed. Quaglioni (1983), 171–223. Vgl. Ders. (1992), 101ff. Vgl. ebd., 96f. zum Urteil des Baldus über diesen Traktat seines Lehrers. Vgl. auch die Hinweise bei Heckmann Bd. 1 (2002), 496 mit Anm. 247.

66 Graus (1987), 23f.; Joachim Ehlers, Ludwig von Orléans und Johann von Burgund (1407/1419). Vom Tyrannenmord zur Rache als Staatsraison, in: Alexander Demandt (Hg.), Das Attentat in der Geschichte. 1996, 107–122. – Schon zuvor hatte 1369 Heinrich von Trastámara seinen Aufstand und die Ermordung Peters I. von Kastilien damit begründet, daß Peter wie ein Tyrann geherrscht habe und wie ein Tyrann bestraft werden müsse. Engels (1987), 106.

67 Spörl (1972), 109ff.; Walther (1996), 4. Vgl. Dietrich von Nieheims Gutachten gegen die Sätze Jean Petits, ed. Hermann Heimpel, Studien zur Kirchen- und Reichsreform des 15. Jahrhunderts. I. (SbbAkadWissHeidelberg, phil.-hist. Kl. 1929/30 Abh. 1) 1929, 62ff.

zer Konzil –, welche die entscheidende, die zuvor vernebelte Konsequenz aus dem Recht auf Widerstand gegen den Tyrannen zogen, die Legitimierung des Mordes. Das und nicht das Beschwören des Brutus-Ideals durch italienische Humanisten bereitete den Boden für die Rezeption der Gedanken des Johann von Salisbury: Der Grundsatzstreit auf den großen Konzilien des 15. Jahrhunderts hatte die Frage nach der Berechtigung des Tyrannenmordes wach gehalten. Als diese Frage dann im konfessionellen Zeitalter eine neue politisch begründete Aktualität gewann, konnte auf einen bereits fertigen Argumentationskatalog, aber nicht auf einen verbindlichen Konsens zurückgegriffen werden. Dabei kennt die Rezeptionsgeschichte über die Schule von Salamanca noch einen Seitenweg. Der blasse Begriff des Widerstands wurde theatralisch konkretisiert. Im spanischen Schauspiel des Goldenen Zeitalters wurden die verschiedenen Positionen in der Frage des Widerstandsrechts in Rollen personifiziert und bis zur dramatischen Zuspitzung der Tötung des Herrschers popularisiert.[68] Auf welchen Wegen auch immer: Der Tyrannenbegriff mittelalterlicher Gelehrter bildete das geistige Rüstzeug der Monarchomachen.[69]

So intensiv die gelehrte Diskussion um den Tyrannenmord geführt wurde, so wenig kam davon im Volk an. Agricolas Sprichwörtersammlung weiß vom Tyrannen nur, daß dieser ein Verhängnis ist, das Gott einem Land zur Strafe auferlegt: »wenn Got eyn landt straffen und plagen will, so gibt er yhm einen Tyrannen und wueterich«.[70] Ein Tyrann ist nach Agricola jemand, der »alles on radt mit der faust will außrichten«; der eine oder andere Fürst könnte im deutschen späten Mittelalter von den Zeitgenossen in diesem Verständnis als Tyrann ausgemacht worden sein. Die Gleichsetzung von »tyrann« und »wüterich« gehört ausgangs des 15. Jahrhunderts bereits zur publizistischen Agitation, wird zum Beispiel gegen den Sultan, gegen Peter von Hagenbach oder Karl den Kühnen verwendet.[71] Jedoch »die wüteriche und blutgyrigen Tyrannen, welche menschen bluts nicht künnen satt werden«,[72] kannte man lediglich aus alten Historien, nicht aber aus der Gegenwart. An den Realitäten der deutschen Herrschaftswelt des Mittelalters und der frühen Neuzeit ging die Diskussion um den Tyrannenmord vorbei. Keiner der Fürstenmorde des deutschen Mittelalters ist mit dem Tyrannenbegriff legitimiert worden.[73]

Unsicherheit der Theorie, Sicherheit des politischen Handelns. Die Unsicherheit ist mit der Selbstverständlichkeit der Ausbildung ständischer Organisation im

68 Wilfried Floeck, Zur Diskussion des Tyrannenmordes in der spanischen Comedia des Goldenen Zeitalters. AKG 55 (1973), 432–455.

69 Gunter Zimmermann, Konziliaristische Ideen in einer calvinistischen Streitschrift. ZRG kan. 74 (1988), 412–435, hier: 425ff.

70 Agricola, Nr. 115.

71 Sieber-Lehmann (1995), 62, 255 Anm. 32 und 261ff.

72 Agricola, Nr. 122.

73 Heinig (2000).

Verlauf des Spätmittelalters zu konfrontieren. Das bestätigt unsere Ansicht, daß für die Herrscherabsetzungen das gelehrte Recht und das gelehrte Denken allenfalls als begleitende Legitimierung von Bedeutung waren. Denn die im Spätmittelalter geschichtsgestaltende Macht der Stände läßt sich nicht mit den gelehrten Theorien in einen Wirkungszusammenhang bringen. Die neue Form der von den Ständen gebilligten Steuer, die damit nicht mehr als eine der verhaßten »Neuerungen« einem »tyrannus« angelastet werden konnte, hat die fürstliche Herrschaft zu jenem Staat verändert, den bis heute Juristen glauben, geschaffen zu haben. Die Stände setzen Herrscher ab, ohne sich um die Gelehrten zu kümmern. Daß sie aber sich auch das Recht wie in England 1649 nahmen, einen König zu enthaupten, löste europaweit ein Entsetzen aus, das zugleich beweist, wie gering die Theorien von Widerstandsrecht und Tyrannenmord im allgemeinen Bewußtsein verankert waren.

Von großen Theorien der Kanonisten, die nach dem Verhältnis von Regnum und Sacerdotium fragten, haben unsere Untersuchungen ihren Ausgang genommen, um dann über legistische und scholastische Diskussionen fortzuschreiten. Wenn die quantitative Dichte der einzelnen Themen zum Maßstab genommen würde, sind wir von den großen, den kanonistischen Theorien zu immer kleineren Themen hinabgestiegen, stets von der Frage geleitet, was die mittelalterliche Wissenschaft zu den Herrscherentmachtungen beitragen konnte. Selbst wenn der endgültige Beweis erst nach der Untersuchung der einzelnen Königsabsetzungen und Absetzungspläne zu erbringen ist, zeichnet sich jetzt bereits ein ernüchterndes Fazit ab. Es gibt überhaupt keinen Rechtsgrundsatz, der über theoretische Festlegungen hinaus in nennenswertem Maße in die Welt zu wirken vermochte. Das heißt vor allem: Die verfassungsbildende Kraft insbesondere der Kanonistik ist überschätzt worden.

Daß Kanonisten, bzw. kanonistisch gebildete Kleriker schon seit der zweiten Hälfte des 12. Jahrhunderts den Stil der Kurie prägen, ja bis zum Papsttum aufsteigen konnten, daß sie Führungsstellen in der fürstlichen Verwaltung einnahmen, was am frühesten in England und Frankreich zu erkennen ist, daß das Studium der Kanonistik ein »Brotstudium« war, das zu großem Ansehen und zu den lukrativsten Pfründen führen konnte[74] – all das ist unbestreitbar. Zu bestreiten ist allerdings die leichtfertige und durch nichts begründete Auffassung, daß Kanonisten in Amt und Würden ihre Studentenweisheit in die Realität umgesetzt hätten. Sie wußten mit den Lehrsätzen des Kirchenrechts umzugehen – und das hatte ihren Aufstieg bedingt. Ihre Kompetenz erwies sich von der strittigen Pfarrbesetzung bis hin zur Klarstellung des »privilegium fori« gegen eine Bürgergemeinde. Daß die Frage der Herrscherabsetzung durch den Papst angesichts des gewaltigen kanonistischen

---

[74] James A. Brundage, The Rise of Professional Canonists and the Development of the Ius Commune. ZRG kan. 81 (1995), 26–63, hier: 44ff.

Wissensstoffes rein quantitativ marginal war, entspricht den Tätigkeitsfeldern ihrer späteren beruflichen Betätigung. Einfache, aber oft vernachlässigte Überlegungen.

Die Gelehrten brauchte man in Europa, wofür stellvertretend Jean Petit stehen möge, zur nachträglichen Begründung politischen Handelns. Von ihnen ist bei allen widersprüchlichen Aussagen über die Herrschaftsverantwortung viel, über die Herrschaftspraxis wenig, über Kompetenzansprüche eine Menge, über deren Durchführung gar nichts zu erfahren. Sind wir aber deswegen gezwungen, zu einem undifferenzierten Machtbegriff zurückzukehren, wenn wir die einzelnen Königsabsetzungen und Absetzungspläne im deutschen Mittelalter untersuchen? Dagegen spricht bereits unser einleitendes Zitat aus der Kaiserchronik. Unter den Bedingungen des Mittelalters als einer institutionenfernen Zeit akzeptieren wir zwar »Macht« in aller Unschärfe als mögliche Realisierung des Egoismus, aber diese Realisierung war, ebenfalls unter den Bedingungen des Mittelalters, doch immer an einen Konsens gebunden, der weit über die jeweilige Anhängerschaft hinausreichen mußte. Macht braucht eine Wertewelt, nicht nur um sich entfalten, sondern auch unter anderem, um in ihr glänzen zu können. Macht ist einerseits ebenso eine überzeitliche Erscheinung wie Ohnmacht, ist aber als historisches Interpretament nie von den zeitgebundenen Möglichkeiten zu trennen. Der CEO eines heutigen weltweit operierenden Konzerns hat gemessen an seinen Kompetenzen und an der Zahl der von seinen Entscheidungen betroffenen Menschen eine viel größere Macht als ein Karl der Große oder ein Innozenz III. Zu den Begleiterscheinungen der Macht gehört ebenso überzeitlich die Intrige. Aber auch diese hat sich wie die die Macht selbst an der Wertewelt der Zeit – etwa heutzutage an der Börsennotierung – zu orientieren. Um diese Wertewelt geht es uns im Folgenden.

Zweiter Teil: Königsabsetzungen, Absetzungspläne und Abkehr vom König in der salischen Zeit

I. Das Königtum Heinrichs IV. oder: der unterstellte Grundsatzstreit zwischen Regnum und Sacerdotium

Den zeitlichen Ansatz unserer Studien in der salischen Zeit hatten wir einleitend mit dem neuen Inhalt begründet, den damals der Begriff des Konsenses gewann,[1] von der Mitsprache über die Zustimmung bis zur Akzeptanz reichend. Die Großen stellten in ihren Auseinandersetzungen mit Heinrich IV. das Verhalten des Königs, nicht aber das Königtum in Frage. Die Königsaufgabe der Bestätigung alter Rechte,[2] ausgedrückt in den Verben »corroborare«, »confirmare«, »renovare« der Urkunden, konnte nicht angetastet werden; vielmehr wurde die Königsaufgabe der Rechtswahrung noch erweitert, schloß die Befugnis der Gesetzgebung, des »novas leges condere«, was damals auch dem Papst zugebilligt wurde,[3] ein. Von 1069, als im Namen Heinrichs IV. ein Gottesfrieden als »edictum regale« verkündet worden war,[4] bis zum Landfrieden des Jahres 1103[5] war nie die Kompetenz des Saliers bezweifelt worden, Gesetze zu erlassen. Schon in der salischen Epoche haben die Herrscher den Schlüssel zur großen Macht, das Gesetzgebungsrecht entdeckt.[6]

Was die Großen in salischer Zeit unter Konsens verstehen konnten, ist noch weit entfernt von einer Kontrolle der Herrschermacht, steht immer noch dem Prinzip der Beratung nahe und kann bis zum zähneknirschend geleisteten Gehorsam reichen. Konsens und Beratung: Davon leitet sich auch die Pflicht des Herrschers ab, bei Streitigkeiten unter den Großen, die zugleich seine geborenen Ratgeber sein sollten, zu vermitteln. Es geht dabei nicht um Urteile, sondern im Ansatz bereits um das, was seit dem 13. Jahrhundert immer stärker das Verhältnis des Herrschers zu seinen Großen bestimmt: Der richtende König wird zum Schiedsrichter.[7] Der Konsens bleibt selbst in den politischen Prozessen des Spätmittelalters das Verfahrensziel.[8]

Der zwischen Beratung, Akzeptanz, Zustimmung und Mitsprache dehnbare Begriff des Konsenses gewinnt zwar erst in staufischer Zeit in den Fürstensprüchen

---

[1] Vgl. Struve (1992), 217ff.

[2] Vgl. zuletzt Dilcher (1998), 48ff. Zur europäischen Verbreitung dieses Gedankens: Graus (1987), 26.

[3] Vgl. Hartmann (1992), 441ff.

[4] Berthold, ed Robinson, 62; Bernold, ed. Robinson, 290. Vgl. Wadle (1973), 169f.

[5] Vgl. Wadle (1973), 143, 153ff. und 172f.; Hans-Werner Goetz, Die Gottesfriedensbewegung im Licht neuerer Forschungen, in: Buschmann – Wadle (2002), 31–54, hier: 51ff.

[6] Dilcher (1998), 53.

[7] Eindrücklich dargestellt bei Kaufhold (2000), 137ff. und 157ff. Vgl. Garnier (2000), 244ff.

[8] Battenberg (1995), 161.

innerhalb eines Hoftages institutionelle Konturen,[9] aber diese sind in salischer Zeit vorbereitet worden. Ein Fürstengericht hatte sich bereits im Zusammenhang mit dem salischen Hoftag gebildet.[10] Wenn 1098 die Enterbung des Königssohnes Konrad von einer Quelle als juristische Entscheidung eines Hoftages gedeutet wird, so muß damals bereits der zweifache Inhalt von der »curia regalis« bekannt gewesen sein, was den königlichen Hoftag ebenso bezeichnen konnte wie das königliche Hofgericht. Der Würzburger Hoftag von 1121 läßt bereits erkennen, daß eine solche »curia« nicht mehr allein dem Gebot des Kaisers unterliegt. Und schließlich ist nur aus spätsalischer Tradition der berühmte Fürstenspruch auf dem Regensburger Hoftag 1125 zu erklären, wonach der Herrscher den Unterschied von Reichs- und Hausgut zu respektieren habe.[11] Der Hoftag ist mit seinem Zusammenspiel von Gebot und Konsens ein unerläßliches Strukturelement der Königsherrschaft geworden.

Der über den Konsensbegriff begründete zeitliche Ansatz unserer Studien liegt in einer sich zutiefst verändernden und damit wirrnisvollen Zeit. Adeliges Selbstbewußtsein, Konsensanspruch, päpstliches Gehorsamsgebot, anspruchsvolles Zitieren der Geschichte – all das begleitet die politischen Aktionen in einer Welt, die vor allem dem Argument der Waffen zu vertrauen gewohnt war. Selbst Gregor VII. erkannte die Bedeutung des Schlachtenglücks an, als er 1080 erflehte, daß Heinrich IV. keinen Sieg mehr erringen möge. In diesem ungeklärten Verhältnis von Argumenten der Schrift und denen der Waffen liegt einer der Gründe, warum wir im folgenden keine einleuchtende Ablaufsschilderung bieten können. Zu kontrovers wurden die Ereignisse schon bei den Zeitgenossen des sogenannten Investiturstreits diskutiert, und zu kontrovers wird das wohl am intensivsten erforschte Thema des deutschen Mittelalters in der Wissenschaft behandelt. Deshalb seien die leitenden Thesen unserer Darstellung vorab zusammengefaßt. Erstens: 1076 hatte Gregor VII. keineswegs den König abgesetzt; das geschah erst 1080, und erst in diesem Jahr hebt der große Streit unter den Zeitgenossen über die Berechtigung des päpstlichen Vorgehens an. Zweitens: Heinrich IV. hatte die Sachsen mehr zu fürchten als den Papst. Der sächsische Widerstand wurzelte in einer im Jahre 1002 begründeten Stammestradition, wonach einem König erst nach der Bestätigung der sächsischen Rechte Gehorsam zu leisten sei. Wie schon sein Vater glaubte auch Heinrich IV., diese Tradition mißachten zu können. Drittens: Die Mißachtung der

---

9 Dazu Boshof (1993), 14f.; Schneidmüller (2000), 54ff. Vgl. auch Heinrich Appelt, Kaiserurkunde und Fürstensentenz unter Friedrich Barbarossa. MIÖG 71 (1963), 33–47. – Ein instruktives Beispiel für ein im Hofgericht (»constitutis in presentia nostra dilectis principibus imperii«) durch die Fürsten gefundenes Urteil (»principum sententia«): Urkundenregesten Hofgericht Bd. 2, Nr. 96 (1218). Vgl. für das 13. Jahrhundert Kleinschmidt (1974), 26ff.

10 Schubert (1997), 267f.

11 Ebd., 361.

Herrscherverpflichtung zum Konsens mit den Großen führte vom Widerstand der Sachsen zu einer reichsweiten Opposition gegen den Salier, die zwar die Exkommunikation des Jahres 1076 zu nutzen wußte, aber sich nicht von der Bußleistung zu Canossa beeindrucken ließ, sondern gegen den Willen des Papstes wenige Wochen später zur Wahl eines neuen Königs führte.

1. Das gefährdete Königtum Heinrichs IV. Personale, historische und zeitgebundene Gründe einer Herrschaftskrise.

Der unbesonnene junge König – die historischen Bedingungen der Herrschaftskrise – das bereits von Konrad II. mißachtete Stammesrecht der Sachsen – Limitierung der Königsgewalt als Stammestradition – gab es ein Königsheil? – die angebliche Erschütterung der Zeitgenossen über den päpstlichen Bann 1076 – Verantwortung für das Reich als neues Thema des Konsensanspruchs – soziale Wandlungen in der Schicht der »principes« und der zeitgebundene Hintergrund von Bischofsmorden – wann und durch wen wurde Heinrich IV. abgesetzt?

Die weitgehend staatsfromme Historiographie des 19. Jahrhunderts hat die Krisen des Reiches, in dem Heinrich IV. geboren wurde,[12] ebenso unterschlagen wie die Unbesonnenheit dieses Herrschers, der doch nicht ohne eigene Schuld binnen Kurzem so viele Menschen gegen sich aufbrachte. Dazu ist nur die Darstellung Lamperts von Hersfeld unter dem Gesichtspunkt zu lesen, daß dieser Mönch in einem königsnahem Kloster schreibt und seinen Mitbrüdern über dieses Schreiben Rechenschaft ablegen muß.[13] Lampert weiß nichts von angeblichen Territorialisierungstendenzen, mit denen – Fortsetzung staatsfrommer Historiographie – Heinrich IV. Zukunftsgedanken verfolgt haben sollte, die nur – leider – von den Sachsen nicht verstanden worden seien.[14] Lampert berichtet von Fällen schlimmer Gewalt. Er mag aus sächsischer Perspektive übertrieben haben,[15] aber, schreibend in einer kontrollierenden königsnahen Gemeinschaft, konnte er nicht allzuviel verfälschen.

---

[12] Vgl. jetzt: Egon Boshof, Das Reich in der Krise. Überlegungen zum Regierungsausgang Heinrichs III. HZ 228 (1979), 265–287; Ders (1997), 99f.; Schlick (2001), 13.

[13] Deshalb teilen wir nicht die häufig begegnende Ansicht, wonach Lamperts Ruf als Historiker »ruiniert« sei. So Thomas (1992), 271.

[14] Schubert (1997), 278. Vgl. Reinhard Schneider, Landeserschließung und Raumerfassung durch salische Herrscher, in: Weinfurter Bd. 1 (1992), 117–138, hier: 135ff.

[15] Lampert sieht in der April 1076 in Erscheinung tretenden Opposition – Herzog Rudolf von Schwaben, Welf von Bayern, Berthold von Kärnten und die Bischöfe Adalbero von Würzburg und Hermann von Metz – eine Solidaritätsbewegung mit den geplagten Sachsen. Giese (1979), 34.

Die Sachsen sahen aus der Tradition der Ereignisse von 1002 und 1025 eine Infragestellung des Königtums keineswegs als Ungeheuerlichkeit an. Schließlich hatten Große dieses Stammes 1019/20 einen Aufstand gegen Heinrich II. gewagt,[16] angesehene Große planten 1047 in Lesum einen Anschlag auf das Leben des Kaisers,[17] und 1057 wollten einige sächsische Adelige einen der Ihren, Otto von Haldensleben, zum König gegen den noch unmündigen Heinrich IV. erheben.[18] Daß in der Schlacht bei Neindorf die saliertreue Partei siegte, daß Kaiserin Agnes vorübergehend eine Stabilisierung des Verhältnisses zwischen sächsischem Adel und Königshof erreichte,[19] hob nicht den Anspruch der Sachsen auf, daß ein Herrscher ihr Stammesrecht, so wie sie es auslegten, zu respektieren habe. Die von den Quellen nicht gedeckte Behauptung, Gregors Bannfluch habe 1076, da gegen einen Gesalbten des Herrn gerichtet, die Menschen erschüttert, kann zumindest für die Sachsen gar nicht zutreffen. Ihnen galt der König als ein auf das Recht verpflichteter Herrscher.

Längst vor dem sogenannten Investiturstreit war das salische Königtum in deutschen Landen in einem Maße gefährdet, welches das päpstliche Vorgehen des Jahres 1076 mit einem Zunder vergleichen läßt, der in ein leicht entflammbares Gebäude geworfen wird. Mit diesem sprachlichen Bild sei die verbreitete Auffassung von der weltgeschichtlich bedeutsamen Auseinandersetzung zwischen Gregor VII. und Heinrich IV. relativiert. Das muß im Folgenden noch einläßlich begründet werden. Zunächst aber ist das stärkste Argument der gängigen Deutung zu entkräften, demzufolge Gregors Bannspruch eine Infragestellung der Sakralität des Königtums gewesen sei.

Nur unter Preisgabe der unmittelbaren Zeugnisse von Zeitgenossen sind Konstruktionen von einem durch Gregor VII. angefochtenen geistlichen Charakter des Königtums, von einer spezifisch königlichen Sakralität, kurzum vom Königsheil zu erreichen. Bei dem nüchtern berichtenden Lampert, bei dem leidenschaftlichen Bruno, bei dem nach »Parteistandpunkten« sortierenden Berthold von der Reichenau hätte doch irgendwann zumindest ein matter Widerschein des Königsheils erkennbar sein müssen. Wenigstens eine Ablehnung dieses angeblich die Herrschaft Heinrichs legitimierenden Prinzips wäre zu erwarten. Nichts dergleichen. Selbst der von dem Erhalt der Königsmacht überzeugte »Liber de unitate« legt auf die Salbung keinen Wert.[20] Diese hatte einen zeremoniellen, aber keinen konstitutiven Sinn.[21]

---

16 Schubert (1997), 212f.

17 Black-Veldtrup (1997), 196ff.; Schubert (1997), 213f.

18 Schubert (1997), 214f. Zur sächsischen Opposition gegen Heinrich III. vgl. auch Engels (1992), 511.

19 Black-Veldtrup (1997), 233.

20 Affeldt (1969), 318.

21 Anderer Auffassung: Struve (1992), 232f.

Schon die Königswahl galt sowohl in seiner als auch in späterer Zeit als weltlicher Akt, wie sich einfach beweisen läßt. 1050 hatte Heinrich III. den Großen die Wahl seines noch ungetauften Sohnes geboten,[22] und 1197 wird Heinrich VI. seinen noch ungetauften Sohn Friedrich (II.) zum König küren lassen.[23] Und noch einfacher: Daß die Ehen Konrads II. und Lothars III. gegen kirchliche Gebote verstießen, versperrte nicht die Wahl zum König.

Das einzige zumindest halbwegs einschlägige, das immer wieder für ein Königsheil herangezogene Zeugnis bleibt das Verhalten der Bauern im Lütticher Umland am Grabe Heinrichs 1106. So ernst wir dieses Zeugnis als Kommentar des Gemeinen Mannes zum Handeln der Großen nehmen, so ist es doch nur bedingt als Aussage für eine spezifische Sakralität des Königshauses zu interpretieren. Die einzige Quelle, die Vita Heinrici IV., begründet die Anhänglichkeit der Bauern an den verstorbenen Kaiser mit dessen Hinwendung zu den Armen.[24] Von einem Königsheil, das damals bei den Auseinandersetzungen zwischen Vater und Sohn eine Rolle hätte spielen müssen, weiß die Vita nichts.

Selbst die Umkehrung des Königsheils läßt sich in salischer Zeit nicht feststellen. Daß ein »unnützer« Herrscher Unglück über sein Volk bringen könne, war eine im Frühmittelalter verbreitete und auch späterhin bisweilen begegnende Ansicht,[25] die aber – wie Marita Blattmann nachwies – bei allen erregten Diskussionen über das Herrscherverhalten Heinrichs IV. keine Rolle mehr spielte.[26]

Neben der Unterstellung eines Königsheils hat auch die Unterstellung einer allgemeinen Erschütterung der Zeitgenossen zur Dramatisierung der Ereignisse von 1076/77 beigetragen. Wenn ein dem Papst zuneigender Chronist wie Berthold von der Reichenau im Abstand von wenigen Jahren die Ereignisse in einer Art referiert, welche – worauf noch einzugehen ist – nichts von einer allgemeinen Erregung erkennen läßt, wenn hingegen jener Chronist genauestens die Zustimmung notiert, die König Rudolf von Rheinfelden in der öffentlichen Meinung erfährt, dann wirft er, ohne es zu wollen, die Frage auf, ob der päpstliche Bann tatsächlich die Menschen so erschüttert hatte, wie in der älteren Forschung immer wieder zu lesen ist. Zeugnisse für die Deutung eines Vorgangs, der angeblich die Zeitgenossen aufgewühlt habe, gibt es gar nicht. Gregors VII. Bannfluch 1076 hat in der Historiographie seit dem 19. Jahrhundert ein großes Echo gefunden. Die Zeitgenossen jedoch hörten keineswegs das Anheben eines Grundsatzstreites.[27] Erst nachdem der Papst eine Absetzung des Königs 1080 verkündet hatte, setzt die Flut der Streitschriften

---

22 Reuling (1979), 128f.

23 Zum Datum der Taufe Friedrichs II. vgl. Schmidt (1998), 80 Anm. 52.

24 Vita c. 13, ed. Schmale-Ott, 463.

25 Blattmann (1996), bes. 81ff.

26 Ebd., 94 und 96.

27 Goez (2000), 133.

ein.[28] Und deren Thema ist die Investiturfrage und nur am Rande die Absetzungskompetenz.

Bei dem Verfahren, die Aussagen der Quellen gegeneinander abzuwägen, sollte, soweit möglich, das Lebensalter der Chronisten berücksichtigt werden. So unsicher die biographischen Daten auch sind, so ist doch eindeutig, daß Berthold und erst recht sein Schüler Bernold die von ihnen beschriebenen Ereignisse als vitale Männer erlebt haben. Anders Lampert von Hersfeld, dessen Geschichtswerk mit dem Jahre 1076 abbricht. Der alternde Mönch ist bei aller Parteilichkeit doch der Chronist, der bei der Abfassung seines Werkes den Ereignissen am nächsten steht, der noch unmittelbar unter dem Eindruck dieser Ereignisse und nicht im Nachhinein schreibt. Und Lampert weiß gar nichts von einer allgemeinen Erschütterung über den päpstlichen Bannfluch, obwohl diese ihm als Argument sehr willkommen gewesen wäre. Nüchtern notiert er allein folgende Konsequenz. Als zahlreiche Boten aus Italien Tag für Tag die Exkommunikation des Königs meldeten, ließen die Fürsten die ihnen übergebenen sächsischen Geiseln ohne Wissen Heinrichs frei (was übrigens fast nur für Bischof Hermann von Metz zutraf).[29] Der Exkommunikation widmet dieser Chronist keine größere Aufmerksamkeit. Er erwähnt sie eher beiläufig im Zusammenhang mit der Absetzung des Papstes, welche die zu Worms versammelten Bischöfe ausgesprochen hatten.[30] Erbittert waren nach Lampert über den Spruch der Fastensynode von 1076 vor allem die exkommunizierten Bischöfe, weil der Papst über sie ein Urteil gefällt habe, ohne sie gemäß dem Kirchenrecht vor eine Synode zu laden.[31]

Als Beleg für die angebliche allgemeine Erschütterung, welche die Exkommunikation Heinrichs ausgelöst haben soll, wurde im älteren Schrifttum gern das Zeugnis Ottos von Freising zitiert, wonach er nie zuvor gelesen habe, daß ein Papst den Herrscher entthront hätte.[32] Jedoch ist dies eine Aussage, die viel über die neue

---

[28] Ebd., 146. Vgl. Struve (1992), 220; Hartmann (1999), 30ff.

[29] Lampert, ed. Fritz, 352. Vgl. ebd., 356.

[30] Ebd., 348. – Zur Absetzung des Papstes in Worms vgl. neuerdings Robinson (1999), 144ff. Dazu aber immer noch: Harald Zimmermann, Wurde Gregor VII. in Worms abgesetzt? MIÖG 78 (1970), 121–131.

[31] Lampert, ed. Fritz, 360f. Das Argument ist in der damaligen Situation zweischneidig. Nach Lampert hatten von den zu Worms versammelten Bischöfen nur Adalbero von Würzburg und Hermann von Metz sich der Absetzung des Papstes mit dem Argument widersetzt, daß ohne ein allgemeines Konzil und ohne rechtliches Verfahren ein solcher Schritt nicht vertretbar sei. Ebd., 346.

[32] Otto von Freising, Chronica VI.35, ed Lammers, 490. Dazu auch Gesta Friderici I.2, ed. Schmale, 124: Nach dem 1080 erneuerten Bann wiegelte Gregor in vielerorts noch vorhandenen Briefen die Fürsten gegen ihren Kaiser auf. – Vgl. Rudolf Schieffer, Der Investiturstreit im Bilde der Zeit nach 1122, in: Klaus Herbers (Hg.), Europa an der Wende vom 11. zum 12. Jahrhundert. Beiträge zu Ehren von Werner Goez. 2001, 248–260, hier: 257.

Auffassung vom Kaisertum im Umkreis Friedrichs I. erkennen läßt,[33] in der die Auseinandersetzung mit dem Papsttum als Grundsatzstreit betrachtet wurde. Dabei mußte Otto die Ereignisse neu sortieren, mußte das Jahr 1076 in den Mittelpunkt stellen und die eigentliche Wende vier Jahre später übergehen. Otto von Freising und Rahewin wurden im 15. Jahrhundert als Geschichtsschreiber, weniger als Vorläufer des Regierungssprechers wiederentdeckt. Seitdem wurde der Bericht über die Empörung kaiserlicher Ritter angesichts der Mosaiken im Triklinium des Lateran mit ihrer Darstellung des kaiserlichen Stratordienstes als Beleg für einen Grundsatzkonflikt gewertet. Aber wir lassen die staufischen Ritter mit ihrer in den Gesta Friderici lebhaft geschilderten Empörung über das Mosaik allein.[34] Zu naheliegend ist, daß den Rittern erst beigebracht wurde, sich wegen der Darstellung des Stratordienstes Kaiser Lothars aufzuregen.[35] Der Bischof von Freising gab der Forschung eine Leitlinie vor. Aber: Die Menschen müssen sich nicht so verhalten, wie nachgeborene Historiker von ihnen erwarten;[36] sie waren im Jahre 1076 nicht wegen eines Grundsatzstreites, sondern wegen eines fehlbaren jungen Königs aufgebracht.

Eine Anmerkung zur Herrscherbuße von Canossa: Noch konnten die Zeitgenossen darin keine Demütigung des Königs sehen. Erst ungefähr eine Generation später muß nach Klaus Schreiner ein »Mentalitätsbruch« erfolgt sein, innerhalb dessen die »Barfüßigkeit ... zu einer Sache privater Frömmigkeit« wurde,[37] die einem Herrscher in der Öffentlichkeit nicht anstand. 1119 lehnten deshalb kaiserliche Gesandte als mit der Würde des Reiches unvereinbar das Ansinnen ab, daß Heinrich V. bei einer Versöhnung barfüßig vor dem Papst erscheinen müsse.[38]

Die Exkommunikation Heinrichs IV. ist nicht aus der institutionengeschichtlichen Perspektive eines Gegensatzes zwischen Königtum und Papsttum zu sehen, aus jener Perspektive, aus der Otto von Freising auf das Jahr 1076 zurückblickte. In den Augen der Zeitgenossen war Heinrich IV. unter anderem auch ein sittenloser König, über dessen Verhalten schlimme Gerüchte herumschwirrten.[39] Im Jahre 1068, als sich der junge König von seiner Frau getrennt hatte, erzählte man sich im Reich so haarsträubende Dinge über ihn, daß die Fürsten – so behauptet Berthold von der Reichenau – überlegten, ob sie ihn nicht absetzen sollten (»ut etiam prin-

---

33 Forschungszusammenfassung des Programms »honor imperii« bei Unverhau (1973), 163ff.

34 Otto von Freising, Gesta Friderici III. 12, ed. Schmale, 416f. Vgl. als Zusammenfassung der Forschung Unverhau (1973), 191ff. und Schimmelpfennig (1996), 113.

35 Zu dem hier auffallenden Verständnis des Zusammenhangs von Bild, Text und Recht vgl. Johanek (1992), 673f.

36 Ein Beispiel unter vielen: »Bonizo von Sutri und Benzo von Alba geben gewiß eine verbreitete Stimmung wieder.« Schulze (1982), 183. Wie gewiß ist diese Gewißheit?

37 Schreiner (2001), 108.

38 Ebd.

39 Schubert (1997), 270.

cipes eius eum regnum privare molirentur«).[40] 1069 versuchte Heinrich sogar, die Scheidung von seiner Frau zu erreichen, wogegen der Kardinallegat ihm mit Zustimmung der Fürsten kirchliche Strafen androhte.[41] Obwohl der König daraufhin von seinem Vorhaben abstand, hatte dieses doch seinen beschädigten Ruf im Reich nicht verbessert.[42]

Nicht als Aussage für einen Depositionsanspruch ist Lamperts Nachricht überprüfbar, wonach 1074 in Corvey versammelte Große weitere Beratungen mit dem Ziel einer Neuwahl erwogen hätten, der Wahl eines Herrschers, der allen genehm sei (»rei publicae rectorem, qui omnibus placuisset«).[43] Immerhin ist diese Nachricht Ausdruck einer verbreiteten Mißstimmung im Reich über den König, einer Mißstimmung, die ohne päpstliches Zutun allein aus dem Verhalten des Saliers erwachsen war. Der König erkannte die Gefahren und reagierte. Bußleistung: Bald nach Ostern 1074 hatte Heinrich IV. zu Nürnberg vor seiner Mutter, den beiden päpstlichen Legaten und in Anwesenheit mehrerer Bischöfe Besserung (»correctio«) gelobt[44] und hatte seine Bußfertigkeit im folgenden Jahr in einem Schreiben an Gregor VII. betont,[45] in einem Schreiben, das im Reich bekannt war.[46] Aber Feinde hatte sich der junge König mehr als genug geschaffen,[47] Feinde, die an der Aufrichtigkeit seiner Reue zweifelten.

Wenn wir die Exkommunikation Heinrichs IV. 1076 mit Berufung auf das mangelnde Aufsehen, das dieses Ereignis bei den Zeitgenossen erregte, entdramatisieren, so heißt das noch lange nicht: bagatellisieren. Zwar hat die Herrscherbuße eine lange Vorgeschichte,[48] aber diese war nur Wenigen wie etwa Wido von Osnabrück bewußt.[49] Die Exkommunikation eines Königs war damals noch ungewöhnlich genug, und die Adeligen hatten sich noch nicht so an die kirchlichen Zensuren gewöhnt, wie jene, die 1198 ungerührt den vom Papst gebannten Philipp von Schwaben zum König wählten. Aber die Adeligen des Jahres 1076 waren ebenso noch weit von der Ansicht Ottos von Freising entfernt, wonach das Königtum selbst und nicht ein unbesonnener Herrscher von dem Anathem getroffen

[40] Berthold, ed. Robinson, 62. Dem folgt Bernold, ed. Robinson, 290.

[41] Lampert, ed. Fritz, 120.

[42] Robinson (1999), 109ff.

[43] Lampert, ed. Fritz, 216.

[44] Berthold, ed. Robinson, 76; Bernold, ed. Robinson, 296.

[45] Registrum I. 29a, ed. Caspar, 47ff.

[46] Berthold, ed. Robinson, 92.

[47] Deshalb werden königstreue Bischöfe 1076 behaupten, daß es so manchem nicht um die Autorität des päpstlichen Stuhls ginge, sondern darum, dem König zu schaden. Lampert, ed. Fritz, 362.

[48] Schieffer (1972), bes. 360ff. Auf die Buße des Theodosius beruft sich auch Gregor VII. Ebd., 362f.

[49] Wido von Osnabrück, 262 zeiht in diesem Zusammenhang Gregor VII. des Betrugs, weil er ein historisches Exempel falsch ausgelegt habe. Vgl. Schieffer (1972), 367.

worden wäre. Entdramatisierung. Ludwigs des Frommen Kirchenbuße in Attigny war viel wirkungsvoller inszeniert, war vor allem viel öffentlichkeitswirksamer als der Bußgang von Canossa. Eine Burg ist eben (anders als eine karolingische Pfalz oder gar eine Stadt) kein Ort der Öffentlichkeit, sie ist Ort einer privaten Begegnung, in diesem Fall der von König und Papst.

Anders als mit den historiographisch konstruierten Vorstellungen von einer durch den Papst angefochtenen Sakralität des Königtums steht es mit der waffenstarrenden Realität zur Zeit des sogenannten Investiturstreits. Nirgendwo in der europäischen Geschichte war der Widerstand der Großen gegen das Königtum konsequenter als in Sachsen.[50] Hier waren die Anfänge der Gegensätze zwischen Königtum und Hochadel bereits mit dem Aufstieg des salischen Hauses verbunden. Daß schon Konrad II. 1028 die Erhebung seines Sohnes Heinrich durchsetzen konnte,[51] wobei die väterliche Designation rechtsbegründend war,[52] bedeutete nach Ulrich Reuling eine »völlige Abkehr vom Prinzip der freien Wahl«[53] und für die Sachsen die Mißachtung ihres Stammesrechts. Was sein Vater vermocht hatte, versuchte auch Heinrich III. zu erreichen. Seinen noch ungetauften Sohn ließ er 1050 »wählen«.[54] Königswahl als rein weltlicher Akt: Es lag offenbar nicht an kirchlichen Bedenken, wenn die »Wahl« des Jahres 1050 lediglich ein erster Schritt war,[55] dem weitere, zunächst 1053 auf dem Hoftag zu Tribur, folgen sollten. Die anwesenden Großen gaben damals ein Gehorsamsversprechen für einen künftigen König Heinrich IV. ab.[56] Der entscheidende Begriff »subiectio« bestätigt die einleitend zitierte Sentenz des Nikolaus von Kues, wonach die Wahl ein Gehorsamsversprechen sei. Die Krönung des noch nicht einmal vierjährigen Königssohnes in Aachen 1054 ist der rechtliche Abschluß des Versprechens zu Tribur.[57] Erstaunlicherweise aber hat dies Heinrich III. nicht genügt. Unmittelbar vor seinem Tod veranlaßte er 1056 die erneute Königswahl seines Sohnes.[58]

---

50 Schubert (1997), 263ff.

51 Wipo c. 11, ed. Bresslau, 32 zum Jahre 1026: »Chuonradus rex consilio et petitione principum regni filium suum Heinricum puerum regem post se designavit illumque Brunoni Augustensis ecclesiae episcopo in tutelam commendavit«. Vita Meinwerci, 116 zum Jahre 1028: »Heinricus, filius imperatoris, unctione Piligrini Coloniensis archiepiscopi Aquisgrani rex factus est«.

52 Reuling (1979), 127.

53 Ebd., 128.

54 Ebd., 128f.

55 Reuling (1979), 129 nennt den Akt von 1050 »ein Provisorium«.

56 Ebd., 130 und 140. Das schrittweise Vorgehen Heinrichs III. ist von den Zeitgenossen bemerkt worden. Vgl. Hermann der Lahme, Chronicon. MGH SS Bd. 5, 129 zum Jahre 1051: »Imperator natalem Domini in Saxonia apud Goslare egit, et multos ex principibus filio suo iureiurando fidem subiectionemque promittere fecit.« Vgl. ebd., 133 zum Jahre 1053: »Imperator Heinricus magno aput Triburiam conventu habito, filium aequivocum regem a cunctis eligi, eique post obitum suum, si rector iustus futurus esset, subiectionem promitti fecit.«

57 Reuling (1979), 130; Robinson (1999), 21ff.

58 Reuling (1979), 131ff. und 140.

Die einzelnen Schritte, die Heinrich III. unerläßlich erschienen, um die Sohnesfolge durchzusetzen, sind mit Ulrich Reuling als »Entwicklung einer zunehmenden Stärkung des fürstlichen Wahlrechts« zu werten.[59] Dieser Erkenntnis glauben wir eine Vermutung zur Seite stellen zu dürfen: Es war der Widerstand der Sachsen, der diese »Mehrstufigkeit« (Reuling) der Königserhebung herbeiführte, denn eine solche »Mehrstufigkeit« war bereits 1002 und 1024 von den Sachsen erzwungen worden. Was damals bereits die Prinzipien eines Herrschaftsvertrags in Gestalt der Verpflichtungen des bereits gewählten Königs auf die Wahrung des sächsischen Stammesrechts enthielt,[60] lebte in generationenverantworteter Geschichtlichkeit weiter: Die Begrenzung der königlichen Macht. Ein Herrscher hatte feste Zusicherungen für die Rechtswahrung zu geben.

So sehr wir den Forschungen von Egon Boshof mit ihrem Nachweis von krisenhaften Erscheinungen bereits zur Zeit Heinrichs III. verpflichtet sind, so glauben wir doch, darauf bestehen zu müssen: Nicht das Reich war in der Krise, sondern das Königtum, auch wenn um 1050 Königtum und Reich noch gleichgesetzt werden konnten. Aber erst die Krise der Herrschaft ließ Vorstellungen reifen, die nicht nur dem Herrscher, sondern auch den Großen eine Verantwortung für das Reich aufluden. Das bildet die Vorraussetzung für ein neues Konsensziel über die eingangs erwähnten Inhalte hinaus. Jutta Schlick konnte nachweisen, daß die Verantwortung für das Reich, so wie sie Lampert von Hersfeld nach 1060 den »principes« zugesprochen hatte,[61] keine verstiegene Deutung hinter Klostermauern gewesen war; diese in ihren Gehorsam einbeschlossene Verantwortung verstanden die Großen als Orientierung ihres Handelns.[62] Einer Zeit, in der Gottes- und Landfrieden[63] den Krieg als Gestalter der politischen Verhältnisse in Frage stellten, ordnen sich Lamperts Ansichten über das Reich zu.[64] Dieses ist eben mehr als das Erbe

---

59 Ebd., 133.

60 Schubert (1997), 194ff.

61 Vgl. zum Beispiel Lampert, ed. Fritz, 376. Wegen der Notlage des Reiches (»in tantis calamitatibus, quibus res publica vexabatur«) kommen die Fürsten 1076 zur Beratung zusammen. Ebd., 350. Vgl. Weinfurter (1992), 87; Gerd Althoff, Colloquium familiare – colloquium secretum – colloquium publicum. Beratung im politischen Leben des früheren Mittelalters, in: Ders. (1997), 157–184.

62 Schlick (2001), bes. 67, 80f. und 183ff. Vgl. auch Boshof (1997), 102.

63 Vgl. nur die Forschungszusammenfassung bei Hartmann (1993), 92f.

64 Vgl. Schlick (2001), 185f. – Wie selbstverständlich für den Hersfelder Mönch die Unterscheidung von Königtum und Reich ist, die von ihm nicht künstlich zur Widerstandslegitimation konstruiert wurde, läßt die Beiläufigkeit erkennen, mit der er eine Intrige gegen Rudolf von Rheinfelden referiert. Dieser sei im Jahre 1072 angeklagt worden, einen Anschlag gegen König und Reich (»contra regem contraque rem publicam«) geplant zu haben. Lampert, ed. Fritz, 160. Ein guter Rat kann nach Lampert der Ehre des Königs und dem Wohl des Reiches dienen (»quod honore eius, quod commodo rei publicae«). Ebd., 372.

eines Königs.[65] Der Hersfelder Mönch vertrat keine Privatmeinung, er ging wie die »principes« davon aus, daß auch der König dem Reich schaden könne, wovor ihn der Konsens mit den Großen bewahren müsse.[66]

Die »principes« der salischen Zeit lassen sich lediglich mit vager Definition als Häupter hochadeliger Familienverbände verstehen.[67] (Von Fürsten sollte man nur unter dem Vorbehalt sprechen, daß erst um 1200 die Konturen eines Fürstenstandes erkennbar werden.) Die Protagonisten wie Otto von Northeim oder Rudolf von Rheinfelden werden in den Quellen immer wieder genannt, ohne daß zu erfahren ist, wer zu ihren Gefolgsleuten, wer zu ihrer engeren Klientel gehörte. Ein einfaches Beispiel für das Ausmaß unserer Unkenntnis: Was wüßten wir von einem hochangesehenen Adeligen wie Hermann von Salm, wenn dieser nicht 1080 zum König gewählt worden wäre?

Die »principes«, von denen Lampert spricht, die als Handelnde Aufmerksamkeit bei allen Chronisten der Zeit finden, sind allein die weltlichen (nicht aber die kirchlichen) Großen.[68] Die Chronisten bieten keine Hinweise auf den sozialen Druck, unter dem diese Großen im ausgehenden 11. Jahrhundert standen. Die Gesetze des Erbes wirken sich dabei ebenso aus wie der Zwang, sich in einer Zeit geschwächter Königsherrschaft stets kampfbereit zu erweisen und sich auf den neuen Stand der »milites« zu stützen.[69] Die Oberhäupter genealogisch und geographisch weit verzweigter hochadeliger Familien werden jetzt zu Herren, die beginnen, Nachnamen zu tragen. Vorbei ist zum Beispiel die Zeit der Udonen, begonnen hat die Zeit ihrer Nachfahren, der Grafen von Stade. Die Nachnamen signalisieren: Herrschaftsschwerpunkte müssen unter dem Zwang zur Selbstbehauptung gesetzt werden. Die »principes« bilden keinen Stand, sie bilden noch nicht einmal eine halbwegs geschlossen Führungsgruppe, sie sind vielmehr Personen, die sich nicht mehr allein auf das Adelskriterium der edlen Abstammung verlassen können, sondern um ihren Besitz zu kämpfen haben. Ein Schlaglicht auf die Differenzierungsprozesse jener Zeit: Zwei Brüder werden, wiewohl von vornehmer Abstammung, wegen ihres geringen Besitzes wenig geachtet.[70] Zur Bildung von Nachnamen ge-

---

[65] Selbst die Vita Heinrici IV. sieht die Fürsten als Träger des Regnum, während die Könige kommen und gehen. Beumann (1984), 316.

[66] Vgl. Schlick (2001), 12 und 53.

[67] Schlick (2001), 5 und 53.

[68] Die Entwicklung der bischöflichen Titulaturen harrt erstaunlicherweise immer noch der Untersuchung. Schon allein die häufig gebrauchte anachronistische Bezeichnung »Fürstbischof«, die erst seit dem 18. Jahrhundert gerechtfertigt ist (zuvor: »Bischof und Fürst«), belegt, wie wichtig eine solche Untersuchung wäre. Für die salische Zeit halten wir fest: Die Quellen lassen keine Gleichsetzung der Bischöfe mit den Fürsten erkennen wie dann in der staufischen Epoche.

[69] Vgl. Schubert (1997), 276ff.

[70] »satis quidem edito loco nati, sed propter inopiam rei familiaris ... nullius nominis vel momenti«. Lampert, ed. Fritz, 354.

hört seit der zweiten Hälfte des 11. Jahrhunderts bei den Großen der Adelsschicht der Bau von Burgen, »Spiegelbild rechtlicher und sozialer Veränderungen.«[71]

Die Autoren, die um 1100 von »principes« sprechen, werden inzwischen dazu auch die Bischöfe gezählt haben. Denn diese beglaubigen seit jener Zeit in zunehmendem Maße mit Thronsiegeln ihre Urkunden, um somit ihren Herrschafts-, ja Majestätsanspruch zu betonen.[72] Wir erwähnen nur beiläufig, daß sich durch die sozialen Umformungsprozesse im Hochadel auch ein erklärender Hinweis darauf ergibt, daß die Zeit, in der die weltlichen Großen Anspruch auf »consilium« und »consensus« bei der Ausübung königlicher Herrschaft erheben, zugleich die Zeit derart vieler Bischofsmorde ist,[73] daß darin nahezu ein Charakteristikum der Epoche des sogenannten Investiturstreits gesehen werden kann. Keiner der Großen konnte als Täter eines Bischofsmordes namhaft gemacht werden. Aber jede dieser Untaten geschah, wenn nicht auf Anstiftung, so doch zumindest unter Zustimmung von »principes«, war Teil des Kampfes um Herrschaft und Einfluß. Da die Chronisten so gut wie nichts über die aus Namen- und Burgenforschung ableitbaren Veränderungsprozesse im Hochadel aussagen, bleibt nur die resignierende Feststellung, daß ein Zusammenhang der sich wandelnden Stellung der Großen mit der Frage der Königsabsetzungen nicht erkennbar ist.

In der Auseinandersetzung mit dem Salier ging es den Großen mit ihrer Verantwortung für das Reich zugleich auch um die Bestimmung der Grenzen ihres Gehorsams. Dies hatte Otto von Northeim als Inbegriff adeligen Selbstverständnisses auf den Punkt gebracht: So lange mir Heinrich ein wirklicher König war, habe ich ihm alles geleistet, was ich einem König schuldig war und habe die ihm geschworene Treue wahrhaftig und makellos bewahrt. Nachdem er sich aber so unköniglich verhalten hatte, war er nicht mehr derjenige, dem ich Treue schuldig bin (»Dum michi rex erat et ea, quae sunt regis, faciebat, fidelitatem, quam ei iuravi, integram et impollutam servavi; postquam vero rex esse desivit, cui fidem deberem servare, non fuit«).[74] Man mag die Worte, die Bruno dem Northeimer Grafen in den Mund legt, als Konfliktbereich zwischen adeligem und königlichem Egoismus interpretieren; im Grunde aber benennen sie ein überzeitliches Problemfeld, nämlich, daß Loyalität keine Willfährigkeit umschließt. Weil es um dieses Problemfeld ging, kann Bruno den Beginn des sächsischen Aufstands gegen Heinrich IV. genau

---

71 Engels (1992), 501.

72 Manfred Groten, Das Aufkommen der Thronsiegel im deutschen Reich. HJb 100 (1980), 163–197. – Gerhoch von Reichersberg ist, auch wenn er übertreibt, ein Zeuge für die gewachsene Autorität der Bischöfe. Diese, so behauptet er unter Berufung auf Ps. 149. 8–9, hätten die Macht, »Könige mit Fesseln zu binden und ihre Fürsten mit eisernen Ketten, … um Gericht über sie zu halten.« Opusculum de aedificio Dei. MGH Libelli de lite Bd. 3 (1897), 180. Hinweis bei Weinfurter (1992/II), 35.

73 Reuter (1992), 309ff.; Heinig (2000), 365f.

74 Bruno c. 25, ed. Schmale, 224.

datieren: »Mit diesem Tag ... begann zuerst der Krieg.«[75] Hochmütig war der König abends aus Goslar, wo die Großen einen ganzen Tag lang auf eine Unterredung mit ihm gewartet hatten, hinweggeritten. »Eine solche Schmach«, so sagte nach Bruno Otto von Northeim, »wolle er nicht wieder erleben«.[76] Im Mittelpunkt des zwischen Loyalität und Willfährigkeit abgesteckten Problemfeldes steht – überzeitlich – die personal zu verantwortende Ehre.

Verantwortung für das Reich und Benennung der Grenzen des Gehorsams definieren gleichermaßen den Konsensanspruch der Großen. Wer aber wie Heinrich IV. auf der neu erbauten, auf der unzugänglichen Harzburg sein Hoflager aufschlug, der verabschiedete sich mit der Residenz auf Bergeshöhe von der jederzeit zugänglichen Pfalz im Tal, und der veränderte seinen Regierungsstil grundsätzlich.[77] Es wird zuwenig beachtet, daß Gregors VII. Mahnungen an den jungen König, sich von bestimmten »consiliarii« zu lösen, auf einen neuen Typ des Höflings als Ratgeber zielten. Während der Papst den König als schlecht beraten wähnte und Personen in dessen Umgebung angriff, dachten die Aufständischen grundsätzlicher. Für sie war ein König, der sich auf der Harzburg dem Konsens entzog, »unberaten«, um einen Ausdruck der (später entwickelten) Tyrannis-Definition zu zitieren.[78] So nahe sich in der Sache Papst und sächsische Große zunächst auch standen, so weisen die Begründungen ihrer Herrscherkritik bereits auf die Differenzen hin, die 1077 zu Tage treten sollten.

2. Der sächsische Aufstand, seine geschichtlichen Voraussetzungen und seine reichsweite Ausdehnung. Die faktische Absetzung Heinrichs IV. zu Forchheim 1077

Wechselndes Schlachtenglück und andauernder sächsischer Widerstand – die Ausweitung dieses Widerstandes auf dem Tag zu Tribur 1076 – die Wahl zu Forchheim 1077 als Wiederaufleben sächsischer Stammestraditionen – der Verzicht König Rudolfs auf die Sohnesfolge: Vorform einer Wahlkapitulation – das fehlende Verständnis zwischen Verfechtern der »libertas patriae« und der »libertas ecclesiae« – der Tod König Rudolfs und der anhaltende sächsische Widerstand

Wann und durch wen wurde Heinrich IV. erstmals abgesetzt? Aufgeworfen sei eine Frage, die eigentlich längst beantwortet ist. Gregor VII. hat nicht 1076, sondern

---

75 Ebd. c. 23, ed. Schmale, 222.

76 Ebd.

77 Schubert (1997), 285 und 287.

78 Vgl. Mandt (1974), 56.

erst 1080 eine Absetzung des Saliers verkündet,[79] aber bis heute findet sich im Schrifttum die Behauptung, daß 1076 ein Papst den König entthront habe.[80] Nachdem das Verhältnis von Regnum und Sacerdotium zum Kulturkampfthema und der Gang nach Canossa zum überhöht stilisierten Ereignis geworden waren,[81] wurden immer wieder kirchenrechtliche Lehrsätze in die Ablaufsschilderung ohne zwingende Begründung eines handlungsleitenden Charakters einbezogen. Nüchternheit gegenüber diesem Verfahren, das nur durch seine scheinbare Plausibilität zu überzeugen vermochte, ist angebracht. Zur Nüchternheit gehört die Berücksichtigung der Ereignisgeschichte, die erweist, in welchem Maße Heinrich IV. die »Spielregeln« im Verhältnis zu den Großen seines Reiches verletzte.[82]

Es gilt nunmehr die These zu begründen, daß nicht päpstliche Bannsprüche, sondern die Sachsen das Königtum Heinrichs IV. in die größte Gefahr brachten. Der drei Jahre vor der päpstlichen Exkommunikationssentenz aufflammende sächsische Aufstand[83] wurzelte in der Geschichte, in den Traditionen des sächsischen Stammes.[84] Die Gewichtung, die wir vornehmen, geht davon aus, daß bei gleicher Gegnerschaft gegen Heinrich IV. die Sachsen und der Papst einander fremd blieben. Die Verbindung von Sachsenaufstand und sogenanntem Investiturstreit war ein Zufall der Gleichzeitigkeit.

---

[79] Vgl. nur Schmale, in: Quellen Bd. 1, ed. Schmale, 335 Anm. 23; Beumann (1973), 52f.; Struve (1992), 36 mit Anm. 40. Zutreffend wurde festgestellt: »The first time a pope was to depose a king was when Pope Gregory VII on 7 March 1080 excommunicated and deposed Henry IV.« D. E. Luscombe, Introduction: the formation of political thought in the West, in: Burns (1988), 157–173, hier: 168.

[80] Peters (1970), 38; Schieffer (1972), 361; Hageneder (1978), 37; Hartmann (1993), 25; Robinson (1999), 149; Goez (2000), 127 und 130; Blumenthal (2001), 290 und 292. – Allzu scharfsinnig erscheint uns die Interpretation Hageneders (1963), 55f., wonach die »Deposition« (was Hageneder in Anführungszeichen setzt) von 1076 »für Gregor VII. eine mehr suspensive als definitive Wirkung hatte.« Zuvor glaubte der Autor, daß in Canossa der Papst Heinrich »nicht wieder in seine Herrschaftsrechte eingesetzt« habe. Dabei räumt Hageneder ein, daß erst 1080 der Papst den Akt von 1076 als Absetzung bezeichnet hatte; er hält dies aber, im Gegensatz zu unserer Auffassung, nicht für eine nachträgliche Deutung, sondern für ein authentisches Zeugnis der Intentionen des Papstes bereits im Jahre 1076.

[81] Dazu grundlegend: Harald Zimmermann, Der Canossagang von 1077. Wirkungen und Wirklichkeit. (AbhhAkadWissMainz. Geistes-Sozialwiss. Kl. 5) 1975; Ders (1989), 278f. – Zum Ereignis von Canossa vgl. Beumann (1973), 48f.; Gerd Althoff, Demonstration und Inszenierung. Spielregeln der Kommunikation in mittelalterlicher Öffentlichkeit, in: Ders. (1997), 230–257, hier: 241ff.; Werner Goez, Canossa als »deditio«, in: Thumser – Wenz – Haubfleisch – Wiegand (2000), 92–99 sowie die Forschungszusammenfassung bei Hartmann (1993), 88f. und die ebenso quellennahe wie eindringliche Schilderung bei Goez (2000), 130ff.

[82] Suchan (1997), 42ff. Vgl. Althoff (1997), 230–257, hier: 241ff.

[83] Zum Strukturwandel des sächsischen Aufstands von 1073 von einem Volksaufstand zur Adelsopposition vgl. Schubert (1997), 273f.

[84] Dazu: Karl Leyser, Gregory VII and the Saxons. Studi Gregoriani 14 (1992), 231–238. Vgl. auch Suchan (1997), 41ff. und 61ff.

Das Verständnis von Geschichte kann die handlungsleitenden Motive der drei Parteien, Papst, Königsgegner und Königstreue, besser erhellen als eine Ablaufsschilderung. Der Aufstand der Sachsen war 1073 in seiner anfänglichen Verbindung von Adels- und Volksempörung neu im Sinne des »Unerhörten«,[85] neu war auch drei Jahre später die Gehorsamsforderung des Papstes. Das Neue aber ist dem Mittelalter stets verdächtig erschienen. Deswegen wird in den Auseinandersetzungen des sogenannten Investiturstreits in einem vorher unbekannten Ausmaß die Vergangenheit als Arsenal für Argumente benutzt. Das Geschichtsbewußtsein erweist sich dabei als »ausgesprochen gegenwartsorientiert«.[86] Aber das galt, nachdem sich der allgemeine Aufstand nach 1074 auf eine Adelsopposition verengt hatte, nicht für die sächsischen Großen. Für sie war die Geschichte in der stets aktuellen Stammestradition geborgen. Der Rückgriff auf die geschriebene Historie war und blieb den Aufständischen fremd, nicht aber dem Papst. Und erst nach 1080 sollten auch die Verteidiger Heinrichs IV. die Geschichte als Waffenkammer für Argumente entdecken.

Unsere These ist, daß nicht Rom und Canossa, sondern Goslar[87] und Forchheim die für das Schicksal Heinrichs IV. entscheidenden Orte waren. Wen hatte Heinrich IV. mehr zu fürchten, den Papst oder die Sachsen?[88] Bietet der Gang nach Canossa die Antwort, oder nutzt der Salier nicht einfach die Winterpause der Politik,[89] die Zeit, in der die Natur im 11. Jahrhundert noch den Frieden gebot, um seinen Gegnern eine – aber nur eine – ihrer Legitimationsgrundlagen zu entziehen? Der Salier, so unsere These, wollte die Sachsen bekämpfen, ihnen Argumente des Widerstandes nehmen, als er nach Canossa zog.

Auf einen simplen Sachverhalt ist zu verweisen: Kriege, Kriegsverläufe können (selbst im Falle ihrer faktischen Bedeutungslosigkeit) Geschichtsquellen sein; sie beeindrucken die Zeitgenossen stärker als schriftliche Zeugnisse, die sie nicht zu le-

---

85 Schubert (1997), 272ff.

86 Hans-Werner Goetz, Geschichte als Argument. Historische Beweisführung und Geschichtsbewußtsein in den Streitschriften des Investiturstreits. HZ 245 (1987), 31–69, hier: 61. Vgl. auch Zotz (1998), 249ff.

87 Zum Symbolwert Goslars, deren Pfalz Heinrich IV. durch den Bau der Harzburg entwertete, für den sächsischen Widerstand vgl. Schubert (1997), 300.

88 Vgl. Berthold, ed. Robinson, 76: Das Weihnachtsfest 1073 feierte Heinrich in verzweifelter Lage (»quamvis in maximis periculis et angustiis«) zu Worms. – Petrus Crassus läßt (202ff.) in seiner Argumentationsfolge erkennen, daß er den Sachsenaufstand genauso gefährlich für Heinrich IV. ansieht wie die päpstliche Exkommunikation. Vgl. auch Anton (1989), 155; Dickerhof (1992), 451. Zur Verfasserschaft des Textes, den wir nur der Einfachheit halber als »Petrus Crassus« zitieren, obwohl dieser als Verfasser ausscheidet, vgl. Anton (1989), 151.

89 Immerhin: Der Salier hatte sich von dem ungewöhnlich harten Winter 1076/77 (vgl. Lampert, ed. Fritz, 394 und 396 sowie Berthold, ed. Robinson, 118), der die Sachsen vom Besuch des Ulmer Fürstentages abhielt (Suchan [1997], 119f. Vgl. Berthold, ed. Robinson, 136), nicht von der Alpenüberquerung abschrecken lassen.

sen vermögen. Selbst der zutiefst von institutioneller Autorität überzeugte Gregor VII. hatte dies anerkannt, als er 1080 Heinrich IV. verfluchte, dieser möge keinen Sieg mehr erringen.[90]

Zu verneinen ist, daß die Schlachten zwischen 1073 und 1075, die den Zeitgenossen berichtenswert erschienen, irgend etwas an dem Lauf der Dinge geändert haben. Keiner dieser Schlachten eignet jene Endgültigkeit, die das historische Kriterium ihrer Bedeutung sein muß. Heinrich IV. hatte die sächsische Adelsopposition am 9. Juni 1075 an der Unstrut geschlagen. Verfrüht jedoch war der Triumphgesang, den das »Carmen de bello Saxonico« angestimmt hatte; im Gefühl seines Sieges konnte Heinrich IV. in Goslar 1075 das Weihnachtsfest feiern und eine Fürstenversammlung einberufen, um über das Schicksal der sächsischen »principes« zu entscheiden. Der Tag war aber nur schwach besucht,[91] und wenige Monate später zeigte sich: Durch Vertrag, durch Flucht,[92] durch Freilassung seitens der bewachenden Fürsten, kamen die sächsischen Großen wieder frei. Der Widerstandswille der Sachsen blieb ungebrochen und: Er war unabhängig von der päpstlichen Politik. Gregor VII., der den Sachsen die Auflehnung gegen ihren Herren vorwarf, hatte 1073 zu vermitteln versucht,[93] hatte dann den König zu seinem Sieg beglückwünscht.[94] Im Winter 1075/76 aber waren die Kämpfe zwischen Heinrich IV. und den Sachsen wieder aufgeflammt.

Von der Jahresmitte 1076 an wagten die Sachsen erneut den Bruch königlicher Burgen.[95] Traditionsbewußter sächsischer Widerstand fand nunmehr über den Stamm hinaus Resonanz, gewann reichsweite Ausdehnung. Der Zufall der Gleichzeitigkeit zwischen weltlicher Opposition und päpstlichem Gebot bestimmt nunmehr die Geschichte bis zur Forchheimer Königswahl. Die Sachsen bildeten dabei die entschlossenste Gruppe innerhalb einer reichsweiten Opposition.[96] Jetzt war die Situation für sie wesentlich günstiger als 1073, als sie bei den rheinischen Großen dafür geworben hatten, Heinrich abzusetzen und – so Lampert von Hersfeld – einen neuen König, wen immer sie wollten, »mit Zustimmung der Sachsen zu wählen«.[97] All das blieb Gregor VII. natürlich nicht verborgen. Am 31. 10. 1076 schreibt er an mailändische Getreue, wie der Salier und seine Anhänger in Deutschland (»in teutonicis partibus«) von einer anwachsenden Opposition der Großen bedrängt werde. So stark seien inzwischen die Getreuen der Römischen Kirche – dieser Papst kann sich kein anderes Motiv der Aufständischen vor-

[90] Quellen Bd. 1, ed. Schmale, 338 Nr. 107 (§ 7).
[91] Lampert, ed. Fritz, 340f.
[92] Ebd., 380f.
[93] Struve (1992), 32.
[94] Ebd., 34.
[95] Giese (1992), 295.
[96] Vgl. Suchan (1997), 66 und 112ff.
[97] Lampert, ed. Fritz, 208. Vgl. ebd., 202. Zu Lamperts Bericht vgl. Reuling (1990), 266.

stellen –, daß sie in aller Öffentlichkeit erklären, sie würden einen anderen König erwählen, falls sich Heinrich nicht zur Abbitte verstehe: »ut, nisi ad satisfactionem veniat rex, aliam regem palam dicant eligere«.[98] Gregor mißversteht gründlich die Motive der Opposition in deutschen Landen. Die Königswahl zu Forchheim sollte dies dann offenlegen – nachdem Heinrich IV. die »satisfactio« in Canossa geleistet hatte.

Ein Seitenblick auf das »palam« in Gregors Bemerkung: Der Kampf zwischen Heinrich und Rudolf ist auch ein Kampf um die öffentliche Meinung.[99] Im Gegensatz zu den gelehrten Streitschriften, die in den Libelli de lite gesammelt werden konnten, ist dieser auf eine orale Gesellschaft berechnete publizistische Streit nur in schwachen Spuren, aber immerhin doch in seiner Leidenschaftlichkeit erkennbar. Daß Pontius Pilatus in Forchheim geboren sein soll, geht auf die Propaganda der Königstreuen zur Denunzierung der Wahl Rudolfs[100] ebenso zurück wie das bis zur Handbuchreife gediehene Argument, wonach es ein Gottesurteil gewesen sei, daß Rudolf in der Entscheidungsschlacht die rechte Hand verloren habe, mit der er einst Heinrich IV. die Treue geschworen.[101] Ein solches Argument taucht weder früher noch später auf, denn es war erkennbar fragwürdig und taugte nur in der Leidenschaft des aktuellen Streits. Schließlich waren die schwertgewohnten Adeligen nicht alle Linkshänder und die schwertführende Rechte war im Kampfgetümmel besonders gefährdet. Propaganda auch auf sächsischer Seite. Brunos Buch vom Sachsenkrieg ist nicht als unzuverlässige, parteiische Quelle, sondern als aufschlußreicher Bericht über Leidenschaftlichkeit und Argumentationsformen einer im Entstehen begriffenen öffentlichen Meinung zu lesen.[102]

Zu berücksichtigen ist, gleichviel, ob mit gelehrten Schriften oder mit lancierten Behauptungen um Anhänger geworben wird: Die Haltung der Großen des Reiches ist vielfach gar nicht eindeutig erkennbar. Es gab nicht nur »Gregorianer«[103] und Salieranhänger, es gab auch eine an Umfang und Einfluß nicht geringe Gruppe, der es um Vermittlung ging.[104] Es sei dahingestellt, ob angesichts der Quellen, die gerade diese Gruppe nicht näher behandeln, hier mit Helmut Beu-

---

98 Registrum, ed. Caspar, 305 Nr. IV, 7; Quellen Bd. 1, ed. Schmale, 238 Nr. 76.

99 Hierzu immer noch grundlegend: Carl Mirbt, Die Publizistik im Zeitalter Gregors VII. 1894. Vgl. als Beispiel publizistischer Vielfalt: Walter Berschin, Die publizistische Reaktion auf den Tod Gregors VII. (nach fünf oberitalienischen Streitschriften). Studi Gregoriani 14 (1992), 121–135, hier: 134f.

100 Karl Hauck, Pontius Pilatus aus Forchheim. JbFränkLdForsch 19 (1959), 171–192; Vogel (1983), 68ff.

101 Vgl. Cram (1955), 154ff.; Fuhrmann (1975), 23 Anm. 5; Pauler (1993), 469.

102 Schubert (1997), 268ff.

103 Zur Problematik der Bezeichnung »Gregorianer« vgl. Zimmermann (1989), 264ff.; Weinfurter (1992), 88.

104 Beumann (1973), 44f.

mann von einer »dritten Kraft« zu sprechen ist.[105] Große Unsicherheiten sind anzunehmen. Die Hildesheimer Briefsammlung und der Codex Udalrici enthalten gleichermaßen gregorianische und antigregorianische Texte.[106] Auf die Unentschiedenen zielt noch 1085 der »Zitatenkampf von Gerstungen«.[107] Sodann gab es Persönlichkeiten wie Erzbischof Udo von Trier oder Bischof Hermann von Metz, die in beiden Lagern angesehen waren.[108]

So undeutlich auch die Parteibildungen unter den Großen zu erkennen sind, die lediglich auf dem Fürstentag zu Tribur 1076 zumindest in ihren unterschiedlichen Auffassungen in Erscheinung treten,[109] so deutlich ist doch: Die Großen in Sachsen sind in einem Maße salierfeindlich, daß der königstreue Adel Westfalens sich in dieser Zeit von ihnen trennt und der Raumbegriff Westfalen entstehen kann.[110]

Zurück zu den politischen Ereignissen: Der zum 16. Oktober 1076 einberufene Tag zu Tribur, auf dem die Verabredungen einer neuen Königswahl getroffen wurden, sah die »principes Sueviae et Saxonie« in gemeinsamer Aktion, sah sie eine Absetzung des Saliers in Angriff nehmen: »ad summovendum a negociis regni regem Heinricum et alium … creandum,« waren sächsische und schwäbische Große nach den Worten Lamperts zusammengekommen.[111] Wie es sächsischer Tradition entsprach, hatten sie eine Eidverbrüderung, eine wörtlich zu verstehende »coniuratio« geschlossen.[112] Der päpstliche Bannfluch kam ihnen gelegen, aber er war nicht die Grundlage ihres Vorgehens. Sie wollten nur einem von ihnen gewählten König den schuldigen Gehorsam leisten. Die Worte Brunos, »regem, cui subiaceant, omnes eligere deliberant,«[113] umschließen ein Programm. Wir erinnern an unsere einleitenden Bemerkungen über Königswahl und Gehorsamsversprechen. Die Gegner Heinrichs IV. brauchten einen päpstlichen Spruch gar nicht, um sich vom König abzuwenden. Der Tag zu Forchheim sollte dann erweisen, wie wenig diese Adeligen die Wendung von Canossa scherte. Die päpstlichen Legaten, die es schwer genug hatten, den in Forchheim Versammelten die Schwenkung ihres Herren verständlich zu machen,[114] forderten, auf eine Neuwahl zu verzichten. Doch da-

105 Ebd., 57f.

106 Hartmann (1998), 39.

107 Horst Fuhrmann, Pseudoisidor, Otto von Ostia (Urban II.) und der Zitatenkampf von Gerstungen (1085). ZRG kan. 68 (1982), 52ff. Vgl. auch Hartmann (1998), 43.

108 Vogel (1983), 125 (zu Udo von Trier); Hartmann (1998), 47.

109 Carl Erdmann, Tribur und Rom. Zur Vorgeschichte der Canossafahrt. DA 1 (1937), 361–388, danach in: Kämpf (1963) 89–117; Ders., Zum Fürstentag von Tribur. DA 4 (1941), 486–495, danach in: Kämpf (1963) 240–249; Beumann (1973), 41ff.

110 Schubert (1997), 266.

111 Lambert, ed. Fritz, 386. Vgl. Suchan (1997), 114ff.

112 Bruno c. 87, ed. Schmale, 326. Vgl. zur »coniuratio«, die am Anfang des sächsischen Aufstandes geschlossen wurde, Schubert (1997), 267.

113 Bruno c. 87, ed. Schmale, 326.

114 Vgl. Vogel (1983), 41ff.; Giese (1992), 296; Robinson (1999), 166f.; Schlick (2001), 43.

für konnten sie die Saliergegner nicht gewinnen. Diesen »principes« besagte die päpstliche Autorität nicht viel, die Rechtsbindung der Herrschaft um so mehr. Sie bestanden auf einem neuen Königtum.[115] Sie setzten die Wahl Rudolfs von Rheinfelden, eines Verwandten der Salier,[116] durch, und sie sollten auch hinfort den wichtigsten Rückhalt des neuen Königs bilden. Gehässig, aber den Kern der Opposition treffend, konnte Rudolf von Zeitgenossen als »rex Saxonum« bezeichnet werden.[117]

Forchheim 15. März 1077.[118] Es geht nicht um sezierbares Verfassungsrecht, um die »freie Wahl«,[119] es geht um die Herrschaftsbindung des neuen Königs, um eine sächsische Tradition. Schließlich hatte Otto von Northeim die Position des sächsischen Hochadels, wie sie 1002 und 1024 zum Ausdruck kam, auch gegenüber Heinrich IV. vertreten. Bemühungen um einen Ausgleich stellte er die Forderung entgegen, der König müsse alle Anordnungen in Sachsen dem Rat der Sachsen unterwerfen.[120] In diesem Zusammenhang erscheint die Nachricht durchaus glaubhaft, Heinrich IV. habe sich im Frieden von 1075 gegenüber den Sachsen verpflichten müssen, ihnen als Wahrer ihrer alten Rechte ein vollkommen gerechter Richter zu sein.[121] Genau dasselbe wird auch Rudolf von Rheinfelden versprechen, als er in Merseburg die Huldigung all jener sächsischen Großen entgegennimmt, die zu Forchheim nicht zugegen waren.[122]

---

115 Giese (1979), 40f.

116 Eduard Hlawitschka, Zur Herkunft und zu den Seitenverwandten des Gegenkönigs Rudolf von Rheinfelden. Genealogische und politisch-historische Untersuchungen, in: Weinfurter Bd. 1 (1992), 176–220.

117 Schmid (1984), 260; Giese (1992), 297.

118 Schlesinger (1973) (Wiederabdruck in: Hans Patze – Fred Schwind (Hgg.), Walter Schlesinger, Ausgewählte Aufsätze 1965–1979. [VortrrForsch 34]. 1987, 273–296.); Giese (1979), bes. 37ff.; Reuling (1979), 104ff.; Schmidt (1987), 27ff.; Schmid (1988), 180ff.; Struve (1991), 462ff.; Schmidt (1991), 478f.; Boshof (1987), 72ff.; Schlick (2001), 43f. Zusammenstellung der älteren Literatur bei Hartmann (1993), 90.

119 Während Schlesinger (1973), 80 in der »freien Wahl« von 1077 eine stets bestehende »legitime Möglichkeit« der Königserhebung sah, beharrte Jakobs (1973), 89 Anm. 10, darauf, daß es sich 1077 um einen Umsturz handelte. Denn – und darin ist Jakobs zuzustimmen – es »wurde versucht, ein herrschendes intaktes Königshaus aufzulösen, und das unter dem Versprechen des neugewählten Königs, daß von ihm kein neues Königshaus mit Anspruch auf Sohnesfolge errichtet werde.« Die Schwäche dieser Argumentation liegt allein in ihrer Begründung: »Die Entwicklung des Amts- und Wahlgedankens, verbunden mit dem der europäischen Geschichte eigentümlichen Freiheitspathos, ist generell nicht ohne die Kirchengeschichte des Frühmittelalters begreiflich.« Ebd. Die Kirche muß in der Mittelalter-Forschung für vieles herhalten. Doch wo sollte konkret oder indirekt ihre Einwirkung auf die Wahl von 1077 liegen? Die von Jakobs zutreffend beobachtete Verbindung von Amtsgedanken und Freiheitspathos ist sächsischer Provenienz.

120 »In Saxonia Saxonum consilio cuncta disponenda disponeret«. Bruno c. 31, ed. Schmale, 234.

121 »in paternas eorum leges et iustitias cunctis sibi obtemperantibus iudicem rectoremque iustissimum sese extunc in posterum fore profitebatur«. Berthold, ed. Robinson, 86.

122 Ebd., 298: »paternarum illius gentis legum arbiter iustissimus«. Vgl. Struve (1991), 470.

Das Verhalten Rudolfs von Rheinfelden entsprach dem Verhalten Heinrichs II. und Konrads II. in den Jahren 1002 und 1024, es entsprach der sächsischen Tradition, die das Königtum auf die Rechtswahrung verpflichtete.[123] Zur historischen Erinnerung – und der Wahlort, Forchheim, weder für die schwäbischen noch für die sächsischen Großen ein günstig gelegener Ort, ist wohl kaum ohne (möglicherweise nur vage) Erinnerungen an das Jahr 911 ausgesucht worden – gehörte für die Sachsen, wie mit ihrer Auffassung von der Rechtsbindung des Königtums die Salier umgegangen waren. Insofern ist die Forchheimer Wahl auch eine Spiegelung der sächsischen Stammestradition und eine Reaktion auf deren Mißachtung durch die Salier.

Was bei den Wahlen von 1002 und 1024 nur das Verhältnis des Königs zum sächsischen Stamm definierte, schien jetzt in die Ordnung des Reichs einzugehen. Die Königswahl Rudolfs war – was seine Person anging – der Tradition verpflichtet, der Verwandtschaft mit dem salischen Haus und damit der genealogischen Kontinuität. Deswegen konnte Otto von Northeim, der keine königlichen Ahnen hatte,[124] nicht gewählt werden. Die Wahlzusagen Rudolfs aber enthielten das Neue, die Verrechtlichung der Herrschaft; denn das war mit der Festlegung auf das Wahlprinzip für die Zukunft gemeint, wenn Rudolf auf die Sohnesfolge seines Sohnes verzichtete.[125] Es ging nicht um die freie Wahl als Formalprinzip, es ging darum, daß nur mit einer solchen Wahl Gehorsamsversprechen und Wahrung der Stammesrechte miteinander verbunden werden konnten.

Unmittelbar nach der Wahl Rudolfs erfolgt die Huldigung durch die Großen,[126] während ansonsten noch bis in die staufische Zeit hinein gilt, daß die Wahl der erste Schritt einer Königserhebung ist, die durch die Krönung abgeschlossen wird. Die Huldigung in Forchheim bezeugt: Das Handeln der Königsgegner wird von dem Konsensgedanken, nicht von den Vorstellungen Gregors VII. be-

---

[123] Vgl. Reuling (1979), 34 und 46; Engels (1992), 494; Schubert (1997), 199ff.; Dilcher (1998), 44f.; Pischke (2002), 108ff.

[124] Vgl., die These von einer luxemburgischen Abstammung verneinend, Eduard Hlawitschka, Stammen die Grafen von Northeim aus dem Hause Luxemburg? RheinVjbll 63 (1999), 276–289.

[125] Paul von Bernried, Vita Gregorii VII., ed. Watterich, Pontificum Romanorum Vitae. 1. 1862, 530f. (Druck auch bei: Schlesinger (1973), 84f.) »Qui utique regnum, non ut proprium sed pro dispensatione sibi creditum reputans, omne haereditarium ius in eo repudiavit et, vel filio suo se hoc adaptaturum fore, penitus abnegavit; iustissime in arbitrio principum esse decernens, ut post mortem eius libere non magis filium eius, quam alium eligerent, nisi quem ad id culminis aetate et morum gravitate dignum invenissent.« Vgl. Reuling (1979), 107f.; Schmidt (1987), 29 mit Anm. 158; Hartmann (1993), 90. – Daß Vorstellungen der Wähler von 1077 noch 1125 bei der Wahl des söhnelosen Lothar von Süpplingenburg maßgebend waren, stellt zutreffend Keller (1983), 157 heraus.

[126] Reuling (1990), 257 und 267.

herrscht;[127] die in Forchheim versammelten Großen wollen »dem Wahlakt eine neue Bedeutung geben«.[128]

In Forchheim war 1077 mit Rudolfs Verzicht auf die Sohnesfolge ansatzweise eine Wahlkapitulation des Königs vorgedacht worden. Eine solche hat es nach einigen Zwischenschritten des 15. Jahrhunderts erst 1519 gegeben.[129] Und darin liegt die Schwierigkeit beschlossen, die Forchheimer Wahl verfassungsgeschichtlich einzuordnen. Verfassungsgeschichte wird im Mittelalter auch durch Zufall geschrieben. Der Zufall, daß Heinrich IV. am 15. Oktober 1080 die Schlacht an der Elster verlor[130] und trotzdem siegte, weil Rudolf an den Folgen einer Wunde starb, verhinderte, daß die sächsische Tradition des Widerstands gegen einen ungerechten Herrscher zu einem kontinuitätsstiftenden Bestandteil des Reichsrechts wurde. Die mögliche salische Tradition der Verfassungsbildung war allerdings nicht unvermittelt mit dem Schicksal Rudolfs von Rheinfelden im Jahre 1080 in ihrem Scheitern besiegelt. Heinrich IV. sollte es nach 1080 zwar gelingen, den sächsischen Widerstand zu partikularisieren, aber letztlich konnte dieser nicht zukunftswirkend werden, weil die Stämme im 12. Jahrhundert durch die Entwicklung eines neuen Fürstenstandes die in das Reichsrecht zu integrierende konsensbildende, die Großen verpflichtende Kraft verloren.

Zurück zur Situation nach dem Tode Rudolf von Rheinfelden, zurück zu einer Situation, in der die sächsischen Großen noch nicht daran dachten, ihre Positionen aufzugeben, auch wenn sie von einer reichsweiten Akzeptanz nicht mehr ausgehen konnten. Nach dem Tod König Rudolfs konnte die Frage einer Absetzung Heinrichs IV. zwar in deutschen Landen, aber nicht in Sachsen als erledigt gelten. Eine deutliche Sprache des ungebrochenen Widerstandswillens dieses Stammes redet nach der Bestattung Rudolfs mit königlichen Ehren in Merseburg das prächtige Grabmal, das seinem Gedächtnis und seiner Ehre gesetzt wurde.[131] Gestützt auf den Konsens der sächsischen Großen konnten Otto von Northeim und Bischof

---

127 Wir glauben, daß Lampert, ed. Fritz, 182 zum Jahre 1073 zutreffend ein Argument der Sachsen wiedergibt, daß aber dieses Argument nicht die Motive des Aufstandes umschließt, sondern lediglich die Aufsagung der Treueverpflichtung legitimieren soll, wenn die Aufständischen Heinrich IV. entgegenhalten: Sie hätten ihm Treue geschworen, wenn er zur Stärkung, aber nicht zur Schwächung der Kirche seines Amtes walten würde (»si ad aedificationem, non ad destructionem aecclesiae Dei rex esse vellet«).

128 Keller (1983), 130.

129 Schubert (1977), 320ff.

130 Vgl. Struve (1991), 471.

131 Zum Grab in Merseburg und der damit verbundenen Anekdote Heinrichs IV. (»wenn doch alle meine Feinde so ehrenvoll bestattet würden«) vgl. Schmid (1988), 193f.; Struve (1991), 471. Dazu: Sciurie (1982), 173ff. – Robinson (1978), 119 glaubt, in der Inschrift des Grabmals päpstliche Auffassungen erkennen zu können, jedoch handelt es sich um allgemeine, konsensfähige Topoi. Vgl. auch Bernold, ed. Robinson, 318.

Udo von Hildesheim in den Verhandlungen zu Kaufungen 1081 die Bitte der Königlichen um einen Waffenstillstand brüsk zurückweisen.[132]

Es waren die Sachsen, die einen neuen König wählten. Der am 9. August 1081 in Ochsenfurt erhobene Hermann von Salm[133] ist aus reichsgeschichtlicher Perspektive sicherlich ein Schattenkönig gewesen; als ein solcher aber galt er zunächst weder den Sachsen noch in Sachsen.[134] Bruno kommentiert die Wahl als Hoffnung, »daß wieder, wie in alten Zeiten, alle Glieder des Reichs unter einem König zusammen kommen mögen.«[135] Hermann, bei dessen Wahl geblüts- oder erbrechtliche Legitimationen keine Rolle mehr gespielt hatten,[136] verdankte seine Wahl der Weiterführung jener Vorstellungen, die bereits 1077 wirksam geworden waren.

Reichsgeschichtlich ist das Königtum Hermanns von Salm nur eine Episode, aber wie viele Episoden aufschlußreich: Sie zeigt die Konsequenz sächsischen Denkens, einen König ohne genealogische Rücksicht zu wählen, sie zeigt die Schwäche der sächsischen »principes«, dieser Konsequenz auch gemeinsam zu dienen. Denn seit 1085 konnte Heinrich IV. an Einfluß in Sachsen gewinnen,[137] ohne jemals wagen zu dürfen, das Kernland des ottonischen und salischen Königtums wieder zu betreten.[138] Aber halten wir fest: 1081 war erstmals seit Heinrich I. ein König gewählt worden, der nicht zum Verwandtschaftskreis seines Vorgängers gehört hatte. Das sollte sich bis zur letzten deutschen Königswahl im Jahre 1792 nur noch einmal wiederholen, nämlich 1125 bei der Elektion Lothars von Süpplingenburg. Zur Vorgeschichte der Wahl von 1125 gehört die des Jahres 1080. Begründete Tradition und deren Begrenzung. Das Prinzip der freien Wahl war in die sächsische Stammestradition einbeschlossen, aber in staufischer Zeit sollten die Stämme ihren Einfluß auf die Königserhebung verlieren.

Spätestens um 1100 war offenbar geworden: Das salische Königtum hatte sich aus Sachsen zurückziehen müssen. Eine Hoffnung der Aufständischen von 1073 hatte sich erfüllt.[139] 1104 versucht Heinrich IV. allerdings, die alten Positionen wie-

---

132 Claude (1972) Bd. 1, 353. Vgl. Suchan (1997), 70.

133 Giese (1979), 57f.; Reuling (1979), 117; Schmidt (1991), bes. 480ff.; Robinson (1999), 208f. Vgl. den Essay: Otto Meyer, »... sie wählten den König in Ochsenfurt ...«. Ochsenfurt 1979.

134 Vgl. Giese (1992), 298 und Markus Twellenkamp, Das Haus der Luxemburger, in: Weinfurter Bd. 1 (1992), 475–502, hier: 494. – Allerdings hatte Otto von Northeim gezögert, Hermann anzuerkennen. Lange (1968), 74ff.

135 Bruno c. 130, ed. Schmale, 402.

136 Hartmann (1993), 91. – Wolf (1992), 106f. hält es zumindest für möglich, daß Hermann ein Nachkomme Heinrichs I. war. Vgl. Ders., Königskandidatur und Königsverwandtschaft. DA 47 (1991), 45–117, hier: 106f. Vgl. Markus Twellenkamp, Das Haus der Luxemburger, in: Weinfurter Bd. 1 (1992), 475–502, hier: 494ff.

137 Claude (1972) Bd. 1, 356, 362; Stoob (1989), 128f. Zurückhaltender: Suchan (1997), 158ff.

138 Schubert (1997), 303.

139 So auch Giese (1992), 301.

derzugewinnen. Er bereitete einen Heerzug nach Sachsen vor.[140] Der Aufstand seines Sohnes machte dieses Vorhaben zunichte. Die Geschichte hat ihre eigene Ironie. Nicht das Königtum, sondern nur die Herrschaft des salischen Hauses hatten die Sachsen abgelehnt; es waren aber gerade die Auseinandersetzungen in diesem Hause, die ihre Unabhängigkeit retten sollten.

3. Die Anfechtung des Königtums Heinrichs IV. durch den Papst

Vordergründige Gemeinsamkeit bei verborgenen Gegensätzen. Der Papst und die Saliergegner – der Unterschied von Bann und Absetzung im Jahre 1076 – die von Gregor VII. akzeptierte Fortdauer des Königtums Heinrichs IV. – Geschichte als Argument: die unterschiedliche Auslegung des Ereignisses von 751 – Gregors VII. Legitimierung der Absetzung von 1080 mit der Umdeutung des Bannspruchs von 1076 – das Meisterwerk der Rechtfertigung als Schwächung des Depositionsanspruchs – die Forchheimer Wahl von 1077 als Orientierung selbst der Gregorianer in deutschen Landen – nachträgliche Deutung der Ereignisse: Berthold von der Reichenau und sein Beweisziel einer Rechtfertigung der Wahl von 1077 – der bis 1080 ausgebliebene Grundsatzstreit zwischen Regnum und Sacerdotium

Wie verhielt sich der Papst zur Veränderung der politischen Konstellation in deutschen Landen? Der Befund muß alle Forscher verstören, die bereits im Jahre 1076 eine Königsabsetzung annehmen. Gregor VII. vermied, um den Ausgleich mit einem bußfertigen König nicht zu versperren, ein enges Zusammengehen mit den Sachsen.[141] Das war politisch klug, und zudem: Der unbeugsame Streiter für die »libertas ecclesiae«[142] hatte für das Motiv der Sachsen, die Wahrung der »libertas patriae«,[143] kein Verständnis. Und umgekehrt interessierten sich die Sachsen wenig für die Reformanliegen Gregors VII.

Daß sich beide Seiten letztlich verständnislos gegenüberstanden, belegen die Schreiben der Sachsen an Gregor VII. in den spannungsreichen Monaten zwischen Tribur und Canossa. In Sachsen weiß man, daß der Papst keineswegs der bedin-

---

140 Bogumil (1972), 10f.

141 So zutreffend: Giese (1979), 150. Vgl. Claude (1972) Bd. 1, 341f.

142 Vgl. den Forschungsbericht bei Laudage (1984), 1ff.; Brigitte Szabó-Bechstein, Libertas Ecclesiae. Ein Schlüsselbegriff des Investiturstreits und seine Vorgeschichte. 4.–11. Jahrhundert. Rom 1985.

143 Vgl. zum Beispiel Berthold, ed. Robinson, 84. Allgemein: Schubert (1997), 304ff.

gungslose, der zu allem entschlossene Gegner des Saliers ist.[144] Zu größerer Härte gegen den König wollen sie 1077 Gregor anstacheln. Bruno, der die entsprechenden Briefe seinem Werk inseriert,[145] tröstet sich über die Haltung des Nachfolgers Petri. Petrus selbst sei auch nicht durch den ersten Hahnenschrei wach geworden.[146] Und diese Auffassung formuliert der dritte Brief (in der bibeltreuen Hoffnung, daß der dritte Hahnenschrei weckt) mit seinem Versuch, »den Papst durch die Vermittlung der gesamten Kirche zu der Strenge und Festigkeit aufzurufen, die der apostolischen Würde ansteht«.[147] Man wußte in Sachsen nicht – Erzbischof Liemars von Bremen berühmtes Wort vom Papst, der die Bischöfe wie Gutspächter behandele,[148] hatte sich wohl nicht herumgesprochen –, welch eine Persönlichkeit auf dem Stuhle Petri saß. Einen Gregor VII. zur Wahrung der apostolischen Würde aufzurufen, mußte in dessen Ohren wie eine Unverschämtheit klingen. Und daß die Sachsen ungeschminkt den päpstlichen Vorschlag eines allgemeinen Fürstenurteils über die Rechte Rudolfs und Heinrichs als sachfremd verwarfen,[149] mußte Gregor empören. Und umgekehrt: Abgrundtief die Enttäuschung in Sachsen, als in Canossa Heinrich IV. mit dem Papst Frieden schließen konnte. »Den unsrigen entschwand die große Hoffnung, die sie auf den apostolischen Felsen gesetzt hatten.«[150]

Die Bannung Heinrichs IV. durch Papst Gregor VII. war keine Königsabsetzung. In seinem berühmten Gebet an Petrus in der Fastensynode von 1076 hatte Gregor dem König nur untersagt, die Herrschaft über sein deutsches und italisches Reich auszuüben. Die Halsstarrigkeit des Saliers gegenüber den – übrigens durchaus verständlichen – päpstlichen Mahnungen sollte überwunden werden.[151] Nicht um das Königtum ging es, sondern um den jungen König.[152] Deshalb schrieb noch

---

144 Giese (1979), 52ff. – Zur Situation, in der sich Gregor zwischen 1075 und 1077 befand, vgl. Schieffer (1981), 114ff. und 149ff.

145 Bruno c. 108, 110, 112, 114, ed. Schmale, 354ff.

146 Ebd. c. 109, ed. Schmale, 360; vgl. c. 107, ed. Schmale, 354.

147 Ebd. c. 111, ed. Schmale, 364.

148 Wolfgang Seegrün – Theodor Schieffer (Bearb.), Germania Pontificia. Vol. VI. Provincia Hammaburgo-Bremensis. 1981, 64 zu Nr. 95. Dazu Stefan Weinfurter, Die Salier und das Reich. Einleitung, in: Ders. Bd. 1 (1992), 1–19, hier: 17.

149 Bruno c. 114, ed. Schmale, 374.

150 Ebd. c. 107, ed. Schmale, 354.

151 Vgl. zu den politischen Hintergründen, zum Eingreifen des Königs in Oberitalien und insbesondere in Mailand: Beumann (1973), 59; Struve (1992), 30ff.

152 Die anachronistische Fixierung der Forschung auf Parteistandpunkte hat sie dazu verführt, in Brunos Buch vom Sachsenkrieg nur ein sehr subjektives und damit zu vernachlässigendes Zeugnis zu sehen, ohne die Objektivität in anderer Variante – Verzweifelung – zu würdigen, die einen Geistlichen angesichts des Verhaltens eines Königs erfassen konnte. Vgl. Schubert (1997), 268ff. Daß über personales Fehlverhalten hinaus die Vormundschaftsregierung für den unmündigen Heinrich IV. das ihrige zum Verlust der »auctoritas« des Königtums beigetragen hatte, belegt Suchan (1997), 32ff.

am 3. September 1076 der Papst den deutschen Fürsten, daß sie Milde gegenüber dem König walten lassen sollten; erst wenn er sich nicht bessere, bestehe die Notwendigkeit einer Neuwahl.[153]

Um den jungen König zur Respektierung der kirchlichen Autorität zu zwingen, hatte – ein schon von Mönchen der Karolingerzeit formuliertes Verlangen[154] – der Papst zunächst zum Mittel der mahnenden »correctio« und sodann zu einem Mittel gegriffen, das, anders als in karolingischer Zeit, nunmehr Erfolg versprach. Was in Zeiten von Gewalt und Gegengewalt ergebnislos geblieben wäre, konnte jetzt wirkungsmächtig angesichts der Konstituierung des Königtums auf dem Konsens der Großen sein.

Gregor war nicht entgangen, wie viele Große den Konsens mit dem König aufgekündigt hatten. Diesen Prozeß der Abkehr verstärkte er, war doch mit dem Bann die Auflösung aller Gehorsamsbindungen gegenüber dem Gebannten verknüpft.[155] Berücksichtigt sei aber dabei, daß ein Lehnswesen im juristischen Sinne, auf das sich der Bann beziehen konnte, noch nicht ausgebildet war.[156] Bis zur Wahl von 1125 läßt sich nachweisen, daß die Huldigung gegenüber dem neuen König »in nichtvasallitischer Form« erfolgte.[157] Wie locker die Gefolgschaftsbindungen damals noch waren, läßt sich ohne umständliches Zitieren von Fallbeispielen an dem Verfahren der »Stufenwahl« Heinrichs IV. ablesen. Sein Vater hätte die verschiedenen Anläufe zwischen 1050 und 1056 zur Sicherung der Sohnesfolge nicht nötig gehabt, wenn er sich auf feste Treuebindungen hätte verlassen können.

Selbst wenn – wirklichkeitsfremd – unterstellt wird, daß die Exkommunikation mit der Auflösung personaler Gehorsams- und Gefolgschaftbindungen allgemein in deutschen Landen Gehör gefunden hätte, so wären doch die institutionellen Grundlagen des Königtums, vor allem die Verfügungsgewalt über das Reichsgut davon nicht betroffen gewesen.[158] Aber diese Grundlagen waren bereits zuvor geschwächt worden, als Heinrich IV. aus Sachsen, der »coquina imperii« ottonischer Zeiten,[159]

---

153 Registrum IV. 3, ed. Caspar, 297ff.

154 Zur Umdeutung der Theodosius-Buße in karolingischer Zeit: Schieffer (1972), 353ff. Zur Geschichte der Herrscherbuße vgl. auch Schreiner (2001), 100f.

155 Vgl. zuletzt Suchan (1997), 108 mit der älteren Literatur.

156 Dazu Blumenthal (2001), 298ff. Vgl. in diesem Zusammenhang die Haltung der aufständischen Sachsen zur Frage der Treueide: Kolmer (1989), 192ff. – Eine einläßliche Untersuchung des hochmittelalterlichen Treueides steht noch aus. Kolmers informative Darstellung bricht nach der ottonischen Zeit mit der erst noch nachzuweisenden Begründung ab, daß sich danach »die einzelnen Elemente« des Treueides »nicht mehr verändern«. Ebd., 109 Anm. 69.

157 Reuling (1990), 267.

158 Auf diese sachliche Problematik des Bannes, der sich nicht auf »ea, quae ad fiscum pertinent« erstrecken könne, macht Wenrich von Trier aufmerksam. Wenrici epistola. MGH Libelli de lite Bd. 1, 293.

159 Ernst Schubert, Sachsen um das Jahr 1000, in: Bernward von Hildesheim und das Zeitalter der Ottonen. Katalog der Ausstellung Hildesheim 1993. 2 Bde. 1993, Bd. 1, 209–220.

vertrieben worden war. Und auch die personalen Grundlagen seiner Herrschaft erwiesen sich zu Anfang seines Regiments alles andere als fest. Der sächsische Aufstand lockerte sie noch mehr.

Es ist weniger eine moralische als eine verfassungsgeschichtliche Bewertung, wenn Lampert von Hersfeld von der zweifelhaften Treue der Fürsten (»dubia fide principum«) spricht.[160] Das ist eine zutreffende Beurteilung der seit eh und je – man denke nur an die Verschwörungen der ottonischen Zeit – lockeren Gehorsamsbindungen. Macht sich Lampert, der ansonsten die Reichsverantwortung der Großen hervorhebt, eines Widerspruchs schuldig? Nein, er markiert vielmehr zwei verschiedene Konfliktebenen, jene der individuellen Auflehnung, die nach bewährtem ottonischen Verfahren durch ritualisierte Unterwerfungs- und Sühneformen geregelt wurde,[161] und jene des Grundsatzstreites, die keine Versöhnung kennen konnte.[162] Die zweite Konfliktebene sieht Lampert vor allem in der Aufkündigung des Konsenses zwischen König und seinen Großen.[163] Nach seinen Worten mußte der König seit 1074 fürchten, daß die Fürsten von ihm abfallen, ihm die Treue oder den Gehorsam aufsagen.[164] Vereinfacht: Der Bannspruch schuf keine grundsätzlich neuen Realitäten in deutschen Landen; er verstärkte die Abkehr der Großen von dem König, eine Abkehr, die sich unabhängig vom Papsttum entwickelt hatte, und: In keiner der beiden von Lampert charakterisierten Formen ist eine Kraft des Lehnswesens zu erkennen.

Die nicht zuletzt durch persönliches Verschulden des jungen Königs heraufbeschworene Gefahr der Auflösung von Gehorsamsverpflichtungen[165] erklärt, warum die sächsischen und schwäbischen Großen 1077 ohne weiteres zu einer Neuwahl schreiten konnten, nachdem sie sich auf die Person eines Herrschers, dem sie gehorsam sein wollten, geeinigt hatten. Angesichts eines noch nicht ausgeformten Lehnswesens konnten die Großen überzeugt sein, daß allein ihre ge-

---

160 Lampert, ed. Fritz, 358.

161 Hanna Vollrath, Konfliktwahrnehmung und Konfliktdarstellung in erzählenden Quellen des 11. Jahrhunderts, in: Weinfurter Bd. 3 (1992), 279–296; Reuter (1992), 317f.

162 Zu den politischen Prozessen der Salierzeit vgl. Reuter (1992), 318ff. – Daß nach der Königswahl von 1077 keine Versöhnung mehr möglich war, zeigt der Ulmer Tag dieses Jahres, die Antwort Heinrichs IV. auf die Forchheimer Wahl. Gericht wird über Rudolf von Rheinfelden, Berthold von Kärnten und Welf von Bayern gehalten. Als Eidbrüchige, die ihre Treue gegenüber dem König gebrochen hätten, werden sie zum Tode verurteilt. Mit einer Festkrönung stellt Heinrich IV. die Rechtmäßigkeit seines Königtums noch besonders heraus. Vgl. Vogel (1983), 73ff. und 77ff.

163 Zu Recht stellt Keller (1983), 147f. fest, daß sich die Fürsten von dem König aus ihrer Verantwortung für das Reich gedrängt fühlten.

164 Lampert, ed. Fritz, 218: »quod paulatim a se principes deficerent.« Zum Jahre 1076 bemerkt Lampert, daß der König die Bereitschaft der Fürsten, von ihm abzufallen, (»inclinatis ad defectionem principibus«) fürchten mußte. Ebd., 364.

165 Das betont auch Tellenbach (1988), 354ff.

meinsame Abkehr auch ohne formelle Absetzung den Legitimationsgrund für eine Neuwahl darstelle. Die päpstliche Exkommunikation mag ihren Schritt erleichtert haben, entscheidend aber war sie nicht. Das Ereignis von Canossa konnte diese Großen nicht beeindrucken. Es bildet keinen Beweis für die Deutung der päpstlichen Exkommunikation als Deposition, wenn die oppositionellen Herren in deutschen Landen zu Forchheim 1077 auf ein eigenes Absetzungsverfahren verzichteten.[166]

Obwohl die mangelnde politische Reichweite des päpstlichen Anathems außer Zweifel steht, scheint es auf den ersten Blick spitzfindig zu sein, zwischen Deposition und Exkommunikation zu unterscheiden. Aber diese Unterscheidung war in der politischen Realität von großer Bedeutung. Gregor VII. selbst hatte im September 1076 genauestens zwischen dem auf der Fastensynode verkündeten Anathem und einer Absetzung unterschieden, als er allen Bischöfen im deutschen Reich (»in regno videlicet Teutonico«) schrieb. Er ging unter anderem auf die Frage des Treueides ein, der Kaiserin Agnes für den Fall geleistet worden war, daß ihr Sohn vor ihr aus dem Leben scheide.[167] Darüber – wir übersetzen Gregors Worte allerdings sehr frei – sei im Augenblick noch gar nicht zu befinden. Es wäre doch klar, was zu tun sei, wenn sie aus Liebe zu ihrem Sohn sich dem Recht widersetzen sollte, oder aber zustimme, daß ihrem Sohn die Königswürde genommen werde.[168] Daß mit letzterem ein künftiger Vorgang gemeint ist, geht aus den anschließenden Worten hervor. Es erschiene dem Papst wünschenswert, ihren, der Kaiserin, Rat und den der Adressaten wegen der Person eines künftigen Königs einzuholen, nachdem – und dieses »postquam« ist entscheidend – es für diese feststehe und allgemein bekräftigt sei, daß Heinrich vom Königtum entfernt werden solle.[169] Dann – und dieses »tunc« bekräftigt das »postquam« – wird Kaiserin Agnes entweder dem gemeinsam mit den Fürsten gefaßten Beschluß – also nicht der Exkommunikation auf der Fastensynode – zustimmen, oder aber der apostolische Stuhl wird alle Treueide – gemeint sind die, die der Kaiserin geleistet worden

[166] Schlesinger (1973), 69 hält es für »nicht ausgeschlossen«, daß ein Absetzungsverfahren stattgefunden haben könnte. Das aber hätte doch in einer der Quellen Erwähnung finden müssen. – Nur Berthold, ed. Robinson, 138 behauptet, daß sich die »Forchheimer« auf ein Verbot des Papst berufen hätten, Heinrich IV. als König zu gehorchen oder ihm zu dienen.

[167] Berechtigt war die Sorge der Kaiserin, daß ihr Sohn in jungen Jahren sterben könne. 1066 war Heinrich IV. so schwer erkrankt, daß die Ärzte verzweifelten und die Fürsten bereits erste Absprachen für eine Neuwahl trafen (»principes de regni successione consilia cepissent«). Lampert, ed. Fritz, 110. Zur anfälligen Gesundheit des Königs vgl. Tellenbach (1988), 347.

[168] »non est opus adhuc dubitare, quia, si nimia pietate circa filium ducta iusticie resisteret vel iustitiae favens, ut abiciatur a regno, consenserit«. Registrum IV.3, ed. Caspar, 299f.; Quellen Bd. 1, ed. Schmale, 234 Nr. 74.

[169] »Hoc tamen videtur laudabile, postquam certum fuerit apud vos et omnino firmatum, quod eius filius a regno removeatur«. Ebd.

sind – lösen.[170] Die Argumentation Gregors zeigt, daß er sich allein auf seine Binde- und Lösegewalt beschränkt, und daß er eine künftige Absetzung nur im Zusammenwirken mit den Großen des Reiches als realistisch ansieht, wobei für ihn natürlich er selbst der eigentliche Führer ist.

An seiner im September 1076 formulierten Haltung hielt der Papst bis zum Jahre 1080 fest. Heinrich IV. hatte in Canossa unter Eid versprochen, eine Reise des Papstes in deutsche Lande zur Herstellung des Friedens durch sicheres Geleit zu schützen.[171] Ein solches Geleit konnte doch nur ein seiner Machtmittel nicht beraubter König gewährleisten, und als König leistete Heinrich auch diesen Eid. Zudem: Wenn der Papst seinen Bannspruch als Absetzung verstanden hätte, die trotz der Bußleistung weiterbestehe, hätte wohl kaum ein friedensstiftendes Mahl die Tage von Canossa beschließen können, bei dem Heinrich IV. nervös an seinen Fingernägeln gekaut haben soll.[172] Gregor hatte selbst nach der Fastensynode 1076 Heinrich immer noch König genannt, im April 1076 freilich in einer damals unüblichen und sicherlich abwertend gemeinten Form: »rex Alamannie«.[173] Aber: Noch fehlt das »dictus rex«, das er seit 1081 für den Salier gebrauchte.[174]

Gesandte beider Könige auf den Fastensynoden 1078 und 1079 bescheidet der Papst ausweichend, daß erst eine Untersuchung, die von päpstlichen Legaten durchgeführt werden sollte, ein Urteil vorbereiten könne[175] – Bescheide, welche die Auffassung ausschließen, Gregor VII. habe in Canossa Heinrich IV. nur vom Bann gelöst, aber ihm die Königsrechte weiterhin vorenthalten. Es wäre ansonsten auch allzu kühn gewesen, wenn auf der Fastensynode von 1078 die Gesandten des Saliers im Namen ihres Herren bewegte Klage über Rudolf von Schwaben führten,

170 »Tunc aut nostro communi consilio assensum prebebit, aut apostolice sedis auctoritas omnia vincula … removebit.« Ebd. – Zur Haltung der Kaiserin Agnes in der Auseinandersetzung des Papstes mit ihrem Sohn vgl. Black-Veldtrup (1997), 378ff.

171 Registrum IV.12a, ed. Caspar, 314f.; Quellen Bd. 1, ed. Schmale, 244 Nr. 78. Vgl. Beumann (1973), 49f.; Vogel (1983), 45f. Im Mai 1077 sollte Gregor dann von beiden Königen freies Geleit für die Reise nach Deutschland fordern. Bruno c. 105, ed. Schmale, 348ff.

172 Gerd Althoff, Der friedens-, bündnis- und gemeinschaftsstiftende Charakter des Mahls im frühen Mittelalter, in: Irmgard Bitsch – Trude Ehlert – Xenja von Ertzdorff (Hgg.), Essen und Trinken im Mittelalter. 1987, 13–25, hier: 13.

173 Registrum III.5, ed. Caspar, 276f.; Quellen Bd. 1, ed. Schmale, 212f. Nr. 70.

174 Ebd. IX.11, 588f. bzw. 366f. Nr. 118.

175 Auf Drängen der Gesandten Heinrichs IV. erklärte Gregor auf der Fastensynode 1078, daß vor einer genauen Untersuchung der Angelegenheit beider Parteien (»ante utriusque partis cautam examinationem«) noch gar nichts entschieden werden könne. Berthold, ed. Robinson 200. Vgl. auch Bernold, ed. Robinson, 312. Die Legaten »in Theutonicas partes« sollten sich, wie Berthold, ed. Robinson, 202 berichtet, mit den Großen des ganzen Reiches in Abwesenheit beider Könige unterreden. Vgl. auch Registrum V. 14a (c.6), ed. Caspar, 370f. – Zu den Gesandtschaften beider Könige zur Herbstsynode 1078 und zur Fastensynode 1079: Berthold, ed. Robinson, 226 und 238 sowie Bernold, ed. Robinson, 312f. Vgl. Struve (1992), 45.

der als Herzog und Gefolgsmann des Königs (»dux et miles regis Heinrici«) diesem untreu und meineidig geworden sei, weswegen Papst und Synoden ihn unverzüglich verdammen und Heinrich anerkennen sollten.[176] Das reagiert auf Vermittlungsversuche des Papstes, der bis 1079 zwischen Gegnern und Anhängern des Saliers eine Versöhnung anstrebte.[177]

Septembererklärung 1076, Geleitsversprechen Heinrichs IV., Vermittlungsversuche – all das spricht gegen die Auffassung, der Papst habe 1076 den Salier abgesetzt. Bevor auf die dramatische Veränderung der päpstlichen Argumentation im Jahre 1080 einzugehen ist, sei ein gewissermaßen kontinuitätsstiftende Rückgriff in die Geschichte behandelt, der gleichermaßen Papst und Verteidigern des Königtums dienlich erschien; denn hinter der unterschiedlichen Ausdeutung des Ereignisses von 751 verbarg sich als inneres Thema das der Treueide.

Gregor VII. hatte bei seinem Vorgehen gegen Heinrich IV. auf den Herrschaftswechsel des Jahres 751 als rechtliches Vorbild verwiesen.[178] Zutreffend hat Werner Affeldt darauf aufmerksam gemacht, daß sich in den fränkischen Quellen nicht der geringste Hinweis auf die Lösung von Treueiden durch den Papst findet.[179] Diese Treueide stehen aber im Mittelpunkt der Argumentation Gregors VII., der in seinem Brief an Hermann von Metz aus der Binde- und Lösegewalt des Papstes das Recht zur Auflösung dieser Eide ableitete und dafür auf die Ereignisse des Jahres 751 berief.[180] Ihm ging es damals noch nicht um eine Königsabsetzung, sondern um die Binde- und Lösegewalt, die bis zur Exkommunikation eines Königs reichen könne. Wer das bestreite, erwäge nicht, warum Papst Zacharias den Merowinger abgesetzt und alle Franken von ihren Treueiden gelöst hätte (»cur Zacharias papa regem Francorum deposuerit et omnes Francigenas a vinculo iuramenti … absolverit«). Wir notieren nur nebenbei, daß hier erstmals Gregor VII. das Verb »deponere« verwendet, das er dann 1080 in den Mittelpunkt seiner Argumentation stellen wird, im Gegensatz zum Jahre 1076, als er dieses Verb vermieden hatte.[181]

---

176 Berthold, ed. Robinson, 200.

177 Vogel (1983), 45; Struve (1992), 42ff. und 46f.; Maleczek (1996), 257; Suchan (1997), 67f., 71ff. und 122ff.; Hartmann (1998), 42f. Zu diesen Vermittlungsversuchen, die Heinrich stets abgelehnt haben soll, vgl. Berthold, ed. Robinson, 254 und 310. Daß Heinrich, als er von der Wahl Rudolfs erfuhr, den Papst um Hilfe angefleht habe, wie Berthold (ebd., 304f.) behauptet, halten wir für unwahrscheinlich.

178 Affeldt (1969), 331. Allgemein zu den historischen Exempla im Denken Gregors VII.: Goetz (1988), 141ff. und 146ff.

179 Affeldt (1969), 331. Vgl. Goetz (1988), 143f. – Daß schon bei Einhard eine Umdeutung, ja Verfälschung des Ereinisses von 751 vorgenommen wird, belegt Adolf Gauert, Noch einmal Einhard und die letzten Merowinger, in: Fenske – Rösener – Zotz (1984), 59–72. Zur entsprechenden karolingischen Rechtfertigungsliteratur vgl. Bund (1979), 383f.

180 Registrum IV.2, ed. Caspar, 293ff.; Quellen Bd. 1, ed. Schmale, 224ff. Nr. 73. Vgl. Goez (1958), 147; Peters (1970), 34f., 42ff. und 72ff.

181 Registrum IV.2, ed. Caspar, 293ff.; Quellen Bd. 1, ed. Schmale, 224ff. Nr. 73 (1076).

Was Gregor VII. als Beweis seiner Binde- und Lösegewalt erschien,[182] stellte ein Hersfelder Mönch in seinem »Liber de unitate ecclesiae conservanda« in Frage. Aufgrund seiner erstaunlichen Quellenstudien – Annales regni Francorum, Einhards Vita und Annales Fuldenses – relativiert er den Anteil des Papstes an den Vorgängen von 751 auf eine bloße Zustimmung,[183] eine Ansicht, die, historisch gut begründet, sich auch späterhin selbst in der Kanonistik nicht unterdrücken ließ. Der Autor wendet sich mit aller Schärfe gegen Gregors Deutung des Falles von 751;[184] es sei geradezu empörend, den doch wirklich frommen Päpsten Zacharias und Stephan ein solches Vergehen gegen die Gebote der Heiligen Schrift zu unterstellen.[185] Diese Eide sind für den Anonymus ein Teil der weltlichen Ordnung, in welche die päpstliche Lösegewalt nicht eingreifen dürfe.[186] Wenn die Großen ihre Heinrich IV. geschworenen Eide gehalten hätten, würde es keine Spaltung im Regnum gegeben haben, und weder »ecclesia« noch »res publica« wären zugrunde gerichtet worden.[187] Der Hersfelder Mönch stand den Verhältnissen im Reich, in dem das Lehnswesen noch kaum ausgeformt war, näher als der Papst; er wußte, daß die Treueide ein wechselseitig verpflichtendes personales Verhältnis begründeten, während Gregor in ihnen nur einen Ausdruck der Untertänigkeit sah.

Ein Seitenblick sei gestattet: So »königstreu« wie die Forschung immer wieder behauptet, ist der Hersfelder Mönch gar nicht. Das Aschenputtelprinzip der historiographischen Zuordnungen – Gregorianer oder Königstreue – kommt eher der darstellerischen Klarheit als der historischen Wahrheit zugute, erniedrigt das Niveau der damaligen Argumentationsebenen. Wenn der Verfasser des »Liber de unitate« sich soviel Mühe mit der Prüfung des Exempels von 751 gibt, dann antwortet er nicht allein auf Behauptungen Gregors VII., sondern auch auf Vorgänge seiner Zeit, die ihm, dem Hersfelder Mönch, vertraut waren, und die zu gleicher Zeit sein Mitbruder Lampert ebenfalls in seiner Geschichtsdarstellung kommentierte. Lampert hatte auf das Exempel des Jahres 751 nicht zurückgegriffen, aber von seinen Auffassungen über die Begründung des Königtums ist der Autor des »Liber de unitate« nicht weit entfernt. Nach diesem haben 751 die fränkischen Gesandten dem Papst vorgetragen: Gerecht und angemessen erscheine es, daß von Childerich, der allein aus dem Erbrecht königliche Macht und Würde besitze, die Herrschaft auf den Hausmeier Pippin, der nach Abstammung und Eignung

---

182 Vgl. dazu den Kommentar des Deusdedit. Kempf (1975), 133f.

183 Affeldt (1969), 316ff., bes. 325f. Vgl. ebd., 334f.

184 Ed. Schmale-Ott, Quellen Bd. 2, 284.

185 Ebd., 290. – Zur gegenteiligen Deutung durch Saliergegner vgl. Berthold, ed. Robinson, 156.

186 Ed. Schmale-Ott, Quellen Bd. 2, 337f. Vgl. ebd., 343.

187 Affeldt (1969), 336.

würdig sei, übertragen werde, weil derjenige, der am Königshof und im Kriege die Herrschaftsmittel des Reiches mannhaft verwalte, auch den entsprechenden Königstitel annehmen sollte (»Proinde iustum et idoneum sibi videri, ut ab Hilderico totius regiae dignitatis et potentiae iam ex hereditaria successione privato transferetur regium nomen ad Pippinum, tunc temporis praefectum palatii, qui pro nobilitate sua atque virtute dignus fuisset, quatinus ipse, qui domi et militiae regni gubernacula fortiter procuraret, cum labore pariter et officio nomen regis convenienter susciperet«).[188] Bewundern wir nicht nur, wie genau der Autor die Argumentation des Jahres 751 wiedergibt, hören wir auch auf das Stichwort der »successio privata«.[189] Dieses Wort war 751 nicht gefallen, aber es ist ein Schlüsselwort für die Auseinandersetzungen um die Königswahl zur Zeit Heinrichs IV. Eine Sohnesfolge aufgrund gebotener Wahlen war den Sachsen, aber nicht nur ihnen als eine »successio privata« erschienen, weswegen 1077 König Rudolf auf die Sohnesfolge verzichten mußte. Bestritten war damit der Erbanspruch auf den Thron, worauf Heinrich IV. sich immer wieder berufen hatte.[190] Und weiterhin: Das »privatus« setzte den Komplementärbegriff »publicus« voraus, jenen Begriff von »res publica«, der für das Reichsverständnis Lamperts von Hersfeld bestimmend gewesen war. Von dem Gedanken des konsensgebundenen Schreibens in einem Konvent ausgehend, gewinnen wir zumindest eine Ahnung von dem Niveau der Auseinandersetzungen in einem königsnahen Kloster. Der Verfasser des »Liber de unitate« ist in erster Linie ein Gegner der päpstlichen Argumentation; er steht jedoch wie Lampert mit seinem Reichs- und Idoneitätsbegriff den Wählern König Rudolfs im Jahre 1077 nahe.

1080 sollte angesichts der völlig veränderten politischen Lage[191] Gregor in einem Meisterstück politischer Rechtfertigung behaupten, er hätte 1076 den Salier abgesetzt,[192] eine der »verschärfenden Umbiegungen« (Fuhrmann), zu denen der Papst neigte.[193] Die Hörer werden allmählich vorbereitet. Was interessieren sie eigentlich angesichts der politischen Situation des Jahres 1080 die früheren kirchlichen Maßnahmen in Oberitalien? Gegen Erzbischof Thedald von Mailand und die Bischöfe

---

188 Liber I.2, ed. Schmale-Ott, 276. Vgl. Affeldt (1969), 321.

189 Vgl. in diesem Zusammenhang, daß 1003 Heinrich II. eine Schenkung an Straßburg damit begründet, daß der Bischof für Heinrichs erbrechtliche Wahl und Herrschaftsnachfolge (»electio et hereditaria in regnum ... successio«) eingesetzt habe, und daß deswegen das Bistum verheert worden wäre. MGH DH II, 37 Nr. 34.

190 Vgl. dazu aus der Sicht eines den salischen Erbgedanken verteidigenden Chronisten: Karl Schmid, Frutolfs Bericht zum Jahre 1077 oder der Rückzug Rudolfs von Schwaben, in: Berg – Goetz (1988), 181–198.

191 Vgl. zuletzt: Suchan (1997), 76.

192 Registrum VII.14a, ed. Caspar, 480ff.; Quellen Bd. 1, ed. Schmale 328f. Nr. 107. Vgl. Peters (1970), 41f.; Beumann (1973), 55; Vogel (1983), 190ff.; Suchan (1997), 131ff.

193 Diese Verfahrensweise erläuterte Fuhrmann (1989), 137ff. an zwei Beispielen.

Wibert von Ravenna und Roland von Treviso hatte Gregor, wie er rückblickend berichtet, die »sententiam depositionis et excommunicationis« durchgeführt.[194] Ein Zusammenhang zwischen beiden Begriffen wird hergestellt. Als Gregor dann endlich auf die Vorgänge im Jahre 1076 zu sprechen kommt, erwähnt er zunächst nur die »excommunicatio regis Heinrici«.[195] Vorsicht also. Denn nicht anders als einen Bann hatten die Zeitgenossen das päpstliche Vorgehen vier Jahre zuvor im Gedächtnis. Allmählich, mit ereignisgeschichtlich begründetem Lamento bereitet der Papst Hörer und Leser auf die Behauptung vor, er hätte seinerzeit zugleich eine Absetzung auf der Fastensynode verkündet. Deshalb also hatte er zunächst von den Bischofsabsetzungen berichtet; damit war der Zusammenhang von »depositio« und »excommunicatio« hergestellt worden. Denn nunmehr auf der Fastensynode von 1080 war nicht mehr wahr, was bei der Forchheimer Wahl die päpstlichen Legaten in eine peinliche Situation versetzt hatte. Der Papst behauptet, er habe Heinrich IV. lediglich wieder zu den Gnadenmitteln der Kirche zugelassen (»solam ei communionem reddidi«), aber selbstverständlich habe er ihn nicht wieder in das Königtum eingesetzt, das er ihm 1076 auf der Fastensynode genommen habe. (Übergangen werden natürlich die damalige Geleitsforderung ebenso wie die umständliche Darlegung zu den Treueiden gegenüber der Kaiserin Agnes und die Schiedsrichterrolle zwischen den beiden Königen.) Nach wenigen Jahren eine solche Geschichtsklitterung vorzunehmen, erschien aber selbst einem Gregor zu gewagt, deshalb schob er sofort einen Satz nach, der tatsächlich zutraf; denn nach Canossa hatte niemand darauf geachtet, daß die bei der Bannung aufgelösten Treueide, so wenig sie rechtlich zu konkretisieren waren, nach päpstlicher Auffassung wieder in Geltung gesetzt werden mußten.[196] Im Trüben der rechtlichen Unklarheit des erst im Entstehen begriffenen Lehnswesens fischt jetzt der Nachfolger Petri ein Argument. (Was modernem Rechtsverständnis so klar erscheint, nämlich die genaue Benennung von Rechtsfolgen, erscheint in einer Welt, die von den Kriterien des Streits und der Versöhnung ausging, tatsächlich als trüb.)

So also stellt im Jahre 1080 Gregor VII. die Vorgänge von Canossa dar, um, alle seine Vermittlungsbemühungen in den Jahren zuvor übergehend, seine nunmehrige Parteinahme für Rudolf von Rheinfelden zu erklären. Seinerzeit, 1077, sei ein verzweifelter Heinrich IV. demütig bittend zu ihm gekommen, den er, sich erbarmend, wieder in die Gemeinschaft der Christen aufgenommen habe. Aber selbst-

[194] Quellen Bd. 1, ed. Schmale, 328 (§ 3).

[195] Ebd., 332 (§ 7).

[196] Noch aus Canossa hatte Gregor unmittelbar nach den Ereignissen im Januar 1077 in einem Schreiben an deutsche Bischöfe und Große geschildert, wie bußfertig der Salier vor ihn getreten sei. Wegen dieser Bußfertigkeit habe er, der Papst, die Fesseln des Anathems gelöst. Gregor nennt Heinrich in diesem Schreiben durchwegs »rex«. Registrum IV.12, ed. Caspar, 312f.; Quellen Bd. 1, ed. Schmale, 240f. Nr. 77.

verständlich hätte er nicht die zuvor auf der Fastensynode verkündete Absetzung rückgängig gemacht, geschweige denn die Bindekraft der geschworenen oder künftig zu leistenden Treueide erneuert: »Qui confusus et humiliatus ad me in Longobardiam veniens absolutionem ab excommunicatione quesivit. Quem ego videns humiliatum multis ab eo promissionibus acceptis de sue vite emendatione solam ei communionem reddidi, non tamen in regno, a quo eum in Romana synodo deposueram, instauravi nec fidelitatem omnium, qui sibi iuraverant vel erant iuraturi, a qua omnes absolvi in eadem synodo, ut sibi servaretur, precepi.«[197]

Nach dieser Mischung von Wahrem und Falschem fand der Papst sogleich kräftige Worte, um – ein überzeitlicher Trick – aus der selbstgedeuteten Vergangenheit eine Aufgabe für die Zukunft ableiten zu können: Direkte Parteinahme für Rudolf, damit er das deutsche Reich regieren und verteidigen könne (»regnum Teutonicum regat et defendat«); Heinrich hingegen solle bei allen Kriegszügen keine Unterstützung erfahren und Zeit seines Lebens keinen Sieg mehr erringen (»Heinricus … in omni congressione belli nullas vires nullamque in vita sua victoriam optineat.«).[198] Mit diesen gebetsweise vorgebrachten Hoffnungen glaubte Gregor eine Schwierigkeit meistern zu können, glaubte durch die in der oralen Gesellschaft besonders ausdrucksstark wirkende Gebetsform eines »servus servorum Dei« die Nachprüfung eines unscheinbar wirkenden aber entscheidenden Wortes, das er im Folgenden gebrauchte, vermeiden zu können.

Die, um mit Horst Fuhrmann zu sprechen, für Gregor VII. typische »verschärfende Umbiegung« verbirgt sich in dem unscheinbaren »iterum«, mit dem der Papst fortfährt: Und erneut habe ich im Namen des Allmächtigen und auch in Eurem Interesse ihm (König Heinrich) die Herrschaft in Deutschland und Italien untersagt und ihm alle königliche Gewalt und Würde dergestalt genommen, daß kein Christ ihm wie einem König gehorchen darf; und ich banne alle, die ihm wegen seiner königlichen Macht geschworen haben und noch schwören werden (falls sie daran festhalten) und löse sie von ihren Treueeiden (»Et iterum regnum Teutonicorum et Italie ex parte omnipotentis Dei et vestra interdicens ei omnem potestatem et dignitatem illi regiam tollo et, ut nullus christianus ei sicut regi oboediat, interdico omnesque, qui ei iuraverunt vel iurabunt de regni dominatione, a iuramenti promissione absolvo«).[199] Verborgen ist unter dem Wortschwall die Umdeutung der Ereignisse von 1076, wonach der Papst jetzt, 1080, nur wiederhole (»iterum«), was er bereits 1076 verkündet habe. Verborgen ist weiterhin unter dem Wortschwall auch die Umdeutung der Septembererklärung von 1076. Was damals noch als ein Zusammenwirken von Papst und Fürsten angekündigt war, ist jetzt auf ein

197 Quellen Bd. 1, ed. Schmale, 334 Nr. 107 (§ 7). – Zur Klageschrift König Rudolfs, die dieser auf der Fastensynode 1080 dem Papst vorlegen ließ, vgl. Suchan (1997), 157.

198 Quellen Bd. 1, ed. Schmale, 338 Nr. 107 (§ 7).

199 Ebd.

»et vestra« im Sinne eines vom Papst verkündeten göttlichen Willens verkürzt, der so selbstverständlich auch für die Großen gilt, weswegen diese nicht mehr eigens befragt werden müssen.

Seinen Gedankengang zusammenfassend, stellt der Papst dann klar, daß er Heinrich wegen seines stolzen Ungehorsams und seiner Verlogenheit abgesetzt und Rudolf wegen seines ergebenen Gehorsams und seiner Wahrhaftigkeit das Königtum eingeräumt habe: »Sicut enim Heinricus pro sua superbia inoboedientia et falsitate a regni dignitate iuste abicitur, ita Rodulfo pro sua humilitate oboedientia et veritate potestas et dignitas regni conceditur.«[200]

Das Meisterwerk der Rechtfertigung enthält eine publizistische Schwäche. Dadurch, daß er sein Gebet als Bestätigung der angeblichen Deposition von 1076 hinstellte, hatte Gregor VII. dem Akt von 1080 die öffentlichkeitswirksame Wucht genommen. Was sich rechtfertigend als Umdeutung des Ereignisses von 1076 darstellte, konnte keine große, die Zeitgenossen beeindruckende Geste mehr sein. Das »iterum« verwehrte die wirkungsvolle Inszenierung einer Herrscherabsetzung. Und das erklärt: Für die seit 1080 einsetzende, in Umfang und argumentativer Intensität eine neue Erscheinung bildende Streitschriftenliteratur ist die Sonderung von weltlichen und kirchlichen Rechten, ist die »libertas ecclesie« das beherrschende Thema. Die Frage der Königsabsetzung spielt eine untergeordnete Rolle, häufiger noch wird das Thema einer Papstdeposition behandelt.[201]

Den Gedankengang unterbrechend, sei eine selbstkritische Bemerkung gestattet: Das Fischen des Nachfolgers Petri im Trüben habe ich mir nicht verkneifen können. Dabei aber darf ich nicht verschweigen, daß die politische Situation auch ohne Zutun des Papstes trüb war. So manche wissenschaftliche Kontroverse hätte sich vermeiden lassen, wenn die Fiktion einer bereits zur Zeit Gregors bestehenden Reichs- und Kirchenverfassung aufgegeben worden wäre. So fest für einen Gregor VII. die Autorität des Papsttum in Geschichte und Recht gegründet war, so gab es doch noch keine Regeln, wie diese Autorität im Verhältnis zur Welt zu wahren sei. Die Suche nach juristischer Konsequenz, die der Zeit noch fremd ist, stößt alsbald an ihre Grenzen. Die Feststellung trifft eben nur die halbe Wahrheit, wonach der Papst in seinem Verhalten alles andere als konsequent gewesen wäre und »schon Gregors Bannsentenz von 1076 ... hinsichtlich ihrer rechtlichen Bedeutung nicht nur an Eindeutigkeit zu wünschen übrig gelassen« hätte.[202] Wie jeder Mensch gelangt auch dieser große Papst im Zuge von Auseinandersetzungen zur Klärung seiner Positionen, wobei er immer schroffer seinen Anspruch auf Gehorsam gegenüber einem Nachfolger Petri erhebt.

---

200 Ebd. – Zur zentralen Rolle des Gehorsams im Denken Gregors VII. vgl. Goez (1978).

201 Zimmermann (1968), 207ff.

202 Beumann (1973), 52.

Nur Gregor VII. selbst konnte an eine seine Zeitgenossen überzeugende Klärung der Situation durch seinen Absetzungsspruch von 1080 glauben. Aber schon auf der Fastensynode des Folgejahres war er gezwungen, diesen Spruch, dessen erhoffte Wirkung ausgeblieben war, erneut zu verkünden.[203] Sogar bei seinen Anhängern in deutschen Landen ist zu erkennen, wie blaß der Absetzungsspruch von 1080 blieb. Paul von Bernried betrachtete Heinrich IV. im Jahre 1076 als abgesetzt, der schwäbische Annalist hingegen nicht. Nach dessen Auffassung wäre erst in Forchheim die Absetzung durch die Fürsten ausgesprochen worden.[204] Selbst der papsttreue Paul von Bernried räumt ein, daß auch ohne päpstlichen Spruch die Großen den König verlassen (»refutare«) dürften.[205] Die Salierfeinde in Deutschland bemühten sich als erfahrene Adelige natürlich um kirchenrechtliche Legitimationen, ohne deshalb gleich die Positionen Gregors VII. zu übernehmen.[206] Zu den in ihrem Sinne entstandenen Schriften zählen wir den sogenannten »Schwäbischen Appendix« zu der 74-Titel-Sammlung, wahrscheinlich eine Arbeit des Bernold von Konstanz aus den Jahren 1077–1086.[207] Hier liegt weniger ein juristisches Zeugnis als ein indirekter Beleg für die allgemeine Diskussion vor, die nach klärender Argumentation verlangt. Es wird in dieser Quelle ausführlich behandelt, was in der 74-Titel-Sammlung zu kurz gekommen war, die Exkommunikation des Königs. Darüber hinausgehend schließen die Ausführungen mit dem Titel »De depositione regum«, wobei als Beleg zwei Briefe Gregors vom Mai 1077 dienen. In diesen Briefen aber ist mitnichten von einer Absetzung die Rede. Der »Schwäbische Appendix« will jedoch gar nicht die Auffassung des Papstes, sondern die der opponierenden Fürsten wiedergeben: Die Exkommunikation ist bereits eine Absetzung. Einer Neuwahl steht deshalb nichts im Wege. Das ist mitnichten eine Rechtfertigung des päpstlichen Spruches von 1080, sondern eine der Forchheimer Wahl. Im gleichen Sinne ist auch Manegold von Lautenbach zu verstehen, der eben nicht nur ein energischer Verteidiger der Rechte Gregors VII., sondern auch derjenigen Rudolfs von Rheinfelden ist.[208]

Leidenschaftlich hatte Wenrich von Trier die Kompetenz des Papstes, einen König wie einen Gutsverwalter absetzen zu können, bestritten.[209] Manegold von Lautenbach wendet sich gegen diese weitverbreitete Schrift[210] und rechtfertigt die

---

203 Struve (1992), 50.

204 Schlesinger (1973), 66.

205 Ebd., 68 (Paul von Bernried c. 97).

206 Jakobs (1973), 113 drückt den Sachverhalt so aus, »daß Rudolf von Rheinfelden wie auch etwa Siegfried von Mainz und viele andere, die innerlich den Anschluß an den Geist der Reform gewiß suchten, nicht zu Gregor VII. finden konnten«.

207 Vgl. Kempf (1975), 131 (auch für das Folgende).

208 Robinson (1978), 124ff.

209 Fuhrmann (1975), 22. Zu Wenrich vgl. zuletzt Kölmel (1993), 269ff.

210 Vgl. Fuhrmann (1975), bes. 41.

Möglichkeit einer Herrscherdeposition; aber er rechtfertigt damit nicht eine päpstliche Kompetenz, sondern die Forchheimer Königswahl. Manegold hat zwar nicht Gedanken der Volkssouveränität und des Herrschaftsvertrags formuliert,[211] wohl aber hat er dezidiert ein Absetzungsrecht für den Fall entwickelt, daß ein König als Tyrann herrsche; dann sei das Volk frei, diesen zu entmachten und einen Anderen zu erheben (»illum deponere, alterum elevare«).[212] Denn für Manegold beruht die königliche Herrschaft auf einem »pactum«,[213] das mitnichten ein Herrschaftsvertrag sondern ein Ausdruck des »velle regibus oboedire« ist. Dem Gehorsamsversprechen steht das Versprechen des Königs zur Seite, ein gerechter Herrscher sein zu wollen. Ein König, der diese Zusage bricht, muß sein Amt verlieren.[214] Weil mit dem »pactum« ein Amt verliehen wird, kritisiert Manegold jene Fürsten, die Heinrich IV. noch als Kind gewählt hatten.[215]

Selbst für die Anhänger des Papstes hat der Absetzungsspruch von 1080 nicht die autoritative Entscheidung bedeutet. Die Entmachtung des Königs ist sogar für sie nicht aus der päpstlichen Amtsgewalt abzuleiten. Wenn Manegold (c. 30) langatmig dem Volk das Recht zuspricht, einen König abzusetzen, so ist das, wie Wilhelm Berges feststellte, »nichts anderes als die Stellungnahme der ›Forchheimer‹ zu der hartnäckigen Debatte, die sich im Anschluß an die Musterwahl von 1077« erhoben hatte.[216] So konnte auch Paul von Bernried behaupten, in Forchheim hätten die päpstlichen Legaten ausdrücklich erklärt, daß eine »provisio regni« allein bei den Fürsten liege, »qui rem publicam in manibus tenerent«,[217] eine Formulierung, die von Lampert von Hersfeld stammen könnte. Unerheblich erscheint uns, ob die Legaten tatsächlich so argumentiert haben. Entscheidend ist: Was der »Schwäbische Appendix« eher indirekt, was Manegolds Traktat direkt behauptet, bestätigt auch Paul von Bernried. Selbst für Gregorianer liegt die Absetzungskompetenz nicht beim Papst, sondern bei den Großen des Reichs.

Unserer Auffassung scheint zu widersprechen: Für Berthold von der Reichenau und seinen Schüler Bernold ist, allerdings im Nachhinein, nach dem Jahre 1080, alles klar. Auf der Fastensynode 1076 sei das Urteil gefällt worden, wonach Heinrich nicht nur zu exkommunizieren, sondern auch ohne Aussicht auf Wiedergewinnung des Königtums abzusetzen wäre (»regem Heinricum non solum excommunicari sed absque spe recuperationis honore regni debere desti-

---

211 Fuhrmann (1975), bes. 38ff. Vgl. Kölmel (1993), 277ff.

212 Manegoldi ad Gebehardum liber. MGH Libelli de lite Bd. 1, 392.

213 Ebd., 365.

214 Ebd., 391.

215 Ebd., 392. Vgl. auch Robinson (1978), 125 und 128f.; Stürner (1987), 140.

216 Wilhelm Berges, Gregor VII. und das deutsche Designationsrecht. Studi Gregoriani 2 (1947), 189–209, hier: 207.

217 Paul von Bernried c. 95. Druck bei Schlesinger (1973), 84.

tui«).[218] Es handelt sich um eine gedrechselte Argumentation zur Rechtfertigung der schwäbischen Königsgegner, was auch durch die verfälschende Fassung eines Urteils Gregors des Großen nahegelegt wird, die durch die 74-Titelsammlung verbreitet worden war.[219] Berthold spricht ausdrücklich von einer Absetzung, die – und darauf kommt es ihm an – nicht rückgängig gemacht werden könne (»absque spe recuperationis«). Das entspricht der Auffassung der »Forchheimer«, die das Ereignis von Canossa negierten. Allen Vermittlungsversuchen Gregors VII. setzt Berthold jenes »Nein« entgegen, das sich selbst Gregorianer erlauben durften. Er läßt ganz im Sinne des schwäbischen Adels nicht Gregor VII. den Bannfluch aussprechen, sondern unter fingierter Berufung auf Gregor den Großen die Fastensynode einen Beschluß fassen, den – was nicht direkt ausgesprochen, aber für jeden Leser unabweisbar ist – ein Papst in Canossa gar nicht rückgängig machen kann.[220] Damit wird auch klar, warum Berthold betont, daß der Papst Heinrich und seine Anhänger aufgrund eines Synodalurteils (»synodali iudicio«) exkommuniziert hatte. Das personale Handeln Gregors in Canossa kann (noch gibt es keine hierokratisch definierte Amtsgewalt des Bischofs von Rom) einen institutionellen, einen synodalen Beschluß nur partiell aufheben. Im gleichen Sinne, indirekt Gregor VII. kritisierend, wird auch Manegold von Lautenbach behaupten, daß die römische Synode rechtmäßig den Herrscher abgesetzt und ihn seiner Würde beraubt hätte.[221]

Es überrascht angesichts des späteren historiographischen Echos, wie wenige zeitgenössische Zeugnisse den Bannfluch von 1076 überliefern. Es ist nicht möglich, bedenkenlos Chronisten zu zitieren, die, wie am Beispiel Bertholds von der Reichenau zu belegen ist, die Deutungen der Jahre 1076 und 1080 rückschauend vermischen. Die Chronistik im Zeitalter des sogenannten Investiturstreits ist eben keine Annalistik wie in vorangegangenen Zeiten. Ereignisse werden nicht Jahr für Jahr notiert, sondern im Nachhinein in chronologische Ordnung gebracht. Was Berthold über die Bannung Heinrichs IV. 1076 sagt, ist mitnichten ein unmittelbarer historiographischer Reflex, sondern eine Rechtfertigung der Forchheimer Königswahl. Einfacher als bei der Fastensynode 1076 hatte es dieser Chronist bei seiner Darstellung des Ereignisses von Canossa. Es reichte die Einführung eines »tantum«, das einen bestimmten Sinn hat, wenn der Chronist sagt, der Papst hätte

---

218 Berthold, ed. Robinson, 102. – Bereits zum Jahre 1056 hatte Berthold die Königserhebung Heinrichs mit den Worten erwähnt, welche von einer Absetzung auf der Fastensynode ausgehen: »Heinrich IV., der Sohn Heinrichs, regierte 20 Jahre lang.« Ebd., 46. – Für Bernold, ed. Robinson, 300 steht ebenso fest: 1076 hat Gregor Heinrich gebannt und abgesetzt (»regno et communione privavit«).

219 Robinson, in: ebd. 103 Anm. 283. Zur 74-Titel-Sammlung vgl. Hartmann (1992), 430.

220 Zur Autorität von Synodalbeschlüssen vgl. Zimmermann (1968), 192ff.

221 »Romana sinodus iusta ... ratione deposuit, regia dignitate privavit«. Manegoldi ad Gebehardum liber. MGH Libelli de lite Bd. 1, 392.

sich nicht länger geweigert, Heinrich wenigstens in die christliche Gemeinschaft wieder aufzunehmen (»in christianam tantum communionem eium recipere«).[222] Die Absetzung ist – deswegen das »tantum« – damit noch nicht rückgängig gemacht.[223]

Wie stark Berthold im Nachhinein die Ereignisse umbiegt, wird sichtbar, wenn seine Nachrichten mit einem authentischen Zeitzeugnis konfrontiert werden. Vertrauen ist den wichtigsten Aussagen Lamperts von Hersfeld entgegenzubringen, der unmittelbar unter dem Eindruck der Ereignisse in einem königsnahen Kloster schreibt.[224] Er gibt deshalb wieder, was damals im Reich von diesen Ereignissen bekannt sein konnte, daß nämlich Heinrich IV. wieder im Vollbesitz seiner königlichen Rechte sei. Erst wenn er erneut gegen die kirchlichen Gesetze verstoße, wäre die Lösung vom Bann hinfällig, erst dann wären die Fürsten ihrer Eide soweit ledig, daß sie einen neuen König wählen könnten.[225]

Im Streit der beiden Könige beruft sich aber selbst Berthold von der Reichenau nicht etwa darauf, daß allein Rudolf das Recht hätte, sich König zu nennen. Weiterhin heißt Heinrich IV. »rex« in der Chronik.[226] Daß er kein wirklicher König ist, wird nicht etwa mit dem Hinweis auf den päpstlichen Spruch, sondern allein mit seinem sittlichen Verhalten begründet, daß er etwa trotz – angeblich – vereinbarten Friedens mit seinem Heer Schwaben verwüstet. Berthold weiß, daß vom Konsens der Großen die faktische Macht des Königs abhängt. Deshalb notiert er, daß Heinrich IV. mit geringerer Pracht als Rudolf das Weihnachtsfest des Jahres 1078 feiern muß.[227] Hier schlägt Berthold ein Thema an, das seine Darstellung der Kämpfe beider Könige wie ein Leitmotiv durchzieht. Der wahre König, Rudolf, begeht die

---

[222] Berthold, ed. Robinson, 128. Auch darin folgt Bernold, ed. Robinson, 302 seinem Vorgänger. In Canossa habe der Papst Heinrich »non regni sed communionis tantum concessionem« gewährt. Bernold versucht, eine Festkrönung falsch auslegend, seine Auffassung mit der Behauptung zu stärken, in Ulm habe 1077 Heinrich sich selbst gekrönt und damit die ihm abgesprochene Herrschaft wieder an sich gerissen (»interdictum regnum usurpavit«). Bernold, ed. Robinson, 306. Zu den Festkrönungen vgl. Robinson, ebd., 157.

[223] Die in der älteren Forschung lebhaft diskutierte Frage, ob Heinrich IV. in Canossa wieder in sein Königtum eingesetzt wurde (vgl. den von Kämpf [1954] hg. Sammelband), ist, wie Beumann (1973), 50 zutreffend anmerkte, falsch gestellt. Einer Absetzungsbefugnis des Papstes hatte nicht nur Heinrich IV. mit Entschiedenheit widersprochen, auch Gregor VII. hatte alsbald »einen originären Depositionsanspruch fallengelassen«. Ebd. Immer noch lesenswert, obwohl nach Beumann von einer falschen Fragestellung ausgehend: Augustin Fliche, Hat Gregor VII. in Canossa Heinrich IV. in seine Königsfunktion wiedereingesetzt? (Übersetzt von Inge Köck) In: Kämpf (1954), 250–264.

[224] Lampert, ed. Fritz, 404ff.

[225] Ebd., 408.

[226] Hier ist Bernold konsequenter. Für ihn ist Heinrich IV. nach 1076 nur noch der sogenannte König (»rex dictus«) (ed. Robinson, z.B. 302), sein Kanzler ist der »cancellarius« des abgesetzten Königs (»depositi regis«) (ebd., 308).

[227] Berthold, ed. Robinson, 194.

hohen kirchlichen Feste doch viel feierlicher und prächtiger[228] als jener König Heinrich, der das Osterfest 1078 »nicht gerade großartig« zur Repräsentation seiner Herrschaft nutzen kann.[229] Nachdem Rudolf schon prächtig (»magnifice«) das Pfingstfest dieses Jahres begangen hatte,[230] feiert Heinrich IV. das Weihnachtsfest nicht sonderlich würdig (»non satis magnifice«),[231] während, wie erwähnt, Rudolf dieses Fest ruhmvollst (»gloriosissime«) begehen kann.[232] Der gleiche Gegensatz zeigt sich für Berthold auch beim Osterfest des Jahres 1079.[233] Wer so genau die Manifestation wahrer Königsherrschaft in der Gestaltung von Festen notiert, kann von einem autoritativen Machtspruch des Papstes nicht überzeugt sein; er sieht hingegen das Fest als Ausdruck des Konsenses zwischen Herrscher und Beherrschten.

Wir übergehen die Frage, ob Berthold von der Reichenau tatsächlich der »stramme Gregorianer« gewesen ist, als der er der Forschung erscheint,[234] und halten fest, daß er in der Frage des Thronkampfes sich als »Forchheimer« zu erkennen gibt, der seine Interpretation der Exkommunikation offenbar nachträglich zur Rechtfertigung der Wahl von 1077 eingefügt hat.[235] Bei seiner Darstellung der Oppenheimer Verhandlungen zwischen den Fürsten und dem Salier,[236] Verhandlungen, an deren Ende die »promissio« des Königs stand, dem Papst Buße und Gehorsam zu leisten,[237] gehen selbst die opponierenden Fürsten nicht von einer päpstlichen Absetzung des Königs aus. Und das entspricht der unter dem direkten Eindruck der Ereignisse stehenden Darstellung bei Lampert.[238] Auch in der Wie-

---

228 Ebd., 210: »pascha solemniter ... celebravit«.

229 Ebd., 208: »non multum gloriose pascha egit«.

230 Ebd., 218.

231 Ebd., 232.

232 Ebd., 236.

233 Ebd., 248 bzw. 250. Dieses Darstellungsprinzip Bertholds nimmt auch Bernold auf, läßt Rudolf zum Beispiel das Osterfest 1072 auf das Ruhmreichste (»gloriosissimum«) begehen. Bernold, ed. Robinson, 306. Das muß keineswegs topisch verstanden werden. Bernold, ebd., 320 stellt nüchtern fest, daß Hermann von Salm Weihnachten 1083 »satis honorifice« gefeiert habe. In den folgenden Jahren von 1084 bis 1088 notiert Bernold ohne jeden weiteren Zusatz allein die Feier des Weihnachtsfestes durch Hermann. Ebd., 328, 338, 348, 354, 360.

234 Robinson, ebd., Einleitung, 7f. Auch Bertholds Schüler Bernold ist zunächst gar nicht der unbedingte Gegner Heinrichs IV., vermerkt er doch zum Jahre 1071, daß der König alle Nachstellungen mannhaft (»viriliter«) bestanden habe. Bernold, ed. Robinson, 292.

235 Daß Berthold im Nachhinein schreibt, wird zum Beispiel daran deutlich, daß er die Rede Gregors auf der Fastensynode von 1080 ins Jahr 1079 verlegt. Berthold, ed. Robinson, 238 mit Anm. 591.

236 Berthold, ed. Robinson, 116f.; Bernold, ed. Robinson, 303. Vgl. Robinson (1999), 157f. und die auf die handelnden Personen eingehende Interpretation bei Tellenbach (1988), 364.

237 Vgl. bes. Beumann (1973), 35ff. und Schlick (2001), 39 mit der hier (Anm. 150) genannten älteren Literatur.

238 Lampert, ed. Fritz, 382ff.

dergabe der Oppenheimer Promissio decken sich Bertholds Darlegungen mit denen des Hersfelder Mönches. Die Fürsten haben – was doch Bertholds Auslegung des Bannes als Absetzung widerspricht – eine Schwurvereinigung (»coniurabant«) mit dem Ziel geschlossen, den Salier, falls er länger als ein Jahr exkommuniziert bliebe, nicht mehr als König anerkennen zu wollen (»eum ulterius regem non haberent«).[239]

Berthold wird der Widerspruch zwischen dem, was er der Fastensynode von 1076 unterstellt, und dem, was in Oppenheim geschehen war, nicht entgangen sein. Aber nicht diesen Widerspruch glaubte er auflösen zu müssen, sondern den zwischen der zu Oppenheim geschlossenen »coniuratio« und der gegen diese Zeitabsprache vorgenommenen Wahl zu Forchheim. Er begründet dies damit, daß Heinrich die von allen Fürsten gewünschte Aussöhnung mit dem Papst hinterlistig, angefangen mit einer – von anderen Quellen nicht bestätigten[240] – Verfälschung der Oppenheimer Promissio hintertrieben habe.[241] Die Fürsten hätten danach einen Waffenstillstand geschlossen und verabredet, binnen kurzem am Rhein ohne beide Könige zu Verhandlungen zusammenzukommen.[242] Diesen Waffenstillstand hätte Heinrich, dessen Anhänger sich zunächst sogar geweigert hätten, die päpstlichen Legaten überhaupt anzuhören, sofort gebrochen.[243] Das heißt doch aber unabhängig vom Wahrheitsgehalt dieser Nachricht, daß Berthold von einer faktischen Fortexistenz des salischen Königtums ausgehen muß, auch wenn er Heinrich unkönigliches Verhalten vorwirft.

Gerade weil Berthold die Ereignisse von 1076 und 1080 vermischt hatte, wurde er von einem zweifelhaften Zeugen zu einem Kronzeugen; denn er blieb immer wieder in seiner Darstellung Chronist genug, um auch Ereignisse zu referieren, die seiner Deutung des Synodalurteils von 1076 widersprachen. Die Chronisten der Zeit sind keine Fälscher, sie versuchen nur in aufgeregter Zeit, den Wirren eine eigene Deutung zu unterlegen.

Wie jeder mittelalterliche Chronist schreibt auch Berthold in einer Welt, in der noch laut gelesen und vorgelesen wird. Und weil dieses Lesen in einer Klostergemeinschaft erfolgt, die zum Widerspruch bereit sein könnte, muß Berthold möglichst konsensgebunden schreiben; daraus erklärt sich die immer wieder zu beobachtende Doppelbödigkeit scheinbar harmloser Mitteilungen. Einen doppelten Sinn hat etwa seine Darstellung, in der er die anfängliche und nur auf Druck der Großen aufgegebene Weigerung königlicher Anhänger erwähnt, die päpstlichen Legaten überhaupt anzuhören. Vordergründig geht es um die Papstfeindschaft im

---

239 Berthold, ed. Robinson, 118.

240 Robinson, in: ebd., 119 Anm. 335.

241 Ebd., 116ff.

242 Ebd., 174.

243 Ebd., 174f.

salischen Lager; der hintergründige Sinn ist jedoch, auf die den König selbst diskreditierende Rolle seiner schlechten Berater hinzuweisen. Damit nahm Berthold ein Thema auf, das er bereits zum Jahre 1076 angeschlagen hatte. Er hatte hier den grundsätzlichen Konfliktbereich benannt, der unabhängig von der aktuellen Situation schon durch die Konzeption der Harzburg als eines geschlossenen Hofes markiert worden war, nämlich den Gegensatz von einem im Konsens mit den Großen handelnden, gerechten Königtum und einem auf nur dem König verpflichtete Berater gestützten, letztlich selbstherrlichen Regierungsstil. Auch in diesem Punkt stimmt der Chronist mit Lampert überein.[244] Heinrich – so Berthold – widersetzte sich, wie das Gerücht besage, veranlaßt und ermutigt durch die Einflüsterungen seiner Räte, halsstarrig der von den Großen des Reiches schon beschlossenen Bußleistung und Wiederaufnahme in die christliche Gemeinschaft. »His et aliis non perpaucis, ut fama fuit, consiliariorum suorum vecordiis commonitus et animatus, contra dispositam iam optimatum regni correctionem et christianae religionis recuperationem sese pertinaciter erigens …«[245] Berthold hat zutreffend den Gegensatz zwischen dem Rat der Großen und dem Rat des Königs[246] – ein nicht nur institutioneller, sondern auch ein sozialer Gegensatz[247] – erfaßt und damit einen der Grundsatzkonflikte, die zur Forchheimer Königswahl führten.[248]

Auch wenn nach unserer Auffassung bei der Auseinandersetzung zwischen Gregor VII. und Heinrich IV. die sächsische Opposition die für den König größte Gefahr bildete, so denken wir doch nicht daran, die Rolle Gregors VII. zu unterschätzen. Der Einfluß seiner Argumente war angesichts eines von ihm zwar vorgedachten, aber noch nicht hierokratisch begründeten Papsttums geringer als der

---

[244] Vgl. zum Beispiel Lampert, ed. Fritz, 372. – Zu den Forderungen der aufständischen Sachsen hatte 1073 gehört, daß der König seine Ratgeber vom Hofe verjagen und die Geschäfte des Reichs den Fürsten übertragen solle, denen diese gebührten. Ebd., 182.

[245] Berthold, ed. Robinson, 122.

[246] Nach Bernold, ed. Robinson, 294 wandten sich 1073 Rudolf von Schwaben, Berthold von Kärnten und Welf von Bayern vom König ab, weil ihr Rat angesichts der täglich am Hofe weilenden Höflinge beim König nichts mehr galt. Weiterhin betont Bernold, daß Heinrich IV. 1074 den Frieden mit den Sachsen in Abwesenheit seiner Großen (»absentibus sui regni principibus«) geschlossen habe. Ebd., 296. Vgl. auch Schlick (2001), 17 und 26. – Das Spannungsfeld zwischen täglichem Rat und Konsensanspruch der Großen war schon während der Regentschaft der Kaiserin Agnes erkennbar. Ebd., 13f.

[247] Robinson (1999), 359f. und 365f.

[248] Ein Schlaglicht: Ende 1073 – der Sachsenaufstand hatte gerade begonnen – behauptet einer der königlichen Räte (»quidam de consiliariis regis«) vor den Herzögen Rudolf von Schwaben und Berthold von Kärnten, daß er im Auftrag des Königs einen Anschlag auf ihr Leben geplant habe. Berthold, ed. Robinson, 74. Vgl. Althoff (1997/II), 46f. Uns interessiert hier nicht die Berechtigung der Behauptung, sondern der Sachverhalt, daß es nicht nur den nach außen abgeschlossenen Hof der Harzburg, sondern auch einen abgeschlossenen Beraterkreis gibt. Vgl. auch die Szene, die Berthold, ed. Robinson, 94 zum Jahre 1075 schildert. Zur Rolle, welche die Räte Heinrichs bei den Waffenstillstandsverhandlungen 1078 spielen, vgl. ebd., 214.

seiner Nachfolger; unumstritten ist, daß in dem werdenden Kirchenrecht seine volltönenden Deklarationen allenfalls am Rande berücksichtigt wurden, und dennoch kann nicht übersehen werden: Die seit 1080 einsetzende erregte Diskussion der Zeitgenossen über sein Vorgehen gehört in eine sich zutiefst verändernde Welt, in der – wir müssen uns hier mit Andeutungen begnügen – die Primitivform der Herrscherverlassung nicht mehr im Mittelpunkt eines Depositionsvorgangs stehen konnte, in eine Welt, die vom Burgenbau des Adels bis hin zur Weite von Handels- und Herrschaftsbeziehungen gar nicht der Enge eines Prinzipienstreits zwischen Regnum und Sacerdotium sich beugen konnte. Andeutung: Adam von Bremen blickt nach Skandinavien, rühmt das heidnische Wollin als Stadt eines vorbildlichen Umgangs von Menschen miteinander, und Heinrich IV. heiratet in zweiter Ehe Eupraxia, Adelheid, eine Tochter des Großfürsten von Kiew. Und in einer solchen Welt soll Gregor VII. mit seinem provinzialrömischen Kompetenzanspruch einen Grundsatzstreit entfacht haben?

Es mag angesichts der Forschungstraditon eine häretische Feststellung sein, daß der Grundsatzstreit von Regnum und Sacerdotium in salischer Zeit gar nicht stattgefunden hat, daß das sorgfältige Analysieren der Streitschriften nicht außer Acht lassen darf, was den Großen am meisten einleuchtete: das Argument der Waffen. So tröstlich es ist, daß die Schrift überlieferungsfähiger ist als die Gewalt, so darf der Historiker doch nicht übersehen, daß er es bis in das späte Mittelalter hinein noch mit einer Welt vor der Schrift zu tun hat. So häretisch aber sind wir nicht gesonnen, daß wir statt der methodisch möglichen Untersuchungen von »cursus velox« und »cursus tardus« in den überlieferten Texten die methodisch unmögliche Rekonstruktion des Geklirrs aufeinander prallender Schwerter setzen. Denn unübersehbar erscheint uns: Vor jedem Kampf geht es vorbereitend um die Gewinnung von Bundesgenossen. Aus diesem gewiß trivialen Zusammenhang erklärt sich die Rolle, die Gregor VII. in deutschen Landen spielt, die Rolle, die ihm Heinrich IV. mit seinem genialen Auftritt in Canossa nimmt, die Rolle, die etwa Bruno verzweifeln läßt: »Der Papst vergaß seinen apostolischen Eifer.«[249] Nicht ein Oberhaupt der Christenheit fordert Bruno, sondern einen Parteigänger der – selbstverständlich – gerechten Sache der Sachsen.

Wie das Schicksal Heinrichs IV. ist auch das Gregors VII. oft beklagt worden. Ein 1084 vom Gegenpapst zum Kaiser erhobener König hatte – zunächst – triumphiert. Wie sehr die Fortführung von Gregors Konzeptionen nach seinem Tod gefährdet war, ist hier nur beiläufig zu erwähnen, um die Frage zu beantworten, ob die Schrift oder das Schwert die Geschehnisse der Zeit Heinrichs IV. bestimmt habe. Beiden geschichtsmächtigen Faktoren wurde angesichts der Zufälligkeiten, die dem Ablauf der Geschehnisse inne liegt, ihre Begrenzung in einer Art und

[249] Bruno c. 104, ed. Schmale, 348.

Weise gezeigt, die eine eindeutige Beantwortung der gestellten Frage verwehrt. Von Gregors provinzialrömischen Anspruch hatten wir polemisch in Hinsicht auf die Königsabsetzung gesprochen. Die historische Größe dieses Papstes wollen wir damit nicht in Abrede stellen. Die Europäisierung des Papsttums hat er in beeindruckender Weise vorbereitet, indem er sich überall von Portugal bis England mit teilweise penetrantem Autoritätsgehabe einmischte.[250] Unmittelbaren Erfolg hatte er selten, aber er formulierte Ansprüche, die, von seinen Nachfolgern nie vergessen, sowohl die Türen zum Raum des herrschaftskontrollierenden Rechts der Kirche öffneten als auch die zu den Heiligen St. Albinus und St. Rufinus.[251] Nicht nur das Kardinalskolleg erhielt unter Gregor VII. seine Formung,[252] sondern auch der Typ des Kurtisanen. Was wir hingegen in Abrede stellen, ist, daß innerhalb dieser historischen Leistung der Absetzungsanspruch des Papstes die logische Mitte darstellte. Das wird weder Gregor noch dem Geschichtsablauf gerecht. Spätestens mit der Wahl Urbans II. hatte sich die gregorianische Konzeption behauptet: Europäisierung des päpstlichen Willens als Ausdruck der Freiheit der Kirche. Die auf die Schrift gestützte Institution siegte über die Waffen der Welt. Im untergeordneten Fragenkomplex der Herrscherdeposition hingegen, also dort, wo sich Anspruch und Wirklichkeit konkret begegneten, zeigt sich das, was Gregors Maßnahmen so häufig charakterisiert; sie sorgten für Irritationen, ohne unmittelbar wirksam zu werden. Während ansonsten zumindest Ansprüche formuliert wurden, die historische Folgen hatten, gilt dies ausgerechnet für die Herrscherabsetzung nicht. Hier ist der Pontifikat Gregors VII. gescheitert. Die traditionsstiftende Funktion der Schrift, konkret: das sich unter dem Eindruck dieses Pontifikats erst entwickelnde Kirchenrecht, hat die von Gregor aufgeworfene, aber nicht gelöste Frage keineswegs, wie wir bereits hervorgehoben haben, in seinem Sinne beantwortet. Wir wiederholen das Diktum von Friedrich Kempf, daß der große Papst den Depositionsanspruch mit ins Grab genommen habe.[253]

---

250 Rudolf Schieffer, Gregor VII. und die Könige Europas. Studi Gregoriani 13 (1989), 189–211. Vgl. Thomas (1993), bes. 256ff.

251 Paul Lehmann, Die Parodie im Mittelalter. ²1963, 25ff.

252 Carl Gerold Fürst, Cardinalis. Prolegomena zu einer Rechtsgeschichte des römischen Kardinalskollegiums. 1967.

253 Kempf (1975), 135.

II. Das Königshaus in spätsalischer Zeit. Herrscherabsetzungen als Familienangelegenheit 1098 und 1106

Umständlich haben wir zu begründen versucht, daß die Frage der Königsentmachtung im gregorianischen Zeitalter nicht in Rom sondern in deutschen Landen beantwortet wurde. Die Fixierung der Geschichtswissenschaften auf einen Gegensatz von Regnum und Sacerdotium hat dazu geführt, daß ein schlichtes handlungsorientierendes Prinzip übersehen wurde: das des Erbes. Die Forchheimer Königswähler hatten an dessen Stelle Rationalität zu setzen versucht. Nicht Erbe hätte für das Königtum zu gelten, sondern konsensverbürgende Wahl. In der Folgezeit sollte fast anderthalb Jahrhunderte diese Frage nicht als Grundsatzfrage in Erscheinung treten. Sie wurde mit der Wahl des söhnelosen alternden Lothar III. zunächst verschoben, sie wurde mit der Friedrichs I. vertagt, und sie wurde in der Folgezeit – unterbrochen nur durch die Doppelwahl von 1198 und deren Folgen – letztlich bis zu den Königserhebungen von 1220 und 1237 im Sinne des Erbanspruchs beantwortet. Was aber Friedrich II. mit diesen von ihm gelenkten Wahlen und ebenso mit der von ihm gelenkten Absetzung Heinrichs (VII.) durchgesetzt hatte, war im Kern nichts anderes als das, was bereits in salischer Zeit begegnet war. Vereinfacht: Die Geschichte der deutschen Königswahl und damit auch die Geschichte der Königsabsetzungen entzieht sich einer entwicklungsgeschichtlichen Logik. Der Erbanspruch überlagert den Wahlgedanken in einem Ausmaß, welches nur in politischen oder dynastischen Ausnahmefällen dem Prinzip der freien Wahl Spielraum läßt.

1. 1098: Eine Königsabsetzung oder eine Enterbung?

Die Königswahl des Kaisersohnes Konrad im Jahre 1087 – Konrads Absetzung: eine Enterbung oder ein Rechtsurteil? – der Scheinsieg Heinrichs IV. über den transpersonalen Reichsgedanken

Zu Weihnachten des Jahres 1075 hatte Heinrich IV. einen Hoftag in Goslar als (verfrühten) Ausdruck seines Triumphes über die Sachsen einberufen. Lampert kommentiert abschätzig: »Obwohl alle Fürsten geladen worden waren, kamen außer dem Herzog von Böhmen nur wenige. Von diesen verlangte und erhielt der König das eidliche Versprechen, daß sie nach ihm keinen anderen als seinen Sohn, ein zartes Kleinkind, sich zum König erwählen würden.«[1] Tatsächlich war Konrad damals erst zwei oder drei Jahre alt. Seinem Vater waren die Gefahren des Krieges gegenwärtig – hatte er doch am Vorabend der Schlacht von 1080 eine überaus reich dotierte Memorienstiftung in der Speyerer Domkirche verfügt[2] – und damit auch die Gefahren für sein Haus. Was zu Weihnachten 1075 geschah, war zwar mit Ulrich Reuling als »die schwächste aller denkbaren Formen der Nachfolgeregelung« zu charakterisieren,[3] aber es war jene Sohnesfolge, welche dann die Saliergegner in Forchheim 1077 für die Zukunft verhindern wollten.

Wenn man bedenkt, wie zentral der Begriff des Erbes für die Argumentation Heinrichs IV. im sogenannten Investiturstreit war,[4] dann wird man es als einen seiner größten Erfolge ansehen dürfen, daß es ihm 1087 gelang, seinen volljährig gewordenen Sohn Konrad zum König »wählen« und krönen zu lassen.[5] Anwesend waren bei der Krönung in Aachen sächsische und westfälische Adelige und Bischöfe; anwesend war vor allem der sächsische Herzog Magnus Billung.[6] Aber eine friedenssichernde Autorität besaß Heinrich IV., der sich von dem von ihm eingesetzten Gegenpapst zum Kaiser erheben ließ, in Sachsen immer noch nicht. Jedoch hatte er 1090 in dem Gefühl über die Alpen ziehen können, hier keine entschlossenen Gegner mehr zurückzulassen. Und er schien erreicht zu haben, was seinem Großvater und seinem Vater gelungen war, nämlich schon zu Lebzeiten die Herrschaftsnachfolge seinem Haus zu sichern.[7]

Was 1087 als großer Erfolg erschien, mußte 1098 auf einem Hoftag zu Mainz zurückgenommen werden. König Konrad wurde abgesetzt. Der junge Salier hatte

---

1 Lampert von Hersfeld, ed. Fritz, 341 f.: »Rex natalem Domini Goslariae celebravit. Cumque eo omnes regni principes evocasset ... praeter ducem Boemicum pauci admodum venerunt. Ab ipsis tamen qui venerant iusiurandum exegit et accepit, ut non alium post eum quam filium eius, tenerum adhuc infantulum, regem sibi eligerent.« Bernold, ed. Robinson, 298 verlegt den Vorgang in das Jahr 1076 ohne genauere Angaben zu machen. Vgl. Reuling (1979), 133 f.; Goez (1996), 4.

2 Schieffer (1992), 17.

3 Reuling (1979), 134.

4 Vgl. zuletzt Thomas (1993), 255.

5 Reuling (1979), 134; Goez (1996), 16.

6 Leidinger (1969), 304; Stoob (1989), 127. – Zur »Neutralisierung« der Billunger nach 1080 vgl. ebd., 124.

7 Bruno überliefert zum Jahre 1080, nach dem Tod Rudolfs, das Ansinnen des Saliers an die Sachsen, an seiner Stelle seinen Sohn zum König zu wählen, »ut ... filium suum fecerunt in regem«. Bruno c. 125, ed. Schmale, 394. Vgl. Reuling (1979), 134. Für Bruno ist dieses Ansinnen natürlich eine Unverschämtheit, deren Kommentierung er Otto von Northeim in den Mund legt. Und gerade deshalb wird deutlich, welchen Erfolg die Königswahl von 1087 für das salische Haus bedeutete.

sich 1096 in Mailand zum König von Italien krönen lassen,[8] hatte im Jahre 1095 in Cremona dem Papst den Stratordienst geleistet,[9] beides Akte, die gegen den Willen des Vaters vollzogen wurden.[10] Aber führte das zu der erst Jahre später erfolgenden Absetzung? Undeutlich sind die Vorgänge.[11] Hatte Konrad gar, wie die Vita Heinrici IV. behauptet, den Vater zu entmachten versucht?[12] Dafür spricht, daß sich der an seiner Stelle »gewählte« Heinrich (V.) gegenüber dem Vater eidlich verpflichten mußte, ihm nie die Herrschaft streitig machen zu wollen.[13] Zwar stand Konrad dem Reformpapsttum nahe,[14] aber nichts spricht dafür, daß er, dessen Aktionen sich in Oberitalien abspielten,[15] dem Vater die Herrschaft im Regnum streitig machen wollte.

Undeutlich sind weiterhin die Formen der Entmachtung; kam es zu einer förmlichen Absetzung, wie eine Quelle glauben machen will, die ein Urteil des Hofgerichts unterstellt: »ex decreto curiae diiudicato«?[16] Der Hildesheimer Annalist sieht nur den Kaiser als Handelnden, der, 1097 aus Italien zurückgekehrt, die Auflehnung Konrads anklagte. Wegen dieses Unrechts habe er den jüngeren Sohn Heinrich zum König erhoben.[17] Noch nicht einmal die Entmachtung Konrads hält der Annalist für erwähnenswert. Und das mit einem gewissen Recht. Mag auch der Kaiser die formale Mitwirkung einer ihm gefügigen »curia« als vorgeblendeten

---

8 Goez (1996), 40f.

9 Hartmann (1993), 32f.

10 Zu den Spannungen zwischen Vater und Sohn, die schon 1091 in Erscheinung traten und sich 1093 verschärften, aber in ihren Ursachen nicht ganz klar sind, vgl. Goez (1996), 22f., 25 und 27ff.

11 Goez (1996), 47. Ausführlicher geht nur Bernold auf Konrads italienische Politik ein, auf seine lombardische Königskrönung 1093 (ed. Robinson, 394), auf die Trennung vom Vater 1095 (ebd., 410f.) und auf den Stratordienst, den er Papst Urban II. in diesem Jahr leistete (ebd., 414f.). Über die Absetzung Konrads aber schweigt sich Bernold aus. Frutolf, edd. Schmale – Schmale-Ott, 106 berichtet nur sehr vage über die Absetzung, die er in das Jahr 1093 verlegt, wonach Konrad bezichtigt worden sei (»infamatur«), gegen den Vater rebelliert zu haben. – Eine Generation später charakterisiert Ekkehard von Aura König Konrad als Herrscher von außerordentlich frommem Lebenswandel. Der Grund für seinen Abfall (»discessionis«) vom Vater hätte allein in dessen allgemein bekannter Unsittlichkeit gelegen. Ekkehard (Rec. I), edd. Schmale – Schmale-Ott, 128f. Davon abhängig: Anonyme Kaiserchronik, ebd., 220f. Den Tod Konrads 1101 kommentiert Ekkehard, daß dieser im neunten Jahr nach der Trennung vom Vater erfolgt sei. Manche würden sogar behaupten, Konrad wäre vergiftet worden. Ebd., 162f.

12 Vita c. 7, ed. Schmale, 436.

13 Diese Verpflichtung wird erst im Nachhinein überliefert, als Heinrich V. sich um die Jahreswende 1104/05 durch den Papst von den Eiden dispensieren ließ, die er dem Vater geschworen hatte. Weinfurter (1992/II), 19.

14 Goez (1996), 32f. und 45.

15 Ebd., 29, 37f. und 41ff.

16 Meyer von Knonau (1907), 1; Reuling (1979), 134f.

17 »Imperator de Italia rediit. Conradus patri suo Heinrico rebellat; et ob hanc iniuriam iuniori filio suo regnum iniungit.« Annales Hildesheimenses, ed. Waitz, 50.

Konsens für notwendig erachtet haben, so kann doch der Vorgang nicht anders verstanden werden als eine Verfügung des Hausvaters über Angelegenheiten seines Hauses.

Die Absetzung als Enterbung. So sieht es die Vita Heinrici IV.: »filium exheredare ... cogitabat.«[18] Wenn die Vita zu der 1099 erfolgenden Erhebung des erst 1086 geborenen[19] Heinrichs V. zum König vermerkt, der Vater hätte einen Erben im Reich eingesetzt (»heredem regni sui constituit«),[20] dann ist das rechtliche Verfahren auf dem Mainzer Hoftag nur als Formalakt in einer kaiserlichen Verfügung einbeschlossen.[21] Dafür liefern die folgenden Ereignisse einen wichtigen Beleg. Obwohl Heinrich V. erst zu Ostern 1101 in Lüttich durch die Schwertumgürtung für mündig erklärt wurde (im gleichen Jahr starb auch sein Bruder Konrad),[22] war er doch bereits am 6. Januar 1099 zum König gekrönt worden.[23]

Daß die Einsetzung eines Königs zu Lebzeiten des Vaters inzwischen ein zweifelhaftes Verfahren war, läßt das Verhalten Heinrichs V. erkennen. Unabhängig davon, ob seine Auflehnung nicht auch ein Kampf für die salische Dynastie war, läßt doch die am 5. Januar des Jahres 1106 erfolgte, als erneute Königswahl zu verstehende Huldigung keinen Zweifel daran, daß die Zeiten einer erblichen Begründung des Königtums um 1100 vorbei zu sein schienen.[24] »Schienen«: Der Erbanspruch auf den Thron, wogegen seit Forchheim 1077 so erbittert gekämpft worden war, sollte unter den Staufern erneut erhoben werden.

Bei dem für die späte Salierzeit spezifischen Streit um das wahre Königtum ist es schwer auszumachen, wieweit bereits transpersonale Staatsvorstellungen das Handeln der Großen bestimmten. Wenn die Absetzung des Kaisersohnes Konrad mit der Absetzung seines Vaters acht Jahre später in Beziehung gesetzt wird, dann tritt ein Konkurrenzverhältnis zweier unterschiedlicher Auffassungen vom Königtum zu Tage. Scheinbar hatte Heinrich IV. 1087 mit der von ihm gebotenen Wahl und Krönung und 1098 mit der von ihm gebotenen Enterbung über ein Reichsverständnis der »Forchheimer« gesiegt, das auch den Konsens der Großen für die-

18 Vita c. 7, ed. Schmale-Ott, 436. Vgl. Lotter (1977), 327.

19 Hartmann (1993), 71.

20 Vita c. 7, ed. Schmale-Ott, 438. Vgl. Reuling (1979), 135; Weinfurter (1992/II), 18f.; Goez (1996), 48.

21 Diesen Sachverhalt erfaßt Frutolf, edd. Schmale – Schmale-Ott, 118 zutreffend, wenn er zum Jahre 1099 anmerkt, daß der Kaiser unter Zurücksetzung seines Erstgeborenen seinen zweiten Sohn Heinrich zum König machte (»regem fecit«).

22 27. Juli. Goez (1996), 48.

23 Meyer von Knonau (1907), 1; Reuling (1979), 136.

24 Auch deswegen halten wir die Nachricht Ekkehards von Aura für glaubwürdig, wonach Heinrich IV. 1103 in Mainz hätte öffentlich bekannt machen lassen, er wolle nach Jerusalem pilgern und sein Reich dem Sohn übergeben. Dadurch hätte er höchstes Ansehen (»favorem maximam«) erlangt. Ekkehard (Rec. I), edd. Schmale – Schmale-Ott, 182f.

ses Reich verantwortlich machte. Die Ereignisse von 1105/06 lehren jedoch, daß es den Empörern nicht nur um den Herrscher, sondern in der Tradition von 1077 auch um ein Reich ging, das zwar weder in seinen rechtlichen noch in seinen räumlichen Konturen klar festgelegt war, aber unbestritten jenes über die personale königliche Gebotsgewalt hinausreichende »Mehr« enthielt, das die – ebenfalls weder rechtlich noch geographisch festgelegten – Personenverbände der Stämme einte.

Die Unteilbarkeit der königlichen Herrschaft war selbst in der großen Krise des Sachsenkrieges von keiner Seite in Frage gestellt worden. Das bedeutet, ohne jetzt schon zu Interpretationen wie »Transpersonalität« greifen zu wollen, daß mit dem König zwar noch nicht »Staat«, aber Herrschaft in dem Sinne verbunden wurde, wonach es einen auch ohne den Herrscher bestehenden, aber von ihm zu erfüllenden Verantwortungsbereich gab. Und das schloß aus, diesen Verantwortungsbereich als Erbgut zu betrachten. Das bezeugen die Vorgänge bei der Absetzung Heinrichs IV. Heinrich V. war bereits gewählter und gekrönter König, als er sich den Empörern anschloß. Diesen aber genügte die auf Erbansprüchen beruhende erste Wahl von 1098 nicht; für sie legitimierte allein die als (zweite) Wahl Heinrichs V. zu verstehende Huldigung am 5. Januar 1106 in Mainz das neue Königtum:[25] zwar keine freie Wahl als Formalprinzip, aber Freiheit des in der Huldigung einbeschlossenen Gehorsamsversprechens.

Auch auf anderem Wege läßt sich erkennen, wieweit Gedanken Lamperts von Hersfeld und der Königswähler von 1077 an Verbreitung gewonnen hatten. Nach den Hildesheimer Annalen hatte Erzbischof Ruthard von Mainz 1106 Heinrich V. noch auf dem Mainzer Hoftag vor allen Fürsten (»coram principibus«) gewarnt, es werde ihm genauso ergehen, wie seinem Vater, wenn er nicht als »iustus regni gubernator« zugleich ein Verteidiger der Kirche sein wolle.[26] »Regni gubernator«: Das Reich ist ein vom König unabhängiger, ihm zur Regierung übertragener Rechtsbereich.

---

[25] Weinfurter (1992), 20. – Ekkehard von Aura bietet folgende Deutung der Zusammenhänge: Heinrich V. sei ein erstes Mal von seinem Vater, dann aber ein zweites Mal von allen Fürsten Deutschlands (»ab universis Germaniae principibus«) zum König gewählt worden. Ekkehard (Rec. I), edd. Schmale – Schmale-Ott, 204. Vgl. (Rec. III) ebd., 272. Davon abhängig: Anonyme Kaiserchronik, ebd., 238.

[26] Annales Hildesheimenses, ed. Waitz, 56.

2. Die Absetzung Heinrichs IV. durch seinen Sohn

Das Datum der Deposition Heinrichs IV. – die Motive für den Aufstand gegen den Kaiser – Herrscherverlassung und Herrschaftsverzicht als unzureichende Maßnahmen – der politische Prozeß gegen Heinrich IV. – Entmachtung, Abdankung und Absetzung in ihrer mangelnden Akzeptanz im Volk – die verschiedenen Ausdeutungen des Reichsbegriffs – die Bedeutung der Reichskleinodien im Spiegel des Aufruhrs zu Ruffach und des Kommentars der Vita Heinrici IV. – das Volk und der Herrscher – die politische Frage der Bestattung eines abgesetzten Kaisers

Wenig Probleme scheint es zu bereiten, die Absetzung Heinrichs IV. durch seinen Sohn in die Geschichte der Herrschaftsnachfolge einzuordnen. Eine klare Aussage, eine eindeutige Datierung. Am 31. Dezember 1105 erklärte Heinrich IV. auf einer Fürstenversammlung in Ingelheim seinen Thronverzicht.[27] Die Hoffnung aber, nun endlich mit einer datierbaren Deposition[28] zugleich auch eine erste rechtlich faßbare Form einer Königsabsetzung zu finden, verfliegt schnell. Noch ohne die zu schildernden dramatischen Ereignisse um die Jahreswende 1105/06 zu berücksichtigen, belehrt uns die Actum-Zeile einer Urkunde des unmittelbar an den Ereignissen beteiligten Bischofs Ruotperts von Würzburg, daß nicht am 31. Dezember in Ingelheim, sondern erst wenige Tage später, auf dem Mainzer Hoftag, besser: der Mainzer Fürstenversammlung am 5. Januar 1106 König Heinrich im Kreis der Vornehmen die Herrschaft im Reich angetreten habe.[29] Auch Heinrich V. selbst datierte seine Herrschaftszeit nach diesem Tag, an dem er die Reichsinsignien und die Huldigung der Großen entgegengenommen hatte.[30] Probleme warfen die Ereignisse der folgenden Monate auf, in denen trotz allem der alte Kaiser noch in der Lage war, gegen seinen Sohn um das Königtum zu kämpfen. Ob formeller Herr-

---

[27] Daß die Abdankung in Ingelheim und nicht, wie die Vita Heinrici behauptet, in Mainz stattfand, belegt (mit Erklärung der falschen Tatsachenbehauptung der Vita) Beumann (1984), 309ff. Zu den Vorgängen von 1105/06 vgl. auch Reuling (1979), 136ff.; Schmid (1992), 39ff. und 44f.; Schlick (2001), 54ff.

[28] Für den Hildesheimer Annalisten ist die Absetzung Heinrichs in Ingelheim vollzogen worden, von wo aus sich der Sohn zur Fürstenversammlung nach Mainz begibt. »Deposito vero patre, filius Mogontiam revertitur.« Annales Hildesheimenses, ed. Waitz, 55. Zu dem »libellus de rebellione Heinrici V«, der in die Hildesheimer Annalen einbeschlossen ist, vgl. Beumann (1984), 308.

[29] »Acta sunt hec Magontie, ubi rex Heinricus regni gubernacula in conuentu nobilium suscepit.« Huth (1992), 288 mit Anm. 11. Vgl. zu diesem Hoftag auch Weinfurter (1992/II), 18.

[30] Schlick (2001), 57.

schaftsverzicht, ob zeremonielle Herrschaftsübernahme: Beides blieb Episode in einem Thronstreit, den nicht der öffentliche Verzicht, sondern erst der Tod des Kaisers entschied.

Bereits Ende 1104 hatte sich Heinrich V. von seinem Vater getrennt und sich am 12. Dezember in Regensburg mit einer entschlossenen Gruppe von Königsgegnern zusammengefunden.[31] Diese Gruppe von etwa 20 bis 25jährigen untereinander verwandten und mit den Saliern teils sogar verschwägerten Adeligen[32] betrieb die Auflehnung gegen den alternden Kaiser und gewann den damals erst 18jährigen Heinrich V. für sich, nachdem dieser zu Jagden und Gastmählern eingeladen worden war.[33] Der Kaiser war von dieser »rebellatio« – wie Ekkehard von Aura im Nachhinein die Opposition charakterisierte – völlig überrascht.[34] Diese wurzelte nach Stefan Weinfurter nicht im Machtstreben, sondern im religiösen Ernst,[35] nachdem auf der Fastensynode 1102 Paschalis II. erneut den Kaiser exkommuniziert hatte.[36] War es lediglich Verschleierung von weltlichen Interessen, wenn der junge König zu Pfingsten 1105 auf der Synode von Nordhausen versicherte, er wolle nur die Halsstarrigkeit seines Vaters gegenüber der Kirche brechen?[37] Ein Schlüsselzeugnis, der Brief des Pfalzgrafen Friedrich von Sommerschenburg an die Aufrührer, weist ebenso wie die von den Empörern unterstützte Kanonikerreform auf das »existentielle Anliegen: die Rettung der Seelen« hin.[38] Und: »Das Handeln der adeligen Empörer von 1104 richtete sich gegen den von der Kirche ausgeschlossenen Kaiser, der sich der Reformkirche wiedersetzte.«[39]

Nicht beweisbar, aber aufgrund der Warnung Erzbischof Ruthards zu vermuten ist, daß letztlich dem Kaiser die Verantwortung für die vielen Bischofsmorde im Reich angelastet wurde. Daß die Warnung des Erzbischofs diesem unerläßlich erschien, zeigt auch, daß nicht alle Großen von dem religiösen Ernst des neuen Königs überzeugt waren. Obwohl Weinfurters Deutung viel für sich hat, bleibt doch immer noch der Verdacht, daß den jungen König vor allem der Machterhalt für sein Haus angetrieben hat, als er sich an die Spitze der reformwilligen Fürsten

---

31 Suchan (1997), 167f.

32 Weinfurter (1992/II), 3ff.

33 Weinfurter (1992), 3ff.

34 Weinfurter (1992/II), 8.

35 Ebd., 7, 9, 11, 16f. und 21. Vgl. Schlick (2001), 56 mit Anm. 229.

36 Hartmann (1993), 34; Suchan (1997), 166.

37 Meyer von Knonau (1907), 2. – Nach Ekkehard von Aura hat Heinrich V. gar nicht die Herrschaft, sondern nur im Interesse der Einheit der Kirche die Unterwerfung des Vaters unter den Papst gefordert. Ekkehard (Rec. I), edd. Schmale – Schmale-Ott, 192. Vgl. ebd., 196. Vgl. immer noch: Bernhard Schmeidler, Heinrichs IV. Absetzung 1105/06. Kirchenrechtlich und quellenkritisch untersucht. ZRG kan. 12 (1922), 168–221.

38 Weinfurter (1992), 9,. Vgl. ebd., 14.

39 Ebd., 16.

stellte. So aufgeschlossen gegenüber einer Kirchenreform konnte Heinrich V. nicht gewesen sein, der nach seinem Herrschaftsantritt sechs Bischöfe als Gesandte zum Papst abordnete, von denen vier unter Umgehung des weltlichen Investiturverbots erhoben worden waren.[40] Vor allem war es ein gegen den anwesenden päpstlichen Legaten Richard von Albano gerichteter »demonstrativer Akt« (Weinfurter), daß bereits kurz nach der Herrschaftsübernahme, am 7. Januar, Heinrich V. den Salzburger Erzbischof mit Ring und Stab investierte.[41]

Bei allem Engagement der Empörer für eine Kirchenreform können die »Parteilinien« immer noch nicht klar gezogen werden. Es warnt das Beispiel der »Gregorianer«, welche die ältere Forschung glaubte ausmachen zu können, die aber tatsächlich eine heterogene Ansammlung von Gegnern Heinrichs IV. gebildet hatten.[42] Und das ist auch in der Spätzeit dieses Herrschers zu unterstellen. Man kann all das, was ihm Zeit seines Lebens nachgesagt wurde, als Bösartigkeit von Gegnern, als Propaganda usw. abtun, der Sachverhalt bleibt, daß von keinem Herrscher jener Zeit soviel entschieden negative Charakteristiken[43] und umgekehrt so viele eindringliche positive Bewertungen überliefert sind wie von Heinrich IV.[44] Er war wohl auch unabhängig von seiner Politik eine Persönlichkeit, an welcher sich die Geister schieden.[45] Selbst noch am Ende seiner Regierungszeit begegnen die altbekannten Klagen über den Kaiser, der die »Spielregeln« in der Auseinandersetzung mit seinen Großen nicht einhielt.[46] Bei all dem und bei den unübersehbaren Forderungen im Sinne einer Kirchenreform dürfte das Motiv Heinrichs V. darin gelegen haben, daß er – und hier folgen wir wieder Stefan Weinfurter – »die Interessen der Dynastie über das Vater-Sohn-Verhältnis« stellte.[47]

Als 1105 am Regen sich die Heere von Vater und Sohn kampfbereit gegenüberliegen[48] und der Kaiser, während Friedensgespräche stattfinden, von vielen seiner Anhänger verlassen wird, scheinen noch einmal die alten Formen einer faktischen Königsabsetzung durch Auflösung der Gefolgschaftsbildungen wirksam zu werden. Eine Herrscherverlassung? Heinrich V. hat sich darauf nicht verlassen wollen. Wie auch immer man sein Verhalten gegenüber dem Vater beurteilt: Nicht durch

---

40 Huth (1992), 304f.

41 Weinfurter (1992/II), 24f.

42 Schubert (1997), 311ff.; Suchan (1997), 78 und 80. Vgl. auch Heinig (2000), 370 mit Anm. 48.

43 Vgl. zum Beispiel Goez (1996), 26.

44 Tilman Struve, Heinrich IV. Die Behauptung einer Persönlichkeit im Zeichen der Krise. FrühmalStud 21 (1987), 318–345; Tellenbach (1988), 345–367.

45 Vgl. Tellenbach (1988), 347ff.

46 Suchan (1997), 171ff.

47 Weinfurter (1992/II), 29.

48 Zu den Kriegszügen dieses Jahres: Meyer von Knonau (1907), 3f. Vgl. Ekkehard (Rec. I), edd. Schmale – Schmale-Ott, 192ff.

faktische Entmachtung, sondern durch öffentlichkeitswirksam inszenierte Akte wollte er sein Königtum begründen. Umsichtige Vorbereitungen gingen dem voraus. Schon um die Jahreswende 1104/05 hatte sich der junge Salier durch den Papst von den Eiden entbinden lassen, die er bei seiner Königserhebung 1098 hatte leisten müssen, nämlich niemals gegen den Vater die Herrschaft zu ergreifen.[49]

Für die Vita Heinrici IV. stellt sich die Absetzung des Kaisers durch seinen Sohn als ein übles Intrigenspiel dar, als Betrug (»fraus«) und, schlimmer noch, als ein Verrat an der Menschlichkeit.[50] Mit innerer Bewegung wird gelesen worden sein, wie sich der Vater über die Begegnung mit seinem Sohn freut, seinen väterlichen Gefühlen freien Lauf läßt und dabei nicht ahnt, »daß dies die letzte Nacht der Freude für ihn war«. Unfaßbar, daß der von dem Sohn begangene Betrug dauerhaft glücken könnte. (»Mirum, fraudem umquam tam ordinatam fortunam habuisse«). Der überlistete Vater sieht sich plötzlich als Gefangener seines Sohnes.

Heinrich V. forderte seinen am 23. Dezember 1105 in Böckelheim an der Nahe gefangengesetzten Vater[51] drohend auf, wenn ihm sein Leben lieb sei, unverzüglich Kreuz, Krone, heilige Lanze und die übrigen Abzeichen königlicher Macht (»regalia«) zu übersenden und weiterhin die wichtigsten Burgen zu übergeben. Der alte Herrscher folgte dem Befehl.[52] Die »Freiwilligkeit« des Verzichts Heinrichs IV. war erzwungen.[53] Die ebenfalls erzwungene Übergabe der Reichsinsignien[54] sollte über alle Skrupel, die sich in Tränen der Handelnden ausdrückten, als unzweifelhaft feststellen: Das Reich hat einen neuen Herrscher. Der Mainzer Hoftag zu Weihnachten dieses Jahres, zunächst als Schlußakt der Deposition Heinrichs IV. inszeniert, zeigt, daß es mit den archaischen Formen einer Herrscherverlassung vorbei war. Wir können die Frage übergehen, ob die Abdankung – wie der Kaiser später in Lüttich behauptete – ihm abgenötigt (und damit nach allerdings erst eine Generation später festgelegter kirchlicher Lehre der Freiheit des Eides von Furcht und Zwang ungültig) war. Festzuhalten ist: Rituale und Symbole – und das hieß: außersprachlicher Ausdruck von Rechtsordnungen – waren für einen Herrscherwechsel unverzichtbar geworden.

Heinrich V. brauchte zur Herrschaftslegitimation die förmliche Deposition seines Vaters. (An eine Entscheidungskompetenz, wie sie 1080 Gregor VII. beansprucht hatte, dachte außer vielleicht dem päpstlichen Legaten niemand.) Erstmals in der europäischen Geschichte wird ein politischer Prozeß nicht nur erwähnt,[55]

---

49 Weinfurter (1992/II), 19.

50 Vita c. 10, ed. Schmale-Ott, 446f. Vgl. Beumann (1984), 310f.

51 Tellenbach (1988), 366; Huth (1992), 292 und 306.

52 Vita c. 10, ed. Schmale-Ott, 446f. Vgl. dazu Huth (1992), 302ff.

53 Huth (1992), 295.

54 Ebd., 307; Schlick (2001), 59.

55 Zum politischen Prozeß als Herrschaftsinstrument in salischer Zeit vgl. die Forschungszusammenfassung bei Boshof (1997), 98f.

sondern auch in seinem Ablauf dargestellt. Die Vita Heinrici IV.[56] schildert ihn im Erbarmen mit einem vom Schicksal schwer geschlagenen Menschen. Heinrich IV. muß sich einem inszenierten Schauspiel fügen: politischer Prozeß. Ein Kaiser wird zum Angeklagten. Der eigene Sohn führt ihn auf dem Hoftag geradezu vor; der Vater wirft sich dem Sohn zu Füßen. Es nutzt ihm nichts. »Auf die Frage, ob er freiwillig auf das Reich verzichte, antwortete er nicht so, wie er eigentlich wollte, sondern sagte das, wozu die Notlage ihn zwang.« Die Demütigung ist vollkommen, nachdem der päpstliche Legat ihm die Lossprechung vom Bann mit der Begründung verweigert, daß darüber nur der Papst entscheiden könne.[57] (Das war alles, was von den Ansprüchen Gregors VII. übrig geblieben war.) »Quid multa« sagt die Vita, das Nachdenken dem Leser überlassend. Ein ehemaliger Kaiser geht als geschlagener Mann, all seiner Würden beraubt, auf die ihm von seinem Sohn angewiesene Pfalz Ingelheim zurück. Wiederholte sich das Schicksal Karls III.?

Eine Generation später sollte in Wort und Bild die Freiwilligkeit des Verzichts Heinrichs IV. herausgestellt werden.[58] Eine Geschichtsklitterung, die wohl auf politische Interessen im Umkreis Heinrichs V. zurückgeht, um jene Beurteilung der Vorgänge vergessen zu lassen, welche in der schneidenden Kürze der Annales Hildesheimenses liegt: »Heinricus rex, patre expulso, cepit regnare«.[59] Dieser Annalist war Heinrich IV. durchaus nicht wohlgesonnen, aber daß ein Sohn den Vater aus dessen Besitz vertrieben hatte, brauchte er nur durch einen Ablativus absolutus kommentarlos zu benennen. Die Zeitgenossen kannten das Vierte Gebot.

Wegen des Vierten Gebots mußte im politischen Prozeß die Freiwilligkeit des Thronverzichts betont werden. Die Vita gibt die Worte des Angeklagten wieder: »Er verzichte auf das Reich nicht gewaltsam gezwungen, sondern aus eigenem Willen; seine Kräfte seien schon zu schwach, um die Zügel der Herrschaft zu führen, er habe kein Verlangen mehr, sie festzuhalten, denn durch lange Erfahrung habe er gelernt, daß sie mehr Last als Ruhm bringen; es sei an der Zeit, Würde und Bürde abzulegen und für das Heil seiner Seele zu sorgen.«[60] Bei allen Zwängen hat der Kaiser aber noch die Freiheit, eine Mahnung anzufügen, welche die Vita mit den Worten wiedergibt: »Nur möge sein Sohn sich davor hüten, etwas gegen ihn

---

[56] Zu dieser vielbehandelten Quelle vgl. besonders Lotter (1977), Beumann (1984) und zuletzt (mit der weiterführenden Fragestellung von Schriftlichkeit in einer auf mündlicher Kommunikation beruhenden Gesellschaft) Suchan (1997), 281 ff. Viel spricht, wie Beumann (1984) begründete, für eine Verfasserschaft Bischof Erlungs von Würzburg.

[57] Vgl. dazu auch Annales Hildesheimenses, ed. Waitz, 55 und allgemein zur Rolle des Kardinallegaten in Ingelheim: Huth (1992), 305.

[58] Ekkehard (Rec. I), edd. Schmale – Schmale-Ott, 204; vgl. (Rec. III) ebd., 272. Diese Intention der Chronik Ekkehards und des Illustrators der Berliner Handschrift beschrieb und interpretierte Huth (1992), 292 und 288.

[59] Annales Hildesheimenses, ed. Waitz, 55. Vgl. Beumann (1984), 313 f.

[60] Vita c. 10, ed. Schmale-Ott, 448.

zu unternehmen, was unwürdig sei, sowohl für den Handelnden wie für den, der es erdulden müsse.« Diese Mahnung hat der Sohn sich zwar nicht in seinem politischen Handeln, wohl aber in der Sorge für die »memoria« seines Vaters zu Herzen genommen.[61]

Nur im Prinzip zutreffend hatten wir von einem politischen Prozeß gesprochen. Aber die Gefahr des Anachronismus droht. Ein solcher Prozeß ist in einer Welt, in der selbst die leidenschaftlichsten Streitschriften noch um einen Argumentenaustausch bemüht sind,[62] nicht mit modernen Erscheinungen zu verwechseln. Das läßt bereits die Atmosphäre erahnen, wie sie die Vita schildert. »Viele rührten die Rede des Kaisers und sein Geschick zu Seufzern und Tränen, nur den Sohn konnte noch nicht einmal die Natur selbst zum Erbarmen bewegen. Und als der Vater dem Sohn zu Füßen fiel und ihn anflehte, doch wenigstens das Naturrecht ihm gegenüber zu beachten, da wandte er weder sein Gesicht noch sein Herz dem Vater zu.«[63] Es wird in jener Zeit, als den Männern die Tränen noch nicht verwehrt waren, selbst bei politischen Versammlungen viel geweint.[64] Eine auf Rekonstruktion von Interessenlagen fixierte Historiographie hat die Tränen nicht ernst genommen.[65] Was zwingt uns aber, an der Aufrichtigkeit des Weinens zu zweifeln? Allein unsere Vorstellungen von Politik! Daß Tränen Gewissensnöte ebenso ausdrücken können wie Mitleid mit einem gedemütigten Herrscher, ist doch nicht auszuschließen. Und das »Naturrecht«, das der Kaiser angesprochen hatte, wurde als göttliches Gebot zur Elternliebe ebenso verstanden, wie es auch ganz handfest das allen selbstverständliche Prinzip des Erbes umschloß. In diesem Sinne kommentiert die

---

[61] Die Mühen, die Heinrich V. für die »memoria« seines Vaters auf sich nahm, eine »memoria«, die auch im Interesse der Dynastie lag, sind mit seinem Verhalten zu kontrastieren, daß er nicht dem Wunsch des sterbenden Vaters folgte, sich dessen Dienern gnädig zu erweisen. Meyer von Knonau (1907), 12.

[62] Suchan (1997), 208ff., 224 und 227f. hat zu Recht diesen Faktor hervorgehoben. Daß auch bei erregten politischen Verhandlungen immer noch die Argumente des Gegners ernst genommen wurden, deutet Berthold, ed. Robinson, 106ff., bes. 110 bei seinem Bericht über den Tag zu Worms 1076 an. Der Liber de unitate ecclesiae conservanda wertet auch die 74-Titel-Sammlung, also einen dezidiert gregorianischen Text, aus. Hartmann (1992), 441.

[63] Vita c. 10, ed. Schmale-Ott, 448. Die Vita teilt die Klage, die 1106 der Kaiser in seinem berühmten Brief an König Philipp von Frankreich über seinen Sohn geführt hatte, der »contra ipsum ius naturae« gehandelt habe. Vgl. Dickerhof (1992), 453f.

[64] Vgl. zum Beispiel Lampert, ed. Fritz, 191.

[65] Gegen unsere Auffassung, daß diese Tränen Ausruck emotionaler Ergriffenheit angesichts der Schärfe der Auseinandersetzung sind: Gerd Althoff, Empörung, Tränen, Zerknirschung. »Emotionen« in der öffentlichen Kommunikation des Mittelalters. FrühmalStud 30 (1996), 60–70. Althoffs Einordnung der Emotionen in politische Inszenierungen, die das Mittelalter ebenso kannte wie die Gegenwart – man denke nur an die Tränen, die in Canossa geflossen sind (Berthold, ed. Robinson, 130) –, erweist sich allerdings bei vielen Ereignissen als zu eng. Zu Recht weist Becher (2001), 40f. darauf hin, daß die »Echtheit« von Gefühlen in mittelalterlichen Quellen nicht nachprüfbar ist.

Vita das Verhalten des Kaisersohn mit Bitterkeit. »Dabei wäre es doch eher an ihm gewesen, sich dem Vater zu Füßen zu werfen, denn er hatte ihm ja das Reich, zu dessen Erbe er von ihm selbst bestimmt war, ungeduldig über die Verzögerung entrissen.«[66]

Wir spitzen im Interesse der Klarheit die Frage zu: Ging es nach der erzwungenen Abdankung Heinrichs IV. um Tränen oder um Reichsinsignien? Die schlichte Frage berührt ein Grundsatzproblem. In welchem Verhältnis stehen emotionales und institutionelles Denken bei der Entwicklung von Verfassung? Die Ereignisgeschichte eines halben Jahres, die doch keineswegs zufällig in einer sonst nicht vorhandenen Dichte überliefert ist, bietet grundsätzliche Aufschlüsse über Personalität und Transpersonalität des Reichsgedankens. Vereinfacht: Gehört dem Kaiser noch das Reich, oder ist dieses ein ihm nur anvertrautes Objekt, das ihm auch wieder entzogen werden kann?

Klar ist die Frage, unklar – das hat die Ereignisgeschichte so an sich – die Antwort der Zeitgenossen. So dicht die Überlieferung über die Ereignisse der Jahre 1105/06 auch ist, so läßt sich doch aus ihr kein logisches Ablaufsschema ablesen, es läßt sich zum Beispiel nicht erkennen, wie es Heinrich IV. gelingen konnte, aus der Gefangenschaft zu entweichen[67] und den Kampf gegen seinen Sohn aufzunehmen.[68] Daß er das aber vermochte, ist mehr als eine bloß ereignisgeschichtliche Aussage; es belegt, daß im allgemeinen Bewußtsein die politischen Inszenierungen des Mainzer Hoftags nicht überzeugten: Einen Herrscher darf man nicht absetzen. So stark war die Unterstützung für einen Kaiser, der abgedankt und die Reichsinsignien übergeben hatte,[69] daß der um die Jahreswende 1105/06 noch so unbeugsam erscheinende Sohn zu Ostern 1106 sich verhandlungsbereit erweisen muß.[70] Erst der Tod Heinrichs IV. am 7. August 1106 löste die Thronfrage.

Wir übergehen die weiteren Ereignisse nach der scheinbar so perfekt inszenierten Herrscherabsetzung[71] wie etwa die gescheiterte Belagerung des unbeugsam kaisertreuen Köln, weil sie allesamt bestätigen: Die zeremonielle, wenngleich er-

---

66 Vita c. 10, ed. Schmale-Ott, 450.

67 Vgl. Beumann (1984), 312f.

68 Huth (1992), 309f. – Zu den Kämpfen am Niederrhein, in denen die Kölner Bürger ihren Erzbischof, einen Parteigänger Heinrichs V., vertrieben, vgl. Lewald (1973), 386f.

69 Selbst die Vita nennt Heinrich in seinem Lütticher Zufluchtsort »destitutus imperio«. Beumann (1984), 316.

70 Annales Hildesheimenses, ed. Waitz, 56. Vgl. Ekkehard (Rec. I), edd. Schmale – Schmale-Ott, 282ff.

71 Vgl. Beumann (1984), 317; Wolfgang Peters, Coniuratio facta pro libertate. Zu den coniurationes in Mainz, Köln und Lüttich in den Jahren 1105/06. RheinVjbll 51 (1987), 303–312; Stehkämper (1992), 124f. – Zum Feldzug Heinrichs V. an den kaisertreuen Niederrhein vgl. die hier eigenständige Darstellung der Anonymen Kaiserchronik, edd. Schmale – Schmale-Ott, 242f.; Ekkehard (Rec. III) ebd., 278f.

zwungene Übergabe der Insignien schuf keineswegs Rechtssicherheit. So wichtig die Symbole der Herrschaft für die Legitimität eines Königtums waren, so mußte doch den von Gewalt umstellten Zeitgenossen die Absetzung als unwürdig gelten, als Raub, den ein Sohn an seinem Vater begangen hatte. »imperator a filio suo regalibus despoliatur«, sollte später die Erfurter St. Peters Chronik das Geschehen kommentieren.[72]

Die dramatischen Ereignisse der Jahre 1105/1106 haben keine Rechtsgrundlagen für eine Königsabsetzung hervorgebracht. Wir folgen der Vita Heinrici IV. schon allein deshalb, weil sie in knappen Worten die plausibelste Schilderung der politischen Situation angesichts ungeklärter und nur durch vorübergehende Machtkonstellationen eigennützig ausgelegter Rechtsfragen bietet: Trotz des Mainzer Hoftages lastete das Gefühl der Unsicherheit auf den Empörern. Aber plötzlich kam die Nachricht, welche die Anhänger Heinrichs V. hoffen und schließlich jubeln ließ. War es wirklich wahr, daß der alte Kaiser gestorben war, wie es mit einemmal im allgemeinen Gerede (»fama«) hieß? Als aber der Gesandte kam, der dem Sohn Ring und Schwert mit den letzten Aufträgen – wahrscheinlich Funeralien und Seelmessen betreffend – des sterbenden Vaters brachte, da brach der kaum zu dämpfende Jubel der Erleichterung aus.[73] Wie bis heute üblich, drängten sich Opportunisten glückwünschend um den neuen Herrscher. Weder Macht noch Recht hatten die Frage des Thronwechsels gelöst, sondern der Tod Heinrichs IV.: »Qua tempestate mentis dum fluctuarent, subito fama veniens nubila tantae perturbationis in serenum convertit. Retulit enim imperatorem mortis debitum persolvisse. Ad quam famam primo hesitabant, sed cum nuncius extremum munus patris, anulum videlicet et gladium, cum mandatis filio portans venisset, tanta laeticia oborta est, ut voces gratulantium vix sedari possent.«[74]

Ausgeklügelt war die Inszenierung der Entmachtung und Absetzung des Kaisers. Aber weder der junge König noch seine Anhänger hatten die Haltung des »Volkes« berechnet, das bisher – sehen wir von den Anfängen des Sachsenaufstandes ab – nur als passiver Zuschauer der politischen Aktionen in Erscheinung getreten war. Nunmehr begegnet den Großen, die auf der Fürstenversammlung zu Mainz noch gejubelt hatten, die spontane Wut des Volkes, der Aufstand der Bürger von Ruffach.[75] Ihren Kaiser darf man doch nicht absetzen. Unheimlich ist sogar dem adeligen Verfasser der Vita dieser Aufstand, vor dem die schwertgewohn-

---

72 Monumenta Erphesfurtensia, ed. Holder-Egger, 159.

73 Vgl. Beumann (1984), 317. Es entspricht der zeitgenössischen Überlieferung, wenn noch die Sächsische Weltchronik, c. 212 weiß: »Koning Heinric, do he vernam sines vader dot, he begonde schallen unde lachen«. MGH, Deutsche Chroniken Bd. 2, 188. Vgl. Meyer von Knonau (1907), 6.

74 Vita c. 13, ed. Schmale-Ott, 464. Vgl. Ekkehard (Rec. III), edd. Schmale – Schmale-Ott, 286f.

75 Vita c. 11, ed. Schmale-Ott, 450f. Vgl. Beumann (1984), 314; Huth (1992), 308f.

ten Adeligen fliehen. Und vor allem: Die von dem flüchtenden Heinrich V. zurückgelassenen Reichsinsignien werden eine Beute des gemeinen Volkes (»fugiente rege regalia insignia vulgi praeda facta sunt«). Welch eine Schande für das Reich: »o dedecus regni«.

Die Reichsinsignien sind für den Verfasser der Vita und – da wir ihm hier durchaus folgen – auch für Heinrich V. nicht alleiniger Inbegriff der Herrschaftslegitimation, sondern Konkretisierung dessen, was von den Großen als »das Reich« verstanden wurde. Das ist, wenn man zum Vergleich die Ereignisse von 1077 und die vorsorglich angefertigte Königskrone Rudolfs von Rheinfelden heranzieht, in dieser Deutlichkeit noch nie in Erscheinung getreten. Worin drückt sich das Neue aus, da doch selbstverständlich seit jeher diese Kleinodien zum Königtum gehören? Ihr Besitz ist nach den Forschungen von Jürgen Petersohn nicht die unabdingbare Legitimation des Königtums,[76] wozu sie späterhin bei Doppelwahlen aus Parteidenken heraus stilisiert werden. Dennoch sind sie von nicht zu unterschätzender Bedeutung. Wir erinnern an die im Mittelalter so häufig begegnende Praxis der Bündelung von Rechtsansprüchen. Tief im Rechtsdenken waren Symbole bei der Besitzübertragung verwurzelt. Die Übergabe von Halm und Erde oder die eines Holzspans von der Tür gewährleistet die Rechtsgültigkeit eines Besitzwechsels. Die Übergabe der Reichskleinodien steht innerhalb des Rechtsrahmens von »arrha«, »warandia«, »werschaft«. Wie Halm oder Holzspan als Symbol für Haus und Hof sind für den Verfasser der Vita Heinrici IV. die Reichskleinodien Inbegriff des Reiches, sind nicht personale Herrschaftslegitimation, sondern transpersonaler Ausdruck überzeitlicher Herrschaft. Werden sie eine Beute der Menge, betrifft das nicht die personale Macht Heinrichs V. allein: »o dedecus regni«.

Jeder damalige Leser der Vita verstand sofort: Die Bürger von Ruffach haben keinen Diebstahl von Edelsteinen im Sinn gehabt, als sie die Reichskleinodien an sich brachten. Sie wollten diese dem wahren Besitzer zurückgeben, jenem Kaiser, an dessen weiter bestehender Herrschaft sie nicht zweifelten. Fremd ist ihnen die Inszenierung des Mainzer Hoftags geblieben. Die Entscheidung der Großen ist nicht die ihre. Das Verständnis vom Reich trennt den Verfasser der Vita von den Bürgern zu Ruffach trotz der gemeinsamen Parteinahme für den alten Kaiser. So sehr der gelehrte Autor das Verfahren beklagt, so nimmt er doch das Ergebnis schicksalsergeben hin. Und auch das schwingt bei der Wendung »o dedecus regni« mit: Einfache Bürger maßen sich die Entscheidung darüber an, was das Reich ist.

So sehr die Vita den Raub der Reichsinsignien als Schande hervorhebt, so will sich der Verfasser doch ein Argument nicht entgehen lassen, das seine Klage, seine kaum verhüllte Anklage rechtfertigt. Der Verlust der Reichskleinodien ist für ihn

---

[76] Jürgen Petersohn, »Echte« und »falsche« Insignien im deutschen Krönungsbrauch des Mittelalters? Kritik eines Forschungsstereotyps. (SbbWissGesUnivFrankfurt/Main 30/3) 1993.

ein Gottesurteil. Wenn inmitten eines Textes, der an der Verurteilung der Absetzung keinen Zweifel läßt, mit einemmal Heinrich V. als »lieber König« angeredet wird, so können wir nur staunend notieren: Der Verfasser – natürlich kennt man sich in der schmalen Schicht des untereinander verwandten Hochadels – rechnet damit, daß seine Klage über das Schicksal des Vaters dem Sohn bekannt wird.[77] Also kann, die Erzählung unterbrechend, Heinrich V. direkt gemahnt werden, das Gottesurteil zu respektieren. Zwar »lieber König«, aber deutlich: Gott strafte Dich, weil Du dem Vater die Insignien des Reiches geklaut hast (»Resipisce tandem, rex bone, resipisce et supernam iram in hac sorte tua recognosce! Iudicium irae Dei est, ut fugeres, qui patrem fugasti, et insignia perderes, qua patri abstulisti).«[78]

Nach dieser Mahnung folgt unmittelbar die Schilderung eines weiteren Betrugs Heinrichs V. Er gewährt den Bürgern Ruffachs Verzeihung, erhält die Reichsinsignien zurück, aber statt das Gottesurteil, das »iudicium irae Dei«, zu respektieren, wurmt ihn lediglich die angetane Schmach. Mit Mord, Plünderung und Brand zieht er anschließend über die Stadt her.[79] Daran nehmen die Heinrich V. unterstützenden Adeligen keinen Anstoß. In einer sich wandelnden Welt orientieren sich selbst Anhänger der Kirchenreform an adeligen Vorstellungen von Herrschaft, negieren das »gemeine Volk«, negieren die sich anbahnende Verdichtung urbaner Siedlungen zur Stadt.[80] Und das wird für uns noch wichtig werden: der Gestaltwandel der Öffentlichkeit. Begriffe wie »Publizistik« täuschen, auf die Streitschriftenliteratur des Investiturstreits angewandt, eine Kontinuität mit späteren Zeiten vor, in denen die Bedeutung der Städte anders wahrgenommen werden mußte als die von Ruffach durch Heinrich V. und seine Anhänger.

Die Ereignisgeschichte – wir wiederholen – kann Fenster eröffnen, die den Blick auf allgemeine Zustände erlauben. Das Verhalten der Bürger zu Ruffach läßt Aussagen über das Bild vom Königtum zu, wie es im Volk gesehen wurde. Und in dem nur verschwommen erscheinenden Hintergrund dieses Bildes ist zu erahnen, was einfache Menschen von jener Geschichte, welche gebildete Chronisten überliefern, als Teil ihres Lebens erkannten. Was späterhin Ekkehard von Aura erzählt, muß so nicht unbedingt zutreffen, aber es zeigt, daß man inzwischen gelernt hatte, auf die öffentliche Meinung Rücksicht zu nehmen. Vor dem Mainzer Hoftag sollen die Fürsten Heinrich IV. ehrerbietig nach Ingelheim entgegen gegangen sein, um Un-

[77] Pastorale Mahnungen finden sich auch ansonsten in diesem leidenschaftlichen Kapitel der Vita, am wichtigsten: Ehre Deinen Vater: »Honora patrem tuum«. Vita c. 11, ed. Schmale-Ott, 452.

[78] Vita c. 11, ed. Schmale-Ott, 452.

[79] Ebd.

[80] Vgl. Berent Schwineköper, Königtum und Städte bis zum Ende des Investiturstreits. (VortrrForsch Sonderbd. 11) 1977.

ruhen in der Bevölkerung zu vermeiden (»propter cavendum tumultum vulgi«), denn die Menge habe eher zum Vater als zum Sohn geneigt.[81] Ekkehard regte sich sehr über diese Haltung der Bevölkerung auf, welche die edlen Motive des Sohnes nicht erkennen wollte und in seiner Dummheit den König verunglimpfte (»vulgari stultitia ... diffamavit«): Arglistig habe der Sohn den Vater gefangen genommen.[82]

Auch wenn es scheinbar von unserem Thema abweicht, seien doch die Worte zitiert, die in beeindruckender Kürze den Kommentar des Verfassers der Vita Heinrici IV. zum Tod des Kaisers enthalten: Der Adel jubelte, das Volk weinte (»proceres plangebant, vulgus lamentabatur«). So adelsstolz der Verfasser das gewaltsame Vorgehen der Ruffacher Bürger kommentiert hatte, so hat er hier doch in vier lateinischen Worten ein riesiges Problemfeld umrissen, das spätestens seit dem Jahre 1077 zu den Herrschaftsabsetzungen gehört: die öffentliche Meinung. Eine Herrscherverlassung war noch alleinige Angelegenheit des Hochadels. Bei einer Herrscherabsetzung jedoch suchten die Handelnden die Zustimmung der von dem Umfeld der Großen geprägten »Öffentlichkeit«. Deren Zustimmung galt ihnen nur als Bestätigung ihres Handelns, die zwar noch nicht notwendig, aber als Beweis der Legitimität adeligen Handelns erwünscht war.

Zu Anfang seiner Herrschaft hatte Heinrich IV. das Volk in Sachsen so gegen sich aufgebracht, daß es 1074 die Harzburg bis auf die Grundmauern zerstörte und die Gräber von Verwandten des Königs schändete.[83] Nach dem Tod dieses Herrschers hingegen wird ihm eine Verehrung vom gemeinen Mann entgegengebracht, von der die Vita Bewegendes zu berichten weiß: »Zu seiner Bestattung strömten Witwen und Waisen und alle Armen des ganzen Landes herbei; sie weinen, weil sie den Vater verloren, ihre Tränen fließen über seinen Leichnam, sie küssen seine freigebigen Hände. Man konnte sie kaum davon abbringen, den entseelten Leib zu umarmen, ja, man konnte ihn kaum bestatten. Sie wichen auch nicht von seinem Grabe, sie harrten bei ihm in Nachtwachen, Tränen und Gebeten aus, und klagend erzählten sie und im Erzählen klagten sie, welche Werke der Barmherzigkeit er an ihnen getan.«[84] Und einem solchen Tröster der Armen – so der Infratext der Vita – verweigert der päpstliche Legat die Versöhnung mit der Gemeinschaft der Christen. Die Vita kann in diesen Passagen als eines jener wenigen Zeugnisse gelesen werden, in denen die Gegensätze zwischen Arm und Reich aus der Gegensätzlichkeit von Politik und Christianitas gedeutet werden, aus einer Gegensätzlichkeit

81 Ekkehard (Rec. I), edd. Schmale – Schmale-Ott, 202, (Rec. III), 270.

82 Ebd. (Rec. I), 200.

83 Schubert (1997), 273f.

84 Vita c. 13, ed. Schmale-Ott, 465. Vgl. Schulze (1982), 184; Schreiner (1987), 236ff. Vgl. in diesem Zusammenhang die besondere Königsnähe der Lütticher Region noch im 11. Jahrhundert: Co van de Kieft, Das Reich und die Städte im niederländischen Raum zur Zeit des Investiturstreits, in: Bernhard Diestelkamp (Hg.), Beiträge zum hochmittelalterliche Städtewesen. (Städteforschung A 11) 1982, 149–169, hier: 159.

zwischen den Zuständen der Adelswelt und denen des wahren Christentums, das in der Welt der Armen geborgen ist. Gewiß: die Armen sind nur Zeugen, aber sie sind andere Zeugen als jener Legat, der, ganz kompetenzbewußter Bürokrat, dem entmachteten Kaiser die Absolution verweigert hatte. Die Vita Heinrici IV. gehört in ihrem Infratext in die lange Vorgeschichte der franziskanischen Revolution,[85] gehört zur Frage, warum der knapp dem Ketzereiverdacht entgangenen Orden des hl. Franz in nur einer Generation sich europaweit verbreiten konnte. Für die Geschichte der Königsabsetzungen ist die Vita in zweierlei Hinsicht aufschlußreich. Erstens zeigt sie – soweit ich sehe: auch erstmals in der europäischen Geschichte – die Verwurzelung des monarchischen Gedankens im Denken des gemeinen Mannes: Einen König darf man nicht absetzen. Dafür braucht man nicht magisch aufgeladene Vorstellungen von einem Königsheil zu bemühen.[86] Zweitens: Ein gedemütigter, aber auch ein demütiger Herrscher zieht von dannen. Nicht wie bei Karl III. die Wolken, sondern die Armen kommentieren – protestierend – das Verhalten der Großen.

Angesichts der Bedeutung des Totengedenkens, der »memoria« in der mittelalterlichen Welt, ist das Begräbnis eines Mächtigen ein hochpolitischer Akt.[87] Was sich um die Leiche des verstorbenen Kaisers abspielte, erinnert an die wirrnisvollen Zeiten des römischen Papsttums um 900, an den mehrfach ausgegrabenen und – gesetzt, daß es immer die gleichen Gebeine waren – fünfmal begrabenen Papst Formosus.[88] Ein entsprechender Vergleich interessiert uns, auch wenn er im Interesse der modernen Ritualforschung läge, wenig; uns interessiert vor allem, welchen Handlungsspielraum der junge König zu Anfang seiner Herrschaft überhaupt hatte. Ein würdiges Begräbnis seines Vaters mußte ihm nicht nur Gebot der Pietät, sondern auch der Politik sein, Rücksicht auf die Verehrung, die weite Teile des Volkes dem toten Kaiser bewahrten. Aber stärker als die Motive des Königs erwies sich der Wille der Großen. Obwohl Heinrich V. ihnen weit entgegengekommen war, indem er auf die erbrechtliche Begründung seiner Herrschaft verzichtete, wollten sie ihren Sieg auskosten. Heinrich IV. wurde zunächst in Lüttich »mit den

[85] Ernst Werner, Pauperes Christi. Studien zu sozial-religiösen Bewegungen im Zeitalter des Reformpapsttums. 1956.

[86] Sinnvoller, wenngleich ebenfalls hypothetisch, wäre es, an das Prinzip des Erbes zu erinnern, an ein Prinzip, für das die kleinen Leute im 12. Jahrhundert so sehr kämpften, daß sie das Recht, ihren Besitz zu vererben, mit »libertas« gleichsetzten. František Graus, »Freiheit« als soziale Forderung. Die Bauernbewegungen im Spätmittelalter, in: Johannes Fried (Hg.), Die abendländische Freiheit vom 10. zum 14. Jahrhundert. (VortrrForsch 39) 1991, 409–435. Sie hatten wenig Verständnis für die Mächtigen, die ihnen dieses Recht verwehren, und die anstelle einer königlichen Erbfolge das Prinzip der freien Wahl durchsetzen wollten.

[87] Für das Spätmittelalter: Lothar Kolmer (Hg.), Der Tod des Mächtigen: Kult und Kultur des Todes spätmittelalterlicher Herrscher. 1997.

[88] Klaus Herbers, Art. Formosus. LexMa Bd. 4 (1989), Sp. 655f.

Ehren, die dem Range des Toten entsprachen«, bestattet.[89] Die Fürsten jedoch zwangen den König, die Leiche wieder ausgraben und in ungeweihter Erde verscharren zu lassen.[90] Eine erneute Wendung zeichnete sich neun Tage später ab, weil der Sohn den Wunsch des Vaters, in Speyer begraben zu werden, respektieren wollte und ihn deshalb erneut von seinen engsten Vertrauten (»familiares«) exhumieren ließ.[91] Am 24. August befindet sich Heinrichs Leiche wieder in Lüttich, wo sich die geschilderte Anhänglichkeit des Volkes bewies. Am 3. September kam der Leichenzug in Speyer an, wobei dem Toten alle Ehre erwiesen wurde. Ein würdiges Begräbnis wurde ihm aber nach wie vor verwehrt. Fünf Jahre lang stand der Steinsarg in der noch ungeweihten St. Afrakapelle.[92] Nachdem Heinrich V. 1111 in Rom die Lösung seines Vaters vom Bann erreicht hatte, ließ er ihn am Jahrestag seines Todes, am 7. August 1111 in einer groß ausgestalteten Feier in der Saliergruft des Doms bestatten.[93] Dabei hob er das Gebetsgedenken für den Vater »auf eine ganz neuartige Stufe« (Weinfurter), indem er die Gebetsverpflichtung der Speyerer Bürger mit dem großen Freiheitsprivileg für die Stadt verband.[94]

Die Geschichte der würdigen Bestattung Heinrichs IV. steht mit der Geschichte der Herrscherabsetzungen insofern im Zusammenhang, als sie auf die Reichweite der Ansprüche Gregors VII. zurückweist. Daß ein päpstlicher Bann den Ausschluß aus der kirchlichen Gemeinschaft bedeutete, war unumstritten. Nach wie vor umstritten war, wie das Gezerre um die Bestattung des Kaisers bezeugt, welche politischen Folgen der Kirchenbann nach sich ziehen sollte.

Das repräsentativ ausgestaltete Begräbnis Heinrichs IV. ist nicht in dem Sinne zu deuten, daß die Zeit Wunden heilt. Vielmehr nahten die Zeiten, in denen sich die Großen mehr und mehr von dem Kaiser abwandten. Dafür sind handfeste politische Gründe auszumachen. Aber – die nicht zu beantwortende Frage muß zumindest gestellt werden – war die aufwendige, auf reichsweites Aufsehen berechnete Bestattung des Vaters in der Grablege des salischen Hauses nicht auch eine dynastische Machtdemonstration, verdeutlichte der Sohn nicht damit gegenüber den Großen, provozierend, den Herrschaftsanspruch des salischen Hauses?

---

89 Meyer von Knonau (1907), 7.

90 Ebd., 8.

91 Weinfurter (1992/II), 29.

92 Ebd.

93 Ebd., 30; Ders. (1992), 56; Schmid (1992), 52f.

94 Weinfurter (1992/II), 30. Zu weiteren Memorienstiftungen Heinrichs V. für seinen Vater vgl. ebd., 29.

3. Die Abkehr der Fürsten von Heinrich V. Die Vorform einer Herrscherabsetzung

Eine Kaiserkrönung als Schwächung der Herrschaft im Reich – die Abkehr der Fürsten vom Kaiser – Heinrichs V. ergebnisloser Ausweg – das Fürstengericht und der Weg zum Wormser Konkordat – die Stabilisierung des Königtums durch Lothar III.

Die Kaiserkrönung, die zumeist eine Stabilisierung der Stellung des Königs im Reich bedeutete, bildete hingegen für die Herrschaft Heinrichs V. in deutschen Landen einen Wendepunkt, nachdem diese Herrschaft nach 1106 zunächst unbestritten geblieben war. Denn die Wirren im Vorfeld dieser Kaiserkrönung im Jahre 1111, die helle Aufregung unter den Großen über das sogenannte »Pravileg«,[95] wirkten auch weiterhin in deutschen Landen nach. War einem Kaiser noch zu trauen, der gegen die Abtretung des weltlichen Besitzes der Bischöfe an das Königtum (nicht etwa an ein besitzrechtlich noch nicht definiertes Reich) dem Papst das alleinige Investiturrecht zugestehen wollte? Daß der Gedanke der Entweltlichung der Kirche vom Papst ausgegangen war,[96] blieb teils unbekannt oder diente teils zum Vorwurf, daß Heinrich V. allzu bereitwillig diesen Vorschlag aufgegriffen und in seinem Interesse umgedeutet hatte.[97]

Seit 1111 wird der einst im königlichen Dienst aufgestiegene Erzbischof Adalbert I. von Mainz zum entschlossensten Gegner Heinrichs V.[98] Der Mainzer steht in seiner Opposition keineswegs allein. Auch andere Bischöfe teilen seine Einstellung, und die Abkehr vom Kaiser wird unter den Bischöfen allgemeiner, nachdem 1112 auf der Synode von Vienne der Kirchenbann über den Salier verhängt worden war.[99] Zu vernachlässigen sind die in solchen Situationen in der Adelswelt üblichen Schwankungen. Eine Festigung seiner Stellung gelang dem Kaiser nicht. Nach wie vor überzeugten die Argumente der Waffen am nachhaltigsten. Die Niederlage, die Heinrich V. 1115 in der Schlacht am Welfesholz gegen den Sachsenherzog erlitt,[100] bestärkte die allgemeine Abkehr der Großen.[101] Ausbleibender Konsens. Das Weihnachtsfest 1116 in Speyer kann der Kaiser nur mit wenigen Bischöfen und

---

[95] Vgl. Laudage (1993), 105f.

[96] Weinfurter (1992/II), 35.

[97] Ebd., 36ff.

[98] Ebd., 39f.

[99] Ebd., 40f. Vgl. auch Stehkämper (1992), 129; Boshof (1997), 52f. Zu der 1114 erkennbaren Abkehr der Großen am Niederrhein: Lewald (1973), 387. Die für den Kaiser kritische Situation des Jahres 1114 erwähnt auch Otto von Freising, Gesta VII.15, ed. Schmale, 150f.

[100] Zur Vorgeschichte und zu den Hintergründen vgl. Schubert (1997), 352ff.

[101] Ekkehard (Rec. I), edd. Schmale – Schmale-Ott, 314f. Vgl. Schlick (2001), 69ff.

Fürsten feiern.[102] Selbst ein dem Salier wohlgesonnener Chronist wird nicht verschweigen, daß der Kaiser das Weihnachtsfest des Jahres 1120 in Worms unwürdig (»non imperialiter«) begehen mußte.[103] Das Reich, so klagt der nunmehr als Zeitzeuge zu würdigende Ekkehard von Aura im Jahre 1116, sei jetzt wieder gespalten, nachdem es ein Jahrzehnt lang Ruhe gehabt habe.[104] Lediglich die ursprüngliche Adelsgruppe, die aus Reformgesinnung heraus dem Sohn den Weg zum Sturz des Vaters gebahnt hatte, hielt bis zum Ende der Herrschaft Heinrichs V. zu ihm.[105] Der Papst spielte keine Rolle bei der Abkehr der Fürsten. »Sehr kühl« waren die Beziehungen Erzbischof Adalberts zu Paschalis II. in den Jahren 1116 bis 1118.[106]

Angesichts der Abkehr der Großen wählte der Kaiser den wörtlich zu verstehenden Ausweg nach Italien. Er zog hierhin mit seiner Frau und seinem ganzen Hofstaat, um – wie es Ekkehard von Aura formuliert – Ärgernissen mit den Fürsten auszuweichen (»ipseque scandala principum declinans in Italiam se una cum regina totaque domo sua contulit«).[107] Das war im wörtlichen Sinne Ausflucht, beruhend auf nüchternem Kalkül. Zu erinnern ist an unsere einleitende Bemerkung, wonach eine Königsabsetzung die Umkehrung der Herrscheraufgabe der Integration der Mächtigen in einem Reich, also die negative Herrschaftsintegration voraussetzt. Indem Heinrich V. sich aus deutschen Landen zurückzog, konnte er hoffen, daß nicht mehr seine Person die Gegner einte, sondern daß die Gegensätze der Großen untereinander soweit aufbrechen würden, daß sie einen Kaiser als Schiedsrichter benötigten, was dessen Rückkehr als politisches Gebot erscheinen lassen mußte.

Die Rechnung des Kaisers ging nicht auf. Zu tief saß nach dem Jahre 1111 das Mißtrauen der Großen. Dieses Mißtrauen einte. Folgt man Ekkehard von Aura, so war bereits 1118 jener dann im folgenden Jahr in Würzburg stattfindende Hoftag anberaumt worden, auf dem die Großen Heinrich V. vor die Alternative stellten, entweder sich dem Spruch eines Fürstengerichtes zu unterwerfen oder aber abgesetzt zu werden.[108] Von einem »generale vel curiale colloquium« spricht Ekkehard. Der Hoftag hat sich also von der Person des Herrschers gelöst und wird als Insti-

---

[102] Ekkehard (Rec. III), edd. Schmale – Schmale-Ott, 316.

[103] Ebd. (Rec. IV), 344.

[104] Ebd. (Rec. III), 324.

[105] Weinfurter (1992/II), 22f.

[106] Büttner (1973), 398. Auch mit Papst Gelasius II., der Kanzler seines päpstlichen Vorgängers gewesen war, verband Adalbert kein engeres Verhältnis. Das änderte sich erst seit 1119 mit dem Pontifikat Calixt II. Ebd., 400f.

[107] Ekkehard (Rec. IV), edd. Schmale – Schmale-Ott, 316. Vgl. Weinfurter (1992/II), 43. Anderer Auffassung, wonach in deutschen Landen die Situation »weitgehend stabil« gewesen wäre: Zey (2000), 480 mit Anm. 114.

[108] Ekkehard (Rec. IV), edd. Schmale – Schmale-Ott, 340. Zur Datierung vgl. ebd. Anm. 28f. und 31 sowie Schlick (2001), 76.

tution des Reiches verstanden. Auf einem solchen – von den Fürsten, nicht aber vom Kaiser gebotenen – Hoftag hatte sich nach den Worten Ekkehards der Salier entweder zu verantworten oder aber bei seiner Abwesenheit mit Absetzung zu rechnen (»absens regno deponi«).[109]

Durch seine sofortige Rückkehr aus Italien konnte der Salier die Absetzungsdrohung entschärfen, das Verfahren selbst, das ihn dem Spruch der Fürsten unterwarf, vermochte er jedoch nur noch zu verlängern, aber nicht mehr zu verhindern. 1121 fällte auf dem Würzburger Hoftag, auf dem ein allgemeines Friedensgebot erlassen wurde,[110] ein aus je zwölf Anhängern und Gegnern des Herrschers gebildetes Gericht den Beschluß,[111] der den Kaiser zum Ausgleich mit der Kurie zwang und den Weg zum Wormser Konkordat ebnete.[112]

Deutlicher als Urkunden belegen äußere Umstände die Distanz der Großen zu Heinrich V. im Jahre 1121. Während der Kaiser in Würzburg weilt, schlagen die Fürsten ihre Zelte an der Werrn auf, etwa eine Tagesreise von der Bischofsstadt entfernt.[113] Räumliche und politische Distanz. Schließlich lag erst drei Monate der Versuch des Saliers zurück, Mainz belagern zu wollen, wogegen Erzbischof Adalbert »ganz Sachsen, wo er sich damals aufhielt, in Bewegung setzte.«[114] Damals hatten die Großen zugleich beschlossen, die von Heinrich V. vertriebenen Bischöfe von Speyer und Worms wieder in ihre Bistümer zurückzuführen.[115] Mit der traditionellen Salierfeindschaft in Sachsen war immer zu rechnen. Angesichts dieser Vorgeschichte des erst seit Leibniz (anachronistisch) so benannten Wormser Konkordats hat die Deutung viel für sich, daß es in Worms weniger um einen Friedensschluß zwischen Kaiser und Papst als um die »Wiederaufnahme des Königs in die kirchliche Gemeinschaft« gegangen war.[116]

Die eigentliche Leitlinie der spätsalischen Geschichte in deutschen Landen, nämlich die Auseinandersetzungen um das Verhältnis von königlicher Herrschaft zum Konsens der Großen, ist selten in der Forschung behandelt worden. Das liegt einmal an den Nachwirkungen des Kulturkampfthemas Regnum et Sacerdotium, das liegt zum andern aber auch daran, daß mit dem König- und Kaisertum Lothars III.,

---

[109] Ekkehard (Rec. IV), edd. Schmale – Schmale-Ott, 340.

[110] Ebd., 352.

[111] Ebd., 350 und 352. – Druck: MGH Const Bd. 1, 158 Nr. 106. Vgl. Büttner (1973), 403f.; Weinfurter (1992/II), 43f. Zum Bericht Ekkehards von Aura: Gerd Althoff, Staatsdiener oder Häupter des Staates. Fürstenverantwortung zwischen Reichsinteresse und Eigennutz, in: Ders. (1997), 126–153, hier: 136f.

[112] Boshof (1997), 102; Zey (2000), 455, 463ff. und 472f.

[113] Ekkehard (Rec. I), edd. Schmale – Schmale-Ott, 350.

[114] Ebd., 348f.

[115] Ebd.

[116] Zey (2000), 468.

des lange in seiner Bedeutung verkannten Herrschers,[117] diese Leitlinie abbrach. Die Jahre des Friedens begannen, kommentiert rückblickend ein Zeitgenosse den Herrschaftsantritt Lothars: »Incipiunt anni pacifici«.[118]

»Incipiunt anni pacifici«: Diese schlichten Worte lassen erahnen, daß bei der Interpretation der Wahl von 1125 eine Beschränkung auf das Formalprinzip der freien Wahl sowohl den mit dem Wahlgedanken verbundenen Traditionen der Vergangenheit als auch den Klärungen der damaligen Gegenwart nicht gerecht wird. Königsabsetzung 1098, Kaiserabsetzung 1106, Abkehr vom Kaiser nach 1111: Unter dem Eindruck der Ereignisse kamen so viele Adelige 1125 aus allen Teilen Deutschlands zusammen, als Verhandlungen über ein neues Königtum anstanden, daß ein völlig neuer Wahlmodus entwickelt werden mußte. Denn nicht mehr wie hundert Jahre, wie 1024, zuvor in der Rheinebene bei Kamba fand die Wahl statt, sondern in einer räumlich beengten Stadt, in Mainz. Keine Rheininseln gab es, auf die man sich nach Wipos Bericht zu Beratungen zurückziehen konnte. Daß die später so genannten Reichstädte bereits im Itinerar Heinrichs IV. hervortreten, daß die Zeit der ländlichen Königspfalzen vorbei war, beruht auf den gleichen Veränderungen, deretwegen die Wahl des Jahres 1125 in einer Stadt organisiert werden mußte. Nicht Tradition der freien Wahl, sondern organisatorische Gebote des urbanen Lebens führten bei der ungewöhnlich großen Zahl der Wähler zu jenem vielbehandelten neuen Wahlmodus, nach dem je zehn Repräsentanten der vier Stämme die Entscheidung übertragen wurde.[119] Die Tatsache, daß so viele Große zu einer Wahlhandlung strömten, zieht zugleich eine nüchterne Bilanz der spätsalischen Zeit: Endlich wollten die Menschen wieder einen Herrscher wählen, dem sie alle gehorsam sein konnten. »Incipiunt anni pacifici«.

---

117 Vgl. jetzt: Wolfgang Petke, Kanzlei, Kapelle und königliche Kurie unter Lothar III. (1125–1137). (ForschKaiserPapstGMa 5) 1985.

118 J. F. Böhmer, Regesta Imperii IV. Die Regesten des Kaiserreiches unter Lothar III. und Konrad III. Neu bearbeitet von Wolfgang Petke. 1994, 106.

119 Schmidt (1987), 46ff.

Dritter Teil: Königswahlen und Herrscherabsetzungen zwischen 1138 und 1298. Konstituierung, Krisen und Nachwirkungen staufischer Herrschaft

Fast ein ganzes Jahrhundert nach den dramatischen Ereignissen von 1105/06 ist bis zum Jahre 1192 nichts von Absetzungsplänen, geschweige denn von einer Herrscherabsetzung zu erfahren. Das zwingt nicht dazu, die Forschungsdiskussion aufzugreifen, ob mit der Doppelwahl von 1198/99 ein tiefgreifender Strukturwandel, gar eine Krise des Wahlrechts – so Heinrich Mitteis –[1] oder eine Schlüsselzeit zur Formierung eines Wählergremiums markiert sei – so Armin Wolf.[2] Die Doppelwahl veranschaulicht, was sich im 12. Jahrhundert in deutschen Landen verändert hatte. Der hohe Adel, der, auf Familienverbänden konstituiert, noch um 1100 als »die Großen« bezeichnet werden mußte, verfestigte sich um 1200 zu einem eigenen Stand, zu dem der Fürsten.[3] Eine Vereinfachung steckt hinter dem Ausdruck »Fürstenstand«. Bei seiner Formierung werden konfliktträchtige Auflösungsprozesse der letztmalig 1125 bei einer Königswahl in Erscheinung tretenden Stämme zu unterstellen sein. Zugleich begann sich auch aus der hofrechtlichen »familia« der Stand der zum Schwert geborenen Ritter zu entwickeln, die zwar um 1200 immer noch »Eigenleute«, Leibeigene im gewöhnlichen Sprachgebrauch, waren, aber in ihren Spitzen eine soziale Gruppe bildeten, die es an Einfluß damals, in Gestalt der Reichsministerialität, mit den Reichsfürsten aufnehmen konnte, was diese mit Unmut wahrnahmen.[4]

Erstaunlicherweise ist in dieser Epoche tiefer Wandlungen zwar eine Doppelwahl, aber keine Absetzung, allenfalls eine Verschwörung (1192) zu notieren. Das Königtum profitierte von diesen Wandlungen durch den Aufbau einer eigenen Reichsministerialität, und es wußte, gestützt auf den Konsens mit den Großen, gegenüber den konfliktträchtigen Wandlungen die traditionsgesicherte Stellung als

---

1 Die Forschungsdiskussion um diese These faßt Reuling (1990), 227ff. zusammen.

2 Vgl. zuletzt: Wolf (2002), 1ff.

3 Heinrich Koller, Die Bedeutung des Titels »princeps« unter den Saliern und Staufern. MIÖG 68 (1960), 63–80; Karl Heinemeyer, König und Reichsfürsten in der späten Salier- und frühen Stauferzeit, in: Heinemeyer, W. (1987), 1–39, hier: 5f. und 36f.; Boshof (1987), 43; Ernst Schubert, Art. Reichsfürsten, in: LexMa 8 (1995), Sp. 617; Schimmelpfennig (1996), 101f.; Schlinker (1999), 22ff.; Willoweit (1999), 18ff.; Wiegand (2002), 363f. – Wir folgen Willoweit (1999), 22, daß sich in der Durchsetzung des »princeps«-Titels seit etwa 1180 auch die »Sprachdisziplin« im Umkreis des Herrschers zeige.

4 Hucker (1998), 112.

Ordnungsmacht zu nutzen. In einer Zeit, in der die adelige und kirchliche Grundherrschaft in einer krisenhaften Phase der Umbildung stand, erwies sich das Königtum als überraschend stabil.[5] Neue soziale Kräfte, vor allem die Ministerialität, hatte es zu seinem Nutzen zu integrieren vermocht, hatte sich erfolgreich in die Binnenkolonisation eingeschaltet,[6] eine eigene Städtepolitik verfolgt[7] und hatte mit der wachsenden Macht der Städte zum Beispiel auch Teile des eigentlich schon verlorenen Münzregals zurück gewinnen können.[8]

[5] Vgl. in diesem Zusammenhang Schmidt (1995), bes. 74f. und 87. Mit dieser Bemerkung wollen wir natürlich nicht zu einem angeblich spezifischen staufischen Reichsgedanken zurückkehren, den übrigens schon, als er noch in voller wissenschaftlicher Blüte stand, Perels (1927), 66 als Mystifikation entlarvte.

[6] Exemplarisch: Hansjürgen Brachmann, Archäologische Forschungen zum stauferzeitlichen Landesausbau in Sachsen, in: Engel - Töpfer (1994), 31–50.

[7] Vgl. nur Fred Schwind, Friedrich Barbarossa und die Städte im Regnum Teutonicum, in: Haverkamp (1992), 469–499. - Friedrich I. hatte sich mehr und enger mit Geld befaßt als jeder römisch-deutsche Herrscher vor ihm. Dirlmeier (1992), 509.

[8] Vgl. Norbert Kamp, Moneta regis (im Druck).

I. »Consensus principum«: Die Gründe für die unumstrittene Herrschaftsnachfolge bis 1197

1. Wahl- und Erbgedanke

Die Festlegung des Wahlprinzips 1165 und die Wahl des Kaisersohnes 1169 – die späteren staufischen Königswahlen »vivente imperatore«

Wie Heinrich III., wie Heinrich IV. und Konrad III.[9] konnte auch Friedrich I. zu seinen Lebzeiten die Wahl seines Sohnes Heinrich VI. durchsetzen. Die von Heinrich III. verfolgte »Stufenwahl« kehrt dabei in der Variante wieder, daß der Kaiser die Fürsten einzeln zu dem Versprechen bewog, seinen Sohn zum König zu wählen: »imperator laborabat, quod principes filium suum ... eligerent in regem et hoc iuramento firmarent, quod fere omnes, praeter episcopum Coloniensem, singilatim se facturos promiserunt.«[10] Einzelzusagen: Wenn auf dem Würzburger Hoftag 1165 festgelegt worden war, daß nur derjenige, den die Gesamtheit der Fürsten wählen werde (»quem principes universi eligerint«), Nachfolger des Kaisers sein könne,[11] so war es in der Realität unmöglich, diese »universitas« herzustellen. Unbeanstandet konnte aufgrund der von Friedrich geführten vorbereitenden Absprachen der vierjährige Heinrich 1169 auf dem Hoftag zu Bamberg gewählt und in Aachen gekrönt werden,[12] ohne daß der Kaiser es für nötig hielt, dies dem Papst mitzuteilen.[13] 1186 wurde Heinrich VI. anläßlich seiner Heirat mit Konstanze durch eine Festkrönung in Mailand zeremoniell als gleichberechtigter Herrscher

---

[9] Konrad III. ließ 1147 seinen zehnjährigen Sohn Heinrich (VI.) in Frankfurt zum Mitkönig erheben und in Aachen krönen. Otto von Freising, Gesta I.46, 58 und 68, ed. Schmale, 216, 250 und 274. Vgl. Schmidt (1987), 109ff. Während des Kreuzzuges sollte Erzbischof Konrad von Mainz das Regiment führen.

[10] Marbacher Annalen, ed. Schmale, 194.

[11] MGH Const. Bd. 1, 316 Nr. 223 und 317 Nr. 224. Vgl. Schmidt (1987), 160 und 169.

[12] Schmidt (1987), 180ff.; Otto von St. Blasien, ed. Schmale, 64 verkürzt den Vorgang: »Heinricum ... regem post se designavit«. – Zu beachten ist aber, daß die Frage der Eignung bei dieser Designation den Zweitgeborenen vor dem ältesten Sohn bevorzugte. Immer noch ist die entsprechende Deutung, die Perels (1927), 61 diesem Sachverhalt gab, die überzeugendste. Vgl. auch Schmidt (1987), 189ff. Schimmelpfennig (1996), 42 sieht in der Kränklichkeit des Erstgeborenen den Grund. Vgl. zur Wahl Heinrichs VI. Csendes (1993), 35ff.; zur Krönung: ebd., 40f.

[13] Miethke (2001), 93. Vgl. Csendes (1993), 177f.

erhoben, was eine englische Quelle als Erhebung zum »Caesar« verstand.[14] Aber war es nur politische Taktik, wenn angesichts dieser Realisierung des Erbanspruchs auf die Krone Friedrich I. dem Papst entgegenhielt, daß die kaiserliche Herrschaft durch Fürstenwahl allein durch Gott vergeben werde?[15]

1169 ließ sich wenigstens noch in Ansätzen das Prinzip der »Stufenwahl« darin erkennen, daß der fürstliche Konsens zeremoniell respektiert wurde.[16] Nach Otto von St. Blasien konnte dann Heinrich VI. seinen Sohn geradezu zum Nachfolger designieren.[17] Eine formelle Wahl, die 1197 stattfand, obwohl der spätere Friedrich II. noch nicht einmal getauft war,[18] erscheint lediglich als Rechtsakt, der den kaiserlichen Willen einkleidete. Aber Vorsicht ist angebracht, dieses Ereignis in einem Sinne zu verstehen, wie ihn Ernst Perels formuliert hatte: »In diesem Wahlreich hat, im großen gesehen, die erbrechtliche Idee durchaus vorgeherrscht«.[19] Denn zwei Jahre zuvor, 1195, hatten die Fürsten bereits die Wahl des Kaisersohnes halbherzig versprochen und anschließend verweigert.[20] Für die Ansicht von Ernst Perels scheint allerdings zu sprechen, daß Friedrich II. 1220 seinen Sohn Heinrich und 1237 seinen Sohn Konrad zum König wählen lassen konnte. Es werden aber noch, bevor die einzelnen Wahlakte voreilig zu Leitlinien verknüpft werden, die Eigengesetzlichkeiten dieser Königserhebungen zu behandeln sein. Hier genüge der Hinweis, daß 1237 – anders als im Jahre 1220 – die Fürsten keine Bedingungen für die Wahl des Kaisersohnes stellen sollten.[21]

Erst die Forschungen von Ulrich Schmidt haben mit der Vorstellung gebrochen, daß die »staufischen Kaiserwahlen« von einem Erbanspruch auf den Thron ausgegangen wären. Tatsächlich erweist sich 1152, 1169 und schließlich 1197, welcher Respekt dem Wahlgedanken gezollt werden mußte.[22] Das Übergehen des Königssoh-

---

14 Schmidt (1987), 206ff.; Csendes (1993), 61f.

15 »Cumque per electionem principum a solo Deo regnum et imperium nostrum sit«. (Rahewin) Otto von Freising, Gesta III.13, ed. Schmale, 420.

16 Das Wahlrecht der Großen hatte, wie Schmidt (1987), bes. 165 feststellt, Friedrich I. stets anerkannt, und die Wahlhandlung selbst wurde in staufischer Zeit immer mehr verfestigt, so daß letztmalig 1125 die Akklamation als konstitutiver Akt der Königserhebung sichtbar wird. Reuling (1990), 260, 262ff. und 268f.

17 Otto v. St. Blasien, ed. Schmale, 128: »Friderico filio suo infante adhuc rege post se designato«. Vgl. ebd., 132: »regem post se designaverat«. Vgl. Schmidt (1987), 258. – Zur Behandlung der Wahl Friedrichs II. durch Innozenz III. im Thronstreit vgl. Schmidt (1987), 220.

18 Miethke (2000), 94. Vgl. Schmidt (1987), 255ff.; Csendes (1993), 117f.; Sommerlechner (1999), 191.

19 Perels (1927), 57. Vgl. Sommerlechner (1999), 105 (zu Burchard von Ursberg).

20 Schmidt (1987), 227ff.; Csendes (1993), 173; Schmidt (1998), 62.

21 Boshof (1993), 27; Erkens (2002/II), 141.

22 Schmidt (1987). Bereits Giese (1975), 182 hatte darauf hingewiesen, daß selbst die Thronfolge der Königssöhne belege, »daß das Reich seiner Grundkonzeption nach ein Wahlreich war.«

nes Friedrich (von Rothenburg) 1152 erfolgte nicht so einvernehmlich, wie Otto von Freising glauben machen will.[23] Dem Wahlgedanken scheint zu widersprechen, daß seit Friedrich I. am Mythos von der einzigartigen staufischen Herrschersippe gestrickt wurde, die bis zum Ende aller Tage das Imperium innehaben werde.[24] Darin kann aber auch im Sinne demonstrativer Empfehlung eine respektierende Antwort auf den Wahlgedanken gesehen werden; denn in ihrer Politik handelten die Staufer keineswegs in verstiegener Selbstdarstellung. Bereits Friedrich I. hatte erkannt, daß die Wahl Teil des fürstlichen Konsensanspruches war, und folgerichtig hat er diesen Konsens stets betont. Historische Erfahrungen mochten dabei mitgespielt haben, war doch 1138 die Koblenzer Minderheitswahl, problematisch allein schon in ihren Verlaufsformen, allein dadurch zum Erfolg geworden, weil ihr auf dem anschließenden Bamberger Hoftag weitgehende Anerkennung bei den Großen zuteil wurde.[25]

2. Hoftag und Königswahl

Bamberg als Wahlort 1169: die Erinnerung an das Jahr 1138 – »curia celebrata«: die neue Repräsentation des fürstlichen Konsenses – engerer und weiterer Hof zur Zeit Friedrichs I.

Daß Heinrich VI. 1169 auf einem Hoftag zu Bamberg gewählt wurde, ist aus der Erinnerung an den Hoftag von 1138 zu verstehen und stellt zugleich ein Programm in der Verbindung von Hoftag und Wahlhandlung dar. Und das, so unsere zu begründende These, ist der Grund für die relativ problemlose Durchsetzung der Sohnesfolge in staufischer Zeit. Wer auf den Hoftagen die einzelnen Fürsten gemeinsam in eine vom Herrscher definierte Verantwortung einbezieht, kann weitgehend vermeiden, daß ein fürstliches Selbstwertgefühl sich auf dissentierende Wahlentscheidungen konzentriert. Der Hoftag sollte deshalb unter Friedrich I. zur Bühne werden, auf der fürstlicher Konsens sich darstellen konnte.

---

[23] Althoff (1993), 310. – Zum gespannten Verhältnis zwischen den Vettern vgl. ebd., 312ff.

[24] Odilo Engels, Gottfried von Viterbo und seine Sicht des staufischen Herrscherhauses, in: Hubert Mordek (Hg.), Aus Archiven und Bibliotheken. Festschrift für Raymund Kottje. 1992, 327–345; Ganz (1992), 636f.; Thomas (1995), 759; Ursula Nilgen, Herrscherbild und Herrschergenealogie der Stauferzeit, in: Kramp Bd. 1 (2000), 357–367. – Ein Beispiel für die Wirkungen dieses Mythos: Burchard von Ursberg läßt die Staufer von Chlodwig und Karl dem Großen abstammen. Sommerlechner (1999), 105.

[25] Vgl. zuletzt: Erkens (2002/II), 139.

Einbeziehung des fürstlichen Konsenses als Signatur staufischer Herrschaft:[26] Die Hoftage wurden häufig so repräsentativ ausgestaltet, daß sich dafür die Wendung einbürgerte: »curia celebrata«.[27] In salischer Zeit hatte Weihnachten den Termin gebildet, den ein Herrscher mit seinen Großen möglichst prächtig zu begehen hatte, es was das Fest, bei dem sich nach Meinung der damaligen Chronisten die Gültigkeit einer Königsherrschaft offenbarte; in staufischer Zeit hingegen wird, weltlicher Festfreude viel Raum gebend, ein besonders wichtiger Hoftag zu Pfingsten gefeiert.[28] (Im September und Oktober fanden die »gewöhnlichen« Zusammenkünfte statt.) Die berühmteste »curia« der Zeit, das Mainzer Hoffest von 1184, ist in seiner Prachtentfaltung außergewöhnlich, nicht aber in dem Prinzip, den fürstlichen Konsens in die Festfreude zu integrieren.[29] Schließlich war die politische Mitte dieses Hoftages die Schwertumgürtung, die Mündigkeitserklärung Heinrichs VI. (und seines Bruders) und damit die Bestätigung der Königswahl von 1169.

Was eine »curia celebrata« in der Festfreude herausstellte,[30] erweist sich ebenso im Verhandlungsverlauf dieser Hoftage. Die Fürsten treten hier als die geborenen Ratgeber des Herrschers[31] und besonders als Urteiler im Hofgericht in Erscheinung.[32] Auf Rat der Fürsten verweigert zum Beispiel 1161 der Kaiser die Annahme einer Geldsühne für nicht geleistete Heeresfolge.[33] Was der Sache nach als das für Friedrich I. so typische, schon bei seinem Regierungsantritt demonstrativ hervorgehobene Beharren auf dem Recht erscheint, ist hier in die Form eines fürstlichen Ratschlags gekleidet. Die alte Streitfrage, ob die späteren kurfürstlichen Willebriefe nicht in der staufischen Herrschaftspraxis entstanden seien,[34] konnte sich nur er-

[26] Heinrich Appelt, Kaiserurkunde und Fürstensentenz unter Friedrich Barbarossa, in: Ders., Kaisertum, Königtum, Landesherrschaft. Gesammelte Studien zur mittelalterlichen Verfassungsgeschichte. 1988, 81–96; Willoweit (1999), 15f. – Zum »consilium principum« selbst bei der Besetzung von Bistümern vgl. Töpfer (1992), 401.

[27] Töpfer (1992), bes. 431. Dazu vgl. Alheydis Plassmann, Die Struktur des Hofes unter Friedrich I. Barbarossa nach den deutschen Zeugen seiner Urkunden. (MGH Studien und Texte 20) 1998. – Dem Herrschaftsprinzip des feierlichen Hoftags ordnen wir auch die Festkrönungen in staufischer Zeit zu. Lindner (1994), 161ff.

[28] Vgl. Lindner (1992); Schubert (2002), 202f.

[29] Ganz (1992), 641f.

[30] Das wird am deutlichsten in seiner zeremoniellen Umkehrung, bei dem betonten Ernst, der den Stil des »Kreuzzugshoftags« von 1188 bestimmen sollte. F. W. Wentzlaff-Eggebert, Der Hoftag Jesu Christi 1188 in Mainz. 1962.

[31] Vgl. für die Zeit Heinrichs VI.: Csendes (1993), 213. Zum »consilium principum« anfangs des 13. Jahrhunderts: Laufs (1980), 177ff.

[32] Vollrath (1996), bes. 48f. und 59f.

[33] Dirlmeier (1992), 510.

[34] Vgl. Lamprecht (1883); Julius Ficker, Fürstliche Willebriefe und Mitbesiegelungen. MIÖG 3 (1882), 1–62.

geben, weil der »consensus« in den Herrscherurkunden immer wieder beschworen worden war.[35] Dieses staufische Herrschaftsprinzip war europaweit bekannt. Deswegen wird Innozenz III. die Zustimmung der Fürsten zu Friedrichs II. Egerer Goldbulle verlangen.[36]

Der Hoftag war eine Erweiterung der engeren kaiserlichen Hofhaltung, auf deren Ausgestaltung Friedrich I. sehr bedacht war,[37] wie schon seine Pfalzbauten in Gelnhausen, Hagenau, Kaiserslautern, Kaiserswerth und Wimpfen bezeugen.[38] In der Korrespondenz von Kaiserpfalz und Hoftag konnte er austarieren, was Heinrich IV. mit der Konzeption der Harzburg nicht gelungen war. Denn während die Harzburg sich von Goslar abwenden sollte, suchte Friedrich I. für seinen engeren Hof die Verbindung zur Stadt. Daß die Verurteilung Heinrichs des Löwen 1180 in dem beengten, von einer Kaiserpfalz beherrschten Gelnhausen stattfand, ist ein Beispiel für die politische Regie zwischen weiterem und engerem Hof.

Ebenso wie dem Konsensanspruch das Gesetzgebungsrecht des Herrschers zur Seite stand, waren engerer Hof als herrschaftliche Institution und feierlicher Hoftag keine Gegensätze, sondern Komplementärinhalte. Das Nebeneinander von Konsens und Gebot zeigt sich etwa bei den Heerfahrten unter Friedrich I. Teils waren sie vom Kaiser befohlen,[39] teils mit den Fürsten vereinbart worden wie 1172 auf dem Hoftag zu Worms, als der fünfte Italienzug durch allgemeinen Fürstenbeschluß (»iudicio cunctorum principum«) sanktioniert wurde.[40]

Unter Friedrich I. und Heinrich VI. brauchten die Fürsten nicht auf einer freien Wahl zu bestehen, weil ihre Ansprüche auf Zustimmung zu herrscherlichen Maßnahmen in vielfältiger und vor allem auf den Hoftagen in zeremoniell herausgestellter Form respektiert wurden. Das sollte sich unter Friedrich II. ändern, sollte möglicherweise den tieferen Grund für die sich seit 1238 anbahnende Opposition unter den Fürsten bilden. Heinrich (VII.) 1234 und Friedrich II. 1235 hatten in ihren Landfrieden den Konsens mit den Fürsten hervorgehoben,[41] hatten die »Harmonisierung zwischen der königlichen Gesetzgebungsbefugnis und der kollekti-

---

35 Lamprecht (1883), 116 glaubte eine Trennungslinie zwischen diesem »consensus«, weil dieser nur »einen fakultativen Charakter« gehabt hätte, und den Willebriefen ziehen zu können, denen er irrigerweise einen Verpflichtungscharakter zuschrieb.

36 Laufs (1980), 306.

37 Alfred Haverkamp, Einführung, in: Ders. (1992), 9–47, hier: 41ff.; Ganz (1992), 623ff.; Johanek (1992), 664f.

38 Ganz (1992), 638 und 644f.; Günther Binding, Friedrich Barbarossa als Bauherr »ad regni decorem«, in: Erkens – Wolff (2002), 461–470.

39 Vgl. Töpfer (1992), 422ff.

40 Ebd., 425. Dazu Lindner (1994), bes. 156ff.; Schimmelpfennig (1996), 32 und 35. Vgl. auch ebd., 51 und 89f. Vgl. Ferdinand Opll, Ytalica expeditio. Die Italienzüge und die Bedeutung Oberitaliens für das Reich zur Zeit Kaiser Friedrich Barbarossas (1152–1190), in: Deutschland und Italien zur Stauferzeit. (SchrrStaufischeGKunst 22) 2002, 93–135.

41 Vgl. Nishikawa (2002), 95ff.

ven Rechtsbildung herausgestellt«.[42] Jedoch: Ein Herrscher, der das Regnum Theutonicum nur als Nebenland betrachtete, konnte zwar die Wahlen seiner Söhne 1220 und 1237 gebieten, aber er konnte bei seiner seltenen Anwesenheit in deutschen Landen nicht auf den Hoftagen diese Gebote mit dem Konsensanspruch der Fürsten versöhnen.

---

[42] Ebd., 98f.

II. Vom staufisch-welfischen Thronstreit bis zur Absetzung Friedrichs II.

Wie weit die Integrationsfähigkeit des staufischen Königtums bei neuen Entwicklungen gehen konnte, zeigt nicht zuletzt die Geschichte der öffentlichen Meinung. Diese – im Prinzip überzeitliche – Erscheinung begegnet im 13. Jahrhundert in einer zuvor nicht gekannten Intensität.[1] Die Publizistik, die selbst während des sogenannten Investiturstreits nur in lateinischen Schriften erhalten ist, gilt jetzt auch in ihren volkssprachlichen Erscheinungsformen als überlieferungswürdig. Verfehlt wäre es jedoch, die entsprechenden literarischen Zeugnisse als Ausdruck eines neuerwachten laikalen Bewußtseins zu deuten. Diese Zeugnisse versuchen nur, eine längst zuvor bestehende laikale Öffentlichkeit zu beeinflussen, eine Öffentlichkeit, die wir nur indirekt erschließen können, eine Öffentlichkeit aber, die – wie sich schon während des sogenannten Investiturstreits abzeichnete – mit Argumenten des Rechts und der Geschichte überzeugt werden sollte. Unterschiedslos werden alte und neue Argumente verwendet, Argumente aus der Bibel, Argumente aus der Geschichte, Argumente aus der Rechtssprechung. Ein Beispiel: Wenn Walther in seinen Sprüchen gegen Otto IV. auf das Saul-David-Exemplum zurückgreift,[2] dann zitiert er eine Enzyklika Innozenz' III.[3] Walther macht sich nicht zum Sprecher von Stimmungen im Volke, sondern zum Sprecher jener Fürsten, die Otto IV. mit Berufung auf die päpstliche Bannsentenz von 1210 nicht mehr anerkennen wollen, wenn er dem Welfen Ungehorsam gegen die geistliche Gewalt vorwirft.[4]

In der germanistischen Forschung ist seit längerem Skepsis gegenüber den früheren Versuchen zu beobachten, in der Spruchdichtung eindeutige politische Stellungnahmen gemäß einer den Historikern so einleuchtenden Parteibildungen zwischen Regnum und Sacerdotium auszumachen. Immer deutlicher zeichnet sich in der Forschung die Bereitschaft ab, differenzierte Meinungsbilder anzunehmen, eine Aufgabe, welche die magistralen Forschungen von Andrea Sommerlechner

[1] Vgl. aus literarischer Perspektive des Erec: Wenzel (1998), 219: »Herrschaft rechtfertigt sich demnach keineswegs aus sich selbst, sie muß augenfällig werden, öffentlich erscheinen.« Vgl. weiterhin in diesem Zusammenhang ebd., 225 und 234f.

[2] Worstbrock (1989), 74f. – Zum »Otten-Ton« vgl. Müller (1996), 162ff.

[3] Acta imperii selecta, 631 Nr. 921. Die Wendung »Gott verwarf den hochgewachsenen Saul« ist eine offene Anspielung auf die Körpergröße Ottos IV.

[4] Worstbrock (1989), 73f.

zum Herrscherbild Friedrichs II. in der zeitgenössischen Geschichtsschreibung auch den Historikern gestellt haben.[5]

Unübersehbar ist die Vermehrung von Zeugnissen für die Formenvielfalt und den Differenzierungsgrad der öffentlichen Meinung im frühen 13. Jahrhundert. Deren politische Wirkung läßt sich im Gegensatz zur Zeit Ludwigs des Bayern noch nicht nachweisen. Die immer wieder herangezogene Aussage des Thomasin von Zirklaere, wonach Walther mit seinen Dichtungen so viele Menschen verführt habe, ist eigennützige Polemik. Thomasin betont damit den Wert der eigenen Dichtung; diese diene ganz anders als die Sprüche Walthers dem Heil der Seelen.

Zumindest ansatzweise läßt sich die Bedeutung der öffentlichen Meinung abschätzen. Die Kyffhäusersage, die falschen Friedriche, die Ghibellinenträume und Vatizinien nach dem Tode Friedrichs II. weisen auf allgemeiner verbreitete Vorstellungen zurück. Das läßt die Vermutung zu, daß eine engere Verbindung von Politik und öffentlicher Meinung bestand, als sie in den Quellen nachweisbar ist, daß die Gefahr der Verkürzung von Zusammenhängen bei der Ausklammerung der politischen Dichtung entstehen könnte. Denn zu den Rahmenbedingungen politischen Handelns gehörte, daß die neuen sozialen Kräfte, die ein Jahrhundert zuvor Heinrich V. mit seinem Betrug an den Bürgern von Ruffach noch glaubte übergehen zu können, nunmehr von den Großen berücksichtigt werden mußten.[6] Daß Dichtern, die an manchen Fürstenhöfen ein- und ausgingen, die Beeinflussung der öffentlichen Meinung übertragen wurde, interessiert uns dabei weniger als die Tatsache, daß diese Beeinflussung den Großen wichtig erschien. Die politische Spruchdichtung mit ihrem Höhepunkt zur spätstaufischen Zeit folgt nicht nur literarischen, sondern auch politischen und sozialen Gesetzen. Die literarische Postulierung eines Ritterideals geschieht in öffentlichkeitswirksamer Absicht, um einer Fragmentarisierung der Adelsgesellschaft zu wehren. Für einen König und für einen Fürsten gilt das gleiche wie für jeden höfischen Adeligen, nämlich »daß seine Vorbildlichkeit öffentlich überprüft wird.«[7]

Das Niveau der Spruchdichtung in staufischer Zeit ist auch der Komplexität der von ihr zu beeinflussenden öffentlichen Meinung geschuldet. In anderer Bedeutung erscheint hier der Konsens, der uns bisher allein im Verhältnis des Königs zu den Großen interessiert hatte. Spruchdichter hatten im Interesse ihrer Herren handlungsleitende Prinzipien zu vertreten, die nicht individueller Deutung der Dichter unterlagen, aber – konsensgebunden – ihr Publikum überzeugen mußten. Nicht das De-

---

[5] Sommerlechner (1999).

[6] So zutreffend Schulze (1982), 185f.; Schreiner (1987), 214f. Herrendünkel jedoch gibt es über die Zeiten hinweg, wie der Aufstand der Bürger von Breisach im Jahre 1212 lehrt, als das Gefolge Ottos IV. sich zahlreiche Übergriffe zu schulden kommen ließ. Zotz (1991), 177.

[7] Horst Wenzel, Öffentliches und nichtöffentliches Herrschaftshandeln, in: Althoff (2001), 247–260, hier: 250.

positionsrecht, wohl aber das Verhältnis von Fürsten und König war Gegenstand des Interesses der Laien, so wie es sich etwa in Walthers Reichssprüchen spiegelt. Dabei konkretisiert sich in den Liedern auch anderer Sänger die aus spätsalischer Zeit überkommene Frage, in welchem Verhältnis König und Fürsten zum Reich stehen.

Die Haltung des gemeinen Mannes, um die in neuer Form geworben wird, ist bei allen inhaltlich widersprüchlichen Aussagen, bei allen Überschneidungen mit der veröffentlichten Meinung und bei allen zeitspezifischen Ausformungen tatsächlich die einzige Konstante, die wir innerhalb des Zeitraums zwischen 1198 bis 1298 ausmachen können. Die politische Welt jedoch kennt keine Konstanten. Das läßt sich am einfachsten an der Stellung des Papstes innerhalb der Thronwirren andeuten. 1198 konnte Innozenz III. mit seiner »Deliberatio« in den Thronstreit eingreifen. 1298 hingegen war von keiner der in Deutschland kämpfenden Parteien der Papst angerufen worden. 1245 konnte Innozenz IV. einen Kaiser absetzen; sein Nachfolger Bonifaz VIII. wurde 1298 von den Fürsten noch nicht einmal gefragt. In offener Diskrepanz zum theoretisch immer weiter ausgebauten päpstlichen Depositionsrecht steht die politische Wirklichkeit.

Die neue Bedeutung der öffentlichen Meinung für unsere Fragen ergibt sich aus einem schlichten Sachverhalt. Ebensowenig wie die salische hatte die staufische Zeit eine rechtliche Klärung des Absetzungsverfahrens herbeigeführt. Die Depositionen erscheinen hier noch konstellationsgebunden als direkte Folgerungen aus der politischen Gesamtsituation: Absetzung durch die Fürsten, durch politischen Druck erzwungener Verzicht und päpstliche Bannsentenz – aber kein geregeltes Verfahren, das verbindliche Rechtsnormen geschaffen hätte.

1. Die nur scheinbar durch Friedrich I. gefestigte Herrschaft: Erbreichsplan (1196), Doppelwahl (1198) und Königsmord (1208)

Personal gewährleistete Herrschaftsbalance und die nach wie vor bestehende Gefährdung des Königshauses – die Aussage des Erbreichsplans: die Einschätzung des fürstlichen Wahlrechts durch den Kaiser – gescheiterte Verfassungsbildung – die »Kassation« der Königswahl Friedrichs II. in ihrer rechtlichen Begründung – die Doppelwahl und die Frage der Entscheidungsträger: Papst oder Reichsministerialität – die durch den Königsmord unbeantwortbare Frage nach den Kräfteverhältnissen

Die Balance, die Friedrich I. zwischen Herrscherautorität und fürstlichen Konsensansprüchen zu halten vermochte, war stets aufs Neue zu gewinnen, beruhte nicht auf institutionell abgesicherter Festigkeit. Daß Friedrichs I. König- und Kaisertum in deutschen Landen unangefochten war, beruht – wie nicht zuletzt sein Ausnutzen des Verhältnisses zu Heinrich dem Löwen zeigt[8] – auf einer instinktsicheren Wahrnehmung politischer Chancen im Interesse des staufischen Hauses. Bei aller Respektierung des Wahlgedankens hatte den Kaiser nur die Sohnesfolge, nicht aber die Wahlform interessiert. Daß seine Herrschaft unangefochten war, lag an seiner persönlichen Befähigung, nicht aber an einer Stabilisierung jener schwankenden Machbalance, die wie jede Balance, jederzeit gefährdet war und den Gedanken an eine Herrscherabsetzung nicht ausschloß.[9] Das zeigte sich schon bald nach dem Tode Friedrichs, als Heinrich VI. im Jahre 1192 unerwartet schnell (»contra omnium opinionem«) mit einer starken Verschwörung (»coniuratio valida«), einem Aufstand (»seditio«) fertig geworden war.[10] Aber achten wir genau auf die Worte des Chronisten: Es handelt sich ereignisgeschichtlich um eine Episode, aber um eine aufschlußreiche Episode: Alle politischen Kommentatoren haben, so der Chronist, sich geirrt. Entgegen der allgemeinen Auffassung (»contra omnium opinionem«) konnte der Kaiser der Verschwörung Herr werden. Das heißt doch nichts anderes, als daß Absetzungspläne erfolgsversprechend erschienen, daß sie keinem kollektiven Verdikt unterlagen, daß sie keine Abscheu der Ungehörigkeit erregten. Selbst die Staufer bedrohte die allgegenwärtige Gefahr der Absetzung. So undeutlich die Konturen der 1191/92 von Brabant ausgehenden Oppositionsbewegung sind, so ist doch auffallend, daß die Brabanter Herzöge, was die Vornehmheit von Abstammung und Konnubium betraf, es mit den Staufern aufnehmen konnten.[11]

Die Macht des Herrschers ist im Mittelalter den Launen des Zufalls untergeordnet. Das wußten die Zeitgenossen. Schon um 1200 ist das Bild der Glücksgöttin Fortuna weit verbreitet.[12] Viel stärker als in den Erbkönigreichen war in einem Wahlreich die Dominanz einer Dynastie gefährdet. Selbst Heinrich VI., der die

---

8 Schubert (1997), 446ff.

9 Unter Heinrich VI. soll es nach Theodor Toeche, Kaiser Heinrich VI. (JbdtG 18) 1867, 403 zu Absetzungsplänen gekommen sein. »1191 hatte der Welfe, ein Jahr später der Brabanter die Standesgenossen zum Sturz des herrschenden Geschlechts aufgerufen.« Dafür hat Toeche aber keine Quellenbelege beigebracht. Daß 1191 Pfalzgraf Heinrich, der älteste Sohn Heinrichs des Löwen, sich der Beaufsichtigung im kaiserlichen Heer entzieht, entspringt keineswegs einem »verwegenen Plan«, den Staufer abzusetzen (ebd., 199). Vgl. Schubert (1997), 489.

10 Marbacher Annalen, ed. Schmale, 186. Vgl. Csendes (1993), 110ff. und 127f.; Schimmelpfennig (1996), 52. – Zur 1193 begegnenden, von Hermann von Thüringen angeführten Fürstenopposition vgl. Wiegand (1998), 6.

11 Moraw (1999), 195.

12 Alfred Doren, Fortuna im Mittelalter und in der Renaissance. Vorträge der Bibliothek Warburg 1 (1922/23), 17–144; Georg Steer, Das Fortuna-Bild der »Carmina Burana« – Hs clm 4660, in: Egon Kühebacher (Hg.), Literatur und bildende Kunst im tiroler Mittelalter. 1982; LexMa Bd. 4 (1989), Sp. 665f. (Adrian Miltenburg); Anne Viola Siebert, Fortuna und ihr Rad. Die Deutung eines antiken Symbols im Mittelalter, in: Fansa (1995) Bd. 2, 91–96.

Wahl seines ungetauften Sohnes anordnen konnte, traute all seinen Erfolgen nicht. Er wußte, daß langfristig die Herrschernachfolge seinem Haus nicht gesichert werden konnte, wenn das Wahlrecht der Fürsten, und sei es auch nur in zu respektierender rechtlicher Form, fortbestand. Deshalb hatte er seinen Erbreichsplan, sein »novum et inauditum decretum«[13] entwickelt. Wohl schon im Februar 1196 hatte der Kaiser entweder auf einem Mainzer Hoftag oder in »Privatverhandlungen«[14] die Fürsten mit dem Angebot der freien Vererbbarkeit ihrer Reichslehen gelockt, wenn sie im Gegenzug dazu auf ihr Wahlrecht verzichteten und in die Erblichkeit des Königtums willigten. Einen Monat später stimmten auf einem Würzburger Hoftag die anwesenden Fürsten diesem Plan zu.[15] Landgraf Hermann von Thüringen, der sich alsbald als Gegner dieses Plans zu erkennen gab, ließ sich gleichwohl als Preis für seine Zustimmung das Erbrecht seiner Tochter an der Landgrafschaft eigens verbriefen.[16]

Wenn wir der Reinhardsbrunner Chronik folgen, dann zeigt sich in der Geschichte dieses Plans erneut, daß mit dem Begriff Konsens angesichts der Macht eines Herrschers keine modernen Vorstellungen verbunden werden dürfen. Wo die königliche Stellung nicht angefochten war, wog das Gehorsamsgebot schwer. Die Fürsten stimmten dem Erbreichsplan zwar zu, aber sie ließen den Kaiser die Grenzen ihres Gehorsams spüren.[17] Heinrich VI. gab deshalb Ende des Jahres sein Vorhaben auf (oder verschob es auf günstigere Zeiten), obwohl die Fürsten ihren Widerstand gar nicht so offen artikuliert hatten, daß die Chronisten Näheres erfuhren.[18] Der Staufer erkannte, daß sein Plan, der zur Sicherung des Kreuzzugs dienen sollte, unversehens diesen in Gefahr brachte.[19] Nur: Einen günstigeren Zeitpunkt als 1196 konnte es schwerlich geben; schließlich war der Plan im Vorfeld eines Kreuzzugs entwickelt und den entsprechenden Vorbereitungen zugeordnet worden.[20] Die Gefahren einer solchen »Reise« standen jedermann vor Au-

---

13 Marbacher Annalen, ed. Schmale, 196. – Zum vielbehandelten Erbreichsplan vgl. neben der grundlegenden Arbeit von Perels (1927): Schmidt (1987), 231–255; Faußner (1991), 27ff.; Csendes (1993), 174ff.; Naumann (1994), 110ff.; Schmidt (1998), 64ff. sowie die Hinweise bei Jakobs (1984), 71 und 152 und Erkens (1987), 25f. sowie die Forschungszusammenfassungen bei Schimmelpfennig (1996), 55f. und (unzureichend) Hohlweck (2001), 43f. Zur ablehnenden Haltung Hermanns von Thüringen vgl. Wiegand (1998), 7ff.

14 So Naumann (1994), 110ff.

15 Ebd., 112f.

16 Schmidt (1998), 68f.

17 Perels (1927), 5f., 29f., 83f. und 100f.; Schmidt (1987), 251ff.; Ders. (1998), 70f.

18 Perels (1927), 31f. – Eine Verbindung der Kurie zu der schwelenden Fürstenopposition ist nicht nachzuweisen, ist aber wegen der Anwesenheit eines Kardinallegaten in Erfurt wahrscheinlich, da Landgraf Hermann allen Indizien zufolge Mittelpunkt der Opposition war. Schmidt (1998), 73f.

19 Wir folgen hier der Interpretation von Naumann (1994), 114 und 119.

20 Ebd., 113.

gen.[21] Nicht nur der Kaiser dachte an die Herrschaftsnachfolge seines Sohnes. Das Angebot, das er den Fürsten vorlegte, die freie Vererbbarkeit ihrer Reichslehen, mußte diesen, sofern sie am Kreuzzug teilzunehmen gedachten, verlockend erscheinen. Sowohl Heinrich von Brabant, der sich schon früh zum Kreuzzug verpflichtet hatte, als auch Hermann von Thüringen hatten keine Söhne.[22]

Der Erbreichsplan verdeutlicht vor allem, daß der Konsens auch von dem adeliger und königlicher Herrschaft gemeinsamen, vom dynastischen Denken her verstanden werden muß. Denn Interessenausgleich lag diesem Plan – genauer: diesem Entwurf eines Gesetzes – zugrunde:[23] Für die Bestätigung der staufischen Dynastie in ihrer angestammten Königswürde sollten die Fürsten das Recht erhalten, auch in weiblicher Linie ihre Besitzungen vererben zu dürfen – eine geniale Konzeption, die mit dem Verzicht auf das »ius devolutionis« des sich so kompliziert entwickelnden Lehnrechts dieses im Sinne eines hierarchischen Verfassungsbaus vereinfacht hätte.

Nicht nur für die inhaltliche Konkretisierung des Konsensbegriffes ist der Erbreichsplan aufschlußreich, sondern auch für die Einschätzung des fürstlichen Wahlrechts durch einen mächtigen Kaiser. Obwohl er selbst durch eine vom Vater gelenkte Wahl zum König erhoben worden war, obwohl er von der Dominanz seines Hauses in deutschen Landen überzeugt sein konnte, wußte Heinrich VI. doch, daß seiner Dynastie auf Dauer nicht das Königtum gesichert war, solange ein fürstliches Wahlrecht zumindest dem Anspruch nach fortbestand. Das bei günstiger Gelegenheit sofortige Aktualisieren von schlafenden Rechtsansprüchen gehört zur mittelalterlichen Welt.

Der Erbreichsplan wäre bei seiner Durchsetzung die erste »lex fundamentalis« des Reiches, Grundstein eines Verfassungsbaus geworden. Aber der Konsens zwischen Herrscher und Fürsten hatte, wie die Geschichte dieses Plans lehrt, noch nicht das Stadium der personalen Gegebenheiten verlassen,[24] war abhängig von den jeweiligen Konstellationen, war noch weit entfernt von jedweder Regelhaftigkeit, die den Konsensgedanken zu einem Verfassungsgedanken hätte werden lassen können. Der Erbreichsplan, der Gedanke eines Grundgesetzes, kam zu früh.

Wie recht Heinrich VI. mit seiner mißtrauischen Einschätzung vom Wahlrecht der Fürsten hatte, erwies sich unmittelbar nach seinem Tode. Formal gesehen kam es zu einer Königsabsetzung, genauer: zu einer Annullierung der Wahl des Kaisersohnes. Die Erzbischöfe von Köln und Trier handelten gemeinsam mit anderen Bi-

---

[21] Auch bei der Königswahl Heinrichs (VII.) 1220 wog das Argument schwer, daß man den Sohn des Kaisers, der sein Kreuzzungsgelübde erfüllen wolle, zu wählen habe. Giese (1975), 180f.

[22] Naumann (1994), 111.

[23] Im gleichen Sinne urteilt auch Schmidt (1998), 65: Der Plan war »ein Geschäft zwischen Kaiser und Fürsten«.

[24] Die Fürsten als geborene Ratgeber des Königs zur Zeit Heinrichs VI.: Csendes (1993), 213.

schöfen und dem hoch angesehenen Pfalzgrafen Heinrich, dem ältesten Sohn Heinrichs des Löwen. Indem sie die Wahl Friedrichs II. für unwirksam erklärten, wollten sie Herzog Berthold von Zähringen zum König erheben (»electionem filii imperatoris cassantes vocaverunt ducem Bertholdum de Zaringin, ipsum in regum eligere volentes«).[25] Diese Entscheidung der Fürsten trugen auch die Herren aus ihren Gebieten mit; von »baronibus« spricht Otto von St. Blasien[26] – ein Hinweis auf die Absonderung eines Standes der Fürsten innerhalb des Hochadels. Der Widerspruch der Fürsten östlich der Elbe (»principum orientalium«) vereitelte das Vorhaben,[27] das immerhin aufschlußreich für eine simple, aber häufig übersehene Tatsache ist. Ob »Stufenwahl«, ob in Gestalt einer Wahl akzeptierte Designation: Es hing immer vom Überleben eines Herrschers ab, daß der von ihm durchgesetzte Wahlkonsens Gültigkeit behielt. Allerdings war es auch nicht so, da eine Wahl mit Eiden verbunden war, daß diese, wie Otto von St. Blasien nahegelegt hatte, einfach »kassiert« werden konnte. Vor der Wahl Philipps von Schwaben 1198 hatte die Kaiserwitwe Konstanze für ihren Sohn den Verzicht aus allen Rechten aus seiner Königswahl erklärt.[28] Unübersehbar ist dabei die Verrechtlichung des Wahlvorgangs.

Der von Konstanze ausgesprochene Verzicht ist mehr als eine gebotene politische Konsequenz aus der Situation des Jahres 1198. Er stellte klar, was eine Königswahl in ihrem rechtlichen Gehalt nach lediglich war, nämlich die Begründung einer Anwartschaft auf das Königtum, ein vorbereitender Schritt für die Krönung; diese erst macht den König. Auf einen Anspruch, nicht auf das Königtum ließ Konstanze im Namen ihres Sohnes verzichten, und diesen Anspruch »kassierten« auch die Fürsten.

Ob in den Wirren, die sich aus der Doppelwahl von 1198 ergaben,[29] mit der Leitlinie einer Auseinandersetzung zwischen Regnum und Sacerdotium eine Logik der Abläufe zu erreichen ist, erscheint fraglich. Vermittlungsversuche, die schon im Jahre 1200 der wittelsbachische Mainzer Erzbischof Konrad unternahm,[30] bewirkten ebensowenig, wie das Bemühen Heinrichs von Kalden 1206 um ein »familiare colloquium« beider Könige.[31] In dieser Welt zählte vor allem das Argument der

---

[25] Otto von St. Blasien, ed. Schmale, 136. Zur Kandidatur Bertholds von Zähringen: Regg. Köln Bd. 2, 153f.; Parlow (1999), 357f. Nr. 543; 358ff. Nrn. 545f. Vgl. Krieb (2000), 7f. und 173.

[26] Otto von St. Blasien, ed. Schmale, 136.

[27] Ebd.

[28] Stürner Bd. 1 (1992), 63ff.

[29] Vgl. Hucker (1987), 22ff.; Erkens (2002), 54ff. und 100ff.; Wiegand (2002), 365ff. und – aus Kölner Perspektive – Erkens (1987), 26ff. sowie Zöllner (1993), 118ff. – Garnier (2000), 29 sieht die Doppelwahl von 1198 zutreffend als eine Zäsur an, weil diese »den Auftakt schriftlich fixierter Bündnissysteme … im nördlichen Teil des Reiches bildete«.

[30] Krieb (2000), 58ff. und 83f.

[31] Ebd., 73.

Waffen. Und das bildet den Hintergrund, weswegen Heinrich von Kalden, entschlossener Parteigänger Philipps und angesehenster Repräsentant der Reichsministerialität, sich aufgerufen sah, Ausgleichsverhandlungen zu organisieren.[32]

Daß Heinrichs von Kalden Vermittlungsversuch in der Forschung als Marginalie im Vergleich zum päpstlichen Eingreifen in den Thronstreit gewertet wird,[33] ist allein überlieferungsgeschichtlich bedingt. Wir folgen den in der Nachfolge von Friedrich Kempf überzeugend begründeten Forschungsergebnissen von Steffen Krieb, daß Innozenz III. keineswegs als machtbewußter Hierokrat, sondern als besonnener Vermittler während des Thronstreits auftrat,[34] daß der »favor apostolicus« keinen Machtanspruch bemänteln sollte,[35] sondern daß er jenem Gedanken verpflichtet war, den die Kaiserchronik formuliert hatte: Der Papst ist gehalten, der Welt in ihren Wirren zu helfen.[36] Auf den Konsens mit den Reichsfürsten, nicht auf seine Machtvollkommenheit setzte Innozenz III.[37] Und das war politische Einsicht.

Eine Doppelwahl, die in einem Wahlreich ohne feste Verfahrensordnung stets als möglich angesehen werden mußte, führt erst dann zu großen inneren Wirren, wenn sich die endgültige Entscheidung auf dem Schlachtfeld verzögert. Eine andere, eine einsame päpstliche Entscheidung war zwar der jeweilig begünstigten Partei dienlich, aber sie war weit entfernt davon, allgemein akzeptiert zu werden.[38] So protestierten 1202 die Anhänger Philipps von Schwaben gegen die Einmischung Innozenz' III. und betonten die Unabhängigkeit selbst einer zwiespältigen Wahl vom Papst.[39]

---

[32] Wir wählen den Ausdruck »organisieren«, um zu verdeutlichen: Es wäre angesichts fürstlichen Selbstbewußtseins zweifellos über den Stand Heinrichs von Kalden hinausgegangen, wenn er Vorgaben für diese Verhandlungen gegeben hätte. Das stellt aber nicht in Abrede, daß seine intimen Kenntnisse, über die er 1208 Otto IV. informierte, ihn zu einer zentralen Figur bei solchen Verhandlungen hätten werden lassen. Vgl. Schubert (2002), 198f.

[33] Forschungsbericht: Krieb (2000), 14ff.

[34] Ebd., bes. 218ff. Vgl. auch Laufs (1980), 192f.

[35] Krieb (2000), 91ff. Vgl. auch Friedrich Kempf, Der »favor apostolicus« bei der Wahl Friedrich Barbarossas und im deutschen Thronstreit 1198–1208, in: Speculum historiale. Geschichte im Spiegel von Geschichtsschreibung und Geschichtsdeutung. Johannes Spörl zum 60. Geburtstag. 1965, 469–478. – Laufs (1980), 47f. sah im »favor apostolicus« nur ein Werbungsargument des Papstes, mußte aber einräumen (ebd., 204f.), daß es Innozenz III. auch darum ging, den Frieden im Reich durchzusetzen. Vgl. dazu im europäischen Zusammenhang Maleczek (1996), 269ff. – Zum rechtlichen Chrakter des »favor apostolicus« im Thronstreit vgl. Kempf (1954), 134ff. und ebd., 150 über den Unterschied zum »favor iuris« des römischen Rechts.

[36] Krieb (2000), 76ff., 183ff. und 218ff.

[37] Ebd., 82. Diesen Gedanken, der seine Argumentation stützt, hat Krieb allerdings nicht allzu nachdrücklich verfolgt.

[38] Vgl. z.B. Jan-Dirk Müller, Spielregeln für den Untergang. Die Welt des Nibelungenliedes. 1998, 194ff. Die selbstverständlich christlichen Ritter marginalisieren die Rolle der Geistlichen. In der heroischen Welt hat die Kirche als Institution keinen Platz.

[39] Druck und Übersetzung: Weinrich (1977), 334ff.; Miethke – Bühler (1988), 88ff. Vgl. Kempf (1954), 49ff. und 57. – Zur Krönung des gebannten Philipps von Schwaben vgl. Kempf (1954), 16f.

Daß ein Spruch aus dem fernen Rom keine Entscheidung in deutschen Landen bei einer zwiespältigen Wahl bringen konnte, bedeutet für den Historiker, daß er angesichts des etwa von Friedrich II. beklagten Wankelmuts der Fürsten[40] darauf verzichten muß, nach einer logischen Ordnung der Ereignisse zu suchen. In den Jahren zwischen 1208 bis 1211 kam es einmal – wenn wir der Erfurter St. Peters-Chronik glauben – zu dem Versuch der Kurie, Otto IV. zum Thronverzicht zu bewegen,[41] sodann, im gleichen Jahr 1208 zu einem Königsmord und schließlich 1210 zu der Exkommunikation eines Kaisers. Reicht es aber aus, mit einem undifferenzierten Machtbegriff die Wirren der Zeit deuten zu wollen?

Zu Recht ist von der Forschung die besonders nach 1198 sichtbar werdende politische Rolle der Reichsministerialität hervorgehoben worden.[42] Was in spätsalischer Zeit den Zorn der Großen heraufbeschworen hatte, war jetzt, möglicherweise zähneknirschend, akzeptiert: die Königsnähe reichsministerialischer Geschlechter.[43] In der Person Heinrichs von Kalden und seiner bedeutenden Rolle zwischen 1198 und 1208 ist ihr politisches Gewicht repräsentiert. Wenn er 1208 in Braunschweig Otto IV. über »des Reiches Ehre« unterrichtet,[44] ist das nicht nur aufschlußreich für den Übergang der Reichsministerialität zu dem Welfen, sondern auch für das reichsministerialische »Herrschaftswissen«. Dieser Seitenblick ist vonnöten, um die Auseinandersetzungen der Zeit nicht nur aus der kultivierten, gleichwohl wechselnden Parteinahme Walthers von der Vogelweide zu betrachten. In den Jahrzehnten nach 1198 wirkte weiter, was den Aufstieg der Ministerialität im 12. Jahrhundert erst ermöglicht hatte: Gewalt. Ob Heinrich von Kalden Juden schützt oder erbarmungslos die Mörder Philipps von Schwaben verfolgt:[45] Der Griff zum Schwert liegt für ihn nahe. Bei aller Gewaltbereitschaft der Ministerialen waren jedoch die beiden Königsmorde der deutschen Geschichte 1208 und 1307 Fürstentat.

Dem Königsmord an Philipp von Schwaben 1208 lag, und hier geben wie Bernd Ulrich Hucker recht, eine über die Privatrache hinausgehende »conspiratio« zugrunde.[46] Ob diese allerdings eine Absetzung mit dem Ziel im Schilde führte,

---

[40] »animos principum, qui cito in diversa mutantur« (1213). Acta, ed. Winkelmann Bd. 1, 785 Nr. 1008. Hinweis bei Boshof (1993), 14.

[41] Chronica S. Petri Erfordensis, ed. Holder-Egger, 204.

[42] Vgl. für den Aufstieg der Reichsministerialität die Forschungszusammenfassung bei Schimmelpfennig (1996), 94f.

[43] Schubert (2002), 196ff.

[44] Ebd., 198f.

[45] Vgl. mit der hier angegebenen Literatur: Theo Kölzer, Heinrich von Kalden. LexMa 4 (1989), Sp. 2094; Csendes (1993), 216.

[46] Hucker (1998), 117f. Vgl. ebd., 123: Otto IV. hatte mit dem Mord, von dem er völlig überrascht war, nichts zu tun. – 1210 bezeichnete der Welfe die Tat des Wittelsbachers als crimen lesae maiestatis. Urkundenregesten Hofgericht Bd. 2, 54.

Heinrich I. von Niederlothringen zum neuen König zu erheben,[47] erscheint doch sehr fraglich. Denn es mußte den Verschwörern klar gewesen sein: Ein Mord war das ungeeignetste Mittel, um ein neues Königtum vorzubereiten. Lediglich ein Mord nach einer zuvor erfolgten Neuwahl hätte einen politischen Sinn gemacht.

Der Königsmord von 1208 veränderte die politische Szene von Grund auf;[48] am 11. November dieses Jahres wurde Otto IV. auf dem Frankfurter Hoftag auch von seinen früheren Feinden als König anerkannt: Formal gesehen eine Stufenwahl.[49] Unbeantwortbar ist die Frage, ob angesichts des Wankelmuts der Fürsten die nur scheinbar konsequente Haltung des Papstes oder die wirklich konsequente Haltung der Reichsministerialität im Thronstreit den Ausschlag hätte geben können. Für letzteres sprechen eher die Ereignisse der Folgezeit, insbesondere die Herrscherverlassung Ottos IV. durch die Dienstmannen des Reichs. Wie auch immer. Der Übergang der Reichsministerialität zu Otto IV. nach dem Königsmord von 1208 enthält mehr an Aussage als die einer machtgeleiteten Plausibilität. Überzeugt waren die Menschen von der Unverzichtbarkeit des Königtums. Die Stellungnahme des Papstes galt den Handelnden als ebenso reversibel wie alte Feindschaften.

2. Otto IV. – ein entmachteter oder ein abgesetzter Kaiser?

Die Dekretale Venerabilem – Exkommunikation als Thronverlust? – der Nürnberger Fürstentag von 1211: versuchte Entmachtung und fehlende Absetzung des Kaisers – die Verlassung Ottos IV. durch die Reichsministerialität 1212 – Schrift oder Schwert? Die päpstliche und die militärische Entscheidung über das Kaisertum Ottos IV.

Die Doppelwahl des Jahres 1198 und die Kämpfe der Folgezeit rechtfertigen im Nachhinein den Erbreichsplan Heinrichs VI. Der Papst hatte mit seinen – wie man später sagen wird – Approbationsforderungen, auch wenn diesen Forderungen noch nicht die prinzipielle Zielrichtung der Zeit Johannes' XXII. zugrunde lag,[50] eine Entscheidungskompetenz beansprucht. Die Anhänger Philipps von Schwaben mochten auf dem Hoftag des Jahres 1201/1202 noch so heftig gegen diese Einmischung

---

[47] Hucker (1990), 121 f.

[48] Dazu am informativsten ebd., 95 ff.

[49] So zutreffend Krieb (2000), 210.

[50] Vgl. Schmidt (1995), 63; Boshof (2000), 59 f.: Es ging um die päpstliche Berechtigung, nach eingehender Prüfung die Treueide lösen zu können, welche die Fürsten dem von ihnen Erwählten geleistet hatten.

protestieren,[51] so war doch aus dem politischen Spiel des folgenden Jahrzehnts Papst Innozenz III. nicht fortzudenken. Dabei aber – erneut verweisen wir auf die Forschungen von Steffen Krieb –[52] ging es nicht um einen hierokratisch definierten Machtanspruch, sondern um den »favor apostolicus« in der Hilfe bei Gebrechen der Welt. Zu gleicher Zeit versuchte Innozenz III. auch, den Waffenstillstand zwischen Frankreich und England zu sichern.[53] In diesem Zusammenhang erscheinen die Tücken der Überlieferung in neuer Variante. Während sich der Papst vernünftigerweise politisch an der jeweiligen Situation orientierte und seit 1206 den Ausgleich mit Philipp von Schwaben suchte,[54] blieb für die Folgezeit nur eine seiner Einlassungen deswegen im Gedächtnis, weil diese in der rechtssichernden Gestalt einer Dekretale abgefaßt war. Unter den kanonistischen Rezeptionsbedingungen gewann diese in der Folgezeit ein Eigenleben, das – herausgelöst aus ihrem politischen Kontext – nicht mit ihrer zeitgebundenen Wirkungsabsicht verwechselt werden darf. Die Dekretale Venerabilem legte eine prinzipielle Position des Papsttums für die Prüfung der Wahl des Königs, der Anspruch auf den Kaisertitel hatte, fest.[55] Sie war in der politischen Situation des Jahres ihrer Abfassung 1202 nichts weiter als eine Begründung des »favor apostolicus«. Nicht gesagt, aber mitgedacht war darin: Verwerfung eines – im Sinne des Papsttums – ungeeigneten künftigen Kaisers. Eine direkte politische Rolle hat diese berühmte Dekretale weder in der Zeit unmittelbar nach ihrer Entstehung noch späterhin gespielt, aber als Lernstoff der Kanonisten ist sie so reich kommentiert worden, daß sie geradezu als ein Kristallisationskern der wissenschaftlichen Bemühungen um eine Begründung des Reichsrecht gelten kann.[56]

---

[51] Boshof (2000), 59.

[52] Krieb (2000).

[53] Register Innocenz III. Bd. I, 324ff. Nr. 230 (1198); Bd. 2, 33f. Nr. 24 (1199).

[54] Krieb (2000), 181f. 1207 hatte Innozenz III. den Staufer vom Bann gelöst, und im Frühjahr 1208 war die Kurie bereit, Philipp anzuerkennen. Hucker (1990), 89ff. Vgl. ebd., 111f. Päpstliche Legaten versuchten, Otto IV. zu bewegen, »ut et coronam et nomen regium deponeret«, was dieser entrüstet ablehnte. Chronica S. Petri Erfordensis, ed. Holder-Egger, 204. Vgl. Hucker (1990), 89 und Krieb (2000), 186ff. – Zur Diplomatie der Kurie während des Thronstreits vgl. aus der Perspektive Hermanns von Thüringen Wiegand (1998), 14ff.

[55] Vgl. das wegen der reichen Literaturangaben wichtige Regest bei Parlow (1999), 371f. Nr. 563 und weiterhin neben Castorph (1978) auch Horst Fuhrmann, Zur Bulle Venerabilem, in: Historische Forschungen für Walter Schlesinger Bd. 3. (MitteldtForsch 74/3) 1974, 514–517; Schmidt (1995), 63f.; Hageneder (2000), 159–173; Miethke (2002), 43 mit Anm. 15. – Daß Innozenz III. das Gerundiv »promovendum« noch nicht in dem Sinne auslegte, wonach der Papst ein Prüfungsrecht der Königswahl besitzen müsse, zeigt sich daran, daß er 1201 Otto IV. und 1214 sowie 1216 Friedrich II. als »rex in Romanorum imperatorem electus« bezeichnet. Schaller (1993), 457. Die Dekretale belegt im übrigen, daß Innozenz III. keine Minderung der hergebrachten Reichsrechte im Sinne hatte, wenn er dezidiert vom »Regnum Alemannie« sprach. Vgl. zum Beispiel Register Innocenz III. Bd. I, 20f. Nrn. 12f.

[56] Eine wichtige Rolle in der Rezeptionsgeschichte hat die »Doppelwahl« von 1257 gespielt. Unverhau (1973), 291ff.

Die Dekretale Venerabilem war in ihrem aktuellen politischen Zweck eindeutig, indem sie die vom Papst beanspruchte Schiedsrichterrolle begründete. Weit weniger eindeutig (auf die späteren differenzierenden Auslegungen verweisend) fiel die Antwort auf die Frage aus, ob es einen direkten, einen rechtlich zwingenden Zusammenhang von Exkommunikation und Thronverlust gab.[57] Eine Klärung dessen, was 1076 Gregor VII. offengelassen hatte, strebte Innozenz III., um sich die politische Handlungsfreiheit zu bewahren, nicht an. Die Exkommunikation des Herrschers stellte zwar für ihn das wichtigste juristische Instrument im Thronkampf dar, dieses jedoch wurde von den Zeitgenossen nicht als autoritativer Entscheid der Thronfrage angesehen. Und das ist um so auffallender, als die Exkommunikation mit ihrer Lösung der Treueide nunmehr eine faktische Absetzung bedeuten konnte; denn anders als in der Epoche Gregors VII. war in dieser Zeit das Lehnswesen rechtlich ausgeformt.[58] Im »Ottenton« macht sich Walther von der Vogelweide zum Sprecher all derer, die dem über Otto IV. verhängten päpstlichen Bann nicht folgen wollen.[59] Ebenso griffen auch lateinische Gedichte die Bannung Ottos IV. als Unrecht an.[60]

Eine methodische Vergewisserung unserer Beweisführung ist unerläßlich. Das Vorurteil, wonach herrschaftliche, staatliche Erlasse den Vorrang vor der konsensgebundenen Lyrik als Auskunftsquelle haben, steht in der Gefahr des Anachronismus. In einer Welt der Waffenentscheidung hat die »Anfeuerung« des Gedichts einen viel höheren Wert. In der Schlacht hilft Lyrik gewiß ebensowenig wie päpstliche Dekrete. Aber was dient zuvor der Kampfbereitschaft besser? Vereinfacht: Es ist doch eine, dem Gelehrten allerdings wohl anstehende Naivität, die Geschichte des Thronkampfes in Überschätzung der päpstlichen Positionen beschreiben zu wollen.

Unsere Erwägungen zu den in der älteren Forschung teils mißverstandenen – Stichwort: »favor apostolicus« – teils überschätzten Stellungnahmen Innozenz III. ermöglichen in Konfrontation mit dem Gedanken der »Anfeuerung« eine Einschätzung des Spruches Walthers: »Ahî wie kristenliche nu der babest lachet« (L. 34,4). In der Übernahme zeittypischer Papstkritik[61] wird die Entscheidung gegen Philipp von Schwaben als abgefeimtes politisches Spiel dargestellt.

Das König- und Kaisertum Ottos IV. hat die Biographie Bernd Ulrich Huckers[62] von den Verdikten der älteren stauferfreundlichen Historiographie befreit. Eine für

---

57 Friedrich Baethgen, Die Exkommunikation Philipps von Schwaben. MIÖG 34 (1913), 209–217; Othmar Hageneder, Exkommunikation und Thronfolgeverlust bei Innozenz III. RömHistMitt 2 (1957/58), 32–50. Vgl. Laufs (1980), 210f., 214ff. und 239ff.

58 Willoweit (1999), 22f.

59 Nolte (2000), 73f.

60 Worstbrock (1989), 77.

61 Müller (1996), 175.

62 Hucker (1990).

unser Thema wichtige terminologische und auch sachliche Ungenauigkeit wurde hier in dem Sinne, den bereits Friedrich Kempf erfaßt hatte, geklärt. Wie Hucker und nach ihm erneut Gerhard Baaken bewiesen, ist der Welfe auf dem IV. Laterankonzil weder abgesetzt, noch ist seine angeblich frühere Absetzung bestätigt worden.[63]

Die Titulaturen, die Innozenz III. dem jeweils gebannten Herrscher gab, lassen die Unterschiede zwischen der Exkommunikation Philipps von Schwaben und der Ottos IV. erkennen. Der Staufer blieb für den Papst stets der »nobilis vir dux Suevie«, Otto IV hingegen wurde nach 1210 der »reprobus«, der »maledictus« oder gar der »Sathan«.[64] Die Bannung Philipps war eine Maßnahme, um die Entscheidung des Papstes im Thronstreit durchzusetzen, die Form, in der Innozenz den Gebannten tituliert, weist darauf hin, daß diese Entscheidung als die eines Schiedsrichters verstanden wurde. Ganz anders die Situation im Jahre 1210. Die Exkommunikation Ottos wurde als Maßnahme gegen einen Feind der Kirche verstanden; eine Entscheidung für Friedrich war anders als in der Jahreswende 1200/01 damit nicht verbunden. Deswegen konnte es 1211 auch keine Wiederholung der Enzyklika vom 1. März 1201 geben, mit der Innozenz III. die Lösung aller Philipp von Schwaben geleisteten Treueide verkündete und die Anerkennung Ottos IV. geboten hatte.[65]

Wie im Falle der Bannung Heinrichs IV. 1076 ist die Forschung auch bei der angeblichen Absetzung Ottos IV. lange den Traditionslinien gefolgt, die erst spätmittelalterliche Chronisten festgelegt hatten. Bereits ein Fortsetzer des Martin von Troppau, den dann Dietrich von Nieheim abschreibt, spricht von einer »deposicio« Ottos IV.,[66] und eine die Colmarer Annalen ergänzende Überlieferung fügt zu dem »excommunicatur«, das die Vorlage zum Jahre 1211 verwandt hatte, ein »et deponitur« hinzu.[67] Das aber ist eine skrupellose Vereinfachung der Datierungsfragen, die der Weltchronistik des 13. Jahrhunderts viel zu schaffen gemacht hatten, wann nämlich die Herrschaft Ottos beendet gewesen sei und die Friedrichs begonnen hätte; diese Fragen bildeten »gleichsam einen Wirbel im Fluß der Kaisergeschichte.«[68]

Während in der ruhigen wissenschaftlichen Welt der Kanonisten die theoretische Begründung eines päpstlichen Absetzungsrechtes immer kräftiger gezeich-

---

[63] Hucker (1990), 425; Baaken (1991), 520; Gerhard Baaken, Der deutsche Thronstreit auf dem IV. Laterankonzil (1215), in: Ders., Imperium und Papsttum. 1997, 231–246, hier: 245. – Bereits Kempf (1954), 271 hatte betont, daß Innozenz III. den Kaiser nicht abgesetzt habe, um einem Präzedenzfall auszuweichen. Dem folgte Laufs (1980), 212.

[64] Laufs (1980), 217. Vgl. auch ebd., 284ff.

[65] Ebd., 70.

[66] Dietrich von Nieheim, Historie, edd. Colberg – Leuschner, 99.

[67] Ed. Kleinschmidt (1972), 489.

[68] Sommerlechner (1999), 205.

nete Konturen gewann, sind in der unruhigen Welt der Mächtigen diese Begründungen unbekannt oder zumindest unbeachtet geblieben, wurden noch nicht einmal als politisches Mittel verstanden, das gegebenenfalls als Argument einzusetzen war. Die Mächtigen vertrauten nicht den Argumenten der Wissenschaft, sondern denen der handfest begründeten Aktionen.

Selbst mehrere Bischöfe versagten sich der päpstlichen Aufforderung, den am 18. November 1210 ausgesprochenen Bann zu verkündigen.[69] Nur sehr langsam gewann die päpstliche Auffassung in deutschen Landen an Boden. So hatten sich im September 1211 unter dem Einfluß Philipps II. August von Frankreich die welfenfeindlichen Fürsten zu Nürnberg versammelt und anstelle des vom Papst gebannten Otto IV. Friedrich II. zum künftigen Kaiser erklärt;[70] politisch der Vollzug päpstlichen Willens.[71] An eine förmliche Absetzung als weltlicher Ergänzung zum päpstlichen Bann dachte von den Fürsten niemand. Lediglich dem Papst fiel der Mangel auf. Er billigte die Wahl, obwohl Otto IV. noch nicht abgesetzt worden sei (»nondum Ottone imperatore deposito«).[72]

Die Nürnberger Aktion hat darin eine aufschlußreiche Vorgeschichte, als sie zeigt, wie zögernd, vielleicht auch wie vorsichtig der Weg beschritten wurde, den der päpstliche Bannspruch eröffnete. Obwohl auf päpstlichen Befehl die Exkommunikation Ottos in ganz Deutschland bekannt gemacht werden sollte,[73] dachten nur wenige Große daran, diesem Spruch zu folgen. Was hätte in dieser Situation näher gelegen, als entweder eine feierliche Absetzung zu inszenieren oder aber propagandistisch hierokratische Theorien zu verbreiten und Gehorsam gegenüber dem heiligen Stuhl einzufordern? Herzog Leopold von Österreich immerhin datierte eine Urkunde von 1211 mit der Wendung, »Ottone imperatore excommunicato«,[74] je-

---

[69] Eduard Winkelmann, Philipp von Schwaben und Otto IV. von Braunschweig. 2 Bde. (JbdtG 19) 1873/78, Bd. 2, 275. Vgl. Anton Haidacher, Zur Exkommunikation Ottos IV. durch Papst Innozenz III. RömHistMitt 4 (1960/61), 26–36; Ders., Zum Zeitpunkt der Exkommunikation Ottos IV. RömHistMitt 11 (1969), 206–209. Vgl. Zöllner (1993), 229ff. und aus der Sicht Hermanns von Thüringen Wiegand (1998), 20ff. – Bereits am 18. Januar 1210 hatte der Papst Bischof Konrad von Regensburg mitgeteilt, er werde gegen Otto IV., falls er nicht Genugtuung leiste, den Bann (»sententia excommunicationis«) verhängen und die Lösung seiner Untertanen von ihren Treueeiden (»universos a sua fidelitate … absolutos«) verkünden. Acta, ed. Winkelmann Bd. 2, 676ff. Nr. 1009.

[70] Sommerlechner (1999), 178ff., 185f. und 191f.; Gerlich (2001), 46f. – Zur Vorgeschichte: Wiegand (2002), 388f.

[71] Zur päpstlichen Agitation des Jahres 1211 in deutschen Landen vgl. Boshof (2000), 63f. Zu den darauf antwortenden Liedern Walthers: Nolte (2000), 84f. – Die finanziellen Hintergründe der Haltung des hochverschuldeten Kölner Erzbischofs klärte Werner (1993), 519ff.

[72] Haidacher (1960/61), 61 Nr. 4. Vgl. Wiegand (1998), 26 und 35; Ders. (2002), 391.

[73] Marbacher Annalen, ed. Schmale, 219. Vgl. Hucker (1990), 291.

[74] Reg. Imp. V/2, 10726b. Vgl. ebd. 10724a. Nach Hucker (1990), 292f. hatte sich bereits seit September 1210, von den Andechs-Meraniern ausgehend, eine feste kaiserfeindliche Opposition gebildet.

doch nur wenige Fürsten stellten sich von Anfang an so entschlossen auf die Seite des Papstes.

Nach der ersten, vom Mainzer Erzbischof angesetzten, noch ergebnislosen Fürstenversammlung[75] wurde im Juni 1211 eine erneute Tagsatzung nach Bamberg einberufen.[76] Was 1121 als königsloser Hoftag bezeichnet werden konnte, fand der Sache nach jetzt wieder statt. Vordergründig ging es um die Verantwortung für das Reich, tatsächlich aber hofften die Gegner des Welfen, eine Plattform für ihr Handeln zu finden. Was für die erste Fürstenversammlung wegen ihrer Ergebnislosigkeit nur zu vermuten ist, kann für den Bamberger Tag als gesichert gelten. Einberufen, um über die Wiedereinsetzung Bischof Ekberts von Bamberg zu beraten,[77] wurde auf Betreiben Erzbischof Siegfrieds von Mainz die Tagesordnung dahingehend verändert, daß den Geboten des Papstes gemäß die Fürsten Otto zu verlassen und Friedrich, den König von Sizilien, zu wählen hätten. Aber weil Viele dem nicht zustimmen wollten, ging man ergebnislos auseinander (»ut secundum preceptum pape Ottonem imperatorem relinquerent et Fridericum regem Sicilie eligerent. Sed cum plures assensum non preberent, infecto negotio recesserunt«).[78] »Infecto negotio«: Ganz ergebnislos war der Bamberger Tag nicht. Er klärte die unterschiedlichsten Positionen der Gegner des Welfen. Der Mainzer Erzbischof forderte eine Neuwahl und benannte den Kandidaten, den König von Sizilien, als Voraussetzung dessen, was in dem »relinquerent« ausgedrückt ist: Keine förmliche Absetzung des Welfen, sondern in Konsequenz des päpstlichen Spruchs eine Herrscherverlassung.

Herrscherverlassung und Wahl des Königs von Sizilien hatte in Bamberg der Mainzer Erzbischof gefordert. Die welfenfeindlichen Fürsten aber dachten nicht daran, dieser Klärung der rechtlichen Situation und damit einer politischen Festlegung Vorschub zu leisten. Sie wollten ebensowenig wie Innozenz III. (»Ottone imperatore nondum deposito«) sich endgültig entscheiden. Sie weigerten sich, den König von Sizilien zu wählen. Dies war dann das Ergebnis des erwähnten Nürnberger Fürstentages Anfang September 1211. Es erfolgte keine Absetzung. Die Fürsten bezeichneten Otto als Häretiker, womit für sie alles klar war. Sie wählten aber nicht etwa Friedrich II., sondern beriefen sich auf dessen längst vergessene (und »kassierte«) erste Wahl und bestimmten ihn nunmehr zum künftigen Kaiser:

---

75 Reg. Imp. V/2, 10726a. Teilnehmer waren die Erzbischöfe von Mainz und Magdeburg, der König von Böhmen, der Landgraf von Thüringen und der Markgraf von Meißen. Vgl. auch Gerlich (2001), 44ff.; Erkens (2002), 106. Daß eine erste Verständigung zwischen Innozenz III. und der Fürstenopposition schon Ende des Jahres 1210 stattfand, belegt Wiegand (1998), 27. Vgl. ebd., 41f.

76 Wiegand (1998), 24f. Vgl. Zöller (1993), 206f.

77 Vgl. dazu: Alois Schütz, Die Andechs-Meranier in Franken und ihre Rolle in der europäischen Politik des Mittelalters, in: Andechs-Meranier (1998), 3–54, hier: 35f.

78 Vgl. Reg. Imp. Bd. 5/2, 10726b.

»Ottonem hominem hereticum nominarent ... Fridericum Heinrici imperatoris filium, antea ab universitate electum, futurum imperatorem declararent«.[79] Festzuhalten ist: Der Mainzer Erzbischof war mit seinem Vorhaben einer demonstrativen Neuwahl des Königs von Sizilien gescheitert. Die Nürnberger Erklärung ist nichts weiter als ein Minimalkonsens der Gegner Ottos IV. und gerade deswegen sagt sie viel zur Frage aus, welche Festigkeit in der Zeit, in der Eike von Repgow seine Vorstellungen über die Rechtsform einer Königswahl zu entwickeln begann, der Wahlgedanke überhaupt gewonnen hatte. Durchsichtig war die Erklärung in ihren politischen Interessen, und sie überzeugte niemanden, der nicht bereits vorher überzeugt war. Schon Ende September brechen Kriege in deutschen Landen aus.[80] Die Ansicht der Annales S. Rudberti, daß Friedrich II. sein Erbe angetreten habe (»intravit regnum patris sui«),[81] teilte keiner der auf dem Wahlrecht bestehenden Fürsten.

Wenn es noch eines Beweises bedürfte, daß es vor dem Jahre 1273 keine feste Wahlform im Reich gegeben hatte, dann liegt er im Königtum Friedrichs II. Dieses war auf den Konsens konstituiert, entsprach insofern der von Friedrich I. begründeten Herrschaftspraxis. Alle Bemühungen, aus dem Wahlprinzip bereits im hohen Mittelalter eine existente Reichsverfassung abzuleiten, scheitern daran, daß Friedrich II., dessen erste Wahl »kassiert« worden war, danach nicht wieder gewählt worden ist. Und das heißt: Entscheidend ist das »velle regibus oboedire«, noch nicht das Wahlprinzip. Es war möglicherweise – beweisen können wir es nicht – das Unbehagen wegen dieser Unsicherheit, die genau genommen das Gehorsamsgebot der Macht unterordnete, was Eike von Repgow veranlaßte, über die Rechtsform einer Königswahl nachzudenken.

Von den grundsätzlichen Erwägungen sei zur Situation der Jahre 1211/1212 zurückgekehrt. Unser Erstaunen, daß die opponierenden Fürsten noch nicht einmal kanonistische Argumentationshilfe gesucht haben, könnte mit dem Hinweis auf die Unbedarftheit schwertgewohnter Adeliger beruhigt werden. Aber diese Antwort reicht nicht aus. Es zeigt sich vielmehr im Verhalten politisch erfahrener Fürsten das gleiche, was wir bereits umständlich am Beispiel des Sachsenspiegels begründet haben, daß die hierokratischen Positionen in der Welt gar nicht akzeptiert

79 Erfurter St. Peterschronik, ed. Holder-Egger, 209; Reg. Imp. Bd. 5/2, 10727a. Zur »Kaiserwahl« Friedrichs II. 1212 vgl. Hucker (1990), 298ff.; Erkens (2002), 106f. – Wiegand (1998), 27ff. und 45 lehnt den Gedanken einer Stufenwahl, die vom Nürnberger bis zum Frankfurter Tag geführt habe, ab und möchte schon einer angeblichen Elektion von 1211 Rechtsgültigkeit zusprechen. Aber unübersehbar ist doch, daß die Gehorsamsversprechen Friedrich II. sukzessive geleistet wurden; denn, wie Haidacher (1960/61), 57f. wahrscheinlich machen konnte, hätte ein erster »Wahlakt« schon Monate vor dem Nürnberger Tag im September 1211 stattfinden müssen.

80 Reg. Imp. Bd. 5/2, 10727b.

81 Sommerlechner (1999), 191.

wurden. Das bedeutet für unser Thema, vor allem nach jenen Kategorien zu suchen, die bei einer Herrscherentmachtung auch für die Laien einsichtig waren.

Die im Reich gegen Otto IV. opponierenden Fürsten sind – wir wiederholen – nicht den von der Kurie eröffneten Weg gegangen; sie wußten, daß dieser gefährlich sein würde, und hatten vom Papst nicht nur die Lösung von den Treueiden, die sie einst Otto geleistet hatten, verlangt (die Exkommunikation allein reichte für sie nicht aus), sondern auch die Versicherung, daß Innozenz III. niemals mit dem welfischen Kaiser Frieden schließen würde.[82] Erstmals sehen wir hier das gewiß längst zuvor vorbereitete Aufweichen des Gegensatzes zwischen Argumenten der Schrift und denen des Schwertes, ein Aufweichen, das mit den Anfängen moderner Politik verbunden ist. Sowohl kuriale schriftgebundene Positionen sind wandelbar und müssen, weil andererseits der Spruch der Waffen allein kein Argument bildet, zur Sicherheit der schwertgewohnten Adeligen eidlich festgeklopft werden. So nützlich diesen Adeligen es auch erschien, sich des festen Rückhalts an der Kurie zu versichern, so wußten sie doch, daß die eigentliche Entscheidung in ihren Händen lag und nicht in denen eines wortgewaltigen Papstes.[83]

Wie gefährlich für die opponierenden Fürsten tatsächlich der von ihnen eingeschlagene Weg war, zeigt die militärische Situation im Juli 1212, als Otto IV. vor dem Sieg über Landgraf Hermann von Thüringen, dem Haupt der Opposition stand. Daß sich innerhalb weniger Wochen das Blatt wendete, daß es zu einer Herrscherverlassung kam, die für den Welfen existenzbedrohend war, lag an folgender Begebenheit. Im Juni 1212 hatte der baumlange Welfe die blutjunge Stauferin Beatrix geheiratet.[84] Als diese schon nach kurzer Zeit, am 11. August starb, verließen die Reichsministerialen das Heer des Kaisers.[85] Selten ist der Vorgang einer Herrscherverlassung, der den meist unausgeleuchteten Hintergrund eines Absetzungsplans bildet, so klar in seinen Ursachen zu fassen wie in diesem Fall.

Das Absetzungsrecht der Fürsten ist ebensowenig wie das des Papstes während des staufisch-welfischen Thronstreits in neuer, in allgemein akzeptierter Form begründet worden. Es gab keinen in die Welt wirkenden politischen Akt, der späterhin als Präzedenzfall gedeutet werden konnte. Das Schicksal der Herrschaft Ottos IV. war nicht durch die Maßnahmen des Papstes und auch nicht durch das Schlachtenglück des staufischen Verbündeten bei Bouvines besiegelt worden. Zwar ist nicht zu übersehen, daß der Spruch der Waffen schwerer wog als der des Papstes, aber die Auffassung der französischen Chronisten, daß der Sieg Philipps II. August zu-

---

82 Hucker (1990), 295f.

83 So hatte sich Innozenz III. 1204 damit abzufinden, daß seine diplomatischen Erfolge durch den Kriegszug Philipps von Schwaben nach Thüringen zunichte gemacht wurden. Wiegand (1998), 18f.

84 Zur politischen Bedeutung dieser Heirat vgl. Krieb (2000), 210ff.

85 Hucker (1990), 301f.

gleich das Schicksal Ottos IV. besiegelt habe, teilen die Geschichtsschreiber in deutschen Landen nur ausnahmsweise.[86] Sie kennen die bereits zuvor entstandene Situation genauer. Der Schlachtentscheid von Bouvines entschied nicht, er begrub eine der letzten Hoffnungen, die Otto IV. nach der Herrscherverlassung von 1212 noch hegen konnte. Ganz aber erloschen seine Hoffnungen nicht, zumal sich Innozenz III. gar nicht so eindeutig festgelegt hatte, wie es zunächst den Anschein hatte, als er die Wahl, aber nicht das Königtum Friedrichs II. bestätigte, den er prononciert König von Sizilien, »Fridericum Cecilie,« titulierte.[87] Der Welfe hält, obwohl geschlagen, verlassen und politisch isoliert, an seinem Königtum fest. Das Testament des Sterbenden läßt ein ungebrochenes Verständnis von seiner nach wie vor bestehenden Herrscherwürde erkennen: Die Reichskleinodien soll sein Bruder, Pfalzgraf Heinrich, demjenigen aushändigen, den die Fürsten einhellig wählen, oder aber dem Erwählten, falls die Fürsten sich auf ihn einigen würden (»ei quem principes unanimiter elegerint et juste aut ei, qui nunc est electus, si principes consenserint«).[88]

Im Jahre 1211 war eine Vorstellung vom Politischen, das zwischen den Argumenten von Schrift und Schwert stand, durchaus in dem Sinne vorhanden, daß Entscheidungen jedweder Provenienz reversibel seien. Nicht reversibel jedoch erschien das Recht, die letzte Hoffnung eines exkommunizierten, eines verlassenen, eines militärisch geschlagenen, aber eben keines abgesetzten Kaisers. 1215 wählte Otto IV. im Grunde den Weg, den schon Heinrich IV. beschritten hatte; er stellte sich bußfertig und erbat die Lösung vom Bann. Anders als seinerzeit der Salier, konnte das aber nicht über eine personale Begegnung erfolgen, sondern nur über das von Innozenz III. einberufene IV. Laterankonzil. Kaiserliche Legaten legten hier vor Kardinälen und Konzilsvätern die Appellation ihres Herrn ein. Es bedurfte der ganzen Autorität des Papstes, um in einer erregten Konzilssitzung[89] die Ablehnung des Begehrens um Aufhebung der Exkommunikation zu erreichen.[90] Was aber stand letztlich hinter dieser Erregung? Selbst in Kreisen der Konzilsteilnehmer war die Auffassung, daß bereits mit der Exkommunikation der Verlust der Herrscherwürde einherginge, nicht akzeptiert.

---

86 Sommerlechner (1999), 184.

87 Wir folgen der Interpretation von Baaken (1991), 519. Anderer Auffassung: Wiegand (1998), 32f. – Zum Verhältnis des Papstes zu dem Staufer im Jahre 1212 vgl. auch Laufs (1980), 162f.

88 MGH Const. Bd. 2, 51ff. Nr. 42, hier: 53.

89 Anschaulich geschildert bei Hucker (1990), 322ff. Vgl. Baaken (1991), 512f.; Sommerlechner (1999), 182f. – Zu den Anhängern Ottos IV. an der Kurie vgl. Baaken (1991), 513f.

90 Nur im Prinzip akzeptierte ein Parteigänger des Welfen, Magister Heinrich von Avranches, 1215 die Auffassung, daß ein Konzil die letzte Entscheidung in der Thronfrage habe, aber er bestritt den Charakter des Vierten Lateranums als eines allgemeinen Konzils, an das er appellieren will. Bund (2000), 540ff. Der Einfluß des Heinrich von Avranches war wohl gering, aber er formulierte bereits Gedanken, die dann 1245 von kaiserlicher Seite aufgegriffen wurden.

3. Das Schicksal Heinrichs (VII.) – eine Herrscherabsetzung oder eine gebotene Herrscherverlassung?

Fehlender Einfluß des Papstes: Die Königswahlen von 1220 und 1237 – der angebliche päpstliche Plan eines welfischen Gegenkönigtums 1229/30 – Treueide: das neue Problem der Entmachtung eines Kaisersohnes im Vergleich zur Enterbung von 1098 – Heinrich (VII.), der verlassene König

Wie gering der Einfluß des Papstes auf Herrscherentmachtung und Königswahl in der Zeit Friedrichs II. war, belegt das Schicksal des 1220 gewählten und 1222 gekrönten Kaisersohnes Heinrich (VII.),[91] belegt dann auch die Königswahl Konrads IV. in Wien 1237.[92] Die Zeiten des salischen Königtums schienen zurückzukehren, in denen ein Kaiser den Fürsten die Wahl seines Sohnes eher gebot, denn erbat, und in denen 1098 die Entmachtung eines Kaisersohnes gewissermaßen als Hausverfügung erscheinen konnte. Während aber in spätsalischen Zeiten Erb- und Wahlgedanken miteinander rivalisierten, dominierte nunmehr das Erbrecht; die Großen um 1100 sahen im Wahlrecht einen Ausdruck ihrer Verantwortung für das Reich. Der damit gegebene enge Zusammenhang von Konsensrecht und Gehorsamspflicht ist für ihre Nachfahren im neuen Reichsfürstenstand um 1200 nicht mehr, zumindest nicht mehr in dem hundert Jahre zuvor noch erkennbaren Maße handlungsorientierend geblieben. Deswegen ist auch ein Absetzungsrecht der Fürsten nicht weiterentwickelt worden. Die Nürnberger Erklärung von 1211 ist ein Gehorsamsversprechen für Friedrich II., beruft sich aber nicht auf Kompetenzen, wie sie im Investiturstreit entwickelt worden waren, und sie bildet auch keine Begründung des Reichsrechts für die Zukunft. Denn das Ende des Königtums Heinrichs (VII.) ist nicht durch einen fürstlichen Absetzungsspruch besiegelt worden, sondern allein durch den kaiserlichen Willen. Das rächte sich 1245. Der Kaiser mochte sich zwar darauf berufen, daß nicht vom Papst, sondern von dem Willen der Fürsten seine Stellung und seine Absetzung abhinge,[93] aber gerade diese Auslegung des Wahlrechts hatte der Kaiser 1235 nicht gelten lassen wollen, hatte sogar

---

91 Vgl. Baaken (1997/II), 293ff. und 304f.; Thorau (1998), 82f. und 180ff.; Sommerlechner (1999), 453ff.: Erkens (2002), 67 und 107f. – Zur Wahl des Jahres 1220: Acta, ed. Winkelmann Bd. 1, 156ff. Nr. 180. Vgl. auch Wiegand (2002), 397ff.

92 Wie schon in salischer Zeit unter Heinrich III. tritt auch jetzt die »Stufenwahl« in Erscheinung. Friedrich II. ließ die Wiener Wahl im Februar auf einem Hoftag in Speyer zu Pfingsten bestätigen. Demandt (1957), 106. Vgl. Becker (1975), 37 und 39; Miethke (2000), 97; Wiegand (2002), 400f.; Hlaváček (2002), 94f.; Erkens (2002), 68f. und 109.

93 MGH Const. Bd. 2, 366 Nr. 682.

die Bitten von Reichsfürsten, Milde gegenüber seinem Sohn walten zu lassen, abgeschlagen. Matt mußte infolgedessen seine Berufung auf ein angeblich bereits bestehendes Reichsrecht klingen, als ihn 1245 des Papstes Bannsentenz all seiner Würden beraubte und alle ihm geschworenen Treueide löste.[94] Gegen das vom Papst beanspruchte Absetzungsrecht mußte der Staufer an die Solidarität christlicher Könige, deren Herrschaft durch eine solche päpstliche Kompetenz dem römischen Richterspruch unterläge, appellieren.[95]

Die von vielen Forschern vertretene Auffassung, wonach das Jahr 1245 sinnfälligster Ausdruck einer päpstlichen Machtstellung war, die sogar Friedrich II. stets zu fürchten hatte, teilen wir nicht. Selbst Gregors IX. Bannsentenz von 1237 hatte die Herrschaft des Staufers nicht erschüttert. Ein möglicher Einwand: Einer neuen These zufolge hatte Papst Gregor IX. 1229/1230 versucht, nach der Bannung Friedrichs II. dessen Stellung in Deutschland dadurch zu schwächen, daß er ein Gegenkönigtum gegen Heinrich (VII.) erwog.[96] Der Welfe Otto (das Kind) sollte zum Thronkandidaten aufgebaut werden.[97] Die Indizien, die für einen solchen Plan sprechen, weisen jedoch allenfalls nur auf Sondierungen; denn einer Königswahl des Welfen stand jenseits aller politischen Spekulationen ein einfacher Sachverhalt entgegen: Otto das Kind war, notdürftig durch Bürgschaften abgesichert, wegen einer enormen Lösegeldzahlung bis über beide Ohren verschuldet.[98] Der Papst, der sich massiv für seine Freilassung eingesetzt hatte,[99] war natürlich über diese Schwäche Ottos informiert. Gewiß: Spekulationen gab es damals zuhauf. Der Papst aber hatte gar keine Tatsachen geschaffen, auf denen weitere Projekte einer Königsabsetzung hätten aufbauen können. Er hatte vor allem nicht gewagt, den Kaiser förmlich abzusetzen.[100]

Zurück zum Schicksal Heinrichs (VII.). Schon allein die Ordnungszahl, welche die Forschung im Nachhinein dem sogenannten »Klammerheinrich« geben mußte, die Tatsache, daß im Jahre 1308 bei der Wahl Heinrichs VII. niemand mehr wußte, daß es schon zuvor, seit 1220 einen siebenten König Heinrich gegeben hatte, belegt, daß dessen Entmachtung 1235 kein traditionsbildendes Ereignis gewesen sein konnte. Dennoch ist sein Königtum im Rahmen unseres Themas eingehender zu berücksichtigen, weil es die Kräfteverhältnisse erkennen läßt, die in

---

94 »omnique honore ac dignitate … privamus, omnesque qui ei iuramento fidelitatis tenentur astricti … absolventes«. MGH Const. Bd. 2, 512 Nr. 400.

95 MGH Const. Bd. 2, 371 f. Nr. 265. – Zur päpstlichen Reaktion: Hageneder (1978), 31.

96 Frech (1992), 93. Zu der massiven Werbung, die Gregor IX. in jenen Jahren in deutschen Landen für den päpstlichen Standpunkt betrieb, vgl. Frech (1995), bes. 96ff. Vgl. auch ebd., 92ff. zur Tätigkeit des Kardinallegaten Otto von S. Angelo. Skeptisch gegenüber der These Frechs von einem Königswahlplan des Papstes um 1230 bereits Hillen (1999), 231.

97 Frech (1995), 99ff.

98 Schubert (1997), 520f.; Pischke (2002), 141 f.

99 Schubert (1997), 520.

100 Becker (1988), 40f.

spätstaufischer Zeit einem fürstlichen Wahl- und Absetzungsrecht nur geringe Entwicklungsmöglichkeiten beließen.

Die seit 1228 erkennbaren Auseinandersetzungen des jungen Königs mit mächtigen Reichsfürsten[101] liegen zunächst noch im normalen Konfliktbereich der Königsherrschaft.[102] Die Verschärfung zum Prinzipiellen bewirkte der kaiserliche Vater, den die beginnende Selbständigkeit seines Sohnes nach dessen Volljährigkeit[103] zunächst wohl gar nicht wegen unmittelbar politischer Maßnahmen, sondern wegen dynastischer Gründe mißtrauisch werden ließ. Schließlich war Heinrich nur mit Mühe davon abzubringen gewesen, sich von seiner wesentlich älteren Frau, Margarete von Österreich, die ihm der Vater zur Heirat bestimmt hatte, zu trennen.[104] Von grundsätzlichen Erwägungen her mußte ein solches Vorhaben den Kaiser aufbringen. Weiterhin mußte eine solche Ehescheidung bei der untrennbaren Verbindung von dynastischen und politischen Konzeptionen gefährliche Folgen zeitigen. Wer in Italien und in deutschen Landen gleichermaßen herrschen wollte, durfte sich die Herzöge von Österreich, die Herren wichtiger Alpenpässe, nicht zu Feinden machen.

Das Schicksal Heinrichs (VII.) läßt sich nicht in eine Leitlinie von Konflikten zwischen Kaiser und Papst einordnen. Daß Friedrich II. keineswegs gesonnen war, seinem Sohn die selbständige Herrschaft in deutschen Landen zu überlassen,[105] machte er deutlich, als er Ende 1231 deutsche Fürsten an den kaiserlichen Hof nach Ravenna lud und hier sogar Belehnungen mit Reichslehen vornahm.[106] Als dann im April 1232 erstmals seit zwölf Jahren Heinrich wieder vor seinem Vater stand,[107] wurde ihm eine Schuldrechnung präsentiert, die bereits auf sein späteres Schicksal hinweist: Absetzung. Der Kaiser bestätigte ihm zwar die Königswürde, begrenzte aber zugleich die damit verbundene Macht. Zum Gehorsam gegenüber kaiserlichen Geboten wurde der Sohn verpflichtet, und die anwesenden Reichsfürsten mußten unter Eid geloben: Falls ihnen der Kaiser den Ungehorsam seines Sohnes anzeige, wollten sie all ihre Treuebindungen an Heinrich für gelöst erachten und dem Vater

---

[101] Stürner Bd. 2 (2000), 277 und 280f. – Die weitgehende Selbständigkeit Heinrichs (VII.) belegt Baaken (1997/II), 302. Vgl. zum Itinerar des Königs Hillen (1999), 163ff. und 340; Ders., Herrscherpraxis und Itinerar Heinrichs (VII.). Concilium 2 (1999), 105–130.

[102] Deswegen kann der Straßburger Bischof, der 1228 in offener Opposition zum König stand, sich 1233 dem königlichen Herr anschließen. Stürner Bd. 2 (2000), 299. Vgl. zur Haltung dieses Bischofs auch Thorau (1998), 155ff. und 329ff.

[103] Thorau (1998), 267ff. Vgl. Helmut Flachenecker, Herzog Ludwig der Kelheimer als Procurator König Heinrichs (VII.). ZbayerLdG 59 (1996), 835–854. Zu den Konflikten des Königs mit Herzog Ludwig seit 1229: Stürner (2001), 21ff.

[104] Stürner Bd. 2 (2000), 281. Vgl. Thorau (1998), 268f.

[105] Vgl. zuletzt Thorau (1998), 277ff.; Hillen (1999), bes. 229f.

[106] Stürner Bd. 2 (2000), 282f.

[107] Ebd., 284; Ders. (2001), 27f. Vgl. auch Kaufhold (2000), 136 mit Anm. 5.

Hilfe gegen seinen Sohn leisten.[108] Unverkennbar ist seit diesem Jahr, daß sich die Reichsfürsten immer mehr von dem Hof des jungen Königs zurückziehen.[109]

Die Verpflichtung, welche der Kaiser 1232 den Reichsfürsten abverlangt hatte, besagt eindeutig: Es gibt noch kein Reichsrecht, nach dem eine Königsabsetzung erfolgen konnte. Beim Widerspruch verschiedener Treueide sollten diejenigen, die dem Kaiser geleistet wurden, den Vorrang haben. Nicht eine Absetzung, sondern ein Krieg zwischen Vater und Sohn wird als Möglichkeit vorgesehen. Und in Konsequenz dieses Denkens wird auch die Entmachtung Heinrichs (VII.) 1235 erfolgen: Vollzug des kaiserlichen, des väterlichen Willens, wobei den Fürsten noch nicht einmal Mitsprache eingeräumt wird. Hausrecht gewissermaßen statt Reichsrecht; die gleiche Konstellation wie im Jahre 1098 bei der Enterbung König Konrads.

Die kaiserliche Verfügung von 1232 war eher eine spontane Reaktion auf ein ungebärdiges Sohnesverhalten gewesen als eine vorausschauend kalkulierte Maßnahme; denn die Schwäche des fürstlichen Gelöbnisses lag offen zu Tage: Die Lösegewalt von Eiden lag unbestritten beim Papst, nicht beim Kaiser. Das wird am Hofe Friedrichs II. spätestens dann klar geworden sein, als die – zunächst wohl nur als väterliche Drohung verstandene – Erklärung von 1232 Heinrich nicht von dem Bemühen um eine eigenständige Politik abbrachte. Es muß sich um größere Konflikte als sie in der Überlieferung deutlich werden, gehandelt haben.[110] Keine der in den erhaltenen Quellen enthaltenen Maßnahmen des Kaisersohnes läßt dies erkennen. Thronverlust geht mit Quellenverlust einher. Niemand konnte an der Bewahrung von Privilegien eines entmachteten Herrschers noch Interesse haben.

Weil trotz des fürstlichen Gelöbnisses zu Ravenna die Lösegewalt von Treueiden unbestritten beim Papst lag, mußte der Kaiser 1233 Erzbischof Dietrich von Trier auffordern, den König an seinen Gehorsamseid zu erinnern.[111] Eine als letzte Warnung verstandene Mahnung, auf die Heinrich mit einer so übertrieben einsichtsvollen Erklärung reagiert, daß über deren Hintergründe auch psychologisch spekuliert werden darf. Der Papst – so der junge König – dürfe ihn auf Verlangen des Kaisers exkommunizieren. Hat der Sohn damit dem Vater zu verstehen gegeben, daß ein Konflikt nur dem Papsttum nutzen würde, oder war die Einsicht vom kaiserlichen Hof gefordert worden? Letzteres scheint uns wegen eines Vorgangs aus dem folgenden Jahr das Wahrscheinlichere zu sein. Große wie der Markgraf von Baden und der Herr von Hohenlohe, welche die Maßnahmen Heinrichs nicht akzeptiert hatten, hatten 1234 am kaiserlichen Hof Gehör gefunden; die gegen sie gerichteten

[108] Stürner Bd. 2 (2000), 285.

[109] Hillen (1999), 227 und 234.

[110] Als der Kaiser 1242 Trauerfeierlichkeiten für den verstorbenen Heinrich befiehlt, spricht er von der »superbia« seines Sohnes, die aber die väterliche Trauer nicht ausschließe; auch David habe über Absalon geweint. Acta, ed. Winkelmann Bd. 2, 37 Nr. 32.

[111] Stürner Bd. 2 (2000), 297.

Verfügungen wurden zur großen Empörung des Königs rückgängig gemacht.[112] Der Kaiser, der Vertrauensleute im Beraterkreis seines Sohnes hatte,[113] wußte, daß dieser eine eigenständige Politik verfolgen wollte. Er wählte trotz der Machtdemonstration mit der Revision von Verfügungen seines Sohnes im gleichen Jahr 1234 einen erstaunlichen Umweg; er bat Papst Gregor IX., auf Erzbischof Dietrich von Trier einzuwirken. Dieser solle aufgrund päpstlichen Gebots den König an seinen Gehorsamseid erinnern, und weiterhin solle Dietrich mit päpstlicher Erlaubnis bevollmächtigt sein, im Falle des königlichen Eidbruchs Heinrich ohne weiteres öffentlich zu exkommunizieren.[114] Wenn der Kaiser nicht wie 1233 direkt an den Erzbischof schreibt, sondern ihm seine Wünsche über den Papst mitteilen läßt, so ist das nur aus dem Gedanken zu erklären, bei einer Entmachtung des Sohnes auf die Lösegewalt des Papstes zurückgreifen zu müssen. Deswegen mahnt am 13. März 1235 Gregor IX. die Fürsten, den jungen König auf den rechten Weg zurückzuführen, und löst sie gleichzeitig von den Eiden, die sie ihm geleistet hatten.[115]

Eines immerhin haben unsere Erwägungen wiederum erkennen lassen: Gegen einen ungehorsamen Königssohn kann der Vater nicht mehr mit einfacher Enterbung vorgehen, wie sie 1098 Heinrich IV. gegen seinen bereits zum König gewählten Sohn Konrad durchgesetzt hatte. Es gibt aber auch noch kein Reichsrecht, das eine förmliche Absetzung erlaubt hätte. Die einzige Möglichkeit, die seit 1232 am Kaiserhof für den Fall einer Entmachtung Heinrichs erwogen wird, ist die der Auflösung der Eide. Und das enthält als grundsätzliche Aussage, daß das Königtum nicht auf einem Reich als transpersonaler Größe, sondern auf personalen Grundlagen konstituiert ist. Vergessen scheint das Denken der »Forchheimer« zu sein.

Im Juli 1234 bereits hatte der Kaiser sein Kommen in deutschen Landen für den Sommer 1235 angekündigt,[116] und das heißt doch: Der künftige Hoftag war nicht durch plötzlich auftretende Ereignisse einberufen worden, sondern lange geplant, weil der Kaiser das Verhältnis zu seinem Sohn zu regeln gedachte. Daß es zur Entmachtung und Kerkerhaft des jungen Königs kommen würde, war im Vorfeld des Wormser Hoftages noch nicht abzusehen.[117] Aber daß ausgerechnet Worms für den Hoftag gewählt wurde, war bereits Signal: Worms – jene Stadt, die in den Monaten zuvor dem König härtesten Widerstand geleistet und sogar eine Belagerung überstanden hatte,[118] jene Stadt, die vom Kaiser ausdrücklich dafür gelobt worden

112 Ebd., 301.
113 Christian Hillen, Hof und Herrschaft Heinrichs (VII.). Betrachtungen zum Beraterkreis des Königs, in: Staufer Heinrich (VII.) (2001), 54–71, hier: 68.
114 Ebd.
115 Gerlich (2001), 222.
116 Stürner Bd. 2 (2000), 301.
117 Zur unsicheren Überlieferung dieses Hoftags vgl. Gerlich (2001), 229f.
118 Ebd., 212 und 218.

war, daß sie eine Eidesverpflichtung, die den Kaiser nicht ausnahm, verweigert hatte.[119]

Aus der Geschichte des königlichen Hofes läßt sich ablesen, daß Heinrich (VII.) ausgangs des Jahres 1234 nicht mehr der von seinem Vater »bedrängte«, sondern der von den Fürsten »verlassene« König ist.[120] Der verlassene König suchte durch Privilegierung von Städten, die wie Speyer und Frankfurt zu ihm hielten, seine geschrumpfte Anhängerschaft zu festigen[121] und griff schließlich zu dem verzweifelten Mittel, durch Geiselstellung von elsässischen Städten, aber auch von Basel eine Stärkung seines Königtums zu erreichen.[122]

Zukunftsweisende Perspektiven haben Historiker bisweilen Heinrich (VII.), einem Herrscher, der ganz gegensätzlich von den Zeitgenossen beurteilt wurde,[123] unterstellt. Das kann zwar bei dem Mangel an Quellen nicht ausgeschlossen werden, aber in der entscheidenden Krisensituation spricht nichts für eine besondere Befähigung des jungen Königs, politische Gegebenheiten realistisch einschätzen zu können. Heinrich hatte zu Wimpfen auf die Gnade des Vaters gebaut, der ihn aber nicht sehen wollte.[124] In Worms sollte sich der König, der zu Wimpfen noch Verzeihung einfordern wollte (»veniam postulans«), demütig dem Kaiser unterwerfen.[125] Diese Unterwerfung aber wollte Heinrich nur als persönlichen, sein Königtum selbst nicht betreffenden Akt verstanden wissen. Deshalb hatte er die Reichsinsignien vor seinem Vater auf dem Trifels in Sicherheit gebracht.[126] Wir folgen der Interpretation von Volkhard Huth weiterhin auch darin, daß die Kerkerhaft des Sohnes erfolgte, weil dieser nicht freiwillig abdankte und vor allem die Reichsinsignien nicht ausliefern wollte.[127]

---

119 Ebd., 222.

120 Hillen (1999), 236. – Vgl. ebd., 220ff. zu den Erwägungen, daß es sich bei der Entmachtung Heinrichs (VII.), der keine beständigen Anhänger unter den Reichsfürsten gewonnen hatte, um eine Herrscherverlassung handelte. – Vgl. zur Spätzeit Heinrichs (VII.) aus mittelrheinisch-fränkischer Perspektive Gerlich (2001), 206ff.

121 Gerlich (2001), 213 und 220.

122 Marbacher Annalen, ed. Schmale, 244. Präziser noch eine die Colmarer Annalen ergänzende Handschrift, ed. Kleinschmidt (1972), 491: »Heinricus rex patrem suum Fridericum adventantem timens pueros nobilium et civium a civitatibus, quo minus ab eis derelinqueretur, ad se recepit«.

123 Stürner (2001), 36.

124 Huth (1992), 315ff.

125 Vgl. Hillen (1999), 216f.

126 Huth (1992), 320.

127 Ebd., 321f. Zurückhaltend gegenüber dieser Interpretation: Hillen (1999), 215 und 218f. – Der neueren Forschung von Hillen (1999), 235 stimmen wir in der Aussage nicht zu: »Die Fürsten waren jedenfalls die Akteure, die die Situation beherrschten, und nach denen sich sowohl der Kaiser als auch der König zu richten hatten.« So zutreffend es einerseits ist, daß der Kaiser und sein Sohn auf die Fürsten Rücksicht zu nehmen hatten, so »beherrschten« diese doch keineswegs, wie nicht zuletzt das Jahr 1235 lehren sollte, die politische »Situation« in deutschen Landen.

Wie auch immer die Vorgänge des Jahres 1235 gedeutet werden mögen, so ist unbestritten: Gewalt stand am Ende der Herrschaft Heinrichs (VII.). Ein Absetzungsverfahren, das Rechtsregeln für die Zukunft hätte schaffen können, wollte Friedrich II., auf seine kaiserliche Autorität pochend, nicht zulassen.[128] Er demonstrierte mit exotischen Tieren seine Macht in einer Welt der Rinder und Pferde.[129] Treffend wurde formuliert: »Friedrich II. warf die Rebellion seines Sohnes nicht durch eine starke Armee, sondern durch einen starken Auftritt nieder.«[130] Die »celeberrima curia«, wie Alberich von Troisfontaines den Mainzer Hoftag von 1235 bezeichnete,[131] wurde in ihrem Glanz nicht von dem Schicksal Heinrichs (VII.) überschattet. Noch einmal wurde demonstriert, daß das Regnum Theutonicum kein Nebenland der kaiserlichen Herrschaft sein sollte; aber dies war die letzte Demonstration. Tatsächlich wurden das Regnum zum Nebenland. Der päpstliche Absetzungsspruch sollte 1245 dieses Strukturproblem staufischer Herrschaft offen legen.

4. Die einzige Kaiserabsetzung durch den Papst (1245)

Die eigenen Gesetze des Widerstandes in deutschen Landen gegen den Kaiser – die Absetzungsurkunde, ihr gesicherter kanonistischer Rechtsboden und ihre ungesicherte Wirkung – das gefährliche Spiel des Papstes – die antistaufische Bewegung nach 1245 in deutschen Landen – von wann ab datiert die Vakanz des Reiches? – die Unsicherheit der Zeitgenossen

Die vielen Deutungen, warum Friedrich II. von dem Höhepunkt der Herrschermacht, die er in deutschen Landen 1235 und 1237 demonstriert hatte, in die Krise des Jahres 1245 geriet, brauchen wir nicht zu vermehren. Widersprochen sei allerdings der häufig in den Handbüchern begegnenden schlichten Vereinnahmung staufischer Politik in Italien in die Reichsgeschichte. Nüchtern sei festgehalten: Friedrich II., der nach dem glanzvollen Mainzer Hoftag nie wieder die deutschen Lande betrat, hatte das Regnum Theutonicum als Nebenland seiner Herrschaft betrachtet.[132] Der Aus-

---

[128] Das spiegelt sich auch insofern in den Quellen, als diese keine genauen Angaben machen können (Hillen [1999], 214f.), wie es bei einem rechtsförmlichen Verfahren doch der Fall gewesen wäre.

[129] Sommerlechner (1999), 435.

[130] Kaufhold (2000), 127.

[131] Sommerlechner (1999), 172.

[132] Anderer Auffassung: Boshof (1993), 3f. Wir lesen jedoch eine Bestätigung unserer Ansicht aus der Formulierung heraus, »Friedrich behielt Deutschland auch von Italien aus im Auge«. Stürner (2002), 25. Im Auge behält man nur etwas, was nicht im Mittelpunkt des Interesses steht.

druck »Nebenland« ist aus der Sicht des Kaisers, aber weniger aus der seiner deutschen Zeitgenossen gerechtfertigt, wie die damalige Chronistik belegt. Kaiserliche Briefe werden ausführlich zitiert, und nur in landesgeschichtlicher, aber nicht in reichsgeschichtlicher Perspektive werden die Ereignisse nach Abwesenheit oder Anwesenheit des Staufers geordnet.[133] Denn in der Chronistik ist die neue Orientierung auf die fürstlichen Dynastien unübersehbar.[134]

Die Auseinandersetzung mit dem Papst führte Friedrich II. in Italien. Aber es mußte Auswirkungen auf die deutschen Lande haben, wenn der Kaiser, der ihnen 1237 einen König gegeben hatte, vom Papst exkommuniziert und schließlich abgesetzt worden war. In deutschen Landen war der Widerstand gegen seine Herrschaft bereits zwei Jahre nach der Wiener Wahl Konrads IV. und zunächst unabhängig von päpstlichen Absetzungsdrohungen erwacht. Dabei spielte die Schuldenwirtschaft, insbesondere die rheinischer Erzbischöfe eine die politischen Stellungnahmen beeinflussende, vielleicht sogar bestimmende Rolle.[135] Die päpstliche Politik in deutschen Landen war auf die Erzbischöfe von Köln und Mainz angewiesen, diese aber, insbesondere Konrad (von Hochstaden) von Köln auf die Finanzmittel der Kurie.[136] Schon 1239 hatte Konrad von Köln die staufische Partei wegen der päpstlichen Finanzhilfen in seiner Schuldenkrise verlassen.[137] War auch der Plan des Jahres 1239, Erich von Dänemark zum König zu wählen,[138] nicht allzu ernsthaft verfolgt worden,[139] so zeigt er doch, wie labil die staufische Position in deutschen Landen geworden war. Das wird zwei Jahre später vollends sichtbar. Gegen Friedrich II. hatte sich seit Ende des Jahres 1241 unter Führung Erzbischof Siegfrieds (von Eppstein) von Mainz eine Opposition gebildet,[140] unter Führung jenes Fürsten, den der Kaiser seinem Sohn zur Seite gestellt und zum »procurator« des Reiches gemacht hatte, jenes Fürsten, der noch 1241 »auctoritate imperii« Befehle erteilt hatte.[141] Seit dem Jahre 1242 führten dann König Wenzel von Böhmen und Landgraf Heinrich Raspe von Thüringen den Titel »sacri per Germaniam imperii procurator«.[142] Der Kaiser hatte versucht, mit einer entsprechenden Beauftra-

---

133 Sommerlechner (1999), 482 (landesgeschichtliche Perspektiven) bzw. 238f. (reichsgeschichtliche Sichtweise).

134 Ebd., 239f.

135 Werner (1993), 561.

136 Ebd., 554ff.

137 Ebd., bes. 514f. und 545ff. – Vgl. zur päpstlichen Politik seit 1241 Garnier (2000), 85f.

138 Thomas (1992), bes. 360f.

139 Erkens (2002), 13 und 50.

140 Reg. Imp. Bd. 5/2, 11367a. Zur politischen Situation, die sich in Bündnisverträgen spiegelt, vgl. Garnier (2000), 84f. – Bündnisverträge lassen schon seit 1238 eine antistaufische Haltung erkennen. Ebd., 83.

141 Reg. Imp. Bd. 5/2, 11364. Vgl. ebd., 11366.

142 Ebd., 11390.

gung der Opposition im Reiche Herr zu werden. Die stauferfeindliche Partei aber war damals schon gefestigt,[143] Adelsfehden brachen wie gewohnt in verworrener Situation aus. Völlig unklar ist, von welcher Rechtsgrundlage die Stauferfeinde ausgingen. Schon Eduard Winkelmann seufzte bei den Regesten des Jahres 1242: »Wie schade, daß wir gerade in diesem wendepunkt so arm an quellen sind.«[144]

Streiflichter nur lassen die Härte der Auseinandersetzungen erahnen; zum Beispiel exkommuniziert Albert, der Archidiakon von Passau, den Abt Diotmar von Niederaltaich, weil dieser für den Kaiser gebetet hatte.[145] Aber gab es überhaupt einen Rechtsgrund für diese Strafe? 1244 wagte Erzbischof Siegfried von Mainz die Ungeheuerlichkeit, den Kaiser zu exkommunizieren.[146] Als dieser Bannspruch auf der Synode zu Fritzlar im April wiederholt wurde, mußte Siegfried ihn sogar auf die kaisertreuen Mitglieder seines Domkapitels ausdehnen.[147]

So wenig wir über die Vorgänge von 1242 bis 1245 wissen, so ist doch immerhin eindeutig: Eine Herrscherabsetzung ist nicht vorgenommen worden. Zu unbedeutend war die Rolle Konrads IV. Das hatte wenig mit Herrschertugenden, das hatte viel mit dem Charakter eines Nebenlandes zu tun. Zum einen warnte das Schicksal Heinrichs (VII.), zum andern konnte schon aufgrund seines Alters der Kaisersohn kein eigenständiges Ansehen in der Fürstenwelt gewinnen. Daß die Politik nur in seinem Namen bestimmt wurde, versuchte die königliche Kanzlei dadurch zu verschleiern, daß sie stets die Verbindung zum kaiserlichen Vater hervorhob.[148] Nebenbei: Die seit Jakob Burckhardt in vielen Varianten relativierte, aber doch immer wieder als historiographische Orientierung dienende Charakteristik Friedrichs II. als eines »modernen« Herrschers verkennt die Begrenzung der allein in der Perfektionierung des hierarchischen Instanzenzugs bestehenden, latent stets vorhandenen Steigerung monarchischer Gewalt. Die Modernität der Delegation von Verwaltungsaufgaben war dem Staatsaufbau Friedrichs II. zwar nicht fremd, aber keineswegs inhärent. Was in Italien unter direkter Aufsicht des Kaisers wirksam werden konnte, mußte bei der Unkenntnis des Prinzips der Delegation von Aufgaben im deutschen Nebenland zu einem Machtvakuum führen. Darin liegt das Schicksal der Kaisersöhne Heinrich und Konrad beschlossen.

Ein König hatte ein Richter zu sein. Von der Ausdehnung dieses Amtes bis hin zum vermittelnden Schiedsrichter leitet sich neben dem Konsensprinzip, das Urteilsbilligung und Urteilsschelte verschwägert ist, eine wichtige Entwicklungslinie

---

143 Vgl. ebd., 11390; Wiegand (2002), 403f.

144 Reg. Imp. Bd. 5/2, 11390.

145 Ebd., 11394.

146 Ebd., 11429a. Zugleich mit dem Kaiser hatte der Erzbischof am 13. März 1244 zu Weimar auch die Bürger von Erfurt gebannt.

147 Ebd., 11433a.

148 Heckmann Bd. 1 (2002), 345.

des neuzeitlichen »politisch« ab. Ein unabhängiger Richter aber durfte Konrad nicht sein. Den Kaiser warnte die Herrschaft seines älteren Sohnes. Und das hatte – eigentlich vorhersehbare – Folgen. Nach Siegfried von Mainz sollte mit Heinrich Raspe auch der zweite der dem jungen König gesetzten Prokuratoren diesen verlassen. Dennoch wollen wir hier nicht erneut auf das Prinzip der Herrscherverlassung hinaus; denn anders als in den Jahren vor 1235 ging es den opponierenden Fürsten nicht um den König, sondern um den Kaiser selbst, um einen Kaiser, der mit seiner Behandlung Heinrichs (VII.) das Königtum destabilisiert hatte.

Am 17. Juli 1245 war auf dem ersten Konzil zu Lyon in Anwesenheit von fast 150 Prälaten die Absetzung Friedrichs II. verkündet worden.[149] Das Protokoll der Absetzungsurkunde läßt keinen Zweifel daran, daß das Konzil nur eine akklamierende, keine rechtsstiftende Funktion hatte: »sacro praesente concilio«, »sacro approbante concilio«.[150] Allein auf der Autorität des Papstes beruhte die Absetzung. Für Innozenz IV. war hierokratisch selbstverständlich geworden, was Innozenz III. noch in der letztlich dualistischen Balance gehalten hatte. Die Autorität des Papsttums wurde nicht mehr als Hilfe bei Gebrechen der Welt – denn kein Gegenkandidat bedroht damals das Kaisertum des Herrschers – beansprucht, sondern als schuldiger Gehorsam der Welt. Die päpstliche Machtvollkommenheit, die Stellvertretung Christi auf Erden hatte Innozenz IV., noch ohne dabei auf die Fürstenabsetzung zu zielen, in seinem Dekretalenkommentar zu der Auffassung geführt, wonach »jedwede Kreatur ... dem Papst als dem ›conditor canonum‹ und als dem ›vicarius creatoris‹ unterstellt« sei.[151]

Innozenz IV. war Jurist genug, um nicht allein aus der päpstlichen »plenitudo potestatis« die Absetzung eines Kaisers abzuleiten. Die Depositionsurkunde verwendet viel Mühe darauf, die Vergehen Friedrichs II – Meineid, Friedensbruch, Sakrileg, Häresie – wortreich aufzulisten. Verbrechen des Kaisers werden selbst aus unbewiesenen Gerüchten abgeleitet.[152] So findet sich auch die aus der Luft gegriffene Anschuldigung, Friedrich II. hätte 1231 die Ermordung Herzog Ludwigs

---

149 MGH Epp. saec. XIII Bd. 2, Nr. 124. Druck und Übersetzung: Miethke – Bühler (1988), 105ff. Zur Absetzungsurkunde vgl. auch Hageneder (1978), 29f.; Schwarz (2000), 205 mit Anm. 12. – Den Kommentar der Quellen charakterisiert Sommerlechner (1999), 193ff. in souveräner Übersicht.

150 Kempf (1974), 348f. (vgl. ebd., 345); Baaken (1997/I), 247. – In seinem Kommentar zur Absetzungsbulle erklärt Innozenz IV.: »Praesentia concilii est ad solennitatem tantum, quia etiam sine concilio solius papae sententia sufficeret ad damnationem imperatoris.« Druck und Übersetzung: Miethke – Bühler (1988), 111.

151 Kempf (1974), 348. – Zur Berufung des Papstes auf die plenitudo potestatis bei der Absetzung von 1245 vgl. Becker (1988), 45.

152 Zeugen, die in Lyon den Kaiser wegen schwerer Vergehen belastet hatten, konnte Friedrich II. in seinem Schreiben an die Großen Englands mit stichhaltigen Gründen als wenig glaubwürdig ablehnen. MGH Const. Bd. 2, 360f. Nr. 262. Vgl. Baaken (1997/I), 254 und 258; Sommerlechner (1999), 428ff. und 444.

(des Kelheimers) veranlaßt.[153] Über die Berechtigung der einzelnen Vorwürfe braucht hier nicht gehandelt zu werden,[154] wichtig ist die Intention der langen Sündenliste. Wir folgen Friedrich Kempf. Der Hostiensis hatte »die These vertreten, genügender Absetzungsgrund sei jede schwere Sünde, zumal wenn der Kaiser der gesamten Kirche Ärgernis gebe und Wirren verursache. Innozenz IV. dagegen dachte differenzierter. Der Tatbestand einer beliebigen Sünde, so schreibt er in seinem Kommentar zur Absetzungsbulle, ist zwar bei Klerikern hinreichend, handelt es sich jedoch um die Absetzung eines Kaisers oder eines anderen weltlichen Fürsten, so müssen viele und schwere Missetaten vorliegen.«[155]

Die Absetzung Friedrichs II. stand inzwischen auf gesichertem kanonistischen Rechtsboden,[156] auch wenn das Vorgehen des Papstes unterschiedlich begründet werden konnte. Ein unter dem Namen Innozenz IV. verbreitetes Pamphlet gegen des Staufers Enzykliken, das in der Briefsammlung des Albert Beheim erhalten ist,[157] deckt sich keineswegs mit den kanonistischen Auffassungen, die Innozenz IV. in seinem Dekretalenapparat niedergelegt hatte.[158] Aber bei allen unterschiedlichen Begründungen war ein Absetzungsrecht des Papstes in Notfällen unter Kanonisten nicht mehr strittig; deshalb wäre es – auch hier folgen wird Friedrich Kempf – unsachlich, »den Absetzungsakt als solchen für Willkür und Anmaßung zu halten. Und wir verstehen nun auch den eigentlichen Grund, warum Innozenz IV. eine solche Mühe aufgewandt hat, in der Absetzungsbulle die Friedrich II. angelasteten Delikte, unter ihnen auch Häresie, im einzelnen aufzuzählen. Das entsprach den inzwischen aufgestellten Normen der Dekretalisten: Der Papst durfte einen Fürsten absetzen ›ratione haereseos aliorumque delictorum‹.«[159] Dieser kanonistische Konsens wirkte sogar auf deutsche Rechtstexte ein. Das uns bereits bekannte »umb ander sein missetat«[160] ist eine Übersetzung des »aliorumque delictorum«.

Friedrich Kempf fragte aber nicht nur nach der Kanonistik, sondern auch nach der Realität. Der kanonistische Rechtsboden, auf dem die Absetzungssentenz

---

153 Sommerlechner (1999), 444; Stürner Bd. 2 (2000), 279.

154 Vgl. Hageneder (1978), 29f. und 44.

155 Kempf (1974), 346.

156 Landau (2002), 491ff. Der Hostiensis zum Beispiel rechtfertigt in seinem Kommentar zur Dekretale Venerabilem die Absetzung. Druck und Übersetzung: Miethke – Bühler (1988), 955ff., hier: 96. Vgl. Unverhau (1973), 261 und 359ff.; Folz (1987), 331ff. – Die kirchenrechtlichen Einwände, die Friedrich II. geltend machen ließ, betreffen allein die Verfahrensmängel. Baaken (1997/I), 252ff. – Zur Frage, wieweit Innozenz IV. in der Theorie über Innozenz III. hinausging, vgl. Herde (2002), bes. 225f. und 240f.

157 Edd. Frenz – Herde, 102ff. Nr. 32.

158 Ebd., 102 Anm. 1.

159 Kempf (1974), 355.

160 Vgl. oben, 91.

stand, mochte sicher sein, die Wirkung in der Welt war höchst ungewiß. Darauf zielt des Kaisers Schreiben an die kirchlichen und weltlichen Großen Englands: Nirgendwo seien im göttlichen noch im weltlichen Recht die Behauptungen des Papstes begründet, wonach er nach eigenem Ermessen Reiche übertragen oder mit Eingriffen in die weltlichen Belange durch Aberkennung der Herrschaft über Könige und Fürsten richten könne (»nusquam tamen verum legitur divina sibi vel humana lege concessum, quod transferre pro libito possit imperia aut de puniendis temporaliter in privatione regnorum regibus aut terre principibus iudicare«).[161] Und noch deutlicher wurde Friedrich II. in einer Enzyklika, in der er von einem Papst sprach, der sich erkühnt habe, ihn abzusetzen (»ausus est sententiam depositionis statuere«).[162]

Friedrich Kempf hob hervor, »auf welch schwankendem Fundament die Führungsgewalt stand, die das Papsttum im Raum der Christianitas innehatte. Mochten sie auch die Kanonisten als monarchische Herrschaft hinstellen, die Wirklichkeit war weit davon entfernt. Niemals hat sich die Christianitas zur festen Gestalt eines Regnums oder Imperiums verdichtet. Die Stellung, die der Papst an ihrer Spitze einnahm, beruhte auf dem lebendigen, sich ständig wandelnden Bezug zwischen dem Papst als Führer und dem ›populus christianus‹ als Gefolgschaft.«[163] Wie zutreffend diese Analyse ist, erweist sich etwa darin, daß bereits am 17. Juli 1245, als das Absetzungsurteil schon feststand, der kaiserliche Großhofrichter Thaddaeus de Suessa erstmals in der Kirchengeschichte Berufung gegen ein päpstliches Urteil an ein allgemeines Konzil einlegt:[164] Das Konzil von Lyon verdiene die Bezeichnung »universale« nicht, und deshalb müsse er im Namen des Kaisers an ein solches Konzil appellieren (»ad universale concilium regum, principum et prelatorum, cum presens consilium universale non sit, pro parte domini imperatoris appello).«[165]

Streiten wir nicht mit Thaddaeus von Suessa darüber, ob das erste Konzil von Lyon als universales zu gelten habe. Es bildete auf jeden Fall eine politische Bühne für Innozenz IV. Und dabei zeigt sich, daß die Kanonistik zwar die Rollen festlegen konnte, nicht aber deren Wirkung beim europäischen Publikum. Dieses war

---

161 MGH Const. Bd. 2, 360 Nr. 262. Das Schreiben nimmt Albert Beham in sein Briefbuch auf, edd. Frenz – Herde, 94ff. Nr. 30.

162 Acta, ed. Winkelmann Bd. 2, 49ff. Nr. 46.

163 Kempf (1974), 356. Vgl. Ders. (1954), 184ff., 261, 280ff. und bes. 304ff. zum Begriff und zur Geschichte von »christianitas« im 12. und 13. Jahrhundert. Die in der Folgezeit immer wieder geübte Kritik an diesen Darlegungen Kempfs sei nicht notiert, denn sie richtet sich gegen einzelne Aspekte ohne zu bedenken, daß es diesem Gelehrten gerade um die schillernde Vielschichtigkeit eines Begriffes ging, der zum Beispiel in Zeiten eines Kreuzzuges eine andere Färbung gewann als zu Zeiten, in denen sich Papst und Kaiser unversöhnlich gegenüberstanden.

164 Becker (1988), 45.

165 MGH Const. Bd. 2, 508 Nr. 399. Vgl. Becker (1988), 45 mit Anm. 37 und 38.

von den Darbietungen keineswegs überzeugt. Ludwig IX. (der Heilige) von Frankreich zum Beispiel teilte mitnichten die Ansicht von einer berechtigten Absetzung Friedrichs II. Die Unnachgiebigkeit des Papstes hatte ihn so erzürnt, daß er ihm die Einreise nach Frankreich verweigerte.[166] Innozenz IV. gewann ihn nicht mit der Überzeugungskraft kanonistischer Argumente, sondern mit der für die damalige Situation politisch eminent wichtigen Zusage eines Ehedispenses für den Bruder des Königs.[167]

Die Absetzung Friedrichs II. war nach Friedrich Kempf »eine höchst unglückliche Entscheidung. Sofort trat die Diskrepanz zwischen Anspruch und Wirklichkeit zutage.«[168] Kempf konnte dieses Thema nicht weiter vertiefen, er mußte sich mit dem allerdings aufschlußreichen Hinweis begnügen, daß kein europäischer Herrscher den Papst unterstützte. Wenn wir die Wirkung der Absetzungssentenz, genauer: die fehlende Wirkung im Reich verfolgen,[169] so können wir Kempf zustimmen: »Innocenz IV. trieb ein gefährliches Spiel.«[170]

Nüchtern charakterisierte ein italienischer Chronist die Zustände nach der Absetzung des Staufers: Die Hoffnungen der Römischen Kirche wurden sehr enttäuscht, weil Friedrich weiterhin gewaltig herrschte (»spes Romane ... ecclesie frustrata Friderico vivente et violenter imperante«).[171] Die Chronisten haben überhaupt »der Absetzungssentenz zunächst wenig Bedeutung beigemessen. ›Realpolitisch‹ ist im Grunde nichts Entscheidendes vorgefallen. Der Parteienkrieg in Oberitalien wird nur graduell verschärft.«[172] Der Tod Friedrichs II. beendete einen Konflikt, dessen Aus-

---

166 Sommerlechner (1999), 216.

167 Baaken (1997/I), 259ff., bes. 270.

168 Kempf (1974), 358. Vgl. ebd., 359. Selbst im Dominikanerorden, dem nach 1245 der Papst eine zentrale Bedeutung für die Verbreitung seiner Argumente zumaß (Baaken [1997/II], 272ff.), erhoben sich Widerstände gegen die Absetzung Friedrichs II. Baaken (1997/I), 276. Vgl. Dieter Berg, Papst Innozenz IV. und die Bettelorden in ihren Beziehungen zu Kaiser Friedrich II., in: Franz J. Felten – Nikolas Jaspert (Hgg.), Vita religiosa im Mittelalter. Festschrift für Kaspar Elm. (BerlinHistStud 31) 1999, 461–481.

169 Vgl. zum Echo, das die päpstliche Propaganda 1245 in der Geschichtsschreibung gefunden hatte, Sommerlechner (1999), 133ff., 219 und 481. Es zeigen sich damals bereits Erscheinungen, wie sie dann den Kampf Ludwigs des Bayern mit dem Papsttum charakterisieren werden. So weigert sich der Bischof von Worms, Absetzung und Exkommunikation Friedrichs II. zu verkünden, weil seine Bischofsstadt dem Kaiser so ergeben sei, daß er, der Bischof, mit einer Promulgation sich in große Gefahr begäbe. Demandt (1957), 130f.

170 Kempf (1974), 359. Vgl. auch Baaken (1997/I), 283. Zu Recht formulierte Herde (2002), 217: »der ›Sieg‹ über Friedrich II. war wohl eher dessen plötzlichem Tode als den Erfolgen der Kirche zuzuschreiben«. – Folz (1987), 334 sieht hingegen im Vorgehen des Papstes den Triumph des hierokratischen Prinzips. Das scheint uns jedoch zu sehr vom Pergament und zu wenig von dem italienischen Kriegsschauplatz her formuliert zu sein.

171 Chronicon des Fra Elemosina, zit. bei Sommerlechner (1999), 198f.

172 Sommerlechner (1999), 195.

gang ansonsten höchst ungewiß gewesen wäre.[173] Beendigung eines Konflikts ist nicht gleichzusetzen mit Lösung. Der päpstliche Spruch von 1245 hat keine der rechtlichen Fragen einer Herrscherabsetzung der Klärung näher gebracht.[174]

Wenn wir nach den Herrscherabsetzungen im Reich fragen, müssen wir jenen Kriegsschauplatz betrachten, der aus kaiserlicher Perspektive nachrangig war; denn der Staufer hatte die Frage nach den Königswählern aufgeworfen, als er gegen die Absetzungssentenz unter anderem vorbrachte, daß diese von keinem jener Fürsten, von denen das Königtum abhinge, durch seine Gegenwart, geschweige denn durch seinen Ratschlag, bekräftigt worden sei: »multi nostrorum Germanie principum, a quibus assumptio, status et depressio nostra dependet, presencia vel consilio firmaverunt.«[175] Ein Musterbeispiel, wofür Juristen gut sind: zur Argumentation. Die Berater des Kaiser rekurrierten wohl kaum auf den Sachsenspiegel und das entstehende Wahlrecht von Kurfürsten. Ihre Argumentation ist auf ältere, zu Zeiten Innozenz III. noch konsensfähige Lehrmeinungen der Kanonistik gegründet, wonach der Papst nur im Einvernehmen mit den Königswählern eine Absetzung des Kaisers vornehmen konnte. Wenn Friedrich II. sich auf ältere kanonistische Lehrmeinungen, keineswegs aber auf den Sachsenspiegel und das von diesem repräsentierte Rechtsdenken berief, als er das Wahlrecht der Fürsten gegen die päpstliche Argumentation ins Feld führte, hatte er selbst in kritischer Situation offenbart, wie sehr für ihn das Regnum Theutonicum zum Nebenland geworden war.

Wie Friedrich II. sah auch ein Anhänger Innozenz IV., daß die Absetzungssentenz die Frage nach den Königswählern aufwarf, daß nämlich nunmehr – so formulierte er im Juni 1245 – an die Fürsten die Wahl für das Reich zurückgefallen sei (auch auf Lateinisch klingt es nicht besser): »quod ad principes (est) electio pro imperio devoluta«.[176]

Angesichts der Bedeutung, die von kaiserlicher und päpstlicher Seite den Königswählern zugemessen wurde, ist es nicht nur von der ereignisgeschichtlichen Seite wichtig, die Wahl Heinrich Raspes und Wilhelms und damit die Frage der Anerkennung ihres Königtums zu betrachten.[177] Das Ergebnis ist schlicht darin zu-

---

173 Zum Kommentar der zeitgenössischen Geschichtsschreibung zum Tode des Kaisers vgl. ebd., 461ff.

174 Selbst in der dominikanischen Chronistik war man sich nicht ganz sicher. So ergänzt eine weitere Handschrift der Colmarer Annalen die Vorlage, indem sie den Tod Friedrichs II. kommentiert: »excommunicatus et depositus«. Kleinschmidt (1972), 493.

175 MGH Const. Bd. 2, 365 Nr. 262. Schreiben an die kirchlichen und weltlichen Großen Englands.

176 Briefbuch des Albert Behaim, edd. Frenz – Herde, 191ff. Nr. 51, hier: 209.

177 Die Stellungnahmen der Chronisten zu den beiden Wahlen kennen eine Reihe von Nuancen zwischen einer vom Papst gebotenen, vom Papst durchgeführten und einer von den Fürsten durch Wahl veranlaßten Königserhebung. Einig sind sich die Chronisten aber darin, daß beide Könige ihre Stellung der Römischen Kirche zu verdanken hatten. Sommerlechner (1999), 197f.

sammenzufassen, daß die Absetzung Friedrichs II. die politische Situation in deutschen Landen nicht nachhaltig verändert hatte. Ob die Situation, die schon 1241 sich abzeichnete, als »Machtvakuum« zu benennen ist, sei dahin gestellt, obwohl die Geschichtsschreibung der Zeit in ihrer Irritation diesen Begriff nahelegt.[178] Aber fast jede Königsherrschaft kennt entsprechende Phasen. Die Frage ist allein, ob die Grundlagen der Königsherrschaft bei einer Anwesenheit des Herrschers in deutschen Landen hätten erneuert werden können. Und daran haben wir deswegen keinen Zweifel, weil die Geschichte des Königtums nach 1273 bestätigen wird: Ein allgemein anerkannter König wie Rudolf von Habsburg verfügt ohne eigenes Zutun über Machtressourcen aus dem Reichsgut, die 1308 Heinrich VII. befähigen werden, zu gleicher Zeit, am Anfang seiner Herrschaft einen Italienzug, die Gewinnung Böhmens für sein Haus und den Krieg gegen die Grafen von Württemberg erfolgreich durchzuführen. Der Aufstieg der Habsburger und Luxemburger zu Dynastien europäischer Bedeutung erfolgte über die Königswahlen von 1273 und 1308. Wenn sogar Grafen wie Rudolf von Habsburg und Heinrich von Luxemburg die Machtmittel eines in deutschen Landen herrschenden Königs binnen kurzem zu aktivieren vermochten, so wäre dies auch einem Friedrich II. möglich gewesen, wenn er in deutsche Lande gezogen wäre.

Einen im Frühjahr 1247 geplanten Zug in deutsche Lande verschob der Kaiser; er wollte statt dessen nach Lyon ziehen, um den Papst zum Einlenken zu zwingen. Der Abfall Parmas vereitelte dieses Vorhaben.[179] Noch anfangs des Jahres 1249 vertröstete der Kaiser seine Getreuen in deutschen Landen mit der Aussicht auf sein baldiges Kommen.[180] Kurze Zeit später verspricht er, seine schon lange gegebene Zusage, nach Deutschland zu kommen, sogleich einlösen zu wollen, wenn er die italienischen Angelegenheiten geordnet habe.[181]

In deutschen Landen konnte die Königswahl Heinrich Raspes nur vor den Toren Würzburgs im kleinen Veitshöchheim und »nicht zuletzt dank großzügiger finanzieller Zuwendungen Innozenz' IV.« von einigen wenigen Fürsten vollzogen werden.[182] Der noch bis tief in das 14. Jahrhundert hinein so einflußreiche Hochadel, die auch noch bei Königswahlen wichtigen Grafen und Herren vor allem des

---

178 Sommerlechner (1999), 480.

179 Stürner (2002), 35.

180 Acta, ed. Winkelmann Bd. 1, 362 Nr. 420.

181 »ad partes Theutonie, quibus iam diutius presentiam nostram promisimus, gressus nostros feliciter dirigamus.« Ebd. Bd. 2, 58 Nr. 56.

182 Käser (1991), 27f.; Baaken (1997/I), 285; Erkens (2002), 110f. – Heinrich Raspe, der 1237 zu den Wählern Konrads IV. gehört hatte, sollte sich bereits Anfang 1244 Innozenz IV. anschließen. Demandt (1957), 127. Den drei rheinischen Erzbischöfen hatte der Papst 1245 auch Unterstützung ihrer territorialen Interessen versprochen. Ebd., 129f.; Schwarz (2000), 207f. und 210. Zur Bedeutung der päpstlichen Zahlungen, insbesondere für den Erzbischof von Köln, vgl. Werner (1993), 557f.

deutschen Südwestens,[183] standen bei der Erhebung Heinrichs Raspe abseits. Nur 17 thüringische und hessische Dynasten stützten die Wahl ihres Landgrafen.[184] Reichsgeschichtlich nebensächlich ist diese Wahl, jedoch landesgeschichtlich aufschlußreich für die Stellung eines Fürsten als Hegemon in seiner Region. Ansonsten war diese Wahl ein eher nebensächlicher Winkelzug in dem Grundsatzstreit, den Innozenz IV. vom Zaun gebrochen hatte. Kein weltlicher Fürst war in Veitshöchheim anwesend, als ein König gewählt wurde, den die Zeitgenossen abschätzig »rex clericorum« nannten.[185]

Siegfried von Mainz und Heinrich Raspe mochten hinter dem antistaufischen Bildprogramm des Naumburger Doms stehen, das im Zeitraum zwischen 1243 und 1249 entstanden sein muß,[186] aber politisch standen sie vor dem Scheitern. Im September 1246 konnte der Kaiser triumphierend mitteilen, daß ihm das Herzogtum Österreich heimgefallen sei, und daß Konrad IV. die Tochter des Herzogs von Bayern geheiratet habe.[187] Weil sich keine wirksame Opposition gegen den Staufer in deutschen Landen bildete,[188] mußte Innozenz IV. dem Mainzer Erzbischof gestatten, gegen Friedrich II. den Kreuzzug mit allen Kreuzfahrerprivilegien und -ablässen zu predigen.[189] Zur Unterstützung Wilhelms von Holland, dem Nachfolger des am 16. 2. 1247 verstorbenen Heinrich Raspe, wandelte 1247 der Papst das Kreuzzugsgelübde der Friesen dahingehend um, daß es, verbunden mit allen Ablässen, auch für den Kampf Wilhelms gegen Konrad IV. gelte.[190] Dennoch konnte Wilhelm von Holland erst nach dem Tode Friedrichs II. im Reich an Autorität gewinnen, da Konrad IV. die staufischen Positionen in Italien halten wollte und 1251 über die Alpen zog.[191]

Selbst als es längst nicht mehr um die Staufer ging, selbst als statt der Grundsatzfragen die Rücksicht auf politische Opportunität das entscheidende Gewicht

---

183 Schubert (1979), 102ff.

184 Erich Caemmerer, Zur Charakteristik Heinrich Raspes. BllDtLdG 89 (1952), 56–83, hier: 76. Vgl. Demandt (1957), 132; Schwarz (2000), 206f. und 209; Wiegand (2002), 405ff.

185 Demandt (1957), 131f.; Käser (1991), 28.

186 Folkhard Cremer, Das antistaufische Bildprogramm des Naumburger Westchors. (StudKunstKulturG 1) 1996, 183.

187 Druck: Hans Martin Schaller, Unbekannte Briefe Kaiser Friedrichs II., in: Ders. (1993), 329–368, hier: 355.

188 Unbeanstandet konnte der Kaiser 1248 Meinhard von Görz und Tirol als Hauptmann in Österreich einsetzen. Hermann Wiesflecker, Meinhard der Zweite. Tirol, Kärnten und ihre Nachbarländer am Ende des 13. Jahrhunderts. (Schlern-Schriften 124) Innsbruck 1955, 21f. und 25. – Ein Sieg Heinrich Raspes am 5. 8. 1246 über Truppen Konrads IV. bei Frankfurt war nur vorläufiger Natur.

189 Demandt (1957), 133.

190 Ebd., 145.

191 Ebd., 154ff. Vgl. Boshof (1993), 30f. Zur Wahl Wilhelms vgl. Schwarz (2000), 211f.; Garnier (2000), 41; Erkens (2002/II), 141f.

gewann, also noch lange nach dem Tode Friedrichs II., war umstritten, ob das päpstliche Absetzungsurteil die Herrschaft des Staufers beendet, oder ob erst 1250 mit seinem Tod die »vacatio imperii« begonnen habe.[192] Der Beginn der Reichsvakanz wird etwa von Alexander von Roes[193] oder Mathias von Neuenburg[194] auf das Jahr 1245 datiert; Privilegien Friedrichs II. wurden bisweilen mit dem Vermerk bestätigt, daß sie ausgegeben worden waren »in tempore scilicet quo resedit huiusmodi concessionis auctoritate penes eum«.[195] Martin von Troppau und einer seiner Fortsetzer ließen hingegen offen, ob die Absetzung oder der Tod des Staufers maßgebend sei: »Romanum imperium sive post deposicionem Friderici II. ab imperio sive post mortem eius cepit vacare«.[196] Ebenso hatte auch Rudolf von Habsburg geschwankt. Ein sogenanntes Reichsweistum von 1281 hatte alle Privilegien, die seit der Absetzung Friedrichs II. bis zum Regierungsantritt Rudolfs von Habsburg erlassen worden waren, für ungültig erklärt,[197] das Münzedikt des Würzburger Landfriedens 1287 aber verbot alle Münzen, die seit dem Tode Friedrichs II. neu geprägt worden waren.[198] Aus jener Zeit stammt auch ein Gedicht, das – in einer Basler Sammlung überliefert – die Reichsvakanz erst mit dem Jahre 1250 beginnen läßt.[199]

Nicht zuletzt als Folge der öffentlichen Meinung wurde das Ende der Herrschaft Friedrichs II. so verschieden datiert. Die Schriften des publizistischen Kampfes zwischen Friedrich II. und Innozenz IV. sind vergleichsweise gut überliefert.[200] Beide Seiten spielten mit der Furcht vor dem Kommen des Antichrist.[201] Wirkung der öffentlichen Meinung: Die »falschen Friedriche« vom König von Ochsenfurt, der sich 1269 als Konradin ausgab,[202] bis Tile Kolup (1285)[203] hätten doch kaum die

---

192 Sommerlechner (1999), 201, 207 und 209. Vgl. auch Pauler (1995), 357ff.

193 Memoriale, edd. Grundmann – Heimpel, 136.

194 Mathias von Neuenburg, ed. Hofmeister, 11. Vgl. auch: Ex Adami Claromantensis Floribus Historiarum. MGH SS Bd. 26, 591: Die »vacatio imperii« beginnt mit der Bannung Friedrichs II.

195 Hier zitiert nach einer Privilegienbestätigung Adolfs von Nassau. Reg. Imp. Bd. 6/2, 178.

196 MGH SS Bd. 22, 472. Sommerlechner (1999), 39.

197 MHG Const. Bd. 3, 290 Nr. 284. Die gleiche Auffassung vertrat auch eine Urkunde Rudolfs von 1275. Redlich (1894), 49 Nr. 45. Vgl. Schaab – Lenz (1998), 29 Nr. 27.

198 MGH Const. Bd. 3, 374 Nr. 390.

199 Ritscher (1992), 35f.

200 Peter Herde, Federico II e il Papato. La lotta delle cancellerie, in: Ders. (2002), 277–291, hier: 288ff. Vgl. Ders. (2002), 240f.

201 Töpfer (1964), 132 und 155ff. Vgl. auch Manfred Gerwing, Vom Ende der Zeit. Der Traktat des Arnald von Villanova über die Ankunft des Antichrist. 1996, 610 und 614. – Empört hatte sich 1239 die kaiserliche Propaganda gegen den Vorwurf gewendet, der Kaiser höre es gern, als Vorläufer des Antichrist zu gelten. Möhring (2000), 209ff.

202 Vgl. Reg. Imp. Bd. 5/2, 12075b.

203 Oswald Redlich, Rudolf von Habsburg. Innsbruck 1903, 533ff.; Möhring (2000), 234ff. Vgl. Ders., Die Friedrich-Erwartung der Deutschen im Mittelalter, in: Deutschland und Italien zur Stauferzeit. (SchrrStaufGKunst 22) 2002, 175–195. – Tilman Struve, Die falschen Friedriche und

Zeitgenossen in Hoffnung gewogen und in Verwirrung gestürzt, wenn der Absetzungsspruch von 1245 allgemein akzeptiert worden wäre. Bis in die Vatizinien, bis in die Friedrichs-Prophetien hinein reicht das »vivit et non vivit«, das kaiserliche Räte nach dem Tode Friedrichs II. formulierten.[204] Diese Enzyklika beeindruckte die Laien (und wohl nicht nur diese) viel stärker als die auf dem ersten Konzil von Lyon vom Papst verkündete Absetzung des Kaisers. Populäre Vatizinien kündeten von einer Wiederkehr des Kaisers[205] oder verbanden sich mit einem prophezeiten Kaisertum seines Enkels Friedrichs des Freidigen von Meißen (1257–1323)[206] oder raunten düster von einem kommenden Endkaiser.[207]

Die von Hannes Möhring so klar herausgearbeiteten Abfolge von joachitischer Prädisposition und politischer Aktualisierung der Kaisersage und deren Folgewirkungen[208] ist zugleich ein Beitrag zur Geschichte der öffentlichen Meinung in deutschen Landen. Zu deren gestaltenden Persönlichkeiten gehörten auch Astrologen und Propheten. Ihnen hörte das Volk zu.[209] Historiker pflegen eher Geschichtsschreibern zu trauen. Aber auch bei diesen zeigt sich, daß Innozenz IV. keinen verfassungsbildenden Präzedenzfall schuf, sondern, was schon die Vatizinien zeigten, allein in der Irritation zukunftsweisend wirkte. In der Geschichtsschreibung erhält das Papsttum »sukzessive das Recht und die Macht, in die Abfolge der Kaiser einzugreifen (Vincenz von Beauvais, Martin von Troppau)«, aber es gibt auch eine Exempelgeschichtsschreibung »vom Papst, der das Reich aufwiegelt«.[210]

Es ist bei diesen Prophetien nicht zu übersehen, daß durchwegs der Kaiser, nie der Papst im Mittelpunkt steht.[211] Die in der Kaisersage angelegte Kirchenkritik wird dann in der Zeit Ludwigs des Bayern ihr bei allen Ständen bekanntester Inhalt werden.[212]

---

die Friedenssehnsucht des Volkes im späten Mittelalter, in: Fälschungen im Mittelalter Bd. 1 (MGH Schrr 33/1) 1986, 317–337; Schwinges (1987), 177, 181, 186 und (Zusammenstellung der Quellen) 201; Möhring (2000), 233ff.

204 Ernst Kantorowicz, Zu den Rechtsgrundlagen der Kaisersage. DA 13 (1957), 115–150. Kritisch zu dieser Erklärung: Möhring (2000), 228f.

205 Schaller (1972), 944ff.; Kleinschmidt (1974), 217ff.; Möhring (2000), 220ff. Vgl. auch den Occultus Erfordensis, ed. Mundhenk (1997), 156.

206 Immer noch heranzuziehen: Otto Dobenecker, Ein Kaisertraum des Hauses Wettin, in: Festschrift Armin Tille. 1930, 17–38. Vgl. Töpfer (1964), 168 und 170ff.; Schaller (1972), 942f.; Kleinschmidt (1974), 218f.; Ritscher (1992), 34f.; Möhring (2000), 243. Vgl. in diesem Zusammenhang die Werbung lombardischer Ghibellinen 1269 bei dem Markgrafen von Meißen. Reg. Imp. Bd. 5/2, 12067a. Möhring (2000), 243.

207 Kleinschmidt (1974), 59ff.; Sommerlechner (1999), 219f.

208 Möhring (2000).

209 Ernst Schubert, Fahrendes Volk im Mittelalter. 1995, 297.

210 Sommerlechner (1999), 219.

211 Töpfer (1964), 205.

212 Ebd., 174 und 177ff.

III. Vom »Interregnum« bis zur Königsabsetzung Adolfs von Nassau

1. Die Entstehung des kurfürstlichen Wahlrechts als neue Begründung spätmittelalterlicher Absetzungskompetenzen?

Wahlrecht und Erbrecht in neuen Zusammenhängen: Dynastien und Hegemonialsysteme und ihre Entfaltung seit 1235 – der Königswahl-Abschnitt des Sachsenspiegels und die spätere Entwicklung eines exklusiven Wahlrechts der Kurfürsten – Tradition und Rezeption von Rechtssätzen – »kanonische« Wahlen im Interregnum und die normsetzende Wahl von 1273 – drei Zeugnisse für ein fürstliches Absetzungsrecht in der Entwicklungsphase des kurfürstlichen Wahlrechts: Reinmar von Zweter, Bamberger Correctoria und Aegidius Romanus – die einzige konsensfähige Aussage zum Verhältnis von Wahl- und Absetzungsrecht: der Schwabenspiegel als Rezipient des Sachsenspiegels – die Aussage der Chronistik: Das Wahlrecht impliziert im 13. Jahrhundert noch kein Absetzungsrecht

Eine Engführung des Themas der Königsabsetzung wurde in den vorhergehenden Kapiteln vermieden, um dieses Thema in die Geschichte des Wahlreichs einordnen zu können. Bisher war dieser Ansatz deswegen relativ einfach umzusetzen, weil ein dominantes Herrscherhaus in der Lage war, seine dynastischen Interessen mit dem Wahlgedanken zu verknüpfen, so daß die ältere Forschung verleitet werden konnte, allein in einer Konkurrenz von Wahl- und Erbgedanken die Geschichte der hochmittelalterlichen Königserhebungen zu verfolgen. In der spätstaufischen Zeit aber, in der Friedrich II. mit den von ihm gelenkten Königswahlen der Jahre 1220 und 1237 eine Sohnesfolge erreicht, aber damit das Prinzip des Konsenses mit den Fürsten großer Belastung ausgesetzt hatte, bereitete sich eine gegenläufige, den Wahlgedanken betonende Entwicklung vor, welche in der Folgezeit siegreich werden sollte. Wegen dieser Gleichzeitigkeit hatte sich bereits die ältere Königswahl-Forschung wenig von der damals gängigen angeblichen Epochenscheide des sogenannten Interregnum beeindrucken lassen, hatte den Sachsenspiegel als Dreh- und Angelpunkt einer neuen Entwicklung angesehen.

Bereits im Zusammenhang mit der päpstlichen Kaiserabsetzung von 1245 war das Machtvakuum in deutschen Landen beschrieben worden. Letztmalig 1235 hatte Friedrich II. die Macht des größten europäischen Monarchen seiner Zeit auch nördlich der Alpen demonstriert. Vergebens erhofften seitdem die deutschen Anhänger der Staufer sein Kommen. In diesem schlichten Sachverhalt ist von der Ereignisgeschichte her begründet, daß der vor dem Jahre 1235 abgeschlossene Sachsenspiegel für die Zukunft wichtiger werden sollte als die vom Kaiser durchgesetzte Königswahl von 1237.

Aus der Perspektive des Königtums in deutschen Landen beginnt das Spätmittelalter mit der Rückkehr Friedrichs II. vom glanzvollen Hoftag des Jahres 1235 nach Italien. Damit war bereits vor dem Tod des Kaisers vorbereitet, was der spätmittelalterlichen Reichsgeschichte die Signatur geben sollte: die dauernden Verlagerungen von Schwerpunkten der Königsherrschaft;[1] Verlagerungen, die durch den Wechsel von Herrscherdynastien allein nicht erklärt werden können, weil das zunächst noch beträchtliche Reichsgut eine Konstante bildete. Das Königtum in deutschen Landen hatte sich nach dem Jahre 1235 mit etwa einem Dutzend von Hegemonialsystemen auf regionaler Ebene auseinanderzusetzen, bis dann im 15. Jahrhundert, teilweise aufbauend auf den alten Machtverhältnissen, die Wittelsbacher, Wettiner und (als Emporkömmlinge) die Zollern (während die Welfen ausschieden) vom habsburgischen Königtum neue politische Orientierungen erzwangen.

Die staufische Herrschaft war zwar alles andere als eine von königlicher Macht garantierte Friedensherrschaft gewesen, als die sie lange im Banne der romantischen Verherrlichung erschien, aber unübersehbar bleibt doch beim Vergleich der Zeiten, daß ein dominantes Herrschergeschlecht Fehden unter den Fürsten eher zu regionalisieren, einzudämmen vermochte als ein allein auf Wahl, ohne unbestrittenen dynastischen Anspruch konstituiertes Königtum. Die Wahl des Königs, die bis auf den Erbreichsplan Heinrichs VI. die Staufer nicht antasteten, blieb über die Zeiten als Prinzip erhalten, aber sie zeitigte andere Folgen. Zu den »guerras solitas« in deutschen Landen, von denen 1308 Pierre Dubois sprach,[2] zu den tiefen Wirren, die rückblickend Karl IV. für die Zeit um 1307 ausmachte,[3] gehörte nach Heinrich von Herford als Übel der Zeit die Rivalität der Herrschenden, ihre Neigung, einander von Thronen und Bischofssitzen zu stürzen.[4] Zu den Ironien, mit denen die Geschichte auf die von Historikern unterstellten Leitlinien reagiert, gehört das Schicksal König Wenzels. Sein Vater hatte es verstanden, den dynastischen Rang

---

[1] Vgl. Moraw (1987), 188: »Nur 1378 gab es beim Herrscherwechsel keinen Schwerpunktwechsel«. Dieser stellte sich dann aber doch ein, als Wenzel das Reich völlig vernachlässigte und sich hauptsächlich in Böhmen aufhielt.

[2] MGH Const. Bd. 4/1, 209 Nr. 245.

[3] Die Wahl seines Großvaters hätte, so behauptet 1355 der Luxemburger, stattgefunden »dum sacrum imperium aliquantisper variis fluctuaret erroribus«. Druck: Zeumer Bd. 2 (1908), 79 Nr. 18.

[4] Seibt (1984), 18.

der luxemburgischen Dynastie in der Durchsetzung einer Sohnesfolge zu manifestieren. Der Erstgeborene scheiterte, wurde 1400 abgesetzt, und als schließlich der Zweitgeborene 1411 gewählt wurde, ist zu Recht keinem Historiker eingefallen, die scheinbare Parallele zur Unterbrechung der Erbenfolge durch Otto IV. in staufischer Zeit zu ziehen. Folgenlos war Karls IV. dynastische Politik geblieben. Für Siegmund galt wie für alle seine spätmittelalterlichen Vorgänger: Nicht mit einzelnen Fürsten, sondern mit Dynastien und ihren Klientelverhältnissen mußte er Einverständnis erreichen.[5] Und das heißt für unser Thema: Mit der Einfachheit der reichsgeschichtlichen Darstellung ist es seit staufischer Zeit vorbei, gleichgültig, welcher Ansatz auch verfolgt wird. Erst ab 1438 wird die erneut gewonnene dynastische Dominanz, die der Habsburger, das Thema der Absetzungen in völlig neue Zusammenhänge stellen.

Unser Ausblick bis in das 15. Jahrhundert hinein hatte den Sinn, die immer noch virulente Vorstellung von einem Gegensatz zwischen dem eigens dafür erfundenen Territorialstaat und dem Reich als unhistorisch zu entlarven. Es geht nicht um Reich und Territorien, es geht vielmehr bei dem Korrespondenzverhältnis von Wahl- und Absetzungsgedanken in der spät- und nachstaufischen Epoche darum, daß nach dem Scheitern des 1237 gewählten Konrad IV. bis hin zum Jahre 1361, dem Jahr der Geburt des Kaisersohnes Wenzel, keine Dynastie bevorrechtigte Ansprüche auf die römische Königswürde geltend machen konnte.

Weiterhin wird unsere Darstellung durch den Umstand erschwert, daß die Frage des Konsenses zwischen Fürsten und Herrscher mit der Geschichte der öffentlichen Meinung in Beziehung gesetzt werden muß. Nur schemenhaft ist diese Geschichte zu erkennen. Sie zeichnet sich, wachsende Intensität und Laieneinfluß gleichermaßen andeutend, darin ab, daß im Verlauf des 13. Jahrhunderts die deutsche Sprache in die Rechtstexte eindringt, daß etwa von der lateinischen und der deutschen Fassung des Mainzer Landfriedens von 1235 nur die deutsche rezipiert wird.[6] Aber ebensowenig wie es eine lineare Entwicklung des Wahlgedankens gibt, gibt es eine solche der öffentlichen Meinung. Und vor allem: Der moderne Vereinbarungsbegriff »Publizistik« verengt deren Erscheinungsformen, die von den Versen eines fahrenden Dichters bis hin zu den Stilübungen eines seßhaften Klerikers reichen können.[7]

---

[5] Zur Bedeutung des dynastischen Gedankens im späten Mittelalter vgl. Moraw (1987), 123ff.; Moeglin (1993). – »Dynastie« ist ein moderner Begriff, für den im Mittelalter vor allem »künne« oder »geslechte« verwendet wird. Thomas (1995), 758 Anm. 6. Vgl. auch die Hinweise bei Schmid (1992), 21f. mit Anm. 1f. und Beate Kellner, Kontinuität der Herrschaft. Zum mittelalterlichen Diskurs der Genealogie am Beispiel des »Buches von Bern«, in: Jan-Dirk Müller – Horst Wenzel (Hgg.), Mittelalter. Neue Wege durch einen alten Kontinent. 1999, 43–62.

[6] Johanek (1987), 400.

[7] Zum Thema der Königswahl in der Spruchdichtung des 13. Jahrhunderts vgl. auch die Hinweise bei Schmidt-Wiegand (2000), 231f.

Unsere Feststellung, daß zu gleicher Zeit, als Friedrich II. 1220 und 1237 die Sohnesfolge durchsetzte, auch das Wahlprinzip in nicht aufklärbaren politischen Zusammenhängen seinen schriftlichen Niederschlag fand, spielt auf eine wissenschaftliche Kontroverse an, die vom Niveau und Stil her ein Zeugnis der Leistungsfähigkeit deutscher Mediävistik darstellt. Die Entstehung des kurfürstlichen Wahlrechts aus einem vom Sachsenspiegel her abgeleiteten Vorstimmrecht brauchen wir mit den verschiedenen Forschungsthesen nur knapp zu referieren. Die von Armin Wolf mehrfach vorgetragene Argumentation, wonach dieses Wahlrecht aus den genealogischen Konsequenzen ottonischer Tochterstämme mit dem gemeinsamen Stammvater Heinrich I. erklärbar sei,[8] ist inzwischen von Franz-Reiner Erkens mit guten Gründen widerlegt worden.[9] Wolf bewies mit stupender genealogischer Kenntnis die Kraft cognatischen Denkens in fürstlichen Häusern,[10] aber mit der Entstehung des Kurfürstengremiums konnte das schon deswegen wenig zu tun haben, weil immerhin drei geistlichen Elektoren, für die nun wirklich keine Tochterstamm-Theorien benannt werden können, nur vier weltliche gegenüberstanden. Dieses für seine Argumentation mißliche Zahlenverhältnis versuchte Wolf dadurch aus der Welt zu schaffen, daß er die Doppelwahl von 1198 zum Nährboden erklärte, in dem die Wahlberechtigung der späteren weltlichen Kurfürsten wurzele.[11] Der Kreis von ursprünglich 16 Königswählern habe sich im Laufe der Zeit auf vier verringert.[12] Aber ganz abgesehen davon, daß die Welfen sich nicht in diesen Vorgang einordnen lassen,[13] reichen doch die traditionellen Interpretationen für diesen, wenn es ihn denn gegeben haben sollte, Schrumpfungsvorgang der zur Königswahl Berechtigten völlig aus.

---

[8] Zuletzt: Wolf (2002), 71. Zusammenfassend: Wolf (1998), 16 und 25ff. Vgl. auch Ders., Königswähler in den deutschen Rechtsbüchern. Mit einem Exkurs: »kiesen« und »irwelen«, »kore und »wale«. ZRG germ. 115 (1998), 150–197. – Wolfs Theorien enthalten, was zu akzeptieren ist, die von vornherein gegebene Erblichkeit des Wahlrechts weltlicher Kurfürsten. Wolf (2002), 51f.

[9] Erkens (2002), bes. 7ff. und 47f.

[10] Eindrucksvoll: Armin Wolf, Prinzipien der Thronfolge in Europa um 1400. Vergleichende Beobachtungen zur Praxis des dynastischen Herrschaftssystems, in: Schneider (1987), 233–278, bes. 269ff.

[11] Die Beweisführung Wolfs hat nichts mit den abwegigen Thesen von Faußner (1991), 39ff. zu tun, der bereits im Jahre 1198 ein Kurfürstenkollegium als »I. Kurie« bei der Königswahl zu sehen glaubt. Abgesehen von den fehlenden Quellen für eine solche Ansicht: Eine Kurienverfassung bildete sich im ständischen Leben erst allmählich im 15. Jahrhundert aus. – Wie wenig der Kreis der Königswähler 1198 geschlossen war, zeigt die Teilnahme des Magdeburger Erzbischofs sowohl an der Königswahl Philipps von Schwaben als auch an der Nachwahl Ottos IV. im November 1208. Zöllner (1993), 204ff.

[12] Vgl. dagegen Erkens (2002/II).

[13] Die Tochterstamm-Theorie für die Entstehung des kurfürstlichen Wahlrechts müßte sich gerade im Falle der Welfen bewähren, aber 1256 erscheint letztmalig ein Welfe als Königswähler. Pischke (2002), 146ff.; Erkens (2002), 83.

Verkompliziert wird die Kontroverse durch die von Armin Wolf vertretene, zuerst von Bernward Castorph formulierte Auffassung,[14] wonach der »Königswahl-Abschnitt« des Sachsenspiegels erst spät, erst um 1273 in die Handschriften eingeschoben worden sei.[15] Zugegeben: Die germanistische Diskussion über die Fragwürdigkeit der Vorstellung eines vom Autor garantierten authentischen Textes, die vor dem Buchdruck prinzipiell für Ergänzungen offene Handschriftenüberlieferung, gibt den Thesen von Castorph und Wolf Nahrung.[16] Aber was für literarische Werke gilt, gilt nur bedingt für Rechtstexte. Schon allein aus Gründen der Rechtssicherheit verschließen sie sich Eingriffen, seien sie ergänzender oder klärender Natur. Dafür gab es ein eigenes allgemein gesichertes Verfahren, das der Glossierung, das den Text unbeschadet bestehen ließ. Die Rezeptionsmechanismen und damit die Interpolationsformen sind bei einem Rechtstext ganz andere als bei literarische Texten. Handfeste Argumente, nicht Deutungen werden gesucht. Die Unterschiede werden schon allein in der Quantität sichtbar. Kein höfisches Epos hat eine Überlieferungsbreite wie der Sachsenspiegel, und dennoch betreffen dessen Varianten lediglich sprachliche Formen und Kapiteleinteilung. Für die Interpolationsthese bleibt angesichts dieser Überlieferungskonstanz kein Raum.

Ein Argument der Verfechter der Interpolationsthese, wonach die ältesten datierbaren Handschriften des Sachsenspiegels nach dem Jahre 1276 entstanden sind,[17] was die Annahme von Texteinschüben erlaube, ist genau besehen weltfremd. Zu berücksichtigen ist die weite Verbreitung des Sachsenspiegels auch und gerade im königsfernen deutschen Osten.[18] Die Vorstellung ist schwer nachvollziehbar, daß eine im deutschen Südwesten um 1273 vorgenommene Interpolation des ursprünglichen Textes getreulich in allen Handschriften bis nach Schlesien hinein übernommen worden wäre. Wenigstens in einigen der in den Osten gewander-

---

[14] Castorph (1978), bes. 114f. und 135.

[15] Vgl. Wolf (1990), 27ff.; Ders. (1998), 50ff. und 169f. Um seine Ansicht zu retten, sah sich schon zuvor Wolf, der unbestritten beste Kenner der Quellen zur hochmittelalterlichen Königswahl, gezwungen, eine sehr riskante Neudatierung jener norwegischen Saga vorzunehmen, die bisher (und wohl auch weiterhin) nach ihrem Inhalt auf die Jahre 1264/65 datiert worden war und ein direktes Zeugnis für die Verankerung der Siebenerzahl von Königswählern im Rechtsdenken bietet. Armin Wolf, Die »sieben Männer, die den Kaiser wählen sollen.« Neues zur Datierung der Hákonar saga Hákonarsonar, in: Michael Stolleis (Hg.), Die Bedeutung der Wörter. Studien zur europäischen Rechtsgeschichte. Festschrift für Sten Gagnér. 1991, 565–578. Zu Recht kritisch: Erkens (2002), bes. 7, 21ff. und 29ff.

[16] Vgl. Karl Stackmann, Neue Philologie? In: Heinzle (1999), 398–430.

[17] Vgl. Oppitz (1990), 95.

[18] Johanek (1987), 409f. und 412f.; Heiner Lück, Die Verbreitung des Sachsenspiegels und des Magdeburger Rechts in Osteuropa, in: Fansa (1995), Bd. 2, 37–50; Fentzke (1996), 132; Kroeschell (1998), 83f.

ten Handschriften müßte der angeblich erst um 1273 interpolierte Text fehlen. Das ist nicht der Fall. Der Königswahl-Abschnitt des Sachsenspiegels ist das Werk Eikes von Repgow.[19]

Es wird weiterhin ein Rätsel bleiben, wie Eike zu seinen Thesen über die Königswahl gekommen ist. Ohne den Anspruch, dieses Rätsel zu lösen, sei dem Autor gestattet, kurz für seine – natürlich ebensowenig wie alle anderen eindeutig beweisbare – Theorie zu werben. Die Bindung einer »freien« Wahl an »feste« Erbämter enthält einen inneren Widerspruch,[20] aber auch einen politischen Sinn, den der Kontinuitätswahrung. Das jedoch war nicht nur bei den Königswahlen, sondern ebenso auch bei den Bischofserhebungen in der ersten Hälfte des 13. Jahrhunderts ein Problem. In mehreren Reichsurteilen wurde dazu festgestellt, daß bei einer Bischofswahl alle Ämter, bis auf die vier obersten Hofämter, zur Verfügung des künftigen Herrn stünden.[21] Bei einem in Analogien denkenden Autor wie Eike von Repgow scheint es nicht unwahrscheinlich, daß er von Bischofswahlen auf die Königswahl geschlossen und das Kontinuitätsproblem in den Kreis der Königswähler als Inhaber der Erzkanzler- und Hofämter verlagert hat.[22] Armin Wolf hat mit der Feststellung Recht, daß die Ableitung der Wahlkompetenz von den Erzämtern das Entstehungsproblem nur verschiebe.[23] Das ist aber dann nicht der Fall, wenn ein zu wenig beachteter Umstand berücksichtigt wird. Bei jedem neuen Königtum ging es auch um das alte Herkommen, die Wahrung der hergebrachten Rechtsverhältnisse. Wenn bei den Bischofswahlen die vier klassischen Hofämter eine durch Reichsurteile bekräftigte kontinuitätsbildende Rolle spielen sollten, so ist eine Übertragung auf die Königswahl nicht auszuschließen. Die königlichen Hofämter aber hatten sich in staufischer Zeit als Kompetenzen bedeutender reichsministerialischer Familien ausgebildet.[24] Eine direkte Übertragung ihrer kontinuitätssichernden Funktion nach dem Vorbild der Reichskirche war ausgeschlossen, weil sie im Gegensatz zum fürstlichen Konsensgedanken stand. Hier setzte Eikes Königswähler-Theorie mit der Fiktion von Erzämtern an und wies damit den Fürsten die Verantwortung zu, die Rechtskontinuität bei einem Herrschaftswechsel zu wahren. Mit dieser Fiktion – lange sollte es dauern, bis die Bevorrechtigten überhaupt die Erzämter in ihre Titulatur aufnahmen –[25] wollte Eike nicht in das allgemeine

[19] Zum gleichen Schluß gelangte ebenfalls aufgrund von Überlegungen zur handschriftlichen Überlieferung Erkens (2002), 19.

[20] Dieser Widerspruch ist bei Martin von Troppau insofern gelöst, als bei ihm die »officiales« von Inhabern der Hofämter zu denen von Reichsämtern geworden sind. Schubert (2002), 201 mit Anm. 53 und 210f.

[21] Ebd., 206f. Vgl. auch Nishikawa (2002), 105.

[22] Schubert (2002), 207f.

[23] Wolf (1998), 14.

[24] Schubert (2002), 197ff. und 205f.

[25] Ebd., 209f.

Wahlrecht der Großen eingreifen; er wollte lediglich dem bei jeder Wahl anstehenden Kontinuitätsproblem Rechnung tragen. Bei allen nicht widerspruchsfrei zu klärenden Problemen hat unsere Interpretation den Vorzug, daß sie die um 1200 unübersehbare Stellung der Reichsministerialität einbezieht, eine Stellung, die weniger aus reichspolitischen als aus genealogischen Bedingungen schon um 1250 verloren gegangen war.

Wie auch immer: In unserem Zusammenhang ist nicht die Entstehung, sondern die Entwicklung des Kurfürstenrechts von Belang, die Frage, wie aus einem im Sachsenspiegel lediglich zeremoniell betonten Vorstimmrecht[26] ein exklusives Wahlrecht der Kurfürsten wurde. Eine solche Entwicklung hatte Eike von Repgow nicht gewollt, hatte er doch ausdrücklich festgestellt: Die Ersten bei der Wahl dürfen nicht nach Gutdünken entscheiden. Vielmehr sollen sie denjenigen, den alle Fürsten zum König erkoren haben, als erste mit Namen ausrufen (»De to deme ersten an deme kore benant sin, de ne scolen nicht kiesen na erme mutwillen; wan swene de vorsten alle to koninge irwelet, den scolen se aller erst bi namen kesen«).[27] Alle Vertreter der »Interpolations«-Theorie haben die Schwierigkeit, zu erklären, warum ein Text interpoliert worden wäre, der in seiner Aussage dem Wahlvorgang von 1273 direkt widersprach. Der Sachsenspiegel wollte ein Verfahren ordnen, wollte die hergebrachte Akklamation bei einer Königserhebung[28] regeln, aber er wollte kein Recht der Kurfürsten begründen, wie es 1273 als Präzedenzfall durchgesetzt werden sollte.

Die Entwicklung eines exklusiven Wählergremiums kann nicht allein aus den Interessen der Wähler erklärt werden. Begründend ist vielmehr, daß die Institution des Hoftags seit 1235 verfiel. Ohne Einbettung in einen allgemeinen Fürstenkonsens blieben alle Wahlhandlungen der Jahre 1247 und 1257 ohne Überzeugungskraft.

Die Kontroversen der Forschung über die Entstehung des exklusiven kurfürstlichen Wahlrechts beruhen nicht zuletzt auf der Annahme, daß eine in sich logische Entwicklung aus den Quellen ableitbar sein müsse. Das ist aber schon bei der ganz unterschiedlichen Provenienz der nicht gerade wenigen Nachrichten[29] unwahrscheinlich, zumal diese zumeist nur knappen Informationen mehrheitlich in einem

---

26 Vgl. Erkens (2002), 87ff.; Schubert (2002), 212. Dazu Egon Boshof, Erstkurrecht und Erzämtertheorie im Sachsenspiegel. HZ Beiheft NF 2 (1973), 84–121. Die hier (110ff.) vertretene These von der Bedeutung des Kölner Erzbischofs Adolf von Altena als dem Inspirator der Verbindung von Erststimmrecht und Erzamt ist nach Erkens (2002), 88f. eine nicht beweisbare »ansprechende Vermutung«.

27 Sachsenspiegel, Landrecht III.57.2, ed. Eckhardt, 243 (159). Zum Kürruf vgl. Schneider (1990), 160f. Zum Vorstimmrecht im kanonischen Recht vgl. Landau (2002), 486.

28 Dazu erhellend: Maleczek (1990), 91ff. und Schneider (1990), 158f.

29 Zur ersten Information genüge das zuverlässig kompilierende Referat bei Hohlweck (2001), 71ff.

Kontext stehen, der nur bedingt etwas mit der Königswahl zu tun hat. Bei aller Zufälligkeit der Überlieferung lassen die Quellen doch die Aussage zu, daß es vor dem Jahre 1273 keine auch nur halbwegs bei den Zeitgenossen akzeptierte verbindliche Rechtsauffassung vom Wahlrecht und den Formen seiner Anwendung gegeben haben kann. Deshalb sei einem Gedanken Dietmar Willoweits gefolgt, wonach sich aus dem Widerspiel von vorgegebenen Rechtssätzen und eigenständiger (»rationaler«) Reflexion eine spezifische Gleichzeitigkeit des Ungleichzeitigen ergäbe.[30] Wir greifen, um in diesem Sinne die Widersprüchlichkeit der Überlieferung zu ordnen, zu den Begriffen Tradition und Rezeption.[31]

Rezeption und Tradition von Rechtsgedanken sind Gegensätze, die sich anziehen können. Die Rezeption der Wahl-Lehre des Sachsenspiegels wird zu einem Bestandteil der sich wandelnden Tradition der Königserhebung. Unsere Überlegungen laufen darauf hinaus, daß die Rezeption von einzelnen Sätzen des Sachsenspiegels nicht mit der allgemeinen Wirkung dieses Rechtsbuches gleichgesetzt werden kann.[32] In den Städten waren es die Darlegungen Eikes zum Erbrecht, an den Höfen die zum Lehnrecht, welche den Besitz einer Handschrift dieses Rechtsbuches nahelegten. Der Königswahl-Abschnitt, der im Rechtsalltag wenig interessiert haben dürfte, ist erstaunlicherweise derjenige Abschnitt, bei dem am frühesten, schon seit den 50er Jahren des 13. Jahrhunderts die Kenntnis des Sachsenspiegels nachweisbar ist,[33] und zugleich ist dabei nachweisbar, daß die Verknüpfung von Vorstimmrecht und Erzamt, die Eike wohl erst konstruiert hat,[34] die Zeitgenossen überzeugte.[35] Gemäß eines Kommentars in der verbreiteten Dekretalenglosse des 1270 verstorbenen Heinrich von Segusia und der um 1270 entstandenen Chronik des Martin von Troppau sind die sieben »officiales imperii« zugleich die Königswähler.[36] Diese sieben

---

30 Dietmar Willoweit, Die Gleichzeitigkeit des Ungleichzeitigen. Rationales und traditionales Rechtsdenken im ausgehenden Mittelalter, in: Boockmann – Grenzmann – Moeller – Staehelin (2001), 369–385.

31 Die Gleichheit mit dem rechtsgeschichtlichen Begriff der Rezeption (vgl. nur Sellert (1998), 116ff.) brauchen wir deshalb nicht zu scheuen, weil der Terminus technicus der Rechtshistoriker sich mit unserem weiter gefaßten Verständnis des Begriffes verträgt; denn es handelt sich in beiden Fällen um eine schöpferische Aneignung und nicht um eine formale Übernahme.

32 Rolf Lieberwirth, Die Wirkungsgeschichte des Sachsenspiegels, in: Ruth Schmidt-Wiegand (Hg.), Eike von Repgow. Die Wolfenbütteler Bilderhandschrift. Faksimile – Textband – Kommentarband. 1993, Kommentarband, 63–86. Vgl. auch Fentzke (1996), 124f.

33 Vgl. die Forschungszusammenfassung bei Erkens (2002), 16f. – Ansonsten ist im 13. Jahrhundert bisher noch kein Rechtsfall nachgewiesen worden, bei dem der Sachsenspiegel in Anwendung kam. Fentzke (1996), 130.

34 Auch hier sei auf die Forschungszusammenfassung bei Erkens (2002), 11ff. verwiesen.

35 Vgl. Erkens (2002), 51f. Zu der Überzeugungskraft dieser Verknüpfung im ausgehenden 13. Jahrhundert vgl. ebd., 39f.

36 Erkens (2002), 21f.

Amtsinhaber werden auch in den um 1260 abgefaßten Gesta abbreviata der Lütticher Bischöfe als Wähler aufgezählt.[37]

Ob allerdings die erstaunlich früh nachweisbaren Rezeptionsvorgänge des Königswahlabschnittes ausreichen, bereits in der Doppelwahl von 1257 die Existenz eines siebenköpfigen Wählergremiums anzunehmen,[38] erscheint selbst unter Berufung auf das Konzept der Bulle »Qui celum« von 1263[39] fraglich. In Rom wird man sich eher an der Autorität des Heinrich von Segusia, an dem leicht zugänglichen Dekretalenkommentar des sogenannten Hostiensis, orientiert haben, als an den nur mühsam zu recherchierenden Zuständen in deutschen Landen. Als 1246 Innozenz IV. an die deutschen Königswähler (»principibus Theutonie habentibus potestatem eligendi Romanorum regem«) schrieb,[40] ergingen Einzelausfertigungen an den König von Böhmen, den Bischof von Würzburg, die Herzöge von Bayern, Brabant, Sachsen und Braunschweig sowie an die Markgrafen von Meißen und Brandenburg.[41] Aber betrachten wir die Wähler von 1257 genauer, um zu erkennen, wie zufällig die behauptete Übereinstimmung mit dem Wählergremium von sieben Kurfürsten ist. Alfons von Kastilien wird nur von dem Trierer gewählt, der sich auf Vollmachten Herzog Albrechts I. von Braunschweig, der brandenburgischen Markgrafen und Ottokars von Böhmen beruft.[42] Der Kölner Erzbischof kürte mit Vollmacht des Mainzers gemeinsam mit Pfalzgraf Ludwig II. und dessen Bruder Heinrich von Bayern Richard von Cornwall zum König.[43] Weiterhin spricht gegen eine bereits 1257 vorhandene Existenz des siebenköpfigen Wählergremiums, daß der Erzbischof von Mainz sich seit dem 16. Januar 1256 in der Gefangenschaft des welfischen Herzogs Albrechts I. befand, einer typischen Gefangenschaft zur Erpressung von Lösegeld.[44] Nichts ist dabei von einem politischen Druck zu erfahren, der auf den Welfen hätte ausgeübt werden müssen, wenn damals der Mainzer Erzbischof als unverzichtbar für eine Königswahl angesehen worden wäre.

---

37 Ebd., 28f. mit wichtigen Überlegungen, wie Rezeptionsvorgänge in den Handschriften ihren Niederschlag finden können. Die Gesta abbreviata bilden in ihrer Intention des komprimierenden (und zeitgeschichtlich ergänzten) Faktenreferats die Fortsetzung der in ihrer kompilatorischen Struktur ungewöhnlich gut dokumentierten Geschichte der Lütticher Bischöfe des Aegidius von Orval. Rezeptionsvorgänge sind nur unter der Annahme konsensgebundenen Schreibens konkret zu erfassen.

38 Erkens (2002), 1 und 12. Nur in diesem Punkt weichen wir von den ansonsten überzeugenden Darlegungen des Verfassers ab.

39 MGH Const. Bd. 2, 522 Nr. 405. Ausfertigung: MGH Epistolae saeculi XIII Bd. 1 (1883), 545ff. Nr. 560. Vgl. Hohlweck (2001), 143ff.; Erkens (2002), 84f.

40 MGH Const. Bd. 2, 454 Nr. 346.

41 Ebd., 455 Nr. 347. Vgl. Käser (1991), 26.

42 Groten (1993), 488ff.; Erkens (2002), 115.

43 Erkens (2002), 113f. Zur Wahl Richards vgl. auch Groten (1993), 500ff.; Werner (1993), 561; Wolf (1998), 43ff. und Kaufhold (2000), 30ff.

44 Groten (1993), 485f.; Schubert (1997), 77f.

Rezeptionen sind unter anderem schöpferische, oder wie man heute sagt: kreative Aneignungen. Und insofern sind die von uns verworfenen Thesen einer späteren Interpolation des Wahl-Abschnittes im Sachsenspiegel in ihren begründenden Ansätzen durchaus nützlich. Sie belegen unabhängig von ihrem Beweisziel einen im Umkreis der Wahl von 1273 auffallenden Rezeptionsvorgang der Gedanken Eikes von Repgow in Oberdeutschland.[45] Der Augsburger Franziskanerkonvent, eng verbunden mit den Mitbrüdern in Magdeburg, wurde dafür der entscheidende Vermittler.[46] Die Aneignung des niederdeutschen Werkes in Oberdeutschland wird dann um 1275 durch ein dem Sachsenspiegel in seiner Substanz verpflichtetes Land- und Lehnrechtsbuch erreicht, dem 1609 Melchior Goldast den Namen gab: Schwabenspiegel.[47]

Mit dem Prinzip der Rezeption konkurriert jenes der Tradition als Teil des vielbesprochenen mittelalterlichen Gewohnheitsrechts.[48] Formal bezieht sich die Rezeption auf Gedanken, setzt also eine wenigstens ansatzweise literate Gesellschaft voraus, während die Tradition an signifikante Handlungen, die in einer oralen Gesellschaft überzeugen, anknüpft. Die Tradition lebt aus den in der Vergangenheit begründeten Regeln. Vom Prinzip her setzt sie keinen schöpferischen Aneignungsvorgang voraus, aber nur vom Prinzip her. Die Welt ist anders als ein logisches Gedankengebäude und wählt aus der Vergangenheit das aus, was ihr paßt.[49] Im Unterschied aber zur zukunftsorientierten Rezeption ist die Tradition allein der argumentativen Verfestigung des Gegenwärtigen verpflichtet. Daß die Gegensätze von Rezeption und Tradition sich wechselseitig anziehen können, ist darin begründet, daß beide unterschiedlichen Vorgänge gleichermaßen eine Auswahl aus der Vergangenheit treffen. Neben die Auswahl kann ein eigenständiges Denken treten, das vorgegebene Rechtssätze mit der eigenen Deutung der Vergangenheit zu versöhnen trachtet. Franz-Reiner Erkens hat dafür ein Beispiel aus den vor 1270 entstandenen Stader Annalen ermittelt. Ausgehend von dem Satz des Sachsenspiegels, daß nur ein »deutscher Mann« den König wählen dürfe,[50] fragte der Annalist nach dem Wahlrecht des Trierers, gehörte doch Trier nach damaliger Auffassung zu Gallien. Als Begründung wurde auf das biblische Alter des von Ninus gegrün-

---

[45] Johanek (1987), 413ff.; Erkens (2002), 19 und 81f.

[46] Johanek (1987), 414 und 416. Vgl. Karin Nehlsen-von Stryk, Art. Schwabenspiegel. LexMa Bd. 7 (1995), Sp. 1603–1605.

[47] Johanek (1987), 414.

[48] Vgl. dazu zuletzt Dilcher (1998), 33f. Vgl. zur Relativierung dieses oft sehr schematisch angewendeten Begriffs Ders. (1994), 5ff.

[49] Diese Erwägungen sind in Bezug auf den Sachsenspiegel aufgrund von Rückschlüssen aus der spätmittelalterlichen Spruchpraxis möglich. Vgl. Kroeschell (1998), 86ff.

[50] Vgl. in diesem Zusammenhang die Beobachtung von Schmidt-Wiegand (2000), 228, daß diese Aussage des Sachsenspiegels (Ldr. III.52.1) sich mit Aussagen Walthers von der Vogelweide im Philippston deckt.

deten Trier verwiesen. Deswegen darf der Trierer Erzbischof wählen (»licet de Alemannia non sit, ratione antiquitatis eligit«).[51] Rezeption als schöpferische Aneignung.

Die Fragen nach der wechselseitigen Anziehungskraft von Tradition und Rezeption sind in Bezug auf unser Thema angesichts der Quellenüberlieferung nur in groben Umrissen zu beantworten. Ausgegangen sei von einer einfachen Frage: Was heißt denn »Königswahl« im Zeitalter des sogenannten Interregnum?[52] Wenn 1257 bei der sogenannten Wahl des Alfons von Kastilien behauptet wird, sie sei »concorditer et canonice« erfolgt, so wird lediglich gesagt, daß die Prinzipien des kanonischen Rechts beachtet worden seien.[53] Eine solche »electio concors« brauchte nicht einstimmig zu sein, aber sie durfte keinem Einspruch unterliegen.[54] Weder die Wahl des Königs von Kastilien – eine Anekdote in der Geschichte der deutschen Königswahl, kein Bestandteil dieser Geschichte –,[55] noch die des Richard von Cornwall lassen die Existenz eines abgeschlossenen Wählergremiums erkennen. Hingegen hat Martin Kaufhold unter Einbeziehung der Königserhebungen seit Heinrich Raspe in der Zeit des Interregnum den engen Zusammenhang von Wahl und Schiedsgerichtsverfahren erkannt,[56] und das heißt doch: Das Prinzip des Konsenses erscheint über die Zeiten hinweg als das verfassungsbildende Prinzip, das selbst in den Wirren des Interregnum für die Großen handlungsorientierend ist. Die damaligen Königswahlen unterliegen Einflüssen, die nicht aus der Tradition der Königserhebung selbst stammen, sondern aus dem allgemeinen Rechtsdenken gleichermaßen geistlicher und weltlicher Provenienz – »electio concors« und Schiedsgericht – abgeleitet sind. Erneut also: schöpferische Rezeptionen.

Rezeption: Ein dem Geist des Sachsenspiegels (»swene de vorsten alle to koninge irwelet«) widersprechendes kurfürstliches Wahlrecht ist viel später ausgeformt worden,[57] als die ältere Forschung annahm. Erst die Wahl des Jahres 1273 schuf den für die Zukunft gültigen Präzedenzfall[58] trotz der ihr inneliegenden Problematik

---

[51] Erkens (2002), 25 mit Berufung auf MGH SS Bd. 16, 367 (zum Jahre 1240).

[52] Zu den Quellen vgl. jetzt Kaufhold (2000), 470ff.

[53] Miethke (2000), 102f. Zur Bedeutung des »canonice« im Zusammenhang mit einer Königswahl vgl. auch Schneider (1990), 165ff.

[54] Miethke (2000), 98 mit Anm. 35 und 102f.

[55] Vgl. eindrücklich: Kaufhold (2000), 27ff. Dagegen aus kastilischem Blickwinkel: Klaus Herbers, Alfons von Kastilien (1252–1284), in: Kramp Bd. 1 (2000), 425–432, hier: 426. – Richard von Cornwall benannte völlig zutreffend in seinem Brief an Azzo VII. von Este die Schwäche der Wahl des Königs von Kastilien, »cui nec electorum numerus vel auctoritas vel locus electionis ... nec sessio in sede nec regni possessio nec per regnum ingressus ...«. Acta, ed. Winkelmann Bd. 1, 455 Nr. 567.

[56] Kaufhold (2000), 466ff. Vgl. auch Wiegand (2002), 369ff. und 417f.

[57] Hierin ist Wolf (1998), bes. 12f. zuzustimmen.

[58] Vgl. zuletzt zu dieser Wahl: Thomas (1983), 29ff.; Twellenkamp (1994), 22ff.; Krieger (1994), 11f. und 16ff.; Garnier (2000), 96ff.; Lenz (2002), 169ff.; Flachenecker (2002), 175f.

des Übergehens der böhmischen Kurstimme, die dem Bayern zugesprochen worden war.[59] Die Wahl Rudolfs von Habsburg 1273 ist schon allein wegen ihrer Wirkung auf die Öffentlichkeit der entscheidende Schritt auf dem Wege zur Durchsetzung des exklusiven Wahlrechts der Kurfürsten gewesen.[60] Mit welchen Formen der Sachsenspiegel-Rezeption dieser Weg vorbereitet war, ist nur in groben Zügen – Braunschweiger Weistum von 1252[61] und Wahlvorgänge von 1256/57[62] – zu erkennen, aber schon allein diese Rezeptionsvorgänge lassen daran zweifeln, daß mit dem Wahlrecht zugleich ein Absetzungsrecht, das 1298 zur Geltung gekommen sei, entwickelt wurde. Die Überlieferung des sogenannten Braunschweiger Weistums – die in gerichtsförmlicher Öffentlichkeit verkündete Erklärung ist nur in einer kanonistischen Glosse des Heinrich von Segusia (Hostiensis) überliefert – weist zudem auf die aus der Erzählforschung bekannte wechselseitige Befruchtung von literarischer und oraler Tradition; das aber läßt die Wahl von 1273 als eine Inszenierung verstehen, die aus dem Sachsenspiegel nur die Rollenverteilung herauslas. Und erst diese auf anverwandelnder Rezeption beruhende Inszenierung schuf künftige Rechtsnormen, stiftete Tradition.

Indirekt hatte die Wahl von 1273 der Kanzler des böhmischen Königs, der aus dem Hause der Grafen von Schaumburg stammende Bischof Bruno von Olmütz,[63] kommentiert: »Die Fürsten ... wollen zwar einen guten und weisen König, aber sie wollen ihm keine Macht lassen.«[64] Viel zitiert wurden diese Worte, um den Eigennutz der Fürsten auf Kosten des Reichs zu belegen. Selten wurde dabei berücksichtigt, daß die Behauptung des Olmützer Bischofs, so sehr sie die böhmische Enttäuschung über den Wahlausgang von 1273 wiederspiegelt, doch den Vorwurf nicht erhebt, den Ottokars Reimchronik bei den »Krämerwahlen« des Interregnums gegen die Kurfürsten richtete.[65] Die Wahl Rudolfs von Habsburg ist

---

[59] Zusammenfassend: Hohlweck (2001), 168f. und 178ff.; Lenz (2002), 203ff. und 225f.

[60] Zur Auseinandersetzung um das Wahlrecht auf dem Hoftag von 1275 vgl. Lenz (2002), 205f.; Flachenecker (2002), 176ff. und (aus böhmischer Sicht) Hlaváček (2002), 100. – Zur Königswahl von 1292, die noch von der Konkurrenz zwischen ungeregeltem und geregeltem Wahlverfahren geprägt war, vgl. auch Armin Wolf, König für einen Tag. Konrad von Teck: Gewählt, ermordet (?) und vergessen. [2]1995, bes. 53 und 86, wo der Autor die Einwände zu entkräften versucht, die Rolf Götz, Herzog Konrad von Teck und die deutsche Königswahl von 1292. ZWürttLdG 53 (1994), 27–40 erhoben hatte.

[61] Zeumer (1905), 403ff.; Miethke (1998), 201 mit Anm. 89; Wiegand (2002), 411; Erkens (2002), 73f. – Zugänglichster Druck: Wolf (1998), 174f.

[62] Vgl. Wolfgang Giese, Der Reichstag vom 8. September 1256 und die Entstehung des Alleinstimmrechts der Kurfürsten. DA 40 (1984), 562–590; Groten (1993), 486ff.; Erkens (2002), 112ff.

[63] Thomas (1983), 33.

[64] Zit. nach Redlich (1903), 213.

[65] Nach Ottokar V. 12446, ed. Seemüller Bd. 1, 164 verschacherten die Kurfürsten 1257 das Reich, »sô daz si waeren krâmere des heiligen rîches«. Vgl. auch ebd. V. 38854ff., ed. Seemüller Bd. 1, 505.

unter allen Wahlen des 13. Jahrhunderts diejenige, bei der Geld und Geschenke die geringste Bedeutung gehabt hatten.[66]

Der These von Bernward Castorph ist der Sache nach, nicht unbedingt in ihren Begründungen zuzustimmen, wonach erst mit der Wahl von 1273 das Gremium von sieben Königswählern für die künftigen Wahlen die rechtlich verbindliche Tradition schuf.[67] Zu schwach war das Königtum Richards von Cornwall geblieben, als daß es konsensfähige Normen hätte schaffen können – um von der Schattenwahl des Alfons von Kastilien zu schweigen.

Wir sind vorausgeeilt, haben von einem traditionsstiftenden Vorgang sprechen müssen, wo doch zunächst die Frage der Rezeption im Vordergrund steht. Aber die Rezeption des Sachsenspiegels in Oberdeutschland – und wir erinnern daran, daß Rezeption und Tradition sich wechselseitig befruchten können – ist ohne die Wahl von 1273 nicht zu erklären. Der kurz vor dem Schwabenspiegel entstandene Deutschenspiegel[68] übernimmt ohne Abstriche den Königswahl-Abschnitt Eikes,[69] der Schwabenspiegel hingegen verändert diesen im Sinne eines exklusiven Wahlrechts der Kurfürsten.[70]

Rezeption kann ein gestaltender Vorgang, muß nicht unbedingt aus entwicklungsgeschichtlichen Gegebenheiten ableitbar sein. So in unserem Fall. Gestaltet war 1273 ein Rollenspiel von sieben Königswählern,[71] bei dem der Sachsenspiegel nur als Vorlage diente; der vom fürstlichen Konsensgedanken bestimmte Sinn dieser Vorlage wurde nicht übernommen. Hinweggelesen wurde über Eikes ausdrücklich formulierte Regel, daß die Inhaber des Vorstimmrechtes nicht nach ihrem »mutwillen« einen König küren dürften. An eine Trivialität ist in diesem Zusammenhang zu erinnern. Eikes Rechtsbuch war eine »Privatarbeit«, deren Nähe zur fiktionalen Literatur wir nicht abgestritten haben, obwohl dies nicht im Interesse unserer Argumentation liegen konnte. Nicht auf autoritativer Setzung, sondern auf innerer Überzeugungskraft beruhte seine Wirkung. Und diese Wirkung war von Fall zu Fall verschieden. Was über das Nachbarschaftsrecht oder die Verpflichtungen zum Deichbau, kurzum über die Regelungen des Alltags gesagt wurde, konnte in Dörfern und Städten als Richtschnur gelten, an den Höfen, dort wo der Königswahl-Abschnitt rezipiert wurde, interessierte das wenig. Aber: Ein

---

66 Hugo Stehkämper, Königswahlen des 13. Jahrhunderts, in: Jürgen Schneider (Hg.), Wirtschaftskräfte und Wirtschaftswege. Festschrift für Hermann Kellenbenz Bd. 1. 1978, 83–136, hier: 99.

67 Castorph (1978), 94ff.

68 Johanek (1987), 414.

69 Deutschenspiegel Ldr. c. 303, ed. Eckhardt, 330. Vgl. Erkens (2002), 19f.

70 Vgl. Erkens (2002), 20f. und 37f. Eine nützliche Synopse der entsprechenden Abschnitte im Sachsenspiegel, Deutschenspiegel und Schwabenspiegel bietet Erkens (2002), 116ff.

71 Zu Recht warnt Spieß (2001), 272f. vor dem Gebrauch von Theatermetaphern, die wir aber in diesem Zusammenhang glauben verwenden zu können.

Rechtsbuch, das über so viele Fragen bis hin zum Erbrecht Auskunft gab, konnte Autorität beanspruchen, eine Autorität nicht des Gesetzes, sondern des Ansehens. Es konnte nützlich sein, sich auf dieses Ansehen auch dann zu berufen, wenn man den Sinn klarer Aussagen dieses Rechtsbuches umbog.

Daß der Schwabenspiegel nicht mehr die Rücksichtnahme der Erstwähler auf den Willen aller Fürsten kennt (obwohl auch hier wie bei der Rezeption des Sachsenspiegels der Einfluß Augsburger Franziskaner erkennbar ist),[72] war bei den Zeitgenossen zunächst nur bedingt konsensfähig, wie der Vergleich mit dem »Spiegel aller deutschen Leute«, dem Deutschenspiegel, lehrt, der noch den ursprünglichen Sinn des Vorstimmrechtes bewahrt hatte. Auch die Ende des 13. Jahrhunderts entstehenden Bilderhandschriften des Sachsenspiegels heben bei der Illustration der Königswahl hervor, daß die Erstwähler an den Willen der Fürsten gebunden sind.[73]

Politische Zwänge hatten die Inszenierung des Jahres 1273 herbeigeführt. Einen allgemein anerkannten König hätte man ohne eine solche Inszenierung, welche die Zeitgenossen überzeugen mußte, nicht inthronisieren können. Nur in drastischer Verkürzung der um ihren Sinn gebrachten Vorlage war dieses Ziel zu erreichen. Und damit enthüllt sich erneut die Weltfremdheit der Vorstellung, erst im Umkreis der Wahl von 1273 wäre ein entsprechender Abschnitt in den Sachsenspiegel eingefügt worden. Wer auch immer die Dramaturgie im Jahre 1273 festgelegt haben mochte: Er war kein moderner Theaterregisseur, er mußte auf das Denken des Publikums Rücksicht nehmen, nicht dieses Publikum an neue Gedanken gewöhnen. Die Überzeugungskraft der Inszenierung von 1273 beruhte auf der bereits vorhandenen Kenntnis des Sachsenspiegels. Und dabei ist zu berücksichtigen: »Nicht nur Präzedenzfälle ließen Rechtsüberzeugungen wachsen. Rechtsregeln wurden auch bei der gerichtlichen Lösung von Konflikten formuliert.«[74] Eine Königswahl ist zwar formal gesehen kein Gericht, aber sie steht als Form des Schiedsgerichts und ebenfalls mit einem Urteil endend inmitten des mittelalterlichen Rechtsdenkens.

Wenn wir, scheinbar immer weiter von unserem eigentlichen Thema der Königsabsetzungen abschweifend, uns auf die Fragen der Rezeption und Tradition von Rechtssätzen im 13. Jahrhundert einlassen, so geschieht das vor dem Hintergrund, daß die Zeitgenossen zwar intensiv über die Königswahl nachdachten, aber trotz der Vorgänge in spätstaufischer Zeit nicht über die Möglichkeiten einer Absetzung. Mühsam zu findende Wahlform: Die Inszenierung von 1273 als politische Setzung innerhalb eines gestaltenden Rezeptionsvorgangs zu verstehen, heißt zugleich den Versuch aufzugeben, eine logische Entwicklungslinie in den Quellen zur deutschen Königswahl im 13. Jahrhundert finden zu wollen.

---

72 Johanek (1987), 416f.; Winfried Trusen, Art. Schwabenspiegel. HRG Bd. 4, Sp. 1547–1551.

73 Schmidt-Wiegand (2000), 230.

74 Vollrath (1996), 55.

Unser Ergebnis der gestalteten Rezeption im Jahre 1273 wird durch einen Befund bestätigt, der nur auf den ersten Blick Verwirrung stiftet. Bis zur Goldenen Bulle wucherten im Rechtsdenken Vorstellungen von dem König von Böhmen als dem »Obermann« der Königswahl. Auf den Sachsenspiegel ging die Lehre zurück, daß der König von Böhmen, weil er kein deutscher Mann sei, von der Königswahl ausgeschlossen sei, obwohl er das Hofamt des Schenken bekleide.[75] Die politische Entwicklung ging über diesen Einwand hinweg, nicht aber das Rechtsdenken. Es konstruierte aus dem Gegensatz der Ansicht Eikes von Repgow zur politischen Praxis eine besondere Stellung des Böhmen, der als »Obermann« der Königswahl ein Entscheidungsrecht hätte, falls sich unter den sechs Kurfürsten Stimmengleichheit für zwei Kandidaten ergeben sollte.[76] Wie ist diese Theorie zu erklären? Rezeption kann ein gestaltender, aber auch ein wertender Vorgang sein. Mußte nicht gefragt werden, ob der Böhmenkönig, unzweifelhaft der Schenk des Reichs, zu Recht durch den Sachsenspiegel von dem Privileg der Vorstimme mit der Begründung ausgeschlossen worden war, er sei kein »deutscher Mann«? Wer eine solche Frage erwog, mußte sich dabei mit der gestalteten Rezeption des Jahres 1273 auseinandersetzen. Die damals gefundene Notlösung eines Wahlrechts des bayerischen Herzogs hatte späterhin keine politische Beachtung gefunden,[77] obwohl die Wahl von 1273 ansonsten normstiftend wirkte. Das Wahlrecht des Böhmen blieb faktisch anerkannt. Angesichts der klaren Aussagen des Sachsenspiegels ist dies nur aus den Vermischungen der Gegensätze von Rezeption und Tradition zu erklären. Denn zahlreiche Handschriften des Schwabenspiegels kennen statt des böhmischen das bayerische Wahlrecht.[78] Eine einfache, »machtpolitische« Einebnung dessen, was mit unseren Erwägungen von Tradition und Rezeption verbunden ist, scheidet also aus. Ein Interesse des böhmischen Königs an der »Obermann«-Theorie, die nicht von böhmischen, sondern von deutschen Autoren verbreitet wurde,[79] ist unwahrscheinlich, war doch den přemyslidischen Königen die Kurwürde weitgehend gleichgültig geblieben.[80]

---

[75] Vgl. Erkens (2002), 11; Hlaváček (2002), 89ff. und (zur Entstehung des böhmischen Schenkenamtes) 85ff.

[76] Zeumer Bd. 1 (1908), 244ff.; Wilhelm Weizsäcker, Der Böhme als Obermann bei der deutschen Königswahl, in: Festschrift für Ernst Heymann Bd. 1. 1940, 191–208. Vgl. Schubert (1975), 102f.; Lenz (2002), 54 mit Anm. 207 und 156f.

[77] Karl Zeumer, Die böhmische und die bayrische Kur im 13. Jahrhundert. HZ 94 (1905), 209–250; Erkens (2002), 41.

[78] Erkens (2002), 39 mit Anm. 207.

[79] Daß die »Obermann«- Theorie auf deutsche, nicht aber auf böhmische Vorstellungen zurückging, legen die Ausführungen von Lenz (2002), 222ff. über die Kommentare der böhmischen Chronistik zu den Königswahlen im Reich nahe.

[80] Hlaváček (2002), 106.

Die scheinbar abseitige Theorie von der Rolle des Böhmen als »Obermann« der Königswahl greift auf die Tradition der Wahl als eines Schiedsgerichtes zurück.[81] Wenn es nur sechs »normale« Königswähler gab, so entsprach das einem üblichen Verfahren bei den Schiedsgerichten: Jede Partei stellte drei oder vier Urteiler, die ihrerseits ihren »Obermann«, den »Ungeraden« wählten, der die Stimmenmehrheit sicherstellen konnte. Das Ungewöhnliche bei der Übertragung dieser Rechtspraxis auf die Königswahl lag darin, die gestaltende Kraft der Rezeption verdeutlichend, daß der Böhme gewissermaßen der geborene Schiedsrichter war. Dies mußte er sein, weil die Verfestigung des Wählergremiums aus dem Prinzip erfolgte, die überzeitliche Gültigkeit der Wahl durch die überzeitliche Berechtigung von bestimmten Königswählern zu sichern.

Daß die »Obermann«-Theorie in der Wissenschaft kaum beachtet wurde, ist insofern verständlich, als diese Theorie trotz weiter Verbreitung faktisch nicht in Erscheinung trat. Aber damit ist ihre Aussage für die Bildung von Rechtsvorstellungen nicht gemindert. Sie zeigt, wie sich die Gegensätze von Rezeption und Tradition anziehen konnten, und sie zeigt vor allem, warum die dem wissenschaftlichen Prinzip der Widerspruchsfreiheit verpflichtete Forschung bei ihrer Suche nach verbindlichen Grundlagen der Königswahl in die Irre gehen mußte; denn die Zeitgenossen waren selbst auf der Suche nach solchen Grundlagen, auf einer Suche nach Konsensfähigkeit des Rechts,[82] was Widersprüche, die wir aus den Prinzipien von Rezeption und Tradition ableiteten, nicht ausschließen konnte. Und nicht zuletzt weist die »Obermann«-Theorie auf die Bedeutung der Goldenen Bulle hin, die auch in dem liegt, was sie nicht sagt. Von einer besonderen Rolle des böhmischen Königs bei der römischen Königswahl will das Gesetz Karls IV. nicht wissen; dieses Gesetz besteht auf einem gleichberechtigten Kurrecht des Erzschenken des Reichs. Ende einer Rezeption und Anfang einer neuen Tradition: Der Königswahl-Abschnitt des Sachsenspiegels war spätestens obsolet geworden, als mit der Wahl von 1411 die Goldene Bulle ihre traditionsstiftende Kraft entfaltete.[83]

Schon allein die verschlungenen Wege der Rezeption und Tradition von Rechtssätzen lassen es als wenig wahrscheinlich erscheinen, daß bei der Suche nach gültigen Regeln für eine Königswahl während des Interregnum zugleich auch eine Königsentmachtung mitbedacht worden sei. Die seit der späten Stauferzeit begegnenden Depositionspläne sind – so unsere vorab vorgestellte These – kein Teil des entstehenden Kurfürstenrechts, des Rechts jener Königswähler, die erstmals 1298

---

[81] Ute Rödel, Königliche Gerichtsbarkeit und Streitfälle der Fürsten und Grafen im Südwesten des Reiches 1250–1313. (QForschHöchsteGerichtsbarkeit 5) 1979, 147ff.

[82] So zutreffend Erkens (2002), 2.

[83] Für das zähe Leben mittelalterlicher Rechtstheorien aber spricht, daß noch bei der Kaiserwahl von 1519 der Gedanke vom Böhmen als dem Obermann der Wahl bekannt war. DRTA JR Bd. 1, 540 Nr. 212.

»Kurfürsten« genannt werden.[84] Wir müssen also nach den politischen Voraussetzungen fragen, die hinter unseren Erwägungen von Rezeption und Tradition standen. Dabei ist in die späte Stauferzeit zurückzugehen; denn die moderne Forschung sieht im Interregnum nicht mehr die große verfassungsgeschichtliche Zäsur, wie sie früher im Bann der Stauferverehrung mit dem Tode Friedrichs II. angenommen worden war.[85]

Die Zeitgenossen haben die Jahre nach 1250 zwar vielfach als »die königlose«, nicht aber als »die schreckliche Zeit« und auch nicht als Epoche grundlegender Veränderungen empfunden.[86] Für die Geschichte der deutschen Königsabsetzungen jedoch könnte das Interregnum als die Zeit, in der keine dominierende Dynastie bevorrechtigte Ansprüche auf den Thron erheben konnte, verfassungsbildende Folgen gehabt haben; denn nicht um die von der älteren Forschung viel zu früh angenommenen Territorien[87] konnte es dabei gehen, sondern um die etwa 20 Fürstendynastien, die von ungleicher Bedeutung waren[88] und nach dem Untergang der Staufer keine dominierende Königsfamilie mehr kannten. »Vierzehn politisch gleichsam selbsttragende Regionen« gestalteten das Reich.[89] Noch hatten sich die in der Chronistik des frühen 14. Jahrhunderts bezeichnenderweise hervorgehobenen verwandtschaftlichen Beziehungsnetze der Wittelsbacher, Habsburger und Luxemburger nicht gebildet.[90]

Beantwortet sei die Frage, wieweit ein Absetzungsgedanke während des Interregnum an Bedeutung gewinnen konnte, indem die umfassendere Frage gestellt

---

84 Armin Wolf, Seit wann spricht man von »Kurfürsten«? Eine begriffsgeschichtliche Untersuchung, in: Joachim Dahlhaus – Armin Kohnle (Hgg.), Papstgeschichte und Landesgeschichte. Festschrift für Herrmann Jakobs. 1995, 401–435. Vgl. auch Ders. (1990), 35.

85 Vgl. zum Beispiel Peter Moraw, Hessen und das deutsche Königtum im späten Mittelalter. HessJbLdG 26 (1976), 43–95, hier: 50: »Die Zäsur in der Mitte des 13. Jahrhunderts ist für die Landes- und Königsgeschichte weniger wichtig als vielfach angenommen«. Eher der traditionellen Sicht zuneigend: Dieter Hägermann, Art. Interregnum. LexMa Bd. 5, Sp. 468f. Zur Revision des Bildes vom Interregnum vgl. Kaufhold (2000), bes. 15ff. und 477f.

86 Als »königslose« Zeit, zumindest als Zeit, in der kein anerkannter König geherrscht habe, charakterisiert Rûmzlant von Sachsen in seinem Spruch auf die Wahl Rudolf von Habsburg das Interregnum: »Nach keiser Vrideriches zit / warn künige vünve, der nie keiner sit / ze ache, wenik, küniges stuol besaeze. Swie vil sie truogen arebeit, / mit kost, mit koufe unde ouch mit gabe, / daz riche was in unbereit«. Friedrich Heinrich von der Hagen, Minnesinger. Dritter Theil, Erster Band. 1861 (Neudruck 1963), 61. – Die Bezeichnung »Interregnum« für die Zeit von 1247 bis 1273 haben die damaligen Chronisten nicht gebraucht, sie begegnet meines Wissens erstmals in Sigmund Meisterlins Chronik der Reichsstadt Nürnberg 1488. Hg. von Matthias Lexer. Die Chroniken der deutschen Städte. Nürnberg. Bd. 3. 1864, 3–336, hier: 213.

87 Ernst Schubert, Fürstliche Herrschaft und Territorium im späten Mittelalter. (EdG 35) 1996, 52ff.

88 Vgl. Moraw (2002), 21.

89 Moraw (1995), 9.

90 Vgl. Thomas (1985), 21 und 24; Moraw (1999), 195f.; Lenz (2002), 78ff. und 165ff.

wird, wieweit die Menschen des 13. Jahrhunderts überhaupt von einem solchen Gedanken ausgehen konnten. Dafür gibt es vor dem Jahre 1298 nur drei Zeugnisse, einen politischen Spruch, eine Stilübung und einen gelehrten Traktat. Der Hinweis auf diese dürftige Quellenlage enthebt uns nicht der Aufgabe, die drei Zeugnisse im einzelnen darauf zu überprüfen, ob in ihnen allgemeine, konsensfähige Einstellungen enthalten sind.

Unser erstes Zeugnis stammt aus der Spätzeit Friedrichs II. und ist ein Beispiel für die sprachlich und gedanklich hochstehende Spruchdichtung jener Zeit, die in Reinmar von Zweter einen ihrer wirkungsmächtigsten Vertreter fand: »Nû seht vür iuch des rîches welaere / den ir nu welt, daz er sî schanden laere / unt alsô, daz ir in versuochet. / werde er iu liep, sô stât im eben, / unt sî des niht, sô lât iu geben / daz rîche wider ze hant, sô irs gerouchet«.[91] »Des rîches waelere« meint noch nicht die »ersten an der Kur«, von denen der Sachsenspiegel gesprochen hatte, sondern alle Fürsten. Eine Reichsverantwortung von »Kurfürsten« war weder rechtlich, noch politisch in jener Zeit vorhanden. Der Appell an eine solche Verantwortung, die, verengt auf die sieben Königswähler, erst nach 1273 Konsens werden sollte, wäre in der Welt Reinmars anachronistisch gewesen. Sowenig wir über den politischen Standort des Dichters und den Kontext dieses Spruches wissen, so ist doch unübersehbar seine Mahnung an alle Fürsten gerichtet, ist einer unter den vielen Rufen nach rechtlicher Orientierung in einer Zeit, in der die tradierten Vorstellungen nicht mehr mit den politischen Entwicklungen in Einklang gebracht werden konnten.

Deutschem Respekt vor der prognostischen Kraft des Dichterwortes entspricht es, in Reinmars Spruch die Vorahnung künftiger Verfassungsgestaltung zu vermuten. Aber dieser Spruch ist nicht von der Zukunft, sondern von der Vergangenheit her zu deuten. Die Verantwortung, die der Dichter den Königswählern zuschreibt, entspricht der Verantwortung, mit der die Forchheimer Königswähler 1077 ihr Vorgehen begründet hatten. So leitet Reimar auch in einem anderen Spruch aus der gemeinsamen Verantwortung von König und Fürsten für das Reich ein fürstliches Absetzungsrecht ab (»swenne ir dem keiser nû genemt die crône«). Denn: »Daz rîche dast des keisers niht, / er ist sîn phleger unt sîn vogt: ir vürsten, seht ir iht / an im sô schuldehaftes, dâ von er sülte des rîches abe gestân, / sô nemt iu einen, der iu zeme / unt ouch dem rîche baz dan er«.[92]

Bei allen widersprüchlichen Rufen nach Orientierung in der Spruchdichtung der spätstaufischen Zeit gibt es eine gemeinsame Grundlage, von der die verschiede-

---

[91] Reinmar, ed. Roethe, 529 Nr. 240. – Zum Kurfürstenspruch Reimars (ed. Roethe, 529 Nr. 240), in dem einschließlich des Böhmen alle sieben Kurfürsten genannt werden, vgl. Erkens (2002), 31. Die von uns weiterhin angenommene Datierung um 1237 wird von anderen Forschern zugunsten späterer Datierungen angezweifelt: Thomas (1992), 365f.; Wolf (1995), 417ff. Vgl. auch das Forschungsreferat bei Hohlweck (2001), 91f. und 130ff.

[92] Reinmar, ed. Roethe, 484 Nr. 146.

nen Auffassungen ausgehen: das Reich. Nur: Was ist das Reich, ist es als Königoder Kaisertum allein in der Person des Herrschers repräsentiert und untrennbar mit dessen Schicksal verbunden? Anders als bei dem Konsensprinzip ist keine ungebrochene Tradition des fürstlichen Reichsbegriffs seit spätsalischer Zeit feststellbar. Sicherlich entspricht das Rechtsdenken, das Lampert von Hersfeld formulierte, im Kern dem, was Reinmar in die Verse kleidet: »daz rîche dast des keisers niht, / er ist sîn phleger unt sîn vogt«.[93] Aber eine solche Auffassung war weder in spätsalischer noch in spätstaufischer Zeit Allgemeingut; sie ist eine vor allem bei Königsgegnern verbreitete Ansicht.[94] Noch weit ist der Weg bis zur Formel des 14. Jahrhunderts, wonach der König »von des Reiches wegen« regiere. Eine Station auf diesem Wege hält Reinmars Spruch mit der Mahnung an die Fürsten fest: »sô lat iu geben / daz rîche wider ze hant«.[95] Das Reich liegt in der Hand der Königswähler – das war nicht weit von Aussagen entfernt, die Lampert von Hersfeld einst getroffen hatte. Jedoch war der politische Kontext ein anderer. Eine negative Integration, welche das Regiment des jungen, unbesonnenen Heinrichs IV. gekennzeichnet hatte, war den spätstaufischen Herrschern in personaler Hinsicht nicht zu unterstellen; vereinen konnte die Kaisergegner allenfalls der Umstand, daß Friedrich II. das Regnum nur als Nebenland betrachtete. Deshalb aber wurde noch längst nicht Reinmars Position, wonach das Reich vom König unabhängig und ihm nur treuhänderisch übertragen sei, von einem seiner Zeitgenossen im Sinne eines fürstlichen Absetzungsrechts weiterentwickelt.

Es wäre allerdings zu einfach, Reinmars Sprüche als einsame Stimme eines Einzelnen abzutun. Was wir bei einer Stilübung wie den »Bamberger Correctoria« annehmen dürfen, gilt nicht für das Gedicht eines berühmten, mit den politischen Stimmungen an Adelshöfen vertrauten Sprechers. Könnte man dort nicht, ohne den Reichsbegriff des Dichters zu übernehmen, von der Möglichkeit einer Herrscherentmachtung überzeugt gewesen sein? Diese naheliegende Frage sei mit einer Gegenfrage beantwortet, ob nicht in der älteren Forschung vorschnell von angeblich wissenschaftlich gesicherten politischen Konstellationen auf angeblich ebenso gesicherte Texte und umgekehrt geschlossen wurde. Insbesondere im Falle der hochmittelalterlichen Spruchdichtung hat die Germanistik inzwischen von solchen Rückschlüssen Abstand genommen. Geht es Reinmar denn überhaupt um ein Absetzungsrecht? Zu beachten sind die einleitenden, die das eigentliche Thema ankündigenden Verse. Es geht um die Königswahl! Ordnet man die Verse in den

[93] Reinmar, ed. Roethe, 484 Nr. 146.

[94] Im Epos vom Guten Gerhard, das von Sonja Zöller auf die Zeit von 1210/11 datiert wird, ist die Königswahl mit der Wendung umschrieben, »dâ der krône wirt erkorn / ein vogt«. Zit. nach Zöller (1993), 204. – Erst im späteren Mittelalter wird die Auffassung Allgemeingut, daß der König »des rîches vogt« sei, wie zum Beispiel Ottokar V. 12801, ed. Seemüller Bd. 1, 169 feststellt.

[95] Reinmar, ed. Roethe, 529 Nr. 240.

politischen Kontext der Zeit um 1235, der Zeit der Entmachtung Heinrichs (VII.) ein, so ergibt sich als Sinn: Mochten Fürsten auch noch so sehr in Opposition zu dem jungen König stehen, so mußte ihnen doch eine »Absetzung« allein aufgrund der Entscheidung des Kaisers Sorge bereiten; denn das bedeutete letztlich die Entwertung ihres im politischen Alltag so wichtigen Konsensrechtes und bedeutete weiterhin eine Entwürdigung des Reiches. Dieses dürfte doch nicht allein einer kaiserlichen Verfügungsgewalt unterworfen sein. Das Konsensrecht der Fürsten, die Auffassung, daß das Reich im Zusammenwirken von König und Fürsten besteht, ist das eigentliche Thema, das auf die Opposition gegen Friedrich II. zurückweisende Thema, welches Reinmar am fiktiven Fall von Wahl und Absetzung erläutert. Und hiermit wird er, wenn wir etwa die erstaunlichen Parteiwechsel nach 1241 berücksichtigen, auch Zustimmung an Fürstenhöfen gefunden haben. Reinmar, so unsere These, formulierte ein wohl vielerorts konsensfähiges Unbehagen an der vom Kaiser gebotenen Entmachtung Heinrichs (VII.) 1235 und der von ihm gleichfalls gebotenen Wahl von 1237. Aber der Dichter begründete kein Absetzungsrecht.

Selbst im Zeitalter des sogenannten Interregnum bedarf es langer Suche, um in deutschen Landen auf den Gedanken einer Königsabsetzung zu stoßen. Um 1250 wählt ein anonymer Autor in den sogenannten Bamberger Correctoria zum Thema von Briefmustern die Absetzung Wilhelms von Holland und die Königserhebung Ottokars von Böhmen.[96] Keine kanzleigemäßen Ausfertigungen lagen diesen Schreiben zugrunde, wie es bei Stilübungen durchaus vorkommen kann.[97] Ihrem Verfasser waren wahrscheinlich die Konspirationspläne »als bloßes Gerücht oder als Wunschvorstellung aus dem Umkreis süddeutscher Fürsten zu Ohren gekommen«.[98] Mit dieser Feststellung hat Dieter Hägermann die alte Frage, ob dieser Stilübung nicht doch politische Vorgänge zum Anlaß gedient haben könnten,[99] wie es beispielsweise bei einer Briefsammlung aus der Zeit Adolfs von Nassau der Fall sein sollte,[100] mit Recht für unerheblich erklärt. Wenn kein einziges urkundliches Indiz, geschweige denn ein Quellenzeugnis für die Realitätsnähe der Bam-

---

[96] Scheffer-Boichorst (1885), 558 ff.; vgl. auch Domeier (1887), 11 ff. – Otto (1898), 75 ff. führt auf die Intervention Alexanders IV. das Scheitern der Absetzungspläne zurück. Dem folgt zwar Gerlich (1967), 51, aber Indizien, geschweige denn Beweise für diese Ansicht liegen nicht vor.

[97] Vgl. Herde (2002), 231. Zum Beispiel ist in einer Ars dictandi ein Mandat Konrads IV. überliefert. Thomas Ertl, Mandate Heinrichs VI. und Konrads IV. in einer ars dictandi aus dem frühen 13. Jahrhundert. DA 54 (1998), 121–137.

[98] Hägermann (1977), 206.

[99] So bemerkt auch Scheffer-Boichorst (1885), 575 zu den Briefen: »Man hat allen Grund ihren tatsächlichen Angaben volles Vertrauen entgegen zu bringen«. Scheffer-Boichorst widerlegt jedoch die von Otto Hintze, Das Königtum Wilhelms von Holland. Leipzig 1885, 142 ff. erwogene Überarbeitung echter Briefe durch einen ungeschickten Diktator.

[100] Schmale (1952), 464 ff.

berger Briefe vorliegt, werden die hier behaupteten Bestrebungen kaum das Stadium von Gerüchten verlassen haben.[101] An Gerüchten über die Neuwahl eines Königs war in jener Zeit kein Mangel. Ein Beispiel: 1255 glaubt Alexander IV. dem Gedanken einer möglichen neuen Königswahl, die der Kölner Erzbischof Konrad von Hochstaden erwog, scharf widersprechen zu müssen.[102]

Ob die Bamberger Correctoria auf politische Gerüchte reagieren, oder ob sie nicht lediglich Fiktionen wie die einleitend erwähnten Dichtungen der Kaiserchronik oder des Nikolaus von Bibra sind, ist für unsere Fragestellung insofern unerheblich, als es unrealistisch wäre, nach dem Aussterben einer dominanten Dynastie die allenthalben sprießenden Hoffnungen zu verneinen. Die Frage, die an die Bamberger Correctoria zu stellen ist, lautet, ob diese Hoffnungen sich auf ein vorgegebenes Absetzungsrecht stützen können.

Die Stilübungen stellen insofern eine aufschlußreiche Quelle dar, als sie die Absetzung durch die Fürsten als rechtliche Möglichkeit annehmen. Die Fürsten dringen nach der Bamberger Briefsammlung auf eine Neuwahl, indem sie den König als »invalidum ... ad terram pacificandam« bezeichnen[103] und dafür die öffentliche Meinung, insbesondere die Klagen der armen Leute, die bis zu den Sternen hinauf erschallen, als Beweis anbieten: »intellecto statu miserabili tocius imperii, pariter et clamore pauperum, qui iam ipsa sidera propulsavit«.[104] Die Klagen der Armen am Grabe Heinrichs IV., die damals dem Verfasser der Vita allein zur Würdigung des Kaisers dienten, werden jetzt auch im politischen Sinne ernst genommen. Der Gedanke, daß der »rex inutilis« abgesetzt werden müsse, erscheint nunmehr in einer franziskanisch geprägten Färbung. Der fromme Verfasser der Stilübungen aber sucht keineswegs Zuflucht im kanonistischen Lehrgebäude. Im Gegensatz zur päpstlichen Sentenz von 1245 ist hier das Versagen des Reichsoberhaupts vor seinen Aufgaben der Friedenssicherung, der Sorge für das Reich und des Schutzes der Armen Grund und Anlaß der Absetzung. Von diesen Königsaufgaben hatte die Kanonistik allenfalls bei der Friedenssicherung gesprochen. Kirchenrechtliche Lehrmeinungen lassen sich hingegen in den Konsequenzen erkennen, welche die Stilübungen aus dem Versagen des Königs ziehen. Das Königtum ist auf der Fähigkeit seines Amtsträgers, auf seiner »idoneitas«, konstituiert, den Fürsten ist ein korrigierendes Absetzungsrecht übertragen.

---

[101] Groten (1993), 485 und 494 billigt diesen Stilübungen einen Realitätsreflex zu, was er aber nur aus einer Vermutung ableitet, wonach die Anwesenheit eines Kölner Prokurators des Domstifts an der Kurie mit politischen Sondierungen für ein von Erzbischof Konrad von Hochstaden betriebenes Neuwahlprojekt zusammenhängen könnte. – Zu Briefsammlungen der zweiten Hälfte des 13. Jahrhunderts und ihrem Erkenntniswert vgl. Ritscher (1992), 257ff.

[102] Kaufhold (2000), 103.

[103] Scheffer-Boichorst (1885) Nr. 2, vgl. Nr. 6: »propter Wilhelmi regis invalitudinem«.

[104] Ebd., Nr. 7.

Die Frage, ob die Stilübungen reale Pläne wiedergeben, halten wir für eher nebensächlich, nicht aber die Frage, ob sie mit ihrer Behauptung eines Absetzungsrechtes ein konsensfähiges Denken widerspiegeln. Dazu vorab die Feststellung: Die Stilübungen sind mehr als eine Privatmeinung in ihrer eigenständigen Aneignung kanonistischer Doktrinen, sie repräsentieren die Lebhaftigkeit einer Diskussion über die wahre Herrschaft, eine Lebhaftigkeit, welche bereits die spätstaufische Spruchdichtung charakterisierte. Der Verfasser hat nicht nur seine Lehrbücher gekannt. In dem fingierten Brief Wilhelms gegen das Vorhaben einer »depressio« seiner »dignitas« weist der Ausdruck »depressio« auf ein Argument Friedrichs II. gegen den päpstlichen Absetzungsanspruch zurück, wonach keiner der Fürsten »a quibus assumptio, status et depressio nostra dependet« der päpstlichen Sentenz zugestimmt habe.[105] Was dem Staufer mit der vom Wahlrecht abgeleiteten Absetzungskompetenz der Fürsten als aus der Not der Stunde geborenes Argument diente, um das päpstliche Vorgehen als illegitim zu brandmarken, wird von den Bamberger Correctoria als verbindliches Recht angenommen. Es ist ein Wort-, kein Sinnzitat. Zwischen »assumptio« und »depressio« steht in der Enzyklika der Begriff »status«: Von den Fürsten sind Wahl, Herrschaft und Entmachtung des Kaisers abhängig. »Status« zielt auf Konsens und »depressio« auf den aufgegebenen Konsens. Feststellbar ist also die Wirkung staufischer Enzykliken; feststellbar ist weiterhin das verändernde Prinzip der Rezeption in der Behauptung eines fürstlichen Absetzungsrechtes. Nicht feststellbar ist hingegen, daß die Bamberger Correctoria mit dieser Rezeption mehr als einen Diskussionsbeitrag zu den Fragen nach den Rechtsgrundlagen einer Königswahl geliefert haben.

Für die politische Geschichte im engeren Sinne sind die Bamberger Correctoria belanglos; belangvoll hingegen sind sie für die Geschichte der öffentlichen Meinung im 13. Jahrhundert, also für die politische Geschichte im weiteren Sinne. Das ist nicht so zu verstehen, als gäben die Stilmuster vorherrschende Ansichten wider, sie sind vielmehr Zeugnisse einer großen Meinungsvielfalt, von der nur kümmerliche Reste erhalten sind. Einen solchen Rest konservieren die Bamberger Correctoria. Es gibt ansonsten nicht das geringste Indiz, das für eine weitere Verbreitung des Absetzungsgedankens herhalten könnte.

Das sogenannte Interregnum war eine Zeit, in der die Formen der Königserhebung noch ungeklärt waren, eine Zeit, in der deswegen auch immer wieder Gerüchte über eine Neuwahl auftauchten. Wenn aber die konsensfähige Form einer Königswahl noch nicht gefunden worden war, konnte schwerlich die rechtsverbindliche Gestalt einer Königsabsetzung vorhanden sein. Zu erwägen ist jedoch, ob nicht die vom politischen Tagesgeschäft (damals) noch unbeeindruckte Wissenschaft entsprechende Gedanken hätte entwickeln können.

---

105 MGH Const. Bd. 2, 366 Nr. 682.

Zur Interpretation unseres dritten Zeugnisses sei erneut auf die Problematik des historiographischen Verfahrens hingewiesen, aus den innerwissenschaftlichen Diskussionen des Mittelalters Rückschlüsse auf allgemeine Bewußtseinslagen und Motive des politischen Handels zu ziehen. Das ist zwar nicht grundsätzlich, wie das Jahr 1245 erwies, zu verneinen, bedarf aber stets der Prüfung im Einzelfall. Das gilt auch für die Interpretation eines Zeugnisses, das auf den ersten Blick die Ableitung des Depositionsrechtes aus dem Wahlrecht zu bestätigen scheint. Wenn ausgangs des 13. Jahrhunderts der Fürstenspiegel des Augustinereremiten Aegidius Romanus (um 1243–1316) diesen Umkehrschluß vollzieht, so geht es hier nicht um das Reich, sondern um allgemeine Fragen der Gestaltung monarchischer Herrschaft. Daß im Wahlrecht bereits ein Absetzungsrecht beschlossen lag, erschien Aegidius so folgerichtig, daß er, der prinzipiell die Wahlmonarchie für die bessere Herrschaftsform hielt,[106] dennoch wegen der Gefahren von Absetzungen der Kontinuität der Erbmonarchie den Vorzug gab[107] und damit eine alte Diskussion um ein neues Argument bereicherte.[108]

Aegidius hatte insofern Recht, als die Geschichte der europäischen Wahlreiche bereits zu seiner Lebenszeit eine Häufung von Entmachtungsvorgängen aufwies, aber seiner Argumentation lag kein empirischer Befund zugrunde; er folgerte nur deswegen aus dem Wahlrecht ein Absetzungsrecht, weil er aus der Lex regia eine Konsenslehre ableitete, wonach »per consensus omnium« ein Amt verliehen, aber auch wieder entzogen werden könne.[109]

Aegidius Romanus, dessen Werk sich an ein außeruniversitäres Publikum richtete,[110] war gleichwohl eine Autorität in den Kreisen der Gelehrten.[111] Kein Wunder. Die traditionelle Gattung des Fürstenspiegels benutzte er, um unter Verwendung vertrauter Formulierungen (etwa des »rex propter bonum commune«) neuen Fragestellungen nachzugehen. Stillschweigend setzte er, ohne die päpstlichen

---

106 Dabei ist auf die Traditionsgebundenheit der Argumente zu verweisen, die Aegidius in neue Zusammenhänge stellte. Es gab eine lange kirchliche, von Innozenz III. betonte Tradition des an die Wahl gebundenen Prinzips der Idoneität, das, um mit Otto von Freising zu sprechen, der »propago sanguinis« der Erbmonarchie widersprach. Kempf (1954), 178f.

107 De reg. principum II. 2,5, ed. Hieronymus Samaritanius, De regimine principum libri III. Rom 1607 (Neudruck 1967), 461f. Vgl. mit der hier referierten älteren Literatur Kaufhold (2000), 130.

108 Zur berühmten Aussage Ottos von Freising (Gesta II.1), es sei Reichsrecht, die Könige nicht nach Erbfolge (»non per sanguinis propaginem«), sondern durch Fürstenwahl (»per principum electionem«) zu erheben, vgl. Schmidt (1987), 140f. und allgemein: Struve (1996), 301ff. Zur Verteidigung des Wahlprinzips durch Alexander von Roes vgl. Lenz (2002), 39.

109 Gleichfalls vom Gedanken der Volkssouveränität ausgehend, gab auch Ockham der Wahlmonarchie den Vorzug. Struve (1996), 314f.

110 Miethke (2000/II), 75.

111 Stürner (1987), 214f.; Miethke (1992), 8f. mit Anm. 32; Struve (1992), 159; Schlinker (1999), 337ff. Vgl. auch die Literaturhinweise bei Miethke (2000/II), 44 mit Anm. 121.

Kompetenzen theoretisch anzuzweifeln, den Eigenwert der weltlichen Herrschaft voraus.[112] Das bedeutet für unser Thema: Die Königswahl hatte in der Kanonistik bis dahin nur eine Rolle im Zusammenhang mit dem Verhältnis von Regnum und Sacerdotium gespielt, nunmehr aber wurde sie als Bestandteil weltlicher Herrschaftsordnung behandelt. Der gedankliche Neuansatz aber darf nicht die Frage verstummen lassen, ob für die Zeitgenossen das Verhältnis von Wahl- und Absetzungsrecht Grundlage des Rechtsdenkens sein konnte.

Stellen wir dem Spruch Reinmars, der Stilübung der Bamberger Correctoria und den Deduktionen des Aegidius Romanus die Aussagen eines Rechtsbuches gegenüber, das sich von Anlage und Intention an die Öffentlichkeit wenden mußte, das in dem Bemühen, rechtssichernde und damit konsensfähige Normen zu entwickeln, die Erfahrungen des sogenannten Interregnum mit den Vorgaben des Sachsenspiegels zu vereinen gezwungen war. Mit den gleichen Worten wiederholte der Schwabenspiegel die Position Eikes von Repgow, der beiläufig die Möglichkeit eines Absetzungsurteils erwähnt hatte: »also ne mach deme koninge neman an sin lif spreken, eme ne si dat rike voren mit ordelen verdelet«.[113] Der Schwabenspiegel ergänzte: »Vber dez kivniges lip vnde vber sin ere, mag nieman vrteil gesprechen, wan die fursten«.[114] Eine inhaltliche Füllung dessen, was Eike von Repgow offen gelassen hatte, eine Klärung des Depositionsverfahrens, erschien dem Schwabenspiegel unnötig. Wichtig erschien ihm hingegen die Festlegung, wer den König überhaupt richten dürfe. Die Lösung, die er fand, entspricht seiner Umdeutung des in seiner Vorlage angesprochenen Fürstenrechts nach Maßgabe der 1273 faktisch durchgesetzten kurfürstlichen Kompetenzen. Er ging wie der Sachsenspiegel von der »curia regalis« als Rechtsbegriff aus, leitete ebenso wie Eike von Repgow das Kurrecht vom Hofamt ab und griff auf dieses Prinzip bei der Beantwortung seiner neugestellten Frage nach der Bestrafung eines Königs zurück, der seine Wahl erkauft habe.[115] Für einen solchen Fall sprach der Schwabenspiegel dem Pfalzgrafen, dem gemäß seiner Titulatur obersten Hofbeamten, ein Richteramt über den Herrscher zu.[116]

---

112 Vgl. Miethke (2000/II), 72f. 94ff. und 303 mit Anm. 943.

113 Sachsenspiegel Landrecht III. 54.4, ed. Eckhardt (1955), 240f.

114 Schwabenspiegel Ldr. 124, edd. von Laßberg – Eckhardt (1972), 61.

115 In diesem Zusammenhang sei an die treffende Feststellung erinnert: »Konkrete Fälle von Bestechung sind seltener zu belegen als zu vermuten« Maleczek (1990), 98. Vgl. die ebd. Anm. 90 gesammelten Belege.

116 Schwabenspiegel Ldr. 130, edd. von Laßberg – Eckhardt (1972), 64. Vgl. Weizsäcker (1886), 76ff.; Zeumer Bd. 1 (1908), 39ff.; Schubert (1979), 117f. – Eine urkundliche Bestätigung für diese Behauptung des Schwabenspiegels läßt sich nicht finden. Eine besondere, von der Pfalzgrafschaft abgeleitete »dignitas« im Rechtswesen benennt allerdings der Nürnberger Hoftag von 1274, wonach der Pfalzgraf seit alters das Recht besitze, über Klagen zu entscheiden, die ein Kaiser oder König gegen einen Fürsten anstrenge. Schaab – Lenz (1998), 28ff. Nr. 27.

Wenn wir den Schwabenspiegel der neueren Forschung folgend als ein Gemeinschaftswerk unter führender Anteilnahme Augsburger Franziskaner betrachten,[117] das wie alle Gemeinschaftswerke konsensgebundene Auffassungen wiedergeben mußte, so ist nüchtern festzustellen: Von Reinmar von Zweter über die Bamberger Correctoria bis hin zu Aegidius Romanus gibt es vereinzelte Zeugnisse über die fürstliche Absetzungskompetenz als Umkehrung des Wahlrechts, aber diese in sich ganz unterschiedlichen Zeugnisse lassen keine Rückschlüsse auf konsensgebundene zeitgenössische Auffassungen zu. Ob Reinmar überhaupt ein Absetzungsrecht im Sinne hatte, darf bezweifelt werden; die Bamberger Stilübungen teilen die Problematik ihrer Gattung in ihren faktischen Aussagen; Aegidius Romanus ist an der logischen Deduktion aus gelehrten Vorgaben interessiert. Und das der Realität am nächsten stehende Zeugnis ist eindeutig. Der Schwabenspiegel kennt ein Richteramt des Pfalzgrafen über den König, von einem Absetzungsverfahren weiß er nichts.

Es ergibt sich also die schlichte Folgerung: Eine direkte Auswirkung des Interregnum als Zeit geschwächter Königsgewalt auf die spätmittelalterlichen Herrscherabsetzungen und Absetzungspläne läßt sich nicht nachweisen. Gefestigt blieb trotz allem die monarchische Autorität. Nur ein Beispiel: 1277 verwahrt sich der Mainzer Erzbischof heftig gegen Gerüchte, er bereite eine Verschwörung gegen den König vor; voller Abscheu bezeichnet der Mainzer eine solche Verschwörung als ruchlose, schreckliche Tat (»rem tam nefariam et horrendam«).[118]

Überblicken wir die spärlichen Belege für ein fürstliches Absetzungsrecht seit den 1230er Jahren, so fällt auf, wie wenig Gewicht schon allein von der Überlieferung her ihnen im Vergleich zu dem intensiven Fragen nach der Königswahl zuzumessen ist. Die keineswegs gradlinig verlaufene Entwicklung des kurfürstlichen Wahlrechts ließ wenig Raum für die Ausbildung von Traditionen, nach denen die »electores« auch zu »depositores« werden konnten.[119] All unsere Überlegungen aber wären müßig, wenn tatsächlich 1298 eine Königsabsetzung stattgefunden hätte, die von den Zeitgenossen gebilligt oder zumindest hingenommen worden wäre.

---

[117] Johanek (1987), 416f.

[118] Redlich (1894), 112f. Nr. 103.

[119] Die mehrfach in der Forschung vertretene Auffassung, wonach Adolf in seinen Wahlversprechungen für Köln 1292 bereits ein kurfürstliches Absetzungsrecht eingeräumt habe (vgl. Schubert (2000), 272f. mit Anm. 6), beruht auf ungenauer Lektüre der Urkunde. Diese ist nur so zu deuten, daß der Kölner sein Krönungsrecht zur Durchsetzung der Wahlzusagen geltend macht. Der Krönungsakt als Abschluß des durch die Wahl eingeleiteten Prozesses sollte nicht stattfinden, falls Adolf seine Zusagen nicht einhielte. Die Urkunde von 1292 ist aussagekräftig für das Verhältnis von Wahl und Krönung, für die Rechtsstellung eines »rex electus«, der wie Adolf bis zur Krönung nur mit seinem Grafensiegel Urkunden ausstellt, nicht aber für die Absetzung eines Königs. Vgl. Schubert (1977), 271; Ders. (2000), 273.

2. Die Absetzung König Adolfs von Nassau

Adolf von Nassau ein schwacher König? Die inneren Widersprüche eines Forschungskonsenses – die scheinbar eindeutige Aussage des sächsischen Kurfürsten im Jahre 1298: eine Parteibehauptung – die Haltung des nicht informierten Papstes zur Absetzung des Königs – das Motiv des Heerzuges Albrechts I.: Ein Kampf um Österreich – die Absetzung Adolfs als Reflex auf militärische Vorgänge – der Krieg und nicht Urkunden als Schlüssel der Ereignisse von 1298 – die eilig und liederlich gefertigte Absetzungsurkunde – die ausbleibende Wirkung der Absetzung als Präzedenzfall – der Kommentar der öffentlichen Meinung: Albrecht I. ist ein Königsmörder – die Absetzungspläne der rheinischen Kurfürsten im Jahre 1300 – die weiterhin fehlende Rückversicherung beim Papst und die Rechtsunsicherheit – die Aussage einer Episode: kurfürstliches Handeln als Einzelhandeln »ut singuli«

Die Absetzung Adolfs von Nassau im Jahre 1298 wurde von der Forschung nahezu einheitlich beurteilt:[120] Es zeige sich hier – ein Beispiel möge genügen – ein erster »Höhepunkt kurfürstlich-oligarchischer Bestrebungen«.[121] Lediglich Heinz Thomas stellte die Grundannahme, von der diese Interpretation ausging, in Frage: »Die Katastrophe des Königs Adolf ist keineswegs ein zwangsläufiges Ereignis gewesen«.[122] Zudem enthält die lange unangefochten hingenommene Deutung einen Widerspruch, indem die Kurfürsten einen ohnmächtigen Herrscher abgesetzt und dafür einen mächtigen Herzog gewählt haben sollten. Weiterhin: Bei der Bewertung der Ereignisse werden traditionellerweise die Herrschaftsmittel unterschätzt, die einem König auch nach dem Interregnum noch zu Gebote standen. Mit dem von Rudolf von Habsburg in Landvogteien organisierten Reichsgut besaß der Herrscher einen auch für die Kriegsführung wichtigen Rückhalt.[123] Aus diesem Reichsgut und nicht aus seinen Erblanden sollte dann 1301 Albrecht I. die Macht- und Geldmittel beziehen, um die Kurfürsten zu besiegen.[124] Schließlich zwingt noch eine einfache Überlegung zur Prüfung der herkömmlichen Deutung der Er-

[120] Vgl. Schubert (2000), 273.

[121] Baethgen (1951), 44. Diese Auffassung teilt noch Wolf (1998), 62: Durch die Absetzung Adolfs »erhöhten« die Kurfürsten »ihr Gewicht in der Reichsverfassung beträchtlich«.

[122] Thomas (1983), 106.

[123] Schubert (1979), 189ff.; Thomas (1983), 41ff.; Andreas Christoph Schlunck, Königsmacht und Krongut. Die Machtgrundlage des deutschen Königtums im 13. Jahrhundert – und eine neue historische Methode. 1988. – Wie diese lange unterschätzte Machtstellung des Königs sich im Herrschaftsalltag auswirkte, belegt eindrücklich Rödel (1979).

[124] Töpfer – Engel (1976), 328f.

eignisse von 1298: Die Forschung ging von der faktischen Lösung der Thronfolge aus und versuchte aufgrund der urkundlichen Überlieferung, die vorangehenden Vorgänge zu rekonstruieren. Der Tod Adolfs von Nassau in der Göllheimer Schlacht aber war nicht vorhersehbar. Die angeblich so zielstrebige kurfürstliche Politik konnte mit einem solchen Ausgang nicht unbedingt rechnen.

Da es sich die Forschung lange recht einfach mit der Erklärung der Vorgänge des Jahres 1298 machte, ergab sich keine nennenswerte Schwierigkeit bei der rechtlichen Begründung der Absetzung: Aus der Wahlkompetenz folgt das Depositionsrecht. Scheinbar konnte für diese Ansicht ein zwingendes Quellenzeugnis beigebracht werden. Unmittelbar nach dem 23. Juni 1298 schrieb Herzog Albrecht II. von Sachsen an eine (unbekannte) Reichsstadt: Die Fürsten, denen das Recht zustehe, einen römischen König zu wählen, hätten dem Herren Adolf von Nassau, weil er seiner hohen Würde nicht gewachsen sei, das Königtum durch einmütigen Urteilsspruch entzogen. Damit seien auch die Bürger von ihrem Treueid, den sie Adolf geleistet hätten, entbunden.[125] Dieses Schreiben, das auf die Absetzungsurkunde vom gleichen Tag Bezug nimmt, ist das einzige überlieferte Zeugnis einer wahrscheinlich gemeinsamen Proklamation jener drei Kurfürsten, die damals in Mainz zusammengekommen waren. Behauptet wird hier: Aus dem Wahlrecht folgt ein Absetzungsrecht. Aber: Auf einen Präzedenzfall konnte sich der Herzog von Sachsen nicht berufen,[126] und es wird noch darzustellen sein, daß dieser Brief ebenso wie die Absetzungsurkunde selbst lediglich eine überstürzt formulierte Deklaration angesichts einer Entwicklung war, mit der die opponierenden Kurfürsten gar nicht gerechnet hatten. Die Behauptung des sachsischen Herzogs wurzelte nicht in einem durch Konsens der Zeitgenossen gesicherten Rechtsdenken; sie war eine Parteibehauptung, um einer Absetzungsurkunde Gehör zu verschaffen, deren Zweck einzig in der propagandistischen Absicht im Vorfeld der wirklichen Entscheidung, der Schlachtentscheidung von Göllheim, lag.

Die ereignisgeschichtlichen Abläufe der Absetzung Adolfs von Nassau haben wir an anderer Stelle bereits rekonstruiert[127] und sind zu einem Ergebnis gelangt, das wir hier nur zu referieren brauchen. Erstens: Die Absetzung war nicht von lan-

[125] MGH Const. Bd. 3, 552f. Nr. 590; Reg. Imp. Bd. 6/2, 990; Urkundenregesten Hofgericht Bd. 4, Nr. 145. – Zu Albrecht II., der die sächsische Kurstimme schon bei der Wahl Adolfs geführt hatte und auch bei der Absetzung führend auftritt, das Kurrecht als Senior des Hauses wahrnehmend, vgl. Mohrmann (1975), 24.

[126] Gerlich (1994), 18 verweist auf die Deposition Heinrichs (VII.) 1235. Abgesehen davon, daß auf dem Mainzer Hoftag von 1235 in Anwesenheit des Kaisers ganz andere Vorraussetzungen bestanden hatten, die gegen einen Präzedenzfall sprechen: Die Kurfürsten hatten 1298 von den damaligen Vorgängen keine Ahnung mehr, weswegen der von ihnen 1308 gewählte König auch den Namen Heinrich VII. trug.

[127] Schubert (2001). Vgl. jetzt auch Lenz (2002), 93ff. und 110ff. zum Blick elsässischer Chronisten auf die Ereignisse des Jahres 1298.

ger Hand geplant, sondern unter dem Eindruck der verschärften militärischen Situation als letzte Rechtsauskunft der opponierenden Kurfürsten überstürzt in die Wege geleitet, eine im Grunde unbedeutende politische Aktion angesichts des bevorstehenden kriegerischen Austrags. Zweitens: Eine politische Absicherung von Albrechts Zug in das Reich durch die opponierenden Kurfürsten, deren letzter Schritt dann die Absetzung gewesen wäre, hat es nicht gegeben. Und drittens: Albrechts Heerzug läßt den politischen Fähigkeiten des Habsburgers entsprechend eine größere Vielfalt von Konzeptionen erkennen als ein stures Verlangen nach der Königswürde, deren Erwerb er, was nicht auszuschließen ist, durchaus als Maximalziel im Auge gehabt haben mag. Nicht auf das Königtum hatte der Habsburger seinen Heereszug abgestellt, sondern auf die offensive Verteidigung des ihm von Adolf im Verein mit den oppositionellen österreichischen Magnaten bestrittenen väterlichen Erbes. Viertens schließlich: Die Entscheidung des Jahres 1298 ist die von Schlachtenglück und -unglück. Verfassungsfragen spielen keine Rolle. Das wird schon dadurch gestützt, daß keiner der königsfeindlichen Elektoren Albrecht militärischen Zuzug leistete.[128] Und auch das gehört zur Ausnahmesituation des Jahres 1298: Auffallenderweise geht die Opposition gegen den König von den östlichen Kurfürsten aus,[129] während ansonsten seit spätstaufischer Zeit bis zum Anfang des 15. Jahrhunderts die rheinischen Kurfürsten die Haltung des Wählergremiums bestimmen. Mit Ausnahme Erzbischof Gerhards II., der eigentlich nur das Süppchen der Interessen seines Hauses, der Grafen von Eppstein, auf dem Herd der Reichspolitik kochen wollte[130] und sich dabei die Finger verbrannte,[131] mit Ausnahme also dieses Fürsten bleiben die rheinischen Kurfürsten den gegen den König gerichteten Bestrebungen fern; der Pfalzgraf[132] und Erzbischof Boemund von Trier halten weiterhin treu zu Adolf. Der Kölner Erzbischof, Wikbold von Holte, dessen Wahl Adolf von Nassau gefördert hatte,[133] der noch im Februar 1298 mit dem König in Verbindung stand,[134] hielt sich mit den einflußreichsten Mitgliedern seines Domkapitels während der entscheidenden Wochen im Mai und

128 Außer Betracht kann die unter merkwürdigen Begleitumständen vom Mainzer Erzbischof im Lager vor Alzey geleistete geringe Hilfe (Reg. Imp. Bd. 6/2, Nr. 997) bleiben.

129 Zum Verhältnis des Brandenburger Kurfürsten zu Adolf vgl. Steinbach (1968), 113f., 115f. und 146f.

130 Schubert (2000), 281ff.

131 Die Verzweiflung Erzbischof Gerhards über den Tod seines Verwandten Adolf von Nassau war nicht gespielt. Ebd., 281.

132 Die verschiedenen Positionen, die der Mainzer und der Pfälzer während der Ereignisse von 1298 einnehmen, könnten auch Reflex der Nachbarschaftsstreitigkeiten sein, die damals die beiden Fürsten entzweiten. Patze (1963), 107ff.

133 Jarnut (1976), 36.

134 Reg. Imp. Bd. 6/2, Nr. 947. Vgl. auch Erkens (1982), 369f. mit Anm. 89.

Juni in Westfalen auf[135] und war erst bei der zweiten Wahl Albrechts I. anwesend.[136] Letzteres war allein deshalb geboten, um den Kölner Ansprüchen auf das Krönungsrecht Geltung zu verleihen.

Auf einen Sachverhalt ist aber genauer einzugehen, weil er in drastischer Weise die bereits auf andere Weise begründete Auffassung bestätigt, daß das in der Kanonistik bis in gelehrte Subtilitäten hinein ausgebaute päpstliche Verfügungsrecht über die weltliche Herrschaft keineswegs die oft unterstellte Wirkung auf die Welt gehabt hatte. Keiner der Kurfürsten, die angeblich von langer Hand die Absetzung des Königs vorbereitet hatten, hielt es überhaupt für nötig, den Papst wenigstens oberflächlich zu informieren, geschweige denn sich des Rückhalts beim Vicarius Christi für das weitere Vorgehen zu versichern; das wird im Jahre 1301 sichtbar, als Bonifaz VIII. Albrecht von Habsburg des Königsmordes beschuldigte.[137] Politische Interessen haben nach drei Jahren zur Veröffentlichung dieses Vorwurfes geführt, der Vorwurf selbst aber entsprach der Meinung der Zeitgenossen. Glaubhaft konnte Bonifaz VIII. seinen Vorwurf nur erheben, weil die Kurie nicht in eine Verschwörung gegen Adolf eingeweiht war.[138] Noch nicht einmal über die Zuspitzung der politischen Situation im Reiche war man in Rom informiert.[139] Echt – und keine politisch motivierte Verstellung – ist deswegen die von mehreren Chronisten bezeugte Überraschung, ja Empörung Bonifaz' VIII. nach Bekanntwerden der Göllheimer Schlacht.[140] Angesichts der Persönlichkeit des auf kanonistischen Doktrinen insistierenden Papstes ist es geradezu ausgeschlossen, daß er sich von den opponierenden Kurfürsten hätte ins Vertrauen ziehen lassen, ohne auf der Respektierung des päpstlichen Absetzungsrechtes zu bestehen. Denn schließlich hatte in der Kanonistik um 1300 der Hierokratismus seinen »ideologischen Höhepunkt« erreicht.[141] Deshalb erwähnte Albrecht I. in seiner Rechtfertigungsschrift an den

---

135 Höroldt (1994), 217. – Bei der Haltung Wikbolds darf nicht übersehen werden, daß die Stadt Köln schon allein wegen des Englandhandels auf Seiten des Nassauers gegen Frankreich stand. Ahasver von Brandt, »Schwerter aus Lübeck«. Ein handelsgeschichtliches Rätsel aus der Frühzeit des hansischen Frankreichhandels. HansGBll. 83 (1965), 1–11, bes. 7ff.

136 Höroldt (1994), 217.

137 MGH Const. Bd. 4/1, 87 Nr. 109 § 2.

138 Samanek (1930), 234ff. Vgl. Ritscher (1992), 178. – Auch die Gesandtschaft des Grafen von Hohenberg an die Kurie steht nicht mit dem Thronstreit im Zusammenhang, sondern diente der Rechtfertigung Albrechts, den der Papst im Juli 1297 vor seinen Richterstuhl geladen hatte. Hessel (1931), 46.

139 Samanek (1930), 112 mit Anm. 27: Als im Reiche der päpstliche Entscheid über den Streit Adolfs mit Philipp IV. bekannt wurde, war dieser Spruch durch die Göllheimer Schlacht überholt. Zu Albrechts Beziehungen zu Bonifaz VIII. vgl., die Forschung zusammenfassend, Krieger (1994), 94ff.

140 Hessel (1931), 112. Vgl. Tilman Schmidt, Siegfried von Gelnhausen. Mainzer Protonotar und Bischof von Chur, in: Herbers – Kortüm – Servatius (1991), 537–555, hier: 534f.

141 Kempf (1974), 357 Anm. 26.

Papst die Absetzung nur beiläufig und distanzierte sich davon, indem er mit einem »dicebant« die Verantwortung für diese den Kurfürsten aufbürdete.[142] (Im Reich jedoch verwies er im Jahre 1298 auf die Absetzung, um damit dem Vorwurf des Königsmordes zu begegnen.)[143]

Zwei unterschiedliche Motive hatten die Gegner des Königs zusammengeführt. Die Feindschaft der weltlichen Kurfürsten Mitteldeutschlands und Böhmens war Folge der königlichen Erwerbspolitik in Thüringen und Meißen.[144] Die Frage des thüringischen Königslandes, welche die Kurfürsten von Sachsen und Brandenburg zu einer ansonsten bei ihnen nicht erkennbaren reichspolitischen Aktivität veranlaßte, konnte den österreichischen Herzog damals nur beiläufig interessieren – als König wird er dann Adolfs thüringische Politik wieder aufnehmen. Der Feindschaft des Habsburgers gegen den König lag ein anderes, ein für Albrecht existentielles Motiv zugrunde, die Verteidigung seines väterlichen Erbes; denn nach wie vor galt das Wahlversprechen, das 1292 Adolf dem Kölner Erzbischof gegeben hatte. Hier wurde Österreich als erledigtes Reichslehen betrachtet, über das der König nur im Einvernehmen mit dem Kölner Kurfürsten verfügen dürfe.[145] Diese, auf das Reichsverständnis und die anti-habsburgische Position Erzbischof Siegfrieds von Westerburg zurückgehende Zusage, war allerdings rechtlich fragwürdig, nachdem es Rudolf von Habsburg gelungen war, die dem Reich heimgefallenen ottokarischen Länder aus der treuhänderisch gedachten königlichen Verwaltung zu lösen und mit Einwilligung der Kurfürsten als Reichslehen seinem Hause zu übertragen.[146] Adolf hatte dennoch an Herzog Albrecht das Ansinnen gestellt, sein Herzogtum auszuliefern, wogegen Albrecht in mehreren Gesandtschaften protestierte,[147] er hatte auch den Aufstand der österreichischen Landherren gegen ihren Herzog unter-

---

142 MGH Const. Bd. 4/1, 93 Nr. 116 § 4: »ab … principibus imperii electoribus … fuimus requisiti, ut cum idem rex propter certos excessus et defectus notabiles esset regno et regiis honoribus de iure privandus, eo prout moris esse dicebant per imperii principes amoto, nos in regem eligi sineremus.« – Zu den Wahldekreten Albrechts I. vgl. Miethke (2000), 108f.

143 MGH Const. Bd. 4/1, 6 Nr. 7.

144 Zum Verkauf Thüringens durch Albrecht den Entarteten an Adolf vgl. Leist (1975), 57ff. und Schubert (1979/II), 28ff. – Die Rechtmäßigkeit des Kaufs von Thüringen (»iuste et racionabiliter«) hatte Albrecht I. noch 1307 unterstrichen. MGH Const. Bd. 4/1, 194f. Nr. 227.

145 »Quod de Austrie et Limburgensi ducatibus ad imperium devolutis neminem infeodabimus nec aliquid de ipsis ordinabimus sine ipsius archiepiscopi consensu.« MGH Const. Bd. 3, 463 Nr. 474. Diplomatische Untersuchung dieser Wahlabrede: Haider (1968), 136ff. – Daß es Adolf ernst mit der Einziehung Österreichs als Reichslehen war, wies Samanek (1930), 180ff. nach. Zum Hintergrund der Auffassung vom Heimfall Österreichs an das Reich vgl. Schubert (1979/II), 24ff.; Erkens (1982), 324.

146 Franz-Reiner Erkens, Zwischen staufischer Tradition und dynastischer Orientierung: Das Königtum Rudolfs von Habsburg, in: Egon Boshof – Franz-Reiner Erkens (Hgg.), Rudolf von Habsburg. 1273–1291. (PassauHistForsch 7) 1993, 33–58, hier: 46f.

147 MGH Const. Bd. 4/1, 93 Nr. 116; Vgl. Reg. Imp. Bd. 6/2, Nrn. 663 und 805.

stützt[148] und, wie der sogenannte Seifried Helbling weiß, mit ihnen konspiriert.[149] Selbst nachdem der Aufstand 1296 zusammengebrochen war,[150] schwelte die jederzeit entflammbare adelige Opposition weiter, die Lieder wurden weiterhin gesungen, in denen das »arme lant Ôsterîch« die immer noch als landfremd geltenden Habsburger und ihre Anhänger als korrupte Ausbeuter anklagte.[151]

Nicht politischer Finesse, sondern ehrlicher Überzeugung entsprach, was Albrecht vor königlichen Abgesandten hervorhob, daß er sich mit ihrem Herrn, dem König, lediglich über sein österreichisches Erbe, das ihm abgesprochen werden sollte, auseinandersetzen wolle[152] – ein Argument, mit dem er auch vor dem Papst sein Handeln rechtfertigte.[153] Nicht in vagen Ambitionen nach der Krone, sondern in diesem konkreten Kampf um sein Erbe liegt – so meinen wir – das Motiv seines Heerzuges. Konspirative Machinationen wirft Albrecht dem König vor: »non armis patentibus, ut regem decuerat, sed insidiosis machinacionibus ... cepit fideles nostros ... contra nos ad rebellionis speciem instigare«.[154] Er, Albrecht, so ist dieser Vorwurf zu ergänzen, habe hingegen ehrlich und offen mit Waffen um sein Erbe gekämpft. Notwehrsituation. So hatte es auch ein Zeitgenosse gesehen. Weil Adolf dem Habsburger Österreich absprechen wollte, sah dieser sich zur Gegenwehr herausgefordert: »dux ... melius esse prevenire quam preveniri cogitans«.[155] Daß Albrechts Zug ins Reich nicht dem Erwerb der Königskrone, sondern dem Kampf um das österreichische Herzogtum gedient hatte, wurde zehn Jahre später sogar von einem König bezeugt. Heinrich VII. soll nach Mathias von Neuenburg bei der Bestattung Adolfs und Albrechts I. in Speyer, König Adolf mitzählend, von den fünf Königen gesprochen haben, die wegen des Herzogtums Österreich ihr Leben gelassen hätten.[156]

---

148 Samanek (1930), 181ff.

149 Ursula Liebertz-Grün, Seifried Helbling. Satiren kontra Habsburg. 1981, 76. Vgl. auch MGH SS Bd. 9, 658: Österreichische Ministeriale bitten Adolf, »ut Austriam visitaret«.

150 Vgl. zusammenfassend: Folker Reichert, Landesherrschaft, Adel und Vogtei. Zur Vorgeschichte des spätmittelalterlichen Ständestaates im Herzogtum Österreich. (AKG Beiheft 23) 1985, 101f. und 104ff. Dazu auch Karl Brunner, Die Zwettler »Bärenhaut« – Versuch einer Einordnung, in: Hans Patze (Hg.), Geschichtsschreibung und Geschichtsbewußtsein im späten Mittelalter. (VortrrForsch 31) 1987, 647–663, hier: 658f.

151 Liebertz - Grün (1984), 19 und 42ff. Dazu auch Max Weltin, Die Gedichte des sogenannten »Seifried Helbling« als Quelle für die Ständebildung in Österreich. JbLdkdeNdÖsterr NF 50/51 (1984/85), 338–414, hier: 348ff. und 410ff. Vgl. zu der Haltung österreichischer Magnaten Samanek (1930), 181ff.; Hessel (1931), 43.

152 Vgl. Reg. Imp. Bd. 6/2, Nr. 967.

153 MGH Const. Bd. 4/1, 93 Nr. 116.

154 Ebd.

155 Burkardi de Hallis et Dytheri de Helmestat notae historicae. 1273–1325, ed. Johann Friedrich Boehmer, Fontes rerum Germanicarum. Bd. 2. 1845, 476.

156 Mathias von Neuenburg, ed. Hofmeister, 79.

Bei der Darstellung der Vorgänge des Jahres 1298 wird im allgemeinen Adolfs von Nassau nur als des Opfers einer Verschwörung gedacht. Aber er ist die Hauptperson. Auf die Kunde von Albrechts Einmarsch ist er sofort bereit, den Krieg aufzunehmen; er drängt den Habsburger ins königstreue Elsaß ab,[157] versucht immer wieder, zu einem kämpferischen Austrag zu kommen, den Albrecht vermeiden will. Erst Adolfs militärisches Vorgehen, mit dem der Herzog offenbar gar nicht gerechnet hatte, erzwang einen Kampf, der – allein vom Ergebnis her – ein Kampf um das Reich werden sollte.[158]

Einen Kampf gegen den König, das »prelii discrimen« gegen seinen Herrn, wollte Herzog Albrecht, wie er in seiner Rechtfertigung an den Papst schreibt, vermeiden. Diese Angabe wird durch den Verlauf der militärischen Aktionen im Elsaß beglaubigt;[159] diese legen nahe, daß er erst um die Unterstützung seiner Pläne im Reich werben und seinen Austrag mit dem König um sein österreichisches Erbe weniger mit den Waffen als durch politischen Einfluß herbeiführen wollte.[160] Ein Detail: Aus seiner Stellung in der Nähe Straßburgs ließ sich Albrecht abdrängen, obwohl das logistisch schwere Nachteile barg: Die ausreichende Versorgung seines Heeres war nur durch die Lieferungen Straßburgs, der einzigen Reichsstadt auf habsburgischer Seite, gewährleistet. Mangel an Lebensmitteln machte sich in Albrechts Heerlager bemerkbar; ein solches Problem kannten die Truppen des Königs nicht, da die übrigen Reichsstädte auf Adolfs Seite standen.

Die Vorliebe des Historikers für Urkunden darf ihn nicht vergessen lassen, daß in diesen nur ein schwacher, noch dazu juristisch eingeengter Widerschein der Realität zu finden ist. Gewappnete Ritter sind die politische Realität im Frühjahr 1298. Der Krieg ist hier nicht Fortsetzung der Politik, sondern ihr Gestalter. Das militärische Aufgebot des Königs verdeutlicht in dieser bezeichnenderweise urkundenarmen Phase: Er will nicht verhandeln. Er greift an. Wie würden Historiker über die Unbesonnenheit Albrechts urteilen, der sich zur Verteidigung seines Erbes so weit von seiner Herrschaft entfernte, wenn das Schlachtenglück bei Göllheim anders entschieden hätte?

Der Schlüssel für die Absetzung Adolfs von Nassau liegt in den militärischen Vorgängen. Die Absetzung war Notbehelf, Reflex auf militärische Aktionen. Angesichts des sich durch den bevorstehenden Zuzug reichsstädtischer Kontingente abzeichnenden militärischen Übergewichts König Adolfs war es dringend geboten, Albrecht eine Legitimität zum Kampf zu geben, zu einem Kampf, der in den Berechnungen der opponierenden Fürsten nicht einkalkuliert war. Als die anson-

---

157 Reg. Imp. Bd. 6/2, Nr. 961.

158 Diesen Sachverhalt erkannte im Nachhinein Mathias von Neuenburg, ed. Hofmeister, 52, indem er Adolf dem Habsburger zurufen läßt: »non evadetis sed hic imperium dimittetis«.

159 Reg. Imp. Bd. 6/2, Nr. 972.

160 So bereits Hessel (1931), 51. Vgl. Schubert (2000), 290ff.

sten reichspolitisch nicht sonderlich aktiven Kurfürsten von Sachsen und Brandenburg in Mainz mit Erzbischof Gerhard II. zusammentrafen, hatten sie allenfalls Argumente, aber keine Truppen mitgebracht.

Die bislang als gültig angesehene Auffassung einer gemeinsamen Aktion von Albrechts Zug und kurfürstlicher Opposition verschweigt das schlagendste Gegenargument: Aus keiner Königswahl des späten Mittelalters hatten mit Ausnahme des Böhmen, der sich seine Ansprüche schon im voraus hatte zusichern lassen, die Kurfürsten so geringen Gewinn gezogen, wie aus der Wahl von 1298. Während Sachsen und Brandenburg, die nahezu leer ausgingen, ihre Interessen immerhin dadurch gewahrt hatten, daß mit Adolfs Absetzung auch die Konzeption eines thüringischen Königslandes gescheitert schien, konnten die rheinischen Erzbischöfe und vor allem Gerhard II., das angebliche Haupt der Verschwörung, im wesentlichen nur Bestätigungen der Zusagen erlangen, die ihnen bereits Adolf, ohne sie einzuhalten, gemacht hatte.[161] So spricht alles gegen die These eines gemeinsamen Vorgehens von kurfürstlicher Opposition und Albrechts Zug ins Reich: Die mangelnde reichsrechtliche Absicherung dieses Zugs, das Fehlen selbst eines Versuchs der Rückversicherung bei der Kurie, das offensichtliche Schwanken des Erzbischofs von Mainz, das zögernde und schließlich doch überstürzte Vorgehen bei der Absetzung des Königs, die Mißbilligung der ersten Wahl durch den gewählten Habsburger und schließlich der geringe materielle Erfolg, den die Kurfürsten aus dieser Wahl gezogen haben.

Wenn auch die Absetzung Adolfs angesichts der Kriegsereignisse lediglich eine untergeordnete Rolle gespielt hat, so könnte doch die entsprechende Urkunde zumindest die legitimierenden Grundsätze für eine Deposition enthalten.[162] Aber es erweist sich, daß der Akt vom 23. Juni in Mainz nicht auf langfristiger Planung beruhte, sondern die überstürzte Reaktion auf militärische Vorgänge gewesen ist. Eine reichsrechtliche Begründung für die Absetzung des Königs wird nicht gegeben,[163] und durch die gedankenlose Übernahme der Arenga des Absetzungsdekrets Friedrichs II.[164] wird geradezu hervorgehoben, daß ein anderes Urteilergre-

---

161 Schubert (2000), 291 mit Anm. 112. Vgl. auch Garnier (2000), 54ff.

162 MGH Const. Bd. 3, 549ff. Nr. 589. Vgl. Reg. Imp. Bd. 6/2 Nrn. 988f.; Urkundenregesten Hofgericht Bd. 4, Nr. 144. – Übersetzung: Weinrich (1983), 204ff. Nr. 63. – Ausführliches Regest: Rödel (1992), 105ff. Nr. 144. – Peters (1970), 234ff. interpretiert diese Urkunde oberflächlich nach den Begriffen »iniquitas« und »inutilitas«. Vgl. Gerlich (1994), 70f.; Wolf (1998), 64ff.; Walther (1996), 10f.

163 MGH Const. Bd. 4/1, 95 Nr. 116. Mit unüberhörbarer Distanzierung referiert Albrecht in seiner Rechtfertigungsschrift die Behauptung des Kurfürsten über die Rechtmäßigkeit der Deposition Adolfs: »eo, prout moris esse dicebant, per imperii principes amoto …«.

164 Den Nachweis der weitgehenden Abhängigkeit erbrachte bereits Domeier (1887), 20ff. – Walther (1989), 469f. folgert zutreffend aus der Absetzungssentenz von 1245 die »Unsicherheit« bei dem Vorgehen.

mium als im Jahre 1245 entschieden hatte. Allein der Zwang, in aller Eile eine Sammlung von Legitimierungssätzen zusammenzustellen, erklärt diese Unbesonnenheit, die bei einem anderen Ausgang der Göllheimer Schlacht die Argumente gegen die Rechtmäßigkeit des Verfahrens geradezu provoziert hätte. Zu bedenken ist in diesem Zusammenhang, daß selbst am Mainzer Hofe erstmals in den 90er Jahren des 13. Jahrhunderts ein studierter, wenngleich ungraduierter Jurist, Wigand von Mainz, nachweisbar ist.[165] Kanonistische Experten waren damals in deutschen Landen noch rar.

Einen Versuch, wenigstens nachträglich noch die päpstliche Zustimmung zur Absetzung des Königs zu erlangen, stellt der Vorwurf der Absetzungsurkunde dar, Adolf hätte die Immunität der Geistlichkeit beschneiden und ihr öffentliche Steuern auferlegen wollen. Für den Vorwurf kann keine glaubhafte Begründung angeführt werden, er diente lediglich dazu, angesichts der Spannungen Bonifaz' VIII. mit Philipp dem Schönen, König Adolf der gleichen Bestrebungen verdächtig zu machen, derentwegen damals der Streit zwischen Rom und der französischen Krone geführt wurde. Auch hier aus Eile geborene Gedankenlosigkeit. Warum war denn bei einem so gravierenden Eingriff in die geistlichen Freiheiten nicht schon längst das Papsttum angerufen worden, jenes Papsttum, an das kirchliche Institutionen sich wegen viel geringerer Anlässe wandten, etwa dann, wenn der Rat einer Stadt Stiftsherren verbot, ihre Aborte in den Fluß zu entleeren.[166] Der Vorwurf der Absetzungsurkunde ist nicht nur sachlich unhaltbar, er stellt auch einen untauglichen, einen gedankenlosen Versuch dar, Bonifaz VIII. zu beschwichtigen. Einem solchen Versuch wurde zudem durch den Vorwurf, Adolf hätte sich zum »stipendarius« des englischen Königs gemacht, jede Wirkung genommen, war doch das entsprechende Bündnis Adolfs gegen den König von Frankreich, den damals gefährlichsten Feind des Papstes, gerichtet.[167]

Ein Schlüsselbegriff der kanonistischen Doktrinen über das Absetzungsrecht fehlt unter den Vorwürfen, die Adolf gemacht werden: die Häresie. Ebenso fehlt der Grund, den neben der Ketzerei die Rechtsspiegel für eine Deposition voraussetzten: Der König hatte keinen Ehebruch begangen.

Die Absetzungssentenz erfolgte in Anlehnung an einen Urteilsspruch, der nicht nur von den Kurfürsten, sondern, dem Verfahren im königlichen Hofgericht entsprechend, auch von weltlichen und geistlichen Großen gebilligt worden sei. Protzend wird ein allgemeiner Konsens behauptet, der durch keine Zeugenliste bestä-

---

[165] Ingrid Männl, Gelehrte Juristen im Dienst der deutschen Territorialherren am Beispiel von Kurmainz (1250–1440), in: Boockmann – Grenzmann – Moeller – Staehelin (1998), 185–198, hier: 187.

[166] Ernst Schubert, Alltag im Mittelalter. Natürliches Umfeld und menschliches Miteinander. 2002, 102.

[167] Vgl. Erkens (1982), 364ff.

tigt werden kann: »cum principibus electoribus, episcopis, prelatis, ducibus, baronibus et sapientibus omnibus deliberatione praehabita diligenti de communi consilio et voluntate omnium ac consensu«. Da ein auch nur ansatzweise rechtskonformes Verfahren nicht nachweisbar war, muß die Absetzung als Vollstreckung eines bereits gefällten göttlichen Urteils hingestellt werden. Aus seinen Lehrbüchern schrieb ein Geistlicher ab, was den »rex iniquus« als Negation des idealtypischen Königsbildes ausmacht. Das ideale Königtum, das in der Wahrung des Rechts und im Schutz der Waisen besteht, wird einleitend als Wille Gottes erklärt: »Hec enim eterni fuit providencia iudicis ... ut recti iudices eligerentur in orbe, qui terram iudicent, iusticiam diligant, orphanos, pupillos et viduas defendant et quorum oculi respiciant equitatem.« Sodann erinnert sich der Geistliche, der den Kurfürsten bei der Abfassung der Urkunde zur Hand ging, daß Augustin die gottgefällige Herrschaft an der Wahrung von Frieden und innerer Sicherheit gemessen hatte, er erinnerte sich der Kriterien von »pax et tranquillitas«: »Hec profecto velud Dei testamento, quo filios hominum recto iudicare iussit, per quod fedus humani generis in tranquillitate consistit ... sunt a cunctis firma stabilitate servanda«.[168] Lehrbuchweisheit:[169] Ein König, der das, was offenbar göttlichen Willens ist, nicht erfüllt, handelt gegen Gott. Doch was hat das alles mit dem Königtum Adolfs zu tun? In ihrer Argumentationsnot muß sich die Absetzungsurkunde auf die öffentliche Meinung (»communis clamor populi«) berufen. Jedoch war eine solche, angeblich allgemeine Klage nicht im Reich laut geworden; sie begleitete allein die thüringischen Feldzüge des Königs. Johannes Rothe fügt in seine Darstellung ein sonst nirgends überliefertes Spottlied auf Adolf von Nassau ein, dessen Inhalt die zeitgenössische Erfurter St. Peters Chronik referiert hatte.[170] Und auch die Nachrichten, die Rothe über die Leiden der »armen Leute« bei dem Feldzug Adolfs bietet, gehen auf zeitgenössische Quellen zurück.[171] Doch die lauten Klagen über Adolfs thüringische Kriegszüge kann die Absetzungsurkunde nicht wirklich nutzen, sie kann gar nicht konkret werden, denn Erzbischof Gerhard war selbst an der königlichen Politik in Thüringen, zeitweise sogar als Landfriedenshauptmann, beteiligt.[172] So muß allgemein von Kirchenraub und Kirchenschändung, von der Vertreibung Geistlicher gesprochen werden, um damit dem Könige die zu seinem Amt gehörende »devotio« und »pietas regis« und insbesondere die Würde als »defensor ecclesiae« abzusprechen. Der Vorwurf, daß Jungfrauen, Wit-

---

[168] Zu dieser schon seit dem 12. Jahrhundert in Fürstenspiegeln verbreiteten Lehre vgl. auch Schulze (1982), 179f.

[169] Vgl. Sommerlechner (1999), 163: »Ein Allgemeinplatz in Panegyrik, Fürstenspiegel, Dichtung und Geschichtsschreibung.«

[170] Volker Honemann, Johannes Rothe und seine »Thüringische Weltchronik«, in: Patze (1987), 497ff., hier: 511.

[171] Ebd., 517. – Zu Adolfs thüringischen Feldzügen: Leist (1975), 59ff.

[172] Schubert (1979/II), 28f.

wen und Ehefrauen während der Regierung des Königs geschändet worden seien – bei welchem mittelalterlichen Kriege war das nicht der Fall? – soll beweisen, daß Adolf nicht, wie es seines Amtes war, für die »disciplina morum« gesorgt habe.[173]

Nur pauschal sind die Vorwürfe. Es fehlt jedwede Konkretisierung, wie es 1245 mit Hilfe bisweilen zweifelhafter Zeugen geschehen war; statt dessen der Rückgriff auf schnell nachschlagbare Lehrbuchweisheit. Wen konnten die Kurfürsten mit dieser Sammlung von Pauschalurteilen, durchsetzt mit wissenschaftlichem Trivialstoff, beeindrucken? Waren sie sich bei einer so dürftigen Argumentation überhaupt sicher, ob ihnen ein Absetzungsrecht zustünde? Zwar kürten sie einen Tag nach der Absetzung, also am 24. Juni, Albrecht I. zum neuen König,[174] aber diese Wahl wurde von dem Habsburger, der auf einer Neuwahl bestand, verworfen.[175] Bezeichnend, daß Mitstreiter Albrechts in der Göllheimer Schlacht ihn auch nach seiner ersten Wahl immer noch Herzog nennen.[176]

Wie unsicher sich die Kurfürsten in der reichsrechtlichen Gültigkeit ihrer Absetzung waren, belegen die offizielle Verkündigung der zweiten Wahl Albrechts[177] und die gleichlautende Wahlanzeige an den Papst. Bei so wichtigen Urkunden kann nicht Gedankenlosigkeit oder Verwirrung durch die sich überstürzenden Ereignisse für die Formulierung der Narratio angenommen werden. Einige Tage der Besinnung hatten genügt, um die Absetzungsurkunde zur Makulatur zu erklären. Nunmehr wird behauptet, daß die Wahl eines Königs nach dem Tode Adolfs, dem Gott gnädig sein möge, nötig geworden sei: »Vacante iam pridem Romanorum regno per mortem dive recordationis domini Adolfi quondam Romanorum regis«.[178] Selbst nach kurfürstlicher Auffassung ist also die Reichsvakanz erst durch den Tod Adolfs, nicht aber durch seine Absetzung eingetreten.

Wenn auch die Absetzung Adolfs von Nassau überstürzt und ohne rechtliches Verfahren erfolgt war, so hätte sie doch einen Präzedenzfall für ein Absetzungsrecht schaffen können. Sicherlich war den rheinischen Kurfürsten zwei Jahre später, als sie die Deposition Albrechts planten, der Sturz Adolfs noch in frischer Erinnerung, aber eine weitere Folgewirkung für die Reichsverfassung hatten die Ereignisse des Jahres 1298 nicht. Mit ihnen verband sich für die Mit- und Nachwelt die Erinnerung an einen Königsmord, nicht an eine Herrscherabsetzung. Wenn

173 Zu dieser Königsaufgabe: Schubert (1979), 56.

174 Wolf (1998), 68ff. – Gerlich (1994), 69 spricht von einer »Kurstimmenkomödie«.

175 Vgl. Reg. Imp. Bd. 6/2, Nr. 992. In seiner Rechtfertigungsschrift läßt Albrecht durchblicken, daß ihm diese erste Wahl ungehörig erschien: »dum electi essemus, ut dicitur, prefato rege vivente«. MGH Const. Bd. 4/1, 93 Nr. 116. Vgl. zum »Verzicht« Albrechts auf seine erste Wahl Wolf (1998), 72ff.

176 Reg. Imp. Bd. 6/2, Nr. 1003.

177 Vgl. Wolf (1998), 79ff.

178 MGH Const. Bd. 4/1, 7 Nr. 8 und Nrn. 9f. 1298 Juli 28.

Bonifaz VIII. 1301 den Habsburger als Königsmörder bezeichnete,[179] so entsprach dies durchaus der öffentlichen Meinung im Reich.[180]

Von der formellen Absetzung des Königs weiß man sogar in Thüringen nichts,[181] wo auf Grund der königlichen Erwerbspolitik die Ereignisse gespannt verfolgt werden mußten. Nicht die kaum bekannt gewordene Absetzungsurkunde wirkte weiter, sondern die Abscheu der Zeitgenossen: In der Göllheimer Schlacht habe der »Knecht«, der Habsburger, seinen Herrn, den König, erschlagen.[182] Sogar die dem Nassauer so feindlich gesonnene Erfurter Sankt Peters Chronik schilt die Wahl Albrechts als eine ewige Schande (»obproprium sempiternum«)[183] und überliefert die öffentliche Meinung (»rumor«) im Lande: Der Herzog von Österreich könne gar kein König sein, denn König Adolf sei mitnichten rechtmäßig abgesetzt worden, aber zwei Könige könnten nicht zugleich regieren und außerdem habe dieser Herzog seinen König getötet.[184]

Als Kampf- bzw. Gottesurteil ist die Göllheimer Schlacht erst von der modernen Forschung aufgefaßt worden.[185] Außer Albrecht[186] bezeichnet nur sein entschlossener Anhänger, der Straßburger Chronist Ellenhard, der im Interesse des Habsburgers auch vor glatten Unwahrheiten nicht zurückschreckt,[187] die Göllhei-

---

179 MGH Const. Bd. 4/1, 87 Nr. 109: »Albertus ... superbe rebellans ipso rege Adulfo vivente de facto, cum de iure non posset, in Romanorum regem se eligi procuravit et cum ipso rege domino suo hostiliter in campo confligens de rego triumphavit, eodem ipso occiso ... postmodum se eligi iterato procurans«.

180 Lenz (2002), 215f.

181 Weder die Erfurter Sankt Peters Chronik, ed Holder-Egger, in: Monumenta Erphesfurtensia, 317 noch die Fortsetzung der Erfurter Minoritenchronik (ebd., 703) erwähnen die Absetzung bei der Schilderung der Ereignisse von 1298.

182 So kommentiert der Mönch von Fürstenfeld, ed. Leidinger, 49 die Göllheimer Schlacht: »ibi contra iustitiam fuerit dimicatum, quia fas non est, servum contra dominum litigare«. Sogar in dem von Adolf verheerten Thüringen wurde der österreichische Herzog verurteilt: eine »coniuratio pessima« nennt die Erfurter Minoritenchronik sein Verhalten (Monumenta Erphesfurtensia, ed. Holder-Egger, 703). Vgl. weiterhin über den Eindruck von Adolfs Tod die Zusammenstellung der Quellen Reg. Imp. Bd. 6/2, Nr. 1004 und Hanspeter Danuser, Göllheim und Königsfelden. Ein Beitrag zur Geschichte König Albrechts I. Diss. Zürich 1974, 58ff. bzw. (zur Colmarer Geschichtsschreibung) Ritscher (1992), 176ff.

183 Monumenta Erphesfurtensia, ed. Holder-Egger, 317.

184 »His ita peractis rumor extollitur ducem Austrie non posse esse regem Romanorum, quia rex Adolfus non fuisset rite depositus nec potuisse duos reges simul regnare, et quia ipse dux occidisset regem Adolfum«. Ebd., 318.

185 Stengel (1965), 129; Cram (1955), 79ff.

186 Vgl. Albrechts Schreiben an den Bischof von Passau: MGH Const. Bd. 4/1, 6 Nr. 7 (1298 Juli 5).

187 Ellenhard läßt wider besseres Wissen den Habsburger schon vier Tage vor dem Straßburger Großbrand, der auch das Münster heimsuchte, aufbrechen. Noch Königshofen hatte gewußt, daß die Unvorsichtigkeit habsburgischer Stallknechte den Brand verursacht hatte. Dieter Mertens, Der Straßburger Ellenhard-Codex in St. Paul im Lavanttal, in: Patze (1987), 543–581, hier: 569.

mer Schlacht als Gottesurteil.[188] Die Zeitgenossen aber haben diesen ihnen durchaus vertrauten Gedanken nicht aufgenommen, im Gegenteil: In den Schicksalen von Adolfs Gegnern sehen sie ein Gottesgericht über diejenigen, die gegen ihren Herrn, den König, gefrevelt hätten.[189] Keineswegs auf ein Kampfurteil spielt eine Fortsetzung der Sächsischen Weltchronik mit der Bemerkung an: »Also behielte herzoge Albreht die walstat und gewan romisch riche des tages mit gewalt«.[190] »Gewalt« meint hier eindeutig: unrechte Macht, denn im gleichen Zusammenhang spricht der Chronist von dem Gottesgericht, das die Mörder Adolfs mit einem frühen Tod ereilt habe.

Die Ansicht des gemeinen Mannes (zu erinnern ist an den »rumor« in Thüringen), die allgemeine Auffassung, die sich in den Chroniken widerspiegelt, teilen offenbar auch die Mächtigen. Kronzeuge ist der 1308 gewählte Heinrich VII. Er veranlaßte die Exhumierung Adolfs und seine Beisetzung in der Speyerer Königsgrablege,[191] aber er weigerte sich, Albrecht I. gleichfalls hier bestatten zu lassen, weil dieser seinen rechten Herrn getötet hätte.[192] Als Heinrich schließlich doch dem Drängen der Habsburger nachgab und der Beisetzung Albrechts im Speyrer Dom zustimmte, erwies er dem Toten nicht die gleiche Ehre wie Adolf von Nassau, dessen Sarg er getragen hatte.[193]

Stilfragen der Politik. Personales Einstehen des Monarchen als Signatur mittelalterlicher Herrschaft im Vergleich zur frühneuzeitlichen: Die Zeitgenossen hatte der Tod Adolfs von Nassau erschüttert. Endzeitliche Prophetien werden lebendig.[194] Erinnerung prägende Memorialverse verurteilen noch lange den Habsburger.[195]

---

[188] In der Chronik Ellenhards erscheint Göllheim als gerechtes Strafgericht über Adolf, kommt »in Christi nomine« zustande. MGH SS Bd. 17, 137.

[189] Erste baierische Fortsetzung der sächsischen Weltchronik, ed. Weiland, 331. Noch Fritsche Closener weiß, »daz alle, die uf kunig Adolf swuerent (= ihm die Treue aufsagten) keinre keinen rehten tot geneme ... süs wart kunig Adolf gerochen von gotte an diesen allen«. Die Chroniken der deutschen Städte. Straßburg. Bd. 1. Hg. von Carl Hegel. 1870, 62. Vgl. auch Lenz (2002), 177ff.

[190] Erste bairische Fortsetzung der Sächsischen Weltchronik, ed. Weiland, 331. – Im gleichen Sinne urteilte auch Johann von Winterthur über Albrecht: »rex effectus non de iure, sed per vim ... rex de facto factus ... regnum sibi usurpavit«. Die Chronik Johanns von Winterthur, ed. Baethgen, 52.

[191] Erfurter Sankt Peters Chronik. Monumenta Erphesfurtensia, ed. Holder-Egger, 340f.

[192] Aus der Chronik des Ferreto von Vicenza, übers. von W. Friedensburg, in: Ders. (Hg. und Übers.), Das Leben Kaiser Heinrichs VII. (GddtV 79) 1898, 383.

[193] Ebd. Vgl. Meyer (2000), 46f. und 51f.

[194] MGH SS Bd. 22, 389f. (aus einer Berliner Handschrift der Weltchronik Martins von Troppau).

[195] Heinrich Oesterley, Denkverse bei mittelalterlichen Geschichtsschreibern. ForschdtG 18 (1878), 19–45, hier: Nrn. 5, 11, 15f., 49, 66, 71, 73, 91, 142, 159, 200; Ludwig Benkert, Der historiographische Merkvers. Diss. Würzburg 1960, 45, 48 und 80; Ebendorfer, ed. Lhotsky, 190. – Wohl aus solchen Memorialversen beziehen spätere Chroniken Wissen und Wertung der Göllheimer Schlacht. Dafür stehe als Beispiel der Tadel des Lübecker Lesemeisters Detmar an Albrecht I.: »mit anderen heren satte he sic weder sinen rechten heren Adolve der Romere koning«. Die Chroniken der deutschen Städte. Lübeck Bd. 1. Hg. von Karl Koppmann. 1884, 379.

Eine eigene Stellung innerhalb der öffentlichen Meinung der Zeit nehmen die von verschiedenen Verfassern stammenden Fragmente von historischen Ereignisliedern auf die Göllheimer Schlacht ein.[196] Zwar steht der eine der berufsmäßigen Dichter, Hirzelin, auf der Seite des Habsburgers, während der andere, anonym gebliebene, zu Adolf von Nassau neigt, aber diese Parteinahme ist einem gemeinsamen Thema beider Lieder untergeordnet: Endlich mal wieder eine richtige Ritterschlacht mit Heldentum und Tragik, keine dieser alltäglichen mit primitiver Gewalt geführten Fehden. Klage- und Preislied sind diese Gedichte gleichermaßen. Klage – keine Anklage. Beide betrauern den Tod Adolfs, beide rühmen ritterliche Kampfesweise.[197] Namentlich genannte Adelige sind zugleich auch bereit, die Sänger zu beschenken. Deswegen werden dem reichsten unter den gerühmten Rittern, dem Grafen Eberhard von Katzenelnbogen, auch die meisten Verse bei der Schilderung des Schlachtengetümmels gewidmet. Daß in den Liedern die unterschiedliche Parteinahme für die beiden Könige dem Ritterpreis und der Ritterklage untergeordnet wird, ist dem Ansehen des Onkels König Adolfs, des Grafen Eberhard von Katzenelnbogen († 1312) zuzuschreiben, eines Grafen, auf den die alte Bauformen zitierende spezifisch katzenelnbogenschen »Burgenromantik« zurückgeht, eines Grafen, der nacheinander drei deutschen Königen, Adolf, Albrecht und Heinrich VII., gedient hatte.

Nicht nur Abscheu vor dem Königsmord, nicht nur Totenklage und Ritterpreis vernehmen wir unter den Stimmen der Zeitgenossen, sondern auch die nüchterne Bilanzierung des Versuchs König Adolfs, mit dem Erwerb Thüringens ein Königsland in der Mitte des Reiches zu schaffen. Die vermutlich von einem Minoriten verfaßte Fortsetzung der »Flores temporum«, welche die ursprünglich nur bis zum Regierungsantritt Adolfs reichende Weltchronik bis in die Zeit Karls IV. führt, lobt den Nassauer.[198] Dieser habe das Fürstentum Meißen – eine auch bei anderen Autoren jener Zeit begegnende Gleichsetzung mit Thüringen – an das Reich gebracht.[199] Albrecht I. hingegen wird herb getadelt. Er habe den Erwerb Adolfs wieder verschleudert: »imperium non auxit sed minuit«.[200] Dieses Urteil scheint dem modernen Historiker nur vom Ergebnis, nicht von den Motiven her gerechtfertigt. Albrecht hatte die Königslandpolitik seines Vorgängers weitergeführt, aber war in

---

196 Vgl. zu den Liedern (mit der hier genannten Literatur): Karina Kellermann, Die Fragmente zur Schlacht bei Göllheim. Frühe Zeugnisse historisch-politischer Ereignisdichtung. Euphorion 83 (1989), 98–130.

197 Sogar ein Johann von Würzburg, der im Dienst der Habsburger stand, rühmt in seinem 1314 vollendeten Epos »Wilhelm von Österreich« König Adolf, der »nach künclicher art / ein ritterliches ende nam.« Thomas (1995), 773 Anm. 62.

198 Peter Johanek, Weltchronik und regionale Geschichtsschreibung im Spätmittelalter, in: Patze (1987), 287–331, hier: 317.

199 Ebd., 317 mit Anm. 127.

200 Ebd., 318.

der Schlacht von Lucka damit gescheitert. Das sich gegen ihn gewendete Schlachtenglück führte den Minoriten zu einer Aussage, an der auch der besserwissende Historiker nicht rütteln sollte.

Zu heftig war die Reaktion der öffentlichen Meinung auf den Tod Adolfs, zu langfristig war sie in ihrem Urteil wirksam, als daß die Historiographie in habsburgischen Landen nicht auf Rechtfertigung hätte bedacht sein müssen. Chronistik als Rechtfertigung. Bereits die steirische Reimchronik hat sich bemüht, mit einem scharf gezeichneten negativen Charakterbild Adolfs den Heerzug des österreichischen Herzogs zu rechtfertigen.[201] Die spätere dynastisch orientierte Historiographie hat – bis Thomas Ebendorfer reichend -[202] die Vorwürfe des Reimchronisten übernommen und dabei selbst die Anspielung auf den angeblichen Langschläfer Adolf von Nassau nicht ausgespart.[203] Nur eine gehässige Anmerkung? Sie ist als Anspielung auf die Auffassung zu verstehen, die um 1300 Abt Engelbert von Admont vertritt: Zum Tyrann wird der Herrscher durch schlechte Sitten.[204] Ottokar dürfte mit solchen Gedanken vertraut gewesen sein, da er den Abt an mehreren Stellen seiner Reimchronik erwähnt.[205] Aber: Selbst Ottokars kritischer Kommentar über Adolf von Nassau enthält nicht die geringste Anspielung auf eine Rechtfertigung Albrechts gegen die Vorwürfe der öffentlichen Meinung. Die Absetzung Adolfs hat der Reimchronist keineswegs, zumindest nicht ausdrücklich gebilligt. Selbst für Ottokar, der im habsburgischen Interesse die Gedanken eines Engelbert von Admont hätte gegen Adolf wenden können, gilt: Ein Recht, den König abzusetzen, billigt kein zeitgenössischer Chronist den Kurfürsten zu.[206]

---

201 Zu dieser in sich widersprüchlichen Darstellung des Chronisten vgl. Liebertz-Grün (1984), 123ff. Historiographisch gesehen überragt das Werk des Otacher ouz der Geul alle anderen überlieferten Geschichtserzählungen seiner Zeit. Aber das rechtfertigt doch nicht, seine Aussage als repräsentativ für Zeitstimmungen heranzuziehen; es handelt sich um ein einsames Zeugnis, das, an der Landesherrschaft orientiert, der öffentlichen Meinung im Reich zu widersprechen versucht. Der einfache Griff zu Seemüllers leicht zugänglicher MGH-Ausgabe ist nicht unbedingt ein Zugriff auf die etwas mühsamer zu ermittelnden konsensgebundenen Einstellungen der Zeitgenossen zum Schicksal Adolfs von Nassau.

202 Thomas Ebendorfer, ed. Lhotsky, 191: »quod fidelitatis violasset iuramentum praestitum, et quia contra Francorum regem ab Anglico recepisset stipendium, quod Hallenses cuderet et quod adulter notorius secum adulteram duceret; item quod longe post horam nonam a strato surgeret et tunc missam sibi celebrari iuberet et quod unum sacerdotem decollari mandasset et personas ecclesiasticas suis rebus spoliari precepisset«.

203 Österreichische Reimchronik, ed. Seemüller Bd. 2, 798 V. 59983.

204 Engelbert von Admont, Vom Ursprung und Ende des Reiches und andere Schriften, hg. von Wilhelm Baum (unter Mitarbeit von Felix Kucher und Raimund Senoner). (Grazer Beiträge zur Theologiegeschichte 11) Graz 1998, 32.

205 Felix Kucher, Der Bildungsgang und das philosophische Umfeld Engelberts von Admont, in: Ebd., 222ff., hier: 237.

206 Lenz (2002), bes. 117 und 257.

Es wäre verwunderlich, wenn angesichts der ansonsten höchst differenzierten Urteilsbildung innerhalb der spätmittelalterlichen Historiographie sich nicht zumindest Nuancen bei der ansonsten überraschend eindeutigen Aussage finden ließen, wonach kein Chronist um 1300 den Kurfürsten ein Absetzungsrecht zubilligte. Johann von Viktring läßt Adolf einen Charakterwandel zum Schlechteren durchmachen, um die Handlungsweise Albrechts I. zu erklären, aber nicht, um die Absetzung zu legitimieren.[207] Stand bei dieser Ansicht erneut Engelbert von Admont Pate? Die angebliche Wandlung des Charakters steht in der Nähe der Gedanken Engelberts, daß ein König durch schlechte und ungerechte Herrschaft (»malo regimine et iniqua administratione regni«), sein Königtum verwirkt (»non erit neque dicetur rex iustus«). Ein solcher Herrscher werde zu Recht abgesetzt (»iuste deicitur et de regno deponitur«).[208] Aber eine solche Konsequenz legt der Abt von Viktring nicht seiner Darstellung zugrunde.[209]

Wir halten fest: Bei nur wenigen abweichenden Nuancierungen wird Adolfs Sturz einhellig verurteilt, wird – und das ohne Nuancierungen – um 1300 den Kurfürsten noch kein Absetzungsrecht zugebilligt. Und weiterhin: Im Gegensatz zur Absetzung Wenzels im Jahre 1400 hat die Adolfs von Nassau langfristig nicht die Folge eines Präzedenzfalls gehabt; nie wurde sie reichsrechtlich als Beweis eines Kurfürstenrechts herangezogen.[210] Und das ist umso erstaunlicher, als in unmittelbarer zeitlicher Nähe zum Jahre 1298 politische Machinationen nachweisbar sind, die das Königtum des Siegers von Göllheim in Frage stellten.

Am 14. Oktober 1300 hatten sich die rheinischen Kurfürsten in Heimbach zu einem Bündnis, dem noch nicht die Bezeichnung »Kurverein« zugebilligt werden sollte, zusammengeschlossen.[211] Zwar wurde kein Feind namhaft gemacht, aber der Erzbischof von Trier, ein Bruder Adolfs von Nassau, sprach provokativ in der Einungsurkunde von dem Herzog Albrecht von Österreich, der sich jetzt König nenne.[212] Anstalten für Absetzung und Neuwahl wurden getroffen. Die Erzbischöfe von Mainz und Köln erkannten die Herzöge von Sachsen-Lauenburg, die

---

207 Johann von Viktring, ed. Schneider, 352ff. Vgl. Peter Moraw, Politische Sprache und Verfassungsdenken bei ausgewählten Geschichtsschreibern des deutschen 14. Jahrhunderts, in: Patze (1987), 695–726, hier: 724.

208 Engelbert von Admont (wie Anm. 204), 48.

209 Johann von Viktring, ed. Schneider, 355f.

210 Bereits Graus (1987), 22 fiel bei der Absetzung Wenzels im Jahre 1400 auf: »Eigenartigerweise tauchte nirgends ein Hinweis auf einen ›Präzedenzfall‹, auf die Absetzung Adolfs von Nassau im Jahre 1298, auf.« Vgl. Schubert (1997), 147ff. und 158f.

211 Urkundenregesten Hofgericht Bd. 4, Nr. 272. Vgl. ebd., Anm.; Hessel (1931), 93f.; Thomas (1983), 115; Ingrid Bodsch, Burg und Herrschaft. Zur Territorial- und Burgenpolitik der Erzbischöfe von Trier im Hochmittelalter bis zum Tod Dieters von Nassau (+ 1307). 1989, 198f. und 202; Krieger (1994), 90ff.; Garnier (2000), 116ff.

212 Gerlich (1969), 46. – Hessel (1931), 98 macht darauf aufmerksam, daß auch in anderen Urkunden für den Trierer Albrecht I. nur der »dux Austrie« ist, »qui se regem nominat.«

Albrecht zugunsten der Wittenberger Linie vom Kurrecht ausgeschlossen hatte, als Kurfürsten an.[213] Vorbereitung für weitergehende Pläne. Für wie gefährdet die Lage des Habsburgers im Reich angesehen wurde, belegt im Jahre 1300 eine Anleihe des Königs beim Augsburger Rat, für deren Rückzahlung die vorsichtigen Ratsherren ausdrücklich die österreichischen Einkünfte als Sicherheit verlangten.[214] Man war sich damals offensichtlich nicht sicher, ob eine Anweisung auf Reichsgefälle realisiert werden konnte.

In die Zeit der gefährdeten Lage des Habsburgers ist die in der Forschung viel zitierte, von Johann von Viktring und Sifrid von Balnhusen überlieferte, öffentliche Äußerung des Mainzer Erzbischofs Gerhard von Eppstein einzuordnen, er hätte noch viele Könige in seiner Jagdtasche (»reges multi adhuc capsellula sunt conclusi«).[215] Daß Fürsten mit ihrem Einfluß auf eine Königswahl angaben, war so ungewöhnlich nicht, selbst ein Graf von Leiningen sollte sich 1410 eines solchen Einflusses rühmen.[216] Erzbischof Gerhards zweifelhafte, alles andere als gradlinige Politik bei der Absetzung Adolfs von Nassau und vor allem die schwere Niederlage, die er 1301/02 im Kampf gegen den König erlitt,[217] zeigen, wie hohl sein ruhmrediges Auftrumpfen war. Dennoch zeugt sein berühmter Ausspruch von einem überzogenen Selbstbewußtsein gegenüber dem Königtum, das allerdings eine Ausnahme darstellt. (Irrigerweise wurden auch Grabmäler Mainzer Erzbischöfe, auf denen die von dem Verstorbenen ausgeübten Krönungsrechte als Rechtsansprüche dargestellt wurden, einem vergleichbaren Selbstbewußtsein zugeordnet, ohne bei den notwendigerweise kleiner abgebildeten Königen zu bedenken, wer wohl bei einem Grabmal die Hauptperson ist.)[218] Wer die Äußerung des Mainzer Erzbischofs zum Deutungsschlüssel für kurfürstliches Handeln macht, ohne den politischen Kontext zu prüfen, überliest die zwischen den Zeilen stehende Empörung, mit der die Chronisten diese Äußerung zitieren, und muß sich die (polemische) Frage gefallen lassen, ob ein Historiker jede Aussage aus Politikermund ernst zu nehmen habe.

Die Absetzungspläne um 1300 gehen im Gegensatz zum Jahre 1298 von den rheinischen und nicht von den östlichen Königswählern aus. Worin sie begründet

---

[213] Hessel (1931), 94.

[214] Ebd., 95.

[215] Johann von Viktring, ed. Schneider Bd. 1, 326 und 361. Vgl. Hessel (1930), 93; Gerlich (1969), 47 mit Anm. 91; Ders. (1971), 153. – Der von uns angenommene zeitliche und sachliche Zusammenhang dieser Äußerung mit den Konspirationen des Jahres 1300 ergibt sich aus der Darstellung des Abtes von Viktring, der im unmittelbaren Anschluß an die Worte Gerhards von Eppstein fortfährt: »Igitur Coloniensem, Treverensem episcopos, Rudolfum palatinum, sororis regis filium, convocat et verborum ambagibus circumagitat, ut contra regem pariter conspirarent«. Ebd.

[216] Heimpel Bd. 2 (1982), 644f.

[217] Gerlich (1969), 28ff.; Thomas (1983), 116.

[218] Vgl. Kessel (1997), 17ff.

waren, läßt sich bei dem weitgehenden Schweigen der Quellen nur indirekt erschließen. Am klarsten sind noch die Motive des Trierer Erzbischofs Diether von Nassau,[219] des älteren Bruders Adolfs von Nassau, und des Pfalzgrafen Rudolf, der Adolf, seinem königlichen Schwiegervater, in steter Treue angehangen hatte, zu erkennen. Für die Erzbischöfe von Mainz und Köln aber wird bestimmend gewesen sein, daß ihnen die von Albrecht seit 1299 konsequent verfolgte Allianz mit Frankreich gefährlich für das Reich erschien. Beide Kurfürsten hatten 1299, noch vor Abschluß der Verhandlungen zu Quatrevaux, öffentlich, aber ergebnislos gegen die hier vereinbarten Abreden protestiert.

Nur vage lassen sich aus der Überlieferung die Konturen des kurfürstlichen Absetzungsvorhabens im Jahre 1300 erkennen. Sollte einer etwas trüben Quelle Glauben geschenkt werden, so hätten die rheinischen Kurfürsten auf die Rechtstheorie des Schwabenspiegels, auf das Richteramt des Pfalzgrafen über den König, zurückgreifen wollen.[220] Das Schweigen der Quellen ist beredt, belegt es doch, daß die Kurfürsten in der rechtlichen Begründung einer Königsabsetzung nicht weiter gekommen waren, daß aus ihrem Wahlrecht eben nicht zugleich auch ein Absetzungsrecht folgte.

Auch in diese Pläne der kurrheinischen Opposition war der Papst nicht eingeweiht,[221] obwohl zumindest für den Mainzer und den Kölner Erzbischof nach dem Tag von Quatrevaux 1299 eine gemeinsame Aktion mit Bonifaz VIII. gegen einen König, der dezidiert auf französischer Seite stand, nahe gelegen hätte. Aber der Papst erhielt nur höfliche Empfangsbestätigungen, als er 1301 auf dem Höhepunkt der kurfürstlich-königlichen Auseinandersetzung allen Kurfürsten und Reichsuntertanen befahl, dem Habsburger nicht mehr als einem König zu gehorchen.[222] Lediglich Diether von Trier hatte aufgrund des päpstlichen Schreibens Albrechts Königtum, das er aber auch im Jahre 1300 nicht anerkannt hatte, für nichtig erklärt.[223]

Die Absetzungspläne um 1300 bieten trotz ihrer zeitlichen Nähe zum Jahre 1298 keinen Beweis für eine Absetzungskompetenz der Königswähler. Zunächst ist festzuhalten: Es sind um 1300 die rheinischen Kurfürsten, die im Gegensatz zum Jahre 1298 den Widerstand gegen den König tragen. Mit Ausnahme Gerhards von Eppstein war keiner von diesen Kurfürsten in die Absetzung Adolfs verstrickt gewesen. Deswegen können sie ihr Vorgehen mit einem Argument begründen, das

---

219 Vgl. Rudolf Holbach, Dieter von Nassau (um 1250–1307), in: Rheinische Lebensbilder Bd. 12 (1991), 69–90.

220 Weizsäcker (1886), 32f.

221 Hessel (1931), 94.

222 MGH Const. Bd. 4/1, 86ff. Nr. 109. Dazu Nova Alamanniae, ed. Stengel Bd. 1, 16 Nr. 50.

223 Nova Alamanniae, ed. Stengel Bd. 1, 17 Nr. 51. Vgl. Hessel (1931), 117; Gerlich (1969), 50f. und 60f.

allen Unterstellungen der Wissenschaft, die Königswähler hätten sich das Recht der Königsabsetzung angemaßt, den Boden entzieht. Die rheinischen Kurfürsten rechtfertigen ihr Vorhaben gar nicht mit einer Absetzungskompetenz, sondern – im Gegenteil – mit Albrechts illegitimen Erwerb der Königskrone. Sie übernehmen das Urteil der Zeitgenossen, wonach der Habsburger ein Königsmörder sei, wenn sie erklären, daß dieser seinen eigenen Herrn, nämlich König Adolf erschlagen hätte, weswegen er gar kein König wäre, noch sein dürfe (»qualiter ipse occidisset proprium suum dominum sc. regem Adolfum, idcirco non posset nec deberet esse rex«).[224] Sogar die Kurfürsten verwerfen die Absetzungsurkunde des Jahres 1298, wenn sie gegen das Königtum Albrechts mit dem Ziel der Wiederherstellung wahrer Königsherrschaft vorgehen, da die bestehende nur usurpiert sei. Das mag politischer Opportunität geschuldet sein, aber selbst dann ist eindeutig, daß ein Absetzungsrecht noch nicht als Reichsrecht angenommen worden war. Und darin liegt zugleich der tiefere Grund für das Scheitern der rheinischen Kurfürsten, denen wir Realitätsblindheit unterstellten. Es gab keinen Kandidaten, der, ihre Auffassung teilend, zum Kampf gegen Albrecht bereit gewesen wäre. Nachdem der Habsburger zwei Jahre lang als König anerkannt war, hätte ein solcher Kandidat seinerseits sich den Vorwurf der ruchlosen Untreue zugezogen. Als Albrecht mit kriegerischen Mitteln gegen seine Widersacher am Rhein vorging, standen diese allein.

Der Absetzungsplan des Jahres 1300 blieb eine Episode. Für die Klärung der Depositionsproblematik war er schon deshalb ohne Belang, weil sich die oppositionellen Pläne nicht zu einer für die Zukunft signifikanten Tat verdichteten. Und dennoch ist diese Episode aufschlußreich im Kontext unserer Fragestellungen. Erstens: Die Macht des Königtums, das damals noch über die Landvogteien des deutschen Südwesten verfügen konnte,[225] ist in der Forschung aufgrund nicht quellengestützter Plausibilitätsannahmen unterschätzt worden. Ziemlich mühelos wird Albrecht I. 1301/02 der »rebellio« (wir wählen seinen Ausdruck) durch einen Feldzug mit Rittern Herr, die er (ebenso wie seinerzeit Adolf) aus den Landvogteien zusammenziehen konnte.[226] Zweitens: Überschätzt wird – eine Eigenart der deutschen Historiographie – die Rolle des Papsttums. Die opponierenden Kurfürsten hielten es auch um 1300 nicht für politisch geboten, den Papst in ihre Pläne einzubeziehen, obwohl einige von ihnen sogar von einer Interessenkongruenz aus-

224 Hermannus Altahensis continuatio tertia. MGH SS Bd. 24, 56f. – Auch einer der Mörder Albrechts sollte sich damit rechtfertigen, daß er kein Verbrechen an demjenigen hätte begehen können, der selbst seinen Herrn getötet habe. Mathias von Neuenburg, ed. Hofmeister, 74; Johann von Winterthur, ed. Baethgen, 52.

225 Schubert (1979), 189ff.; Thomas (1985), 15.

226 Garnier (2000), 121ff.; Lenz (2002), 53. Vgl. die Unterwerfungsurkunden der rheinischen Kurfürsten: Urkundenregesten Hofgericht Bd. 4, Nrn. 293f., 301 und 308.

gehen konnten. Und drittens schließlich: Als Einzelne handeln die Kurfürsten. Die Anwesenheit der Elektoren von Sachsen und von Brandenburg beim Mainzer Tag von 1298 hatte keinen Anstoß zu einem kurfürstlichen Samthandeln gegeben[227] – nicht zuletzt deswegen, weil in der damaligen Situation die Anwesenheit eines Kurfürsten ohne eine kampfbereite Ritterschar wenig wert war. Die Episode des Jahres 1300 zeigt also den Beginn einer bis zum Jahre 1400 reichenden Entwicklung: Allein von den rheinischen Kurfürsten wird der Einfluß des Wählergremiums auf die Reichspolitik getragen.

[227] Diese Aussage gilt trotz der Tatsache, daß nach dem Tode Adolfs, nach der grundlegenden Veränderung der politischen Situation, im Jahre 1298 erstmals alle sieben Kurfürsten gemeinsam siegeln, als sie das Wahldekret für Albrecht I. beglaubigten. Wolf (1990), 33f. mit 57 Abb. 1.

Vierter Teil: Das Entstehen einer kurfürstlichen Reichsverantwortung, das angefochtene Königtum Ludwigs des Bayern und die Absetzung Wenzels im Jahre 1400

Die Absetzung König Adolfs hatte zwar keinen Präzedenzfall gebildet – bei keinem der Neuwahlpläne unter Ludwig dem Bayern wurde an die Vorgänge von 1298 erinnert –, aber sie hatte indirekte Konsequenzen. Albrecht I. erkannte schärfer als spätere Historiker: Schlachtenglück allein verheißt keine dauerhafte Sicherheit. Er zog die Folgerungen aus dem Scheitern seines Vorgängers insofern, als er die Kurfürsten enger an das Königtum zu binden suchte. Das war ihm nicht mehr eine Frage der persönlichen Beziehungen, sondern eine solche der schon institutionell vorgeahnten Regelung. Um diese Regeln sinnfällig zu machen, wählte er das Zeremoniell. Auf dem Nürnberger Hoftag des Jahres 1298, auf dem der Mainzer Landfriede von 1235 mit den Ergänzungen König Rudolfs erneuert wurde, auf einem Hoftag also von großer reichsgeschichtlicher Bedeutung,[1] übten alle Kurfürsten ihr Erzamt aus.[2] Selbst den Böhmenkönig hatte der Habsburger veranlaßt, nach Nürnberg zu kommen und hier sein Schenkenamt wahrzunehmen, konkret: wie alle anderen Kurfürsten sich als Diener des Königs in aller Öffentlichkeit darzustellen. Die Regelungen des Nürnberger Hoftages sollte dann die Goldene Bulle Karls IV. übernehmen.[3] Dieser Vorgang ist von unseren Kriterien der Rezeption und Tradition her zu verstehen. Rezeption des Schwabenspiegels: 1314 werden die Erzbischöfe von Mainz und Köln versuchen, aus ihrem Kanzlertitel reale Ansprüche abzuleiten.[4] Das ließ sich zwar nicht durchsetzen, aber ein nachhaltiger Anstoß ging von dem Nürnberger Hoftag auf die zeremonielle Betonung der zuvor eher nachlässig behandelten Titel der Erzämter aus. Es wurde selbstverständlich, das Erzamt in die Herrschaftstitulatur aufzunehmen[5] – der Anknüpfungspunkt

1 Thomas (1985), 34 hebt zu Recht hervor, daß dieser Hoftag einer der herausragenden der Zeit gewesen ist, von dem die Chronisten auch Notiz nahmen.

2 Zusammenstellung der Quellen zu diesem Hoftag: Gerhard Pfeiffer (Hg.), Nürnberger Urkundenbuch. Bd. 1: 907–1300. 1959, 577ff. (zu Nr. 964). Vgl. Wolf (1990), 36; Ders. (1998), 83ff.; Ritscher (1992), 179f.; Twellenkamp (1994), 37; Krieger (1994), 87; Hohlweck (2001), 179ff.; Lenz (2002), 151f.; Schubert (2002), 214.

3 Zur Hoftagsregelung der Goldenen Bulle cap. 26–28 vgl. Hergemöller (1989), 212ff.

4 Schubert (1975), 103f. mit Anm. 31.

5 Schubert (1997/II), 83; Ders. (2002), 209f. – Als um 1270 der Kölner Gotfrid Hagen im Zusammenhang mit der Kurfürstenfabel die Königswähler aufzählte, kennt er noch keine Erzamtsbezeichnungen. Gotfrid Hagen, 40 V. 605ff.

für die Goldene Bulle.[6] Diese übernimmt – Tradition – die Inszenierung des Jahres 1298.

Wie die Hoftagsregelung geht auch die Bestimmung des »kaiserlichen Rechtsbuches« von 1356, wonach der erste Hoftag eines Königs in Nürnberg zu halten sei, auf Albrechts I. Inszenierung zurück.

Sensibel und zugleich umsichtig hatte der Habsburger auf die öffentliche Meinung, die zur Destabilisierung seines Königtums hätte führen können, reagiert. Auf das inzwischen juridifizierte Lehnswesen allein war eine Herrschaft im Reich nicht mehr zu stützen. Die »curia regalis«, der Königshof als Herrschaftsmitte, mußte gestärkt werden. Aus der Einsicht in die tieferen, die institutionellen Ursachen des Scheiterns König Adolfs wurden durch die Hoftagsregelung Albrechts I. die ersten, die traditionelle »curia regalis« erweiternden Verfassungsfundamente gelegt. Wir konfrontieren diesen Sachverhalt mit dem Absetzungsplan der rheinischen Kurfürsten um 1300 und stellen damit der traditionsbildenden Regelung die Episode gegenüber. Damit sei ein in unserer Einleitung angedeuteter Gedanke an einem Beispiel präzisiert, daß der ereignisgeschichtlich ermittelte Faktenschatz nach bestimmten Kriterien zu sichten, die Ereignisgeschichte an sich aber nicht zu verwerfen ist. Vor allem aber sehen wir in dem unterschiedlichen Schicksal von Absetzungsplan und Hoftagsregelung die Bestätigung unseres Vorgehens, die Herrscherentmachtungen nicht allein als Ereignisse zu verfolgen, sondern sie in die Geschichte rezeptionsfähiger Rechtsvorstellungen einzuordnen.

---

[6] Zeumer Bd. 1 (1908), 94; Schubert (2002), 218ff. Vgl. Hergemöller (1989), 126: Die Goldene Bulle wurde zunächst nach dem Nürnberger Hoftag als abgeschlossen angesehen, denn bereits um die Mitte des Jahres 1356 war das goldgesiegelte böhmische Exemplar dieses Gesetzes fertig gestellt. Damals muß aber bereits der Entschluß einer Ergänzung, welche die Hoftagsregelung mit ihrer Betonung der Erzämterpflichten einschloß, gereift sein, da am 9. Juli der Abt von Fulda das Amt des Erzkanzlers der Kaiserin erhält. Hergemöller (1989), 143f. Zutreffend weist Liermann (1956), 119 darauf hin, daß die Goldene Bulle in Nürnberg nicht in dem feierlichen Rahmen verkündet werden konnte, der dann in Metz gewählt werden sollte.

I. Die lange Vorbereitung eines rechtsförmlichen Absetzungsverfahrens

1. Die um 1300 sich abzeichnende Reichsverantwortung der Kurfürsten

Der irreführende Ausdruck Kurfürstenkolleg – Willebriefe, Konsensrecht und Reichsverantwortung: Stichworte für allmähliche Kompetenzerweiterungen – das Wahlrecht und die Unterscheidung von Reichsverantwortung und Reichsrepräsentanz der Kurfürsten – die Königswähler als »Säulen des Reichs« und die Umsetzung dieser Metapher in Bildzeugnissen – ein analoger Fall der Wandlung von Verantwortung für das Reich im 14. Jahrhundert: die sich verändernde Bedeutung der Reichsstädte für die Anerkennung eines Königtums

Die Inszenierung der Königswahl im Jahre 1273 hatte zwar die Exklusivität des kurfürstlichen Wahlrechts für die Zukunft verbindlich werden lassen, hatte aber die faktische Berücksichtigung des Willens der beim Wahltag anwesenden Großen nicht ganz ausgeschlossen. Erinnert sei nur an die bedeutende Rolle, die 1273 Burggraf Friedrich III. von Nürnberg bei der Wahl Rudolfs von Habsburg spielte.[7] Und das galt auch noch für die Folgezeit;[8] unübersehbar jedoch wurde die Tendenz zur Exklusivität, weswegen die Goldene Bulle fordern sollte, daß außer den Königswählern keine anderen Fürsten in der Wahlstadt anwesend sein dürften.[9]

---

7 Vgl. zuletzt: Twellenkamp (1994), 24ff.

8 Schubert (1977), 264ff.; Kaufhold (2000), 475. Beispiele: 1292 weist Pfalzgraf Ludwig II. zum Ersatz der Unkosten, die Graf Friedrich von Leiningen bei der Königswahl dieses Jahres hatte, diesem die Einkünfte der Heidelberger Bede an. Acta, ed. Winkelmann Bd. 2, 749f. Nr. 1072. – Zum Einfluß von Grafen und Herren bei der Wahl des Jahres 1308 vgl. Thomas (1983), 131. – 1314 verspricht Ludwig der Bayer Bischof Dietrich von Paderborn 1000fl für dessen Wahlhilfe. Westfälisches Urkundenbuch Bd. 9: Die Urkunden des Bistums Paderborn, bearb. von Joseph Prinz. 1978, Nr. 1272.

9 Möglicherweise hat sich Karl IV. auch hier seiner ersten Wahl im Jahre 1346 erinnert. Damals hatte er die Anwesenheit von Nichtwählern geradezu mit der Erklärung begrüßt, ihm sei das Reich durch allgemeines Urteil der Kurfürsten und anderer Großer (»tam dictorum electorum principum, quam aliorum magnatum et procerum«) anvertraut worden. Regest: Kraus (1981/82), 69.

Die Königswähler genossen das höchste Ansehen unter den Großen des Reichs, sie waren um 1300 auch im institutionellen Ausbau ihrer Herrschaften die fortschrittlichsten,[10] aber sie waren doch zunächst Reichsfürsten, bemüht wie alle anderen um den Ausbau ihrer Herrschaft.[11] Entsprechend gelten die kurfürstlichen Vorrechte noch im 14. Jahrhundert als Würden des jeweiligen Fürstentums.[12] Sogar das Einberufungsrecht zur Königswahl definiert 1291 der Mainzer als Privileg seines Erzstifts,[13] nicht als ein Recht, das auf das Reich bezogen war. Erstmals in der Rhenser Erklärung von 1338 wird das Wahlrecht als integraler Bestandteil der Würde des Regnum verstanden. Der Ausdruck Kurfürstenkollegium hingegen bezeichnet eine korporativ hervorgehobene, exklusive Stellung, welche erst im 15. Jahrhundert gewonnen wurde. Dieser in der wissenschaftlichen Terminologie eingebürgerte Ausdruck ist für das 14. Jahrhundert genau genommen anachronistisch, zumindest enthält er die Gefahr von Mißverständnissen. »Kollegium« setzt eine Korporationsverfassung voraus, welche das Wählergremium im 14. Jahrhundert noch längst nicht erreicht hatte. Die Kurfürsten wählen und handeln »ut singuli« und nicht »ut collegium«, um die in jener Zeit von Lupold von Bebenburg unter dem Eindruck der Doppelwahl von 1314 präzisierte Unterscheidung zu zitieren.[14] Dieser Feststellung scheint entgegenzustehen, daß sich 1298 die Königswähler als »collegium« bezeichnen;[15] aber es handelt sich um einen nicht im Mittelpunkt ihrer damaligen Argumentation stehenden und dazu um einen im Verlauf der folgenden Zeiten vereinzelt bleibenden Beleg.[16] Er sollte lediglich die dem kanonischen Recht entsprechende Gültigkeit des Wahlverfahrens kennzeichnen[17] (und darum ging es auch Lupold von Bebenburg, als er – ohne zunächst wissenschaftliche Gefolgschaft zu finden – dem »Hostiensis« widersprach, der den Kurfürsten das Wahlrecht nur »ut singuli« zugestanden hatte).

---

[10] Moraw (2002), 21f.

[11] Ernst Schubert, Art. Kurfürsten, in: LexMa Bd. 7 (1991), 1581–1583.

[12] Vgl. die Hinweise bei Heckmann Bd. 1 (2002), 372.

[13] MGH Const. Bd. 3, 455f Nr. 468; Reg. Imp. Bd. 6/2 Nr. 2.

[14] Schubert (1975), 100; Ders. (1997/II), 88f.; Wolf (1990), 19; Miethke (2002), 71. – 1410 sollte Job Vener mit Berufung auf Lupold von Bebenburg feststellen, daß die Kurfürsten als Kollegium wählten. Heimpel Bd. 2 (1982), 678.

[15] Vgl. zuletzt: Armin Wolf, Die Kurfürsten des Reiches, in: Kramp Bd. 1 (2000), 87–96, hier: 92. Wenn Ottokar V. 12475, ed. Seemüller Bd. 1, 165 von der »kurgeselleschaft« spricht, scheint doch kein rechtlicher Inhalt diesem Ausdruck zugrunde zu liegen.

[16] Gegenteiliger Auffassung: Armin Wolf, Die Vereinigung des Kurfürstenkollegs. Zur Reformacio sacri status imperii bei der Erhebung Albrechts von Österreich im Jahre 1298, in: Duchhardt – Melville (1997), 305–371. Erst bei der Wahlanzeige der vier Wähler Karls IV. 1346 begegnet der Begriff erneut, als jeder der Kurfürsten von seinen Mitwählern von »meis collegis« spricht. MGH Const. Bd. 8, 93ff. Nrn. 63–66. Der Grund für diesen Sprachgebrauch ist der gleiche wie im Jahre 1298, nämlich die Betonung der kanonischen Gültigkeit des Wahlvorgangs.

[17] Landau (2002), 485ff.

Als einzelne Fürsten, nicht als Angehörige eines Verfassungsgremiums definieren die Königswähler ihre Ziele. Deshalb gibt es auch vor dem Jahre 1519 keine Wahlkapitulation bei einer Königswahl, obwohl den geistlichen Kurfürsten dieses Instrument bei ihren eigenen Erhebungen durchaus vertraut war. Aber die Bischofswahlen waren von einem Korporationsbewußtsein der Domkapitel getragen, wie es die Königswähler vor dem 15. Jahrhundert nicht in vergleichbarer Form auszubilden vermochten.[18]

Aus dem Prinzip des Handelns »ut singuli« ist keineswegs die Bestätigung des alten Vorurteils vom egoistischen Verhalten der Kurfürsten zu Lasten des Reiches zu folgern. Das hat es natürlich auch gegeben; Verzicht auf Eigennutz wäre bei den weltlichen Kurfürsten als Verstoß gegen die Rechte der Erben und bei den geistlichen als Verstoß gegen ihre Aufgabe, die Güter ihrer Kirche zu mehren, verstanden worden. Es geht aber gar nicht um moralische Urteile. Die Forschung hat vielfach den Kurfürsten ohne genauere Begründung schon vor der Zeit Ludwigs des Bayern eine Rolle für die Königsherrschaft zugewiesen, die sie damals noch gar nicht einnehmen konnten, und der zudem ein eingeschränktes Verständnis von Reichspolitik im Sinne einer Interessenpolitik zugrunde lag. Die Existenz einer Reichsverfassung wurde dabei unbedenklich vorausgesetzt, innerhalb derer sich eine Politik der »territorialstaatlichen« Orientierungen abgespielt haben sollte. Es sei – wir wiederholen – gar nicht bestritten, daß es fürstlichen Egoismus gegeben hat, bestritten sei nur, daß hierin ein Schlüssel zum Verständnis der Rolle liegt, welche die Königswähler im Reich spielten. Die allmähliche Entwicklung ihrer Reichsverantwortung kann nicht übersehen werden. Konsensanspruch. Daß die Großen nach Konsens mit ihrem Herrn streben, ist, da Konsens auch Sicherung der eigenen Stellung bedeutet, so selbstverständlich, daß man von einem universalhistorischen Prinzip sprechen könnte. Unser Bestreben geht aber keineswegs dahin, den gern gebrauchten historiographischen Alleskleber der Machtpolitik durch das freundliche Wort des Konsenses als einen alle Interpretationslücken stopfenden Begriff zu ersetzen. Es geht uns nicht um die herrschaftssichernde, sondern um die herrschaftsverantwortende Seite des Konsenses, wobei jetzt, im 14. Jahrhundert, die Frage zu stellen ist, ob aus dem exklusiven Wahlrecht der Kurfürsten auch ein exklusiver Konsensanspruch entstehen konnte.

Das interessengeleitete Handeln der einzelnen Kurfürsten schließt eine gemeinsame Reichsverantwortung nicht aus, deren Wurzel in dem ausgangs des 13. Jahr-

---

[18] Allerdings bezeichnet sich bereits 1338 der Mainzer Kurfürst als »electorum principum decanus« (Nova Alamanniae, ed. Stengel Bd. 1, 362ff. Nr. 647), eine Bezeichnung, die bis zum Ende des 14. Jahrhunderts vereinzelt bleibt und nichts weiter als ein Vorrangsdenken, aber keine Korporationsverfassung benennt. Schubert (1975), 101 mit Anm. 23. In der Aufzeichnung einer Unterredung der Gesandten Ruprechts mit dem Frankfurter Rat im Jahre 1400 wird der Mainzer Erzbischof »als ein dechann undir den anderen kurfursten« bezeichnet. DRTA Bd. 4, 152 Nr. 136. Damals beginnt sich diese Benennung durchzusetzen.

hunderts verfestigten Zustimmungsrecht bei Veräußerungen von Reichsgut liegt. Beiläufig ist aus einer Urkunde des Jahres 1276 zu erfahren, daß Rudolf von Habsburg dies bei seiner Wahl geloben mußte.[19] (Von der Sache her gehen die Willebriefe auf Fürstensprüche und Konsensgebote der staufischen Zeit zurück.[20]) Die Königswähler haben nach 1273 versucht, dieses Konsensrecht allein auf sich zu beziehen.[21] Ein Reichsspruch von 1281 jedoch belegt, daß 1273 bei dem Gelöbnis Rudolfs von Habsburg allgemein die Reichsfürsten und nicht ausschließlich die Kurfürsten gemeint gewesen waren.[22] Aber das war ein Rückzugsgefecht. Wie bei der Königswahl aus einem Vorstimmrecht schließlich ein exklusives Wahlrecht entstanden war, sollte auch das Konsensrecht zu Verfügungen über Reichsgut von den Königswählern als ihr Vorrecht beansprucht werden.

Die hier nur zu streifende Geschichte der Willebriefe enthält eine grundsätzliche Aussage. Es hängt mit der noch bis ins frühe 15. Jahrhundert fehlenden Korporationsverfassung zusammen, daß Willebriefe immer nur von einzelnen Kurfürsten und keineswegs gemeinsam von allen ausgestellt werden.[23] Bezeichnenderweise wird erst 1418, in der Formierungsphase des Kurkollegs, als angebliche Rechtsregel behauptet, daß die Zustimmung aller Kurfürsten bei Verfügungen über Reichsgut unerläßlich sei.[24] Aus dem gleichen Denken sicherte 1444 erst die Zustimmung der Kurfürsten der Reichsstadt Nürnberg die Verwahrung der Reichskleinodien auf

---

[19] MGH Const. Bd. 3, 100 Nr. 110. Vgl. Kleinheyer (1968), 33.

[20] Boshof (1987), 50ff.

[21] Vgl. Schneidmüller (2000), 82ff.; Erkens (2002), 45f.

[22] Kleinheyer (1968), 33.

[23] Im Prinzip hatte Ludwig der Bayer anerkannt, daß die Willebriefe aller Kurfürsten nötig seien, als er 1331 Otto von Östereich alle Reichslehen mit der pauschalen Begründung verlieh, diese Belehnung erfolge »de consensu principum ius in Romani regni eleccione habentium.« Bansa Bd. 2 (1974), 301 Nr. 496. Für die Erwerbung der Mark Brandenburg durch Karl IV. zum Beispiel gibt es kaum Willebriefe. Lindner Bd. 1 (1875), 21. Selbst wenn Große an dem zusätzlichen Rechtstitel der Willebriefe interessiert waren, holten sie diese erst bei günstiger Gelegenheit ein. Ein Beispiel: Die kurfürstlichen Zustimmungen von Karls IV. Verleihung von Burg und Stadt Giengen erstreckten sich von 1351 bis 1368. MGH Const. Bd. 10, 218ff. Nr. 291. Den Nürnberger Hoftag 1355/56, den Hoftag der Goldenen Bulle, nutzte Karl IV., um sich Willebriefe der anwesenden Kurfürsten über Inkorporationen von Reichsgut in das böhmische Königreich geben zu lassen. MGH Const. Bd. 11, 346f. Nrn. 612f.; 367 Nr. 655; 368f. Nr. 658; 386ff. Nrn. 688–690; 395f. Nr. 702; 405 Nr. 720. Das gleiche Bild ergibt sich auf dem anschließenden Metzer Hoftag. Ebd., 470f. Nr. 841. Daß unter Karl IV. Willebriefe auch kaiserliche Empfängerausfertigungen sein können, belegt im Anschluß an Zeumer: Hergemöller (1989), 158f. Vgl. auch Wolfgang D. Fritz, Kurfürstliche Willebriefe aus den Jahren 1348–1358. DA 23 (1967), 171ff.

[24] So stellt 1418 der königliche Fürsprech, der Graf von Oettingen im Hofgericht Siegmunds fest, daß eine Verleihung der Lehenschaft über die Ganerben des Busecker Tals durch Wenzel an die Landgrafen von Hessen nicht rechtsgültig wäre, »weil es ein gemein recht sei«, daß der König Reichsgut (»des reiches erbe«) ohne Einwilligung des Kurfürsten nicht veräußern dürfe. Otto Franklin, Sententiae curiae regiae. Rechtssprüche des Reichshofes im Mittelalter. 1870, 26.

Dauer, nachdem Friedrich III. behauptet hatte, daß die Verfügung Siegmunds nur für die Lebenszeit des Luxemburgers rechtsgültig.[25] Der Weg der Reichskleinodien, die ebenso wie einzelne Reichsgutsbezirke als »das Reich« bezeichnet werden konnten, vom Karlstein nach Nürnberg bietet gleichermaßen Aufschlüsse für die Lösung des Reichsbegriffs vom König wie für die Ausbildung der Korporationsverfassung des Wählergremiums.

Als eine der Wurzeln der kurfürstlichen Reichsverantwortung sehen wir den in den Willebriefen einbeschlossenen Konsensanspruch, der aber wegen der Einzelbeurkundungen nicht zu einer Gesamtverantwortung der Kurfürsten führen konnte. Eine solche Verantwortung jedoch formulierte Pfalzgraf Rudolf 1338 wonach die Kurfürsten verpflichtet seien, »umb des richs not« zu handeln.[26] Die Klarheit, dieser Feststellung, die Erweiterung der Wahlkompetenz zu einer Reichsverantwortung gehörte zur Zeit des sogenannten Rhenser Kurvereins, sie war jedoch im Prinzip bereits in der vorangegangenen Generation angelegt.

Die in den Willebriefen enthaltene kurfürstliche Verantwortung für das Reichsgut wird weiterentwickelt, wenn sich die Erzbischöfe von Mainz und Köln 1299 zur Wahrung der Rechte des Reichs verbünden: eine fast spontane Reaktion im Hoflager Albrechts I. zu Quatrevaux auf die bekanntgewordenen Verhandlungsergebnisse zwischen dem Habsburger und König Philipp dem Schönen von Frankreich. Es ging dabei um die Grenze zwischen beiden Königreichen als Teil eines Heiratsprojekts.[27] Ihr Bündnis verstehen die beiden Kurfürsten aus ihrer Verantwortung für das Reich, von dem, wie die Verabredungen zwischen Albrecht I. und Philipp dem Schönen augenscheinlich werden ließen, Teile abgetrennt werden

---

25 Georg Johannes Kugler, Die Reichskrone. 1968, 88.

26 Acta, ed. Winkelmann Bd. 2, 308 Nr. 1146.

27 Hessel (1931), 84; Thomas (1983), 72 und 111 ff.; Krieger (1994), 89 f.; Garnier (2000), 211 f.- Die Heiratsverabredung: Acta, ed. Winkelmann Bd. 2, 189 f. Nr. 270. – Daß Albrecht I. König Philipp zumindest die Duldung französischer Ausdehnungspolitik zu Quatrevaux in Aussicht gestellt hat, legen auch die Ausführungen von Gumlich nahe. Bruno Gumlich, Die Beziehungen der Herzöge von Lothringen zum deutschen Reiche im 13. Jahrhundert mit Berücksichtigung der übrigen lothringischen Gewalten. Diss. phil. Halle-Wittenberg 1898, 75 ff. bes. 76. Gumlichs Ausführungen sind überzeugender als der Versuch, Albrecht I. vom Vorwurf der Gebietsabtretungen zu entlasten: Fritz Kern, Die »Abtretung« des linken Rheinufers an Frankfurt unter Albrecht I. MIÖG 31 (1910), 558–581 – Es ist doch nicht zu übersehen, daß eine den Königen Rudolf, Adolf und zunächst auch Albrecht so getreue Persönlichkeit wie Gerlach von Breuberg, die deren Reichsgut – und Königslandpolitik getragen hatte, 1299 auf der Seite der protestierenden Kurfürsten steht. Wenn Albrecht an dem auf die erzbischöfliche Bündniserklärung folgenden Tag als Gegendemonstration die Urkunden Rudolfs und Adolfs über die Sicherung der Argonnengrenze gegen Frankreich erneuern ließ (MGH Const. Bd. 4/1, 61 Nr. 81), versuchte er, die Wirkung des kurfürstlichen Vorgehens abzuschwächen. Dennoch verließen die beiden Erzbischöfe das Hoflager. Wenige Tage darauf bestätigte Albrecht I. die Zugehörigkeit des linken Maasufers, zumindest des Gebietes von Bar, zu Frankreich. Hessel (1931), 85.

sollten (»quia tenor litterarum inter dictes reges confectarum sapit manifeste dilapidationem imperii«). Es muß eine erregte Atmosphäre im Hoflager zu Quatrevaux geherrscht haben. Die im Jahre zuvor auf dem Nürnberger Hoftag zeremoniell betonte Bindung der Kurfürsten an den König könnte, so die beiden Kurfürsten, ihren Widerstand nicht ausschließen. Rechtsgelehrte hätten ihnen bestätigt, daß sie unbeschadet ihrer Eide gegenüber König und Reich diesen Vereinbarungen nicht zustimmen müßten noch dürften (»nos salvo nostro iuramento, quo domino nostro regi predicto et imperio sumus astricti, huiusmodi litteris et tractatibus inter ipses reges preconceptis[28] consentire possumus vel debemus prout iurisperiti sentiunt«).[29]

Bündnis und Reichsverantwortung im Jahre 1299: Die im 14. Jahrhundert als Träger kurfürstlicher Politik zu erkennende kurrheinische Politik zeichnet sich bereits ab. Die beiden protestierenden Erzbischöfe stehen in enger Verbindung mit dem Trierer, der krankheitshalber nicht ins Hoflager Albrechts I. kommen konnte.[30]

Wie die hier nur anzudeutende Geschichte der Willebriefe und ebenso das Bündnis von 1299 verdeutlichen, handeln die Kurfürsten als Einzelne. Die gemeinsame Verantwortung verbindet sie, aber sie eint sie nicht.[31] Unsere Unterscheidung von »verbinden« und »einen« in Bezug auf die Reichsverantwortung der Königswähler deutet ein semantisches Problem der Verfassungsgeschichtsschreibung an. Deswegen versuchen wir nicht mit deskriptiven Begriffen, sondern über langatmigere Vorgangsbeschreibungen darzustellen, wie allmählich im 14. Jahrhundert das Reichsbewußtsein für die rheinischen Kurfürsten bei deutlicher Verlagerung auf das »einen« handlungsorientierend wurde.

Trotz der wachsenden Reichsverantwortung[32] kam eine institutionelle Autorität dem Kurfürstengremium im 14. Jahrhundert noch nicht zu. Deshalb konnten innerhalb dieses Gremiums die vier Königswähler am Rhein, falls sie untereinander zur Gemeinsamkeit fanden, unter Ausschluß der drei »Elbkurfürsten« bestim-

---

[28] Auffallend ist, daß die in dem »Inventarium litterarum Alberti regis« (MGH Const. Bd. 4/1, 70 Nr. 91) verzeichneten Urkunden, die auf die Vorverhandlungen der zwischen Philipp und Albrecht getroffenen Eheabreden Bezug hatten, im Gegensatz zu den meisten anderen Schriftstücken verloren gegangen sind. Unter den verlorenen Urkunden können die von den Erzbischöfen angegriffenen »litterae praeconceptae« vermutet werden.

[29] MGH Const. Bd. 4/1, 62 Nr. 80. 1299 Dez. 5. – Vgl. Regg. Mainz Bd. 1, 614; Urkundenregesten Hofgericht Bd. 4 Nr. 223 (mit Anm.); Hessel (1931), 84; Garnier (2000), 112f. und immer noch Willy Hoernecke, Albrecht I. und die Kurfürsten. Diss. phil. Halle-Wittenberg 1908, 46ff.

[30] Hessel (1931), 84.

[31] Als Beispiel sei das Bündnis Erzbischof Wilhelms von Köln mit Pfalzgraf Ruprecht I. gewählt, die übereinkommen, bei einer künftigen Königswahl »under uns eyndrechtlich zu werden of wir kunnen«. MGH Const. Bd. 10, 556f. Nr. 744.

[32] Vgl. die Hinweise bei Heckmann Bd. 1 (2002), 486ff.

men, was als kurfürstliche Politik in diesem Jahrhundert verstanden werden kann.[33] Selbst als 1338 in Rhens mit der kurfürstlichen Erklärung der wohl bedeutendste Ausdruck kurfürstlicher Verantwortung für die Rechte des Reiches veröffentlicht wurde, handeln die Königswähler noch nicht als Kollegium. Das sogenannte Weistum bildete die inhaltliche Grundlage eines Bündnisses zunächst der Kurfürsten untereinander, eines Bündnisses, das auf alle Reichsstände ausgedehnt werden sollte.[34] Wie der Ausdruck Weistum ist auch der des »Kurvereins« bei den Rhenser Beschlüssen 1338 problematisch. Eine der wichtigsten Aufgaben der Kurvereine, wie sie seit 1422 entstanden, war – wie es in der frühen Neuzeit heißen sollte – die »Admission«, die Feststellung, wer überhaupt berechtigt sei, die Kurwürde innezuhaben.[35] Gerade das aber wurde im Jahre 1338 im Falle der fünf Wittelsbacher, die allesamt die Kurwürde beanspruchten, bewußt offen gelassen.[36] Die Frage der durch den Hausvertrag von Pavia 1329 noch verkomplizierten pfälzischen Kur[37] wurde erst auf dem Hoftag zu Nürnberg 1355, dem Hoftag der Goldenen Bulle, ebenso entschieden[38] wie die Frage der seit 1338 strittigen sächsischen Kurwürde.[39] Vereinfachung bis zur Trivialität: Wie konnte sich ein Kollegium bilden, wenn noch nicht einmal klar war, wer dazu gehörte?

Wenn es im 15. Jahrhundert zu jener Korporationsbildung des Wählergremiums kommen sollte, welche den Ausdruck »Kurkolleg« erst rechtfertigt, so muß dem eine Erweiterung der Reichsverantwortung zugrunde liegen. Wir unterscheiden die aus dem Konsensprinzip erwachsene Reichsverantwortung der Königswähler von deren Reichsrepräsentanz. Erstere ist um Konsens mit den anderen Großen, um eine Reichseinung bemüht, die Reichrepräsentanz hingegen begründet ein kurfürstliches Handeln aus eigenem Recht. Den Bestrebungen der Königswähler um eine Reichseinung zur Abwehr päpstlicher Ansprüche auf die Königswahl 1338 oder im Urbansbund zur Unterstützung der römischen Oboedienz 1379 folgt im

---

[33] Vgl. nur Moraw (1987), 125f.

[34] Vgl. zum politischen Umfeld des Rhenser Tages Heckmann Bd. 1 (2002), 489f. Schon 1337 hatte Balduin von Trier ein Bündnis gegen die Reichsfeinde ins Auge gefaßt (Nova Alamanniae, ed. Stengel Bd. 1, 313f. Nr. 491) und hatte diesen Bündnisgedanken noch 1339 verfolgt. Heckmann Bd. 1 (2002), 492.

[35] Vgl. Ulrich Kühne, Geschichte der böhmischen Kur in den Jahrhunderten nach der Goldenen Bulle. Archiv für Urkundenforschung 10 (1928), 1–110.

[36] Zu diesem oft behandelten Sachverhalt vgl. zuletzt Flachenecker (2002), 184f. Vgl. auch Urkundenregesten Hofgericht Bd. 5, Nrn. 376a und 403a. – Erst am 8. August 1338 beurkundete Pfalzgraf Rudolf I., daß nur einer der Pfalzgrafen die Kurwürde innehabe, und nur diesen dürften die Kurfürsten zu ihren Tagsatzungen zulassen. Acta, ed. Winkelmann Bd. 2, 808 Nr. 1146.

[37] Druck des Hausvertrags von 1329: MGH Const Bd. 6/1, 526ff. Nr. 628. Regest: Schaab – Lenz (1998), 68ff. Nr. 48.

[38] MGH Const. Bd. 11, 363f. Nr. 649f.; Urkundenregesten Hofgericht Bd. 7, Nrn. 73–79; Schaab – Lenz (1998), 96ff. Nr. 65. Vgl. Zeumer Bd. 1 (1908), 155ff.

[39] Hergemöller (1983), 47ff.

Jahre 1400 eine Königsabsetzung, welche die rheinischen Kurfürsten ohne Rückhalt im Reich durchführen. Erst im 15. Jahrhundert ist es unter dem Eindruck der sich ausbildenden Kollegialverfassung möglich, daß einer Gipfelgruppe in den Schweizer Alpen der Name »Churfirsten« gegeben wird: Ausdruck der Dankbarkeit für das friedensstiftende Eingreifen der Kurfürsten in den Alten Zürichkrieg (1440–1446)[40] und zugleich Ausdruck einer Reichsrepräsentanz dieser Fürsten, die in der eidgenössischen Chronistik des 15. Jahrhunderts hervorgehoben wird.[41]

Unserer Unterscheidung von Reichsverantwortung und Reichsrepräsentanz haftet, wie allen Bemühungen, mit modernen Begriffen interpretatorische Ordnung zu schaffen, etwas Gewaltsames an; denn diese Unterscheidung sollte nicht verkennen lassen, daß es sachliche und zeitliche Übergänge von einer Verantwortung für das Reich, als deren Höhepunkt wir das sogenannte Rhenser Weistum von 1338 ansehen, und der um 1400 in Erscheinung tretenden Reichsrepräsentanz der Königswähler gibt. Und das konnte auch gar nicht anders sein. Die Reichsverantwortung ist im frühen 14. Jahrhundert in deutschen Landen ganz unterschiedlich anerkannt worden, am intensivsten naturgemäß in den von den rheinischen Kurfürsten beeinflußten Regionen.[42] Während sie im Elsaß zur Zeit Ludwigs des Bayern politische Orientierungen prägen kann,[43] nimmt zu gleicher Zeit die bayerische Chronistik von ihr kaum Notiz. Hier erscheinen die Kurfürsten lediglich als Königswähler ohne eine weitergehende Aufgabe.[44] Der Gedanke der Reichsrepräsentanz der Kurfürsten hingegen erfaßt um 1400 den gesamten Westen des Reichs, erfaßt nicht nur die königsnahen Landschaften des deutschen Südwestens, sondern auch den königsfernen deutschen Norden, setzt also eine Verallgemeinerung voraus.

Bereits im zeitlichen und sachlichen Umfeld des Rhenser Tages von 1338 standen für die Zeitgenossen Kurfürsten und König viel enger beieinander als für die spätere Forschung, die von einem – angeblichen – Gegensatz von Wählern und Gewählten ausging. Die Kurfürsten waren, so eine viel gebrauchte Metapher, die Säulen des Reichs, »columpna imperii«.[45] Die Goldene Bulle (die wir für das 14. Jahrhundert nur als gewissermaßen mentalitätsgeschichtliche Quelle, nicht aber Verfassungsdokument würdigen) wählt mehrfach dieses Bild. An Bildzeugnissen

40 Mommsen (1958), 247.

41 Ebd., 97f.

42 Lenz (2002), bes. 250ff.

43 Ebd., 99ff.

44 Ebd., 212f.

45 Schubert (1975), 98; Heckmann Bd. 1 (2002), 370f. – Eine Steigerung gebrauchte Friedrich der Schöne, als er den Erzbischof von Köln »sacri imperii columpnam potissimam« nannte. MGH Const. Bd. 5, 385 Nr. 477. – Den Ausdruck hatten, soweit wir sehen, erstmals 1277 Rudolf von Habsburg und dann 1278 Papst Nikolaus III. 1278 gebraucht. Acta, ed. Winkelmann Bd. 2, 93 Nr. 111. MGH Const. Bd. 3, 203 Nr. 220 (1278).

und etwa auch an repräsentativ ausgestalteten Marktbrunnen läßt sich ablesen, daß im politischen Denken des 14. Jahrhunderts die Kurfürsten eng dem Königtum zugeordnet wurden, ein Denken, das die Goldene Bulle, in ein Rechtsgewand einkleidete, indem sie die Königswähler als »pars corporis Caesaris« definierte, weswegen ein Vergehen gegen sie als Majestätsbeleidigung anzusehen sei.[46] Dem entspricht die von Paul Hoffmann erschlossene Gegenwärtigkeit der Kurfürsten in Bildzeugnissen und repräsentativer Plastik.[47] Hier drückt sich bereits aus, was später »Verfassungsdenken« heißen sollte. Und auch das vermochte Hoffmann zu belegen: Die sich anbahnende Verantwortung für das Reich konnte sich in indirekter Kritik ausdrücken. In den süddeutschen Städten, die sich am entschiedensten gegen eine Wahl Wenzels ausgesprochen hatten, ist in der zweiten Hälfte des 14. Jahrhunderts »keine Darstellung des Kurfürstenkollegiums nachzuweisen«.[48]

Die wohl 1332 entstandene Darstellung des Kaisers und der sieben Kurfürsten auf den Zinnen des Mainzer Kaufhauses ist als »Huldigung der Mainzer Bürgerschaft vor der … Macht und Majestät des Reiches«[49] zu verstehen und zugleich als die frühe »Abbildung« eines sich entwickelnden neuen Verfassungsdenkens. Der 1361 begonnene Schöne Brunnen in Nürnberg, auf dem der Kaiser und die sieben Kurfürsten abgebildet sind,[50] ist Vorbild für weitere »Kurfürstenbrunnen« geworden. An die alltagsgeschichtliche Bedeutung dieser Marktbrunnen ist zu erinnern. Jedem, der sich hier die Hände wusch oder seine Arbeitsgeräte säuberte, wurde vor Augen geführt, daß König und Kurfürsten gemeinsam das Reich repräsentieren, ein allgemein in deutschen Landen verbreitetes Denken. Selbst im königsfernen Norden begegnen wir entsprechenden Zeugnissen: der Türklopfer am Lübekker Rathaus, der auf den Kaiserbesuch Karls IV. 1375 zurückgeht,[51] die zwischen 1397 und 1411 entstandenen Statuen am Bremer Rathaus und der vor 1407 geschaffene Marktbrunnen in der Altstadt Braunschweigs.[52] Das Reichsbewußtsein schloß König und Königswähler gleichermaßen ein. Hatten wir bei der Reichsverantwortung der Kurfürsten noch auf die unterschiedlichen regionalen Rezeptionen

---

46 Vgl. Schubert (1975), 110; Dotzauer (1995), 186; Heckmann Bd. 2 (2002), 581f.

47 Hoffmann (1982). – Zum Aachener Grashaus vgl. zuletzt Ernst Günther Grimme, Das gotische Rathaus der Stadt Aachen, in: Kramp Bd. 2 (2000), 509–515.

48 Hoffmann (1982), 51.

49 Thomas (1993), 252. Vgl. (mit den hier aufgeführten Forschungskontroversen) Verena Kessel, Sepulkralpolitik. Die Krönungsgrabsteine im Mainzer Dom und die Auseinandersetzung um die Führungsposition im Reich, in: Peter Claus Hartmann (Hg.), Der Mainzer Kurfürst als Reichskanzler. (GeschLdKde 45) 1997, 9ff., hier: 20. – Zum Bild, das Geschichtsschreiber des 14. Jahrhunderts von den Kurfürsten zeichneten, vgl. Moraw (1987), bes. 714f.

50 Vgl. Wolf (1990), 15.

51 Hoffmann (1982), 51. Vgl. Walther (1998), 262f. Zum Anlaß: Erich Hoffmann, Der Besuch Kaiser Karls IV. in Lübeck im Jahre 1375, in: Werner Paravicini (Hg.), Nord und Süd in der deutschen Geschichte des Mittelalters. (KielHistStud 34) 1990, 73–95.

52 Hoffmann (1982), 51.

aufmerksam machen müssen, so ist die Reichsrepräsentanz um 1400 allgemein in deutschen Landen akzeptiert worden, und das heißt: Sie ist Bestandteil der werdenden Reichsverfassung.

Nicht nur schematisch (was unvermeidlich ist), sondern auch künstlich mag die Unterscheidung von Reichsverantwortung und Reichrepräsentanz erscheinen, bevor wir unser stärkstes Argument, das im Verlauf des 14. Jahrhunderts entwickelte Verständnis der Huldigung als eines Eides »von des Reiches wegen« ausgebreitet haben, ein Argument, das wir wegen seiner zentralen Bedeutung für die Absetzung Wenzels den entsprechenden Zusammenhängen zuordnen müssen. Verfassungsgeschichtsschreibung darf nicht im institutionellen Denken verbleiben, sondern hat die allmählichen Verschiebungen von Bewußtseinslagen einzubeziehen, die sich – Stichwort des schleichenden Verfassungswandels – nicht in spektakulären Vorgängen nachweisen lassen.

Schleichender Verfassungswandel: Im Themenbereich von Wahl und Anerkennung eines Königs ist eine Entsprechung zu dem Wandel der kurfürstlichen Stellung im Reich auch im Falle der von Königsstädten zu Reichsstädten sich entwikkelnden Kommunen[53] in ihrer sich verändernden Bedeutung für die Königswahl zu sehen. Während ökonomisch die Reichsstädte im 14. Jahrhundert immer stärker werden, nimmt zu gleicher Zeit ihr Einfluß auf die Königswahlen ab; infolgedessen werden sie auch bei den Absetzungsplänen des 15. Jahrhunderts nicht mehr berücksichtigt.

Bereits die Königswahlen in der Zeit des sogenannten Interregnums waren in einen Konsens der Großen und der Reichsstädte eingebettet. Der Rheinische Bund (1254–1256) ging davon aus, daß die Huldigung der Königsstädte (welche konventionellerweise in der Forschung bereits Reichsstädte heißen) konstitutive Bedeutung für ein neues Königtum hatte.[54] Diese Huldigung war dem Gedanken der »Werschaft«, der »warandia« zugeordnet, symbolischer Akt einer Besitzübertragung.[55] Deswegen suchte Heinrich von Niederbayern 1333 nicht nur die Zustimmung der Fürsten und Kurfürsten bei seinem Versuch, König zu werden, sondern auch die der Reichsstädte. Er hatte, hier wohl kaum mit Billigung des Kaisers, 1333 an oberdeutsche Reichsstädte das Ansinnen gestellt, ihm wie einem Herrn zu huldigen: »ei tamquam domino fidelitatis facerent iuramentum«.[56] Als 1350 der Pfle-

---

[53] Vgl. Boshof (1987), 53; Moraw (1987), 121; Ders. (1995), 7 und 18ff.

[54] Kaufhold (2000), 216ff. Vgl. am Beispiel der Wahl von 1257 Miethke (2002), 46 mit Anm. 22.

[55] Schubert (1977), 327ff. – Zum Begriff der Gewere vgl. jetzt: Takeshi Ishikawa, »Gewere« im Sachsenspiegel, in: Karl Kroeschell (Hg.), Festschrift für Hans Thieme. 1986, 59–82; Ders., Die innere Struktur des mittelalterlichen Rechts. Das Beispiel des Sachsenspiegels, in: Kroeschell – Cordes (1996), 135–152, hier: 135f.

[56] Chronica de ducibus Bavariae, ed. Leidinger, 161. Vgl. auch Heinrichs Versuch, die Huldigung Aachens zu erlangen. Otto Dresemann, Zur Geschichte der Reichsstadt Aachen im XIV. Jahrhundert mit Bezug auf Kaiser und Reich. Diss. Münster 1886, 21.

ger der vorderösterreichischen Besitzungen mit Straßburg, Basel und Freiburg ein Bündnis schließt, lassen die Städte von den Vertragspflichten nicht nur Karl IV. ausnehmen, sondern für die Zukunft auch denjenigen seiner Nachfolger, den sie – gedacht wird an eine Doppelwahl – »fur einen Romischen kung oder keyser hant.«[57] Vergleichbares begegnet noch bei den Rücktrittssondierungen Wenzels. 1388 versprechen die freien Städte Mainz, Worms und Speyer, daß sie, falls der Herrscher stürbe »oder anders das Romische rich ledig werde«, den vom Mainzer Kurfürsten mit mindestens zwei anderen Stimmen gewählten neuen König anerkennen würden.[58] Aber bereits im Jahre 1400 erweist sich, daß diese Rechtsauffassung, wonach der Huldigung der freien und der Reichsstädte eine grundsätzliche Bedeutung für die Anerkennung eines Königs zukam, letztmalig im Jahre 1388 geltend gemacht worden war. Bei der Absetzung Wenzels fiel der Haltung der (nun korrekt so benannten) Reichsstädte zwar ein großes politisches Gewicht zu, aber eine konstitutive Bedeutung für ein neues Königtum wurde ihrer Huldigung nicht mehr zugemessen. Aus Königsstädten sind endgültig Reichsstädte geworden.

Das Korrespondenzverhältnis zwischen der sich wandelnden Stellung der Reichsstädte zur Königswahl und dem Wandel der kurfürstlichen Reichsverantwortung zur Reichsrepräsentanz weist auf Aufgaben und Begrenzungen verfassungsgeschichtlichen Fragens hin. Der Nachweis von Kontinuitäten, dem sich die Verfassungsgeschichte verpflichtet sieht, beginnt im Spätmittelalter immer schwerer zu werden, weil sich mehrere Entwicklungen zu überlagern pflegen. Noch für das ausgehende 13. Jahrhundert war mit den Begriffen von Tradition und Rezeption die Suche der Zeitgenossen nach dem gültigen Recht zu charakterisieren. Diese Begriffe sind auch für die späteren Jahrhunderte noch einigermaßen anwendbar, aber sie werden in ihrer Konsensfähigkeit in einer Epoche immer begrenzter, in der Schriftlichkeit und Juridifizierung neue Formen der Rechtssicherung schaffen, und in der die Städte – als Stichwort genüge nur die Ratsherrschaft – sich ebenso aus inneren Gesetzen verändern wie die Fürstenwelt. Wählen wir nur das Beispiel des Erzbischofs von Mainz. Aus einem der reichsten Fürsten um 1300, der noch vergleichsweise arm an reichsrechtlichen Prärogativen war, ist am Ausgang des Mittelalters ein eher armer Fürst, ausgestattet jedoch mit zentralen Kompetenzen in der Reichsverfassung, geworden.[59]

---

[57] MGH Const. Bd. 10, 100 Nr. 125.

[58] DRTA Bd. 2, 66 Nr. 30. Die königliche Gegenurkunde: ebd., 66f. Nr. 31. – Bei der Wahl Wenzels wurde bereits der Huldigung der Reichsstädte keine rechtliche Bedeutung mehr zugemessen, wie die damaligen Konflikte Karls IV. mit den oberschwäbischen Reichsstädten belegen. Klare (1990), 271ff.

[59] Schubert (1997/II), 78ff.

2. Die Anfechtung des Königtums Ludwigs durch den Papst

Der unvermutete Angriff Papst Johannes XXII. auf das Königtum 1323/24 – die umstrittene Approbation der Königswahl – die fehlende Tradition des päpstlichen Vorgehens: die Mitbestimmung bei der Königswahl, und nicht die Herrscherabsetzung als Handlungsziel – das Scheitern der päpstlichen Prozesse

Umständliche Erwägungen über die Formen des schleichenden Verfassungswandels waren vorauszuschicken, um die Auseinandersetzung zwischen dem Papsttum und Ludwig dem Bayern gleichermaßen in ihren zeitgebundenen Gegebenheiten wie in ihren Folgewirkungen einschätzen zu können. Das Papsttum hatte bei den Vorgängen der Jahre 1298 und 1300 keine Rolle gespielt. Die hierokratischen Depositionstheorien beschäftigten allein die Wissenschaftler. 1323 – mehr als 70 Jahre war es her, daß ein Papst 1245 einen Kaiser abgesetzt hatte – erfolgte aus heiterem Himmel und gegen den offenen Widerstand einflußreicher Kardinäle der Angriff Papst Johannes' XXII. auf das Königtum Ludwigs des Bayern, ein Angriff, der nur mit interpretatorischer Gewalt in eine angebliche Leitlinie des Kampfes zwischen Regnum und Sacerdotium einzuordnen ist. Heinz Thomas wies nach, wie haltlos die linearen Konstruktionen waren, welche diese Herrschaft auf die Leitlinie der großen Auseinandersetzungen zwischen Kaisertum und Papsttum festlegten, von denen sie die letzte gewesen sein sollte.[60] Vor einer solchen Interpretation hätte schon der triviale Sachverhalt warnen können, daß die Auseinandersetzung um die Kaiserabsetzung 1245 in Italien, über den Entzug der Königsrechte 1324 aber in deutschen Landen geführt wurde.

»Dann mache ich eben eine entsprechende Dekretale«, hatte – frei übersetzt – Johannes XXII. 1323 den opponierenden Kardinälen entgegengehalten.[61] Nicht die sorgfältig gemäß kanonistischer Vorgaben formulierten Dekretalen eines Innozenz III. oder die Bulle »Unam sanctam« Bonifaz' VIII. bilden den Höhepunkt hierokratischen päpstlichen Denkens, sondern die im Zorn hingeworfenen Worte des avignonesischen Papstes. Die spontane Äußerung entsprang einem Machtbewußtsein, dem Johannes XXII. entsprechende Taten folgen ließ.[62] Die Abset-

60 Thomas (1993), z.B. 168.

61 »Male dicitis, male dicitis. Nos faciemus decretale in contrarium.« Heinrich Finke (Hg.), Acta Aragonensia. Bd. 1. 1908, 395 Nr. 262. – Zum Widerstand im Kardinalskolleg gegen das Vorgehen des Papstes vgl. Unverhau (1973), 366f.; Miethke (2002), 55.

62 Deshalb kann Johann von Viktring den Papst als einen rücksichtslosen Machtmenschen schildern. Hillenbrand (1982), 451. Wesentlich positiver als wir, die wir Johann von Viktring folgen, urteilt Miethke (2000/II), 168f. über Johannes XXII.

zungssentenz von 1245 hatte die Königswahl als Recht deutscher Fürsten nicht prinzipiell angetastet; aber das geschah nunmehr mit der »privatio iuris« Ludwigs und mit den päpstlichen Approbationsforderungen.[63]

Dem Vorgehen des Papstes seit 1323 lag kein »favor apostolicus«, keine Hilfe für die bedrängte Welt, konkret: keine Entscheidung über die strittige Königswahl von 1314 zugrunde wie im Jahre 1198.[64] Auch Friedrich den Schönen wollte Johannes XXII. nicht anerkennen;[65] denn es ging ihm um einen neuen Anspruch, um die Prüfung bereits des Kandidaten für eine Königswahl, und das hieß: Mitbestimmung. Allein der Hinweis auf den fehlenden »favor apostolicus« zeigt, daß ein Vergleich mit der »Deliberatio« Innozenz' III. sehr weit hergeholt wäre. Auch eine Beziehung zur Kaiserabsetzung von 1245, als das Papsttum sich von dem mächtigsten Herrscher Europas bedroht fühlte, läßt sich beim Vorgehen Johannes' XXII. gegen einen niederbayerischen Fürsten nicht herstellen. Die kurialen Sentenzen sollten sich noch nicht einmal auf die hergebrachten Auffassungen stützen, wonach der Papst das Recht und sogar die Pflicht habe, einen unfähigen Herrscher und vor allem einen Ketzer (»rex haereticus«) abzusetzen.[66] Noch nicht einmal seine Feinde hielten Ludwig für unfähig, und ein Ketzer war er schon gar nicht.

Es ging Johannes XXII. nicht um das Recht der Fürstenabsetzung,[67] sondern um seine Ansprüche bei der Wahl des römischen Königs. Verteidiger seines Vorgehens haben zwar die alten kanonistischen Argumente eines päpstlichen Absetzungsrechtes benutzt, dabei aber übersehen oder nicht sehen wollen, worauf diese Argumente eigentlich beruhten, nämlich auf der Abwehr ungerechter Herrschaft. Darum aber ging es bei den kurialen Prozessen nach 1323 gar nicht. Nichts hatte sich Ludwig vor seiner eigenmächtigen Kaiserkrönung zuschulden kommen las-

---

[63] Dazu zuletzt: Miethke (2002), 44ff. – Möglicherweise wollte der Papst nur die päpstliche Herrschaft in Italien auf dem Umweg über das Approbationsrecht befestigen und ausweiten. Pauler (1997), 19. – Ein Beispiel für die entschlossene Ablehnung der päpstlichen Approbation im gelehrten Umfeld Ludwigs des Bayern: Wilhelm von Ockham, De imperatorum et pontificum potestate, ed. Offler, 314ff.

[64] Zu der Wahl von 1314 vgl. aus der neueren Literatur: Huber (1983), 12ff.; Dietmar (1983), 189ff.; Erkens (1987), 64ff.; Schneider (1990), 152; Twellenkamp (1994), 49f.; Krieger (1994), 114ff.; Pauler (1997), 117ff.; Volk (1999), 267f.; Lenz (2002), 54, 80, 185ff. und 235f.; Miethke (2002), 49f. – Zur Perspektive bayerischer Quellen: Lenz (2002), 207ff. Zur Sicht Johanns von Viktring: Hillenbrand (1982), 450. – Die einschlägige tschechische Forschung stellt Hlaváček (2002), 80 Anm. 3 zusammen.

[65] Huber (1983), 69f.

[66] Hageneder (1963), 84ff.; Ders. (1978), 29ff.

[67] Der Papst konnte auch gar keine Absetzung aussprechen, weil seiner Meinung nach Ludwig gar nicht rechtsgültig zum König erhoben worden war. Miethke (2002), 55f. Erst 1328 forderte als Reaktion auf Ludwigs Italienzug der Papst die Kurfürsten energisch zu einer Neuwahl auf. Angesichts der unbeugsamen Haltung Balduins von Trier verzichtete die Kurie alsbald auf diesen Plan. Huber (1983), 74.

sen, was gemäß kanonistischer Lehren (von den Lehren des Sachsen- und Schwabenspiegels natürlich ganz zu schweigen) zu einer Absetzung berechtigte. Johannes XXII. sah nur die Autorität des Papsttums, nicht dessen Verantwortung.

Am 8. Oktober 1323 hatte der Papst mit dem ersten Prozeß das Verfahren gegen den Wittelsbacher eröffnet, das am 23. März 1324 mit dem dritten Prozeß und der Exkommunikation König Ludwigs endete.[68] Daß die Prozesse mit dem Anschlag an den Domtüren zu Avignon veröffentlicht wurden,[69] war das Einzige, was das Vorgehen des Papstes mit der kirchenrechtlichen, in diesem Fall mit einer von Bonifaz VIII. begründeten Tradition verband.

Auf die Appellationen des Königs 1323 und 1324[70] antwortete der Papst, indem er ihm erneut alle aus der Wahl herrührenden Rechte absprach.[71] Das päpstliche Vorgehen gegen Ludwig den Bayern zerfiel also genau genommen in zwei Akte, deren erster die »privatio iuris« darstellte, die Aberkennung aller Rechte, die der Wittelsbacher aus seiner Wahl von 1314 gewonnen haben könnte,[72] und deren zweiter die Exkommunikation des »Bavarus« aussprach.[73] Die Häresie des Ungehorsams gegenüber dem Papst ist hier auf die Spitze getrieben. Für die Kurie ergab sich die »Ketzerei« des Königs bereits aus dem Zirkelschluß, daß er König war und sich weigerte, die päpstlichen Approbationsansprüche anzuerkennen.[74] Der gedanklichen entspricht die formale Liederlichkeit. Die Häresie des Ungehorsams wurde allein auf das päpstliche Urteil gestützt, ohne, wie es noch 1245 geschehen war, Beweisfälle heranzuziehen. Zu recht klagt Ludwig der Bayer in der Sachsenhäuser Appellation unter Berufung auf die »fama publica«, daß päpstliche Prozesse besonders in Italien gegen Anhänger des Reiches unter dem falschen Vorwurf der Ketzerei geführt würden.[75]

---

[68] Vgl. dazu Unverhau (1973), 368ff.; Becker (1988), 84ff.

[69] Miethke (1998), 189 und 191.

[70] Alois Schütz, Die Appellationen Ludwigs des Bayern aus den Jahren 1323/24. MIÖG 80 (1972), 71–112; Ders., Papsttum und Königtum in den Jahren 1322–1324. HJb 96 (1978), 245–269; Ders. (1985), 65ff.

[71] Knappe und treffende Zusammenfassung bei Huber (1983), 56f.

[72] Vgl. Unverhau (1973), 352ff. Differenziert zur Vorgeschichte dieser »privatio iuris«: Huber (1983), 53ff. mit Hinweisen auf das Eingreifen Ludwigs in italienische Machtkämpfe und auf ansatzweise erkennbare Vermittlungsbemühungen des Papstes im Jahre 1322 zwischen dem »electus« Ludwig und dem »coelectus« Friedrich.

[73] Diese beiden Akte werden z.B. in der päpstlichen Deklaration vom 23. März 1328 sichtbar, wo über Ludwig den Bayern gesagt wird: »iure, si quidem ex electione predicta ad regnum ... forsitan conpetebat, iusto privatus extitit iudicio et excommunicacionis ... penis ... innodatus«. Nova Alamanniae, ed. Stengel Bd. 1, 104f. Nr. 188. Noch 1330 betont Johannes XXII., daß er Ludwig das Recht genommen habe, welches er aus der zwiespältigen Wahl gewonnen hätte: »electus fuerat in discordia privatusque exigente iusticia iure, si quod sibi ex electione eadem fuerat acquisitum.« MGH Const. Bd. 6/1, 687 Nr. 814 §3.

[74] Vgl. Schütz (1985), 84f.

[75] MGH Const. Bd. 5, 722ff. Nr. 909 § 15.

Die 1323 und 1324 erhobenen Approbationsansprüche konnten sich allenfalls formal auf kanonistische Fixierungen der Zeit Innozenz III. berufen; in ihrem Anspruch auf Mitbestimmung bei der Königswahl überschritten sie eine Grenze, die zuvor von den Päpsten und insbesondere von Innozenz III. respektiert worden war. Die Konstruktion einer Entwicklungslinie von der Dekretale Venerabilem bis zu den Ansprüchen Johannes XXII. ist unhistorisch, beruht auf scheinbarer Kongruenz der Belege des Zettelkastens. Zwischen dem »favor apostolicus« eines Innozenz III. und der Anmaßung des avignonesischen Papstes liegen Welten (und vielleicht auch die Gründe dafür, daß es nach den Clementinen keine offizielle Gesamtkodifikation neuerer Dekretalen mehr gab). Und selbst die Annahme eines Zwischenschrittes während des Pontifikats Bonifaz VIII. mit seinen volltönenden Ansprüchen der Bulle Unam Sanctam täuscht.[76] Dieser blieb auch als Papst Jurist genug, um seine Bulle auf die theoretische Weiterentwicklung des kanonistischen Rechtsdenkens zu gründen. Ganz anders dachte Johannes XXII. Er sah das Recht als Instrument an, das die päpstliche Machtvollkommenheit zur Geltung zu bringen habe. Das ließ ihn zwar zum größten Fiskalpolitiker auf dem Stuhl Petri werden, zu einem Papst, der die Kirche den Bedürfnissen der Kurie dienstbar machte, aber es ließ ihn auch zu dem Papst werden, der an einem schlichten, allerdings nicht unbedarften niederbayerischen Fürsten scheiterte.

Obwohl die päpstlichen Prozesse keine Absetzung Ludwigs aussprechen und damit auch keine traditionellen hierokratischen Argumente ins Spiel bringen konnten, war doch politisch gesehen das Papsttum gezwungen, den »Bavarus« zu entmachten. Schließlich hatte die am 23. März 1324 verkündete Exkommunikation des Königs die Auflösung aller ihm geleisteten Treueeide bedeutet.[77] Das gleiche Problem wie im Jahre 1076 scheint auf. Und dem päpstlichen Vorgehen im Jahre 1080 entsprechend sollte dann 1343 Clemens VI. Ludwig verurteilen, nachdem er ihm – neuer Rechtsformalismus – eine Frist von drei Monaten gesetzt hatte, innerhalb derer er die Herrschaft niederzulegen habe. Nach Ablauf dieser Frist wurde der Wittelsbacher öffentlich als »contumax« schuldig gesprochen.[78] Auf die Rechtsmängel der Prozesse Johannes XXII., die sein zweiter Nachfolger mit dem Verfahren von 1343 zu heilen gedachte, brauchen wir nicht einzugehen. Sie waren allein formaler Natur und sollten dem Prinzip der Häresie des Ungehorsams gemäß innerkuriale Bedenken, die nachdenkliche Kanonisten vorbringen konnten, beschwichtigen. Darauf sollte Wilhelm von Ockham, die erste Wahl Karls IV. kommentierend, heftig antworten: Der Papst sei von der »libido dominandi« so verführt und geblendet, daß er Zwietracht im Reiche zu säen versuche und danach trachte, durch falsche öffentlich verbreitete Prozesse die Wahl eines anderen Herr-

---

76 Zu dieser Bulle vgl. zuletzt: Miethke (2000/II), 83ff.

77 MGH Const. Bd. 5, 692ff. Nr. 881.

78 Kraus (1981/82), 49; Thomas (2002), 95f.

schers zu erreichen.[79] Es wird noch zu beweisen sein, daß die erste Wahl Karls IV. keine Entmachtung des Kaisers bedeutete; zunächst reicht die Feststellung, daß es der Kurie nie gelang, ihre Prozesse gegen Ludwig politisch durchzusetzen.[80]

Unsere Aussage des Scheiterns Johannes XXII. in der Auseinandersetzung mit Ludwig dem Bayern ist zwar nicht von der Forschung,[81] wohl aber von den Zeugnissen der Zeitgenossen gedeckt. Sie stimmen in der Ablehnung der Prozesse des Papstes in deutschen Landen überein. Das zeigte sich schon bei deren Veröffentlichung,[82] wobei etwa der Kölner Erzbischof zögerte, weil er die Reaktion der Kölner Bürger zu fürchten hatte.[83] Die Forschung hat zumeist Ludwig in der Defensive im Kampf gegen den Papst gesehen. Vor Ort sah das ganz anders aus. Konrads von Megenberg Klagegesang über die Lage der Kirche in Deutschland, die durch den Kampf der Kurie darniederliege, war zutiefst berechtigt.[84] Ludwig der Bayer konnte 1340 feststellen, es sei doch seit alters her und auch in der Gegenwart bekannt, wie feindlich die Laien den Geistlichen in einer Stadt gesonnen wären.[85] Die Laien standen geschlossen auf der Seite ihres Kaisers. Trotz aller kirchlichen Zensuren konnte Ludwig seine Aufgabe als oberster Richter im Reich im gewohnten Stil wahrnehmen.[86]

---

79 De imperatorum et pontificum potestate, ed. Offler, 317f.

80 Zu Recht konstatierte Miethke (2002), 64 die »mangelnde Durchschlagkraft kurialer Bannflüche«.

81 Trotz der grundlegenden Biographie von Heinz Thomas (1993) herrscht immer noch die Meinung von einem Scheitern Ludwigs vor. Bezeichnend etwa eine weder von den Quellen noch von der Darstellung des Themas Reichsvikariat her gedeckte und als selbstverständliche Gewißheit in die Feder geflossene Bemerkung einer ansonsten sehr quellennah arbeitenden Historikerin: »Nachdem Karl IV. im Jahre 1346 seine Herrschaft angetreten hatte, musste er seine Vikariate auf den Trümmern errichten, die ihm die Regierungszeit Ludwigs des Bayern ... hinterlassen hatte.« Heckmann Bd. 2 (2002), 679.

82 Martin Kaufhold, Öffentlichkeit im politischen Konflikt. Die Publikationen der kurialen Prozesse gegen Ludwig den Bayern in Salzburg. ZHF 22 (1995), 435–454.

83 Huber (1983), 60f. Auch der Mainzer Erzbischof zögerte die Veröffentlichung so lange es ging hinaus. Ebd., 58f. Balduin von Trier hat zeitlebens diese Prozesse nicht publizieren lassen. Ebd., 63f. Johann von Böhmen hatte ebenfalls die Publikation verweigert, obwohl er seit 1323 mit dem Wittelsbacher verfeindet war. Ebd., 62.

84 Vgl. Klagelied bes. c. 12f., ed. Kusch, 30f.

85 »cum clericis layci opido sint infesti, ut tradit antiquitas et modernorum temporum experiencia docet.« Urkundenregesten Hofgericht Bd. 5, Nr. 361.

86 Vgl. nur Battenberg, in: Urkundenregesten Hofgericht Bd. 5, XXVIIIff.

3. Die Verteidigung der angefochtenen Herrschaft Ludwigs des Bayern in deutschen Landen: die öffentliche Meinung

Die Herrschaft des »Bavarus« – Anspruch auf Öffentlichkeit der Prozesse, Appellationen, Mandate und Verteidigungsschriften – Wissenschaft im Schatten des Streits: traditionelle und zukunftsweisende Argumente – der verborgene Bezugspunkt: das Reich – die Aussagen des Hausbuches Michaels de Leone – die öffentliche Meinung als Rückhalt des Herrschers – die Aussage reichsstädtischer Verweigerung einer Lösung vom Bann gemäß päpstlicher Vorgaben im Jahre 1347

Wenn die Entmachtungs- und Neuwahlpläne der Zeit Ludwigs des Bayern untersucht werden, so ist es nützlich, vorab eine schlichte Frage zu stellen: Ist Ludwig der Bayer jemals abgesetzt oder zumindest seiner Rechte beraubt worden? Diese einfache Frage wurde zwar in Avignon für beantwortet gehalten, aber die eigentliche Antwort mußte in deutschen Landen getroffen werden. Wurde hier die von Johannes XXII. verkündete »privatio iuris« Ludwigs des Bayern überhaupt akzeptiert? Diese Frage wurde bisher über die politische Geschichte zu beantworten versucht. Ohne diese ausklammern zu wollen, glauben wir doch die entscheidende Antwort in den Einstellungen der Zeitgenossen zu finden. Dafür sei die im folgenden zu begründende These vorgestellt. Die öffentliche Meinung begegnet zur Zeit Ludwigs des Bayern nicht mehr als eine neben den großen politischen Aktionen herlaufende, vom Historiker allenfalls illustrierend heranzuziehende Erscheinung, sondern sie ist in einem Maße, wie es zuvor noch nicht zu beobachten war, bereits ein politischer Faktor von einer solchen Bedeutung geworden,[87] daß wir unsere These noch zuspitzen können: In deutschen Landen galt der Wittelsbacher unbeschadet der Anfechtung durch den Papst als der wahre Herrscher.

Sowohl Papst als auch Kaiser waren gleichermaßen auf die öffentliche Meinung angewiesen. Ein Detail mag sowohl diesen Zusammenhang als auch die Frage erhellen, welche »Medien« die öffentliche Meinung zu beeinflussen versuchten. Heinrich von Diessenhofen überliefert, daß Ludwig seinen »processus« (gemeint ist in diesem Fall das Mandat »Fidem catholicam«) in voller Länge an der Frankfurter Marienkirche und den Schluß durch den Anschlag an der Frankfurter Bartholomäuskirche veröffentlicht. Gleichsam durch Heroldsruf (»quasi sonore praeconico«) hätte er damit seinen Standpunkt allen zu verstehen gegeben, damit niemand Unkenntnis vorschützen könne.[88] Das entsprach, weil der Kampf zwi-

---

[87] Das hatte bereits Schütz (1985), 85 erkannt.

[88] Berthold (1960), 270. Vgl. Heinrich von Diessenhofen, edd. Johann Friedrich Boehmer und Alfons Huber, 29f. Zur Verbreitung der Sachsenhäuser Appellation vgl. Schütz (1985), 67.

schen Papst und Kaiser auch ein Kampf um die öffentliche Meinung war, bis in das gewählte sprachliche Bild hinein dem Verfahren, mit dem Johannes XXII. in seinem an Ludwig gerichteten Ultimatum gedroht hatte: Der Papst werde, falls der Wittelsbacher nicht einlenke, die Urteile an der Kirche in Avignon anschlagen lassen, damit sie wie durch einen Heroldsruf (»quasi sonoro praeconico«) allen bekannt würden. Niemandem könne dann verborgen bleiben, was so allen öffentlich verkündet worden sei (»quod tam patenter omnibus publicatur«).[89] Die vom Wittelsbacher ebenso wie vom Papst gebrauchte Metapher des Heroldsrufes enthält eine ganz schlichte Folgerung. Bei der Beantwortung der Frage nach der Entmachtung des Kaisers durch den Papst ist nicht einfach von einer Interpretation der als Heroldsrufe zu qualifizierenden Verlautbarungen auszugehen, wobei Papst und Kaiser als gleichberechtigte Gegner erscheinen. Illusion der schriftlichen Überlieferung. Die Wirkung der Heroldsrufe ist zu prüfen.

Die Bedeutung der öffentlichen Meinung zur Zeit Ludwigs des Bayern ist im Prinzip nicht neu. Der Kommentar des gemeinen Mannes zu den Handlungen der Großen läßt sich schon für frühere Zeiten in seiner Eigenständigkeit belegen. Die Mehrdeutigkeit von »fama« durchzieht das ganze Mittelalter. Politische Lyrik auch in Gestalt der vom Herrscher abhängigen Auftragslyrik ist seit karolingischer Zeit nachweisbar. Das Neue zur Zeit Ludwigs des Bayern liegt darin, daß sich die verschiedenen Öffentlichkeitskreise von der monastischen über die gelehrten, über die adelig-höfischen, bis hin zu denen des gemeinen Mannes untereinander überschneiden können. Das heißt zwar noch nicht, daß eine allgemeine, die verschiedenen sozialen Kreise integrierende öffentliche Meinung entstanden sei, aber es heißt doch, daß die Meinungsbildung bereits auf dem Weg ist, die jeweilige Isolation in ständisch gebundenen Zirkeln zu verlassen. Das hängt nicht zuletzt damit zusammen, daß die Formen der Publizistik, so traditionell sie im einzelnen noch erscheinen, in einer popularisierenden Intensität zur Zeit Ludwigs des Bayern angewandt wurden, die vorher unbekannt war.

Die öffentliche Meinung war als politischer Faktor, auf den die Herrschenden Rücksicht zu nehmen hatten, schon im 13. Jahrhundert unübersehbar geworden. Ende dieses Jahrhunderts hatten ihn Gelehrte als konstitutiv für wahre Herrschaft erklärt. Die »multitudo«, das Volk also, hat nach Meinung von Kommentatoren des Aristoteles das Recht, einen Fürsten zur Ordnung (»ad correctionen principis«) zu rufen.[90] Solche Vorstellungen wirkten sich allmählich zur Zeit Ludwigs des Bayern aus. Marsilius von Padua ist hierin keineswegs originell, wenn er zwar

---

[89] MHG Const. Bd. 5, 618 Nr. 789.

[90] Schreiner (1987), 212. Im gleichen Sinne erklärte Aegidius Romanus die Zustimmung des ganzen Volkes (»consensus totius populi«) zur Voraussetzung bei der Bestellung städtischer Beamter. Ebd., 209.

das Herumnörgeln an einem Herrscher tadelt, aber die öffentliche Meinung »für ein konstitutives Element einer stabilen politischen Ordnung« hält.[91]

Zunächst sei auf die traditionellen Elemente der öffentlichen Meinung eingegangen, bevor deren Neuerungen zur Zeit des Wittelsbachers darzustellen sind. Den Zeitgenossen in deutschen Landen galt Ludwig wie selbstverständlich als ihr König. Ein Herrscher mußte nach hergebrachter Ansicht das Volk in seiner äußerlichen Erscheinung und in seinen Gesten, in seinem Verhalten des alltäglichen Umgangs als wahrer Herrscher beeindrucken.[92] (Noch Aeneas Silvius sollte von einer »species imperatore digna« sprechen.)[93] Damit enthüllt sich, warum ein bayerischer Chronist in seine Lebensbeschreibung Ludwigs ein im eleganten Latein der Vagantendichtung verfaßte Lobgedicht aufnahm, das die äußere Gestalt des Wittelsbachers bei dessen Einzug in Aachen 1314 zu rühmen wußte: Die starken Augenbrauen des Herrschers, die durchdringenden Augen und nicht zuletzt der glänzende runde Nacken lassen, nachdem auch die Königin gelobt worden ist, die Kirche über einen solchen König frohlocken.[94]

Dem Carmen vom Beginn der Herrschaft Ludwigs, eine Huldigung, für die der Verfasser Lohn erwarten konnte, entspricht die Schilderung in nüchterner Prosa am Ausgang dieser Herrschaft. Heinrich von Herford schildert Ludwig: Ein Herrscher mit glänzenden Gaben und vor allem ein Herrscher von glänzendem Aussehen. Der Geschichtsschreiber beendet seine Schilderung mit der Bemerkung: Alles dieses habe Ludwigs hartnäckige Empörung gegen den Heiligen Stuhl verdunkelt und belanglos werden lassen (»denigravit ... et exinnanivit«).[95] Heinrich von Herford widerlegt sich selbst, ist selbst Zeuge dafür, daß seine Schlußfolgerung lediglich seine private Meinung widergibt, vielleicht auch nur eine Meinung, die er in Rücksicht auf kirchliche Autoritäten formulierte. Denn erkennbar ist der Chronist von Ludwig fasziniert. Dreißig Zeilen – im modernen Druck – benötigt er, um dem Lob des Kaisers gerecht zu werden, nur vier Zeilen, um dieses Lob im kurialen Sinne zu relativieren. In der Faszination durch Gestalt und Habitus erkennen wir wieder, was im Jahre 1314 das Lobgedicht behauptet hatte, das doch offenbar mehr als eine höfische Schmeichelei war. (Der Sinn der Aufnahme dieses Gedichtes

91 Ebd., 211f.

92 Vgl. die Schilderung des Aussehens Balduins von Trier, »weil ja unsere geistigen Kräfte der Beschaffenheit unseres Körpers entsprechen«, in den Gesta Treverorum. Emil Zenz (Hg.), Die Taten der Trierer. Gesta Treverorum. Bd. 5. Balduin von Luxemburg 1307–1354. Trier 1961, 19f.

93 Schubert (1979), 60. – Die Vorstellung ist uralt. Bereits Widukind von Corvey rühmte den kräftigen Körper Ottos I., der aller königlichen Würde entspreche (»moles corporis omnem regiam ostendens dignitatem«.) Widukind II. 36, edd. Albert Bauer – Reinhold Rau, Quellen zur Geschichte der sächsichen Kaiserzeit. (AusgewQ 8) 1971, 118. Zur gewinnenden äußeren Erscheinung Friedrichs II. als politischem Faktor vgl. Sommerlechner (1999), 426.

94 Chronica de gestis principum, ed. Leidinger, 125.

95 Heinrich von Herford, ed. Potthast, 271.

in die Chronik des Fürstenfelder Mönches war ja nicht der, seinen Mitbrüdern den Herrscher vorzustellen, den sie kannten, sondern ihnen Verse vorzutragen, die dessen beeindruckende Gestalt angemessen beschrieben.)

Ludwigs äußere Erscheinung war ein politischer Faktor, den Konrad von Megenberg in seinem Planctus der Kurie zu bedenken gegeben hatte – nur daß Konrad, noch von einer Einsichtsfähigkeit in Avignon ausgehend, eine Hoffnung hegte, die Heinrich von Herford nicht mehr teilen sollte. »Wenn du ihn sehen könntest«, so leitet der Megenberger seine Schilderung Ludwigs ein: Die Natur habe den Herrscher reich beschenkt, er sei die Krone der Ritterschaft. Die äußere Erscheinung ist von der charakterlichen Haltung nicht zu trennen. Diese weitverbreitete mittelalterliche Auffassung, die im Carmen ebenso wie bei Heinrich von Herford mitschwang, ist bei Konrad von Megenberg deswegen so deutlich herausgestellt, weil er hofft, mit diesem Hinweis auf die öffentliche Wirkung Ludwigs Einsicht an der Kurie zu errreichen: Wer den Kaiser kenne, fordere für ihn Verzeihung (»Ipsum qui noscit, veniam pro principe poscit«).[96]

Herrscherlob ist eine überzeitliche Erscheinung. Aber der Kontext der zitierten Zeugnisse warnt davor, diese als rein literarisch zu betrachtende Ansammlung von Topoi abzutun; sie sind eminent politisch. Deshalb wurde der nur widerwillig lobende Heinrich von Herford zitiert, weil er bestätigt, was Konrad von Megenberg in anderem Zusammenhang hervorgehoben hatte: Die Menschen sind von diesem Ludwig als Person überzeugt. Beide Autoren sind nicht der panegyrischen Tradition in ihrem Herrscherlob verpflichtet; sie reagieren auf allgemeine Einstellungen, auf die öffentliche Meinung.

Ebenso wie die Doppelwahl des Jahres 1198 löste auch die des Jahres 1314 einen Meinungsstreit aus, der jetzt zwar keinen Walther von der Vogelweide als Meinungsführer kennt, wohl aber aufgrund größeren Quellenreichtums das Ausmaß der Leidenschaftlichkeit deutlich werden läßt, mit der im Volke für Ludwig den Bayern oder Friedrich den Schönen Partei genommen wurde: »Zwietracht ergriff weit und breit die Gemüter; in allgemeiner Parteiung schließt sich dieser dem einen, dem anderen jener an. Der Geistliche und der Laie, der Reiche wie der Arme, alle befehden einander und streiten ohne Unterlaß, denn von dem Gift dieser Parteibildung blieb keine Stadt oder Burg, keine Landschaft, keine Provinz rein und unangesteckt.«[97] Dieser Bericht eines Zeitgenossen übertreibt nicht. Ein Beispiel: Die Städte Speyer und Worms verbündeten sich, um in diesem Thronstreit, »dirre zweiungen«, eine gemeinsame, eine neutrale Haltung zu gewinnen.[98] Nicht, um sich gegen die streitenden Könige zu behaupten, brauchten die Ratsherren die Gemeinsamkeit, sondern um gemeinsam der streitbaren Parteibildungen in ihrer

---

96 Klagelied c. 44, ed. Kusch, 78.

97 Chronica de gestis principum, ed. Leidinger, 77. Vgl. Schütz (1985), 59f.

98 Kaufhold (1994), 34.

Bürgerschaft Herr zu werden. An die Leidenschaftlichkeit der Auseinandersetzung erinnert sich ein Zeitgenosse: Was war das damals nicht für ein furchtbarer Streit gewesen. Lautstark bekämpften sich die Anhänger der verschiedenen Lager. Große Unruhe entstand deswegen in der Bevölkerung. Die einen priesen Ludwig, die anderen Friedrich (»O quantus strepitus tunc fuit, quantusque mugitus / Pars fremit adversa, clamant alii vice versa / Effecitur multus mox in populoque tumultus, / Hi Ludewicum laudant, alii Fridericum«).[99]

Wie seit langem gewohnt, werben Lieder für die jeweiligen Standpunkte. Wenigstens einige unter diesen ansonsten verlorenen Versen hielt, sofern sie dem Interesse des bayerischen Landesherrn dienten, der Geschichtsschreiber des Klosters Fürstenfeld für die Nachwelt fest. Ein Spottgedicht nimmt er in seine Darstellung auf: Friedrich der Schöne wird auf freiem Feld gekrönt, ein Faß, in das er auch prompt fällt, dient ihm als Thronersatz.[100] Während über die Krönung Ludwigs des Bayern die Kirche jubeln kann,[101] ist durch Friedrichs Erhebung für Jahrhunderte Trauer der Kirche angesagt: Was habt ihr an Ehren reichen Kurfürsten nur getan (Walthersche Ironie lebt weiter). Ein solches Schisma ist seit Jahrhunderten noch nicht dagewesen. Auch von der Kirche ist ein dreifaches Wehgeschrei zu erheben (»O vos domini electores / quare vobis res et honores / Quia non est auditum tale scisma / per seculorum secula / unde ortum est ecclesie / ex omni parte ve, ve, ve«).[102] Bei diesen Schlußversen muß man bedenken, daß sie im Mönchskonvent laut vorgelesen werden; der Klageruf wird gehört. Wehgeschrei, »ve, ve, ve«: Die in der Germanistik vielbesprochene Appellstruktur der Texte ist hier ganz sinnfällig, vom Hören her zu verstehen.

Die aufgeregten Kommentare zur Doppelwahl sind ebensowenig neu wie die Reaktionen der Mächtigen. Daß man auf die öffentliche Meinung zu achten habe, war den Großen seit langem klar. Schon 1315 hatte Ludwig der Bayer seinen Nürnberger Hoftag einberufen, eine Heerschau gewissermaßen über seine Anhängerschaft, damit »der schwätzeren böse münd verschlossen werdint«.[103] Wie schon im 13. Jahrhundert waren die Mächtigen gezwungen, Gerüchte ernst zu nehmen. So schreibt Johannes XXII. 1324 empört an Johann von Böhmen, daß jene »rumores«, die behaupten, der Papst wolle den Kurfürsten das Wahlrecht rauben, selbstverständlich nicht wahr seien.[104] Johannes XXII. aber wußte selbst, wie bedeutsam solche »Flugreden« waren. Er dankte 1327 dem Kölner Erzbischof für

99 Peter von Zittau, ed. Loserth, 386.

100 Chronica de gestis principum, ed. Leidinger, 126.

101 »Congaudet et ecclesia / de tanti regis gloria / per infinita saeculorum secula«. Ebd., 125.

102 Ebd., 126.

103 MGH Const. Bd. 5/1, 204 Nr. 232.

104 Berthold (1960), 154 (nach: Vatikanische Regesten zur Geschichte des Rheinlandes Bd.1, 317 Nr. 672).

die Informationen zur Lage in Deutschland und die hier herumschwirrenden »rumores«.[105]

Bei dem fast völligen Überlieferungsverlust der mündlich tradierten öffentlichen Meinung, ist natürlich nur auf indirektem Wege ihre Bedeutung abzuschätzen und damit ist auch der Nachweis des Neuen zur Zeit Ludwigs des Bayern nicht ganz einfach. Einen Vergleichsmaßstab aber gibt es. Die überreiche Streitschriftenliteratur des sogenannten Investiturstreits war im 14. Jahrhundert vergessen, aber nicht die Publizistik der spätstaufischen Zeit. Es fällt auf, daß die wütenden Denunziationen – Otto IV. ist Satan, Friedrich II. Vorläufer des Antichrist, wenn nicht dieser selbst – in den publizistischen Kämpfen der Zeit Ludwigs des Bayern fehlen oder zumindest sehr zurückgenommen sind, obwohl die entsprechenden Enzykliken in beiden Lagern bekannt waren. Im Grunde erzielt erst jetzt die Propaganda Friedrichs II. jene Breitenwirkung, die sie zu ihrer Zeit, als sie »zu weit von der öffentlichen Meinung entfernt« blieb,[106] nicht hatte. Wenn aber in der Auseinandersetzung zwischen Johannes XXII. und Ludwig dem Bayern die »wechselseitigen Diffamierungskampagnen« nicht die Heftigkeit wie in spätstaufischer Zeit erreichen,[107] üben sich beide Seiten nicht in Zurückhaltung, sie wissen vielmehr inzwischen, was nicht in der Öffentlichkeit wirkt; denn auch das wird ein neues Element in der Meinungsbildung während der Herrschaftszeit Ludwigs werden: Nicht mehr allein Taten der Großen, sondern auch Rechtsstandpunkte werden zum Gegenstand allgemeiner Diskussionen.

Nach 1323 setzten beide Seiten auf die gelehrte Argumentation; was für frühere Zeiten allenfalls zu vermuten ist, wird jetzt beweisbar. Die gelehrte Argumentation, sei sie in Traktat-, sei sie in Mandatsform niedergelegt, schloß die Wendung an die Öffentlichkeit ein; es ist nicht zu befürchten, daß die Streitschriften von modernen Wissenschaftlern intensiver gelesen werden als von den Zeitgenossen. Denn Enzykliken wie zum Beispiel »Fidem catholicam« werden nunmehr an den Toren von Kirchen angenagelt. Durch ihre Länge beeindrucken sie auch optisch.[108] Man braucht den Text gar nicht in seinen Subtilitäten zu verstehen: Wer soviele Gründe aufzählen kann, muß Recht haben.

Zu erinnern ist daran, daß der öffentliche Anschlag, die »publicatio in valvis« im Spätmittelalter zur allgemeinen Amtspraxis der Kirche wurde. Clemens V. hatte bereits festgelegt, daß eine Anklage und Vorladung an die Kurie durch Anschlag an der Hauptkirche des Ortes, in dem sich der Papst gerade aufhalte, erfolgen könne.[109]

---

105 Regg. Köln Bd. 4, 1653.

106 Sommerlechner (1999), 150.

107 Ebd., 137.

108 Vgl. Berthold (1960), 248–270.

109 Kaufhold (1994), 437f.

In der seit Bonifaz VIII. vorgeschriebenen und durch Clemens V. präzisierten Form der Publikation von Prozessen ist eine neue Respektierung der Öffentlichkeit zu erkennen. Auch auf kaiserlicher Seite bemühte man sich, den Graben zwischen literater Argumentation und oraler Rezeption einzuebnen. So unselbständig die Kanzlei des »Bavarus« in der wörtlichen Übernahme der Herrschaftsrepräsentation spätstaufischer Urkundensprache erscheint, so hat sie doch für ihre Diplome in einem bis dahin unbekannten Ausmaß die illuminierende Darstellung der Herrschermacht verwendet, hat die literate staufische Urkundensprache in Bilder, die von einer oralen Öffentlichkeit verstanden werden konnten, übersetzt.[110]

Wenn der Kampf der Kurie in Avignon mit Ludwig dem Bayern auf eine Auseinandersetzung zwischen geistlicher und weltlicher Macht reduziert wird, so entspricht das zwar den Grundpositionen, mit denen sich in der überreichen Streitschriftenliteratur Gelehrte beider Seiten traditionelle Argumente die Ohren schlugen,[111] übersieht jedoch die geringe Wirkung der meisten dieser Schriften auf die Öffentlichkeit. Daß innerhalb dieses erregten Gelehrtenstreits – erstaunlich, was den erhaltenen Bruchstücken zufolge allein die Franziskaner im Umkreis Ludwigs des Bayern produzierten[112] – die den Eigenwert des weltlichen Staates betonenden Gedanken eines Marsilius von Padua und eines Wilhelm von Ockham formuliert wurden, sollte zwar für die Zukunft bedeutsam werden, blieb aber in der aktuellen politischen Situation ohne größere Wirkung.[113]

Angesichts der Bedeutung, die von Papst und Kaiser der öffentlichen Meinung zugemessen wurde, angesichts auch des Strukturwandels dieser öffentlichen Meinung, in der über personale Wertungen hinaus inzwischen institutionelle Fragen diskutiert werden können, wäre es eine unzulässige, eine schematische Vereinfachung, jede längere Streitschrift als wirkungslos anzusehen. Eine – von uns nicht zu leistende – Prüfung des Einzelfalls ist anzuraten. Denn bereits in den Traktaten der Zeit um 1300 bilden die »sapientes« und die »periti« eine Entscheidungsinstanz über die Streitfragen zum Verhältnis von päpstlicher und königlicher Gewalt.[114] Die damaligen Kommentatoren des Aristoteles verpflichten geradezu die »eruditi«

---

[110] Christa Wrede, Leonhard von München, der Meister der Prunkurkunden Kaiser Ludwigs des Bayern. 1980. Vgl. auch Ingrid Matison, Die Lehnsexemtion des Deutschen Ordens und dessen staatsrechtliche Stellung in Preußen. DA 21 (1965), 194–248, hier: 222ff.; Spieß (2001), 279.

[111] Vgl. nur Scholz (1911 und 1914).

[112] Vgl. nur Miethke (1998), 193.

[113] Vgl. dazu das ernüchternde Fazit bei Miethke (1998), 174f. (zu Wilhelm von Ockham), 177ff. und 182ff. (zu Marsilius von Padua). – Einen direkten Einfluß, einen intellektuellen Spaß glauben wir allerdings in dem kaiserlichen Dekret Licet iuris finden zu können. Mit der Bulle Licet iuxta doctrinam hatte am 26. Oktober 1327 Johannes XXII. die von Marsilius von Padua vertretenen Thesen von der kaiserlichen Gewalt über die Güter der Kirche verworfen.

[114] Jürgen Miethke, Zeitbezug und Gegenwartsbezug in der politischen Theorie im 14. Jahrhundert, in: Antiqui und Moderni. (MiscMed 9) 1974, 262–292, bes. 268ff. und 272ff.

und »prudentes« zur kritischen Prüfung der Mächtigen.[115] (Das ist einer der Gründe, warum man nicht mehr mit Beziehungen auf Satan und Antichrist um sich schlägt.) Diese Öffentlichkeit der Gelehrten lebt von der schriftlichen Kommunikation.[116] Gelehrte Schriften können zugleich Polemiken im Dienst von Kaiser oder Papst sein. Den Gesetzen »Fidem catholicam« und »Licet iuris« folgten eine Fülle von Gutachten (vielleicht sogar auch von Flugblättern[117]) vor allem aus minoritischen Kreisen, die »auf eine weite Verbreitung berechnet waren.«[118]

Die »periti« übten einen entscheidenden Einfluß auf die Gestaltung der Streitschriften aus,[119] es lag in ihrer von der Öffentlichkeit getragenen Autorität begründet, daß im Gegensatz zur Publizistik der spätstaufischen Zeit ein Rückzug von der Demagogie der Satan- und Antichrist-Apostrophierungen zu beobachten ist. Dabei ist der minoritische Hintergrund dieser »periti« in ihrer Wirkung auf die Öffentlichkeit nicht gering zu veranschlagen. Deswegen ist es aber auch schwer, die Wirkung der einzelnen Streitschriften abzuschätzen. (Das ist selbst ein halbes Jahrtausend später schwer, als immerhin über Subskribentenverzeichnisse erste Anhaltspunkte gegeben werden.) Bestand unter den streitenden Parteien wenigstens Einigkeit über den Gegenstand des Streits? Wie wenig dies der Fall war, zeigt sich in dem Werben der Streitschriften um die öffentliche Meinung. Über die traditionellen, auf den aktuellen Fall vielfach gar nicht passenden hierokratischen Argumente wurde gestritten. Bei allen im kurialen Interesse verfaßten Schriften und notwendigerweise auch bei deren Widerlegung ging es zunächst um abstrakte Deutungen zum Verhältnis von Regnum und Sacerdotium. Das aber war eine Frage, die den Gemeinen Mann allenfalls mäßig interessierte. Neben dem lauten Gelehrtenstreit stand das stille Fragen der Zeitgenossen nach ihrem Gemeinwesen, was unter den Gelehrten vor allem Lupold von Bebenburg und Konrad von Megenberg zu beantworten versuchten,[120] das Fragen, was das Reich sei. Unsere Adjektive »laut« und »leise« sind allein von dem historiographischen Nachhall gerechtfertigt. Bei der unmittelbaren Wirkung auf die Zeitgenossen können diese Adjektive im umgekehrten Sinne verwendbar sein.

Das sogenannte Hausbuch des Würzburger Stiftsherrn Michael de Leone überliefert sowohl gelehrte als auch populäre Reichstraktate. Dadurch ist der Weg in die Öffentlichkeit der Laien zu erkennen, der Lupolds von Bebenburg »Ritmaticum«

---

115 Schreiner (1987), 212.

116 Dazu grundlegend: Jürgen Miethke, Marsilius und Ockham. Publikum und Leser ihrer politischen Schriften im späteren Mittelalter. Medioevo 6 (1980) (= Marsilio da Padova 2), 543–567.

117 So, vielleicht allzu sicher: Scholz Bd. 1 (1911), 163.

118 Ebd.

119 Miethke (2000/II), 297 ff.

120 Zu den Autoren vgl. die Literaturhinweise bei Miethke (1998), 205 Anm. 101 und Miethke (2002), 71 f. Zu Konrad von Megenberg vgl. auch Schlinker (1999), 324 ff.

vorbestimmt war.[121] Das gelehrte lateinische Gedicht ist durch den Pfarrer Otto Baldemann von Karlstadt mit erweiternden Ausschmückungen ins Deutsche übertragen[122] und in einem weiteren Schritt durch Lupold Hornburg, den »langen Lupold«, popularisiert worden.[123] Alle drei Autoren gehören zu einem Kreis, den das berühmte Hausbuch versammelt.[124] Der reiche Stiftsherr – sein »Löwenhof« sollte 1402 der ersten Würzburger Universität als Heimstatt dienen – vermittelt zwischen Klerikern und Laien, vermittelt im Sinne des geistigen Austausches, zu dem Literatur und politische Traktate gleichermaßen gehören. Es war ein Zufall, daß diese private Sammlung die Zeiten überdauert hat. Die Bezeichnung »Hausbuch« ist eine terminologische Verlegenheitslösung für eine Geschichtsquelle, die weder in die weltliche noch in die kirchliche Archivierungstradition paßt. Diese für den Historiker glückliche Zufälligkeit ermöglicht Einblicke in die Diskussion zwischen Gelehrten und Laien. Das erscheint uns gerade bei der räumlichen Distanz zwischen der Bischofsstadt Würzburg und der kaiserlichen Residenzstadt München aufschlußreich. Viel realitätsnäher und intensiver als in der sogenannten »Hofakademie« Ludwigs wurde im Umfeld des Michael de Leone über das Reich und seine Würde nachgedacht. Die Geschichte des Reiches spielte im Würzburger Gelehrtenkreis eine ungleich bedeutendere Rolle als im Münchner. Andere Argumentationsebenen entstanden dort, wo deutsche Verse geliebt wurden, und dort, wo die gelehrte Tradition kritisch und sorgfältig geprüft wurde – wir erinnern nur an Wilhelms von Ockham korrektes Referat der Meinungen seiner Widersacher. Aber hier wie dort, ob München oder Würzburg, galt bei allen Unterschieden in der Argumentation: Ablehnung der päpstlichen Prozesse.

Als der zum Leone-Kreis zu zählende Landpfarrer von Ostheim bei Aschaffenburg, Otto Baldemann, das »Ritmaticum« 1341 in deutsche Verse umdichtet, nimmt er sich große Freiheiten gegenüber seiner Vorlage.[125] Alles, was er hinzufügt, verändert zwar nicht die Aussagen Lupolds, gestaltet diese aber faßlicher, für den Gemeinen Mann verständlicher. Was sollte dieser auch mit Formulierungen von der Transpersonalität des Reiches anfangen? Abstrakte Gelehrsamkeit wird sinnfällig, wenn zum Beispiel die weibliche Allegorie für das Reich bei Otto Baldemann zu einer in Schmuck und Auftreten so beeindruckenden Gestalt wird, daß

121 Lupold von Bebenburg, Ritmaticum querulosum et lamentosum de modernis cursibus et defectibus regni ac imperii Romanorum, edd. Bell – Gudde (1945), 266ff. Vgl. Schlinker (1999), 321ff.

122 Otto Baldemann, Von dem Romschen Riche eyn clage, ed. Valli (1957).

123 »Dyse rede ist von des Ryches clage«, edd. Bell – Gudde, 199ff. – Lupold Hornburg macht kein Geheimnis aus seiner Vorlage: »Von Karlstat Otte Waldeman / Vieng die rede zu tichten an, / Die der lange Luppolt hat / Geraubet hie an maniger stat.« V 591ff., edd. Bell – Gudde, 218.

124 Horst Brunner (Hg.), Das Hausbuch des Michael de Leone (Würzburger Liederhandschrift) der Universitätsbibliothek München (2° cod. ms. 731). (Litterae 100) 1983.

125 Das betont und begründet Valli (1957), 16ff. gegenüber der älteren Forschung.

der Dichter sie, seine Leser und Hörer überzeugend, zunächst für Maria halten darf.[126] Das wird zwar umgehend berichtigt, aber den Laien soll nicht eine Allegorie, sondern eine konkret faszinierende Personifizierung vorgestellt werden. Maria hatte von den Engeln (»uz engil kore«) den einen gesandt, der dem Dichter sagen kann: »Ich binz daz romisch riche«.[127]

Von Lupold von Bebenburg bis zum »langen Lupold« stellen sich die dem Würzburger Leone-Kreis zuzuordnenden Autoren als Verkünder dessen dar, was ihnen das personifizierte Reich gesagt habe. Aber erst Otto Baldemann und Lupold Hornburg verwenden dafür die prophetische Gebärde. Diese aber ist mehr als ein Stilmittel. Sie weist auf einen Rationalisierungsvorgang im politischen Denken. Die Zeiten Friedrichs II. sind vorbei, von denen die Prophetie von einem apokalyptischen Gegensatz zwischen Papsttum und Kaisertum ausging. Wenn die damalige Historiographie »an diesen Herausforderungen vorbei« ging und »den Sinn der Geschichte den Theologen« überließ,[128] so kann davon im Leone Kreis keine Rede mehr sein. Die prophetische Gebärde verstärkt der »lange Lupold« noch durch Elemente der Predigt, die er in Passau an Fürsten, Grafen und Adel gerichtet haben will.[129] Der Jurist Lupold von Bebenburg hingegen versteht seine Rolle als die einer öffentlichen Person. Er definiert sie durch die zu seiner Zeit üblich werdende Begründung für die Publikation von Mandaten: Seine »Informationen« durch das personifizierte Reich verkündet er öffentlich (»patenter publico«), damit sich niemand auf Unkenntnis herausreden könne: »Germanis hec patenter / Publico nobilibus, nec cesso publicare, / Ne per ignorantiam se possint excusare«.[130] Bis in die Wortwahl (niemand könne sich mit Unkenntnis herausreden) wird hier die Wirkung sichtbar, welche die Veröffentlichung päpstlicher Prozesse und kaiserlicher Mandate erreicht hatten.

Auf den ersten Blick scheinen die Gedichte nichts mit der politischen Situation zu tun zu haben; kein Wort über Ludwig den Bayern, kein Hinweis auf die große Auseinandersetzung mit dem Papsttum.[131] Politisch wirksam werden sie aber gerade dadurch, daß sie sich so dezidiert der Aktualität entziehen. Sie appellieren an die den Deutschen als überzeitliche Aufgabe gestellte Verantwortung für das Reich, für eine göttliche Stiftung. Alle drei Autoren sind sich darin einig: Zwischen Reich

---

126 Valli (1957), 81f.

127 Ebd., V. 156. Das ist eine direkte Übersetzung aus dem Ritmaticum, edd. Bell – Gudde, 266 (V. 30): »Ego sum … sacrum imperium Romanum«.

128 Sommerlechner (1999), 229.

129 Edd. Bell – Gudde, 217f. – Die Autorität der Predigt leiht sich der Dichter direkt in »das Langen Luppoldes hornburgs von Rotenburg Lantpredige«, edd. Bell – Gudde, 178ff.

130 V. 176ff., edd. Bell – Gudde, 270.

131 Eine versteckte Aktualisierung gestattet sich Lupold Hornburg als er, von seiner Vorlage abweichend, Heinrich VII., den Großvater Karls IV., erwähnt und ihn als »gotes degen« rühmt. V. 457, edd. Bell – Gudde, 213.

und König besteht ein objektiviertes Verhältnis.[132] Das Reich in deutschen Landen ist eben kein Königreich wie Frankreich, England, Kastilien. Der Kaiser ist Pfleger des Reiches, ist sein Vormund. Einen Julius Caesar hat sich das personifizierte Reich zum ersten Kaiser erwählt: »Dor noch zu pfleger ich auch nam / Julium, den werden leigen«.[133] Der Kaiser als Pfleger des Reichs: Nichts anderes hatte in spätstaufischer Zeit Reinmar von Zweter behauptet. Was damals aber noch die Stimme eines Einzelnen war, hat jetzt allgemeinere Verbreitung gewonnen. Wenn Otto Baldemann im offenen Widerspruch zur päpstlichen Auslegung der Kurfürstenfabel die Einsetzung des Wählergremiums auf Otto I. zurückführt, so läßt er das Reich sagen: »An sine fursten satzt her daz, / Daz sie mir setzten pflegir«.[134] Neben den Begriff des Pflegers kann auch der des Vormunds treten, um das Verhältnis von Kaiser und Reich zu beschreiben. Als »Prophet« des personifizierten Reiches kündet der Dichter: »Hie vor ein keiser was vormunt / Des richis und pflag nichtis / Denn rechtis und rechtis gerichtis.«[135]

Der Kaiser als Vormund, als Pfleger des Reiches: Das personifizierte Reich ist für Otto Baldemann »Die herrin Thutscherlande«.[136] Deshalb ist die Klage des Reiches nicht nur an den Kaiser, sondern an den Adel insgesamt gerichtet: »Ich mein sie allegemeine, / Die Keiser nicht alleine: / Die graven, frien, fursten, / Die nicht nach erin dursten.«[137] Schon bei Lupold von Bebenburg erhält der Dichter den Auftrag vom Reich, Fürsten und Adel zur Besserung der Zustände anzurufen, sie an ihre Pflicht zur Wahrung des »bonum commune« zu erinnern.[138] Die Klage des Reichs ist in allen drei Gedichten eine Klage über die Fürsten.[139] Alle drei Autoren gehen von der Verantwortung des gesamten Adels für das Reich aus. Am ausführlichsten ist dabei die Mahnung Lupold Hornburgs. »Dar nach kom ich in kurtzen tagen / zu bassaw in die guten stat, / Vnd tet, als mich daz ryche bat / Vnd seyt die rede hie vnd do / Den fursten, grofen, sunder dro, / Vnd aller adellichen diet ... Er wer ein dinstman odet eyn freye, / Ein herre, ein ritter, oder ein kneht.«[140] Als Beauftragte des Reichs mahnen die Dichter den Adel: »Ir, die des ryches gut in

---

132 Schubert (1979), 275ff.

133 Otto Baldemann V. 175, ed. Valli, 81 (vgl. ebd. V. 182); fast gleichlautend bei Lupold Hornburg V. 193, edd. Bell – Gudde, 205.

134 V. 302f., ed. Valli, 87.

135 V. 476f., ed. Valli, 92.

136 V. 435, ed. Valli, 91.

137 V 405ff., ed. Valli, 90.

138 »Ex fidei debito, quo michi obligaris, / Principes et nobiles Germanos alloquaris«. V. 138f., edd. Bell – Gudde, 269. Vgl. ebd., V. 149: »Germani primo bonum commune prosequantur.«

139 Ritmaticum V. 100f. und 104, edd. Bell – Gudde: »Nam quamplures nobiles Germani nunc patenter / Inferunt iniurias, michi non seruiendo ... / Et nonnulli principum sunt mei proditores.« – Diese Klage werden Otto Baldemann und Lupold Hornburg übernehmen und ausweiten.

140 Edd. Bell – Gudde, 217.

nemt, / Knecht, herren, frien, ritter, / Uch wirt daz süzz noch bitter, / Wann uch daz rych enslichit / Vil erin von uch wichit. / Da von bekert uch, des tut not! / Tut recht dem rych, daz ist min rot.«[141]

Der Geschichte wurden zu allen Zeiten Argumente im politischen Kampf entlehnt. Das Überraschende am Leone-Kreis ist, daß man sich hier nicht mit den vorgeformten historischen Argumenten wie Kurfürstenfabel oder Translatio Imperii begnügt, sondern eigenständig (was auf Quellenlektüre zurückweist) geschichtliche Lehren sucht. »Wann uch daz rych enslichit« – genau das war ja nach Auffassung aller drei Dichter bereits einmal, nämlich nach der Zeit Arnulfs von Kärnten geschehen. Das Reich hatte damals die Gemeinschaft mit Arnulfs Nachfolgern gemieden, bis es unter Otto I. erneut in Erscheinung trat.[142] Hier emanzipiert sich historisches Fragen von den Vorgaben der Kanonistik und Legistik ebenso wie von den Geschichtsdeutungen der Rechtsspiegel.

Lupold Hornburg dichtet unmittelbar nach dem Tode Ludwigs des Bayern und bezeugt damit, was auch Ratsherren der Reichsstädte bestätigen werden: Die in der Auseinandersetzung mit dem Papsttum aufgeworfenen Probleme sind mit dem Tode des Wittelsbachers keineswegs gelöst. Es geht weiterhin darum, die Rechte des Reiches zu wahren. Weil sich seine Vorgänger jeder politischen Aktualisierung enthielten, konnte der »lange Lupold« seine Vorlagen problemlos ausschlachten. Bedenkenlos erlaubt er sich Aktualisierungen in seiner »Landpredigt«: Heuschreckenplage 1338, Überschwemmungen des Mains 1347, harte Fröste im September 1346 und 1347, die den Wein erfrieren ließen, die ersten Anzeichen der großen Pest in Südfrankreich. Aber das alles dient ihm als Beleg für seine den Intentionen des Leone-Kreises entsprechende Aussage: Das sind Gottes Strafen für die Sünden, die am Reich begangen werden.[143]

Sünden am Reich. Obwohl entsprechende Vorstellungen immer noch im Volk herumschwirren können,[144] ist von einem Königsheil nicht die Rede. Lupold bezieht sich auf die verbreitete Auffassung, wonach Gott die Sünden der Welt mit Kollektivstrafen, die Gemeinschaften zu treffen pflegen, belegt.[145] Und eine solche Gemeinschaft bildet das in den Mittelpunkt der Predigt gerückte Reich. Das ist nur möglich durch die zu Zeiten Ludwigs erfolgte Verallgemeinerung des verselbständigten Reichsbegriffs. Politische Dichtung.

---

141 V. 494ff., ed. Valli, 93.

142 Ritmaticum V. 61ff., edd. Bell – Gudde, 267; Otto Baldemann, V. 272, ed. Valli, 85: »In tütschem lande ich mich furbarg«. Entsprechend Lupold Hornburg V. 292, edd. Bell – Gudde, 208.

143 Edd. Bell – Gudde, 182–185.

144 Schubert (1979), 41.

145 Ernst Schubert, Alltag im Mittelalter. Natürliches Lebensumfeld und menschliches Miteinander. 2002, 190.

Eine Aussage, die sich in seinen Vorlagen noch nicht findet, artikuliert Lupold Hornburg in seiner »Landpredigt«: Kirchenkritik: »Daz si daz böse nicht enwern, / Dem keyser sinen zins verswern, / Die hohen pfaffen üben.«[146] Die heftige Kritik spart nicht den Vorwurf aus, daß die Kirche viel Reichsgut innehabe, das deswegen dem Reich auf immer entzogen sei,[147] und gipfelte in dem Vorwurf an die Pfaffen: »Ir falscher ban, ir symoni / Lant arme lüte nimmer fry.«[148] Der »falsche Bann« – es geht 1347 um die aktuelle Frage der Aufhebung des Interdikts. Viele sind wie Lupold Hornburg davon überzeugt, daß man die Aussöhnung mit der Kirche nicht suchen darf, wenn man mit der Unterwerfung unter die päpstlichen Prozesse die Rechte des Reiches preisgeben würde. Deshalb sah sich der »lange Lupold« veranlaßt, das Werk des Otto Baldemann erneut »herauszugeben« und in der »Landpredigt« den Kommentar dazu zu liefern.

Die Parteinahme der drei Dichter war bei allen individuellen Unterschieden eindeutig. Wer das Zinsgroschen-Exempel zitierte,[149] wies alle päpstlichen Ansprüche auf Approbation der Königswahl oder auf das Reichsvikariat zurück: Das Reich ist älter als das Papsttum. Innerhalb der gelehrten Diskussion über das Reich hielt sich Konrad von Megenberg noch am engsten an traditionelle kanonistische Positionen, widersprach in seinem Translationstraktat seinem Freund Lupold von Bebenburg.[150] Aber gerade der Megenberger war es, der 1338 mit seiner »Klage der Kirche in deutschen Landen« glaubte, die Kurie zum Einlenken bewegen zu können; eine Illusion gewiß, aber eine aufschlußreiche; denn im Leone-Kreis lebte immer noch die schon im Investiturstreit begegnende Vorstellung des Argumentenaustausches, jene Vorstellung, die auch auf die Spruchdichtung des 13. Jahrhunderts, die im Leone-Kreis bekannt war, eingewirkt hatte.

Die Verbindung von Gelehrsamkeit und Werbung um die öffentliche Meinung im Leone-Kreis ist nicht aus der Tradition der Papstkritik heraus zu verstehen. Bei aller Autorität, welche die Kurie immer noch besaß, konnte ihre juristisch gedrechselte Argumentation doch nicht wirklich überzeugen, konnte keine Normen setzen; schlimmer noch: Je heftiger die kurialen Prozesse gegen den Wittelsbacher geführt und in deutschen Landen publiziert wurden, um so heftiger regte sich laikale Gegenwehr zur Unterstützung des Kaisers. Die im »Hausbuch« versammelten Gedichte aber müssen bei aller direkten und indirekten Ablehnung der päpstlichen Prozesse als Ausdruck einer verzweifelten Hoffnung auf Versöhnung gelesen wer-

---

146 Edd. Bell – Gudde, 183.

147 »Die hohen richen pfaffen spehen, / Die des riches gulte hant; / Stet und burge, lüt und lant, / Daz kümet von in nimmer wider.« Edd. Bell – Gudde, 185.

148 Ebd.

149 Ritmaticum V. 117, edd. Bell – Gudde, 269; Otto Baldemann V. 372, ed. Valli, 89; Lupold Hornburg V. 412, edd. Bell – Gudde, 212.

150 Scholz Bd. 1 (1911), bes. 113f. Vgl. ebd. 119f.

den. Gerade in ihrer Verteidigung Ludwigs stellen sie einen Appell an die Kurie dar, dem Konrad von Megenberg wohl die deutlichsten Worte verlieh. Hoffnung auf Versöhnung, aber keine Kompromißbereitschaft. In der Ablehnung der päpstlichen Prozesse (natürlich nicht des Papsttums) sind sich die Angehörigen des Leone-Kreises einig.

Eine andere Appellstruktur enthalten die Texte des Leone-Kreises als jene, die das »ve, ve, ve« im lauten Vorlesen hörbar machten. Die typische Zeitklage wird bei den Autoren im Umkreis des Würzburger Stiftsherrn zur indirekten Anklage. Wie sehr diese aber immer noch aus der Hoffnung auf Versöhnung zwischen Kaiser und Papst lebt, läßt sich erst erkennen, wenn sie mit den handgreiflichen Äußerungen der damaligen öffentlichen Meinung konfrontiert wird. Bei denen nämlich ging es nicht mehr um leise Hoffnungen, es ging auch nur bedingt um den Reichsgedanken, hier ging es um entschiedene und teilweise lautstarke Verteidigung des Herrschers.

Kaum hatte Johannes XXII. seine Urteile gegen Ludwig den Bayern verkündet, wendet sich 1324 Straßburg an den Papst und begründet die Weigerung, die Prozesse gegen den Wittelsbacher zu veröffentlichen: Dies würde unvermeidlich in der Stadt zu großem Blutvergießen führen. Die Begründung für diese Warnung enthält einen Hinweis, der bezeichnenderweise späterhin fehlt. Weil es eine habsburgische und eine bayerische Partei in der Stadt gäbe, sei die Neutralität des Rates geboten.[151] Diese Neutralität aber, so ist der Gedankengang zu ergänzen, wäre durch die päpstlichen Prozesse gefährdet. Diese Aussage enthält mehr als einen weiteren Beleg für die zwiespältige Parteinahme, die der Thronstreit bei der Bevölkerung ausgelöst hatte; indirekt wird doch gesagt, daß der Sieg bei Mühldorf jene friedenssichernde Entscheidung gebracht habe, die durch die päpstlichen Prozesse wieder in Frage gestellt werde.[152]

Die Straßburger Stellungnahme ist nicht die einzige, die in jener Zeit die Kurie hätte nachdenklich machen müssen. 1324 sandte das Aachener Kapitel seinen Kantor nach Avignon, jenen Mann, der dem Klerus und dem Volk die päpstlichen Prozesse feierlich verkündet hatte. Er ist offenbar der Kronzeuge dafür, daß wegen dieser Publikation das Kapitel viele Feindseligkeiten auf sich gezogen hatte, daß es Gefahren und Anschlägen ausgesetzt war.[153] Der Papst selbst weiß – wie er 1325 an Speyer schreibt – daß die Bürger der Stadt auf Bischof Emicho mit »wildesten Drohungen und mit verruchtem, kirchenschänderischem Übermut eingestürmt sind«,

---

[151] Berthold (1960), 120f. (nach UB Straßburg Bd. 2, 386f.). Zum Hintergrund dieser Aussage, den Geschlechterkämpfen in der Stadt, vgl. Kaufhold (1994), 142f.

[152] Den Ausdruck »processus« verwenden sowohl Johannes XXII. als auch Ludwig der Bayer als Sammelbezeichnung für ihre öffentlichen Erklärungen, Urteile und Mandate.

[153] MGH Const. Bd. 5, 812 Nr. 974; Berthold (1960), 130.

um ihn von der Veröffentlichung der Prozesse gegen Ludwig abzuhalten.[154] Bischof Nikolaus von Regensburg, der 1325 außerhalb seiner Diözese, in Nürnberg, erklärt hatte, den Wittelsbacher nicht als König anerkennen zu wollen, jener Bischof, der dafür vom Papst belobigt wurde, hütete sich aus guten Gründen davor, die Prozesse in seinem Bistum zu veröffentlichen.[155]

Schreckliches wurde dem Papst 1325 aus der Mark Brandenburg gemeldet. Der Propst, der in Berlin und Cölln den päpstlichen Befehlen gemäß die Bürger zur Verweigerung der Huldigung für Ludwig den Römer als Markgrafen von Brandenburg aufrief, wurde erschlagen, sein Körper verbrannt.[156] Angesichts solcher Vorfälle konnte ein Peter von Boninea noch von Glück sagen, als er bei der Verkündigung der päpstlichen Prozesse in der Burg Saarburg »durch Diener des Teufels gefangen gesetzt wurde«. Er blieb am Leben, so daß sich 1326 oder 1327 der Papst bei Balduin von Trier für seine Freilassung verwenden konnte.[157]

Johannes XXII. ließ nicht locker bei der Veröffentlichung der Prozesse gegen den Wittelsbacher[158] – die Bürger aber auch nicht in ihrer Verweigerung. 1327 berichtet ein Vertrauensmann des Papstes, wie viele Städte am Rhein zum Wittelsbacher halten.[159] In Mainz stachelten sich die Bürger 1328 gegenseitig auf, als der päpstliche Beauftragte begann, die Prozesse gegen Ludwig dem Volke in deutscher Übersetzung vorzulesen: »Was warten wir noch, ergreifen wir den elenden Mönch und werfen ihn in den Rhein«. Dieser päpstliche Pönitentiar Ulrich von Lenzburg entkam der aufgebrachten Menge nur, nachdem er den Mönchshabit abgeworfen und in bunten Kleidern sich unter das Volk gemischt hatte.[160]

Der päpstliche Pönitentiar hatte noch Glück. Ein »allgemein bekannter Kleriker« (»famosus clericus«), der um 1327 in Basel die päpstlichen Prozesse der Bevölkerung verkündigen wollte, wurde in den Rhein gestürzt. Er versuchte, sich durch Schwimmen zu retten, aber sofort setzten ihm die Bürger auf Kähnen nach. Als sie ihn erreicht hatten, schlugen sie ihn tot. Johannes von Winterthur, der die päpstlichen Maßnahmen »processus frivolos« genannt hatte, schließt seinen Bericht mit lakonischer Kürze. »Quem cum apprehendissent, necabant.«[161] Es scheint so zu sein, als sage er, obwohl ein Kleriker erschlagen worden war, zwischen den Zeilen: So ist es recht.

Nicht immer mußte in den Städten der Versuch, die päpstlichen Prozesse zu verkündigen, für die Gesandten des Papstes tragisch enden. Berthold von Tutt-

---

154 Riezler (1891), 219 Nr. 475; Berthold (1960), 132.
155 Schmuck (1997), 261f.
156 Riezler (1891), 244f. Nr. 537; Berthold (1960), 134.
157 Riezler (1891), 262 Nr. 600b; Berthold (1960), 136.
158 Zu dem von der Kurie vorgeschriebenen Publikationsverfahren vgl. Kaufhold (1994), 440ff.
159 Berthold (1960), 140ff.
160 Ebd., 148 (Nr. 17).
161 Johann von Winterthur, ed. Baethgen, 101.

lingen, der Schreiber des Bischofs von Konstanz, ließ sich, als er die päpstlichen Sendbriefe nach Freiburg bringen wollte, schnell davon überzeugen, daß deren Anschlag zwecklos war: »brahte Briefe har von dem Babste über den keyser Ludwigen ... Die wolde er hie gekündet han. Da erbaten in die burgere fruntliche und liepliche, daz er dieselben brieve ... hie ungekündet lies ... Und tröste ouch er des die burgere, das dieselben brieve niemerme harwider komen söltin.«[162]

Der Eintrag im Freiburger Stadtbuch harmonisiert: Höfliche Bitten der Bürger, »Tröstung« durch den päpstlichen Gesandten, die Bürger mit dem Anschlag päpstlicher Erlasse künftig nicht mehr zu behelligen. Das »fruntliche und liebliche«, mit dem die Freiburger Stadträte ihre angebliche Bitte charakterisieren, liest sich fast wie Ironie. Der Rat hatte wahrscheinlich drohenden Konflikten die Spitze genommen, damit nicht geschah, was zum Beispiel in Regensburg dem Versuch folgte, die päpstlichen Prozesse zu publizieren. Der Gesandte wurde, kaum daß sein Auftrag bekannt geworden war, eingesperrt und am nächsten Morgen mit der Drohung freigelassen, es wäre sein Tod, wenn er noch einmal mit den päpstlichen »Briefen« aufgegriffen würde. Verängstigt warf er diese in den Fluß.[163]

Es liegt an der Überlieferung, daß wir vor allem von den städtischen Protesten, die zu Handgreiflichkeiten, ja bis zum Mord führen konnten, gegen die Maßnahmen des Papstes wissen; wie aber bereits der Fall des Peter von Boninea lehrte, hat auch der weltliche Adel massiven Widerstand geleistet. Das bestätigt 1337 Walram von Köln, als er an den Papst schreibt, daß alle weltlichen Herrn in der Verteidigung der Reichsrechte Ludwig dem Bayern anhingen: »Hilfe und Gefolgschaft für diesen Ludwig« sei in diesen Kreisen selbstverständlich. »Ja sie bieten sich von selbst dazu an, ohne im mindesten von ihm aufgefordert zu sein.«[164] Gewiß dient dieses Schreiben der Entschuldigung, daß Walram nicht nach Avignon reisen könne; aber diese Entschuldigung mußte doch plausibel klingen. An der Kurie konnte man, etwa aus Salzburger Berichten, erfahren, was für alle deutschen Lande galt: Weil »das Volk« zum Kaiser halte, könnten die päpstlichen Prozesse nicht veröffentlicht werden.[165]

---

[162] Berthold (1960), 150 (nach UB Freiburg I/2, 277).

[163] MGH Const. Bd. 5, 811 Nr. 973. Vgl. Kaufhold (1994), 447 mit Anm. 84.

[164] Riezler (1891), 684f. Nr. 1910; Berthold (1960), 228. – Daß dem Papst die öffentliche Meinung natürlich nicht unbekannt war, belegt z. B. 1337 seine Klage über die unzähligen Menschen in Deutschland und in Italien, die wegen ihrer Anhänglichkeit für Ludwig den Bayern in Gefahr für ihr Seelenheil schwebten. Riezler (1891), 668 Nr. 1876. Als im gleichen Jahr der Papst die Entschuldigung Walrams von Köln annimmt, begründet er dies mit seiner Kenntnis, daß mit wenigen Ausnahmen alle weltlichen Herren (»omnes domini temporales«) Anhänger Ludwigs des Bayern seien. Ebd., 684 Nr. 1910.

[165] Regesten der Erzbischöfe und des Domkapitels von Salzburg. Bd. 3 (1315–1343), bearb. von Franz Martin. Salzburg 1934, 643 (1328).

Die Wirkung öffentlicher Meinung zeigt sich in den geschilderten Fällen scheinbar paradoxerweise darin, daß Öffentlichkeit verhindert werden sollte. Persönlicher Mut war erforderlich, wenn jemand die päpstlichen Prozesse publizierte[166] oder gar wie Erzbischof Friedrich von Salzburg sie in deutscher Sprache kommentieren ließ, ein Verhalten, das im Salzburger Dom zu großer Unruhe führte[167] und weites Aufsehen erregte.[168]

An der avignonesischen Kurie, die keinen deutschen Kardinal kannte, war man über die Meinungsbildung in deutschen Landen schlecht informiert. Aber bekannt war immerhin ein nationales Vorurteil. »Furor Teutonicus«.[169] Davor war bereits 1323 im Kardinalskollegium Johannes XXII. gewarnt worden: »timendum est et dubitandum de furia Theotonicorum.« Der Papst hatte die Warnung in den Wind geschlagen: »Bei Gott! Dann werden sie (meine) Wut erfahren und (gegebenenfalls) erneut meine Wut erfahren.«[170] Es war aber doch alles ganz anders gekommen; es war eben nicht nur Wut, der man durch Gegenwut begegnen konnte. Der »furor Teutonicus«, als dessen Ausdruck man an der Kurie das Erschlagen von päpstlichen Gesandten ansehen konnte, war von denjenigen, die diesen »furor« ausübten, als legitimer Widerstand, als Notwehr aufgefaßt worden. Und bei dieser Parteinahme ging es nicht mehr wie nach der Doppelwahl von 1314 um Personen, sondern um Institutionen. Ob die Bürger, die päpstlichen Gesandten höflich aus ihrer Stadt heraus komplimentierten wie in Freiburg oder erschlugen wie in Cölln, ein Reichsverständnis wie die Autoren des Leone-Kreises hatten, wissen wir nicht. Eindeutig erkennbar ist jedoch, daß es diesen Bürgern um mehr als um einen Streit zwischen Personen geht, daß sie Partei in einer Grundsatzfrage nehmen.

Es war eben nicht der »furor Teutonicus«, den ein weises avignonesisches Papsttum zu fürchten gehabt hätte. Es waren maßvolle, wohlbegründete Argumente, welche die öffentliche Meinung in deutschen Landen bestimmten. Die Schreiben, die 1338 deutsche Bischöfe und zugleich auch Reichsstädte an den Papst richten,[171] sind nicht nur Informationen über die in Rhens gefaßten Beschlüsse, sondern sie sind auch Folge der eindeutigen Parteinahme für Ludwig den Bayern. Die Reichsstädte hatten den Papst gewarnt, daß die Christen nicht mehr dem Heiligen Stuhl

166 Kaufhold (1994), 448. Vgl. ebd., bes. 438 und 441ff. zur Publikation der Prozesse in der Erzdiözese Salzburg.

167 Ebd., 443.

168 Ebd., 448.

169 Den Begriff kennt schon Ekkehard von Aura (Rec. IV), edd. Schmale - Schmale-Ott, 334. Vgl. Ernst Dümmler, Über den furor Teutonicus. SbbAkadWissBerlin 1897 (1897), 112-126. - Für die staufische Zeit: Csendes (1993), 76 und für das Spätmittelalter: Thomas (1985), 38; Lenz (2002), 56 mit Anm. 216.

170 »Per Deum! Et furiam invenient et iterum furiam invenient«. Berthold (1960), 30 (nach Acta Aragonensia Bd. 1, 395 Nr. 262).

171 Nova Alamanniae, ed. Stengel Bd. 1, 330 Nr. 509 bzw. 339f. Nr. 520.

Ehrerbietung und Gehorsam entgegenbringen würden, wenn weiterhin an den Prozessen gegen Ludwig festgehalten werde. Im gleichen Sinne, etwas vorsichtiger formuliert, hatten auch die deutschen Bischöfe geschrieben. Nur hatten sie für »unsern Herrn Ludwig von Bayern« (»dominum Ludowicum de Bawaria«) gebeten, während die Reichsstädte konsequent für »unsern Herrn Ludwig, den Römischen Kaiser« (»dominum nostrum Ludowicum Romanorum imperatorem«) beim Papst eintraten.[172]

Was Bischöfe und Städte 1338 dem Papst mitteilten, enthält die diplomatisch zurückhaltende Benennung eines Sachverhalts, der in höflich umschreibender Absicht der Kurie zu bedenken gegeben wurde, eines Sachverhalts, den Konrad von Megenberg in seinem Klagelied der Kirche in Deutschland unumwunden, allenfalls gemildert durch die komplizierte Wortwahl seiner Verse, zu bedenken gegeben hatte: Das Volk kämpft mörderisch für seinen Kaiser (»gens ... mordax pro cesare gwerrat«).[173] An einen Bericht, wie Ludwig der Bayer persönlich in Frankfurt eine Zusammenrottung der Bevölkerung gegen die Juden zur Auflösung zwingt, schließt Konrad die Verse an: Glaube mir, wenn es Ludwig wollte, würde dieses Volk – ich sage die Wahrheit – den Klerus vernichten (»Credas, si vellet Ludowicus ... / Hoc populus, verum tibi dico, perdere clerum«).[174] Auch hier wieder wird den Hörern und Lesern überlassen, die Konsequenzen zu ziehen: Dieser Ludwig ist ein frommer Mann und kein Ketzer. Versöhnen soll sich das Papsttum mit diesem Herrscher, der sich bis jetzt gescheut habe, seine Macht voll auszuspielen.

Die Argumentation Konrads von Megenberg bestätigt, was wir als Versöhnungsappell in den Schriften seines Umkreises bezeichnet haben. Auf die Persönlichkeit Ludwigs ist die »Klage« abgestellt. Der kluge Domherr weiß, was er ausklammern muß, nämlich daß die Öffentlichkeit in deutschen Landen nicht nur die Person Ludwigs, sondern auch die weltliche Begründung seiner Herrschaft verteidigt. Parteinahme in einem Grundsatzstreit.

Über den Tod Ludwigs des Bayern hinaus empfanden sich die königlichen Städte als Wahrer der Reichsrechte; von ihrer Ablehnung der päpstlichen Prozesse wichen sie auch nicht für den Preis der Rekonziliation ab.[175] 1347 forderte der Bamberger Bischof als päpstlicher Kommissar von den Bürgern Basels für die Lösung vom Interdikt unter anderem den Schwur, daß sie niemanden als Kaiser anerkennen würden, der nicht vom Papst bestätigt sei und daß sie dem vom Heiligen Stuhl bestätigten König Gehorsam leisten würden.[176] Im Namen der Gemeinde erklärte der Bürgermeister Konrad von Bärenfels auf deutsch in Gegenwart eines Notars:

---

172 Ebd.

173 Klagelied c. 35, ed. Kusch, 66.

174 Ebd. c. 27, ed. Kusch, 56.

175 Vgl. Riezler (1891), Nrn. 2336, 2340f.

176 Mathias von Neuenburg, ed. Hofmeister, 243f.

Herr Bischof von Bamberg nehmt zur Kenntnis, daß wir weder bekennen noch glauben, daß unser verstorbener Kaiser Ludwig jemals ein Ketzer gewesen ist. Und wen immer uns die Kurfürsten oder die Mehrheit von ihnen als König oder Kaiser geben werden, den werden wir anerkennen, auch wenn er sich niemals an den Papst wenden sollte (»Domine Babenburgensis, sciatis, quod nec fateri nec credere volumus, quod quondam dominus noster Ludowicus Romanorum imperator umquam fuerit hereticus. Quemcumque eciam dederint nobis electores principes vel maior pars ex eis, pro Romano rege vel imperatore illum habebimus, eciam si numquam papam requireret«).[177]

Die Argumentation des Basler Bürgermeisters ist repräsentativ für die Haltung weiter Kreise.[178] Weil sie in den Prozessen gegen Ludwig eine Grundsatzfrage sahen, deretwegen sie ungerührt Bann und Interdikt auf sich genommen hatten, wollten sie nach dem Tod des Kaisers nicht zur Tagesordnung übergehen. In dieser Situation sandte Karl IV. den Dominikaner Johann von Dambach nach Avignon.[179] Dringend war eine Flexibilisierung des formalistischen Vorgehens bei der Aufhebung des Interdikts geraten. In einem Traktat Dambachs werden seine Verhandlungspositionen ebenso deutlich wie der Anlaß seiner Gesandtschaft, die Reaktion auf die öffentliche Meinung. Auch wenn er jede Anspielung auf die große Politik vermeidet und natürlich den Namen des an der Kurie verhaßten »Bavarus« nicht nennt, so bildet doch die Situation der Jahre 1347/48 den Hintergrund. Dambach mahnt:[180] Die Milderung kirchlicher Zensuren sei – so sein Traktat – dringend erforderlich, denn von Seelsorge könne inzwischen in deutschen Landen keine Rede mehr sein. Und vor allem: Der Adel gehe massiv gegen die kirchlichen Prozesse vor.[181] Ein eindeutiger Beleg für unsere Auffassung, daß es inzwischen um Grundsatzstreitigkeiten ging, nicht um Personen; war doch der von der Kurie verdammte Kaiser verstorben. (Nach unserer Meinung ist auch Lupolds Landpredigt erst nach dem Tode Ludwigs verfaßt.)

Zurückgestellt sei vorerst, daß sich nach dem Tode des Wittelsbachers ein Thronstreit erhob. Der Sieger, Karl IV., war vor allem an einer Anerkennung seines Königtums durch die Reichsstädte interessiert; auf die nachträgliche Anerkennung der kirchlichen Sanktionen legte er wenig Wert.[182] In großem Umfang wer-

---

177 Ebd.

178 Daß sich Regensburg unmittelbar nach dem Tod Ludwigs Karl IV. anschloß, ist eine Ausnahme, die sich allein aus dem Bemühen erklärt, der Dominanz des bayerischen Herzogs die Rechte einer Freistadt entgegenzusetzen. Vgl. Schmuck (1997), 329.

179 Albert Auer, Eine verschollene Denkschrift über das große Interdikt des 14. Jahrhunderts. HistJb 46 (1926), 532–549, hier: 536f.

180 Ebd., 535ff.

181 Ebd., 539.

182 Spěváček (1978), 84f. – Die Nürnberger Unruhen des Jahres 1348 waren kein Handwerkeraufstand, sondern beruhten auf einer Spaltung innerhalb der Führungsschicht der Stadt. Führende

den erst 1350/51 die kirchlichen Zensuren aufgehoben, die wegen der Parteinahme für Ludwig den Bayern ausgesprochen worden waren. Frauenklöster wurden damals ebenso wie Reichsstädte und ganze Diözesen absolviert.[183] Das weist auf die Entschlossenheit bei der Verteidigung Ludwigs des Bayern zurück; es besagt aber auch, was in einem späteren Kapitel noch näher begründet werden wird. Da von den päpstlichen Prozessen die Legitimation von Karls erster Wahl im Jahre 1346 abgeleitet war, bedeutete dieses Verhalten: Noch nicht einmal in den Augen des Luxemburgers war Ludwig wirklich abgesetzt worden.

4. Entmachtung Ludwigs des Bayern? Flexible Politik und unverrückbare Rechtspositionen

Politik im Schatten des Streits zwischen Kaiser und Papst. Das Beispiel Johanns von Böhmen – Ludwigs Verträge mit Friedrich dem Schönen. Projektierter Herrschaftsverzicht oder Aussage für das Reichsverständnis? – Herrschaft »am« Reich. Das Nebeneinander personaler und transpersonaler Vorstellungen – kaiserliche Verfügung über das Reich und das kurfürstliche Wahlrecht. Das Spannungsfeld des »Verzichts« Ludwigs 1333 – die unbeabsichtigte Wirkung päpstlicher Prozesse: verfassungsgeschichtliche Klärungen

Der Rekurs auf die öffentliche Meinung hatte dazu gedient, die Stabilität des Königtums Ludwigs des Bayern zu beweisen. Neben den Einstellungen der Zeitgenossen ist aber auch das interessengeleitete Handeln der Großen zu berücksichtigen. Erwägungen zum schleichenden Verfassungswandel hatten wir unserer Untersuchung vorgeschaltet. Diese Erwägungen bilden auch den Hintergrund der im folgenden zu betrachtenden politischen Aktionen; denn in vielen Fällen greift hier die Deutung eines interessengeleiteten, eines machtpolitischen Handelns zu kurz. Schon die öffentliche Meinung jener Zeit ließ erkennen, daß manche urkundlich gut dokumentierte Aktion den Historikern viel, den Zeitgenossen hingegen wenig bedeutete.

Die bei jeder Königsherrschaft begegnenden fürstlichen Opponenten konnten sich in der Zeit Ludwigs auf die avignonesischen Prozesse berufen. Unvermeidlich

---

Geschlechter widersprachen, gestützt vom zollerschen Burggrafen, der Anerkennung Karls IV. als König. Wolfgang von Stromer, Die Metropole im Aufstand gegen Karl IV. Nürnberg zwischen Wittelsbach und Luxemburg, Juni 1348 – September 1349. MittVerGStadtNürnberg 65 (1978), 55–90. Vgl. auch Twellenkamp (1994), 71 und 73.

[183] MGH Const. Bd. 10, 101 f. Nrn. 128 f.; 168 Nr. 228; 223 f. Nr. 298 und 250 f. Nr. 334.

bildete sich eine Politik der reinen Nützlichkeitserwägungen heraus, die, von wechselnden Bündniskonstellationen abhängig, nur in ihrer Unbeständigkeit beständig war.[184] Eine solche allgemeine Feststellung kann sowohl hilfreich als auch gefährlich sein. Ein Beispiel. Johann von Böhmen, der auf den ersten Blick als Repräsentant der politischen Unbeständigkeit angesehen werden könnte, war gewiß nicht der mit dem Papsttum konspirierende Gegenspieler Ludwigs des Bayern, als der er in der älteren Forschung erscheint.[185] Auszuschließen ist, daß ihm eine zentrale Rolle bei den 1324 und 1328 erkennbaren päpstlichen Bestrebungen zufiel, ein französisches Königtum im Reich zu errichten,[186] Bestrebungen, an denen die französische Krone kaum interessiert war,[187] und die zudem angesichts des hinhaltenden Widerstands der rheinischen Kurfürsten, vor allem Balduins von Trier, ins Leere hätten laufen müssen.[188] An den Vorbereitungen zum Romzug Ludwigs hatte sich Johann sogar beteiligen wollen.[189] Der Wittelsbacher ernannte ihn zum Reichsvikar für die Dauer des Italienzugs[190] und zeichnete ihn damals mit ehrendem Titel (»principi et affini suo karissimo«) aus.[191] Aber, der Grund für spätere Zerwürfnisse, die Bühne, auf der Johann eine große Rolle zu spielen trachtete, war Europa, nicht jedoch das Reich.[192]

---

184 Ein Beispiel: Johann von Böhmen urteilt über die Verhandlungen Erzbischof Heinrichs von Mainz 1345 in Avignon über dessen Versöhnung mit dem Papst: »hoc tamen non fit ex devocione seu inclinacione, quam habeat ad ecclesiam, sed magis ex ea, quia se per Bavarum videt relictum, et inimicis ... undique circumdatum.« Nova Alamanniae, ed. Stengel Bd. 2/1, 506 Nr. 789 § 2. – Was politische Isolierung bedeutet, wußte Johann aus seinen Erfahrungen des Jahres 1336 (Schwöbel (1968), 221 f.), nachdem es 1335 zu großen Spannungen mit Ludwig dem Bayern gekommen war. Bansa Bd. 2 (1974), 327f. (zu Nr. 505).

185 Vgl. das neue Bild bei Ivan Hlaváček, Johann von Luxemburg und Ludwig IV. von Bayern, in: Nehlsen – Hermann (2002), 139–157.

186 Vgl. Dietmar (1983), 134ff.; Roscheck (1984), 184ff.; Schubert (1997/II), 147 mit Anm. 64. – Daß Johann von Böhmen 1328 keineswegs vom Papsttum als neues Reichsoberhaupt favorisiert wurde, betont Thomas (1993), 226.

187 Vgl. Roscheck (1984), 142ff (zu den Plänen des Jahres 1324) und 189 (zu denen des Jahres 1328).

188 Stengel (1930), 37ff. Vgl. besonders: Theodor Kräling, Der Mainzer Bistumsstreit von 1328–1357. Diss. masch. Marburg 1948, 4ff. mit dem Nachweis, daß das Mainzer Kapitel Balduin von Trier postulierte, um einer päpstlichen Provision, dem Eckpfeiler des kurialen Wahlplans, zuvor zu kommen.

189 Johann hatte die Absicht, den zum 9. Februar 1327 ausgeschriebenen, aber dann verschobenen Hoftag Ludwigs in Nürnberg zu besuchen. Anton Chroust, Die Romfahrt Ludwigs des Bayern. 1327–1329. 1887, 59.

190 Nova Alamanniae, ed. Stengel Bd. 1, 98ff. Nr. 175.

191 Ebd., 93 Nr. 173. Vgl. zum politischen Hintergrund: Spěváček (1978), 31; Thomas (1993), 176. Die danach auftretenden Zwiste (Spěváček (1978), 33f.) wurden bereits 1332 durch einen von Balduin von Trier vermittelten Vergleich geschlichtet. Urkundenregesten Hofgericht Bd. 5, Nr. 177.

192 Michel Margue (Hg.), Un itinéraire européen. Jean l'Aveugle, comte de Luxembourg et roi de Bohême 1296–1346. Brüssel 1996.

Bei näherem Hinsehen erweist sich, daß eine fürstliche Opposition gegen den Herrscher zu Zeiten Ludwigs keineswegs, wie aufgrund der päpstlichen Prozesse zu erwarten gewesen wäre, größer war als in Zeiten einer nicht vom Papst angefochtenen Königsherrschaft. Viel mehr als an Auflehnung dachten die Fürsten an Versöhnung der streitenden Parteien. Aber dem stand ebenso wie bei den entsprechenden Bemühungen von Gelehrten entgegen: Die immer wieder gesuchte Möglichkeit eines politischen Ausgleichs zwischen Kaiser und Papst[193] war stets dadurch belastet, daß transpersonale Rechte, über die Ludwig gar nicht verfügen konnte, und personale Verantwortlichkeit, der er sich als Christ zu stellen hatte, nicht voneinander zu trennen waren.[194] Die vom Papsttum geforderte Buße des Wittelsbachers setzte nach kurialer Definition die Aufgabe aller angeblich nur angemaßten Königsrechte voraus. Diese Bedingungen durfte Ludwig gar nicht erfüllen. Die Aufgabe von Reichsrechten hätten ihm Kurfürsten und öffentliche Meinung zum bitteren Vorwurf gemacht; denn bei allen Unklarheiten darüber, was denn das Reich eigentlich sei, bestand doch seit langem das Bewußtsein der Unverletzlichkeit von dessen Rechten, wozu für die Kurfürsten vor allem ihr Wahlrecht gehörte. Unentschieden war dabei geblieben, ob diese Rechte einer transpersonal gedachten Herrschaft zuzuordnen seien, oder ob weiterhin gelten konnte: »Daz rich, daz ist ein chunich.«[195] Diese Auffassung konnte noch von dem Mainzer Erzbischof Heinrich von Virneburg und von den Reichsstädten im Jahre 1338 vertreten werden, um die Ablehnung der Approbationsforderungen zuzuspitzen.[196] Der Mainzer Kurfürst stellte zum Rhenser Bündnis klar, »das wir derselben buntnisse und vereinung, als wir das rich begriffen ... haben, meinen unseren herren den keyser Ludwigen von Rom und das Romische rich, das er inne hat.«[197] Das war politisch eindeutig, aber blieb mehrdeutig, was das Verhältnis von Kaiser und Reich anging.

Wie nahe personale und transpersonale Reichsvorstellungen beieinander liegen können, zeigt sich, als 1338 elsässische Reichstädte dem Kurverein von Rhens beitreten. Sie verteidigen damit »unsern herren keiser Ludwigen, der daz rich ist, und sin nachkomen an dem riche.«[198] In der Wendung »an dem riche« erweist sich hier

---

193 Schütz (1973). Vgl. Carl August Lückerath, Zu den Rekonziliationsverhandlungen Ludwigs des Bayern. DA 26 (1970), 549–555.

194 Bei den Ausgleichsbemühungen des Jahres 1330, die von Herzog Otto von Österreich, Balduin von Trier und Johann von Böhmen betrieben wurden, war der Kaiser nur bereit, persönliche Fehler einzugestehen, nicht aber die grundsätzlichen päpstlichen Approbationsansprüche zu akzeptieren. Thomas (1993), 259 und 263. Vgl. Nova Alamanniae, ed. Stengel Bd. 1, 129 Nr. 225.

195 Schubert (1979), 254.

196 Ebd., 265.

197 Nova Alamannie, ed. Stengel Bd. 1, 361 f. Nr. 545. Vgl. Miethke (2002), 70.

198 Druck: Berthold (1960), 280.

im Gegensatz zur ersten Feststellung ein transpersonaler Reichsgedanke, wie wir alsbald näher begründen werden.

Wir mußten zeitlich vorauseilen, um die politischen Ereignisse im Kontext des schleichenden Verfassungswandels präziser einander zuordnen zu können. Kehren wir nunmehr zum Beginn der Auseinandersetzung zurück. Das politisch Irritierende der päpstlichen Ansprüche lag unter anderem darin, daß sie zu einem Zeitpunkt formuliert wurden, als die Königswahl noch nicht zum Kern einer Reichsverfassung geworden war. Ein gewählter König konnte sich nur bedingt auf einen Wahlvorgang berufen, der in erster Linie ihm das Recht gab, bei Fürsten und Städten um Anerkennung zu werben. Immer noch nicht war die Lücke zwischen Wahl und Anerkennung eines Königs ganz geschlossen. Noch war eine Reichsverfassung nicht entstanden, die unbedingten Gehorsam gegenüber dem kurfürstlichen Wahlentscheid gebot. Wie war es mit dem Konsens der Fürsten bestellt, wenn sieben Wähler – und dazu noch nicht einmal einhellig – ihnen einen König setzten? Der nach 1314 anhebende Streit zwischen beiden Königen ist nicht nur als Streit um die Gültigkeit des Mehrheitswahlrechts[199] zu interpretieren, sondern auch als ein Werben um den konstitutiven Konsens der Großen und der Städte des Reiches. Diese Aufgabe war Ludwig selbst noch nach der Schlacht bei Mühldorf 1322 gestellt. Es war ein publizistisches, aber ein keineswegs von allen Zeitgenossen akzeptiertes Argument, daß der Ausgang dieser Schlacht ein Gottesurteil sei.[200] So naiv waren die Menschen nicht, daß sie kriegerischen Ereignissen die Urteile Gottes unterstellten. Dazu kam: Der Rivale war nicht erschlagen worden. Der kluge Herzog Leopold von Österreich hatte mit Erstaunen (was Bruderliebe nicht ausschließt) mit der Nachricht von der Niederlage bei Mühldorf vernommen, daß sein Bruder am Leben geblieben sei.[201]

Bei allen Fragen der Zeitgenossen, bei allen Unklarheiten über die Legitimität der beiden Könige dachte doch niemand daran, den Papst als Vermittler anzurufen. Dieser mußte sich wie im Jahre 1198 selbst ins Spiel bringen. Für einen König aber, der die modernen Handbücher noch nicht kennen konnte, bestand nicht die Verpflichtung, sich einer Leitlinie von Regnum und Sacerdotium gefügig zu erweisen, sondern die Aufgabe, um Anerkennung seines Königtums bei denjenigen zu werben, auf die es unmittelbar ankam.

Nicht um Rückendeckung bei den Kurfürsten, sondern um den Konsens mit den Fürsten mußte sich Ludwig auch nach dem Jahre 1322 unabhängig von den päpstlichen Angriffen bemühen. Denn noch war das vielfach anachronistisch in der verfassungsgeschichtlichen Forschung vorausgesetzte Kurfürstenrecht gar nicht entstanden. Daraus ist der Münchner Vertrag vom 5. September 1325 zu ver-

---

199 Dazu Miethke (2002), 49f. mit Anm. 50.

200 Kurt-Georg Cram, Iudicium belli. Zum Rechtscharakter des Krieges im deutschen Mittelalter. 1955; Schubert (1977), 302f.

201 Mathias von Neuenburg, ed. Hofmeister, 38.

stehen.[202] Bei allen Rätseln, die er aufgibt, bildet er gewiß keine, noch nicht einmal indirekte Antwort auf die päpstlichen Prozesse. Es ging vielmehr um ein von allen Fürsten anerkanntes Königtum. Als der Wittelsbacher dies erreicht hatte, folgten Italienzug und Kaiserkrönung,[203] womit er gegen den Papst die Offensive ergriff und jenen juristischen Knoten zu durchtrennen trachtete, den Johannes XXII. durch die Verknüpfung von Approbationsansprüchen mit der Behauptung eines päpstlichen Reichsvikariats[204] allzu leichtfertig geschürzt hatte.

Bei dem Münchner Vertrag – wir wiederholen – ging es nicht um eine, noch nicht einmal indirekte Anerkennung der päpstlichen Prozesse. Ein Herrscher, der seine Gewalt mit einem anderen teilen oder wie dann 1333 einem anderen übergeben will, ist alleiniger Herr des Verfahrens. Von einem päpstlichen Approbationsrecht kann dabei keine Rede sein. Und das hat Johannes XXII. natürlich erkannt. Gegenüber Balduin von Trier erklärte er, den Münchner Vertrag nicht anerkennen zu wollen, weil dieser – eine auf den Adressaten berechnete diplomatische Finesse – das Wahlrecht der Kurfürsten beeinträchtige.[205]

Unabhängig von der Frage nach der Anerkennung seines Königtums ist zu prüfen, welches Rechtsdenken hinter Ludwigs des Bayern Verträgen mit Friedrich dem Schönen von der Trausnitzer Sühne über das Münchner und schließlich das Ulmer Abkommen (1325/26) stand,[206] welche Vorstellung vom Reich. Und dafür bildet, da die Haltung der Kurfürsten nicht zu ermitteln ist,[207] das aufschlußreich-

---

[202] MGH Const. Bd. 4/1, 72ff. Nr. 105. Vgl. Baum (1994), 94. Den zeitgenössischen Kommentar Johanns von Viktring analysiert Hillenbrand (1982), 443 und 450. Zum politischen Hintergrund vgl. Roscheck (1984), 151ff. und 166ff.

[203] Zuletzt: Pauler (1997), 144ff. und 152ff.; Miethke (2002), 61ff.; Becker (2002), 122f und 131ff.; Tilman Struve, Roma caput mundi. Die Gegenwart Roms in der Vorstellung des Mittelalters, in: Erkens – Wolff (2002), 153–179, hier: 171ff. Vgl. auch die Forschungszusammenfassung bei Huber (1983), 70ff. – Zum Kommentar des Johann von Buch über Ludwigs Romzug vgl. Stengel (1965), 132ff.

[204] Friedrich Baethgen, Der Anspruch des Papstes auf das Reichsvikariat, in: Ders., Mediaevalia. Aufsätze, Nachrufe, Besprechungen. (SchrrMGH 17/1) 1960, 110–185; Unverhau (1973), 341ff.; Heckmann Bd. 1 (2002), 431, 438ff., 448f. und Bd. 2 (2002), 517ff. Zur Vorgeschichte dieses Anspruchs vgl. neben Baethgen: Buisson (1958), 65; Unverhau (1973), 336ff. – Der Gedanke eines päpstlichen Reichsvikariats war bereits 1247 an der Kurie erwogen, aber nicht weiterverfolgt worden. Schwarz (2000), 212f. – Diesen päpstlichen Anspruch referiert noch, unbeeindruckt davon, daß niemand mehr daran glaubte, Peter von Andlau, um im Anschluß daran kommentarlos das fünfte Kapitel der Goldenen Bulle über das Reichsvikariat des Pfälzers und des Sachsen auszuschreiben; ein weiteres Beispiel für die Arbeitsweise dieses so oft überschätzten Autors. Joseph Hürbin, Eine Ergänzung des »Libellus de Caesarea monarchia« Peters von Andlau. ZRG germ. 18 (1897), 1–106, hier: 52.

[205] MGH Const. Bd. 6, 109 Nr. 154.

[206] Vgl. Huber (1983), 67ff.; Thomas (1993), 172ff.; Heckmann (2001), 55 und 67ff.

[207] Huber (1983), 68f. Allein Johann von Böhmen lehnte die Verträge dezidiert ab und forderte eine Neuwahl. Ebd., 69.

ste Zeugnis des Wittelsbachers Ulmer Erklärung von 1326.[208] Hierin versichert er, daß er seinem »bruder künig Friederich von Rom«[209] das Reich überlassen werde, falls dieser die päpstliche Approbation erlange: »also beschaidenlich, ob er von dem babst bestätiget wirt an dem kunigreiche«. Also doch Rücksichtnahme auf die päpstlichen Prozesse? Nein. Die versöhnende Tendenz der Ulmer Abrede wird nicht dadurch in Frage gestellt, daß sie eine indirekte Demonstration der Königsmacht des Wittelsbachers ist. Ludwig weiß, daß die in Ulm abgesprochene Lösung mit dem Wahlrecht der Kurfürsten unvereinbar ist, er weiß aber auch, daß dieses Wahlrecht noch nicht als Begrenzung der königlichen Verfügungsgewalt über das Reich festgeschrieben ist. Und deshalb sieht er sich als Herr des Verfahrens und behauptet im Vollbewußtsein seiner Herrschermacht die Gültigkeit seiner Entscheidung, »es sei mit der fürsten willen oder an iren willen.«[210] An dieser Wendung wird deutlich, warum Balduin von Trier den Ulmer Vertrag ablehnte.[211] Das wird Ludwig wenig gestört haben, kam es ihm doch auf die Demonstration seines Versöhnungswillens ebenso an wie auf die Demonstration seiner Königsgewalt.

Ein Seitenblick zum Protest des Trierer Erzbischofs. Balduin war derjenige unter den Kurfürsten, dessen Handeln am konsequentesten an der Wahrung des Reichsrechts, das für ihn mit der Wahrung des kurfürstlichen Wahlrechts identisch war, orientiert blieb. Nicht von ungefähr sollte ihm Lupold von Bebenburg seinen Reichstraktat von 1339/40 widmen.[212] Daß dieser bedeutende Kurfürst zugleich derjenige war, der das Trierer Erzstift materiell stabilisierte, bestätigt unsere Auffassung, daß territoriale Interessen und Reichsbewußtsein keinen Gegensatz bilden müssen.

Zurück zur Situation des Jahres 1325, zum Problem des Wittelsbachers: Friedrich der Schöne war zwar in Gefangenschaft Ludwigs geraten, aber damit für diesen auch eine Last geworden. Für einen König verbot sich das übliche Mittel der Adelsgesellschaft: das Lösegeld. Wäre das Königtum lediglich als die höchste aller Herrschaften in deutschen Landen verstanden worden, hätte sich Ludwig auf einfache, für die Adelsherrschaft typische Weise durch Geldzahlung seines Gefangenen entledigen können. Aber das Königtum war eine Herrschaft eigener Art, es

---

208 MGH Const. Bd. 6, 70 Nr. 140.

209 Die Anrede folgt dem Münchner Vertrag (MGH Const. Bd. 6, 72ff. Nr. 105): »Wir sullen ... uns bede Romische chunige und merer dez riches schreiben und nennen und uns brueder heizzen.«

210 Ebd. Vgl. auch die zwar nicht beweisbaren, aber auch nicht unwahrscheinlichen Erwägungen von Roscheck (1984), 139ff., bes. 141f., wonach sich Johann von Böhmen Hoffnungen gemacht hätte, in ähnlicher Weise wie Friedrich der Schöne von Ludwig zum König angenommen zu werden.

211 Roscheck (1984), 177f.

212 Wittneben (1997), 568.

war auf den inzwischen auch einen emotionalen Wert darstellenden Begriff des Reiches bezogen. Wir versagen uns hier nähere Ausführungen mit dem Verweis auf die in jener Zeit besonders wirkmächtigen Prophetien über die Schutzfunktion des Reiches vor dem Kommen des Antichrist. Es muß hier, schon um dem Einwand der Spekulation zu begegnen, genügen, daß das besondere Verhältnis von Königtum und Reich, jenes Verhältnis, welches das Königtum von allen anderen Herrschaften unterscheidet, in einer auf den ersten Blick unscheinbaren Wendung der Ulmer Erklärung begegnet. Ludwig sprach von Rechten, die er »an« dem Reich hatte.[213] Das ist auffallenderweise auch die Position des Papstes gewesen, wenn er Ludwig die Rechte absprach, die er durch seine Wahl »am« Reich erworben habe. Das Reich ist also eine transpersonale Größe, und so erscheint es in den Königsurkunden des 14. Jahrhunderts, wo der Herrscher stets von seinen Vorgängern bzw. Nachfolgern »am Reich« spricht[214] – erst im 15. Jahrhundert wird sich die Wendung von den Königen »im Reich« durchsetzen.

Der scheinbar bedeutungslose sprachliche Wandel vom »am« zum »im« bezeugt, daß das Reich zunächst noch keine geographische Bezeichnung ist wie erst ansatzweise im 15. Jahrhundert, als es mit dem Ausdruck »teutsche Nation« verbunden werden kann.[215] In der Wendung »nachkomen an dem riche« erweist das scheinbar nebensächliche »am«, das im Spätmittelalter mit einer solchen Selbstverständlichkeit an Stelle des eigentlich zu erwartenden »im« gebraucht wird, daß das Reich transpersonal gedachter Inbegriff all jener Prärogativen ist, die dem König nur übertragen worden sind, ihm aber nicht eigentümlich (und damit vererbbar) zugehören.

Ein Nebeneinander von personalen und transpersonalen Reichsgedanken ist in der Zeit Ludwigs des Bayern feststellbar. Wir vermuten, ohne es genau beweisen zu können, daß in den gleichen Zusammenhang der Entwicklung eines transpersonalen Reichsgedankens die nur scheinbar personale Benennung Friedrichs des Schönen durch König Ludwig als »Bruder« einzuordnen ist. In den von den Zeitgenossen so ernst genommenen Titulaturen kündigt sich in diesem Fall ein Denken an, das über die hergebrachte dynastische Orientierung hinausweist. Es handelt sich um Anerkennung einer dem Königtum übergeordneten Vorstellung vom Reich, wenn Ludwig der Bayer in seiner Ulmer Erklärung Friedrich den Schönen seinen Bruder nannte. Und auch Friedrich der Schöne selbst hatte, als er im Januar

---

213 Daß sich Ludwig als »gubernator« bzw. als »administrator« des Reiches verstehen konnte, belegt Schneider (1997), 20.

214 Schubert (1979), 260.

215 Wie wenig sich aber noch im 15. Jahrhundert realer und rechtlicher Reichsbegriff decken konnten, belegt Andreas Rüther, Die schlesischen Fürsten und das spätmittelalterliche Reich, in: Nolte – Spieß – Werlich (2002), 33–62.

1326 (den Titel eines römischen Königs führend)[216] dem Grafen Berthold von Henneberg all dessen Privilegien bestätigte, den Wittelsbacher »kunig Ludewig, unser bruder« genannt.[217] Herstellung künstlicher Verwandtschaft in Verantwortung für das Reich? Es gibt tatsächlich bis zum 9. Februar 1327 Belege, daß eine gemeinsame Herrschaft der beiden Könige ansatzweise realisiert worden war.[218] Zu unbedeutend sind jedoch die Maßnahmen des 1330 verstorbenen Friedrichs des Schönen, als daß von einem »Doppelkönigtum« gesprochen werden könnte. Der in der Fürstenwelt vertraute Begriff der Mutschierung, der lehnrechtlich gesicherten gemeinsamen Herrschaft zweier Brüder, verbot sich in der Anwendung auf das Königtum. Wenn der Wittelsbacher Friedrich den Schönen seinen »Bruder« nannte, ging es ihm politisch um die Anerkennung durch die habsburgische Gefolgschaft im Reich. Er nutzte dabei die Möglichkeiten, die ihm das transpersonale Verständnis von Königsherrschaft in deutschen Landen bot, die Herrschaft *am* Reich.

Unsere Interpretation der Thronverträge Ludwigs des Bayern läuft also darauf hinaus, daß der Wittelsbacher, um Anerkennung in der Fürstenwelt bemüht, sich nicht auf die zwiespältige Wahl von 1314 und auch nicht auf die Schlacht von 1322 berief, sondern auf die Verantwortung des Königs für das Reich. Diese Interpretation wird bei allen Historikern auf Ablehnung stoßen, die einem undifferenzierten Machtbegriff anhängen und nicht akzeptieren wollen, daß »Macht« jeweils zeitgebundene Inhalte hat. Übereinstimmung aber dürfte in folgender Feststellung bestehen: Ob Ludwig der Bayer in den Jahren 1325 und 1326 ernsthaft den Thronverzicht erwogen hat, was wir verneinen, oder ob er nur ein politisches Spiel zu treiben beabsichtigte, was die Machthistoriker stets unterstellen, läßt sich zwar nicht mit letzter Sicherheit klären, wohl aber zeigen seine Verträge mit den Habsburgern, wie fragwürdig die Anwendung des sprachlich unverzichtbaren Begriffs »Reichspolitik« auf das fürstliche Handeln jener Zeit ist: Ordnungsprobleme und vom Papsttum aufgeworfene Rechtsfragen gab es zwar zu Hauf, aber eben noch keine im Konsens der Zeitgenossen begründete Verfassung, die – wir greifen vor – erst nach dem Ereignis von 1338 und seiner Rezeption im Entstehen begriffen ist.

---

[216] Den Königstitel führt Friedrich auch bei richterlichen Entscheidungen am 10. Februar und 25. Juni 1326. Urkundenregesten Hofgericht Bd. 5, Nrn. 89 und 91. Vgl. auch Acta, ed. Winkelmann Bd. 2, 280ff. Nrn. 443–447. Dabei hatte sicherlich eine Rolle gespielt, daß der Münchner Vertrag nur ein gemeinsames Hofgericht beider Könige vorgesehen hatte, »daz unser gericht ungeteilet sei«. Vgl. Battenberg, in: ebd., IXf. Einen Tag vor dem Abschluß des Münchner Vertrags erscheinen im Streit zwischen Cangrande della Scala und Herzog Heinrich von Kärnten in München sowohl Ludwig als auch Friedrich als Schiedsrichter. Aber nur Ludwig wird König genannt. Ebd. Nr. 87f. 1325 September 4. Zum späteren Verhältnis des Wittelsbachers zu den Habsburgern vgl. Baum (1994), 99ff.

[217] Hennebergisches Urkundenbuch Bd. 1, hg. von Karl Schöppach. 1842, 102f. Nr. 181. Vgl. Heckmann (2001), 61f.

[218] Heckmann (2001), 68ff. und 80.

In den zwanziger Jahren verstieß Ludwig noch keineswegs gegen geltende Rechtsvorstellungen, wenn er bei seinen Verzichtsplänen auf das kurfürstliche Wahlrecht keine Rücksicht nahm. Natürlich hatte Papst Johannes XXII. 1326 Balduin von Trier versichern können, daß er gar nicht daran denke, den Münchner Vertrag zu billigen, da dieser mit den Rechten der Kurie und denen der Kurfürsten unvereinbar sei;[219] aber gerade diese vordergründige Gleichstellung des im Prinzip Unvereinbaren von päpstlicher Approbation und kurfürstlichem Wahlrecht zeigt doch, wie wenig konturiert die Prärogativen der Kurfürsten damals noch waren.

1325 war Ludwig von seiner alleinigen Verfügungsgewalt über das Reich ausgegangen. Acht Jahre später, 1333, wird dieser Anspruch vollends offenbar, als er zugunsten Herzog Heinrichs von Niederbayern, des Schwiegersohns Johanns von Böhmen, einen Verzicht auf das Reich für den Fall beurkundet, daß es dem Herzog gelingen würde, vor dem Verzicht des Kaisers die Billigung der Kurie für sein Königtum zu erlangen.[220] Bereits Edmund E. Stengel hat zutreffend auf die Verwandtschaft dieses Plans mit der Trausnitzer Sühne bzw. dem Vertrag von München und der Ulmer Erklärung aufmerksam gemacht.[221] Seine Annahme, daß der Kaiser für Heinrich von Niederbayern gewissermaßen einen urkundlichen Scheck ausgestellt haben müsse, den dieser bei einem Erfolg an der Kurie hätte einlösen können, hat sich bestätigt. Friedrich Bock und nach ihm Heinz Thomas haben das Vidimus der entsprechenden Urkunde im Fürstlich Leiningenschen Archiv zu Amorbach aufgefunden.[222] Die Urkunde datiert von jenem 19. November 1333, als Herzog Heinrich erklärte, er wolle »den prief, den wir haben von unserm herren dem chaiser vme die verzeichnuss dez reiches« solange geheim halten, bis Ludwig mit dem Papst ausgesöhnt sei.[223]

Unabhängig davon, wie ernst das Verzichtsversprechen Ludwigs überhaupt gemeint war, unabhängig davon, ob Heinrich zu einem Test der kurialen Approbationsansprüche verleitet werden sollte: Die Urkunde von 1333 enthält eine eindeutige Aussage über die noch mangelhafte Integration des kurfürstlichen Wahlrechts in den Reichsgedanken. Wenn berücksichtigt wird, daß im Jahre 1237 ein mächtiger Kaiser bei einer von ihm gebotenen Königserhebung zumindest formal auf das Wahlrecht der Fürsten Rücksicht nahm, so erscheint der projektierte Herrschaftswechsel von 1333 als ein Bruch mit dem Gewohnheitsrecht. Aber seit der Umformung des Vorstimmrechts zum exklusiven Wahlrecht der sieben Kurfürsten

---

219 MGH Const. Bd. 6, 109 Nr. 154.

220 Stengel (1930), 60ff.; Huber (1983), 84ff.; Becker (2002), 124; Heckmann Bd. 1 (2002), 481f. mit Anm. 179.

221 Stengel (1930), 80.

222 Bock (1956), 92f. Nr. 496; Heinz Thomas, Kaiser Ludwigs Verzicht auf das römische Königtum. ZHistForsch 12 (1985), 1–10. Vgl. Ders. (1993), 278ff.; Schütz (1985), 76; Schmuck (1997), 244 mit Anm. 1929.

223 Monumenta Wittelsbacensia, ed. Wittmann, 334 Nr. 290.

war zugleich der Gedanke des »velle regibus oboedire« in neue Zusammenhänge gestellt worden. Die Huldigung, das Lehnrecht mußte nach der Verkürzung der allgemeinen Fürstenwahl das Gehorsamsgebot allein tragen. Ludwig der Bayer stützt sich im Jahre 1333 nicht auf ein Reichsrecht, in dem ein kurfürstliches Wahlrecht einbeschlossen ist, er stützt sich auf seine inzwischen durch die Kaiserkrönung bestätigte Autorität, wenn er die Anerkennung Heinrichs gebietet. Er bleibt weiterhin Herr des Verfahrens, wenn er Heinrich den von uns flapsig so genannten Blankoscheck ausstellt, den dieser bei der Kurie einlösen könne. Überdeutlich sagt dieses der Kaiser selbst, als er den vorerst noch geheimzuhaltenden Scheck mit dem Befehl zur Einlösung an die Reichsstände ausstellt: Niemand anderes als Heinrich ist zum Nutzen von Reich und Christenheit besser geeignet. Deshalb befehlen wir euch, den sieben Kurfürsten, allen Adeligen und Städten diesen Mann als euren Herrscher anzuerkennen, weil wir ihm freiwillig das Reich übergeben haben (»wann wir niemant wizzen der dem heiligen reiche und der cristenhait pesser sei … denne der erwer furste hertzog Heinrich von Payern unser feter, wellen wir, heisen euch, ir siwen fürsten der chur des reiches und alle fürsten grawen freien dinstman stet arme und reiche, daz ir den erweren herren hertzog Hainrichen von Paiern unsern fetern habt und haizzet ein Romischen chonig, wann wir im daz auch auf geben haben mit willegem hertzen und mit virdachtem mut«).[224]

Ludwig ging 1333 wie schon 1325 von einem Reich aus, das zwar nicht sein Besitz sei, aber seiner alleinigen Verantwortung unterstehe, weswegen er es ohne Rücksicht auf das Wahlrecht der Kurfürsten einem anderen übertragen könne. Nicht durch eine Neuwahl, sondern durch ein kaiserliches Gehorsamsgebot an Kurfürsten und Stände des Reiches sollte ein neues Königtum konstituiert werden können. Herzog Heinrich dagegen sah bereits, wie anfechtbar eine solche Ansicht inzwischen geworden war; er bemühte sich um die Billigung der Kurfürsten und ließ sich am 14. November 1333 von Herzog Rudolf von Sachsen die Kur versprechen, »swann der Khaiser abgieng oder bei dem reiche nicht bleiben woldt«.[225] Auf eine solche Absicherung waren die Habsburger 1325 noch nicht verfallen. Der leise, der schleichende Verfassungswandel, der auf eine Verstärkung des kurfürstlichen Wahlrechts hinausläuft, zeigt sich innerhalb von sieben Jahren, ein schleichender Verfassungswandel, den vorzubereiten die päpstlichen Prozesse geholfen haben.

Trotz der Gefahr, den Gedankengang zu verwirren, müssen wir auf die rechtliche Grundlage des Versprechens Herzog Rudolfs eingehen, und das nicht nur, weil das hier zu Tage tretende Prinzip eine zentrale Rolle bei der Vorgeschichte der

---

224 Bock (1956), 92f. Nr. 496.

225 Monumenta Wittelsbacensia, ed. Wittmann, 333f. Nr. 289. Auf eine mögliche Neuwahl ist wohl auch der Passus der Einung zwischen Kurköln und Kurtrier in jenem Jahre 1333 zu beziehen, der sich verschlüsselt auf denjenigen bezieht, »quem nos alias elegimus ad imperium«. Lacomblet, Bd. 3, 217 Nr. 268. Zum politischen Hintergrund steuert Lawrenz (1975), 82ff. neue Aspekte bei.

Absetzung Wenzels spielen wird. Herzog Rudolf von Sachsen-Wittenberg hat im Jahre 1333 Heinrich von Niederbayern in einem rechtlich verbindlichen Sinne tatsächlich die Wahl versprochen. Die Wendung seiner Zusage »khiesen auf unsern aid ze aynem römischen khungen«[226] ist als eine »nominatio«, als Stimmenbindung für den Fall einer künftigen Wahl, zu verstehen.[227] Damals aber ist noch neu, was in der Folgezeit zu einem gebräuchlichen Recht wird.[228] Allein das in Quellen nicht belegte, aber zu unterstellende politische Mittel des noch nicht unter Korruptionsverdacht stehenden Versprechens einer Gegengabe, das die Anerkennung eines Königtums vorbereiten konnte, läßt Analogien, aber keine Rechtstraditionen erkennen. Verbindungen zur »Stufenwahl« der salischen und staufischen Zeit gibt es nicht. Noch steht die Urkunde von 1333 in einem Zusammenhang, den die Goldene Bulle ergebnislos verbieten will, wenn sie eine Wahl »absque omni pacto, stipendio, precio vel promisso« fordert.

Zurück zur »nominatio« Herzog Rudolfs. Die Urkunde zeigt zum ersten, daß sich das Verhältnis der Wittenberger und der Lauenburger gegenüber Ludwig dem Bayern im Vergleich zum Jahre 1314 umgekehrt hat (seit etwa 1330 findet sich Rudolf I. auf wittelsbachischer Seite, während die Lauenburger Rückendeckung bei der Kurie für ihre Ansprüche suchen);[229] zum zweiten belegt das Versprechen des sächsischen Kurfürsten, daß das luxemburgische Haus hinter den Bestrebungen Heinrichs von Niederbayern stand; denn Rudolf I. pflegte enge Beziehungen zu Balduin von Trier,[230] und die Verpflichtungen Heinrichs gegenüber der französischen Krone im Jahre 1334[231] sind allein aus dem Zusammenhang mit der Politik Johanns von Böhmen erklärbar. Erklärbar ist damit auch, warum die geheime Urkunde des Jahres 1333 »veröffentlicht« wurde. Heinrich Taube von Selbach benannte das Verhältnis von Geheimnis und Öffentlichkeit: Im Verborgenen habe der Kaiser zugunsten Heinrichs auf das Reich verzichtet (»regno occulte renunciavit Heinrico«). Der Wittelsbacher aber, so weiß der Eichstätter Domherr ebenfalls, widerrief die Abreden sofort, als sie bekannt wurden: »Ludewicus immediate audita fama revocavit hoc«.[232] (Nach unserer Meinung handelt es sich um das erste, diesen Namen verdienende Dementi der deutschen Geschichte.)

---

226 Druck: Krammer (1932) Bd. 2, 89. Vgl. Mohrmann (1975), 77.

227 Schubert (1977), 281.

228 Stengel (1930), 85. Erstmals ist dieses Prinzip der vorsorglichen Wahlabsprache im Jahre 1294 überliefert, als der Pfalzgraf seinem Schwiegervater König Adolf verspricht, »das er zu dem nehesten sine kure, ir sei einu oder me, uende und kere an einen man, an swen wir wellen, also das er den kiese zu eime Romeschen kunige«. MGH Const Bd. 3, 484f. Nr. 504. Der Pfalzgraf verspricht also, nach dem Tode König Adolfs im Sinne des Verstorbenen wählen zu wollen.

229 Mohrmann (1975), 63ff.

230 Ebd., 77ff.

231 Stengel (1930), 72. Vgl. Schubert (1977), 322.

232 Heinrich Taube von Selbach, ed. Bresslau, 46.

Es ist bezeichnend für die bereits damals intrigenreiche Diplomatie, aber auch für die ansonsten verborgene Kommunikation zwischen unterschiedlichen politischen Lagern,[233] daß trotz aller Geheimhaltung Johann von Böhmen die Verzichtsurkunde des Kaisers instrumentalisieren und in kaiserfeindlichen Kreisen veröffentlichen konnte.[234] Er zwang damit den Wittelsbacher, sich am 24. Juli 1334 von seiner eigenen Urkunde zu distanzieren, die er angeblich nie gesiegelt habe. Lediglich der Falschheit der Welt sei es zuzuschreiben, wenn man einen entsprechenden Brief vorwiese. Er, der Kaiser, habe sich nur über die Nachfolge im Falle seines Todes mit Fürsten und Herren beraten. Einem Manifest kommen dann die Worte Ludwigs gleich, mit denen er auf das Gerede über einen Thronverzicht antwortet: Dieses Reich, für das wir uns ohne Schonung unserer Anhänger aufgerieben haben, geben wir doch Zeit unseres Lebens nicht preis (»daz wir daz reich, do wir manig zeit uns und den unsern we umb haben getan und uns hart an chomen ist, bey unserm lebentigen leyb niemant aus der hant geben«).[235]

Wir wissen nicht, ob Ludwig durch den Fall des Jahres 1333 gewarnt war, daß entsprechende Pläne nie geheim bleiben konnten, oder ob ihm von den Kurfürsten bedeutet worden war, daß ein Kaiser keine alleinige Verfügungsgewalt über das Reich habe. Tatsächlich war es seit 1334 mit seinen Plänen vorbei, durch die Übertragung von Königsrechten wie im Münchner Vertrag oder durch das Spiel mit einem Thronverzicht wie im Vertrag mit Heinrich von Niederbayern dem Reich Frieden zu schaffen. Von jetzt an beginnt der Weg zur Rhenser Erklärung der Kurfürsten.

So bedeutsam, wichtiger noch als die Goldene Bulle, die Rhenser Erklärung von 1338 werden sollte, so stand sie doch in ihrer Zeit zunächst in Konkurrenz zu der Auffassung, daß der Herrscher über das Reich gebieten könne. Wenn auch zu betonen ist, daß es nach 1338 mit den Versuchen vorbei war, allein aufgrund kaiserlicher Machtvollkommenheit dem Reich einen neuen Herrscher zu geben, so ist diese Auffassung zwar von der Folgezeit, aber nicht von den politischen Konstellationen um 1340 gedeckt. Schon unsere Erwägungen von Rezeption und Tradition warnten davor, Verfassungsgeschichte auf bestimmte Akte zu gründen. In einer Zeit des 1338 beanspruchten, aber noch nicht verfestigten Kurfürstenrechts konnte mit der Möglichkeit gespielt werden, daß der Kaiser einen Mitregenten annehmen könne. Johann von Winterthur vertraut dem Pergament an, was ihm gerüchteweise vom Fürstentag zu Bacharach 1344 bekannt geworden ist. Man habe wegen der Willfährigkeit des Bayern gegenüber der Kurie von ihm verlangt, Karl von Mähren als König anzunehmen; der Kaiser hätte statt dessen einen seiner

[233] Vgl. das Beispiel der Doppelwahl von 1314, als es bis zuletzt noch einen Austausch zwischen den gegnerischen Parteigängern gegeben haben mußte, bei Schubert (1977), 337f.

[234] Thomas (1993), 280.

[235] Heinrich Boos (Hg.), Urkundenbuch der Stadt Worms. Bd. 2. 1890, 187 Nr. 273.

Söhne vorgeschlagen und sei damit auf völlige Ablehnung gestoßen.[236] Eine immerhin noch denkbare Lösung wie im Jahre 1333 wird jetzt ausdrücklich verworfen. Wie aber steht es mit der Rhenser Lösung von 1338, von der sich in der Zwischenzeit, also um 1344, der Kaiser, um Ausgleich mit dem Papst bemüht, entfernt hatte? Jetzt antworten die rheinischen Kurfürsten im Bewußtsein ihrer Wahrung des mit dem Wahlrecht verbundenen Reichsrechts.

Die bei dem Mönch aus Winterthur aufscheinenden Wahrheiten unter dem Gerüchtewust: Bereits 1344 wurde die Lösung erwogen, die dann tatsächlich 1346 in der Rhenser Wahl gefunden wurde. Was 1344 noch mit dem Kaiser ins Werk gesetzt werden sollte, ist 1346 gegen ihn inszeniert worden. Aber der Grundgedanke – und auch das läßt der Bericht Johanns von Winterthur erkennen – blieb der gleiche. In zunehmendem Maße mußten die Kurfürsten von den Bemühungen Ludwigs irritiert sein, durch weitgehende, in Rechte und Würde des Reiches eingreifende Zusagen den Ausgleich mit dem Papsttum zu erreichen.

Die Entwicklung der kurfürstlichen Reichsverantwortung, in der – überzeitlich – die Position der »Forchheimer« von 1077, allerdings verengt auf einen exklusiven Kreis von sieben Königswählern wiederzuerkennen ist, läßt eine Interpretation der kurialen Prozesse nach dem vordergründigen Gegensatz zwischen Kaisertum und Papsttum nicht zu. Zu fragen ist vielmehr, ob diese Prozesse nicht einen klärenden Beitrag zur Entwicklung eines Reichsgedankens geleistet haben, der sich über das schon vorhandene Denken hinaus nunmehr präziser artikulieren mußte. Das in der öffentlichen Meinung als feste Stütze Ludwigs des Bayern erscheinende Reichsbewußtsein sah als Repräsentanten dieses Reiches jenen Herrscher, den die Nürnberger beim Neubau ihres Ratssaales als Person abbildeten, um ihre Reichszugehörigkeit zu versinnbildlichen.[237] Die kurialen Prozesse gegen eben diesen Kaiser aber zwangen die politisch Handelnden, das Beziehungsverhältnis von der Person des Herrschers und seiner Herrschaft zu klären. Das ist die – unbeabsichtigte – Fernwirkung der päpstlichen Prozesse, während die – beabsichtigte – unmittelbare Wirkung nicht eintrat. Einmal hätte sich ohne den Eindruck der Prozesse die objektivierte Beziehung zwischen König und Reich nicht so allgemein durchsetzen können – bot sie doch nicht zuletzt auch eine besonders von den Reichsstädten genutzte Möglichkeit gegenüber Avignon, die Treue zum Herrscher hinter der Berufung auf die Treue zum Reich zu verbergen. Weiterhin: Auch nach der Regierungszeit des so heftig angegriffenen Wittelsbachers bildete nicht das Recht des Papstes, sondern allein die Entwicklung des Reichsgedankens den (gewiß auslegbaren) Legitimationsrahmen für Herrscherabsetzungen. Drittens aber: Bis in die Zeiten Wenzels hinein war gar nicht ausgemacht, daß die Vorstellung, das Reich sei ein dem König übertragener Besitz, lediglich einer kurfürstlichen Repräsentanz für

[236] Johann von Winterthur, ed. Baethgen, 248. Vgl. Thomas (1993), 353; Lenz (2002), 120f.
[237] Glaser (2002), 12.

dieses Reich zugute kommen sollte. Vielmehr konnte auch der König aus dieser Entwicklung eigene Rechte ableiten, konnte wie Ludwig behaupten, daß er das Reich einem anderen vergeben dürfe.

In den päpstlichen Ansprüchen auf das Reichsvikariat ist im Kern die gleiche objektivierte Beziehung zwischen König und Reich enthalten wie in der Auffassung Ludwigs, daß er das Reich einem anderen übertragen könne. Durch die öffentliche Anteilnahme an dem Streit zwischen Kaiser und Papst wurden auch die bis dahin nur von wenigen rezipierten transpersonalen Staatsvorstellungen in Deutschland allgemeiner verbreitet; es entstand das Denken, daß dem König dieses Reich entzogen werden könne, oder daß er auch »bei dem reiche nicht bleiben woldt«.[238] Seit Ludwig dem Bayern wurde als möglich angesehen, daß der Herrscher »daz heilige romische riche uffgeben wurde«, was im Jahre 1374 von Kaiser und Kurfürsten ganz offen ausgesprochen wurde;[239] angesichts der immer deutlicher hervortretenden politischen Konturen des Wählergremiums ein weiteres Beispiel für die Überlagerung ganz unterschiedlicher Rezeptionsvorgänge.

Die Zeit Ludwigs des Bayern ist eine Zeit der verfassungsgeschichtlichen Klärungen. Die Wahl von 1376, als es Karl IV. gelang, seinen Sohn bei Lebzeiten des Kaisers wählen zu lassen,[240] ist im Kontrast zu den Plänen von 1333 zu sehen: Der Anspruch des Herrschers, das Reich einem anderen übertragen zu können, im Grunde nur eine Variante des seit salischer Zeit geübten Verfahrens, bei Lebzeiten des Kaisers dem Sohn die Königskrone übertragen zu lassen, war inzwischen eine zweifelhafte Option. Sie lebte zwar weiter, wie noch während der Regierung Wenzels zu erkennen sein wird, aber sie erschien dem staatsklugen Karl IV. nicht als ausreichende Sicherung seines dynastischen Erbes. Dieses Bemühen um Konsens bei der Nachfolgeregelung hatte ihren Preis. Im Bewußtsein ihrer Prärogativen ließen sich die Kurfürsten die Wahl Wenzels teuer erkaufen. Halten wir uns nicht lange mit dem schon von den Zeitgenossen erhobenen Vorwurf der Bestechung auf. Der in der Reichspolitik erfahrene Kaiser wußte, daß ein Königtum nur durch Wahl zu errichten sei. Das war die handfeste Folge des Ereignisses von 1338. Daß daneben noch Vorstellungen, denen Ludwig der Bayer noch bis 1333 anhing, weiterleben konnten, wonach ein König das Reich einem anderen übertragen könne, erschien Karl IV. als überholt. Als sein Sohn mit eben diesen Vorstellungen spielen sollte, trug dieses zu seiner Absetzung bei.

---

238 Monumenta Wittelsbacensia, ed. Wittmann, 333f. Nr. 289.

239 Für das Jahr 1374 mehrfach belegt: DRTA Bd. 1, 21ff. Nr. 4. Der Huldigungsbescheid Frankfurts für Wenzel, der, vom Kaiserhof als normativ erachtet, allen Reichsstädten im Zirkular mitgeteilt wurde (vgl. z.B. Xavier Mossmann, Cartulaire de Mulhouse. Bd. 1 (1883), 295 Nr. 312), galt für den Fall, daß der Kaiser »von todes wegen abeget ... oder daz er daz rich ufgibet«. 1375 verspricht Pfalzgraf Ruprecht, nach Tod oder Abdankung des Kaisers (»noch tode odir ufgabe des reichs«) Wenzel zu wählen. DRTA Bd. 1, 45f. Nr. 20.

240 Schubert (1977), 327ff.

Noch eine weitere Aussage verbirgt sich hinter der Korruption bei der Wahl Wenzels. Teuer waren die Kurstimmen zu erkaufen. Unnötig erschien es hingegen, den Papst mit großen Versprechungen zu gewinnen. Zu deutlich erinnerten sich die Mächtigen des Scheiterns der päpstlichen Approbationsforderungen zur Zeit Ludwigs des Bayern. Denn es ist bei dem Vergleich über die Zeiten hinweg unübersehbar: Während nach 1245 der päpstliche Absetzungsanspruch Prätendenten auf die Königswürde auf den Plan rief, standen zu Zeiten Ludwigs des Bayern die häufigen Neuwahlpläne bis 1346 nie im Gegensatz zu dem Wittelsbacher. Sie bezogen den Kaiser und seine Stellungnahme stets in das politische Spiel mit ein.

Das Thema der Approbation war zwar mit der Zeit Ludwigs des Bayern nicht erledigt, aber aus einer Grundsatzfrage über das Verhältnis von kirchlicher und weltlicher Gewalt war eine reine Kompetenz- oder Verfahrensfrage geworden, die niemanden mehr erregte. Wenn noch in den Jahren 1401–1403 Papst Bonifaz IX. die Anerkennung Ruprechts von der Pfalz verzögerte, wollte er nicht zu den Ansprüchen Johannes XXII. zurückkehren, sondern er versprach sich von dem Hochspielen der Approbationsfrage taktische Vorteile bei den Verhandlungen zur Lösung des Großen abendländischen Schismas.[241]

Mit der Feststellung, daß das avignonesische Papsttum an einem Fürsten aus Niederbayern scheiterte, haben wir erneut provozierend die historiographische Leitlinie einer Auseinandersetzung zwischen Regnum und Sacerdotium angegriffen. Aber jede Provokation hat auch ihre Grenzen. Zwar war Avignon an München gescheitert, jedoch hatte der große Streit Folgen, die sich einer machtpolitischen Bilanzierung weitgehend entziehen, Folgen wie noch darzustellen sein wird, für die Ausbildung des Reichsvikariats, Folgen für die verfassungsgeschichtlichen Klärungen der Zeit um 1338, Folgen aber auch darin, daß bis heute nicht von Ludwig IV., sondern von Ludwig dem Bayern gesprochen wird.[242]

---

241 Heimpel Bd. 1 (1982), 187, 204, 310; Bd. 2 (1982), 696. Vgl. Miethke (1995), 446f.

242 Dazu Thomas (1995), 776 mit Anm. 70; Miethke (2002), 57 mit Anm. 50.

5. Verfassungsgeschichtliche Klärungen. Der scheinbare Widerspruch zwischen den Neuwahlprojekten zur Zeit Ludwigs des Bayern und der Rhenser Erklärung von 1338

Neuwahlprojekte und das Wahlrecht der Kurfürsten – Die Rhenser Erklärung: die Unabhängigkeit der Königswahl – die gemeinsame Auffassung von Kurfürsten, Ratsherren und Wissenschaftlern – die reichsrechtliche Verbindlichkeit der Rhenser Erklärung und die Balance von Kaiser- und Kurfürstenrecht.

Unserer Aussage von den verfassungsgeschichtlichen Klärungen der Zeit Ludwigs des Bayern scheint zu widersprechen, daß mit Ausnahme der Zeit Friedrichs III. bei keiner Königsherrschaft so viele Gerüchte einer Thronveränderung umliefen, wie unter Ludwig dem Bayern. Der aufschlußreiche Unterschied liegt darin, daß im 15. Jahrhundert nach dem Präzedenzfall der Entmachtung Wenzels als Verfassungsgrundsatz eine Absetzung durch die Kurfürsten akzeptiert war; eine solche Kompetenz aber besaß das Wählergremium zu Zeiten Ludwigs des Bayern noch nicht. Damals hatte die dynastische Interessenpolitik weite, von Grundsätzen des Kurfürstenrechts noch wenig kontrollierte Spielräume. So wurde unter den Mächtigen von der Möglichkeit gemunkelt, daß »ein ander chunig oder chaiser ufgestunde, er wer einwelich oder nicht«.[243] Was hier 1330 in der Einung zwischen Johann von Böhmen mit den Habsburgern formuliert wird, läßt sich zwar nach den verschiedensten Seiten auslegen, aber eines ist sicher: Gerechnet wird mit der Möglichkeit eines neuen König- oder Kaisertums, das, allenfalls nur durch einige Kurstimmen legitimiert, »ufgestunde«. Eine Königswahl durch die Mehrheit der Kurfürsten erscheint dabei als nebensächlich (»er wer einwelich oder nicht«). Schon allein die Macht, so wird befürchtet, könne über eine Minderheitswahl ein neues Königtum begründen. Deshalb konnte im Jahre 1336 auch behauptet werden, daß Johann von Böhmen nicht mit den Kurfürsten, sondern aufgrund seiner europäischen Beziehungen mit Hilfe der Könige von Polen und Ungarn gemeinsam mit Heinrich von Niederbayern versuchen wollte, ein neues Königtum im Reich durchzusetzen.[244] Im folgenden Jahr drangen dann Gerüchte über eine bevorstehende Wahl Eduards III. bis an die Kurie.[245] 1342/43 wurde erwogen, den

[243] MGH Const. Bd. 6/1, 636 Nr. 749 § 3.

[244] Johann von Winterthur, ed. Baethgen, 143.

[245] Regg. Köln Bd. 5, Nr. 495 (1337). Den Hintergrund dieser Gerüchte bildete die gemeinsame Politik Ludwigs und Eduards gegen Frankreich, weswegen der Papst, dem eine Wahl Eduards alle Trümpfe aus der Hand genommen hätte, mahnend im Hinblick auf diese Neuwahlgerüchte an Walram von Köln schrieb, er möge »honorem et beneplacitum« des heiligen Stuhls im

Neffen des Kaisers, Pfalzgraf Rudolf, zum Gegenkönig zu wählen.[246] Daß in jenen Jahren von einer Neuwahl im Reiche geraunt wurde, bezeugt Johann von Winterthur, wonach Wilhelm II. von Hennegau-Holland, auch er ein Neffe des Kaisers, es 1343 für geraten hielt, nach München zu ziehen, um sich vor Ludwig gegen ein Gerücht zu verwahren, er wolle sich, von den Kurfürsten aufgestachelt, gegen Ludwig zum König aufwerfen.[247] Erwähnt seien hier nur beiläufig und der Vollständigkeit halber die Pläne einer Thronveränderung im Jahre 1344, Pläne, die wir mit dem Kurfürstentag zu Bacharach in die Vorgeschichte der ersten Wahl Karls IV. 1346 einordnen und näher behandeln werden.

Das, was auf den ersten Blick als verwirrendes Spiel der Politik erscheint, können wir aufgrund unserer bisherigen Darlegungen ordnen. Die Gerüchte über Neuwahlpläne gehen ebenso wie die Versuche des Wittelsbachers zwischen 1325 und 1333 von einer noch nicht verfassungsrechtlich festgeschriebenen Stellung der Königswähler aus. Der Tag zu Bacharach 1344 belegt auch aus der Perspektive der Neuwahlpläne, daß das Ereignis von Rhens noch nicht sofort die verfassungsgeschichtliche Grundlegung bedeutete, sondern den Gesetzen von Rezeption und Tradition unterlag.

Die Spekulationen über eine Thronveränderung zu Zeiten Ludwigs des Bayern enthalten mit dem Thema der Herrscherentmachtung zugleich ein weiteres, das mit der Neubildung großer Dynastien nach dem Untergang der Staufer zusammenhängt. Die Wahl Richards von Cornwall im Jahre 1257 war noch Ausdruck dafür gewesen, daß sich im Reich kein großes Geschlecht für das Königtum anbot. Von den seitdem entstandenen großen Häusern der Habsburger, Wittelsbacher und Luxemburger hatten vor allem die letzteren europäische, noch nicht (wie erst im 19. Jahrhundert) auf einen nationalen Bezugsrahmen verpflichtete dynastische Interessen. Sie sind zu Zeiten Ludwigs des Bayern vor allem mit der Person Johanns von Böhmen verbunden. Dieser hat nicht als Kurfürst, sondern als König von Böhmen bei fast allen Neuwahlbestrebungen vor dem Jahre 1338 eine in ihren Konzeptionen nicht zu klärende Rolle gespielt, hatte dafür nicht den Rückhalt im Kurfürstengremium, sondern den mächtiger Könige und Fürsten gesucht. Man

---

Auge behalten. Möglicherweise war Walram Förderer einer Kandidatur Eduards, da neun Jahre später, 1346, sein Bruder Wilhelm von Jülich erneut eine Wahl Edwards III. zum Römischen König betrieb. Regg. Köln 5, 1324. – Zur Bedeutung Edwards III. in der Reichspolitik am Vorabend des Rhenser Weistums vgl. Reinhold Pauli, Die Beziehungen König Edwards III. zu Ludwig dem Bayern 1338/19, in: QErBayerG 7 (1858), 411–440. Zu den niederrheinischen Konnotationen dieses Bündnisses: Wilhelm Janssen, Die Erhebung des Grafen Rainald II. von Geldern zum Herzog und Reichsfürsten im Jahre 1339, in: Van Hertogdom Gelre tot Provincie Gelderland. Nijmegen 1990, 1–26, hier: 6ff.

[246] Ludwig Petry, Das politische Kräftespiel im pfälzischen Raum vom Interregnum bis zur französischen Revolution. RhVjbll 20 (1955), 80–111, hier: 90 Anm. 39.

[247] Johann von Winterthur, ed. Baethgen, 201 und 211f. Vgl. Thomas (2002), 96, 108 und 110.

mag die Europäisierung der römischen Königswahl bereits mit der Schlacht von Bouvines verknüpfen, aber allein ein Kampf zwischen Königen bewirkt nach unserer Auffassung noch keine Europäisierung. Diese wird erst durch eine Kontinuität des Handelns erreicht, wie sie – in heutigen Augen befremdlicherweise – erst der Hundertjährige Krieg herstellte. Aber bereits in dessen Vorfeld war der Bühnenraum des barocken Theatrum Europaeum abgesteckt worden, ein Bühnenraum, dessen Weite ein Johann von Böhmen ermessen konnte, ein Bühnenraum, in dessen Mitte nicht mehr das Reich und seine Probleme standen.[248]

Der Kaiser erkannte, daß angesichts der »Internationalität« der Interessen des luxemburgischen Hauses nur über personale Verpflichtungen, nicht aber über ein noch ungefestigtes Reichsrecht die Sicherung seiner Stellung zu erreichen war, er bemühte sich nicht um ein Bündnis mit den Kurfürsten gegen Johann, das er 1338, im Zenit seiner Macht stehend, mühelos hätte erreichen können, sondern er wählte auf dem Frankfurter Hoftag 1339 einen anderen Weg.[249] Er ließ den Sohn des Böhmen, Markgraf Karl von Mähren, die Anerkennung seines Kaisertums beschwören. Den Treueid leistete Karl mit einer Einschränkung, welche die Möglichkeit eines römischen Königtums seines Vaters offen hielt. Er wolle Ludwig gegen jederman, außer gegen seinen Vater, als Kaiser anerkennen (»Qui dominus Karolus domino imperatori fidelitatem iurauit et habere ipsum pro vero et legittimo imperatore contra omnem personam excepto contra patrem«).[250] Diese Nachricht dürfte richtig sein, obwohl sie erst Jahre später in einer Streitschrift Wilhelms von Ockham gegen Karl IV. veröffentlicht wird; Konrad von Megenberg, der im Sinne Karls IV. diesen Traktat zu widerlegen sucht,[251] leugnet die Huldigung nicht, sondern behauptet, aus Argumentationsnot frühere Einstellungen zur Tragfähigkeit der päpstlichen Exkommunikation preisgebend, daß Karl gegenüber einem Gebannten nicht zur Haltung des Eides verpflichtet gewesen sei. Auch die Einschränkung der Verpflichtung »excepto contra patrem« ist für zutreffend zu halten, da sie der Beweisführung Ockhams nicht gelegen sein konnte. Offenbar berichtet der Gelehrte als Augenzeuge vom Koblenzer Hoftag, wußte er doch auch um die näheren Umstände der Eidesleistung Karls, der mit 500 Reitern erschienen war, obwohl ihm der Kaiser nur ein Geleit für ein Gefolge von 200 Berittenen gewährt hatte.

Aufschlußreich ist Karls Auftreten auf dem Frankfurter Hoftag. Die Frage des Treueides ist nicht mehr allein durch den Lehnsgedanken bestimmt; wer gegen das

---

[248] Es ist in den mir bekannten Rezensionen nicht gewürdigt worden, mit welcher Souveränität Thomas (1993) die historiographischen Schwierigkeiten der Verbindung von europäischer und Reichspolitik in seiner Biographie Ludwigs meisterte.

[249] Vgl. das ausführliche Regest bei Schuler (1998), 55ff.

[250] Ockham, De electione, ed. Offler, 481; Karl Müller (Hg.), Occams Traktat gegen die Unterwerfungsformel Clemens VI. 1888, 19.

[251] Scholz Bd. 1 (1911), 127ff.

kaiserliche Gebot mit einem solchen Gefolge, das fast schon als ein Heer anzusprechen ist, auftritt und seinen Treueid leistet, empfindet sich als gleichberechtigter Herr, nicht als Vasall. Weder aus der Tradition der pržemyslidischen Könige noch aus der seines Vaters hatte sich Karl IV. dem Reich besonders verpflichtet fühlen können. Seine die Jugendzeit behandelnde Autobiographie gibt nicht den geringsten Hinweis auf ein Interesse am Reich. Er sollte später als erster König überhaupt im Herrschertitel seine beiden Königreiche trennen, in betonter Parallelisierung von »thronis meis binis« sprechen.[252]

Um beim Aufdröseln des Entwicklungsknäuels den Faden nicht zu verlieren, haben wir nicht der zeitlichen Abfolge der Ereignisse folgen können. Vor der Frankfurter Huldigung Karls von Mähren lag der bedeutsame Tag zu Rhens im Jahre 1338. Die Frage, ob der Rhenser Tag eine Stärkung oder Schwächung der kaiserlichen Stellung bedeutet habe,[253] greift in ihrer machtpolitischen Orientierung zwar zu kurz, sei aber zunächst beantwortet. Unzweifelhaft bedeutete dieser Tag mit seinen unmittelbaren Folgen eine Stärkung der kaiserlichen Stellung. Das zeigt sich selbst aus luxemburgischer Perspektive. Jener Johann, der vorübergehend 1336 die kuriale Auffassung von der nichtexistenten Reichsherrschaft des »Bavarus« vertreten hatte,[254] ist auf dem Frankfurter Hoftag anwesend, wo, die Rhenser Erklärung verschärfend, die Dekrete »Subscripta« und »Licet iuris« verkündet werden.[255] Der Koblenzer Hoftag bildete einen glanzvollen Höhepunkt von Ludwigs Kaisertum. Mit Rat und Zustimmung von Fürsten, Herren und Vasallen waren – wie der Brief des englischen Königs Edwards III. an Herzog Johann von Brabant hervorhob – die Unabhängigkeit des Wahlrechts vom Papst und damit die Unanfechtbarkeit der Herrschaft des Kaisers als Reichsrecht verkündet worden.[256] Die Kurfürsten haben dies, als sie im folgenden Jahr die Rhenser Beschlüsse als gültiges Reichsrecht beschworen,[257] ausdrücklich klargestellt: Wer auf Befehl des Papstes dem Kaiser den Gehorsam verweigert, der soll mit Leib und Gut Kaiser und Reich verfallen sein, wozu alle Kurfürsten und Fürsten dem Kaiser behilflich

252 Schubert (1979), 93.

253 Eine Zusammenfassung der älteren Forschungsmeinungen zum Rhenser Weistum: Lawrenz (1975), 113ff. Vgl. jetzt Miethke (1998), 201ff.; Ders (2002), 67ff.

254 Als Johann gegenüber Balduin von Trier seine Bereitschaft erklärt, mit Ludwig dem Bayern zusammenzutreffen, nennt er diesen: »Ludowicus imperatorem se nominans«. Nova Alamanniae, ed. Stengel Bd. 1, 219 Nr. 401.

255 Ockham, De electione, ed. Offler, 481f. Vgl. Schwöbel (1968), 282; Miethke (2002), 66f. – Zum Gesetz Licet iuris: Hans-Jürgen Becker, Licet iuris, in: HRG Bd. 2 (1978), Sp. 2001–2005; Ders. (2002), 130f. und 134f.

256 Urkundenregesten Hofgericht Bd. 5, Nr. 320. Zur Anwesenheit Edwards III. auf dem Koblenzer Hoftag vgl. Andre (1996), 210ff. und 216f. Die Stellung der rheinischen Kurfürsten zum Bündnis Ludwigs mit Edward III. behandelt Huber (1983), 102ff.

257 Nova Alamanniae, ed. Stengel Bd. 2/1, 423 Nr. 613 §11.

sein wollen (»daz der mit libe und gute dem selben Romeschen koninge oder keysere und dem riche sol vervallen sin und daz wir yme und alle des riches fursten, man unt stete beholfen sollen sin dar zu«).[258]

Die Rhenser Erklärung hat in der unmittelbaren politischen Situation dem Kaiser gedient und ist von ihm auf den Hoftagen zu Frankfurt und Koblenz entsprechend ausgenutzt worden. Aber über die aktuelle politische Situation hinaus wurde die kaiserliche Position nicht wirksam. Weder »Licet iuris« noch »Subscripta« gewannen eine größere Rezeption. Über den Tag hinausreichende Folgen hatte hingegen die Rhenser Erklärung, Folgen, die in der Klärung der Stellung des Wählergremiums ebenso lagen wie in der Zuordnung der Freiheit der Wahl zu König und Reich – die zentralen Prinzipien, welche dann die Goldene Bulle in Paragraphenform gießen sollte.

Nicht von einem Weistum, sondern von einer Erklärung sprechen wir bei dem Akt, der 1338 im Nußbaumgarten zu Rhens stattfand.[259] Dabei geht es uns weniger um das Fehlen bestimmter Regeln eines Weistums (vor allem, was die Urteiler und die Urteilsfindung betrifft)[260] als vielmehr darum, daß diese Erklärung über die Unabhängigkeit der Königswahl vom Papst neben der Feststellung des Rechts einen konkreten politischen Sinn hatte: Sie bildete die inhaltliche Basis, auf welcher der irreführend sogenannte Kurverein aufbaute. Auf dem Koblenzer Hoftag verkündete der Kaiser unter anderem auch die Rhenser Erklärung als für die Zukunft gültiges Reichsrecht.[261] Zum Gesetz wurde damit die Erklärung der Kurfürsten, die nie ein Weistum gewesen war.

---

[258] Ebd. § 10.

[259] Zur Problematik des Terminus »Rhenser Weistum« vgl. Schubert (1975), 113f.; Bernhard Diestelkamp, Reichsweistümer als normative Quellen? In: Peter Classen (Hg.), Recht und Schrift im Mittelalter. (VortrrForsch 23) 1977, 281–310; Vollrath (1996), 56. Sowohl den Begriff Weistum als auch unseren der Erklärung umschließt die Wendung von der »diffinitionem factam in Rense«, worauf sich 1344 die Trierer Bedenken gegen die Bedingungen berufen, die von der Kurie für eine Rekonziliation Ludwigs des Bayern gestellt wurden. Nova Alamanniae, ed. Stengel Bd. 2/1, 495 Nr. 773.

[260] Ein Weistum über die Rechte des Reichs hätte nicht von den Kurfürsten allein gefunden werden können. Als 1349 Günther von Schwarzburg ein solches Weistum forderte, wonach das Reich vakant sei, forderte er zugleich, daß diese Rechtsfeststellung »sententialiter«, also analog zu einem Urteil von Fürsten und Herren (»per principes et nobiles«) getroffen werde. Mathias von Neuenburg, ed. Hofmeister, 272.

[261] In feierlicher Form geschah die Verkündigung der »Weistümer« auf dem Koblenzer Hoftag. Der Kaiser verkündete sie mit lauter und tragender Stimme. »dominus imperator publice ac sonora voce proposuit, retulit atque dixit.« Der Kaiser verkündet keine Beschlüsse, sondern er legt als Richter mit allen Attributen kaiserlicher Majestät die Beschlüsse als Gesetze dar: »Praeterea supradictus imperator pro tribunali ibidem, ut supra dicitur, sedens imperiali maiestate et potestate pro lege perpetue et irrefragibiliter servatura debitis solempnitatibus adhibitis statuit et sanxivit«. Nova Alamanniae, ed. Stengel Bd. 1, 371 f. Nr. 556.

In den Rahmen der allmählich ausgeformten Reichsverantwortung der Kurfürsten sind die Ereignisse des Jahres 1338 einzuordnen. Doch diese Verantwortung wurde nicht exklusiv zu Lasten der Reichsfürsten verstanden. Der Fürstenprotest nach 1648 gegen die Bevorrechtigung der Kurfürsten wurzelt nicht in Entwicklungen des 14. Jahrhunderts. Der in der Forschung sogenannte Rhenser Kurverein verstand sich selbst als Kristallisationskern einer Einung von Fürsten, Herren und Städten,[262] und ein Konsensrecht der Königswähler unterschied sich allein vom politischen Gewicht, nicht aber vom Grundsatz her vom traditionellen fürstlichen Konsens. Dieser Verfassungszustand wird in der nach 1338 mehrfach gebrauchten Formel bei Geboten Ludwigs des Bayern deutlich: »mit guter betrahtung unde nach der Kurfürsten und herrn rat.«[263]

Auch die Rhenser Erklärung des Jahres 1338 unterliegt den Gesetzen von Tradition und Rezeption. Die Verteidigung des Kaisertums Ludwigs sollte sich im politischen Wandel als situationsabhängig erweisen; die mit der Rhenser Erklärung verbundene Behauptung des ein Königtum konstituierenden kurfürstlichen Wahlrechts hingegen wurde verfassungsbildend. Auffallend ist der vergleichsweise kurze Weg dieser Traditionsbildung. Als Kaiser Ludwig auf dem Frankfurter Hoftag Wert auf den persönlichen Treueid des Markgrafen von Mähren legte, erschien ihm zur Sicherung seiner Stellung trotz aller im Jahr zuvor bewiesenen Loyalität der Kurfürsten die Autorität des Wählergremiums nicht als ausreichend. Wie recht er damals noch damit hatte, zeigen die Gerüchte der folgenden Jahre, als befürchtet wurde, mächtige Fürsten könnten sich zu Herrschern im Reich aufwerfen. Mit den vierziger Jahren jedoch, so beweist die Geschichte dieser Gerüchte, beginnt das Gremium der Königswähler zum Mittelpunkt von Plänen einer Thronveränderung zu werden, von Plänen, die sich dann auf dem Kurfürstentag zu Bacharach 1344 ansatzweise konkretisieren sollten. Wie ernst die einzelnen Gerüchte jeweils zu nehmen sind, läßt sich nicht ermitteln. Aber eine Aussage ist eindeutig: In den Gerüchten spiegelt sich wieder, daß seit den 40er Jahren eine bereits verfassungsgemäß zu nennende Autorität des Wählergremiums nicht mehr bestritten wurde. Ohne die Zustimmung der Mehrheit der Kurfürsten war an ein neues Königtum nicht zu denken, weder an ein neues Königtum, das 1333 der Kaiser noch geglaubt hatte errichten zu können, noch an ein neues Königtum, das allein auf Fürstenmacht gestützt im Reich »ufgestunde«. Und deshalb sollte Johann von Winterthur das Neuwahl-Gerücht des Jahres 1344 mit einer genauen

262 Schubert (1975), 118f. Dieses Ziel des Bündnisses bekräftigen die Kurfürsten noch einmal im folgenden Jahr. Sie wollten gemeinsam mit dem Kaiser möglichst viele Reichsstände »zu uns in die vorgeschrieben verbuntnisse brengen, also verre er und wir vermogen.« Nova Alamanniae, ed. Stengel Bd. 2/1, 423 Nr. 613 § 13.

263 Z.B. Nova Alamanniae, ed. Stengel Bd. 2/1, 544 Nr. 818 (1344). Zur Formelhaftigkeit dieser Wendung unter Ludwig dem Bayern vgl. Schubert (1975), 109.

Zahl anreichern: Fünf Kurfürsten, die Mehrheit also, hätten diese Neuwahl erwogen.[264]

Die Gerüchte über ein neues Königtum sind ein Beispiel dafür, daß die Zeit Ludwigs des Bayern eine Zeit der verfassungsgeschichtlichen Klärungen war. Die herkömmliche deutsche Verfassungsgeschichte stellt die Goldene Bulle als das eigentliche ordnende Gesetz der Königswahl in den Mittelpunkt und muß dabei verschweigen, daß das Gesetz Karls IV. erst seit der Königswahl von 1411 als Richtschnur anerkannt worden war, daß also die grundlegenden Klärungen zuvor erfolgt sein müssen.

Wenn wir den Tag zu Rhens als den eigentlichen Wendepunkt in der Geschichte des Königswahlrechts und damit als Kristallisationskern der werdenden Reichsverfassung betrachten, so ist damit unsere Gliederung begründet. Natürlich hätten wir diesen Tag ebenso der Entwicklung kurfürstlicher Reichsverantwortung zuordnen können; wir hätten auch eine chronologische Erzählung der Vorhaben einer Entmachtung Ludwigs wählen und dabei des Rhenser Tages als eines retardierenden Momentes gedenken können. Aber eine Sichtung der Ereignisgeschichte nach wichtigen und weniger wichtigen Fakten darf nicht streng einem chronologischen Schema folgen, sondern muß die nicht unbedingt in die Abfolge der Zeiten passenden Prinzipien von Tradition und Rezeption berücksichtigen. Die erstaunlich schnell wirksame Rhenser Erklärung kann nicht nur aus der Konfrontation zwischen geschriebenem päpstlichen Dekretalenrecht und unkodifiziertem Reichsrecht verstanden werden. Sie ist die wichtigste Grundlage der werdenden Reichsverfassung.

Unabdingbar sowohl für Rezeptions- als auch für Traditionsvorgänge war der Konsens der Zeitgenossen. Unsere Darlegungen zur öffentlichen Meinung der Zeit belegen, daß die Aversseite der Rhenser Erklärung, die Verteidigung des Kaisers, unumstritten war. Wie steht es aber mit der Reversseite, der Wahrung des kurfürstlichen Wahlrechts? Daß auch diese, was ihre schnelle traditionsbildende Kraft erklärt, konsensfähig geworden war, ist etwas schwerer zu ermitteln. »Ut singuli«, als Einzelne hatten die Königswähler in Willebriefen oder auf dem Tag zu Quatrevaux ihre Reichsverantwortung wahrgenommen. Obwohl wir den Ausdruck »Kurverein von Rhens« für unzutreffend halten, so ist doch nicht zu übersehen, daß ein gemeinsames, ein Samthandeln der Kurfürsten erstmals auf dem Rhenser Tag 1338 erkennbar wird.[265] Unabhängig von der Politik war dies aber bereits zuvor sichtbar geworden. Wie auch immer man den Figurenschmuck des Mainzer Kaufhauses datieren mag:[266] Das hier abgebildete Verfassungsdenken tritt früher auf als die in Urkunden konservierte Verfassungswirklichkeit.

264 Johann von Winterthur, ed. Baethgen, 248.

265 Vgl. mit der hier genannten älteren Literatur Huber (1983), 104ff. – Ein allzu selten beachtetes Quellenzeugnis: Wilhelm von Ockham, De electione, ed. Offler, 484f.

266 Kessel (1997), 20 mit Anm. 46.

Das Grabmal Peter Aspelts ist als Demonstration des Krönungsanspruches des Mainzer Kurfürsten zu verstehen, und es ist zugleich eine Demonstration des Standpunktes der zu Rhens versammelten Kurfürsten: Der von ihnen gewählte König ist dem Wesen nach bereits wahrer Kaiser. Was uns heute als Detail erscheinen mag, wurde dem Standbild von den Zeitgenossen als politische Aussage abgelesen: die Gestaltung der Kronen. Und hier ist der Zusammenhang von Königs- und Kaiserkrone sinnfällig geworden. Das in der älteren Forschung als Ausdruck kurfürstlicher Dominanz über das Königtum völlig mißverstandene Grabmal, das offenbar Balduin von Trier als Administrator des Mainzer Erzbistums in Auftrag gegeben hatte, stellt neben dem Krönungsanspruch eines Mainzer Erzbischofs auch seine Verantwortlichkeit für den König und das Reich dar. Die Zeitgenossen sahen auch, was erst gelehrter Spürsinn neuerdings wieder entdeckt hat: Mit der Kaiserkrone wird Ludwig der Bayer vom Mainzer Erzbischof gekrönt.[267] Das ist keine »staatsrechtliche Unmöglichkeit«, sondern bildliche Umsetzung der in Rhens 1338 getroffenen, schon in der Glossa ordinaria des Johannes Theutonicus formulierten[268] Aussage: Der römische König ist dem Wesen nach (»in esse«) bereits wahrer Kaiser.[269]

Ein weiteres Beispiel: Die Nürnberger Ratsherren schmücken um 1338 ihren zwischen 1332–1340 erbauten Ratssaal nicht mit einem imposanten Reichsadler, wie späterhin um 1414 die Frankfurter, sondern mit dem lebensnah gestalteten Kopf eines Königs – und diese Beziehung auf das Königtum wird ganz personal vermittelt: Es sind die Züge Ludwigs des Bayern, die hier verewigt werden.[270] Die Auftraggeber haben natürlich die transpersonale Struktur des Königtums, von der die Rechtsstellung ihrer »Reichsstadt« (für die damalige Zeit genauer: Königsstadt) abhing, gekannt; sie haben aber einem überzeitlichen Sinnbild individuelle Züge geben können, weil sie davon überzeugt waren, was in den Tagen von Rhens die Reichsstädte behaupteten: »keiser Ludwigen, der daz Reich ist.«[271] Wenn die kaiserliche Bügelkrone auf dem Relief Ludwigs des Bayern im Nürnberger Rathaussaal von Engeln gehalten wird,[272] so ist das die gleiche Aussage wie die der Rhenser Erklärung: Die Königswahl steht unmittelbar zu Gott. Der Gewählte ist bereits wahrer Herrscher, er braucht keine päpstliche Approbation.

Vergleichen wir unter Berücksichtigung des objektivierten Verhältnisses von König und Reich das Grabmal Peter Aspelts und die Ausschmückung des Nürnberger

267 Suckale (1993), 9 und 171.

268 »Ex sola enim electione principum dico eum verum imperatorem, antequam a papa confirmetur.« Schimmelpfennig Bd. 1, 56 Nr. 23.

269 Schubert (1979), 32; Ders. (1997/II), 146.

270 Gerhard Pfeiffer (Hg.), Geschichte Nürnbergs in Bilddokumenten.1970, Abb. 14. Vgl. ebd., 13.

271 Berthold (1960), 280. Vgl. Schubert (1979), 255.

272 Glaser (2002), 12.

Rathaussaals: Auf dem Grabmal ist Ludwig die Person, die mit dem Krönungsanspruch des Kaisers auch das an das Reich gebundene Kaisertum repräsentiert, in Nürnberg hingegen ist die Parteinahme personal auf den Herrscher bezogen. Das entspricht der abweichenden Nuance bei der ansonsten gleichgerichteten Haltung von Kurfürsten und Städten im Jahre 1338. Während die Kurfürsten objektivierend vom Kaisertum sprechen, formulieren die Städte ganz im Sinne der Veranschaulichung im Nürnberger Rathaussaal: Kaiser Ludwig, der das Reich ist. Der Appell an die öffentliche Meinung hatte – darauf wollen wir hinaus – zur Zeit Ludwigs des Bayern einen bemerkenswerten Differenzierungsgrad erreicht. Ratsherren, Kurfürsten und Gelehrte aus dem Umkreis des Kaisers teilen gleichermaßen die Auffassung, die Wilhelm von Ockham unter dem Eindruck des Rhenser Tages formuliert: Das Wahlrecht ist den Kurfürsten uneingeschränkt übertragen, weil die Gewalt des römischen Königs oder Kaisers unmittelbar von Gott stammt.[273] Nichts anderes besagt die Rhenser Erklärung der Kurfürsten, deren Sinn darin besteht, die inhaltlichen Grundlagen ihres Bündnisses, des sogenannten Kurvereins, festzulegen.[274]

Die 1338 von den Kurfürsten formulierte Verantwortung für das Reich ist eine Verantwortung, die noch nicht mit einer Reichsrepräsentanz des Kurkollegs verwechselt werden darf, wie sie erst später, um 1400, beansprucht werden sollte. Als Reichsrecht, das sie 1338 zu Rhens und dann auf dem Hoftag zu Frankfurt und Koblenz gegen kuriale Ansprüche verteidigt hatten, verstanden sie in erster Linie die Unabhängigkeit ihrer Wahlkompetenz. Diese Unabhängigkeit wurde jedoch von einer Seite in Frage gestellt, an die 1338 noch niemand denken konnte. Als nämlich nach 1341 immer deutlicher wurde, daß Ludwig der Bayer einen Ausgleich mit der Kurie suchte, blieb dies den Kurfürsten nicht verborgen: Die Position von Rhens war für die Kurie unannehmbar. Wollte der Kaiser dem Papst entgegenkommen, mußte er die Freiheit der Wahl, mußte er das kurfürstliche Wahlrecht, das von päpstlichen Approbationsansprüchen in seiner Gültigkeit entscheidend relativiert worden wäre,[275] gefährden. Die rheinischen Kur

[273] »quod absolute et indefinite fuerit eis data eligendi potestas, ... cum potestas regis Romanorum seu imperatoris immediate sit a Deo.« Ockham, Octo quaestiones de potestate papae c. 10, ed. Sikes, 155. Wenn die Kurfürsten erklären, daß der gewählte König dem Wesen nach (»in esse«) bereits wahrer Kaiser sei, so entspricht das ebenfalls den Aussagen Ockhams, ebd. 9, ed. Sikes, 149. Zu Ockhams Anwesenheit und möglichem Einfluß auf dem Rhenser Tag vgl. Miethke (1998), 208f.

[274] Schubert (1975), 119.

[275] Zwar hatte 1324 Johannes XXII. versucht, Balduin von Trier mit der Versicherung zu beschwichtigen, daß die päpstlichen Ansprüche keinen Versuch darstellten, den Kurfürsten das Wahlrecht zu nehmen (Thomas [1993], 171), aber das war eine allzu durchsichtige Verharmlosung. 1344 stellen im Vorfeld des Kölner Fürstentages trierische Kommentare zu den kurialen Sühnebedingungen klar: »articuli videntur esse preiudicales electoribus et imperio«. Nova Alamanniae, ed. Stengel Bd. 2/1, 495 Nr. 773.

fürsten, denen die bis an Unterwerfung grenzende Verständigungsbereitschaft das alternden Kaisers nicht unbekannt blieb,[276] sahen sich zum Handeln gezwungen.

6. Die Rhenser Königswahl 1346 – eine Absetzung Ludwigs des Bayern oder eine vorsorgliche Wahrung des Reichsrechts?

Wachsender Argwohn der Kurfürsten gegen einen allzu bußfertigen Kaiser – die Rhenser Erklärung als Ausgangspunkt kurfürstlicher Drohungen – der Tag zu Bacharach 1344 – Die Wahl von 1346: kein Ergebnis luxemburgischer Hauspolitik, sondern ein reichpolitisches Konzept Balduins von Trier – die Gründe für eine Wahlhandlung ohne demonstrative Effekte – das weiterhin unangefochtene Kaisertum Ludwigs

Der lange die Forschung beherrschenden Vorstellung, die Kurfürsten hätten in der Spätzeit Ludwigs des Bayern wegen – nicht näher definierter – Machtinteressen mit dem Papsttum gemeinsame Sache gemacht, hat Karl Otto Schwöbel den Boden entzogen.[277] Die Verhandlungen der Jahre 1343 und 1344 an der Kurie rechtfertigen noch nicht einmal die Vorstellung, »als habe der Papst ständig mit den Luxemburgern gegen den Kaiser konspiriert.«[278] 1343 ging man zwar in Avignon mit dem Projekt einer Neuwahl im Reiche um, aber bei den Verhandlungen mit den Luxemburgern stand doch zunächst die Aussöhnung der Kurie mit Balduin von Trier im Vordergrund, und sodann war Clemens VI. nur bestrebt, den Ausgleich zwischen Ludwig dem Bayern und den Luxemburgern in das Verfahren gegen den Wittelsbacher vor der Kurie einzubeziehen.[279] Selbst die Anwesenheit Johanns und seines Sohnes Karl an der Kurie während des Rekonziliationsprozesses Ludwigs des Bayern bietet »keine Anhaltspunkte für eine bestimmte Absprache zwischen ihnen und Clemens VI. gegen Ludwig«.[280]

---

[276] Vgl. Miethke (2002), 59 mit Anm. 55. – Clemens VI. hatte selbst noch im Herbst 1343 die Möglichkeit einer Rekonziliation nicht ausgeschlossen. Thomas (2002), 97f.

[277] Schwöbel (1968). Die berechtigten Einwendungen von Miethke (2002) betreffen Korrekturen und Nuancierungen im Detail, stellen aber das grundsätzliche Ergebnis Schwöbels nicht in Frage; dessen Leistung bestand auch darin, nationalstaatlichen Interpretationen in einer Zeit den Garaus gemacht zu haben, als diese Interpretationen noch nicht aus der Mode gekommen waren.

[278] Schwöbel (1968), 408.

[279] Ebd., 310, 318f. und 349ff. Vgl. auch Huber (1983), 114ff.

[280] Schwöbel (1968), 375.

Die Evidenz der Ereignisse scheint den Machthistorikern Recht zu geben, wenn von einem 1346 konstituierten Königtum Karls IV. überhaupt zu sprechen wäre. Es wird – notabene ereignisgeschichtlich – noch zu beweisen sein, daß die Wähler des Jahres 1346 mitnichten daran dachten, die Herrschaft Ludwigs in Frage zu stellen oder gar herauszufordern. Die selbst angesichts der variantenreichen Formen der spätmittelalterlichen Königswahlen außergewöhnlichste Elektion beruhte – so unsere noch zu beweisende These – auf dem Reichsbewußtsein der Kurfürsten, so wie es 1338 formuliert worden war. Der führende politische Kopf der rheinischen Kurfürsten, Balduin von Trier, war seiner konsequenten Haltung nicht untreu geworden.

Unabhängig von unseren noch zu beweisenden Thesen zwingt bereits die Geschichte der öffentlichen Meinung zu einer Neubewertung der politischen Ereignisse zwischen 1338 und 1346, also zwischen dem glanzvollen, auf weite Öffentlichkeit berechneten Koblenzer Hoftag, den Ludwig in Konsequenz der Rhenser Beschlüsse abhielt, und der nahezu unter Ausschluß der Öffentlichkeit, »quasi occulte«, um mit Heinrich von Herford zu reden, vollzogenen Wahl Karls IV.[281] War es denn möglich, einen »Pfaffenkönig« zu küren, nachdem so offensichtlich die Allgemeinheit für Ludwig Partei genommen hatte? Es waren Adelige und Bürger, welche die päpstlichen Gesandten in ihre Schranken gewiesen hatten, und es war nicht zuletzt das »Volk« gewesen, das etwa fliehenden Klerikern auf Kähnen nachsetzte, das – nach den Worten Konrads von Megenberg – »mörderisch«, wütend, für seinen Kaiser kämpfte.

Seit dem Spätherbst 1344 waren unter Führung Balduins von Trier jene Fürsten vom Kaiser abgerückt, die noch 1338 überzeugt waren, daß nur mit der Verteidigung Ludwigs auch das Reichsrecht zu verteidigen war. Sie widersetzten sich den kurialen Bedingungen, die inzwischen noch verschärft worden waren, und deren Billigung die Rhenser Beschlüsse zu einer Marginalie in der Geschichte der Königswahl hätte werden lassen;[282] sie drohten deshalb dem Kaiser, ihm die »regni gubernacula« zu entziehen, wenn er sich zu diesen Bedingungen dem Papst unterwerfe.[283] Das Gerücht mag übertrieben gewesen sein, von dem Johann von Winterthur berichtet, wonach 1344 fünf Kurfürsten planten, den Kaiser abzusetzen und zu einer Neuwahl zu schreiten (»ad perdendum eum vel deponendum eum et alium loco sui subrogandum«); aber dieses Gerücht spiegelte allgemeine Stimmungen wider und wurde von Ludwig so ernst genommen, daß er, um einer Gefahr zu begegnen, die nach den Worten Johanns von Winterthur gar nicht unmittelbar drohte, nach Frankfurt zog.[284] Vor allem aber reagierte er auf die Drohungen der

---

281 Schubert (1985), 158ff.

282 Thomas (2002), 104f.

283 Johann von Winterthur, ed. Baethgen, 245f. Vgl. Thomas (2002), 106.

284 Johann von Winterthur, ed. Baethgen, 248.

Kurfürsten, indem er seine Prokuratoren an der Kurie 1345 zu dem ihnen vorgelegten Sühnekatalog erklären ließ, dieser stehe im Gegensatz zur Rhenser Erklärung, die beschworen und besiegelt sei (»Hoc est contra declarationem principum in Rense factam, iuratam et sigillatam«).[285] Das Mißtrauen der Kurfürsten war aber mit solchen Erklärungen nicht zu beschwichtigen.

Die Wahrheit hinter dem Gerücht von einer Neuwahl im Jahre 1344 war, daß sich unter den Kurfürsten Widerstand gegen einen Kaiser gebildet hatte, der zu weitgehenden Konzessionen für seine Rekonziliation bereit war. So verstand auch Johann von Winterthur den Kurfürstentag zu Bacharach im September 1344: Es wurde berichtet, daß die Fürsten tief verärgert waren und schwer an des Kaisers Vernachlässigung des Reichs, was geradezu dessen Zerstörung zur Folge haben mußte, trugen und nachdrücklich forderten, daß Ludwig den Sohn des böhmischen Königs als deutschen König beriefe; das aber hatte der Kaiser abgelehnt und seinen eigenen Sohn, den Markgrafen von Brandenburg, vorgeschlagen (»Fertur quoque, quod idem principes egre ferentes et amaro animo sustinentes remissionem et neglienciam imperatoris tanquam causam destructionis imperii ab eo seriose postulabant, ut filium regis Boemie prenominatum sibi subrogaret in regem Alemanie. Quem recusans filium, marchgravium Brandenburgensem, pro rege presentavit«).[286] Wir haben diesen bereits in anderem Zusammenhang zitierten Bericht, obwohl Johann von Winterthur ausdrücklich vermerkt, nur vom Hörensagen über den Bacharacher Fürstentag 1344 Bescheid zu wissen, hier im wörtlichen Zitat wiederholt, weil er zutreffend wiedergibt, wie irritiert die Kurfürsten über die Ausgleichsbemühungen ihres Kaisers waren. (Den Kollegen, die im Namen des gesicherten Wissens prinzipiell Gerüchte als Geschichtsquellen verwerfen, sei der Satz des erfahrenen Politikers Jochen Steffen aus Schleswig-Holstein zu bedenken gegeben: Die Politik ist genauso, wie der kleine Moritz von der Straße sie sich vorstellt.)

Bereits Anfang des Jahres 1339 wußte man an der Kurie von den Bemühungen des »Bavarus« um Rekonziliation.[287] Ludwig war am Ausgang seines Lebens bereit, weitgehende, die Rechte des Reiches beeinträchtigende Zugeständnisse zu machen.[288] Wir teilen die Auffassung nicht, wonach der Wittelsbacher in seinen Aus-

---

285 Nova Alamanniae, ed. Stengel Bd. 2/2, 915 Nr. 1559. Vgl. Thomas (2002), 109.

286 Johann von Winterthur, ed. Baethgen, 246. Vgl. Pauler (1997), 171. – Karl wurde seit 1343 von der kurialen Diplomatie als eigenständig handelnder Fürst, auf den Rücksicht zu nehmen war, verstanden. Vgl. Schwöbel (1968), 329 mit Anm. 114 und 332. Wenn im gleichen Jahr Ludwig der Bayer nicht mit Vorwürfen gegen Johann von Böhmen und seine Söhne spart (ebd., 135), so geht er ebenfalls von der selbständigen Politik des Markgrafen von Mähren aus.

287 Nova Alamannie, ed. Stengel Bd. 2/2, 810f. Nr. 1435 (1339 Januar 25). Vgl. Gerhard Pfeiffer, Um die Lösung Ludwigs des Bayern aus dem Kirchenbann. ZbayerKiG 32 (1963), 11–30. Zu den Rekonziliationsverhandlungen 1330/31 und 1334 vgl. Becker (2002), 124f. – Grundlegend: Alois Schütz, Die Prokuratorien und Instruktionen Ludwigs des Bayern für die Kurie. 1973.

288 Vgl. Thomas (1993), 346 und 350f.; Ders. (2002), 101f.

gleichsbemühungen »nur eines der Eisen« sah, »die er im Feuer hatte« und mit seinem letzten Versuch im Frühjahr 1345 »nur einer Wahl Karls IV. zuvorkommen« wollte.[289] Vielmehr sind diese Ausgleichsbemühungen dem alten Denken verpflichtet, daß das Reich Besitz des Königs sei, und sie sind wahrscheinlich auch die verzweifelten Versuche eines Christen, nicht im Kirchenbann sterben zu wollen. Zu Recht urteilte Robert Suckale über die Spätzeit Ludwigs des Bayern, »daß seine Bemühungen um Aufhebung der Exkommunikation oft politische Klugheit vermissen lassen«.[290] Fragen wir nicht näher nach, ob die »politische Klugheit« nicht eine moderne Setzung sein könnte, fragen wir nach der von uns vermuteten Gewissensnot des »Bavarus«. Gemeinsam mit dem ihm eng verbundenen Nürnberger Großkaufmann Konrad Groß[291] stiftete er zwei Jahre vor seinem Tod 1345 in Pillenreuth (bei Schwabach) eine, wie es in der Stiftungsurkunde heißt, »Einsiedelei«. Die hier lebenden Frauen sollten mit ihren Gebeten Sühne leisten für die vielen wegen des päpstlichen Interdikts ausgefallenen Messen.[292] Zumindest gestellt sei eine nicht zu beantwortende Frage: Kann es Ludwig bei seinen Rekonziliationsverhandlungen und seiner weitgehenden Bereitschaft, sich zu unterwerfen, nicht auch um das Seelenheil der seiner Herrschaft anvertrauten Menschen gegangen sein? Schließlich hatte der Wittelsbacher schon 1315, erschüttert durch den Tod so Vieler in den Schlachten des Thronkampfes, daran gedacht, auf sein Königtum zu verzichten.[293]

Im Reich war allgemein bekannt geworden, daß der Kaiser eine Aussöhnung mit dem Papst anstrebte. Von den Verhandlungspositionen wird man nicht viel gewußt haben, wohl aber von der Verhandlungsbereitschaft. Im Zusammenhang mit den Rekonziliationsverhandlungen an der Kurie 1344 erwähnt Johann von Winterthur, daß die Hoffnung auf Ausgleich und Frieden von einer damals in hoher Achtung stehenden »fama« genährt wurde, die aber um die Zeit des Markusfestes (25. April) verstummt sei;[294] denn die allgemeine Überzeugung, die »fama communis« sei damals auch gewesen, daß der König von Frankreich den Papst, der sich in seinen Händen befände, zu einer harten Haltung veranlaßt hätte.[295]

---

289 Jürgen Miethke, Kaiser und Papst im Spätmittelalter. Zu den Ausgleichsbemühungen zwischen Ludwig dem Bayern und der Kurie in Avignon. ZHistForsch 10 (1983), 421–446, hier: 442.

290 Suckale (1993), 20.

291 August Gemperlein, Konrad Groß, der Stifter des Nürnberger Heiliggeist-Spitals und seine Beziehungen zu Kaiser Ludwig. MittVerGStadtNürnberg 39 (1944), 83–126.

292 Suckale (1993), 20.

293 Heinrich Schrohe, Der Kampf der Gegenkönige Ludwig und Friedrich um das Reich bis zur Entscheidungsschlacht bei Mühldorf. (HistStud 29) 1902, 145.

294 »Federis et pacis sperande pacta ferebat / Fama satis celebris tunc.« Johann von Winterthur, ed. Baethgen, 229.

295 Ebd., 154. Daß »fama« nicht nur als Gerücht aufzufassen ist, zeigt die Äußerung Papst Benedikts XII. über die »fama«, die der Wahrheit gleichzusetzen sei: »ut fama insinuat quasi notoria et pro veridici reputata.« Riezler (1871), 684 Nr. 1910.

Die Königswahl von 1346[296] konnte auch deshalb so lange als Erfolg luxemburgischer Hauspolitik mißverstanden werden, weil eine Zusammenarbeit von Balduin von Trier, Johann von Böhmen und Karl von Mähren als selbstverständlich vorausgesetzt wurde. Heinz Thomas hat dagegen darauf aufmerksam gemacht, welche Spannungen zwischen dem Erzbischof und seinem Großneffen bestanden, nachdem Balduin auf dem Frankfurter Hoftag 1339 den Ausgleich zwischen dem Kaiser und Johann von Böhmen vermittelt hatte.[297] Karl sah darin eine Demütigung, die er seinem Großonkel offenbar nie vergaß; denn er ignorierte ihn in seiner Autobiographie.[298] Dem Zusammenwirken Balduins und Karls im Jahre 1346 lagen durchaus nicht die gleichen Interessen zugrunde. Der Erzbischof von Trier hat die Wahl aus seiner Verantwortung für das Reich, für die Wahrung des kurfürstlichen Wahlrechts, und nicht aus dynastischem Denken heraus befördert. Allerdings: Nicht nur als Kurfürst und in Verantwortung für das Reich handelte er 1346, sondern auch als Erzbischof und in Verantwortung für sein Erzstift. Nur derjenige, der nach dem Aschenputtel-Prinzip Reichsverantwortung und territoriale Interessen säuberlich trennen will, kann darin einen Widerspruch zu unserer Interpretation sehen, einer Interpretation, die sich auf den Vater Karls IV. berufen kann. Den Vertrag, den Balduin am 16. März 1346 mit seinem Großneffen schloß, einen Vertrag, der Jahre der Entfremdung beenden und die Kurstimme Balduins für Karl sichern sollte, hat Johann von Böhmen mit sichtlichem Unbehagen angesichts der materiellen Forderungen des Erzbischofs für sein Stift nur mit der Klausel gebilligt, daß dadurch nicht die Rechte der Grafschaft Luxemburg berührt werden dürften.[299]

Luxemburgisches Hausinteresse hatte nicht zur Wahl von 1346 geführt. Der Hinweis Winfried Reicherts, wonach es Karl und Balduin gewesen waren, die gegen den heftigen Widerspruch Johanns mit den Geldern aus der Grafschaft Luxemburg die erheblichen Kosten bestritten, die aus der Wahl erwuchsen,[300] belegt, daß Johann nicht ein Förderer der Königswahl seines Sohnes gewesen sein konnte. Finanzbedarf für die Wahl Karls IV.: Besonders Walram von Köln stellte – wie es der Praxis seiner Vorgänger entsprach und wie es sich zugleich aus der Stärke seiner Position bei den Verhandlungen ergab – die höchsten Forderungen.[301] König

---

296 Vgl. Schubert (1985), 114ff.; Schreiner (1987), 220f.; Rolf Sprandel, Studien zu Heinrich von Herford, in: Althoff – Geuenich – Wollasch (1988), 557–571, hier: 564f.; Thomas (2002), 113ff.

297 Thomas (1993), 225f.

298 Ebd., 326.

299 Michel Pauly, Luxemburg auf dem Schachbrett Karls IV. Hémecht 48 (1996), 379–397, hier: 382. Vgl. auch Hoensch (2000), 98.

300 Reichert (1997), 195.

301 Franz Irsigler, Reinhard von Schönau und die Finanzierung der Königswahl Karls IV. im Jahre 1346. Ein Beitrag zur Geschichte der Hochfinanzbeziehungen zwischen Rhein und Maas, in:

Johann von Böhmen erscheint geradezu als Statist bei den Geheimverhandlungen, die Balduin und Karl für die bevorstehende Königswahl führten.[302]

Unverkennbar ist 1346 das Gewicht der luxemburgischen Partei im Reich: Johann von Böhmen, Balduin von Trier und dessen Gefolgsmann Rudolf I. von Sachsen-Wittenberg. Dazu traten noch der mit schwerem Geld gewonnene Walram von Köln und Gerlach von Nassau, der vom Papst postulierte, aber im Erzstift nicht anerkannte Erzbischof von Mainz. Verschiedene Motive führten zum rein formal so zu bezeichnenden Gegenkönigtum Karls IV. Ebenfalls aus verschiedenen Motiven konnten die Kurfürsten die Rhenser Erklärung aus taktischen Gründen des politischen Spiels preisgeben, indem sie sich auf den Standpunkt stellten, daß das Reich den päpstlichen Prozessen gemäß vakant sei.[303] Natürlich wird eine Rolle gespielt haben, daß Clemens VI. bei der Bestätigung des Banns gegen Ludwig den Bayern am Gründonnerstag 1346 den Kurfürsten mit der Einsetzung eines neuen Königs drohte, falls sie nicht unverzüglich zu einer Wahl schreiten würden; denn die Päpste hätten – die Kurfürstenfabel läßt grüßen – den Kurfürsten das Wahlrecht übertragen.[304] Als Vollzug der päpstlichen Aufforderung ist infolgedessen häufig die Wahl Karls IV. verstanden worden, wogegen Heinz Thomas bereits den Einwand der im Verhältnis zur französischen Krone schwierigen Situation des Papstes vorgebracht hat.[305] Zu bedenken ist weiterhin: Selbst eine Schattenwahl wie die von 1346 brauchte eine viel längere Vorbereitungszeit, als sie von dem Datum der päpstlichen Erklärung vom 13. April bis zum Wahldatum 11. Juli vorgegeben war. Weiterhin kannten die Kurfürsten natürlich ebenso Kurfürstenfabel und Translationstheorie, auf die sich Clemens VI. berief, wie die aus deren kurialer Deutung drohenden Folgerungen. Es mußte also unabhängig von der päpstlichen Aufforderung des Jahres 1346 ein weiteres und – wie wir meinen – wichtigeres Motiv zur Wahl Karls IV. geführt haben. Wir sehen uns gezwungen, um dieses hinter den Aktionen verborgene Motiv aufzuspüren, zunächst die Aktionen selbst zu schildern.

Bei der Absetzung Adolfs von Nassau 1298 hatten wir darauf hingewiesen, daß nicht die Urkunden, sondern die Kriegsereignisse das Entscheidende gewesen waren. Bei der Frage, ob die Rhenser Wahl von 1346 eine faktische Absetzung Ludwigs des Bayern war, bemühen wir uns ebenfalls um eine realgeschichtliche

---

Hochfinanz, Wirtschaftsräume, Innovationen. Festschrift für Wolfgang von Stromer. Bd. 1. 1987, 357–383, hier bes.: 360ff. und 370f. Vgl. Kraus (1981/82), 51; Wilhelm Janssen, Karl IV. und die Lande an Niederrhein und Untermaas, in: Hans Patze (Hg.), Karl IV. 1979, 203–243, hier: 206f.; Huber (1983), 120f.

302 Jirí Spěváček, Die letzte Phase des Kampfes Markgraf Karls (IV.) um die römische Krone. HistJb 91 (1971), 94–108, hier: 100; Ders. (1978), 73; Heinz Thomas, Die Luxemburger und der Westen des Reiches zur Zeit Kaiser Karls IV. JbWestdtLdG 1 (1975), 59–97.

303 Vgl. das Regest bei Kraus (1981/82), 69.

304 Thomas (1993), 365. Vgl. auch Spěváček (1978), 73ff.

305 Thomas (2002), 114f.

Perspektive. Das Ergebnis kann nicht gegensätzlicher ausfallen und ist gleichwohl der Schlüssel zum Verständnis der Ereignisse: Statt Schlachtenlärms 1298 lastende Stille 1346. Die Wahl von 1346 war eine das Licht der Öffentlichkeit scheuende Aktion.[306] Nur wenige Chronisten nahmen überhaupt von ihr Kenntnis, und die Zeitgenossen verhöhnten den Gewählten als »rex clericorum«.[307] Aber die naheliegende Vermutung eines Handstreichs verbietet sich bei Berücksichtigung der Maßnahmen, die im Trierer Erzstift ebenso wie in der Luxemburger Grafschaft getroffen worden waren.[308] Es mußte Teil der Politik gewesen sein, daß diese Wahl vor der Öffentlichkeit nahezu abgeschirmt wurde.

Die Wahl Karls IV. charakterisiert maliziös ein wittelsbachisch gesonnener Chronist, mit einer Begebenheit, die Erinnerungen an den Gegenkandidaten Ludwigs im Jahre 1314 weckt, der in das als Thronersatz dienende Faß gefallen war. Die Wahl kann in der Stadt nicht vollzogen werden und muß auf einem Schiff stattfinden. Die Fahne wird auf dem Heck aufgezogen und während allenthalben »vivat rex« gerufen wird, fällt sie in den Rhein; niemand kann sie herausfischen. Das wird von allen als ein übles Vorzeichen gewertet.[309] Natürlich hat die Wahl nicht auf dem Rhein, sondern in Rhens stattgefunden. Entscheidend ist doch aber: Es kommt dem Verfasser nicht auf die Wahl, sondern auf das üble Vorzeichen an. Eine »nichtssagende Anekdote«?[310] Vielmehr handelt es sich um eine aussagekräftige Nachricht über eine »Flugrede«, die sich deshalb entwickeln konnte, weil bei der Wahl Karls IV., die »sine consueta pompositate« stattgefunden hatte,[311] aus noch zu erörternden Gründen, auf die Öffentlichkeit wirkenden zeremoniellen Momente verzichtet worden war, mit denen ein neues Königtum in seiner Rechtmäßigkeit der Bevölkerung vorgestellt werden sollte.

Am ungewohnten Ort fand die Wahl Karls IV. statt. Rhens war zwar Stätte von Wahlabsprachen rheinischer Kurfürsten, war Stätte, wo auch die »nominatio« eines künftigen Königs vollzogen werden konnte, aber es war zuvor nie Ort einer Königserhebung gewesen.[312] Im Vergleich zur Wahl von 1314 zeigt sich: Unter Ausschluß der Öffentlichkeit ging die Kur im Baumgarten zu Rhens vor sich.[313] Die Wahl von 1346 als formaler Vollzug eines diplomatischen Spiels fand ihre Fort-

---

306 Vgl. Schubert (1977), 279f.; Lenz (2002), 237f. und 240f.

307 Vgl. Miethke (1995), 441 mit Anm. 17.

308 Vgl. Reichert (1997), 195.

309 Ebd., 137.

310 Werunsky Bd. 1 (1880), 436.

311 Heinrich von Herford, ed. Potthast, 275.

312 Das stellte selbst Kurfürst Rudolf von Sachsen bei der Wahl 1346 fest: Zu Rhens seien die Kurfürsten von alters her zusammengekommen »ad tractandum pro Romanorum rege«, zum Verhandeln also, nicht zum Wählen. Regest: Kraus (1981/82), 71.

313 Zusammenstellung der erzählenden Quellen: Regg. Köln 5, Nr. 1339. Vgl. besonders Ockham, De electione, ed. Offler, z. B. 481.

setzung in einer glanzlosen Königskrönung. Sie wurde, wie ein Zeitgenosse urteilt, im Verborgenen und ohne Prunk vollzogen.[314] »Sine pompositate« – das meint nicht propagandistisch umzumünzende Bescheidenheit, das meint einen erzwungenen Verzicht auf jenen repräsentativen Aufwand, wie er zu jeder Königserhebung legitimierend gehörte.[315] Tatsächlich war diese Königskrönung im Reich weitgehend unbekannt geblieben. Die Reichsstädte, auf deren Haltung für die Anerkennung eines Königs soviel ankam,[316] kümmerten sich gar nicht um sie.[317] Bezeichnenderweise ließ sich Karl IV. 1349 nach seiner nunmehr einhelligen Wahl erneut und am richtigen Krönungsort, in Aachen, krönen.[318]

Die Wahl von 1346 sollte noch nicht einmal politisch ins Reich hineinwirken, sondern lediglich einen Rechtstitel für den Fall bieten, daß Ludwig der Bayer, wie so viele Gerüchte besagten, die Reichsrechte preisgeben könne. Die Wahl stellte vielmehr einen Versuch dar, die Positionen des Jahres 1338 auch gegen den Kaiser zu behaupten; denn mit ihr waren alle Bemühungen des Wittelsbachers vereitelt, zu Lasten des Reichs einen Ausgleich mit der Kurie zu erlangen; ebenso aber war auch kurialen Ambitionen der Weg verstellt, aus dem theoretischen Anspruch auf das Reichsvikariat reale Folgerungen zu ziehen. Mit einem formal abgesetzten Kaiser waren keine Vereinbarungen zu schließen, welche den von Johannes XXII. formulierten Ansprüchen Rechnung trugen. Man kann es auch flapsig so formulieren: Balduin von Trier hatte Avignon ausgetrickst.

Das also ist das zentrale Motiv der Königswahl des Jahres 1346: Wahl und Krönung, die sich vordergründig durch die päpstliche Behauptung einer bestehenden Reichsvakanz legitimierten, wendeten die große Gefahr ab, daß man in Avignon wenn nicht gar über die Königsnachfolge im Reich, so doch über ihre Bedingungen entscheiden könne.

Balduin von Trier ist der ungewöhnlichste »Königsmacher« der deutschen Reichsgeschichte. Nachdem er die Wahl seines Großneffen durchgesetzt hatte, bemühte er sich darum, den Frieden im Reich zu bewahren und einen Kampfaustrag zwischen Karl und Ludwig zu vermeiden.[319] Das aber war bereits in dem auf alle demonstrativen Elemente verzichtenden Stil der Wahlhandlung angelegt gewesen: Bloß keine Herausforderung des Kaisers! Deshalb dachte auch Karl IV. gar nicht daran, mit Ludwig dem Bayern um sein Königtum zu kämpfen. Er hielt sich bis Ende des Jahres 1346 entweder in Frankreich oder »in den für ihn sicheren Regio-

---

314 Henrich von Herford, ed. Potthast, 275: »quasi latenter et sine consueta pompositate«. Vgl. ebd., 270: »non cum consueta sollempnitate«.

315 Zur Frage, was eine Krönung normalerweise kostete, vgl. Thomas R. Kraus, Krone und Geld, in: Kramp Bd. 2 (2000), 485–488.

316 Schubert (1977), 328ff.

317 Thomas (1993), 373.

318 Vgl. Volk (1999), 264 und 269f.

319 Schubert (1975), 115f.

nen westlich des Rheins« auf,[320] ließ sich, nachdem Aachen und Köln trotz päpstlicher Mahnungen auf ihrer Weigerung bestanden, ihn einzulassen,[321] in Bonn krönen, ernannte am 9. Dezember Balduin von Trier zu seinem Vikar in Deutschland, Gallien und der namentlich genannten Grafschaft Luxemburg[322] und zog sich im Dezember 1346, verkleidet und unerkannt das Reich durchquerend, nach Böhmen zurück. Die Wahl Karls IV., deren Mängel der Luxemburger dann 1349 durch eine nachträgliche Übertragung der ihm 1346 fehlenden Kurstimmen heilte,[323] trug die Handschrift Balduins von Trier, nicht aber die Johanns von Böhmen, beruhte auf der Konzeption eines um das Reichsrecht ebenso wie um das kurfürstliche Wahlrecht besorgten Kurfürsten, nicht aber auf der eines ritterlichen Haudegens.

Ungeschwächt durch die Rhenser Wahl bestand die Herrschaft des Kaisers weiter.[324] Wie in den Jahren zuvor richtet Ludwig der Bayer in rheinischen Angelegenheiten, hält von August bis November 1346 sein Hofgericht in Frankfurt oder in Speyer.[325] Ein Dreivierteljahr später schlossen Beauftragte des Kaisers und Balduins einen Frieden zwischen ihren Herren.[326] Erst der überraschende Tod des Kaisers auf einer Bärenjagd 1347[327] eröffnete Karl IV. den allerdings noch weiten Weg zur römischen Königswürde.

Ernsthaft wurde von niemandem behauptet, daß 1346 eine rechtsgültige Königswahl und damit faktisch eine Absetzung Ludwigs des Bayern vorgenommen worden war.[328] Dagegen sprach schon Rhens als Wahlort. Allenfalls ein Anspruch auf

---

320 Thomas (1993), 374.

321 Kraus (1981/82), 52f.

322 MGH Const. Bd. 8, 223ff. Nr. 144; Übersetzung: Weinrich (1983), 301ff. Nr. 91.

323 Schubert (1977), 281.

324 Zutreffend stellte Thomas (1983), 218f. fest, daß man erst mit dem Todestag Ludwigs des Bayern »den Beginn der Geschichte des römischen Königs Karl IV. datieren« kann. Vgl. Ders. (2002), 116, wonach der Kaiser »von seinem Rivalen fürs erste nichts zu befürchten hatte«.

325 Urkundenregesten Hofgericht Bd. 5, Nrn. 548ff., Nr. 575. Vgl. ebd., Bd. 6, Nrn. 1-6: Ganze sechs Urkunden hatte Karl IV. als Richter von seiner Wahl bis zum 19. September 1347 ausgestellt. Aufschlußreich ist dabei die in Prag ausgestellte sechste Urkunde vom 19. September 1347, in der Karl IV. zwei Adeligen, die Geldforderungen an Ludwig den Bayern hatten, erlaubte, daß sie arrestierte Güter ins Königreich Böhmen führen durften. Nur als böhmischer König war seine Macht gefragt. Entlarvend für die tatsächliche Machtstellung des angeblichen Römischen Königs ist seine wenige Wochen vor dem Tod des Kaisers zwei Kärntner Adeligen verbriefte Versicherung, sich weder mit dem Kaiser noch mit dessen Sohn zu vergleichen, ohne den beiden Adeligen zu ihrem Erbe verholfen zu haben. MGH Const. Bd. 8, 301 Nr. 243.

326 Ebd. Bd. 5, Nr. 575. 1347 Sept. 12. Erst nachdem Ludwig gestorben war, gebot Balduin von Trier am 22. Oktober 1347 den Bürgern zu Hagenau die Anerkennung Karls IV. MGH Const. Bd. 8, 338 Nr. 284.

327 Meyer (2000), 76f. Vgl. Glaser (2002), 1ff. mit Anm. 1.

328 Lediglich propagandistische Absicht läßt Balduin von Trier formulieren, daß Günther von Schwarzburg »sich des Reichs freventlich und zu unreht angenomen hat« (MGH Const. 9, 32 Nr. 43), daß also die Wahl von 1346 rechtsgültig sei. Umgekehrt hat Günther von Schwarzburg ge-

das Königtum war erhoben worden, dem nach dem Tode des Kaisers die wittelsbachische Partei mit der Wahl Günthers von Schwarzburg am 30. Januar 1349 einen konkurrierenden Anspruch entgegenstellte. Die Waffen sollten entscheiden, nicht das Recht. Aber es entschied die Natur. Als 1349 beide Könige mit ihren Heeren bei Eltville einander gegenüber standen, erkrankte König Günther schwer. Das eröffnete den Kurfürsten die Chance, wie Frankfurter Abgesandte nach Hause meldeten, »eyne gütliche richtunge« zwischen den beiden Königen zu vermitteln.[329] Vermittlung also, nicht Beharren auf Rechtsstandpunkten. Günther von Schwarzburg – so konnte Karl IV. am 26. Mai aus Eltville vermelden – verzichtete auf das Reich und auf alle Rechte, die er mit seiner Königswahl erworben hatte (»renunciavit Imperio et omni iuri, si quod sibi fuit per electionem ... acquisitum«).[330] Letzteres weist zwar unverkennbar auf die Position Papst Johannes XXII. zurück, der Ludwig von Bayern alle mit seiner Wahl erworbenen Rechte abgesprochen hatte, aber im Feldlager vor Eltville war kein Rechtsstandpunkt vertreten, sondern ein freiwilliger Verzicht eines sterbenskranken Königs verkündet worden.[331]

Als am 6. November 1346 Clemens VI. dem luxemburgischen König die Approbation erteilte, scheint sich der päpstliche Anspruch durchgesetzt zu haben. Nur: Karl hatte um diese Approbation gar nicht, wie es sich nach kurialem Verständnis gebührt hätte, gebeten,[332] und bei den zurückliegenden Verhandlungen hatte er vermieden, den »Approbationsanspruch der Päpste unumwunden anzuerkennen.«[333] Als er sich in Avignon am 22. April 1346 gegenüber Clemens VI. eidlich verpflichtet hatte, alle Bedingungen für seine Anerkennung erfüllen zu wollen, bildete die Grundlage dafür das zehn Jahre zurückliegende Prokuratorium Ludwigs des Bayern. »Insofern gingen Karls Zusagen durchweg nicht über das hinaus, was auch schon Ludwig hatte konzedieren wollen.«[334] Die Position einer dezidierten Ablehnung der päpstlichen Ansprüche, die 1338 in Rhens formuliert und 1344 auf dem Frankfurter Fürstentag bekräftigt worden war, hatte Karl zwar aufgeweicht,[335] aber sein Zögern und Ausweichen weisen bereits auf die Goldene

---

fordert, daß in Frankfurt durch Fürsten und Große (»per principes et nobiles«) gerichtsförmlich (»sententialiter«) die Vakanz des Reiches festgestellt werde. Mathias von Neuenburg, 272.

[329] MGH Const. Bd. 9, 67 Nr. 95. Vgl. Spěváček (1978), 91; Twellenkamp (1994), 73.

[330] MGH Const. Bd. 9, 45f. Nrn. 62f.

[331] Das Grabmal Günthers in der Frankfurter Bartholomäuskirche betont zwar die Würde des Verstorbenen, wahrt aber den Abstand zu einem Königsepitaph. Jessica Jaekel-Badouin, Die Grabplatte Günthers von Schwarzburg im Frankfurter Domchor. ArchMittelrhKiG 48 (1996), 91–108. Vgl. Meyer (2000), 92 und 99.

[332] Spěváček (1978), 79 und 81f.; Thomas (1993), 375.

[333] Thomas (1993), 366.

[334] Ebd., 365.

[335] Dagegen behauptet Pauler (1997), 176f., daß Karl IV. das päpstliche Approbationsrecht anerkannt habe. Einen Beweis dafür aber gibt es nicht. Und auch Pauler muß einräumen (ebd., 177), daß die Wähler des Luxemburgers 1346 an den Rhenser Beschlüssen von 1338 festhielten.

Bulle hin, in der die päpstliche Approbation mit dröhnendem Schweigen übergangen wird.[336] Alles andere wäre eine Mißachtung jener öffentlichen Meinung gewesen, deren Entschlossenheit Karl IV. bei der Anerkennung seines Königtums 1349 noch erfahren sollte. Das Fazit: Letztlich im kurialen Interesse ergebnislos hatte Johannes XXII. einen großen Streit vom Zaun gebrochen.

7. Gesetzliche Klärungen: Die Goldene Bulle als geheimer Kommentar zur Absetzungsproblematik und die antikaiserlichen Konspirationen um 1360

Das indirekte Verbot einer Königsabsetzung und das Schweigen des Gesetzes zur päpstlichen Approbation – die Goldene Bulle als kaiserliches Rechtsbuch: der von Karl IV. gewollte Kompromiß mit den Kurfürsten – das von Kaiser und Kurfürsten gleichermaßen mißachtete Reformprogramm des Kapitels XII – Rhens als Wahlort und Karls IV. Aufhebung der Goldenen Bulle 1376 – Rudolf IV., der einzig offene Gegner der Goldenen Bulle, und seine Konspirationen gegen seinen Schwiegervater

Es scheint zunächst kein Anlaß zu bestehen, auf die Goldene Bulle von 1356 einzugehen, da sie sich über die Absetzungsthematik ausschweigt. Vier Gründe sind es jedoch, die zu einer Einordnung dieses Wahlgesetzes in unsere Darstellung zwingen. Erstens, was bereits angedeutet wurde, ist die kurfürstliche Demonstration von 1338 für die weitere Geschichte des 14. Jahrhunderts wesentlich folgenreicher gewesen, als die erst 1411 rezipierte Goldene Bulle. Zweitens – mit den interpretierenden Begriffen von Tradition und Rezeption zusammenhängend – ist dieses Wahlgesetz auch als selbstkritischer Kommentar Karls IV. zu seiner ersten Königswahl 1346 zu lesen, also etwa in dem Sinne: So etwas darf nicht wieder vorkommen. Drittens ist angesichts des doppelten Charakters der Goldenen Bulle, der Königswahlordnung und der Kodifikation kurfürstlicher Privilegien, die mögliche reichsfürstliche Opposition gegen dieses, die letzten Reste fürstlichen Konsenses beseitigende Gesetz zu berücksichtigen. Und viertens schließlich: Die Gol-

---

336 Vgl. Zeumer Bd. 1 (1908), 192ff.; Miethke (2002), 73; Heckmann Bd. 2 (2002), 517. – Klare (1990), 158 meint, die Argumentation Zeumers aufnehmend, mit Hinweis auf die Wahl Wenzels, daß dieses Schweigen keinen Widerspruch gegen die Approbation enthalte. Aber die Goldene Bulle hat 1376 gar nicht als Richtschnur der Wahlhandlung gedient, so daß dieses Argument entfällt. Zur Approbation Wenzels vgl. Klare (1990), 160ff. und 256f.

dene Bulle ist nicht nur wichtig in dem was sie sagt, sondern auch in ihrem Schweigen, etwa in dem über eine Absetzungsmöglichkeit.

Naheliegend ist es, daß sich ein Wahlgesetz nicht mit der Absetzung beschäftigt. Das heißt aber, daß die Meinung, aus der Wahl folge im Umkehrschluß auch ein Depositionsrecht, von modernen Setzungen bestimmt ist. Ein Gesetzgeber aber, der von detaillierten Ordnungen des Geleitrechts ausgeht,[337] der bis in die Einzelheiten den zeremoniellen Ablauf einer Wahl ordnet, schließt damit eine Absetzung schon aus zeremoniellen Gründen aus. Das hatte König Wenzel erkannt, als er im Protest gegen seine Absetzung demonstrativ eine Prunkhandschrift des Königswahlgesetzes von 1356 anlegen ließ.[338] Die Goldene Bulle als indirektes Verbot der Herrscherdeposition: Es entspricht zwar moderner, jedoch nicht mittelalterlicher Gesetzeslogik, bei dem Thema Wahl auch das der Abwahl mitzudenken. Anders ist das Schweigen des kaiserlichen Gesetzes zur Frage der Approbation zu erklären. Wenn bedacht wird, wie eng die Approbationsproblematik mit der ersten Wahl Karls IV. zusammenhing, mit jener Wahl, deren Gebrechen die Goldene Bulle für die Zukunft ausschließen wollte, handelt es sich bei diesem Schweigen um Absicht, um Ablehnung.[339] Man kann auch durch Schweigen brüskieren. Konsequent vermeidet die Goldene Bulle, das Verhältnis des zu wählenden Königs zum Papst überhaupt, und sei es in respektvollen Wendungen, zu behandeln.[340]

Ein direktes Verbot der Herrscherdeposition verbot sich für die Goldene Bulle von selbst. Es hätte unversehens die kanonistisch festgelegten Ansprüche des Papstes evozieren müssen. Weil Historiker sich mit Texten befassen, entgeht ihnen leicht das Schweigen. Im Mittelalter wurde laut gelesen. Das Schweigen eines Textes über zu erwartende Themen wurde deutlicher wahrgenommen als beim leisen und schnelleren Lesen. Keinem Kleriker konnte 1356 entgehen, daß hier die seit eineinhalb Jahrhunderten intensiv geführte kanonistische Diskussion nicht den geringsten Niederschlag gefunden hat (es sei denn, man wertet die zur Allerweltsformel geronnene Wendung vom »rex in imperatorem promovendum« der Dekretale Venerabilem als Beleg für kanonistischen Einfluß).

Karl IV. hatte wie schon zuvor Sachsen- und Schwabenspiegel die Königswahl als weltlichen Akt verstanden. Damit gelangen wir von der vierten zur zweiten unserer einleitend gestellten Fragen. Der Kaiser hatte negative Erfahrungen aus seiner ersten Wahl produktiv für sein Gesetz von 1356 umgesetzt, hatte aus den Erfahrungen von 1346 zehn Jahre später gelernt, wie man es nicht machen dürfe, hatte

337 Dazu Hergemöller (1983), 109ff.

338 Armin Wolf (Hg.), Die Goldene Bulle. König Wenzels Handschrift. 1976.

339 Vgl. Miethke (1995), 440ff.

340 Natürlich nimmt die Goldene Bulle auch keine Notiz von dem päpstlichen Recht, durch Exkommunikation einen Kurfürsten von einer Königswahl auszuschließen, wie es Clemens VI. gegenüber Ludwig dem Römer behauptet hatte. MGH Const. Bd. 10, 102 Nr. 129 (Regest).

also die Bestimmung formuliert, daß nur derjenige wählen darf, der das betreffende Kurfürstentum auch tatsächlich inne habe (»qui principatum dinoscitur possidere« cap. 20). Auch manch andere Regelung der Goldenen Bulle ist durch die Erfahrungen des Jahres 1346 wenn nicht hervorgerufen, so doch zumindest verstärkt worden, so die Festlegung des Mehrheitswahlrechtes. Damit sollte für die Zukunft eines der größten Probleme der ersten Wahl des Luxemburgers ausgeschlossen sein; damals hatten selbst Anhänger der luxemburgischen Partei im Jahre 1349, als Karl um sein Königtum kämpfte, überzeugt werden müssen, daß der böhmische König rechtmäßig von der Mehrheit gewählt worden sei (»rite et racionabiliter electum in maiore parte«).[341] Es ging nicht um ein Mehrheitsprinzip, wie es 1346 manipulativ hergestellt worden war, es ging um die Festlegung, wer überhaupt wählen dürfe, um sodann zu eindeutigen Mehrheitsvoten[342] gelangen zu können. Die Unteilbarkeit der Kurlande, die Untrennbarkeit von Kurrecht und Kurfürstentum wurde deshalb im gleichen Sinne festgelegt,[343] wie die Vorschrift, daß nur derjenige wählen dürfe, der das Kurfürstentum auch tatsächlich innehabe, Bestimmungen, die auf Mängel der Wahl von 1346 zurückweisen.

Sehr weit auszuholen ist bei der Beantwortung der ersten der einleitend gestellten Fragen, warum die Goldene Bulle erst so spät, erst 1411 rezipiert wurde, warum sie im Jahre 1400, als sie noch nicht allgemeiner rezipiert war, sogar manipulativ umgedeutet werden konnte.[344] Daß der Kaiser selbst sein Gesetz von 1356 zwanzig Jahre später für obsolet erklärte, kann dafür nicht der einzige Grund gewesen sein; denn schließlich hatte er selbst durch aufwendige Inszenierung dafür gesorgt, daß im Reich dieses Gesetz bekannt werden sollte. Warum also – so spitzen wir zu – rezipierten die Zeitgenossen die Goldene Bulle nicht in dem Maße wie die neuzeitliche Forschung, die hierin ein bereits mit der Verkündigung eingetretenes Verfassungselement sah?

Wenn wir in anderem Zusammenhang auf die Begrenztheit eines verfassungsgeschichtlichen Ansatzes hinwiesen, der die zu verschiedenen Zeiten begegnenden Kompetenzen möglichst aufeinander zu beziehen versuchte, so können wir dafür die Forschungsgeschichte der Goldenen Bulle als Musterbeispiel heranziehen. Johann Daniel von Olenschlager hatte, ganz historisch hochgebildeter Jurist des 18. Jahrhunderts, Kapitel für Kapitel des Königswahlgesetzes auf entsprechende Erscheinungen im 14. und 15. Jahrhundert untersucht.[345] Unschwer ist zu erkennen, daß die bis heute grundlegende Darstellung Karl Zeumers dieser Vorgabe

---

341 MGH Const. Bd. 9, 165 Nr. 220.

342 Vgl. Hergemöller (1983), 116 und 121f.

343 Vgl. Zeumer Bd. 1 (1908), 164ff.

344 Vgl. unten, 402.

345 Johann Daniel von Olenschlager, Neue Erläuterung der Goldenen Bulle Kaysers Carls des Vierten. Frankfurt-Leipzig 1766.

folgte. Dieses Verfahren jedoch präjudizierte ein Ergebnis: So mußte die Goldene Bulle bereits 1356 eine lex fundamentalis des Reiches sein. Die Frage, ob sie nicht ihre eigene, viel später erst einsetzende Wirkungsgeschichte gehabt hatte, konnte auf diese Weise gar nicht erst aufkommen. Bei aller Begrenzung aber hatte das von Olenschlager und Zeumer gewählte Verfahren auch Vorzüge, die in der heutigen Forschung übersehen werden. In der Frage des Kompromißcharakters der Goldenen Bulle zeigt sich der ältere Ansatz den modernen Gesamtdeutungen überlegen; denn von Kapitel zu Kapitel, von Thema zu Thema verändert sich die Interessenbalance zwischen Kaiser und Kurfürsten.[346] Und dabei ist nicht zu verkennen, daß die Goldene Bulle mit ihrer Konstituierung eines gleichberechtigten böhmischen Wahlrechts den Intentionen Karls IV. folgt, die schon zu Anfang seiner Reichsherrschaft erkennbar sind, nämlich »das böhmische Reichsrecht zum Teil auf sichere Grundlagen« zu stellen.[347] Das war von den Kurfürsten gebilligt worden wie nicht zuletzt ihre auf dem Nürnberger Tag besiegelten Willebriefe zu den Inkorporationen von Reichsgebieten in das böhmische Königreich belegen.[348]

Bei der Interpretation und Würdigung der Goldenen Bulle hat sich die neuere Forschung zu sehr auf die Frage konzentriert, ob diese ein Gesetz des Kaisers oder ein mühsam ausgehandelter Kompromiß zwischen Karl IV. und den Kurfürsten gewesen sei.[349] Falls letzteres richtig wäre, wären zugleich all unsere Überlegungen zur einleitend gestellten vierten Frage, zur Absetzungsproblematik, rein spekulativ. Was wir als bewußtes Schweigen interpretieren, würde einfach zu den komplexeren Themen gehören, die man bei einem Kompromiß auszuklammern pflegt. Aber die Goldene Bulle ist, wie schon längst Karl Zeumer nachwies, ein Gesetz Karls IV., der, klüger als spätere Interpreten, sehr wohl den Unterschied zwischen Konsens und Kompromiß kannte.[350] Ein »kaiserliches Rechtbuch«, wie er es

---

346 So wurde cap. 15 der Goldenen Bulle, wie Zeumer Bd. 1 (1908), 72ff. nachwies, vom Kölner Erzbischof durchgesetzt, der einen Rechtstitel für seine Auseinandersetzung mit seiner Bischofsstadt suchte. Vgl. dazu Hergemöller (1983), 125 und 135ff. Zum Mainzer Einfluß auf einzelne Bestimmungen der Bulle vgl. Hergemöller (1983), 177.

347 Thomas (1983), 229. Vgl. auch ebd., 230f. – Zu den Privilegien für Böhmen in der Goldenen Bulle vgl. Hergemöller (1983), 144ff. und 167; Jaroslaw Pánek, Der böhmische Staat und das Reich in der Frühen Neuzeit, in: Press (1995), 169–178, hier: 170f.

348 Hergemöller (1983), 144ff.

349 Verwiesen sei hier, da wir weder Forschungsgeschichte (dazu Hergemöller [1983], 6ff.) noch Forschungskontroversen näher zu behandeln trachten, auf den Artikel »Goldene Bulle« von Armin Wolf in LexMA Bd. 4 (1989), Sp. 1542f.

350 Die harsche Formulierung erklärt sich auch daraus, daß die Forschung (mit Ausnahme von Hergemöller [1983]) meine Argumente, welche die Ansicht Zeumers bestätigten, überhaupt nicht zur Kenntnis nahm, und sich noch nicht einmal bemühte, meine Einwände gegen den Aussagewert des Straßburger Gesandtenberichts, der die Grundlage für die »Kompromiß-Theorie« bildete, zu widerlegen. Vgl. Schubert (1977), 287ff. Daß noch nicht einmal die der Quellenkritik verpflichtete Einleitung der Edition in den Constitutiones Bd. 11 sich bemüßigt fühlte, auf meine Einwände ein-

nannte,[351] ohne Konsens mit den Kurfürsten zu erlassen, wäre ihm zu Recht als weltfremd erschienen. Aber es war eine geniale Idee, Kurfürstenprivilegien und Königswahlrecht in einem Rechtsbuch zusammenzufassen, das in seiner legislatorischen Gestalt einmalig in der deutschen Rechtsgeschichte des Mittelalters ist. Konsens – das seit spätsalischer Zeit leitende Prinzip königlicher Herrschaft im Reich – läßt die Frage, ob die Goldene Bulle kaiserliches Gesetz oder Kompromiß mit den Kurfürsten gewesen sei, als Scheinalternative erkennen. Die längst von Karl Zeumer begründete Interpretation, daß die Goldene Bulle ein Kompromiß, aber eben ein vom Kaiser gewollter Kompromiß war,[352] stellt dieses kaiserliche Rechtsbuch in die Tradition von Konsens und kaiserlicher Gebotsgewalt. Zu Recht triumphierend hatte Karl IV. vom Abschluß des Metzer Hoftages, wo die Goldene Bulle verabschiedet worden war, verkünden lassen, wie sich der Konsens der Fürsten zum kaiserlichen Willen zeremoniell ausgedrückt habe: Sowohl die geistlichen als auch die weltlichen Kurfürsten haben unserer Majestät mit so ergebener und aufrichtiger Gesinnung gedient und sind allen unseren Geboten und Anordnungen so eifrig gefolgt, daß alles, was wir wollten, auch von ihnen gewünscht wurde (»qui utique tam ecclesiastici quam seculares nostram magestatem tam grato devoto et sincero venerantur affectu, et adeo prompte nostris parent iussionibus et preceptis, quod omne, quod volumus, ipsi volunt«).[353]

Konsens zwischen Kaiser und Kurfürsten in der Rezeption vorhandener Rechtssätze bildet die Grundlage der Goldenen Bulle. Damit wird dieses Gesetz zu einer entscheidenden Quelle dafür, was um 1356 als allgemein akzeptiertes Reichsrecht

zugehen, könnte als taktvolles Übergehen abseitiger Forschungsmeinungen verstanden werden. Das würde ich wohl akzeptieren. Aber meine Argumente vor allem gegen den Quellenwert des Straßburger Gesandtenberichts scheinen mir nach wie vor erwägenswert – es gibt noch keinen Reichstag, und es gibt noch keine kaiserliche Proposition. Die Straßburger Gesandten berichten über Gerüchte, nicht aber über ein kaiserliches Programm, das dann von den Kurfürsten gestutzt wurde. Als zuverlässige Wiedergabe des ursprünglichen, erst von den Kurfürsten beschnittenen kaiserlichen Reformprogramms wertet hingegen Hergemöller (1983), 24f., 30 und 73ff. diesen Bericht. Ein solches ursprüngliches Reformprogramm suggeriert der Autor allerdings nur mit Wendungen, wie sie auf S. 21 gehäuft im Zusammenhang mit seiner Beweisführung zu Beginn der Absätze auftreten: »Man wird annehmen dürfen ...«, »Man sieht, daß zahlreiche Indizien für eine gründliche ... Vorbereitung ... der Reformmaßnahmen sprechen«, »Es ist sehr wahrscheinlich ...«. Wirklich unwahrscheinlich ist die auf derselben Seite begegnende Behauptung: »Auch die Ausstellung zahlreicher Privilegien und Bestätigungen für Reichs- und Freistädte weisen auf das kaiserliche Reformprogramm.« – Zu berücksichtigen ist bei dem Straßburger Bericht, daß die Städteboten keine gleichberechtigten Teilnehmer auf den Hoftagen waren. Anders Hergemöller (1983), 30ff. aufgrund topischer Formulierungen.

351 Urkundenregesten Hofgericht Bd. 8, Nr. 196.

352 Zeumer (1908).

353 Regensburger Urkundenbuch Bd. 2, bearb. von Franz Bastian und Josef Wiedemann. (Monumenta Boica 54) 1956, 93f. Nr. 223. Zum Metzer Hoftag: Hergemöller (1983), 214ff.; Ders. (1989), 180f.

angesehen, was von den Aussagen des kirchlichen und weltlichen Rechts akzeptiert werden konnte. Ganz unabhängig davon, daß die Goldene Bulle als Wahlgesetz erst 1411 rezipiert wurde, geht es einfach um die Feststellung, was 1355/56 auf den feierlichen Hoftagen zu Nürnberg und Metz zwischen Kaiser und Fürsten unstrittig war. Konsensprogramm: Die gewachsene Reichsverantwortung der Kurfürsten hatte in der Zeit Karls IV. eine klare Rechtskontur gewonnen, indem diese Fürsten gemeinsam mit dem Kaiser eine Gerichtsinstanz bildeten.[354] So lädt der Luxemburger zum Beispiel 1361 Rudolf IV. von Österreich vor das Gericht von Kaiser und Kurfürsten nach Nürnberg.[355]

Am eindrücklichsten wird die Interpretation Karl Zeumers, wonach die Goldene Bulle zwar ein der politischen Realität entsprechender Kompromiß zwischen Kaiser und Kurfürsten, aber ein im kaiserlichen Sinne formulierter Kompromiß gewesen ist, in der Art bestätigt, wie diese mit überkommenen weltlichen Rechtssätzen umging. Wie bei kanonistischen Lehrsätzen wählte sie auch hier das Mittel des beredten Schweigens, überging, wie am Beispiel der »Obermann«-Theorie vom besonderen Wahlrecht des böhmischen Königs bereits dargelegt werden konnte, wuchernde Rezeptionen ebenso stillschweigend (oder nach unserem Verständnis: laut schweigend) wie die aus dem Krönungsrecht abgeleiteten Ansprüche des Kölner Erzbischofs.[356] So konnte sie aber im Falle des vom Schwabenspiegel verbreiteten Rechtsgedankens einer Gerichtsbarkeit des Pfalzgrafen über den König nicht verfahren. Genial die einfache Lösung des kaiserlichen Rechtsbuchs. Dieses Richteramt darf der Pfalzgraf nur auf einem königlichen Hoftag ausüben, zu dem er wohl kaum mit dem glitzernden goldenen Beil, das manche Überlieferungen dieses Rechts forderten, kommen durfte. Die Goldene Bulle hatte einer für das Königtum gefährlichen Rezeption des Schwabenspiegels vorgebeugt. Deshalb konnte im Jahre 1400 keiner der rheinischen Kurfürsten, noch nicht einmal Ruprecht von der Pfalz, das Richteramt des Pfälzers über den König ins Spiel bringen.[357]

Die Umformung des pfälzischen Richteramtes belegt, daß die im Reich vorbildlose Kodifikation der Goldenen Bulle eine kaiserliche, gewissermaßen »redaktio-

---

354 Vgl. etwa die auf dem Metzer Hoftag getroffenen Feststellungen der Kurfürsten über die Rechte des böhmischen Königs als Kurfürst oder ihr Urteil über das Recht des Schwertträgeramtes. MGH Const. Bd. 11, 477f. Nr. 854 bzw. 505f. Nr. 897. Vgl. auch Urkundenregesten Hofgericht Bd. 6, Nr. 446 (1353). – Allerdings bleiben die Reichsfürsten nach wie vor geborene Schöffen des königlichen Hofgerichts. Deshalb kann sich zum Beispiel Karl IV. auf ein Urteil berufen, das »vor uns mit gesamender urteil erteilt ist von kurfürsten und andern fürsten.« MGH Const. Bd. 11, 344 Nr. 608.

355 Urkundenregesten Hofgericht Bd. 8, Nr. 147. Bereits 1360 hatte Karl IV. eine Ladung der Kurfürsten nach Mainz wegen der Beilegung der Auseinandersetzungen mit Habsburgern und Wittelsbachern erwogen. Ebd., Nr. 63.

356 Erkens (1987), 75.

357 Weizsäcker (1886), 54f.

nelle« Kompetenz voraussetzte, die Karl IV. wohl zu nutzen wußte. Die nach unserer Meinung naive Vorstellung, die Goldene Bulle wäre ein dem Kaiser von den Kurfürsten abgenötigter Kompromiß gewesen, eine Vorstellung, welche schon allein die Redaktionskompetenz eines Gesetzgebers verkennt,[358] ist allerdings halbwegs gerechtfertigt, was die Wirkungsgeschichte dieses kaiserlichen Rechtsbuches angeht. Dieses wurde mit der Wahl Wenzels unter den Augen des Kaisers auf seine Tragfähigkeit geprüft. Wir nehmen das Ergebnis vorweg: Karl IV. hat die Goldene Bulle preisgegeben, aber er hat zumindest in dem von ihm meisterhaft beherrschten taktischen Spiel Frankfurt als Wahlort und Nürnberg als Stätte des ersten Hoftags eines Königs seinem Rechtsbuch gemäß durchgesetzt.

Als Wenzel die Prunkhandschrift der Goldenen Bulle als demonstrativen Protest gegen seine Absetzung anfertigen ließ, hatte er insofern Recht, als er das Schweigen dieses Gesetzes und dessen Umformung des pfälzischen Richteramtes als Aussage dafür wertete, daß eine Absetzung dem Recht des Königs widersprach, wie es in den Ordnungen von 1356 vorgesehen worden war. Wenzel aber hatte Unrecht, was den Geist dieses Gesetzes betraf; denn Karl IV. hatte – wiederum müssen wir dieses Adjektiv verwenden – genial erkannt, daß Verfassung nicht auf einem einmaligen Akt wie zu Metz im Januar 1356 geschehen, beruhen konnte, sondern der Kontinuität bedurfte. Es betrifft sowohl den Geist dieses Gesetzes als auch den bisher selten erkannten Anfang der Reichsreform, was der Kaiser in Kapitel XII seines Rechtsbuchs fordert: Jährliche Zusammenkünfte des Herrschers mit den Kurfürsten,[359] wobei keine aufwendigen und kostspieligen Gastereien stattfinden sollten.[360] Gerade gegen dieses Konsensgebot hatte Wenzel verstoßen, als er sich im Reich nicht blicken ließ. Daß auch die Kurfürsten zur Zeit Karls IV. wenig Interesse hatten, den Kaiser beim Wort zu nehmen, kann allerdings ebensowenig unerwähnt bleiben wie die Tatsache, daß keine Nachrichten vorliegen, wonach sich der Kaiser um die Durchsetzung dieses Reformprogramms bemüht hatte.

Als 1373 Karl IV. und Wenzel mit den Bischöfen von Mainz und Würzburg eine Einung eingehen, nehmen sie den Papst »und einen eynmutigen Romischen kunige oder kaiser« aus.[361] Das ist eine nicht seltene Formel in Einungsurkunden; aber konnte es nach der Goldenen Bulle überhaupt noch eine Doppelwahl geben, konnten Vater und Sohn in eine Formel vom »eynmutigen kunige« willigen, die ihnen von dem Einungspartner diktiert worden war? Am Prager Hof bestand kein

---

[358] Vgl. dazu Hergemöller (1983), 158ff. Die subtilen Beobachtungen ergänzen die Darstellung der Kanzlei Karls IV. Ebd., 57ff.

[359] Vgl. dazu Zeumer Bd. 1 (1908), 61ff. und 123 sowie die Beobachtungen von Hergemöller (1983), 204ff. und (1989), 128. Zutreffend erkannte Hergemöller (1983), 34 die Unterscheidung von allgemeiner »curia« und engerer Kurfürstenberatung bereits auf dem Nürnberger Hoftag.

[360] Zu den üppigen Gastmählern, die aus Repräsentationsgründen die Kurfürsten auf dem Nürnberger Hoftag gaben, vgl. Hergemöller (1983), z.B. 194.

[361] DRTA Bd. 1, 6 Nr. 1.

Interesse auf dem Beharren eines Gesetzes, das trotz seiner feierlichen Verkündigung zu Metz im Reich noch nicht rezipiert, und das heißt: dessen normative Kraft überhaupt noch nicht akzeptiert worden war. Als eine im politischen Tagesgeschäft unerläßliche Kompromißbereitschaft könnte die Formel der Einungsurkunde von 1373 verstanden werden, wenn dem nicht entgegenstände: In den folgenden Jahren hat der Kaiser bedenkenlos, um die Wahl seines Sohnes zu sichern,[362] sein Wahlgesetz preisgeben; seine dynastischen Konzeptionen[363] erschienen wichtiger als die Bekräftigung seines Königswahlgesetzes.

Die urkundlichen Wahlabsprachen, die der Kaiser mit den einzelnen Kurfürsten seit 1374 für die Wahl seines Sohnes traf, widersprechen eindeutig dem in der Goldenen Bulle vorgeschriebenen Eid (cap. II.2), wonach die Wählenden ohne vorherige Absprachen, Festlegungen, Versprechungen und Bündnisse (»absque omni pacto, stipendio, precio vel promisso«) einen König zu küren hatten.[364] Es muß kein Zufall sein, daß sich Pfalzgraf Ruprecht I., der einzige der damaligen Kurfürsten, der noch die Verkündigung der Goldenen Bulle erlebt hatte, sich 1377 am längsten Zeit für die Wahlabsprachen mit dem Kaiser ließ.[365]

Unter den kaiserlichen Wahlversprechen für Erzbischof Kuno (von Falkenstein) von Trier findet sich auch die Zusage, »daz die wale und kur geschee in dem baumgarten zu Rense uff dem Rine«.[366] Damit aber noch nicht genug. 1374 widerruft der Kaiser ausdrücklich die Bestimmungen, wonach ein König nur in Frankfurt gewählt werden könne, »suliche gesecze und ordenunge, als wir zu andere zeiten mit willen und gehengniße unser Kurfürsten gemachet haben«.[367]

Daß die rheinischen Kurfürsten so viel Wert auf Rhens als Wahlort legten, hat sehr viel mit ihrem Eigenbewußtsein innerhalb des Gremiums der Königswähler zu tun. Schließlich war Rhens spätestens seit 1314 ihr traditioneller Versammlungsort.[368] Hier war Karl IV. in fast geheimer Wahl zum König in einem Verfahren erhoben worden, das die Goldene Bulle verworfen hatte. Wenn der Kaiser aber bestätigte, daß Rhens der Wahlort sein sollte, dann verwarf er sein eigenes Königswahlgesetz.

---

[362] Die Reserven gegenüber einer Königserhebung Wenzels werden etwa 1371 sichtbar, als Erzbischof Friedrich von Saarwerden dem Trierer Erzbischof Kuno von Falkenstein verspricht, er werde nur gemeinsam mit dem Trierer zustimmen, falls Karl IV. bei seinen »lebetagen Romische küninge machen« wolle (DRTA Bd. 1, 31 Nr. 9). Nicht wegen der Person Wenzels, sondern wegen der Form einer »electio vivente imperatore« erheben sich die Widerstände.

[363] Dazu Spěváček (1978), 129f. – Zu Karls »Testamenten«, die nach der Königserhebung Wenzels ein Seniorat des Ältesten über seine Brüder, die mit Ländern Karls IV. ausgestattet werden sollten, vorsahen, vgl. ebd., 178ff. Ein solches Seniorat aber bedurfte der Autorität, wie sie das römische Königtum verlieh.

[364] Klare (1990), 47ff.

[365] Ebd., 72f.

[366] DRTA Bd. 1, 19 Nr. 3 § 13. Vgl. Klare (1990), 65.

[367] DRTA Bd. 1, 22 Nr. 5.

[368] Schubert (1977), 333ff.

Als politischer Taktiker überragte Karl IV. all seine fürstlichen Zeitgenossen. Ohne ihm die Kränze als bedeutender Reichspolitiker winden zu wollen, ist doch festzustellen: An einer Geltung der Goldenen Bulle mußte ihm allein schon mit Rücksicht auf das böhmische Königtum gelegen sein. Das läßt sich konkretisieren: Ein Herrscher, der so beharrlich die »Landbrücke« von Prag nach Frankfurt ausgebaut hatte, konnte schon deshalb in die Bedingung von Rhens als Wahlort nicht ohne »reservatio mentalis« willigen. Aber der Kaiser hatte nur vordergründig nachgegeben; der nach modernen Vorstellungen durchtriebene Taktiker wartete bis zur tatsächlichen Wahl Wenzels, die er durch große Bestechungen, durch umfangreiche Verpfändungen von Reichsgut erreicht hatte.[369] Zu Rhens versammelten sich Kaiser und Kurfürsten 1376. Vollzogen werden sollte – so die rheinischen Kurfürsten – die Wahl Wenzels, nach der Auffassung des Kaisers jedoch nur die »nominatio« eines in Frankfurt zu wählenden Königs.[370] Der Gesandte der Stadt Straßburg berichtete an seinen Stättmeister, daß zu Rhens die Kurfürsten von Köln und Trier heftig mit dem Kaiser aneinander gerieten, »wurdent ettliche fürsten etwas stößig mit ime mit namen der von Trier und Cölln«. Das »etwas« ist nicht im relativierend modernen Sinne, sondern in dem der Freiburger zu verstehen, die dem päpstlichen Gesandten »fruntlichen« baten, die Publizierung der päpstlichen Prozesse gegen Ludwig den Bayern zu unterlassen. Der Sache nach, vielleicht nicht vom Stil her (»etwas«), muß es hoch her gegangen sein, Karl IV. aber blieb jetzt hart und setzte sich durch. Die Fürsten »zugent die wal gen Franckenfurt«.[371] Nach der Wahl am 10. Juni in Frankfurt[372] folgte am 6. Juli 1376 die ungewöhnlich aufwendig inszenierte Krönung Wenzels in Aachen.[373] Den Vorschriften der Goldenen Bulle war ebenso Genüge getan wie dann mit dem auf diese Wahl folgenden ersten Hoftag des neuen Königs in Nürnberg.

Ich bitte um Nachsicht, daß ich einen toten Kaiser als Zeugen für meine Ansicht aufrufe, wonach die Entwicklung der Reichsverfassung aus den Prinzipien von Rezeption und Tradition zu verstehen sei. Die Rezeption der Goldenen Bulle war Karl IV. gleichgültig. Aber die traditionsstiftende Bedeutung Frankfurts als Wahlstadt eben nicht.

Wenige Urkunden und der Bericht eines Straßburger Gesandten, der nur durch die sorgfältige Archivierungspraxis des Rats erhalten ist,[374] informieren andeutungsweise über eine tiefe Auseinandersetzung im Jahre 1376, bei der es um mehr ging als um die Frage des rechten Wahlortes. Mit der Akzeptanz der Goldenen Bulle war

---

369 Vgl. auch Spěváček (1978), 165ff; Klare (1990), bes. 80ff.

370 Vgl. Klare (1990), 169f. und 243ff.

371 DRTA Bd. 1, 80f. Nr. 53.

372 Klare (1990), 247ff.

373 Spěváček (1978), 175; Klare (1990), 265ff.

374 Vgl. dazu auch Miethke (1995), 438f.

der Verzicht der rheinischen Kurfürsten auf ihre – im 14. Jahrhundert immer wieder Rhens als Traditionsstätte des Reichs hervorhebende – Führungsrolle innerhalb des Wählergremiums verbunden. Es hatte seinen tieferen Sinn, wenn die rheinischen Kurfürsten Wenzel in Rhens wählen wollten und damit auf die Wahl von 1346 zurückgriffen, auf jene Wahl, deren Gebrechen die Goldene Bulle hatte heilen wollen. Schon allein um das gleichberechtigte Kurrecht des Königs von Böhmen zu betonen, mußte Karl IV. hingegen auf einem Gesamthandeln aller Kurfürsten bestehen. Und in dieser Konzeption erhält Wenzels Antwort auf seine Absetzung zu Rhens, die Demonstration mit einer Prunkhandschrift der Goldenen Bulle, ihren Sinn. Gegen die Intention dieses Gesetzes, gegen die Intention eines kurfürstlichen Gesamthandelns, allerdings nicht gegen die Buchstaben dieses Gesetzes verstieß die Erhebung Ruprechts von der Pfalz auf den Königsstuhl zu Rhens.

Die allmähliche Rezeption der Goldenen Bulle hat insofern mit unserem Thema der Herrscherabsetzung zu tun, weil sie den Weg zum Werden der Reichsverfassung begleitet, indem sie zeigt, daß die Absetzung Wenzels im Jahre 1400 als Werk rheinischer Kurfürsten in der Reichsgeschichte des 14. Jahrhunderts verwurzelt ist, daß aber die Schwierigkeiten des kurrheinisch konstituierten Königtums Ruprechts den von der Goldenen Bulle im cap. XII gewiesenen Weg zum Gesamthandeln der Kurfürsten nahelegten, die sich dann im 15. Jahrhundert als Kollegium im rechtlichen Sinne verstehen werden.

Mit ihrem Schweigen antwortete die Goldene Bulle auf die Vergangenheit. Ihre Rezeption hat ihre eigene, in die Zukunft weisende Geschichte. Wie aber stand es mit der Gegenwart, in der dieses Gesetz erlassen wurde, das, wenn es sofort gültig geworden wäre, eine Herrscherabsetzung ausschloß? Zwar war die Goldene Bulle mit ihrem indirekten Absetzungsverbot weder im Reich, noch von dem Kaiser zunächst rezipiert worden, aber es fällt doch auf, daß ausgerechnet von jenem Reichsfürsten, der sich durch das Königswahlgesetz in seinen und den Ehren seines Herzogtums zutiefst gekränkt fühlte,[375] die einzig nennenswerten Konspirationen zur Entmachtung Karls IV. ausgingen.

Aus der Regierungszeit Karls IV. ist wenig von fürstlichen Ambitionen auf die Königskrone überliefert. Spätestens seit der unumstrittenen Kaiserkrönung des Luxemburgers war entsprechenden Bestrebungen der Rechtsboden entzogen worden.[376] Aber dennoch vergaßen die Menschen nicht so schnell, was in der Spätzeit

---

[375] Vgl. zuletzt: Baum (1996), 65ff.

[376] Vgl. dazu die Erwägungen von Hergemöller (1983), 154f. – Seibt (1978), 256 sieht zutreffend, daß Karls Kaiserkrönung möglichen kurfürstlichen Depositionsplänen (damals noch) den Boden entzog. Dieser Feststellung wird Seibt, 302 aber mit der unzutreffenden Vermutung untreu, daß 1356 die Konspiration des gegen Karls Herrschaft in Böhmen opponierenden Rosenberger mit den Feinden des Kaisers im Reich dessen Absetzung zum Ziele hatte. – Zu Romzug und Kaiserkrönung Karls IV. vgl. jetzt Pauler (1997), 181ff. und bes. 195ff. Zur anschließenden europäischen Diplomatie des Kaisers: Hoensch (2000), 149ff.

Kaiser Ludwigs an Gerüchten umgelaufen war. Noch zehn Jahre nach der zweiten Wahl Karls IV. kam ein Gerede nicht zum Verstummen, das sich aus Erfahrungen der frühen 1340er Jahre speiste. So mußte Kurfürst Ruprecht der Ältere, der 1355 Reichsverweser des Luxemburgers gewesen war, auf kaiserliche Mahnung hin im Mai 1359 öffentlich erklären, ein vom Bischof von Freising der Kurie übergebener Brief über eine beabsichtigte Absetzung des Kaisers sei eine Fälschung.[377]

Der scheinbar marginale Fall vom Mai 1359 erhält eine grundsätzliche Bedeutung vor dem Hintergrund einer Tagsatzung der rheinischen Kurfürsten im November dieses Jahres. Bevor auf die urkundlichen Zeugnisse einzugehen ist, sei festgehalten: Was wir darzustellen haben, weist in die Vergangenheit zurück, bildet keinen Präzedenzfall für die Zukunft. Fast vier Jahrzehnte ist in der Folgezeit nichts mehr von Absetzungsplänen zu vernehmen. Wenn die im folgenden zu schildernden Aktionen als Spätfolge der Herrschaft Ludwigs des Bayern zu deuten sind, so muß doch eine Akzentverschiebung vermerkt werden. Von Plänen Karls IV., das Reich einem anderen zu übertragen, verlautet während seiner Regierungszeit nichts; es hätte auch seiner Herrschaftsauffassung widersprochen. Was 1359 geschah, ist viel klarer als zuvor das Spiel mit der Absetzung eines Herrschers als Teil politischer Intrigen zu erkennen, in deren Mittelpunkt in diesem Fall Herzog Rudolf IV. von Österreich steht.[378] Stilwandlungen und ihre tiefere Bedeutung: Wenn bis zum Jahre 1399 nichts mehr von entsprechenden Intrigen zu hören ist, wenn Ende 1399 die rheinischen Kurfürsten in größter Heimlichkeit Pläne einer Thronveränderung sondieren, dann verbietet es sich, eine Kontinuität von Absetzungsplänen etwa vom Jahre 1359 bis zu denen der Jahre zwischen 1454 und 1461 anzunehmen.

Zurück zum Jahre 1359. Am 11. November schreibt Erzbischof Wilhelm von Köln voller Empörung an Rudolf IV. von Österreich, wie er denn dazu käme, dem Kaiser zuzutragen, er, Wilhelm, habe mit anderen Kurfürsten – gemeint waren Gerlach von Mainz und Ruprecht von der Pfalz – eine Absetzung des Kaisers (»deposicionem ... nostri imperatoris«) in die Wege leiten wollen. Die Billigung des Papstes solle er, der Erzbischof, dafür gewonnen haben, um König Ludwig I. von Ungarn, der mit Rudolf IV. von Österreich im Bündnis stand,[379] zum Kaiser zu erheben. Gott wisse, daß daran nichts Wahres sei. Der Herzog möge gefälligst beim Kaiser mündlich und urkundlich die Unschuld Wilhelms bezeugen, der ansonsten vor Kaiser und Kurfürsten zum Wahrheitsbeweis bereit sei.[380]

---

377 Reg. Imp. Bd. 8, Reichssachen, 308. Hintergrund dieser Gerüchte war die damals erkennbare Entfremdung zwischen Kaiser und Papst. Doch ob der Papst tatsächlich Ludwig von Ungarn zum Römischen König wählen lassen wollte, erscheint unwahrscheinlich. Vgl. Seibt (1978), 306f.

378 Zum dynastischen Denken Rudolfs IV. vgl. Moeglin (1993), 625f.

379 Zu diesem Bündnis, in dem die Partner einander Beistand selbst gegen den Kaiser versprachen, vgl. Baum (1994), 137.

380 Urkundenregesten Hofgericht Bd. 7, Nr. 508. Vgl. Baum (1996), 115f mit 112. – Pauler (1997), 211f. billigt aufgrund von »Indizien« (ebd., 212) diesem Intrigenspiel den Realitätsgehalt

Die Intrige Rudolfs IV. hatte die rheinischen Kurfürsten in helle Aufregung versetzt. Der Mainzer, Kölner und Pfälzer kamen in Bacharach zusammen,[381] von wo aus das erwähnte Schreiben Erzbischof Wilhelms datiert ist. Unter dem gleichen Datum gehen aus Bacharach noch weitere Schreiben aus. Erzbischof Gerlach schreibt fast wörtlich dasselbe wie der Kölner an den Habsburger,[382] beide Erzbischöfe bitten zudem Ludwig von Ungarn, beim Kaiser die Wahrheitswidrigkeit der gestreuten Behauptungen zu bestätigen,[383] und verwahren sich in Briefen an den Kaiser gegen die Unterstellungen.[384]

Hintergrund der Gerüchte, Anlaß auch für den Kaiser, diese ernst zu nehmen,[385] waren die luxemburgisch-habsburgischen Spannungen, die sich in diesem Jahr zuspitzten. Das Verhältnis des Kaisers zu seinem Schwiegersohn, Herzog Rudolf IV. (dem Stifter) von Österreich, hatte sich ständig verschlechtert, nachdem Karl IV. sich 1358 den Ambitionen Rudolfs nach einer erst noch zu schaffenden lombardischen Königskrone widersetzt hatte.[386] Ein Bündnisvertrag der österreichischen Herzöge mit den Grafen von Württemberg 1359 läßt die Ambitionen Rudolfs IV. erkennen, auch wenn die Württemberger sich nicht auf einen dezidiert kaiserfeindlichen Einungsvertrag einließen.[387] Denn das galt bereits als, in diesem Fall von den Württembergern gewahrtes Reichsrecht: Bei Bündnissen und Einungen war stets der Kaiser oder König auszunehmen.[388]

---

eines tatsächlichen Absetzungsplans zu, indem er eine Unterstützung Innozenz' VI. für dieses Vorhaben zu erkennen glaubt, ohne mehr als ein päpstliches Wohlwollen für den Ungarnkönig ins Feld führen zu können.

381 Vgl. Urkundenregesten Hofgericht Bd. 7, Nr. 512.

382 Ebd., Nr. 509.

383 Ebd., Nrn. 510f.

384 Ebd., Nrn. 512f.

385 Reg. Imp. Bd. 8, Reichssachen, 321a. – Im Mai 1360 werden sich König Ludwig und Karl IV. wechselseitige Ehrenerklärungen ausstellen. Baum (1996), 116. Den Hintergrund dieser Einung, die dynastischen, Ungarn einbeziehenden Pläne des Luxemburgers, deutet Hergemöller (1989), 130ff. an

386 Elze (1987), 129 Anm. 44 hält diese Bestrebungen des Herzogs nur für Gerüchte, die lediglich von den Zeitgenossen als wahr eingeschätzt wurden. Baum (1994), 131ff., bzw. Ders (1996), 109f. sieht hierin hingegen reale Ziele Rudolfs. Nach Baum (1996), 110 und 114 kam es zwischen Mai und Oktober 1359 zum endgültigen Bruch des Kaisers mit seinem Schwiegersohn.

387 Reg. Imp. Bd. 8, Reichssachen, 321; Schuler (1998), 208ff. Nr. 676. § 14 dieses Vertrags bestimmt, daß jeder der Vertragspartner seinem König anhängen dürfe, falls während der Laufzeit des Vertrages eine Doppelwahl stattfinden würde. Daran schließt sich ein weiterer unverdächtiger, weil üblicher Paragraph an, demzufolge der Württemberger Rudolf unterstützen würde, falls dieser zum König gewählt werden könne. Vgl. auch Baum (1996), 114f. Das auf acht Jahre geschlossene Bündnis nahm einen jeweiligen Römischen König oder Kaiser aus. Falls Karl stürbe und eine Doppelwahl stattfände, dürfe jeder Einungspartner seinem König helfen. Falls aber Rudolf von allen Kurfürsten oder von einigen gewählt würde, müsse er dem Württemberger, falls dieser ihm Hilfe leisten sollte, die anfallenden Auslagen ersetzen.

388 Schubert (1979), 273.

Entweder war der Kaiser nervös geworden oder aber dem nach außen hin unverdächtigen Bündnisvertrag, hinter dem ohne Zweifel Rudolf IV. stand, lagen nicht mehr zu ermittelnde geheime Absprachen zugrunde. Karl IV. warf 1360 in einem Brief an Straßburg seinem Schwiegersohn vor, er habe »newe ding« und anderes getan, »das wider uns und das reich was«.[389] Zum Beweis bezeichnete er dessen Bündnis mit den Grafen von Württemberg als eine »rebellio«[390] und behauptete, daß die Bündnispartner »sich freventlich wiedir uns und das heilige reich gesaczt haben.«[391] Eine Kriegsansage zugleich gegen die schwäbischen Ambitionen seines Schwiegersohns, die in ihren Konzeptionen nie ganz klar waren.[392] Mit dem Reichskrieg gegen Württemberg zwang der Kaiser zugleich auch Rudolf IV. zur Aufgabe seiner Ansprüche.[393]

Schwer ist abzuschätzen, wie ernsthaft der Habsburger die Absetzung seines Schwiegervaters betrieben und welche Erfolgsaussichten er dabei hatte. Unzweifelhaft hat er entsprechende Gerüchte lanciert, deren Absicht sich nicht mehr zweifelsfrei ermitteln läßt. Irritierend muß wirken, daß die Auseinandersetzung sich genau in den Jahren abspielt, in denen Karl IV. die größten Anstrengungen eines spätmittelalterlichen Herrschers unternahm, verpfändetes Reichsgut wieder einzulösen[394] (das er dann seit 1374, um die Thronfolge Wenzels zu sichern, als Bestechung der Kurfürsten erneut verpfändete). Die Masse des Reichsguts lag aber in jenem untergegangenen schwäbischen Herzogtum, das Rudolf IV. wiederzubeleben trachtete.

Was tatsächlich 1359 auf dem Spiel stand, läßt sich nach unserer Meinung nicht ermitteln. Zugespitzt: Ging es um Schwaben oder um Europa? Daß ein schwäbisches Herzogtum in habsburgischer Hand die königlichen Landvogteien von Oberschwaben bis ins Elsaß hinein entwertet hätte, liegt auf der Hand, jene Landvogteien, deren Bedeutung für das Königtum lange in der Forschung unterschätzt wurden. Aber welche Rolle spielte bei den Ambitionen Rudolfs IV. König Ludwig von Ungarn?

---

389 Baum (1996), 121.

390 Urkundenregesten Hofgericht Bd. 8, Nr. 63.

391 Ebd., Nr. 45; Schuler (1998), 219f. Nr. 713.

392 Wie im Falle der lombardischen Königsambitionen, bei denen wohl Reminiszenzen an die Eiserne Krone in Monza (später Mailand) mitspielten, hatte Rudolf auch in seinen Bestrebungen nach Wiederherstellung eines Herzogtums Schwaben auf die Geschichte, wie sie zu seiner Zeit lebendig war, zurückgegriffen, wobei er ebenso wie bei seiner abenteuerlichen Fälschung des Privilegium maius auch vor Fiktionen nicht zurückscheute. 1360 hatte er sich Titel und Siegel eines »phallentz herczogen« von Schwaben zugelegt, worauf er erst 1362 verzichten mußte. Baum (1996), 76, 120f. und 123; Urkundenregesten Hofgericht Bd. 8, Nrn. 59f.

393 Baum (1994), 138ff.; Ders. (1996), 117f. – Zur württembergischen Niederlage: Schuler (1998), 220ff. Nrn. 717 und 721.

394 Schubert (1979), 165ff.

Bei allen offenen Fragen: Karl IV. sah als einzige dem luxemburgischen Haus gefährliche Dynastie die Habsburger an. Zur Sicherung seines Sieges über Rudolf IV. ließ er fünf Kurfürsten schwören, weder Rudolf IV. noch überhaupt einen Habsburger jemals zum König zu wählen.[395] Diesen Schwur hatte der Kaiser nicht nur als Regelung für den Fall seines Todes, sondern auch als Vorsichtsmaßnahme für seine Herrschaftszeit verstanden: Eventuellen Bemühungen Rudolfs, sich bei Lebzeiten des Kaisers zum König aufzuwerfen, wie es damaligen Gerüchten zufolge Fürsten in der Zeit Ludwigs des Bayern versucht hatten, sollte der Boden entzogen werden. Diese Berechnung aber weist auf die allmähliche Ausbildung des Grundsatzes hin: Nur die Kurfürsten können über ein neues Königtum verfügen.

395 Reg. Imp. Bd. 8, 3836. Vgl. Seibt (1978), 306; Klare (1990), 14ff.; Baum (1994), 139.

II. Die Absetzung König Wenzels und ihre Vorgeschichte: Ein Beitrag zur Geschichte des Begriffs »Reich« als des zentralen Begriffs der werdenden Verfassung

Die Herrschaft Karls IV. war nach schwierigen Anfängen in der Folgezeit im wesentlichen unbestritten geblieben. Das galt auch für die ersten beiden Jahrzehnte des Königtums Wenzels. Und das heißt: Der Absetzung des Jahres 1400 lag keine aus den Ereignissen der Vergangenheit abzuleitende Tradition zugrunde. Ein kurfürstliches Recht der Königsabsetzung war noch nicht einmal in Ansätzen formuliert worden. Selbst wenn die Absetzungsurkunde von 1298 noch bekannt gewesen wäre, hätte sie kaum argumentative Hilfe geboten. Nahe lag deshalb die Versuchung für die politische Geschichtsschreibung, allein auf einen undifferenzierten Begriff des Machtstrebens zu setzen. Aber: Mochte auch stets der Erwerb der römischen Königskrone gelockt haben – nicht um persönlichen Ehrgeiz zu befriedigen, sondern um den Rang des eigenen Hauses herauszustellen –, so war doch selbst in der Spätzeit Ludwigs des Bayern und erst recht in dem ersten Dezennium der Herrschaft Karls IV. deutlich geworden, daß sich entsprechende Hoffnungen nicht allzu offen artikulieren durften. Wenn aber die erste wirkliche Königsabsetzung des deutschen Mittelalters anders als bei den sich überstürzenden Ereignissen im Jahre 1298 geplant war, so setzte diese Planung – auch wenn sie nach unserer Meinung erst ein halbes Jahr zuvor Konturen gewann – doch eines voraus, was einem simplen Machtstreben widerspricht: Konsens unter den vier rheinischen Kurfürsten. Wenn diese ihre traditionellen Rivalitäten hintan stellten, so mußte sie ein von ihnen höher gewichtetes Motiv geeint haben, ihre Verantwortung für das Reich.

Stille Wandlungen im Rechtsdenken statt eines undifferenzierten Machtstrebens bilden – so unsere These – die Voraussetzungen für die Absetzung Wenzels. Es ist noch darzustellen, von wieviel Risiken der Schritt der Königswähler begleitet war, Risiken, die im Reich allgemein bekannt waren. Deshalb ist die Absetzung des Jahres 1400 nicht Ausdruck selbstbewußten, geschweige denn selbstherrlichen kurfürstlichen Handelns, sondern Ausdruck einer Notwehr angesichts der Gefahren, die dem Reich drohten. Dabei hätte man sich 1400 auf gefährliches Neuland begeben, wenn nicht ein neuer, ein langfristig verfassungsbildender Rechtsgedanke, der gar nichts mit einer Entmachtung des Königs zu tun hatte, seit der Zeit Ludwigs des Bayern Verbreitung gefunden hätte: die Entwicklung einer bei den Zeitgenossen allerdings noch gar nicht allgemein akzeptierten Lösung des Reichsbegriffs von der Person des Königs. Damit verband sich eine zweite Entwicklung, die allmähliche Ausformung der kurfürstlichen Reichsverantwortung, wie sie in den Willebriefen oder auf dem Tag zu Quatrevaux in Erscheinung getreten und in der Goldenen Bulle wortreich beschworen worden war. Nahe liegt der Einwand gegen unsere These, wonach eher »harte Tatsachen« als »weiche Gedanken« verfassungsbildend werden können; jedoch bedarf die Verfassungsbildung im Mittelalter des Konsenses der Zeitgenossen, und dieser Konsens war in den angesprochenen beiden Entwicklungen teils einbeschlossen, teils angelegt.

Es wäre aber eine Vereinfachung, sollte vom Gedanken des verfassungsbildenden Konsenses die Möglichkeit verfassungsbildender Kraft sogenannter harter Tatsachen unterschätzt werden. Was letztlich auf die methodisch schwierige Unterscheidung wichtiger und weniger wichtiger ereignisgeschichtlicher Vorgänge hinauszulaufen scheint, können wir durch einen Vergleich der Absetzungen von 1298 und 1400 vereinfachen. Denn erst dann ergibt sich die Möglichkeit der Abschätzung einer verfassungsbildenden Kraft von Ereignissen, wenn diese in einem den Zeitgenossen einleuchtenden Kontext des politischen Verständnisses stehen und sich damit als nicht mehr revidierbar erweisen. So ist die Absetzung des Jahres 1298 folgenlos geblieben, die des Jahres 1400 bildete hingegen den Präzedenzfall, ohne den die Depositionspläne der Folgezeit nicht denkbar gewesen wären.

Die verfassungsgeschichtliche Aussage der Königsabsetzung Wenzels: Mit ihrem Vorgehen hatten die rheinischen Kurfürsten ihre Verantwortung für das Reich, in dessen Namen (»von des Reiches wegen«) der König regiere, mit großer Geste demonstriert. Damit hatte die Absetzung Rückwirkungen auf das Wahlrecht; die Zeiten, in denen ein Kaiser glauben konnte, einen König nach seinem Willen einsetzen zu können, waren ebenso vorbei wie die Zeiten, in denen man befürchten mußte, daß ein Mächtiger sich ohne Wahl zum König »aufwerfen« (wie es die Quellen des ausgehenden 14. Jahrhunderts formulieren) würde. Vereinfacht. Den Zwischenschritt von der Verkündigung bis zur Rezeption der Goldenen Bulle als »lex fundamentalis« des Reichs im Jahre 1411 bildete die Absetzung Wenzels.

Mit unseren einleitend vorgestellten Thesen befinden wir uns in einem offenen Dissens zur vorherrschenden Forschungsmeinung, die eine unkomplizierte und damit auf den ersten Blick einleuchtende Interpretationslinie verfolgt. Kurfürstliches und insbesondere pfalzgräfliches Machtstreben habe Wenzels Thronsturz herbeigeführt; damit wäre dieser aber nur eine Episode innerhalb dauernder Machtrivalitäten, eine Episode, welche die verfassungsbildenden Folgen des Jahres 1400 nicht erklären könnte.

Unser thesenartig vorgetragener, eingestandenermaßen komplizierter Untersuchungsansatz verlangt nach einer möglichst einfachen Gliederung. Wir wählen statt des bisher bevorzugten chronologischen Verfahrens einen anderen Weg, indem wir zunächst fragen, ob die vier rheinischen Kurfürsten mit ihren Vorwürfen gegen König Wenzel nicht ganz einfach Recht hatten. In einem weiteren Schritt ist zu untersuchen, welche Voraussetzungen im Verfassungsdenken es für ihr Vorgehen im Jahre 1400 gegeben hatte, für ein Vorgehen, welches wir in einem dritten Schritt als Notwehr interpretieren angesichts der inaktiven, aber in ihrer Inaktivität gefährliche Folgen für das Reich heraufbeschwörenden Politik des Prager Hofes. Daran schließt sich die Untersuchung an, wie die öffentliche Meinung, die noch das vom Papst prinzipiell angefochtene Kaisertum Ludwigs des Bayern stützen konnte, auf das Absetzungsurteil des Jahres 1400 reagierte. Zur Entwirrung all dieser miteinander verbundenen Fragen halten wir es für nützlich und klärend, zunächst auf die Absetzungsurkunde einzugehen.

1. Die Absetzungsurkunde des Jahres 1400 – ein Dokument pfälzischen Machtstrebens?

Die Interpretation Alois Gerlichs – der Oppenheimer Vertrag als angebliches Schlüsseldokument – die Begründung der Absetzung – kurfürstliche Scheinargumente? Der Mailänder Fall und der Gebrauch von Blanketten – die Bedeutung Mailands für das Reich in der Sicht der Zeitgenossen – die Kritik an den Blanketten als Kritik am Regierungsstil König Wenzels – Formulierungshilfe: der geringe Anteil gelehrter Räte an der Absetzungsurkunde

Der Absetzung Wenzels hat Alois Gerlich eine umfangreiche, faktensichere Monographie gewidmet.[1] Für die Vorgeschichte der Ereignisse von 1400 rekonstruierte er die jeweilige fürstliche Herrschaftspolitik bis ins Detail, legte dabei aber einen undifferenzierten Begriff des Machtstrebens zugrunde und rückte kurfürstlichen Egoismus, insbesondere das pfälzische Streben nach der Königskrone in den Vordergrund.[2] Bei allem Respekt vor dieser Forschungsleistung: Mit dem gleichen Ansatz, mit der gleichen Methode, ja sogar mit den gleichen stilistischen Mitteln kann auch Kabinettspolitik des 18. Jahrhunderts beschrieben werden. Fragen nach einer möglichen Reichs- und sogar Königstreue der Fürsten, nach den Vorbehalten gegen die Person Wenzels in der öffentlichen Meinung,[3] Fragen auch nach den

[1] Gerlich (1960).

[2] So sieht Gerlich (1960), 343 in den Gründen der Absetzungsurkunde nur »Bemäntelungen kurfürstlicher Machtpolitik«.

[3] Eine erste Zusammenstellung der Belege bietet Wilhelm Théremin, Beitrag zur öffentlichen Meinung über Kirche und Staat in der städtischen Geschichtsschreibung Deutschlands von 1349–1415. (HistStud 68) 1909, 115ff. – Noch eine bis 1429 reichende rheinische Papst- und Kaiserchronik kritisierte die Wahl Wenzels: »pocius emptus fuit quam electus idem Wentzeslaus.« Der

reichsrechtlichen Problemen, die auf Tagsatzungen zu Oberlahnstein (der Absetzung Wenzels durch Richterspruch) und Rhens (der Erhebung Ruprechts auf den Königsstuhl) eine so große Rolle spielten, bleiben ausgeklammert. Für Gerlich sind die Ereignisse ausschließlich machtpolitisch motiviert.[4] Der Ansatz präjudiziert das Ergebnis; denn so muß die Absetzung Wenzels zwangsläufig als Konsequenz kurfürstlicher Interessenpolitik erscheinen. Im Gegensatz dazu sei an eine bereits 1894 ausgesprochene Warnung erinnert, als Erich Brandenburg – ohne nennenswerte Resonanz zu finden – forderte, die von den Kurfürsten im Jahre 1400 artikulierte Reichsverantwortung ernst zu nehmen.[5]

Pfälzisches Machtinteresse als Schlüssel der Ereignisse des Jahres 1400? Insbesondere im Oppenheimer Vertrag vom 24. Oktober 1396[6] wurde ein Kronargument für die Ansicht gesehen, daß Ruprecht die Absetzung Wenzels von langer Hand vorbereitet habe, daß diese also Konsequenz eigennütziger pfälzischer Politik sei.[7] Abgesehen davon, daß Ruprecht II., der am 6. Januar 1398 verstorbene Vater des späteren Königs, diesen Vertrag abgeschlossen hat, sind solche vorsorglich eingeholten Absprachen, wie bei der Interpretation des Wahlplans von 1333 nachgewiesen werden konnte, nicht als ungewöhnlich anzusehen.[8] Die Praxis der vor-

---

Papst habe zunächst die Approbation verweigern wollen, weil er die simonistische Wahl (»electionem symoniacam«) erkannt habe. Chronicon pontificum et imperatorum Rhenense ab Innocentio III usque ad annum 1429. Beilage zu: Ludwig Weiland, Beschreibung einiger Handschriften der Universitätsbibliothek zu Giessen. NA 4 (1879), 59–85, hier: 79. – Sicherlich nicht aufgrund mangelnden Verständnisses für die körperlichen Bedürfnisse eines Säuglings, sondern weil sich hier ein späterhin bewahrheitetes böses Omen ankündigte, kolportierten ausgangs des Jahrhunderts Zeitgenossen, daß Wenzel bei seiner Taufe das Taufbecken verunreinigt habe. Die Chroniken der deutschen Städte. Nürnberg Bd. 1, 325f. (mit weiteren Quellenhinweisen). Vgl. Zotz (1991), 187f. – Noch um 1441 wußte der Chronist Johann Spies von Wenzel: »et cacavit ad baptismum«. Josef Riedmann, Die Fortsetzung der Flores Temporum durch Johann Spies, Prior der Augustiner-Eremiten in Rattenberg. SbbÖsterrAkadWiss 266/4. 1970, 28. – Auch bei dem byzantinischen Kaiser Konstantin V. bildete die Verunreinigung des Taufbeckens durch den Säugling für die Zeitgenossen ein unheilvolles Omen. Klaniczay (1992), 76. – Zur Taufe Wenzels als politischer Inszenierung vgl. Klare (1990), 11f.

[4] Zu bezweifeln ist zum Beispiel gar nicht, daß die Bündnisse, welche Herzog Albrecht III. von Österreich 1393/94 schloß, gegen Wenzel gerichtet waren. Gerlich (1960), 5ff. Zu bezweifeln ist allerdings, daß diese Bündnisse, wie die Kapitelüberschrift bei Gerlich, 1 behauptet, »Königspläne« des Habsburgers umschließen; eine Auffassung, die noch Baum (1993), 33 und (1994), 201ff. und Hoensch (1996), 94 teilen.

[5] Brandenburg (1894), 67. Vgl. auch Walther (1996), 19ff.

[6] DRTA Bd. 2, 437f. Nr. 248. Gegenüber den DRTA verbesserter Druck bei Eduard Sthamer, Beiträge zur Kritik der deutschen Reichstagsakten im Anfang des 15. Jahrhunderts. NA 35 (1910), 193–215. – Dieser Vertrag hatte auch späteren ähnlichen Abkommen der Pfalzgrafen als Muster gedient. Sthamer, 200f. – Die Forschungsgeschichte zum Oppenheimer Vertrag referiert Adam (1980), 31 Anm. 91.

[7] Gerlich (1960), 107ff.; Kraus (1996), 609.

[8] Vgl. auch Stengel (1930), 85. Deshalb war es falsch, wenn dem Bündnis Josts von Mähren mit Albrecht III. von Österreich in den DRTA Bd. 2, 367 Nr. 213 die Überschrift »Plan einer Thron-

sorglichen Stimmenbindung war bereits 1349 so geläufig, daß die Wahl selbst zu einem Formalakt zu werden drohte. Die Wahl Günthers von Schwarzburg, die am 30. Januar 1349 stattfand, beruhte auf einer vorbereiteten Stimmenübertragung. Am 9. Dezember 1348 hatte Markgraf Ludwig der Römer beurkundet, Günther von Schwarzburg zu einem Römischen König »gekoren« zu haben. Weiterhin sei vereinbart worden, daß Erzbischof Heinrich von Mainz, die Herzöge Rudolf und Ruprecht von Bayern und Pfalzgrafen bei Rhein den Schwarzburger »in glicher wis als wir« innerhalb der nächsten sechs Wochen wählen würden.[9]

Die im Jahre 1349 drohende Entwicklung, daß vorsorgliche Stimmenbindungen in eine »nominatio« übergehen und damit die »electio« entwerten könnten, ist zwar nicht eingetreten, aber das Prinzip der prophylaktischen Wahlversprechen wurde nicht in Frage gestellt. Während der Herrschaft Karls IV. finden sich entsprechende Abreden. 1351 verspricht Erzbischof Gerlach von Mainz dem Pfalzgrafen Ruprecht I., ihn bei einer künftigen Thronvakanz zum König zu wählen, zumindest aber nur gemeinsam mit ihm für einen Kandidaten zu stimmen.[10] Vereinbarungen für eine gemeinsame Haltung bei einer künftigen Neuwahl schlossen zum Beispiel 1371 die Kurfürsten von Trier und Köln und ebenso die von Brandenburg und Sachsen miteinander.[11]

Greifen wir unseren Begriff der rechtsgestaltenden Tradition noch einmal auf. Das Prinzip der vorsorglichen Stimmenbindung bei Lebzeiten eines Herrschers, ein Prinzip, das in den 50er Jahren des 14. Jahrhunderts Pfalzgraf Ruprecht I. verfolgt hatte, war trotz der langen Regierungszeit Karls IV. nicht vergessen worden. Der Kaiser selbst hatte dafür gesorgt. 1374 ließ er sich von Erzbischof Ludwig von Mainz zusichern, Wenzel bei der Wahl eines römischen Königs seine Stimme zu geben.[12] Das gleiche Versprechen leistete auch Erzbischof Kuno von Trier,[13] und der Kaiser scheute sich nicht, dafür im Gegenzug große Zusagen zu verbriefen.[14]

---

veränderung« gegeben wurde. Die von Albrecht gewählte Wendung ist unverdächtig, weil typisch, wonach möglicherweise »uns in dem Romischen reiche icht eren und wirden widerfueren oder (wir) zu demselben Romischen reich chemen«.

[9] MGH Const. Bd. 9, 2 Nr. 2.

[10] MGH Const. Bd. 10, 188 Nr. 250. Aufschlußreich ist die Vorurkunde, in der die beiden Kurfürsten bei einer künftigen Königswahl eine gemeinsame Stimmabgabe verabreden und sich verpflichen, die ihnen daraus erwachsenden Vorteile teilen zu wollen (»daz aller der nutz und furdernisse, die da fallen mochten … von dem, der von uns gekorn wirt, glich under unss beyde geteilt werden« soll). Ebd., 186ff. Nrn. 248f.

[11] Klare (1990), 41ff. bzw. 39.

[12] DRTA Bd. 1, 10f. Nr. 2. Vgl. Klare (1990), 57f. – 1373 hatte Bischof Gerhard von Würzburg, ein Versprechen seines Vorgängers aus dem Jahre 1366 erneuernd, zugesagt, er wolle nach dem Tode des Kaisers Wenzel »beholffen sein zu der kore«. DRTA Bd. 1, 7 Nr. 1. Vgl. Klare (1990), 26f. und 53.

[13] DRTA Bd. 1, 21ff. Nr. 4.

[14] Ebd., 11ff. Nr. 3.

Einen neuen Akzent innerhalb dieser Tradition setzen Wenzels Sondierungen 1387/88 wegen der Übertragung seines römischen Königtums auf einen anderen, ungenannten, aber seinem Hause entstammenden Herrscher. Nur von der äußerlichen Schale her stehen diese Sondierungen in der Tradition des kaiserlichen Plans von 1333, tatsächlich aber folgen sie der damals von Heinrich von Niederbayern und Herzog Rudolf von Sachsen vereinbarten Form der vorsorglichen Stimmenbindung. Die Kurfürsten von Mainz, der Pfalz und von Sachsen versprechen Wenzel, »wer ez daz er daz heilige romische Riche uffgeben wurde, daz wir dann eynen under sinen Vettern den Markgrafen von Merern, welchen under den er wolde und kore ... zu einem romischen Kunige welen und kysen«.[15]

Wenn selbst Karl IV. und Wenzel entsprechende Verabredungen trafen, dann konnte kein Kurfürst etwas Verwerfliches in einer solchen vorsorglichen Stimmenbindung sehen.[16] Diese waren im Prinzip (und damit auch in der Möglichkeit ihrer Annullierung) nichts anderes als fürstliche Eheverabredungen für noch unmündige Kinder.[17] Kurzum: Dem Oppenheimer Vertrag haftet weder das Odium des Verwerflichen an, noch kann er zum Kronargument dafür dienen, daß pfälzisches Machtstreben zur Absetzung Wenzels geführt habe. Er ist nichts anderes als eine typische Absprache für eine künftige Neuwahl, er gehört gewiß nicht »zu den schicksalbestimmenden Ereignissen der deutschen Geschichte«.[18] Der Mainzer Domherr Johann von Nassau verspricht den Pfalzgrafen seine Hilfe »zu allen eren und wirdikeiten, dar nach sie stellen wollen«, und auch die Einschränkung ist der Tradition verpflichtet, wonach die Pfälzer nicht »nach solichen wirdekeiten wieder got und wieder rechte stellen wollten«.[19]

Mit unserer Einordnung des Oppenheimer Vertrags in die Tradition der Wahlabsprachen wurde der Auffassung, wonach das Jahr 1400 einen Höhepunkt pfälzischen Machtstrebens darstelle, das zentrale Argument entzogen. Der weitgehende

---

[15] DRTA Bd. 2, 52f. Nrn. 22 und 24 (Mainz bzw. Pfalz); Pelzel (1783) Bd. 1 (UB), 86 Nr. 65 (Sachsen). – Jost von Mähren verband sich 1389 mit Albrecht III. von Österreich für den Fall, daß Jost »zu demselben Romischen reich chomen« würde. DRTA Bd. 2, 387 Nr. 213.

[16] So verbanden sich 1375 die Herzöge Wenzel und Albrecht von Sachsen mit Markgraf Otto von Brandenburg zu gemeinsamem Vorgehen bei einer neuen Königswahl auch für den Fall einer vorherigen »nominatio« durch andere Kurfürsten oder eigenen Königsplänen, »das unser eyner, welcher das were am beden siten, von eynem kurfursten oder meer ... zu Romischen kunig wurde oder selbir nach dem Romischen riche arbeyte und stunde«. DRTA Bd. 1, 48ff. Nr. 24.

[17] Vgl.dazu Kolmer (1989), 146f.

[18] Gerlich (1960), 171.

[19] Gerlich (1960), 107 und 114 sieht hingegen in diesem Vorbehalt nur politisches Kalkül, eine »bewußt gefaßte Unbestimmtheit«. Es handelt sich aber wohl um eine durchaus wörtlich zu nehmende salvatorische Klausel, die auch 1394 in dem Bündnis der Herzöge von Österreich mit oberdeutschen Reichsstädten gebraucht wird, als die Städte ihre Hilfe für habsburgische Königspläne bei einer Thronvakanz mit der Einschränkung beurkunden: »alz verr sy das mit eren getuon mugent«. DRTA Bd. 2, 393, Nr. 225.

Forschungskonsens hingegen, wonach die Absetzung Wenzels ein Gewaltstreich gewesen wäre, ist davon nicht berührt. Er beruht auf Plausibilitätsannahmen. Die Mahnung Erich Brandenburgs ernst nehmend, ist zu prüfen, ob nicht das kurfürstliche Handeln von der Überzeugung geleitet war, daß durch Wenzel dem Reiche Schaden zugefügt würde.

Befragen wir zunächst die Absetzungsurkunde nach den Motiven der rheinischen Kurfürsten und den Rechtsgrundlagen ihres Schrittes. Diese Urkunde kann, wie zahlreiche Abschriften zeigen, als ein Musterfall politischer Publizistik des Mittelalters, hier in Gestalt des damals noch ungewöhnlichen politischen Sendschreibens, des »offenen Briefes«, interpretiert werden. Bei der Interpretation solcher, auf Öffentlichkeit berechneter Dokumente wird stets berücksichtigt werden müssen, daß sie die zögernden und kritischen Zeitgenossen überzeugen mußten. Nur Bemäntelung von Eigennutz durch Appell an die öffentliche Meinung oder Werben für Standpunkte, von denen die Kurfürsten überzeugt waren?

In einem offenen Sendbrief, der unter anderen auch die Burgmannen der Reichsburg Friedberg erreicht, fassen die vier rheinischen Kurfürsten zusammen, weswegen sie Wenzel »abegetan und abegesatzet« hatten.[20] Jedermann wisse, daß sie seit langem »viel mit arbeid und kosten zusammenkomen sin ... alles umbe eintheit in der heiligen kirchen und frieden in dem heilgen riche zu machen«. Diesen Auftakt überliest der moderne Historiker leicht, aber nicht der damalige Leser: Politisches Engagement war mit Mühen und ziemlich hohen Aufwendungen verbunden, wie jedermann wußte, mit Kosten und auch körperlichen Anstrengungen (»Arbeit«), die – so der Vorwurf, der nicht ausformuliert werden mußte – Wenzel seinerseits gescheut habe. Trotz aller Mahnungen sei er nie zu konsensbildenden Tagsatzungen erschienen (über die Zeiten hinweg erscheint, verklammert durch das Prinzip des Konsenses das gleiche Problem wie im Jahre 1073: Ein Herrscher entzog sich damals durch Wegreiten der Beratung, was in anderer Form Ende des 14. Jahrhunderts ein König durch Nichterscheinen praktizierte); deswegen und wegen »viel ander kontlicher trefflicher gebresten und missetad« habe er sich »des heilgen Romischen richs unwirdig gemachit«. Auf summarische Vorwürfe ist zusammengezogen, was Erzbischof Johann von Mainz unter dem gleichen Datum des 26. August als Gründe für die Absetzung nennt: »(1) daz er der heiligen kirchen ny zu fridden gehulffen hait ... daz yme als eynem voygde und schirmer der kirchen zubehorte, und vor yn dicke und vil darumb gebeden, ermanet und ersucht han. (2) So hait er auch daz heilige Romische rich swerlich und schedelichen entgledet und entgleden lassen, nemelich Meylan und das land in Lamparten, daz deme heiligen riche zugehoret, und daz riche großen nucz und urber davon gehabt hait, darinne der von Meylan eyn dyner und amptmann waz des heiligen richs, den er

[20] Schilp (1987), 348.

nu darauff eynene herczogen und zu Pafye (Pavia) eynen graven gemacht hait und hait darumbe widder synen tittel und gelimp gelt genomen. (3) Er hait auch vil stede und lande in Dutschen und Welschen landen deme riche zugehorende, und der ein teyl vorfallen sint deme heiligen riche, ubergeben und der nit geachtet noch an deme heiligen riche behalden. (4) So hait er auch umbe geldes willen dicke und vyl syne frunde gesand mit ungeschrieben brieven, dy man nennet membranen, dy doch mit syner majestat ingesigel besigelt waren, und mochten die frunde, oder den die menbranen wurden, under dem koniglichen sigel schriben, waz sy wolden ... (5) So hait er auch ny keine achte gehabt aller der mishel und kriege, die leider manche czijt in Dutschen und in andern landen des heiligen richs swerlich und vorterplich gewesen und noch werende sint ... und hand noch pfaffen noch leygen noch ackerman noch kaufflude beyde man oder wib frieden uff deme lande oder uff deme waßer, und werdent auch kirchen clostere und andere gotshusere, die daz heilige riche hanthaben und beschirmen solde, verderplichen geraubet, gebrand und genczlichen sunder gotsforchte gewüstet. ... (6) Er hait auch ... mit syns selbes hand und auch ubermicz (mit Hilfe) ander ubelteder, die er by yme hait, erwirdige und bidderbe prelaten, paffen und geistliche lude und auch vil ander erbar lude ermordet erdrenket, verbrand mit fackelen«.[21]

Einer nüchternen Prüfung der Absetzungsurkunde als Quelle für die Motive der rheinischen Kurfürsten steht zunächst entgegen, daß die Forschung in zwei Fällen die Haltlosigkeit des kurfürstlichen Vorgehens exemplarisch glaubte beweisen zu können, so daß sich eine weitere Erörterung erübrige. Es handelt sich um die Vorwürfe, daß der König Mailand dem Reich entfremdet und daß er mit Blanketten regiert habe.[22]

Der Mailänder Fall:[23] Er hat eine grundsätzliche Bedeutung, weil es hier um die vom Reichsrecht und kanonischem Recht[24] verbotene Veräußerung von Kronrechten geht. Weiterhin ist dieser Fall auch darin aufschlußreich, daß Oberitalien, wo der römische König noch wichtige Herrschaftsrechte beanspruchen konnte, über die Politik und vor allem über die Wirtschaft im Spätmittelalter den deutschen

---

[21] DRTA Bd. 3, 255ff. Nr. 205; Weinrich (1983), 434ff. Nr. 107 (deutsche Fassung).

[22] Gerlich (1960), z.B. 187, 190.

[23] Gerlich (1960), 187 spricht trotz einer eingehenden Analyse der Gefahren und Möglichkeiten von Wenzels Mailänder Politik (184ff.) von einer »inneren Haltlosigkeit« des kurfürstlichen Vorwurfs. Auch von Stromer (1971), 53 und 85 sieht wie Gerlich hier nur eine an den Haaren herbeigezogene Begründung, die auf Drängen Florentiner Geldkreise von den Kurfürsten aufgenommen wurde. Hlaváček (2000) spricht von einem »künstlich konstruierten Vorwurf«, obwohl gerade er die intensive Italienpolitik Wenzels (ebd., 206ff. und 215f.) rekonstruieren konnte. Der Mainzer Erzbischof, der sich 1397 auf der Rückreise von der Kurie bei den Visconti aufgehalten hatte (Gerlich (1960), 122), kannte die Mailänder Verhältnisse; es bedurfte in Kreisen der Kurfürsten nicht der von Gerlich und von Stromer angenommenen Übernahme Florentiner Vorwürfe gegen Wenzels Politik.

[24] Vgl. Buisson (1958), 295ff. und – speziell zur Absetzung Wenzels – 318ff.

Landen nahegerückt,[25] also über den Alltag vielen Menschen bewußt geworden war. Aus dem Hoffnungsraum Beute und Arbeit suchender deutscher Söldner und Ritter war im Verlauf des 14. Jahrhunderts auch eine mit der oberdeutschen Wirtschaft immer enger verflochtene Region geworden. Ulman Stromer ist nicht nur ein wichtiger Informant der rheinischen Kurfürsten, er unterhält nicht nur Kontakte zum Prager Hof, sondern auch zu Mailand.[26] Aus der Lombardei holt er die Fachkräfte für seine Papiermühle, die erste auf deutschem Boden. Dem entspricht umgekehrt die große Migration deutscher Gesellen in italienische Städte.[27]

Der nahe gerückte oberitalienische Wirtschaftsraum war von alters her eng mit der Geschichte des Reiches verbunden. Die Bedeutung, die noch im Spätmittelalter den Reichsrechten in Italien, der Allmende, dem »pomerium« des Reiches, zugemessen wurde,[28] wird verkannt, wenn der kurfürstliche Vorwurf über die Erhebung der Visconti zu Herzögen von Mailand[29] als »eine in den Vordergrund gerückte Nebensache« bezeichnet wird.[30] Es ist dabei zu bedenken, daß der gefeierte Jurist Baldus, obwohl ein Diener der Visconti, doch eine scharfe Trennung zwischen dauerndem Vikariat und erblichem Lehnsfürstentum zog.[31] Außerdem hatte in Mailand (anstelle des früheren Monza)[32] die zweite Krönung des künftigen Kai-

---

[25] Zu den hochmittelalterlichen Voraussetzungen: Fritz Glauser, Handel und Verkehr zwischen Schwaben und Italien vom 10. bis 13. Jahrhundert, in: Maurer – Schwarzmaier – Zotz (2001), 229–293. Die spätmittelalterliche Weiterbildung dieser Grundlagen ist dem bereits um die Mitte des 14. Jahrhunderts ausgebildeten Botenwesen zwischen Nürnberg und Mailand abzulesen: von Stromer Bd. 1 (1970), 437ff.

[26] Von Stromer Bd. 1 (1970), 54f. und 60f. Vgl. auch Twellenkamp (1994), 170f.

[27] Vgl. demnächst die Göttinger Habilitationsschrift von Uwe Israel, Fremde aus dem Norden. Transalpine Zuwanderer des spätmittelalterlichen Italien (2005).

[28] Schubert (1979), 222f.; Marie-Luise Favreau-Lilie, Reichsherrschaft im spätmittelalterlichen Italien. Zur Handhabung des Reichsvikariats im 14./15. Jahrhundert. QForschItArchBibl 80 (2000), 53–116. Gegen die Unterschätzung der spätmittelalterlichen Reichsrechte in Italien, wie sie auch Gerlich (1960), z.B. 81 formuliert (»längst antquierte Reichsrechte in der Poebene«), wandte sich bereits Fritz Trautz, Die Reichsgewalt in Italien im Spätmittelalter. Heidelberger Jbb 7 (1963), 45–81.

[29] Dazu Trautz, ebd., 71f.; Thomas (1983), 332f.; Elze (1987), 130; Hlaváček (2000), 208ff. und 221ff.; Marie-Luise Favreau-Lilie, König Wenzel und Reichsitalien. Beobachtungen zu Inhalt, Form und Organisation politischer Kommunikation zwischen dem Reich und Italien im ausgehenden Mittelalter. MIÖG 109 (2001), 315–345, hier: 322f. und bes. Reinhard Elze, Die Erhebung Giangaleazzo Viscontis zum Herzog von Mailand, in: Società, Istituzioni, Spiritualità. Studi in onore di Cinzio Violante. Bd. 1. Spoleto 1994, 291–304.

[30] Gerlich (1960), 187.

[31] Consiliorum sive Responsorum D. Baldi Ubaldi Perusini libri quinque. Frankfurt 1589, I. fol. 96' (Cons. 333,2). Vgl. Walther (1998), 249f. und 255. Zum Gesamtproblem immer noch: Theodor Sickel, Das Vicariat der Visconti. SbbAkadWiss Wien phil. hist. Cl. 30 (1859), 3ff. Vgl. Ercole (1932), 153ff.; Canning (1987), 221ff.; Heckmann Bd. 2 (2002), 540ff., 590ff. und 632.

[32] Kurt Haase, Die Königskrönungen in Oberitalien und die »eiserne« Krone. Straßburg 1901; Hoffmann (1982), 44ff.; Elze (1987), 128f.; Wolf (1990), 53f. und 73; Baum (1996), 109f.; Heckmann Bd. 1 (2002), 488f.

sers stattzufinden, wie es 1355 geschehen war;[33] der Stadt kam somit ein fest mit dem Reichsgedanken verbundener Symbolwert zu. Nicht nur Ruprechts gegen den Visconti gerichtete Politik[34] erweist, daß der Vorwurf hinsichtlich der Mailänder Herzogserhebung Wenzels kein allein für den Augenblick geltender, an den Haaren herbeigezogener, allenfalls propagandistisch berechneter Einwand war, sondern daß ihm die Sorge um die Rechte des Reiches zugrunde lag. Dietrich von Nieheim bezeugt, wie argwöhnisch die Wahrung des Reichsguts in Italien beobachtet wurde; die Erhebung Mailands ist der Punkt, an dem er mit seiner Verurteilung Wenzels ansetzt.[35] Und damit stand Dietrich keineswegs allein. Jakob Twinger von Königshofen etwa stellte dezidiert fest: »Lamparten horte an das rich, also es ouch wor ist, und were ime in vil joren kein nutz dovon worden«; deshalb hätte Karl IV. die Visconti absetzen wollen »und andere pfleger und vicarien dar setzen, die ime joresrechnunge gebent von Lamparten und detent, daz sü tun soltent«.[36] Zwischen den Zeilen stehen in der Öffentlichkeit kolportierte Gerüchte, Wenzel habe sich von den Visconti bestechen lassen.[37] Sodann: Selbst Wenzel hätte die Ansicht von den »antiquierten Reichsrechten in der Poebene« (Gerlich) nicht geteilt. Die Lombardei wurde 1396 ausdrücklich zu dem Aufgabenbereich gezählt, den er dem Reichsvikar Siegmud von Ungarn zuwies.[38]

Daß der Vorwurf der Kurfürsten aus ihrer Verantwortung für die Rechte des Reichs erklärbar ist, lassen schon die dynastischen Implikationen der Mailänder Frage erkennen, Implikationen, die eher ein Verschweigen dieses Vorwurfs nahegelegt hätten, wenn es nur um eigennützige Interessenpolitik gegangen wäre. Sicherlich: Der Prager Hof stand in enger Verbindung mit Ludwig von Orléans, dessen Schwiegersohn jener Giangaleazzo Visconti war, den Wenzel zum Herzog erhoben hatte. Die Enkelin aber des von Giangaleazzo gestürzten Bernabò Visconti war die französische Königin Isabeau de Bavière, die sich 1395 gemeinsam mit dem Herzog von Burgund gegen den Orléans durchgesetzt hatte. Aus dynastischem Bewußtsein heraus unterhielt Pfalzgraf Ruprecht enge Kontakte zu Isabeau.[39] Schon auf dem Frankfurter Hoftag von 1397/98 war die Mailänder Frage

---

33 MGH Const. Bd. 11, 183f., Nr. 337; Reg. Imp. Bd. 8, Nrn. 1962b, 1963a und 1965.

34 Thomas (1983), 342. – Die Unterstellung, daß Giangaleazzo Visconti 1401 einen Giftmordanschlag auf Ruprecht geplant habe, fand nicht nur bei dem König Glauben. DRTA Bd. 4, 363f. Nr. 303f. und 369f. Nr. 308.

35 Hermann Heimpel, Dietrich von Niem (c. 1340–1418). (Westfälische Biographien 2) 1932, 50, 62 und 92f. Vgl. Cronica, edd. Colberg – Leuschner, 200f. Noch Andreas von Regensburg, ed. Leidinger, 127 verurteilt die Herzogserhebung Galeazzo Viscontis.

36 Jacob Twinger, 490. Welch heikles Erbe Karl IV. seinem Sohn mit der Mailänder Frage hinterließ, stellt Hlaváček (2000), 209f. dar.

37 Gerlich (1960), 184f.

38 Heckmann Bd. 2 (2002), 635.

39 Vgl. Krimm (1969), bes. 54ff.

ein wichtiger Beratungsgegenstand gewesen.[40] Stephan III. von Bayern, einer der beiden Reichsfürsten, die an dem Akt zu Oberlahnstein teilnahmen, war mit einer Tochter des Visconti verheiratet, und der andere in Oberlahnstein anwesende Reichsfürst, Burggraf Friedrich VI. von Nürnberg, gehörte einem Hause an, in dem die Verschwägerung mit den Visconti erwogen worden war.[41] Sie hätten einen indirekt gegen die Visconti gerichteten Vorwurf nicht akzeptiert, wenn sie nicht von dessen Berechtigung überzeugt gewesen wären.

Wie ernst es im Jahre 1400 den Kurfürsten mit der angeblich »in den Vordergrund gerückten Nebensache« (Gerlich) gewesen war, läßt sich daran erkennen, daß Ruprecht 1401 seinen Italienzug mit dem Erwerb der Kaiserkrone und der Wiedergewinnung Mailands begründete,[42] daß die kurfürstlichen Wahlbedingungen des Jahres 1410 sowohl Siegmund[43] als auch Jost von Mähren[44] zur Wiedergewinnung dieses Herzogtums für das Reich verpflichteten. Deswegen war die Propaganda Siegmunds in den Anfangsjahren seiner Regierung besonders gegen Mailand gerichtet.[45] Übrigens sah noch Friedrich III. diese Begründung der Absetzung für berechtigt an, als er die Investitur Galeazzo Maria Sforzas ablehnte: Wenzel sei auch deswegen abgesetzt worden, weil er bei der Errichtung des Mailänder Herzogtums unvorsichtig und nachlässig gehandelt habe (»nam Wenceslaum … idcirco ab imperio fuisse depositum et amotum, quod in erectione ducatus Mediolanensis parum provide et minus deliberte egerit«).[46] Selbst in der Neuzeit galten die Reichsrechte in Italien keineswegs als bedeutungslos. 1612 schreckte es die Kurfürsten auf, daß die Krone Spanien diese Rechte schmälerte. In ihrer Wahlkapitulation schreiben sie Kaiser Matthias entsprechende Gegenmaßnahmen vor. Das konkretisierten die Kapitulationen von 1619, 1654 und 1711 zur Vorschrift, daß der Neugewählte innerhalb eines Jahres den Kurfürsten Bericht über die Lehnsrechte des Reichs in Italien zu erstatten habe.[47]

---

[40] Gerlich (1960), 181 ff.

[41] Twellenkamp (1994), 168 f.

[42] DRTA Bd. 5, 21 Nr. 1.

[43] DRTA Bd. 7, 108 Nr. 64 § 11.

[44] Ebd., 63 Nr. 44 § 12.

[45] Moritz Sauerbrei, Die italienische Politik König Siegmunds bis zum Beginn des Constanzer Conzils 1410–1415. Diss. Halle-Wittenberg 1893, 26 f. und 31 ff. – Noch 1438 sollte Pfalzgraf Otto für eine Wahlkapitulation des künftigen Königs vorschlagen: »Item als das heilig Romisch rich in welschen landen viel ere nutze und wirde haben solt und von dem sich verschrieben ist worden, davon auch zu reden mit dem zukunftigen konige, das nicht zu bestetigen, sunder mit ernste darum zu sin das wieder zu bringen zu dem heiligen riche«. DRTA Bd. 13, 74 Nr. 28; vgl. dazu auch ebd., 76 Nr. 29 § 4.

[46] DRTA Bd. 22/1 Nr. 7, 28. 1469.

[47] Karl Otmar von Aretin, Die Lehensordnungen in Italien im 16. und 17. Jahrhundert und ihre Auswirkungen auf die europäische Politik, in: Hermann Weber (Hg.), Politische Ordnungen und soziale Kräfte im Alten Reich. 1980, 53–84, hier: 75.

Das zweite Beispiel, das in der Forschung für unredliches Argumentieren der rheinischen Kurfürsten herangezogen wurde: Wenn die Absetzungsurkunde Wenzel den Gebrauch von Blanketten vorwirft, so muß deshalb nicht eine bedenkenlose Rezeption Florentiner Vorwürfe angenommen werden.[48] Schließlich hatte man im Reich ausreichend Bekanntschaft mit dieser Urkundentechnik des Luxemburgers gemacht.[49] Ein Beispiel: Anläßlich des Krieges der Stadt Straßburg gegen ihren Bischof 1392 kommentiert Jacob Twinger von Königshofen: »Dazu gap der künig dem bischofe und den andern herren wol hundert carten: das worent birmentbriefe do nütschet on geschriben stunt und doch versigelt worent mit des küniges magestete ingesigel, daran der bischof und die andern herren möhtent tun schreiben und manen mit grossen penen, wen sü woltent und wie sü woltent, also sü ouch dotent«.[50]

Die »hundert carten« sind wohl eine Übertreibung des Chronisten, aber es ist eine Übertreibung, wie sie aus Empörung entsteht. Ein König, der mit Blanketten regiert, kann kein gerechter Richter sein. Die naheliegende Vermutung des Mißbrauchs bewog später Ruprecht, alle von Wenzel erteilten Privilegien zu widerrufen.[51] Nun ist der Gebrauch von Blanketten schon bei Karl IV. und später bei Siegmund bezeugt,[52] unter Wenzel aber wurde die Kritik an diesem Verfahren deswegen laut, weil der König die Ausnahme zur Regel erhob und somit zum Signum seiner Regierungspraxis im Reich werden ließ. Der König, der selten deutschen Boden betreten hatte, ließ wichtige Angelegenheiten durch königliche Beauftragte regeln.[53] Selbst bei einschneidenden, Städte und Fürsten in gleicher Weise betreffenden Maßnahmen sah man im Reich nur die Membranen, nicht den Herrscher: Bei der Judenschuldentilgung 1385 und der Münzreform 1390 wurden aus Prag

---

[48] Gerlich (1960), 190. So bereits schon Höfler (1861), 108f. mit Anm. 6.

[49] Den ausgedehnten Gebrauch von Membranen belegt Alfred Vahlen, Der deutsche Reichstag unter König Wenzel. Leipzig 1892, 49ff. Vgl. jetzt vor allem: Hlaváček (1998), 25f. Angesichts des vielfachen Gebrauchs von Membranen ist das Urteil über die Absetzungsurkunde verfehlt: »Die Sache mit den angeblichen Blanketten schob man mit unter«. Gerlich (1960), 345.

[50] Jacob Twinger, 684.

[51] DRTA Bd. 4, 474f. Nr. 397. 1401 Juli 26; daß in der Folgezeit Ruprechts Privilegienbestätigungen an dem Grundsatz festhielten, Wenzels Privilegien auszunehmen, zeigen z.B. die Bestätigungen für Leopold von Österreich, für Baden, Nürnberg (DRTA Bd. 4 Nr. 353 § 1, 421; Nr. 346 § 1, 411; Nr. 243 § 1a, 284) und für Württemberg (Württembergische Regesten von 1301–1500. Teil 3. 1940, 654. 1401). Ein 1397 im Namen Wenzels gefälltes Schiedsurteil kassierte Ruprecht mit der Begründung, der Spruch sei tatsächlich ohne Wissen des Königs erfolgt. Jutta Schutting, Die Schiedsgerichtsbarkeit der römisch-deutschen Herrscher von Rudolf von Habsburg bis Sigismund. Diss. masch. Wien 1963, 68.

[52] Hanisch (1969), 210.

[53] Vgl. Hlaváček (1998), bes. 23ff. So ernannte Wenzel 1289 sechs Bevollmächtigte, die im Reich nicht nur den Egerer Landfrieden durchzusetzen hatten, sondern auch »vornemlichen alle und igliche sachen, sie sein klein oder gros, welcherley die sind, die uns und das reiche angehoren und die wir ouch selber bestelen solten und mochten, ob wir doselbst gegenwortig weren … volfüren« sollten. DRTA Bd. 2, 231f. Nr. 115.

Mitglieder des Kronrates ausgesandt, welche die notwendigen Beurkundungen an Ort und Stelle mittels bereits gesiegelter Blanko-Urkunden vornahmen,[54] was nach dem Urteil eines Zeitgenossen »doch küniglicher würdikeit unzimelich und schande und schade was«.[55] Wenn selbst bei wichtigen Angelegenheiten der König glaubte, seine Abwesenheit durch in seinem Namen vorgesiegelte Urkundenformulare ausgleichen zu können, wird deutlich, daß letztlich hinter dem Vorwurf des Mißbrauches von Membranen die Kritik an der Regierungspraxis Wenzels überhaupt stand, der Vorwurf, daß der König nicht ins Reich käme.[56] Sodann darf bei dieser im Übermaß angewandten Regierungstechnik nicht übersehen werden: Es mußte den Reichsfürsten als Minderung ihrer Würde erscheinen, wenn im Rang unter ihnen Stehende nach eigenem Gutdünken den königlichen Willen auslegen konnten. Das seit dem sogenannten Investiturstreit begegnende Problem von königlichem Rat und fürstlicher Verantwortung erscheint hier in neuer Variante.

Noch in einer weiteren Hinsicht mußten die Kurfürsten von dem Regierungsstil Wenzels verstört sein. Mochten auch ihre Bestrebungen nach realer Teilhabe am königlichen Hof spätestens seit der Regierung Karls IV. obsolet geworden sein, so war doch eine Königsherrschaft ohne fürstliche Partizipation und Möglichkeiten direkter Einflußnahme faktisch eine Herrschaft der Räte am Hof.[57] Was schon unter Heinrich IV. die Großen des Reichs aufgebracht hatte, war vollends in einer Zeit ein Unding, in der in den Fürstentümern die Stände begannen, den Indigenat, die Wahl der herrschaftlichen Räte aus dem Lande, zu fordern.[58]

Hinfällig sind die Einwände gegen eine genauere Untersuchung der Absetzungsurkunde wegen der angeblich hier verwendeten unredlichen Argumente. Es gilt nunmehr dem möglichen Argument zu begegnen, wonach bei dem angeblichen großen Einfluß gelehrter Juristen an den spätmittelalterlichen Herrscherentmachtungen eine solche Untersuchung ohne Berücksichtigung dieses Einflusses die Motive der Kurfürsten verfehlen müsse. Zutreffend wurde jedoch festgestellt, daß die Absetzungsurkunde »unter Beiziehung und mit Formulierungshilfe gelehrter Räte zustande gekommen« sei.[59] Mehr als »Formulierungshilfe« haben die

---

54 Hanisch (1969), 213. – 1389, als Wenzel zu dem wichtigen, für den Ausgleich von Städten und Fürsten einberufenen Mergentheimer Tag nur einen Abgesandten geschickt hatte (DRTA Bd. 2, 86 Nr. 36), fordern die Städte für den neuangesetzten Hoftag, »daz man unsern herren den künig ernstlichen bitt, daz er uf den tag gen Babenberg kom«. DRTA Bd. 2, 116 Nr. 57. – Auf dem Kurfürstentag zu Boppard 1395 wurde Wenzel dringend ersucht, ins Reich zu kommen, »von grosses brestes wegen, des sich teglich verliefe«. Gerlich (1960), 97.

55 Jacob Twinger, 495.

56 Bereits 1384 tauchte das Gerücht einer Absetzung Wenzels auf, denn die Kurfürsten wollten »einen kung in Dutsche land han«. DRTA Bd. 1, 428f. Nr. 236.

57 Vgl. Hlaváček (1987), 219f. und 230f.

58 Vgl. nur Sellert (1998), 162.

59 Walther (1996), 20. Zu den Juristen, welche die Absetzung bezeugen, vgl. Heimpel Bd. 1 (1982), 191 Anm. 102; Walther (1989), 471f. und 484ff.; Ders. (1996), 21ff.

Gelehrten jedoch nicht geleistet.[60] Sodann: Die »am deutlichsten hervortretenden gelehrten Berater König Ruprechts wie schon des Pfalzgrafen und wie auch König Wenzels waren nicht Juristen, sondern Theologen«.[61]

Nicht aus juristischem Denken, sondern aus der fürstlichen Verantwortung für das Reich entstammen die meisten Begründungen. Aber immerhin läßt sich bei den Formulierungshilfen erkennen, daß anders als im Jahre 1298 die Kurfürsten auf kompetente Ratgeber zurückgreifen konnten. Das erleichtert die Interpretation. Die einzelnen Vorwürfe gegen Wenzel lassen sich einmal als Negativbild von Königstugenden zusammenfassen, als »rex inutilis« erscheint Wenzel, nicht ein Mehrer, sondern ein Minderer des Reiches. Sodann aber wird, anders als im Jahre 1298, konkret das Versagen des Herrschers vor seinen grundlegenden Aufgaben angesprochen: Nicht Schutz der Geistlichkeit, sondern Verfolgung von Prälaten, Vernachlässigung der Friedensaufgabe, Versagen sodann eines Königs, der keine Anstrengungen zur Überwindung des Schismas unternahm, auf Romzug und Kaiserkrönung verzichtete,[62] vor seiner Reichsverantwortung.[63]

Nichts weist in der Absetzungsurkunde auf eine Übernahme abstrakter Positionen des gelehrten Rechts hin. Im Vergleich zur Depositionsurkunde von 1298 ist die des Jahres 1400 viel konkreter in ihren Vorwürfen. Das aber beruht auf politischem, nicht auf gelehrtem Kommentar. Wenn etwa der § 6 auf Wenzels Gewalttaten gegenüber Geistlichen hinweist, so war das angesichts des allgemein bekannten Schicksals Johanns von Pomuk[64] viel überzeugender als der ähnliche Pau-

---

60 Anderer Auffassung: Walther (1989), 473, wonach die Absetzungsurkunde »offensichtlich unter entscheidender Mitwirkung gelehrter Räte der Kurfürsten zustande gekommen« sei. Schon Graus (1987), 22 stellte fest, daß das Material gegen Wenzel »nicht gelehrte Juristen ... zusammengetragen« hatten. Wenn Walther (1996), 19 aufgrund eines reichsstädtischen Berichts folgert, die Dekretale Grandi, die Zurücksetzung Sanchos II. von Portugal 1245, wäre ins Spiel gebracht worden, so mißversteht er die Formulierung »virweser odir pleger«, Begriffe, die ohne Dekretalrecht jedermann geläufig waren.

61 Heimpel Bd. 1 (1982), 174. – Allgemein zum Thema Theologen als politische Ratgeber: Miethke (1997), 1028.

62 Es sind hierbei die Gerüchte über französische Bestrebungen nach der Kaiserkrone 1391 zu berücksichtigen, Gerüchte, denen z.B. am Hofe von Aragon Gewicht beigemessen wurde. Heinrich Finke, Zur Korrespondenz der deutschen Könige und Fürsten mit Herrschern Aragons im 14. und 15. Jahrhundert, in: Ders. (Hg.), Gesammelte Aufsätze zur Kulturgeschichte Spaniens 5 (1935), 475 und 498. Auch Richard II. machte sich mindestens seit 1394 von dem Kölner Erzbischof genährte Hoffnungen auf die römische Krone. Gerlich (1960), 134 Anm. 29. Unter dem Eindruck dieser Gerüchte mußte Wenzels Verzicht auf die Kaiserkrönung als mangelnde Sicherung seiner Reichsherrschaft und als Gefährdung des Reichsrechts angesehen werden. Vgl. in diesem Zusammenhang Colberg (1968), 104ff.

63 Das war bereits der Tenor des kurfürstlichen Ladungsschreibens, mit dem Wenzel 1399 zu Verhandlungen über die Abstellung der Gebrechen des Reiches aufgefordert wurde. DRTA Bd. 3 Nr. 148, 196ff.

64 Vgl. Hlaváček (1987), 227.

schalvorwurf im Jahre 1298; wenn in § 5 nicht allgemein die Friedlosigkeit im Reich, sondern Wenzels Inaktivität bei den Landfrieden beklagt wird, so geht es um ein noch von Karl IV. genutztes Instrument der Reichspolitik,[65] dessen strukturelle Schwächen jetzt allgemein dem König angelastet werden konnten, weil er – anders als sein Vater – dieses Instrument noch nicht einmal auf seine Tauglichkeit prüfte.

Man mag es den Entstehungsumständen zuschreiben, daß die Depositionsurkunde von 1400 viel präzisere Vorwürfe als die von 1298 erhebt und in diesem Stil der Absetzungsurkunde von 1245 mit ihren (angeblichen) Tatsachenbehauptungen näher steht. Bei einem solchen Vergleich aber wird verkannt, daß 1245 prozeßrechtliche Vorschriften zum Verbrechenskatalog geführt hatten, daß 1298 schlicht ein negatives Königsbild gezeichnet wurde, daß aber die meisten der im Jahre 1400 erhobenen Vorwürfe aus einem ganz anderen Denken hervorgingen, der Reichsverantwortung der Kurfürsten. Mustern wir daraufhin noch einmal die Urkunde, indem wir aus Gründen der Klarheit zunächst Fragen stellen. War es wie beim Mailänder Fall und der Frage des Regierungsstils nicht einfach wahr, daß Wenzel das Reich vernachlässigte, daß alle Bitten um Wahrnehmung der Königsaufgaben fruchtlos blieben, daß der König keine Maßnahmen zur Überwindung der Kirchenspaltung unternahm, kurzum, daß das Reich »in sumenisse« stand?

2. Die Vorgeschichte des Jahres 1400: das aus königlicher Inaktivität erzwungene Gesamthandeln der rheinischen Kurfürsten

Nahezu eine »königslose Zeit«. Die Vernachlässigung des Reichs durch Wenzel – das gemeinsame Interesse der rheinischen Kurfürsten: die Aussage des Urbansbundes – die Reichsverantwortung der Königswähler und ihr Werben um den König – ihr Bemühen um die Befreiung Wenzels aus der Gefangenschaft böhmischer Magnaten 1394 – die Geschichte des rheinischen Guldens als Ausdruck kurfürstlicher Reichsverantwortung

Schon im Sommer 1379 hatten die rheinischen Kurfürsten – damals noch zutiefst untereinander zerstritten, aber in diesem Punkt einig – an Wenzel die Aufforderung gelangen lassen, »das er umbe dez richs not uf den Rine komen wolt«,[66]

[65] Hergemöller (1983), 67, 103ff. und 117ff. Vgl. Ernst Schubert, Die Landfrieden als interterritoriale Gestaltung, in: Arno Buschmann – Elmar Wadle (Hgg.), Landfrieden. Anspruch und Wirklichkeit. 2002, 123–152, hier: 136 Anm. 84 und 144f.

[66] Weigel (1942), 125.

die erste von vielen folgenden Aufforderungen.[67] Es traf doch zu, was die Absetzungsurkunde feststellte, daß die Kurfürsten den König »dicke und vil darumbe gebeden, ermanet und ersucht« hatten, sich der Aufgaben der Reichspolitik anzunehmen.[68] Wie es um das Reich bestellt war, läßt als zeitgenössisches Zeugnis die in ihren faktischen Aussagen zwar höchst zweifelhafte Dortmunder Chronik erkennen, die aber in ihrem Kommentar zum Jahre 1389 begründete Einschätzungen von einer faktisch bestehenden Reichsvakanz wiedergibt: Zu jenen Zeiten gab es keinen Herren in deutschen Landen und niemanden, der ihn ersetzen konnte. So suchten die Dortmunder Ratsherren nach Auswegen, weil sie niemanden hatten, bei dem sie ihr Recht erlangen konnten. Seit den Zeiten Karls des Großen war es niemals vorgekommen, daß das Reich verwaist war (»Et istis temporibus nullus dominorum terrae tenuit aliquem de Romano imperio, non quod ipsum destituerent: nullum caesarem habuerunt. Et idcirco insidiabantur Tremonienses, qui non habebant caesarem, cui hoc conqueri possent, et hoc nunquam auditum est a temporibus Caroli Magni, quod sedes Romani imperii vacasset«).[69] Nach diesem Zeugnis, dem viele andere zur Seite gestellt werden können,[70] wurde die Herrschaft des mit Membranen regierenden Wenzel als »königslose Zeit« empfunden. Zugespitzt könnte formuliert werden: eine Herrscherverlassung in der Umkehrung des Wortsinns. Nicht die Gefolgschaft läßt den König im Stich, sondern dieser die Gefolgschaft. Was zunächst als intellektuelles Spiel mit Begriffen erscheint, wird sich noch für die Friedberger Burgmannen als bittere Wahrheit erweisen.

Die gemeinsame Politik der rheinischen Kurfürsten im Jahre 1400 muß vor dem Hintergrund gesehen werden, daß eine solche Gemeinsamkeit während der Regierungszeit Wenzels lange Zeit geradezu ausgeschlossen war. Der Machtzuwachs der Pfalzgrafschaft seit der Mitte des 14. Jahrhunderts[71] hatte die traditionellen Gegensätze zum Mainzer Erzstift verschärft, wie seit 1379 immer deutlicher wurde.[72] Deswegen lockerten sich die Spannungen unter den Kurfürsten nur allmählich, als endlich 1381 auf dem Nürnberger Hoftag der 1373 aufgebrochene Mainzer Bistumsstreit beigelegt worden war.

---

67 Vgl. Gerlich (1960), 97. Die reichspolitische Inaktivität des Königs wird selbst von einem Forscher eingeräumt, der sich ansonsten um eine positivere Würdigung Wenzels bemüht. Hlaváček (1987), 222. – Zu den Hoftagen Wenzels vgl. Heinig (1983), 177f. Wenzel hatte sich 1398 zu Nürnberg letztmalig im Reich aufgehalten. Gerlich (1960), 237.

68 Selbst böhmische Magnaten mahnten in diesem Sinne ihren Herrn. Gerlich (1960), 149f.

69 Joseph Hansen, Die Chronik der Pseudorektoren der Benediktskapelle zu Dortmund. NA 11 (1886), 491–550, hier: 544.

70 Auch in Böhmen prägte »Initiativlosigeit« die Herrschaft Wenzels. Hlaváček (1987), 221.

71 Meinrad Schaab, Die Festigung der pfalzgräflichen Territorialmacht im 14. Jahrhundert, in: Patze Bd. 2 (1971), 171–197.

72 Weigel (1942), 118; Gerlich (1971), 159.

Daß die rheinischen Königswähler trotz aller Streitigkeiten untereinander zur Gemeinsamkeit fanden, lag an einer von außen herangetragenen europäischen Grundsatzfrage, dem Großen abendländischen Schisma. Der Urbansbund, den die Kurfürsten 1379 auf Betreiben Pfalzgraf Ruprechts I.[73] ins Leben riefen, war als Reichseinung – entsprechend dem Rhenser Bündnis von 1338 – konzipiert; die Parteinahme für den römischen Papst sollte der Christenheit, zugleich aber auch dem Reich dienen. Wenn bereits auf dem Nürnberger Hoftag 1379 Wenzel für den im Entstehen begriffenen Urbansbund gewonnen werden sollte, wobei die königliche Aufgabe des »advocatus ecclesiae« beschworen wurde,[74] so ging es darum, die verhängnisvollen Folgen des Schismas wenn nicht zu lösen, so doch zumindest vom Reich fern zu halten. Als auf diesem Nürnberger Hoftag die französischen Werbungen für Clemens VII. schroff zurückgewiesen wurden,[75] war zugleich der König gewarnt worden. Die Einheit der Christenheit zähle mehr als dynastische Interessen, wie sie der traditionell engen Verbindung der Häuser Luxemburg und Valois zugrunde lagen.[76]

Der Urbansbund stand im Mittelpunkt der kurrheinischen Politik. Die Fürsten warben bei den rheinischen Städten um Beitritt,[77] nachdem sich im Januar 1380 der Pfalzgraf mit den Kurfürsten von Trier und Köln auf ein offensiveres Vorgehen gegen die Anhänger des avignonesischen Papsttums verständigt hatte. Es handelte sich um das gleiche Bündnisprinzip, das 1338 zu Rhens verfolgt worden war: eine Reichseinung unter königlicher Führung. Anders aber als im Jahre 1338, als der Rhenser Erklärung der Koblenzer Hoftag folgte, versagte sich der König dieser im Interesse des Reichs – man denke nur an die Wirren um die Besetzung der Bischofsstühle – dringend notwendigen klärenden Festlegung. Die Kurfürsten forderten erneut, zwar »freundlich und schicklich im Ton«,[78] aber dennoch dringend den König auf, bis spätestens zum 4. März an den Rhein zu kommen. Nicht etwa aus auftrumpfendem Herrscherstolz, sondern aus Bequemlichkeit, die man unseretwegen auch als politisches Taktieren interpretieren mag, versagte sich, ohne eine klare Alternative vorzulegen, der König einer Reichseinung, die seine Autorität nur gestärkt hätte.

Es konnte nicht gelingen, den Urbansbund zur großen Reichseinung auszubauen,[79] nachdem Wenzel seine Mitwirkung durch Passivität, nicht aber durch Offenlegung seiner Motive verweigert hatte. Statt zur Reichseinung konnten die Kurfürsten den Urbansbund nur zum regionalen Thema machen: Im rheinischen

[73] Dazu Weigel (1942), bes. 116f.
[74] Ebd., 122f. Vgl. ebd., 125. Vgl. Thomas (1983), 309f.
[75] Weigel (1942), 122.
[76] Vgl. ebd., 119.
[77] Ebd., 142.
[78] Ebd., 141.
[79] Ebd., 146f.

Landfrieden von 1382 werden alle Mitglieder auf den römischen Papst verpflichtet.[80] Die Papstfrage einte die rheinischen Königswähler. Ein äußeres Zeichen: 1397 nimmt Pfalzgraf Ruprecht II. in seinem Vertrag mit Richard II. von England nicht nur wie üblich König und Reich, sondern auch den römischen Papst und die eigens genannten Kurfürsten von den Einungspflichten aus.[81] Gemeinsamkeit der rheinischen Königswähler in der Unterstützung der urbanistischen Oboedienz: Der Urbansbund stand im Schnittpunkt sowohl ihrer kirchen- als auch ihrer reichspolitischen Verantwortung.[82] Der Pfalzgraf hatte die Heidelberger Universität geradezu als Hochschule urbanistischer Oboedienz gegründet. Wenzel wußte, wen er herausforderte, als er 1398 nach Reims zog und sich dort den französischen Vorschlag nach Rücktritt beider Päpste zu eigen machte.[83]

Während wir Mailänder Frage und Regierungsstil mit Blanketten keineswegs als Nebensachen, geschweige denn als unbegründete Vorwürfe betrachten, ist Wenzel gegen die Kritik der Untätigkeit bei der Überwindung des Schismas in Schutz zu nehmen. Daß ein Römischer König dieses europäische Problem nicht lösen konnte, mußte allen politisch Erfahrenen klar sein.[84] Nebenbei: Die Absetzung Wenzels gibt indirekt auch Auskunft darüber, warum alle Bemühungen um Überwindung des Großen abendländischen Schismas lange zum Scheitern verurteilt waren. Das europäische Problem bedurfte zu seiner Lösung eines übernationalen Zusammenspiels, wie es dann unter vielen Mühen auf dem Konstanzer Konzil erreicht wurde. Wie fern aber noch ein solches Zusammenspiel war, zeigt sich daran, daß es überhaupt keinen Zusammenhang zwischen den Absetzungen der beiden miteinander verschwägerten Könige Richard II. von England 1399 und Wenzels 1400 gab,[85] und das, obwohl Richard II. sich im Jahre 1398 selbst Hoffnungen auf die Römische Königswürde gemacht hatte.[86]

Obwohl kein Herrscher um 1400 in der Lage war, die Frage des Schismas zu lösen, sind die entsprechenden kurfürstlichen Vorwürfe gegen Wenzel nicht unredlich. Zu erinnern ist an den Urbansbund. Es mußte die Herren am Rhein zutiefst

---

80 Ebd., 168.

81 Gerlich (1960), 132. – Den Tag zu Breslau, wo Wenzel 1398 mit den Königen von Polen und Ungarn und den schlesischen Fürsten über die Kirchenfrage beraten wollte, mußte er wegen schwerer Erkrankung absagen. Palacky (1867), 115.

82 Vgl. zu den Beratungen über die Kirchenfrage auf dem Frankfurter Hoftag 1397/98 Gerlich (1960), 172ff.

83 Vgl. Lindner Bd. 2 (1880), 390ff.; Gerlich (1960), 156f. (Vorbereitung der Verhandlungen), 219 und 224f.; Angermeier (1961), 536. – Zum Reiseweg Wenzels nach Reims vgl. Kraus (1996), 602ff.

84 Vgl. Kraus (1996), 601.

85 Graus (1987), 23.

86 Diese vielleicht schon 1394, sicherlich aber 1398 verfolgten Absichten Richards II. hätten sich, wenn wir den beiläufigen Mitteilungen zweier Aachener Schöffen glauben wollen, auf eine Förderung der Kurfürsten von Köln und von der Pfalz stützen können. Kraus (1996), bes. 609ff.

verstören, daß der König keine Anstalten machte, wenn nicht zu einer Lösung der Papstfrage, so doch zumindest zu einer einheitlichen Stellungnahme im Reich zu gelangen.[87] Es ist zwar zuzugestehen, daß Wenzel angesichts der Stimmung im Reich nur die Wahl zwischen einer Unterstützung des römischen Papstes und Neutralität hatte, aber es gibt nicht den geringsten Hinweis darauf, daß seiner Haltung eine Konzeption zugrunde lag; diese entsprach mitnichten einer politisch gewollten Neutralität, sondern war bequeme Indifferenz. Eine Unterstützung der im Reiche vorherrschenden römischen Oboedienz, der auch Wenzels Halbbruder Siegmund von Ungarn anhing,[88] hätte viele Wirren vermieden. Sodann sind die Stimmen verständlich, die daran zweifelten, ob der König überhaupt an einer Lösung des Schismas interessiert war. Daß bei den Verhandlungen in Reims Wenzels Liebe zum Wein »mancherlei protokollarische Schwierigkeiten« hervorrief, wird sich ebenso im Reich herumgesprochen haben wie die handfesten dynastischen Verabredungen bei den Verhandlungen.[89] Des Königs Verhandlungen mit Karl VI. von Frankreich wurden so wenig ernstgenommen, daß die rheinischen Kurfürsten selbst im Mai und Juni 1400 mit Gesandtschaften versuchten, ein Einvernehmen mit dem französischen Hof in der Frage des Schismas zu erreichen.[90]

Neben der von ihnen unbezweifelten Rechtmäßigkeit des römischen Papstes einte die rheinischen Kurfürsten ihre Verantwortung für das Reich: Letztere war in der Vergangenheit oft genug hinter vordergründigen politischen Interessen verschwunden, weil Ludwig der Bayer und Karl IV. eine aktive Reichspolitik trieben. Eine solche Politik behandelte die Kurfürsten als Einzelne, »ut singuli«. Deshalb läßt sich trotz der im Verlauf des 14. Jahrhunderts entwickelten Reichsverantwortung des Wählergremiums nicht entscheiden, ob nicht jeder der Königswähler unter Reichsverantwortung etwas anderes verstehen konnte. Aber die Inaktivität Wenzels, seine konsequente Weigerung, über die Kirchenfrage und die Zustände im Reich persönlich zu verhandeln, zwang die rheinischen Kurfürsten zu einem immer engeren Zusammenschluß, und sie machte ihnen die Konsensfindung vergleichsweise leicht. Erinnert sei an die einleitende Feststellung, daß eine Absetzung immer auf die negative Integration eines Herrschers verweist, indem seine Verfehlungen die oppositionellen Kräfte einen können.

Unmöglich, wahrscheinlich sogar anachronistisch ist es, abzuschätzen, ob die Inaktivität Wenzels in der Kirchenfrage oder in der Reichspolitik das wichtigere Motiv bei seiner Absetzung gebildet hatte. Beide Motive waren eng aufeinander bezogen und zudem durch die Untätigkeit Wenzels, enervierend für die Königs-

---

87 Wenzels Inaktivität auch in dieser Frage ist umso erstaunlicher, als das Große abendländische Schisma auch Auswirkungen auf Böhmen hatte. Hlaváček (1987), 228.

88 Baum (1993), 35.

89 Gerlich (1960), 226ff.

90 Müller (1993), 597f.

wähler, miteinander verbunden. Nur das bei allen Ständen vorherrschende Legitimitätsdenken, im folgenden als »Königstreue« apostrophiert, verhinderte, daß die rheinischen Kurfürsten schon vor dem Jahre 1399 von der defensiven Mahnung zur offensiven Absetzungsdrohung griffen. Diese Feststellung bedarf zu ihrer Begründung der historiographischen Reflexion.

Bis heute haftet das Vorurteil, daß die kurrheinischen Kurfürsten lediglich eigennützige Interessenpolitik betrieben haben. Wie wir schon mehrfach beobachten konnten – etwa bei der angeblich allgemeinen Erschütterung im Jahre 1076 –, bilden auch hier spätere zeitgenössische Kommentare den Kristallisationskern historiographischer Generalisierungen. Um 1400, als man Kurfürstenbrunnen in den Städten erbaute, lag eine allgemeine Verdächtigung der Kurfürsten noch fern. Die Zeitgenossen schätzten auch das Kronargument der späteren Kritik, die Wählerbestechung des Jahres 1376, zutreffend als ein Versagen des Bestechenden, des mächtigen Kaisers ein.

Entgegen allen anachronistischen Vorurteilen der Wissenschaft über einen vorauszusetzenden kurfürstlichen Eigennutz waren sich im ausgehenden 14. Jahrhundert die Kurfürsten noch bewußt, daß sie nur gemeinsam mit dem König im Interesse des Reichs handeln konnten. Wie ernst es den rheinischen Kurfürsten war, den König zu den notwendigen reichspolitischen Aktivitäten anzuhalten, zeigt ihr engagiertes Bemühen, 1394 die Freilassung Wenzels zu erwirken, »umb daz daz rich nit warlose und in sumenisse stee«.[91] Trotz allem, was sie von einem König, der allenfalls mit Blanketten regierte, erfahren hatten, dachten sie nicht an einen Herrscherwechsel. Als Reichsvikar argumentierte Pfalzgraf Ruprecht II. 1394, daß es seine Pflicht sei, die Freilassung Wenzels zu erwirken, und daß deswegen Frankfurt »von des richs wegen« schuldig sei, ihm dabei zu helfen.[92] Der Sohn des Pfalzgrafen, der spätere König, führt von der Oberpfalz Truppen nach Böhmen, um den Forderungen der Kurfürsten Nachdruck zu verleihen.[93] Tatsächlich trugen diese Aktivitäten entscheidend zur Befreiung des Königs bei.[94]

Das Reich brauchte den König; davon waren die rheinischen Kurfürsten überzeugt. Deswegen laden sie 1397 Wenzel und die Kurfürsten von Brandenburg und

---

[91] Vgl. Gerlich (1960), 30; Hlaváček (1987), 225. – Zur Gefangenschaft Wenzels vgl. (immer noch) Palacky (1867), 70ff. und John Martin Klassen, The Nobility and the Making of the Hussite Revolution. (East European Monographies 47) New York 1978. Vgl. Thomas R. Kraus, Eine unbekannte Quelle zur ersten Gefangenschaft König Wenzels im Jahre 1394. DA 43 (1987), 135–159; Hoensch (2000), 209f. – Bei einem Vergleich zwischen den Beschwerden der böhmischen Magnaten mit denen der Kurfürsten zeigt sich sehr schnell, daß nur die ersteren Wenzel als einen Tyrannen bezeichnen. Graus (1987), 22. Die Kurfürsten konnten diesen Begriff gar nicht übernehmen, weil er eine Aktivität voraussetzte, deren Fehlen sie beklagten.

[92] DRTA Bd. 2, 392 Nr. 224. Vgl. Gerlich (1960), 19ff., 22ff., 31ff. und 42ff.; Heckmann Bd. 2 (2002), 618f.

[93] Hoensch (1996), 95.

[94] Hlaváček (2000), 219. Vgl. DRTA Bd. 2, 405ff. Nrn. 236–239.

Sachsen (-Wittenberg) nach Frankfurt.[95] Wenzel kommt natürlich auch jetzt nicht. Die vom fernen Prag aus ergangenen einzelnen Maßnahmen, den Frieden im Reich zu erhalten,[96] waren allesamt wirkungslos geblieben. Seit im 14. Jahrhundert mit den regionalen Landfrieden, welche die weitgehend deklamatorischen Verkündigungen der Reichslandfrieden ablösten, ein von Karl IV. noch souverän gehandhabtes Friedensinstrument der verkappten politischen Einung bereitstand, war das Versagen Wenzels unverkennbar. Die Rückkehr zu einem Reichslandfrieden vom 6. Januar 1398, der angesichts der Absenz des Königs noch nicht einmal als Absichtserklärung taugte, entblößte letztlich die Unfähigkeit des Herrschers.[97] Der 1398 erlassene mittelrheinische Landfrieden[98] hatte ihn im Reich zum Gespött werden lassen.[99]

Es bedarf beträchtlicher Interpretationskünste, um die dauernden kurfürstlichen Mahnungen an Wenzel als eigennützige Interessenpolitik zu deuten. Diese Interpretationskünste aber waren deshalb nötig, weil dadurch ein irritierender Sachverhalt vernebelt werden konnte. Verfassung entsteht nicht nur durch Handeln, sondern auch durch Nichthandeln. Wenzels reichspolitische Passivität übte Zwänge auf die rheinischen Königswähler aus, das entstehende Machtvakuum in gemeinsamer Verantwortung zu füllen. Dafür gibt es eine ganz handfeste Begründung. Längst bevor die Kurfürsten ihre Notwehrmaßnahmen ergriffen, hatten sie aus der Vernachlässigung des Reichs verantwortungsvolle Konsequenzen gezogen. Wahrnehmung des Münzrechts.[100] Prägung des rheinischen Guldens. Zur Verdeutlichung: Nur selten sahen die Menschen ihren Herrscher persönlich, aber sie begegneten seiner Herrschaft alltäglich bei den Münzen. Der Siegeszug des rheinischen Guldens,[101] seine Entwicklung zu der Leitwährung im Reich, ist eben nicht nur ein wirtschaftsgeschichtliches Thema, sondern Teil jenes kurrheinischen Verantwortungshandelns am Vorabend der Absetzung eines unfähigen Herrschers, dessen

---

95 Gerlich (1960), 138.

96 Wenzels Egerer Landfrieden von 1389 war 1395 für Franken und Bayern erneuert worden. Vgl. Gerhard Pfeiffer, Quellen zur Geschichte der fränkisch-bayerischen Landfriedensorganisation. 1975, 171 f. Nr. 309 und Twellenkamp (1994), 108 f. Gerlich (1960), 156 weist darauf hin, daß Wenzel bei seiner Anwesenheit in Nürnberg 1397 im Sinne des Landfriedens tätigen Anteil am Bruch von Raubburgen im Nürnberger Umland genommen hatte.

97 Graus (1987), 30; Schubert (1987), 187.

98 DRTA Bd. 3, 29 Nr. 12. Vgl. Gerlich (1960), 191 ff. (mit Karte 196); Adam (1980), 26 f. – Auffallend ist, daß Philipp von Nassau-Saarbrücken, der zum Hauptmann dieses Landfriedens am Rhein und in der Wetterau bestimmt wurde (Gerlich (1960), 193), zwei Jahre später die Absetzungsurkunde unterzeichnen wird.

99 Von Liliencron Bd. 1, 201 ff. Nr. 41. Vgl. Frankfurts Reichscorrespondenz, ed. Janssen, Bd. 1, 48 f. Nr. 130.

100 Vgl. Thomas (1985), 16 f.; Schubert (1987), 161 ff.

101 Vgl. Bernhard Kirchgässner, Die Auswirkungen des Rheinischen Münzvereins im Gegenspiel von Reich und Territorien Südwestdeutschlands und der angrenzenden Eidgenossenschaft, in: Hans Patze (Hg.), Der deutsche Territorialstaat im 14. Jahrhundert. Bd. 1. (VortrrForsch 13) 1970, 225–257.

Münzgesetz von 1385 wegen der mangelnden Initiative des Königs keinerlei Wirkung haben konnte.[102]

Die Münzpolitik der rheinischen Kurfürsten war auch Antwort auf die königliche Vernachlässigung des Reichs.[103] Einen nennenswerten materiellen Gewinn, den Schlagschatz, konnten allenfalls die Münzergenossenschaften aus der neuen Münze ziehen, wie sie seit dem ersten kurrheinischen Münzverein 1386 geprägt worden war. Es ging den rheinischen Kurfürsten um ihre Verantwortung, um die Vereinheitlichung des Münzwirrwarrs, und das wäre zunächst doch eine königliche Aufgabe gewesen. Wenn 1399 auf dem Mainzer Tag die Ausprägung des »vierkümpas« erneut vereinbart wird, so weist nicht nur die zeitliche Nähe auf die Absetzung Wenzels, sondern auch die Sache selbst: Die untereinander so zerstrittenen rheinischen Kurfürsten hatten durch die ihnen auferlegte Wahrnehmung einer Königsaufgabe zu gemeinsamer Aktion gefunden. Der Siegeszug des rheinischen Guldens enthält eine verfassungsgeschichtliche Aussage.

3. Die allmähliche Wendung kurrheinischer Politik seit 1398 von der Defensive zur Offensive

Gebotene Wachsamkeit zur Wahrung des Wahlrechts: Wenzels Pläne der Übertragung des Reichs auf einen anderen Herrscher 1387/88 – wachsendes Mißtrauen der rheinischen Kurfürsten: Verfolgte der Prager Hof eine Stärkung der böhmischen Stellung im Reich? – das Reichsvikariat Siegmunds von Ungarn und die Würzburger Frage – die Gefahr einer königlichen Übergabe der Reichsherrschaft ohne Berücksichtigung des Wahlrechts – die kurfürstliche Einung vom 19. September 1399 und die Feststellung der fünf zur Königswürde berechtigten Dynastien – der Kurfürstentag vom 19. November 1399 – politische Sondierungen und die Königstreue der Reichsstädte – der Würzburger Städtekrieg als Thema der königlichen Herrschaft – die politische Isolation der rheinischen Kurfürsten im Jahre 1400 und die Glaubwürdigkeit ihres Vorgehens – »von des Reiches wegen«: die Reichsverantwortung und die als Notwehr verstandene Absetzung

---

102 Hoensch (2000), 201.

103 Wenzel hatte auf dem Nürnberger Hoftag 1390 einen neuen Pfennigschlag im Reich verkündet (DRTA Bd. 2, 290ff. Nrn. 150f.) und hatte dafür auch die Willebriefe der Kurfürsten erhalten (ebd., 296f. Nr. 155). Daß den Urkunden aber keine Taten folgten, läßt sich am einfachsten über die Biographie Herdegen Valzners belegen, dem 1396 Wenzel die Nürnberger Reichsmünze übertrug (ebd., 294ff. Nrn. 153f.), der aber im Jahre 1400 zu den Parteigängern Ruprechts zählen wird.

Die Ableitung der Absetzung Wenzels von einem bereits im Oppenheimer Vertrag festgeschriebenen pfälzischen Machtstreben übersieht einen schlichten Sachverhalt, nämlich den, daß sich erst 1398 die politischen Aktivitäten der rheinischen Kurfürsten zu gemeinsamen Aktionen verdichteten. Es war bekannt geworden, daß Wenzel seinen Bruder Siegmund, den König von Ungarn, am 19. März 1396 zum Reichsvikar ernannt hatte,[104] ausgerechnet jenen König von Ungarn, mit dem Wenzel als böhmischer König 1394 einen Erbvertrag geschlossen hatte.[105] Angesichts des wachen Mißtrauens gegen den König wurde die Einsetzung dieses Reichsvikars zu einem großen politischen Problem. Unbeanstandet hatten in der Vergangenheit Könige und Kaiser Reichsvikare einsetzen können. Daß Ludwig der Bayer sogar einen englischen König mit dieser Würde betraute,[106] hatte seiner Autorität, die er auf dem Koblenzer Hoftag 1338 in Gegenwart Edwards III. demonstrierte, nicht geschadet. Und schließlich hatte sich Pfalzgraf Ruprecht II. 1394 während der Gefangenschaft Wenzels »an unsers herren des Romschen Konigs stad vicarius des heilgen Romschen richs« bezeichnet.[107] Nach Bekanntwerden der Beauftragung Siegmunds aber weckte nicht die traditionelle Form des Vikariats, sondern die damit betraute Person Befürchtungen: die traditionelle Furcht der Königswähler, ihr Wahlrecht könnte entwertet werden.

Die Kurfürsten beschließen diese Einsetzung zu ignorieren. Sie fordern 1397 wie schon in den vergangenen Jahren[108] die Einsetzung eines Stellvertreters des Herrschers. Der König soll einen Hauptmann »von des heiligen richs wegen« bestellen.[109] Das Reich braucht einen nahen, aber keinen fernen Herrscher. Die faktisch königslose Zeit läßt nach einer Autorität rufen, die zumindest die königliche Aufgabe des Schiedsrichters in den vielen Konflikten einer fehdereichen Welt wahrnehmen könnte. Solchen Rufen verschließt sich der König, ja er bestätigt sogar die Berechtigung der kurfürstlichen Befürchtungen, als er auf die Forderung nach Bestellung eines Hauptmanns in deutschen Landen nicht eingeht und seinem Bruder stolz mitteilt, daß er alle Versuche, einen Statthalter zu erheben (»generalem vicarium statuere«), abgewehrt habe.[110] Die Hoffnungen aber, die Wenzel auf ein Reichsvikariat Siegmunds setzen mochte, erweisen sich als illusorisch. Zu ge-

---

[104] DRTA Bd. 2, 427ff. Nr. 247. Vgl. ebd. Bd. 5, 186f. Anm. 2. Zur Sache: Gerlich (1960), 89ff. und 148; Heimpel Bd. 2 (1982), 649; Hoensch (2000), 207 und 211; Heckmann Bd. 2 (2002), 585, 620f., 628ff. und 632ff.

[105] Baum (1993), 37f. und 43f. Vgl. in diesem Zusammenhang: Ivan Hlaváček, Zu den Spannungen zwischen Sigismund von Luxemburg und Wenzel IV., in: Macek – Marosi – Seibt (1994), 45–52.

[106] Andre (1996), bes. 12f. und 206.

[107] DRTA Bd. 2, 389ff. Nrn. 222–224. Vgl. Gerlich (1960), bes. 39ff.

[108] Weigel (1942), 142 und 171f.

[109] Gerlich (1960), 143; Heckmann Bd. 2 (2002), 638ff.

[110] Gerlich (1960), 152.

schwächt ist die Stellung des Ungarnkönigs nach der Niederlage von Nikopolis im Jahre 1396.

Kurfürstliches Mißtrauen: In der Welt des 14. Jahrhunderts wurde so schnell nichts vergessen. Noch nicht einmal ein Jahrzehnt lag es zurück, daß der König versucht hatte, das Wahlrecht der Kurfürsten, ihr Kleinod, zu verwerfen. Ebenso wie Ludwig der Bayer im Jahre 1333 hatte auch Wenzel 1388 von der Möglichkeit gesprochen, auf das Reich zu verzichten und es einem seiner Verwandten zu übertragen.[111] Offenbar gingen dem politische Sondierungen voraus. Im Reiche wußte man schon seit langem, daß ein solcher Schritt am Prager Hof erwogen wurde. Am 23. April 1387 bereits hatten sich die vier rheinischen Kurfürsten zur Abwehr des Versuchs verbunden, daß der König »dat Roimsche rych overgeven ind an yemand anders wenden werde«.[112] Wenzel gelang es zwar, diese Einung zu spalten, die Erzbischöfe von Mainz und Trier und zudem den Kurfürsten von Sachsen für seine Pläne zu gewinnen, aber das scheint eher ein taktischer Erfolg gewesen zu sein. So undurchsichtig die Pläne sind, so klar ist doch, daß sie ohne Berücksichtigung des kurfürstlichen Wahlrechts keine Gestalt gewinnen konnten. Ein Bündnis gegen einen einseitig vom König ohne kurfürstliche Zustimmung vollziehbaren Thronwechsel schlossen 1390 die Kurfürsten von Mainz, Trier und Pfalz, versprachen sich gegenseitigen Beistand, falls »ieman nach dem Romischen riche mit gewalt stellen oder darumb krigen wollte one der kurfürsten willen«.[113] Wieweit diese Aktionen gegen Jost von Mähren gerichtet sind und auf die luxemburgische Hausopposition gegen Wenzel reagieren, sei dahingestellt.[114] Wichtig ist, daß der Prager Hof den seit 1338 von der Verfassungswirklichkeit überwundenen Gedanken wiederbeleben wollte, daß der König das Reich einem anderen übertragen könne.

Waches Mißtrauen wurde verstärkt, weil in einer nur scheinbar regionalen Frage der Prager Hof ungewöhnliche Aktivitäten entfaltete. Karl IV. hatte sich bei seiner »Landbrücke« von Nürnberg nach Frankfurt auf den Erwerb von Dörfern für die böhmische Krone beschränkt; Wenzel hingegen – so mußte befürchtet werden –

111 DRTA Bd. 1, 550f. Nr. 306. Aus dieser Tradition heraus ist der Revers Burggraf Friedrichs VI. von Nürnberg gegenüber König Siegmund am Vorabend der Übertragung der Mark Brandenburg zu verstehen, wonach die Mark wieder an das luxemburgische Haus fallen sollte, wenn mit Siegmunds Hilfe der Burggraf Römischer König werden würde (»ob wir mit seinem geheisz, gunst und willen romischer kunig wurden«). Twellenkamp (1994), 72 (mit Berufung auf Monum. Zollerana Bd. 7, 403).

112 DRTA Bd. 1, 550f. Nr. 306.

113 DRTA Bd. 2, 367f. Nr. 214. 1387. Vor dem Hintergrund dieser Vereinbarung sind Gerüchte zu sehen, die im Juni dieses Jahres nach Florenz gelangen, wonach Wenzel abgesetzt und der Herzog von Bayern (wohl Herzog Friedrich) sein Nachfolger werden solle. Theodor Straub, in: Max Spindler (Hrsg.), Handbuch der Bayerischen Geschichte Bd. 2. 1969, 214.

114 1389 Juni 18 verbündete sich Jost mit Albrecht III. von Österreich insbesondere für den Fall, daß Jost »zu demselben Romischen reich chomen« würde. DRTA Bd. 2, 367, Nr. 213.

war im Begriff, diese Landbrücke zu einer massiven Befestigung des böhmischen Königtums im Reich auszubauen. Das dürfte weniger auf königliche Initiative als auf die seines Rates Borsivoj von Swinar zurückgehen. Die entsprechende Urkunde, welche die Würzburger triumphierend aus Prag zurück brachten, gab trotz aller vorsichtigen Formulierungen allen Anlaß zu entsprechenden Befürchtungen. Gestützt auf die Erbeinung, die 1366 Karl IV. mit dem Hochstift Würzburg beschlossen hatte, behauptete Wenzel, er wäre der oberste »verweser« des Stifts des hl. Kilian. Daraus leitete er – vorgeblich unbeschadet der bischöflichen Rechte – die Kompetenz ab, dem Bistum einen »hauptman« zu setzen.[115]

Die städtefreundliche Politik des Prager Hofes im Würzburger Städtekrieg (1397–1400) mußte zwar schon bald auf Druck der Kurfürsten aufgegeben werden, aber das Mißtrauen im Reich war geblieben. So unverbunden im Nachhinein die Ernennung eines Reichsvikars und die Prager Politik im Würzburger Städtekrieg erscheinen, so mußten sie doch wegen ihres zeitlichen Zusammenhangs bei den Zeitgenossen Befürchtungen wecken. Allzu deutlich war, daß die böhmische Position einem der Kernräume des Reiches gestärkt werden sollte. Und das betraf nicht etwa nur Machtkonstellationen, sondern vor allem den Herrschaftsstil. Zu Recht mußten sich die rheinischen Fürsten darüber sorgen, ob es angesichts des Desinteresses Wenzels am Reich bei der Einsetzung eines Reichsvikars und der Bestallung Borsiwoys von Swinar zum Hauptmann des Würzburger Stifts[116] nicht letztlich um eine Stärkung der böhmischen Stellung innerhalb des Reiches ging. Mit »Territorialpolitik« hat das nichts zu tun. Die Erwerbungen Karls IV. für seine »Landbrücke« von Prag nach Frankfurt hatten keine Proteste hervorgerufen; sie konnten mit der Stellung des böhmischen Königs als Kurfürst begründet werden, der einen sicheren Weg von Prag nach Frankfurt brauchte.[117] Aber Wenzels Versuch, im Hochstift Würzburg eine Machtbasis zu schaffen, mußte im Zusammenhang mit den Bestrebungen, die böhmische Nachfolge im Reich zu sichern, den Kurfürsten als Gefährdung ihres Wahlrechts erscheinen.

Erinnert sei an die in politischen Sondierungen erwogene Möglichkeit, daß Wenzel bei dem Reiche nicht bleiben wollte, um zu ermessen, wie drohend den Kurfürsten die Gefahr einer Herrschaftsveränderung und damit die Entwertung ihres Wahlrechts selbst nach dem gescheiterten Vikariatsplan Siegmunds erscheinen mußte. Am 11. April 1399 verbinden sich im Vertrag zu Boppard die Kurfürsten von Mainz, Köln und der Pfalz auf Lebenszeit zu einem gemeinsamen Han-

---

115 Vgl. dazu künftig: Ernst Schubert, Die Lieder vom Würzburger Städtekrieg. JbFränkLd-Forsch (2005).

116 Gerlich (1960), 258.

117 So begründete 1355 Karl IV. die Inkorporation oberpfälzischer Orte in das Königreich Böhmen damit, daß die böhmischen Könige »durch diselben lant deste sicherer cziehen und kumen mügen czu der wale und küre eins Romischen kungs.« MGH Const. Bd. 11, 209 Nr. 390.

deln, falls jemand »nach dem heilghen rijche stuende ... ez were mit vycariate oder anders«.[118] Der Mainzer Kurverein vom 15. September 1399 fand sich dann zusammen, um Bemühungen um ein neues Königtum abzuwehren, »ez were mit vykariate oder anders«.[119] Die Kurfürsten, die um ihr Wahlrecht fürchteten, sollten wegen dieser Befürchtungen auch am 19. November 1399 im Gegensatz zum bisherigen Gewohnheitsrecht behaupten, daß nur sie als die Königswähler das Recht hätten, einen Vikar des Reiches zu ernennen.[120] Als am 30. August Gesandte Ruprechts mit dem Frankfurter Rat verhandeln, wird als zweiter Grund des kurfürstlichen Bündnisses von 1399 nach der Kirchenfrage die Sorge angegeben, »ob sich imant des richs von vicariates wegen ... undirzihen wulde«.[121]

Aus den Verhandlungen über die Königswahlen 1410 und 1411 wird im Nachhinein deutlich, welche Bedeutung die rheinischen Kurfürsten der Frage des Vikariats zumaßen. Zunächst von Jost von Mähren und dann nach dessen Tod von Siegmund verlangten sie das Wahlversprechen, daß gegen ihren Willen kein Verweser des Reichs eingesetzt werden dürfe.[122] Wie tief bei ihnen die Sorge vor einem Vikariat innerhalb des luxemburgischen Hauses saß, sollte sich noch 1424 erweisen, als die entsprechenden Artikel der Mainzer Einung von 1399 wörtlich vom Binger Kurverein übernommen wurden.[123]

Die Forscher, die eine gradlinige, vom pfälzischen Machtstreben diktierte Entwicklung vom Oppenheimer Vertrag 1396 bis zum Tag von Oberlahnstein annahmen, haben die Fragen ausgeblendet, die sich mit der Ernennung Siegmunds 1396 ergaben; das konnte deswegen so leicht geschehen, weil der Luxemburger keine Anstalten machte, sofort dieses Amt wahrzunehmen. Aber es war mit dieser Ernennung eine künftige Möglichkeit geschaffen worden, und die rheinischen Kurfürsten dachten doch weitschauender, als ihnen jene Forscher unterstellten, die von einem simplen Machtstreben ausgingen und dabei die naheliegendsten Quellenzeugnisse übersahen. Tatsächlich ging es den rheinischen Kurfürsten zunächst nur darum, der Möglichkeit einer dynastischen Verfügung des luxemburgischen Hauses über das Königtum vorzubeugen. Defensive.

Als in Boppard am 11. April 1399 die rheinischen Kurfürsten sich zu einer lebenslangen Einung zusammenfanden, um die Gefahren eines Reichsvikariats abzuwehren, war diese Einung vom Geist der Defensive bestimmt. Wenn in dem

---

118 DRTA Bd. 3, 81ff. Nr. 41, hier: 82 (§ 2).

119 Ebd., 103 Nr. 57 § 2; Weinrich (1983), 432f. Nr. 106.

120 DRTA Bd. 3, 138 Nr. 93.

121 DRTA Bd. 4, 152 Nr. 136.

122 DRTA Bd.7, 62 Nr. 44 §8 (1410); Eberhard (1896), 17 (1411).

123 DRTA Bd. 8, 345 Nr. 294 § 6. In der durch den Kurverein von 1427 ergänzten Urkunde wurde dieser Paragraph noch durch die Bestimmung erweitert, daß eine Gegenwehr der Kurfürsten geboten sei, wenn jemand ohne Willen des Königs über ein Vikariat das Königtum anstrebe. DRTA Bd. 8, 346ff. Nr. 295; Weinrich (2001), 97ff.

Einungsziel die Ablehnung der Entfremdung von Reichsrechten, insbesondere der über Mailand vereinbart wird,[124] wenn also ein Punkt in der Absetzungsurkunde von 1400 hier bereits begegnet, so ist doch unverkennbar, daß es allein um die Abwehr von Gefahren geht. Keine direkt formulierte Kritik am König, keine Drohung, allenfalls eine indirekte Warnung. Defensive. Kein Wort von einer kurfürstlichen Offensive, geschweige denn einer Königsabsetzung. Im Gegenteil. Ausdrücklich wird bereits im zweiten Paragraphen bestimmt, daß jeder der Einungspartner bei einer künftigen Reichsvakanz das Recht habe, zu wählen, wen er wolle. Das ermöglichte am 2. Juni 1399 Kurfürst Rudolf von Sachsen – später ein Gegner des Königtums Ruprechts – den Beitritt zu diesem Bündnis.[125]

In die Politik der rheinischen Königswähler fügt sich auch der berühmte Vertrag ein, der am 19. September 1399 zu Mainz zwischen den vier rheinischen Kurfürsten und dem von Sachsen mit zehn Reichsfürsten geschlossen wurde.[126] Fünf Dynastien wurden ausersehen, aus denen ein künftiger König erwählt werden könne: Bayern, Meißen, Hessen, Nürnberg, Württemberg. Gegen übertriebene Interpretationen ist festzuhalten: Es handelt sich hier nicht um die Festlegung von Reichsrecht, sondern um ein Bündnis. Und diejenigen, die mit den Kurfürsten in dieses Bündnis treten, sind eben Wittelsbacher, Wettiner und Landgraf Hermann von Hessen sowie Burggraf Friedrich VI. von Nürnberg. Und dabei ist zu berücksichtigen, wie weit noch der Begriff der Dynastie gefaßt war: »uyss den gesleichten und geborten van den wapen van Beyeren« usw. heißt es in der Urkunde. Auch nicht genannte Fürsten können Thronkandidaten sein wie etwa der mit dem hessischen Landgrafenhaus verschwägerte Friedrich von Braunschweig.[127]

Was will das Bündnis vom 19. September 1399 tatsächlich? Die – ein wenig Polemik darf sein – »Machthistoriker« machen es sich leicht. Eine größere Machtgrundlage für eine Königsabsetzung soll durch das Umschmeicheln der dynastischen Würde der einzelnen Häuser geschaffen worden sein. Es störte bei dieser Interpretation wenig, daß die Wettiner, die dieses Bündnis von 1399 mittrugen, das neue Königtum Ruprechts nicht anerkennen werden. Politische Naivität der sächsischen Fürsten im Jahre 1399? Die Einung des Jahres 1399 ist zunächst ganz schlicht aus dem längst gewohnten Prinzip der Wahlabsprachen bei Lebzeiten eines Königs zu verstehen. Die Tradition wird nur insofern abgewandelt, als die relativ

[124] DRTA Bd. 3, 103 Nr. 57 § 4.

[125] Ebd., 95 Nr. 51. Vgl. Gerlich (1960), 267ff.

[126] DRTA Bd. 3, 105ff. Nr. 59. Vgl. ebd., 152ff. Nrn 106–111. 1400 Februar 1. Vgl. Gerlich (1960), 274f.; Twellenkamp (1994), 105f., 110 und 115 mit Anm. 177. – Zur Rolle Landgraf Hermanns von Hessen, der seit 1398 eng mit dem Mainzer Erzbischof Johann von Nassau zusammenarbeitete, vgl. Gerlich (1960), 248f. und 254f.

[127] Schubert (1997), 786f.

verbindlichen Zusagen für die Zukunft in eine weitgehend unverbindliche dynastische Auswahl gefaßt werden müssen; denn anders als in der Vergangenheit sprechen sich nicht zwei Vertragspartner, sondern insgesamt 15 ab. Und dabei wird im vierten Paragraphen der Einungsurkunde die prinzipielle Wahlfreiheit der Kurfürsten (was gegen alle Interpretationsansätze der »Machthistoriker« spricht) gewahrt: Die Bündnisverpflichtungen gelten nicht, wenn ein anderer König, der nicht den genannten fünf Verwandtschaftskreisen angehört, gewählt wird.

Der eigentliche, der traditionelle Inhalt dieses Bündnisses ist also unschwer zu erkennen. Es geht um die gemeinsame Gegenwehr gegen jeden, der nach dem Reiche strebe, »ez were mit vykariate ader anders« (§ 2). Bis in die Formulierungen hinein wird die Übernahme der kurfürstlichen Position deutlich, die sie bereits in den Einungen untereinander eingenommen hatten. Das Bündnis versichert die fünf Kurfürsten des Schutzes der anderen Einungsmitglieder, also der zehn Reichsfürsten, wenn sie wegen dieser Haltung in der Vikariatsfrage »ungunst ungenaden und argen willen« erführen (§ 3), und ein gleiches Versprechen geben auch die Kurfürsten ihren Bündnispartnern.[128] Immer noch ist die kurrheinische Politik als defensiv zu charakterisieren. Den Gefahren, die vom Prager Hof ausgehen könnten, soll vorgebeugt werden.

Die Wendung der rheinischen Kurfürsten von der Defensive zur Offensive wird erst auf dem Kurfürstentag zu Frankfurt am 19. November 1399 sichtbar.[129] Sie berieten, so läßt der Frankfurter Rat fünf Tage später notieren, den Fall, daß Wenzel »einen vicarien des richs ufwerfen wulde und sie beduchte daz er dem riche in und dem gemeinen lande nit nüczlich were und beqwemlich: obe wir dan auch darumb bi in bliben und uns von in nit scheiden wollen«.[130] Sprachlogisch wäre es möglich, daß »er« in der Wendung »sie beduchte daz er« auf einen von Wenzel eingesetzten Reichsvikar, auf die Sorge der Kurfürsten seit 1398 zu beziehen, aber das »er« meint den König, und jeder politisch erfahrene Ratsherr verstand, daß es im Folgenden um eine Königsabsetzung und die Frage ging, ob die Städte die Kurfürsten unterstützen würden. (Natürlich reagierten die Ratssendboten mit dem »hinter sich bringen«.) Die Reaktion des Frankfurter Rates bezeugt, daß es am 19. November nicht um einen möglichen künftigen Reichsvikar, sondern um den aktuellen Plan einer Absetzung Wenzels ging. Eilends fertigen die Frankfurter ihren Stadtschreiber nach Prag ab und erteilen ihm nur mündlich die Instruktion. Eine schrift-

---

128 DRTA Bd. 3, 107f. Nr. 60. Vgl. zur Haltung des sächsischen Kurfürsten Gerlich (1960), 275f. und 325f. und zu der des zögernden Trierers: Thomas (1983), 339.

129 Das Verhalten des Burggrafen Friedrich VI. von Nürnberg ist bezeichnend für die erst sehr spät erfolgende Wendung der Kurfürsten zur Offensive. Im Jahre 1400 wird der Burggraf eine wichtige Stütze der Kurfürsten, im Jahr zuvor jedoch hatte sein Bruder, Burggraf Johann III., noch enge Beziehungen zu König Wenzel unterhalten. Twellenkamp (1994), 112 und 114f.

130 DRTA Bd. 3, 137 Nr. 90.

liche Festlegung erscheint zu gefährlich. Und diese Ansicht bewahrt der Rat auch, als er die zu Ulm versammelten Städteboten über den Kurfürstentag unterrichtet. Kurz wird mitgeteilt, daß es darum gegangen sei, ob die Städte an der Seite von Papst und Kurfürsten bleiben wollten.[131] Aber die Städteboten wußten zwischen den Zeilen zu lesen und verstanden: Der König war nicht genannt worden. Und vor allem mußte sie aufschrecken, daß die Frankfurter sie in der scheinbar unverfänglichen Mitteilung wissen ließen: »wer es daz ir imanden heimeligen bi uns hettet ... mit dem wolden wir wol etzlicher masse verrer reden.«[132]

»Heimlichkeit«, Vertraulichkeit der mündlichen Mitteilungen – das hat nichts mit der Diskretion des modernen politischen Stils zu tun, sondern mit der Furcht vor den Gefahren einer voreiligen Parteinahme in ungeklärter Situation. Das Verhalten des Frankfurter Rats gibt zumindest eine blasse Vorstellung von den Sorgen, die erfahrene Ratsherren bei dem Plan einer Königsabsetzung beschleichen mußten. Sie, die zumeist als Handelsherren die Zustände in deutschen Landen kannten, sahen die Risiken eines solchen Plans viel klarer als die auf Urkunden und Akten fixierten modernen Historiker.

Die Kurfürsten haben die Gefahren nicht anders gesehen als der Frankfurter Rat. Offenbar haben sie nur diesen informiert, oder aber sie haben anderen Städteboten ihr Vorhaben nur unter der Auflage strengster Vertraulichkeit eröffnet. Ein Straßburger, der einem ungenannten Propst Mitteilung über die städtische Gesandtschaft zum Kurfürstentag am 19. November macht, weiß lediglich, daß es den Kurfürsten um die Vikariatsfrage gegangen sei.[133]

Alle Bemühungen der Kurfürsten um »Heimlichkeit« nutzen angesichts des dichten Informationsnetzes zwischen den Städten[134] nichts. Der Prager Hof besitzt schon Ende November 1399 Informationen über die Gefahren, die dem Königtum Wenzels drohen. Königliche Räte werden aktiv, erbitten Anfang Dezember in Nürnberg Nachrichten darüber, »ob dheinerley newung gemacht würde die wider unsern herren den künig wern an dem reiche, das dan die stete bey unserm herren dem künig beliben wollten.«[135] Die Räte senden von dem Nürnberger Städtetag noch am 7. Dezember Dietrich von Mülheim nach Köln, um dort für den König zu werben,[136] und sie berufen am 14. Dezember einen neuen Städtetag zum 17. Januar nach Esslingen ein.[137] Königliche Räte handeln, aber nicht der König selbst. Der

131 Ebd., 137 Nr. 91.

132 Ebd.

133 Ebd., 138 Nr. 93.

134 Heinig (1983), 134 ff.; Monnet (2000), 203.

135 DRTA Bd. 3, 141 Nr. 97. Schreiben Nürnbergs an Frankfurt. Vgl. auch die Informationen Ulman Stromers über den Nürnberger Städtetag vom 7. 12. 1399, auf dem sich die königlichen Räte besorgt über Bestrebungen zeigten, Wenzel »von dem riche zu dringen«. Ebd., 141 f. Nr. 98.

136 Ebd., 139 Nr. 95.

137 Ebd., 140 Nr. 96.

Esslinger Städtetag sollte zwar die Königstreue der Städte bestätigen,[138] aber auch Mahnungen an Wenzel zur Aktivität artikulieren. Esslingen teilt Straßburg die Antwort mit, die den königlichen Räten gegeben worden war: Die Städte hätten Wenzel gehuldigt. Sollte es aber Bestrebungen nach einer »nuwerung« im Reiche geben, wäre es unerläßlich, daß sich der König »mechteclich darwider setze.«[139]

Von den Reichstädten hatten die Kurfürsten keine Unterstützung für eine Absetzung Wenzels zu erwarten. Auf dem Frankfurter Fürstentag Anfang Februar des Jahres 1400 wird gleichwohl sichtbar, daß die rheinischen Königswähler – damals noch gemeinsam mit dem in Frankfurt anwesenden Rudolf von Sachsen handelnd – an ihrem Vorhaben festhielten. Nachdem sie sich Ende des Jahres 1399 zu einer Absetzung Wenzels entschlossen hatten, war ihnen alsbald bedeutet worden, auf wie wenig Unterstützung sie dabei rechnen konnten. Deswegen stellt sich die Frage mit größerer Schärfe, was denn die Wendung kurrheinischer Politik im Jahre 1399 bestimmt haben könnte. Von einer defensiven Haltung der Kurfürsten noch im Frühjahr 1399, von einer Abwehr der Gefahren eines luxemburgischen Reichsvikariats hatten wir gesprochen. Diese defensive Haltung bestimmte nach unserer Meinung auch den Mainzer Kurverein vom 19. September dieses Jahres. Was aber hatte die Wendung zur Offensive, wie sie – gewiß vorsichtig sondierend – bei dem Kurfürstentag vom 19. November 1399 sichtbar wurde, begründet?

Selbst auf die Gefahr hin, daß der Eindruck eines Hypothesengebäudes entsteht, sei zur Frage, warum die rheinischen Kurfürsten von der Defensive in die Offensive übergingen, ein bisher in der Forschung als marginal behandelter Fall in den Mittelpunkt gerückt. Da wir dafür aber keine stringenten, aus den Quellen abzuleitenden Beweise besitzen, sei doch erlaubt, zur bisherigen Argumentation festzuhalten, daß wir uns mit ihr im Einklang mit den Quellenaussagen befinden. Bei den »Machthistorikern« liegt die von ihnen bisher nicht abgetragene Beweislast, ein von keiner Quelle belegtes, sondern nur unter Vergewaltigung eindeutiger Aussagen lediglich auf Plausibilitätsannahmen gestütztes pfälzisches Machtstreben zu begründen.

Daß die Kurfürsten von der Defensive, der Ablehnung des Reichsvikariats, in die Offensive übergingen, dürfte auch an Wenzels Behandlung des Würzburger Streites liegen. 1397 hatte der Aufruhr in der Stadt gegen den Bischof begonnen, Plünderungen der Stiftskurien und vergeblicher Sturm auf die Bischofsburg, den Marienberg, gehörten zu diesem Aufstand, der aber im Gegensatz zu früheren Unruhen, die vor allem in der Zeit nach der Weinlese von den Häckern ausgelöst wurden, nunmehr vom Würzburger Patriziat getragen wurde. Die Bischofsstadt schloß ein Bündnis mit zehn Städten des Hochstifts und gemeinsam wurde eine Delegation nach Prag beschlossen. Daß Wenzel die elf verbündeten Städte 1398 in

138 Diese Königstreue hatte bereits Palacky (1867), 122 erkannt.

139 DRTA Bd. 3, 144 Nr. 101.

seinen und des Reiches Schutz nahm (auffallenderweise nur für die Dauer seiner Lebenszeit), daß die Würzburger den Reichsadler weithin sichtbar an ihrem Rathausturm anbringen ließen, mußte auch bei den Bischöfen am Rhein höchstes Aufsehen erregen. Zwar war der Freistadt-Status der Bischofsstädte von Basel bis Köln um 1400 weitgehend akzeptiert worden, aber es bestand ein labiles Miteinander und weiterhin: Der Unterschied zwischen der gewachsenen Autonomie einer freien Stadt und der einer Reichsstadt war um 1400 noch allgemein bewußt. In einer Freistadt galt die königliche Gebotsgewalt nicht im gleichen Maße wie in einer Reichsstadt. Weiterhin mußte der königliche Schutz für die aufständischen Bürger deshalb für große Unruhe unter der Geistlichkeit sorgen, weil diese Bürger einen gröblichen Verstoß gegen die geistlichen Freiheiten mit der Plünderung von Stiftsherrenkurien und mit der Gefangensetzung von Geistlichen begangen hatten. Sprecher hatten die Nachricht von diesen Vorfällen verbreitet. Wenzels Vater hatte zum Schutz vor solchen Übergriffen die am weitesten verbreitete Urkunde des deutschen Spätmittelalters erlassen, die »Karolina de ecclesiastica libertate«;[140] der Sohn belohnte diejenigen, die sich dagegen vergangen hatten, indem er sie in seinen Schutz nahm. Wahrscheinlich – aber nicht beweisbar – mußte zu all dem noch kommen, daß die Ermordung Johanns von Pomuk mit Wenzels Parteinahme für die Würzburger Bürger, die Geistliche gefangengesetzt und malträtiert hatten, für Viele in einen empörenden Zusammenhang gesetzt werden konnte.

Gegen unsere Erwägungen scheint zu sprechen, daß der Würzburger Streit in der Absetzungsurkunde keine Erwähnung findet, obwohl die Zeitgenossen die Zusammenhänge durchaus gesehen haben.[141] Aber es empfahl sich für die Kurfürsten nicht, die Würzburger Frage in den Katalog der Absetzungsgründe aufzunehmen, ganz abgesehen davon, daß der Streit noch nicht militärisch entschieden war. Zuviel Sympathien bei der schwankenden Haltung der Reichsstädte lagen auf der Seite der aufständischen Bürger. Wieviel Anteil aber die rheinischen Kurfürsten an der Lösung dieser Frage nahmen, zeigt sich daran, daß als Nachfolger Gerhards von Schwarzburg, der im Jahre seines Sieges über die Würzburger gestorben war, 1400 Johann von Egloffstein gewählt wurde, Angehöriger eines Geschlechts, auf das sich Ruprecht in besonderem Maße stützte.[142]

Die vier rheinischen Kurfürsten wußten spätestens seit dem Frankfurter Fürstentag Ende Mai 1400, wie einsam sie waren. Damals wurden die hier versammelten Städteboten von den Kurfürsten auf eine Tagsatzung nach Oberlahnstein eingeladen, wo letztmalig Druck auf den König ausgeübt werden sollte, »soliche

140 Peter Johanek, Die »Karolina de ecclesiastica libertate«. BlldtLdG 114 (1978), 797–831; Michael Lindner, Weitere Textzeugnisse zur Constitutio Karolina super libertate ecclesiastica. DA 51 (1995), 515–518.

141 Künftig: Schubert (wie Anm. 115).

142 Schubert (1987), 144.

gebresten der heiligen christenheide und des Romschen richs« zu beseitigen.[143] Wenn Wenzel allerdings nicht erschiene, so wird angekündigt, werde man ihn absetzen und einen neuen König wählen. Die Abgeordneten sollten ihren Städten davon berichten und mitteilen, ob diese bereit seien, einen neuen König anzuerkennen. Markige Worte, bei vorwaltender Vorsicht. Angesichts der mit der Haltung der Reichsstädte eng verbundenen Finanzwelt wäre es weltfremd gewesen, wenn bereits zu diesem Zeitpunkt die kurfürstliche Opposition, wie Alois Gerlich meint,[144] dazu entschlossen gewesen wäre, die Absetzung Wenzels unter allen Umständen durchzusetzen. Taktierende Vorsicht. Die Kurfürsten waren nicht bereit, den Städteboten die Rede schriftlich mitzugeben,[145] auch Ruprechts Name war bisher noch nicht gefallen, jedenfalls teilt Frankfurt in seinem Brief an Wenzel davon nichts mit.[146] Unter diesen Umständen war vorauszusehen, daß die Städte sich kaum an einer so unsicheren, ihnen nur verklausuliert mitgeteilten Sache beteiligen würden.

Und sodann ist zu berücksichtigen: Es geht bei solchen Tagsatzungen nicht um »die Reichsstädte«, es geht um einflußreiche Personen. »Städtepolitik« ist eine Chimäre, wie sie Hartmut Boockmann mit seiner Darstellung des spätmittelalterlichen Stadttyrannen entlarvt hat.[147] Dieser Typ spielt bei der Absetzung Wenzels zwar keine Rolle – erst in Rothenburg wird das Schicksal des Bürgermeisters Heinrich Toppler letztlich eine Folge des Thronwechsels sein[148] – aber die Dominanz von einzelnen Ratsherren ist unübersehbar. Statt »Städtepolitik« notieren wir also das Aufsehen, den der Auftritt des Hubart von Eltern verursacht haben mußte. Er hatte am 31. Mai im Auftrag des Königs in Frankfurt verkündet, die Schwierigkeiten in Böhmen seien jetzt beseitigt; Wenzel, so mächtig wie nie zuvor, werde in Kürze nach Deutschland kommen.[149]

Verunsicherung bei den Städten. Ihnen vor allem hatte die fehlende Gegenwart des Königs, die fehlende Durchsetzung des Landfriedens Schaden zugefügt. Dennoch wird im Sommer des Jahres 1400 deutlich, daß in der rheinischen Kernlandschaft des Reiches keine städtische Unterstützung für eine Königsabsetzung zu erwarten war.[150] Dabei handelt es sich nicht um vorsichtiges Abwarten,[151] sondern

143 DRTA Bd. 3, 188f. Nr. 142.

144 Gerlich (1960), 325.

145 DRTA Bd. 3, 205 Nr. 160.

146 Ebd., 204 Nr. 157/158.

147 Hartmut Boockmann, Spätmittelalterliche deutsche Stadttyrannen, in: Ders., Wege ins Mittelalter. 2000, 37–54.

148 Ludwig Schnurrer, Heinrich Toppler, in: Fränkische Lebensbilder 2 (1968), 104–132, hier: 128f.

149 DRTA Bd. 3, 187f. Nr. 140.

150 Holtz (1999), bes. 185ff.

151 So Holtz (1999), 186.

um Vorsicht, welche die innerstädtische Machtbalance berücksichtigte. Dem königstreuen gemeinen Mann war eine Herrscherabsetzung nicht ohne weiteres zuzumuten. Nur besonders mächtige und einflußreiche Bürger wie in Mainz Heinrich zum Jungen konnten sich hervorwagen. Er hatte neben seinem Einfluß im Rat seiner Stadt auch seine überregionalen Kontakte eingesetzt, so z.B. als er in einem Brief an Straßburg für Ruprecht Stimmung zu machen versuchte.[152]

Abgesandte einer Reihe von rheinischen Städten kommen am 1. Juli und am 5. und 8. August in Mainz bzw. Koblenz zu Beratungen zusammen. Am Ende steht ein Schreiben an die Kurfürsten: Die Städte seien dem jetzigen König verbunden und könnten im Augenblick nichts mehr in dieser Sache sagen.[153] Dieses Treuebekenntnis zu Wenzel war nicht ohne Schwierigkeiten zustande gekommen; darauf läßt die zweimalige Änderung des Beschlusses schließen und vielleicht auch die kurze Mitteilung Speyers an andere städtische Gesandte mit dem Text des Huldigungseides.[154] Wozu braucht man den genauen Wortlaut des Eides, wenn man nicht allem Gerede von einem Thronwechsel zum Trotz an Wenzel festhalten wollte?

Die Haltung der rheinischen Städte ist um so auffallender, als sich in ihrem Wirtschaftsraum bereits als Leitwährung der von den Kurfürsten geprägte Rheinische Gulden durchgesetzt hatte. Es waren gewiß nicht vorrangig wirtschaftliche Gründe, welche die Städte trotz aller Zweifel, trotz aller Verunsicherung an Wenzel festhalten ließen – es ging ihnen um die Gültigkeit des Eides, der, wie am Beispiel Nürnbergs noch zu zeigen sein wird, in der Bürgergemeinde ernst genommen wurde.

Nachdem die rheinischen Kurfürsten über die Königstreue der Reichsstädte informiert waren, mußten sie auf dem Frankfurter Tag auch erkennen, daß die Reichsfürsten ihnen ebenfalls die Gefolgschaft verweigern würden.[155] Auf deren Unterstützung hatten sie offenbar gehofft. Aber von einer reichsfürstlichen Opposition gegen Wenzel konnte gar nicht gesprochen werden. Nur zwei Reichsfürsten, Stephan III. von Bayern und Burggraf Friedrich VI. von Nürnberg, waren in Oberlahnstein anwesend.[156] Mit Vorsicht ist ein um die Jahreswende 1400/1401 angelegtes Verzeichnis aller Reichsstände und -städte heranzuziehen, das alle Anhänger des neuen Königs auflistet.[157] Angesichts der erkennbaren Zurückhaltung der Reichsfürsten sahen sich die rheinischen Kurfürsten bei ihrem Vorhaben auf sich

[152] DRTA Bd. 4, 188f. Nr. 165.

[153] DRTA Bd. 3, 219f. Nr. 178. Vgl. dazu Weizsäcker, ebd., 174ff. – In dem Kölner Bericht über die Krönung Ruprechts ist eine rückblickende Geschichtserzählung eingeschaltet, in der die ausweichende Haltung der Stadt zur Absetzungsfrage nicht übergangen wird. Ebd. Bd. 4, 240 Nr. 205 § 2.

[154] DRTA Bd. 3, 219 Nr. 177.

[155] Gerlich (1960), 321ff.

[156] Ebd., 325. – Zur Haltung der Habsburger im Jahre 1400 vgl. Baum (1994), 210f.

[157] DRTA Bd. 4, 221 Nr. 189. Schon Julius Weizsäcker ebd., 220 Anm. 3 warnte vor einer Überschätzung dieser Quelle: »Man setzte soviel Namen hinein als irgend dienlich war und immer noch glaublich scheinen konnte.«

allein gestellt. In einer solchen Situation kann ihr Handeln nicht aus politischem Interessenkalkül, sondern allein aus ihrer Reichsverantwortung verstanden werden. Sie wußten, daß ein Zug Wenzels ins Reich, selbst wenn er nur mit geringer militärischer Bedeckung unternommen würde, sofort die vorhandenen Loyalitäten aktiviert hätte.

Reichsverantwortung der rheinischen Kurfürsten. Gegen alle Interpretationen der »Machthistoriker« spricht, daß sich die Kurfürsten nur Formulierungs-, aber keine Argumentationshilfen von gelehrten Räten hatten geben lassen, daß sie auf die Absetzungsgründe, die das kanonische Recht bereit stellte, nicht zurückgriffen, ja daß sie trotz ihrer politischen Isolation sich noch nicht einmal des Rückhalts bei der Kurie versicherten. Bereits am 2. Februar hatten die fünf Kurfürsten dem Papst mitgeteilt, daß sie Wenzel absetzen und dem Reich einen geeigneten Herrscher geben wollten (»ad privationem ipsius procedere et regno predicto alia ydonea persona providere«).[158] Von irgendwelchen kurialen Approbationsansprüchen war nicht die Rede. Und der Papst wurde auch nicht als Urteiler oder wenigstens als Schiedsrichter von den Kurfürsten in Anspruch genommen.[159] Ausweichend und erstaunlich spät erfolgte am 21. April die Antwort Bonifaz IX.[160]

Alle waren ausgewichen, als sie von dem Vorhaben der Kurfürsten erfuhren, Reichsstädte, Reichsfürsten und auch der Papst. Nicht zuletzt wegen der wirtschaftlichen Bedeutung städtischer Kredite bestand die Gefahr des kläglichen Scheiterns eines neuen Königtums. Die Tage von Oberlahnstein und Rhens sind nur unter Berücksichtigung des hohen Risikos, das die vier rheinischen Kurfürsten damals eingingen, richtig als Ausdruck der Reichsverantwortung der Handelnden einzuschätzen.

Der Kern der Absetzung: Tätigkeit als Antwort auf Untätigkeit. Zwar war die Kompetenz des Kurkollegs als Gerichtsinstanz über den König reichsrechtlich nicht abgesichert, zwar wurde im Jahre 1400 bewußt darauf verzichtet, die noch in der Goldenen Bulle halbwegs sanktionierte Gerichtsbarkeit des Pfalzgrafen über den König auszuspielen,[161] aber diese von den Normen eines Gerichtsverfahrens ausgehenden Begründungen hätten allenfalls die formale Seite des kurfürstlichen Vorgehens legitimiert. Es war gewiß ein schwankender Rechtsboden, den die Königswähler betraten, aber das lag nicht an ihnen, sondern an der »offenen Verfassung«. Und jetzt ist es Zeit, darauf hinzuweisen, daß diese Terminologie nach heutigem Verständnis eine »contradictio in adiecto« darstellt. Aber begeben wir

---

158 Ebd., 162f. Nr. 114.

159 Allein aufgrund der Approbationsurkunde für Ruprecht folgerte Palacky (1867), 123, daß Bonifaz IX. schon zuvor mit den Kurfürsten im Einvernehmen stand. Es trifft nicht zu, daß die Kurfürsten »vergeblich« Rückendeckung beim Papst suchten, wie Graus (1987), 21 annimmt.

160 DRTA Bd. 3, 163 Nr. 115.

161 Weizsäcker (1886), 54ff.

uns nicht in semantische Gebiete, um mit der Aussage zu enden, daß in Bezug auf die Königsabsetzung bereits eine halbwegs »geschlossene Verfassung« entstanden war. Konsens zumindest in der Fürstenwelt – allerdings nicht, wie noch zu zeigen sein wird, beim Gemeinen Mann – war: Die rechtlichen Grundlagen der Absetzung Wenzels bildeten die Reichsverantwortung der Kurfürsten und die seit den Zeiten Ludwigs des Bayern erkennbare Ausbildung des Reiches zur eigenen, nicht transpersonal, sondern transnatural definierten Rechtsgröße.[162] Das Reich war eben nicht mehr wie in salischer und staufischer Zeit die überzeitliche, aber an das Königtum gebundene Herrschaft, war kein Königreich in jenem Verständnis, das zum Staat führen konnte, sondern galt im Spätmittelalter als göttliche Stiftung, als das letzte der vier Weltreiche.[163]

»Von des reiches wegen« und nicht aus eigenem Königsrecht hatte der römische König seine Herrschaft inne,[164] und aus der Verantwortung für dieses Reich leiteten die Kurfürsten Pflicht und Recht ab, Wenzel abzusetzen, oder präziser, mit ihren Worten gesagt: dem Reiche einen neuen Herren zu geben, »ein anderunge zu tun an dem heiligen riche und einen andern zu dem heiligen riche zu seczen«.[165] Die in jenen Tagen nur von den Anhängern Wenzels vertretene Auffassung, daß der Treueid dem König personal und nicht »von des Reiches wegen« zu leisten wäre,[166] zeigt, daß die Absetzung Wenzels nicht der Ausbildung eines kurfürstlichen »negativen Wahlrechts« folgte, sondern, daß ihr die eigenständige Ausbildung des Reichsbegriffs zugrunde lag.[167] Die Stadt Frankfurt, die der Forderung rheinischer Kurfürsten widerstand, Ruprecht sofort anzuerkennen und statt dessen erst die Abhaltung des Königslagers vor der Stadt forderte, hatte schließlich Wenzel den Eid mit genau derselben Wendung aufgesagt, welche die Kurfürsten gebraucht hatten: »so sagen wir uch iczunt geinworticlichen uf mit dissem briefe soliche eide und virbuntniß, damide wir uwir personen als von des heilgen richs wegen virbunden sin gewest odir in welchier maße odir wie wir uch virbunden gewest sin, doch mit beheltniß uns solicher eide und virbuntniß, damit wir dem heiligen riche virbunden sin, da ine wir bliben wollen.«[168] Daß der Huldigungseid einem König im

[162] Schubert (1979), 259f.

[163] Vgl. Goez (1958).

[164] Schubert (1979), 270f.

[165] Ansprache des kurfürstlichen Abgesandten, Johann von Dalberg, an die zu Frankfurt versammelten Städtefreunde. 1400 Juni 4. Frankfurts Reichscorrespondenz, ed. Janssen Bd. 1, 58f., Nr. 171.

[166] Schubert (1979), 271. Wenzel hatte stets abgelehnt, daß es ein eigenes Treuegelöbnis gegenüber dem Regnum gäbe, indem er daran festhielt, daß die kurfürstliche Opposition »uns und dem heiligen reich« gelte (Belege bei Weizsäcker [1886], 72f. und 75), und indem er 1401 die Kurfürsten als »sui iuramenti fidei ... immemores« bezeichnete. DRTA Bd. 4, 395 Nr. 337.

[167] Das erkannte bereits Graus (1987), 28.

[168] DRTA Bd. 4, 164 Nr. 148; 165 Nr. 150.

Namen des Reichs geleistet werde,[169] ist keine Neuerung, sondern schon längst vor dem Jahre 1400 Allgemeingut, ist Folge der Ansicht, wonach ein König allein »von Reichs wegen« regiere. Deswegen hatten die Könige des 14. Jahrhunderts immer von ihren Vorfahren *am* Reich gesprochen.

»Von des Reiches wegen«: Die Verselbständigung des Reichsbegriffs gegenüber der Person des Königs ließ die Kurfürsten das Reich als ein dem König anvertrautes Objekt ansehen,[170] zugleich aber auch – und dieser längst vorbereitete Gedanke wird jetzt politisch konkret – als ein Objekt, dem sie selbst besonders verpflichtet sind: »daz wir als kurfursten des heilgen riches von rechtes wegen schuldig sin und uns angehoret daz heilige riche anders zu bestellen und zu versehen«.[171] Sie halten den anfänglichen Weigerungen Frankfurts, das Königtum Ruprechts anzuerkennen, entgegen, daß die Privilegien einer Stadt nicht den Interessen des Reiches, die von den Kurfürsten wahrzunehmen wären, widersprechen könnten; denn die Kurfürsten »sin glieder des richs und dem riche mit eide verre und verrer virbunden dan die von Franckenfurd«.[172] Wenn die Kurfürsten behaupten, sie wären dem Reiche durch Eid enger verbunden als andere Stände, beziehen sie sich auf eine bereits 1338 hervorgehobene Tradition, die auch die Goldene Bulle aufgenommen hatte. Ihr zufolge hat ein Wähler seine Stimme abzugeben »per fidem, qua deo et sacro imperio sum astrictus« (cap. II.2).

Da die Kurfürsten sich als Glieder des Reichs verstehen, die diesem Reich besonders eng verbunden sind, glauben sie – die Rechtstradition verlassend – berechtigt zu sein, die Eide, die alle anderen »membra imperii« König und Reich geschworen haben, auflösen zu dürfen: »und verkundigen darumbe allen fursten herren ritteren knechten steden landen und luden des heiligen richs, daz sy nu furbaßer ire eyde und hulde, die sy des vorgenannten hern Wenczelaw personen als von des heiligen richs wegen gethan hant, zumal und genczlichen ledig sint, und ermanen und ersuchen sy auch ubermicz die eyde damidde sy deme heiligen riche verbunden sint, … daz sy dy behalden vor den der von gnaden gots zu eyme nuczlichern und beqwemlichern Romischen konige gekoren werdet.«[173] Neu, aus der Not der Stunde geboren, ist die Art und Weise, mit welcher die Kurfürsten ihren Status gegenüber anderen Fürsten betonen. Hatten sie zu Rhens 1338 und mit dem Urbansbund ihre Führung insofern konkretisiert, als sie zu einer Reichseinung mit den Großen und den Städten des Reichs aufriefen, so legen sie jetzt ihre Vorrangstellung als Gebotsgewalt aus.

---

169 DRTA Bd. 4, 264ff. Nrn. 221–229.

170 So betonte Ruprecht seine Pflicht, »daz heilige Roemsche rijche zo besorgen.« DRTA Bd. 4, 245 Nr. 207.

171 DRTA Bd. 3, 267 Nr. 209.

172 DRTA Bd. 4, 153 Nr. 138.

173 DRTA Bd. 3, 258 Nr. 204.

Die Wendung »von des Reiches wegen« wurde von den Kurfürsten im Sinne eines Dualismus von König und Reich verstanden, wobei sie das Reich repräsentierten. Aus der Vielzahl der Belege nach dem Jahre 1400 sei nur auf das Schreiben Johanns von Mainz im Jahre 1406 an Frankfurt verwiesen: »dann sie haben kung Ruprecht gesworn von des richs wegen, als man auch kunig Wentzlauwe von des richs wegin gesworn hette; da er sich aber als unredelich hilde, da slugen fürsten herren stede und ander von dem kunig Wentzlauwe und hilden sich an das riche«.[174]

Bei aller neuen Gestalt des Reichsbegriffs als im Jahre 1400 legitimierender Grundlage des kurfürstlichen Vorgehens blieb doch die Notwendigkeit bestehen, eine solch einschneidende Maßnahme wie eine Königsabsetzung gegenüber den Zeitgenossen ebenso zu begründen wie es im 12. Jahrhundert der Erzbischof in der einleitend zitierten Kaiserchronik gefordert hatte. Gerichtsentscheid.

4. Richterspruch und Königslager

Der objektivierte Reichsbegriff als Grundlage des Richterspruchs – Willkür und Urteil – gelehrte Verdrehung und militärischer Beweis: eine Umdeutung der Goldenen Bulle und das Königslager vor Frankfurt

Während die »uffen brieve«, wie sie nach Friedberg gesandt wurden, von allen vier rheinischen Kurfürsten ausgingen, ist die eigentliche Absetzungsurkunde nur von Johann von Mainz erlassen worden. Und das hat seinen Grund darin, daß sich diese Urkunde als Urteilsspruch eines kurfürstlichen Gerichtes verstand, dem Johann als Richter vorsaß, und den er nunmehr den Reichsständen verkündigt. »Gelesen und ußgesprochen wart daz vorgeschriben urteil und sentientie von uns Johan erczbischoff zu Mencze vorgenant als von unser und der vorgenanten unser herren der middekorfursten wegen an dem Ryne bij Obern-Lanstein … uff eyme stule daselbs zu eyme richtestule erhaben, als die vorgenanten unser herrn die korfursten und wir daselbs zu gerichte saßen.«[175] Nachdem alle Verfehlungen Wenzels aufgelistet worden waren, schließt der Urteilsspruch: »Und wir Johann erczbi-

---

[174] DRTA Bd. 6, 63 Nr. 27 § 3. 1406 betonte Ruprecht, »er wer der der von des richs wegin fride bestellen und machen sulde. DRTA Bd. 6, 32 Nr. 14 § 16. Das war gegen den Marbacher Bund gerichtet, dessen Mitglieder behaupteten, dieser Bund »wer nit wider daz riche«, und der König solle ihn »von des richs wegen confirmiren«. Ebd. § 1a. Vgl. auch ebd., 43 Nr. 19 § 5. Diese Auffassung hatte schwäbische Reichsstädte geleitet, als sie den Marbacher Bund unterstützten: »und haben das getan unserm gnädigen herren dem Römischen kunig und och dem hailigen rich ze wirde und ze eren … darumb daz wir im und dem hailigen rich dest baz gedienen mugen.« Ebd., 31 Nr. 13. Vgl. ebenso: Ebd., 44 Nr. 19 § 56.

[175] DRTA Bd. 3, 255ff. Nr. 205.

schoff vorgenant, gots namen zu dem ersten angeruffen, in gerichtes stad geseßen, in namen und wegen unsere vorgeschriben herren und middekorfursten ... umbe dißе egenanten und andere vile großer gebresten und sachen uns darczu bewegende abethun und abeseczen mit dißem unserme orteil, daz wir thun und geben in dißer schrift den vorgenanten hern Wenczelaw als eynen unnuczen, versumelichen, unachtbaren entgleder und unwirdigen hanthaber des heiligen Romischen richs von demselben Romischen riche und von allen der wirde, eren und herlichkeid darczu gehorende.« Ausgangspunkt der Absetzungsurkunde ist also das objektivierte Beziehungsverhältnis zwischen König und Reich, wie es sich seit den Zeiten Ludwigs des Bayern ausgebildet hatte: Das Reich ist ein dem König übertragener Besitz; es kann ihm – so ist die Argumentationskette zu verlängern – auch wieder entzogen werden. Und hieraus ergibt sich die neue Lösung der Eidesfrage. Nicht auf die Binde- und Lösegewalt des Papstes wird zurückgegriffen, sondern darauf, daß die Eide Wenzel »von des Reiches wegen« geleistet worden seien. Wird ihm das Reich genommen, so entfallen diese Eidesbindungen. Deshalb, so fährt Erzbischof Johann fort, indem er sich nicht als Geistlicher, sondern als erster der Kurfürsten und damit als ein das Reichsrecht verkündender Richter versteht: »Und verkundigen darumbe allen fursten, herren, ritteren, knechten, steden, landen und luden des heiligen richs, daz sy nu furbaßer ire eyde und hulde, die sy des vorgenanten hern Wenczelaw personen als von des heiligen richs wegen gethan hant, zumal und genczlichen ledig sint«. Der Unterschied zu den europäischen Königreichen und einem Reich, das dem König übertragen worden ist, wird in dieser Lösung der Eidesfrage deutlich. Vereinfacht: Einen solchen König braucht man nicht mehr zu töten, wenn man ihn absetzen will.

Woher nimmt der Erzbischof von Mainz seine Autorität als Richter? Die Kurfürsten sind schon seit Karl IV. gewissermaßen als Schöffen im kaiserlichen Gericht angesehen worden.[176] So gebietet Karl IV. 1356 Graf Walram von Sponheim, Frieden bis zum Austrag seines Streits mit Mainz vor Kaiser und Kurfürsten zu halten.[177] Sowohl auf dem Nürnberger als auch auf dem Metzer Hoftag, auf dem 1356 die Goldene Bulle beschlossen wurde, erscheinen die Kurfürsten als Gerichtsinstanz[178] – aber eben auf einem Hoftag, der noch unter der Autorität des Herrschers steht und sich noch nicht zum Reichstag gewandelt hatte. Wie in Rhens 1338 können die Kurfürsten auch über das Reichsrecht befinden, eine Kompetenz, die im Prinzip der Willebriefe bereits beschlossen lag. So kann Karl IV. Bernabò Visconti nach Rechtsspruch aller Kurfürsten den Rang eines Reichsfürsten verleihen.[179] Daß

[176] Vgl. zum Beispiel Karls IV. Beurkundung eines Hofgerichtsurteils im Jahre 1353: »Da fragten wir die kurfürsten umb, die by uns sassen.« Druck: Zeumer Bd. 2 (1908), 61.

[177] Nova Alamanniae, ed. Stengel Bd. 2/1, 625 Nr. 965.

[178] Urkundenregesten Hofgericht Bd. 7, Nrn. 64, 97–110 und 178–180.

[179] Reg. Imp. Bd. 8, 3701.

aber die Kurfürsten aus eigenem Recht ein Urteil sprechen – und sich nicht wie 1338 auf eine Rechtsweisung beschränken –, ist im Jahre 1400 neu (und wird für die Zukunft folgenreich sein).[180]

Die Absetzung – ein Richterspruch:[181] Als solcher wurde der Tag zu Oberlahnstein alsbald bekannt. Noch vor Empfang der offiziellen Mitteilungen wußten die Burgmannen zu Friedberg bereits am folgenden Tag, daß die Kurfürsten ihre Entscheidung »uff eyme stule« allen verkündigt hätten.[182] Darauf, daß Wenzel »mit der korfursten ortel von dem Romischen riche abegesetzet« worden wäre, berufen sich die rheinischen Kurfürsten noch Jahre später.[183] Schon 1298 hatten die Kurfürsten die Absetzung Adolfs von Nassau als Urteilsspruch dargestellt. Der Vergleich mit dem von 1400 allerdings erweist die Schwäche einer von Urkunden abhängigen Historiographie. So unverzichtbar Urkunden für die Arbeit der Historiker sind, so ist doch eine allein auf deren Aussage gestützte Analyse immer in Gefahr, das Entscheidende des in vielen Fällen nicht mehr zu rekonstruierenden, sondern allenfalls zu imaginierenden Kontextes zu verfehlen. In unserem Fall aber lassen die Quellen eine klare Aussage zu. Was im Jahre 1298 ein – modern gesprochen – Schnellschuß zur Legitimierung einer bevorstehenden Schlacht gewesen war, ist im Jahre 1400 ein unabhängig von militärischen Erwägungen verantwortungsvoller Ausdruck der überzeitlichen Frage: Wie hat sich ein König zu verhalten?

Die Absetzung Wenzels hatten die Kurfürsten als Rechtsspruch vollzogen. So sieht es auch ein Zeitgenosse: Sie »entsattent mit urteil ... Dis urteil wart geben und offenliche vor allem volke gelesen«.[184] König Ruprecht selbst bezog sich ausdrücklich auf die Gerichtskompetenz der Kurfürsten gegenüber dem Kö-

---

180 Ein Beispiel: 1403 rechtfertigt sich Markgraf Bernhard I. von Baden vor den königlichen Räten, weil er Mann des Herzogs von Orleans geworden sei. Er habe »in der manschaft mit namen usz genomen ... denselb kung Ruprecht und das Romische riche und wollte ouch gern darumb zem rechten komen fur das richs kurfürsten.« Fortsetzung des Königshofen, ed. Franz Joseph Mone, Quellensammlung zur badischen Landesgeschichte. Bd. 1. 1848, 287.

181 Aus dem Charakter der Absetzungsurkunde als Promulgation eines Richterspruches erklärt sich, daß in der wenig beeindruckenden Zeugenliste dieser Urkunde die anwesenden Juristen vor den Rittern aufgezählt werden: »in geinwertikeit ... hern Nicolai Prowin in der heiligen schriffte, Johannis von Wittenburg und Nicolai Burgman in dem geistlichen rechte, hern Hermans probstes zu sante Gereon zu Colne in dem werntlichen rechte lerern.« DRTA Bd. 3, 256 Nr. 204.

182 Schilp (1987), 346.

183 DRTA Bd. 5, 572 Nr. 416. Anerkennung Ruprechts durch Metz 1404. Die Vorlage bildete offenbar ein Schreiben Erzbischof Johanns II. von Mainz, der an Wilhelm von Meißen die Aufforderung zur Anerkennung Ruprechts ergehen ließ, weil die Kurfürsten Wenzel »mit orteil abegesetzt« hätten. Ebd., 571 Nr. 415.

184 Jacob Twinger, 497. – Unter dem Eindruck von Wenzels Absetzung verändert sich für den Straßburger Chronisten auch im Gegensatz zu seinem Vorgänger Fritsche Closener die Auffassung von der Absetzung Adolfs, die nunmehr »von redelicher sache wegen mit rehtem urteil geschah«. Jacob Twinger, 455.

nig.[185] Dafür gab es nicht den geringsten reichsrechtlichen Präzedenzfall. Sollte aber der Pfalzgraf ausgerechnet in einer so schwierigen politischen Situation eine »Neuerung« im Sinn gehabt haben, die den Zeitgenossen stets unheimlich war? Aber die Zeitgenossen haben gar keinen Anstoß an dieser Auffassung genommen. Für sie lag darin eine Konsequenz aus dem Grundsatz, daß ein König »von des Reiches wegen« regiere.

Daß die rheinischen Kurfürsten ein Gerichtsverfahren wählten, war ein Gebot politischer Klugheit, nicht aber ein Gebot, das aus einer noch gar nicht vorhandenen Verfassung abzuleiten wäre. Das hieß konkret: Der Urteilsspruch der Kurfürsten mußte von dem neugewählten König erst durchgesetzt und vollzogen werden. So berichtet ein Zeitgenosse über die Versammlung der Kurfürsten im Jahre 1400: Es wurde über die Wahl eines neuen Königs beraten, der in der Lage und Willens wäre, gegen Wenzel das Reich zu verteidigen und zu ordnen (»tractatum est de electione novi regis, qui posset et vellet contra Wentzeslaum regnum vendicare, defensare et reformare«).[186] Das Zitat stellt klar: Ohne Macht – soweit ist den »Machthistorikern« entgegen zu kommen – war der Richterspruch von Oberlahnstein nicht zu vollziehen. Aber wie groß ist um 1400 tatsächlich der Spielraum zwischen Recht und Macht?

Angesichts der Verschiebungen im Rechtsdenken seit der Zeit Ludwigs des Bayern geht es nicht an, den Tag zu Lahnstein als »Willkürakt« oder auf Grund konstruierter Verfahrensmängel als unrechtmäßig zu bezeichnen.[187] Immer noch ist ein Reichsrecht erst im Entstehen, ist konsensgebundener Erinnerung verpflichtet. Die Möglichkeit, daß ein König sich überhaupt nicht persönlich um das Reich kümmerte, konnte, weil unvorstellbar, gar nicht bedacht werden. (Die Anekdote

[185] Schreiben an Aragon. DRTA Bd. 4, 314 Nr. 265. Vgl. zur Rolle, welche die Goldene Bulle in der Argumentation der Kurfürsten spielte, Walther (1996), 24f.

[186] Gobelinus Person, Cosmidromius, hg. von Max Jansen. 1900, 63. Aus diesem Denken heraus schließen noch in Oberlahnstein die drei geistlichen Kurfürsten ein Bündnis mit dem Neugewählten. DRTA 3, 267 Nr. 209.

[187] So Hanisch (1969), 203. Diese Ansicht hat ein hohes Alter. Schon Höfler (1861), 161 nannte die Absetzung eine »Empörung«, ein »Complott« und »ein formell wie materiell rechtloses tumultuarisches Verfahren«. Schmidt (1894), 15 bezeichnet die Absetzung als »Verfassungsbruch«, weil sie mit der – damals noch gar nicht als Reichsrecht rezipierten – Goldenen Bulle nicht im Einklang stand. Weizsäcker (1886), 23, wertete die Absetzung als eine »verbrecherische Handlung«. Für Gerlich (1960), 371, ist »im Kern ... Wenzels Absetzung ein Gewaltstreich und Ausdruck kurfürstlichen Machtstrebens«. Diese Auffassungen haben eine lange Tradition in der deutschen Historiographie, wie die Zusammenstellung der bis 1865 erschienenen Literatur bei von Löher (1865), 4f. lehrt. – Zur Frage der Absetzung Wenzels unergiebig: Adam (1980) und Heinz Rieder, Wenzel. Ein unwürdiger König. 1970, 162ff. – Überhaupt nicht abzuschätzen ist, ob von der Absetzung des englischen Königs Richard II. im September 1399 eine Vorbildwirkung ausging. Das Ereignis blieb natürlich am Rhein nicht unbekannt, hatten doch die Kurfürsten von Köln und der Pfalz 1397 Pensionsverträge mit Richard II. abgeschlossen. Höfler (1861), 137.

der Wahl des Alfons von Kastilien war im Reich gar nicht bekannt.) Allerdings sei keineswegs behauptet, daß die rheinischen Kurfürsten sich bei ihrem Handeln zu Oberlahnstein und Rhens auf gesichertem Rechtsboden befanden; behauptet sei nur, daß zwischen »Willkür« und rechtlicher Unsicherheit ein weiter Spielraum angesichts der »offenen Verfassung« besteht. Wer sich die Zustände im Reich in der Spätzeit der Herrschaft Wenzels vergegenwärtigt, wird schwerlich bestreiten können, daß der Schritt der rheinischen Kurfürsten eher der Verzweiflung, denn der Willkür entsprang. Das aber schließt nicht aus: Rechtsunsicherheit.

Aufschlußreich für den enger werdenden Spielraum zwischen Recht und Macht sind die unterschiedlichen Mittel, die bei der Werbung für das neue Königtum gebraucht werden: die leise Verdrehung des Rechts und die laute Demonstration von Herrschaft, also Argumentation mit der Schrift, mit der Goldenen Bulle und Argumentation mit der sinnfälligen Herausforderung Wenzels durch ein Königslager.

Leise Verdrehung: Um 1400 ist nicht mehr wie im 13. Jahrhundert von Rezeptionen mit ihren kreativen Auswahlkriterien bei der Suche nach dem gültigen Recht zu sprechen. Inzwischen war der normative Charakter eines geschriebenen Rechtsbuches allgemeine Überzeugung. Der in den Diensten des neuen Königs stehende Notar Matthias Voltz von Sobernheim wußte also, was er tat, als er die vier rheinischen Kurfürsten als »major et sanior pars electorum« bezeichnete[188] und damit auf eine bei zwiespältigen Bischofswahlen jener Zeit gebräuchliche Wendung zurückgriff[189] und sodann – wahrheitswidrig – behauptete, die Goldene Bulle habe festgelegt, daß eine Wahl auch dann gültig sei, wenn alle Kurfürsten rechtmäßig geladen, aber nur zwei gekommen wären. Wie gültig ist dann erst – so ist die Gedankenführung zu ergänzen – die Wahl Ruprechts mit vier Stimmen. Jedoch: Sobernheim fälschte, und er fälschte, wie Julius Weizsäcker nachwies,[190] bewußt. Die Goldene Bulle enthält keineswegs das, was ihr Sobernheim unterstellt, vielmehr greift der Notar auf die Verlautbarung Urbans IV. von 1263 zur Wahl Richards von Cornwall zurück. Weizsäcker zog daraus zwei einleuchtende Folgerungen: Erstens wurden im Umkreis Ruprechts Studien über die älteren Königswahlen vorgenommen, wobei man bis in das Jahr 1257 zurückging, und zweitens muß die Goldene Bulle noch so wenig bekannt gewesen sein, daß die dreiste Fälschung Sobernheims Aussicht auf einen Überzeugungserfolg hatte. Altes Recht – und das war der Sinn der Fälschung Sobernheims – wurde als Begründung des neuen Königtums dringend gebraucht. Das zeigt sich auch in einem anderen Fall.

Die Öffentlichkeit der Akte von Oberlahnstein und Rhens hatte nicht überzeugt. Obwohl die Kurfürsten sich bemühten, durch »etzliche wise gelerte große

---

188 DRTA Bd. 3, 289 Nr. 231. Zur Person vgl. Heimpel Bd. 1 (1982), 171; Koch (1994), 163f.; Walther (1996), 23.

189 Weizsäcker (1886), 47. Vgl. Heimpel Bd. 2 (1982), 689.

190 Weizsäcker (1886), 48f.

phaffen in dem rechten« die Rechtmäßigkeit der Rhenser Vorgänge nachweisen zu lassen,[191] konnte doch nach Auffassung der Zeitgenossen erst durch das Kampfrecht gegen die Ansprüche Wenzels ein einhellig anerkanntes Königtum konstituiert werden. Ruprecht schloß sich dieser Auffassung nach anfänglicher Weigerung[192] insofern an, als er im Rückgriff auf alte Rechtstheorien einem Königslager vor Frankfurt zustimmte: Er brauchte den in die Öffentlichkeit wirkenden Nachweis, daß sein Königtum nicht bestritten wurde.[193]

Das Königslager gehört zu jenen Rechtsfiktionen, die mit einem Mal Realität gewinnen können.[194] Die Auffassung, daß ein in Zwietracht gewählter König seinen Gegner durch ein Heerlager vor Frankfurt oder Aachen herauszufordern hätte, begegnet erstmals anfangs des 14. Jahrhunderts. Allenfalls im Jahre 1349 könnte Günther von Schwarzburg dieser Auffassung gefolgt sein,[195] aber selbst wenn dem so gewesen wäre, belegt die undeutliche Überlieferung doch, daß hier keine Rechtstradition begründet worden war. Der Gedanke des Königslagers lebte allein deswegen weiter, weil er sich mit Vorstellungen von der Behauptung einer Walstatt nach gewonnener Schlacht verbinden ließ. Während im Jahre 1400 der gerade gewählte König Ruprecht noch zögerte, begriff man in seiner Umgebung sofort den propagandistischen Wert der Instrumentalisierung einer alten Rechtsvorstellung.[196] Nur dem rückschauenden Historiker, der den Ausgang der Geschichte kennt, ist es erlaubt, in dem Königslager lediglich eine politische Inszenierung zu sehen. Jedoch: Was wäre geschehen, wenn – wie unter anderen die Friedberger Burgmannen hofften – Wenzel sich zum Kampf um sein Königtum aufgerafft hätte?

Das Königslager gestaltete sich zum höfischen Fest. Turniere wurden vor der Königin und ihren Damen abgehalten.[197] Die Demonstration bewog viele Städte dazu, nunmehr das neue Königtum anzuerkennen.[198] Am 26. Oktober konnte Ruprecht seinen zeremoniös aufwendig ausgestalteten Einzug in Frankfurt halten.[199]

---

191 DRTA Bd. 4, 132f. Nr. 120 (rheinischer Städtetag vom 8. September 1400). Vgl. Heimpel Bd. 1 (1982), 128; Schubert (1977), 312f.: Ders. (1987), 176f. mit Anm. 297; Kraus (1987/88), 6f.

192 Ruprecht begründete noch am 30. August seine Weigerung, daß ein Königslager nur bei Doppelwahlen rechtens sei; er aber wäre »einmüdeclich von den korfürsten erkorn«. DRTA Bd. 4, 151 Nr. 136.

193 Vgl. Schubert (1977), 306ff.; Heimpel Bd. 1 (1982), 129.

194 Schubert (1977), 310f.

195 Ebd., 312f. – Das Rechtsverfahren eines Königslagers ist ebenso wie die Erhebung auf den Königsstuhl von Rhens noch 1442 bekannt. DRTA Bd. 16, 171 Nr. 100 (Aufzeichnungen über die Ordnung einer Königserhebung).

196 Zum Königslager Ruprechts vgl. Schubert (1977), 307f.; Volk (1999), 271f. und 283.

197 DRTA Bd. 4, 160 Nr. 143.

198 Ebd., 241 Nr. 205 § 4.

199 Ebd., 160ff. Nrn. 143–145.

5. Burgmannen, Handelsherren und Bürger: das Werben der rheinischen Kurfürsten um die Anerkennung des neuen Königs

Die Publikation der Akte von Oberlahnstein und Rhens – die Reaktion der Burgmannen zu Friedberg: die sofortige Unterrichtung Wenzels – die ausbleibenden Antworten des Prager Hofes – das Königslager in Friedberger Sicht – politischer Druck und zögernde Anerkennung Ruprechts – der Absagebrief an Wenzel als letzte Bitte, ins Reich zu kommen – das Werben der rheinischen Kurfürsten um die Reichsstädte – die Haltung Frankfurts – die wirtschaftlichen Hintergründe des schnellen Übergangs Nürnbergs zu Ruprecht – Ulman Stromers politische Rolle – Rücksicht auf die Königstreue in der Gemeinde: der Grund für die späte Absage an Wenzel

Neben die leise Verdrehung, ja Verfälschung der Goldenen Bulle hatten wir die Demonstration des Königslagers gestellt. Dieses war den rheinischen Kurfürsten zwar von der Reichsstadt Frankfurt aufgezwungen worden, aber es lag durchaus auf der Linie der dramatischen Sommertage des Jahres 1400, auf der Linie der von den Kurfürsten gesuchten Öffentlichkeit. Es ging darum, all jene Mächtigen unter Druck zu setzen, die sich zuvor den Plänen der Kurfürsten entzogen hatten. Die Absetzung Wenzels und die Neuwahl als öffentliche Akte: Die Öffentlichkeit wurde auch durch Botschaften hergestellt. Angesichts der Diskussionen auf dem Tag zu Oberlahnstein ist es ein großer Erfolg der kurfürstlichen Werbungen, wenn das Ratsmemorial der Stadt Köln mit teilweise wörtlicher Übernahme des Ausschreibens der Kurfürsten vermerkt, »dat si coenink Wenceslauw van Behem umb kontlige gebrech ind missedait, daemit he sich des heiligen raemischen richs unwirdich gemacht hette, afgedain ind afgedat hetten van deme roemschen riche«.[200] Aber selten ging es in den Kerngebieten des Reichs so glatt. Aufzeichnungen, die in der Reichsburg Friedberg angelegt wurden,[201] informieren über die Schwierigkeiten. In der Nacht des 21. August gelangt an die Burgmannen die Nachricht, daß am Tag zuvor die vier Kurfürsten »König Wentzlawen vom riche abgesaßt hetten und daz den luden uff eyme stule vor Lanstein allen laßen sagen«. Am folgenden Tag kommt die Botschaft, »daz diesselben viere korfursten zu Rensse uff dem stule weren gewest, und hertzoge Ruprecht den drien ertzbischoffen sine kore hette gegeben, und die drii ertzbischoffe hertzoge Ruprechten da zu eyme Romischen ko-

[200] Die Chroniken der niederrheinischen Städte. Cöln Bd. 1, 332–334, Zitat 333.
[201] Schilp (1987), 346ff. (Verbesserter Druck gegenüber DRTA Bd. 3, 177ff.).

nige hetten gekorn und gesaßt.«[202] Die schnelle Information der Friedberger Burgmannen durch die Kurfürsten läßt sich nicht verallgemeinern. Erst am 5. September richtet Kolmar an Frankfurt die Bitte um Auskunft: Im Elsaß gehe das Gerücht von der Absetzung Wenzels um.[203] Diese Anfrage muß Kolmar am 14. September wiederholen, weil der (deswegen streng bestrafte) Bote die Antwort Frankfurts nicht abgewartet hatte.[204] Die »uffen brieve« der rheinischen Kurfürsten hatten Kolmar also bis dahin noch nicht erreicht.

Die Aufzeichnungen der Friedberger Burgmannen von den Geschehnissen des Jahres 1400 informieren über den zeremoniösen Vorgang der Publikation der Absetzung in Oberlahnstein und der Neuwahl in Rhens. Am 7. September erfuhren die Burgmannen offiziell, was sie schon längst wußten. Der Bote Ruprechts überbrachte zwei offene Briefe der drei Erzbischöfe auf einmal (»tzwen uffen brive mit eyne«) über die Wahl. Vom 20. und 21. August sind diese beiden Briefe datiert. Ob »gemein sag«, ob offizielle Information: Die Friedberger Aufzeichnungen lassen erkennen, was diese Nachrichten auslösen: Unsicherheit.

Das Verhalten der Friedberger Burgmannen mag man als marginal ansehen, was angesichts der Nähe der Reichsburg zu der Stadt des Königslagers nicht ganz zutreffend ist. Das Verhalten der Burgmann weist vor allem auf die erheblichen Risiken des kurrheinischen Politik hin. Mit wieviel Akzeptanz im Volk konnten sie rechnen? Die eilends zusammengerufenen Burgmannen beraten sich mit der Stadt Friedberg, Burg und Stadt werden in Verteidigungsbereitschaft gesetzt. Sodann informieren die Burgmannen König Wenzel, dem sie die Nachricht der Ereignisse übermitteln und als »uwer undertanen« unterschreiben. Die Einstellung der Friedberger Burgmannen wird schon darin deutlich, daß sie den Boten des neuen Königs als »hertzoge Ruprechts bode« bezeichnen. Sie sandten schon am folgenden Tag die beiden Schreiben der geistlichen Kurfürsten sofort in Abschrift an Wenzel. In ihrem Begleitschreiben wird sichtbar, daß die Burgmannen sogleich die Bedeutung des Königslagers für Wenzels Stellung im Reich erkannt hatten. Auch wenn es den Rittern nicht gebührte, einem König mit direkten Worten zur Eile zu mahnen, so liest sich ihr Schreiben als dringende Aufforderung an den Adressaten, sofort ins Reich zu kommen: »Auch lieber gnediger herre, so sin vur Franckenfurt etliche baner in dem felde uffgestoßen und getzelde uffgeslagen; so horen wir auch sagen, daz sie uff fritag neste kompt (Sept. 10) vor Franckenfurt wollen cziehen und zu felde davor ligen. Hernach uwer koniglichen, furstlichen gnaden sich mag wißen zu riechten, dann weren uns soliche brive ee worden, wir hettens uwer gnaden auch ee lan wiße«.[205]

---

[202] Ebd., 346.
[203] DRTA Bd. 4, 185 Anm. 9.
[204] Ebd., 188 Anm. 1.
[205] Schilp (1987), 349.

Der Bote der Reichsburg übergab am 4. September den Brief und einen gleichlautenden der Stadt Friedberg zu Karlstein dem König.[206] Das Schreiben ließ Wenzel gar nicht beantworten, obwohl er dies dem Boten zugesagt hatte. Dessen ungeachtet gelangte am 20. September ein neues Schreiben der getreuen Friedberger Burgmannen nach Prag. Aber kein anderes Schicksal als das der am 4. September überreichten Botschaft hatten die aktuellen Informationen. Mehr als das Versprechen einer Antwort brachte der Bote auch diesmal nicht zurück. Las man am luxemburgischen Hofe die Schreiben wirklich, erkannte man aus ihnen die fast flehentliche Bitte um ein entschlossenes, ein königliches Handeln, las man die Warnungen hinter den Anredeformeln der Ergebenheit? Resignation der Burgmannen: »der botschafft oder antwort keine zu uns quam.«[207] Selbst wenn man die von Palacky vertretene Ansicht teilt, daß böhmische Wirren den König zwangen, in Prag zu bleiben,[208] so weist doch Wenzels Behandlung der Friedberger Burgmannen auf eine völlige Passivität angesichts der Vorgänge in deutschen Landen. Mit leeren Händen, ohne jeden Trost, kehrten die Boten zur Reichsburg zurück.

Nach dem Friedberger Bericht begann am 10. September Ruprecht sein Königslager. Der Wittelsbacher lud die Burgmannen zum 12. nach Frankfurt.[209] Den Abgesandten wurden »alle artikele, warumbe sie konig Wentzlawe abgesaßt hatten vom riche« vorgelegt.[210] Die Ritter waren unsicher, sie »wolden die sache gerne hinder sich an den burggraven und burgman brengen, dann sie der sache nit me gehorit enhetten«.

Die Absetzung als »unerhörte« Sache: Trotz aller Legitimationsbemühungen waren die Friedberger weder auf der Burg noch in der Stadt überzeugt. Lange Beratungen folgten.[211] In dem Bericht darüber wird Ruprecht stets nur »Herzog« genannt. Es war der Druck der drei rheinischen Erzbischöfe, die in persönlichen Verhandlungen vor Frankfurt am 4. Oktober die Friedberger zur Anerkennung des neuen Königtums veranlaßten. Die Eidesfrage, die für die Abgesandten so wichtig war, beschieden die Erzbischöfe mit der uns bereits bekannten Auffassung: Die Friedberger sollten Wenzel »ire eyde uffsagen, die sie siner personen getan hatten von des riches wegen«.[212] Doch ganz so einfach machen es sich die Ritter nicht;

---

206 Ebd., 347f.

207 Ebd.

208 Palacky (1867), 119f.

209 Im Vergleich mit dem seltsam verzögerten Bekanntwerden des Absetzungsurteils im Elsaß zeigt sich jetzt, allen recht gebend, die auf den demonstrativen Charakter eines Königslagers setzten, wie schnell diese Demonstration bekannt wurde. Hagenau richtet am 15. September an Frankfurt die Anfrage, wie es sich mit den Gerüchten verhalte, wonach Ruprecht mit großem Volk vor Frankfurt läge. DRTA Bd. 4, 188 Anm. 1.

210 Schilp (1987), 350.

211 Ebd., 351f.

212 Ebd., 353.

sie beziehen sich auf den Rechtsentscheid des Königslagers und fordern zugleich, indem sie indirekt einräumen, nur politischem Druck gewichen zu sein, den Schutz der Kurfürsten. »Da namen sie da hertzoge Ruprechten un die fursten und gaben die burgmann ym da ein antwerte: So he sin ziit vor Franckenfurt ußgelege, ließen yn dann die von Franckenfurd ynne, so wolden sie yn auch ynne laßen, also dan he yn ire privilegia confirmiret und yn auch mit den dryn korfursten ire brive geben mit iren allen anhangenden ingesigeln, daz sie yn bii wolden sten. Daz hertzoge Ruprecht und die fursten da retden: Sie woldens tun, als sich daz auch in iren brieffen wole erfindet, die sie uns gegeben han.«[213]

Der Absagebrief an Wenzel, den die Burgmannen am 13. Oktober ausfertigten, ist zugleich eine letzte Mahnung an den König, die Herausforderung von Ruprechts Königslager anzunehmen. Ansonsten müßten die Burgmannen der Macht der Fürsten nachgeben und Wenzel ihre Eide »von des Reiches wegen« aufsagen. Nicht der Absetzungsspruch, sondern das Königslager war nach Auffassung der Ritter der ausschlaggebende Rechtsgrund. Ihre Entscheidung ist nicht nach Maßgabe der kurfürstlichen Argumente gefallen, sondern nach Maßgabe politisch-militärischer Absenz und Präsenz. Nicht zu Unrecht schieben die Burgmannen die Verantwortung für ihren Schritt König Wenzel zu; denn auf ihre früheren Schreiben sei ihnen »doch keyne antwerte noch trostunge von uch worden ... So han uns dieselben kurfursten, unser herren, abir virbodet vor Franckenfurd und uns eintrechtlichen muntlichen betedinget, gewiset und virmanet, dem obgenanten unserme herren hertzoge Ruprechten hulde zu tunde mit des riches burge bii uns und ym zu gewartende als eyme Romischen konige, als si yn darczu erwelit und gekorn haben ane allerleihe mitde liebe noch keinerleye sachen, dann von gantzer gerechtikeid wegen.« Bei den Absagebriefen der Städte werden wir das Argument noch kennenlernen, daß die Macht der Fürsten ihnen keine andere Wahl lasse. Die Burgmannen jedoch ziehen sich nicht auf diese Position zurück. Ein letztes Mal lassen sie Wenzel wissen, daß sie bereit wären, für ihn zu kämpfen. Nur möge er sie dabei nicht allein lassen. Dann würde das Königslager über den Gegenstand dessen entscheiden, was den Inhalt des Eides »von des Reiches wegen« besagt. Deswegen fährt der scheinbare Absagebrief, den wir als letztes Werben der Burgmannen um eine adeliger Kampfbereitschaft des Königs entsprechenden Haltung verstehen, fort: »Gnediger herre, laßen yn (Ruprecht) nu die vom Franckenfurt ynne und virsiecht uwir gnade daz nit, so konnen wir uns vor solicher macht der fursten, herren und stede nit uffgehalden und sagen uwir personen unsir eyde, die wir uch von des riches wegen getan han, uff und wollen doch bii dem riche bliben mit beheltniße unsir eide, die wir dem riche han getan.«[214]

---

213 Ebd.
214 Ebd.

Wie ernst es den Burgmannen mit ihrem verklausulierten Absagebrief war, zeigt sich allein schon darin, daß sie ihren Boten, Jeckel Fugelir, schwören ließen, sofort aufzubrechen und »sich nichts zu sumen«. Sicherheitshalber gaben sie ihm zwei Schreiben mit, falls das eine verloren ginge oder dem Boten »genommen wurde«.[215] Die letzte, die wiederum vergebliche Hoffnung Königstreuer.

Die Werbung der rheinischen Kurfürsten um die Friedberger Burgmannen war eine von vielen Werbungen, die um die militärische Unterstützung des neuen Königtums besorgt waren. Ebenso wichtig aber waren auch die Bemühungen um die Reichsstädte. Dabei zeigt sich, daß der alte Gedanke der »warandia«, der noch zu Zeiten Ludwigs des Bayern eine große Bedeutung hatte, verblaßt ist: Die Anerkennung eines Königs durch die Städte des Reichs ist kein rechtssetzender Akt für die Gültigkeit der neuen Herrschaft. Mit der Ausbildung des ausschließlichen Wahlrechts der Kurfürsten war dieser alte Gedanke verloren gegangen. Und vor allem: Aus den Königsstädten waren Reichsstädte geworden, in denen die direkte Stadtherrschaft des Reichsoberhaupts nicht mehr zu erkennen war. Man warb nunmehr um diese Städte, weil man ihre politische und finanzielle Unterstützung brauchte.

Das Werben um die Anerkennung der Reichsstädte hing auch mit unmittelbaren, mit dringenden Tagesfragen der Politik zusammen, konkret mit deren Finanzierung. Den rheinischen Kurfürsten, die aus wirtschaftlicher Verantwortung den rheinischen Gulden prägen ließen, waren die bis in den Karpatenraum sich erstreckenden wirtschaftlichen Interessen der Hochfinanz wohlvertraut.[216] Ebenso vertraut war ihnen die Rolle der Kawertschen, der Finanziers in den rheinischen Städten.

Die Reichsstädte zögerten mit der Anerkennung Ruprechts. Gewunden sprachen sie: »van den leufen der veranderongen, die overmicz die kurfürsten an deme heiligen riche gescheit is«.[217] Für Nürnberg ist noch am 18. September allein Wenzel der wahre König, Ruprecht ist nur »unser herre herzog Ruprecht, den unser herren die kürfürsten an Rein zu Romschen Konige gekorn haben.«[218] Allzu gefährlich für eine dezidierte Stellungnahme erschien den Städten die politische Situation. Unter strengster Geheimhaltung korrespondierten sie in dieser Frage untereinander.[219]

---

[215] Ebd., 353f. Die Befürchtung war gewiß nicht grundlos. Vgl. den bei Gerlich (1960), 119 geschilderten Fall. 1452 wurden Gesandte des preußischen Bundes auf ihrem Weg zum Kaiserhof überfallen und aller Beweisurkunden beraubt. Weise (1955), 177.

[216] Vgl. Wolfgang von Stromer, Oberdeutsche Hochfinanz 1350–1450. 3 Bde. (VSWG Beiheft 55–57) 1970; Peter Moraw, Deutsches Königtum und bürgerliche Geldwirtschaft um 1400. VSWG 55 (1968), 289–328; Ders., Königtum und Hochfinanz in Deutschland 1350–1450. ZGORhein 122 (1974), 23–34; Wolfgang Zorn, Anmerkungen zu Reichspolitik und Wirtschaftskraft zur Zeit König Ruprechts von der Pfalz, in Speculum Historiale. Festschrift für Johannes Spörl, hg. von Clemens Bauer u. a. 1965, 468–490.

[217] DRTA Bd. 4, 131 Nr. 119. 1400 Sept. 8 (Köln).

[218] Ebd., 135 Nr. 123.

[219] Vgl. ebd., 137 Nr. 126 und 141 Nr. 130.

Vom Mainzer Städtetag am 8. September und von jenem der Bodenseestädte am 21. September brachten Ruprechts Gesandte nur die enttäuschende Antwort mit, daß die städtischen Abgesandten mit der Begründung des »hinter sich bringens« eine Festlegung vermieden hatten.[220] Erst Ende September, als immer klarer wurde, daß Wenzel nicht ins Reich kommen würde,[221] setzte zögernd eine Anerkennung Ruprechts ein, die sich im Laufe des Oktobers verstärkte.[222] Es machte Eindruck, daß am 13. Oktober die Stadt Köln König Wenzel abgesagt hatte;[223] noch mehr Eindruck sollte aber Ruprechts Königslager machen.[224] Aber noch bis zum Ende des Dezembers reichen die Werbungen des Wittelsbachers um Anerkennung seines Königtums.[225]

Politischer, militärischer und auch wirtschaftlicher Druck, der von Fürsten auf die Städte ausgeübt werden kann: Frankfurt spürte diesen Druck am unmittelbarsten. Die Stadt hatte zu Wenzel ein sehr gutes Verhältnis, was an der Zahl der verliehenen Privilegien, der Aufenthaltsdauer des Königs bei seinen Besuchen im Reich und auch am ziemlich dichten Briefwechsel zu erkennen ist.[226] Noch 1399 sollte Frankfurt getreulich den König über die Situation im Reich informieren.[227] Aber für die Wahlstadt des Reiches erwies es sich als unmöglich, an Wenzel festzuhalten. Der politische Wille der rheinischen Kurfürsten kann auf wirtschaftliche Repressalien setzen. Nachbarschaft heißt ja nicht nur räumliche Nähe, sondern weist, wie es etwa auch im Falle der Stadt Mainz zu erkennen ist,[228] auf eine enge Verflochtenheit mit der territorialen Wirtschaft des Nachbarn hin. Man verliert im Kriegsfall nicht nur Kunden und Lieferanten, auch die Handelswege, die über fremdes Gebiet laufen, hier vor allem der Rhein, werden blockiert. Frankfurt gelingt es noch mit der Forderung nach einem Königslager, einen Aufschub der Ent-

---

220 Ebd., 129 Nr. 115 bzw. 137 Nr. 125.

221 Noch während des Königslagers schwirrten Gerüchte umher, wonach Wenzel, oder wie manche sagten, Wenzel und Siegmund gemeinsam ins Reich kommen würden. Ebd., 188 Nr. 164 und 191 f. Nr. 167. Bei seiner Werbung für Wenzel auf der Tagung der Bodenseestädte am 14. September hatte Johann Kirchen, ohne konkret zu werden, ein Kommen Wenzels angekündigt. Ebd., 138 Nr. 126.

222 Ebd., 170ff. Nrn. 155–161. Aber noch am 8. November muß Ruprecht Straßburg bitten, sich auf dem bevorstehenden elsässischen Städtetag für seine Anerkennung einzusetzen. Ebd., 197f. Nr. 172.

223 Ebd., 169 Nr. 153. Vgl. ebd., 172 Nr. 157.

224 Dennoch gab es auch weiterhin Befürchtungen, Wenzel könne um sein Königtum kämpfen. Deshalb muß Ruprecht im November 1400 Hagenau und Weißenburg, die ihm gehuldigt hatten, versprechen, sie gegen jeden schützen zu wollen, der sie deshalb angreifen würde. Ebd., 226f. Nr. 192.

225 Ebd., 211 ff. Nrn. 182–186.

226 Moraw (1968), 314 ff.

227 Heinig (1983), 179.

228 Moraw (1968), 318 ff.

scheidung von sechs Wochen zu erreichen und die Zeit zu nutzen, um Wenzel zum Kommen zu bewegen.[229] Die Erfahrungen, welche die Ratsherren machen müssen, sind die gleichen wie die der Friedberger Burgmannen.[230] Am 26. Oktober wird Ruprecht der Einzug in Frankfurt erlaubt.[231] Nach dem Königslager wird die Stadt zu einem der wichtigsten Stützpunkte des neuen Königs.

Wenzel hatte, wenn er ins Reich kam, fast nur in Frankfurt und in Nürnberg Hof gehalten.[232] Finanzkräftige Geschlechter aus diesen beiden Städten waren auf das engste mit dem Prager Hof verbunden.[233] Nachdem wir die Haltung Frankfurts beleuchtet haben, gilt es nunmehr, nach der Stellung der anderen für Wenzels Königtum bedeutsamen Reichsstadt zu fragen.

Seit Karl IV. war Nürnberg die wichtigste Stadt im Reich für den böhmischen König geworden, der zugleich Oberhaupt des Reiches war. Daß die Goldene Bulle die Pegnitzstadt als Stadt des ersten Hoftags eines neugewählten Königs bestimmte, war Ausdruck dieser auch auf wirtschaftlichen Beziehungen beruhenden Bedeutung für die böhmische Krone. In Nürnberg sollte nach dem Willen Karls IV. die Geburt Wenzels stattfinden.[234] Die Stadt war der Pfeiler, auf den der Kaiser seine »Landbrücke« nach Frankfurt stützte.[235] In dieser für die Luxemburger so wichtigen Stadt läßt sich aber erstaunlicherweise nicht jenes Zögern, geschweige denn die ausweichende Ablehnung erkennen, mit der rheinische Städte dem Absetzungsvorhaben der Kurfürsten begegneten. Im Gegenteil: Nürnberg ging schon im Oktober 1400 zu Ruprecht über,[236] aber – ein neues Rätsel – erst am 27. Januar 1401 fertigte die Stadt den Absagebrief an Wenzel aus,[237] kurz bevor Ruprecht der Goldenen Bulle gemäß seinen ersten Hoftag in der Pegnitzstadt hielt.

Die beiden Rätsel, die das Verhalten des Nürnberger Rates aufgibt, hängen nicht allein mit der Politik zusammen. Angesichts der engen finanziellen Verflechtungen des Prager Hofes mit den Kreditgebern im Reich[238] hatte die Absetzung Wenzels auch wirtschaftliche Implikationen. Wir konzentrieren uns auf ein Beispiel, das des Ulman Stromer, der sich in seiner Autobiographie außergewöhnlich gut über die

---

229 DRTA Bd. 3, 166 Nr. 150.

230 Am 12. September und noch drängender am 7. Oktober bittet Frankfurt Wenzel um sein Kommen. Andernfalls müsse die Stadt sich Ruprecht ergeben. DRTA Bd. 4, 165f. Nrn. 149f.

231 DRTA Bd. 4, 160f. Nrn. 144f.

232 Heinig (1983), 187. Vgl. für Nürnberg: Müller (1971), 34ff.

233 Heinig (1983), 198. Vgl. Ivan Hlaváček, Zur Nürnberger Alltagskommunikation mit der Reichszentrale unter Wenzel (IV.) bis zum Abfall im Jahre 1401, in: Lothar Kolmer u.a. (Hgg.), Regensburg, Bayern, Europa. Festschrift für Kurt Reindel. 1995, 321–334.

234 Zotz (1991), 186.

235 Hanns Hubert Hofmann, Karl IV. und die politische Landbrücke von Prag nach Frankfurt a. M., in: Zwischen Frankfurt und Prag, hg. vom Collegium Carolinum. 1963, 112–125.

236 DRTA Bd. 4, 284ff. Nr. 243. Vgl. ebd., 287ff. Nrn. 244f. Dazu Müller (1971), 54f.

237 DRTA Bd. 4, 290 Nr. 246. Vgl. Müller (1971), 55 und 113f.

238 Heinig (1983), 197ff. und 227.

Vorgeschichte der Absetzung Wenzels informiert zeigt.[239] Der bedeutende Unternehmer gehörte, wie es typisch für die Nürnberger Oberschicht war, nicht nur zu den wirtschaftlich, sondern auch politisch einflußreichen Persönlichkeiten der Reichsstadt. Seine weitverzweigten Geschäfte hatten im Montanrevier der wittelsbachischen Oberpfalz den wichtigsten Rückhalt. Kein Wunder, daß seit 1374 die rheinischen Pfalzgrafen bei ihm Herberge nahmen, wenn sie sich in der wichtigsten Tagungsstadt des Reiches aufhielten.[240] Personale Beziehungen entstanden neben denen zu Böhmen in der Folgezeit aus langer Vertrautheit auch mit dem Heidelberger Hof, die erklären, daß Frankfurt zur Zeit von Ruprechts Königslager neben seinen Kontakten zum Nürnberger Rat noch eine Korrespondenz mit Ulman Stromer unterhalten hat. Es ist sogar anzunehmen, daß sämtliche, zum Teil verschlüsselten Berichte aus Böhmen durch Stromers Vermittlung an Frankfurt gelangten.[241] Dieser kann schon am 13. September über Vorgänge berichten,[242] die wenige Tage zuvor in Prag stattgefunden haben, und sein Urteil über die Lage fällt mit Angaben über militärische und finanzielle Details präziser und auch für Ruprecht günstiger aus als die Nachrichten des Rates,[243] die erst fünf Tage später eintreffen. Das Interesse, das solche Meldungen auch in anderen Städten fanden, ist aus dem Bericht zu ersehen, den die Gesandten Straßburgs am 27./28. Oktober nach Hause schickten.[244] Die Nachrichten, die Ruprecht selbst über seinen Gegner bekommen hat, werden wohl ebenfalls aus dieser Quelle geflossen sein. Das politische Informationsnetz der Stadt beruhte auf dem wirtschaftlichen Kommunikationssystem.[245] Es war für Ruprecht ein unschätzbarer Vorteil, daß in den entscheidenden Wochen vor und nach dem Oberlahnsteiner Tag der pfälzische Vertrauensmann Ulman Stromer der wichtigste Informant war.

Die Lösung des ersten Rätsels, das des schnellen Übergangs der Pegnitzstadt zum neuen Königtum, liegt darin beschlossen, daß Ruprecht nicht nur rheinischer Pfalzgraf, sondern zugleich Herr der Oberpfalz war, jenes »Ruhrgebiets des Mit-

---

239 Ulman Stromer, 50ff. Vgl. auch ebd., 51f. (Zusammenfassung der Absetzungsurkunde) und 52f. (Nachrichten über Ruprechts Königslager). Zu Ulman Stromer vgl. auch Heinig (1983), 199 und 201.

240 Ulman Stromer, 76. – Weiterhin bestanden enge Beziehungen Ulman Stromers zum Burggrafen Friedrich VI. von Nürnberg, einem der beiden Reichsfürsten, die auf dem Tag zu Oberlahnstein anwesend waren. Twellenkamp (1994), 171.

241 DRTA Bd. 3, 304 Nr. 249, Anm. 1.

242 DRTA Bd. 4, 134f. Nr. 122.

243 Ebd., 135 Nr. 123.

244 Ebd., 190ff. Nr. 167.

245 Zum Botenwesen der Reichstadt am Ende des 14. Jahrhunderts vgl. Lore Sporhan-Krempel, Nürnberg als Nachrichtenzentrum zwischen 1400 und 1700. (NürnbergerForsch 10) 1968, 21f. Vgl. auch Heinig (1983), 139ff. Allgemein: Monnet (2000), 213ff. – Zum Netz der Handelsstraßen, in dessen Mitte Nürnberg lag, vgl. die Karten bei Alfred Höhn, Die Straßen des Nürnberger Handels. Ein Streifzug durch Geschichte und Handel. 1985, 3, 19, 47 und 49.

telalters« (Karl Bosl), das neben den Reichswäldern die wichtigste Grundlage für die Nürnberger Wirtschaft bildete. Die Hochfinanz in der Stadt mußte neben engen Beziehungen zum Prager auch solche zum Heidelberger Hof pflegen. Dennoch bleibt es erstaunlich, wie schnell es Ruprecht gelang, die Nürnberger Hochfinanz, die zuvor eng mit dem Prager Hof verflochten gewesen war,[246] zu gewinnen. Diese ging sofort zum neuen König, dem Landesherrn der Oberpfalz, über. Aufschlußreich ist das Verhalten des Nürnbergers Herdegen Valzner, des, jedenfalls den erhaltenen Aufzeichnungen nach zu urteilen, bedeutendsten Kreditgebers in der Reichsstadt, eines Montanunternehmers, der, nachdem er vorher eng mit dem Prager Hof zusammengearbeitet hatte, unmittelbar vor Wenzels Absetzung sein Vermögen aus Böhmen abzieht und ganz nach Nürnberg übersiedelt.[247] Herdegen Valzner wußte, was die Politik des Nürnberger Rates bestimmen würde; diese nämlich berücksichtigte nicht die Summe wirtschaftlicher Interessen einzelner Ratsherren, wie sich zunächst vermuten läßt, sondern war dem Wohl der gesamten Stadt verpflichtet. Das empfahl sich schon als Vorsorge vor innerstädtischen Unruhen. Die wirtschaftlichen Interessen Einzelner wogen selbst bei großen Vermögenswerten wenig, wenn, wie Herdegen Valzner erkannte, die für die städtische Wirtschaft unerläßlichen Hammerwerke der Oberpfalz in die Waagschale geworfen wurden.

Noch offen ist das zweite Rätsel, warum der Nürnberger Rat trotz der schnellen Anerkennung Ruprechts sich so viel Zeit ließ, dem »alten König« den Absagebrief zuzusenden. Das war (wir gebrauchen der Klarheit halber anachronistische Adjektive) keine »außenpolitische«, sondern eine »innenpolitische« Vorsicht. Das schwierige Verhältnis von Rat und Gemeinde war in der Pegnitzstadt seit dem Handwerkeraufstand 1347 zwar zugunsten eines oligarchischen Ratsregiments vorläufig entschieden, aber die Königsfrage konnte diesen mehr Machtbalance als Regelung darstellenden Konsens gefährden. Überaus behutsam wurde die Gemeinde am 2. Februar 1401 von der Anerkennung Ruprechts unterrichtet, als der Rat vor der am selben Tage stattfindenden Huldigung Ruprechts[248] vor dem Rathaus verkünden ließ, wie schlecht Wenzel das Reich verwaltet habe.[249] Ein späterer Chronist, der durch intensive Beschäftigung mit den Quellen den normalerweise herrischen Umgang des Rates mit seiner Gemeinde kannte, machte 1623 dazu die zutreffende Beobachtung: »Dies Proclama oder Verrufung ist mit gar gütlichen Worten begriffen und die Wort: ›Lieben Freund‹ zum sechsten Mal drinnen wiederholet. Daraus zu spüren, daß vielleicht der gemeine Mann noch auf König Wenzel geneigt gewest«.[250]

---

246 Vgl. Moraw (1968), 307f.
247 Ebd. Zu Herdegen Valzner vgl. auch Heinig (1983), bes. 199ff.
248 DRTA Bd. 4, 266 Nr. 225.
249 Chroniken der deutschen Städte. Nürnberg Bd. 1, 200–202; DRTA Bd. 4, 291f. Nr. 247.
250 Müllner, ed. Hirschmann Bd. 1, 79.

Was die Friedberger Burgmannen nicht glauben wollten, was dem Frankfurter Rat als nicht ganz gewiß galt, war dem Nürnberger Rat von Anfang an klar. Wenzel würde nicht um das Reich kämpfen. Der Rat begründet seine Anerkennung des neuen Königtums in einem Schreiben an andere – ungenannte – Reichsstädte damit, daß der Stadt ansonsten ein Krieg drohe, in dem Wenzel sie allein lassen würde (»und liez uns also stecken in dem krieg«). Einer Belagerung, so wird zwischen den Zeilen festgestellt, kann Nürnberg nicht standhalten, denn umgeben sei es von Gebieten des neuen Königs und seiner Verwandten und Verbündeten: »der new kuenig mit seinem lande vor dem walde, die herren vom Beyrn mit yrem lande,[251] die bischoeff zu Bamberg und zu Wirtzpurg mit iren landen, der burggrave mit seinem lande gleich umb uns gelegen, und haben uns umbgeben mit iren slozzen, daz nichts zu uns noch von uns kommen mocht, wenn sie unser veinde wern«.[252] Die Nürnberger benötigten nicht wie die Frankfurter den Beweis des Königslagers.

Nürnberg war für die luxemburgischen Herrscher der wichtigste Stützpunkt einer Politik, die von Prag ausging, gewesen. Ganz anders der auf direkte Reichsherrschaft angelegte Stil des neuen Königs. Ruprecht wählte Nürnberg zu seinem bevorzugten Aufenthaltsort und damit zum Zentrum der Reichspolitik. Dies trug dazu bei, geschäftliche Beziehungen entstehen zu lassen oder zu intensivieren, z.B. über die Lieferung von Waren für den ständigen Bedarf des Hofes; auch Heereslieferungen wurden hier vergeben. Die persönliche Anwesenheit des Königs läßt Wechselbeziehungen zwischen politischen und finanziellen Interessen gedeihen. Peter Moraw charakterisiert die hiervon profitierende Einflußgruppe als Personenverband mit verhältnismäßig kohärenten Interessen, der den Kreditbedarf des Königtums befriedigte und dafür Gegenleistungen in Form von Privilegien erhielt.[253] Vor allem aufsteigende Familien haben dem König große Kredite gewährt;[254] denn Königsnähe versprach nicht zuletzt Prestige und dieses bildete einen wirtschaftlich umzumünzenden Vorteil bei den Geschäftsbeziehungen.

Die Nähe und die daraus resultierende wirtschaftliche Beziehung zur Oberpfalz und damit zu deren Landesherrn hatten wir für die Haltung der Nürnberger Hochfinanz als ausschlaggebend angesehen. Diese Ansicht beruht nicht nur auf einer Plausibilitätsannahme wie ein Vergleich mit der Einstellung Regensburger Finanzkreise erhellen mag, die – nicht im oberpfälzischen Montanrevier engagiert – die Stellungnahme ihres Stadtrates festlegten: Der Aufforderung der rheinischen Kurfürsten, das neue Königtum Ruprechts anzuerkennen, begegnet der Rat ausweichend, auf Zeitgewinn setzend: »di antwurt ward auch allermaist mit dem gel-

---

251 Die Oberpfalz. Vgl. Thomas (1983), 341f.

252 Chroniken der deutschen Städte. Nürnberg Bd. 1, 200ff. (Beilage VI), hier: 201. – Zum Beginn der Verhandlungen Nürnbergs mit Ruprecht vgl. DRTA Bd. 4, 284 Nr. 243.

253 Vgl. Moraw (1974), 33.

254 Moraw (1968), 307ff.

impfen verzogen, daz er desto minner verubel moecht haben; wan ez sprachen mein herren, si und ir chauflawt hieten grozz gut und gelt in Behaym und in Polan, und waern auch ettlich mit ir leib und gut dinn, daz wolden si zu in pringen alz si schierst moechten«.[255] In der Fernhändlerstadt Regensburg mußte die Stellungnahme des Rates anders ausfallen als in Nürnberg, dessen wichtigster Exportartikel, der sprichwörtlich gewordene »Tand«, auf der Metallzufuhr und der Vorproduktion in der Oberpfalz beruhte.

6. Der »alte« und der »neue« König

Respektierung bei zweifelnder Anerkennung des neuen Königtums – Versuche des Ausgleichs zwischen beiden Königen – wortreiche und tatenarme Proteste Wenzels – der »alte König« und die Fürstenopposition im Reich – Zeugnisse der öffentlichen Meinung: volkstümliche Verse der böhmischen, gelehrte Verse der pfälzischen Propaganda – das Scheitern des neuen Königs oder: die Rache Karls IV. – die verfassungsgeschichtliche Wirkung des Jahres 1400: Befestigung des Dualismus von König und Reich

Am 6. Januar 1401, am Tag der Heiligen Drei Könige, war Ruprecht in Köln gekrönt worden.[256] Die Krönungsstadt Aachen hatte sich geweigert, den neuen Herrscher anzuerkennen.[257] Diese erst 1407 aufgegebene Weigerung entsprach einem weitverbreiteten Denken, das für das neue Königtum hätte gefährlich werden können. Da aber Wenzel einem Kampfentscheid aus dem Wege ging, wurde das Königtum Ruprechts bei den Zeitgenossen zwar faktisch respektiert, jedoch nicht voll anerkannt: »und man hies in nür den newen künig, davon daz der elter Römisch künig Wenzl dennoch lebte«,[258] – ein Beleg dafür, daß Wenzels Vernachlässigung des Reichs und die faktische Reichsherrschaft Ruprechts nie ganz ein Denken überwinden konnte, das die Legalität einer Königsabsetzung verneinte.

Der »neue König«:[259] Das war ein Ausdruck, der von Anfang an dem Königtum Ruprechts anhaftete;[260] zunächst diente diese Bezeichnung nur dazu, sprachlich

---

255 DRTA Bd. 5, 45ff. Nr. 16.

256 DRTA Bd. 4, 234ff. Nrn. 202–242. Vgl. Erkens (1987), 101f.; Müller (1993), 612.

257 Kraus (1987/88), 8ff. und 17ff. Aachen hatte ebenfalls ein Königslager gefordert. Ebd., 28f.

258 Vierte bair. Fortsetzung der sächsischen Weltchronik, ed. Weiland, 361.

259 Schubert (1987), 140.

260 Schon auf dem Mainzer Städtetag vom 8. September spricht man vom »neuen«, im Gegensatz zum »alten« König. DRTA Bd. 4, 133 Nr. 120 § 1. Eine Distanz zum Königtum Wenzels war aber darin zu sehen, daß dieser Städtetag von »hern Wentzelaw konig zu beheim« sprach. Ebd., 132.

eine Festlegung zu verschleiern: »der nuw kunig hertzog Ruprecht von Beiern«.[261] Erschwert wurde die Respektierung des neuen Königtums dadurch, daß die Kurfürsten von Sachsen und Brandenburg sich weigerten, den Entscheid der kurrheinischen Kurfürsten anzuerkennen.[262] Der Sachse war Böhmen benachbart, und der Brandenburger Markgraf war Wenzels Halbbruder Jost von Mähren. Aber selbst diese sollten nach dem Tode Ruprechts, die Thronveränderung des Jahres 1400 anerkennend, einer Neuwahl zustimmen. Zweifel blieben selbst am pfälzischen Hofe wach: 1410, nach dem Tode Ruprechts, läßt sich sein Sohn, Pfalzgraf Ludwig III., von Siegmund versprechen, die vor zehn Jahren vollzogene Wahl als einhellig und das Königtum Ruprechts als ein allgemein anerkanntes gelten zu lassen.[263]

Unsicherheit über die Legitimität von Ruprechts Königtum: Im Februar und März 1401 versuchten die Habsburger einen Vergleich zwischen dem »alten« und dem »neuen« König zu erreichen.[264] 1402 erreicht den Kölner Rat das Gerücht, eine Botschaft Wenzels halte sich an Ruprechts Hofe beim Nürnberger Hoftag auf. Vom Kanzler des Wittelsbachers – so berichtet ein Kölner Ratsherr aus Frankfurt – hätten die Nürnberger vernommen, daß Wenzel einen Romzug plane und bereit sei, wenn Ruprecht ihn dabei unterstütze, ihm die Reichskleinodien auszuliefern.[265] Gerüchte – ausgerechnet Wenzel soll gewillt gewesen sein, die Mühen eines Italienzugs auf sich zu nehmen, wozu ihn schon 1395 ergebnislos Siegmund gemahnt hatte[266] –, die allenfalls auf die Spekulation zurückgehen konnten, durch eine Kaiserkrönung des Böhmen das leidige Doppelkönigtum aus der Welt zu schaffen.

Den Gerüchten hatten auch die innerböhmischen Unruhen 1401 Nahrung gegeben, die Ruprecht, der Herr der Oberpfalz, auszunutzen versuchte,[267] so daß er im Jahre 1402 hoffte, Wenzel zur Abdankung und zur Auslieferung der Reichskleinodien veranlassen zu können.[268] Wilhelm von Meißen war für den Wittelsbacher dabei eine

---

261 So zum Beispiel Rottweil am 18. September 1400. DRTA Bd. 4, 136 Nr. 124.

262 Nach dem Tode Ruprechts erklären 1410 die Kurfürsten von Sachsen und Brandenburg den in Frankfurt versammelten rheinischen Kurfürsten, »sie haben noch einen lebendigen herren, mit namen den konig von Beheim, den sie halden fur einen Romschen konig«. DRTA Bd. 7, 43 Nr. 30.

263 DRTA Bd. 7, 18f. Nr. 7. 1410.

264 DRTA Bd. 4, 262 Nr. 218 und 331 Nr. 283. Vgl. Schaab - Lenz (1998), 168ff. Nrn. 97–99. – Zu den Verhandlungen, die 1401 Ruprecht mit dem Prager Hof führen ließ, vgl. Twellenkamp (1994), 117ff.

265 DRTA Bd. 5, 424 Nr. 317.

266 Baum (1993), 37.

267 Zu den weitreichenden Forderungen, die am 21. Juni 1401 der Wittelsbacher in Waldmünchen glaubte erheben zu können (Abdankung Wenzels, Auslieferung der Reichskleinodien, Vermählung der Elisabeth von Görlitz, der Nichte Wenzels, mit Ruprechts Sohn), vgl. DRTA Bd. 4, 395ff. Nrn. 337 und 339f. Dazu Palacky (1867), 129f. – Mit Albrecht IV. von Österreich knüpfte Ruprecht Verhandlungen in der Absicht an, Wenzel zum förmlichen Rücktritt vom römischen Königtum zu veranlassen. DRTA Bd. 5, 418ff Nrn. 311ff.

268 DRTA Bd. 5, 330f. Nrn. 249ff.

Schlüsselfigur.[269] Verhandlungen des neuen Königs mit Wilhelm und Jost von Mähren verliefen allerdings im Sande,[270] weil schon im August 1402 offenbar geworden war, daß Ruprecht gar nicht soviel geben konnte, wie Jost von Mähren forderte, nämlich die einzig noch halbwegs intakte Landvogtei des Reichs, die im Elsaß.[271]

Unsicherheit: Selbst ein in politischen Fragen so erfahrener Rat wie der von Regensburg stand 1402 in Hinblick auf Ruprecht »in grozzem zweivel, ob er oder kunikch Wenczla von Behaym bei dem reich belib«.[272] Augsburg sandte im Sommer 1402 Kundschafter nach Böhmen, um zu erfahren, »waz man hörte von dem alten küng.«[273] Vorsicht war angeraten. Sogar Fürsten, die wie die Nürnberger Burggrafen das neue Königtum stützten, ließen ihre Kontakte zum böhmischen Hof nicht abreißen.[274]

Bekanntermaßen hat Wenzel seine Absetzung offiziell bis zu seinem Tode 1419 nicht anerkannt,[275] hat die Titulatur eines römischen Königs weitergeführt, hat bis zu seinem Tode als römischer König gesiegelt,[276] hat sogar vom Pisaner Konzil eine Revision seiner Absetzung erhofft,[277] hat sich jedoch nie darauf eingelassen, um dieses Königtum zu kämpfen. Am deutlichsten formuliert Wenzel seinen Protest 1402 in einem Schreiben an Bologna.[278] Die Stadt habe wohl schon gerüchteweise vernommen (»fama praeambula«), daß »Rupertus dictus Clemm de Bavaria« – mit seinem Spitznamen wird Ruprecht eingeführt und das »de Bavaria« hat seit den Zeiten Ludwigs des Bayern einen eigentümlichen Beigeschmack – betrügerisch und eidvergessen, nur auf die Stimme von zwei Erzbischöfen gestützt, wage, sich Römischer König zu nennen. Er, Wenzel, wolle ihn gemeinsam mit seinem Bruder, König Sigmund von Ungarn, den er zum Reichsvikar (»vicarium generalem«) ernannt habe,[279] bekämpfen. Taten, geschweige denn ein Romzug,[280] aber folgten solchen

---

269 Ebd., 330f. Nr. 249.

270 Ebd., 425ff. Nrn. 319–322.

271 Ebd., 415 Nr. 308: Ruprecht instruierte seine Botschaft, daß sie Jost statt der Landvogtei entweder die Nutzungen von Kaysersberg, Münster im Gregoriental und Türkheim oder aber Geld anbieten sollten.

272 Ebd., 45 Nr. 16.

273 Ebd. Bd. 5, 276 (Kommentar).

274 Ebd., 35 Nr. 8 § 8 mit Anm. 3 (1402).

275 Graus (1987), 22. – Wenzel forderte auch nach 1400 noch die Reichssteuer von den Reichsstädten (Pelzel [1790] Bd. 2, 561) und traf 1407 Vorbereitungen, die Reichsgewalt wieder an sich zu ziehen (ebd., 520ff.).

276 Adam (1980), 35.

277 Heimpel Bd. 2 (1982), 637f.

278 DRTA Bd. 5, 186f. Nr. 147.

279 Die Ernennung von 1396 war von Wenzel 1401 erneuert worden. Ebd., Anm. 2. Vgl. Baum (1993), 46.

280 Baum (1993), 46f. – Zu den gescheiterten Romzugsplänen Wenzels 1380/81 vgl. Hoensch (2000), 203.

Schreiben nicht. Wir verfolgen diesen Sachverhalt nicht weiter, notieren nur, daß der Bücherliebhaber Wenzel seinen kultivierten Kommentar zu den Ereignissen in dem Auftrag einer Prachthandschrift der Goldenen Bulle, die natürlich nichts von einem Absetzungsrecht wußte, formulierte.[281] Wenzel hatte – und deshalb verfolgen wir seine offiziellen Stellungnahmen nicht weiter – die im Jahre 1400 geschaffenen Verhältnisse als Realität hingenommen. Der im Jahre 1410 erwogene Plan, Wenzel als Kaiser zu bestätigen, um Jost von Mähren zum König wählen zu können,[282] blieb Anekdote, setzte er doch einen Romzug voraus, den Wenzel niemals zu unternehmen wagte. Nur ein Zeugnis haben wir gefunden, aus dem hervorgeht, daß Wenzel seine faktische Absetzung anerkannte. 1411 verspricht er dem Grafen Philipp von Nassau große Gunstbeweise für den Fall, »das wir oder der ... kunig zu Ungern ... zu Romischen kunige erwelt werden«.[283] Wenn Wenzel hier seine Wahl zum Römischen König für möglich und wünschenswert erachtet, so ist darin das Eingeständnis beschlossen, daß er die Königsrechte nicht mehr innehabe.

Der »alte König«: Die Politik am Prager Hofe war nicht auf Dauer inaktiv geblieben. Im Jahre 1400 konnten die königlichen Räte nichts unternehmen, weil jedes Handeln damals die persönliche Aktivität Wenzels voraussetzte. Die hatte der Bücherliebhaber verweigert. Aber späterhin hat er gegen diplomatische Bestrebungen seiner Räte, sofern diese ihn persönlich nicht zwangen, Böhmen zu verlassen, nichts einzuwenden gehabt. Nachdem die im Februar 1405 eingeleiteten Verhandlungen zwischen Ruprecht und Wenzel[284] im Sande verlaufen waren, unternahm der Prager Hof im folgenden Jahr einige Anstrengungen, um eine erneute Anerkennung Wenzels als Römischer König zu erreichen. Man versuchte mit finanziellen Versprechungen – von 50000 fl. war die Rede –, Eberhard von Württemberg zu gewinnen[285] und trat in Verbindung mit dem Marbacher Bund,[286] der gegen Ruprecht mit der Partei Ludwigs von Orléans am französischen Hofe konspirierte,[287] mit jener Partei, die enge Beziehungen zum Prager Hof pflegte.[288] All diese Bemühungen aber führten nur zur politisch bedeutungslosen erneuten Anerkennung Wenzels durch Landgraf Johann von Leuchtenberg, die allerdings eine für die Stimmung am Prager Hofe aufschlußreiche Wendung erhält: Johann verspricht Wenzel,

---

281 Armin Wolf (Hg.), Die Goldene Bulle. König Wenzels Handschrift. 1977. Vgl. Heimpel Bd. 2 (1982), 690.

282 Heimpel Bd. 2 (1982), 649f. – Ein solcher Plan war schon 1401 bei einem von Prokop von Mähren unternommenen Ausgleichsversuch erwogen worden. Hoensch (1996), 152.

283 Druck: Ludwig Quidde, König Sigmund und das Deutsche Reich von 1410 bis 1419. 1. Die Wahl Sigmunds. Diss. Göttingen 1881, 26f.

284 DRTA Bd. 5, 677ff. Nrn. 467f. Vgl. Schubert (1987), 140 Anm. 35.

285 DRTA Bd. 6, 67 Nr. 31.

286 Ebd., 14 [Kommentar].

287 Ebd., 13.

288 Krimm (1969), 63.

ihm gegen Herzog Ruprecht zu dienen »in dem Kriege, den sie miteinander haben von des Römischen Reiches wegen«.[289] Krieg um das Römische Reich: Ludwig von Orléans war durchaus bereit, bei entsprechenden Bemühungen Wenzels, ihn militärisch zu unterstützen,[290] was offenbar Ruprecht, wie er 1407 an Straßburg schrieb, sehr beunruhigte.[291] Wenzel jedoch, der schon in der für ihn viel günstigeren Situation des Jahres 1400 einen Kampf um das Reich scheute, war auch späterhin nicht willens, diplomatischen Vorbereitungen Taten folgen zu lassen.[292]

Zwar gelangen zwischen 1402 und 1404 Ruprecht große Fortschritte in der Anerkennung seines Königtums,[293] aber seine Stellung blieb letztlich schwach. Schon im Winter 1402/03 bildete sich um Bernhard I. von Baden eine Fürstenopposition mit engen Kontakten zum Herzog von Orléans.[294] Daß diese Opposition nicht Rückendeckung beim »alten König« suchte, zeigt, daß die wachsende Anerkennung von Ruprechts Königtum nicht auf der Stärke des Wittelsbachers, sondern auf der Schwäche des Böhmen beruhte.

»O o der goeckelman ist kumen«:[295] Ein Spottlied auf den mit leeren Taschen als armer Gaukler aus Italien zurückkehrenden Ruprecht, das nach dem gescheiterten Italienfeldzug im Reich die Runde machte,[296] weist auf die Haltung des gemeinen Mannes zur Thronfolge im Jahre 1400 zurück: Er war offenbar gar nicht davon überzeugt, daß man einen König absetzen dürfe. Auch von Seiten des Wittelsbachers wurde versucht, die Öffentlichkeit zu beeinflussen. Den Ansatzpunkt bot, daß in Kleriker- und Gelehrtenkreisen die Wahl eines Königs von streng urbanistischer Gesinnung begrüßt wurde. Höhnische Abgesänge auf den Luxemburger – Ruhmreden auf den neuen König. Wieweit die Zeugnisse auf wittelsbachische Propaganda zurückgehen, läßt sich nicht entscheiden; zu vermuten ist, daß es eine solche gegeben hat, die dann nach Ruprechts unglücklichem Italienzug mit dem Spottlied von dem mit leerem Beutel heimgekehrten Gaukler ihre böhmische Antwort erfahren hat.

Die Absetzung Wenzels kommentiert einer der im Spätmittelalter so beliebten Memorialverse, den die Annalen von Heilsbronn überliefern: »Kunig Wenzel war ein lieht unde gab nicht schein / Dorumb ist er beraubt der eren sein«.[297] In einem

[289] DRTA Bd. 6, 14 [Kommentar].

[290] Krimm (1969), 65. Vgl. Palacky (1867), 209ff.; Müller (1993), 598ff.

[291] DRTA Bd. 6, 13 [Kommentar].

[292] Müller (1993), 599f.

[293] Weizsäcker, in: DRTA Bd. 5, 560ff.

[294] Weizsäcker, in: DRTA Bd. 5, 371ff.

[295] Martin Bauer, Die »gemain sag« im späteren Mittelalter. Studien zu einem Faktor mittelalterlicher Öffentlichkeit und seinem historischen Auskunftswert. Diss. Erlangen-Nürnberg 1981, 252 und 350. Vgl. Thomas (1983), 346; Schubert (1987), 178.

[296] Zu Ruprechts Italienzug vgl. Heimpel Bd. 1 (1982), 214–220; Twellenkamp (1994), 119ff. und 208f.

[297] Annales Heilsbrunnenses. MGH SS Bd. 10, 10.

politischen Gedicht, das um 1400 ein Zeitbild der völligen kirchlichen Zerrüttung entwirft (enthalten in einer Berliner Handschrift des Martin von Troppau), wird in holprigen Versen auf das Schicksal Wenzels verwiesen, wobei das Ereignis eher referiert als kommentiert wird. Anders jedoch als bei den meisten zeitgenössischen Kommentaren, nach denen Wenzel das Reich entzogen wird, ist hier direkt gesagt: Absetzung. »Principibus et ab hiis Maguntino, Treverense, / Colonie sed eis adiuncto Bavariense, / Wenzela Romanus rex deponitur quasi vanus, / Et fit Rupertus rex regum Bavarie dux. / Bernardi festum creat hunc solioque decorat / Hinc pia lux regum, sed et Agrippina coronat«.[298]

Im gepflegten Latein der Vagantenstrophen ist ein Gedicht erhalten,[299] mit dem der gelehrte Verfasser vielleicht sich dem neuen König empfehlen wollte: ein Spottgedicht auf Wenzel und eine Huldigungsschmeichelei für Ruprecht, die wir nur im Auszug mitteilen. »Cum scribitur millesimo anno quadragentesimo / Zodiaci sub circulo. mira patent in seculo / Weneslaus rex bohemorum. caput regni romanorum / Propter gesta viciorum. perdit regna almanorum / Per eo candore niveo. divisa cauda biuio / In rubricato clipeo. privatus est imperio.«

Memorialverse, Anbiederung in lateinischem Vagantenversmaß werden kaum geeignet gewesen sein, das Spottlied vom »gökelman« vergessen zu lassen. Das wird auch gewiß nicht das Gedicht auf den Würzburger Städtekrieg (1400) vermocht haben, das Werk eines berufsmäßigen Spruchdichters, das in Wenzels Beschirmung der Bischofsstadt gegen ihren rechten Herrn, den Bischof, den Grund für seine Absetzung sah: »Des adlers kind sind nu geflogen / ze irm rechten hohen nest / da sie erzogen sind gewest / bei den herrn von Beierlant, / die sind dam adler wol bekannt, / und laßen künig Wenzel far«.[300] Aber eines offenbart dieses Lied, sowenig es den in ihren Reichsstadtträumen gescheiterten Würzburgern gefallen haben dürfte: Der neue König konnte sich nur auf die alten Kräfte, auf den reichsfürstlichen Konsens ebenso wie auf den Zuspruch der Hochfinanz stützen. Den gemeinen Mann, der zum alten König neigte, erreichte die Gegenwehr Wenzels, die Prunkhandschrift der Goldenen Bulle, nicht. Das Spottlied vom »gökelman«, demjenigen, der nur leere Versprechungen abgibt, fand keine Fortsetzung. Militärisch, beim Königslager vor Frankfurt, und auch publizistisch offenbart sich Wenzels Inaktivität – der entscheidende Grund für seine Absetzung.

Die Schwäche von Ruprechts Königtum war im Kern durch den Konzeptionswechsel in der Reichsherrschaft Karls IV. begründet. Der Luxemburger hatte nach der Geburt Wenzels im großen Stil Reichsgut zurückgewonnen; nachdem er aber die Widerstände der rheinischen Kurfürsten gegen die Wahl Wenzels erkennen

---

298 MGH SS Bd. 22, 389.

299 Herzog August Bibliothek Wolfenbüttel, Cod. guelf. 79.1, Aug. fol., fol. 445', überschrieben: »Versus de Degradatione Regis Bohemie«.

300 Von Liliencron Bd. 1, 161 ff. Nr. 40.

mußte, hatte er – Kurswechsel – in noch größerem Stil das Reichsgut zur Bestechung der Kurfürsten eingesetzt, hatte mehr Reichsgut verpfändet als alle seine Vorgänger zusammen.[301] Mit der relativen Ausnahme der elsässischen Landvogtei war Ruprecht aller Machtmittel beraubt, die seinen Vorgängern noch zur Verfügung standen.[302] Er, den der Konsens der rheinischen Kurfürsten zum König hatte werden lassen, büßte das Versagen der kurrheinischen Kurfürsten bei der Königswahl Wenzels. Vereinfacht: Nicht die Auseinandersetzung mit einem lebenden König, sondern das Vermächtnis eines toten Kaisers, das faktisch nur noch ein böhmisches Hausmachtskönigtum zuließ, schwächte die Reichsherrschaft Ruprechts.

Nach Maßgabe vordergründiger Erfolgsbetrachtung war Ruprecht gescheitert; aber dennoch hatte sein Königtum bewiesen, daß eine Absetzung durch die Kurfürsten ein neues Königtum schaffen konnte. Dieser Beweis sollte vor allem in den politischen Intrigen des 15. Jahrhunderts eine irritierende Rolle spielen. Vor allem aber war mit dem Jahr 1400 die Durchsetzung des Gedankens erfolgt, daß ein König »von des Reiches wegen« regiere. Bekräftigt worden war damit der bereits zuvor angelegte Dualismus von König und Reich.

Exkurs: Die wechselvolle Geschichte des Reichsvikariats im 14. und frühen 15. Jahrhundert

Das Reichsvikariat und die Absetzungspläne zur Zeit Wenzels, Siegmunds und Friedrichs III. – der Schwabenspiegel und die Begründung des »vicariatus sede vacante« – die anfänglichen Rezeptionen des Schwabenspiegels als Abwehr der päpstlichen Ansprüche auf das Reichvikariat bei Thronvakanz – die Regelungen der Goldenen Bulle und ihre Inanspruchnahme durch den Pfalzgrafen seit 1408 – das erst 1519 beanspruchte Vikariat des sächsischen Kurfürsten – die Frage der Reichspflegschaft bei Abwesenheit des Königs: die Beauftragungen königlicher Stellvertreter im 14. Jahrhundert – »vicarius generalis« – der Vorstoß Pfalzgraf Ludwigs III. 1410: Begründung einer Leitlinie kurpfälzischer Politik – Reichsvikariat und Reichsgedanke

Im Vorfeld der Absetzung Wenzels hatte das vom König seinem Stiefbruder 1396 übertragene Reichsvikariat das Mißtrauen der rheinischen Kurfürsten geweckt; die

301 Vgl. hierzu – besonders den Forschungen von Götz Landwehr verpflichtet – zusammenfassend Schubert (1979), 162ff.

302 Wenn Milič von Kremsier behauptete, das Reich lebe finanziell von Böhmen (Graus (1987), 30), so war das der Sache nach durchaus berechtigt – nur war dies eben auch eine Konsequenz der Verpfändungspolitik Karls IV.

Frage einer Reichsverweserschaft wird in der großen Krise des Königtums Siegmunds um 1422 ebenfalls, allerdings aus ganz anderen Gründen, die rheinischen Kurfürsten beunruhigen. Und schließlich sollten bei den Absetzungsplänen zur Zeit Friedrichs III. auch Ansprüche auf das Reichsvikariat eine Rolle spielen. Deshalb erscheint es sinnvoll, auf die Geschichte dieses Amtes eigens einzugehen.

Die Anfänge des Reichsvikariats können als eine Illustration unserer Erwägungen von Rezeption und Tradition dienen. Erstmals hatte der Schwabenspiegel von einem solchen Amt nach dem Tode des Königs gesprochen, einem später sogenannten »vicariatus sede vacante« im Unterschied zu einer Stellvertretung, die der König für seine Abwesenheit vom Reich bestimmen konnte, dem »vicariatus absente rege«.[303] Im Gegensatz zu dem im Landrecht benannten Vikariatsrechten nach dem Todes des Königs wird im Lehnrecht noch eine Stellvertretung des Pfalzgrafen bei Abwesenheit des Königs festgestellt; von irgendwelchen Rechten des Herzogs von Sachsen ist dabei nichts gesagt.[304] Das Rechtsbuch konnte sich nur im Falle des Pfalzgrafen auf die Geschichte stützen, als es dem Truchseß und dem Marschall des Reiches, dem Pfälzer und dem Sachsen im Falle der Thronvakanz bestimmte Aufgaben jeweils im Bereich des schwäbischen bzw. sächsischen Rechts zuwies, Aufgaben, denen sich das spätere Reichsvikariat ankristallisierte. Im Jahre 1267 hatte der Pfalzgraf über Reichslehen mit der Behauptung verfügt, daß ihm bei Reichsvakanz (»vacante imperio«) auf Grund seines Reichsamtes (»iure dignitatis officii nostri, quod ab imperio tenemus«) dieses Recht zustehe.[305] König Rudolf von Habsburg erklärte zwischen 1276 und 1282, daß Pfalzgraf Ludwig II. (sein Schwiegersohn) von alters her das Recht habe, bei Reichsvakanz (»vacante imperio«) die Pflegschaft (»provisio«) des Reiches wahrzunehmen.[306] Ob bei dieser Aussage der König von dem Rechtsbuch oder dieses von der königlichen Feststellung abhängig ist, läßt sich nicht ausmachen. Von einem sächsischen Vikariat aber ist vor dem Schwabenspiegel nirgendwo die Rede. Das Rechtsbuch zog die Konsequenz aus zwei Traditionen. Nachdem das Reich als eine transpersonale Größe verstanden worden war, mußte sich die Frage erheben, wie es sich mit ihm nach dem Tode eines Königs verhielt. Die zweite Tradition lag in der Bedeutung der Hofämter, was schon die Lehre des Sachsenspiegels zum Vorstimmrecht der späteren Kurfürsten begründet hatte. Der Schwabenspiegel sollte diese Vorgabe noch einmal kräftig ausweiten und dem Pfalzgrafen, dem Inhaber des höchsten Hofamtes, sogar eine Gerichtsbarkeit über den König zusprechen. Aus dem gleichen Denken der Reichsverantwortung der Hofämter wurde auch die

---

303 Vgl. die Übersicht über die Geschichte des Reichvikariats bei einer Thronvakanz: Hermkes (1968).

304 Schwabenspiegel Landrecht 125, Kurzform I, ed. Eckhardt, 216.

305 MGH Const. Bd. 2, 637 Nr. 464.

306 Schaab – Lenz (1998), 31 Nr. 29.

Lehre von den Aufgaben des Truchsessen und des Marschalls bei einer Reichsvakanz abgeleitet.

Da die Vikariatsbestimmungen des Schwabenspiegels zwei Traditionsfäden miteinander verknüpften, stellt sich die Frage, wie diese Verknüpfung rezipiert wurde. Eine unmittelbare Wirkung ist zunächst gar nicht feststellbar.[307] Während von pfälzischen Rechten nichts verlautet, hat bei den Thronvakanzen von 1291 und 1313 der Mainzer Erzbischof von einigen Reichsstädten Gehorsam eingefordert.[308] Unklar ist, auf welche Rechte er sich dabei stützte. Klar ist allein, daß die damals noch als Königsstädte zu bezeichnenden Reichsstädte in der für sie nicht ungefährlichen königslosen Zeit einen eigenen Schirmherren erwählen konnten. Ulm nahm 1313 die Herzöge von Österreich »als unseren rehten herren und phlegeren« an »uncz an einen einweligen kunech«.[309] Von irgendwelchen Rechten des Pfalzgrafen ist damals ebensowenig die Rede wie im Jahre 1331, als Ludwig der Bayer Herzog Otto von Österreich auf Lebenszeit zu »dez selbes ryches vnd vnser vicari mit allen den rechten und gewalten, di dar zu gehörent« ernennt.[310]

Obwohl das Reichsvikariat bei Sedisvakanz im 14. Jahrhundert politisch nicht in Erscheinung trat, war doch der Schwabenspiegel mit seinen entsprechenden Aussagen bekannt. Dringend benötigt wurden seine Lehren nach 1323, um die Behauptung Johannes XXII. abzuwehren, der Papst wäre bei einer Thronvakanz der »vicarius« des Reiches.[311] Die Sachsenhäuser Appellation verweist auf eine unbezweifelbare, durch Recht und Gewohnheit bekräftigte Aufgabe des Pfalzgrafen, bei Thronvakanzen die geistlichen Reichslehen zu vergeben und andere Reichsaufga-

[307] Unzutreffend ist die Behauptung, daß sich 1291 »Spuren« des pfälzischen Vikariates finden ließen. Hermkes (1968), 9. Die angeblich davon zeugende Urkunde (Johann Heinrich von Harpprecht, Staats-Archiv des Kayserl. Und des H. Röm. Reichs Cammer-Gerichts, Bd. 4/1. Ulm 1760, 31) ist überhaupt nicht einschlägig.

[308] So läßt sich der Mainzer nach dem Tode Rudolfs von den Friedberger Reichsburgmannen Gehorsam bis zur Wahl eines neuen Königs schwören. Regg. Mainz Bd. 1, 233. Gleichermaßen ging der Mainzer 1291 und 1313 in Oppenheim vor. Ebd., 230 bzw. 1613.

[309] MGH Const. Bd. 5, 1 Nr. 1. Dieses Recht der Königsstädte veranlaßt 1336 Ludwig den Bayern, sich von Ulm die Zusage verbriefen zu lassen, nach seinem Tode Graf Berthold von Neiffen zum Pfleger anzunehmen. Druck: J. Knöpfler, Die Reichsstädtesteuer in Schwaben, Elsaß und am Oberrhein zur Zeit Kaiser Ludwig des Bayern. WürttVjHLdG 11 (1902), 287–351, hier: 345f. Solche Beurkundungen begegnen, auf das Entscheidungsrecht der Städte zurückweisend, auch späterhin. Vgl. zum Beispiel Rudolf Jung, Inventare des Frankfurter Stadtarchivs. Bd. 3. 1892, 46: Herzog Wenzel von Luxemburg (Jung fälschlich: König Wenzel) erklärt 1367, daß Frankfurt ihm als Reichsvikar gehuldigt habe

[310] Bansa Bd. 2 (1974), 299f. Nr. 495. Tatsächlich erlangte Otto damals sogar die Huldigung von Reichsstädten. Ebd., 299.

[311] Bei den von Johannes XXII. bereits 1317 angemeldeten Vikariatsansprüchen ging es allein um einen Rechtstitel für die päpstliche Politik in Italien. Schütz (1985), 61.

ben wahrzunehmen.[312] Dieses Argument entlehnen die Traktate zweier unbekannter Minoriten aus dem Jahre 1338[313] und auch die kaiserliche Denkschrift »Subscripta« der Appellation.[314] Musterbeispiel einer Rezeption.

Zur Abwehr päpstlicher Ansprüche taugte nicht die genauere Darlegung, wie es mit dem Vikariat in der Vergangenheit tatsächlich bestellt gewesen war, und es taugte auch nicht eine wörtliche Berufung auf den Schwabenspiegel. Die Einschränkung, die der Spiegler getroffen hatte, wonach Reichslehen erst bei einer länger als ein Jahr währenden Thronvakanz bei dem Pfalzgrafen gemutet werden müßten, wurde einfach beiseite gelassen. Ein sächsisches Reichsvikariat, wie es der Schwabenspiegel für die Länder sächsischen Rechts gefordert hatte, wurde weder in der Sachsenhäuser Appellation noch in dem Memorandum »Subscripta« der Erwähnung für wert befunden. Rezeptionen können auch in der Auswahl des Überkommenen bestehen.

Die kaisertreuen Gelehrten waren allerdings gar nicht gezwungen, den Schwabenspiegel einer genaueren Prüfung zu unterziehen; denn die Ansprüche auf das Reichsvikariat hatte Johannes XXII. als ein eher untergeordnetes Argument für jenen Anspruch betrachtet, den er in der Hauptsache durchsetzen wollte, die päpstliche Approbation der Königswahl.[315] Eine Folge hatten allerdings die päpstlichen Behauptungen. Durch sie wurde der Ausdruck »vicarius« gebräuchlich, trat neben die hergebrachte Bezeichnung eines »Pflegers« des Reiches,[316] wie ihn noch in der lateinischen Fassung des »provisor imperii« die Goldene Bulle (cap. V) gebrauchte. Wahrscheinlich hatten die päpstlichen Ansprüche auch dafür gesorgt, den Schwabenspiegel genauer zu lesen. Seinen Vorschriften wird Rechnung getragen, als 1327 Johann von Böhmen zum Reichsvikar mit der Einschränkung eingesetzt wird, daß er zwar Lehen, aber keine Fahnlehen vergeben darf.[317]

---

312 MGH Const. Bd. 5, 723ff. Nr. 909 § 25: »Cum enim vacante imperio comiti palatino Reni de iure et approbata consuetudine imperii observata hactenus inconcusse presertim in partibus Alemanie competebat ius amministrandi iura imperii, foeda ecclesiastica et temporalia conferendi et cetera alia negocia disponendi.«

313 Heckmann Bd. 1 (2002), 499.

314 Nova Alamanniae, ed. Stengel Bd. 2, 403 Nr. 584 §6. Vgl. Heckmann Bd. 1 (2002), 500f.

315 Vgl. Heckmann Bd. 1 (2002), 508f. Vgl. aber ebd. Bd. 2 (2002), 517ff. zu den Ernennungen päpstlicher Reichsvikare in Italien durch Benedikt XII.

316 Ein Beispiel: 1331 nennt sich Herzog Otto von Österreich »phleger des heiligen Römischen Reichs« und spricht zugleich von seinem »vicariat ampt«. Ulmisches Urkundenbuch Bd. 2/1, hg. von Gustav Veesenmeyer und Hugo Bazing. 1890, 110 Nr. 97. Zu den verschiedenen Bezeichnungen eines Reichsvikars vgl. auch Heckmann Bd. 2 (2002), 660ff.

317 Nova Alamanniae, ed. Stengel Bd. 1, 98 Nr. 175 §§3 und 4. 1372 wird auch die Vikariatsurkunde für den Kölner Erzbischof die Verleihung von Fahnlehen ausnehmen: »expresse illis, que cum vexillis consueverunt recipi et de quibus officialibus imperialis curie de more servietur, dumtaxat exceptis.« Druck: Georg Kupke, Das Reichsvicariat und die Stellung der Pfalzgrafen bei Rhein bis zu Sigmunds Zeit. Diss. Halle 1891, 58ff., hier: 59. – Wenn Eduard III. als Reichsverweser Bischof Wilhelm von Cambrai wegen nicht gemuteter Lehen vor sein Gericht lädt (Bock

Ebenso wie im Falle des Richteramtes des Pfalzgrafen übernahm die Goldene Bulle im Falle des Vikariats formal die Lehre des Schwabenspiegels (schwieg wie im Falle der Approbation auch über die päpstlichen Ansprüche auf das Reichsvikariat)[318] und verkürzte die mit diesem Amt verbundenen Rechte. Das geschah nicht in der Absicht der faktischen Entwertung wie beim Richteramt; es ging vielmehr darum, einer möglichen Ausweitung des Vikariats zu einer umfassenden Reichsverweserschaft vorzubeugen.[319] Für die Kontinuität der königlichen Rechtspflege, für die Verleihung von Kirchenpfründen[320] und – das war neu – für die Einziehung von Reichsgefällen sollte bei einer Thronvakanz Vorsorge getroffen werden. Der Geltungsbereich des pfalzgräflichen Vikariats wird festgelegt: »in partibus Reni et Suevie et in iure Franconico«. Ernster als zur Zeit Ludwigs des Bayern nimmt in diesem Paragraphen die Goldene Bulle den Schwabenspiegel: Die gleichen Bestimmungen sollten für das von ihr als gleichberechtigt angesehene Reichsvikariat des sächsischen Kurfürsten im sächsischen Rechtsbereich gelten.[321] Der entsprechende Satz wirkt nach der ausführlichen Beschreibung des pfalzgräflichen Rechts wie eine sorglose Anfügung,[322] aber er folgte der Tendenz dieses Abschnittes, die pfalzgräflichen Rechte bloß nicht zum Ansatz einer allgemeinen Reichsverweserschaft werden zu lassen; denn von irgendwelchen faktisch wahrgenommenen Vikariatsrechten des Sachsen wußte man im ganzen 14. Jahrhundert nichts.[323]

Im gesamten 14. Jahrhundert war niemals der Pfalzgraf als »vicarius sede vacante« in Erscheinung getreten. Erstmals im Jahre 1410 nimmt Pfalzgraf Ludwig III. nach dem Tode seines Vaters, König Ruprechts, dieses Amt wahr,[324] nennt sich getreu der Goldenen Bulle »furseher in den Landen des Rynes, zu Swaben und des Frenkischen rechten«.[325] Das ist eine Folge des hohen juristischen Sachverstandes, der notwendigerweise auch geschichtliche Rückbesinnungen einschloß, am Heidelberger Hof, dessen Kanzlei unter Ruprecht zur Reichskanzlei ausgebaut worden war.[326] Hier hatte man schon 1408 unter Berufung auf die Goldene Bulle einschlägige

(1956), 130f. Nr. 541), so geht es um die Bestrafung wegen versäumter Lehnspflicht. Zur Vergabe der Fürstenlehen ist Eduard nicht berechtigt.

318 Zeumer Bd. 1 (1908), 33ff.; Heckmann Bd. 2 (2002), 517. Zur Rezeption des Schwabenspiegels durch die Goldene Bulle vgl. ebd., 515f. und 680f.

319 So schon Hermkes (1968), 11.

320 Vgl. Albert Werminghoff, Zum fünften Kapitel der Goldenen Bulle von 1356. ZRG germ. 36 (1915), 275–290. Vgl. auch Kern (1994), 136.

321 Bereits Hermkes (1968), 8ff. erkannte, daß die Goldene Bulle die Rechte der beiden Vikariate parallelisierte, während der Schwabenspiegel dem Pfalzgrafen weitergehende Aufgaben zugewiesen hatte. Vgl. auch Hergemöller (1983), 164f. und 170.

322 So schon Hermkes (1968), 11f.

323 Kern (1994), 135.

324 Eberhard (1896), 8ff.; Wefers (1989), 12.

325 DRTA Bd. 7, 1ff. Nrn. 1–5.

326 Vgl. Heimpel (1982).

Ansprüche erhoben,[327] wohl wissend, daß es bei der erstmaligen Ausübung dieses Amtes zu Widerständen kommen würde.

Tatsächlich hatte Siegmund zunächst die pfälzischen Rechte nicht respektieren wollen, hatte 1410 immer noch den ihm von Wenzel verliehenen Titel »Romani imperii vicarius generalis« geführt,[328] aber natürlich bald im Interesse seiner Wahl eingelenkt[329] und den Pfalzgrafen gar Vorbereitungen für ein geplantes Königslager vor Frankfurt treffen lassen.[330] Seit dem Jahre 1410 wird die pfälzische Reichsverweserschaft bei einer Thronvakanz im Grundsatz akzeptiert. Aber um die Rechte, die mit diesem Amt verbunden sein sollten, wurde bis zum Ende des Alten Reichs gestritten; denn es war genau das eingetreten, was die Goldene Bulle verhindern wollte. Der pfälzische Hof ging von einer umfassenden Königsstellvertretung aus. Das sollte zwar bis zum Ende des Alten Reichs nicht vollständig gelingen, aber es gelang doch eine Ausweitung des vom Schwabenspiegel und von der Goldenen Bulle abgesteckten engen Rahmens.[331] Ein frühes Beispiel: Nach dem Tode Albrechts II. entschieden 1439 die Kurfürsten, daß das vom König an Konrad von Weinsberg übertragene Amt eines Protektors des Basler Konzils zwar nicht erloschen, aber bis zur Wahl eines neuen Königs vom Pfalzgrafen zu bestätigen sei.[332] Die Kurfürsten haben also im Prinzip das »vicariatus sede vacante« ihres Pfälzer Kollegen anerkannt;[333] sie haben 1410 sogar die Bestimmungen der Goldenen Bulle über das Einziehen der Reichsgefälle während einer Thronvakanz dahingehend ausgelegt, daß die Reichsstädte dem Pfälzer zu huldigen hätten (»und meinent die fuersten, die reichstaedte sollent im sweren«).[334] Das widersprach der Praxis in der Vergangenheit und wurde auch von den Reichsstädten selbst nur zögernd anerkannt.[335]

---

327 DRTA Bd. 6, 252 Nr. 188 §26: Die elsässischen Städte bestätigen die pfälzischen Vikariatsrechte, wie sie Karl IV. »noch ußwisunge siner guldinen bullen« gesetzt hätte. Vgl. Wefers (1989), 13. – Zur Beschäftigung Job Veners am Heidelberger Hof mit der Goldenen Bulle vgl. Heimpel Bd. 2 (1982), 668ff. und 686ff.

328 Hoensch (2000), 223.

329 DRTA Bd. 7, 30 Nr. 29. Vgl. Eberhard (1896), 8ff.; Heinrich Schrohe, Die Wahl Sigmunds zum römischen Könige. MIÖG 19 (1898), 471–516, hier: 504ff.; Hoensch (1996), 150.

330 Schubert (1977), 314.

331 Vgl. für die frühe Neuzeit Hermkes (1968), 18ff.

332 An diesen Entscheid erinnert sich zwanzig Jahre später Johannes von Blachenstein als Teilnehmer an dem Kurfürstentag von 1439. Adalbert Erler, Mittelalterliche Rechtsgutachten zur Mainzer Stiftsfehde. 1459–1463. 1964, 212ff. Zur Sache vgl. auch Hermkes (1968), 31f.

333 Es richtete sich nicht gegen den Pfalzgrafen, sondern allein gegen die Möglichkeit, einen Reichsvikar wie seinerzeit 1396 zu bestellen, wenn 1411 Siegmund als Wahlgedinge den Kurfürsten von Mainz und Köln versprechen muß, nur mit ihrem Einverständnis einen Reichsvikar einzusetzen. DRTA Bd. 7, 108 Nr. 64 §8.

334 DRTA Bd. 7, 30 Nr. 29.

335 So will Ulrich Richental nichts von diesen pfälzischen Rechten wissen, die er allein dem Mainzer Erzbischof zuspricht: »Et quando imperium vacat, tunc illo tempore omnes civitates ei sunt subjecte usque ad electionem.« Ulrich Richental, ed. Buck (1882), 162.

Ebenso wie die Geschichte des pfälzischen ist auch die des sächsischen Reichsvikariats zugleich eine Geschichte der nur allmählich sich vollziehenden Rezeption der Goldenen Bulle. (Vom Schwabenspiegel wußte man im Geltungsbereich des Sachsenspiegels natürlich nichts.) Dabei allerdings erweisen sich die Unterschiede zwischen den »Elbkurfürsten« und den rheinischen Mitgliedern des Wählergremiums, Unterschiede, die auch im 15. Jahrhundert nicht ganz verwischt wurden, als ein Kurfürstenkollegium die zuvor als rheinische Angelegenheit zu betrachtende kurfürstliche Politik trug. Auch im 15. Jahrhundert hatte der Sachse keine Anstrengungen unternommen, sein Vikariat bei Thronvakanzen wahrzunehmen. Ohne große Mühe wird er erst im Jahre 1519 die Früchte des pfälzischen Kampfes um die Kompetenzen dieses Amtes ernten.[336] Erst seit dieser Kaiserwahl konnte gelten, was für das frühneuzeitliche Staatsrecht feststehen sollte, »daß das Vicariat der beyden Chur=Häuser Pfaltz und Sachsen höchstes Kleinoth seye«.[337]

Rückblickend stellt sich die Herrschaft des Königssohns Pfalzgraf Ludwigs III. in den Jahren nach 1410 als die eigentliche Schlüsselzeit bei der Durchsetzung des Reichsvikariats bei einer Thronvakanz heraus; das gleiche wird sich auch bei der anderen Form des Vikariats, der Stellvertretung des Königs bei Abwesenheit von den deutschen Landen, dem »vicariatus absente rege«, erweisen. Dieses Recht war ebenfalls vom Schwabenspiegel begründet worden, aber das Rechtsbuch hatte mitnichten das eine Vikariat auf das andere bezogen, hatte nicht nur in ganz verschiedenen Zusammenhängen dieser Königsvertretung gedacht, sondern auch eine Reichsverweserschaft des Pfalzgrafen bei Lebzeiten des Königs allein auf den Romzug beschränkt und dabei noch ausdrücklich vermerkt, daß es im Belieben des Königs stehe, den Pfalzgrafen mit dieser Aufgabe zu betrauen; denn das Recht eines Herrschers, einen Stellvertreter nach eigenem Gutdünken zu bestellen, war seit jeher unbestritten gewesen.[338]

Bei der Frage nach der Rezeption des Schwabenspiegels im Falle des »vicariatus absente rege« können die königlichen Beauftragungen von regionalen Stellvertretern außer Betracht bleiben, auch wenn diese sich bisweilen den schmückenden Titel eines Vikars liehen. Seit 1286 sollte, angeregt durch Formen spätstaufischer

---

336 Vgl. Hermkes (1968), 42f. – Immerhin hatte Maximilian bei seinen Planungen für einen Romzug 1507 Friedrich den Weisen zum Reichsvikar bestellt. Kern (1994), 132.

337 Johannes Limnaeus, In auream bullam Caroli IV. observationes. Straßburg 1662, 278. Die unvermeidliche frühneuzeitliche Konsequenz aus dieser Gleichberechtigung, der sächsisch-pfälzische Vikariatsstreit, ist in seinen rechtlichen Diskussionen am klarsten dargelegt von Emilio Bussi, Il diritto pubblico del Sacro Romano Impero alla fine del XVIII secolo. 2 Bde. Padova 1957, Milano 1959, Bd. 1, 139ff. Vgl. auch Kern (1994), 138ff. – Eine Vereinbarung über die genauen Grenzen der beiden Vikariatsbezirke wurde erst 1750 getroffen. Hermkes (1968), 13f.

338 Vgl. nur Werner Goez, Möglichkeiten und Grenzen des Herrschens aus der Ferne in Deutschland und Reichsitalien, in: Theo Kölzer (Hg.), Die Staufer im Süden. 1996, 93–111.

Reichsverwaltung in Italien,[339] Rudolf von Habsburg solche Beauftragungen vornehmen.[340] Karl IV. hatte auch im Reich »vicarii speciales« eingesetzt.[341] Was aber seitdem unter den verschiedensten Bezeichnungen, letztmalig wohl 1397 bei der Ernennung Borsiwojs von Swinar zum königlichen Hauptmann im Würzburger Hochstift, im 14. Jahrhundert an regionalen Beauftragungen begegnet, hat mit der Geschichte des Reichsvikariats, welches dann Bestandteil der Reichsverfassung werden sollte, nichts zu tun.

Mit der aus der Vergangenheit und nicht vom Schwabenspiegel legitimierten Selbstverständlichkeit setzten Heinrich VII., Ludwig der Bayer und noch Karl IV. Vikare ein, wobei das Vikariat Johanns von Böhmen beim Italienzug seines Vaters auch während der Thronvakanz von 1313/14 weiterbestand.[342] Die größere Quellendichte erlaubt immerhin die Aussage, daß in der Zeit Ludwigs des Bayern und Karls IV. der Kaiser Rücksicht auf politische Konstellationen zu nehmen hatte,[343] wie es auch in früheren, quellenärmeren Zeiten der Fall gewesen sein wird. Trotz erkennbarer Rücksichtnahmen wurde das Recht des Kaisers, einen Stellvertreter nach seinem Willen einzusetzen, nicht angezweifelt, wurde als Selbstverständlichkeit akzeptiert. Hinter dieser Selbstverständlichkeit steht eine wichtige Aussage: Das Reich ist während einer bestehenden Herrschaft im Besitz des Herrschers und unterliegt seiner Verfügungsgewalt. Unter Karl IV. wird erstmals im Jahre 1372 mit dem Kölner Erzbischof Friedrich von Saarwerden ein »vicarius generalis« im Reich bestellt, der nicht mit dem König verwandt war.[344]

Wenn erst unter Wenzel in Frage gestellt wird, ob allein der königliche Wille bei der Ernennung eines Reichsverwesers ausreichen könne, wenn etwa böhmische Magnaten 1395 Herzog Albrecht III. von Österreich ihre Hilfe beim Erlangen des von dem Habsburger erstrebten Reichsvikariats versprechen,[345] so reicht eine machtpolitische Erklärung nicht aus. Es muß auch um ein neues Rechtsdenken die Grundlage einer früheren Selbstverständlichkeit in Frage gestellt haben, wenn der österreichische Herzog hoffen konnte, das Reichsvikariat gegen den Willen Wenzels mit Hilfe jener Magnaten erringen zu können, die in Opposition zu ihrem böhmischen König standen. Die entsprechende Urkunde gedenkt nur noch beiläufig als einer nicht aus-

339 Dazu grundlegend Heckmann (2002). Vgl. nur die Zusammenfassung Bd. 2, 674f.

340 Heckmann Bd. 1 (2002), 363 und 367; Bd. 2 (2002), 675f. und 681.

341 Ebd. Bd. 2, 552ff.

342 Ernst Schubert, Berthold VII. (der Weise) von Henneberg, in: Fränkische Lebensbilder Bd. 5. 1973, 1–22, hier: 14; Kern (1994), 135; Heckmann (2001), 69; Dies., Bd. 1 (2002), 379ff. und 384. – Als Hofrichter des Reichsvikars Johann von Böhmen amtiert 1313 Rudolf von Hewen. Wilhelm Füsslein, Das älteste Kopialbuch des Eichstätter Hochstifts. NA 32 (1907), 635 Nr. 9.

343 Zu Recht weist Heckmann Bd. 2 (2002), 565f. darauf hin, daß der Rat der Großen in den Vikariatsurkunden Karls IV. ausdrücklich betont wird.

344 Picot (1977), 75.

345 Gerlich (1960), 79.

zuschließenden Möglichkeit des römischen Königs, wenn die Magnaten ihre Unterstützung dafür zusagen, »daz der gewalt und die vicarey des heiligen Romischen reiches von unserm herren dem Romischen kunig, oder wie sich das fueglich geschicken mag, demselben herczog Albrechten empfohlen ... wird.«[346]

Im Verlauf der Reichsgeschichte war der Plan Albrechts III. eine Episode geblieben. Gleichwohl ist er aufschlußreich für die Entwicklung des Reichsgedankens. Denn der Geschichte der Auseinandersetzungen um das »vicariatus absente rege« ist genauer abzulesen, wie sich die der Wendung »von des Reiches wegen« zugrunde liegende Verselbständigung des Reichsbegriffs allmählich durchsetzt. Dazu muß jedoch die Geschichte der Königsstellvertretung im 14. Jahrhundert noch einmal unter dem Gesichtspunkt betrachtet werden, daß damals noch gelten konnte: »Daz rich, daz ist ein chunich«.[347]

Die Beauftragungen eines Stellvertreters des Königs fallen im 14. Jahrhundert unterschiedlich aus.[348] Der räumliche Geltungsbereich des Beauftragten wird im Jahre 1327 ungefähr,[349] im Jahre 1372 hingegen genau beschrieben.[350] Ansonsten wurde darauf erstaunlich wenig Wert gelegt.[351] Erstaunlich? Bei einer Stellvertretung brauchte der Herrscher nicht auf die Unterscheidung eines sächsischen und fränkischen Rechtsbereichs, wie sie nur im Fall einer Thronvakanz vom Schwabenspiegel vorgesehen war, Rücksicht zu nehmen. So konnte Pfalzgraf Ruprecht I. 1351 von seiner »Vicarie im deutschen Land« sprechen.[352] Unterschiedlich fallen die jeweiligen Beauftragungen eines Stellvertreters des Königs aus. Ein verbindliches Schema wurde nicht entwickelt.[353] Ein gemeinsamer Kern bleibt stets die im

---

346 Ebd. Vgl. Krieger (1994), 153.

347 Schubert (1979), 254.

348 Hans Fricke, Reichsvikare, Reichsregenten und Reichsstatthalter des deutschen Mittelalters. Diss. masch. Göttingen 1949, 142ff.

349 Die Einsetzungsurkunde spricht von einem »vicarius per Alemaniam et Sclaviam«. Nova Alamanniae, ed. Stengel Bd. 1, 98f. Nr. 175.

350 Acta, ed. Winkelmann Bd. 2, 605ff. Nr. 932.

351 Heckmann Bd. 2 (2002), 562 fiel das »Schweigen der Königskanzlei über die Reichweite von Ruprechts Vikariat im Jahre 1355« auf.

352 Ebd., 560.

353 Es reicht, auf den Collectarius des Johann von Gelnhausen, ed. Kaiser, 132f. Nrn. 156f. zu verweisen, dessen beide Formulare bei den realen Vikariatsurkunden keine Verwendung fanden. In Italien hatte die Kanzlei Friedrichs II. ein Standardformular für Vikariatsurkunden entwickelt, das noch die Diplome Karls IV. beeinflußt hat. Heckmann Bd. 1 (2002), 351f. Ludwig der Bayer hat bei seinen italienischen Vikariatsurkunden an jene Heinrichs VII. angeknüpft. Ebd., 459. Aber was für die kleinräumigen Vikariate in Italien galt, galt nicht für die ganz anders gearteten Stellvertretungen des Königs in deutschen Landen. Das scheint Heckmann Bd. 2, bes. 572ff. bei ihrem Bemühen übersehen zu haben, Kanzleitraditionen bei der Ausstellung von Vikariatsurkunden zu ermitteln. – Die Bestellung Balduins von Trier zum Stellvertreter des Königs, die Karl IV. am 9. Dezember 1346 beurkundete (Acta, ed. Winkelmann Bd. 2, 419ff. Nr. 683), beziehen wir in unsere Untersuchung nicht mit ein. Zu deutlich ist der Zusammenhang dieser Beauftragung mit der Schattenwahl von 1346.

Schwabenspiegel noch nicht erwähnte Wahrnehmung der obersten Gerichtsbarkeit. Bisweilen wird – etwa bei der Beauftragung des englischen Königs Eduard III. – eigens verbrieft, daß die Verfügungen eines Reichsvikars der Bestätigung durch das Reichsoberhaupt bedürfen.[354] Dieser Grundsatz aber war fest im Gewohnheitsrecht des 14. Jahrhunderts verankert[355] und wird noch in der frühen Neuzeit gültig sein.[356]

Erstmals in deutschen Landen begegnet unter Ludwig dem Bayern bei einer Königsstellvertretung im Jahre 1327, nämlich bei der Beauftragung Johanns von Böhmen für die Zeit des Romzuges, der Begriff »vicarius generalis«.[357] Die Forschung hat darauf wenig geachtet, zumal Karl IV. alle seine Reichsvikare so betitelte,[358] aber ohne diesen Begriff ist die Sorge, welche die rheinischen Kurfürsten 1396 beschlich, als Wenzel ihn bei der Beauftragung seines Stiefbruders verwendete, nicht ganz verständlich. »Vicarius generalis« war ein Verwaltungstitel der spätstaufischen Zeit in Italien[359] und wird als solcher noch von Rudolf von Habsburg übernommen, als es 1281 darum ging, einen möglichen Romzug vorzubereiten.[360] Wenn im gleichen Jahr der König seinen Sohn Albrecht als Generalvikar für Österreich einsetzt, so ist unschwer das Abfärben der italienischen Verwaltungsbezeichnung zu erkennen. Schon allein von dem überregionalen Geltungsbereich her ist der Unterschied zum Jahre 1327 zu erkennen; der gleiche Begriff bezeichnete in Italien einen lokalen Prokurator, im Reich hingegen eine umfassende Stellvertretung des Königs. Dieses war 1327 noch so ungewöhnlich, daß Ludwig klarstellen mußte: Aus der Vollkommenheit seiner königlichen Macht würde er alle Maßnahmen Johanns von Böhmen für gültig erklären (»de plenitudine enim potestatis nostre omnem defectum suppletum esse volumus«).[361] Eine

---

354 Bock (1956), 127f. Nr. 537 (1338). – 1355 beurkunden die auf dem Nürnberger Hoftag anwesenden Kurfürsten und Fürsten, daß alle Maßnahmen Pfalzgraf Ruprechts als Reichsvikar volle Gültigkeit besitzen sollten. MGH Const. Bd. 11, 344 Nr. 608.

355 1355 bestimmt Karl IV., daß alles, was Pfalzgraf Ruprecht und sein Hofrichter wahrend des Vikariats verfügt hätten, Bestand haben solle. Reg. Imp. Bd. 8, Nr. 2333. Das schloß nicht aus, daß er 1355 sowohl Nördlingen als auch Kaufbeuren alles bestätigte, was ihnen Ruprecht verbrieft hatte. Die Urkunden der Stadt Nördlingen 1233–1435. 3 Bde. (mit durchlaufender Regestennummerierung) 1952–1965, 256 Nr. 255; Richard Dertsch, Die Urkunden der Stadt Kaufbeuren (Stadt, Spital, Pfarrei, Kloster). 1240–1500. 1955, 74 Nr. 204.

356 Hermkes (1968), 21f.

357 Nova Alamanniae, ed. Stengel Bd. 1, 98 Nr. 175.

358 Heckmann Bd. 2 (2002), 553. Es handelte sich um die Beauftragungen Balduins von Trier, Pfalzgraf Ruprechts I., Wenzels I. von Luxemburg und Friedrichs III. (von Saarwerden) von Köln. Zu den einzelnen Vikariaten vgl. ebd., 530f., 559, 560f., 563f. Zum Vikariat Erzbischof Friedrichs von Köln vgl. auch Picot (1977), 75.

359 Heckmann Bd. 1 (2002), 335f. und 349ff. mit Anm. 81.

360 Ebd., 361f. und 364.

361 Nova Alamannie, ed. Stengel Bd. 1, 99 Nr. 175 §7.

vergleichbare Konstruktion wählte der Kaiser auch 1338 bei der Beauftragung Eduards III.[362]

Zu Zeiten Ludwigs des Bayern verbergen sich hinter dem Ausdruck »vicarius generalis« noch rechtliche Skrupel oder politische Vorsicht. Der Titel täuschte eine umfassende Königsstellvertretung vor, die der Wittelsbacher und auch Karl IV. wohlweislich begrenzen wollten.[363] Weiterhin galt der noch von Karl IV. bekräftigte Grundsatz, daß der Herrscher im Nachhinein alles zu billigen hatte, was während seiner Abwesenheit verfügt worden war.[364] (Das hatte die Konsequenz, daß der Herrscher seinem Stellvertreter alle Unkosten ersetzen mußte, die diesem aus der Wahrnehmung seines Amtes erwuchsen.)[365] Als aber Karl IV. seinen Sohn Wenzel zum Reichsvikar einsetzte, wurde ausdrücklich bestimmt, daß dieser die gleiche Macht wie der Kaiser haben solle (»das er gleicherweise in allen und ieglichen Sachen, die das heilige Romische reiche anruren, tun und lassen ... muge und sulle, ... in aller der maßen und weise als wir selber«).[366] Nicht der Worte, wohl aber des Prinzips mochten sich die Kurfürsten im Jahre 1396 erinnern, als sie von der Beauftragung Siegmunds erfuhren, einer Beauftragung wie im Jahre 1377 unter engsten Verwandten, einer Beauftragung, die erstmals eine detaillierte Aufzählung jener Regionen enthielt, die der königsgleichen Macht des Generalvikars unterstehen sollten.[367]

Auf den nur nach moderner Verfassungslogik naheliegenden Gedanken der Übertragung des pfälzischen Rechtsanspruches bei einer Thronvakanz auf den Fall der Abwesenheit des Königs war selbst bei den häufigen Bestallungen von Pflegern des Reichs unter Karl IV., darunter zwei Beauftragungen des Pfalzgrafen, niemand verfallen. Einen solchen Anspruch sollte erstmals 1375 der Pfälzer Kurfürst anmelden. Im Vorfeld der Wahl Wenzels mußte Karl IV. dem entgegenkommen; er be-

---

[362] Auf dem Koblenzer Hoftag des Jahres 1338 hatte Ludwig der Bayer eine Erklärung der Stände über ihre umfassende Gefolgschaftspflicht gegenüber dem Reichsoberhaupt »vel suo vicario per eum deputato« gefordert. Nova Alamanniae, ed. Stengel Bd. 1, 372 Nr. 556 §2. Vgl. auch Heckmann Bd. 1 (2002), 436. – Das Vikariat des englischen Königs wurde erst 1341 für beendet erklärt. Acta, ed. Winkelmann Bd. 2, 381f. Nr. 629.

[363] Als 1349 Karl IV. Herzog Heinrich von Brabant lebenslang das Vikariat überträgt, wenn der König über die Alpen zöge (Acta, ed. Winkelmann Bd. 2, 467f. Nr. 748), gebraucht er zwar den Terminus »vicarius generalis«, aber verfügt zugleich, daß der Brabanter stets an den Rat Balduins von Trier gebunden sei.

[364] Vgl. nur die 1355 erfolgte kaiserliche Bestätigung aller Verfügungen Pfalzgraf Ruprechts I. während seines Vikariates. Hergemöller (1983), 170.

[365] Heckmann Bd. 2, 542f. Vgl. das Versprechen Karls IV. gegenüber Heinrich von Brabant 1349. Acta, ed. Winkelmann Bd. 2, 468 Nr. 749.

[366] DRTA Bd. 1, 185f. Nr. 101. – Ähnlich weitreichende Kompetenzen hatte Karl IV. zuvor nur Balduin von Trier zugestanden, als er 1352 den Reichsstädten in der Wetterau gebot, den von Balduin als Reichsvikar (»unser vicarius«) errichteten Landfrieden zu halten und dessen als Reichsvikar geprägte Münzen anzuerkennen. MGH Const. Bd. 10, 333f. Nr. 439.

[367] Heckmann Bd. 2 (2002), 635.

stätigte Ruprecht, allerdings – dem Schwabenspiegel gemäß – beschränkt auf den Romzug des Königs, das Vikariatsrecht, das die Pfalzgrafen »von alten und langen ziten gehabt han«.[368]

Trotz der Urkunde des Jahres 1375 versuchte Pfalzgraf Ruprecht II. nicht, die Gefangenschaft Wenzels 1394 als Präzedenzfall für pfälzische Vikariatsansprüche zu nutzen. Von grundsätzlicher Aussage ist dieser Verzicht: Die Bemühungen der rheinischen Kurfürsten um die Freilassung ihres Königs zeugen von Reichsverantwortung. Wenn der Pfalzgraf seinen Sohn, den späteren König, nach Böhmen schickt, um die Freilassung Wenzels zu erwirken,[369] so geht es ihm nicht um rechtliche Ansprüche, sondern um die Verantwortung für das Reich, um ein Handeln »von des Reiches wegen«. Das Reichsvikariat des Jahres 1394 ist weder als ein »Notrecht« noch als geschickte politische Usurpation zu verstehen;[370] es war zwar nicht aus den Traditionen der Vergangenheit ableitbar, aber es erschien den rheinischen Kurfürsten als der einzig denkbare Ausweg, weswegen es von dem Willen aller vier rheinischen Königswähler getragen war.

Die kurfürstliche Reichsverantwortung, die im Jahre 1394 dem König zugute gekommen war, sollte sich 1397 gegen ihn richten. In Reaktion auf die Ernennung Siegmunds im Jahr zuvor hatten die Königswähler einen wirklichen Reichsvikar gefordert – Reaktion auf Wenzels Vernachlässigung des Reichs; denn diese Forderung war zugleich auch ein Bruch mit der bisherigen Praxis: Selbst der König dürfe die Verfügungen eines solchen Reichsvikars nicht annullieren.[371] Der Vorstoß der Kurfürsten im Jahre 1397 zielte nicht auf eine Entmachtung Wenzels, sondern auf die Überwindung des Machtvakuums im Reich.

Wie wenig den Pfalzgrafen noch um 1400 an ihrem später so energisch verfochtenen Recht auf das »vicariatus absente rege« lag, läßt sich unschwer erkennen. Als König Ruprecht seinen Sohn für die Dauer seines Romzuges 1401 zum Reichsvikar bestellt, fehlt jeder die günstige Gelegenheit ausnutzende Hinweis auf einen reichsrechtlich sanktionierten Anspruch des wittelsbachischen Hauses,[372] und das ist um so auffallender, als auch Wenzel seinen Bruder Siegmund als Reichsvikar eingesetzt hatte, dessen Siegel den Doppeladler mit der Umschrift trug: »Sacri Romani Imperii Vicarius Generalis«.[373]

Das Verhalten Ruprechts im Jahre 1401 läßt darauf schließen, daß er an der Ernennung Siegmunds zum Reichsvikar 1396 nicht wegen der Schmälerung seiner

---

368 DRTA Bd. 1, 44 Nr. 19. Vgl. Heckmann Bd. 2 (2002), 563.

369 Baum (1993), 34. Vgl. Müller (1971), 50.

370 Vgl. Heckmann Bd. 2 (2002), 625ff.

371 Acta, ed. Winkelmann Bd. 2, 670 Nr. 1006. Vgl. Heckmann Bd. 2 (2002), 632.

372 DRTA Bd. 4, 295f. Nr. 250; Schaab – Lenz (1998), 177f. Nr. 101. Vgl. Heckmann Bd. 2 (2002), 642.

373 Bleisteiner (2001), 38.

Rechte Anstoß genommen hatte, sondern wie die anderen rheinischen Kurfürsten die Gefahr einer Entwertung des Wahlrechts befürchtete.

Es gibt trotz der alsbald in Vergessenheit geratenen Urkunde von 1375 gar keine im 14. Jahrhundert wurzelnde kurpfälzische Tradition, auf die sich der Anspruch auf ein »vicariatus absente rege« stützen konnte. Selbst König Ruprecht hatte darauf keinen Wert gelegt. Ganz anders sein Sohn, Pfalzgraf Ludwig III., derjenige, der endgültig einem König klarmachen sollte, daß dieser, der »von des Reiches wegen« regiere, nicht über dieses Reich nach eigenem Gutdünken verfügen könne. Pfalzgraf Ludwig III. amtierte, nachdem er 1410 das Reichsvikariat bei einer Thronvakanz erstmals durchgesetzt hatte, in den ersten Regierungsjahren König Siegmunds, der nicht ins Reich kommen konnte, bis zum Hochsommer des Jahres 1414 als Reichsverweser,[374] nennt sich (wohl ohne königliche Einsetzung) »provisor in partibus Reni, Swevie ac Franconici iuris«.[375] In diesem Titel wird zugleich der Anspruch des Königssohns deutlich, nämlich das Vikariat bei Thronvakanz auf eine Königsstellvertretung bei Abwesenheit des Herrschers zu übertragen. Das läßt verstehen, warum er 1422 den grundsätzlichen Anspruch erheben wird, als pfälzischer Kurfürst der gewissermaßen geborene Vikar bei Abwesenheit des Königs zu sein; eine heftige Reaktion auf den die rheinischen Kurfürsten spaltenden Schachzug des Königs, den Mainzer Erzbischof Konrad III. (von Daun) zum Reichsvikar zu bestellen.[376] Der Vorstoß Ludwigs war nur in der Abwehr des Mainzer Statthalteramtes erfolgreich (im Mai 1423 resignierte Erzbischof Konrad); eine Bestätigung seiner Ansprüche erreichte er weder beim König, noch bei seinen Mitkurfürsten. Dabei spielte es wohl keine Rolle, daß der Schwabenspiegel von der Vermischung der beiden Vikariatsrechte nichts wissen wollte, sondern daß sich die Ansprüche Ludwigs III. auf keine Observanz (wie man später sagen sollte) stützen konnten. Dennoch wird seit dem Jahre 1422 der Kampf um das Vikariatsrecht bei Abwesenheit des Königs zu einer Leitlinie pfälzischer Reichspolitik. 1469 erreicht Kurfürst Fried-

---

374 Eberhard (1896), 35. Vgl. ebd., 36f. und Hermkes (1968), 28 zu den auf dieses Vikariat gestützen Maßnahmen des Pfälzers. Auf die Grenzen dieser Königsstellvertretung weist Wefers (1989), 240 hin.

375 Franz Xaver Glasschröder, Neue Urkunden zur pfälzischen Kirchengeschichte im Mittelalter. (VeröffPfälzGesWiss 14) 1930, 69 Nr. 111 (Insert; 1313).

376 DRTA Bd. 8, 127ff. Nr. 164. Erzbischof Konrad beruft sich in der Folgezeit auf sein »stathalterampt« (ebd., 236f. Nr. 189), während Pfalzgraf Ludwig III. von seinem »vicariat und furweserampte« spricht. Ebd., 239f. Nr. 193. Vgl. Wilhelm Auener, Konrad III. von Mainz und seine Reichspolitik. 1419–1434. Teil 1. Diss. Halle-Wittenberg 1908, 30ff.; Mathies (1978), 88ff.; Wefers (1989), 105ff.; Baum (1993), 171, 173 und 179; Heckmann Bd. 2 (2002), 643f. Offenbar hatte Ludwig III. keinen Anstoß daran genommen, daß 1419 Markgraf Friedrich I. von Brandenburg behaupten konnte, Siegmund habe ihm, dem Markgrafen, »des Heiligen Reichs sachen in disen teutschen landen befolhen.« Julius von Minutoli, Friedrich I. Kurfürst von Brandenburg und Memorabilia aus dem Leben der Markgrafen von Brandenburg. 1850, 346 Nr. 240. Vgl. zu diesem Vikariat Heckmann Bd. 2 (2002), 645.

rich der Siegreiche wenigstens bei seinen rheinischen Mitkurfürsten die Anerkennung seiner Rechte bei einem Romzug;[377] mehr gelang nicht. 1496 brauchte Maximilian nur an das Kurfürstenkolleg zu appellieren, um die Ansprüche Pfalzgraf Philipps auf eine Stellvertretung bei Lebzeiten des Königs abzuwehren.[378]

Die Zurückhaltung des Kurfürstenkollegs bei der Billigung der pfälzischen Ansprüche war nur zu verständlich; wie konnte in einem Wahlreich das Amt des Stellvertreters eines gewählten Königs erblich sein? Und es war keineswegs geschickt, wenn im Jahre 1438 Ludwig III., eine bis dahin nur dem König vorbehaltene Bezeichnung übernehmend, sich Vormund des Reiches nannte.[379] Damals versuchte – allerdings ohne Erfolg – der Pfalzgraf als Reichsvikar von den Reichsstädten die Königssteuern[380] und von den Juden auch die Krönungssteuer (obwohl der verstorbene Albrecht II. gar nicht gekrönt worden war) und den Goldenen Opferpfennig einzutreiben.[381] Was hier für die Ausweitung des Vikariats bei Reichsvakanz galt, galt auch schon zuvor für die pfälzischen Ansprüche im Falle des »vicariatus absente rege«. Wahrscheinlich war Ludwig III. von Konrad von Weinsberg darauf aufmerksam gemacht worden, welche fiskalischen Rechte sich aus einer Königsstellvertretung ableiten ließen,[382] als er 1423 beim Romzug Siegmunds die Steuern der Reichsstädte für sich verlangte.[383] Die Schwierigkeiten, auf

---

377 DRTA Bd. 22/1, 126 Anm. 6.

378 Bereits 1494 hatte der Pfalzgraf seine Ansprüche geltend zu machen versucht (Ziehen Bd. 2 (1937), 466), hatte dann 1496 auf dem Lindauer Reichstag energischere Vorstöße unternommen und war dabei auf den Widerstand des Mainzer Erzkanzlers Berthold von Henneberg gestoßen (ebd., 520, 528, 530 und 533). Der Mainzer berichtete dem König, daß der Pfalzgraf sich in offenen Briefen »gemeiner Vicarij des Reichs nene.« Maximilian fordert daraufhin, die Kurfürsten sollten deswegen einen Tag zu Rhens ansetzen, wo man »pfligt kff. in grossen sachen zu versameln«. DRTA Mittlere Reihe Bd. 6, bearb. von Heinz Gollwitzer 1979, 274 (Nr. 3).

379 DRTA Bd. 13, 51f. Nrn. 4f. Zur Bezeichnung des Königs als Vormund des Reiches vgl. Schubert (1979), 267 mit Anm. 90.

380 Hermkes (1968), 33ff.

381 Karl Walz, Geschichte der jüdischen Gemeinde in Wetzlar von ihren Anfängen bis zur Mitte des 19. Jahrhunderts. 1200–1850. (MittWetzlarGV 22) 1966, 113.

382 Konrad hatte mit verwegener Berufung auf die Goldene Bulle behauptet, den Vertrag, den er 1430 mit den Reichsstädten geschlossen habe, hätte Siegmund gar nicht aufheben können; denn der Vertragsabschluß sei »in unsers herren des pfalzgraffen vicariatt als in eins pfaltzgraffen provintien in abewesen ... des Romischen koniges beschehen«. Karasek (1967), 126f.

383 So richtete der Pfalzgraf 1432 an die Stadt St. Gallen das Ansinnen, ihm als »einem vicarien und furweser des heiligen Romischen Richs« die Reichssteuer zu zahlen, da der König »yczund uber berg gein Lamparten« gezogen sei. Regest: Urkundenbuch der Abtei Sanct Gallen Bd. 5, bearb. von Pl. Bütler und Traugott Schiess. St. Gallen 1909, 671 Nr. 3697. – Die Steuerzahlung der Reichsstädte an den Reichsvikar hatte (trotz der einschlägigen Vorschriften der Goldenen Bulle) schon im 14. Jahrhundert Schwierigkeiten bereitet. So bedurfte es 1368 erst einer Mahnung des Kaisers, um Augsburg zur Zahlung an den damaligen Vikar Wenzel von Luxemburg zu veranlassen. Urkundenbuch der Stadt Augsburg, hg. von Christian Meyer. 2 Bde. 1874–1878, Bd. 2, 143 Nr. 605.

die Ludwig III. mit seinen Forderungen stieß, dürften 1432 nicht geringer gewesen sein als während der Thronvakanz 1438/39.[384]

Weil das ganze 15. Jahrhundert hindurch der Pfalzgraf seine Ansprüche verfolgte, wird die Geschichte des Reichsvikariats bei Lebzeiten des Königs nicht nur aufschlußreich für die Vorgeschichte der Absetzung Wenzels und die tiefe Herrschaftskrise des Königtums Siegmunds in den Zeiten des Binger Kurvereins, sondern auch für die Absetzungspläne zur Zeit Friedrichs III. 1454 versprach Albrecht VI. von Österreich, der Bruder des Kaisers, für die Förderung seiner Königspläne dem Pfälzer die Bestätigung des »vicariatus absente rege«.[385] Bei den Wahlplänen, die König Georg Poděbrad 1458 verfolgte, ließ sich der Mainzer Kurfürst das Reichsvikariat zusichern,[386] während der Pfälzer mit einer Hauptmannschaft im Reich entschädigt werden sollte.[387] Damit zeigt sich ein Grundzug der Reichspolitik jener Jahre, die Projektemacherei, die mit Reichsinstitutionen spielte. Wenn Albrecht Achilles 1463 bei den Ausgleichsverhandlungen zwischen den Wittelsbachern und Zollern Reichsvikariate Georg Poděbrads und Pilipps des Kühnen von Bayern rechts bzw. links des Rheins entwarf, durfte dies »kaum ernst gemeint gewesen sein«,[388] aber es ist bezeichnend für den politischen Stil jener Zeit. Eine der wenig beachteten Facetten der Reichsreformzeit um 1500 liegt in dem Ernstnehmen von Reichsrechten, die nicht mehr als Manövriermasse im politischen Spiel betrachtet wurden.

Bei allen Intrigen und Rivalitäten, welche die kurpfälzischen Ansprüche sogar im Kurfürstenkolleg heraufbeschworen, geht es doch auch um die dieses Kurfürstenkolleg höchst interessierende Frage, welche institutionellen Konsequenzen die zunächst mentalitätsgeschichtlich nachweisbare Verselbständigung des Reichsbegriffes in einer »offenen Verfassung« hatte. Diese erst im 15. Jahrhundert aufgeworfene und nur unvollkommen gelöste Frage läßt viele Erwägungen über das Verhältnis von Politik und Recht in einer »offenen Verfassung« zu, Erwägungen, deren gemeinsamer Nenner in zwei Aussagen liegen dürfte. Erstens: Die Verselbständigung des Reichsbegriffs gegenüber der Herrschaft des Königs ist nicht im Hinblick auf die Politik aus der Gegensätzlichkeit von Theorie und Praxis zu beschreiben. Sie bestimmt vielmehr in ihrem Legitimationsrahmen die politischen Orientierungen. Nur deshalb kann der Reichsgedanke ausgangs des 15. Jahrhunderts die Konsequenz zeitigen, daß unter »Reich« die Gesamtheit der Reichsstände begriffen wird. Das führt uns zu dem zweiten gemeinsamen Nenner. Bei den Auseinandersetzungen um die Rechte des Pfalzgrafen zeigt sich, daß wegen der kurrheinischen Rivalitäten die institutionellen Folgerungen aus dem verselbständigten Reichsgedanken so lange, bis in die Zeit der Reichsreform um 1500, nicht gezogen werden konnten.

---

384 Hermkes (1968), 29f. und 33f.

385 Kremer (1765), 90ff. Nr. 31.

386 Höfler (1850), 63.

387 Ebd., 53f.

388 Thomas (1983), 468.

Fünfter Teil: Die Absetzungspläne des 15. Jahrhunderts

I. Das Königtum Siegmunds und die folgenlosen, aber aufschlußreichen kurfürstlichen Drohungen

Im Gegensatz zu der Absetzung Adolfs von Nassau bildete die Wenzels einen Präzedenzfall. Obwohl zur Zeit Siegmunds in der Hauptsache nur Gerüchte von der Gefahr einer Entmachtung des Reichsoberhaupts wissen, belegen diese, daß das Ereignis des Jahres 1400 jederzeit wiederholbar erschien.[1] Damit erst begann sich die Auffassung durchzusetzen, daß aus dem Wahlrecht ein Absetzungsrecht ableitbar sei. Ulrich Richental, der Chronist des Konstanzer Konzils, kann unter dem Eindruck der Absetzung Wenzels behaupten: Die Kurfürsten »haben so vil macht, das sy ainen römischen küng erwellen mögen und och entsetzen mögen, wenn das not wirt.«[2] Diese Einschätzung teilte Siegmund. Vor der Überführung der Reichskleinodien nach Nürnberg ließ er sich vom Rat der Reichsstadt zusichern, daß die Insignien des Reichs bei der Wahl eines Gegenkönigs umgehend nach Mähren gebracht werden würden.[3]

Die Absetzung Wenzels als Präzedenzfall, der nicht eintrat: Ohne das Ereignis von 1400 wären weder die kurfürstliche Drohungen im Jahre 1424 noch die Absetzungspläne unter Friedrich III. denkbar. Zum Beispiel waren den Kurfürsten die Akten der Absetzung Wenzels bekannt, so daß sie, als sie Ende 1456 den Kaiser nach Frankfurt luden, das Ladungsschreiben des Jahres 1400 zum Vorbild nehmen konnten.[4]

Die Absetzung des Jahres 1400 als Präzedenzfall: Die Folgen zeigten sich noch 1486, als Maximilian, einer Zeremonie seines Vaters im Jahre 1442 folgend, auf seiner Krönungsreise eine Thronsetzung auf eben jenem Königsstuhl vornahm, auf den im Jahre 1400 Ruprecht erhoben worden war.[5] Daß Karl IV. diesen Königstuhl 1376 im Zusammenhang mit der Wahl Wenzels gestiftet hatte, begründete nicht die Tradition, sondern die Thronsetzung Ruprechts (übrigens zwei Jahre nach der Fertigstellung dieses Gebäudes).[6]

Das Jahr 1400 bedeutete auch einen Wendepunkt in den Wahlzusagen, die einem künftigen König abverlangt wurden. Zutreffend erkannte Sabine Picot den tiefgreifenden Stilwandel der Wahlversprechen in den Jahren 1400, 1410 und 1411 gegen-

---

[1] Vgl. auch Walther (1996), 26f.

[2] Ulrich Richental, ed. Buck, 16.

[3] Baum (1993), 189.

[4] Weizsäcker (1886), 80f.

[5] Volk (1999), 293. Zur Tradition dieser Thronsetzung vgl. ebd., 292f.

[6] Vgl. ebd., 291.

über denen des 14. Jahrhunderts. Nicht mehr territoriale Zugeständnisse, die noch 1376 bei der Wahl Wenzels die entscheidende Rolle gespielt hatten, sondern die reichs- und kirchenpolitischen Fragen rückten in den Mittelpunkt.[7] Die kurfürstliche Verantwortung für das Reich – Konkretisierung des »von des Reiches wegen« – gewann Gestalt. Der künftige König wurde von seinen Wählern nicht mehr, oder zumindest nicht mehr in der Hauptsache als derjenige betrachtet, der dem Einzelnen Zusagen für dessen Rang und Herrschaft zu geben hatte.[8]

1. Die kurfürstliche Reichsverantwortung und ihre Reichsrepräsentanz

Reichsrepräsentanz und Kurfürstenkritik – die Aussagen von Säulen-Metapher und Körpergleichnis – neue Inhalte der Reichsverantwortung: die Hussitenkriege und die gefährdete Lage des Deutschen Ordens

Fragen wir zunächst nach dem Verhältnis von Kurfürsten, Reich und König in der Epoche nach der Absetzung Wenzels. Die Reichsverantwortung der Kurfürsten hatte sich zur Reichsrepräsentanz gewandelt. Ein Beispiel möge genügen. Der Romzug, noch im ausgehenden Mittelalter der Höhepunkt einer Königsherrschaft, war nicht an den Konsens der Kurfürsten gebunden.[9] Karl IV. hatte zwar als erster Herrscher seinen Romzug durch intensive vorbereitende Diplomatie abgesichert, aber dabei auf Konsens der Kurfürsten ebensowenig Wert gelegt wie vor ihm Ludwig der Bayer. Wenn aber Andreas von Regensburg – übrigens irrigerweise[10] – behauptet, Siegmund sei »sine voluntate et assensu electorum« zur Kaiserkrönung aufgebrochen,[11] so steht er im Banne eines neuen Denkens, das den Königswählern eine kontrollierende Reichsverantwortung auferlegt.

An ihrer Samthaftung für das Reich, an ihrer Reichsrepräsentanz werden im 15. Jahrhundert die Kurfürsten gemessen[12] – und kritisiert.[13] Die ihnen zum Besten

---

7 Picot (1977), 89f.

8 Vgl. ebd., 91.

9 Die Gesta Treverorum, 245 konstatieren nur den Sachverhalt, ohne ihn zu kritisieren, wonach Ludwig der Bayer friedlich (»pacifice«) in Rom »absque electorum suorum consilio« eingeritten sei.

10 Mathies (1978), 269 betont, daß die Kurfürsten durch Gesandtschaften an den Papst den Romzug loyal unterstützten.

11 Andreas von Regensburg, Chronik, ed. Leidinger, 48.

12 Vgl. nur die bildlichen Darstellungen der Kurfürsten im 15. Jahrhundert: Hoffmann (1982), 58ff.

13 Ein Vorläufer dieser Kritik, wonach sich die Kurfürsten auf Kosten des Reiches bereichern, ist ausgangs des 13. Jahrhunderts Alexander von Roes, Memoriale, edd. Grundmann – Heimpel, 142f. Vgl. Thomas (1985), 22 und 33; Lenz (2002), 57f.

des Reichs übergebene Macht hätten sie, so Nikolaus von Kues, in das Gegenteil, in dessen Zerstörung gewendet (»quod eis concessa potestas pro bono imperii in eius destructionem convertatur«).[14] Daran schließt sich die im prophetischen Zorn hingeworfene Aussage an, daß so, wie die Fürsten das Reich verschlingen, sie selbst einmal vom Volk gefressen würden (»Quoniam sicut principes imperium devorant, ita populares principes«).[15]

Die um 1400 sich verstärkende Reichskritik[16] ist immer mit einer Kurfürstenkritik verbunden. In diesem Sinne formuliert Siegmund Meisterlin vorgeblich nur für die Zeit Rudolfs von Habsburg als eine verkappte Zeitschelte, daß Rudolf, wenn das Reich in besserem Stand gewesen wäre, ein zweiter Karl oder Otto hätte werden können: »aber die zeit und stand gab es nit, wann grosse zwitrechtigkeit der bebst und der kaiser und aigner nutz, den die kurfürsten suchten, hetten das reich verderbt«.[17] Eigennutz der Königswähler. Ende des 15. Jahrhunderts drückt sich diese weit verbreitete kritische Stimmung in der mahnenden Prophetie des Johannes Lichtenberger aus: »Darumb mugen sych wol fursehen dyese sieben Churfürsten, sampt yren dienern, das nit von wegen yren sunde und schult das Römische reich, durch eyn gerecht urteil Gots von ynen genommen werde.«[18] Schwer ist bei solchen Sätzen auszumachen, was Drohung im Sinne des Nikolaus von Kues, was Übernahme einer päpstlichen Auslegung der Translatio Imperii ist, wonach der Papst das Imperium den Deutschen entziehen könne. Entscheidend ist in diesem Zusammenhang die Kurfürstenkritik.

Die anschwellende Kurfürstenkritik besagt nicht, daß die Königswähler nunmehr ihres Amtes weniger würdig gewesen wären als ihre Vorgänger. Die massive Kritik korrespondiert mit einem inzwischen weiter entwickelten Verfassungsdenken, dem es nicht nur um personal zu verantwortende Würde und Dignität geht wie in früheren Zeiten, sondern auch um eine Reichsinstitution. Wer mit der Reichsrepräsentanz Verantwortung für das Reich übernimmt, muß sich an dieser Verantwortung messen lassen. Damit entsteht eine andere Ebene der Kritik als die des personalen Vorwurfs, der zuvor einen einzelnen der Kurfürsten, selten aber

---

14 Concordantia Catholica III. 30, ed. Kallen, 435. Danach Weinrich (2002), 180.

15 Ebd.

16 Schubert (1987), 135ff. – Seibt (1984), 19 ist darin zuzustimmen, daß die traditionelle Gegenwartskritik um 1400 »eine besondere Regsamkeit« entfaltete. Auch darin stimmen wir Seibt (1994), bes. 7f. zu, »daß diese Krise lange Zeit mit einem ökonomischen Begriffsapparat völlig falsch definiert worden ist.«

17 Sigmund Meisterlin's Chronik der Reichsstadt Nürnberg, hg. von Matthias Lexer, in: Die Chroniken der deutschen Städte. Nürnberg Bd. 3. 1864, 112.

18 Zit. nach Joachim Wagner, Nationale Strömungen in Deutschland am Ausgange des Mittelalters. Diss. Leipzig 1929, 59.

deren Gesamtheit getroffen hatte.[19] Wir nehmen an, ohne es beweisen zu können, daß das Jahr 1400 den Anstoß für ein intensiveres Nachfragen der Öffentlichkeit nach der Verantwortung der Königswähler gegeben hat. Belegbar ist hingegen, daß es bei der Kurfürstenkritik im 15. Jahrhundert nicht um die Absetzungskompetenz geht, sondern um den Vorwurf des Eigennutzes angesichts der Verantwortung für das Reich. Und das glauben wir doch bei der Entwicklung von Stereotypen des Verfassungsdenkens notieren zu sollen: Die Diskriminierung des Eigennutzes bei der Wahrnehmung öffentlicher Ämter war zwar der Antike aus den Erfahrungen der Polis heraus, aber zunächst nicht dem Mittelalter vertraut.

Eigennutz gehörte zum Menschen, auch zum Fürsten. Lediglich der Grundsatz »rex propter bonum commune« widersprach zunächst dieser Auffassung, die dann im 15. Jahrhundert aus zwei ganz unterschiedlichen Vorgängen erweitert und vertieft wurde. Der erste dieser Vorgänge ist mit der Kurfürstenkritik des Nikolaus von Kues einfach zu erfassen. Die großen Konzilien zu Konstanz und Basel intensivierten über ihre Aufgabe der Kirchenreform hinaus das Nachdenken über die gerechte Ordnung der Welt, was das Nachdenken über Institutionen anregte, über ein Thema, das in der politischen Theorie der Scholastik kaum eine Rolle gespielt hatte. Job Vener, einer der wichtigsten Männer im Hintergrund der Konzilsberatungen, wird es auf den Punkt bringen: Die Reform der Kirche folgt den gleichen Prinzipien wie die Reform des Reiches.[20] Der zweite Vorgang, der zum vertieften Nachdenken über Institutionen führt, ist in der Entwicklung der spätmittelalterlichen Stadtverfassung, in der Verantwortung der Stadträte für den Gemeinnutz begründet. (Den häufigsten Anlaß für Bürgerkämpfe bildet der Vorwurf, Ratsherren hätten sich eigennützig »am gemeinen säckel«, an der Stadtkasse vergriffen.) Die Kritik an den Kurfürsten im 15. Jahrhundert, eine Kritik, die um den Gegensatz von Eigennutz und Gemeinnutz kreiste, war ohne das Vorbild der innerstädtischen Auseinandersetzungen nicht zu denken.

Als ungefähren Wendepunkt von der kurfürstlichen Reichsverantwortung zur Reichsrepräsentanz hatten wir die Zeit um 1400 angenommen. Denn es ist auffallend: Im 15. Jahrhundert wird der zuvor für die Kurfürsten gebrauchten Säulen-Metapher (»columpna imperii«) das Körpergleichnis zur Seite gestellt, wie es zum Beispiel Siegmund 1429 den Straßburger Gesandten vorstellt: »er wer der, der daz houpt wer, und die Korfursten die gelider«.[21] Daß die Kurfürsten als »nechste und

---

19 Lenz (2002), 160ff. und 193ff. – Als eine Ausnahme notieren wir die Gesamtkritik an den Kurfürsten wegen der Wahl Adolfs von Nassau bei Ottokar V. 39.642, ed. Seemüller Bd. 1,515: »wie die kurhern alle siben / den triblian triben«. Diese Unterstellung von Intrigen und Rechtskniffen aller Kurfürsten erklärt sich aber aus der habsburgischen Enttäuschung über den Wahlentscheid von 1292.

20 Heimpel (1982) Bd. 2, 831ff.

21 DRTA Bd. 9, 349.

furderste gelider ... die Bürden ... mittragen«, wie Friedrich III. feststellt,[22] wurde von diesen akzeptiert. Auf das Reich – »als des heilgen richs getruwen korfursten und die nehisten geliddere« – beriefen sie sich im Jahre 1420, als sie die Initiative des Hussitenkrieges an sich rissen.[23] Das Körpergleichnis relativierte eine mögliche Selbstüberschätzung im Namen der Reichsrepräsentanz. In diesem Sinne mahnte der reichstreue Albrecht Achilles: »es ist zu betrachten, das wir nit sind das ganz reich oder das bedeuten. Wir vermogent alleine nit die burd des ganzen reichs zu tragen. Aber mit zu leiden nach gebur als die fordersten und nechsten glider des heiligen reichs, bin ich des für mein person willig zu thun«.[24]

Daß erst in den 1420er Jahren der Wandel des Wählergremiums zu einem Kurfürstenkolleg in Erscheinung trat, lag nicht zuletzt daran, daß die Hussitenkriege die Reichsverantwortung auf die Probe stellten.[25] Knapp und zutreffend hat Christiane Mathies diese äußeren Zwänge zusammengefaßt: »Die Erhaltung Böhmens beim Reich, die Verdrängung des Unglaubens aus den eigenen Landen, die Stärkung der allgemeinen Abwehrkräfte durch Befriedung im Innern – dies waren die treibenden Momente, welche die Kurfürstenpolitik vom Hussitenbund des Jahres 1421 über die Maßnahmen gegen eine Entfremdung Böhmens 1422 und 1424 bis zum Frankfurter Hussitenreichstag 1427 und der Preßburger Gesandtschaft an die Kurie 1429/30 durchzogen. Bereits im Jahre 1422 war die Hussitenfrage der Anlaß, daß die Kurfürsten zu sechst miteinander berieten, im vollen Bewußtsein der Bedeutung dieser neuen Konstellation; knapp zwei Jahre später erfolgte in Konsequenz hieraus der vertragliche Zusammenschluß der östlichen und der westlichen Kurfürsten mit dem Ziele, die siebente, böhmische Kur dem Einfluß des Hussitismus und anderer fremder Elemente zu entziehen und sie in ihrem verfassungsmäßigen Status beim Reiche zu erhalten.«[26]

Die Reichsverantwortung der Kurfürsten erwies sich im Jahre 1421 in dem von ihnen einberufenen »königslosen Tag« nach Nürnberg, wo der Reichskrieg gegen die Hussiten organisiert werden sollte.[27] Eine Opposition gegen den König war damit ebensowenig verbunden[28] wie mit dem Nürnberger Hoftag des folgenden Jahres, der, von der Frage des Tagungsortes angefangen, weitgehend von den Kurfürsten gestaltet wurde.[29]

---

22 DRTA Bd. 14, 196 Nr. 111.

23 DRTA Bd. 8, 14 Nr. 8. Vgl. Mathies (1978), 54.

24 Priebatsch Bd. 3, 336.

25 Zutreffend spricht Wefers (1994), 107 von der »Selbstorganisation des Reiches unter dem Druck der Hussitengefahr«. Angermeier (1984), 63ff. sieht in diesen Kriegen den Anstoß zu einer Reichsreform.

26 Mathies (1978), 273.

27 Wefers (1989), 81ff. und 84ff.

28 So zu Recht Wefers (1989), 88.

29 Baum (1993), 170f.

Die von den Kurfürsten beanspruchte führende Rolle in den Hussitenkriegen hängt mit ihrer Reichsrepräsentanz und der darauf beruhenden Entwicklung zum Kurkolleg gleichermaßen zusammen. Da das Reich keine überzeitliche unwandelbare Größe war, ist der Frage nicht auszuweichen, was Reichsrepräsentanz im konziliaren Zeitalter bedeutete. Denn hierin ist einbeschlossen, was vereinfacht als Nationalisierung des Reichsbegriffs im 15. Jahrhundert bezeichnet sei, ein Vorgang, der sich an der Entwicklung der Reichstitulatur in diesem Jahrhundert ablesen läßt. »Heiliges Reich und teutsche Nation« wird jetzt zur verbreitetsten, zur offiziösen Benennung des Regnum, woraus dann Maximilian die für die Zukunft gültige Titulatur formen wird.[30] Dem liegt natürlich noch nicht der moderne Nationalgedanke, wohl aber ein neuer, konkreterer Inhalt des hergebrachten Plurals der »deutschen lande« zugrunde. Rechtlich sind Reich und »teutsche Nation« nicht deckungsgleich, aber die kurfürstliche Verantwortung erstreckte sich auf beides. Das sei am Beispiel ihrer Verteidigung des Deutschen Ordens erläutert, dessen wichtigstes Herrschaftsgebiet außerhalb des Regnum lag, dessen Name aber bereits auf die »Nation« verwies. Bevor auf dieses Beispiel eingegangen sei, ist einem möglichen Mißverständnis vorzubeugen. Bei ihrer Haltung in den Hussitenkriegen hatten die Kurfürsten überhaupt nicht an eine »deutschnationale« Vereinnahmung Böhmens gedacht. Ihrer Reichsrepräsentanz folgten sie im Hinblick auf ein »Heiliges Reich«, dem die Verteidigung der »christianitas« zugewiesen war.

Bereits zu Zeiten König Wenzels hatten sich die rheinischen Kurfürsten für den Deutschen Orden in Preußen eingesetzt.[31] Dabei spielte ebenso wie in der Folgezeit die genealogische Nähe vieler Domherren in den rheinischen Bistümern zu den Rittern im Ordensland mit. Jedoch gilt es, dieses Motiv zu gewichten. Bei den Kapiteln der drei Erzstifter ist diese genealogische Nähe allenfalls in Mainz, aber nur bedingt in Trier und kaum in Köln auszumachen. Selbst wenn die Domkapitel von Speyer und Worms, die in enger Verbindung zur Pfalzgrafschaft standen, einbezogen werden, ergibt sich keine direkte Verzahnung von verwandtschaftlichen Interessen zwischen Rhein und Nogat. Deswegen hatten wir den Ausdruck der genealogischen Nähe gewählt, um die gewissermaßen »ritterschaftliche« Fundierung des Eintretens der Kurfürsten für jenen Deutschen Orden zu benennen, der sich 1419 als »alles adels getruwer ufhalt« bezeichnet hatte.[32]

---

30 Schubert (1979), 240ff.

31 Gerlich (1960), 189.

32 DRTA Bd. 7, 396 Nr. 271. – In welchem Maße sich der Adel mit dem Orden identifizieren konnte, belegt das Beispiel Konrads von Weinsberg, der 1420 dem königlichen Auftrag eines unparteiischen Vermittlers zwischen Polen und dem Orden untreu wird und insgeheim den Hochmeister informiert. Dieter Karasek, Konrad von Weinsberg. Studien zur Reichspolitik im Zeitalter Sigismunds. Diss. Erlangen 1967, 68.

Wenn seit 1419 die Kurfürsten beim König für die Rechte des 1410 schwer geschlagenen Ordens eintreten,[33] wenn sie 1421 Rückhalt bei Papst und Kardinalskolleg Unterstützung gegen die ihrer Ansicht nach ordensfeindliche Politik Siegmunds suchen,[34] wenn sie 1422 eine eigene Gesandtschaft an König Władysław von Polen ankündigen,[35] dann verfolgen sie eine eigene Politik im Interesse von »Reich und teutscher Nation«, selbst wenn sie verfassungsrechtlich korrekt Siegmund versichern, daß der Orden »zu euch und dem riche gehoret«.[36] (Gemäß der Goldbulle von Rimini war der Hochmeister direkt dem Kaiser unterstellt, aber das Imperium konnte, die Unterschiede zum Regnum verwischend, mit »riche« übersetzt werden.) Neue Inhalte der Reichsrepräsentanz. Deswegen konnten die Kurfürsten dem König mit der öffentlichen Meinung im Reich drohen, daß nämlich, wenn er mit seiner feindlichen Politik gegen den Deutschen Orden fortfahre,[37] »solich wort in dem riche darumbe ufersteen wurde, die swarlich und hartte widderzubrengen werden mochten.«[38] Das Konfliktfeld zwischen Reichsverantwortung der Kurfürsten und dynastisch motivierter Politik des Königs war abgesteckt.

2. Die Absetzung Wenzels als gefährlicher Präzedenzfall für das Königtum Siegmunds

Gerüchte im Jahre 1421 als Aussage für ein kurfürstliches Absetzungsrecht – der Binger Kurverein 1424 und das gemeinsame Ziel zweier unterschiedlich formulierter Absetzungsdrohungen

Gerüchte über Absetzungspläne gehören zum Königtum. Vergleichsweise arm an solchen »Flugreden« war die Regierungszeit Karls IV. und – erstaunlicherweise – lange die Wenzels geblieben. Denn die Gefahr, die während der Herrschaft Ludwigs des Bayern sich in so vielen entsprechenden Befürchtungen äußerte, die Gefahr, daß ein neues Königtum, allein auf Macht gestützt »ufgestunde«, war nach der Festlegung des Kurfürstenrechts im Jahre 1338 stark gemindert. Davon hatte Wenzel lange profitiert. Als dann unter Siegmund erneut Gerüchte von einer Entmachtung des Herrschers umliefen, erweist sich der Unterschied zu den Zeiten

[33] Vgl. die verschiedenen kurfürstlichen Mahnungen zwischen Januar und September 1419: DRTA Bd. 7, 374f. Nr. 253; 396f. Nr. 271; Israel (1952), 96f. Nrn. 21f.

[34] DRTA Bd. 8, 10ff. Nrn. 5–7. Dazu: Israel (1952), 87 Nr. 8.

[35] DRTA Bd. 8, 210ff. Nr. 176.

[36] DRTA Bd. 7, 397 Nr. 271.

[37] Dazu Wefers (1989), 69 und 75f.

[38] DRTA Bd. 7, 397 Nr. 271. Vgl. zum politischen Hintergrund: Jörg K. Hoensch, König/Kaiser Sigismund, der Deutsche Orden und Polen-Litauen. ZOstmitteleuropaForsch NF 46 (1997), 1–44.

Ludwigs des Bayern. Daß allein die Kurfürsten über eine Absetzung entscheiden können, wird bei all diesen »Flugreden« vorausgesetzt.

1421 übersandte Herzog Ludwig (der Gebartete) von Bayern-Ingolstadt dem König die Abschrift eines angeblichen Briefes des Brandenburger Markgrafen Friedrich an die rheinischen Kurfürsten, in dem behauptet wurde, der Römische König sei ein Hussit, man müsse an eine Neuwahl denken.[39] Der Brief ist wohl eine Fälschung,[40] aber daß überhaupt eine solche Unterstellung glaubhaft schien, daß Siegmund selbst den Brief für echt hielt,[41] zeigt doch, daß ein Absetzungsrecht als politische Gefahr angesehen wurde. Die gerade in diesem Jahr 1421 im Reich herumschwirrenden Gerüchte über eine Entmachtung des Königs wurzelten in einem verbreiteten Mißmut über dessen Herrschaft,[42] belegen jetzt aber auch: Das Absetzungsrecht war Teil des Verfassungsdenkens geworden.

Das Gerücht des Jahres 1421 wird keinen realen Hintergrund gehabt haben und beunruhigte dennoch die politische Szene wegen des Präzedenzfalls von 1400. Die Gründe für die damalige Notwehr der rheinischen Kurfürsten lagen weder im Jahre 1421 vor, noch werden sie im Jahre 1424 vorliegen. Aber auch das gehört zu den Gesetzen von Tradition und Rezeption, daß sie in neu entstandene Gegebenheiten gewissermaßen übersetzt werden. Es geht nicht mehr wie im Jahre 1400 um Prinzipien der Königsherrschaft, es geht jetzt gezielt um konkrete politische Fragen, um des Königs Haltung im Konflikt zwischen Polen und dem Deutschen Orden oder um die Hussitenzüge. 1422 sollten die Kurfürsten dem König verklausuliert mit der Absetzung drohen, falls er nicht ins Feldlager gegen die Hussiten kommen würde.[43] Zur gleichen Zeit streuen Gegner des zollerschen Markgrafen erneut das Gerücht aus, dieser strebe nach der Königskrone.[44] Am Hofe Siegmunds befürchtet man entsprechende Vorhaben[45] angesichts der nach dem ge-

---

39 Brandenburg (1891), 127.

40 Ebd., 127f.

41 Ebd., 128.

42 Friedrich von Bezold, König Sigmund und die Reichskriege gegen die Hussiten. Bd. 1. 1875, 74f.; Baum (1993), 169.

43 Brandenburg (1891), 136 Anm. 1, 137f. Anm. 5.

44 Rudolf Bernhardt, Die Inanspruchnahme des deutschen Reiches durch die Hussitenfrage in den Jahren 1419–1423. Diss. Halle-Wittenberg 1901, 40f.; Baum (1993), 169. Andreas von Regensburg, Chron. Huss., ed. Leidinger, 375 berichtet, daß 1422 Siegmund sich mit Friedrich I. versöhnt habe, »quod inter cetera lese maiestatis eciam ad regnum Romanorum aspiraverat«.

45 Am 25. April schreibt der Leibarzt des Königs, falls Siegmund nicht – wie von ihm zugesagt – zum Reichstag nach Regensburg kommen würde, so »mußte ich leyder sorge haben, daz meyn herre wurde kommen von allen seinen Kronen und reychen«. DRTA Bd. 8, 129 Nr. 118. Wenn Wilhelm Auener, Konrad III. von Mainz und seine Reichspolitik. 1419–1434. Diss. Halle-Wittenberg 1908, 23 Anm. 5 versucht, die Bedeutung dieser Aussage durch den Hinweis, daß der Zeuge damals weit entfernt von den Geschehnissen war, zu entkräften, so übersieht er, daß der Leibarzt ja seine persönliche Ansicht – unabhängig von der detaillierten Information über den augenblicklichen Stand der Dinge – aus intimer sonstiger Kenntnis der Verhältnisse formuliert.

scheiterten Hussitenfeldzug 1421 einsetzenden heftigen Kritik am König in der öffentlichen Meinung.[46]

Die Korporationsbildung zum Kurkolleg war zwar 1421/22 noch nicht abgeschlossen, aber sie ließ Konturen eines Gesamthandelns bereits erkennen, weswegen eine Absetzung in schneller Entscheidung als möglich erscheinen konnte; die dem Präzedenzfall von 1400 vorausgehenden langen Verhandlungen, bis sich eine Wendung von der Defensive zur Offensive vollzog, gehörten der Vergangenheit an.

Bei der Einschätzung der damals im Reiche herumschwirrenden Neuwahl-Gerüchte ist zweierlei zu berücksichtigen. Spätestens seit dem desaströsen Scheitern des von den Kurfürsten organisierten Hussitenzuges 1421[47] konnte ein Absetzungsgrund wegen Siegmunds mangelnder Initiative in der böhmischen Frage schwerlich überzeugend sein. Und vor allem, zweitens: Der Weg zu einem Samthandeln des Kurfürstenkollegs war 1422 zunächst versperrt, weil der Mainzer das ihm von Siegmund angetragene Reichsvikariat annahm. Die 1422 auf dem Nürnberger Tag auf kurfürstliche Initiative hin entwickelten ersten Ansätze einer Reichsmatrikel wegen der Reichssteuern für den Hussitenkrieg[48] waren Ausdruck einer Verantwortung für das Reich, die durch interne Gegensätze im Kurkolleg überlagert wurde. Erst nach dem Rückzug des Mainzers von dem Vikariat war der Weg zum Binger Tag frei.[49]

Wenn die Kurfürsten sich 1424 im Binger Kurverein gegen jeden verbanden, der »nach dem heiligen Romischen riche stunde oder sten worde und sich des underwinden wolte ane unser aller obgenanter kurfursten samentlichen ... willen«,[50] so widersprach das allen eventuellen Absetzungsplänen. Immer noch plagte die Königswähler wie in den Zeiten Wenzels die Sorge, der König könne das Reich einem anderen übergeben. Wir haben diesen Einungspunkt an den Anfang der Interpretation des Binger Kurvereins gestellt, weil dieser zumeist in erster Linie als Absetzungsdrohung verstanden wurde. Für diese Ansicht scheint es sogar einen Kronzeugen zu geben. Nach dem Bericht Eberhart Windeckes war Siegmund außer sich geraten, als ihm die kurfürstlichen Gesandten die Nachricht vom Abschluß des Kurvereins überbrachten: »do was der Romsch Konig gar zornig und schrei lute und gab in zorniclich antwurt und sprach: ›hetten wir den korfürsten also hoch gesworn, als sie uns gethon haben, wir wollten wol anders mit in umbgon, danne sie mit uns thunt.«[51]

---

46 Vgl. Andreas von Regensburg, Chron. Huss., ed. Leidinger, 376.

47 Baum (1993), 164ff.

48 Wefers (1994), 100ff.

49 Mathies (1978), 140.

50 DRTA Bd. 8 Nr. 294 § 5, 345; vgl. Nr. 295 § 6, 249. Zum Binger Kurverein vgl. auch Hoensch (1996), 319ff. und 537.

51 Eberhart Windecke, ed. Altmann, 176. Vgl. Wefers (1989), 121; Hoensch (1996), 321.

Lassen wir den König mit seinem Zorn noch eine Weile allein und fragen nach den Entwicklungen, die zum Binger Kurverein vom 17. 1. 1424 geführt hatten.[52] Die konzeptionellen Veränderung der Wahlzusagen seit dem Jahre 1400 hatte zwei Konsequenzen für die rheinischen Kurfürsten. Zunächst mußten die traditionellen nachbarschaftlichen Konflikte zurückgestellt werden, weswegen das Mainzer Domkapitel 1419 forderte, der künftige Erzbischof sollte in der Reichspolitik mit dem Pfalzgrafen zusammenarbeiten.[53] Sodann waren die rheinischen Kurfürsten gezwungen, die »Elbkurfürsten« in die Reichspolitik einzubeziehen. Das Königtum Ruprechts von der Pfalz hatte mit aller Deutlichkeit vor Augen geführt, daß die Zeiten, in denen kurfürstliche Politik allein kurrheinische Politik sein konnte, vorbei waren. Ein äußeres Zeichen: Letztmalig war im Jahre 1400 Rhens, der traditionelle Versammlungsort der rheinischen Kurfürsten, eine Stätte, in der Reichspolitik gestaltet wurde. Ergebnislos blieben im 15. Jahrhundert alle Versuche, an die Traditionsstätte des 14. Jahrhunderts anzuknüpfen.[54]

Zurück zum Zorn Siegmunds über den Binger Kurverein. Er hat diesen wohl nicht als Vorbereitung einer Königsabsetzung verstanden, eine entsprechende Drohung jedoch konnte er unschwer aus dem Einungstext herauslesen. Tatsächlich hatten die rheinischen Kurfürsten ihre Bopparder Bündnisurkunde vom 11. April 1399 aus dem Archiv hervorgeholt.[55] Aber ebensowenig wie die damalige Einung der direkten Vorbereitung einer Absetzung Wenzels diente, war das 1424 der Fall. Das läßt sich den einschlägigen Urkunden unschwer ablesen. Zwei Verträge zwar gleichen Inhalts, aber unterschiedlichen Tenors waren in Bingen geschlossen worden. »Die Texte lesen sich wie eine sanfte und eine stärkere Drohung an den König«.[56] Wer droht, will bessern. Nicht die Drohung, sondern das Ziel, das mit ihr erreicht werden sollte, muß im Mittelpunkt der Bewertung des Kurvereins stehen. Der Zorn Siegmunds war der Zorn eines Königs, dessen politisches Spiel durch die gemeinsame Haltung der Kurfürsten gefährdet war, nicht der Zorn eines Herrschers, der um seine Absetzung fürchten mußte. Für entsprechende Pläne gibt es nicht den geringsten Hinweis. Und vor allem: Den Kurfürsten fehlte der geeignete Kandidat für ein neues Königtum.[57]

---

52 Vgl. Baum (1993), 184ff.

53 Mathies (1978), 10ff. und 17.

54 Schubert (1977), 336f. – Rhens wurde 1445 an die Grafen von Katzenelnbogen verpfändet. Erst 1629 fiel die inzwischen evangelisch gewordene Stadt wieder an das Kölner Erzstift. Vgl. Alexander Ritter, Zur Topographie der Stadt Rhens in der Frühen Neuzeit. JbWestdtLdG 28 (2002), 47–75, hier: 48.

55 Baum (1993), 185.

56 Wefers (1989), 120. Baum (1993), 185 hält die mildere Fassung für eine für die Öffentlichkeit bestimmte Ausfertigung.

57 Hoensch (2000), 276.

Der Kurverein von Bingen ging von einer Gesamtverantwortung der Kurfürsten für das Reich aus. Vor allem einte sie die Sorge vor einer Entfremdung Böhmens vom Reich angesichts der Politik des polnischen Königs Witold,[58] der das Kronangebot der hussitischen Stände angenommen hatte.[59] Sie handelten – und das war der tiefere Grund für den Zorn Siegmunds – dabei aus eigenem Recht, handelten, wie die Goldene Bulle formuliert hatte, als »pars corporis Caesaris«.

Nach dem Binger Tag hatten sich die Kurfürsten zu geheimen Beratungen zusammengefunden.[60] Das jedoch war keine »coniuratio« wie in alten Zeiten, sondern diente der internen Verständigung innerhalb des Kollegiums, diente dem Bemühen, eine einheitliche Stellungnahme zu erreichen. Deshalb die Wahl eines außergewöhnlichen Tagungsortes, der den östlichen Fürsten entgegenkam: die Reichsstadt Mühlhausen, dem mainzischen Eichsfeld benachbart.[61]

Dagegen, daß die geheimen Beratungen der Vorbereitung einer Absetzung dienten, spricht schon, daß die Kurfürsten sechs Monate nach dem Binger Tag die Einladung des Königs nach Wien annahmen.[62] Daß sie einen derart ungewöhnlichen Tagungsort akzeptierten und damit sich dem Herrscher als willfährig erwiesen, läßt auf den Geist der vorausgehenden geheimen Beratungen schließen. Es ging um die Kirchenpolitik, »das danne auch versorget werde das ewer gnade als ain von der heiligen kirchen sich auch widerumb gen unserm heiligen vatter dem babst und der heiligen kirchen und auch gen unsern herrn den kuerfuersten und andern die zue dem reiche gehoeren halde als ain voit der heiligen kirchen und ain Roemischer konig sich billichen halten sol«.[63] Wenn Siegmund diesen Forderungen nicht entsprechen würde, wollten die Kurfürsten ihm eine letzte Frist setzen: »wer' aber das ewer gnade des nit tette, das si sich danne, nachdem sie dem reiche schuldig sein, darinne bewarn und versorgen muegen.«[64] Wir lesen hieraus nur eine Drohung, die von der Hoffnung auf ein Einlenken des Königs geleitet war. Für den Fall einer Ablehnung ihrer Forderungen hatten die Kurfürsten keine Verständigung untereinander erreicht, hatten sich nicht auf ein Absetzungsverfahren einigen können.[65] Deswegen bestand während der gesamten Regierungszeit Siegmunds nie die reale Gefahr eines Gegenkönigtums.[66]

Politisch gesehen blieb der Binger Kurverein zunächst eine Episode, nachdem die traditionellen Herrschaftskonflikte am Mittelrhein die lokalen und regionalen

58 Mathies (1978), 5 und 48.

59 Ebd., 148.

60 Ebd., 162f. – Bei dem 1425 geplanten Würzburger Tag ist nicht einmal sicher, ob er überhaupt stattgefunden hat. Baum (1993), 194.

61 Vgl. Mathies (1978), 161f.

62 Vgl. Wefers (1989), 126ff., 132f. und 136.

63 DRTA Bd. 8, 359 Nr. 303 § 1.

64 Ebd.

65 So zutreffend Mathies (1978), 163.

66 Moraw (1994), 31.

Aufgaben zu Lasten der Reichspolitik in den Vordergrund treten ließen.[67] Der Gedanke aber der kurfürstlichen Korporation in Verantwortung für das Reich ging im 15. Jahrhundert nicht mehr verloren. Das zeigte sich auf dem Frankfurter Reichstag 1427, der – was die Egerer Gesandtschaftsberichte deutlich werden lassen –[68] von den Kurfürsten gestaltet war, die sich dann auch bemühten, dem hier verabredeten Steuergesetz, das einen Hussitenkrieg erst ermöglichen sollte, nachzukommen.[69]

Statt eines allein von machtpolitischen Interessen geleiteten kurfürstlichen Handelns sehen wir im Zeitalter Siegmunds das Werden eines Kurkollegs, das sich im verantwortlichen Samthandeln zusammenfindet. Den Geist der Verantwortung läßt der Bericht eines Frankfurter Gesandten 1429 über den schwerkranken Erzbischof Konrad von Daun erkennen, der, kaum reisefähig, dennoch die Strapazen der Reise nach Ungarn zu Siegmund auf sich nahm und sich alle wohlmeinenden Widerworte verbat: »unde sprichet, mochte er mit siner reise der cristenheide unde deme lande nocz unde fridde geschaffen, er wollte gerne nommir widder zu lande kommen, unde will nit das man eme davone rade.«[70]

Der Kurverein von Bingen ist aufschlußreich für die damaligen Probleme der Reichsintegration. Mit Siegmund war erstmals ein König gewählt worden, der über keinen Eigenbesitz im Reich verfügte,[71] der also nicht nur auf Konsens, sondern mehr noch auf Kooperation mit den Mächtigen angewiesen war, der deshalb 1434 – vergeblich – versuchen mußte, die Bedeutung seiner nur schwach besuchten Hoftage zu stärken.[72] Aber weder königliche noch kurfürstliche Initiativen konnten »das Weitertasten von Aushilfe zu Aushilfe« überwinden,[73] das die Regierungszeit Siegmunds charakterisiert.

Spätestens seit dem Binger Kurverein waren die Zeiten vorbei, in denen über die Herrschaftsgeschichte der »teutschen Nation« am Rhein entschieden wurde. Es hatte unter anderem hier nicht näher zu untersuchende wirtschaftliche Hintergründe, wenn die »Elbkurfürsten«, auf die im Jahre 1400 – letztmalig – keine Rücksicht mehr genommen wurde, sich nicht mehr majorisieren ließen.[74] Wenn die Kurfürsteneinung 1424 Vorsichtsmaßnahmen gegen die Aufrichtung eines

---

67 Mathies (1978), 173ff.

68 DRTA Bd. 9, 120ff. Nrn. 89f.

69 Mathies (1978), 229.

70 DRTA Bd. 9, 352 Nr. 279. Hinweis bei Mathies (1978), 256 Anm. 314.

71 Moraw (1994), 30f.

72 DRTA Bd. 11, 498ff. Nrn. 259 und 262; Weinrich (2001), 121ff.

73 Moraw (1994), 37.

74 Dem steht nicht entgegen, daß die rheinischen Kurfürsten noch bis in das 16. Jahrhundert hinein immer wieder versuchten, eine spezifisch kurrheinische Politik durchzusetzen. Vgl. Axel Gotthard, »Als furnembsten gliedern des Heiligen Reichs«. Überlegungen zur Rolle der rheinischen Kurfürstengruppe in der Reichspolitik des 16. Jahrhunderts. RheinVjbll 59 (1995), 31–78. Vgl. Ders. (1999) Bd. 2, 777.

neuen Königtums im Reich traf, bedeutete dies auch eine indirekte Anerkennung der Thronumwälzung von 1400 als inzwischen rechtmäßig geltender und damit verfassungsgemäßer Möglichkeit. Und diese Ansicht wurde selbst von den Kurfürsten Sachsens und Brandenburgs geteilt – zu einer Zeit, als diese Fürsten sich ihrer Reichsrechte erst wirklich bewußt wurden, zu einer Zeit, als zum Beispiel der sächsische Kurfürst überrascht erkannte, welche Privilegien ihm bereits die Goldene Bulle zugestanden hatte.[75]

Das also ist aus der Perspektive unseres Themas die Aussage der Kurfürsteneinung von 1424: Als sich die östlichen Kurfürsten überhaupt des Reichsrechts, soweit es damals bestand, bewußt wurden, schloß dieses um die Königswahl zentrierte Rechtsdenken auch die Absetzungskompetenz ein. Diese spielte zunächst keine besondere Rolle, aber – ein Grundproblem bei der Darstellung politischer Geschichte – auch zunächst als nebensächlich angesehene Kompetenzen können bei veränderten Konstellationen in der Hierarchieleiter aufsteigen. Bei den Absetzungsplänen unter Friedrich III. werden selbst jene »Elbkurfürsten«, die sich diesen Plänen verweigern, die grundsätzliche Berechtigung des Kollegs zur Herrscherdeposition nicht in Frage stellen.

---

[75] Schubert (1977), 286 Anm. 9.

II. Der am häufigsten von einer Entmachtung bedrohte Kaiser: Friedrich III.

1. Der neue Stil der Absetzungspläne

Folgenlose, aber nicht bedeutungslose Projekte – Absetzungspläne unter Ausschluß der öffentlichen Meinung – das unterschiedliche Gewicht der Intrigen und ihre Gemeinsamkeit: Verschriftlichung des Herrschaftshandelns – Schrift und »Praktik« – Neuwahlprojekte als Aussage über die Herrschaft Friedrichs III. Eine Revision der Revision in der Beurteilung des Kaisers

Die Regierungszeit Friedrichs III., insbesondere das Jahrzehnt nach seiner Kaiserkrönung, ist erfüllt von Plänen und Gerüchten einer Neuwahl. Die Härten und Schwierigkeiten einer Königsabsetzung hofften die Feinde des Habsburgers umgehen zu können, gab es doch die reichsrechtlichem Herkommen entsprechende Möglichkeit einer »electio vivente imperatore«. Nur wurde diese Form, die Karl IV. noch einmal durchgesetzt hatte, nicht wie bei einer Sohneswahl als Sicherung der Nachfolge aufgefaßt, die dem Kaiser die Regierungsrechte beließ; diese Wahlprojekte wollten den Kaiser entmachten, wollten ihm zwar den Titel imperialer Würde belassen, aber die eigentliche Regierungsgewalt im Reiche dem neugewählten König übertragen.

Die rechtliche Möglichkeit einer »electio vivente imperatore« bildet nur den Vorwand für Bestrebungen, die von einem neuen politischen Verständnis der Macht, die ihre Legitimität in sich selbst trägt, gestaltet sind; dafür zeugen schon die Namen derer, die die römische Krone erwerben wollten, oder denen solche Bestrebungen nachgesagt wurden: Philipp der Gute, Georg Poděbrad, Matthias Corvinus,[1] Karl der Kühne.[2] Wir verneinen aber auch jetzt einen simplen Rekurs auf den

[1] Vgl. Wilhelm Fraknói, Matthias Corvinus und der deutsche Kaiserthron. Ungarische Rundschau 4 (1915), 1ff., hier: 4: »Italienische Humanisten am Hofe des Corvinus erwarteten mit Ungeduld das Heranbrechen des Tages, an dem sie ihn als römischen König und als Kaiser feiern könnten.«

[2] Der burgundische Herzog gehört allerdings nur bedingt in unsere Aufzählung. Er forderte 1472 für den Fall, daß der Kaiser nicht den burgundischen Königsplänen zustimme, das lebenslängliche, unwiderrufliche Reichsvikariat. Hildburg Brauer-Gramm, Der Landvogt Peter von Hagenbach. (GöttingerBausteineGWiss 27) 1957, 195f. – Zwar nicht an der römischen Krone, wohl aber an der Reichspolitik hatte bereits Philipp der Gute großes Interesse gezeigt, hatte 1456 auf die Trierer Bischofswahl Einfluß zu nehmen versucht. Georg Friedrich Böhn, Pfalz-Veldenz und die Trierer Bischofswahl des Jahres 1456. ArchMrheinKiG 21 (1969), 83–104.

undifferenzierten Machtbegriff, selbst wenn er sich in dieser Zeit die seit Jacob Burckhardt ehrwürdige historische Tradition der angeblich autonomen Persönlichkeit des Renaissance-Fürsten leihen könnte. Denn das, was wir als neues Verständnis der Macht bezeichneten, ist mit dem Begriff des politischen Kalküls präzisiert. Dieses nüchterne Analysieren bezog stets das Kurfürstenkolleg ein. Nicht nur vom Verfassungsverständnis, sondern auch vom Kalkül des politischen Handelns her gesehen, unterscheiden sich alle Neuwahlprojekte von denen früherer Zeiten. Doch gibt es bei allen Unterschieden eine Gemeinsamkeit über die Zeiten hinweg, die sich bei den Wahlprojekten seit 1454 mit den Namen der burgundischen Herzöge und der Könige von Ungarn und Böhmen verbindet. Der Gedanke der Europäisierung der Wahl des römischen Königs, einer Europäisierung, die nicht zu verwechseln ist mit den inzwischen verblaßten päpstlichen Approbationsforderungen, war bereits zu Zeiten Ludwigs des Bayern begegnet. Als in dramatischer Zuspitzung im Jahre 1519 die Kurfürsten zwischen einem spanischen und einem französischen König zu entscheiden hatten, war eine Situation eingetreten, die längst vorgedacht worden war.

Folgenlos, aber nicht bedeutungslos waren die Absetzungspläne. Sie sind zunächst einmal Indikatoren für Charakter und Begrenzung der Regierungsweise Friedrichs III. Sie sind zum zweiten Aussage für die Folgen des Jahres 1400. Aber über diese Aussagen hinaus stellen sie die Frage, die sich aus Peter Moraws Begriff der »offenen Verfassung« ergibt, nämlich die, wann diese – um weiterhin mit Peter Moraw zu sprechen – zu einer »gestalteten Verdichtung« gelangt.[3] Dieser Weg ist kein logisch fortschreitender Prozeß; denn die Absetzungspläne verdichten sich in den 1450er Jahren im Zusammenhang mit der Reichsreform und verlieren sich nach 1461 trotz des nach wie vor erkennbaren Desinteresses des Habsburgers am Reich. Das heißt: Es gibt neben der bereits existierenden eine potentielle Verfassung, in der Reformforderungen bei gleichzeitiger Drohung mit einer Herrscherabsetzung Elemente einer – sehr in die historische Ferne gedachten – Repräsentativverfassung enthielten. Darüber ging die politische Wirklichkeit ebenso hinweg wie über die Alternative zur Reichsreform, nämlich die in der Zeit Friedrichs III. begegnenden Bemühungen, eine Verfassung aus der Vergangenheit zu begründen. Archaisierung der Reichsverfassung, wie ein solcher Vorgang bezeichnet werden kann,[4] und Reichsreform hängen enger zusammen, als es von einem seit der französischen Revolution durch Begriffe wie Fortschritt und Konservatismus beherrschten Denken möglich erscheint. Denn unschwer ist zu erkennen, daß in dem Begriff der Archaisierung die rechtsgestaltenden Vorgänge von Rezeption und Tradition verborgen sind, die nunmehr mit den neuen Vorgaben einer Reichsreform in Konkurrenz stehen.

---

[3] Moraw (1983).

[4] Schubert (2002), 227ff.

Die faktische Folgenlosigkeit der Absetzungspläne scheint daran ablesbar, daß es 1486 Friedrich III. möglich war, seinen Sohn ebenso wie es einst Heinrich IV., wie es noch Friedrich I., Heinrich VI., Friedrich II. und Karl IV. vermocht hatten, zum König wählen zu lassen. Aber Friedrich III. hat 1486 die Wahl seines Sohnes keineswegs gefördert, sondern eher zähneknirschend hingenommen;[5] denn er hatte seine Erfahrungen mit den Plänen einer Königswahl »vivente imperatore« gemacht, die allesamt seine Entmachtung zum Ziel gehabt hatten. Diese Pläne der 1450er Jahre waren mehrfach mit dem Gedanken einer Reichsreform verbunden worden.[6] Das aber war auch das Motiv der Kurfürsten bei der Wahl Maximilians. Eine Wahl des Königssohns bei Lebzeiten des Kaisers, die bei früheren Herrschern als Durchsetzung dynastischer Interessen erscheint, mußte bei Friedrich III. in Kenntnis der Neuwahlpläne vergangener Tage alte Befürchtungen wecken.

Die Absetzungspläne der Zeit Friedrichs III. konzentrieren sich auf einen Zeitraum von sieben Jahren. 1454 versucht der Trierer Erzbischof Jacob von Sierck Herzog Ludwig (den Reichen) von Bayern-Landshut als Kandidaten für die Königswürde zu gewinnen. Doch Gregor Heimburg, der dem Wittelsbacher diesen Vorschlag unterbreitete, wurde brüsk abgewiesen.[7] Anläßlich des Nürnberger Kurfürstentages im Februar 1461 gehen Gerüchte im Reich um, man wolle den Pfalzgrafen Friedrich I. (den Siegreichen) oder den Wittelsbacher Ludwig (den Reichen) zum König wählen.[8] Es gibt aus dieser Zeit Andeutungen, wonach der Trierer Kurfürst die Wahl des Dauphins Ludwig (XI.) erwogen haben soll.[9] Neben einem burgundischen Herzog, einem böhmischen und einem ungarischen König spielt sogar der Habsburger Albrecht VI., der Bruder des Kaisers, eine Rolle. Diesen Fürsten besagte die Tradition, daß bei Bündnissen das Reichsoberhaupt aus-

[5] Vgl. mit Referat der entsprechenden Forschungskontroverse Schubert (1977), 297f.; Angermeier (1984), 147 stellt allzu dezidiert fest, daß Maximilians Wahl von Friedrich III. betrieben worden sei

[6] Vgl. auch Angermeier (1984), 135 und 138.

[7] Miller (1983), 234 mit Anm. 38. Vgl. ebd., 245. – Vor und nach den Plänen des Jahres 1454 steht Jacob von Sierck in enger Verbindung zum Kaiserhof, erhält 1453 finanziell ergiebige Privilegien (Chmel, 3075, 3078 und 3106) und das Versprechen der Förderung an der Kurie, damit ihm das Bistum Metz übertragen werde (ebd., 3077). Im April und Mai hält sich der Erzbischof am Kaiserhofe auf, wo ihm erlaubt wird, 5000 fl für seine Vermittlungstätigkeit zugunsten der Stadt Köln anzunehmen (ebd., 3343), und von wo aus er mit einer Gesandtschaft an den König von Frankreich beauftragt wird (ebd., 3356).

[8] Frankfurts Reichscorrespondenz, ed. Janssen Bd. 2, 148f. Vgl. Rolf (1981), 78f. – Schon im Dezember 1460 schrieb Albrecht Achilles an Georg Poděbrad über ein Gerücht im Reich, »der pfalzgrave gee damit umb, das er gern Romischer konig were«. Palacky (1860), 238 Nr. 232. Dieses Gerücht fand seinen Niederschlag in der Speierischen Chronik, ed. Franz Joseph Mone, Quellensammlung der badischen Landesgeschichte. Bd. 1. Karlsruhe 1848, 410.

[9] Menzel (1868), 111f.

zunehmen sei,[10] ebenso wenig wie die Auffassung von Legisten, wonach Bündnisse »in offensam imperatoris« als Majestätsverbrechen zu werten seien.[11] Bei aller Kritik am Kaiser treibt sie weder Verzweiflung noch Reichsverantwortung um wie seinerzeit die Kurfürsten bei der Absetzung Wenzels. Das bisweilen begegnende gleiche Argument steht in anderen Zusammenhängen. Der Kaiser kam nicht ins Reich, aber er regierte nicht mehr mit Blanketten, sondern mit Urkunden, die von Wiener Neustadt ausgingen und deren Gültigkeit niemand beanstandete.

Indirekt bewirkte die Kanzleibildung die Verdichtung von Absetzungsplänen zur Zeit Friedrichs III. Das neue Verständnis von Politik hängt mit der Verschriftlichung der Herrschaftspraxis zusammen. Nur ein Beleg: 30–50000 Urkunden gingen in den 53 Regierungsjahren Friedrichs III. von seiner Kanzlei aus.[12] Hoffnungen und Absichten, die in früheren Zeiten allenfalls mündlich bei Zusammenkünften der Fürsten erörtert worden waren, werden jetzt schriftlich formuliert. Das, was in Zeiten Ludwigs des Bayern sich nur in Gerüchten niederschlug, kann nunmehr seine Bestätigung im geheimen, erst dem modernen Historiker zugänglichen Zentrum der Macht finden; denn die Verschriftlichung ging mit einer Juridifizierung des Verwaltungshandelns Hand in Hand, einem Prozeß, der, von gelehrten Räten getragen, seit der Zeit Ruprechts und Siegmunds auch am Königshofe zu beobachten ist.[13] Die Vermutung jedoch, die Häufung von Absetzungsplänen zur Zeit Friedrichs III. sei vor allem durch die bessere Überlieferung bedingt, täuscht. Vielmehr ist all diesen Absetzungsplänen gemeinsam, daß sie unter Ausschluß der öffentlichen Meinung in den Vorzimmern der Macht entwickelt wurden. Zu Zeiten Siegmunds konnte dem König von den Kurfürsten mit der öffentlichen Meinung gedroht werden. Aber weder Drohungen, noch vorbereitende propagandistische Maßnahmen – in denen man inzwischen geübt war – finden sich im Vorfeld oder als Begleitungerscheinung von Absetzungsplänen; selten nur, daß etwas von ihnen weiteren Kreisen bekannt wurde. Der Gegensatz zu »öffentlich« ist im Mittelalter nicht »privat«, sondern »heimlich«.[14] Und »heimliche Praktiken« waren all die Absetzungspläne unter Friedrich III.

---

[10] Schubert (1979), 273f.

[11] So der Kölner Professor Johannes Coelner de Vanckel. Andrae (1951), 41.

[12] Heinig (1998), 37. Vgl. auch Ders. (1997) Bd. 2, 846 und 874ff. – Zum Vergleich: In 30 Regierungsjahren stellte die Kanzlei Karls IV. 6400 und die Kanzlei Siegmunds in 27 Regierungsjahren 12000 Urkunden aus. Dieter Rübsamen, Zur Angabe von Zeugen in Urkunden Kaiser Friedrichs III., in: Paul-Joachim Heinig (Hg.), Diplomatische und chronologische Studien aus der Arbeit an den Regesta Imperii. 1991, 131–152, hier: 135.

[13] Heimpel (1982) Bd. 1, 159ff. Vgl. Sellert (1998), 135f.; Heinig (1998), 168ff. – Zum Einfluß der Juristen auf die Reichspolitik Friedrichs III. vgl. Heinig (1998), 176f.

[14] Ernst Schubert, Erscheinungsformen der öffentlichen Meinung im Mittelalter. Das Mittelalter 6 (2001), 109–127, hier: 110f.

Die Neuwahlpläne zur Zeit Friedrichs III. sind politisch von unterschiedlichem Gewicht, können – wie 1458 – eine wirkliche Gefahr für den Kaiser bedeuten, können aber auch nur einem letztlich folgenlosen Aktionismus entspringen. So wiegelt aufgrund langer Erfahrung 1472 Albrecht Achilles ab: Die ihm von seinem Rat Dr. Peter Knorr übermittelten Gerüchte einer Neuwahl seien belanglos. Der Kaiser habe einen harten Kopf und wolle nicht sterben. Der Pfalzgraf könne nur dann König werden, wenn er jedem seinen Willen erfülle, und zudem sähen die Erzbischöfe von Mainz und Trier lieber den Markgrafen von Baden als König.[15] Friedrich III., der grundsätzlich die Gefahr einer Königsabsetzung gesehen und seinen Sohn davor gewarnt hatte, behielt nicht nur die Nerven, sondern auch Recht, wenn er auf alle Neuwahlbestrebungen während seiner Regierung nicht reagierte.

Wir nehmen den Kommentar des in Reichshändeln erfahrenen Albrecht Achilles ernst und werden im folgenden auch feststellen, daß die Absetzungspläne mit der immerhin möglichen Ausnahme des Jahres 1458 keine wirkliche Gefahr der Stellung des Kaisers bildeten. Zu schnell folgten – ob wir an den Bruder des Kaisers, Erzherzog Albrecht VI., oder an Matthias Corvinus denken – neue Konstellationen einander, zu schnell wurden Kandidaten zu Mitspielern im Spiel um neue Kandidaturen.

Die Verschriftlichung von Absetzungsvorhaben ist auch Ausdruck von Stilwandlungen der Politik. Mit Tränen oder bußfertigen Unterwerfungen wie im Früh- und Hochmittelalter haben wir es im Folgenden nicht mehr zu tun. Die Frage ist nur, ob diese Stilwandlungen verfassungsgeschichtliche Wandlungen einschließen. Bei den Absetzungsplänen tritt ein neues Verhalten der Großen zu Tage; es sind nicht die Fürsten selbst, sondern ihre Ratgeber, die mit Ihresgleichen Möglichkeiten sondieren, ohne preiszugeben, wieweit ihr Herr, in dessen Interesse zu handeln sie vorgeben, tatsächlich auch die Konsequenzen der verabredeten »Machinationen« zu tragen bereit ist. Die Zeit hat ein neues Wort für einen neuen Stil: »Praktik«.[16] Dieser Begriff lebt noch im 16. Jahrhundert als abwertende Bezeichnung für politisches Handeln außerhalb des bestehenden Rechts,[17] bevor dann entsprechende Bemühungen als normales kennzeichnen von Politik verstanden wurden. Das Lehnwort aus dem italienischen »pratiche« berechtigt natürlich nicht, einen Abglanz von »Renaissance« in der Reichspolitik zu suchen. Erstens ist »Italien« nicht mit »Renaissance« gleichzusetzen (und jetzt wollen wir doch mit unse-

---

15 Priebatsch Bd. 1, 466 Nr. 503.

16 So werden zum Beispiel »heimliche praktiken« des Markgrafen Albrecht Achilles 1460 am Kaiserhof angeprangert. Krimm (1976), 114. Der Erbmarschall Heinrich von Pappenheim erinnert 1462 den Kaiser an die Neuwahlpläne Ludwigs des Reichen, daran, »mit was practik und fürnemen man vor mit ewren k. Gnaden vmbgangnen ist«. Chmel, Anhang CXLVI, Nr. 118.

17 Vgl. nur die 1519 im Reich verbreitete Ansicht, daß der Lüneburger Herzog Heinrich (der Mittlere) »in viln pragktiken stee dem konige von Frangreich zu gut«. DRTA JR Bd. 1, 542 Nr. 213.

rer Meinung herausrücken, daß dieser Begriff unter den gebotenen Funeralien historiographisch eingesargt werden möge), und zweitens ist »Praktik« in der deutschen Sprache des 15. Jahrhunderts so negativ besetzt, daß jedwedes Ergebnis, das aufgrund entsprechender Methoden erzielt wurde, vor große Akzeptanzprobleme gestellt war.[18]

Nikolaus von Kues ist, soweit wir sehen, der erste, der die Gefahr von »Praktiken« für die Königswahl erkannt hat. Er fordert von dem heiligen und zugleich kaiserlichen Basler Konzil (»in isto sacro Basiliensi concilio imperiale«) den Erlaß einer festen, unverbrüchlich zu haltenden Ordnung der Wahl (»detur strictissime forma, quam transgredi nullo modo liceat«). Über den Wahleid der Goldenen Bulle geht hinaus, was Nikolaus von Kues als Schwur den Wählern auferlegen will: Sie sollen allein in Rücksicht auf das Gemeinwohl (»simpliciter pro bono publico«), mithin nicht aus Eigennutz und vor allem – das entscheidende Wort fällt – ohne Winkelzüge, »nulla practica« ihre Entscheidung treffen.[19]

Der neue Begriff »Praktik« reagiert auch auf die veränderte Rolle des fürstlichen Ratgebers. Innerhalb des nach wie vor vom Adel geprägten Hofes hat sich um die Kanzlei der neue Typ des gelehrten Rates herausgebildet, auf dessen Sachverstand ein Herrscher angewiesen ist. Hermann Heimpel hat den Einfluß auf die große Politik, den um 1400 Job Vener am pfalzgräflichen Hof gewinnen konnte, aus biographischer Perspektive dargestellt.[20] Damals war ein gelehrter Rat noch eine Ausnahmeerscheinung,[21] aber schon ein halbes Jahrhundert später nicht mehr. Paul-Joachim Heinig hat in seiner monumentalen Untersuchung des Hofes Friedrichs III. diese Veränderung prosopographisch erfaßt und als Ergebnis ermittelt, daß der Habsburger in den fünfzig Jahren seiner Herrschaft so viele gelehrte Juristen an seinen Hof gezogen hatte wie alle seine Vorgänger zusammen.[22] In welchen Dienstverhältnissen sie auch standen, so waren doch diese neuen Ratgeber durch gemeinsamen wissenschaftlichen Werdegang und durch akademische Kameraderie miteinander verbunden,[23] – der biographische Hintergrund von Entmachtungsplänen unter Ausschluß der öffentlichen Meinung.

---

18 Ein Beispiel: Die Wittelsbacher begründen 1525/26 ihr Königswahlprojekt mit einer Kritik an den Habsburgern, die »allerlay seltzam pratica machen«. Druck: Kohler (1982), 393. Eine Bestätigung dieser Ansicht sah des Autor der Denkschrift in der Devise »plus ultra«, die er als »Noch weyter« übersetzt.

19 Concordantia Catholica III.36, ed. Kallen, 447. Bei Verletzung dieser Vorschriften soll den Kurfürsten die Strafe des Majestätsverbrechens treffen. Ebd.

20 Heimpel (1982).

21 Deshalb gab es unter den rheinischen Kurfürsten damals einen wechselseitigen Austausch gelehrter Räte. Koch (1994), 46 und 102f.

22 Heinig (1997). Das Fazit bei Heinig (1998), 173.

23 Vgl. Hartmut Boockmann, Zur Mentalität spätmittelalterlicher gelehrter Räte. HZ 233 (1981), 295–316.

Die Absetzungspläne zur Zeit Friedrichs III. blieben allesamt ohne greifbares Ergebnis. Dennoch lohnt es aus drei Gründen, sie genauer zu untersuchen: Erstens ist der neue Stil der Politik in diesen Intrigen zu erfassen, wobei zu fragen ist, ob die Geschichte dieser Intrigen sich nicht – literarisch gesprochen – in blinden Motiven verliert. Zum zweiten sind diese ein Belastungstest für die im Umkreis der Königswahl entstandenen Verfassungselemente. Zum Dritten weisen die Neuwahl-Pläne auf das Regiment Friedrichs III. zurück. Auch wenn wir die Gelassenheit dieses Herrschers bei den Neuwahlplänen hervorgehoben haben, teilen wie doch die positive Würdigung, die er in den letzten beiden Forschergenerationen erfährt, nicht. Die vernichtende Beurteilung des Kaisers durch französische Räte sollte doch ernst genommen werden, eine Beurteilung die in dem Schlußsatz gipfelt: »er ist der hohen Ehre, die er innehat, wahrhaft nicht würdig.«[24]

Die vielen Pläne einer neuen Königswahl widersprechen der positiven Einschätzung Friedrichs III. in der modernen Forschung, sie deuten vielmehr – das ältere, überholt erscheinende Geschichtsbild bestätigend[25] – auf ein Versagen gegenüber dem Reich. Nicht umsonst wird so häufig bei diesen Wahlprojekten darauf hingewiesen, daß der Kaiser nicht in deutsche Lande käme.[26] (Zwischen 1444 und 1471 war der Kaiser nicht ein einziges Mal im Reich anwesend.) Der kaisertreue Albrecht Achilles rät 1461 seinem Herrn, durch eine Reise ins Reich die kurfürstlichen Anschläge zu verhindern,[27] eine Mahnung, der Friedrich III. halbherzig insofern folgt, als er den Marschall Heinrich von Pappenheim an Fürsten und Städte sendet[28] und die Berufung eines Reichstages, bei dem der Kaiser anwesend sein wolle, ankündigt.[29]

---

24 Werner Maleczek, Die diplomatischen Beziehungen zwischen Österreich und Frankreich in der Zeit von 1430–1474. Diss. masch. Innsbruck 1968, 168f.

25 Zu den frühneuzeitlichen Grundierungen dieses Geschichtsbildes vgl. Reinhard Rudolf Heinisch, Das Bild Kaiser Friedrichs III. in der frühen Neuzeit, in: Heinig (1993), 503–515.

26 Vgl. das eine neue Königswahl androhende Schreiben der Kurfürsten an den Kaiser 1456, in dem sie ihm die Vernachlässigung des Reiches vorwerfen und ihn mahnen, einen zu Nürnberg angesetzten Tag zu besuchen. Menzel (1862), 266f. Nr. 67. Vgl. Heinig (1998), 31. Anklagend weisen 1461 die Kurfürsten den Kaiser darauf hin, daß er 15 Jahre nicht ins Reich gekommen sei. Frankfurts Reichscorrespondenz, ed. Janssen Bd. 2, 149ff. – Es erscheint wie ein verspäteter Reflex auf die so vielfach kritisierte Abwesenheit Friedrichs III. vom Reich und die darauf reagierenden Neuwahlpläne, wenn im sogenannten Traum des Hans von Hermannsgrün, ed. Weinrich (2001), 394 vorgeschlagen wird, daß Fürsten und Ritter gemeinsam einen »gubernatorem imperii« wählen sollen, wenn der König nicht auf den Reichsversammlungen erscheine. Vgl. in diesem Zusammenhang die Untersuchungen zum Itinerar Friedrichs III.: Heinig (1997) Bd. 2, 818ff.

27 Menzel (1868), 130. – Zum Verhältnis Friedrichs III. zu Albrecht Achilles vgl. Heinig (1997) Bd. 2, 1098ff.

28 Bachmann (1885), 90 Nr. 66. 1461 Mai 3.

29 Müller (1713) Bd. 2, 19.

Die Mahnungen an den Habsburger erinnern an jene Mahnungen, welche die Kurfürsten seinerzeit an Wenzel gerichtet hatten. Aber gerade von dieser Vergleichbarkeit her zeigt sich der Unterschied. Im Jahre 1400 handelte es sich unter anderem um eine Stilfrage königlicher Herrschaft, welche die Kurfürsten nicht über Membrane vom fernen Prag aus wahrgenommen wissen wollten. Die Inhaltsfrage stellte sich damals vor allem in Bezug auf den Landfrieden, den ein ferner König nicht wahren konnte. Als jedoch 1461 Albrecht Achilles den Kaiser mahnte, ging es nicht mehr personal um die königliche Herrschaft, um Regierungsstil und Friedenswahrung, sondern um eine neue Aufgabe, vor der gleichermaßen Fürsten und Kaiser standen: um die seit den 1450er Jahren immer intensiver diskutierte Reichsreform.[30] Vereinfacht: Mit dem traditionellen Mittel des Reichslandfriedens allein, zu dem Kaiser und Fürsten noch mehrfach griffen, waren die Gebrechen des Reichs nicht zu heilen, sondern nur mit einem inhaltlich umfassender formulierten Konzept.

2. Neuwahlprojekte: Reichsreform oder Machtpolitik?

Reichsreform als kurfürstliche Forderung und das Ausweichen des Kaisers – die Drohung mit einer Neuwahl im Jahre 1454 – nüchterne Analyse der Zustände und der Reform des Reichs. Zwei unterschiedliche Konzepte von Rechtsgelehrten bei den Absetzungsplänen zwischen 1454 und 1563 – die Bedeutung des Dr. Martin Mair: politischer Intrigant oder Reformer? – die Frage der Reichsreform und Neuwahlpläne – das bei den Projekten von 1453 und 1454 fehlende Motiv der Reform des Reiches – die Ambitionen Kurfürst Friedrichs des Siegreichen – Georgs von Poděbrad Griff nach der römischen Königskrone und der politische Hintergrund eines Reformversprechens – der Frankfurter Kurfürstentag 1461 und die Drohung mit einer Absetzung des Kaisers – »Praktiken«: die begrenzte Reichweite der Königswahlpläne des Matthias Corvinus und Karls des Kühnen – Ende der Projektemacherei: das Fehlen von Absetzungsplänen zur Zeit Maximilians I. – eine Stimme des Volkes? Die Vision einer Herrscherentmachtung des sogenannten Revolutionärs vom Oberrhein

Das Reformthema sollte einen neuen Inhalt kurfürstlicher Reichsverantwortung bilden. Unter dem Schock des Vordringens der Türken forderten die Königswähler den Kaiser seit 1454 dringend zur Abhilfe der Mißstände im Reich auf. Sie, die

---

[30] Vgl. Angermeier (1984), 137f. Zum Begriff der Reichsreform vgl. auch Moraw (1987), 132; Schubert (1987), 138f.

1444 den Binger Kurverein erneuert hatten, sollten 1454 und 1456 auch dessen Tradition der Drohung mit einer Neuwahl aufnehmen. Aber diese Drohung war ebenso leer wie eine Generation zuvor, sie diente ebenso wie damals nur als verschärfte Mahnung. Der Unterschied lag allein darin: Litten die Kurfürsten 1424 möglicherweise darunter, keinen Kandidaten für ein Gegenkönigtum präsentieren zu können, so hatten sie unter Friedrich III. deren zu viele.

Die Pläne einer neuen Königswahl stehen mehrfach im Zusammenhang mit Plänen einer Reichsreform.[31] Man lastete dem Kaiser die Schuld an den wirrnisvollen Zuständen im Reich an, das – wie 1461 bei einem Neuwahlprojekt vermerkt wird – »mit gebürlichen Regierungen nit versehen worden ist, als wohl nott were«.[32] Und das trifft den Nagel auf den Kopf. Schon der Vorstoß Jacobs von Sierck im Jahre 1454 stand im Zusammenhang mit der Reichsreform; denn es war zuvor auf dem Frankfurter Reichstag sichtbar geworden, daß der Habsburger die damit zusammenhängenden Fragen nur dilatorisch behandeln wollte.[33] Der Hof des Trierer Erzbischofs aber war in jenen Jahren ein Zentrum, in dem Reformgedanken entwickelt wurden. Johannes von Lysura und Gregor Heimburg wirkten hier.[34] Zu den Zeiten Erzbischof Jacobs waren die traditionellen Spannungen unter den rheinischen Kurfürsten einer engeren Zusammenarbeit gewichen.[35]

Das Samthandeln der Kurfürsten in ihrer Verantwortung für das Reich hatte sich zu Zeiten Siegmunds deswegen anbahnen können, weil es nicht durch ernsthafte Königskandidaturen irritiert war. Der gemeinsame kurfürstliche Weg zu einer Reichsreform – und wir interpretieren die Hussitensteuer des Jahres 1422 in diesem Sinne – konnte aber wegen der Inaktivität Friedrichs III. nicht weiter begangen werden, weil nunmehr die Reformpläne häufig mit einer im Kurkolleg stets umstrittenen neuen Königswahl verbunden waren. Wir formulieren keine besserwisserische Analyse in Nachhinein. Die Kurfürsten haben die Gefahren selbst erkannt; sie knüpften an den Binger Kurverein an, als sie 1456 gemeinsam dem

---

[31] Vgl. das bei Müller (1713) Bd. 1, 555ff. gedruckte, Ende 1456 zu datierende kurfürstliche Projekt einer Reichsreform zum Zweck des Türkenkrieges, das gleichzeitig die Neuwahl eines römischen Königs vorsieht. Zum Zusammenhang: Menzel, Regesten Friedrichs, 267ff. und Weizsäcker (1886), 82f. Dazu das Ausschreiben Friedrichs III., das den Besuch des ohne sein Wissen angesetzten, »in schin der Türcken sache« proklamierten Frankfurter Kurfürstentags verbietet. 1457 Februar 15. Druck: Wencker (1713), 376f. Reg.: Hermann Diemar, Köln und das Reich. II. 1452–1474. MittStadtarchKöln 25 (1894), 238f. Das Schreiben an Frankfurt: Frankfurts Reichscorrespondenz, ed. Janssen Bd. 2, Nr. 212.

[32] Wencker (1713), 380: Ladungsschreiben der Kurfürsten von Mainz, Pfalz und Brandenburg an Friedrich III. zum Frankfurter Kurfüstentag, wo über die Wahl Georg Poděbrads beraten werden sollte. Inhaltlich verknüpfte dieses Schreiben Türkenkrieg und Reichsreform.

[33] Miller (1983), 234.

[34] Vgl. Weigel (1958) sowie Angermeier (1984), 131ff. und (ergänzend) Miller (1983), 235f. und 240.

[35] Miller (1983), 142. Vgl. ebd., 230f.

Kaiser ein – modern gesprochen – Statement zusandten, das die seit Wenzels Zeiten erhobene Forderung ins Reich zu kommen mit der Notwendigkeit einer Reichsreform begründete und gleichzeitig wie schon 1424 mit einer neuen Königswahl drohte.[36]

Auf die Reformforderungen der Tage zu Regensburg 1454 und Wiener Neustadt 1455 war keine Reaktion des Kaisers erfolgt.[37] Das erklärt die mit Drohungen verbundene Entschlossenheit der kurfürstlichen Mahnung an Friedrich III., daß er wegen der Türkengefahr und der Zustände im Reich persönlich zum anberaumten Frankfurter Reichstag des Jahres 1456 kommen müsse. Im Weigerungsfall verlangten die Kurfürsten von ihm, »das er sinen willen dortzu geben wulle, das wir einen Romischen kunig welen,« dem der Kaiser dann die Reichsgewalt übertragen müsse.[38] Falls der Habsburger aber weder dem einen noch dem anderen Vorgehen zustimme, wollten die Kurfürsten – handfest wird die Drohung – sich »personlich gein Franckfurt fugen und doselbst voneinander nicht abscheiden, wir hetten dann einen Romischen kunigk erwelt.«[39] Wenn der Kaiser aber die Zustimmung zu einer Neuwahl geben würde, müsse der dann Erwählte versprechen, zu Lebzeiten Friedrichs III. nicht die Kaiserkrone anzustreben; von dieser Verpflichtung aber wäre der Neugewählte befreit, wenn der Kaiser keine Neuwahl erlauben sollte.[40] Hinter dieser Mischung von Ehrerbietung und Drohung stand die Hoffnung auf Besserung der Zustände im Reich. Die Friedenswahrung, die Grundlage jeder Reichsreform, wird einem möglichen neuen König mit der Bestimmung zur Pflicht gemacht, daß er seine Hofhaltung in Frankfurt zumindest aber in der Nähe der Wahlstadt einrichten und hier zu Gericht sitzen solle.[41]

Reichreform und Absetzungsgedanke. Nur scheinbar entfernen wir uns von unserem eigentlichen Thema, wenn wir auf einen Kreis von Rechtsgelehrten eingehen, von denen jeder sich wie ein Gregor Heimburg als »monarcha dietarum«, als Herr der Tagsatzungen im Reich betrachten konnte.[42] In den Jahren zwischen 1454

[36] Druck: Weinrich (2000), 320ff. Regest: Schaab – Lenz (1998), 245ff. Nr. 119.

[37] Friedrich III. hielt die Kurfürsten für so eigennützig, daß ihm Verhandlungen mit ihnen zwecklos erschienen. So erwidert er auf die Mahnungen seiner Räte, den Regensburger Tag von 1454 zu besuchen: »non me fugit, quantum iis in commune bonum est studium, ibo Ratisponanam, illi domi manebunt. Aut si venerint ad concilium, privato aliquo emolumento trahentur.« DRTA Bd. 19/1, 131 Nr. 17/4 (d).

[38] Weinrich (2000), 320ff. §2.

[39] Ebd. §3. Vgl. ebd. §4: Wenn einer der Kurfürsten wegen Krankheit oder ehafter Not nicht kommen könne, soll er bevollmächtigte Boten senden. Andernfalls haben die Anwesenden das Recht, zur Wahl zu schreiten.

[40] Ebd. §§ 8 und 9.

[41] Ebd. §6.

[42] Alfred Wendehorst, Gregor Heimburg, in: Fränkische Lebensbilder Bd. 4. 1971, 112–129; Koch (1994), 172; Meuthen (2001), 266f. – Zur Rolle der gelehrten Räte auf den damaligen Reichstagen vgl. nur die tabellarische Auflistung bei Koch (1994), 148ff.

und 1463, aber nur hier, ist ein massiver Einfluß von Rechtsgelehrten auf die Politik in der Absetzungsfrage erkennbar. Dieser Einfluß beruht nicht auf ihrem Gelehrtenwissen; dieses verleiht ihnen lediglich die Autorität, um von den Fürsten gehört zu werden. Und das bildet den Hintergrund der Absetzungspläne, die im genannten Zeitraum erwogen werden. Johann Lysura, aus Lieser bei Bernkastel stammend,[43] entwickelte das, was in den Reformentwürfen der Konzilszeit noch ein Unterton war,[44] zu jenem zentralen Anliegen, das später auch Martin Mair leiten sollte: Die Reform des Reichs ist Anliegen der »teutschen Nation«. Der in der Konzilszeit noch enge Zusammenhang von Kirchen- und Reichsreform ist aufgelöst.[45] Unter der Tradition eines Reichsgedankens, auf den immer noch universalistische Vorstellungen von der Translatio Imperii bis hin zu einem kommenden Friedenskaiser einwirkten, entwickelten sich nüchterne Gedanken von den Institutionen dieses in der offiziösen Titulatur mit der »teutschen Nation« parallelisierten Reichs. Mit Begriffen der Zukunft gesprochen: Nicht ein christliches Reich, sondern der Staat einer Nation wird vorgedacht. Ein Friedrich III. konnte, weil er wie jeder Herrscher vom übergeordneten Prinzip des Erbes ausgehen mußte, mit solchen inhaltlichen Verschiebungen des Reichsbegriffs nicht nur nichts anfangen, sie mußten ihm, der das Reich von der monarchischen Würde her definierte,[46] auch zutiefst suspekt erscheinen.

Der berühmte Spottvers »Cusa, Lysura perverterunt singula iura«[47] täuscht eine geistige Verwandtschaft zwischen den beiden Gelehrten vor, die nicht bestand und sich auch in der Frage der Reichsreform nicht erkennen läßt. Johann Lysura flüchtet sich allerdings ebensowenig wie Nikolaus von Kues in weltfremd gewordene Deklamationen vom Glanz des Imperium. Anders aber als sein moselländischer Landsmann geht er bei seinen institutionellen Fragen nicht von den innergesetzlichen Bedingungen des Wahlreiches aus, sondern unterzieht dieses einer Prüfung. Nüchtern vergleicht er Deutschland mit dessen westlichem Nachbarn: Ich habe mich so häufig in französischen Landen aufgehalten, um aus dem Vergleich mit unseren Zuständen sagen zu können, daß wir allen Ländern voranstehen würden, wenn wir nur dem König gehorsam wären (»ego sepe apud Gallos sum versatus; cumque nostram nationem cum Gallica compararem, fatebantur omnes nos multo

[43] Zu Lysura vgl. Weigel (1958), bes. S. 93ff.; Koch (1994), 176f.

[44] Wir unterschätzen keineswegs die inhaltliche Geschlossenheit der Reformgedanken eines Job Vener oder eines Nikolaus von Kues, sondern stellen nur fest, daß diese Versuche, über die Konzilsöffentlichkeit auf eine Realisierungschance zu hoffen, politisch weit geringeres Gewicht hatten, als die von einflußreichen Juristen vertretenen, gedanklich viel schlichteren Konzeptionen.

[45] Hartmut Boockmann, Über den Zusammenhang von Reichsreform und Kirchenreform, in: Ivan Hlaváček – Alexander Patschovsky (Hgg.), Reform von Kirche und Reich zur Zeit der Konzilien von Konstanz (1414–1418) und Basel (1431–1449). 1996, 203–214.

[46] Vgl. Schubert (1979), 274.

[47] Meuthen (2001), 265.

prestare, si parentes regi nostro fuerimus«).[48] In diese Feststellung mündet sein Reformprogramm, das er auf dem Regensburger Reichstag 1454 vertritt.[49] Nebenbei: Wenn auf diesem Reichstag die berühmte Frage des ungarischen Ritters nach der »corona imperii« im Kontrast zur ungarischen Krone gestellt wird,[50] so ist doch über die Akten hinaus etwas von der Intensität des institutionellen Fragens zu erahnen, die, in der Konzilszeit angestoßen, die Reformgedanken bestimmte.

Ähnliche Töne wie bei Lysura finden sich auch bei Aeneas Silvius. Und doch trennt beide der gegensätzliche Standpunkt ihrer Herren. Aeneas rechtfertigt den Kaiser, als er damals in Regensburg die Mißstände im Reich aus seiner Sicht darlegen läßt, Lysura hingegen vertritt die kurfürstliche – maßvolle und letztlich berechtigte – Auffassung: Gehorsam kann dem Kaiser nur geleistet werden, wenn dieser endlich ins Reich käme, wenn er seiner Herrscherpflicht genüge.[51] Erst nach der Reform des Hauptes kann die der Glieder folgen und: Der Krieg gegen die Türken kann erst nach durchgeführter Reichsreform stattfinden.[52] Diese Reichsreform heißt nach den Regensburger Vorstellungen der kurfürstlichen Gesandten, deren Meinung Lysura bestimmt hatte, »das reich und Teutsch gezunge ... in gut fuge bestellung und ordenung zu stellen zu ordenen und zu setzen ... sein keiserlich maiestat werde und moge alsdann ... soviel macht, volge und manheit wol finden, damit nit allein den ungleubigen Türken, sundern auch allen andern widerwertigkeiten ... von andern gezungen wider Teutsch gezunge ... mechtiglich widerstanden, des heiligen Romischen reichs und Teutsch gezunges groß wirde wider ufgeruckt« werde.[53]

Mit deutlichen Worten hatte Lysura die Priorität festgestellt: Zunächst müsse die Reichsreform bewältigt werden, bevor an einen Türkenkrieg zu denken wäre. Nichts hielt er davon, die alte Kaiseraufgabe des Heidenkampfes zu aktualisieren. Schon damals sah Aeneas Silvius, der als Papst Pius II. 1459 den Fürstentag von Mantua zur Vorbereitung eines Türkenkrieges einberufen sollte, was ihn von Lysura trennte. Er empört sich darüber, daß die Reichsreform zuerst eine Reform des Königtums sein sollte, als er über den Tag zu Regensburg 1454 berichtete: Hier haben Lysura und viele andere getönt, was sie an Reformmaßnahmen für unerläßlich hielten. Alle waren sich darüber einig, daß Deutschland, wenn man nicht die Füh-

---

48 DRTA Bd. 19/1, 243 Nr. 29/2b.

49 Druck: Weinrich (2001), 309ff. – Der zwischen 1453 und 1455 entstandene Reformvorschlag Erzbischof Jakobs von Sierck (Druck: Ebd., 301 ff.) ist ebenso von Lysura inspiriert wie der kurfürstliche »Ratschlag«, der 1455 auf dem Tag zu Wiener Neustadt dem Kaiser übergeben wird. Druck: Ebd., 315ff. Vgl. Angermeier (1984), 133.

50 DRTA Bd. 19/1, 280 Nr. 36b.

51 Diesen Gegensatz hat bereits Weigel (1958), 115 Anm. 8 anhand des Vergleichs von DRTA Bd. 19/1 Nr. 29/2d und Nr. 29/3 herausgestellt. Vgl. auch Angermeier (1984), 133f.

52 DRTA Bd. 19/1, 241 ff. Nr. 29/2 und 246 Nr. 29/3.

53 Ebd., 246 Nr. 29/3.

rung regele, nicht bestehen könne (»Ibi et Johannes Lysura et ceteri multa locuti sunt, que ad reformandum imperium ex usu putaverunt. Omnium vero ea sententia fuit: non posse stare rem Theutonicam, nisi capiti consulerent«).[54] Der Bericht des Aeneas Silvius ist aufschlußreich, weil er aus anderer Perspektive als jener der fürstlicher Räte die von institutionellen Gedanken beherrschte Reformdiskussion auf dem Regensburger Tag von 1454 bestätigt und zugleich erkennen läßt, warum diese Diskussion folgenlos bleiben mußte. Friedrich III. entzog sich allen Auseinandersetzungen, die seine kaiserliche Autorität einbezogen.

Wer sind die anderen, die nach dem Bericht des Aeneas Silvius mit Lysura übereinstimmten? Mehrere Reichsreformentwürfe stammen von Dr. decr. Martin Mair, einem gelehrten Rat, der zwischen 1455 und 1465 eine Schlüsselrolle in der Reichspolitik spielte.[55] Er genoß das Vertrauen des Böhmenkönigs Georg Poděbrad und das seines eigentlichen Herrn – soweit das bei seinen damaligen Dienstverhältnissen gesagt werden kann –, des Wittelsbachers Ludwig des Reichen. Daß sein Einfluß in der großen Politik in jenen Jahren vor allem während des wittelsbachisch-zollerschen Gegensatzes noch höher zu veranschlagen ist als der eines Johannes Lysura und selbst eines Gregor Heimburg, liegt nicht zuletzt an dem selbst für die damalige Zeit ungewöhnlich weitgehenden Vertrauen, das ihm Ludwig der Reiche entgegenbrachte. In einem Brief an den Böhmenkönig betont der Herzog gleich dreimal, daß Martin Mair für ihn wegen seiner Kenntnis der wittelsbachischen Interessen unentbehrlich sei.[56]

Martin Mair: ein politisch gewandter Mann, in seiner Glanzzeit eingeweiht in fast alle wichtigeren politischen Händel, teilweise sogar tief in sie verstrickt; immer bereit, seinen Einfluß, der weit reichte, geltend zu machen. Einer seiner Gegner, der ihm stets mißtrauende Markgraf und spätere Kurfürst Albrecht Achilles, hat diesen Einfluß des fürstlichen Rates indirekt bestätigt: »Es hab nicht die meynung oder schickung im Reich bey fürsten und Steten zu diesen zeyten das wir wollen kriegen oder frid haben wenn maister Mertein wolle, oder das wir in unnser aller

[54] Ebd., 281 Nr. 36/1e.

[55] Eine der Bedeutung dieses fürstlichen Rates entsprechende Biographie steht noch aus. Schrötter (1896) führt nur bis zum Jahre 1454. Vgl. Weise (1955), 180ff. und bes. Heinz Lieberich, Die gelehrten Räte. Staat und Juristen in Bayern in der Frühzeit der Rezeption. ZbayerLdG 27 (1964), 120–189, hier: 176 (mit weiterführenden Literatur- und Quellenangaben); Angermeier (1984), 138f.; (die bereits vorliegende Literatur nicht ausschöpfend:) Rainer Hansen, Martin Mair, ein gelehrter Rat in fürstlichem und städtischen Dienst in der zweiten Hälfte des 15. Jahrhunderts. Diss. Kiel 1992 (Mikrofiche-Ausg.); Koch (1994), 49 und 189; Heinig (1997) Bd. 1, 407f.; Isenmann (2001), 69, 71, 79–89, 199f. und 206–210. Zahlreiche Erwähnungen in: Die Nürnberger Ratsverlässe Bd. 2 1452–1471, hg. von Martin Schieber. 1995.

[56] »angesehen das nyemandts von unser aller sach und gerechtikeit als vil wiessend ist als … maister martin … Nu ist meister martin dieselb sach auch vor andern wiessend … Zum drietten so sein etlich mercklich geschefft … darczu wir maister martins abermals notturfftig sind«. 1463. Druck: von Hasselholdt-Stockheim (1865), 261 Anm. 2.

brief lassen setzen, was er in seinen püchern liesst dann on zweyfel Hertzog Ludwig nicht halb weiss.«[57]

Was Albrecht Achilles zum Schluß seiner Invektive bemerkt hatte, dürfte zumindest insofern richtig sein, als Martin Mair, bis 1465 keineswegs ausschließlich in wittelsbachischen Diensten stehend,[58] zwar die Geschäfte seines Herrn mitbesorgte, aber doch immer geneigt war, eigene Vorstellungen zu verfolgen. Seinen Reichsreformentwürfen merkt man an, daß sie von einem erfahrenen Politiker stammen, der im Sinne des neuen institutionellen Fragens um die Kräfteverhältnisse im Reich weiß; seine Projekte tragen keine wittelsbachische Signatur, obwohl ihr Verfasser im Dienste Ludwigs des Reichen stand. Ehrgeiz ist möglicherweise eine Triebfeder seiner Reformentwürfe; am deutlichsten sichtbar im Jahre 1463, als er die Durchführung einer Reichsreform mit Ambitionen auf ein neu zu schaffendes Römisches Kanzleramt verbindet.[59] Aber hinter diesen Entwürfen steht nicht nur die klare Erkenntnis der Gebrechen des Reichs, sondern auch die Überzeugung ihres Verfassers, daß diesem Reich nur durch eine umfassende Neuorganisation zu helfen sei. Auch nachdem er, in Landshut mit Routinegeschäften befaßt,[60] kaltgestellt worden war, bleibt er um die Reform des Reiches bemüht, wirkt 1471 auf dem Großen Christentag zu Regensburg für einen Vorschlag zur Wahrung des Landfriedens: Vier Gerichtshöfe sollen im Reich geschaffen werden, zu Nürnberg, Basel, Aachen und Lübeck, »wo im namen und an stat des keysers« Recht gesprochen würde[61] – ein Vorschlag, der die verfahrene Situation der obersten Reichsge-

---

[57] Druck: von Hasselholdt-Stockheim (1865), Urkunden, 619 Nr. 135. 1462 Februar 22.

[58] Der Wechsel von Dienstverhältnissen, der sich in den Biographien eines Martin Mair, aber auch eines Gregor Heimburg spiegelt, ist nicht typisch. Zwei Drittel aller fürstlichen Räte stehen in einem dauernden Dienst für eine Herrschaft. Koch (1994), 43.

[59] Druck des Reformentwurfs von 1463: Weinrich (2001), 324ff.

[60] Vgl. etwa seine Tätigkeit in den Auseinandersetzungen um die Regensburger Judengemeinde: Raphael Straus, Urkunden und Aktenstücke zur Geschichte der Juden in Regensburg. 1453–1783. (QErBayerG NF 18) 1960, Register. – Ein Schreiben Mairs an die Würzburger Räte 1468: Staatsarchiv Würzburg, Standbuch 719 (Drittes Bamberger Gebrechenbuch), fol. 181. – Tätigkeit auf dem »Großen Christentag« 1471: DRTA Bd. 22, Register (2001), 172f. – In Anerkennung seiner rhetorischen Fähigkeiten und seiner humanistischen Bildung und vielleicht auch als Ausdruck des weiterbestehenden persönlichen Wohlwollens des Herzogs durfte Martin Mair die Prunkrede zur Eröffnung der Universität Ingolstadt halten. Druck: Carl Prantl, Geschichte der Ludwig-Maximilians-Universität in Ingolstadt, Landshut, München. 2 Bde. 1872, Bd. 2, 7ff. Nr. 2. – In Landshut ist Martin Mair verstorben. Abb. seines Epitaphs: Sebastian Hiereth, Zeitgenössische Quellen zur Landshuter Fürstenhochzeit. 1959, 24. – Als geschäftiger Rat ist Mair – auch hier Vorläufer des modernen Politikers – in die Korruptionsaffäre des erlbachischen Prozesses von 1472 hereingezogen und angeklagt worden. Karl-Friedrich Krieger – Franz Fuchs, Der Prozeß gegen Heinrich Erlbach in Regensburg (1472). Reichstädtische Justiz im Dienst landesherrlicher Macht und Interessenpolitik, in: Dahlhaus – Kohnle (1995), 519–554, hier: 525ff.

[61] DRTA Bd. 22, 600 Nr. 111/8. Vgl. ebd., 830.

richtsbarkeit bereinigen und zugleich dieser Reichsgerichtsbarkeit Geltung in allen Landen des Imperium, auch in dem königsfernen Norden schaffen sollte.

Schwer ist auszumachen, was Martin Mair bei seinen weitreichenden Plänen stärker antrieb, Ehrgeiz oder politische Einsicht in die Notwendigkeit einer friedenssichernden Verfassungsbildung. (Wir neigen der letzteren Ansicht auch deswegen zu, weil Juristen die moralischen Hintergründe ihrer fachlichen Äußerungen nach Maßgabe rechtlicher Objektivität zu verschweigen pflegen.) Sein Name scheint fast ein Programm für kaiserfeindliche Politik gewesen zu sein. Kaum war er 1459 in ein Dienstverhältnis zu Albrecht VI. getreten, wandte sich der kaisertreue Markgraf Karl von Baden vom Erzherzog ab.[62] Einfluß einer Persönlichkeit ist in der Politik oft am Grad der Ablehnung abzulesen. So auch hier. Der Doktor war trotz des Mißtrauens, das ihm von manchen Fürsten entgegenschlug, derjenige, der Georgs von Poděbrad Pläne im Reich durchsetzen konnte, vielleicht auch an diesen größeren Anteil hatte, als es die Akten bisher nahelegen.[63]

Wir sehen es als verfehlt an, Martin Mair nur für den umtriebigen gelehrten Rat zu halten; zumindest als Möglichkeit muß erwogen werden, ob die Frage einer Reichsreform ihm nicht als die vordringlichste Aufgabe erschien.[64] Dafür spricht, daß er 1463 dem Kaiser gewissermaßen unter vier Augen einen Reformplan vorlegen konnte,[65] wofür ein Friedrich III. sich gewiß nicht Zeit genommen hätte, wenn der Jurist allgemein bei den Zeitgenossen so abschätzig beurteilt (und uneingestanden: so gefürchtet) worden wäre wie von Albrecht Achilles. Der Reformplan basiert auf einer Einung der vier großen Dynastien im Reich, der Habsburger, Wittelsbacher, Wettiner und Zollern. Dabei sollte der Kaiser die brandenburgisch-habsburgische Partei auf dieses Projekt einschwören, und Martin Mair verbürgt sich, ein erstaunliches Zeichen seines Selbstbewußtseins und seiner überragenden Stellung am Landshuter Hof, die Wittelsbacher Partei auf die geplante Reichsreform zu verpflichten.

Vergleichen wir das Projekt des Juristen aus dem Jahre 1463 mit dem eines Reichsfürsten aus dem gleichen Jahr. Der Vorschlag des einflußreichen Markgrafen Albrecht Achilles lief auf die Schaffung von zwei Reichsvikariatsbezirken westlich und östlich des Rheins hinaus, die Philipp dem Kühnen und Georg Poděbrad verliehen werden sollten.[66] Dieser wenig ausgefeilte Plan, zukunftsweisend allein in dem Vorschlag einer Heirat zwischen Maria von Burgund und Maximilian, erweckt eher den Eindruck, als wolle der mit dem Böhmenkönig verschwägerte Zol-

---

62 Krimm (1976), 58.

63 Ebenso wie Hoensch (1998), 83 vermuten auch wir, daß Martin Mair Anteil an dem europäischen Friedensplan Georgs von Poděbrad hatte.

64 Vgl. Angermeier (1984), 132f.

65 Von Hasselholdt-Stockheim (1865), 113f. Vgl. Heinig (1997) Bd. 1, 408, 1101f.; Bd. 2, 653.

66 Palacky (1860), 505ff. 1463 März 16. Vgl. dazu Heymann (1965), 347f.

ler den fürstlichen Einfluß gegen die Projekte gelehrter Räte, denen er zutiefst mißtraute,[67] sichern.

Das zunächst Verblüffende bei dem Vergleich ist, daß der Jurist von fürstlichen Dynastien, der Fürst hingegen von Institutionen ausgeht. Bei gleicher Zielsetzung – es geht um den Frieden im Reich – erweist sich jedoch, daß Martin Mair viel grundsätzlicher denkt, daß er die Gebrechen des Reichs (vor allem in der fiskalischen Seite der Verfassung) viel genauer erfaßt hat als der Zoller. Reichsreform – das war auch immer eine Frage unterschiedlicher Perspektiven. Martin Mair, der im reichsstädtischen, im Nürnberger Dienst seine Erfahrungen gesammelt hatte,[68] sah das Reich mit anderen Augen an als ein Fürst.

Martin Mairs Pläne beruhten auf der Möglichkeit des Samthandelns der Kurfürsten, wie es 1456 projektiert worden war. Das war so unrealistisch nicht. Aber in diesen Berechnungen konnte nicht vorhergesehen werden, daß ein Fürst, der erst 1471 Kurfürst werden sollte, daß der Markgraf Albrecht Achilles, der seinen Bruder in reichspolitischen Fragen bestimmte, wegen einer vergleichsweise unbedeutenden Frage einen Konflikt heraufbeschwor, der in seinen Lösungen verfassungsgeschichtlich belanglos, in seinen begleitenden Wirkungen aber reichspolitisch folgenreich war. Der Streit über die Kompetenzen des Nürnberger »kaiserlichen« Landgerichts führte 1460/61 zu einem Krieg, der das Kurkolleg spalten mußte, obwohl die unmittelbaren Gegner, Albrecht Achilles und Ludwig der Reiche, keine Kurfürsten waren. Denn in jener Zeit begannen die großen Dynastien im Reich die hergebrachten regionalen Hegemonialsysteme in neuen Zusammenhängen zu sehen. Der Krieg von 1461/62 war deshalb keine territoriale Fehde mehr, sondern der Kampf zweier Dynastien um die Dominanz im Reich. Trotz des Sieges in der Schlacht bei Giengen (1462) konnten die Wittelsbacher nicht viel mehr als die Ruhigstellung des Albrecht Achilles erreichen. Aber einer analysierte kühl: Auf diesem Ausgleich und auf der neuen Bedeutung, welcher der dynastische Gedanke gewonnen hatte, beruhte Martin Mairs Reformplan von 1463.

Unser scheinbar weit vom Thema abweichender Exkurs hat den Sinn, die Königsabsetzungen zur Zeit Friedrichs III. nicht nur als eine Abfolge von intriganten Projekten zu schildern, sondern auch die Frage aufzuwerfen, ob sie nicht als unterschiedliche Heilungsversuche für die Gebrechen des Reiches zu verstehen sind.

---

[67] So schrieb der Markgraf an Georg Poděbrad: »nach dem man nichtz helt und allein des gewaltz gebraucht so die doctores in den püchern lesen dadurch sie maynen, semlichen tetten ein schein zugeben es hab grunt oder nicht«. 1462 Februar 22. Druck: von Hasselholdt-Stockheim (1865), Urkunden, 620 Nr. 135. – Einen Monat zuvor hatte auf dem Tag zu Wasserburg die wittelsbachische Partei im Reiche Martin Mair zu Verhandlungen mit dem Kaiser abgeordnet, »auff das die sach auff einen erbern grund notturfticlich furgenomen ... werde.« Von Hasselholdt-Stockheim (1865), 261.

[68] Hartmut Boockmann, Gelehrte Juristen im spätmittelalterlichen Nürnberg, in: Ders. – Grenzmann – Moeller – Staehelin (1998), 199–214. Vgl. auch Koch (1994), 47f.

Diese Frage muß wegen einer zeitlichen Kohaerenz gestellt werden; denn die Reichsreform ist kein gradlinig verlaufender Prozeß, wie er in der chronologischen Reihung der einzelnen Vorschläge erscheinen mag,[69] sondern sie kennt Verdichtungsphasen, die von äußeren Rahmenbedingungen abhängig sind: Der Verdichtungsphase zur Konzilszeit folgt diejenige des institutionellen Fragens der 1450er Jahre, die uns hier interessiert, und schließlich, nach längerem Schweigen, die reichsfürstlich kontrollierte Reichsreform der maximilianeischen Zeit.

Zurück zu den Wahlplänen unter Friedrich III. Der Habsburger hatte sich vor allem wegen seiner starrsinnigen Behandlung der pfälzischen Frage mit einer wittelsbachischen Partei im Reiche auseinanderzusetzen, die fast stets eine Neuwahl befürwortete. Die Feinde des Habsburgers konnten auf Friedrich den Siegreichen von der Pfalz bauen, dessen Arrogation, dessen Anerkennung als Kurfürst der Kaiser konsequent verweigerte.[70] Demgegenüber wartete der Kaiser ab, bis interne Gegensätze im Kurkolleg selbst dezidierte Neuwahl-Drohungen zerbröselten,[71] und er verließ sich auf eine kaisertreue Partei im Reich, die – wenn auch nicht immer aus uneigennützigen Gründen – von seinem Verwandten, dem Kurfürsten von Sachsen, und dem politischen Kopf des zollerschen Fürstenhauses, Albrecht Achilles, repräsentiert wurde.

1454, kurze Zeit nach Friedrichs III. Kaiserkrönung und seiner Rückkehr aus Italien, verfolgte der Trierer Kurfürst den Plan, Philipp den Guten zum römischen König zu wählen.[72] Ob dahinter ein von Johann Lysura inspirierter Reformgedanke stand, ist ebensowenig wie die Frage zu beantworten, ob der Burgunder, an den sich im Jahre des Falles von Konstantinopel Hoffnungen auf einen siegreichen Türkenkrieg knüpften, überhaupt in dieses Vorhaben eingeweiht war.[73] Weiter gediehen die bald darauf folgenden Pläne einer Königswahl Erzherzog Albrechts VI.,[74] des Bruders Friedrichs III., der ihm 1453 die Erzherzogswürde

---

[69] Dies ist mein Einwand gegen den zu starren Begriff der Reichsreform, den Angermeier (1984), 15 und 23ff. entwickelt, allerdings ebd., 131ff. mit der nicht näher begründeten Behauptung einer fürstlichen Reformpolitik wieder aufweicht.

[70] Heinig Bd. 2 (1997), 1156ff. Vgl. Fritz Ernst, Friedrich der Siegreiche. Saarpfälzische Lebensbilder 1 (1938), 45ff.; Henny Grüneisen, in: NDB Bd. 5, 526–528.

[71] Bezeichnend ist der Verlauf des Nürnberger Kurfürstentages 1456, auf dem die Wahl eines römischen Königs mit oder ohne Zustimmung des Kaisers erwogen wurde. Aber schon über die ersten Schritte, über Konzepte einer Klageschrift an Friedrich III. zerstritten sich die Kurfürsten und vertagten die Angelegenheit auf die nächste Tagsatzung im folgenden Jahr.

[72] Schrötter (1896), 53; Bachmann (1877), 287f.

[73] Die Akten des Tages zu Regensburg 1454 (DRTA Bd. 19/1) geben keinen Hinweis auf entsprechende burgundische Pläne. Vgl. Weigel, in: DRTA Bd. 19/I, 341 Anm. 9. Aeneas Sylvius bemühte sich, die umlaufenden Gerüchte als Unterstellungen gegen Philipp zu brandmarken. Vgl. ebd., 340.

[74] Vgl. Chmel, 3269. – Ganz so »schattenhaft«, wie Krimm (1976), 37 meint, bleibt das Wahlprojekt durchaus nicht. Vgl. Speck (1999), 66.

verliehen hatte,[75] Projekte, die – wohl von Martin Mair gefördert[76] – bereits vor dem Frankfurter Reichstag des Jahres 1454 verfolgt worden waren, führten am Ende des Jahres zu konkreten Abreden. Erzbischof Dietrich von Köln beurkundete am 10. November, sich für Albrechts »furderonge ind erhohunge« einzusetzen, aber natürlich – schwer wog damals noch die Verurteilung von »Praktiken« – »sunder argelist«.[77] Kurz darauf, am 12. November, finden sich zwei offensichtlich abgesprochene weitere Urkunden über eine eventuelle neue Königswahl. Pfalzgraf Friedrich sagt dem mit ihm verschwägerten[78] Habsburger Unterstützung zu,[79] und ein Verwandter des Trierer Erzbischofs, der Trierer Propst Philipp von Sierck, verpflichtet sich mit Graf Gerhard von Sayn, den Trierer Kurfürsten zu einer Wahl des Erzherzogs zu veranlassen.[80] Der Pfalzgraf nahm als Begründung für eine Neuwahl die Sorge um das Reich zum Vorwand, da »die regierunge in dem Romischen riche durch unsern herren den Romischen keyser nit also treffenlich und genugsamklich fürgenommen werde … also solichs dann dem heyligen riche … woll not sy«.[81] Jedoch die politische Folgerung aus dieser Feststellung wird nicht gezogen. Mit dem Wahlvorhaben wurde kein Reichsreformprojekt verbunden,[82] die Träger der Reformpartei, der Kurfürst von Mainz und schließlich auch der von Trier, beteiligten sich nicht an diesen Plänen;[83] die Kurstimmen Sachsens und Böhmens waren nicht für Albrecht zu gewinnen,[84] und der Brandenburger Kurfürst Friedrich II. verlangte, seine Ablehnung kaum verhüllend, die Zustimmung des Kaisers.[85]

---

75 Speck (1999), 65. Vgl. ebd., 58ff. zum Verhältnis der Brüder seit 1453. – Zu den Versuchen Albrechts VI., das Herzogtum Schwaben wieder zu errichten vgl. ebd., 65.

76 Schrötter (1896), 59ff., 68ff. und Bachmann (1877), 293ff. sowie Heymann (1965), 200. 1471 behauptete Herzog Wolfgang von Bayern, daß Martin Mair sich seit 1454 bemüht habe, zunächst die Königswahl Philipps von Burgund, dann die Albrechts VI. und schließlich die Georg Poděbrads durchzusetzen. Schrötter (1896), 49.

77 Chmel, 3269. Vgl. auch Georg Droege, Verfassung und Wirtschaft in Kurköln unter Dietrich von Moers (1414–1463). (RheinArch 50) 1957, 31f.

78 Speck (1999), 64f.

79 Kremer, Urkunden (1756), 90ff., Nr. 31; Chmel, 3271. Vgl. – auch zu den Hintergründen, den politischen Zielen Friedrichs des Siegreichen – Rolf (1981), 72ff. Ein Jahr später, 1455 Dezember 29, stellt der Pfalzgraf dem Erzherzog das Zeugnis aus, dieser habe sich nur um die kurfürstlichen Stimmen beworben, falls der Kaiser seiner Wahl zustimme. Menzel, 264 Nr. 63. Vgl. Rolf (1981), 75. Offenbar war Albrecht VI. daran gelegen, seine am Kaiserhofe bekannt gewordenen Ambitionen zu rechtfertigen.

80 Chmel, 3272.

81 Ebd., 3271.

82 Exemplarisch zur Verfolgung von Eigeninteressen bei diesem Wahlprojekt: Krimm (1976), 97f.

83 Schrötter (1886), 70f.

84 Ebd., 71.

85 Ebd.

Ein unbedeutender Vorgang läßt die Widerstände gegen eine Wahl Albrechts erschließen. Zum 25. November, zwei Wochen nachdem Albrecht VI. die Wahlzusagen Kölns und Friedrichs des Siegreichen erhalten hatte, war ein Tag der Kurfürsten zu Rhens angesagt. Der Tagungsort signalisierte ein politisches Programm. Aber wenn die Kurfürsten zusammen kamen, hofften manche, auch ihre Anliegen verfolgen zu können. Das hoffte auch ein Johann Heidrich; er konnte seine Sache jedoch gar nicht vorbringen, weil sich die Beratungen der versammelten Kurfürsten unvorhergesehen in die Länge zogen.[86] Bei diesen Beratungen der vier rheinischen Kurfürsten wird der Dissens um die Königswahl Albrechts VI. den in Aussicht genommenen Abschluß verhindert haben. Wenn bald darauf offenbar wird, daß die Kurfürsten von Mainz und Trier, die wichtigsten Förderer einer Reichsreform, sich den Plänen Albrechts VI. verschlossen, so weist das auf die Aussichtslosigkeit seiner Kandidatur: Er hatte nicht vermocht, seine Wahl mit der Hoffnung auf eine Reichsreform zu verknüpfen und damit das Kurkolleg mehrheitlich auf seine Seite zu bringen.[87] In jenen Jahren bestand die kurfürstliche Opposition gegen das Reichsoberhaupt aus zwei verschiedenen Lagern, den prinzipiellen Gegnern Friedrichs III. und den Befürwortern einer Reichsreform.

Nur Episode blieb das Projekt einer Wahl Albrechts VI. Bereits im Juni 1455 sind die beiden habsburgischen Brüder miteinander ausgesöhnt, so daß sich der Erzherzog wegen eines Streitfalls um Schaffhausen an den Kaiser wenden kann.[88] Der Bruderzwist war zu den Akten gelegt, nicht aber das Problem einer Reichsreform, das Thema der gelehrten Räte. Martin Mair hatte 1456 die Königswahl Friedrichs des Siegreichen betrieben,[89] was aber bereits im Anfangsstadium daran gescheitert war, daß das Trierer Kapitel den kaiserlich gesonnenen Johann von Baden und nicht den Wittelsbacher Ruprecht zum Erzbischof gewählt hatte.[90] Die Ambitionen Friedrichs des Siegreichen mußten 1456 soweit gegangen sein, daß Gerüchte davon ins Reich drangen,[91] daß selbst der Papst davon Kenntnis hatte,[92] und daß Albrecht Achilles diese Bestrebungen im Jahre 1460 der wittelsbachischen Partei im

---

86 Karl E. Demandt, Regesten der Grafen von Katzenelnbogen 1060–1486. 4 Bde. (VeröffHistKommNassau 11) 1957, Bd. 2, 1366 Nr. 4911.

87 Bei dem Versprechen des Philipp von Sierck und des Grafen von Sayn, sich bei dem Trierer Erzbischof für eine Wahl Albrechts VI. einsetzen zu wollen, wird der Zusammenhang von Neuwahl und Reichsreform betont, und zugleich deutet sich ein Verfahren an, das zwei Jahre später, 1456, von den Kurfürsten verfolgt werden sollte. Falls der Kaiser, so lautet es in dem Versprechen von 1454, »solich ordenunge, so vnser gnedige hern die korfursten sinen gnaden vurhalten werden nit uffnemen oder der nachgen wollte,« würden die Königswähler zu einer Neuwahl schreiten. Chmel, 3272.

88 Chmel, 3390.

89 Vgl. Krimm (1976), 110; Angermeier (1984), 136.

90 Heymann (1965), 201.

91 Rolf (1981), 77.

92 Krimm (1976), 111.

Reich vorwerfen konnte.[93] Über das Stadium der Projektemacherei aber konnten diese Bestrebungen schon deshalb nicht hinausgelangen, weil der Pfalzgraf damals noch außerhalb des Kurvereins von 1446 stehen mußte, in den er erst 1461 aufgenommen wurde.[94]

Die größte Gefährdung der Herrschaft Friedrichs III. ging nicht vom Streit im eigenen Haus, nicht von den Aktionen des Pfalzgrafen, sondern von dem Streben Georgs von Poděbrad nach der römischen Krone aus.[95] Nur wenig mehr als ein Jahr, nachdem der Böhme Friedrich III. Treue geschworen hatte, versuchte er die Stimmen der Kurfürsten auf seine Wahl zu vereinen, brach seinen Friedrich III. geschworenen Eid, der eine Mitwirkung an einer neuen Königswahl zu Lebzeiten des Kaisers ausschloß, einen Eid, den der Kaiser in Kenntnis der gegen ihn gerichtete Machenschaften hatte formulieren lassen: »Auch sol und will ich nymmermer wissentlich in dem rate sein, da ichts gehandelt ader furgenommen wirdet wider ewer person, ere, wirde oder stannde, noch darein verwilligen, noch gehelen in einich wyse«.[96]

Das Streben des böhmischen Königs nach der Krone des Reichs war allgemein bekannt. Die Zeitgenossen wußten, wie es Albrecht Achilles formulierte, »das der konig zu Behemen meint Romischer konig zu sein, es sei den Deutzschen lieb ader leid«.[97] Damit war keineswegs gesagt worden: Macht bricht Verfassung. Albrecht Achilles, der als einer der wortgewandtesten Stilisten des deutschen Spätmittel-

---

[93] Rolf (1981), 78.

[94] Krimm (1976), 111 und 113.

[95] Dazu Menzel (1868), 77ff.; von Hasselholdt-Stockheim (1865), 116ff.; Molitor (1921), 127ff.; Thomas (1983), 465f.; Angermeier (1984), 136f.; Hoensch (1998), 72. Unzulänglich: Heinrich Moritz Richter, Georg von Podebrad's Bestrebungen um Erlangung der deutschen Kaiserkrone und seine Beziehungen zu den deutschen Reichsfürsten. Wien und Leipzig 1863. Die Darstellung der Wahlpläne Georg Poděbrads bei Heymann (1965), 201ff. ist vor allem wegen der Einbeziehung der innerböhmischen Situation und des böhmisch-ungarischen Verhältnisses während der entscheidenden Jahre 1458–1462 wichtig. Sowohl die juristischen als auch die reichspolitischen Schwierigkeiten der böhmischen Königspläne scheinen mir aber von Heymann verkannt, der zu einseitig nur den Gang der Verhandlungen Martin Mairs verfolgt. – Für Poděbrads Königswahlplan ist wegen der Benutzung teilweise unedierter Akten das stets übersehene Kapitel bei Schellhass (1887), 135f. heranzuziehen. Schellhass hat bei seinem nicht geglückten Vorhaben, den Rechtsgedanken des Königslagers auch in diesen Tagen nachzuweisen, die Stellung des Frankfurter Rates untersucht.

[96] Bachmann (1879), 284 Nr. 205. Es handelt sich hier offenbar um eine in der Kanzlei Friedrichs III. feststehende Formulierung, die auch Matthias Corvinus nach Aussage eines kaiserlichen Anwalts geleistet hatte, »sein leptag wider sein kaiserliche Maiestat noch sein nachkommen am reich, auch wider sein person, eer, wird, noch stand, noch in rätten, darin ichtes wider sein kaiserliche gnaden geredt oder furgenommen wurd, nit ze sein«. Burkhard Seuffert – Gottfriede Kogler, Die ältesten steirischen Landtagsakten 1396–1519. Teil 2 (1958), 200. 1480. Einen gleichlautenden Eid schwört auch 1495 Berthold von Henneberg bei seiner Belehnung. Ziehen Bd. 2 (1937), 487.

[97] Von Hasselholdt-Stockheim (1865), 236; Bachmann (1879), 71 Nr. 57.

alters erst noch zu entdecken ist, formulierte wegwerfend: Der Böhmenkönig gehe mit dem Kopf durch die Wand, nur Ehrgeiz treibe ihn, »es sei den Deutzschen lieb ader leid.« Die Aussage ist: So geht es nicht.

Die politische Grundlage, auf der sich Georgs Pläne entwickeln konnten, bildete neben der Spannung der Kurfürsten von Mainz und der Pfalz mit Friedrich III. die Dringlichkeit einer Reichsreform, der sich der Kaiser versagte. In dieser Situation konnten sich die Fähigkeiten und die Kenntnisse Martin Mairs entfalten, der damals in böhmischen Diensten stand. Schon das erste Anzeichen, daß der Böhme nach einem stärkeren Einfluß im Reich strebte, steht im Zusammenhang mit Plänen der Reichsreform und trägt die Handschrift Martin Mairs. Er schlägt Georg im Februar des Jahres 1460 angesichts des geplanten Nürnberger Reichstags vor, bei der Behandlung eines allgemeinen Landfriedens die Position des Friedenshauptmanns anzustreben: Wenn Ihr die Position dessen erreicht, der die Dinge im Reich regelt und damit das entscheidende politische Gewicht besitzt, werdet Ihr auch ohne König zu sein (»per indirectum«) das Reich lenken (»Nam ut sic acquireretis et administrationem et majoritatem in imperio, et sic per indirectum praeficeremini imperio«).[98] Das große Problemfeld des Reichsvikariats wird sichtbar; die Königsstellvertretung wird, unabhängig von allen Rechtstraditionen, auf ihren Kern der Machtausübung reduziert. Institutionelles Denken. Der Jurist hatte sicher nicht ohne Kenntnis der Intentionen Georgs diesen Vorschlag entwickelt. Er wußte auch, daß in den Verhandlungen zwischen Friedrich III. und Georg in Brünn 1460 eine stärkere Beteiligung des Böhmen an der Verwaltung des Reichs verabredet worden war, wenn Friedrich wohl auch nicht so eindeutig, wie Georg später vorgab, sich auf ein Mitspracherecht des Böhmen in Reichsangelegenheiten eingelassen haben wird.[99]

Mit den blassen Begriffen »Einfluß« und »Mitspracherecht« sind die Konturen der Politik Georgs im Frühjahr 1460 nur unzureichend erfaßt. Offensiv versucht er seine angefochtene böhmische Krone zu verteidigen, indem er, eine höhere Stellung als die des Kurfürsten anstrebt, sei es gegen den Kaiser oder sei es mit dessen Einverständnis.[100]

---

[98] Palacky (1860), 214 Nr. 211. 1416 Februar.

[99] In der Instruktion einer böhmischen Gesandtschaft an die Kurie wird behauptet, Friedrich III. hätte sich in Brünn gegenüber Georg verpflichtet und mit seiner »aigen hannt verschriben, das er seinen kaiserlichen hofe well besetzen und auch denselben hofe und das reich regieren nach des koniges rate. Also hab im der konig darnach mermals … geraten, wie er das reich solle regiren, dadurch er frid und gehorsam im reich möchte erlangen … aber der kaiser hab sein verpflichtunge … und auch des konigs rat ganntz veracht«. Palacky (1860), 244 Nr. 239. 1461 s.d.

[100] Vgl. Krimm (1976), 113. – Zu berücksichtigen sind in diesem Zusammenhang die engen Verbindungen des Kaisers mit dem einflußreichen böhmischen Geschlecht der Rosenberg. Hlaváček (1993). 288f. und 294.

Im Spätherbst des Jahres 1460, nachdem sowohl der Nürnberger Tag als auch ein allgemeiner Reichslandfrieden, auf den Martin Mair seine Pläne gegründet hatte, gescheitert waren, wurde Mair von dem Böhmenkönig ins Reich gesandt.[101] Seine Vollmacht spricht allgemein von der Bereitschaft Georgs, sich der Reichsreform anzunehmen.[102] Der Konflikt des Mainzer Erzbischofs Diether von Isenburg mit der Kurie und der auf einen Krieg zutreibende brandenburgisch-wittelsbachische Gegensatz[103] bildeten den politischen Hintergrund dieser Gesandtschaft. Jetzt ging es aber offenbar um mehr als ein halbes Jahr zuvor, es ging nicht mehr um Reichsherrschaft »per indirectum«, es ging um ein neues Königtum.

Martin Mairs Pläne waren damals ganz auf die wittelsbachische Partei im Reich abgestellt. Schon im Oktober hatte er die urkundliche Zusicherung Ludwigs des Reichen, eine Wahl Georg Poděbrads zu fördern, erhalten.[104] Ergebnis seiner im November und Dezember gepflogenen Verhandlungen sind die urkundlich fixierten Versprechungen des Mainzer[105] und des Pfälzer Kurfürsten,[106] Georg zum Römischen König zu wählen. Die Gegenleistungen sind beträchtlich. Der Pfälzer verlangt, zu »des Reichs obersten und gemainen Haubtmann« ernannt zu werden, womit eine jährliche Dotierung von 8000 fl. ungarisch verbunden sein soll, und weiterhin ein Drittel eines neu aufzusetzenden Reichszolls (eine Konzeption, die nur von Martin Mair entwickelt sein konnte).[107] Ludwig der Reiche sucht sich das Hofmeisteramt des Reiches, mit 8000 fl. jährlich dotiert, zu sichern (eine Konzeption, die in ihrer unklaren Übertragung eines Amtes, das in den Fürstentümern bekannt, in der Reichsverfassung aber unbekannt war, nichts von der Klarheit der Vorstellungen Martin Mairs erkennen läßt).[108] Die Ansprüche des Mainzers zielen

---

101 Vgl. Krimm (1976), 114.

102 Höfler (1850), 50f. Nr. 12. 1460 Okt. 16. Vgl. Krimm (1976), 113.

103 Das belegt der Einungsvertrag zwischen den Bischöfen von Bamberg und Würzburg, dem Pfalzgrafen und Herzog Ludwig dem Reichen, die zum Kampf gegen die um den Markgrafen Albrecht Achilles gescharten Kaiserlichen rüstende wittelsbachische Partei also, vom 11. November 1460 (von Hasselholdt-Stockheim (1865), Urk. Beil. Nr. 49, 268ff.). Nicht nur die zeitliche Nähe zu den böhmischen Werbungen, sondern auch die in dieser Einung geübte Kritik am Kaiser, der nicht ins Reich käme, und die projektierte Aufnahme König Georgs in die Einung (ebd., 271) belegen den Zusammenhang von böhmischen Königsplänen und antihabsburgischer Partei im Reich.

104 Regest: Palacky (1860), 232 Nr. 227. 1460 Okt. 8. Vgl. Gallas (1937), 95ff.; Hlaváček (1993), 293.

105 Höfler (1850), 59ff. Nr. 16. 1460 Dezember 3 (bei Höfler fälschlich Dez. 1).

106 Höfler (1850), 52ff. Nr. 14. 1460 November 16. Vgl. Rolf (1981), 70. – Zwischen dem Böhmen und dem Pfalzgrafen bestand seit 1459 ein Bündnis. Kremer (1756), Nr. 58, 175ff.; Schaab – Lenz (1998), 254ff. Nr. 121. 1457 hatten Kurmainz und Pfalz einander in einer Einung gelobt, sich vorher gemeinsam zu verständigen, falls die Kurfürsten mit dem Plan einer Neuwahl umgehen sollten. Menzel (1862), 275 Nr. 75 § 6. Zu Poděbrads Wahlplänen vgl. auch aus pfalzgräflicher Sicht: Rolf (1981), 79ff.

107 Höfler (1850), 52 Nr. 14.

108 Ebd., 65ff. Nr. 18.

auf Erneuerung seiner Erzkanzlerrechte und eine Form des Vikariats.[109] Selten sind die drei Strömungen, welche in die Vorstellungen einer Reichsreform einmünden, so klar auseinander zu halten wie bei diesem Neuwahlprojekt: Rationales Kalkül eines Praktikers der Macht (neuer Zoll), unklare Dignitätsvorstellungen eines Fürsten (Hofmeisteramt) und schließlich Wiederbelebung alter, längst verblaßter Ansprüche (Kanzleramt). Das gemeinsame Anliegen: In den Wahlzusagen für den Pfälzer und den Mainzer Kurfürsten begegnet ein Gedanke wieder, den die Kurfürsten schon 1456 erwogen hatten: die Neugestaltung der königlichen Gerichtsbarkeit. Der Pfälzer fordert, daß nur mit seinem und seines wittelsbachischen Verwandten Ludwigs des Reichen Willen ein Hofrichter angenommen werde,[110] und der Mainzer erreicht von Martin Mair die urkundlich verbriefte Zusage, »das das parlament gein meinz gelegt und da gehalten werde.« Konkrete Vorstellungen sind mit diesem nach Pariser Vorbild »Parlament« genannten Gerichtshof verbunden. Der Mainzer Domscholaster Volbrecht von Ders soll an des Königs Stelle Richter sein.[111]

Das Streben nach gesicherter Teilhabe an einer verstärkten Reichsorganisation bildet mit einzelnen Reichsreformvorschlägen die gemeinsame Basis der Königspläne Georgs und der Wahlzusagen. Die finanzielle Grundlage dieses Wahlprojekts sieht Martin Mair dadurch gesichert, daß Francesco Sforza bereit war, einem Römischen König Georg von Poděbrad für die vom Kaiser verweigerte Anerkennung als Herzog von Mailand 70000 Dukaten zu zahlen.[112]

Nicht auf dem Kaiser, dem obersten Richter im Reich, sondern auf dem Böhmenkönig ruhten im Frühjahr 1461 alle Hoffnungen, den drohenden Krieg zwischen der wittelsbachischen und der zollerschen Partei im Reich noch vermeiden zu können. Geschickt hatte Georg die Schiedsrichterrolle, die ihm von den streitenden Parteien angetragen worden war, angenommen. Der von ihm zum 2. 2. 1461 ausgeschriebene Tag zu Eger war zahlreicher besucht als so mancher Reichstag. Sogar Abgesandte der Ritterschaft zum St. Jörgenschild aus Schwaben fanden sich ein.[113] Zwar hat dieser bis zum 20. Februar währende Tag nicht den Frieden zwischen den Streitenden bringen können, aber der Plan einer Königswahl des Böhmen gewann Konturen. Das ist der Kern einer Nachricht Peter Eschenloers, der als Chronist Breslaus berichtet, daß Bischof Jost von Breslau der Versammlung zu Eger den Wahlplan mit der Begründung vorgetragen habe, das Reich verdürbe unter der Regierung Friedrichs III. Die Fürsten hätten geantwortet, »dass Eger nit were die Stadt, da man einem Röm. König kiesen solde, sondern zu frankfurt und

---

109 Ebd., 59ff. Nr. 16.

110 Ebd., 57 Nr. 14.

111 Ebd., 65 Nr. 17.

112 Heymann (1965), 215f. – Zu den Bemühungen des Francesco Sforza um die Investitur durch Friedrich III. 1454–1462 vgl. die Literaturangaben in DRTA Bd. 22/1, 2 Anm. 2.

113 Von Hasselholdt-Stockheim (1865), 125. Vgl. Menzel (1868), 97f.; Gallas (1937), 102; Hoensch (1998), 72.

allezeit ein Tag zuvor darum müsste gehalten werden zu Nürnberg.«[114] Letzteres ist zwar eine wunderliche Verdrehung der Bestimmung, wonach ein neugewählter König seinen ersten Hoftag in Nürnberg zu halten habe, aber es fällt doch auf, daß die zu Eger Versammelten einen neuen Tag eben in dieser Stadt anberaumten.

Gregor Heimburg, der in dieser Phase offenbar die Rolle Martin Mairs übernommen hatte,[115] sollte noch zu Eger die Konzeptionen für ein römisches Königtum Georgs entwickeln, die vor allem einen Reichslandfrieden vorsahen, zu dessen Beschützer Georg von Poděbrad bestellt werden sollte.[116] Zu Eger hatte König Georg direkt um die brandenburgische Kurstimme geworben, hatte darauf verwiesen, daß die wittelsbachisch-zollerschen Gegensätze durch ein neues römisches Königtum überwunden werden könnten, weil neben dem Erzbischof von Mainz auch der Pfalzgraf ihm seine Stimme zugesagt habe. Ein Krieg gegen den Kaiser würde das neue Königtum befestigen, worüber er, Georg, sich bereits mit Erzherzog Albrecht VI., mit dem Bischof von Würzburg und mit Ludwig dem Reichen von Bayern einig geworden sei.[117]

Ohne greifbares Ergebnis gingen die Nürnberger Verhandlungen zu Ende[118] – oder war ein Ergebnis nur getarnt worden? Eine neue Tagsatzung wurde für den Sonntag nach Pfingsten vereinbart und zwar in Frankfurt. Das aber entsprach der Abfolge, von der Peter Eschenloer berichtet hatte. Daß zu Nürnberg die Kurfürsten von Mainz und der Pfalz in die Kurfürsteneinung aufgenommen worden waren,[119] stand durchaus im Einklang mit den Plänen Georgs von Poděbrad. Wie ernst war es den Kurfürsten, als sie zu Nürnberg den böhmischen Räten einstimmig erklärten, »dass sie der Einung halber, was die römische Königskrone anbelange, in nichts willigen könnten, wo sie Georg aber sonst dienen und es mit Ehren zu thun vermöchten, das thäten sie gerne«?[120] Bei seinen Plänen stieß Georg von Poděbrad vor allem auf den hinhaltenden Widerstand der Zollern,[121] die allerdings, in anderen Fragen auf Georg angewiesen, diesen im Glauben ließen, auf dem Frankfurter Kurfürstentag im Mai des Jahres zum Ziele kommen zu können.[122]

---

114 Von Hasselholdt-Stockheim (1865), 125f. Anm. 4 (nach Peter Eschenloer).

115 Nehring (1975), 45 Anm. 110.

116 Von Hasselholdt-Stockheim (1865), 126. Vgl. Menzel (1868), 98 mit Anm. 41.

117 Von Hasselholdt-Stockheim (1865), 125f.

118 Gallas (1937), 103f.

119 Ebd., 128.

120 Ebd.

121 Von Hasselholdt-Stockheim (1865), 127. Vgl. Gallas (1937), bes. 106; Schubert (1971), 147f.

122 Deshalb wird sich Albrecht Achilles gezwungen sehen, dem offensichtlich empörten Kaiser zu versichern, er habe mit dem Wahlprojekt nichts zu tun gehabt. Ein anonymer Beobachter hatte Friedrich III. vor den »praktiken« gewarnt, die der Markgraf im Verein mit dem Böhmen betreibe. Krimm (1976), 114. Zu Recht stellt Krimm, 113 über die Quellen zollerscher Provenienz des böhmischen Wahlprojekt fest: »In ihnen schwingt sehr viel mehr Apologetisches mit, als es zunächst aussieht.«

Zu dem Frankfurter Kurfürstentag von 1461, dessen Programm Türkenfrage und Reichsreform als Hebel einer neuen Königswahl waren,[123] wurde Friedrich III. von den Kurfürsten zum Kommen aufgefordert.[124] Das war in dieser Situation mehr als die vorher und später an den Kaiser gestellten Mahnungen, ins Reich zu ziehen. Angesichts weitgediehener Neuwahlpläne steht die Ladung von 1461 unter dem drohenden Schatten der Vergangenheit. Es gehörte offenbar zur Technik der Königsabsetzung, daß das Reichsoberhaupt vor dem letzten entscheidenden Schritt noch einmal von den Kurfürsten geladen wurde. So hatte, wie es im 12. Jahrhundert die Kaiserchronik postulierte, 1298 der Mainzer Kurfürst Adolf von Nassau vor ein Gericht des Reiches gefordert, so hatten die Kurfürsten im Jahre 1400 gehandelt. Sicherlich hatten die Kurfürsten im Jahre 1400, als sie Wenzel das Erscheinen auf dem Tag zu Lahnstein geboten, keine genauen Kenntnisse mehr von den Vorgängen bei der mehr als 100 Jahre zurückliegenden Absetzung Adolfs von Nassau. Dagegen ist durchaus anzunehmen, daß im Jahre 1461 das Verfahren bei der Absetzung Wenzels nachgeahmt werden sollte.[125] Die Ladung des Reichsoberhauptes wird wohl deshalb neben prozeßrechtlichen Assoziationen immer erfolgt sein, weil vor dem entscheidenden Vorgang der Absetzung noch eine letzte Möglichkeit des Ausgleichs gesucht werden sollte. Das Ladungsschreiben 1461 war sicherlich eine Drohung, war aber von einigen Kurfürsten eher taktisch, von anderen hingegen ernst im Sinne eines Ausgleichsversuchs gemeint, denn es war auch vom Brandenburger Kurfürsten Friedrich II. unterschrieben, einem eindeutigen Gegner des Neuwahlprojektes.

Den Plänen des Böhmenkönigs, von denen Albrecht Achilles, der erst auf dem Nürnberger Kurfürstentag 1461 davon erfahren haben will,[126] dem Kaiserhofe berichtete,[127] begegnete Friedrich III. mit Ausschreiben an Reichsstädte und Fürsten[128] und dem Gebot an den Frankfurter Rat, die Tagung der Kurfürsten zu ver-

---

[123] Türkenfrage, Reichsreform und insbesondere anläßlich von Diethers Auseinandersetzung mit der Kurie die Gravamina der deutschen Nation waren bereits im Februar 1461 auf dem Kurfürstentag zu Nürnberg erörtert worden. Menzel (1868), 103ff., bes. 125f. (Abschied des Tages). Dadurch, daß auch die Zollern die Appellation Diethers gegen die kurialen Forderungen unterschrieben, schien sich die Einigkeit des Kurkollegs anzubahnen.

[124] Kremer (1756), 222 Nr. 74; Wencker (1713), 380. Vgl. Frankfurts Reichscorrespondenz, ed. Janssen Bd. 2 (1756), 149ff. Nr. 239.

[125] Weizsäcker (1886), 80f.

[126] Menzel (1868), 122.

[127] Ebd., 129f.; daß Friedrich III. bereits zuvor Kenntnis von den gegen ihn gerichteten Plänen hatte, belegt das Regest bei Hermann Diemar, Köln und das Reich. MittStadtarchKöln 25 (1894), 266. 1461 Jan. 27.

[128] Schreiben an Herzog Wilhelm von Sachsen: Müller (1713) Bd. 2,5,19. Eine lateinische Fassung dieses Schreibens notiert Ernst Birk, Urkunden-Auszüge zur Geschichte Kaiser Friedrichs des III. in den Jahren 1452–1467 aus bisher unbenützten Quellen. ArchKdeÖsterrGQ 10 (1853), 373 Nr. 460. Vgl. das Schreiben an Straßburg: Wencker (1713), 383.

hindern.[129] Der Kaiser wies darauf hin, daß das Vorhaben der Kurfürsten »unser keyserlich gewaltsam und oberkeit anrühre«, woraus »grosse und swere aufrüren in dem h. Reich« entstehen werde.[130] Die kaiserlichen Gebote hatten aber nur wenig zum Scheitern des böhmischen Plans beigetragen. Bereits der Nürnberger Kurfürstentag ließ erkennen, was einer Wahl Georg Poděbrads entgegenstand: Der Widerstand des mit dem Habsburger verschwägerten sächsischen Kurfürsten und der zollerschen Partei im Reich war stärker als auf dem Tag zu Eger offenbar wurde. Das Mainzer Wahlversprechen für Georg galt – wie ausdrücklich verbrieft worden war – nur vorbehaltlich der brandenburgischen und sächsischen Zustimmung.[131]

Wenige Wochen nach der Egerer Tagsatzung wurden zu Nürnberg Friedrich der Siegreiche und Erzbischof Diether von Mainz in die Kurfürsteneinung aufgenommen. Das war zwar ein gegen Friedrich III. gerichteter Schritt, da die vom Kaiser verweigerte Anerkennung des Mainzers und des Pfälzers als Kurfürsten nunmehr von ihren Genossen ausgesprochen wurde; der Preis aber für diese Anerkennung war der Verzicht der beiden Verbündeten Georgs auf Weiterverfolgung ihrer Pläne. Zwar vermied die Kurfürsteneinung jede direkte Ablehnung einer Wahl des Böhmen, indem sie eine einhellige Antwort für den zum 31. Mai nach Frankfurt ausgeschriebenen Kurfürstentag in Aussicht stellte, aber der Pfalzgraf und Erzbischof Diether wiesen darauf hin, daß sie für eine Wahl Georgs »der eynung halben ... nichts doran thun oder antwortten konnen«.[132] Damit waren die Wahlversprechen für den Böhmen entwertet. Die Einzelabreden der Kurfürsten »ut singuli« wurden – um die Terminologie Lupolds von Bebenburg aufzunehmen[133] – der gemeinsamen Stellungnahme »ut collegium« untergeordnet.

»Ut collegium«: Das bedeutete gewiß nicht, daß sich die Kurfürsten gemeinsam hinter den Kaiser stellten; es bedeutete allein, daß es noch einmal im Widerstand gegen den Kaiser zu einer gemeinsamen Aktion der Kurfürsten kommen konnte. Die Einmütigkeit der kurfürstlichen Opposition, die zu Nürnberg sich gegen kuriale Forderungen zusammengefunden hatte und damit eine Spitze gegen den auf Ausgleich mit dem Papst bedachten Friedrich III. enthielt, war durch päpstliches Entgegenkommen gegenüber dem Pfalzgrafen und dem Trierer Erzbischof gelockert worden.[134] Zwar wurde nicht nur am Kaiserhofe, sondern auch bei kaisertreuen

[129] Frankfurts Reichscorrespondenz, ed. Janssen Bd. 2, 152f.

[130] Wencker (1713), 383.

[131] Höfler (1850), 64 Nr. 17.

[132] Bachmann (1879), 70 Nr. 57.

[133] Schubert (1975), 99f. – Zu beachten ist, daß zu dieser Zeit Peter von Andlau, ed. Müller, 189 Lupolds Terminologie übernimmt und die Kurfürsten »ut collegium« wählen läßt.

[134] Menzel (1868), 139f. – Pius II., von dem Kaiser über das kurfürstliche Vorgehen informiert (Birk – wie Anm. 128 – Nr. 461, 373), begründete die Absetzung Diethers von Isenburg auch mit der gegen den Kaiser gerichteten Einberufung des Frankfurter Tages. Adalbert Erler, Mittelalterliche Rechtsgutachten zur Mainzer Stiftsfehde. 1964, 282 und 295.

Kurfürsten befürchtet, die rheinischen Kurfürsten könnten weiterhin eine Wahl Georgs anstreben,[135] aber der Kurfürstentag zu Mainz, den Erzbischof Diether nach der Weigerung des Frankfurter Rats, die Tagsatzung in der Wahlstadt des Reiches stattfinden zu lassen,[136] geboten hatte, geriet zur Routinesitzung; hauptsächlich kurfürstliche Räte nahmen teil.[137] Der Böhmenkönig, inzwischen offenbar überzeugt von der Ergebnislosigkeit des Tages, kam weder persönlich, noch fertigte er Boten ab.[138]

Im Hintergrund der Ambitionen König Georgs stand die erbitterte Auseinandersetzung Albrechts VI. mit seinem kaiserlichen Bruder, die 1461/62 ihren Höhepunkt erreichte und letztlich erst mit dem Tod des Erzherzogs 1463 beendet war. Vor allem aber wurden die politischen Aktivitäten der Jahre 1460–1462 beeinflußt durch die sich verschärfenden Spannungen zwischen Albrecht Achilles und Ludwig dem Reichen, Spannungen, die durch die Auseinandersetzung zwischen der kaiserlichen Partei im Reiche und der böhmisch-wittelsbachischen Opposition gegen den Kaiser aufgeladen wurden,[139] und die zu dem Krieg im Reich 1461/62 führten.[140] Dadurch waren die politischen Verhältnisse entscheidend verändert: Sachsen und Brandenburg standen auf der Seite des Albrecht Achilles, Kurpfalz und Kurmainz waren wieder einmal wegen territorialer Auseinandersetzungen einander Feind geworden. Eine mögliche Vermittlung des Böhmen, die als Preis für den Ausgleich der Spannungen die Förderung seiner Wahl hätte bedeuten können – eine Möglichkeit, die Georg auf dem Tag zu Eger auszuspielen versuchte –, konnte nicht mehr zum Tragen kommen; denn der König sah sich zusehends in innere Auseinandersetzungen Böhmens verstrickt,[141] die ein verstärktes Engagement im Reich nicht mehr zuließen.

---

135 Vgl. die Instruktion der sächsischen Räte zum Mainzer Fürsten- und Kurfürstentag datiert von 1461 Mai 17. Bachmann (1879), 100 Nr. 75: »Umb den keyser sullen wir in keynerley gehen, das sine keyserliche maiestat, sine wirde ader statum moge verletzen«.

136 Frankfurts Reichscorrespondenz, ed. Janssen Bd. 2, 155f.

137 Menzel (1868), 128ff., bes. 141ff. Vgl. Diethers Ladungsschreiben an die Universität Leipzig, Vertreter zu diesem Tag zu schicken: Bruno Stübel (Hg.), Urkundenbuch der Universität Leipzig von 1409–1555. (CodDiplSax II/11) 1874, 142f. Nr. 122.

138 Schreiben Georgs vom 22. Mai 1461. Bachmann (1879), 102 Nr. 76.

139 Die wittelsbachischen Königswahlpläne wurden dann im Reichskrieg 1461/62 von der kaiserlichen Partei als eigentlicher Kriegsgrund angegeben. So äußerte Markgraf Karl von Baden als Reichshauptmann 1461 Mai 1 im Krieg Friedrichs III. gegen seinen Bruder Albrecht VI.: Der Krieg habe seinen Ursprung darin, »das der keyser understanden sye abzesetzen und eynen ketzer in das heilge riche uf ze werfen, das, ob das furgang gehept hette, dem cristenen glouben großen trang … bracht hette; für solichs ze furkomen und dem heilgen riche sin oberkeit zu behalten, nyemand gefryet sin moge«. Zit. nach Krimm (1976), 65.

140 Vgl. dazu auch Götz-Rüdiger Tewes, Die Esslinger Kreidweiß an den Höfen der Markgrafen von Baden und der Kurfürst von Trier und Köln in der zweiten Hälfte des 15. Jahrhunderts. Esslinger Studien 27 (1988), 33–66, hier: 40f.

141 Nachdem Pius II. 1462 die Basler Kompaktaten von 1433 für ungültig erklärt hatte, verlor der »Hussitenkönig«, über den 1466 der 1468 erneuerte Kirchenbann vom Papst verhängt wurde, an Legitimität auch im eigenen Land.

Im Gegensatz zu allen anderen Wahlplänen während der Regierungszeit Friedrichs III. hat der Böhmenkönig keine Wahl »vivente imperatore« angestrebt, sondern seine Erhebung zugleich als Absetzung des Kaisers aufgefaßt. In einem Urkundenentwurf, der nach der Königswahl Georgs von ihm besiegelt werden sollte, wird von »herrn Fridrichen, der sich nennt Romischer keyser« gesprochen.[142] Auf dem Tag zu Eger 1461 hatte nach der Relation eines zollerschen Rates der Böhme um die Stimme des märkischen Kurfürsten geworben, er solle ihn »zum Romischen konig machen, und den keiser absetzen«.[143] In dieser böhmischen Konzeption ging rationales Machtkalkül respektlos über die im Reiche noch tief verwurzelte Kaiseridee hinweg.

Die Absetzungspläne verdichten sich so sehr in der Zeit um 1460, daß Albrecht Achilles ohne mit nennenswerter Skepsis rechnen zu müssen, sich als einer der damals angeblich so verachteten »Ohrenbläser« betätigte und dem Kaiser am 21. Dezember 1460 mitteilte, »der pfalczgraue gee domit vmb, das er gern Romischer Konig were, vnd wolle man Ims nit gonnen, so wolle man einen nemen, den man müsst haben. Es sey yederman lieb oder leyd«.[144] Möglicherweise lancierte Albrecht Achilles das damals haltlose Gerücht, um die Pläne Georgs von Poděbrad zu verschleiern, aber seine Behauptung dient vor allem der Diskreditierung der wittelsbachischen Partei im Reiche, die sich im November auf einem Fürstentag zu Nürnberg zu formieren begann.[145]

1465 und 1468/69 hoffte auch der große Ungarnkönig Matthias Corvinus, die römische Krone zu erringen.[146] Die publizistische Vorbereitung findet sich in Prophezeiungen jener Jahre, die ihn als kommenden großen Reformator des Reiches sehen.[147] Matthias hat 1469 in offenbarer Konkurrenz zu einem burgundischen Wahlprojekt[148] versucht, über Georg von Poděbrad den Brandenburger Kurfürsten Friedrich II. und dessen Bruder Albrecht Achilles für sein Vorhaben zu gewinnen, wie es der Briefwechsel der Zollern darlegt.[149] Die unter höchster Geheimhaltung

---

[142] Höfler (1850), 70f. Nr. 19. Vgl. den ergänzenden und weiterführenden Entwurf ebd., 72ff. Nr. 20.

[143] Bachmann (1879), 69 Nr. 57.

[144] Von Hasselholdt-Stockheim, 120.

[145] Ebd., 121ff.

[146] Fraknói (1891), 112f. und 136ff. Vgl. Nehring (1975), 45 mit Anm. 110.

[147] Friedrich von Bezold, Zur deutschen Kaisersage. SbAkadWissMünchen phil.-hist. Cl. 1884 H. 3, 594f. Nach Johann Knebel (Tagebuch 1473–1476. In: Basler Chroniken 2, hgg. v. Wilhelm Vischer und Heinrich Boos. 1880, 214 zu 1475) soll auch Karl der Kühne mit der Anspielung auf den in der Kaisersage prophezeiten Endkaiser Karl seine Pläne auf das Reich gefördert haben: »promittit sibi, ut fertur, ex quibusdam cronicis, quia imperium obtinebit et totam Europeam subjugabit sibi«.

[148] Fraknói (1891), 137.

[149] Palacky (1860), 567ff. Nr. 478. 1469 März 23: Albrecht Achilles benachrichtigt seinen Bruder, daß Georg Poděbrad an ihn die Werbung über die Königswahl des Ungarn hatte gelangen las-

gewechselten[150] Briefe haben sich gekreuzt;[151] jeder eröffnete dem anderen die Pläne des Ungarnkönigs; während aber Albrecht Achilles diese mit einem entschiedenen Nein kommentiert und auf die Verbundenheit mit dem Kaiser hinweist, ist sein Bruder unschlüssig, weil ihn die Möglichkeit territorialer Gewinne[152] und verwandtschaftlicher Beziehungen mit dem mächtigen Ungarnkönig lockt.

Kaiser und Papst, so behauptet Matthias gegenüber böhmischen Unterhändlern, hätten »iym globt, versprochen und verschriben ..., yn zu eym Romischen Konige zu machen«.[153] Eine solche Behauptung hat der Ungarnkönig aber nur in geheimen Verhandlungen, nicht öffentlich aufstellen können.[154] Weiterhin. Kaiser und Papst zögerten, den am 3. Mai 1469 in Olmütz zum böhmischen König gewählten Matthias in seiner neuen Würde anzuerkennen.[155] Auch in die Einung der Kurfürsten wurde Matthias nicht aufgenommen.[156] Allzu offensichtlich lag zu Tage, daß der Kampf um Böhmen noch längst nicht entschieden war. Der zitierten Behauptung des Matthias Corvinus läßt sich immerhin ablesen, daß er, der 1470 auf verwandtschaftliche Beziehungen zum Kaiserhaus hoffen sollte,[157] im Gegensatz zu Georg Poděbrad die römische Krone im Einverständnis mit dem Kaiser zu erlangen glaubte. Eine Illusion.

Als im Februar 1470 Matthias mit prächtigem Gefolge nach Wien ritt und vom Kaiser mit allen Ehren empfangen wurde, mochte er auf Förderung seiner Königspläne gehofft haben,[158] aber es kam nur zu einer dann noch nicht einmal realisierten Vereinbarung, auf dem nächsten Reichstag im Juni 1470 in Nürnberg gemeinsam für einen Feldzug gegen Böhmen zu werben.[159]

---

sen. Dagegen hatte Matthias Corvinus dem Brandenburger Kurfürsten direkt die Förderung seiner Wahl angetragen, wie dieser seinem Bruder mitteilt: Höfler (1850), Nr. 89, 186. 1469 März 26. Vgl. Hoensch (1998), 109f.

150 Albrecht schreibt seinem Bruder, er solle »solchs in geheim unentdeckt ... halten«, während auf dem Brief Friedrichs II. an Albrecht vermerkt ist: »disen brief sol sunst nymand uffbrechen, denn unser bruder selbst«.

151 Zwar könnte das am 23. März von Bayreuth abgesandte Schreiben Albrechts bereits am 26. März, dem Datum des Briefes Friedrichs, in Berlin-Cölln gewesen sein, aber das Schreiben des Kurfürsten zeigt, daß der Brief Albrechts noch unbekannt war, da Friedrich glaubte, seinem Bruder mit einem eingelegten Zettel die ungarischen Werbungen als Neuigkeit mitteilen zu müssen.

152 Friedrich glaubte, Forderungen auf Breslau und Liegnitz anmelden zu können.

153 Bachmann (1879), 468 Nr. 365. Vgl. Nehring (1975), 34; Hoensch (1998), 106.

154 Hoensch (1998), 100 und 104 vermutet, bzw. schließt nicht aus, daß Friedrich III. entsprechende Angebote gemacht habe, was wir aber bei einem Kaiser, der von der Würde seiner Dynastie durchdrungen war, mit Nehring (1975), 34 durchaus ausschließen.

155 Hoensch (1998), 108.

156 Noch 1473 versuchte Matthias eine Aufnahme und damit eine indirekte Anerkennung seiner Kurwürde zu erreichen. Ebd., 133.

157 Ebd., 113.

158 Ebd.

159 Ebd.

Vor allem die Zollern mußten gegen eine Königswahl des Ungarn sein, war ihnen doch nicht entgangen, daß Martin Mair 1469 das Bündnis zwischen Matthias und den Wittelsbachern vermittelt hatte.[160] Gescheitert aber ist der Plan des Corvinus mit Sicherheit an dem Punkt, den Albrecht Achilles den Werbern des ungarischen Wahlprojektes mitgeteilt hatte: »wir glauben nicht, das der kaiser das reich auffgebe auch das die kurfürsten keinen undeutschen gern zum Romischen konig oder kaiser haben«.[161]

Es läßt sich kaum übersehen: Wichtiger als ein römisches Königtum mußte Matthias Corvinus die Anerkennung seines böhmischen Königtums durch den Kaiser sein.[162] Deshalb konnte er gar nicht wie Georg von Poděbrad seine Wahlpläne auf einen Gegensatz zu Friedrich III. aufbauen. Weiterhin stimmen wir Karl Nehring zu: »Die Spekulationen über das römische Königtum wurden ohnehin am Hof von Prag ernster genommen als in Wien oder Ofen.«[163] Reflex auf die Bestrebungen des Matthias Corvinus und allgemein auf die Pläne einer Königswahl gegen den Kaiser war der 1470 von Martin Mair entworfene Plan eines Ausgleichs zwischen Friedrich III. und dem Ungarnkönig. »zum anndern solt sich der konig verschreiben, Ob yemant asserhalb des kaysers wiellen nach dem Reich stellte, das der kunig als kunig zu Beheym vnd kurfurst darein nichz willigen, sunder dem kayser dawieder trew Hilff vnd beystand tun welle«.[164]

Daß der Zusammenhang von Reichsreform und neuer Königswahl inzwischen nicht mehr bestand, daß eine Wahl »vivente imperatore« nur eine von mehreren politischen Möglichkeiten darstellte, die im diplomatischen Spiel erwogen werden konnten,[165] macht eine beiläufige Bemerkung des Albrecht Achilles deutlich, als er Georg von Poděbrad 1469 (nach der Olmützer Krönung des Matthias Corvinus) versichert, wie wenig man im Reiche daran denke, den Ungarn als König von Böhmen anzuerkennen: »So hat man in teutschen landen lieber einen Beheim zu einem konig, dan das man ein ungerisch konig zu einem konig von Behaim auch haben solt, das seyt on zweyfel«.[166]

Neben dem ungarischen Wahlprojekt lief fast gleichzeitig das Bestreben einer Königswahl Karls des Kühnen. Bis an den Hof des Matthias Corvinus waren 1468 entsprechende Gerüchte gedrungen.[167] Als Boten Georg Poděbrads 1469 eine Wahl des Ungarnkönigs propagieren, weisen sie gegenüber Albrecht Achilles darauf hin: »so wer nutzer, wir hetten den konig von Hungern an unserm ort, dann den hert-

160 Nehring (1975), 41.
161 Diese Antwort nach dem Brief Albrechts an seinen Bruder. Höfler (1850), 186 Nr. 89.
162 Nehring (1975), 50f.
163 Ebd.
164 Von Hasselholdt-Stockheim (1865), Urk. Beil. 289 Nr. 50/7.
165 Vgl. Nehring (1975), 34 und 45.
166 Höfler (1850), 250f. Anm. Vgl. Hoensch (1998), 110.
167 Fraknói (1891), 137.

zogen von Burgund, der von den Bayrn gefurdert werd«.[168] Nachdem aber das ungarische Projekt gescheitert war, brachte der Böhmenkönig erneut die Kandidatur des Burgunders ins Gespräch, ordnete seinen Rat Georg vom Stein zu Verhandlungen ab,[169] und läßt ihn 1470 wiederum bei Albrecht Achilles werben.[170] Martin Mair, obwohl dieses Mal nicht beteiligt, wußte um die burgundischen Pläne und schätzte sie als gefährlich für die Stellung Friedrichs III. ein.[171] Georg Poděbrad brauchte in seinem Kampf mit der Kurie den Rückhalt des Reichsoberhaupts, den Friedrich III. ihm nicht gewährte. So spricht auch der Gesandte des Böhmen, Georg vom Stein, ganz offen über die Motive seines Herrn: »dann er sunst sein sone in furstlichen eren wirden und bey jren freyhaiten nicht getraw zubehalten, dann durch die endrung im reich«.[172] An der Weigerung des reichspolitisch einflußreichen Albrecht Achilles, der bald darauf die brandenburgische Kurwürde erhalten sollte, scheiterte dieser Versuch Georg Poděbrads, ein burgundisches Königtum im Reich zu konstituieren.[173] Bekanntlich hatte dann bei den Trierer Verhandlungen 1473 Karl der Kühne erneut diesen Gedanken aufgegriffen und hatte, nachdem er erkennen mußte, daß die kurfürstliche Opposition gegen den Kaiser seine Pläne nicht im geringsten förderte, direkt von Friedrich III. die Erhebung zum römischen König verlangt.

Im Jahre 1472 tauchte erneut das Gerücht auf, Pfalzgraf Friedrich plane seine Erhebung zum Römischen König. Fast unwillig wegen der unnötigen Belästigung schiebt Markgraf Albrecht Achilles, dem sein Rat Peter Knorr darüber berichtet hatte, dieses Gerücht beiseite: All das Gerede von einer Absetzung sei doch neben-

---

168 Palacky (1860), 569 Nr. 478. 1469 März 23. Vgl. Nehring (1975), 34. Die Unterstützung Burgunds durch den Pfalzgrafen hatte 1470 auch der böhmische Gesandte gegenüber Albrecht erwähnt. Grundlage dieser wittelsbachisch-burgundischen Verbindung war ein 1465 zwischen Friedrich dem Siegreichen und Karl dem Kühnen geschlossenes Bündnis auf Lebenszeit. Margarete Steibelt, Die Eidgenossen und die südwestdeutschen Territorien 1450–1488. Diss. masch. Heidelberg 1946, 95. Philippe de Commynes, Memoiren, hg. v. Fritz Ernst. 1952, 25: Während der Ligue du Bien Public hatte der Pfalzgraf 1465 dem Burgunder 400 Armbruster geliehen. Vgl. ebd., 72: Begegnung des Pfalzgrafen und Herzog Karls des Kühnen. Brüssel. Februar 1467.

169 Nehring (1975), 41.

170 Palacky (1860), 616ff. Nr. 508. 1470 Januar (brandenburgisches Memorial über die Werbung Georgs vom Stein).

171 »Furtter ist zu bedenncken das sich, als mich gar glauplich anlangt, ettweuil fursten vnd ander zu dem Herczogen von Burgundj thunt ... ist zubesorgen, wo die kayserlich Maiestat sich dagegen nicht schickte, das Im darauss auch mercklicher vnrat wachssen vnd entsteen möcht«. Schreiben Mairs an den Bischof von Augsburg. 1470 Januar 3. Von Hasselholdt-Stockheim (1865), Urk. Beil. 288 Nr. 50/7. – Nach Mathias von Kemnath, Chronik Friedrich I. des Siegreichen. (QErBayerDtG 2) München 1872, 92 hat Friedrich III. 1474 als einen der Klagepunkte gegen Karl den Kühnen angeführt: »er understund Deutschland an sich zu bringen und sich des romischen reichs zu underwinden.«

172 Palacky (1860), 617 Nr. 508.

173 Ebd., 616.

sächliches Geschwätz. Der Kaiser hat, wenn es ernst wird, immer noch genügend Durchsetzungskraft (»und als Ir uns allerly newe mere emboten habt, muß man die lewt reden lassen, es wer schad, das es halbs war were, das man des Jars redt. Der keyser hat noch einen hartten kopff«). Der Markgraf verweist darauf, daß im Kurkolleg die Majorität kaisertreu sei: »und ob es dann geschee, das got lang wende, so hetten wir, Sachsen, Mentz und Trier auch darzu zu reden«.[174]

Noch 1475 plante Karl der Kühne, das alte Spiel wieder aufzunehmen. Um dem gegen ihn begonnenen Reichskrieg die Kraft zu nehmen, bot er dem Führer des Reichsheers, dem kaisertreuen Albrecht Achilles, die Unterstützung zum Erwerb der römischen Krone an. An der brüsken Ablehnung des Zollern scheiterte dieser Plan,[175] der immerhin noch einmal belegt, wie sehr eine Königswahl unter Friedrich III. Gegenstand politischer Spekulationen war. Der Kaiser selbst, obwohl von seiner monarchischen Autorität durchdrungen, sah eine Königsabsetzung als Ausdruck des Dissenses von Herrscher und Ständen, ohne sie in ihrer Legalität anzuzweifeln, hält 1491 seinem Sohne Maximilian vor, es wäre ihm bei Fortführung seiner Politik »nichts gewissers, dann nach der kais. Mt. tod und abgang entsetzung der cron des reichs, als dann vormals andern kunigen auch beschehen«.[176]

Die Neuwahlpläne seit den 1450er Jahren hatten den Kaiser wohl doch mehr beunruhigt, als es zunächst den Anschein hat. Der Nürnberger Ratsherr Jobst Tetzel brachte Ende 1461 vom Kaiserhofe eine mit Goldbulle beglaubigte Urkunde in seine Heimatstadt, in der Nürnberg für die Dauer von 18 Jahren von allen Kriegsleistungen für den Kaiser mit einer bezeichnenden Ausnahme freigestellt wurde, falls nämlich jemand versuche, gegen Friedrich III. »des heyligen reichs wirde anzenemen«.[177]

Spätestens seit dem Jahre 1456 hatte der Kaiser die Einung der Kurfürsten, die 1446 erneuert worden war, als Bedrohung seiner Stellung empfinden müssen, vor allem, nachdem diese Einung 1461 auch den Pfalzgrafen aufgenommen hatte.[178] Deshalb läßt sich der Habsburger 1463 von dem Mainzer Erzbischof Adolf von Nassau zusichern, »kainerlay besammung des heiligen reichs kurfürsten, fürsten oder annder täg« ohne kaiserliche Zustimmung auszuschreiben.[179] Eine gleiche Versicherung gibt der Mainzer auch 1470, als ihm Friedrich III. das Kammergericht pachtweise überträgt.[180]

Fassen wir die Neuwahlpläne unter Friedrich III. zusammen. Dort, wo die Reichsreform stärker in den Mittelpunkt gerückt wird, können wir einen auch

---

174 C. A. H. Burkhardt (Hrsg.), Das funfft merckisch buech des Churfürsten Albrecht Achilles. 1857, 231 Nr. 134.

175 Schubert (1971), 150.

176 Ziehen (1937) Bd. 2, 408.

177 Isenmann (2001), 140.

178 Menzel, Regesten, 356 Nr. 146.

179 Chmel, 4030.

180 Joseph Chmel, Monumenta Habsburgica. Bd. 1. 1854, XXIX.

konzeptionellen Einschluß gelehrter Räte unterstellen, der dann zurücktritt, wenn es allein um dynastische Gegensätze geht. Anders als Gelehrte wie Nikolaus von Kues oder Martin Mair haben Fürsten bei Entwürfen einer Reform des Reichs immer auch, teilweise sogar recht kleinlich,[181] die Interessen ihrer Herrschaft mitbedacht. Gregor Heimburgs zorniger Ausspruch im Jahre 1470 ist eben nicht eine momentane Gefühlsaufwallung, sondern ein bitterer Kommentar angesichts des Stillstands der Reformen: »der teufel ist in den fursten, sie lernen all snodigkeit von dem unlustigen keiser«.[182]

Der »unlustige Kaiser«. Friedrich III. hatte ein waches Gespür für die Wahrung des Rechts, wie sein »Notizbuch« bezeugt,[183] er war zutiefst überzeugt von der Würde seines Hauses[184] – aber was galt ihm das Reich? Wenn wir diese Frage mit »nichts« beantworten, müssen wir bei diesem harschen Urteil berücksichtigen: Was hieß eigentlich Reich zur Regierungszeit Friedrichs III.? Durchgesetzt hatte sich als offiziöse Titulatur, als Konsens, die Bezeichnung »Heiliges Reich und teutsche Nation«.[185] Bei dieser Verbindung der hergebrachten Bezeichnung mit einem seit der Konzilszeit popularisierten Begriff entleerten sich beide Teile wechselseitig. Das Reich verlor an singulärer Würde, welche die »Nation«, als Kunstbegriff nicht gewinnen konnte. »Heiliges Reich« – das war für Friedrich III. eine handlungsleitende Verpflichtung, der er mit der Erwerbung der Kaiserwürde glaubte nachgekommen zu sein; die »teutsche Nation« blieb ihm ein fremder Begriff. Bei seiner Frömmigkeit vermochte er eine Verantwortung für dieses in seinen »nationalen« Grundlagen sich allmählich säkular verstehende Reich nicht zu erkennen.

Faszinierend ist Friedrich III. in seiner Begrenztheit: Sich klammernd an das Recht läßt er einer Archaisierung der Reichsverfassung Raum,[186] ohne das geringste Bedürfnis nach Gestaltung erkennen zu lassen. Sein Sohn sollte die Diskrepanz erkennen, die im offiziösen Titel »Heiliges Reich und teutsche Nation« lag. Nur: Für Maximilian war die »deutsche Nation« ein im königlichen Interesse zu instrumentalisierender Begriff. Der Forderung einer Reichsreform entzogen sich Vater und Sohn. Und das bildet ein Rätsel. Warum hat die Verweigerung unter Friedrich III. zu so vielen Absetzungsplänen geführt, von denen wir unter seinem Sohn nichts mehr oder kaum etwas[187] hören?

---

181 Trefflich: Krimm (1976), 91 ff.

182 Priebatsch Bd. 1, 107 Nr. 14.

183 Alphons Lhotsky, AEIOV. Die »Devise« Kaiser Friedrichs III. und sein Notizbuch, in: Ders., Aufsätze und Vorträge Bd. 2. 1971, 164–189.

184 Ebd.

185 Schubert (1979), 240 f.

186 Schubert (2002), 227 ff.

187 Mit der Möglichkeit einer Absetzung wurde auch zu Zeiten Maximilians gerechnet. So urteilte 1501 der Kardinallegat Raimund Peraudi, der König würde abgesetzt werden oder erhielte einen Koadjutor, falls er nicht aufhöre, Geld für einen Türkenkrieg zu verlangen, den er gar nicht

Besser als sein Vater wußte Maximilian sein Desinteresse an einer im reichständischen Sinne entworfenen Reichsreform zu tarnen, und er vermochte sogar durch eine neue Formen nutzende Propaganda sich so zu stilisieren, als reibe er sich im Dienst für das Reich auf. So geschickt war seine Propaganda, daß noch Jahrhunderte später Historiker ihr teilweise folgten. Nicht übersehen werden darf dabei der populistische Grundsatz insbesondere der Liedpublizistik, die sich – mit dem Hintergedanken der Werbung von Landsknechten – an den gemeinen Mann wandte, jenen gemeinen Mann, der für alle an einer Reichsreform interessierten Fürsten von großer Wichtigkeit geworden war; denn er sollte die Reichssteuer des Gemeinen Pfennigs zahlen, jene Steuer, welche die materielle Basis aller Pläne einer Reichsreform bildete.[188] Auch wenn es Maximilian war, der die 1498 kurz vor der Realisierung stehende allgemeine Reichssteuer zu Fall brachte,[189] so war doch für die an einer Reichsreform interessierten Fürsten (und das waren die einflußreichsten) nicht zu übersehen, daß ein Herrschaftswechsel keine Reformfortschritte bringen könnte. Denn der gemeine Mann, der Steuerzahler, war (unabhängig von Maximilians Propaganda) wie seit Jahrhunderten Royalist. Selbst für die aufständischen Bauern des Jahres 1525 war der Kaiser unantastbar, war sogar eine Hoffnung auf Gerechtigkeit. Bedenkt man die um 1500 sich verdichtenden Adelsfurcht vor einem Bauernaufstand,[190] so mußte jedem Fürsten einleuchten, daß eine Königsabsetzung mit unkalkulierbaren Risiken verbunden war.

Der Aussage von der Königstreue des gemeinen Mannes widerspricht der sogenannte Revolutionär vom Oberrhein, der anonyme Verfasser eines »Buches der hundert Kapitel«. Er redet um 1500 offen von einer Herrscherabsetzung. Sein Werk, das nur in einer Abschrift vorliegt, hat keine Wirkung gehabt, aber es ist dennoch aufschlußreich für virulente Vorstellungen. Der Autor ist kein Wirrkopf, aber seine überbordende Spekulationsfreude bei prognostischen Aussagen wird bisweilen sogar dem Abschreiber zuviel. Er läßt einfach weg, was ihm als zukunftsdeutende Geschwätzigkeit vorkommt: »Lang geseit von dem Draken«. Inmitten der langatmigen und nicht gerade logisch gegliederten Ausführungen begegnen wie Versatzstücke gängige Ansichten. Immer noch lebt der Mythos von einem kommenden Friedenskaiser,[191] der aber nicht mehr Vorbote des Antichrist ist, sondern popularisiert wird. Noch zu Lebzeiten Maximilians wird dieser Friedenskaiser, ein gemeiner Mann aus dem Schwarzwald, als neuer Gideon erscheinen.[192] Der Autor

wolle. Alfred Schröcker, Maximilians I. Auffassung vom Königtum und das ständische Reich. QFItAB 50 (1971), 181–204, hier: 201.

188 Peter Schmid, Der Gemeine Pfennig von 1495. Vorgeschichte und Entstehung, verfassungsgeschichtliche, politische und finanzielle Bedeutung. 1989.

189 Schubert (1992), 278.

190 Ebd., 95.

191 Lauterbach (1985), 200ff.

192 Möhring (2000), 266.

glaubt mit seinem Werk diesem kommenden Herrscher den Weg zu bereiten: »Seht an diß buochli wie man mit recht ein babst / ein keisser / ein kunig / mag absetzen / also mag man ouch ein fursten oder herren absetzen.«[193] Die Königsabsetzung ist also kein isoliertes politisches Ziel, sondern Teil einer grundsätzlichen Umgestaltung der Herrschaftsverhältnisse.

Der Verfasser ist sicherlich kein Jurist, aber eine Menge juristischen Wissens seiner Zeit ist ihm geläufig. Seine Zitierweise des Römischen Rechts ist derart unprofessionell, daß daran die erste kritische Ausgabe seines Werkes gescheitert ist.[194] Er hat die Belege wahrscheinlich aus einer der damaligen im Buchdruck verbreiteten Summarien gefischt; darüber hinaus aber gibt er traditionelle Ansichten wieder. Diese – dem gemeinen Nutz hat der Herrscher zu dienen[195] – verbindet er bei dem Thema der Herrscherabsetzung mit Vorstellungen aus ganz verschiedenen Rechtskreisen: Tradition des Schwabenspiegels – also die Gerichtsbarkeit des Pfalzgrafen über den König –,[196] der Legistik – den Kaiser macht das Heer[197] und (die Lex regia läßt grüßen) das Volk macht den Kaiser[198] – sowie des politischen Humanismus: Rechtmäßig ist der Tyrannenmord. Diese Bündelung von Rechtsaussagen ganz unterschiedlicher Herkunft ist kein Argument gegen den Verfasser, sondern entspricht spätmittelalterlichem Stil. Der Autor zitiert und spekuliert nicht nur, er denkt auch nach. Er beruft sich zum Beispiel auf den Krönungseid, wonach der Kaiser schwört, »dz recht zu handt haben by verliernuß siner kron«.[199] Lezteres steht natürlich nicht in der Eidesformel, aber der Autor zieht hier eine Konsequenz, die bei Absetzungen in europäischen Erbmonarchien häufig eine Rolle spielte: Bruch des Krönungseides ist ein Absetzungsgrund.

Das Buch der hundert Kapitel, das in der Forschung mehr Aufsehen erregt hat als bei den Zeitgenossen, war zu behandeln, weil es Reflexe der damaligen öffentlichen Meinung enthält, weil es belegt, welche politischen Vorstellungen im Volk vagieren konnten und nicht zuletzt, weil es mit der Absetzungsproblematik auch einen Anhaltspunkt für die Furcht vor den Bauern liefert, die um 1500 den Adel beunruhigte.

Trotz aller Befürchtungen eines Bauernaufstandes, der durch eine Herrscherdeposition geweckt werden könnte, bleibt erstaunlich, daß es während der Regierungszeit Maximilians I. keine Absetzungsprojekte gab, bleibt erstaunlich ange-

---

193 Lauterbach (1985), 208.

194 Hartmut Boockmann, Bemerkungen zur Reformschrift des sog. Oberrheinischen Revolutionärs. DA 25 (1969), 537–541. Deswegen wird im Folgenden, wo immer es möglich ist, nach Lauterbach (1985) zitiert.

195 Ed. Franke, 244, 249, 273 und 340.

196 Lauterbach (1985), 242.

197 Ebd., 211.

198 »Dz volk macht ein keiser / vnd der keisser macht nit dz volk.« Ebd., 209 und 245.

199 Ebd., 240.

sichts der Sprunghaftigkeit seiner Politik, angesichts auch seiner hinhaltenden Obstruktion gegen Reformforderungen, an denen vielen Großen lag. Berthold von Henneberg ließ zwar bisweilen Absetzungsdrohungen vorsichtig anklingen,[200] aber er hütete sich, konkreter zu werden. An der »Popularität« des Herrschers, die dieser mit den damals modernsten Mitteln zu gewinnen trachtete, konnte das Ausbleiben von Absetzungsplänen nicht liegen; denn den Fürsten entging nicht, daß der König die Interessen seines Hauses über die des Reiches stellte, daß er zum Beispiel den Gemeinen Pfennig nicht in seinen Erblanden erhob.[201] Aus einem tieferen, verfassungsgeschichtlichen, und einem äußeren, einem der Herrschaftspraxis verpflichteten Grund, blieb bei allen Konflikten den Fürsten damals der Absetzungsgedanke fremd. Der tiefere Grund: die inzwischen erreichte Festigkeit der Reichsverfassung. Deren Kern, die Königswahl, war in Durchführung und Rechtsform unstrittig geworden, und weiterhin war mit der Umformung des Hoftages zum Reichstag dem Gedanken, daß der König »von des Reiches wegen« regiere, eine institutionelle Gestalt gegeben. Das Reich wurde nunmehr als Gesamtheit der Reichsstände verstanden.[202] Der äußere Grund bestand darin, daß Maximilian den Kardinalfehler nicht beging, der Wenzel den Thron gekostet und die Herrschaft Friedrichs III. gefährdet hatte; er war durchaus im Reich präsent. Mochte er auch 1498 die Geduld der in Freiburg wartenden Reichsstände durch sein monatelang hinausgezögertes Kommen auf das Äußerste strapaziert haben – einer seiner Hinderungsgründe war die Fastnacht in Innsbruck –, er kam schließlich doch.[203] Mochte er auch das erste Nürnberger Reichsregiment 1502 ganz offen provoziert haben, so war doch immerhin Vorsorge für die Abwesenheit des Königs im Reich getroffen worden.

[200] Hermann Wiesflecker, Kaiser Maximilian I. Das Reich, Österreich und Europa an der Wende zur Neuzeit. Bd. 3. 1977, 12, 16, 28, 30 und 67.

[201] Schubert (1992), 246.

[202] Schubert (1979), 253.

[203] Ebd., 330.

Sechster Teil: Die spätmittelalterlichen Grundlagen der neuzeitlichen Reichsverfassung aus der Sicht der Kaiserwahlen

Wenn in der Geschichte der mittelalterlichen Herrscherabsetzungen zugleich das Werden der Reichsverfassung gesucht wurde, so sei die Tragfähigkeit der gefundenen Ergebnisse an Hand der frühneuzeitlichen Entwicklungen geprüft. Verfassung – und das erleichtert die Prüfung nicht gerade – ist niemals ein mechanistisch beschreibbares Regelwerk. Abgesehen davon, daß das Bild vom Staat als Maschine erst dem 18. Jahrhundert angehört,[1] stehen Verfassungsformen stets unter Veränderungsdruck von innen und außen, unter einem Veränderungsdruck, der nicht zuletzt durch neue zeitgebundene Auslegungen hergebrachter Orientierungsbegriffe herbeigeführt wird. Wir können also nicht einzelne Verfassungselemente wie etwa die Goldene Bulle herausgreifen, um die Tragfähigkeit unserer Ergebnisse an Hand der neuzeitlichen Geschichte zu überprüfen, wir müssen bei dieser Prüfung das gesamte Konzept zugrunde legen, das wir bei der Geschichte der Absetzungen und Absetzungspläne verfolgten, also den Wahlgedanken ebenso einbeziehen wie dessen Umfeld, den fürstlichen Konsens. Und vor allem dürfen wir, die Geduld des Lesers sicherlich strapazierend, dem Bemühen nicht untreu werden, über die Ereignisgeschichte den Ausblick auf Verfassungszustände zu suchen. Natürlich können wir einerseits nicht die frühneuzeitliche Verfassungsgeschichte ausbreiten, aber andererseits dürfen wir auch nicht aus selektiver Faktenauswahl eine Bestätigung unserer leitenden Thesen herauslesen. Dabei sind die im folgenden immer wieder zitierten grundlegenden Forschungen von Axel Gotthard eine unschätzbare Hilfe.

Zunächst stellt sich alles ganz einfach dar. Das Wahlrecht der Kurfürsten bleibt unumstritten. »Die frei Wahl sei der Churfursten hochste dignitet«, sollte zum Beispiel 1558 der kursächsische Wahlgesandte feststellen,[2] die freie Wahl wäre das »höchste kleinod« der Kurfürsten, hieß es 1645.[3] Weiterhin bilden Konsens und Beratung des Herrschers verbunden mit der Verantwortung für das Reich die tragenden Elemente des kurfürstlichen Selbstverständnisses.[4] Die Kaiserwähler

---

1 Barbara Stollberg-Rilinger, Der Staat als Maschine. Zur politischen Metaphorik des absoluten Fürstenstaats. 1986.

2 Gotthard (1999) Bd. 2, 485.

3 Ebd., 531.

4 Gotthard (1999) Bd. 1, bes. 15ff.

gelten der spätmittelalterlichen Metapher entsprechend als »Säulen des Reichs«,[5] und – der Goldenen Bulle gemäß – als »pars corporis Caesaris«.[6] Alle frühneuzeitlichen Wahlen erfolgten, den Irritationen um die böhmische Kurstimme zu Trotz, einstimmig,[7] natürlich nicht einmütig; 1619 zum Beispiel sollte sogar der Pfälzer, der »Winterkönig«, für Ferdinand II. votieren.[8] Doppelwahlen kamen nicht mehr vor. Das ist eine Spätfolge der Wahl von 1411, die Job Vener als »Oper von der Goldenen Bulle« (Heimpel) inszeniert hatte, und letztlich eine Bestätigung der Festigkeit spätmittelalterlicher Verfassungsgrundlagen im Bereich der Königswahl.

Wir widerstehen der Versuchung, unter Berufung auf die Zeit Maximilians von einer Festigkeit der Reichsverfassung auszugehen und damit eine schlichte Rechtfertigung des Untertitels unserer Studie zu liefern. Das wäre aus zwei Gründen nicht redlich. Erstens war im Spätmittelalter nur der Kern einer Reichsverfassung ausgebildet worden. Nicht zuletzt die Reichsreformgedanken, die entsprechenden Pläne und Entwürfe bezeugen ein um 1500 vorhandenes Bewußtsein von der Unvollkommenheit des »status regni«, insbesondere in den Bereichen von Landfrieden, Rechtswahrung und Reichssteuern. Wir verfolgen den mit diesen Stichworten benannten Ausbau der Reichsverfassung nicht weiter, sondern erwägen vielmehr, ob es nicht gerade die zeitspezifische Intensität der Reformdiskussion war, welche alle Energien absorbierte und die Frage einer Herrscherdeposition nicht aufkommen ließ. Diese Frage ist natürlich nicht lösbar, aber sie führt zu dem zweiten Grund, warum wir uns scheuen, vorzeitig die Rechtfertigung des Untertitels unserer Studie mit der Zeit Maximilians zu schließen. Spätestens mit dem Reichstag von 1512 war die Reformdiskussion ermattet. Ein alternder Kaiser aber – wir hatten bereits darauf hingewiesen – war vor der Absetzungsdrohung geschützt. Die Wahl seines Enkels zum Kaiser im Jahre 1519 jedoch stellte in völlig neuen Zusammenhängen die Frage, wie belastbar die im Spätmittelalter verfestigten Grundlagen der Reichsverfassung waren.

---

5 Ebd., 11ff.

6 Ebd., 15.

7 Gotthard (1999) Bd. 2, 514.

8 Ebd., 519.

I. Die Reichsverfassung unter Veränderungsdruck zur Zeit Karls V.

1. Kontinuität und Wandel der Königswahl im Übergang vom Mittelalter zur Neuzeit

Die Dominanz des Hauses Habsburg und die traditionelle Sorge um die Freiheit der Wahl – Kontinuität? Die Rezeptionsgeschichte der Goldenen Bulle

Die Überprüfung der Festigkeit spätmittelalterlicher Verfassungselemente im Umfeld der neuzeitlichen Kaiserwahlen scheint schon vom Ansatz her wenn nicht gar verfehlt, so doch nur von geringem Interesse zu sein; denn die Geschichte der Wahlen zwischen 1438 und 1792 weist nur für die kurze Zeit zwischen 1742 und 1745 einen nichthabsburgischen Kaiser auf. Gab es denn überhaupt reale Gegebenheiten, deretwegen die Kurfürsten ihr Wahlrecht als »höchste Dignität« ansehen konnten? Eine dominante Dynastie, erfolgreicher als die von genealogischen Zufällen heimgesuchten Staufer, vermochte sich über alle Krisen und die dem Mittelalter stärker als der Zukunft verpflichtete Königswahl Karls VII. im Jahre 1742 hinwegzusetzen. Auch der Zufall kann historisch gesehen Methode haben. Kein neuzeitlicher Kaiser setzte sich den Tücken des süditalienischen Klimas oder der Gefahr aus, im Saleph zu ertrinken.

Es war aber keineswegs so, daß sich die Habsburger als Erben der Luxemburger ihrer Dominanz sicher sein und unbestritten das Kaisertum beanspruchen konnten.[9] Selbst sie mußten dem Wahlgedanken Rechnung tragen, wenngleich nicht in dem Maße wie einst die Staufer; denn wie in spätsalischer Zeit bei der Sorge vor einer »successio privata« konnte noch in der Neuzeit die Furcht vor einer Erbmonarchie, vor der »haeriditet« der Nachfolge die Wähler umtreiben.[10] 1617 versuchten protestantische Kreise Maximilian von Bayern mit dem Argument zur Königskandidatur zu locken, daß einmal »demonstriert« werden müsse, daß das Reich »nit Erblich sey«.[11] Diese Demonstration – ausgerechnet Maximilian von Bayern sollte sich dafür

---

[9] Gotthard (1999) Bd. 2, 525f.

[10] Ebd., bes. 529ff. und 558ff.

[11] Ebd., 528f.

zur Verfügung stellen[12] – wog schwerer als die konfessionellen Gegensätze. Die Bemühungen um ein protestantisches Kaisertum sind nicht nur den neuen konfessionellen Fragen, sondern auch der alten Tradition der freien Wahl verpflichtet.

Der König, seit Maximilians Usurpation des Kaisertitels: der Kaiser, hatte ein Habsburger zu sein. So scheint es jedenfalls. Aber immer noch, wenngleich bei weitem nicht im mittelalterlichen Ausmaß, drohte den Herrschern die Gefahr der Entmachtung, wie die Forschungen von Heinz Duchhardt nachwiesen.[13]

Das Wahlreich und die habsburgischen Ansprüche auf das Kaisertum: Ende des 16. Jahrhunderts wurde kritisch vermerkt, daß zwar das kaiserliche Amt auch anderen Fürstenhäusern gebühren würde, diese aber wären »unvermogens halb« nicht in der Lage, das Kaisertum zu tragen.[14] Bereits 1519 hatte ein Mainzer Gutachten nüchtern festgestellt: »kein furst hat daz vermogen, daz reich fur sich selbs oder von dem seinen zu erhalten«.[15] Das aber entspricht der spätmittelalterlichen Erfahrung bei dem Scheitern des Königtums Ruprechts von der Pfalz. Das war gewissermaßen die Rache Karls IV. für den Fall, daß nicht ein König von Böhmen zum Herrscher des Reiches gewählt wurde. Denn der Luxemburger, der nach der Geburt Wenzels zunächst in großem Umfang Reichsgut zurückgewonnen hatte, hatte dieses Reichsgut, um den Widerstand der Königswähler gegen eine Wahl seines Sohnes zu überwinden, nahezu vollständig verpfändet. Das war Bestechung und Konzeption gleichermaßen. Nur ein von Hause aus reicher Herrscher konnte zum Oberhaupt des Reiches gewählt werden. Insofern wiederholte sich in dem Scheitern Karl VII. zwischen 1742 und 1745 das Schicksal Ruprechts.

Daß ein Kaiser von Hause aus begütert sein mußte, daß er seine Macht in das Kaisertum einzubringen hatte, wußte man natürlich auch in der Neuzeit.[16] Und wie im Mittelalter gehörte zur Macht auch das Ansehen einer Dynastie. Das Neue liegt darin, daß nunmehr in einem viel größerem Maße die territorialen und institutionellen Machtressourcen eines Hauses mitgedacht werden. In der Neuzeit verschwendete man keine Gedanken mehr an die personale Eignung eines Kandidaten, obwohl diese bisweilen recht zweifelhaft war.[17] Entscheidend war vielmehr das von ihm repräsentierte politische Gewicht seines Hauses. Bereits bei der Königswahl von 1530/31 wurde von habsburgischer Seite das »komplette rhetorische Arsenal der beiden folgenden Jahrhunderte« entwickelt,[18] das man unabhängig von der Person des Kandidaten in Stellung brachte.

---

[12] Daß Maximilian mehrfach als Kaiserkandidat »gehandelt« wurde, belegt Gotthard (1999) Bd. 2, 567 und 569.

[13] Duchhardt (1977).

[14] Gotthard (1999) Bd. 2, 528.

[15] Druck: Kohler (1990), 44f. Nr. 5. Vgl. Gotthard (1999) Bd. 2, 539.

[16] Gotthard (1999) Bd. 2, 536 und 549.

[17] Ebd., 532ff.

[18] Ebd., 537 Anm. 200.

Verführerisch nahe für unsere Beweisführung liegt die Berufung auf das Reichsstaatsrecht des 18. Jahrhunderts, verstand doch zum Beispiel Johann Daniel Olenschlager seine »Neue Erläuterung der Guldenen Bulle Kaysers Carls IV« (Frankfurt und Leipzig 1768) als, wie der Untertitel besagt, einen Beitrag »Zur Aufklärung des Staatsrechts mittlerer Zeiten als dem Grunde der heutigen Reichsverfassung«. Aber dieses Königswahlgesetz ist seit dem 18. Jahrhundert, als Reichspublizisten sie voller Stolz als Grundgesetz des Reichs präsentierten, in ihrer verfassungsprägenden Bedeutung verklärt worden. Dabei gilt es zu differenzieren. Als Verfassungsurkunde, als »lex fundamentalis« im neuzeitlichen Sinne, kann die Goldene Bulle leicht überschätzt werden, nicht aber als Verfassungssymbol. Sie galt im 16. Jahrhundert als Inbegriff »teutscher Libertät«, aber genauer schaute man ihr Regelwerk nicht an.[19] Es fiel den Fürsten nicht weiter auf, wenn die Goldene Bulle falsch zitiert wurde, wenn zum Beispiel behauptet wurde, sie enthielte die Bestimmung, daß ein Kaiser »aus teutschem geblüet herkomen« müsse.[20] Karl IV. hatte gerade über die Festlegung der äußeren Formen der Wahl deren Rechtssicherheit zu erreichen versucht. Die alten Formen aber galten in der frühen Neuzeit nur noch wenig. Daß seit 1562 in Frankfurt auch die Krönung des Kaisers stattfand,[21] mag noch aus den organisatorischen und zeremoniellen Zwängen erklärt werden. Daß aber kein Kurfürst sich an die Goldene Bulle bei der Beschränkung seines Gefolges hielt,[22] beweist doch, wie gering dieses Gesetz dann geachtet wurde, wenn es um die Repräsentation ging. Der Frankfurter Rat hatte große Mühen, einen Kompromiß zwischen den Vorschriften des Königswahlgesetzes – keine Fremden in der Stadt während der Wahl – und den Standesinteressen einer hochadeligen Gesellschaft zu finden, die eine Königswahl auch als Spektakel wahrnehmen wollte.[23] Schon bei den Wahlen von 1411, 1438 und 1440 wurde es mit dem Wahleid der Goldenen Bulle, der materielle und immaterielle Versprechungen an die Wähler ausschloß, nicht so genau genommen. Bei den frühneuzeitlichen Wahlen jedoch waren – in der Höhe von Fall zu Fall verschieden – finanzielle Zuwendungen fester Bestandteil der Verhandlungen, ohne daß irgend jemand wegen der Vorschriften in der Goldenen Bulle Skrupel hatte.[24] Nicht als Regelwerk für eine Königswahl, sondern als Verfassungssymbol, das entsprechend zitiert wurde,[25] lebte das Wahlgesetz Karls IV. in der frühen Neuzeit weiter.

---

19 Vgl. die Beispiele bei Gotthard (1999) Bd. 1, 454 und 457.
20 Gotthard (1999) Bd. 2, 556.
21 Reuter-Pettenberg (1963), 29ff.
22 Wanger (1994), 54ff.; Gotthard (1999) Bd. 2, 495ff.
23 Gotthard (1999) Bd. 2, 487ff.
24 Ebd., 501ff.
25 Vgl. Gotthard (1999) Bd. 1, 458.

Bei allem Stolz auf die Goldene Bulle wußten die Reichspublizisten, daß diese ebenso wie die späteren schriftlichen Grundgesetze, die Reichsmatrikel von 1521, der Augsburger Religionsfrieden von 1555 und der Westfälische Frieden von 1648 erst durch die teilweise mühsam errungene Akzeptanz bei den politisch Handelnden ihre Autorität gewinnen konnte. Von einer Reichsverfassung in der frühen Neuzeit ist in Übereinstimmung mit der gelehrten Reichspublizistik auszugehen.[26] Die Frage ist, in welchem Maße dieses Ergebnis im Mittelalter vorbereitet bzw. durch mittelalterliche Entwicklungen vorbestimmt war.

Juristenstolz des 18. Jahrhunderts definierte die Epochenscheide zwischen Mittelalter und früher Neuzeit über den Immerwährenden Landfrieden des Jahres 1495, der das Zeitalter des »Faustrechtes« beendet haben sollte. Dabei markiert dieser Landfrieden wie die gesamte Wormser Reform einen Wendepunkt in der Geschichte des Konsenses, einen Wendepunkt, der mit der Entwicklung des Hoftags zum Reichstag zusammenhängt. Das Konsensprinzip wird politisch von dem Kompromißgedanken überlagert.

2. Herausforderung der Reichsverfassung: Die Kaiserwahl von 1519 und die Königswahl von 1530/31

Die erste Kaiserwahl und die ihr inneliegenden Zwänge – der »dritte Weg« als verfehlter Ausweg – die Unsicherheit der Kurfürsten – Wahlkapitulation. Der letzte Versuch kurfürstlichen Gesamthandelns in der Zeit Karls V. – die unsichere Stellung des kaiserlichen Bruders im Reich: Stellvertretung oder verkapptes Reichsvikariat – unvollkommene Klärung: Die Königswahl von 1530/31 und die merkwürdige Wahlkapitulation – die Gegner der Wahl, ihre Berufung auf die Reichsverfassung und ihre Uneinigkeit – politisches Handeln der Kurfürsten »ut singuli« zur Zeit Karls V.

Grundlagen der Reichsverfassung: Die 1519 vollzogene Kaiserwahl hatte – wie schon der Ausdruck Kaiserwahl verdeutlichte – alle päpstlichen Approbationsansprüche übergehend, die 1338 geschaffenen Grundlagen des Wahlrechts bestätigt. Der Kreis der Wähler war festgelegt; es gab, Wirkung der Goldenen Bulle, keine strittigen Kurstimmen mehr. Daß die Wahl in Frankfurt stattzufinden habe, galt als unverrückbares Recht.[27] Und Karl V. huldigte der Tradition, indem er sich (wie

[26] Bernd Roeck, Reichssystem und Reichsherkommen. Die Diskussion über die Staatlichkeit des Reichs in der politischen Publizistik des 17. und 18. Jahrhunderts. 1984.

[27] Wegen der hier drohenden Pestgefahr hielt Karl V. seinen ersten Reichstag nicht, wie es die Goldene Bulle vorschrieb, in Nürnberg. Liermann (1956), 115.

auch Ferdinand I. 1531) in Aachen krönen ließ.[28] Die Tragfähigkeit der Verfassung erweist sich vor allem darin, daß das Ergebnis der Wahl allgemein akzeptiert wurde, daß die Wahl vollendete Tatsachen schuf. Und das war keineswegs selbstverständlich; denn von den Kandidaten her standen die Kurfürsten 1519 vor einer Entscheidung, die nie zuvor ihren Vorgängern abverlangt worden war. Keineswegs grundlos hatten sich vor der Wahl Gerüchte verbreitet, daß im Geheimen Truppen zusammengezogen würden, um gegebenenfalls das Wahlergebnis zu korrigieren. Habsburg und Frankreich warfen sich das gegenseitig vor.[29] Merkwürdige Rüstungen, die Franz von Sickingen betrieb.[30] Der bestens informierte Frankfurter Dekan Eberhard Senfft schrieb am 25. Juni Herzog Johann von Sachsen: Sickingens Kriegsleute »thün nichts dann trohen, sagen, man mus konig Carel welen, aber sie wollen den chorfürsten so angst in Frankfurt machen, das si nit sollen wissen, wohinaus«.[31]

Festigkeit der Wahlverfassung – aber die Wahl selbst stand unter Voraussetzungen, die ahnen ließen, welchen Belastungen die traditionelle Ordnung im Reich ausgesetzt werden sollte. Was die Kandidaten einer Königswahl betraf, hatte sich im Mittelalter keine Regel entwickelt; dennoch bildete sich in der Frühgeschichte des deutschen Nationalbewußtseins[32] die Vorstellung aus, daß der Kaiser ein Deutscher sein mußte.[33] Das verband sich mit dem Reichsgedanken: Das Kaisertum ist gemäß der Translatio imperii den Deutschen übertragen, eine noch in der frühen Neuzeit gültige Grundlage des Reichsbewußtseins, wonach nur ein Deutscher zum Kaiser gewählt werden könne.[34] Zur Wahl aber standen 1519 der König von Kastilien und Aragon, der König von Frankreich und im Hintergrund auch der von England.[35] Die seit Maximilians Zeit wirkungsvoll agierende habsburgische Propaganda verfehlte nicht, auf das »deutsche Blut« Karls hinzuweisen,[36]

---

28 Brandi (1961), 102.

29 Gotthard (1999) Bd. 2, 512ff.

30 Vgl. Schmidt (1996), 23f.

31 DRTA JR Bd. 1, 837 Nr. 373.

32 Schubert (1992), 21ff.

33 Gotthard (1999) Bd. 2, 552ff.

34 Goez (1958), 199ff.; Heinz Duchhardt, Et Germani eligunt et Germanus eligendus. Die Zulassung ausländischer Fürsten zum Kaiseramt im Jus Publicum des 17./18. Jahrhunderts. ZRG germ. 97 (1980), 232–253; Notker Hammerstein, »Imperium Romanum cum omnibus suis qualitatibus ad Germanos est translatum.« Das vierte Weltreich in der Lehre der Reichsjuristen, in: Kunisch (1987), 187–202; Gotthard (1999) Bd. 2, 553.

35 Zur Kandidatur Heinrichs VIII. vgl. Brandi (1961), 89f.; Duchardt (1977), 26; Gotthard (1999) Bd. 2, 555.

36 Schmidt (1996), 23; Gotthard (1999) Bd. 2, 553f.; Kohler (1999), 66 und 68. Vgl. Ernst Laubach, Wahlpropaganda im Wahlkampf um die deutsche Königswürde 1519. ArchKulturG 53 (1971), 207–248.

doch das konnte die politisch Handelnden schwerlich überzeugen.[37] Sie wußten, daß Ihnen nur die Wahl zwischen auswärtigen Königen mit allen sich daraus ergebenden Risiken für ein Reich blieb, das künftig für viele Jahre keinen in seiner Mitte präsenten Herrscher haben würde. Wie auch immer man die These Paul Kalkoffs bewertet, Friedrich der Weise sei zum Kaiser gewählt worden, habe aber diese Wahl abgelehnt:[38] Die Indizien, die Kalkoff beizubringen vermochte,[39] weisen auf bis an Verzweiflung grenzende Unsicherheit unter den politisch Einflußreichen hin – und das sind 1519 nicht nur die Kurfürsten. Die Geschichte der Wahl von 1519 ist eben nicht nur eine Geschichte der Bestechungsgelder,[40] die in einer weder vorher noch später erreichten Höhe versprochen wurden. Die Geschichte dieser Wahl ist auch eine Geschichte der Gerüchte, die auf schwankende Stimmungslagen reagieren, ist eine Geschichte der Unsicherheit einer Entscheidung zwischen Pest (was auch wörtlich zutrifft) und Cholera (was allein metaphorisch zu nehmen ist). Die verzweifelten Bemühungen um einen dritten Weg zwischen Habsburg und Bourbon weisen auf ein Bewußtsein der Ohnmacht unter den Reichsfürsten. Das »velle regibus oboedire« stand für sie mit einemmal unter einer Zustimmungspflicht.

Die gewachsenen Traditionen des reichsfürstlichen Konsenses waren 1519 nicht mehr viel wert, seit die habsburgische Dynastie Spanien gewonnen und mit ihrer Kandidatur die Königswahl internationalisiert, die Kandidatur Franz' I. von Frankreich und – nicht zu vergessen – die Heinrichs VIII. herausgefordert hatte. Der möglicherweise aussichtsreichste »dritte Weg«, von einer erfahrenen Herrscherin empfohlen, scheiterte innerhalb des habsburgischen Hauses. Die von Erzherzogin Margarethe befürwortete Kandidatur Erzherzog Ferdinands wurde von Karl V. verworfen.[41]

Unsicherheit, ja vielleicht auch Verzweifelung der Kurfürsten im Jahre 1519. Es hätte ihnen wenig geholfen, wenn sie sich der zweiten Wahl Siegmunds von Ungarn 1411 erinnert hätten, jener Wahl, in der ein König von Ungarn, der noch nicht

[37] Zu Recht stellte Brandi (1961), 83 fest: Karl V. »stand den deutschen Fürsten im Grunde so fern wie die beiden Könige von England und Frankreich«.

[38] Paul Kalkoff, Die Kaiserwahl Friedrichs IV. und Karls V. 1925.

[39] Die nach unserer Meinung allzu harsche Ablehnung der Arbeit Kalkoffs durch Brandi (1961), 91 f. hatte dazu geführt, daß die Forschung den von Kalkhoff erschlossenen Indizien nicht weiter nachgegangen ist. Unabhängig davon ist es sehr wahrscheinlich, daß, wie Gotthard (1999) Bd. 2, 565 annimmt, Friedrich der Weise gewählt worden wäre, wenn er nur gewollt hätte. Zum – wie man später sagen wird – »Reichspatriotismus« Friedrichs des Weisen vgl. Peter Schmid, Kurfürst Friedrich der Weise als Reichspolitiker, in: Heinz Angermeier – Erich Meuthen (Hgg.), Fortschritte in der Geschichtswissenschaft durch Reichstagsaktenforschung. 1988, 47–64.

[40] Vgl. die Wahlkostenabrechnung des Johann Lukas 1520. Druck: Kohler (1990), 63 ff. Nr. 10. Dazu zuletzt Gotthard (1999) Bd. 2, 503.

[41] Brandi (1961), 88; Duchhardt (1977), 9 und 38; Kohler (1999), 69 f.; Ders. (2003), 57 f.

einmal im Reich begütert war (was Karl V. übrigens nur aufgrund eines dynastischen Seniorats behaupten konnte), gekürt wurde, der Sohn, nicht der Enkel eines Kaisers und vor allem ein auswärtiger König, der bei seiner zweiten Wahl 1411 keinen Gegenkandidaten hatte. Es sei jetzt angesichts der mit wenigen Strichen skizzierten Problematik der Wahl von 1519 hervorgehoben, was wir beiläufig bereits erwähnten, was aber die Forschung nach unserer Auffassung zu wenig gewürdigt hat. Der Wahlentscheid wurde bei aller ihm inne liegenden Problematik im Reich und europaweit akzeptiert. Festigkeit der im Spätmittelalter entstandenen Verfassung.

So fest sich die Reichsverfassung bei der Wahl von 1519 erwies, so geriet sie doch gerade aufgrund dieser Wahl unter einen Veränderungsdruck, der von Vielen bei ihrer Suche nach dem »dritten Weg« vorausgesehen worden war. So häufig die Frage nach den mittelalterlichen Grundlagen von Karls Kaiseridee gestellt wurde,[42] so selten wurde die voraussetzende Frage behandelt, wie Karl seine Herrschaft im Reich definierte. Wie verhielt sich der in dieser Verfassung verwurzelte Konsensanspruch mit den inzwischen weit über das Regnum Theutonicum hinausweisenden Ansprüchen der habsburgischen Dynastie, wie mit Karls als »Hegemonialpolitik« etkettierter Herrschaftsauffassung?[43] Anfangs des 15. Jahrhunderts bereits hatte Job Vener jenes Problemfeld abgesteckt, das zu Zeiten Karls V. die Fürsten mit dem Gegensatz von »teutscher Libertät« und »spanischer Servitut« benennen sollten.[44] Das Kaisertum würde, so Job Vener, selten von den geistlichen und weltlichen Fürsten gestützt; diese nämlich fürchteten eine starke Herrschaft, weil sie oder ihre Nachfolger tyrannischerweise in Knechtschaft geraten könnten (»tyrannice redigerentur in servitutem«).[45]

Die Kurfürsten wählten, um ihren Konsensanspruch zu sichern, ein neues Mittel, die Wahlkapitulation.[46] Für einen solchen Herrschaftsvertrag gab es zwar spätmittelalterliche Vorläufer, aber in dieser Form war er ein aus der Not der Stunde geborener Versuch einer detaillierten Herrschaftsbindung. Eine Wahlkapitulation

---

[42] Dazu Kohler (1999), 94ff.

[43] »Hegemonialpolitik« verstehen wir mit den Einschrämkungen, die Kohler (1999), 14, 74ff. und 94ff. für die Konzeption einer »Monarchia universalis« geltend machte und als Ausdruck einer kaiserlichen »von Auserwähltheit und kompromißlosem Vorrang« geprägten Haltung (ebd., 23) interpretierte, die Karl die Reichsstände spüren ließ.

[44] Schmidt (1996), 10. Vgl. Rudolf Hoke, Libertät, deutsche, in HRG Bd. 2 (1978) Sp. 1989–1991; Kohler (1999), 102. – Zur Tradition, die dieses Gegensatzpaar stiftete: Peer Schmidt, Spanische Universalmonarchie oder »teutsche Libertet«. Das spanische Imperium in der Propaganda des Dreißigjährigen Krieges. (Studien zur modernen Geschichte 54) 2001.

[45] Avisamentum c. 8, edd. Miethke – Weinrich, 408.

[46] Vgl. Brandi (1961), 101; Kohler (1999), 73f. – Zutreffend urteilt Gotthard (1999), Bd. 2, 847, daß sich Karl über diese Wahlkapitulation »in ganz singulärer Weise, nämlich notorisch hinwegsetzen würde«.

gehörte hinfort zu jeder Wahl; ein ausgefeiltes Zeremoniell unterstrich ihre Bedeutung.[47] Erst nachdem er sie beschworen hatte, trat ein Kaiser seine Herrschaft an.

So neu im Jahre 1519 die kaiserliche Wahlkapitulation gewesen war, so beruhte sie doch auf einem im 15. Jahrhundert ausgebildeten, verfassungsprägenden Prinzip, dem der Korporationsverfassung der Kurfürsten. Mochten diese politisch gesehen »ut singuli« gehandelt haben, als sie sich für ihren Wahlentscheid mit individuell abgestuften Summen bestechen ließen, so handelten sie bei der Wahlkapitulation »ut collegium«. Dem Kollegialgedanken entsprach auch, daß sie sich 1530 den kaiserlichen Versuchen widersetzten, aufgrund des päpstlichen Bannes den sächsischen Kurfürsten von der Wahl auszuschließen.[48]

Die Königswahl von 1530/31, eine Konsequenz des Jahres 1519, ist nach unserer Auffassung der entscheidende Schritt zur Befestigung des habsburgischen Anspruchs auf die Reichsherrschaft. Eine Weiterbildung der Reichsverfassung konnte ohne Berücksichtigung der habsburgischen Interessen nicht mehr erfolgen. Diese Wahl trug dem Herkommen allenfalls insofern Rechnung, als sie erst nach der Kaiserkrönung Karls V. in Bologna möglich war.

Fast sieben Jahre lang, bis 1530, war Karl V. dem Reich ferngeblieben. Das seit den Zeiten Wenzels bekannte Problem begegnete erneut. Neue Lösungen für eine alte Frage wurden gesucht. Zunächst hatte die Parallelität von Nürnberger Reichsregiment[49] und Statthalterschaft des kaiserlichen Bruders Ferdinand das Problem der Abwesenheit des Herrschers überdeckt, das aber nach dem endgültigen Scheitern des Reichsregiments im April 1524 offen zu Tage lag. Denn dessen Neukonstituierung sechs Wochen später in Esslingen[50] bedeutete zugleich eine Verstärkung des bereits zuvor angebahnten Strukturwandels, bei dem »die ständischen Elemente zugunsten jener eines kaiserlichen Regentschaftsrates« zurücktraten.[51] Nicht mehr Fürsten, sondern ihre Gesandten sollten bis 1530 die Arbeit fortsetzen.[52] Dieses Reichsregiment war in der Wahlkapitulation von 1519 vereinbart worden. Karl V. scherte das wenig, und er tat auch nichts, um die Stellung seines Bruders im Reich zu festigen. Zu jung war er zur Regierung gekommen, als daß er bei allem ihm von Anfang an zuzubilligenden Regentenfleiß eine nur durch Erfahrung zu vermittelnde Klarheit über die Stellung der Cortes in Kastilien oder den Dualismus von Kaiser und Reich hätte gewinnen können. Verfassung war für ihn, der mit ganz anderen monarchischen Auffassungen als spanischer Infant aufge-

---

47 Wanger (1994), 91 f. und 98 f.

48 Friedrich Noack, Die Wahl Ferdinands I. und die sächsische Kurstimme. ForschDtG 22 (1882), 657–669, hier: 659 f.

49 Vgl. dazu Angermeier (1984), 238 ff.

50 Roll (2002), 271.

51 Ebd., 269.

52 Ebd., 270.

wachsen war, ein Fremdwort. Ihre Traditionen wird er nie zu respektieren lernen. Es ist kein Zufall, daß der von ihm dauernd zurückgesetzte Bruder, der nie die Loyalität des Jüngeren vergaß, zum Kaiser des Augsburger Religionsfriedens wurde,[53] jenes Friedens, der nur aus der Respektierung der im Spätmittelalter geschaffenen Grundlagen möglich war, während Karl V. im gleichen Jahr seine Abdankung formulierte.

Die schwankende Stellung des kaiserlichen Bruders zwischen Statthalterschaft und Stellvertretung in den Jahren 1522 und 1524 war auch in den folgenden Jahren nicht geklärt worden.[54] Vergebens hatte Ferdinand 1524 seine Wahl zum Römischen König vorgeschlagen, um seine Stellvertretung zu autorisieren und ihr eine verfassungsgemäße Form zu geben. Karl V. lehnte ab.[55] Unbestimmt im rechtlichen Sinne war die Position Ferdinands im Reich. Seine Stellung, wie auch immer man sie definieren mag, konnte die Abwesenheit des kaiserlichen Bruders nicht ausgleichen. Das erstmals 1524 begegnende wittelsbachische Neuwahlprojekt verfolgte den gleichen Grundgedanken, der im Jahre 1400 zu einem wittelsbachischen Königtum geführt hatte: Die Kurfürsten wollten einen König in deutschen Landen haben. »Es will von noten sein, das ein kayser oder rom. kunig im reich sey«, wurde 1524 zur Begründung der bayerischen Pläne formuliert.[56]

Nach dem Scheitern des Nürnberger Reichsregiments ist die Stellung des Königsbruders Ferdinand im Reich mit jener zu vergleichen, die Wenzel im Jahre 1396 seinem Halbbruder Siegmund zuweisen wollte, und welche die damals neue Forderung der Kurfürsten nach einem von ihnen zu billigenden Reichsvikariat ausgelöst hatte. Was damals neu war, war inzwischen Bestandteil des Verfassungsdenkens geworden, das »vicariatus absente rege«. Tatsächlich trieb Ferdinand I. nach 1524 vor allem die Sorge vor einer Aktivierung des kurfürstlichen Vikariatsgedankens um.[57] Wie berechtigt diese Sorge und wie lebendig dieser Vikariatsgedanke war, belegt das Versprechen, das Wilhelm von Bayern in dem Bündnisvertrag mit Albrecht von Mainz im Jahre 1529 gibt. Im Falle seiner Wahl wolle er ohne Zustimmung des Mainzers keine »vicari oder stathalter« bestellen.[58] Aber das Vikariat bei Abwesenheit des Königs wurde in dem Maße bedeutungslos, in dem der Ausbau des Hofes, der Kanzlei, kurzum die Residenzbildung die Regierungsgeschäfte am Laufen hielten.[59] Jedoch: Die Sorge Ferdinands und die Bündnisabsprache zwi-

---

53 Zur konfessionellen Ausgleichspolitik Ferdinands I. vgl. Kohler (2003), 200ff.

54 Roll (2002), 271ff.; Aulinger – Machoczek – Schweinzer-Burian (2003), 92.

55 Aulinger – Machoczek – Schweinzer-Burian (2003), 89.

56 Druck: Kohler (1982), 393.

57 Kohler (1982), 77, 79 und 84f.

58 Ebd., 104. Vgl. Gotthard (1999) Bd. 2, 571.

59 Letztmalig hatte in der Situation des Jahres 1556/57 Ottheinrich von der Pfalz darüber nachdenken können, ob ein pfalzgräfliches »Vicariatus absente rege« zu realisieren sei. Gotthard (1999) Bd. 2, 596.

schen Mainz und Bayern belegen, daß ein der Tradition verpflichtetes Verfassungsdenken in einer Zeit, die im politischen Spiel von voraussetzungslosen »Praktiken« beherrscht zu sein scheint, durchaus vorhanden ist.

Das Königtum Ferdinands war im Grunde ein perpetuiertes Reichsvikariat,[60] denn der Kaiser stellte klar, daß er nicht gedenke, »sich des regiments etlicher maß zu entslagen«, es ginge vielmehr darum, in seiner Abwesenheit »ain haupt« zu hinterlassen, um Schäden zu vermeiden, »so bisher in irer Mt. abwesen beschehen«.[61] Aber unsere Interpretation eines »perpetuierlichen Reichsvikariats« dient lediglich der inhaltlichen Klärung der Ferdinand I. übertragenen Kompetenzen; an eine Anknüpfung an das Reichsrecht eines Vikars dachten weder Karl V. noch seine Berater.

Die Wahl Ferdinands I. unterschied sich von den früheren Wahlen »vivente imperatore« dadurch, daß nicht der Sohn erwählt wurde, sondern der Bruder des Herrschers.[62] Das war politisch geboten; abgesehen von Befürchtungen, daß Karl V. eine Erbmonarchie errichten könne, sprach für die Wahl des Kaiserbruders, daß mit ihr nicht die Nachfolge, sondern das Regiment im Reich geregelt werden sollte.

Nicht sehr wahrscheinlich ist, daß Ferdinand I. deswegen in Köln gewählt wurde, weil man Frankfurt wegen deren lutherischer Haltung, wegen »ungehorsam des Glaubens«,[63] als Wahlstadt ablehnte. Das hatte auch späterhin selbst bei der Verhärtung der konfessionellen Gegensätze nie gestört. Es war vielmehr das Gerücht von der Pestgefahr, welches ein Ausweichen nach Köln gebot;[64] allzu sehr steckte den Kurfürsten noch die Angst des Jahres 1519 in den Knochen, als sich die Verhandlungen ungeachtet der drohenden Pest in die Länge zogen.[65] Nur deswegen wurde bei allen Diskussionen über die Rechtmäßigkeit der Wahl Ferdinands das Abweichen vom rechten Wahlort von den Wahlgegnern nicht als Argument aufgegriffen.

Formal war die Wahl Ferdinands eine traditionelle »electio vivente imperatore«. Eine solche Wahl war zuletzt 1486 vollzogen worden; damals noch eine Wahl ohne Wahlkapitulation und vor allem ohne »Handsalben« für die Wählenden. Eine handlungsstiftende Tradition für das Jahr 1530 ist auszuschließen. Der Unterschied: Ferdinand I. sollte eben kein »Titularkönig« sein wie seinerzeit Maximilian.[66] Und vor allem: Es machte einen großen Unterschied aus, daß erstmals nicht

---

60 Zur »Gewalt«, die Ferdinand übertragen worden war, vgl. Kohler (1982), 234f.; Roll (2002), 283ff.

61 Kohler (1982), 172.

62 Darauf legt zu Recht Duchhardt (1977), 9 Wert.

63 Kohler (1982), 167.

64 Brandi (1961), 263.

65 Friedrich der Weise schrieb besorgt: »Es ist mit dem Sterben nicht ganz rain alhie«. DRTA JR Bd. 1, 792 Nr. 346. Vgl. auch ebd., 776 Nr. 337 und 808 Nr. 353.

66 Lediglich einen solchen König war Wilhelm von Bayern anzuerkennen bereit. Kohler (1982), 251.

der Sohn, sondern der Bruder des Kaisers König wurde, daß also nicht die Nachfolge, sondern das Regiment bei Lebzeiten des Herrschers geregelt werden sollte. Selbst engagierte Anhänger des Hauses Habsburg betonten deshalb unter Berufung auf die Goldene Bulle die Freiheit der Wahl,[67] was Karl V. mit imperialem Gestus in Frage stellte. Die Goldene Bulle, so behauptete der Kaiser mit einer Argumentation, die das Kopfschütteln der Juristen hervorrufen mußte, gelte nur für den Fall einer Thronvakanz, bei Lebzeiten des Herrschers hingegen könne dieser den Kurfürsten einen Kandidaten benennen (»wo aber das reich nit vacir, hab der kayser in ain person zu bewilligen«).[68] Deutlicher konnte die Macht nicht gegen die Reichsverfassung ausgespielt werden.

An der Wahlkapitulation für Ferdinand hatte Karl V. mitgewirkt;[69] ein dem Sinn dieser Herrschaftsbindung hohnsprechendes und einmaliges Verfahren. Nur formal handelte es sich 1531 um eine Wahlkapitulation, tatsächlich war sie ein Vertrag zwischen Herrscher und Fürsten über eine Stellvertretung des Herrschers unter dem Namen eines Königtums. Daß sich die Mehrheit der Kurfürsten einem solchen Verfahren fügte, daß sie die seit den Zeiten Maximilians anstehende Frage einer Reichsreform ausklammerte,[70] hängt mit der Vergangenheit enger zusammen als mit dem Blick auf die Zukunft. Wie jede Königswahl war auch diese begleitet von »Geschenken« an die einzelnen Wähler, von Privilegien und Versprechungen.[71] Aber nicht in die ferne, sondern in die nahe Vergangenheit verwies diese außergewöhnlichste Königswahl der deutschen Geschichte. Genau besehen kamen die Gläubiger ihrem säumigen, aber mächtigen Schuldner auf halbem Wege entgegen. Die anfallenden Kosten für die Wahl waren nur auf den ersten Blick höher als im Jahre 1519; denn die seit der ersten Kaiserwahl noch nicht eingelösten Zusagen wurde jetzt erneut präsentiert. »So gesehen schnitten die Kurfürsten 1531 weitaus schlechter ab als 1519.«[72] Vereinfacht: Der auf den ersten Blick so störrisch erscheinende Kurfürst von Sachsen war vielleicht nicht der Einzige, der die Problematik dieser Königswahl erkannte, aber er war der Einzige, der beim Abwägen mit materiellen Interessen dem Gewissen das größere Gewicht gab.[73]

Die sorgfältige Darstellung der politischen Aktivitäten vor und nach der Königswahl Ferdinands I. durch Alfred Kohler läßt nicht nur die handelnden Personen, sondern auch die Faktoren hervortreten, die dieses Handeln bestimmten. Und zu diesen Faktoren gehörte auch die Goldene Bulle. Kurfürst Johann der Beständige

---

67 Kohler (1982), 120f. und 174ff.

68 Kohler (1982), 173.

69 Kohler (1982), 188ff. Vgl. auch Ders. (2003), 263f. und Gotthard (1999) Bd. 1, 41.

70 Vgl. die Synopse bei Kohler (1982), 124f.

71 Ebd., 132ff.

72 Ebd., 159.

73 Ganz anders sicht Duchhardt (1977), 13 die Haltung Johanns des Beständigen: »Der kursächsische Protest gründet sich nur auf formale Mängel.« Vgl. im gleichen Sinne ebd., 16.

von Sachsen war bei seiner konsequenten Ablehnung einer Wahl Ferdinands I.[74] doch kein Förderer eines Neuwahlprojekts.[75] Wenn sein Bild von Lucas Cranach in der Hamburger Kunsthalle ihn als Verteidiger der Goldenen Bulle feiert,[76] so konnte diese Bildinschrift natürlich nur im Einverständnis mit dem Porträtierten entstanden sein.

Neben dem Kurfürsten von Sachsen waren auch die Herzöge von Bayern entschiedene Gegner der Wahl Ferdinands I.[77] Das aber beruhte auf ererbten dynastischen Rivalitäten, nicht auf einem verfassungsrechtlichen Rekurs. Die politische Einsamkeit des sächsischen Kurfürsten, der sich als Verteidiger der Bulla Aurea empfand, deckt schonungslos auf, daß in den Konzeptionen Karls V. die Reichsverfassung mit gleicher Nonchalance behandelt wurde, wie von jenen Fürsten, die sich als Verteidiger »teutscher Libertät« aufspielten. Alfred Kohler faßte die juristische Diskussion im Umfeld der Königswahl Ferdinands I. dahingehend zusammen, daß sie »die vielschichtige Problematik, die weit über den juristisch-argumentativen Umgang mit einem verfassungsrechtlichen Dokument wie die (!) Goldene Bulle hinausging« veranschaulichte.[78] Das ist von der Sache her richtig, von der Formulierung her unnötig kompliziert dargestellt. Die Goldene Bulle spielte bei den Begründungen fürstlicher Aktionen nur dann eine Rolle, wenn sie in den jeweiligen Argumentationsrahmen paßte, und »die vielschichtige Problematik« gab es nur im Kreise der Gelehrten Räte. Wir erliegen nicht der Versuchung, den im 16. Jahrhundert immer häufiger begegnenden Rekurs auf die Goldene Bulle als Bestätigung unserer These von der Entstehung der Reichsverfassung im Spätmittelalter zu werten. Das »große Geld« und nicht der Rekurs auf die Reichsverfassung sollte bei der Wahl des Kaiserbruders die politische Situation klären.[79]

Bei allen Gegensätzen spielte die konfessionelle Frage noch um 1530 eine untergeordnete Rolle. Im Vorfeld der Wahl Ferdinands hatte zwar der Augsburger Reichstag die Gegensätze geklärt, aber noch nicht in einem Maße zugespitzt, daß sie für die Fürsten politisch handlungsleitend wurden.[80] Diese wußten zwischen Konfession und Politik zu unterscheiden.

Der sächsische Kurfürst blieb politisch isoliert, als er sich auf die Goldene Bulle berief. Es fällt modernen Forschern nicht schwer, diese Berufung als juristisch nicht haltbar zu erweisen. Tatsächlich steht in dem Text des Wahlgesetzes kein Wort, das

---

[74] Kohler (1982), 174ff.; Ders. (2003), 258ff. Vgl. auch Gotthard (1999) Bd. 2, 612 und 627.

[75] Kohler (1982), bes. 376 und 377.

[76] Peter-Klaus Schuster, Abstraktion, Agitation und Einfühlung. Formen protestantischer Kunst im 16. Jahrhundert, in: Werner Hofmann (Hg.), Luther und die Folgen für die Kunst. 1983, 115–266, hier: 204 (mit Abb.).

[77] Aulinger – Machoczek – Schweinzer-Burian (2003), 99.

[78] Kohler (1982), 389.

[79] Gotthard (1999) Bd. 2, 503f.

[80] Anders Kohler (1982), 386.

die Argumente des Kurfürsten stützen könnte. Aber Johann der Beständige und auch sein Nachfolger Johann Friedrich[81] argumentierten mit der Goldenen Bulle als Verfassungssymbol, als Ausdruck der freien Wahl. Sie handelten im Bewußtsein, der Reichsverfassung zu entsprechen.

Die große Schwäche der Gegner des Hauses Habsburg im Reich war ihre Uneinigkeit. Das gemeinsame Feindbild konnte die divergierenden politischen Interessen nicht verdecken.[82] Kurfürst Johann Friedrich, der nach dem Tode seines Vaters (16. August 1532) an dessen, die Wahl Ferdinands ablehnender Politik festgehalten hatte,[83] war der einzige, für den nach wie vor die Verfassungsfrage im Mittelpunkt stand,[84] und er wußte wohl, was ihn von Wilhelm von Bayern,[85] aber auch von Philipp von Hessen[86] trennte. Für letzteren stand aus dynastischen Gründen die Rückführung Herzog Ulrichs I. in sein württembergisches Herzogtum im Mittelpunkt der Politik gegen das Haus Habsburg.[87] Das mochte angesichts der habsburgischen Besetzung Württembergs zugleich noch als Behauptung reichsfürstlicher Libertät mit der Wahlfrage verbunden sein. Aber der redliche Johann Friedrich sah die eigennützigen Motive des Landgrafen. Im gleichen Jahr 1534, als dieser finanzielle Zusagen der französischen Krone für seine württembergische Politik erhalten hatte,[88] zerbrach auch das Bündnis der Wahlgegner.[89]

Bei einer Wahrung spätmittelalterlicher Traditionen hätte, trotz aller Probleme, welche sie aufwarf, die Königswahl Ferdinands am 5. Januar[90] eigentlich alle Neuwahlprojekte gegenstandslos werden lassen. Bei einem existenten habsburgischen Königtum unter einem Kaisertum Karls V. wäre keine rechtliche Begründung einer Neuwahl möglich gewesen. Aber angesichts der Politik Karls V. und der Internationalisierung der Königswahl war von einer das Königtum Ferdinands prinzipiell sichernden Reichsverfassung nicht mehr auszugehen. Der französische Gesandte Gervais Wain konnte es sich nach der Wahl von 1531 noch als einfache Angelegenheit vorstellen, daß die Kurfürsten die »election cassiren und ain andere ausschrei-

---

81 Vgl. Gotthard (1999) Bd. 1, 461.

82 Kohler (1982), 375.

83 Neuhaus (1997), 14f. Vgl. Duchhardt (1977), 14.

84 Das erweist sich zum Beispiel daran, daß die kursächsische, fast schon traditionelle Forderung, wonach keine zwei Könige aus dem gleichen Haus nacheinander erwählt werden dürften, 1532 zwar auf dem Schweinfurter Bundestag der Schmalkaldener erhoben worden war, aber keinen Eingang in den Abschied gefunden hatte. Duchhardt (1977), 19. Vgl. dazu Luttenberger (1982), 164ff. und Gotthard (1999) Bd. 2, 571.

85 Kohler (1982), bes. 313.

86 Duchhardt (1977), 23.

87 Kohler (1982), 324f.; Brendle (2002), 697f. und 700f.

88 Kohler (1982), 324f.

89 Ebd., 326f.

90 Ebd., 171ff.

ben«.[91] Entsprechende Gedanken sollten zehn Jahre später am kursächsischen Hof erwogen werden.

Auch das weist auf die Krise der Reichsverfassung: Es war keineswegs einfach, die Anerkennung des neuen Königtums zu erreichen. Zwar hatte Karl V. auf dem Augsburger Reichstag 1530 in der fürstlichen Öffentlichkeit die Rolle Ferdinands als erstem Ratgeber des Kaisers demonstriert;[92] aber das täuschte über die verfassungsgemäße Problematik nicht hinweg.[93] Ferdinand selbst hielt 1532 seine Stellung im Reich für ungefestigt.[94] Für den sächsischen Kurfürsten handelte es sich 1531 um eine »in der zwayhelligkeit« erfolgte Elektion, zwar nicht um eine Doppelwahl, wohl aber um eine rechtlich umstrittene Elektion;[95] er blieb bei seiner konsequenten Ablehnung[96] und schmiedete 1531 das Saalfelder Bündnis, in dem sich die Verbündeten des gegenseitigen Beistandes versicherten, falls sie wegen der Nichtanerkennung des neuen Königtums bedroht würden.[97] Aber trotz des Beitritts König Friedrichs von Dänemark mißlang 1532 eine Ausweitung und innere Festigung dieses Bündnisses.[98]

Alfred Kohler hat herausgestellt, daß die Wahl von 1531 »nur im Bezugsrahmen des Hegemonialsystems Kaiser Karls V. denkbar war«.[99] Der Kaiser sah in ihr nichts anderes als einen von ihm gewährten Gnadenakt.[100] Deshalb konnte sie gar kein Hebel sein, um Reformforderungen durchzusetzen. Das Konzept des Kaisers, das mit den tradierten Prinzipien des hergebrachten Konsenses brach, erscheint im Spiegel der Absetzungspläne und der Wahl von 1531 als durchaus erfolgsversprechend: Die ständische Opposition fand sich lediglich unter dem diffusen Schlagwort einer »teutschen Libertät« zusammen, und sie hatte kein Interesse an einem gemeinsamen Reformprogramm. Zum Beispiel werden 1532 in den Verhandlungen zwischen Bayern und Frankreich zwar Kriegspläne gegen Ferdinand geschmiedet, die Verfassungsfragen aber nicht behandelt.[101] Die Opposition konnte weder eine sachliche noch eine in der Kandidatenfrage personell überzeugende Alternative vorweisen. Und weiterhin waren es nicht nur die Interessen-

---

91 Kohler (1982), 223.

92 Roll (2002), 271; Aulinger – Machoczek – Schweinzer-Burian (2003), 115.

93 Vgl. Neuhaus (2002), 355.

94 Zutreffend spricht Roll (2002), 282 von einem »Autoritätsdefizit« Ferdinands I. in den 1530er Jahren. Vgl. Aulinger – Machoczek – Schweinzer-Burian (2003), 113. – Zu den neutralen Ständen um 1530 vgl. Brendle (2002), 694f.

95 Kohler (1982), 268.

96 Gotthard (1999) Bd. 2, 626ff.

97 Duchhardt (1977), 17f.; Kohler (1982), 214ff., 230ff. und 234f.

98 Kohler (1982), 241.

99 Ebd., 385.

100 Gotthard (1999) Bd. 2, 647.

101 Kohler (1982), bes. 296f.

gegensätze unter den Reichsfürsten, sondern auch die europäischen Bezüge, in denen inzwischen eine Königswahl stand, welche die Gegensätze innerhalb der deutschen Opposition verstärken mußten.[102] 1533 treten die unterschiedlichen Positionen der Gegner des Hauses Habsburg zu Tage, als bei dem zögernden Heinrich VIII. von England um Unterstützung geworben werden sollte. Es kam noch nicht einmal zu einer gemeinsamen Gesandtschaft an den englischen Hof.[103]

Verfassungskontinuitäten oder Verfassungsbrüche im Übergang vom Mittelalter zur frühen Neuzeit? 1519 und 1530/31 handeln die Kurfürsten trotz aller Erfahrungen des 15. Jahrhunderts wieder »ut singuli«, bestätigen jenes Urteil des Eigennutzes, das wir als erkenntnishinderndes Vorurteil ansehen. Von einem Kurfürstenkollegium, das sich als Repräsentativorgan des Reiches verstehen konnte, ist weder bei der Wahl Karls V. noch bei den Neuwahlplänen seit 1524 die Rede. In einem Ausmaß wird eine auf individuelle Interessen bezogene fürstliche Politik sichtbar, die einen Autor kleinlaut werden läßt, der bei der Darstellung spätmittelalterlicher Verhältnisse gegen die »Machthistoriker« polemisiert hatte. Aber die spätmittelalterlichen Grundlagen der Reichsverfassung treten, nachdem sie unter Karl V. drohten verschüttet zu werden, in der Spätzeit dieses Herrschers wieder zu Tage.

Ohne Wenn und Aber müssen wir den »Machthistorikern« recht geben, daß die Zeit Karls V. all unseren Bemühungen Hohn spricht, das Entstehen einer Reichsverfassung im Spätmittelalter durch das ereignisgeschichtliche Fenster der Absetzungsvorgänge betrachten zu wollen. Mit Ausnahme Kurfürst Johanns von Sachsen sah kaum einer der politisch Einflußreichen die im Spätmittelalter geschaffenen Grundlagen als verbindlich an. Die Herrschaft Karls V. hatte sowohl 1530 als auch 1547 die Reichsverfassung in ihrem Kern, dem kurfürstlichen Wahlrecht, in Frage gestellt und zugleich auch den reichsfürstlichen Konsensanspruch beschnitten. Es war als Gegensatz zur Verfassung Willkür im mittelalterlichen Sinne, wenn der Kaiser mit dem Versprechen, unbezahlte Rechnungen begleichen zu wollen, die Wahl seines Bruders, die ungewöhnlichste Königswahl der neueren Reichsgeschichte, durchsetzte; es war Willkür, wenn er die Wahlkapitulation des Jahres 1530 beeinflußte, es war Willkür, wenn er, die Korporationsrechte des Wählergremiums mißachtend, 1547 die sächsische Kurwürde dem albertinischen Haus übertrug.[104] Die Gefahr der Willkür ließ sich 1519 bereits ahnen.

---

[102] Kohler (1982), 319.

[103] Kohler (1982), 319.

[104] Vgl. Horst Rabe, Reichsbund und Interim. Die Verfassungs- und Religionspolitik Karls V. und der Reichstag zu Augsburg 1547/48. 1971.

3. Entwürfe und Pläne eines antihabsburgischen Königtums zur Zeit Karls V.

Versuche der Entmachtung des Kaisers: Neuwahlpläne seit 1524 – Projekte und Gerüchte – Gefahren für das Haus Habsburg – der Unterschied zu den Konspirationen zur Zeit Friedrichs III.: das fehlende Motiv der Reichsreform

Wir erliegen nicht der Gefahr, über Absetzungspläne Kontinuitäten zu konstruieren, und halten statt dessen zunächst fest: Die Wahl Karls V. und das ihr folgende hegemoniale Herrscherprogramm drohte die Reichsverfassung zu marginalisieren. Und auch die Absetzungsobjekte stehen nicht in einer spätmittelalterlichen Tradition, sondern sind neue Reaktionen auf neue Gegebenheiten.

Die Frage des Vikariats oder der Königsstellvertretung mochte die Fürsten und ihre Räte bewegen; der gemeine Mann dachte angesichts der langen Abwesenheit Karls V. vom Reich schlichter, wie die Gerüchte belegen, die in den 1520er Jahren über ein neues Königtum im Reich herumschwirrten.

Bereits im ersten Jahrzehnt der Herrschaft Karls V. begegnen wegen der Abwesenheit des Kaisers, aber auch wegen seiner Hegemonievorstellungen[105] – nicht zu verwechseln mit dem traditionellen dynastischen Anspruch auf die Krone – erstmals seit langem wieder Absetzungspläne und entsprechende Gerüchte. Zum Beispiel wurde am Münchner Hof vorsichtig sondiert, was eine Königswahl wohl kosten würde.[106] Bevor wir versuchen, die verfassungsgeschichtliche Aussage der Neuwahlpläne seit 1524 zu ermitteln, seien diese Pläne, gestützt auf die Forschungen Alfred Kohlers, referiert.

Die seltene Eintracht der pfälzischen und der bayerischen Linie der Wittelsbacher hatte die Grundlage dafür gebildet, daß, vom Münchener Hof ausgehend, seit 1524 die Neuwahl eines römischen Königs erwogen wurde. Gerüchte wollen davon schon 1524 wissen: Der Pfalzgraf und der Markgraf von Brandenburg strebten nach der Königswürde.[107] Im März und April 1528 schwirrten »Flugreden« im Reich umher, daß Philipp von Hessen oder Johann von Sachsen Ambitionen auf den römischen Königsthron hätten,[108] Gerüchte, die wohl im Zusammenhang mit den Packschen Händeln stehen,[109] die aber zugleich auch

105 Das drückt Brandi (1961), 155 verunklarend gelehrt aus, wenn er »die im Grunde zeitlebens durchaus burgundische Einstellung des Kaisers zum Reich« benennt.

106 Gotthard (1999) Bd. 2, 503.

107 Duchardt (1977), 15 mit Anm. 36.

108 Ebd., 15; Kohler (1982), 109 Anm. 127.

109 So die ansprechende Vermutung von Duchhardt (1977), 15.

Aussagen darüber sind, wie die Stellung Karls V. im Reich eingeschätzt werden konnte.

Kein ambitionierter Fürst profilierte sich als Kandidat,[110] und dennoch wucherten Projekte und Gerüchte. Entscheidend dafür war eine zwiespältige Konstellation: Der neue König durfte kein Habsburger sein,[111] aber gerade, weil bekämpft werden sollte, was gefürchtet war, wagte kein Reichsfürst sich offen gegen die habsburgische Dominanz auszusprechen und sich als Gegenkandidat zu bekennen. Verdeckte Ambitionen. Der Pfalzgraf wurde 1526 am französischen Hofe als Königskandidat gehandelt.[112] Aber, wenn überhaupt hatte der Münchener Vetter die besseren Aussichten.[113] Die Einigkeit der Wittelsbacher war eine Einigkeit dynastisch orientierter Politik, die sich traditionsgemäß gegen die Habsburger richtete. Nach langem Zögern war im Sommer 1526 Papst Clemens VII. bereit, zusammen mit dem französischen König das Wittelsbacher Wahlprojekt finanziell mit 100000 Dukaten zu unterstützen.[114] Als die Münchener Pläne sich 1529 erneut verdichteten, als Herzog Wilhelm von Bayern ein Bündnis mit Kurfürst Albrecht von Mainz schloß, dessen Gegenstand erstaunlich unverklausuliert eine Neuwahl war,[115] als zugleich bei Franz I. um die allerdings verweigerte finanzielle Unterstützung einer Neuwahl geworben wurde,[116] war Pfalzgraf Ludwig als Kandidat ausersehen.[117] Dieser ließ sich lange Zeit, bis er – wohl nicht zuletzt unter dem Eindruck des Friedens, den Franz I. und Karl V. 1529 zu Cambrai hatten schließen lassen[118] – dem Vorhaben eine definitive Absage erteilte.[119]

So marginal die in den zwanziger Jahren begegnenden, dem Prinzip der »Praktik« zuzuordnenden Pläne auch erscheinen mögen, so lassen sie bereits einen Faktor vieler künftiger Neuwahlpläne erkennen: Die Rückversicherung opponierender Fürsten bei Frankreich. Was in antihabsburgischen Kreisen in den 20er Jahren erwogen wurde, war jedoch für die französische Krone »von sekundärer Bedeutung«[120] und nach dem Frieden von Cambrai 1529 vorerst ohne Interesse.[121] Den-

110 Treffend spricht Duchhardt (1977), 3 von dem »Graben zwischen Gerüchten und dem tatsächlichen politischen Wollen«.

111 Kohler (1982), 83ff.

112 Duchhardt (1977), 15 mit Anm. 36.

113 Gotthard (1999) Bd. 2, 565f.

114 Kohler (1982), 91.

115 Ebd., 102ff.

116 Ebd., 106ff.

117 Ebd., 108; Gotthard (1999) Bd. 2, 560.

118 Druck: Kohler (1990), 140ff.

119 Kohler (1982), 118f.

120 Ebd., 375.

121 Ebd., 376.

noch wäre es verfehlt, die Projekte und Gerüchte der 20er Jahre als politisch irrelevant abzutun. Ihre Gefährlichkeit bestätigt kein Geringerer als Karl V. In einem noch vor der Bologneser Kaiserkrönung abgefaßten Brief an Ferdinand kündigt er seine baldige Rückkehr nach Deutschland an, »damit man nicht einen anderen als Sie zum römischen König wählt«.[122] Schon zu Beginn dieses langen Schreibens hatte Karl von Fürsten gesprochen, »die in böser Verworfenheit darauf aus sind, einen anderen zum römischen König« machen zu wollen.[123] Das entsprach dem, was schon zuvor in habsburgischen Korrespondenzen befürchtet worden war,[124] und wiegelte zugleich eine Befürchtung der Innsbrucker Regierung ab, die ihm im Januar 1530 mitgeteilt hatte, wenn er nicht bald ins Reich käme, geriete nicht nur die Stellung Ferdinands, sondern auch die seine in Gefahr.[125]

Die Verwandtschaft der Pläne eines antihabsburgischen Königtums mit denen zur Zeit Friedrichs III. ist in einem Punkt frappierend: Bei aller verbreiteten Mißstimmung über einen im Reich nicht präsenten Herrscher fehlte der Opposition der überzeugende und vor allem der entschlossene Kandidat. Im Vergleich zu den Neuwahlplänen zwischen 1454 und 1461 sind jedoch drei Unterschiede auffallend. Die Kandidatenfrage ist nunmehr eindeutig dem Gedanken eines nichthabsburgischen Herrschers untergeordnet, während 1454 noch Albrecht VI. als möglicher König gehandelt werden konnte. Zweitens konnte nach der nationalen Aufwallung bei der Kaiserwahl 1519, anders als zu Zeiten Friedrichs III., nur an einen deutschen Fürsten als Kandidaten gedacht werden. Drittens schließlich spielt der Gedanke der Reichsreform, den seinerzeit Johann von Lysura, Martin Mair und Gregor Heimburg verfolgt hatten, keine Rolle. Mit dieser Entwicklung und nicht etwa mit den konfessionellen Gegensätzen hing es zusammen, daß 1570 Lazarus von Schwendi resignierend die Unmöglichkeit einer Reichsreform einsah.[126]

---

122 Kohler (1990), 146–156 Nr. 41, hier: 156.

123 Ebd., 147.

124 Gotthard (1999) Bd. 2, 566.

125 Kaiser Karl V. (1500–1558) Macht und Ohnmacht Europas. 2000, 172 (Nr. 105). Das ist wohl einer der beiden Briefe Ferdinands, von denen Kohler (1999), 204 annahm, sie wären verloren.

126 Nicklas (1997), 193.

4. Vom Triumph zur Resignation des Kaisers. Verfassungsfragen zwischen 1546 und 1555

Festigung der Stellung Ferdinands I. seit 1540 – Versuche, eine protestantische Mehrheit im Kurkolleg zu gewinnen – wie ernst war es den Schmalkaldenern mit ihrer Absetzung Karls V. 1546? – der Triumph des Kaisers und die reichfürstliche Opposition – die Abdankung Karls V. als letzte Herausforderung der Reichsverfassung – Papst und Kurfürsten und die Anerkennung des Kaisertums Ferdinands I.

Seit den 1540er Jahren hatte sich Ferdinands Stellung sowohl gegenüber seinem Bruder als auch gegenüber den Ständen immer mehr gefestigt. Er wuchs in seine Rolle als Vermittler zwischen Kaiser und Reichsständen hinein,[127] zumal er oft genug von seinem Bruder, den er um Vollmachten gebeten hatte, allein gelassen worden war.[128] Weiterhin gab es erhebliche Probleme in der Kommunikation zwischen Madrid und Wien,[129] die dem König ein selbständiges Handeln abverlangten. Erstmals 1542 hielt Ferdinand I. einen Reichstag, wenngleich unter kontrollierender Anwesenheit kaiserlicher Kommissare ab.[130] Und das bedeutete: Alle späterhin im Kreise opponierender Fürsten erwogenen Absetzungspläne mußten klären, gegen wen sie sich eigentlich richteten. Denn es ist zu bedenken, daß auf dem Reichstag von 1544 selbst Kurfürst Johann Friedrich von Sachsen das Königtum Ferdinands I. anerkannte.[131] Wenn wir aber genauer hinsehen, so war dies nur eine personal gebundene Zusage, typisch für eine Zeit, in der die Kurfürsten lediglich »ut singuli« handelten.

Es erscheint wie eine Fortsetzung der »Flugreden« der 1520er Jahre, wenn 1539 Gerüchte davon erzählen, daß die Lutheraner einen auswärtigen Herrscher zum Kaiser wählen wollten.[132] In solche Gerüchte aber mischt sich ein neues Element: Bis zu den publizistischen Mutmaßungen eines Kaisertums des Schwedenkönigs Gustav Adolf sollte der Gedanke eines antihabsburgischen Königtums fast immer mit dem Gedanken eines protestantischen Reichsoberhaupts verbunden werden. Konfessions- und Verfassungsfragen waren – was 1530/31 noch nicht galt – unmit-

---

[127] Aulinger – Machoczek – Schweinzer-Burian (2003), 117; Laubach (2003), 125.

[128] Aulinger – Machoczek – Schweinzer-Burian (2003), 106f.

[129] Ebd., 104f. Vgl. Martin Dallmeier, Großreich und Kommunikation, in: Kohler – Haider – Ottner (2002), 223–244; Christopher F. Lafferl, Sprache – Inhalt – Hierarchie unter Brüdern. Zum Verständnis zwischen Karl V. und Ferdinand I. in der Familienkorrespondenz Ferdinands I. (1533/34), in: Ebd., 359–371.

[130] Roll (2002), 282; Aulinger – Machoczek – Schweinzer-Burian (2003), 101.

[131] Duchhardt (1977), 24 mit Anm. 90; Gotthard (1999) Bd. 2, 629f.

[132] Duchhardt (1977), 25.

telbar miteinander verknüpft. Denn den Lutheranern war bewußt, »daß der Katholizismus sein strukturelles Übergewicht im Reich nicht zuletzt dem katholischen Kaisertum verdankte«.[133] Die habsburgische Reichsherrschaft aber war auf die Mehrheit im Kurfürstenkolleg in größerem Maße angewiesen, als es die Erfolgsgeschichte dieser Dynastie vermuten läßt. Wir blicken voraus: Es mußte das Ziel der Anhänger der neuen Lehre sein, die Mehrheit im Kurkolleg zu gewinnen.[134] Darin lag die reichspolitische Bedeutung des Übertritts Gebhard Truchseß von Waldburg zum Protestantismus. Das Bekenntnis des Kölner Erzbischofs zum Luthertum drohte das Stimmenverhältnis im Kurkolleg zugunsten der Protestanten umzukehren.[135] In Wien sah man das habsburgische Kaisertum in Gefahr.[136] Diese wurde erst durch den für die katholische Seite siegreichen Kölner Krieg 1583 gebannt. Was 1545 und 1583 zum Greifen nah schien, diktierte auch die politische Zielrichtung Pfalzgraf Friedrichs V., als er 1619 die böhmische Königswürde erwarb. Es ging auch und nicht zuletzt um die vierte Kurstimme, um die protestantische Mehrheit im Kurkolleg.[137]

Gestützt auf die neuen Gedanken des Widerstandsrechts, die damals selbst in Liedern popularisiert wurden,[138] hatte der kursächsische Kanzler Gregor Brück 1541 festgestellt: Wenn die Habsburger nicht von ihrer »verdruckung« der Lutheraner abließen, könne man ihnen zu Recht »pflicht und gehorsam ufschreiben« und einen eigenen »romischen konig machen«.[139] 1545 sollte Gregor Brück diese Gedanken erneut aufgreifen und eine Absetzung des Kaisers rechtlich begründen,[140] denn im Beraterkreis des sächsischen Kurfürsten waren schon 1545 Stimmen laut geworden, die günstige Konstellation im Kurfürstenkolleg zu einer Neuwahl zu nutzen. Der Kölner Erzbischof Herrmann von Wied schien sich zur lutherischen Lehre bekannt zu haben,[141] und wer den allerdings habsburgisch gesonnenen Joachim II. von Brandenburg als Protestanten zählte,[142] durfte auf die Mehrheit von vier Stimmen im Wählergremium hoffen.[143] Kurfürst Johann Fried-

---

133 Gotthard (1995), 85.

134 Duchhardt (1977), 113ff.

135 Gotthard (1999) Bd. 1, 54ff.

136 Ebd., 63.

137 So zu Recht Duchhardt (1977), 109f. und 131ff.

138 Vgl. das bei von Bezold (1886), 775 zitierte, Karl V. angreifende »Volkslied«: »so er euch nimpt ewer freiheir, / verleust er auch sein oberkeit«.

139 Duchhardt (1977), 29. Vgl. Gotthard (1999) Bd. 2, 667.

140 Duchhardt (1977), 31.

141 Zur Haltung Hermanns von Wied als eines altkirchliche Bindungen respektierenden Reformers vgl. Hansgeorg Molitor, Hermann V. von Wied als Reichsfürst und Reformer, in: Roll (1996), 295–308.

142 Vgl. Luttenberger (1982), 124ff.

143 Duchhardt (1977), 31f.

rich verschloß sich zwar solchen Entwürfen,[144] aber der Kaiser nahm sie ernst. Ihm hatten die Kontakte der Schmalkaldener mit Frankreich nicht entgehen können.[145] Ein Gesandter Moritz' von Sachsen berichtete 1546 seinem Herrn vom Regensburger Reichstag von der Begründung kaiserlicher Truppenbewegung, »dass etliche hohe Stende in furhaben gestanden, I. Mt. Ihrer kaiserlichen Würde zu entsetzen«.[146]

Als die Schmalkaldener 1546 vor Mühlberg – gegen den Willen Landgraf Philipps von Hessen, aber auf Druck Kursachsens – Karl V. den Fehdebrief zusandten, erklärten sie ihn als Verletzer des Reichsrechts und der Wahlkapitulation seiner kaiserlichen Würde verlustig.[147] Darauf spielte dann der Kaiser an, als ihn nach Mühlberg der gefangene Johann Friedrich ehrerbietig begrüßte: »Jetzt nennt ihr mich Kaiser, das ist eine Bezeichnung sehr verschieden von derjenigen, die ihr mir früher beizulegen pflegtet«.[148] Mit der Erklärung einer Absetzung des Habsburgers sollte der Feldzug gegen den Kaiser legitimiert und vor allem die Sanktionen des crimen laesae maiestatis umgangen werden. Schließlich wußten die Schmalkaldener, daß Karl V. sie bei einem Sieg als Rebellen bezeichnen und damit reichsrechtlich bedrohen würde,[149] auch wenn niemand sich vorstellen konnte, daß der Kaiser nach der Schlacht bei Mühlberg in aller Form Johann Friedrich zum Tode verurteilen sollte.[150] Sowohl Johann Friedrich als auch Philipp von Hessen setzten 1546 auf Frankreich.[151] Das bedeutete aber nicht, daß man auf den französischen Plan eingehen würde, der im Herbst 1546 den Schmalkaldenern unterbreitet wurde, nach dem Sieg einen anderen Kaiser zu wählen.[152]

Aber es ist nicht zu übersehen, daß auch Karl V. scheiterte.[153] Er scheiterte nicht nur, weil er – personengeschichtlich – das Genie Moritz von Sachsen unterschätzte, weil er – letztlich strukturgeschichtlich – auf dem »geharnischten Reichstag« von 1547 mit mißglückter Inszenierung seines Mühlberger Triumphes zwei

---

144 Duchhardt (1977), 32.

145 Zeller (1934), 510.

146 Duchhardt (1977), 33. – Im gleichen Jahr berichtete auch der venezianische Gesandte, daß im Reich niemand mehr etwas von einer Herrschaftsnachfolge Ferdinands I. im Kaisertum wissen wolle. Ebd., 35. – Zu den damals einsetzenden Vermittlungsversuchen und deren Scheitern vgl. Luttenberger (1982), 407ff. und 416ff.

147 Von Bezold (1886), 778.

148 Kohler (1999), 312.

149 Duchhardt (1977), 11.

150 Issleib Bd. 1 (1989), 351; Kohler (1999), 314f. – Ein anonymes Gutachten empfahl dem Kaiser, auf den Vollzug des Todesurteils zu verzichten. Die antiken Kaiser hätten es bevorzugt, ihre besiegten Feinde im Triumphzug mitzuführen. Druck: Kohler (1990), 337ff. Nr. 96.

151 Issleib Bd. 1 (1989), 350f. und 408 mit Anm. 2.

152 Von Bezold (1886), 781.

153 Vgl. das Forschungsreferat bei Heinrich Lutz, Reformation und Gegenreformation. (Oldenbourg Grundriß der Geschichte 10) ⁵2002, 142f.

gefangene Fürsten im wörtlichen Sinne vorführen ließ und damit nur reichsfürstliches Solidaritätsempfinden weckte, er scheiterte, weil er, eine konsensfähige Reichsverfassung negierend,[154] allein auf dynastisch orientierte Hegemonie setzte.[155] Von dieser Interpretation her gewinnen die Absetzungspläne der Folgezeit, so nebensächlich sie auch für die politische Entwicklung, nicht aber für die politische Szene gewesen sind, ihre Aussagekraft: Wie existent ist die Reichsverfassung nach dem Scheitern Karls V.?

Die von Karl V. 1547 angestrebten Bündnisse hatten »eine klare Stoßrichtung gegen den Fürstenstaat«.[156] Das war neben der provozierenden Machtdemonstration auf dem »geharnischten Reichstag« 1547 der wichtigste Grund für die sich allmählich formierende ständische Opposition, zu deren Führer sich Moritz von Sachsen aufschwang. Die seit Dezember 1547 im Reich herumschwirrenden Gerüchte, daß der Kaiser die Nachfolge seines Sohnes Philipps im Reich durchsetzen wolle,[157] waren nicht aus der Luft gegriffen. Karl V. hatte 1551 mit Ferdinand eine Nachfolgeregelung vereinbart, wonach Philipp (II.) nach Ferdinand Kaiser werden sollte.[158] Das war ein habsburgischer Hausvertrag, der ohne Berücksichtigung des Reichsrechts, unter völliger Umgehung des kurfürstlichen Wahlrechts über das Kaisertum bestimmen wollte.[159] Trotz aller Bemühungen um Geheimhaltung wurde dieser Vertrag alsbald publik[160] und rief eine überkonfessionelle reichsfürstliche Opposition hervor.[161] Aus kurfürstlichem Blickwinkel kommentierte Axel Gotthard zutreffend: »Eine schöne Rechnung, die man da ohne sechs Wirte gemacht hatte.«[162]

Die Passauer Verhandlungen 1552 wurden durch ständische Gravamina eröffnet, deren einleitende Sätze auf die »teutsche Libertät« verwiesen, auf den Wahlcharakter und – unvermeidbar – auf die Goldene Bulle. Die Feststellung, daß dieses Reich »ein freies Reich und keiner anderen Nation unterworfen« sei,[163] bildet eine deutliche Anspielung auf die »hispanische Servitut«. Die Gefahr der Erbmonarchie wird an die Wand gemalt. Kritisiert wird, daß die Kurfürsten mißachtet und

---

[154] Vgl. für die Zeit nach 1547 Gotthard (1999) Bd. 2, 669ff.

[155] Zu Recht urteilt der sorgsam abwägende Alfred Kohler: »Auf dem Höhepunkt seiner Macht (1547/48) war er arrogant, selbstgefällig und selbstgerecht«. Kohler (1999), 23.

[156] Press (1997), 114f.

[157] Brandi (1961), 494f. und 499; Kohler (2003), 286.

[158] Duchhardt (1977), 37; Luttenberger (1982), 569ff.; Gotthard (1999) Bd. 2, 559f.; Kohler (1999), 329ff. Vgl. die Auszüge aus der Korrespondenz des Kaisers mit seinem Bruder wegen der Sukzessionsfrage bei Kohler (1990), 403ff. Nrn. 105f.

[159] Philipp II. verzichtete 1555 auf die ihm 1551 versprochene Nachfolge im Reich. Duchhardt (1977), 38.

[160] Duchhardt (1977), 39.

[161] Ebd., 40.

[162] Gotthard (1999) Bd. 2, 559.

[163] Zit. nach Issleib (1886), 38. Vgl. Luttenberger (1982), 582.

die Voten der Stände auf den Reichstagen unterdrückt werden.[164] In dieser für das Haus Habsburg kritischen Situation bewährte sich der König, bewährte sich Ferdinand I. als Vermittler.[165]

Moritz von Sachsen lockte zwar mit »mehr oder weniger ernst gemeinten Überlegungen«, den französischen König mit der Aussicht auf die Kaiserkrone,[166] aber konkrete Schritte in dieser Richtung unternahm er nicht. Er informierte 1552 Heinrich II. über sein Vorgehen,[167] sondierte bei ihm über die französischen Friedensbedingungen in den Auseinandersetzung mit Karl V. und riet ihm dringend zum Friedensschluß.[168] Deshalb ist ihm zu glauben, wenn er sich gegen Behauptungen verwahrte, er habe sich im Bunde mit Frankreich gegen die deutsche Nation verschworen.[169] Schließlich galt für Moritz im Entscheidungsjahr 1552 der Frieden im Reich als höchstes Ziel,[170] weswegen er das im Januar 1552 mit dem französischen König geschlossene Bündnis von Chambord alsbald brach.[171] Daß er aus Sicht des Kaisers ein Verräter war,[172] entspricht dem eingeschränkten Blickwinkel Karls V., der in dem reichsfürstlichen Konsensanspruch stets nur eine Provokation seiner Stellung sah. Zudem: Wenig Sinn hätte es gemacht, in den Jahren nach 1552 eine Absetzung Karls V. zu betreiben. Die kaiserliche Position war entscheidend geschwächt, eine hegemoniale Politik nicht mehr möglich.[173] Ferdinand I., der jetzt immer mehr als der eigentliche Führer des habsburgischen Hauses im Reich hervortrat, hatte wesentlich mehr Verständnis für die Reichsverfassung und die kurfürstlichen Rechte als sein Bruder.[174]

Wie die Wahl Ferdinands I. 1530 war auch die Abdankung Karls V. ein Vorgang ohne Beispiel in der Reichsgeschichte.[175] Den Kurfürsten war die Problematik dieses Schrittes, den der Kaiser vergeblich geheimzuhalten versuchte,[176] von Anfang

164 Issleib (1886), 784.

165 Kohler (2003), 226ff.; Laubach (2003), 125.

166 Duchhardt (1977), 42f.; Gotthard (1999) Bd. 2, 562.

167 Issleib (1886), 21.

168 Ebd., 28.

169 Ebd., 45f.

170 Vgl. zum Beispiel ebd., 41, 44f. und 59. Weiterhin trieb Moritz im Jahre 1552 die Sorge vor einem Türkeneinfall um. Die Motive des Kurfürsten bei der Aufkündigung des Bündnisses von Chambord sind knapp und präzise zusammengefaßt bei Heinrich Lutz, Kaiser Karl V., Frankreich und das Reich, in: Ders. – Schubert – Weber (1968), 7–19, hier: 18.

171 Kohler (2003), 226. Zum Vertrag vgl. Ders. (1999), 339.

172 Diese Sicht übernimmt ziemlich unkritisch Brandi (1961), 507f. und 518.

173 Vgl. nur Press (1997), 102.

174 Laubach (2003), 125.

175 Vgl. Neuhaus (1996), 417f.; Kohler (2003), 265ff. Immer noch heranzuziehen, auch wenn die reichsrechtlichen Fragen ausgeklammert bleiben: Brandi (1961), 527ff.

176 Neuhaus (1996), 423ff.

an bewußt.[177] Reichsrechtlich wurde deshalb diese Abdankung auch erst auf dem Frankfurter Kurfürstentag von 1558 sanktioniert,[178] 600 Tage nachdem Karl V. am 3. August 1556 offiziell abgedankt hatte.[179] Noch im Jahre zuvor hatten vor allem Sachsen und Brandenburg die Befassung des Reichstages mit dieser Frage abgelehnt.[180]

Karl V. ließ bei aller Hast, mit der im September 1555 der Abdankungsplan entworfen wurde,[181] doch nie einen Zweifel daran, daß er zugunsten seines Bruders verzichtete.[182] Ferdinand erfuhr davon erst unmittelbar vor der Schlußsitzung des Augsburger Reichstags 1555, am 25. September.[183]

Mit seiner Abdankung hatte Karl V. ein letztes Mal gezeigt, wie wenig er von einer Reichsverfassung hielt. Auf die reichsrechtliche Problematik nahm er bei seinem Schritt nicht die geringste Rücksicht. Sein »Respekt ... vor den deutschen Kurfürsten war nicht eben besonders ausgeprägt«.[184] Die intransingente Politik Pauls IV., der sich in wagemutiger Interpretation auf verstaubte kanonistische Positionen berief, wonach ohne seine Zustimmung der Kaiser gar nicht hätte abdanken dürfen, und der »König Ferdinand am liebsten abgesetzt hätte«,[185] interessierte die Kurfürsten allenfalls am Rande.[186] Ihnen ging es um die Betonung ihres Wahlrechts, das – insofern unterschied sich ihre Auffassung nicht prinzipiell von der des Papstes – Karl V. durch seine einseitige Absetzung in Frage gestellt hätte.[187] Eine weitere Beeinträchtigung ihrer Rechte sahen sie trotz der Wahl des Jahres 1531 in der Abdankung zugunsten Ferdinands.[188] In Kenntnis ihrer Einstellung wird ihnen die bereits im Frühsommer 1556 ausgefertigte Abdankungsurkunde offiziell erst im Februar 1558 auf dem Frankfurter Kurfürstentag vorgelegt.[189] Gegen habsburgische Auffassungen setzten sich die Kurfürsten durch, als sie – die Wahl von 1531 in einer eigenen Bestätigungszeremonie erneuernd – 1558 ihren Kurfürstentag in eine Kaiserproklamation übergehen ließen, der ein Beschwören der neuen Wahl-

---

177 Luttenberger (1994), bes. 41; Kohler (1999), 354.

178 Luttenberger (1994), 40ff. Zur Wahl des Tagungsortes vgl. ebd., 27.

179 Kohler (1990), 354.

180 Luttenberger (1994), 23f.

181 Ebd., 17ff.; Neuhaus (1996), 420ff.

182 Kleinheyer (1987), 126. Vgl. Luttenberger (1994), 20.

183 Kohler (1999), 350; Ders. (2003), 250.

184 Gotthard (1999) Bd. 2, 671.

185 Duchhardt (1977), 57; Laubach (2003), 130ff. – Erst Pius IV. erkannte 1560 Ferdinand an. Ebd., 158.

186 Gotthard (1999) Bd. 2, 586. Vgl. zur Ansicht im Reich über die päpstlichen Ansprüche das Gutachten des Reichvizekanzlers Georg Sigmund Seld. Ebd., 587f.

187 Gotthard (1999) Bd. 2, 619 und 621.

188 Kleinheyer (1987), 126ff.; Gotthard (1999) Bd. 2, 619ff.

189 Duchhardt (1977), 54; Neuhaus (2002), 347.

kapitulation vorausging.[190] Karl V. hatte sich alles »ganz anders vorgestellt ... Eine besondere Rolle der Kurfürsten war nicht vorgesehen«.[191]

Die Politik Pauls IV. hatte zu nichts anderem geführt, als daß die Positionen des Jahres 1338 noch einmal bekräftigt wurden. Auf dem Reichstag des Jahres 1559 erklärte Ferdinand I., daß der Papst kein Recht habe, bei einer Kaiserwahl mitzureden,[192] und wenn 1562 Maximilian II. »vivente imperatore« gewählt wurde, obwohl sein Vater nicht vom Papst gekrönt worden war, kann dies als endgültiger »Bruch mit der Tradition« ebenso gewertet werden[193] wie als Realisierung der Rhenser Erklärung, wonach der gewählte König dem Wesen nach (»in esse«) bereits wahrer Kaiser sei.

---

190 Neuhaus (1996), 427ff. und 433f.; Kohler (2003), 268f. Vgl. Gotthard (1999) Bd. 2, 618, 622f. und 673. – Ferdinands Bemühungen, einen früheren Termin als den des Frankfurter Tages zu erreichen, scheiterten. Neuhaus (1996), 425.

191 Gotthard (1999) Bd. 2, 619.

192 Kohler (2003), 269f.

193 Duchhardt (1977), 68. Zur Wahl von 1562 vgl. Gotthard (1999) Bd. 1, 462ff.; 2, 632f.

II. Wiedergewinnung der Reichsverfassung aus spätmittelalterlicher Tradition

1. Der Kurverein des Jahres 1558, seine reichsgeschichtliche Bedeutung und die Fortsetzung der mittelalterlichen Wahlen »vivente imperatore« in der frühen Neuzeit

Die spätmittelalterliche Tradition des neuzeitlichen Kurvereins – die Gründe für unumstrittene Königswahlen bei Lebzeiten des Kaisers seit 1562 – die Furcht vor einem Interregnum und die überschätzten Ambitionen französischer Könige – eine Neuwahl als Drohung im Jahre 1612

In der Konkursmasse des hegemonialen Konzepts Karls V. tauchen die im Spätmittelalter geschaffenen Verfassungselemente wieder auf, werden als bewahrenswert eingeschätzt. Der Reichstag erhält seine Würde zurück, kann den Augsburger Religionsfrieden 1555 tragen, und in einer von Axel Gotthard zu Recht herausgestellten Form erobert der Konsensgedanke mit der Neubegründung des Kurvereins im Jahre 1558 verschüttete Traditionen zurück. Der Binger Kurverein von 1424 bildete, auch wenn er 1558 den Kurfürsten nicht mehr bekannt war,[1] die Grundlage einer Tradition, die, 1502 und 1521 noch einmal kurzfristig belebt,[2] nunmehr zu einem tragenden Verfassungselement werden sollte.[3] Die Korporationsverfassung des Kurkollegs wird 1558 im Zusammenhang mit der Erneuerung des Kurvereins in dem Vorhaben beschworen, alle vier Jahre einen Kurfürstentag abzuhalten.[4] Das wurde zwar so nicht eingehalten, aber die Kurfürstentage, oft die Wahltage begleitend, wurden zu einem wichtigen Verfassungselement des Reiches. Mit der Wiederentdeckung der im 15. Jahrhundert begründeten Kollegialstruktur wird zugleich deutlich, wie sehr die zurückgewonnene Reichsverfassung auf spätmittelalterlichen Grundlagen aufbaute.

---

[1] Vgl. Gotthard (1999) Bd. 1, 47.

[2] Vgl. ebd., 37ff., 203 und 453 mit Anm. 109; Bd. 2, 661. Zum Kurverein von 1521 vgl. ebd., Bd. 2, 847.

[3] Zur Gründung vgl. ebd., 37ff.

[4] Duchhardt (1977), 54f.; Luttenberger (1994), 39.

Der Kurverein von 1558 blieb bis zum Ende des Alten Reiches bestehen.[5] Seit 1612 wurde er, einem Vorschlag Kurtriers folgend, in der kaiserlichen Wahlkapitulation bestätigt,[6] was bei der Wahl Karls VII. 1742 einen interessanten, das Geschichts- und Selbstbewußtsein der Kurfürsten illustrierenden Randvorgang hervorbrachte. Damals strich man aus der Vorlage des Art. 3 § 12, der Wahlkapitulation Josephs I., in der Passage »vermög der güldenen Bull und der darauf sich gründenden Churfürstlichen Vereinigung« die Worte »darauf sich gründenden«, weil der Kurverein älter sei als die Goldene Bulle.[7] Das war zwar sachlich falsch, bestätigt aber unsere Warnung, das Gesetz Karls IV. im Sinne der Reichspublizisten des 18. Jahrhunderts als »lex fundamentalis« vorauszusetzen.

Eine Reform des Kurvereins von 1558 wurde mehrfach versucht.[8] 1684 von Pfalz und Brandenburg entworfene Statuten, welche den Konfessionsverhältnissen, aber auch den neuen politischen Anforderungen Rechnung tragen wollten, wurden von den altgläubigen Kurfürsten abgelehnt,[9] und die Erneuerungsversuche anläßlich der Wahlen von 1711, 1742 und 1745 blieben ohne konkretes Ergebnis.[10] Den Grund hat schon Johann Jacob Moser mit seinem Pragmatismus erfaßt: »Wo alle Churfürsten ein gemeinsames Interesse haben, da halten sie zusammen; und dieses würde auch geschehen, wann niemahlen kein Chur=Verein in der Welt gewesen wäre. Außer deme aber hat man noch die Schale von der Chur=Verein; der Kern aber ist verlohren gegangen«.[11] Anhand dieses lediglich für das 18. Jahrhundert berechtigten harschen Kommentars sei darauf hingewiesen: Es geht uns nur um den Nachweis, daß im Spätmittelalter die Grundlagen der Reichsverfassung geschaffen wurde. Der in der modernen Forschung überwiegend positiven Bewertung dieser Verfassung, die keine Reformen zuließ, weil dies die Machtbalance hätte stören können, sei damit kein Vorschub geleistet.

Schon seit ottonischer Zeit war es möglich gewesen, daß ein Kaiser bei Lebzeiten seinen Sohn zum Nachfolger wählen ließ. Unter den Saliern hatte sich dieses Prinzip insofern geklärt, als der Kaiser seinen Sohn zum König erheben ließ. In staufischer Zeit schien dieses Verfahren, in den Jahren 1167, 1197, 1220 und 1237 vollzogen, fast der Regelfall zu werden. Im Spätmittelalter hingegen erfolgte nur 1376 und 1486 die Wahl eines Königssohnes bei Lebzeiten seines kaiserlichen Vaters. Es entsprach der Wiedergewinnung der Reichsverfassung, wenn festzustellen ist: So umstritten die Wahl Ferdinands als lediglich formale Übernahme einer

5 Moser (1766), 342.
6 Ebd., 344.
7 Ebd., 311.
8 Vgl. für die zweite Hälfte des 17. Jahrhunderts Gotthard (1999) Bd. 1, 115 ff.
9 Moser (1766), 342.
10 Ebd.
11 Ebd., 348.

Rechtstradition gewesen war, so unumstritten im rechtlichen, nicht im politischen Sinne waren die späteren Wahlen »vivente imperatore«.[12] Es handelte sich um insgesamt sechs solcher Wahlen bis zum Ende des Alten Reiches.[13] Zwar erhoben sich bisweilen zweifelnde Stimmen, ob durch eine solche »abgedroschene Wahl«[14] nicht das kurfürstliche Wahlrecht entwertet würde,[15] aber sie blieben vereinzelt und folgenlos. Bei der Rechtsform einer solchen Wahl berief man sich natürlich auf die Goldene Bulle, obwohl die darüber gar nichts aussagte; aber das war ein Problem, das erst das Reichsstaatsrecht im 18. Jahrhundert interessierte.[16] Die größten Probleme bei einer solchen Sohnesfolge bereitete das Zeremoniell, das einerseits von dem einer Kaiserkrönung abgegrenzt, andererseits aber auch beeindruckend genug sein mußte.[17]

15 Kaiserwahlen erlebte die frühe Neuzeit. Neunmal kam es dabei zu einem Interregnum, deren kürzestes 1612 nur fünf Monate, deren längstes 1658 einundeinviertel Jahr währte.[18] Eine Wahl »vivente imperatore« beugte der Gefahr einer Herrscherentmachtung vor, und sie wurde von den Kurfürsten bisweilen aus ihrer Reichsverantwortung heraus geradezu gewünscht,[19] auch wenn die entsprechenden Wahltage »alle auf ihre Art umstritten und heikel« waren,[20] und 1630 Ferdinands II. Versuch, seinen Sohn wählen zu lassen, scheiterte.[21] Die Gründe für die Bereitwilligkeit der Kurfürsten faßte 1570 Lazarus von Schwendi zusammen, »damit nut etwa durch ein unversehen fal … ein interregnum oder zerthailte wal und

---

[12] 1616 allerdings lehnte Friedrich V. von der Pfalz den Plan einer solchen Wahl schroff wegen der traditionellen Befürchtung eines Erbkaisertums ab. Duchhardt (1977), 108f.

[13] Übersicht bei Gotthard (1999) Bd. 2, 599ff.

[14] Zitiert wird die Äußerung des bayerischen Gesandten bei der Wahl von 1658, der diese, auf die Wahl »vivente imperatore« von 1653 rückblickend, kommentiert: »Es ist keine abgedroschene Wahl gewesen als die nächste augsburgische und vielmehr pragische Wahl«. Gustav Heide, Die Wahl Leopolds I. zum Römischen Kaiser. ForschDtG 25 (1885), 1–67, hier: 10. Vgl. auch Gotthard (1999), Bd. 2, 783f. Der 1653 gewählte Ferdinand IV. war bereits zu Lebzeiten des Kaisers verstorben.

[15] Gegen die Wahl von 1562 wandte Pfalzgraf Friedrich III. ein, sie würde den Kurfürsten »zu Schimpf und Spott gereichen« und geschähe »wider die goldene Bulle und des kaisers beschworene Capitulation«. Gustav Droysen, Geschichte der Gegenreformation. 1893, 35. Eine Wahl zu Lebzeiten des Kaisers widersprach nach Bogislaw Philipp von Chemnitz dem Interesse, das alle Reichsstände an der Wahl hätten, sie wäre eine exklusive Angelegenheit der Kurfürsten. Scheel (1958), 116. Damit aber war vor allem der Gegensatz von Fürsten und Kurfürsten, weniger aber die Wahl selbst angesprochen.

[16] Vgl. Gotthard (1999) Bd. 2, 608ff.

[17] Vgl. Wanger (1994), 166ff.

[18] Neuhaus (1996), 417. – Bei der Wahl von 1562 fielen nur geringe Geschenke für die Kurfürsten an. Gotthard (1999) Bd. 2, 502.

[19] Vgl. Neuhaus (1997).

[20] Gotthard (1999) Bd. 1, 466.

[21] Vgl. dazu ebd., Bd. 2, 499f., 844f. und 847.

frembde eindringung zum kaiserthumb erfolge.«[22] Dem letzten Vertreter einer Reichsreform aus mittelalterlicher Tradition heraus, der noch nicht staatlich-mechanistischen Verbesserungsgedanken nachhing, erschien die Gefahr einer Doppelwahl wohl allzugroß. Einen anderen Punkt aber benennt er zutreffend. Bis in das 18. Jahrhundert hinein wurde ein Interregnum als solches gefürchtet.[23] (Der Pfälzer sehnte es wegen seiner Vikariatsrechte natürlich herbei.)[24] Angesichts der Europäisierung der Kaiserwahlen wurden nicht ohne Grund in einer »königslosen Zeit« Gefahren vermutet, die von »fremden Potentaten« ausgehen könnten.[25] Tatsächlich war das länger als 15 Monate währende Interregnum nach dem Tode Ferdinands III. 1657 eine Zeit voller Risiken für das Reich.[26]

So viel die Kurfürsten des 17. und 18. Jahrhunderts auch von der Wertewelt eines Lazarus von Schwendi trennte, so teilten sie doch seine Überzeugung, daß der Kaiser ein Deutscher sein müsse, daß die europäischen Bezüge, in denen seit 1519 eine Kaiserwahl stand, sich nicht erneut auf die Kandidatenfrage auswirken dürfe. Konkret: Die »teutsche Libertät« gewann im Laufe der Zeiten insofern einen konkreten Inhalt, als es vor allem galt, diese »Libertät« gegen die Ambitionen auswärtiger Herrscher zu verteidigen. Der König von Frankreich wurde zwar mehrfach im Reich als Kandidat für das Kaisertum genannt und gefürchtet,[27] aber bei der immer wieder beschworenen Gefahr der »fremden Potentaten« konnte auch an andere Herrscher gedacht werden, 1562 etwa an einen Habsburger der spanischen Linie.[28] Das war damals keineswegs unbegründet, hatte doch Philipp II. ein weites Netzwerk im Reich geknüpft, zu dem sogar evangelische Fürsten wie Julius von Braunschweig-Wolfenbüttel als Pensionäre gehörten.[29]

Vor allem wurden bei einem Interregnum französische Ambitionen gefürchtet. Zwei Zeugnisse für diese Sorge im frühneuzeitlichen Deutschland. Lazarus von Schwendi warnte 1558 insbesondere vor der Krone Frankreich, die versuche, »unwesen, zerrittung und abfall« ins Reich zu tragen.[30] 1689 war angesichts der bevor-

---

22 Nicklas (1997), 183. – Zur Furcht vor einem Interregnum vgl. Duchhardt (1977), 103 mit Anm. 17 und 107.

23 Gotthard (1999) Bd. 2, 593ff.

24 Ebd., 597f. Vgl. ebd., 634ff. zu den pfälzischen Widerständen gegen eine Wahl zu Lebzeiten des Kaisers seit 1574.

25 Ebd., 595.

26 Schmidt (1999), 340.

27 Grundlegend: Zeller (1934). – Schon in den 1550er Jahren begegnet, was bei Lazarus von Schwendi weiterlebt, in Reaktion auf entsprechende Gerüchte, eine massive national gestimmte Ablehnung eines französischen Kaisertums. Duchhardt (1977), 43.

28 Gotthard (1999) Bd. 2, 533.

29 Friedrich Edelmayer, Das Netzwerk Philipps II. von Spanien im Heiligen Römischen Reich, in: Duchhardt – Schnettger (1999), 57–80.

30 Nicklas (1997), 184f.

stehenden Kaiserwahl Josephs I. die größte Sorge der Kurfürsten, daß Frankreich danach strebe, »das Römische Reich under sich zu bringen.«[31] Die den Deutschen so teure Translatio imperii, die sich inzwischen mit dem Nationalstolz verband, galt im Ausland wenig. Das Kaisertum weckte geringere Begierden, als im Inland befürchtet. Es ging selbst den Kurfürsten nicht auf, daß das französische Königtum gar nicht so sehr am Kaisertum interessiert war,[32] daß sein Interesse vor allem darin bestand, ein habsburgisches Kaisertum zu verhindern.[33] Wenn Richelieu sich 1634 persönlich um die Nachfolge im Trierer Erzstift bemühte, so geschah das sicherlich in der Absicht, direkten Einfluß auf eine künftige Kaiserwahl zu gewinnen,[34] in seinen politischen Konzeptionen aber »hat eine französische Kaiserkandidatur ... nie eine ernsthafte Rolle gespielt«.[35] Selbst 1658 hatte es, obwohl in Forschung lange behauptet, keine französischen Ambitionen auf das Reich gegeben.[36] Immerhin: Eine Wahl »vivente imperatore« beugte Gefahren, die mit der Europäisierung der Kaiserwahl verbunden waren, vor.

Wie in staufischer Zeit war eine Sohneswahl bei Lebzeiten des Kaisers Ausdruck dynastischer Autorität. Deshalb hatten Frankreich und Schweden, als sie 1645 ihre Positionen für die künftigen Westfälischen Friedensverhandlungen abklärten, unabhängig voneinander die Forderung aufgestellt, künftig eine solche Wahl nicht mehr zu dulden.[37] Gegen solche Festlegungen aber sprach die Instruktion der brandenburgischen Gesandten, welche sich auf »die Freiheit, so in der Aurea Bulla gegründet«, berief.[38] Einer der vielen Belege, daß die Goldene Bulle, die sich in keinem ihrer Kapitel für eine solche Begründung heranziehen ließ, lediglich als Schutzschild der »Teutschen Libertät« betrachtet wurde, bevor sie dem Juristenstolz der Reichspublizistik des 18. Jahrhunderts auf eine bereits bestehende »lex fundamentalis« des Reiches Nahrung gab. Unabhängig davon: Es gelang Schweden und Frankreich nicht, ihre Forderung durchzusetzen.[39] Und hierbei gedenken wir doch der überzeitlichen Analogien, gedenken der Forchheimer Königswähler ebenso wie der Position Johanns des Beständigen und Johann Friedrichs. Ihre Argumente waren 1645 natürlich nicht bekannt und hätten wohl kaum mehr als zum Referentenstolz des gelehrten Zitats gedient. Die Analogien aber zeigen: Die freie Wahl war eine produktive Vorstellung, welche die Frage nach der Verfassung offen hielt.

---

31 Neuhaus (1997), 42.
32 Zeller (1934), 515ff.
33 Gotthard (1999) Bd. 2, 616 Anm. 120.
34 Weber (1968), 50.
35 Ebd.
36 Gotthard (1999) Bd. 2, 563.
37 Scheel (1958), 115; Gotthard (1999) Bd. 2, 531, 542, 616 und 652.
38 Scheel (1958), 118.
39 Karsten Ruppert, Die kaiserliche Politik auf dem westfälischen Friedenskongreß. 1979, 117.

Die Rechtsform einer Wahl vivente imperatore hatten die Kurfürsten 1454 als Drohung gegen Friedrich III. nutzen wollen. Nur das Fehlen eines geeigneten Kandidaten verhinderte es, dieser Drohung Nachdruck zu verleihen. Die gleiche Konstellation ergab sich in der Krise der späten Regierungsjahre Rudolfs II.[40] Im Herbst 1611 waren die Kurfürsten in Nürnberg zusammengekommen und beschlossen, auch gegen den Willen des Kaisers die Wahl eines Römischen Königs zu vollziehen. Den Wahltag schrieben sie zum 21. Mai 1612 nach Frankfurt aus, obwohl noch keine Einigkeit über den Kandidaten bestand.[41] (Die weltlichen Kurfürsten neigten Erzherzog Matthias zu, die geistlichen Erzherzog Albrecht, dem Statthalter der spanischen Niederlande.) Der Tod Rudolfs II. am 20. Januar 1612 verhinderte eine solche Wahl, die eine faktische Kaiserentmachtung bedeutet hätte. Matthias wurde zum Kaiser erkoren.[42] Für die Zukunft aber schrieben die Kurfürsten in die Wahlkapitulation von 1612, daß sie künftig auch »ohne eines regierenden Kaysers Consens« eine Wahl vivente imperatore vollziehen dürften.[43]

2. Der Absetzungsgedanke bei den Plänen eines protestantischen Kaisertums im ausgehenden 16. und im 17. Jahrhundert

Gerüchte und Projekte um eine Neuwahl als Ausdruck konfessioneller Gegensätze – das Fehlen ernsthafter Kandidaten für eine Neuwahl – erstrebte Gustav Adolf das Kaisertum?

Als »die Hoch- und Blütezeit protestantischer Kaiserprojekte« bezeichnete Heinz Duchhardt die Zeit zwischen etwa 1560 und dem Beginn des Dreißigjährigen Krieges.[44] Immer wieder tauchten Gerüchte auf, die von einem künftigen protestantischen Kaisertum wissen wollten, Gerüchte, die vielfach eine Verwandtschaft mit den alten Kaisersagen und Prophetien aufwiesen, die in dieser Zeit eine neue Aktualität gewannen.[45] Für den mit der Organisation von Wahltagen betrauten Erbmarschall von Pappenheim war der Gedanke einer Herrscherabsetzung so selbstverständlich, daß er 1580 feststellte: Kurfürstentage dienten der Wahl oder der »enntsetzung« eines Kaisers; im ersten Fall könne

---

[40] Zu dieser Krise vgl. Gotthard (1999) Bd. 2, 682ff.

[41] Wanger (1994), 35.

[42] Zur Wahl von 1612 vgl. Gotthard (1999) Bd. 2, 534, 541, 546ff., 557, 601, 614 und 649.

[43] Neuhaus (1997), 29; Gotthard (1999) Bd. 2, 689.

[44] Duchhardt (1977), 69.

[45] Ebd., 88f. Vgl. ebd., 98f. mit Anm. 70.

man von einem Wahl-, im andern Fall von einem »absetz oder degradation tag« sprechen.[46]

Zur Charakterisierung der Absetzungspläne kann die Interpretation dienen, die Axel Gotthard für die Reichspolitik um 1600 formulierte: »Immer wieder kreuzten sich jüngere konfessionelle und ältere ständestaatlich-monarchische Frontstellungen.«[47] So unterschiedlich die jeweiligen Ausgangspunkte auch waren, so blieben Neuwahl- und Absetzungsgerüchte ein durchgehendes Thema politischer Spekulationen. Es half Kurfürst August I. von Sachsen nichts, daß er riskanten politischen Aktionen abhold war, daß er eine Ausgleichspolitik zwischen Kaiser und Reichsständen verfolgte;[48] in der Öffentlichkeit und an europäischen Höfen wurde er als Kaiserkandidat gehandelt.[49] In den Gerüchten, aber auch in den in der politischen Szene gehandelten Projekten setzte sich fort, was in lutherischen Kreisen im Vorfeld des Schmalkaldischen Krieges erwogen worden war: ein protestantisches Kaisertum zum Schutz der neuen Lehre. Noch bei den Auseinandersetzungen um die Königswahl Ferdinands I. 1530/31 hatten die konfessionellen Gegensätze ebensowenig wie bei den Absetzungsplänen der 1520er Jahre sich politisch ausgewirkt. Die Zeiten aber sollten sich ändern. Die »Blütezeit protestantischer Kaiserprojekte« bezeugt, wie sehr jetzt die konfessionellen Gegensätze die politischen Orientierungen bestimmten.

Gerüchte, Spekulationen in der politischen Szene, aber auch Sorgen des päpstlichen Nuntius kennen in den frühen 1560er Jahren das Thema, wonach der junge König Ferdinand II. von Dänemark, als Herzog von Holstein auch Reichsfürst, Kaiser werden wolle,[50] Gerüchte die seit 1586/87, nach dem Tode Kurfürst August von Sachsen, des Schwiegervaters des Dänenkönigs, erneut wieder begegnen,[51] Gerüchte, die dessen Sohn und Nachfolger Christian IV. gewissermaßen erben sollte. In der Person Christians IV. erweist sich, wie eng diese Gerüchte und Projekte mit dem Dreißigjährigen Krieg zusammenhängen, wurde doch besonders 1605 und im Vorfeld der Kaiserwahl von 1612 die Kandidatur des Dänenkönigs erwogen,[52] der dann 1625 als Obrist des Niedersächsischen Reichskreises so folgenreich in das Kriegsgeschehen eingreifen sollte. (Selbst nach seiner vernichtenden Niederlage 1626 bei Lutter am Barenberge verstummten diese Gerüchte nicht ganz.)[53]

---

46 Gotthard (1999), Bd. 2, 624.
47 Gotthard (1995), 87.
48 Gotthard (1999) Bd. 1, bes. 64f., 67 und 74ff.
49 Duchhardt (1977), bes. 60f. und 90ff.
50 Ebd., 61ff.
51 Ebd., 72ff.
52 Ebd., 74ff.
53 Ebd., 80.

Ein weiterer Herrscher, dem im Reich zwischen 1580 und 1610 Ambitionen auf das Kaisertum nachgesagt wurden, war Heinrich IV. von Frankreich.[54] Kurfürst Friedrich der Fromme hatte schon 1562 und 1575 auf eine französische Kandidatur gehofft, und Pfalzgraf Johann Kasimir sollte dann im Reiche für ein Kaisertum Heinrichs IV. werben.[55] Ernsthafte Bemühungen des Bourbonen lassen sich aber nicht nachweisen; die Gerüchte sind offenbar abgeleitet von dem seit 1555 erkennbaren Ziel der französischen Politik, die Habsburger von einer künftigen Königswahl auszuschließen.[56] Wenn Johann Kasimir diese Pläne ernsthaft verfolgt hätte, wäre er gezwungen gewesen, sein distanziertes Verhältnis zum Kurverein aufzugeben.[57]

Die protestantischen Neuwahlpläne entwickeln sich selbst in ihrer Blütezeit nicht aus dem Dunstkreis von Gerüchten, Projekten, Praktiken heraus. Sie sind Ausdruck von Hoffnungen – selbst einen Realpolitiker wie Moritz von Oranien glaubte man 1612 ins Spiel bringen zu können –[58], sie sind Ausdruck von Befürchtungen angesichts des katholischen Übergewichts in den Reichsinstitutionen, aber sie bedeuteten erst dann eine Gefahr für das Haus Habsburg, als sie sich mit den Ereignissen des Dreißigjährigen Krieges verknüpften. Denn die als potentielle Kaiserkandidaten geltende Fürsten lagen »in religiöser und politischer Hinsicht auf einer mittleren oder vermittelnden Linie«.[59]

All diesen Projekten und Gerüchten ist gemeinsam, daß sie mit einer Neuwahl nicht zugleich die Frage der Absetzung eines Kaisers verbinden. Wir konstruieren aber keinen Zusammenhang mit den entsprechenden Plänen zur Zeit Friedrichs III. Es handelt sich lediglich um eine Analogie, die in der Neuzeit aus drei Gründen entstand, nämlich erstens der mangelnden Entscheidungsreife all dieser Projekte, zweitens, damit zusammenhängend, der mangelnden Bereitschaft eines Neuwahlkandidaten, sich überhaupt als entschlossener Feind des Hauses Habsburg zu offenbaren und drittens der Stabilität der Wahlverfassung. Diese wurde bis zum Dreißigjährigen Krieg vom Kaiser[60] und auch von den Protestanten, vor allem von der wichtigsten politischen Macht des Protestantismus jener Epoche, von Kur-

---

[54] Gotthard (1999) Bd. 2, 531 und 563 mit Anm. 339. Vgl. Duchhardt (1977), 81 ff. Bereits 1562 begegneten allerdings nur sehr vage Nachrichten, wonach der Bourbone Anton von Navarra sich um die Kaiserkrone bemühte. Duchhardt (1977), 65.

[55] Duchhardt (1977), 102 und 104f.

[56] Ebd., 61.

[57] Vgl.Gotthard (1999) Bd. 1, 79f.

[58] Duchhardt (1977), 112f.

[59] Ebd., 125.

[60] Weder Maximilian II. noch Rudolf II. reagierten auf die antikaiserliche Politik des Pfalzgrafen mit dem Entzug der Kurwürde, was so manche Gerüchte vorhersagten. Duchhardt (1977), 101.

sachsen respektiert.[61] Lediglich Kurpfalz wagte seit Pfalzgraf Friedrich dem Frommen eine offene antikaiserliche Politik,[62] die um 1600 aus den Plänen eines protestantischen Kaisertums keinen Hehl machte.[63] Mit seiner böhmischen Kurwürde hatte Friedrich V. zugleich »eine Art Anspruch auf die Kaiserkrone erworben«, wie die zeitgenössische Publizistik hervorhob.[64]

Heinz Duchhardt stellte fest, »daß in der gesamten Reichsgeschichte der frühen Neuzeit kein Fürst in einem so kurzen Zeitraum so häufig und so nachdrücklich mit der Kaiserkrone in Verbindung gebracht worden ist wie Gustav Adolf«.[65] Wollte Gustav Adolf Kaiser werden? Manche seiner Anhänger in deutschen Landen wie Bogislaw Philipp von Chemnitz hatten das erhofft.[66] Flugschriften, Prognostiken und Lieder nahmen in Für und Wider dieses Thema auf.[67] Im Überschwang nach dem Breitenfelder Sieg hatte ihm der Kurfürst von Sachsen – vielleicht sogar im betrunkenen Zustand[68] – die Kaiserkrone versprochen. Im Haag kursierten 1632 Gerüchte, daß Frankreich ein Kaisertum des Schwedenkönigs ablehne.[69] Der juristische Ansatz für alle Spekulationen war, daß man theoretisch dem vertriebenen »Winterkönig« noch den Besitz der pfälzischen und böhmischen Kurstimme zuschrieb und somit auf die protestantische Mehrheit von vier Stimmen im Kurkolleg kam.[70] Vage bleiben alle in diese Richtung weisenden Zeugnisse, bis auf eines, das – wenig beachtet – bereits 1904 Johann Kretzschmar bekannt machte, ein vom König selbst diktiertes Schriftstück unter dem Titel »norma futurarum actionum«. Es definiert »Das höchste und letzte Ziel aller Handlungen: ein neu evangelisch Haupt; das vorletzte: neue Verfassung unter den evangelischen Ständen und solchem Haupte.«[71]

---

[61] Während sein Vater, August I. an dem Ausgleich mit dem Hause Habsburg seine Politik orientierte, hatte Kurfürst Christian I. von Sachsen seit 1585 eine dezidiert protestantische Linie verfolgt. Duchhardt (1977), 93f. Doch auch weiterhin war die sächsische Politik um Ausgleich bemüht, war ein stabilisierender Faktor der Reichsverfassung. Vgl. Nicklas (1997), 187ff. 1612 und 1619 wurde Kurfürst Johann Georg von Sachsen als Kandidat für die Kaiserwahl von protestantischer Seite ins Spiel gebracht, obwohl er sich dezidiert für das Haus Habsburg ausgesprochen hatte. Duchhardt (1977), 95f.

[62] Duchhardt (1977), 101.

[63] Ebd., 106ff.

[64] Ebd., 136f.

[65] Ebd., 147.

[66] Goetze (1971), 88f. mit Anm. 388f. – 1630 erklärte ein französischer Gesandter dem Schwedenkönig, daß das protestantische Deutschland ihn als künftigen Kaiser erhoffe. Duchhardt (1977), 150.

[67] Duchhardt (1977), 148f. und 152.

[68] Ebd., 150.

[69] Ebd., 151.

[70] Ebd., 151.

[71] Johann Kretzschmar, Gustav Adolfs Pläne und Ziele in Deutschland und die Herzöge zu Braunschweig und Lüneburg. (QDarstGNdsachs 17) 1904, 168.

Wie immer man diese Quelle bewerten mag, so formuliert sie doch ein Maximal- und ein Minimalziel, läßt eine Spannweite der Konzeption erkennen, die einem Staatsmann wohl ansteht. Erneut, wie schon bei den mittelalterlichen Untersuchungen, sei versucht, kriegerische Abläufe als Geschichtsquelle zu nutzen. Gegen die dringenden Vorstellungen seines Kanzlers[72] zog Gustav Adolf nach der Schlacht von Breitenfeld nicht nach Böhmen und in die kaiserlichen Erblande, sondern in die Gebiete der »vis maxima regni« an Main und Rhein. Er schuf nach Kriegsrecht ein schwedisches Herzogtum Franken aus den Gebieten der Hochstifte Würzburg und Bamberg.[73] Die militärischen Bewegungen des Schwedenkönigs nach der Schlacht von Breitenfeld waren nicht von strategischen, sondern von politischen Konzeptionen diktiert. Wer nicht in die Lande des Kaisers, sondern in die Kerngebiete des Reiches zieht, will nicht den Grundsatzkonflikt mit dem Hause Habsburg austragen, sondern Einfluß im Reich gewinnen. Es ging Gustav Adolf nicht um den Kaiser, es ging ihm um das Reich. Ob er die Königs- oder gar Kaiserwürde erhoffte, ist unerheblich. Das in der zitierten Zielvorstellung erhaltene, von uns so genannte Minimalziel war durch einen solchen Kriegszug zu erreichen, durch einen Kriegszug, dessen politische Konzeption ein dauernder schwedischer Einfluß im Reich zum Schutz der evangelischen Konfession war.[74]

3. Die drei Gründe für das Fehlen von Neuwahlprojekten im späten 17. und im 18. Jahrhundert

Das europäische Interesse an einer Kaiserwahl – der Gegensatz von Fürsten und Kurfürsten als Hinderungsgrund einer reichsständischen Opposition – das Zeremoniell als Schutzwall gegen eigenmächtige Neuwahlversuche

Der Gedanke einer Herrscherentmachtung begegnet in politischen Kreisen noch bisweilen im ausgehenden 17. Jahrhundert. Der 1658, wohl nicht zuletzt unter französischem diplomatischen Einfluß erwogene Gedanke, eine Absetzung des Kaisers zwingend vorzuschreiben, wenn dieser gegen den Westfälischen Frieden verstoße, wurde ebensowenig weiterverfolgt[75] wie die entsprechende, Ende des 17. Jahrhunderts projektierte Möglichkeit bei einem Verstoß gegen die Wahlkapitu-

---

[72] Goetze (1971), 88.

[73] Christa Deinert, Die Schwedische Epoche in Franken. Diss. Würzburg 1966.

[74] Zur Forschungsdiskussion über Gustav Adolfs Konzeption eines »tutor evangelicorum« vgl. Herbert Langer, Der Heilbronner Bund (1633–35), in: Press (1995), 113–122, hier: 115f.

[75] Gotthard (1999) Bd. 2, 625.

lation.[76] Im folgenden Jahrhundert war die Depositionsfrage lediglich für die Gelehrten ein Thema,[77] politisch gesehen aber eines, das, wie 1764 formuliert wurde »in unsern gesitteten Tagen unnüze und von einem jeden ehrlichen Teutschen billig zu verabscheuen ist«.[78]

Ein Gutachten im Vorfeld der Wahl von 1690 griff noch einmal die Frage einer Kaiserabsetzung auf und urteilte, daß entsprechende Versuche nur zu »Empörungen und innerlichen Kriegen im Reich« führen würde. Axel Gotthard kommentierte diese Quelle: »Für seine Zeit und das ganze darauffolgende Jahrhundert hat der Autor damit alles Wesentliche zum Thema gesagt.«[79] Diese Meinung teilen wir. Aber: Zu fragen, warum es im 17. und 18. Jahrhundert noch nicht einmal mehr zu Absetzungsplänen kam, ist eine Umkehrung des Ansatzes unserer Untersuchung. Ging es im Mittelalter darum, über die Depositionsvorgänge das Werden der Reichsverfassung zu verfolgen, so geht es jetzt darum, die Festigkeit der Reichsverfassung, die in ihren spätmittelalterlichen Grundlagen zutiefst von Karl V. erschüttert worden war, zu prüfen. Allerdings: Die Historiker haben Mühe genug zu erklären, warum Ereignisse eingetreten sind; noch schwerer, wenn nicht gar unmöglich, fällt die Erklärung, warum in der Vergangenheit häufige Ereignisse von einem bestimmten Zeitpunkt an nicht wiederkehren.

Eine Kaiserwahl war eine Angelegenheit von europäischem Interesse. Was schon 1519 als Europäisierung der Wahl bezeichnet werden konnte, hing im wesentlichen mit der Kandidatur des französischen und spanischen Königs zusammen; seit dem Westfälischen Frieden aber ist eine Kaiserwahl zugleich eine Frage des europäischen Gleichgewichts. So lange eine habsburgische Sukzession nicht in Frage gestellt war, drohte keine empfindliche Störung. Und zu berücksichtigen ist die Stabilität, die Leopld I. für lange Zeit dem Kaisertum gesichert hatte.[80]

1742 war unvermeidbar geworden: Die Wahl eines Kaisers, der kein Habsburger war. Die angesichts des ersten schlesischen Krieges, den Friedrich II. von Preußen vom Zaune brach, verschärfte innere Situation im Reich versetzte Europa in Aufregung. Frankreich läßt seine Flotte aus Amerika zurückkommen und verstärkt die Landtruppen; das englische Parlament garantiert die Pragmatische Sanktion, um doch noch eine Wahl im Sinne des habsburgischen Hauses zu ermöglichen, und Dänemark – ein dänischer Gesandter wird am Wahltag anwesend sein – trifft zu Land und zur See Vorbereitungen für einen möglichen Krieg.[81]

---

76 Ebd., 628.
77 Vgl. ebd., 625f.
78 Ebd., 625 Anm. 178.
79 Ebd., 626.
80 Schmidt (1999), bes. 339ff.
81 Geschichte des Interregni Bd. 2, 1ff.

Hektische diplomatische Aktivitäten, Gesandtschaften, die zwischen den europäischen Höfen ausgetauscht werden, gehören zum Vorfeld der Wahl Karls VII.[82] Zum Wahltag werden sich Gesandte des Papstes, des französischen und des spanischen Königs einfinden.[83] Nur was die Hektik angeht, waren die Vorkehrungen des Jahres 1741 ungewöhnlich, nicht aber, was das grundsätzliche europäische Interesse an einer Kaiserwahl betraf. Dieses Interesse – unser erster Grund – verwehrt ein Aufleben innerdeutscher Depositionspläne, an denen das Mittelalter so reich gewesen war.

Wenn die Kurfürsten sich noch im 17. und 18. Jahrhundert wie z. B. in der Wahlkapitulation des Jahres 1689 »des heiligen Römischen Reiches vorderste Glieder« nennen,[84] mag man das als staatsrechtlichen Historismus bezeichnen, wie ihn gerade das frühneuzeitliche deutsche Staatsrecht liebte, man wird, sicher mit Recht, auch eine Nachwirkung der Goldenen Bulle in solchen Bezeichnungen vermuten können, denn immer wieder pflegten sich die Kurfürsten auf dieses Gesetz zu berufen, wenn sie ihre bevorrechtigte Würde in Gefahr sahen. Jedoch waren sie weit entfernt von der Einstellung ihrer Vorgänger im 14. Jahrhundert, dem Jahrhundert, in dem die Goldene Bulle entstanden war. Damals war es den rheinischen Kurfürsten als den »vordersten Gliedern« des Reichs darum gegangen, in Krisen dieses Reiches gemeinsam mit den Fürsten zu handeln, Reichseinungen zu schmieden. Davon hatten sich ihre Nachfahren im 17. und 18. Jahrhundert weit entfernt; sie betonten vielmehr, was sich im 15. Jahrhundert mit dem Aufkommen des Kurfürstenhutes bereits abzeichnete,[85] ihren Abstand zu den Reichsfürsten. Das sollte seit dem ausgehenden 16. Jahrhundert zu einem brisanten Thema werden.[86]

Rangfragen waren politische Fragen. So wollten die Kurfürsten 1689, um ihre »Praeeminenz« vor den Fürsten zu betonen, mit »durchlauchtigst« angeredet werden,[87] nicht mehr mit jenem »durchlauchtig«, was dem »illustris« entsprach, das nach alter Gewohnheit, als üblicher Anrede eines Fürsten, die Goldene Bulle für sie bereit hielt. 1741 pochen sie darauf, daß sie im Zeremoniell als königsgleich behandelt werden müßten.[88]

Die Wahrung ihrer Würde galt den Kurfürsten nicht als eitles Spiel; denn sie wußten, wie bitter es den Reichsfürsten ankam, daß sie von der Wahl des Kaisers

82 Geschichte des Interregni Bd. 1, 423ff.
83 Geschichte Carls des Siebenden (1743), 10.
84 Wegen des damals etwas ungewöhnlichen Adjektivs zitiert nach Siemsen (1909), 21.
85 Hoffmann (1982).
86 Gotthard (1999) Bd. 2, 689ff.
87 Siemsen (1909), 21.
88 Geschichte Carls des Siebenden (1743), 9.

ausgeschlossen waren,[89] daß sie ihre Vorstellungen weder in die Wahlverhandlungen, noch, was vielleicht ihnen wichtiger war, in die Wahlkapitulationen einbringen konnten. Die Fürsten durften laut Goldener Bulle während der Wahlverhandlungen nicht in Frankfurt weilen. Das mochte zu Zeiten Karls IV. auch Sinn gemacht haben, da nur so eine unabhängige Wahlhandlung gesichert schien; es bedeutete aber auch den Ausschluß der Fürsten, wie ihnen schmerzlich bei jeder neuen Kaiserwahl bewußt wurde, von allen politischen Vorberatungen. Während die Grafen vor allem die des mittelrheinischen Raumes in großer Zahl nach Frankfurt ritten, um ihre Interessen zu vertreten und vielfach beim Krönungsmahl aufzuwarten,[90] mußten die Gesandten der Fürsten vor den Toren Frankfurts verharren. Sie versammelten sich im nahegelegenen Offenbach, um jede sich bietende Möglichkeit zu nutzen, ihre Vorstellungen doch noch in die Wahlkapitulation einbringen zu können.[91] »Offenbacher« nannte man diese Gesandten, auffallenderweise sind es fast nur die weltlichen Fürsten. (Der Plan eine entsprechende Einrichtung auch für die geistlichen Fürsten in Steinau an der Straße zu schaffen, taucht nur 1741 kurzfristig auf.)[92]

Wenn die Kurfürsten 1741 darauf pochen, als königsgleich behandelt zu werden, so geht es nicht um Anmaßung. Vielmehr verbergen sich hinter der Frage der Titulatur politische Probleme. Denn bei der vorhergehenden Wahl von 1711 hatte sich der Brandenburger Kurfürst ungewöhnlich aufgeschlossen für reichsfürstliche Forderungen gezeigt. Er fühlte sich, 1701 zum König erhoben, als etwas Besseres als seine Kollegen im Kurverein.[93] Da im Kurkolleg der Brandenburger in seiner Würde nicht gekränkt werden sollte, verlangten seine »Kollegen«, um die Gleichheit wieder herzustellen, ebenfalls wie Könige tituliert zu werden. Zu wiederholen ist: Rangfragen sind politische Fragen.

Dem Interesse der Fürsten, stärker an den Wahlverhandlungen beteiligt zu werden, hatten die Bestimmungen des Westfälischen Friedens Rechnung getragen: »in proximis comitiis ... quoque de electione Romanorum Regem ... ex communi statuum consensu agatur et statuatur«.[94] Doch diese unter dem Einfluß der ausländi-

---

[89] Dazu einläßlich Gotthard (1999) Bd. 2, 568ff. Die von Kursachsen im Protest gegen die Wahl Ferdinands erhobene Forderung nach einer Ergänzungsbestimmung der Goldenen Bulle, wonach vor einer Wahl »vivente imperatore« die Kurfürsten und sechs Fürsten aus den ältesten Häusern die Notwendigkeit einer solchen Wahl feststellen sollten, war 1534 im Vertrag von Kaaden aufgegeben worden. Scheel (1958), 119f.; Gotthard (1999) Bd. 2, 555, 626, 628, 631 und 651f.

[90] Moser (1767), 92.

[91] Geschichte des Interregni Bd. 1, 425; 2, 483ff. Vgl. Frensdorff (1899), 4. Zu dem seit 1663 mit großer Härte geführten Streit um das »ius adcapitulandi« vgl. Gotthard (1999) Bd. 2, 792ff.

[92] Geschichte des Interregni Bd. 1, 425.

[93] Siemsen (1909), 41f.

[94] IPO Art. 8 § 3 und entsprechend IPM § 64. Vgl. Scheel (1958), 123; Gotthard (1999) Bd. 2, 574f. Zur Vorgeschichte vgl. Gotthard (1999) Bd. 2, 734ff.

schen Signatarmächte durchgedrückte Bestimmung ließ sich nicht aufrecht erhalten, obwohl der Westfälische Frieden bis zur Auflösung des Alten Reiches das eigentliche Reichsgrundgesetz war. Allzu sehr war der Kaiser von dem guten Willen der Kurfürsten abhängig, als daß er sich zum Anwalt der Fürsten hätte machen und unter Berufung auf den Westfälischen Frieden die im Spätmittelalter ausgebildete ständische Verkürzung der Reichsverfassung hätte aufheben können. Seit 1651 spitzte sich der Gegensatz zwischen Fürsten und Königswählern in dieser Frage zu.[95] 1653 waren die Kurfürsten, ohne sich verbindlich festzulegen, lediglich bereit, eine Mitsprache der Fürsten im Vorfeld einer Wahlkapitulation zuzulassen.[96]

Schon bei der Wahlkapitulation Ferdinands IV. waren zur großen Empörung der Betroffenen die Reichsstände nicht gefragt worden.[97] Der Rat des Reichstags wurde überhaupt nicht eingeholt.[98] Augsburg wurde als Wahlort vor allem deshalb gewählt, weil in Regensburg, das zuvor als Ausweich-Wahlstatt gedient hatte, den Kurfürsten nach 1663 gefährlich erschien; denn nunmehr tagte in dieser Stadt der »Immerwährende Reichstag«, und dessen Mitsprache wollten sie auf jeden Fall verhindern.[99] (1741 sollten sie gar die Auflösung dieser Reichsversammlung verlangen, weil sie während der Wahlhandlung ihren Prärogativen schaden könne.)[100] Das Problem war schon im Umfeld der Westfälischen Friedensverhandlungen präzise benannt worden. 1646 forderte ein braunschweigischer Gesandter die Mitsprache des Reichstages bei der Wahlkapitulation mit der Begründung: »Electores ziehen bald Jura Maiestatis, bald Jura principum an sich, Oligarchia stehe bevor«.[101]

1659 wurden – letztlich folgenlos – Pläne eines Fürstenvereins geschmiedet,[102] der als Gegenstück zum Kurverein Mitsprache der Fürsten bei der Königswahl garantieren sollte. Erst der 1662 gebildete Fürstenverein gewann größere Bedeutung,[103] begründete den Gedanken fürstlicher Solidarität gegen die Bevorrechtigung der Königswähler. Gegen die oligarchische Tendenz, die der kurfürstlichen Stellung innelag, hatte 1677 Leibniz im Dienste des hannoverschen Hofes seinen

---

95 Gotthard (1999) Bd. 2, 576ff.

96 Ebd., 581, 758ff. und 781.

97 Scheel (1958), 126ff.

98 Gotthard (1999) Bd. 2, 583f.

99 Moser (1767), 61; Siemsen (1909), 8 (zu 1689). Allgemein zum Verhältnis von Reichstag und Kurfürsten Gotthard (1999) Bd. 2, 808ff.

100 Fürnrohr (1963), 44.

101 Scheel (1958), 123.

102 Ebd., 128.

103 Matthias Schnettger, Der Fürstenverein von 1662. Zur Problematik der iura principum nach dem Westfälischen Frieden, in: Kunisch (1997), 223–251; Gotthard (1999), 750ff., 771ff. und 787ff.

»Caesarinus Fürstenerius« geschrieben.[104] Deshalb erhob sich, als 1692 Hannover zum Kurfürstentum erhoben wurde, unter den Fürsten ein Sturm der Entrüstung, und jetzt bildete sich ein Fürstenverein,[105] der aber keine größere Bedeutung gewann. Der berühmte Fürstenbund des Jahres 1785 war nicht mehr von dem Gegensatz zwischen Fürsten und Kurfürsten, sondern von dem neuen habsburgisch-preußischen Dualismus bestimmt.[106]

Es gelang den Kurfürsten, das politische Kernstück der Wahlverhandlungen, die Wahlkapitulation, in ihrer Hand zu behalten. Bei der Capitulatio perpetua des Jahres 1671 ließen sie sich nur in marginalen Fragen eine Mitsprache der Reichsstände gefallen.[107] Bei allen Kaiserwahlen der Folgezeit scheiterten die Versuche der Fürsten, eine stärkere Mitsprache wenigstens bei Abfassung der Wahlkapitulation zu erreichen.[108] Und das bedeutete nicht zuletzt den Verzicht auf eine Reichsreform. Ein halbes Jahrhundert wurde an einer »capitulatio perpetua« gearbeitet, und am Ende aller Bemühungen stand 1711 nur ein Entwurf.[109]

Vom Gedanken des Konsenses zwischen Herrscher und Beherrschten hatten unsere Untersuchungen in spätsalischer Zeit ihren Ausgang genommen. Dieser Gedanke aber war in der Stellung des Kurfürstenkollegs mit einer seit dem 15. Jahrhundert sich immer deutlicher abzeichnenden Tendenz schließlich monopolisiert worden. Das aber hatte auch Binnenwirkungen auf das Kolleg selbst. Das ebenfalls im 15. Jahrhundert entwickelte Korporationsbewußtsein blieb nur in seinen äußeren Formen erhalten. Das »ut singuli« kehrte innerhalb dieser äußeren Formen wieder. Ein politisch wirksames Korporationsbewußtsein konnte sich nur bei Interessengleichheit artikulieren, was angesichts der konfessionellen Spaltung aussichtslos war.

So blieb bis zum Ende des Alten Reiches als Monument spätmittelalterlicher Verfassungsprägung die Sonderstellung der Kurfürsten erhalten, die deutsche Variante des europäischen ständestaatlichen Gedankens. Man konnte noch Ende des 18. Jahrhunderts die Kurfürsten »als innersten geheimbden Nationalreichsrath in Theutschland« ansprechen;[110] aber genau dieses, die Zwitterstellung zwischen Reichsregierung und Reichsrepräsentation, war den Reichsfürsten, war der eigent-

104 Dazu, auch wegen der nüchternen Relativierung der Bedeutung dieser Schrift Gotthard (1999) Bd. 2, 753, 799ff. und bes. 805f. Zum Verhältnis der Welfen zum Fürstenverein von 1662 vgl. ebd., 800 und 803.

105 Scheel (1958), 131.

106 Dieter Stievermann, Der Fürstenbund von 1785 und das Reich, in: Press (1995), 209–226, bes. 218.

107 Scheel (1958), 129.

108 Moser (1766), 326f. Dazu Neuhaus (1997), 39.

109 Neuhaus (1997), 38.

110 Christian Gottlob Biener, Bestimmung der kaiserlichen Machtvollkommenheit in der teutschen Reichsregierung. Leipzig 1780, 42 (Kapitelüberschrift).

lichen parlamentarischen Institution im Reich, dem Reichstag, ein immerwährendes Ärgernis. Im barocken Amtsdeutsch sollten dann die Beschwerden der Fürsten die sie gegen ihre Nichtbeteiligung an der Wahlkapitulation vorbrachten, 1745 zusammengefaßt werden: »wie unleidenlich aber zum Theil auch dem Reichs=Fürstenstand verkleinerlich, darin von einem Seculo her verfahren, und die potestas ferendarum et interpretandarum Legum Imperii von einem Collegio allein praetense sich arrogirt werden wollen«.[111]

Der zweite Grund also, warum es im 17. und 18. Jahrhundert nicht zu Plänen einer Königsabsetzung kommen konnte, liegt nicht in den Stärken, sondern in den Mängeln der Reichsverfassung. Weder war das Kurfürstenkolleg zu einer mehrheitlich getragenen, geschweige denn einhelligen Meinungsbildung fähig, noch konnte sich angesichts des Gegensatzes von Kurfürsten und Reichsfürsten überhaupt eine wirksame Opposition gegen den Kaiser bilden.

Schon allein die europäische Bedeutung einer Kaiserwahl mußte die Hoffnungen auf eine Herrscherabsetzung im Reich dämpfen; daß aber noch nicht einmal entsprechende Projekte, und seien sie auch nur als politische Drohungen gemeint, aufkamen, lag neben dem kurfürstlich-reichsfürstlichen Gegensatz drittens an einer nur scheinbaren Äußerlichkeit, an der zeremoniellen Ausgestaltung der Wahlhandlung.[112] Aufwendig waren schon die Vorbereitungen, die der Frankfurter Rat für eine Königswahl zu treffen hatte.[113] Welche Bedeutung die äußeren Formen von Wahl und Krönung für die Zeitgenossen hatten, belegen die detaillierten Beschreibungen in den zahlreichen Flugschriften und Festberichten, die über diese Ereignisse berichteten.[114]

»Die Beobachtung des Ceremoniels vom grösten Umstand an biß auf den kleinsten ist kein geringer Theil von denen auf Kayser-Wahl und Crönungs-Tägen vorfallenden Beschäfftigungen«.[115] Diese in Bezug auf das höfische Leben gesamteuropäische Erscheinung hängt mit dem Gesandtenwesen zusammen. Ein preußischer Gesandter brachte es 1792 auf den Punkt: Ein Fürst könne durch Verzicht auf Ehren sogar Achtung erringen (der ursprüngliche Sinn von »Herablassung« war positiv), ein Gesandter aber müsse »strenger auf Rang und Würde« sehen.[116] Man sollte sich nicht täuschen lassen: Im höfischen Leben hatten nach wie vor Leutseligkeit und sachlich nüchterne Verkehrsformen ihren Platz, selbst wenn sie vielfach von den Launen des Herren dieses Hofes beeinflußt waren. Königswahlen

---

111 Moser (1766), 325. Vgl. ebd., 334ff.

112 Vgl. Wanger (1994), 24ff.; Gotthard (1999) Bd. 2, 806ff.

113 Wanger (1994), 38ff.

114 Dazu Wanger (1994), 19ff. und 171ff.

115 Moser (1767), 99. Vgl. grundsätzlich: Barbara Stollberg-Rilinger, Zeremoniell als politisches Verfahren. Rangordnung und Rangstreit als Strukturmerkmale des frühneuzeitlichen Reichstags, in: Kunisch (1997), 91–132.

116 Fürnrohr (1963), 16.

als Gesandtenkongresse betonten, wie es der preußische Gesandte erkannte, das Zeremoniell bis zu einem im 18. Jahrhundert so manchem Zeitgenossen lächerlich erscheinenden Maße.[117]

Wo peinlichst genau auf das Zeremoniell geachtet wurde, wo schon die Regelung der wechselseitigen Visiten der Wahlgesandten bis hin zum Stühlerücken zur politischen Frage wurde,[118] war eine Störung des Zeremoniells kein Fauxpas, sondern eine Bedrohung der Ordnung. 1658 hat der kurbayrische Gesandte eine gegen den anwesenden Kurfürsten von der Pfalz »unanständige Schrifft abgelesen«. Trotz umständlicher Diktion läßt das Protokoll der Sitzung das Ausmaß der politischen Irritation erkennen, welche die darauf erfolgende Störung des Zeremoniells nach sich ziehen mußte. »Haben Se. Chur-Fürstl. Durchl. zu Pfalz endlich ein holzernes auf dem Tisch stehendes Dintenfaß ergriffen und selbiges nach dem Herrn Oexel geworfen, welcher aber ohnerachtet dessen die Schrifft völlig ausgelesen, darüber ein Aufstand in dem Chur-Fürstlichen Collegio worden«. Und: »Es enstunde daraus ein beschwerlicher Handl, der fast in einen Krieg ausschlugen.«[119]

Unser dritter Grund, warum es im 17. und 18. Jahrhundert noch nicht einmal mehr zu Absetzungsplänen kam, bedarf keiner umständlichen Begründung. Wie sollte eine Herrschaftsentmachtung betrieben werden, wenn schon das Werfen eines Tintenfasses sich zur hochpolitischen Affäre auswachsen konnte?

Überblickt man die lange, im 15. Jahrhundert anhebende Reihe der neuzeitlichen Absetzungsprojekte, so gehört nicht viel Phantasie zur Feststellung: Keiner dieser Absetzungspläne der frühen Neuzeit hatte eine Kraft wie jene des Jahres 1192, als Heinrich VI. »contra omnium opinionem« mit einer »coniuaratio« fertig geworden war. Absetzungen und entsprechende Pläne sind, von ihrer Bedeutung her gesehen, ein Thema der mittelalterlichen Geschichte.

---

117 Stellvertretend: Die Memoiren des Ritters von Lang 1764–1835, hg. von Hans Haussherr. 1957, 113ff.

118 »Die Stühle können von Pagen, Canzellisten und Cammer=Dienern gerücket werden.« Moser (1767), 99. – Zum Besuchszeremoniell bei den Visiten und Gegenvisiten vgl. Wanger (1994), 75ff.

119 Moser (1767), 151f.

Zusammenfassung

Blicken wir vom Schluß unserer Untersuchung auf deren zeitliche Anfänge zurück. Bei der Königswahl 1024 lagerten die Anwesenden in Zelten; seitdem die Wahlen in Städten stattfanden, begann sich unvermeidlich ein Repräsentationsbedürfnis zu entwickeln; auf die Größe seines Gefolges legte ein Königswähler Wert, weswegen die Goldene Bulle die Zahl der Pferde begrenzte, mit denen ein Kurfürst in die Wahlstadt einreiten durfte. Seit dem 17. Jahrhundert jedoch sind es die Kutschen, in deren Zahl sich das Ansehen eines Kurfürsten bzw. seines Wahlgesandten ausdrückte.[1] Deshalb wurde 1741 die Bestimmung getroffen, daß die Wahlgesandten künftig nur mit drei Kutschen auffahren dürften, um die Verhandlungen nicht zu lange hinzuziehen.[2] Verfassungswirklichkeit hat nicht nur mit Gesetzen, sondern auch mit Äußerlichkeiten in dem Sinne zu tun, daß Stilfragen Rückwirkungen auf das Verfassungsverständnis haben können. Das betrifft vor allem die äußeren Formen, in denen sich der Konsens abbildete.

1. Konsens, »Herkommen« und Gesetz. Die Aussagen der Absetzungspläne für die Verfassungsbildung

Das Regnum, für das seit dem ausgehenden 11. Jahrhundert allmählich der Ausdruck »Regnum Theutonicum« gebraucht wurde, war stets, wo auch immer seine Anfänge liegen mögen, eine Wahlmonarchie. Aber: Vor dem Jahre 1273 hatte es in diesem Reich keine verbindliche Wahlform gegeben. Demzufolge entwickelte sich noch nicht einmal ansatzweise ein Verfahren, an das sich Königsgegner halten konnten, wenn sie eine Entmachtung ihres Herrschers planten. Daß aus dem Wahlrecht ein Absetzungsrecht abzuleiten sei, haben noch nicht einmal die rheinischen Kurfürsten im Jahre 1400 behauptet. Erst danach und unter Berufung auf dieses Ereignis wird der Umkehrschluß vom Wahl- auf ein Absetzungsrecht allmählich gezogen; er liegt den Depositionsplänen der Zeit Friedrichs III. und denen der frühen Neuzeit zugrunde – eine jener neuen Deutungen, wie sie jede Traditionsbildung begleiten.

Auch ohne den benannten Umkehrschluß hängen Wahl und Absetzung zusammen; beide Vorgänge sind schließlich vom Willen der Großen abhängig, aber zu klä-

---

1 Vgl. nur die Abb. bei Wanger (1994), 57.

2 Geschichte Carls des Siebenden (1743), 12.

ren war, welcher Art diese Zusammenhänge waren. Ausgehend von der Wahldefinition des Nikolaus von Kues bestimmten wir die Entmachtungsvorgänge nach den Möglichkeiten von Verurteilung, Herrscherverlassung, Anfechtung und Abkehr.

Da Wahl und Deposition gleichermaßen von dem Konsens der Großen abhängen, wird sichtbar, daß das Prinzip der freien Wahl nicht etwa in den Wahlvorgängen selbst, die im hohen Mittelalter mehrheitlich gebotene Wahlen waren, besonders zur Geltung kommt, sondern in den Plänen einer Entmachtung des Herrschers. Wir mußten vermeiden, diesen Gedanken über ein Formalprinzip »Absetzung« zu verfolgen; denn neben der gebotenen Wahl von Königssöhnen gab es auch 1098 und 1235 die vom Kaiser gebotene Absetzung. Das scheint zunächst mehr zu verwirren als zu klären und enthält doch die erste Rechtfertigung des Untertitels unserer Studie. Die Herrschaftszeiten, die nichts von Entmachtungsgefahren wissen, waren Zeiten, in denen der Konsens zwischen König und Großen nicht in Frage stand. Das bildete gewissermaßen die Gegenprobe für unseren Ansatz, über die Absetzungspläne das Werden der Reichsverfassung zu verfolgen.

Unser erstes Ergebnis läßt sich also so zusammenfassen: Das tragende Prinzip der Reichsverfassung ist seit spätsalischer Zeit der Konsens zwischen Herrscher und Großen. Mit jeder Königswahl wird dieser Konsens erneuert, mit jedem Absetzungsplan (ob berechtigt oder unberechtigt, sei dahingestellt) eingeklagt. Die formal gesehen neue Entwicklung der Wahlkapitulation seit 1519 ist ebenso eine Weiterentwicklung der mittelalterlichen Grundlagen der Reichsverfassung wie die neuzeitlichen Absetzungspläne, deren politisches Gewicht gering, deren verfassungsgeschichtliche Aussage groß ist: Die Freiheit der Wahl lag den mittelalterlichen Entmachtungsplänen ebenso zugrunde wie den Gerüchten, Spekulationen oder Projekten einer Neuwahl im 16. und 17. Jahrhundert.

Unser zweites Ergebnis haben wir bereits angesprochen, indem wir auf die Geschichte des Umkehrschlusses von Wahl- und Absetzungsrecht verwiesen. Der Absetzung Wenzels kommt eine große verfassungsgeschichtliche Bedeutung in der leisen Ironie des Präzedenzfalles zu, der nicht eingetreten ist. Noch im 16. Jahrhundert erinnerten die Kurfürsten an die Absetzungen Wenzels,[3] und als die Kritik an Rudolf II. zunahm, ließ man in Mainz 1605 das Absetzungsurteil des Jahres 1400 abschreiben.[4]

Unsere ersten beiden Ergebnisse sind von dem Gedanken des Konsens verklammert. Nicht anders steht es mit unserem dritten Ergebnis: Die in der freien Wahl enthaltene Begrenzung des Gehorsamsgebotes mußte nicht nur gegen den Herrscher, sondern auch gegen den Papst verteidigt werden. Eine andere Form von Gehorsam, die der Untertänigkeit wurde in Rom und später Avignon gefordert – und im Reich verweigert. Die bedeutende Deklaration von Rhens 1338 über die

---

[3] Gotthard (1999) Bd. 2, 619 und 623 (1555).

[4] Ebd., 625.

Freiheit der Königswahl wurzelte tief in der Geschichte seit spätsalischer Zeit. Tatsächlich war die Reichweite der päpstlichen Exkommunikationen von Königen begrenzt. Sie entsprachen nach unseren Kriterien einer Anfechtung, aber nicht einer Entmachtung des Königs.

Mit dem Hinweis auf die Tradition, in der die Rhenser Deklaration von 1338 stand, sei ein viertes Ergebnis unserer Untersuchungen benannt. Das Werden der Reichsverfassung lasen wir nicht scheinbaren »Grundgesetzen« wie der Goldenen Bulle ab. Wir werteten selbst die berühmtesten dieser Texte zunächst nicht als Normierungen, sondern als zeitgebundene Geschichtsquellen, deren Wirkungen einer besonderen Prüfung unter den Kriterien von Rezeption und Tradition bedürfen. Wenn Johann Jacob Moser das »Reichsherkommen« als einen – wenngleich nur den »fünften Grund« – der Reichsverfassung benennt,[5] so benennt er einmal ein Prinzip, das im Mittelalter eine viel größere Rolle spielte als zu seiner Zeit. Das mit geschichtlichen Exempeln argumentierende Reichsstaatsrecht des 18. Jahrhunderts, dessen Repräsentant Moser ist, begründete eine langwirkende historiographische Tradition, welche vor allem mit schriftlichen Quellen die Verfassungsgeschichte des Mittelalters zu beschreiben versuchte, ohne dabei die Wirkung der einzelnen Dokumente zu prüfen. Über die Geschichte der Absetzungsvorgänge hat sich infolgedessen, weil Entmachtungsvorgänge die Probe der Festigkeit von Rechtsregeln bilden, ein von der Forschung abweichendes Bild ergeben. Das »Reichsherkommen« ist der Hauptgrund der Verfassungsbildung. Die Rezeptionsgeschichte der Goldenen Bulle als Verfassungssymbol, nicht aber als normatives Gesetz bildet den schlagenden Beweis.

Unser fünftes Ergebnis wurde durch die Berücksichtigung der öffentlichen Meinung erzielt, mit einem Ansatz also, der angesichts der Bedeutung des »Herkommens« unerläßlich war. Es erschien uns unnötig, dabei den Begriff der Öffentlichkeit, der im Mittelalter mit sozialen Wandlungen auch Wandlungen seiner Erscheinungsformen unterlag, eingehend zu diskutieren,[6] weil es evident ist, daß angesichts der Königstreue des Gemeinen Mannes die Großen bis hin zum Papst gezwungen waren, um Zustimmung zu ihrem Handeln zu werben. Insbesondere in der Zeit Ludwigs des Bayern erwies sich, welche Kraft die öffentliche Meinung bei der Stabilisierung der königlichen Stellung haben konnte. Sie ließ selbst eine generationenlang währende Bekämpfung dieses König- und Kaisertums lediglich als Anfechtung erscheinen.

Dem Begriff der Öffentlichkeit ordnen wir auch jene verallgemeinerbare Wandlungen im Rechtsdenken zu, die bei unserem Thema vor allem mit dem Reichsbegriff zusammenhängen. Erst mit den Grundsatzdiskussionen zur Zeit Ludwigs

[5] Moser (1766), 5ff.

[6] Dieser Entscheidung lag keine Bequemlichkeit zugrunde, wie ich hoffe, mit dem Literaturhinweis begründen zu können: Ernst Schubert, Erscheinungsformen der öffentlichen Meinung im Mittelalter. Das Mittelalter 6 (2001), 109–127.

des Bayern verbreiten sich Auffassungen von der Transpersonalität des Reiches. Es bildet eine der Voraussetzungen für die Absetzung Wenzels, daß der König »von des Reiches wegen« herrsche.

Angemessen ist einer Zusammenfassung das Bemühen, nicht nur die Ergebnisse zu referieren, sondern auch jene Begründungen zu reflektieren, die in einer Darstellung, welche dem chronologischen Prinzip folgte, nur in ihrer jeweiligen zeitgebundenen Begrenzung geboten werden konnten.

2. Begründungen: Ereignisgeschichte, die Bedeutung des Zufalls und die Verfassungsgeschichte

Was der Historiker als Geschichte konstituiert, ist etwas anderes als das, was die Zeitgenossen als ihre Geschichte verstehen. Für die aufständischen Sachsen in salischer Zeit bedeutet die Geschichte etwas anderes als für die Verteidiger der Rechte Heinrichs IV. oder für Gregor VII. Wenn dabei die Geschichte zum politischen Argument wurde, stand das Pergament gegen die mündlich tradierte Erinnerung. Das Stichwort »Herkommen« kann die Problematik andeuten. »Herkommen« und Ereignisgeschichte hängen, wenn es gilt, die verfassungsgeschichtlichen Strukturen im Alten Reich zu erfassen, insofern zusammen, als das Wichtige von dem Unwichtigen zu trennen ist. Das ist leichter gesagt als durchgeführt. Zunächst erschweren die Quellen diesen Ansatz, weil sie die Ereignisse vielfach noch nicht einmal in ihrem Ablauf, geschweige denn in ihren Ursachen zu schildern beabsichtigten. Lediglich eine zufällige Überlieferung hatte zum Beispiel ermöglicht, die kleine, die lokale Ursache zu ermitteln, die im Konflikt Adolfs von Nassau mit Erzbischof Gerhard II. große Wirkungen nach sich zog. Sodann kann es keine verbindlichen Maßstäbe geben, an denen die Bedeutung eines Ereignisses aus diesem selbst abzulesen wäre. Das Bemühen, der Abfolge von Absetzungen das Werden der Reichsverfassung abzulesen, vereinfacht die Unterscheidung von Wichtigem und Unwichtigem insofern, weil es vor allem auf die Folgewirkungen von Ereignissen ankommen muß. »Herkommen«. Kontinuitätsstiftung und Verfassungsbildung hängen eng zusammen. Die Absetzung Friedrichs II. war eine europäische Sensation, wurde im Dekretalenrecht als erinnerungswürdig kommentiert – und wirkte dennoch im Reich nicht verfassungsbildend. Hier sind die Schlüsselereignisse mit den Jahreszahlen 1273, 1338, 1400 und (wegen der Rezeption der Goldenen Bulle in das Wahlverfahren) 1411 markiert. Die Sicht der Zeitgenossen lehrt, daß selbst spektakuläre Abläufe nicht unbedingt kontinuitätsstiftende Folgen haben müssen. Die Absetzung Adolfs von Nassau wurde von den Zeitgenossen als Königsmord gedeutet; das verhinderte, daß die Vorgänge des Jahres 1298 im Gegensatz zu denen des Jahres 1400 einen Präzedenzfall bilden konnten.

Jeder Versuch, verfassungsgeschichtliche Entwicklungen im Mittelalter zu beschreiben, wäre im Ansatz unredlich, wenn nicht der Zufall als geschichtsmächtiger Faktor berücksichtigt würde. 1104 plante Heinrich IV. einen Kriegszug nach Sachsen – wäre er geglückt, hätte der Sachsenaufstand keine langfristigen Konsequenzen gehabt; der Aufstand seines Sohnes erstickte den Versuch des Kaisers, die »coquina imperii« für das Königtum zurückzugewinnen. Ein zweites Beispiel: 1307 wollte Albrecht I. die Niederlage von Lucka wettmachen und die Konzeptionen seines Vaters und Adolfs von Nassau zur Gewinnung eines thüringischen Königslandes vollenden. Der von seinem Neffen begangene Meuchelmord vereitelte dieses Vorhaben, und die Königswahl des Jahres 1308 hatte den Verzicht auf diese Konzeptionen zur Voraussetzung. Zufälle hatten eine materielle Konstituierung des Königtums 1104 in norddeutschen bzw. 1308 in mitteldeutschen Landen verhindert. Ein Ausblick ins 19. Jahrhundert verdeutlicht die historische Dimension dieser Zufälle. Ob kleindeutsch oder großdeutsch: Die Alternative bestand zwischen Herrschaftsbildungen am Rande und außerhalb des Alten Reichs, in dessen Mitte nach 1308 sich kein Königtum mehr etablieren konnte.[7] Den Beispielen von 1104 und 1307 können wir zahlreiche weitere zur Seite stellen.

Zu Recht kommentierte Egon Boshof den Königsmord von 1208 als »überzeugendes Beispiel für die Wirkung des Zufalls in der Geschichte.«[8] Dieser betrifft – jede Vorstellung von Leitlinien relativierend – Kaisertum und Papsttum gleichermaßen. Auch die Geschichte des Papsttums ist in einer Welt, die sich immer wieder an die Glücksgöttin Fortuna erinnert, von den Zufälligkeiten von Glück und Unglück in einem Maße abhängig, welches alle Vorstellungen von einem im Wesen des Papsttums angelegten Sieg Innozenz IV. über Friedrich II. relativiert. Die schlichte Frage Friedrich Kempfs zur Absetzung Friedrichs II. spottet, ohne dieses zu beabsichtigen, über alle Bemühungen, aus äußeren Ereignissen eine innere Logik, in diesem Fall den vorbestimmten Sieg des Papsttums über das Kaisertum, ableiten zu wollen: »Wer weiß, wie der Kampf ausgegangen wäre, hätte anstatt des Kaisers der Papst zuvor das Zeitliche gesegnet.«[9] Es geht nicht darum, fiktiv das »was wäre geschehen, wenn« durchzuspielen, sondern zweierlei zu berücksichtigen. Erstens: Für das Handeln ergibt sich angesichts der für den Handelnden noch ungewissen Zukunft ein schärferes Profil. Deshalb konnte zum Beispiel Kempf zu der völlig berechtigten Feststellung gelangen: »Innozenz IV. trieb ein gefährliches Spiel«.[10] Zweitens: Es gibt nicht unbedingt eine von vornherein angelegte Entwicklungslogik verfassungsgeschichtlicher Prozesse.

---

[7] Zu dem Königtum Ruprechts von der Pfalz (1400–1410), das zum Scheitern verurteilt war, vgl. Schubert (1987).

[8] Boshof (2000), 63.

[9] Kempf (1974), 359.

[10] Ebd.

Die Berücksichtigung des Zufalls gehört zur Geschichtsschreibung; diese aber darf sich nicht in einer Abfolge von Zufällen erschöpfen. Aus der Perspektive unseres Themas ist darauf aufmerksam zu machen, daß der Spielraum von Zufällen nicht beliebig groß ist. Begrenzt ist er von Recht und Macht; und beide Faktoren sind im Wahlprinzip bereits angelegt. Wie beschränkt im Falle der Königswahlen und -absetzungen der Vorrat an Möglichkeiten ist, läßt sich daran ermessen, daß es immer wieder Analogien gibt, die nicht mit Rechtstraditionen zu verwechseln sind.

Die Unterscheidung von Analogien und rechtlichen Traditionen ist deshalb wichtig, weil dadurch der sich verengende Spielraum zwischen Recht und Macht ausgeleuchtet wird. Drei Beispiele: Wenn die Großen 1076 dem König mit einer Absetzung drohen, falls er sich nicht binnen eines Jahres mit dem Papst aussöhnen und sich damit bußfertig in Revision seines bisherigen Herrschaftsstils erweisen würde, so gibt es eine Verwandtschaft mit den kurfürstlichen Drohungen von 1424 und 1456. Das beruht natürlich auf keiner Tradition; Welten trennen die Großen der salischen Zeit von den Kurfürsten des 15. Jahrhunderts.

Unser zweites Beispiel ist etwas komplizierter. In der karolingischen Zeit ist die Absetzung des Herrschers durch Gerichtsverfahren zwar nicht ganz unbekannt, aber dieser Gedanke spielt eine so untergeordnete Rolle in den politischen Kämpfen,[11] daß sich die Forderung des »biscof Gebehart« in der Kaiserchronik als Gegensatz zu den früheren Zuständen enthüllt. Der Dichter der Kaiserchronik hatte eine Königsabsetzung grundsätzlich als möglich angesehen, und er ließ zugleich die Unsicherheit des Verfahrens in der gegensätzlichen Argumentation der weltlichen Fürsten und des »biscof Gebehart« erkennen, eine Unsicherheit, die in den unterschiedlichen Auffassungen vom Königtum wurzelt. Für die weltlichen Fürsten ist die Absetzung bereits in der körperlichen Unfähigkeit des Königs begründet, während der Bischof die Frage nach der Schuld, der persönlichen Verantwortung des »Römischen Richters« stellt, oder – wenn man das »schulde« im Sinne von »Beschuldigung« auffaßt – postuliert: Der Würde des Reiches entspräche es nicht, einen Herrscher ohne rechtliches Verfahren zu verstoßen. Direkte Konsequenzen für die Herrscherabsetzungen hatte diese Auffassung bis zum Jahre 1400 nicht. Wenn dann damals eine Absetzung durch Richterspruch vollzogen wird, liegt dem keine von der Kaiserchronik ableitbare Tradition zugrunde. Nur mit interpretatorischer Gewalt wären Kontinuitäten zu konstruieren.

Unser drittes Beispiel: 1531 stellt Kurfürst Johann Friedrich von Sachsen als Vorbedingung seiner Anerkennung der Königswahl Ferdinands I. die Forderung, daß künftig nicht mehr als zwei Könige aus dem gleichen Herrscherhaus nacheinander

---

[11] Bund (1979), 531 f. und 791.

gewählt werden dürften.[12] Diese Forderung entspricht im Prinzip dem, was 1077 die Forchheimer Königswähler durchsetzen wollten. Aber der Kurfürst von Sachsen stand 1531 allein mit einer Forderung, die dreieinhalb Jahrhunderte zuvor noch eines breiten Konsenses sicher war.

Unsere drei Beispiele für Analogien veranlassen durch den Nachweis, daß der Spielraum zwischen Recht und Macht nicht beliebig groß ist, zu einem erneuten Durchdenken des Verhältnisses von Verfassungsgeschichte und Ereignisgeschichte. Die Begriffe Tradition und Rezeption helfen, die schwierige Trennung von Wichtigem und Unwichtigem – das Thema des zeitgebunden Exemplarischen sei hier ausgeklammert – abzuschätzen. Der, wie wir meinen, logischerweise erst in einer Zusammenfassung, die sich von den Ereignissen lösen kann, eingeführte Begriff der Analogie, zugleich der Benennung des engen Spielraums der Möglichkeiten, bildet die Ergänzung von Tradition und Rezeption. Diese drei Begriffe scheinen uns nicht nur für das Mittelalter anwendbar zu sein. Zum Wesen der Verfassungsbildung gehört die Begrenzung der Folgen von Zufällen – für die Zukunft. Hier liegt der tiefste Grund für die Sicherung des Wahlprinzips als des leitenden Prinzips der deutschen Königsgeschichte. In dem weiten Feld zwischen Recht und Macht[13] mußten alle, die einem König nicht mehr gehorsam sein wollten, um Begründungen bemüht sein, die eine künftige Herrschaft erst ermöglichen konnten.

3. Kontinuitäten, Wandlungen, Brüche

Einen König darf man nicht absetzen. Das war die Überzeugung des Gemeinen Mannes. Diese Überzeugung bildete die Kontinuität über Einstellungswandlungen hinweg. Die armen Leute, die 1106 die Erde vom Grabe Heinrichs IV. auf ihre Äkker streuten, weil sie sich Fruchtbarkeit davon versprachen, teilten diese Überzeugung mit den Bürgern von Ruffach, welche in diesem Jahr die erzwungene Preisgabe der Reichskleinodien als ein dem Kaiser angetanes Unrecht ansahen.

Wenn sogar Wenzel als dem »alten König« noch Respekt entgegengebracht wird, wenn damals die Nürnberger Ratsherren sehr vorsichtig ihren Bürgern die Hinwendung zu Ruprecht erklären müssen, ist die Tradition der Königstreue zwar noch erkennbar, aber sie erscheint doch nicht mehr in jener im Jahre 1106 aufbrechenden Leidenschaftlichkeit. Tatsächlich hing mit der Entwicklung der öffent-

---

12 Kohler (1982), 268. Diese Position variierte Johann Friedrich 1534, ohne das Prinzip, um das es ihm ging, in Frage zu stellen. Es müsse für die Zukunft entschieden werden »ob zween, drey oder mherer romische konige aus einem hause nacheinander sollten mugen erwelt werden.« Ebd., 328.

13 Vgl. für das frühe Mittelalter: Bund (1979), 83ff. und grundsätzlich: František Graus, Gewalt und Recht im Verständnis des Mittelalters. BaslerBeitrrGWiss 134 (1974), 5–21.

lichen Meinung auch zusammen, daß selbst der König als Figur der Öffentlichkeit nicht nur kritisiert, sondern auch bedroht werden konnte. Sogar Mordpläne, nach heutiger Begrifflichkeit: Terroranschläge gegen den König konnten von kleinen Leuten geplant werden wie 1250 in Regensburg auf Konrad IV.[14] Hundert Jahre später wird in Nürnberg ein Goldschmied für fünf Jahre der Stadt verwiesen, weil »er sprach, einer möchte nehmen 100 gulden, ein bub oder wer es wer, und möht in ain getreng sich machen, do der kunich wer, und möht in derstechen.«[15] Um Einzelfälle mag es sich gehandelt haben, aber die Strafen – und Strafen sind in der mittelalterlichen Stadtöffentlichkeit konsensgebunden – zeigen, daß eine besondere Strafwürdigkeit den Redereien um einen Königsmord nicht zugemessen wird. Gotteslästerungen konnten wesentlich härter geahndet werden.

Es mag einer Zusammenfassung unangemessen erscheinen, auf beiläufige, marginale Erscheinungen zu verweisen. Aber bisweilen können gerade im unscheinbaren Detail die grundsätzlichen Fragen aufscheinen. Also: Welchen Differenzierungsgrad hat die öffentliche Meinung bereits erreicht, und wie steht es mit dem Königsheil, mit jener Vorstellung, welche die öffentliche Hinrichtung eines Königs, wie in England 1649, als epochales Ereignis, als Indiz für eine Zeitenwende erscheinen läßt? Selbst wenn die Vorstellung von einem Königsheil weiter verbreitet gewesen wäre, als wir annehmen, konnte es doch, wie alle Absetzungen und Absetzungspläne belegen, den Herrscher nicht vor der Gefahr der Entmachtung schützen.

Der Fall des in der Forschung vielfach verzeichneten Königsheils möge stellvertretend dafür stehen, daß es gar keine zeitübergreifende Ideologien gegeben hat, welche dem gefährdeten König helfen konnten. Aber es gab auch keine zeitübergreifende Ideologien, welche seine Stellung gefährdeten. »Ideologie« sei hier nicht im leicht abschätzigen heutigen, den Meinungspluralismus bevorzugenden Sinne verstanden, sondern als ein auf Herrschaftsausübung oder Sozialordnung bezogenes, um einen geistigen Mittelpunkt zur Kugel gewickeltes Gedankengeflecht, dessen Kugelform die Aufnahme von anderen Mittelpunkten ausgehender Fäden nicht zuläßt. In diesem Sinne lassen sich zwar zahlreiche mediokre Kanonisten und auch Legisten als Ideologen verstehen, aber nicht die Kanonistik oder die Legistik als Ideologie. Mit dieser umständlichen Darlegung sei begründet, daß es weder das Königtum stützende, noch es gefährdende Ideologien gab. Insofern hatten die von uns polemisch abgegriffenen »Machthistoriker« durchaus Recht, wenn sie aus eigengesetzlichen Gegebenheiten die Entwicklung der Monarchie ableiteten; sie hatten nach unserer Überzeugung jedoch in ihrem undifferenzierten Machtbegriff Unrecht, der die Frage der zeitgebundenen Werthaltigkeit von Macht

[14] Hermann Knapp, Alt-Regensburgs Gerichtsverfassung, Strafverfahren und Strafrecht bis zur Carolina. 1914, 140.

[15] Werner Schultheiß, Die Acht-, Verbots- und Fehdebücher Nürnbergs von 1298–1400 (QforschGStadtNürnberg 2) 1960, 76.

ebenso ausschloß wie den für die Entfaltung jedweder Macht im Mittelalter unerläßlichen Konsens der Großen.

Statt überzeitlicher Ideologien können zeitgebundene Auffassungen das Königtum stützen oder gefährden. Das ist deswegen so schwer feststellbar, weil das Mittelalter dem Gedanken des überzeitlichen, ewig gültigen Rechts anhängt und dessen unvermeidliche Wandlungen nicht wahrhaben will. Personalisiert sei dieses kaum grundsätzlich zu lösende Problem im Hinblick auf die Herrscherentmachtung: Innozenz III., der die wichtigsten Dekretalen zum Thema Regnum und Sacerdotium geschaffen hat, sollte sich scheuen, aus päpstlicher Machtvollkommenheit die Absetzung eines römischen Kaisers zu verkünden; Innozenz IV. hingegen, hatte die kanonistischen Lehrmeinungen, die sich an die Dekretalen seines Vorgängers ankristallisierten, genutzt, um der Absetzung Friedrichs II. eine rechtliche Fassade vorzublenden.

Nicht gerade selten erlag die Forschung der Versuchung, die Einzelfälle der päpstlichen Anfechtungen des römischen Königs oder Kaisers zu einer Leitlinie der Auseinandersetzung von Regnum und Sacerdotium zu verknüpfen. Das geschah im besten Gewissen der Quellennähe und war dennoch quellenfern. Vor dem 15. Jahrhundert weiß kein mittelalterlicher Chronist etwas von diesem angeblich zeitübergreifenden Grundsatzstreit, und die wenigen einschlägigen Zeugnisse des 15. Jahrhunderts unterliegen bereits den Gefahren der historischen Rekonstruktion unter zeitgebundenen Vorgaben, die seit dem konfessionellen Zeitalter Geschichtsbilder prägen sollten.

Bei aller Skepsis gegenüber Leitlinien kann nicht übersehen werden, daß Verfassungsbildung mit der Entwicklung von Institutionen auch die anerkannter Verfahrensregeln voraussetzte. Hierbei konkurrierten Kirche und Welt, teilweise sogar in den Bereichen von geschriebenem und mündlich tradiertem Recht. Über die Schrift und die Kanonistik schien die Kirche zunächst den entscheidenden Beitrag zur Verfassungsbildung zu leisten zu können; die Kanonistik hatte ein wesentlich festeres Lehrgebäude errichtet als das weltliche, vom Gedanken des alten Herkommens geprägte Recht. So stand – um die Frage aus der Perspektive unseres Themas zu behandeln – die Absetzung von 1245 auf gesichertem kanonistischen Rechtsboden, während im Jahre 1400 bis hin zur Improvisation des Königslagers noch nach den weltlichen Rechtsregeln gesucht werden mußte. Wir unterschätzen gewiß nicht den wachsenden Einfluß des Kirchenrechts auf den königlichen und fürstlichen Amtsgedanken, halten jedoch aus der Perspektive der Königsabsetzungen daran fest, daß die Kirche immer mehr an Einfluß auf die verfassungsprägenden Vorgänge verlor.

Die Exkommunikation eines Königs hätte die Möglichkeit einer Herrscherverlassung eröffnen können. Das wäre nach 1076 wohl möglich gewesen, wenn auch der Weg zu einer Königsabsetzung, wie sich dann 1106 erwies, noch sehr weit gewesen wäre. Selbst die Bannsprüche Innozenz' III., eines Papstes, der so folgenreiche Dekretalen erlassen hatte, wurden im Reich nur von den Königsgegner zur Legitimierung ihrer Opposition genutzt, nicht aber wegen der Autorität des Papstes befolgt, und die Bannsprüche Gregors IX. hatten in deutschen Landen noch nicht einmal die Wirkung von Anfechtungen des Kaisertums. 1298 und 1400 sollten die Kurfürsten es nicht einmal für nötig halten, die Kurie in ihr Vorhaben einzuweihen. Und schließlich konnten im 15. Jahrhundert die Gelehrten Räte sogar auf die Argumentationshilfe von Experten des kanonistischen Rechts verzichten, als sie in den 1450er und 1460er Jahren Pläne zur Entmachtung Friedrichs III. entwarfen. Eine vorgegebene Autorität des Papsttums bezogen sie in ihre Pläne nicht ein.

Königsabsetzungen sind ein Thema des Regnum, der inneren Verhältnisse in deutschen Landen. Das ist so evident – schließlich hatte nur einmal, 983, eine Königswahl außerhalb dieses Regnum, in Verona stattgefunden –, daß dieser Feststellung keine langatmige Zuordnung zum Sybel-Ficker-Streit zu folgen braucht. Was dieser Streit aber verdeckte oder angesichts der politischen Situation im 19. Jahrhundert auch verdecken mußte, war die Frage der Verbindung von dynastischer und nationaler Geschichte. Die Gleichsetzung der Schicksale der staufischen Dynastie mit denen des Reichs ist ein die Geschichtsschreibung belastendes Erbe seit der Zeit ihrer Entwicklung zur wissenschaftlichen Disziplin. Daß Staat und Dynastie sich wechselseitig bedingten, stand für meine Kollegen im 19. Jahrhundert außer Frage. (Sie lehrten nicht an einem Hochschulstandort Südniedersachsen, sondern an der Königlichen Universität Göttingen.) Sie waren nur in Ausnahmefällen »Monarchisten« im Sinne des »monarchischen Prinzips«. Aber sie schrieben in einer Gegenwärtigkeit von Monarchie und Staat. Von dieser Fixierung hat sich die weitere Forschung selten gelöst. Die Folgen: »Die Italienpolitik Barbarossas« ist ein beliebtes, weil angesichts der Literaturlage gut beherrschbares Examensthema.

Die Italienpolitik hatte für das Regnum keine verfassungsgeschichtlichen Folgen; sie war zu Zeiten Friedrichs I. eine Politik, die in Zelten gestaltet wurde; wenig beständig angesichts wachsender kommunaler Macht der festen Häuser. Durch die Heirat Heinrichs VI. mit Konstanze gewann diese Politik, gestützt auf das damals noch blühende Städtewesen Siziliens, eine ganz andere Dimension. Seitdem aber mußte sich, unumstritten in der Forschung, das Papsttum bedroht fühlen. Die Furcht vor einer den werdenden »Kirchenstaat« umklammernden Vereinigung von Kaisertum und Königreich Sizilien hatte die Päpste stets die antistaufischen Kräfte unterstützen lassen.[16] Das aber hatte, wie die Geschichte der Anfechtungen der Königsmacht lehrt, nichts mit einem Grundsatzstreit zwischen Regnum und Sacerdotium zu tun. Singulär, ohne Folgewirkung war die Verkündung der Kaiserabsetzung vor dem ersten Konzil von Lyon 1245. Welten liegen zwischen der Parteinahme Gregors VII. nach 1080 für die antisalischen Kräfte im

[16] Den unauflöslichen Zusammenhang von Rekuperationspolitik und dem Eingreifen Innozenz' III. in den deutschen Thronstreit stellt Laufs (1980) dar.

Reich und der Unterstützung der antistaufischen Königswahlen 1247 durch Innozenz IV. Was Gregor VII. durch ein öffentliches Gebet erreichen konnte, nämlich die Gefolgschaft vieler Großer im Reich, kostete 1247 den Papst viel Geld.

Allein was Sizilien anging, hatte das Papsttum in der von uns in Frage gestellten Leitlinie der Auseinandersetzung von Regnum und Sacerdotium einen Erfolg verbuchen können. Das aber betraf allein das Schicksal der staufischen Dynastie, nicht das des Regnum. Das Königtum in deutschen Landen war aus mancherlei Gründen geschwächt, aber nicht wegen der Folgen von Auseinandersetzungen mit dem Papsttum. Den in unseren Untersuchungen angeführten Gründen – Absetzungen von 1298 und 1400 ohne Rückversicherung bei der Kurie und erfolgreiche Gegenwehr Ludwigs des Bayern gegen die avignonesischen Forderungen – sei noch hinzugefügt: Als römischer König konnte Siegmund ein europäisches Konzil einberufen. Und das hieß doch auch, daß er bereits als »verus imperator« galt wie unter anderem 1338 der sogenannte Kurverein von Rhens festgestellt hatte. Weiterhin: Alle in der Kanonistik noch weiter transportierten päpstlichen Approbationsansprüche marginalisierte Maximilian I., als er sich 1508 den Titel »Erwählter Romischer Kaiser« zulegte. Kein Protest erhob sich. Die Wahl seines Nachfolgers 1519 galt den Zeitgenossen bereits als eine Kaiserwahl.

Die Verteidigung der Königsrechte Ludwigs des Bayern war in Rhens in unbedingter Form erfolgt, und sie war – wie es auch der öffentlichen Meinung entsprach – zugleich eine Verteidigung der Rechte des Reichs gegen die päpstlichen Approbationsansprüche. Diese hatten, obwohl formaljuristisch keine Absetzung darstellend, doch eine Entmachtung des Wittelsbachers zum Ziel – und scheiterten damit. Das Ausmaß dieses Scheiterns blieb der Forschung deshalb lange verborgen, weil sie die Wahl Karls IV. 1346 zu einem Sieg päpstlicher Positionen umdeutete. Tatsächlich aber hatten die Kurfürsten, geleitet von Balduin von Trier, das Reichsrecht in den Traditionen von 1338 verteidigt und die Kurie überlistet. Mit dieser Wahl war allen Bemühungen des Kaisers, durch Aufgabe von Reichsrechten zu einer persönlichen Rekonziliation zu gelangen, der Boden entzogen. An der nach wie vor existenten Reichsherrschaft des Wittelsbachers, die weder von Karl IV. noch von Balduin von Trier in Frage gestellt wurde, änderte sich bis zum Tode Ludwigs nichts.

Angenommen, daß tatsächlich seit spätsalischer Zeit die Auseinandersetzung zwischen Regnum und Sacerdotium eine Leitlinie der mittelalterlichen deutschen Geschichte gewesen wäre, so müßte aus dem dafür zentralen Beweisthema der Herrscherentmachtung ein ernüchterndes Fazit gezogen werden. Die Stellung des römischen Königs in deutschen Landen ist durch diese Auseinandersetzungen nicht geschwächt worden. An der Stellung des Königs in deutschen Landen hat die Auseinandersetzung mit dem Papsttum nichts Entscheidendes verändert. Modern gesprochen: »Hausgemacht« waren die Schwächen spätmittelalterlicher Königsherrschaft.

Der Vergleich der Absetzungen von 1298 und 1400 im Hinblick der verfassungsbildenden Kraft beider Vorgänge fällt eindeutig aus: Abgelehnte Willkür versus Präzedenzfall. Welche Umstände aber haben zu dieser unterschiedlichen Folgewirkung zweier formal vergleichbarer Ereignisse beigetragen? Sträflich ist die Geschichte der öffentlichen Meinung bei der Frage der Verfassungsbildung im Mittelalter vernachlässigt worden. Aber erst deren Geschichte bietet spätestens seit dem 13. Jahrhundert den neuen Zusammenhang des verfassungsbildenden Konsenses. In spätsalischer Zeit war diese Frage in erster Linie eine Frage des Verhältnisses der Großen zu ihrem König. Ereignisse wie 1073 bei der Schleifung der Harzburg oder 1106 bei dem gewalttätigen Protest der Bürger von Ruffach wurden als den »Untertanen« unangemessene Kritik am Verhalten der Herrschenden von beiden streitenden Parteien gleichermaßen abgelehnt. Damit aber war es im 13. Jahrhundert vorbei. Nur beiläufig sei erwähnt, daß unsere Erwägungen über Tradition und Rezeption von Rechtssätzen in diesem Jahrhundert im weiteren Bereich einer öffentlichen Meinung als Verselbständigung nicht nur eines laikalen Bewußtseins zu verstehen sind. Ohne Minoriten wäre der Schwabenspiegel nicht entstanden, Minoriten bestimmen um 1300 die Diskussion über das Verhältnis von geistlicher und weltlicher Gewalt, und Minoriten werden zu Zeiten Ludwigs des Bayern Laien und Geistlichen die wissenschaftliche Legitimation für ihren autochthon entwikkelten Protest gegen die Anmaßungen des Papsttums liefern.

So bedeutsam auch im Spiegel der Entmachtungsvorgänge die öffentliche Meinung insbesondere im Spätmittelalter erscheint, so ist doch nüchtern festzustellen: Eine lineare Erfolgsgeschichte, die zur modernen Demokratie führt, gibt es nicht. In jenem Verdichtungsprozeß der offenen Verfassung, der dazu führt, daß im Reichsherkommen der Spielraum zwischen Recht und Macht entscheidend eingeengt wird, ist auch einbeschlossen, daß die für die Entstehung dieser Verfassung so wichtige öffentliche Meinung durch politisches Regelhandeln marginalisiert wird. Das ist die bis heute aktuelle Lehre der Geschichte. Verfassung setzt der Reichweite öffentlicher Meinung engere Grenzen als das »Herkommen« im Mittelalter. Daß bei Wahlen in einem demokratischen Verfassungsstaat alle vier oder fünf Jahre dem gemeinen Mann die Möglichkeit eröffnet wird, seine Einstellung zu artikulieren und gegebenenfalls eine Herrscherabsetzung zu vollziehen, darf nicht die unter ganz anderen Voraussetzungen sich im Mittelalter entwickelnde öffentliche Meinung verkennen lassen. Sagen wir es überdeutlich: Das konsensbildende Prinzip der Verfassung ist unter Voraussetzungen der öffentlichen Meinung entstanden, hat aber – undankbar – die Auswirkungen dieser Öffentlichkeit in einem Maße begrenzt, daß dieser Faktor in den Verfassungsdiskussionen des konstitutionellen Zeitalters nur noch eine marginale Rolle spielte.

Nicht zu übersehen ist, daß der öffentlichen Meinung in der frühen Neuzeit weit weniger Bedeutung von den Herrschenden zugemessen wurde als im späten Mittelalter. Alle Formen der veröffentlichten Meinung wie lancierte Gerüchte, Prognostiken und im Einblattdruck verbreitete Lieder wirkten im konfessionellen Zeitalter nur unterhalb der Ebene der großen Politik. So wenig wir über die Wirkung der Sprüche Walthers oder Reinmars von Zweter wissen, so ist doch die Herrschaftsnähe dieser Dichter ebensowenig zu bezweifeln wie im 15. Jahrhundert beispielsweise bei Matthias von Kemnath. Solche Erscheinungen sind aber nach 1519 weitgehend Geschichte. Der Liedpublizistik widmen die Großen allenfalls dann noch Aufmerksamkeit, wenn Landsknechte geworben werden sollten.

Als Beispiel für die Bedeutung des Konsenses diene das Königtum Friedrichs II., das seit 1212 nicht durch eine Neuwahl, sondern durch die Zustimmung der Großen konstituiert wurde. Hier wird sichtbar: Das »velle regibus oboedire« ist die Grundlage, von der die Entwicklung der Reichsverfassung ausgeht. Die Absetzungen, mehr noch die Absetzungspläne legten immer wieder den Konsens als eigentliche Grundlage der Königsherrschaft frei. Alle Versuche, über die Wahlformen die Verfassungsentwicklung des Reichs zu beschreiben, gleichen den Bemühungen, allein von den Symptomen, ohne deren Herkunft zu untersuchen, eine Diagnose zu stellen.

Trotz der von uns gewählten starken Worte ist die leise Frage zu stellen, ob wir nicht den gleichen Fehler begehen, wie die von uns so kritisierte Forschung, die einen leitenden Gegenstand von Regnum und Sacerdotium konstruierte, wenn wir den Konsens zum leitenden Prinzip unserer Darstellung erheben. Dem Leser sei das Urteil darüber überlassen, ob es uns gelungen ist, diese leitende Prinzip in seiner jeweils zeitspezifischen Ausformung zu verfolgen und damit eine Schwierigkeit zu meistern, die mit allen historiographischen Definitionen, seien es Leitlinien, Ereignisknäuel oder Prinzipien verbunden ist. Geschichtsverläufe entziehen sich terminologischen Vereinfachungen.

Es besteht allen Bemühungen um eine verbindliche Geschichtstheorie zum Trotz eine Sprachnot des Historikers bei der Begrifflichkeit zeitübergreifender Sachverhalte. Deshalb vor allem hatten wie in unserer Darstellung auf die sogenannten narrativen Elemente gesetzt. Um es bis zur (hoffentlich) nur scheinbaren Lächerlichkeit zu überspitzen: Von der eigenwilligen Entfernung Heinrichs IV. aus Goslar 1073 bis hin zu Maximilians schnodderiger Aufforderung an das Nürnberger Reichsregiment 1504, ihm goldene Steigbügel zu besorgen, reicht die monarchische Gegenwehr gegen das Konsensprinzip – und dessen Sieg (und die mit jedem Sieg verbundene Gefahr von Entartung oder Erstarrung) erweist sich dann in der politischen Frage des Stühlerückens bei Wahlkongressen im späten 17. und 18. Jahrhundert.

Vereinfacht: Der Historiker sollte das Prinzip nicht prinzipiell verstehen, er sollte sich der Fragwürdigkeit seiner Begriffssprache stets in der Verantwortung vor toten Menschen, die sich nicht mehr argumentativ wehren können, bewußt bleiben.

Spielen wir Konsensprinzip als Maßstab deshalb hoch, um das von uns als undifferenziert gescholtene Machtprinzip als Kriterium bei Königsabsetzungen zu umgehen? Daß Macht zur Herrschaft gehörte, war bis hin zu dem verwegenen Gedanken des »tyrannus utilis« dem Mittelalter wohl vertraut, weshalb in deutschen Landen »herrschen« mit »gewaltic sein« gleichgesetzt wurde, weshalb die Menschen für die Friedenswahrung den an Charakter und Herrschaftsmitteln gleichermaßen starken König erhofften. Es ist für uns gar keine Frage, daß die Herrschaftsmittel des Königtums in deutschen Landen vor allem seit dem Ausverkauf des Reichsguts durch Karl IV. beschränkt waren, und daß Maximilian mit seiner leichtfertigen Behandlung der Reformkonzeption des Gemeinen Pfennigs die letzte Chance verspielte, das Königtum über die Nutzung neuer finanzieller Ressourcen, hier in Gestalt der Reichssteuer zu stützen. Wie wichtig sind nicht die Zolleinnahmen für die Stabilisierung des englischen Königtums gewesen; kaum etwas davon ist in dem strom- und damit zollreichen Deutschland dem Königtum zugute gekommen, wie wichtig war nicht die »gabelle«, die Salzsteuer für die finanzielle Stabilisierung des französischen Königtums – und in den an Vorkommen des Weißen Goldes so gesegneten deutschen Landen hat das Königtum keinen Nutzen aus diesem Geschenk der Natur ziehen können. Nur: Mit den Königsabsetzungen hatte das alles nichts zu tun. Die entscheidenden Weichen waren bereits in der fränkischen und ottonischen Zeit gestellt worden.

Man kann die Exklusivität des Kurkollegs mit den Reichsfürsten der frühen Neuzeit als Verfassungsmangel bezeichnen, der eine ständische Integration des Reiches behindert, ja vielleicht sogar verhindert hat. Dabei aber sollte nicht übersehen werden: Um das Wahlrecht der Kurfürsten hatten sich seit dem 14. Jahrhundert zunächst Verantwortlichkeiten und sodann auch im 15. Jahrhundert Kompetenzen gebildet. Die Kurfürsten waren spätestens seit dem Tag zu Rhens 1338 Wahrer des Reichsrechts.

Es erwies sich als erstaunlich, daß die ältesten verfassungsbildenden Elemente in unserer Untersuchung insofern keine oder nur eine marginale Rolle spielen konnten, weil sie bei den Depositionsvorgängen und den entsprechenden Plänen nicht in Erscheinung traten. Das betrifft vor allem die noch in staufischer Zeit den Abschluß der Herrschererhebung bildenden Krönung,[17] die zwar in ihrer politischen

[17] Noch für die Staufer war die Krönung der entscheidende Akt, mit dem der durch die Wahl eingeleitete Prozeß der Erhebung zum König erst abgeschlossen wurde. Das spiegelt sich in der Aufwertung Aachens als »caput et sedes regni Theutonici«. Jürgen Petersohn, Saint-Denis – Westminster – Aachen. Die Karls-Translatio von 1165 und ihre Vorbilder. DA 31 (1975), 420–454; Erkens (1987), 30ff.; Egon Boshof, Aachen und die Thronerhebung in salisch-staufischer Zeit. ZAachenGV 97 (1991), 5–32; Werner Goez, Von Bamberg nach Frankfurt und Aachen. Barbarossas Weg zur Königskrone. JbFränkLdForsch 52 (Festschrift Alfred Wendehorst Bd. 1) (1992), 61–72; Lindner (1994), 154f.; Volk (1999), 296; Odilo Engels, Karl der Große und Aachen im 12. Jahrhundert, in: Kramp Bd. 1 (2000), 348–356. Als Otto von Freising auf die ersten Regierungsjahre Friedrichs I. zurückblickt, ist ihm die Krönung wichtiger als die Wahl. Schimmelpfennig (1996), 29. Vgl. auch ebd., 83f. und 99.

Bedeutung mit der Rezeption der Goldenen Bulle abnahm,[18] ohne deren kontinuitätsstiftende Kraft aber in keinem der europäischen Königreiche eine Verfassung hätte entstehen können. Es ist kein aus dem politischen Gebot der Stunde herrührender Zufall, daß seit der Forchheimer Königswahl 1077 bei Entmachtungsvorgängen auf die Krönung kein Wert gelegt wurde. Das war in den Erbmonarchien ganz anders. Hier mußte die Krönung des neuen Herrschers den legitimierenden Abschluß bilden.

Unsere Untersuchung bestätigte Jürgen Petersohn, wonach die Geschichte der Reichsinsignien bei weitem nicht die verfassungsbildende Bedeutung gehabt hatte, die ihnen die Forschung lange Zeit unterstellt hatte.[19] Petersohn widerlegt die Vorstellung von einem verfassungsgeschichtlichen Grundsatz, wonach erst der Besitz der Reichskleinodien die Legitimität eines Königtums herstelle. Ihr Besitz bestätigt eine Königsherrschaft, aber er konstituiert sie nicht. Vor allem betont Petersohn als »Insignienkonkurrenz«, daß bis in das Spätmittelalter hinein »alle monarchischen Abzeichen, die der Herrscher trug, als Königs- oder Kaiserinsignien galten«.[20] Für Wipo ist, als die Kaiserwitwe Kunigunde 1024 Konrad II. die »insignia imperii« übergibt, die Wahl, trotz des Murrens lothringischer Großer und der protestierenden Abreise des Erzbischofs von Köln, bekräftigt.[21] Das gleiche Prinzip der Bestätigung, nicht aber das der Legitimierung erweist sich, wenn in der großen Krise der Absetzung Heinrichs IV. im Jahre 1106 auf die Übergabe der Insignien so viel Wert gelegt wird.[22] Anders jedoch steht es, wenn sich nach dem Jahre 1400 König Ruprecht um deren Besitz bemüht. Im Laufe des 13. Jahrhunderts hatte eine zunehmende Sakralisierung der Reichszeichen stattgefunden,[23] deren Geschichte im 14. Jahrhundert »durch vielfältige Neuansätze« charakterisiert wird,[24] die dazu führen können, daß mit dem Begriff Reich die Insignien gemeint sein können.[25] So kann die Burgherrin der Kyburg, Margarethe von Landsberg, um 1314 von der Zeit sprechen, »do das rych bei mit zu Kyburg war«.[26] Jetzt erst werden die Reichsinsignien Reichssymbole. Deshalb bestimmt 1349 der Kaisersohn Markgraf Ludwig der Römer, daß

---

[18] Zur Bedeutung des Kölner Krönungsrechts im 13. Jahrhundert vgl. Erkens (1987), 46ff.; Lenz (2002), 26ff. – Zum Verhältnis von Wahl und Krönung im Spätmittelalter: Schubert (1977), 270ff.; Erkens (1987), 91ff., bes. 108ff.; Dotzauer (1995), 171ff.; Volk (1999), bes. 265ff.; Lenz (2002), 32ff., 105ff. und 155. Eine nützliche Kompilation: Hohlweck (2001), 52ff.

[19] Zuletzt: Petersohn (1998).

[20] Petersohn (1998), 51.

[21] Wipo c.2, ed. Bresslau, 19.

[22] Petersohn (1998), 62.

[23] Ebd., 89.

[24] Ebd., 48.

[25] Ebd., 91.

[26] Leistikow (1997), 185.

bis zur Wahl Günthers von Schwarzburg Hilpolt von Stein »daz heylig Riche« verwahren solle.[27]

Daß der Geschichte von Krönung und Reichsinsignien keine besondere Bedeutung bei den Absetzungen zukam, hängt mit der Geschichte des Wahlreiches zusammen, das andere Akzente bei der Legitimierung eines Herrschers setzen mußte als ein Erbkönigreich. Insofern mag es überraschen, daß auch die Frage der »prima vox« des Mainzer Erzbischofs nicht im Blickwinkel unserer Untersuchungen lag.[28] Darum konnte es bei den Absetzungsplänen nicht gehen; und weiterhin bildete die »prima vox« allenfalls eine Ehre, jedoch kein für die Wahl konstitutives Element.

Ein irritierender Sachverhalt sei kurz gestreift. Obwohl wir die Unterschiede zwischen Wahl- und Erbreich so betont hatten, ist im Spätmittelalter nicht die »prima vox«, sondern das Krönungsrecht zwischen Mainz und Köln strittig. Das aber hängt nicht mit der Reichsstruktur, sondern damit zusammen, daß die Kurfürsten noch im 14. Jahrhundert nicht als Kollegium, sondern »ut singuli« wählen, wobei jeder Wähler auf den Prärogativen seines Kurfürstentums bestand.

Die um 1500 verfestigte Reichsverfassung bewies sich wie jede alteuropäische Verfassung in der Zügelung der Politik darin, daß sie dem im Verlauf des Mittelalters immer enger werdenden Spielraum zwischen Recht und Macht Form und Gestalt verlieh: Willkürbegrenzung durch Spielregeln. Nicht vorhersehbar war dabei, daß die fürstliche Politik im 16. Jahrhundert neuen Orientierungen folgen konnte (nicht unbedingt mußte). Durch die außerhalb der bisherigen Spielregeln liegende konfessionelle Problematik waren diese weniger gefährdet als durch die Herrschaftsauffassung Karls V. Die Reichsverfassung erwies sich dabei zählebiger angesichts der Machtdemonstrationen des damals mächtigsten Monarchen Europas, sie erwies sich als so zählebig, daß innerhalb ihrer Spielregeln ein Augsburger Religionsfrieden entstehen und generationenlang Frieden stiften konnte. (Der fürstliche Aktionismus, der für die ältere Forschung in der Gestalt eines Moritz von Sachsen geradezu personifiziert erschien, hat verkennen lassen, daß weder die imperiale Attitüde Karls V. noch das Condottiere-Unwesen eines Albrecht Alkibiades Chancen auf dauerhaften Erfolg hatten. Ein Moritz von Sachsen schätzte die Kraft der Reichsverfassung realistisch ein und hat bei allen seiner »Praktiken« entsprechend gehandelt.) Bei aller Würdigung der Reichsverfassung aber können wir nicht über-

---

27 MGH Const. Bd. 9, 2 Nr. 2. Vgl. ebd., 2f. Nrn. 3f.

28 Erstmals ist 1024 die »prima vox« des Mainzers bei Wipo belegt. Uta Reinhardt, Untersuchungen zur Stellung der Geistlichkeit bei den Königswahlen im Fränkisch Deutschen Reich (751–1250). (Untersuchungen und Materialien zur Verfassungs- und Landesgeschichte 4) 1975, 269ff.; Schmidt (1987), 160 mit Anm. 98; Boshof (1997), 63; Csendes (1993), 39f.; Stehkämper (2003), 2f. und 10ff. – Nach Lampert, ed. Fritz, 208 versucht 1073 der Mainzer die Großen zu einer Neuwahl einzuladen. Dabei kommentiert Lampert diese Kompetenz des Erzbischofs, »cui potissimum propter primatum Mogontinae sedis eligendi et consecrandi auctoritas deferebatur«. Zur 1152 hervorgehobenen »prima vox« des Mainzers vgl. Reuling (1990), 253 und 263ff.

sehen: Als nach 1610 die konfessionellen Gegensätze die konsensgebundenen Reichsinstitutionen, Reichstag und Kurverein, lahmlegten, bereitete das den Dreißigjährigen Krieg vor.

4. Die Besonderheiten der Königsabsetzungen in deutschen Landen im europäischen Vergleich

Verfassungsgeschichtliche Vergleiche sind schwer durchzuführen. Ein Beispiel: wenn etwa der Begriff »parlamentum«, der im Reich, in England und in Frankreich um 1400 in Gebrauch ist, ganz verschiedene Sachverhalte wiedergibt,[29] wird erkennbar, daß eine verfassungsgeschichtliche Komparatistik bereits bei der noch relativ einfachen Frage des institutionengeschichtlichen Vergleichs schnell an ihre Grenzen stößt. Statt langer Erklärungen greifen wir zu dem Bild der zu kurzen Bettdecke, die, wie man sich auch legt, Wünsche offen lassen muß. Entweder es wird ein überzeugend wirkender Vergleich gefunden, dann erreicht diesen die störende Kaltluft der Quellen, oder aber die Quellen werden abgedeckt und es fröstelt die vergleichende Analyse.

Verlockend ist es dennoch, angesichts der angedeuteten Schwierigkeiten in der Geschichte der Königsabsetzungen den – pikanterweise – Königsweg einer komparatistischen Betrachtung der Monarchien zu sehen. Schließlich bildet die Vielzahl von Entmachtungsvorgängen nicht nur eine Schwierigkeit, sondern auch eine Chance. Sodann: Nicht Institutionen, sondern Vorgänge werden verglichen. Dabei wird die Sorge der Herrscher vor »coniurationes« der Mächtigen als eine allgemeine Sorge europäischer Herrschaft sichtbar. Das Statut von Skenninge etwa verbietet im Jahre 1285 in Schweden »die geheimen Bündnisse der großen Herren«.[30] Ansonsten aber sind bei dem Verlauf von Entmachtungsvorgängen die Vergleichsmöglichkeiten beschränkt. Als Heinrich von Lancaster 1399 in England landete, wandten sich große Teile des Heeres, das König Richard II. aufgeboten hatte, von dem König ab.[31] Eine der häufigen Herrscherverlassungen der europäischen Geschichte, die wir aber nicht einer fiktiven karolingischen Tradition, sondern den Analogien zuordnen, die sich aus dem begrenzten Vorrat verfassungsgeschichtlicher Möglichkeiten ergeben mußten. Denn die Konsequenzen, die daraus in England folgen – Thronentsagung, förmliche Herrscherabsetzung (am 29./30. September) und (wahrscheinlich) Ermordung Richards II. am 14. Februar 1400 – lassen

29 Graus (1987), 19.
30 Von See (2002), 77.
31 Graus (1987), 20.

sich mit der nahezu gleichzeitig erfolgenden Absetzung Wenzels in keinem einzelnen Vorgang vergleichen.

Vorsicht also ist beim Vergleich von Vorgängen geboten. Ein drastisches Beispiel: Die Königsmorde sind im Reich nicht, wie ansonsten mehrfach in Europa, Ausdruck grundsätzlicher Konflikte; sie sind 1207 und 1308 personaler Natur, sie verändern die politische Szene, haben aber keine verfassungsgeschichtlich belangvollen Folgen. Und wenn wir betonen, daß der Spielraum zwischen Recht und Macht geringer als zumeist angenommen war, könnten weniger die Vorgänge selbst, wohl aber ihre Verlaufsbedingungen Gemeinsamkeiten aufweisen;[32] Gemeinsamkeiten schon in den Grundkonstellationen, von denen die Entmachtungsvorgänge ihren Ausgang nahmen.

»Velle regibus oboedire« – aber wer gehorcht schon gern? Wenn Walther von der Vogelweide im Hinblick auf die Fürsten des Reiches in offener Ironie diese Ausgangsposition anspricht, so wird es nicht schwerfallen, Entsprechungen in europäischen Königreichen zu finden. Denn Walthers »Ir fürsten, die des küneges gerne waeren âne« (29.15) ist bezeichnenderweise keiner politischen Richtung zuzuordnen,[33] ist ein Stoßseufzer, der sich oft genug – ohne daß es die Quellen überliefern – dann Luft machte, wenn die Großen die Frage des »velle regibus oboedire« unter sich ausmachen wollten. Darin könnte, auf Vergleiche der Ausgangs- und Rahmenbedingungen der Absetzungsvorgänge zielend, das gesuchte »tertium comparationis« liegen.

Unabhängig von den Erwägungen über die jeweils spezifischen Bedingungen monarchischer Herrschaft in den europäischen Königreichen zwingt bereits eine einfache Überlegung, die komparatistische Möglichkeit zumindest zu prüfen. Vorgänge der Binnenkolonisation sind von Katalonien über den französischen Süden bis in den deutschen Osten im europäischen Vergleich behandelt worden;[34] vergleichbar sind die bäuerlichen Freiheitsformen in Island, Friesland, in der Eidgenossenschaft, in Siebenbürgen und in Schottland.[35] Der Sinn dieser Vergleiche lag nicht in der Aufhellung deckungsgleicher Strukturen – das würde Jakob Burckhardts Charakterisierung der »Buntheit« des Mittelalters widersprechen –, sondern in der genauen Beschreibung des »tertium comparationis«.

Was bei der hochmittelalterlichen Binnenkolonisation oder der Freiheitsgestaltung von Island bis Siebenbürgen aufschlußreich sein konnte, müßte auch bei

---

32 Diese Chance ist bereits bei Graus (1987) in der Untersuchung der Entmachtungsvorgänge im Reich, in England und in Frankreich angedeutet.

33 Vgl. Müller (1996), 183.

34 Walter Schlesinger (Hg.), Die deutsche Ostsiedlung des Mittelalters als Problem der europäischen Geschichte. (VortrrForsch 18) 1975.

35 Ernst Schubert, Die Friesische Freiheit im europäischen Vergleich: Island, Schweiz, Siebenbürgen und Schottland, in: Hajo van Lengen (Hg.), Die Friesische Freiheit – Leben und Legende. 2003, 294–317.

Strukturproblemen von Wahlreichen – und Strukturprobleme werden bei den Herrscherabsetzungen sichtbar – erkenntnisfördernd sein. Wiederholt sei die Hoffnung, daß Königsabsetzungen wegen ihrer Häufigkeit zugleich den Königsweg einer Vergleichbarkeit der monarchischen Herrschaftsform bilden könnten. Die Eigenart des Heiligen Reiches steht dem nicht prinzipiell entgegen. Wahlreiche gab es schließlich auch anderswo in Europa. Aber nicht jedes von ihnen bietet sich für einen Vergleich an.

Als Inbegriff eines Wahlreiches erscheint im frühneuzeitlichen Europa Polen, nachdem 1505 der Sejm in Radom die Konstitution »Nihil novi« verabschiedet hatte.[36] Diese Konstitution, die unter anderem auch einen Ausgleich zwischen Magnaten und Kleinadel im Hinblick auf die Partizipation bei den Königswahlen herstellte,[37] folgt jedoch keineswegs einer Tradition angefochtener Königsmacht; es war vielmehr den Jagiellonen im 15. Jahrhundert gelungen, die Ausschließlichkeit ihrer Thronrechte durchzusetzen.[38] Aber im 15. Jahrhundert wurde die Drohung mit der Gehorsamsverweigerung kennzeichnend für das adelige Verhältnis zum Königtum.[39] Das bildet die Grundlage der Konstitution von 1505. Immerhin: Die frühneuzeitliche Geschichte Polens bestätigt Nikolaus von Kues, bestätigt die Charakterisierung der Königswahl als eines Gehorsamsversprechens. Die zum Vergleich sich anbietende Frage ist die nach der Kandidatenauswahl. Die Sonderentwicklung Polens in der frühen Neuzeit liegt nicht allein in dem »liberum veto«, sondern vor allem im Prinzip jener freien Wahl, die auf die Verwandtschaft mit dem Vorgänger, die auf ein königliches »Geblüt« keinen Wert mehr legt.

Das Beispiel Polens warnte davor, den Vergleich über einen schematischen Begriff »Wahlreich« anzustreben. Wichtig wäre es zweifellos, in komparatistischer Absicht einen Katalog der um 1500 bestehenden Formen der Königserhebung in Europa zusammenzustellen. Ein solcher Katalog würde der Vereinnahmung der Geschichte durch den Europagedanken vorbeugen und damit verhindern, daß unter neuen Voraussetzungen der Fehler der älteren Forschung (weniger der des 19. als der des frühen 20. Jahrhunderts) wiederholt wird, als der Nationalstaat aus der Geschichte abgeleitet werden sollte. Einem Vergleich muß die einfache Tatsache zugrunde liegen, daß jede Monarchie in Europa ihren »Sonderweg« gegangen ist. Es geht mir keineswegs darum, meine Leser zu necken, wenn ich zunächst, ausgehend von den »Sonderwegen«, die deutschen Besonderheiten, ihre Unvergleichbarkeit herausstelle, um dann doch komparatistische Ansätze zu verfolgen; denn trotz aller Unterschiede ist die Suche nach dem »tertium comparationis« da-

[36] Zur Diskussion der polnischen Forschung über den Charakter dieser Konstitution vgl. Russocki (1987), 385f.
[37] Ebd., 385.
[38] Ebd., 388.
[39] Ebd., 389.

durch zu rechtfertigen, daß Verfassungen eben nicht aus einem unerschöpflichen, sondern aus einem begrenzten Vorrat von Möglichkeiten sich herausbilden.

Seit der Europäisierung päpstlicher Gebote stand jedes Königreich in Europa in allerdings jeweils unterschiedlicher Art in Beziehungen zur römischen Kurie. Aber in keinem Fall war dies so intensiv und spannungsvoll wie im Reich. Nicht zuletzt wegen der italienischen Reichsrechte stand das deutsche Königtum in größerer Machtrivalität zum Papsttum als alle anderen europäischen Königreiche. Der direkte, ausschließlich politisch begründete Konfliktbereich würde einen komparatistischen Ansatz, wenn nicht ausschließen, so doch zumindest einschränken, wenn tatsächlich die Auseinandersetzung mit dem Papsttum die Schicksalsbestimmung deutscher Königsherrschaft gewesen wäre. Aber wir wollen auf diesem Sachverhalt nicht erneut herumhacken, denn es gab auch andere Ebenen der Auseinandersetzung, nämlich die einer prinzipiellen Bestimmung des Verhältnisses zwischen geistlicher und weltlicher Gewalt in der werdenden europäischen Wissenschaft, einem Thema, dem die Kanonistik große Aufmerksamkeit gewidmet hatte. Es birgt die Gefahr der Einseitigkeit, wenn allein das mit dem deutschen Königtum verbundene Kaisertum als Gegenstand dieser intensiven gelehrten Diskussion angesehen würde. In Skandinavien wurde zum Beispiel die Zwei Schwerter-Lehre so verstanden, daß das geistliche Schwert dem Erzbischof oder den angesehensten Bischöfen zugesprochen wurde.[40] Man mag darin eine Variante des Themas Zentrale und Peripherie sehen; tatsächlich aber handelt es sich um eine Grundsatzfrage, die wir nur aufwerfen, aber nicht beantworten können. Greift in Bezug auf die Königsherrschaft das hierokratische Modell des kurialen Zentralismus in der Realität tatsächlich, oder handeln die Bischöfe – wenn ihnen nicht gerade große finanzielle Versprechungen in Rom gemacht werden – aus eigener Verantwortung für »ihr« Reich, in dem sie hohes Ansehen und Autorität genießen?

Unabhängig von der derzeit noch nicht zu beantwortenden Frage nach den realen Auswirkungen des hierokratischen innerkirchlichen Subjektionsmodells auf die Stellung der Bischöfe in einem Königreich in Bezug auf die Herrscherentmachtung beschränkt doch die spezifische Variante deutscher Königsherrschaft, die Machtrivalität in Italien mit dem Papsttum, einen komparatistischen Ansatz. Weiterhin: Anders als in allen anderen Wahlmonarchien hatte sich in deutschen Landen eine Regelung des Wahlverfahrens im 13. Jahrhundert ausgebildet, das spätestens seit 1273 Absetzungen und entsprechende Pläne auf ein Gremium von sieben Königswählern konzentrierte. Das bedeutet: Obwohl wir im Konsensprinzip einen Ansatz für das »tertium comparationis« eines europäischen Vergleichs sehen, verkümmert dieser Ansatz doch spätestens, als eine für das Heilige Reich verfassungsbildende eigene Wahlform entwickelt war, die dieses Reich von anderen Wahlmonarchien unterschied.

---

40 Von See (2002), 42.

Und schließlich kennt der vom Symbol der Krone abgelöste spezifische Reichsbegriff in deutschen Landen kein Pendant in Europa. In Schweden zum Beispiel, wo die Reichssymbole, wie üblich, zugleich Königssymbole sind,[41] hat sich nicht wie zu gleicher Zeit des Spätmittelalters in deutschen Landen ein vom Königtum gedanklich gelöster Reichsbegriff entwickelt. Das hängt einmal mit der Rückwirkung des Kaisergedankens und zum anderen mit der räumlichen Ausdehnung des Regnum Theutonicum zusammen, das Königtum und Adel wesentlich schwierigere Integrationsfragen zur Aufgabe stellte, als sie in anderen europäischen Königreichen bestanden.

Wäre, da der verfassungsgeschichtliche Vergleich nur punktuelle Übereinstimmungen ergibt, auf andere historische Entwicklungen auszuweichen, um dem komparatistischen Ansatz zum Erfolg zu verhelfen? Wirtschaftliche Gründe für Absetzungsvorhaben bieten sich geradezu an. Aber sie haben bei Herrscherentmachtungen in Europa offenbar nur eine geringe Rolle gespielt. Allenfalls bei der Absetzung Alfons X. des Weisen 1282 in Kastilien scheint dieses Motiv bei dem Adel, der die Folgen einer wirtschaftlichen Depression fürchtete, von größerer Bedeutung gewesen zu sein.[42] Die frühmittelalterlichen Zeiten, als ein Herrscher noch direkt für Hungersnöte verantwortlich gemacht wurde, sind jedenfalls vorbei. In Dänemark wird die Schuld bei den vielen Mißernten nach 1086 nicht bei König Olaf gesucht, sondern – reuevoll – in der Erschlagung seines alsbald als Heiligen verehrten Vorgängers.

Wenn wir von dem begrenzten Vorrat an Möglichkeiten einer Verfassungsbildung gesprochen haben, so liegt die wohl wichtigste Begrenzung in dem Prinzip des Erbes. Dieses war in ganz Europa so tief in der gesellschaftlichen Ordnung verwurzelt, daß sich ihm keine Herrschaftsform ganz entziehen konnte. Von diesem Prinzip her ist der Unterschied zwischen Wahl- und Erbmonarchie nicht allzu schroff. Die Sohnesfolge war auch im Reich der von den Herrschern angestrebte Regelfall. Aber anders als in den sogenannten Erbmonarchien bildete sich hier eine Konkurrenz von Wahl- und Erbgedanken aus, die dazu führen konnte, daß Herrscher ihren Erstgeborenen übergehen (1167) oder ihn sogar enterben konnten (1098 und 1235), und daß umgekehrt auch der Sohn seinen Vater wie im Jahre 1106 absetzen konnte. Der Erbgedanke, so wenig er sich unterdrücken ließ, hatte im Reich doch nie die Kraft wie etwa in Kastilien gewonnen, wo 1282 Sancho (IV.) seinen Vater Alfons X. für abgesetzt erklären ließ. Dieser aber behielt die Oberhand und enterbte seinerseits Sancho. Als aber Alfons X. 1284 starb, wurde der geborene Thronfolger, eben Sancho IV., König.[43] Staatsrecht vermag noch nichts gegenüber dem Erbrecht.

---

41 Zernack (1987), 417.

42 Engels (1984), 264.

43 Engels (1987), 103.

Königtum, Erbe und Verwandtschaft: In der Geschichte des Reiches war es nur einmal, 1125, zur Wahl eines Herrschers gekommen, der nicht, auch auf genealogischen Umwegen nicht, mit seinem Vorgänger verwandt gewesen war. Und ausgerechnet dieser Herrscher, Lothar III., sollte die Königsmacht nachhaltig stabilisieren. Alle strukturellen Vergleiche können nicht vergessen machen, daß es fähige und unfähige Herrscher gab und gibt, daß – ob Wahlreich, ob Erbreich – wenn nicht die Erblichkeit der Königswürde, so doch die genealogische Berechtigung zur Herrschaft das entscheidende, das konstituierende Prinzip blieb. In Schweden wurde erstmals 1448 mit Karl Knutsson ein König erhoben, der keine genealogische Verbindung mit königlichen Geschlechtern hatte. Er wurde – ein Sonderfall in der europäischen Geschichte der Herrscherentmachtungen – gleich zweimal abgesetzt.[44]

Die Abkehr vom »alten« König erfolgt in Wahlreichen in anderen Formen als in Erbmonarchien. Hier lassen sich nicht über einen Königsmord neue Dynastien errichten wie in England 1400 durch das Haus Lancaster oder zuvor schon in Kastilien 1369 durch das Haus Trastámara.[45] Und denoch: Setzen wir zunächst nicht auf den strukturellen, sondern auf den chronologischen Ansatz, so ergeben sich durchaus um 1400 vergleichbare Erscheinungen. Der in ganz Europa – hier Vergleichsansätze ermöglichend – verbreitete Konsensgedanke, der Ungarn weder in die Kategorie des Wahl-, noch in die des Erbreichs zweifelsfrei einordnen läßt, weist im Jahr der Absetzung Richards II. und Wenzels folgende Variante auf. 1401 nahmen ungarische Barone ihren König, Siegmund von Luxemburg, gefangen. Eine Absetzung drohte. Die Uneinigkeit der Magnaten aber führte dazu, daß der König nach einer Gefangenschaft von viereinhalb Monaten wieder frei kam.[46] Ein solches Verfahren war im Heiligen Reich damals bereits undenkbar. (Wenn Maximilian 1488 in Brügge gefangen gesetzt wurde, so lagen dem Gedanken der Schuldhaftung, nicht aber solche einer Absetzung zugrunde.) Hier setzten alle nach 1077 nachweisbaren Entmachtungsvorgänge und -pläne eine noch näher definierende negative Integration des Herrschers voraus, welche seine Gegner eint und in ihren Zielen bereits auf Verfassungsdenken weist. Der englische Königsmord im Jahre 1400 jedoch entspricht einem archaischen Denken, das selbst in Skandinavien, dem an Königsmorden reichsten Gebiet des europäischen Hochmittelalters, seit drei Generationen überwunden ist.

Von allen Wahlreichen des mittelalterlichen Europa erscheinen uns die skandinavischen am besten für einen Vergleich mit dem Regnum geeignet. Hier hatte sich zwar der Wahlgedanke später ausgebildet als in deutschen Landen, aber zeitversetzt können durchaus die gleichen Strukturprobleme begegnen. Schließlich war

[44] Zernack (1987), 413.

[45] Engels (1984), 257 und 263f.; Ders. (1987), 98f.

[46] Baum (1993), 44ff.

im Reich ebenso wie in Skandinavien in erster Linie das Aussterben einer Herrschersippe Voraussetzung zwar nicht für das Entstehen, wohl aber für die Ausformung des Wahlgedankens. In vergleichender Absicht ergibt sich die Frage, ob diese Ausformung zu einer institutionellen Abgrenzung einer Wahlkörperschaft führt, und ob hierin bereits eine Absetzungsmöglichkeit beschlossen liegt. Wir greifen, um unsere Darlegungen überschaubarer zu gestalten, vor, indem wir zunächst als These formulieren: Eine Exklusivität der Königswahl wie im Reich hat sich in skandinavischen Ländern nicht entwickelt, wohl aber im Verlauf des 14. Jahrhunderts der Reichsrat, in dem sich der Konsensanspruch der Großen viel klarer als in deutschen Landen erhalten hat. Sodann: Nahezu zeitgleich entwickelt sich im Reich und in Skandinavien im 15. Jahrhundert der Gedanke, daß im Wahlrecht auch ein Absetzungsrecht beschlossen liegt.

Wenn wir feststellen, daß es bei den Herrscherabsetzungen in deutschen Landen nicht den Zusammenhang mit dem Königsmord gab, so erweist schon ein oberflächlicher Blick den Unterschied zur hochmittelalterlichen Geschichte des Königtums in Skandinavien, wo nur die wenigsten Herrscher das Glück hatten, im Bett zu sterben.[47] Beinamen wie »Blutaxt«, von den Zeitgenossen gegeben, entheben uns der Verpflichtung einer Aufzählung. Es erscheint fast als typisches Königsschicksal des hohen Mittelalters, wenn Karl Sverkersson (ca. 1161–1167) auf seiner Burg überfallen und getötet wird.[48] Viele dieser Thronkämpfe können, anders als die im Reich, zur Vorlage für Dramatiker, ja sogar als Sujets für Schauerromane dienen.[49] Daß die Entmachtungsvorgänge im hochmittelalterlichen Skandinavien anders als im Reich so häufig mit einem Königsmord enden, weist mitnichten auf einen leicht mit Rückständigkeit zu verwechselnden Archaismus. Hemmungslose Brutalität ist schließlich auch in der Geschichte des Reichs nachzuweisen.

In der Unteilbarkeit des Regnum seit ottonischer Zeit hatten wir eines der Argumente gesehen, unsere Untersuchung nicht in karolingischer Zeit beginnen zu lassen. Die Unteilbarkeit der Königreiche stand auch in Skandinavien außer Frage. Zeitgleich wie im Reich[50] wurde auch in Skandinavien während des 12. Jahrhunderts der Gedanke von der Unveräußerlichkeit des Kronguts entwickelt.[51] Das bildet die Voraussetzung, daß die spätmittelalterliche Geschichte der skandinavischen Länder für Vergleiche tauglich ist. Obwohl die skandinavischen Regna als unteilbar galten, blieb, was die Reichsteilungen in fränkischer Zeit herbeigeführt hatte, der

---

[47] Vgl. Findeisen (1997), 45.

[48] Findeisen (1997), 47.

[49] Vgl. zum Beispiel die quellennahe Schilderung des Aufstiegs König Sverris (1177–1202) und des Schicksals des 1184 erschlagenen Königs Magnus von Norwegen bei Kaufhold (2001), 121ff.

[50] Schubert (1979), 287.

[51] Von See (2002), 19f.

gleichberechtigte Anspruch aller Königssöhne auf den Thron bestehen. Dieser Ausdruck der Sonderstellung der »stirps regia«[52] führte immer wieder zu Thronkämpfen.[53]

»Stirps regia« und Thronanspruch: Das ist nicht prinzipiell von den Verhältnissen im Reich unterschieden, wo lediglich 1080 und 1125 Könige erwählt wurden, die keine königlichen Ahnen hatten. Aber aufgrund genealogischer Bedingungen sind im Norden die Überscheidungen zwischen Wahl und Erbfolge[54] viel größer als im Reich.

Markant tritt ein weiterer Unterschied bei der Königserhebung in Erscheinung. In allen nordischen Reichen begegnet im 13. Jahrhundert der Gedanke eines über den Volkrechten stehenden, von Gott legitimierten Königtums.[55] Dieser Gedanke aber schlug schon deswegen keine tieferen Wurzeln, weil, anders als auf dem Kontinent, die Krönung nicht als sakraler Akt verstanden wurde. In Schweden ist erstmals die Krönung Erik Knutsons 1208 als kirchliche Zeremonie inszeniert worden.[56] Auch in Skandinavien sind die gelehrten, das Königtum stützenden Ableitungen aus dem Römischen Recht, sind die Formel des »rex legibus solutus« und die lex Julia schon im 13. Jahrhundert bekannt,[57] aber sie verfangen in der Adelswelt noch weniger als auf dem Kontinent.

Die Sonderstellung der skandinavischen Königreiche innerhalb der Geschichte der europäischen Monarchie zeigt sich in der Anzahl von heiligen Königen: der hl. Olaf in Norwegen (1015–1030),[58] der hl. Knut in Dänemark (1080–1086),[59] der hl. Erik (IX.) von Schweden (1150–1160).[60] Verfassungsgeschichtliche Schematismen beiseite schiebend, ist auch der Jarl Knut Laward mit seinem Anspruch auf die dänische Königswürde († 1131) in diese Reihe zu stellen.[61] Alle diese Herrscher verdanken ihr Nachleben zu Ehren der Altäre einer Zeit, in der noch nicht der römische Kanonisationsprozeß darüber entschied,[62] sondern die Verehrung im Volk. Die ermordeten Herrscher blieben nach ihrem Tode durch Wunderzeichen dem Volk gegenwärtig.

---

52 Vgl. für Dänemark Hoffmann (1976), 26f.; Riis (1977), 261ff.

53 Hoffmann (1976), 28.

54 Vgl. Riis (1977), bes. 102ff.

55 Von See (2002), 62f.

56 Kaufhold (2002), 140.

57 Riis (1977), 53 und 285.

58 Hoffmann (1975), 58ff.

59 Ebd., 101ff.

60 Ebd., 197ff. Vgl. Findeisen (1997), 44; von See (2002), 54f.

61 Hoffmann (1975), 139ff.; Riis (1977), 200ff.

62 Lediglich bei dem Versuch, Erik Plogpenning zur Ehre der Altäre zu erheben, bemühte man sich, allerdings vergeblich, um einen römischen Kanonisationsprozeß. Hoffmann (1975), 185f.

Die Singularität skandinavischer heiliger Könige hat unmittelbar mit dem Thema der Herrscherentmachtung zu tun. Denn alle genannten Könige erlitten ihr Martyrium nicht um Christi, sondern um der Macht willen. Das ist schon bei dem hl. Olaf von Norwegen nachzuweisen;[63] der hl. Knut wurde 1086 als Verletzer des hergebrachten Volksrechtes mitsamt seinem Gefolge in der Albani Kirche zu Odense erschlagen.[64]

So unterschiedlich die Voraussetzungen der Verehrung dieser abgesetzten Könige als Heilige sind, so ist doch der Kompensationsgedanke unübersehbar – und dieser eröffnet den Vergleich zu den Verhältnissen im Reich: Einen König darf man eigentlich nicht absetzen, geschweige denn erschlagen. Das hat wenig mit einem Königsheil zu tun – wo wirkte denn dieses als 1086, das Kirchenasyl in Odense mißachtend, Knut ermordet wurde? –, sondern mit dem in der agrarischen Welt zutiefst verwurzelten Erbgedanken. Deswegen kann ein »Märtyrerkönig« zum Spitzenahn einer »stirps regia« aufsteigen wie Knut Laward.[65] Diese Konsequenz beruht auf herrschaftlichen Interessen. Den Kult Olafs hatte sein Sohn Magnus, den Kult Knuts sein Bruder Erik Ejegod befördert.[66] Kultgeschichte wird als Machtgeschichte besonders deutlich in Schweden beim Kult Eriks IX., dem Stammvater der Könige aus dem Svealand,[67] »deren Geschlecht ein ganzes Jahrhundert hindurch mit der aus dem Götaland stammenden Sverker-Dynastie in Thronkämpfe verwickelt war«.[68] Diesen damals noch jungen Kult nutzte Magnus Ladulås, der seinen Bruder Waldemar Birgerson 1275 abgesetzt hatte. Die Wunder, die seit 1277 am Grabe des hl. Erik geschahen, wurden von Magnus als Bestätigung seiner Herrschaft und als Legitimierung der Absetzung gedeutet.[69]

Manch anderes Mitglied aus der norwegischen Herrschersippe war nahe an dem Ruf der Heiligkeit. Das hing unmittelbar mit den Thronkämpfen zusammen, wie besonders bei dem 1191 erschlagenen Prätendenten Thorluf sichtbar wird. Ein wirklicher Kult konnte sich weder an seinem Grabe noch an dem seiner Schicksalsgenossen in Norwegen entwickeln, weil der erste königliche Heilige, Olaf, kultgeschichtlich gesehen »eine weit überragende Gestalt war«.[70]

---

63 Hoffmann (1975), 65ff.; von See (2002), 54f.

64 Riis (1977), 110ff., 187f. und 195ff. Vgl. auch, insbesondere zur Kultgeschichte Thomas Hill, Könige, Fürsten und Klöster. Studien zu den dänischen Klostergründungen des 12. Jahrhunderts. (Kieler Werkstücke A/4) 1991, 105ff.

65 Hoffmann (1976), 76f.

66 Ebd., 99f. und 127ff. Vgl. von See (2002), 56.

67 Hoffmann (1975), 199.

68 Ebd., 127ff. Vgl. von See (2002), 56.

69 Hoffmann (1975), 203.

70 Ebd., 86.

Der heilige König begründete die Thronansprüche seiner Nachfahren.[71] Damit war Politik zu machen. Im 13. Jahrhundert wird dies aber schwieriger. Es gelang in Dänemark seit 1254 König Christoph nicht, seinen Bruder Erik Plogpenning, der 1250 auf Anstiften eines weiteren Bruders, Abel, ermordet worden war,[72] zum Heiligen zu befördern. Er sollte als »Spitzenahn« allein die Nachfahren Christophs für das Königtum legitimieren.[73]

So handfest die dynastischen Interessen bei der Beförderung des Kults heiliger Könige auch sind, so würde es doch von Verkennung der Realitäten zeugen, wenn darauf die Verehrung von Märtyrerkönigen reduziert würde. Wunder mußten schließlich viele Menschen überzeugt haben, um überhaupt in einer Welt vor der Schrift den Ruf der Heiligkeit, den niemand befehlen kann, erschallen zu lassen. Schließlich muß der Verehrte, um im Volk als heilig zu gelten, auch hilfreich im Alltag sein.[74] Und das entzieht sich herrschaftlichen Geboten. Daß dahinter Reue über das Erschlagen eines Herrschers, dem man eigentlich nichts antun durfte, stand, wird besonders bei der Entwicklung des Kults um den hl. Knut deutlich. Das Volk, so Saxo Grammaticus, habe ihn als Tyrannen beschimpft. Aber Gott habe seinen Gefolgsmann nicht im Stich gelassen und durch Wunderzeichen dessen Unschuld offenbart.[75] Was aber sind die Wunderzeichen? Unter seinem Nachfolger, seinem Bruder Olaf häufen sich die Mißernten so sehr, daß die Bauern darin ein Gottesurteil sehen[76] und – Ausdruck schlechten Gewissens – Knut um Fürbitte anflehen.

Worauf zielt unser Vergleich: Zu gleicher Zeit, in der im europäischen Norden der Kult von Königsheiligen entsteht, wird das neutral so benannte Regnum Theutonicum zum Heiligen Reich. Dieses Sacrum Imperium war zwar – ebenso wie die Verehrung heiliger Könige in Skandinavien – vom Herrscher, hier von Friedrich I. befördert, aber das mußte Akzeptanz in breiteren Schichten finden. Kronsymbole als Reichssymbole hier, Verselbständigung des Reichsbegriffs dort; Königsheiliger und Sacrum Imperium: Der Gefahr der Herrscherentmachtung war zu begegnen.

Regelungen der Wahlform sind immer Sicherungen des Friedens. In Norwegen hatte schon das Thronfolgegesetz von 1164 dem Erbrecht des Ältesten das Wahlrecht zur Seite gestellt, falls es keinen Erben gab oder dieser zur Herrschaft unfähig war. Nach diesem Gesetz fielen dem Erzbischof und den Bischöfen des Reiches Leitung und Lenkung der Wahlhandlung zu.[77] Aber ein Wahlgesetz hat es im Mittelalter schwer, sich gegen das Herkommen durchzusetzen. Das gelang auch in

71 Ebd., 184ff.

72 Riis (1977), 208ff.

73 Hoffmann (1975), 181ff.

74 Vgl. für den Kult des hl. Olaf Hoffmann (1975), 68ff. Zu den Versuchen, am Grab Erik Plogpennings Wunder geschehen zu lassen vgl. ebd., 183f.

75 Von See (2002), 57.

76 Hoffmann (1976), 59 und 73f.

77 Von See (2002), 46.

Norwegen zunächst nicht. Noch Mitte des 13. Jahrhunderts malt der sogenannte Königsspiegel die Schrecken aus, die Ansprüche mehrerer Königssöhne auf den Thron nach sich ziehen.[78] Deswegen wird 1273 das Bergener Konkordat des Magnus Hákonarson auch eine Wahlregelung enthalten. Beim Fehlen eines legitimen Thronfolgers haben der Erzbischof und die Bischöfe des Reiches die ersten und die wichtigsten Stimmen (»inter ceteros nobiliores et discretiones regni electores in electione tantum voces primas et potissimas«).[79] Mit dem Aufkommen von Wahlordnungen korrespondiert die sich allmählich im späten 13. Jahrhundert entwikkelnde Auffassung, daß durch einen Königsmord der Mörder seinen Thronanspruch verlöre.[80]

In Schweden war nach langen Bruderkämpfen seit 1306, die mit Königsabsetzungen einhergingen,[81] mit der Wahlordnung von 1319 zugleich eine Freiheitsgarantie verbunden worden. Der damit festgelegte Charakter Schwedens als eines Wahlreiches wurde vom Adel als Privilegiensicherung verstanden,[82] was mit dem allmählich in der zweiten Hälfte des 13. Jahrhunderts sich entwickelnden Gesetzgebungsrecht des Königs[83] korrespondiert. Das war im Prinzip nichts anderes als das, was die Haltung der sächsischen Großen 1002, 1024, und nicht zuletzt bei den Kämpfen mit dem salischen Königtum bestimmte: Wahl und Bestätigung der Stammesfreiheit hingen 1002 und 1024 auf das engste zusammen, und schon in den Versuchen der Salier, das Wahlrecht zu entwerten, sahen die Sachsen eine Gefahr für ihre Freiheiten. Dreihundert Jahre später sind in Schweden im gleichen Sinne bei der Wahlordnung von 1319 Wahl und Freiheitsgarantie eng verbunden worden. »Der Vertragscharakter ist deutlich«.[84] Als Magnus II. Eriksson versuchte, die Steuerfreiheit des Adels und der Kirche aufzuheben, wurde er gestürzt und 1361 Herzog Albrecht von Mecklenburg ins Land gerufen.[85]

Der Absetzungsgedanke ist im spätmittelalterlichen Schweden viel stärker ausgeprägt als im Reich. Das kann nicht oder allenfalls nur indirekt mit dem exklusiven Wahlrecht der sieben Kurfürsten zusammenhängen. Viel bedeutender als im Reich, wo die Zeremonie der Krönung im 14. Jahrhundert an politischem Gewicht verlor, war in Schweden der Krönungseid. Er enthielt das zentrale Versprechen der Freiheits- und Privilegienwahrung. »Im Falle des Eidbruchs war der König absetzbar, und davon wurde reichlich Gebrauch gemacht.«[86] (Auch für die Absetzung Ri-

[78] Ebd., 87.
[79] Ebd., 51.
[80] Hoffmann (1975), 191.
[81] Findeisen (1997), 49ff.
[82] Zernack (1987), 418; Findeisen (1997), 52.
[83] Von See (2002), 129.
[84] Zernack (1987), 419.
[85] Von See (2002), 79.
[86] Zernack (1987), 419.

chards II. von England 1399 stellte der Bruch des Krönungseides das entscheidende Argument dar.)[87]

Der Absetzungsgedanke bleibt im Norden auch im Zeitalter der Kalmarer Union erhalten, aber er mußte sich – unvermeidlich – rationalisieren. Die Zeiten der machtlogischen Verknüpfung von Absetzung und Königsmord sind mit dem Unionskönigtum vorbei. Verfahrensregeln mußten zwischen den Mächtigen der drei Königreiche abgesprochen werden, wenn sie einen Herrscher entmachten wollten. Bei einem einseitigen Vorgehen drohte die Verbindung der drei Reiche aufgelöst zu werden. Deswegen konnte es 1434/35 in Schweden bei dem Aufstand des Engelbrekt Engelbrektsson nicht um eine Königsabsetzung gehen.[88] Aber die Frage der Konsensbildung hatte dieser Aufstand aufgeworfen. Eine Versammlung von Adel, Geistlichkeit und Vertretern der Städte in Arboga kann als erster schwedischer Reichstag gelten.[89]

Gefahr der Auflösung der Union bei einem einseitigen Vorgehen. Das wußte der dänische Reichsrat, als er 1438 den mit seiner Sundzollpolitik völlig gescheiterten Erich von Pommern absetzte.[90] Mit einer Neuwahl ließ sich der Reichsrat Zeit. Die Absetzung Erichs wurde dann auch in Schweden und schließlich in Norwegen 1439 vollzogen, ein Werk vor allem des Hochadels, der zugleich den Willen zur Fortführung der Kalmarer Union bekundete.[91] Mit der Wahl von Erichs Neffen, des Wittelsbachers Christoph von Bayern (Linie Pfalz-Neumarkt), 1439 war ein Verfahren abgeschlossen, das in seinem Bemühen um Verfassungsregeln mit der Absetzung Wenzels vergleichbar ist. Und auch das ist vergleichbar: Beide abgesetzten Könige lebten noch weiter, beide konnten sich eine zeitlang Hoffnungen einer Rückkehr auf den Thron machen.[92]

Schon im Zusammenhang mit der Wahl Christophs von Bayern waren in Kalmar die schwedischen und dänischen Reichsräte übereingekommen, bei einer künftigen Thronvakanz über die Fortführung der Union zu entscheiden.[93] Mit der Wahl Karl Knutssons 1448 wurde die Vereinigung der drei Reiche bewahrt.[94]

Bis zum Sturz Christians II., des letzten Königs der Kalmarer Union, im Jahre 1523 erweist sich, daß der dänische und der schwedische Reichsrat für die Stellung eines Herrschers eine viel größere Bedeutung hatten als die Kurfürsten im Reich. Christian II. wurde vom dänischen Reichsrat entthront, nachdem ihn schon der

---

87 Graus (1987), 21.

88 Kan (1978), 51; Findeisen (1997), 68f.

89 Kan (1978), 51.

90 Konrad Fritze, Erich von Pommern und die Sundzollfrage, in: Paravicini (1992), 203–211, hier: 210.

91 Kan (1978), 52.

92 Vgl. für Erich von Pommern: Olesen (1992), 223f.

93 Olesen (1992), 219.

94 Ebd., 224 und 229.

schwedische Aufstand unter Gustav Vasa 1521–1523 die schwedische Krone gekostet hatte.[95]

Es gab im Vergleich mit der skandinavischen Königsgeschichte im Reich viel weniger Herrscherabsetzungen. Das aber weist darauf hin, wie viel Verfassungsbildung mit der Genealogie und dem darin einbeschlossenen Zufall zu tun hat. Die Bedeutung der »stirps regia« steht im Regnum ebenso wie im europäischen Norden außer Frage. Im Reich war aber einfacher das Problem lösbar, daß sich Ansprüche von Königssöhnen auch vererben können, denn sowohl im salischen als auch im staufischen Haus erweist sich ein im Vergleich zu nordischen Königssippen auffallender Mangel an Söhnen. Bruderkriege wie in skandinavischen Monarchien konnte es deswegen kaum geben. Auch im Reich umschloß der Anspruch eines Herrschers auf Sohnesfolge kein Erstgeburtsrecht. Diese naheliegendste Nachfolgeregelung war allein schon durch den Wahlgedanken relativiert, wie die Bevorzugung Heinrichs VI. vor seinem älteren Bruder im Jahre 1167 zeigt.

Weder im europäischen Norden noch im Reich bestand im Hochmittelalter eine juristisch faßbare Wahlform. Nicht zuletzt deswegen ist hier wie dort die politische Welt des 13. Jahrhunderts durch tiefe Wirren gekennzeichnet. Die skandinavische Variante, über die Kreierung heiliger Könige eine indirekte Nachfolgeregelung durch die Bevorzugung eines Geschlechts zu erreichen, war, wie die gescheiterte Kanonisierung Erik Plogpennings zeigt, in der zweiten Hälfte des 13. Jahrhunderts nicht mehr tragfähig. Es begann, am frühesten in Norwegen einsetzend, das Bemühen um Thronfolgeordnungen, die sich allesamt nur schwer realisieren ließen. Und das ergibt durch einen zeitnahen Vergleich doch, welche Integrationsleistung in deutschen Landen der Inszenierung der Wahl von 1273 zugrunde lag. Gewiß sind die Bemühungen unverzichtbar, die historischen Wurzeln dieser zukunftsweisenden Inszenierung aufzuspüren, aber darüber darf die Bewertung dieser Wahl als eines säkularen Ereignisses nicht zu kurz kommen. Und das hat unmittelbar mit dem Thema der Königsabsetzung zu tun. Diese Wahl konstituierte das Königtum in einem Maße, das die Absetzung Adolfs von Nassau als Königsmord im Volke verstehen ließ.

Im ausgehenden 13. Jahrhundert kam im europäischen Norden der Gedanke auf, daß der Mörder eines Königs den Anspruch auf den Thron verwirkt habe. Dieses Denken ist auch im Reich bei der Einschätzung Albrechts I. feststellbar, aber hier beruht es auf der traditionellen Auffassung des Volkes, daß ein Herrscher nicht abgesetzt werden dürfe. Eine entsprechende Tradition ist in Skandinavien nicht nachzuweisen. Die »Passiones« der heiligen Könige enthalten keinen Satz von der prinzipiellen Verwerflichkeit eines Königsmordes.

Die schwedische Magna Charta, das Königswahlgesetz von 1319, ist in einem Punkt mit der Goldenen Bulle von 1356 vergleichbar, nämlich in der Verbindung

---

[95] Kan (1977), 55.

von Wahlgesetz und Privilegiensicherung. Nur: Das Gesetz Karls IV. bezog diese Privilegiensicherung allein auf die Kurfürsten und vor allem: Es ordnete diese Sicherung nicht dem Königtum, sondern der Wahl zu. Konkreter: Wollten die Kurfürsten sich auf ihre Privilegien in der Goldenen Bulle berufen, mußten sie deren Wahlvorschriften beachten. Die schwedische Ordnung von 1319 hingegen sieht die Privilegiensicherung als konstituierendes Element der Königsherrschaft an und steht damit dem Verhalten der Sachsen in den Jahren 1002 und 1024 ebenso nahe wie den Intentionen der Wahlkapitulationen im Reich seit 1519.

Vom »tertium comparationis« ausgehend, können nicht nur Gleichförmigkeiten, sondern auch Bedingungen der apostrophierten »Sonderwege« bei einem nur begrenzten Vorrat von verfassungsbildenden Möglichkeiten erklärt werden. Neben den genealogischen Bedingungen treten auch die geographischen bei einem Vergleich in ihrer Unterschiedlichkeit hervor. Das Reich bildetet die räumlich größte Monarchie im mittelalterlichen Europa und hatte deswegen die größten Integrationsprobleme im Innern. Das betraf die Königsherrschaft im gleichen Maße wie ihre Anfechtung. Daß der Wahlgedanke im Regnum viel früher und konturierter als in nordischen Königreichen ausgeformt war, hängt mit der räumlichen Weite zusammen, die im Regnum, wie sich bereits 1024 und 1125 erwies, die Stämme vor viel größere Integrationsprobleme stellte. Hier übte die Unteilbarkeit einen zur Wahl führenden Integrationszwang aus, der im Norden nicht bestand. Dieser Zwang ließ es nicht zu, daß Machtrivalitäten so unmittelbar zu Absetzung und Königsmord führten, wie das zum Beispiel bei den heiligen Königen Dänemarks, Norwegens und Schwedens der Fall war. Und das betraf nicht zuletzt auch die Schlüsselfrage des Konsenses. Die Absetzungen im Reich kennen bezeichnenderweise nicht den Typ des Rivalen, der die Feinde des Königs um sich schart und dadurch allmählich wie etwa Sverri von Norwegen (1177–1202) die Macht gewinnt, um den König herauszufordern.

Der unmittelbare Einfluß der »meliores regni«[96] der in den Reichsräten institutionelle Formen gewann,[97] ließ in Schweden den Typus des Magnaten als eigentlichen Herrscher wie Birger Jarl oder Sten Sture entstehen, einen Typus, den das Reich nicht kannte. Und von diesem Vergleichsansatz her läßt sich die Bedeutung des Kurfürstenkollegs für die Reichsverfassung präziser erfassen. Es vermochte zwar im 15. Jahrhundert nicht, einen König abzusetzen, aber es verhinderte, daß sich neben der Königsherrschaft ein Mächtiger zum faktischen Herrscher aufschwingen konnte.

Spröde Ergebnisse: Vergleichsebenen lassen sich nicht erkennen; lediglich punktuell sind Vergleiche möglich, die immerhin die jeweils eigenen Wege europäischer Reiche deutlicher hervortreten lassen.

---

[96] Vgl. für Dänemark Riis (1977), 236ff.

[97] Vgl. ebd., 256ff.

Quellen und Literatur

Abkürzungen nach Dahlmann-Waitz (10. Aufl.).

Acta imperii inedita → Winkelmann.

Adam, Wolfgang: Herrschaftsgefüge und Verfassungsdenken im Reich zur Zeit der Absetzung König Wenzels. (EuropHochschulschrr III/129) 1980.

Affeldt, Werner: Königserhebung Pippins und Unlösbarkeit des Eides im Liber de unitate ecclesiae conservanda. DA 25 (1969), 313–346.

Agricola, Johannes: Sybenhundert und fünfftzig Teütscher Sprichwörter verneüwert und gebessert. Hagenau 1534 (Neudruck Hildesheim – New York 1970).

Albert Behaim: Das Brief- und Memorialbuch des Albert Behaim, hgg. von Thomas Frenz und Peter Herde. (MGH Briefe des späteren Mittelalters 1) 2000.

Alexander von Roes, Schriften, edd. Herbert Grundmann – Hermann Heimpel. (MGH Staatsschriften des späteren Mittelalters 1/1) 1958.

Althoff, Gerd – Geuenich, Dieter – Oexle, Otto Gerhard – Wollasch, Joachim (Hgg.): Person und Gemeinschaft im Mittelalter. Karl Schmid zum fünfundsechzigsten Geburtstag. 1988.

Althoff, Gerd (Hg.): Formen und Funktionen öffentlicher Kommunikation im Mittelalter. (VortrrForsch 51) 2001.

Althoff, Gerd: Friedrich von Rothenburg. Überlegungen zu einem übergangenen Königssohn, in: Schnith – Pauler (1993), 307–316.

Althoff, Gerd: Spielregeln der Politik im Mittelalter. Kommunikation in Frieden und Fehde. 1997.

Althoff, Gerd: Königsherrschaft und Konfliktbewältigung im 10. und 11. Jahrhundert, in: ebd., 21–56 (zit. Althoff [1997/II]).

Altmann → Eberhart Windecke.

Andechs-Meranier: Die Andechs-Meranier in Franken. Europäisches Fürstentum im Hochmittelalter. 1998.

Andrae, Friedrich: Das Kaisertum in der juristischen Staatslehre des 15. Jahrhunderts. Diss. Göttingen 1951.

Andre, Elsbeth: Ein Königshof auf Reisen. Der Kontinentalaufenthalt Eduards III. von England. 1338–1340. (AKG Beiheft 41) 1996.

Andreas von Regensburg, Sämtliche Werke, hg. von Georg Leidinger (QEr NF 1) 1903.

Angermeier, Heinz: Die Reichsreform 1410–1555. Die Staatsproblematik in Deutschland zwischen Mittelalter und Gegenwart. 1984.

Annales Bertiniani. Jahrbücher von St. Bertin, ed. Rau, Bd. 2 (1958), 11–287.

Annales Hildesheimenses, ed. Georg Waitz. (MGH Ss rer germ [8]) 1878.

Annales Marbacenses → Marbacher Annalen.

Anton, Hans Hubert: Beobachtungen zur heinrizianischen Publizistik: Die Defensio Heinrici IV. Regis, in: Berg – Goetz (1989), 149–167.

Aulinger, Rosemarie – Machoczek, Ursula – Schweinzer-Burian, Silvia: Ferdinand I. und die Reichstage unter Kaiser Karl V. (1521–1555), in: Fuchs – Kohler (2003), 87–122.

Aus der Geschichte des Ferreto von Vicenza, übers. von W. Friedensburg, in: Das Leben Kaiser Heinrichs VII. (GddtV 79), 375–443.

Baaken, Gerhard: Der deutsche Thronstreit auf dem IV. Laterankonzil, in: Herbers – Kortüm – Servatius (1991), 509–522.

Baaken, Gerhard: Die Verhandlungen von Cluny (1245) und der Kampf Innocenz' IV. gegen Friedrich II., in: Ders.: Imperium und Papsttum. Zur Geschichte des 12. und 13. Jahrhunderts. 1997, 247–288 (zit.: Baaken [1997/I]).

Baaken, Gerhard: Die Erhebung Heinrichs, Herzogs von Schwaben, zum Rex Romanorum (1220/1222), in: Ebd., 289–306 (zit: Baaken [1997/II]).

Bachmann, Adolf: Briefe und Acten zur österreichisch-deutschen Geschichte im Zeitalter Kaiser Friedrichs III. (Fontes Rerum Austriacarum II/44) 1885.

Bachmann, Adolf: Die ersten Versuche einer römischen Königswahl unter Friedrich III. ForschDtG 17 (1877), 275–330.

Bachmann, Adolph: Urkunden und Actenstücke zur österreichischen Geschichte im Zeitalter Kaiser Friedrichs III. und König Georgs von Böhmen. 1440–1471. (Fontes Rerum Austr. II/42) 1879.

Baethgen → Johann von Winterthur.

Baethgen, Friedrich: Der Anspruch des Papsttums auf das Reichsvikariat. Untersuchungen zur Theorie und Praxis der potestas indirecta in temporalibus, in: Ders., Mediaevalia. Aufsätze, Nachrufe, Besprechungen. (MGH Schrr 17/1) 1960, 110–185.

Baethgen, Friedrich: Europa im Spätmittelalter. Grundzüge seiner politischen Entwicklung. 1951.

Bansa, Helmut: Die Register der Kanzlei Ludwigs des Bayern. Darstellung und Edition. 2 Bde. (QErBayerG NF 24) 1971/74.

Battenberg → Urkundenregesten Hofgericht Bd. 5 und Bd. 6.

Battenberg, Friedrich – Ranieri, Filippo (Hgg.): Geschichte der Zentraljustiz in Mitteleuropa. Festschrift für Bernhard Diestelkamp. 1994.

Battenberg, Friedrich: Herrschaft und Verfahren. Politische Prozesse im mittelalterlichen Römisch-Deutschen Reich. 1995.

Baum, Wilhelm: Kaiser Sigismund. Konstanz, Hus und Türkenkriege. 1993.

Baum, Wilhelm: Reichs- und Territorialgewalt (1273–1437). Königtum, Haus Österreich und Schweizer Eidgenossen im späten Mittelalter. Wien 1994.

Baum, Wilhelm: Rudolf IV. der Stifter. Seine Welt und seine Zeit. 1996.

Bayerische Chroniken des XIV. Jahrhunderts, ed. Georg Leidinger. (MGH SS rer germ separatim editi) 1918.

Becher, Matthias: »Cum lacrimis et gemitu«. Vom Weinen der Sieger und Besiegten im frühen und hohen Mittelalter, in: Althoff (2001), 25–52.

Becker, Hans-Jürgen: Das Kaisertum Ludwigs des Bayern, in: Nehlsen – Hermann (2002), 119–138.

Becker, Hans-Jürgen: Das kanonische Recht im vorreformatorischen Zeitalter, in: Boockmann – Grenzmann – Moeller – Staehelin (1998), 9–24.

Becker, Hans-Jürgen: Die Appellation vom Papst an ein allgemeines Konzil. Historische Entwicklung und kanonistische Doktrin im späten Mittelalter und in der frühen Neuzeit. (ForschKiRG 17) 1988.

Becker, Hans-Jürgen: Päpstliche Gesetzgebung und Kodifikationspläne für das kanonische Recht im 15. und 16. Jahrhundert, in: Boockmann – Grenzmann – Moeller – Staehelin (2001), 277–295.

Becker, Otto Heinrich: Kaisertum, deutsche Königswahl und Legitimitätsprinzip in der Auffassung der späteren Staufer und ihres Umkreises. (EuropHochschulschrr III/51) 1975.

Bell, Clair Hayden – Gudde, Erwin G. (Hgg.): The Poems of Lupold Hornburg. (Univ. of California Publications in Modern Philology 27/4) Berkeley – Los Angeles 1945.

Berg, Dieter – Goetz, Hans-Werner (Hgg.): Historiographia Mediaevalis. Festschrift für Franz-Josef Schmale. 1988.

Bernhard, Rolf: Kurpfalz, Südwestdeutschland und das Reich 1449–1476. Die Politik des Pfalzgrafen und Kurfürsten Friedrich des Siegreichen. Diss. Heidelberg 1981.

Bernheim, Ernst: Mittelalterliche Zeitanschauungen in ihrem Einfluß auf Poltiik und Geschichtsschreibung. Bd. 1. 1918.
Berthold, Otto (Hg.): Kaiser, Volk und Avignon. Ausgewählte Quellen zur antikurialen Bewegung in Deutschland in der ersten Hälfte des 14. Jahrhunderts. Leipzig 1960
Bertholds und Bernolds Chroniken, hg. von Ian Stuart Robinson, übers. von Helga Robinson-Hammerstein und Ian Stuart Robinson. (AusgewQ 14) 2002.
Beumann, Helmut: Tribur, Rom und Canossa, in: Fleckenstein (1973), 33–60.
Beumann, Helmut: Zur Verfasserfrage der Vita Heinrici IV., in: Fenske – Rösener – Zotz (1984), 305–319.
Bezold, Friedrich von: Geschichte der deutschen Reformation. 1886.
Black-Veldtrup, Mechthild: Kaiserin Agnes (1043–1077). Quellenkritische Studien. 1995.
Blattmann, Marita: »Ein Unglück für sein Volk.« Der Zusammenhang zwischen Fehlverhalten des Königs und Volkswohl in Quellen des 7.–12. Jahrhunderts. FrühmalStud 30 (1996), 80–102.
Bleisteiner, Claus D.: Der Doppeladler von Kaiser und Reich im Mittelalter. Imagination und Realität. MIÖG 109 (2001), 4–52.
Blumenthal, Uta-Renate: Gregor VII. Papst zwischen Canossa und Kirchenreform. 2001.
Bock, Friedrich: Das deutsch-englische Bündnis von 1335–1342. I. Quellen. (QEr NF 12) 1956.
Bock, Friedrich: Reichsidee und Nationalstaaten vom Untergang des alten Reiches bis zur Kündigung des deutsch-englischen Bündnisses im Jahre 1341. 1943.
Boehmer, Johann Friedrich – Lau, Friedrich: Codex Diplomaticus Moenofrancofurtanus. Neubearbeitung. Bd. 1. 1901.
Bogumil, Karlotto: Das Bistum Halberstadt im 12. Jahrhundert. (MitteldtForsch 69) 1972.
Boockmann, Hartmut – Grenzmann, Ludger – Moeller, Bernd – Staehelin, Martin (Hgg.): Recht und Verfassung im Übergang vom Mittelalter zur Neuzeit. Teil I und II) AbhhAkadWissGöttingen phil.-hist. Kl. Dritte Folge 228 und 239) 1998 und 2001.
Boshof, Egon – Erkens, Franz-Reiner (Hgg.): Rudolf von Habsburg 1273–1291. Eine Königsherrschaft zwischen Tradition und Wandel. (PassauHistForsch 7) 1993.
Boshof, Egon: Die späten Staufer und das Reich, in: Ders. – Erkens (1993), 1–32.
Boshof, Egon: Innozenz III. und der deutsche Thronstreit, in: Frenz (2000), 51–67.
Boshof, Egon: Königtum und Königsherrschaft im 10. und 11. Jahrhundert. (EdG 27) ^{2}1997.
Boshof, Egon: Reichsfürstenstand und Reichsreform in der Politik Friedrichs II., in: Heinemeyer (1987), 41–66.
Brandenburg, Erich: Der Binger Kurverein in seiner verfassungsgeschichtlichen Bedeutung. DtZGWiss 11 (1894), 67ff.
Brandenburg, Erich: König Sigmund und Kurfürst Friedrich I. von Brandenburg. 1891.
Brandi, Karl: Kaiser Karl V. Werden und Schicksal einer Persönlichkeit und eines Weltreiches. ^{6}1961.
Brendle, Franz: Karl V. und die reichsständische Opposition, in: Kohler – Haider – Ottner (2002), 691–708.
Bresslau → Heinrich Taube, Wipo.
Brühl, Carlrichard – Schneidmüller, Bernd (Hgg.): Beiträge zur mittelalterlichen Reichs- und Nationsbildung in Deutschland und Frankreich. (HZ Beiheft 24) 1997.
Brunner, Karl: Oppositionelle Gruppen im Karolingerreich. (VeröffInstÖsterrGforsch 25) 1979.
Bruno: Brunonis Saxonicum bellum, ed. Franz-Josef Schmale, in: Schmale – Schmale-Ott (1963), 191ff.
Buck → Ulrich Richental.
Buisson, Ludwig: Potestas und Caritas. Die päpstliche Gewalt im Spätmittelalter. (ForschKiRG 2) 1958.
Bund, Konrad: Studien zu Magister Heinrich von Avranches. II. Gedichte im diplomatischen Umfeld Kaiser Ottos IV. 1212–1215. DA 56 (2000), 525–545.

Bund, Konrad: Thronsturz und Herrscherabsetzung im Frühmittelalter. (BonnHistForsch 44) 1979.
Burkhardi de Hallis et Dytheri de Helmestat notae historicae, in: Johann Friedrich Böhmer (Hg.), Hermannus Altahensis und andere Geschichtsquellen Deutschlands im dreizehnten Jahrhundert. (Fontes rerum Germanicarum Bd. 2) 1845 Neudruck 1969, 473–479.
Burns, J. H. (Edtr.): The Cambridge History of Medieval Political Thought c. 350 – c. 1450. Cambridge 1988.
Büttner, Heinrich: Erzbischof Adalbert von Mainz, die Kurie und das Reich in den Jahren 1118 bis 1122, in: Fleckenstein (1973), 395–410.
Canning, Joseph - Oexle, Otto Gerhard (Hgg.): Political Thought and the Realities of Power in the Middle Ages. Politisches Denken und die Wirklichkeit der Macht im Mittelalter. (VeröffMPIG 147) 1998.
Canning, Joseph: The Political Thought of Baldus de Ubaldis. Cambridge 1987.
Caspar → Registrum
Castorph, Bernhard: Die Ausbildung des römischen Königswahlrechts. Studien zur Wirkungsgeschichte der Dekretale »Venerabilem«. 1978.
Chmel, Joseph: Regesta chronologico-diplomatica Friderici IV. Romanorum regis (imperatoris III.). Wien 1838 (Neudruck 1962).
Chodorow, Stanley: Christian Political Theory and Church Politics in the Mid-Twelfth century. The Ecclesiology of Gratian's Decretum. Berkeley - Los Angeles - London 1972.
Chronica de ducibus Bavariae, ed. Georg Leidinger, Bayerische Chroniken des XIV. Jahrhunderts. (MGH SS rer. Germ. separatim editi) 1918, 161 ff.
Chronica Reinhardsbrunnensis a. 530–1338, ed. Oswald Holder-Egger. MGH SS 30.1.1896 (Nachdruck 1976), 490–656.
Claude, Dietrich: Geschichte des Erzbistums Magdeburg bis in das 12. Jahrhundert. 2 Bde. (MitteldtForsch 67 I/II) 1972.
Colberg - Leuschner → Dietrich von Nieheim.
Colberg, Katharina: Reichsgut und Reichsreform. Diss. masch. Göttingen 1968.
Coleman, Janet: The Intellectual Milieu of John of Paris OP, in: Miethke (1992), 173–206.
Concilium Basiliense. Studien und Quellen zur Geschichte des Conciles von Basel. 8 Bde. 1846–1936.
Cordes, Albrecht - Kannowski, Bernd (Hgg.): Rechtsbegriffe im Mittelalter. (RechtshistR 26) 2002.
Cram, Kurt Georg: Iudicium belli. Zum Rechtscharakter des Krieges im deutschen Mittelalter. 1955.
Csendes, Peter: Heinrich VI. 1993.
Dahlhaus, Joachim - Kohnle, Armin (Hgg.): Papstgeschichte und Landesgeschichte. Festschrift für Hermann Jakobs. 1995.
Danuser, Hanspeter: Göllheim und Königsfelden. Ein Beitrag zur Geschichte König Albrechts I. Diss. Zürich 1974.
Dargun, Lothar: König Heinrich (VII). Beiträge und Ergänzungen. ForschdtG 19 (1879), 343–372.
Demandt, Karl E.: Der Endkampf des staufischen Kaiserhauses im Rhein-Maingebiet. HessJbLdG 7 (1957), 109–164.
Demandt, Karl E.: Regesten der Grafen von Katzenelnbogen 1060–1486. 4 Bde. (VeröffHistKommNassau 11) 1957.
Determinatio Compendiosa de Iurisdictione Imperii, ed. Mario Krammer. (MGH Fontes iuris Germanici antiqui 1) 1909.
Deutsche Kaiserchronik, hg. von Edward Schröder. MGH Deutsche Chroniken 1/1. 1895 (Neudruck 1964).
Deutschenspiegel: Studia Iuris Teutonici. Deutschenspiegel. Tractavit Karl August Eckhardt. (Bibliotheca Rerum Historicarum. Studia 3. Ius Teutonicum) 1971.

Dickerhof, Harald: Wandlungen im Rechtsdenken der Salierzeit am Beispiel der »lex naturalis« und des »ius gentium«, in: Weinfurter (1992), 447–476.
Diestelkamp → Urkundenregesten Hofgericht Bd. 1.
Dietmar, Carl D.: Die Beziehungen des Hauses Luxemburg zu Frankreich in den Jahren 1247–1346. 1983.
Dietrich von Nieheim, Historie de gestis Romanorum Principum – Cronica – Gesta Karoli Magni imperatoris, edd. Katharina Colberg – Joachim Leuschner. (MGH StaatsschrrSpäteresMa 5/2) 1980.
Dilcher, Gerhard: Der Gedanke der Rechtserneuerung im Mittelalter, in: Battenberg – Ranieri (1994), 1–16.
Dilcher, Gerhard: Zeitbewußtsein und Geschichtlichkeit im Bereich hochmittelalterlicher Rechtsgewohnheit, in: Goetz (1998), 31–54.
Dirlmeier, Ulf: Friedrich Barbarossa – auch ein Wirtschaftspolitiker? In: Haverkamp (1992), 501–518.
Domeier, Victor: Zur Absetzung Adolfs von Nassau. Diss. Berlin 1887.
Dotzauer, Winfried: Überlegungen zur Goldenen Bulle Karls IV. unter besonderer Berücksichtigung des rechtlichen Hintergrundes, in: Ders. – Kleiber, Wolfgang – Matheus, Michael – Spieß, Karl-Heinz (Hgg.): Landesgeschichte und Reichsgeschichte. Festschrift für Alois Gerlich. (GeschLdKde 42) 1995, 165–194.
DRTA JR: Deutsche Reichtagsakten. Jüngere Reihe. Bd. 1, bearb. von August Kluckhohn. 1893.
DRTA: Deutsche Reichstagskaten. Ältere Reihe. Von König Wenzel bis Kaiser Friedrich III. Bde. 1–17 (1867–1963), 19/1 (1969), 22/1 (1973).
Duchhardt, Heinz – Jackson, Richard A. – Sturdy, David (Eds.): European Monarchy. Its Evolution and Practice from Roman Antiquity to Modern Times. 1992.
Duchhardt, Heinz – Melville, Gert (Hgg.): Im Spannungsfeld von Recht und Ritual. Soziale Kommunikation in Mittelalter und früher Neuzeit. (Norm und Struktur 7) 1997.
Duchhardt, Heinz – Schnettger, Matthias (Hgg.): Reichsständische Libertät und habsburgisches Kaisertum. 1999.
Duchhardt, Heinz: Protestantisches Kaisertum und Altes Reich. Die Diskussion über die Konfession des Kaisers in Politik, Publizistik und Staatsrecht. 1977.
Ebendorfer → Thomas Ebendorfer.
Eberhard, Wilhelm: Ludwig III. Kurfürst von der Pfalz und das Reich. 1410–1427. 1896.
Eberhart Windeckes Denkwürdigkeiten zur Geschichte des Zeitalters Kaiser Sigmunds, hg. von Wilhelm Altmann. 1893.
Eckhardt → Deutschenspiegel, Sachsenspiegel, Schwabenspiegel.
Ehlers, Joachim: Methodische Überlegungen zur Entstehung des deutschen Reiches im Mittelalter und zur nachwanderzeitlichen Nationenbildung, in: Brühl – Schneidmüller (1997), 1–14.
Ekkehard → Schmale – Schmale-Ott.
Elze, Reinhard: Könige im spätmittelalterlichen Italien vom Beginn des 14. bis zur Mitte des 15. Jahrhunderts, in: Schneider (1987), 123–134.
Engel, Evamaria – Töpfer, Bernhard (Hgg.): Kaiser Friedrich Barbarossa. Landesausbau – Aspekte seiner Politik – Wirkung. (ForschMaG 36) 1994.
Engels, Odilo: Das Reich der Salier – Entwicklungslinien, in: Weinfurter Bd. 3 (1992), 479–541.
Engels, Odilo: Die Krise in Kastilien während des 14. Jahrhunderts, in: Seibt – Eberhard (1984), 257–266.
Engels, Odilo: Königtum und Stände in Spanien während des späteren Mittelalters, in: Schneider (1987), 81–122.
Ercole, Francesco: Da Bartolo all' Althusio. Saggi sulla storia del pensiero pubblicistico del rinascimento Italiano. Fierenze 1932.

Ercole, Francesco: Impero e Papato nella tradizione giuridica Bolognese e nel diritto pubblico Italiano del rinascimento (sec. XIV-XV). Bologna 1911.
Erdmann, Carl: Studien zur Briefliteratur Deutschlands im elften Jahrhundert. 1938.
Erkens, Franz Reiner: Der Erzbischof von Köln und die deutsche Königswahl. Studien zur Kölner Kirchengeschichte, zum Königsrecht und zur Verfassung des Reiches (Mitte 12. Jahrhundert bis 1806). (StudKölnKiG 21) 1987.
Erkens, Franz Reiner: Kurfürsten und Königswahl. Zu neuen Theorien über den Königswahlparagraphen im Sachsenspiegel und die Entstehung des Kurfürstenkollegiums. (MGH Studien und Texte 30) 2002.
Erkens, Franz-Reiner - Wolff, Hartmut (Hgg.): Von Sacerdotium und Regnum. Festschrift für Egon Boshof. 2002.
Erkens, Franz-Reiner (Hg.), Die Sakralität von Herrschaft. Herrschaftslegitimierung im Wechsel der Zeiten und Räume. Fünfzehn interdisziplinäre Beiträge zu einem weltweiten und epochenübergreifenden Phänomen. 2002 (zit.: Erkens [2002/II]).
Erkens, Franz-Reiner: »Multi« oder »pauci«? Überlegungen zur fürstlichen Wahlbeteiligung an den Königswahlen der staufischen Epoche, in: Ders. - Wolff (2002), 135–152 (zit.: Erkens [2002/III]).
Erkens, Franz-Reiner: Siegfried von Westerburg (1273–1297). (RheinArch 114) 1982.
Fansa, Mamoun (Hg.): der sassen speyghel. Sachsenspiegel - Recht - Alltag. 2 Bde. 1995.
Faußner, Hans Constantin: Die Thronerhebung des deutschen Königs im Hochmittelalter und die Entstehung des Kurfürstenkollegiums. ZRG germ. 108 (1991), 1–60.
Fenske, Lutz - Rösener, Werner - Zotz, Thomas (Hgg.): Institutionen, Kultur und Gesellschaft im Mittelalter. Festschrift für Josef Fleckenstein. 1984.
Fenske, Lutz: Adelsopposition und kirchliche Reformbewegung im östlichen Sachsen. (VeröffMPIG 47) 1977.
Fentzke, Bettina: Die Sachsenspiegel-Forschung, in: Kroeschell - Cordes (1996), 117–133.
Finke, Heinrich: Aus den Tagen Bonifaz VIII. Funde und Forschungen. (VorreformationsgeschFgg 2) Münster 1902.
Finke, Heinrich: Ein Gutachten Zabarellas über die Absetzung des römischen Königs Wenzel. MIÖG 11 (1890), 630ff.
Flachenecker, Helmut: Die Wittelsbacher und ihre Kurstimme(n) im 13. Jahrhundert, in: Wolf (2002), 163–186.
Fleckenstein, Josef (Hg.): Investiturstreit und Reichsverfassung. (VortrrForsch 17) 1973.
Folz, Robert: Translation de l'Empire et déposition de l'empereur dans la vision des canonistes et des papes (1140–1245), in: Ernst-Dieter Hehl - Hubertus Seibert - Franz Staab (Hgg.): Deus qui mutat tempora. Menschen und Institutionen im Wandel des Mittelalters. Festschrift für Alfons Becker. 1987, 321–334.
Fraknói, Vilmos: Matthias Corvinus, König von Ungarn 1458–1490. 1891.
Frankfurts Reichscorrespondenz nebst anderen verwandten Aktenstücken von 1376–1519, hg. von Johannes Janssen. 2 Bde. 1863/1872.
Frech, Karl Augustin: Ein Plan zur Absetzung Heinrichs (VII). Die gescheiterte Legation Kardinal Ottos in Deutschland, in: Lorenz - Schmidt (1995), 89–115.
Frensdorff, Ferdinand: G. A. von Münchhausens Berichte über die Kaiserwahl des Jahres 1742. NachrGesWissGöttingen (1899), 1ff.
Frenz - Herde → Albert Behaim.
Frenz, Thomas (Hg.): Papst Innozenz III. Weichensteller der Geschichte Europas. 2000.
Fried, Johannes (Hg.): Träger und Instrumentarien des Friedens im hohen und späten Mittelalter. (VortrrForsch 43) 1996.
Friedeburg, Robert von (Hg.): Widerstandsrecht in der frühen Neuzeit. Erträge und Perspektiven der Forschung im deutsch-britischen Vergleich. (ZHF Beiheft 26) 2001.

Friedeburg, Robert von: Widerstandsrecht im Europa der Neuzeit: Forschungsgegenstand und Forschungsperspektiven, in: ebd., 11–59.
Fritz, Wolfgang Dietrich → Lampert von Hersfeld.
Frutolf → Schmale – Schmale-Ott.
Fuchs, Martina – Kohler, Alfred (Hgg.): Kaiser Ferdinand I. Aspekte eines Herrscherlebens. 2003.
Fuhrmann, Horst: »Volkssouveränität« und »Herrschaftsvertrag« bei Manegold von Lautenbach, in: Sten Gagnér – Hans Schlosser – Wolfgang Wiegand (Hgg.), Festschrift für Hermann Krause. 1975, 21–42.
Fuhrmann, Horst: Papst Gregor VII. und das Kirchenrecht. Zum Problem des Dictatus Papae. Studi Gregoriani 13 (1989), 123–150.
Fürnrohr, Walter: Der Immerwährende Reichstag zu Regensburg. 1963.
Gallas, Harta: Herzog Ludwig der Reiche von Bayern-Landshut und die Reichsreformbewegung der Jahre 1459–1467. Diss. München 1937.
Ganz, Peter: Friedrich Barbarossa: Hof und Kultur, in: Haverkamp (1992), 623–650.
Garnier, Claudia: Amicus amicis inimicus inimicis. Politische Freundschaft und fürstliche Netzwerke im 13. Jahrhundert. (MonographienGMa 46) 2000.
Gerlich, Alois: Adolf von Nassau (1292–1298). Nassauische Annalen 105 (1994), 17–78.
Gerlich, Alois: Habsburg – Luxemburg – Wittelsbach im Kampf um die deutsche Königskrone. Studien zur Vorgeschichte des Königtums Ruprechts von der Pfalz. 1960.
Gerlich, Alois: Könige, Fürsten, Adel und Städte am Mittelrhein und in Franken zwischen Thronstreit und Mainzer Reichslandfrieden 1198–1235. (QForschHessG 127) 2001.
Gerlich, Alois: Königtum, Rheinische Kurfürsten und Grafen in der Zeit Albrechts I. von Habsburg, in: Festschrift Ludwig Petry Bd. 2. (GeschLdkde 5/2) 1969, 25–88.
Gerlich, Alois: Rheinische Kurfürsten im Gefüge der Reichspolitik des 14. Jahrhunderts, in: Hans Patze (Hg.), Der deutsche Territorialstaat im 14. Jahrhundert. Bd. 2 (VortrrForsch 14) 1971, 149–169.
Gerlich, Alois: Rheinische Kurfürsten und deutsches Königtum im Interregnum, in: Festschrift Johannes Bärmann Bd. 2. (GeschLdKde 3) 1967, 44–126.
Geschichte Carls des Siebenden: Geschichte und Thaten des Kaysers Carls des Siebenden. Frankfurt-Leipzig 1743.
Geschichte des Interregni: (Johann Daniel Olenschlager) Geschichte des Interregni nach Absterben Kayser Carls des VI. 3 Theile. Frankfurt 1742–1744.
Gesta Treverorum: Emil Zenz (Hg.), Die Taten der Trierer. Gesta Treverorum. 8 Bde. 1955–1965.
Giese, Wolfgang: Der Stamm der Sachsen und das Reich in ottonischer und salischer Zeit. 1979.
Giese, Wolfgang: Reichsstrukturprobleme unter den Saliern – der Adel in Ostsachsen, in: Weinfurter (1992) Bd. 1, 273–308.
Giese, Wolfgang: Zu den Designationen und Mitkönigserhebungen der deutschen Könige des Hochmittelalters (936–1237). ZRG germ. 92 (1975), 174–183.
Gilchrist, John: The Reception of Pope Gregory VII into the Canon Law (1073–1141). ZRG kan 59 (1973), 35–82 und 66 (1980), 192–229.
Glaser, Hubert: Schwierige Erinnerung – Über das »Kaisergrab« in der Münchner Frauenkirche und andere Denkmäler Kaiser Ludwigs des Bayern, in: Nehlsen – Hermann (2002), 1–38.
Goetz, Hans-Werner (Hg.): Hochmittelalterliches Geschichtsbewußtsein im Spiegel nichthistoriographischer Quellen. 1998.
Goetz, Hans-Werner: Tradition und Geschichte im Denken Gregors VII., in: Berg – Goetz (1988), 138–148.
Goetz, Hans-Werner: Zum Geschichtsbewußtsein hochmittelalterlicher Geschichtsschreiber, in: Ders. (1998), 55–72.

Goetze, Sigmund: Die Politik des schwedischen Reichskanzlers Axel Oxenstierna gegenüber Kaiser und Reich. Diss. Bonn 1971.
Goez, Elke: Der Thronerbe als Rivale: König Konrad, Kaiser Heinrichs IV. älterer Sohn. HJb 116 (1996), 1-49.
Goez, Werner: Kirchenreform und Investiturstreit. 910-1122. 2000.
Goez, Werner: Translatio Imperii. Ein Beitrag zur Geschichte des Geschichtsdenkens und der politischen Theorien im Mittelalter und in der frühen Neuzeit. 1958.
Goez, Werner: Zur Persönlichkeit Gregors VII. RömQuartalsschr 73 (1978), 193-216.
Gotfrid Hagen: Dit is dat boich van der stede Colne, in: Die Chroniken der deutschen Städte Bd. 12 (= Die Chroniken der niederrheinischen Städte. Cöln. Bd. 1) 1875, 1-236.
Gotthard, Axel: Protestantische »Union« und katholische »Liga« - Subsidäre Strukturelemente oder Alternativentwürfe, in: Press (1995), 81-112.
Gotthard, Axel: Säulen des Reiches. Die Kurfürsten im frühneuzeitlichen Reichsverband. 2 Bde. (HistStud 457) 1999.
Grauert, Hermann: Magister Heinrich der Poet in Würzburg und die römische Kirche. (AbhhBayerAkadWiss phil.-hist. Kl. 27, Abhh 1 und 2) 1912.
Graus, František (Hg.): Mentalitäten im Mittelalter. Methodische und inhaltliche Probleme. (VortrrFosch 35) 1987.
Graus, František: Das Scheitern von Königen: Karl VI., Richard II., Wenzel IV., in: Schneider (1987), 17-40.
Groten, Manfred: Konrad von Hochstaden und die Wahl Richards von Cornwall, in: Vollrath - Weinfurter (1993), 483-510.
Grundmann - Heimpel → Alexander von Roes.
Grundmann, Herbert: Wahlkönigtum, Territorialpolitik und Ostbewegung im 13. und 14. Jahrhundert, in: Gebhardt, Handbuch der deutschen Geschichte Bd. 1 [9]1970, 427-606.
Hageneder, Othmar: Anmerkungen zur Dekretale »Per venerabilem« Innozenz' III. (X 4. 17.13), in: Thumser - Wenz - Haubfleisch - Wiegand (2000), 159-173.
Hageneder, Othmar: Das päpstliche Recht der Fürstenabsetzung: seine kanonistische Grundlegung (1150-1250). ArchHistPont 1 (1963), 53-95.
Hageneder, Othmar: Die Häresie des Ungehorsams und das Entstehen des hierokratischen Papsttums. RömHistMitt 20 (1978), 29-47.
Hagenlocher, Albrecht: Der »goute vride«. Idealer Friede in deutscher Literatur bis ins frühe 14. Jahrhundert. (Historische Wortforschung 2) 1992.
Hägermann, Dieter: Studien zum Urkundenwesen Wilhelms von Holland. (ArchDipl Beih. 2) 1977.
Haidacher, Anton: Beiträge zur Kenntnis der verlorenen Registerbände Innozenz' III. Die Jahrgänge 3-4 und 17-19 der Hauptregisterreihe und die ursprüngliche Gestalt des Thronstreitregisters. RömHistMitt 4 (1960/61), 37-62.
Haider, Siegfried: Schriftliche Wahlversprechungen römisch-deutscher Könige im 13. Jahrhundert. MIÖG 76 (1968), 106-173.
Hanisch, Wilhelm: König Wenzel von Böhmen. Studien zur Geschichte seiner Regierung. Ostbairische Grenzmarken. Passauer Jahrbuch 11 (1969), 197-217.
Hannig, Jürgen: Consensus fidelium. Frühfeudale Interpretationen des Verhältnisses von Königtum und Adel am Beispiel des Frankenreiches. (Monographieen GMa 27) 1982.
Hartmann, Peter Claus (Hg.): Der Mainzer Kurfürst als Reichskanzler. Funktionen, Aktivitäten, Anspruch und Bedeutung des zweiten Mannes in Alten Reich. (GeschLdkde 45) 1997.
Hartmann, Wilfried: Autoritäten im Kirchenrecht und Autorität des Kirchenrechts in der Salierzeit, in: Weinfurter Bd. 3 (1992), 425-446.
Hartmann, Wilfried: Der Investiturstreit. (Enzyklopädie deutscher Geschichte 21) 1993.

Hartmann, Wilfried: Toleranz im Investiturstreit, in: Patschovsky, Alexander – Zimmermann, Harald (Hgg.): Toleranz im Mittelalter. (VortrrForsch 45) 1998, 27–52.

Hartung, Fritz: Die Wahlkapitulationen der deutschen Kaiser und Könige. HZ 107 (1911), 306–344.

Hasselholdt-Stockheim, Gustav Frhr. von: Herzog Albrecht IV. von Bayern und seine Zeit. Bd. 1 Abtlg. 1. Leipzig 1865.

Haubrichs, Wolfgang – Jäschke, Kurt-Ulrich – Oberweis, Michael (Hgg.): Grenzen erkennen, Begrenzungen überwinden. Festschrift Reinhard Schneider. 1999.

Haverkamp, Alfred (Hg.): Friedrich Barbarossa. Handlungsspielräume und Wirkungsweisen des staufischen Herrschers. (VortrrForsch 40) 1992.

Heckmann, Marie-Luise: Das Doppelkönigtum Friedrichs des Schönen und Ludwigs des Bayern (1325–1327). Vertrag, Vollzug und Deutung im 14. Jahrhundert. MIÖG 109 (2001), 53–81.

Heckmann, Marie-Luise: Stellvertreter, Mit- und Ersatzherrscher. Regenten, Generalstatthalter, Kurfürsten und Reichsvikare in Regnum und Imperium vom 13. bis zum frühen 15. Jahrhundert. 2 Bde. 2002.

Heimann, Heinz-Dieter – Hlaváček, Ivan (Hgg.): Kommunikationspraxis und Korrespondenzwesen im Mittelalter und in der frühen Renaissance. 1998.

Heinemeyer, Walter (Hg.): Vom Reichsfürstenstande. 1987.

Heinig, Paul-Joachim – Jahns, Sigrid – Schmid, Hans-Joachim – Schwinges, Rainer Christoph – Wefers, Sabine (Hgg.): Reich, Regionen und Europa in Mittelalter und Neuzeit. Festschrift für Peter Moraw. (HistForsch 67) 2000.

Heinig, Paul-Joachim (Hg.): Kaiser Friedrich III. (1440–1493) in seiner Zeit. (ForschKaiserPapstGMa 12) 1993.

Heinig, Paul-Joachim: Der König im Brief. Herrscher und Hof als Thema aktiver und passiver Korrespondenz im Spätmittelalter, in: Heimann – Hlaváček (1998), 31–49.

Heinig, Paul-Joachim: Fürstenmorde. Das europäische (Spät-)Mittelalter zwischen Gewalt, Zähmung der Leidenschaften und Verrechtlichung, in: Ders. u. a. (2000), 355–388.

Heinig, Paul-Joachim: Gelehrte Juristen im Dienst der römisch-deutschen Könige des 15. Jahrhunderts, in: Boockmann – Grenzmann – Moeller – Staehelin (1998), 167–184.

Heinig, Paul-Joachim: Kaiser Friedrich III. (1440–1493). Hof, Regierung und Politik. 3 Bde. (ForschKaiserPapstGMa 17) 1997.

Heinig, Paul-Joachim: Reichsstädte, freie Städte und Königtum 1389–1450. Ein Beitrag zur deutschen Verfassungsgeschichte. 1983.

Heinrich Taube von Selbach: Die Chroniken Heinrichs Taube von Selbach mit den von ihm verfaßten Biographien Eichstätter Bischöfe, ed. Harry Bresslau. (MGH Ss rer germ n. s. 1) 1922.

Heinrich von Herford: Henrici de Hervordia Liber de rebus memorabilibus sive chronicon, ed. August Potthast. 1859.

Heinzle, Joachim (Hg.): Modernes Mittelalter. Neue Bilder einer populären Epoche. 1999.

Heinzle, Joachim: Der gerechte Richter. Zur historischen Analyse mittelalterlicher Literatur, in: Ders. (1999), 266–294.

Herbers, Klaus – Kortüm, Hans-Henning – Servatius, Carlo (Hgg.): Ex Ipsis Rerum Documentis. Beiträge zur Mediävistik. Festschrift für Harald Zimmermann. 1991.

Herde, Peter: Studien zur Papst- und Reichsgeschichte, zur Geschichte des Mittelmeerraumes und zum kanonischen Recht im Mittelalter. (Peter Herde, Gesammelte Abhandlungen und Aufsätze Bd. 2/1) 2002.

Herde, Peter: Ein Pamphlet der päpstlichen Kurie gegen Kaiser Friedrich II. von 1245/46 (»Eger cui lenia«), in: ebd., 217–276.

Hergemöller, Bernd-Ulrich: Der Abschluß der »Goldenen Bulle« zu Metz 1356/57, in: Friedrich Bernward Fahlbusch – Peter Johanek (Hgg.), Studia Luxemburgensia. Festschrift Heinz Stoob. 1989, 123–232.

Hergemöller, Bernd-Ulrich: Fürsten, Herren und Städte zu Nürnberg 1355/56. Die Entstehung der »Goldenen Bulle« Karls IV. (Städteforschung A/13) 1983.

Hermkes, Wolfgang: Das Reichsvikariat in Deutschland. Reichsvikare nach dem Tode des Kaisers von der Goldenen Bulle bis zum Ende des Reiches. (StudQGDtVerfR Reihe A 2) 1968.

Hessel, Alfred: Jahrbücher des deutschen Reichs unter Albrecht I. von Habsburg. 1931.

Heyen, Franz-Josef (Hg.): Balduin von Luxemburg. Erzbischof von Trier – Kurfürst des Reiches. 1285–1354. (QAbhhMittelrhKiG 53) 1985.

Heymann, Frederick G.: George of Bohemia, King of Heretics. Princeton 1965.

Hillen, Christian: Curia Regis. Untersuchungen zur Hofstruktur Heinrichs (VII.) 1220–1235 nach den Zeugen seiner Urkunden. (EuropHochschulSchrr III/837) 1999.

Hillenbrand, Eugen: Der Geschichtsschreiber Johann von Viktring als politischer Erzieher, in: Maurer – Patze (1982), 437–453.

Hlaváček, Ivan: Beiträge zur Erforschung der Beziehungen Friedrichs III. zu Böhmen bis zum Tode Georgs von Podiebrad (1471), in: Heinig (1993), 279–298.

Hlaváček, Ivan: Die böhmische Kurwürde in der Přemyslidenzeit, in: Wolf (2002), 79–106.

Hlaváček, Ivan: Kommunikation der Zentralmacht mit den Reichsuntertanen sowie fremden Mächten unter König Wenzel (IV.), in: Heimann – Hlaváček (1998), 19–30.

Hlaváček, Ivan: Wenzel (IV.) und Giangaleazzo Visconti, in: Heinig u.a. (2000), 203–226.

Hlaváček, Ivan: Wenzel IV., sein Hof und seine Königsherrschaft vornehmlich über Böhmen, in: Schneider (1987), 201–232.

Hlawitschka, Eduard: Vom Ausklingen der fränkischen und Einsetzen der deutschen Geschichte. Ein Abwägen von Kriterien, in: Brühl – Schneidmüller (1997), 53–81.

Hoensch, Jörg K.: Kaiser Sigismund. Herrscher an der Schwelle zur Neuzeit 1368–1437. 1996.

Hoensch, Jörg K.: Matthias Corvinus. Diplomat, Feldherr, Mäzen. 1988.

Hoensch, Jörg, K.: Die Luxemburger. Eine spätmittelalterliche Dynastie gesamteuropäischer Bedeutung 1308–1437. 2000.

Hoffmann, Erich: Die heiligen Könige bei den Angelsachsen und den skandinavischen Völkern. Königsheiliger und Königshaus. (QForschG Schleswig-Holstein 69) 1975.

Hoffmann, Erich: Königserhebung und Thronfolgeordnung in Dänemark bis zum Ausgang des Mittelalters. (BeitrrGQkdeMa 5) 1976.

Hoffmann, Paul: Die bildlichen Darstellungen des Kurfürstenkollegiums von den Anfängen bis zum Ende des Hl. Römischen Reiches (13.–18. Jahrhundert). (BonnHistForsch 47) 1982.

Höfler, Constantin: Das kaiserliche Buch des Markgrafen Albrecht Achilles. Vorkurfürstliche Periode 1440–1470. 1850.

Höfler, Konstantin: Ruprecht von der Pfalz genannt Clem. Römischer König. 1400–1410. 1861.

Hofmann, Hasso: Repräsentation. Studien zur Wort- und Begriffsgeschichte von der Antike bis ins 19. Jahrhundert. (SchrrVerfG 22) 1974.

Hofmeister → Mathias von Neuenburg.

Hohlweck, Günter: Studien zur Entstehung des Kurkollegs. Diss. Bonn 2001.

Holder-Egger → Chronica Reinhardsbrunnensis, Monumenta Erphesfurtensia.

Holtz, Eberhard: Reichsstädte und Zentralgewalt unter König Wenzel 1376–1400. (Studien zu den Luxemburgern und ihrer Zeit 4) 1993.

Homann, Hans-Dieter: Kurkolleg und Königtum im Thronstreit von 1314–1330. (MiscBavMonacensia 56) 1974.

Höroldt, Ulrike: Studien zur politischen Stellung des Kölner Domkapitels zwischen Erzbischof, Stadt Köln und Territorialgewalten 1198–1332. (StudKölnKiG 27) 1994.

Huber, Alexander: Das Verhältnis Ludwigs des Bayern zu den Erzkanzlern von Mainz, Köln und Trier (1314–1347). 1983.

Hucker, Bernd Ulrich: Der Königsmord von 1208 – Privatrache oder Staatsstreich?, in: Andechs-Meranier (1998), 111–128.
Hucker, Bernd Ulrich: Kaiser Otto IV. (MGH Schrr 34) 1990.
Hürbin, Joseph (Hg.): Der Libellus de Cesarea monarchia von Hermann Peter von Andlau, in: ZRG germ. 12 (1891), 34–103 und 13 (1892), 163–219.
Hürbin, Joseph: Peter von Andlau. Der Verfasser des ersten deutschen Reichsstaatsrechts. Straßburg 1897.
Huth, Volkhard: Reichsinsignien und Herrschaftsentzug. Eine vergleichende Skizze zu Heinrich IV. und Heinrich (VII.) im Spiegel der Vorgänge von 1105/06 und 1235. FrühmalStud 26 (1992), 287–330.
Isenmann, Eberhard: Recht, Verfassung und Politik in Rechtsgutachten spätmittelalterlicher deutscher und italienischer Juristen, vornehmlich des 15. Jahrhunderts, in: Boockmann – Grenzmann – Moeller – Staehelin (2001), 47–245.
Israel, Ottokar: Das Verhältnis des Hochmeisters des Deutschen Ordens zum Reich im 15. Jahrhundert. 1952.
Issleib, Simon: Aufsätze und Beiträge zu Kurfürst Moritz von Sachsen (1877–1907), hg. von Reiner Groß. 2 Bde. 1989.
Issleib, Simon: Moritz von Sachsen gegen Karl V. 1552. Neues ArchivSächsGAltertumskde 7 (1886), 1–59 (zit.) (Wiederabdruck in: Ders. Bd. 2, 747–805).
Jacob Twinger: Chronik des Jacob Twinger von Königshofen, ed. Carl Hegel, in: Die Chroniken der deutschen Städte. Straßburg. 2 Bde. 1870/71 (mit durchlaufender Paginierung).
Jakobs, Hermann: Rudolf von Rheinfelden und die Kirchenreform, in: Fleckenstein (1973), 87–117.
Janssen → Frankfurts Reichscorrespondenz.
Jarnut, Jörg: Zwischen Bündnistreue und Vertragsbruch: König Adolfs Außenpolitik im Jahre 1297. Nassauische Annalen 87 (1976), 26–41.
Jäschke, Kurt-Ulrich – Wenskus, Reinhard (Hgg.): Festschrift für Helmut Beumann. 1977.
Jäschke, Kurt-Ulrich: Zu den Gesta Adolfi regis von 1299/1316, in: Historiographia Mediaevalis, Studien zur Geschichtsschreibung und Quellenkunde des Mittelalters. Festschrift für Franz-Josef Schmale zum 65. Geburtstag, hgg. v. Dieter Berg – Hans-Werner Goetz. 1988, 221–245.
Johanek, Peter: Kultur und Bildung im Umkreis Friedrich Barbarossas, in: Haverkamp (1992), 651–677.
Johanek, Peter: Rechtsschrifttum, in: Ingeborg Glier (Hg.); Die deutsche Literatur im späten Mittelalter. Zweiter Teil. Reimpaargedichte, Drama, Prosa. (Geschichte der deutschen Literatur Bd. 3/2) 1987, 396–430.
Johanek, Peter: Weltchronistik und regionale Geschichtschreibung im Spätmittelalter, in: Patze (1987), 287ff.
Johann von Salisbury: Joannis Saresberiensis Episcopi Carnotensis Policratici … libri VIII, rec. Clemens C.I. Webb. 2 Bde. Oxford 1909.
Johann von Viktring: Iohannis abbatis Victoriensis liber certarum historiarum, ed. Fedor Schneider. (MGH Ss rer germ 36) 1909.
Johann von Winterthur: Die Chronik Johanns von Winterthur, ed. Friedrich Baethgen. (MGH Ss rer germ n.s. 3) ²1955.
Johann von Winterthur: Die Chronik Johanns von Winterthur. Hg. von Friedrich Baethgen. (MGH Ss. rer. Germ. n. s. 3) ²1955.
Kaiser, Hans (Hg.), Collectarius perpetuarum formarum Johannis de Geylnhusen. Innsbruck 1900.
Kaiserchronik → Deutsche K.
Kaiserchronik, Anonyme → Schmale – Schmale-Ott.

Kalb, Herbert: Das Recht der Herrscherabsetzung bei Johannes Faventinus. Ein Beitrag zum Verhältnis von regnum – imperium – sacerdotium in der frühen Dekretistik. ZRG kan. 78 (1992), 159–182.

Kallen → Nicolaus von Kues

Kallfelz → Vita Bennonis.

Kämpf, Hellmut (Hg.): Canossa als Wende. Ausgewählte Aufsätze zur neueren Forschung. (Wege der Forschung 12) 1963.

Kan, A. S.: Geschichte der skandinavischen Länder (Dänemark, Norwegen, Schweden). 1978.

Käser, Gabriele: Papst Innocenz IV. und der deutsche Gegenkönig Heinrich Raspe, in: Winfried Müller, Wolfgng J. Smolka und Helmut Zedelmaier (Hgg.), Universität und Bildung. Festschrift Laetitia Boehm. 1991, 25–31.

Kaufhold, Martin: Europas Norden im Mittelalter. 2001.

Kaufhold, Martin: Gladius Spiritualis. Das päpstliche Interdikt über Deutschland in der Regierungszeit Ludwigs des Bayern (1324–1347). (HeidelbergAbhhMittNeuerG NF 6) 1994.

Kaufmann, Arthur (Hg.): Widerstandsrecht. (Wege der Forschung 173) 1972.

Keller, Hagen: Schwäbische Herzöge als Thronbewerber: Hermann II. (1002), Rudolf von Rheinfelden (1077), Friedrich von Staufen (1125). Zur Entwicklung von Reichsidee und Fürstenverantwortung, Wahlverständnis und Wahlverfahren im 11. und 12. Jahrhundert. ZGORh 131 (1983), 123–162.

Kempf, Friedrich: Die Absetzung Friedrichs II. im Lichte der Kanonistik, in: Josef Fleckenstein (Hg.), Probleme um Friedrich II. (Vorträge und Forschungen 16) 1974, 345–360.

Kempf, Friedrich: Ein zweiter Dictatus Papae? Ein Beitrag zum Depositionsanspruch Gregors VII. ArchHistPont 13 (1975), 119–139.

Kempf, Friedrich: Papsttum und Kaisertum bei Innozenz III. Die geistigen und rechtlichen Grundlagen seiner Thronstreitpolitik. (Miscellanea Historiae Pontificiae 29) Rom 1954.

Kern, Bernd-Rüdiger: Die Gerichtsbarkeit der Reichsvikare, in: Battenberg – Ranieri (1994), 131–146.

Kessel, Verena: Sepulkralpolitik. Die Krönungsgrabsteine im Mainzer Dom und die Auseinandersetzung um die Führungsposition im Reich, in: Hartmann (1997), 9–34.

Klaniczay, Gábor: Representations of the Evil Ruler in the Middle Ages, in: Duchhardt u.a. (1992), 69–80.

Klare, Wilhelm: Die Wahl Wenzels von Luxemburg zum Römischen König 1376. 1990.

Kleinheyer, Gerd: Die Abdankung des Kaisers, in: Gerhard Köbler, Wege europäischer Rechtsgeschichte. Karl Kroeschell zum 60. Geburtstag. (RechtshistR 60) 1987, 124–144.

Kleinheyer, Gerd: Die kaiserlichen Wahlkapitulationen. Geschichte, Wesen und Funktion. (StudQGDtVerfR Reihe A, 1) 1968.

Kleinschmidt, Erich: Die Colmarer Dominikaner-Geschichtsschreibung im 13. und 14. Jahrhundert. Neue Handschriftenfunde und Forschungen zur Überlieferungsgeschichte. DA 28 (1972), 371–496.

Kleinschmidt, Erich: Herrscherdarstellung. Zur Disposition mittelalterlichen Aussageverhaltens untersucht an Texten über Rudolf I. von Habsburg. 1974.

Kluge, Bernd: Deutsche Münzgeschichte von der späten Karolingerzeit bis zum Ende der Salier (ca. 900 bis 1125). (RömGermZentralmuseum. Monographien 29) 1991.

Koch, Bettina: Räte auf deutschen Reichsversammlungen. Zur Entwicklung der politischen Funktionselite im 15. Jahrhundert. (EuropHochschulschrr III/832) 1994.

Kohler, Alfred – Haider, Barbara – Ottner, Christine (Hgg.): Karl V. 1500–1558. Neue Perspektiven seiner Herrschaft in Europa und Übersee. (Zentraleuropa-Studien 6) 2002.

Kohler, Alfred: Antihabsburgische Politik in der Epoche Karls V. Die reichsständische Opposition gegen die Wahl Ferdinands I. zum Römischen König und gegen die Anerkennung seines Königtums. (SchriftenreiheHistKommBayerAkadWiss 19) 1982.

Kohler, Alfred: Ferdinand I. 1503–1564. Fürst, König und Kaiser. 2003.
Kohler, Alfred: Karl V. 1500–1558. Eine Biographie. 1999.
Kohler, Alfred: Quellen zur Geschichte Karls V. (AusgewQNeuzeit 15) 1990.
Koller, Heinrich: Der Ausbau königlicher Macht im Reich des 15. Jahrhunderts, in: Schneider (1987), 425–464.
Kölmel, Wilhelm: Manegolds Theorie der Königsmacht, in: Schnith – Pauler (1993), 267–282.
Kolmer, Lothar: Promissorische Eide im Mittelalter. (RegensburgHistForsch 12) 1989.
Königshofen → Jacob Twinger
Konrad von Megenberg: Klagelied der Kirche über Deutschland (Planctus ecclesiae in Germaniam), bearb. von Horst Kusch. (LeipzigerÜbersAbhhMal A/1) 1956.
Krah, Adelheid: Absetzungsverfahren als Spiegelbild von Königsmacht. Untersuchungen zum Kräfteverhältnis zwischen Königtum und Adel im Karolingerreich und seinen Nachfolgestaaten. (UntersDtStaatsRG NF 26) 1987.
Krammer → Determinatio
Krammer, Mario (Hg.): Quellen zur Geschichte der deutschen Königswahl und des Kurfürstenkollegs. 2 Hefte. [2]1932.
Kramp, Mario (Hg.): Krönungen. Könige in Aachen – Geschichte und Mythos. Katalog der Ausstellung. 2 Bde. 2000.
Kraus, Thomas R.: König Wenzel auf der Reise nach Reims und die Hoffnungen König Richards II. von England auf die römisch-deutsche Krone 1397/98. DA 52 (1996), 599–615.
Kraus, Thomas R.: Studien zur Vorgeschichte der Krönung Karls IV. in Aachen. Unbekannte Quellen aus dem Stadtarchiv Aachen, in: ZAachenerGV 88/89 (1981/82), 43–93.
Kremer: (Christoph Jakob Kremer), Urkunden zur Geschichte des Kurfürsten Friedrich des Ersten von der Pfalz. Frankfurt-Leipzig 1756.
Krieb, Steffen: Vermitteln und Versöhnen. Konfliktregelung im deutschen Thronstreit 1198–1208. (Norm und Struktur 13) 2000.
Krieger, Karl Friedrich: Die Habsburger im Mittelalter. Von Rudolf I. bis Friedrich III. 1994.
Krieger, Karl-Friedrich: Rechtliche Grundlagen und Möglichkeiten römisch-deutscher Königsherrschaft im 15. Jahrhundert, in: Schneider (1987), 465–489.
Krimm, Heidrun: Isabeau de Bavière, reine de France 1370–1435. (MiscBavMonacensia 13) 1969.
Krimm, Konrad: Baden und Habsburg um die Mitte des 15. Jahrhunderts. Fürstlicher Dienst und Reichsgewalt im späten Mittelalter. (VeröffKommGLdkde Baden-Württemberg B/89) 1976.
Kroeschell, Karl – Cordes, Albrecht (Hgg.): Funktion und Form. Quellen- und Methodenprobleme der mittelalterlichen Rechtsgeschichte. (SchrrEuropRVerfG 18) 1996.
Kroeschell, Karl: Von der Gewohnheit zum Recht. Der Sachsenspiegel im späten Mittelalter, in: Boockmann – Grenzmann – Moeller – Staehelin (1998), 68–92.
Kühn, Margarete → MGH Const. Bd. 9.
Kullmann, Hans Josef: Klenkok und die »articuli reprobati« des Sachsenspiegels. Diss. iur. Frankfurt/Main 1959.
Kunisch, Johannes (Hg.): Neue Studien zur frühneuzeitlichen Reichsgeschichte. (ZHF Beiheft 3) 1987.
Kunisch, Johannes (Hg.): Neue Studien zur frühneuzeitlichen Reichsgeschichte. (ZHF Beiheft 19) 1997.
Kunisch, Johannes: Formen symbolischen Handelns in der Goldenen Bulle von 1356, in: Stollberg-Rilinger (2001), 263–280.
Kusch → Konrad von Megenberg.
Kys, Franz Walter: Die Lehre über das Widerstandsrecht in den politischen Werken des Meisters Wilhelm von Ockham. Diss. München 1967.

Lacomblet, Theodor Joseph: Urkundenbuch für die Geschichte des Niederrheins. 4 Bde. 1840–1858.
Lammers → Otto von Freising.
Lampert von Hersfeld: Annalen. Neu übersetzt von Adolf Schmidt. Erläutert von Wolfgang Dietrich Fritz. (AusgewQ 13) 1957.
Landau, Peter – Müller, Joers (Hgg.): Proceedings of the Ninth International Congress of Medieval Canon Law. (Monumenta Iuris Canonici Ser. C Vol. 10) Città del Vaticano 1997.
Landau, Peter: Was war um 1300 ein Kollegium, in: Wolf (2002), 485–495.
Lange, Karl-Heinz: Der Herrschaftsbereich der Grafen von Northeim 950–1140. (StudVorarbbHistAtlasNdSachs 24) 1969.
Lanzinner, Maximilian: Die Denkschrift des Lazarus von Schwendi zur Reichspolitik (1570), in: Kunisch (1987), 141–185.
Laubach, Ernst: Politik und Selbstverständnis Kaiser Ferdinands I., in: Fuchs – Kohler (2003), 123–145.
Laudage, Johannes: Gregorianische Reform und Investiturstreit. (Erträge der Forschung 282) 1993.
Laudage, Johannes: Priesterbild und Reformpapsttum im 11. Jahrhundert. (Beiheft AKG 22) 1984.
Laufs, Manfred: Politik und Recht bei Innozenz III. Kaiserprivilegien, Thronstreitregister und Egerer Goldbulle in der Reichs- und Rekuperationspolitik Papst Innozenz' III. (KölnHistAbhh 26) 1980.
Lauterbach, Klaus H.: Geschichtsverständnis, Zeitdidaxe und Reformgedanke an der Wende zum sechzehnten Jahrhundert. Das oberrheinische »buchli der hundert capiteln« im Kontext des spätmittelalterlichen Reformbiblizismus. (ForschOberrheinLdG 33) 1985.
Lawrenz, Erwin: Die Reichspolitik des Erzbischofs Balduin von Tier aus dem Hause Luxemburg (1288–1364). 1975.
Leidinger → Andreas von Regensburg.
Leidinger, Georg (Hg.): Bayerische Chroniken des XIV Jahrhunderts. (MGH Ss. rer. Germ.) (1918).
Leidinger, Paul: Westfalen im Investiturstreit. WestfälZ 119 (1969), 267ff.
Leist, Winfried: Landesherr und Landfrieden in Thüringen im Spätmittelalter 1247–1349. (MitteldtForsch 77) 1975.
Leistikow, Dankwart: Die Aufbewahrungsorte der Reichskleinodien – vom Trifels bis Nürnberg, in: Die Reichskleinodien. Herrschaftszeichen des Heiligen Römischen Reiches. (SchrrStaufischeGKunst 16) 1997, 184–213.
Lenz, Martin: Konsens und Dissens. Deutsche Königswahl (1273–1349) und zeitgenössische Geschichtsschreibung. (Formen der Erinnerung 5) 2002.
Lewald, Ursula: Köln im Investiturstreit, in: Fleckenstein (1973), 373–393.
Lhotsky → Thomas Ebendorfer
Liber de unitate ecclesiae conservanda, ed. Schmale-Ott, in: Quellen 2, 272–578.
Liebertz-Grün, Ursula: Das andere Mittelalter. Erzählte Geschichte und Geschichtskenntnisse um 1300. 1984.
Liebertz-Grün, Ursula: Seifried Helbling. Satiren kontra Habsburg. 1981.
Liermann, Hans: Die Goldene Bulle und Nürnberg. MittVerGStadtNürnberg 47 (1956), 107–123.
Lindner, Michael: Fest und Herrschaft unter Kaiser Friedrich Barbarossa, in: Engel – Töpfer (1994), 151–170.
Lindner, Theodor: Geschichte des deutschen Reiches unter König Wenzel. 2 Bde. 1875–1880.
Löher, Franz: Das Rechtsverfahren bei König Wenzels Absetzung. Münchner Historisches Jahrbuch 1865, 3–18.

Lorenz, Sönke - Schmidt, Ulrich (Hgg.): Von Schwaben bis Jerusalem. Facetten staufischer Geschichte. 1995.

Loserth → Peter von Zittau.

Lotter, Friedrich: Zur literarischen Form und Intention der Vita Heinrici IV., in: Jäschke - Wenskus (1977), 288–329.

Lupold von Bebenburg: Tractatus de iure regni et imperii, ed. Simon Schard, De iurisdictione, auctoritate et praeeminentia imperiali. Basel 1609.

Luttenberger, Albrecht P.: Kurfürsten, Kaiser und Reich. Politische Führung und Friedenssicherung unter Ferdinand I. und Maximilian II. Mainz 1994.

Luttenberger, Albrecht Pius: Glaubenseinheit und Reichsfriede. Konzeptionen und Wege konfessionsneutraler Reichspolitik (1530–1552). 1982.

Lutz, Heinrich - Schubert, Friedrich Hermann - Weber, Hermann: Frankreich und das Reich im 16. und 17. Jahrhundert. 1968

Macek, Josef - Marosi, Ernö - Seibt, Ferdinand (Hgg.): Sigismund von Luxemburg. Kaiser und König in Mitteleuropa 1387–1437. (Studien zu den Luxemburgern und ihrer Zeit 5) 1994.

Maleczek, Werner: Abstimmungsarten. Wie kommt man zu einem vernünftigen Wahlergebnis?, in: Schneider - Zimmermann (1990), 79–134.

Maleczek, Werner: Das Frieden stiftende Papsttum im 12. und 13. Jahrhundert, in: Fried (1996), 249–332.

Mandt, Hella: Tyrannislehre und Widerstandsrecht. Studien zur deutschen politischen Theorie des 16. Jahrhunderts. (Politica 36) 1974.

Marbacher Annalen: Die Chronik Ottos von St. Blasien und die Marbacher Annalen, hg. und übers. von Franz-Josef Schmale. (AusgewQ 18a) 1998.

Markgraf, Hermann: Politische Correspondenz Breslaus im Zeitalter Georgs von Podiebrad. 2 Bde. (Ss rer. Silesiacarum 8/9) 1873/74.

Mathias von Neuenburg: Die Chronik des Mathias von Neuenburg, ed. Adolf Hofmeister. (MGH Ss rer germ n.s. 4) 1914–1940. [2]1955.

Mathies, Christiane: Kurfürstenbund und Königtum in der Zeit der Hussitenkriege. Die kurfürstliche Reichspolitik gegen Sigmund im Kraftzentrum Mittelrhein. (QAbhMittelrhKiG 32) 1978.

Maurer, Georg Ludwig von (Hg.): Das Stadt- und Landrechtsbuch Ruprechts von Freising. Stuttgart 1839 (Neudruck 1969).

Maurer, Helmut - Patze, Hans (Hg.): Festschrift für Berent Schwineköper. 1982.

Maurer, Helmut - Schwarzmaier, Hansmartin - Zotz, Thomas (Hgg.): Schwaben und Italien im Hochmittelalter. (VortrrForsch 52) 2001.

Maurer, Helmut: Sagen um Karl III., in: Fenske - Rösener - Zotz (1984), 93–99.

Melville, Gert - von Moos, Peter (Hgg.): Das Öffentliche und Private in der Vormoderne. (Norm und Struktur 10) 1998.

Menzel, Karl: Diether von Isenburg, Erzbischof von Mainz. 1459–1463. Erlangen 1868.

Menzel, Karl: Regesten zur Geschichte Friedrichs des Siegreichen, Kurfürsten von der Pfalz. (QErBayerDtG 2) 1862.

Mertens, Dieter: Der Straßburger Ellenhard-Codex in St. Paul im Lavanttal, in: Patze (1987), 543–580.

Meuthen, Erich: Nikolaus von Kues als Jurist, in: Boockmann - Grenzmann - Moeller - Staehelin (2001), 247–275.

Meyer von Knonau, Gerold: Jahrbücher des Deutschen Reiches unter Heinrich IV. und Heinrich V. Bd. 6 1106–1116. 1907 (Neudruck [2]1965).

Meyer, Rudolf J.: Königs- und Kaiserbegräbnisse im Spätmittelalter. (ForschKaiserPapstGMa 19) 2000.

MGH Const.: Constitutiones et acta publica imperatorum et regum. Bde. 1 und 2 (1893/96) bearb. von Ludwig Weiland. Bde. 3–6 (1904–1916) bearb. von Ernst Schwalm. Bd. 8 (1926) bearb. von Karl Zeumer und Richard Salomon. Bd. 9 (1974–1983) bearb. von Margarete Kühn. Bd. 10 (1979–1991) bearb. von Margarete Kühn. Bd. 11 (1978–1992) bearb. von Wolfgang D. Fritz.

MGH Ldl: Libelli de lite imperatorum et pontificum saeculis XI. et XII. conscripti. 3 Bde. 1891 – (Neudruck 1956).

Miethke → Wilhelm von Ockham.

Miethke, Jürgen – Bühler, Arnold: Kaiser und Papst im Konflikt. Zum Verhältnis von Staat und Kirche im späten Mittelalter. 1988.

Miethke, Jürgen (Hg.): Das Publikum politischer Theorie im 14. Jahrhundert. (SchrrHistKolleg Kolloquien 21) 1992.

Miethke, Jürgen und Weinrich, Lorenz (Hgg.): Quellen zur Kirchenreform im Zeitalter der großen Konzilien des 15. Jahrhunderts. Erster Teil. (AusgwQ 38a) 1995.

Miethke, Jürgen: (Nachwort) Ockhams politische Theorie, in: → Wilhelm von Ockham, Dialogus (1992), 209–242 (zit.: Miethke [1992/II]).

Miethke, Jürgen: Das Publikum politischer Theorie im 14. Jahrhundert. Zur Einführung, in: Ders. (1992), 1–23.

Miethke, Jürgen: De potestate papae. Die päpstliche Amtskompetenz im Widerstreit der politischen Theorie von Thomas von Aquin bis Wilhelm von Ockham. 2000 (zit.: Miethke [2000/II]).

Miethke, Jürgen: Der Kampf Ludwigs des Bayern mit Papst und avignonesischer Kurie in seiner Bedeutung für die deutsche Geschichte, in: Nehlsen – Hermann (2002), 39–74.

Miethke, Jürgen: Die »Wahldekrete« bei der Wahl eines rex Romanorum im spätmittelalterlichen Deutschland, in: Heinig u.a. (2000), 89–113.

Miethke, Jürgen: Die päpstliche Kurie des 14. Jahrhunderts und die »Goldene Bulle« Kaiser Karl IV. von 1356, in: Dahlhaus – Kohnle (1995), 437–450.

Miethke, Jürgen: Kanonistik, Ekklesiologie und politische Theorie: Die Rolle des Kirchenrechts in der politischen Theorie des Spätmittelalters, in: Landau – Müller (1997), 1023–1051.

Miethke, Jürgen: Politische Theorie und die »Mentalität« der Bettelorden, in: Graus (1987), 157–176.

Miethke, Jürgen: Wirkungen politischer Theorie auf die Praxis der Politik im Römischen Reich des 14. Jahrhunderts. Gelehrte Politikberatung am Hofe Ludwigs des Bayern, in: Canning – Oexle (1998), 173–210.

Miethke, Jürgen: Zeitbezug und Gegenwartsbezug in der politischen Theorie im 14. Jahrhundert, in: Albert Zimmermann (Hg.), Antiqui und Moderni. Traditionsbewußtsein und Fortschrittsbewußtsein im späten Mittelalter. (MiscMediaev 9) 1974, 262–292.

Miller, Ignaz: Jakob von Sierck. 1398/99–1456. (QAbhhMittelrheinKiG 45) 1983.

Mitteis, Heinrich: Die deutsche Königswahl. Ihre Rechtsgrundlagen bis zur Goldenen Bulle. ^{2}1944.

Moeglin, Jean-Marie: Dynastisches Bewußtsein und Geschichtsschreibung. Zum Selbstverständnis der Wittelsbacher, Habsburger und Hohenzollern im Spätmittelalter. HZ 256 (1993), 593–635.

Mohrmann, Wolf-Dieter: Lauenburg oder Wittenberg. Zum Problem des sächsischen Kurstreites bis zur Mitte des 14. Jahrhunderts. (VeröffInstHistLdForschUnivGöttingen 8) 1975.

Molitor, Erich: Die Reichsreformbestrebungen des 15. Jahrhunderts bis zum Tode Kaiser Friedrichs III. (UntersDtStaatsRG 132) 1921.

Mommsen, Karl: Eidgenossen, Kaiser und Reich. Studien zur Stellung der Eidgenossenschaft innerhalb des heiligen römischen Reiches. (BaslerBeitrrGWiss 72) 1958.

Mone, Franz Joseph: Quellensammlung der badischen Landesgeschichte. Bd. 1. 1848.
Monnet, Pierre: »Wan es stet übel in disin landen mit grossem Kriege ...« Die Außenbeziehungen der Reichsstadt Frankfurt am Main im Spätmittelalter, in: Horst Brunner (Hg.): Die Wahrnehmung von Kriegen im Mittelalter und in der Frühen Neuzeit. (Imagines Medii Aevi 6) 2000, 199–222.
Monumenta Erphesfurtensia saec. XII. XIII. XIV., ed. Oswald Holder-Egger. (MGH Ss rer germ) 1899.
Monumenta Wittelsbacensia. Urkundenbuch zur Geschichte des Hauses Wittelsbach, hg. von Fr. Michael Wittmann, Abt. 2: 1293–1397 (QErBayerG 6) 1861.
Moraw, Peter (Hg.): Deutscher Königshof, Hoftag und Reichstag im späteren Mittelalter. (VortrrForsch 48) 2002.
Moraw, Peter: Beamtentum und Rat König Ruprechts. ZGORh 116 (1968), 59–126.
Moraw, Peter: Das Reich und die Territorien, der König und die Fürsten im späten Mittelalter. RheinVjbll 63 (1999) (= Festgabe Wilhelm Janssen), 187–203.
Moraw, Peter: Die Funktion von Einungen und Bünden im spätmittelalterlichen Reich, in: Press (1995), 1–22.
Moraw, Peter: Die kurfürstliche Politik der Pfalzgrafschaft im Spätmittelalter vornehmlich im späten 14. und frühen 15. Jahrrhundert. JbWestdtLdG 9 (1983), 75–98.
Moraw, Peter: Fürsten am spätmittelalterlichen deutschen Königshof, in: Nolte – Spieß – Werlich (2002), 17–32.
Moraw, Peter: Fürstentum, Königtum und »Reichsreform« im deutschen Spätmittelalter, in: Heinemeyer (1987), 117–136.
Moraw, Peter: König Sigismund in der Herrscherabfolge des deutschen Spätmittelalters, in: Macek – Marosi – Seibt (1994), 27–43.
Moraw, Peter: Königliche Herrschaft und Verwaltung im spätmittelalterlichen Reich (ca. 1350–1450), in: Schneider (1987), 185–200.
Moraw, Peter: Königtum und Hochfinanz in Deutschland 1350–1450. ZGORh 122 (1974), 23–34.
Moraw, Peter: Politische Sprache und Verfassungsdenken bei ausgewählten Geschichtschreibern des deutschen 14. Jahrhunderts, in: Patze (1987), 695–762.
Moraw, Peter: Von offener Verfassung zu gestalteter Verdichtung. Das Reich im späten Mittelalter. 1250 bis 1490. 1985.
Mordek, Hubert: Proprie auctoritates apostolice sedis. Ein zweiter Dictatus Papae Gregors VII. DA 28 (1972), 105–132.
Moser, Johann Jacob: Von dem Römischen Kayser, Römischen König, und denen Reichs=Vicarien. Frankfurt 1767.
Moser, Johann Jacob: Von Teutschland und dessen Staats=Verfassung überhaupt. Stuttgart 1766.
Müller, Helmut: Die Reichspolitik Nürnbergs im Zeitalter der luxemburgischen Herrscher. MittVerGStadtNürnberg 58 (1971), 1–101.
Müller, Heribert: Köln und das Reich um 1400. Anmerkungen zu einem Brief des französischen Frühhumanisten Jean de Montreuil, in: Vollrath – Weinfurter (1993), 589–621.
Müller, Johann Joachim: Des Heiligen Römischen Reichs Reichstags-Theatrum wie solchs unter Kaiser Friedrich III. bestanden. Weimar 1713.
Müller, Rainer A. (Hg.): Peter von Andlau, Kaiser und Reich. Libellus de Caesarea Monarchia. Lateinisch und deutsch. 1998.
Müller, Ulrich: Walthers Sangspruchdichtung, in: Horst Brunner – Gerhard Hahn – Ulrich Müller – Franz Viktor Spechtler: Walther von der Vogelweide. Epoche – Werk – Wirkung. 1996, 135–191.

Müllner, Johannes: Die Annalen der Reichsstadt Nürnberg von 1623. Teil II: Von 1351–1469. Hg. von Gerhard Hirschmann. (QGKulturStadtNürnberg 11) 1984.
Mundhenk – Occultus Erfordensis.
Naumann, Claudia: Der Kreuzzug Kaiser Heinrichs VI. 1994.
Nehlsen, Hermann – Hermann, Hans-Georg (Hgg.): Kaiser Ludwig der Bayer. Konflikte, Weichenstellungen und Wahrnehmung seiner Herrschaft. (QForschGebietG NF 22) 2002.
Nehring, Karl: Matthias Corvinus, Kaiser Friedrich III. und das Reich. Zum hunyadisch-habsburgischen Gegensatz im Donauraum. (Südosteuropäische Arbeiten 72) 1975.
Neuhaus, Helmut: Die Römische Königswahl vivente imperatore in der Neuzeit. Zum Problem der Kontinuität in einer frühneuzeitlichen Wahlmonarchie, in: Kunisch (1997), 1–54.
Neuhaus, Helmut: Römischer König im Schatten des kaiserlichen Bruders? Zum Verhältnis zwischen Karl V. und Ferdinand I., in: Kohler – Haider – Ottner (2002), 345–358.
Neuhaus, Helmut: Von Karl V. zu Ferdinand I. Herrschaftsübergang im Heiligen Römischen Reich 1555–1558, in: Roll (1996), 417–440.
Neumann, Ronald → Urkundenregesten Hofgericht Bd. 8.
Nicklas, Thomas: Reichspolitische Beziehungsgeflechte im 16. Jahrhundert. Lazarus von Schwendi und der Dresdner Hof, in: Kunisch (1997), 181–206.
Nicolaus von Bibra → Occultus Erfordensis.
Nicolaus von Kues, De concordantia catholica, hg. von Gerhard Kallen. (Nicolai de Cusa Opera omnia 14) 1968.
Nishikawa, Yoichi: Die Entwicklung der königlichen Gesetzgebung in Deutschland in der Spätstauferzeit, in: Cordes – Kannowski (2002), 93–110.
Nolte, Cordula – Spieß, Karl-Heinz – Werlich, Ralf-Gunnar (Hgg.): Principes. Dynastien und Höfe im späten Mittelalter. (Residenzenforschung 14) 2002.
Nolte, Theodor: Papst Innozenz III. und Walther von der Vogelweide, in: Frenz (2000), 69–90.
Nova Alamanniae → Stengel
Occultus Erfordensis: Der ›Occultus Erfordensis‹ des Nicolaus von Bibra. Kritische Edition mit Einführung, Kommentar und deutscher Übersetzung, hg. von Christine Mundhenk. (SchrrVerGAltertumskdeErfurt 3) 1997.
Ockham → Wilhelm von Ockham.
Offler → Wilhelm von Ockham.
Olenschlager → Geschichte des Interregni.
Olesen, Jens E.: Die doppelte Königswahl 1448 im Norden, in: Paravicini (1992), 213–231.
Oppitz, Ulrich-Dieter: Deutsche Rechtsbücher des Mittelalters. Bd. I. Beschreibung der Rechtsbücher. 1990.
Österreichische Reimchronik, hg. von Joseph Seemüller. (MGH Dt. Chron. 5) 2 Bde. 1890/93.
Otacher ouz der Geul → Österreichische Reimchronik.
Otto von Freising, Gesta Friderici: Ottonis episcopi Frisingensis et Rahewini Gesta Friderici seu rectius Cronica, ed. Franz Josef Schmale. (AusgewQ 17) 1974.
Otto von Freising: Ottonis episcopi Frisingensis Chronica sive de duabus civitatibus, ed. Walther Lammers. (AusgewQ 16) 1961.
Otto von St. Blasien: Die Chronik Ottos von St. Blasien und die Marbacher Annalen, hg. und übers. von Franz-Josef Schmale. (AusgewQ 18a) 1998.
Otto, Heinrich: Papst Alexander IV. und der deutsche Thronstreit. MIÖG 19 (1898), 75–91.
Palacky, Franz: Geschichte von Böhmen. Bd. 3/1: Böhmen unter König Wenzel IV., bis zum Ausbruch des Hussitenkrieges. 1867.
Palacky, Franz: Urkundliche Beiträge zur Geschichte Böhmens und seiner Nachbarländer im Zeitalter Georgs von Podiebrad. (FontRerAustr II/20) Wien 1860.

Paravicini, Werner (Hg.): Mare Balticum. Beiträge zur Geschichte des Ostseeraums in Mittelalter und Neuzeit. Festschrift Erich Hoffmann. (KielHistStud 36) 1992.
Parlow, Ulrich: Die Zähringer. Kommentierte Quellendokumentation zu einem südwestdeutschen Herzogsgeschlecht des hohen Mittelalters. (VeröffKommGeschLdKde Baden-Württemberg, Reihe A, 50) 1999.
Patze, Hans (Hg.): Der deutsche Territorialstaat im 14. Jahrhundert. 2 Bde. (VortrrForsch 13/14) 1970/71.
Patze, Hans (Hg.): Geschichtsschreibung und Geschichtsbewußtsein im späten Mittelalter. (VortrrForsch 31) 1987.
Patze, Hans: Erzbischof Gerhard II. von Mainz und König Adolf von Nassau. Territorialpolitik und Finanzen. HessJbLdG 13 (1963), 83–140.
Pauler, Roland: Die deutschen Könige und Italien im 14. Jahrhundert. 1997.
Pauler, Roland: Dum esset catholicus – Zur Frage der Gültigkeit von Regierungshandlungen exkommunizierter und abgesetzter Kaiser. ZRG germ. 112 (1995), 345–365.
Pauler, Roland: Wahlheiligkeit, in: Schnith – Pauler (1993), 461–477.
Pauly, Michel (Hg.): Johann der Blinde, Graf von Luxemburg, König von Böhmen 1296–1346. Luxemburg 1997.
Pelzel, Franz Martin: Geschichte Kaiser Karls des Vierten, Königs in Böhmen. 2 Bde. Dresden 1783.
Pelzel, Franz Martin: Lebensgeschichte des Römischen und Böhmischen Königs Wenceslaus. 2 Bde. Prag 1788–1790.
Perels, Ernst: Der Erbreichsplan Heinrichs VI. 1927.
Peter von Andlau → Hürbin, Müller
Peter von Zittau: Die Königsaaler Geschichtsquellen mit den Zusätzen und der Fortsetzung des Domherrn Franz von Prag, ed. Johann Loserth. (FontRerAustr I/8) Wien 1875.
Peters, Edward: The Shadow King. Rex Inutilis in Mediaeval Law and Literature. New Haven – London 1970.
Petersohn, Jürgen: Über monarchische Insignien und ihre Funktion im mittelalterlichen Reich. HZ 266 (1998), 47–96.
Petrus Crassus: Petri Crassi Defensio Heinrici IV regis, in: Quellen 2, 174–240.
Picot, Sabine: Kurkölnische Territorialpolitik am Rhein unter Friedrich von Saarwerden (1370–1440). (RheinArch 99) 1977.
Pischke, Gudrun: Brunonen und Welfen als Königskandidaten und Königswähler vom 11. bis 14. Jahrhundert, in: Wolf (2002), 107–161.
Potthast → Heinrich von Herford
Press, Volker (Hg.): Alternativen zur Reichsverfassung in der frühen Neuzeit? (SchrrHistKolleg Kolloquien 23) 1995.
Press, Volker: Das Alte Reich. Ausgewählte Aufsätze. (HistForsch 59) 1997.
Press, Volker: Die Bundespläne Kaiser Karls V. und die Reichsverfassung, in: Ders. (1997), 67–127.
Priebatsch, Felix: Politische Correspondenz des Kurfürsten Albrecht Achilles. 3 Bde. (PubllPreußStaatsarch 59, 67, 71) 1894–1898.
Priesack, Julius: Die Reichspolitik des Erzbischofs Balduin von Trier in den Jahren 1314–1328. 1894.
Quaglioni, Diego: Das Publikum der Legisten im 14. Jahrhundert. Die »Leser« des Bartolus von Sassoferrato, in: Miethke (1992), 93–110.
Quaglioni, Diego: Politica e diritto nel Trecento italiano. Il »de Tiranno« di Bartolo da Sassoferrato (1314–1357). (Il pensiero politico 11) 1983.
Quellen Bd. 1: Quellen zum Investiturstreit. Erster Teil. Ausgewählte Briefe Papst Gregors VII, (hg. und) übersetzt von Franz-Josef Schmale. (AusgewQ 12a) 1978.
Quellen Bd. 2: Quellen zum Investiturstreit. Zweiter Teil. Schriften über den Streit zwischen Regnum und Sacerdotium, ed. Irene Schmale-Ott. (AusgewQ 12b) 1984.

Rau, Reinhold (Bearb.): Quellen zur karolingischen Reichsgeschichte. Bd. 2 (AusgewQ 6) 1958.

Redlich, Oswald: Eine Wiener Briefsammlung zur Geschichte des Deutschen Reiches und der österreichischen Länder in der 2. Hälfte des XIII. Jahrhunderts. Wien 1894.

Reg. Imp. Bd. 5/2: Johan Friedrich Böhmer, Regesta Imperii V. Die Regesten des Kaiserreichs unter Philipp, Otto IV., Friedrich II., Heinrich (VII.), Conrad IV., Heinrich Raspe, Wilhelm und Richard. 1198–1272. Neu hg. und ergänzt von Julius Ficker und Eduard Winkelmann. 2 Bde. Innsbruck 1892 (Neudruck 1971).

Reg. Imp. Bd. 6/1: Die Regesten des Kaiserreichs unter Rudolf, Adolf, Albrecht, Heinrich VII., hg. von Oswald Redlich. Innsbruck ²1898.

Reg. Imp. Bd. 6/2: Die Regesten des Kaiserreichs unter Rudolf, Adolf, Albrecht, Heinrich VII. 1273–1313, Abt. 2. Die Regesten des Kaiserreichs unter Adolf von Nassau. Neu bearb. von Vinzenz Samanek. Innsbruck 1948.

Reg. Imp. Bd. 8: Die Regesten des Kaiserreichs unter Kaiser Karl IV., hg. von Alfons Huber. Innsbruck 1887.

Regesten der Pfalzgrafen am Rhein. Bd. 1 (1214–1400), bearb. v. Adolf Koch – Jakob Wille. Innsbruck 1894. Bd. 2 (1214–1508, Regesten König Ruprechts) bearb. v. L. v. Oberndorff. 1939.

Regg. Baden: Regesten der Markgrafen von Baden und Hachberg 1050–1515. 4 Bde. Innsbruck 1900–1915.

Regg. Köln: Regesten der Erzbischöfe von Köln im Mittelalter. 6 Bde. 1901–1977.

Regg. Köln: Die Regesten der Erzbischöfe von Köln im Mittelalter. Bd. 4, bearb. von Wilhelm Kisky; Bd. 5, bearb. von Wilhelm Janssen. (PubllGesRheinGKde 21/4 und 5) 1937–1973.

Regg. Mainz: Regesten der Erzbischöfe von Mainz von 1289–1396. Abt. 1 (1289–1353) bearb. von Ernst Vogt; Abt. 2 (1354–1396) bearb. von Fritz Vigener. 2 Bde. 1913/14 (Neudruck 1970).

Register Innocenz' III. 1. Bd.: Die Register Innocenz' III. Bd. 1. 1. Pontifikatsjahr 1198/99. Bearb. von Othmar Hageneder und Anton Haidacher. Graz - Köln 1964.

Register Innocenz' III. Bd. 2: Die Register Innocenz' III. 2. Bd. 2. Pontifikatsjahr, 1199/1200. Texte. Bearb. von Othmar Hageneder, Werner Maleczek und Alfred A. Strnad. Rom - Wien 1979.

Registrum: Gregorii VII Registrum. Das Register Gregors VII., ed. Erich Caspar. (MGH Epp. sel. Bd. 2) 1920/23.

Reichert, Winfried: Johann der Blinde als Graf von Luxemburg, in: Pauly (1997), 169–196.

Reimar von Zweter → Roethe.

Reuling, Ulrich: Die Kur in Deutschland und Frankreich. Untersuchungen zur Entwicklung des rechtsförmlichen Wahlaktes bei der Königserhebung im 11. und 12. Jahrhundert. (VeröffMPIG 64) 1979.

Reuling, Ulrich: Zur Entwicklung der Wahlformen bei den hochmittelalterlichen Königserhebungen im Reich, in: Schneider – Zimmermann (1990), 227–270.

Reuter, Timothy: Unruhestiftung, Fehde, Rebellion, Widerstand: Gewalt und Frieden in der Politik der Salierzeit, in: Weinfurter Bd. 3 (1992), 297–325.

Reuter-Pettenberg, Helga: Bedeutungswandel der Römischen Königskrönung in der Neuzeit. Diss. Köln 1963.

Richental → Ulrich R.

Riezler, Sigmund: Vatikanische Akten zur deutschen Geschichte in der Zeit Ludwigs des Bayern. Innsbruck (1891).

Riis, Thomas: Les institutions politiques centrales du Danemark 1100–1332. (Odense University Studies in History and Social Sciences 46) Odense 1977.

Ritscher, Alfred: Literatur und Politik im Umkreis der ersten Habsburger. (FreiburgBeitrrMalG 4) 1992.

Robinson → Bertholds und Bernolds Chroniken.

Robinson, I. S.: Authority and Resistance in the Investiture Contest. The Polemical Literature of the Late Eleventh Century. Manchester 1978.
Robinson, I. S.: Church and Papacy, in: Burns (1988), 252–306.
Robinson, I. S.: Henry IV of Germany 1056–1106. Cambridge 1999.
Robinson, Ian S.: Authority and Resistance in the Investiture Contest. The Polemical Literatur of the Late Eleventh Century. Manchester 1978.
Rödel, Ute → Urkundenregesten Hofgericht Bd. 4.
Rödel, Ute: Königliche Gerichtsbarkeit und Streitfälle der Fürsten und Grafen im Südwesten des Reiches 1250–1313. (QForschhöchsteGerichtsbarkeit im Alten Reich 5) 1979.
Roethe, Gustav: Die Gedichte Reinmars von Zweter. 1887 (Neudruck 1969).
Rolf, Bernhard: Kurpfalz, Südwestdeutschland und das Reich 1449–1476. Die Politik des Pfalzgrafen und Kurfürsten Friedrich des Siegreichen. Diss. Heidelberg 1981.
Roll, Christine (Hg.): Recht und Reich im Zeitalter der Reformation. Festschrift für Horst Rabe. 1996.
Roll, Christine: Die »kaiserlosen Zeiten« im Reich – zu einigen Aspekten der Reichsregierung Karls V. absente imperatore, in: Kohler – Haider – Ottner (2002), 263–292.
Roscheck, Petra: Französische Kandidaturen für den römischen Kaiserthron in Spätmittelalter und Frühneuzeit. Diss. Saarbrücken 1984.
Rosenstock, Eugen: Ostfalens Rechtsliteratur unter Friedrich II. Texte und Untersuchungen. 1912.
Rotter, Ekkehard → Urkundenregesten Hofgericht Bd. 1.
Russocki, Stanislaw: Zwischen Monarchie, Oligarchie und Adelsdemokratie: das polnische Königtum im 15. Jahrhundert, in: Schneider (1987), 385–404.
Sachsenspiegel. Landrecht, hg. von Karl August Eckhardt. 1955.
Sächsische Weltchronik, hg. von Ludwig Weiland. (MGH Dt. Chron. 2) 1877.
Sächsische Weltchronik. Fortsetzungen (1.–4. baierische Fortsetzung), hg. von Ludwig Weiland, in: Ebd., 280ff.
Samanek, Vincenz: Neue Beiträge zu den Regesten König Adolfs (SbbAkadWiss Wien 214/2), 1932.
Samanek, Vinzenz: Studien zur Geschichte König Adolfs von Nassau. Vorarbeiten zu den Regesta Imperii VI,2 (1292–1298). (SbbAkadWissWien phil.-hist. Kl. 207/1) 1930.
Schaab, Meinrad – Lenz, Rüdiger (Hgg.): Ausgewählte Urkunden zur Territorialgeschichte der Kurpfalz 1156–1505. (VeröffKommGeschLdKde Baden-Württemberg Reihe A, 41) 1998.
Schäfer, Philipp: Innozenz III. und das 4. Laterankonzil, in: Frenz (2000), 103–116.
Schaller, Hans Martin: Stauferzeit. Ausgewählte Aufsätze. (MGH Schrr 38) 1993.
Schaller, Hans Martin: Ein Brief Innozenz' III. zur Königswahl Friedrichs II. 1212, in: ebd., 443–461.
Schaller, Hans Martin: Endzeit-Erwartung und Antichrist-Vorstellungen in der Politik des 13. Jahrhunderts, in: Festschrift Hermann Heimpel Bd. 2. 1972, 924–947.
Scheel, Günter: Die Stellung der Reichsstände zur Römischen Königswahl seit den Westfälischen Friedensverhandlungen, in: Forschungen zu Staat und Verfassung. Festgabe für Fritz Hartung. 1958, 113–132.
Scheffer-Boichorst, Paul: Kleinere Forschungen zur Geschichte des Mittelalters 6: Über den Plan einer Thronumwälzung in den Jahren 1254 und 1255. MIÖG 6 (1885), 558–582.
Schellhass, Karl: Das Königslager vor Aachen und Frankfurt in seiner rechtsgeschichtlichen Bedeutung. 1887.
Schieffer, Rudolf: Die Entstehung des päpstlichen Investiturverbots für den deutschen König. (SchrrMGH 28) 1981.
Schieffer, Rudolf: Erzbischöfe und Bischofskirche von Köln, in: Weinfurter (1992) Bd. 2, 1–29.
Schieffer, Rudolf: Karl III. und Arnolf, in: Schnith – Pauler (1993), 133–150.

Schieffer, Rudolf: Rechtstexte des Reformpapsttums und ihre zeitgenössische Resonanz, in: Hubert Mordek (Hg.), Überlieferung und Geltung normativer Texte des frühen und hohen Mittelalters. (QForschRMa 4) 1986, 51–70.
Schieffer, Rudolf: Von Mailand nach Canossa. Ein Beitrag zur Geschichte der christlichen Herrscherbuße von Theodosius d. Großen bis zu Heinrich IV. DA 28 (1972), 333–370.
Schilp (Bearb.), Thomas: Die Reichsburg Friedberg im Mittelalter. Regesten der Urkunden 1216–1410. (Urkundenbuch der Stadt Friedberg Bd. 2) (VeröffHistKommHessen 3) 1987.
Schimmelpfennig, Bernhard: Könige und Fürsten, Kaiser und Papst nach dem Wormser Konkordat. (EdG 37) 1996.
Schlesinger, Walter: Die Wahl Rudolfs von Schwaben zum Gegenkönig 1077 in Forchheim, in: Fleckenstein (1973), 61–85.
Schlick, Jutta: König, Fürsten und Reich 1056–1159. (MalForsch 7) 2001.
Schlinker, Steffen: Fürstenamt und Rezeption. Reichsfürstenstand und gelehrte Literatur im späten Mittelalter. (ForschDtRG 18) 1999.
Schmale → Bruno, Otto von Freising, Otto von St. Blasien, Quellen Bd. 1.
Schmale, Franz Josef: Eine thüringische Briefsammlung aus der Zeit Adolfs von Nassau. DA 9 (1952), 464–512.
Schmale, Franz-Josef – Schmale-Ott, Irene (Bearb.): Quellen zur Geschichte Kaiser Heinrichs IV. (AusgewQ 12) 1963.
Schmale, Franz-Josef – Schmale-Ott, Irene (Hgg. und Übers.): Frutolfs und Ekkehards Chroniken und die anonyme Kaiserchronik. (AusgewQ 15) 1972.
Schmale-Ott → Quellen Bd. 2
Schmid, Karl: Frutolfs Bericht zum Jahre 1077 oder der Rückzug Rudolfs von Schwaben, in: Berg – Goetz (1988), 181–198.
Schmid, Karl: Salische Gedenkstiftungen für fideles, servientes und milites, in: Fenske – Rösener – Zotz (1984), 245–264.
Schmid, Karl: Zum Haus- und Herrschaftsverständnis der Salier, in: Weinfurter Bd. 1 (1992), 21–54.
Schmidt, Georg: Angst vor dem Kaiser? Die Habsburger, die Erblande und die deutsche Libertät im 17. Jahrhundert, in: Duchhardt – Schnettger (1999), 329–348.
Schmidt, Georg: Deutschland am Beginn der Neuzeit: Reichs-Staat und Kulturnation, in: Roll (1996), 1–30.
Schmidt, Hans-Joachim: Vollgewalt, Souveränität und Staat. Konzepte der Herrschaft von Kaiser Friedrich II., in: Heinig u. a. (2000), 21–51.
Schmidt, Max Georg: Die staatsrechtliche Anwendung der Goldenen Bulle bis zum Tode König Sigmunds. Diss. Halle 1894.
Schmidt, Ulrich: »Ein neues und unerhörtes Dekret«. Der Erbreichsplan Heinrichs VI., in: Kaiser Heinrich VI. Ein mittelalterlicher Herrscher und seine Zeit. (SchrrstaufischeGKunst 17) 1998, 61–81.
Schmidt, Ulrich: A quo ergo habet, si a domno papa non habet imperium? Zu den Anfängen der »staufischen Kaiserwahlen«, in: Lorenz – Schmidt (1995), 61–87.
Schmidt, Ulrich: Die Wahl Hermanns von Salm zum Gegenkönig 1081, in: Herbers – Kortüm – Servatius (1991), 477–494.
Schmidt, Ulrich: Königswahl und Thronfolge im 12. Jahrhundert. (ForschKaiserPapstMa 7) 1987.
Schmidt-Wiegand, Ruth: Wahl und Weihe des deutschen Königs nach den Bilderhandschriften des Sachsenspiegels, in: Thumser – Wenz – Halbfleisch – Wiegand (2000), 222–238.
Schmuck, Johann: Ludwig der Bayer und die Reichsstadt Regensburg. Der Kampf um die Stadtherrschaft im späten Mittelalter. (RegensburgStudQKulturG 4) 1997.

Schneider, Fedor → Johann von Viktring.
Schneider, Reinhard – Zimmermann, Harald (Hgg.): Wahlen und Wählen im Mittelalter. (VortrrForsch 37) 1990.
Schneider, Reinhard (Hg.): Das spätmittelalterliche Königtum im europäischen Vergleich. (VortrrForsch 32) 1987.
Schneider, Reinhard: Der rex Romanorum als gubernator oder administrator imperii. ZRG germ. 114 (1997), 296–317.
Schneider, Reinhard: Karolus, qui et Wenceslaus, in: Jäschke – Wenskus (1977), 365–387.
Schneider, Reinhard: Wechselwirkungen von kanonischer und weltlicher Wahl, in: Ders. – Zimmermann (1990), 135–171.
Schneidmüller, Bernd: Konsensuale Herrschaft. Ein Essay über Formen und Konzepte politischer Ordnung im Mittelalter, in: Heinig u. a. (2000), 53–87.
Schneidmüller, Bernd: Widukind von Corvey, Richer von Reims und der Wandel politischen Bewußtseins im 10. Jahrhundert, in: Brühl – Schneidmüller (1997), 83–102.
Schnith, Karl Rudolf – Pauler, Roland (Hgg.): Festschrift für Eduard Hlawitschka. (MünchenHistStud Abt. MaG 5) 1993.
Schnith, Karl: Gedanken zu den Königsabsetzungen im Spätmittelalter. HistJb 91 (1971), 309–326.
Schoenstedt, Friedrich: Studien zum Begriff des Tyrannen und des Tyrannenmordes im Spätmittelalter, insbesondere in Frankreich. (Neue deutsche Forschungen 198) 1938.
Scholz, Richard: Unbekannte kirchenpolitische Streitschriften aus der Zeit Ludwigs des Bayern (1327–1354). 2 Bde. (BiblHistInstRom 9 und 10) 1911 und 1914.
Scholz, Richard: Wilhelm von Ockham als politischer Denker und sein Breviloquium de principatu tyrannico. (SchrrReichsinstitutÄltDtGKde 8) 1944.
Schreiner, Klaus: »Correctio principis«. Gedankliche Begründung und geschichtliche Praxis spätmittelalterlicher Herrscherkritik, in: Graus (1987), 203–256.
Schreiner, Klaus: »Nudis pedibus«. Barfüßigkeit als religiöses und politisches Ritual, in: Althoff (2001), 53–124.
Schrohe, Heinrich: Die politischen Bestrebungen Erzbischof Siegfrieds von Köln. Ein Beitrag zur Geschichte des Reiches unter den Königen Rudolf von Habsburg und Adolf von Nassau. AnnHistVNdRh 67 (1899), 1–108.
Schrötter, Georg: Dr. Martin Mair. Diss. München 1896.
Schubert, Ernst: Das Königsland: zu Konzeptionen des Römischen Königtums nach dem Interregnum. JbfränkLdforsch 29 (1979), 23–40.
Schubert, Ernst: Der Mainzer Kurfürst als Erzkanzler im Spätmittelalter, in: Hartmann (1997), 77–98. (Zit.: Schubert [1997/III]).
Schubert, Ernst: Die Absetzung König Adolfs von Nassau, in: Thumser – Wenz – Halbfleisch – Wiegand (2000), 271–301.
Schubert, Ernst: Die deutschen Königswahlen zur Zeit Johanns des Blinden, in: Pauly (1997), 135–166 (zit.: Schubert [1997/II]).
Schubert, Ernst: Die Stellung der Kurfürsten in der spätmittelalterlichen Reichsverfassung, JbWestDtLdG 1 (1975), 97–120.
Schubert, Ernst: Erz- und Erbämter am hoch- und spätmittelalterlichen Königshof, in: Moraw (2002), 191–237.
Schubert, Ernst: Geschichte Niedersachsens vom 9. bis zum ausgehenden 15. Jahrhundert, in: Ders. (Hg.), Geschichte Niedersachsens Bd. 2/1. 1997, 1–904.
Schubert, Ernst: König und Reich. Studien zur spätmittelalterlichen deutschen Verfassungsgeschichte. (VeröffMPIG 63) 1979.
Schubert, Ernst: Königswahl und Königtum im spätmittelalterlichen Reich. ZHF 4 (1977), 257–338.

Schubert, Ernst: Kurfürsten und Wahlkönigtum. Die Wahlen von 1308 und 1346 und der Kurverein von Rhens, in: Heyen (1985) 103–117.

Schubert, Ernst: Probleme der Königsherrschaft im spätmittelalterlichen Reich. Das Beispiel Ruprechts von der Pfalz (1400–1410), in: Schneider (1987), 135–184.

Schuler, Peter-Johannes: Regesten zur Herrschaft der Grafen von Württemberg 1325–1378. (QForschGebietG NF 8) 1998.

Schulze, Hans Kurt: Königsherrschaft und Königsmythos, in: Maurer – Patze (1982), 177–186.

Schulze, Hans Kurt: Mediävistik und Begriffsgeschichte, in: Jäschke – Wenskus (1977), 388–404.

Schütz, Alois: Die Prokuratorien und Instruktionen Ludwigs des Bayern für die Kurie. Ein Beitrag zu seinem Absolutionsprozeß. 1973

Schütz, Alois: Ludwig der Bayer – König und Kaiser, in: Heyen (1985), 55–87.

Schwabenspiegel: Der Schwabenspiegel in der älteren Gestalt, hg. von Karl August Eckhardt. (Bibliotheca rerum historicarum. Neudrucke 3) 1972.

Schwarz, Jörg: Der römische Reichsbegriff in der Auseinandersetzung des Papsttums mit Kaiser Friedrich II., in: Thumser – Wenz – Halbfleisch – Wiegand (2000), 200–221.

Schwinges, Rainer Christoph: Verfassung und kollektives Verhalten. Zur Mentalität des Erfolges falscher Herrscher im Reich des 13. und 14. Jahrhunderts, in: Graus (1987), 177–202.

Schwöbel, Hermann Otto: Der diplomatische Kampf zwischen Ludwig dem Bayern und der römischen Kurie im Rahmen des kononischen Absolutionsprozesses. 1330–1346. (QStudVerfGDtReich 10) 1968.

Sciurie, Helga: Die Merseburger Grabplatte König Rudolfs von Schwaben und die Bewertung des Herrschers im 11. Jahrhundert. JbGFeudalismus 6 (1982), 173–183.

Seemüller → Österreichische Reimchronik

Seibt, Ferdinand – Eberhard, Winfried (Hgg.): Europa 1400. Die Krise des Spätmittelalters. 1984.

Seibt, Ferdinand: Die Zeit der Luxemburger und der hussitischen Revolution, in: Handbuch der Geschichte der böhmischen Länder, hg. von Karl Bosl. Bd. 1. 1967.

Seibt, Ferdinand: Karl IV. Ein Kaiser in Europa 1346–1378. 1978.

Seibt, Ferdinand: Zu einem neuen Begriff von der »Krise des Spätmittelalters«, in: Ders.-Eberhard (1984), 7–23.

Seibt, Ferdinand: Zur Krise der Monarchie um 1400, in: Macek – Marosi – Seibt (1994), 3–14.

Sellert, Wolfgang: Zur Rezeption des römischen und kanonischen Rechts in Deutschland von den Anfängen bis zum Beginn der Neuzeit: Überblick, Diskussionsstand und Ergebnisse, in: Boockmann – Grenzmann – Moeller – Staehelin (1998), 115–166.

Sieber, Georg: Haltung Sachsens gegenüber Heinrich IV. von 1083–1106. Diss. Breslau 1883.

Sieber-Lehmann, Claudius: Spätmittelalterlicher Nationalismus. Die Burgunderkriege am Oberrhein und in der Eidgenossenschaft. (VeröffMPIG 116) 1995.

Siemsen, August: Kur-Brandenburgs Anteil an den kaiserlichen Wahl-Kapitulationen von 1689 bis 1742. (QStudVerfGDtReich III/3) 1909.

Sikes, Jeffrey Garret (Hg.): Guilielmi de Ockham Opera Politica. Vol. 1 (Octo quaestiones de potestate Papae). Manchester 1940.

Sommerlechner, Andrea: Stupor mundi? Kaiser Friedrich II. und die mittelalterliche Geschichtsschreibung. Wien 1999.

Speck, Dieter: Fürst, Räte und die Anfänge der Freiburger Universität, in: Sönke Lorenz (Hg.): Attempto – oder wie stiftet man eine Universität? Die Universitätsgründungen der sogenannten zweiten Gründungswelle im Vergleich. (Contubernium 50) 1999, 55–112.

Spěváček, Jiří: Karl IV. Sein Leben und seine staatsmännische Leistung. 1978.

Spieß, Karl-Heinz: Kommunikationsformen im Hochadel und am Königshof im Spätmittelalter, in: Althoff (2001), 261–290.

Spörl, Johannes: Gedanken um Widerstandsrecht und Tyrannenmord im Mittelalter, in: Kaufmann (1972), 87–113.
Starke, Heinz-Dieter: Die Pfalzgrafen von Sommerschenburg (1088–1179). JbGMittelOstDtld 4 (1955), 1–72.
Staubach, Nikolaus: »Quasi semper in publico«. Öffentlichkeit als Funktions- und Kommunikationsraum karolingischer Königsherrschaft, in: Melville – von Moos (1998), 577–608.
Staufer Heinrich (VII.): Der Staufer Heinrich (VII.). Ein König im Schatten seines kaiserlichen Vaters. (SchrrstaufischeGKunst 20) 2001.
Stehkämper, Hugo: Die Stadt Köln in der Salierzeit, in: Weinfurter Bd. 3 (1992), 75–152.
Stehkämper, Hugo: Über das Motiv der Thronstreit-Entscheidungen des Kölner Erzbischofs Adolf von Altena 1198–1205: Freiheit der fürstlichen Königswahl oder Aneignung des Mainzer Erstkurrechts. RhVjbll 67 (2003), 1–20.
Steinbach, Hartmut: die Reichsgewalt und Niederdeutschland in nachstaufischer Zeit. 1247–1308. (KielHistStud 5) 1968.
Stengel, Edmund E.: Abhandlungen und Untersuchungen zur Geschichte des Kaisergedankens im Mittelalter. 1965.
Stengel, Edmund E.: Der Heerkaiser (Den Kaiser macht das Heer), Studien zur Geschichte eines politischen Gedankens, in: Ders. (1965), 1–170.
Stengel, Edmund E.: Nova Alamanniae. Urkunden, Briefe und andere Quellen besonders zur deutschen Geschichte des 14. Jahrhunderts. Teil I und II/1. 1921–1930; Teil II/2. 1976.
Stengel, Edmund Ernst: Avignon und Rhens. (QStudVerfGDtReich 6/1) 1930.
Stollberg-Rilinger, Barbara: Vormoderne politische Verfahren. (ZHF Beiheft 25) 2001.
Stoob, Heinz: Über den Schwerpunktwechsel in der niederdeutschen Adelsführung während des Kampfes gegen den salischen Herrscher, in: Ecclesia et regnum. Festschrift für Franz-Josef Schmale. 1989, 121–137.
Stromer, Wolfgang von: Das Zusammenspiel oberdeutscher und Florentiner Geldleute bei der Finanzierung von Ruprechts Italienzug 1401/02, in: Öffentliche Finanzen und privates Kapital im späten Mittelalter und in der ersten Hälfte des 19. Jahrhunderts. (ForschSozWG 16) 1971, 50–86.
Stromer, Wolfgang von: Oberdeutsche Hochfinanz 1350–1451. (VSWG Beih. 55–57) 1970.
Struve, Tilman: Das Bild des Gegenkönigs Rudolf von Schwaben in der zeitgenössischen Historiographie, in: Herbers – Kortüm – Servatius (1991), 459–475.
Struve, Tilman: Die Bedeutung der aristotelischen »Politik« für natürliche Begründung der staatlichen Gemeinschaft, in: Miethke (1992), 153–171.
Struve, Tilman: Die Begründung monarchischer Herrschaft in der politischen Theorie des Mittelalters. ZHF 23 (1996), 289–323.
Struve, Tilman: Gregor VII. und Heinrich IV. Stationen einer Auseinandersetzung. Studi Gregoriani 14 (1992), 29–60.
Struve, Tilmann: Die Stellung des Königtums in der politischen Theorie der Salierzeit, in: Weinfurter Bd. 3 (1992), 217–244.
Stürner, Wolfgang: Deutschland und Italien in der Herrschaftskonzeption Kaiser Friedrichs II., in: Deutschland und Italien zur Stauferzeit. (SchrrStaufischeGKunst 22) 2002, 10–40.
Stürner, Wolfgang: König Heinrich (VII.). Rebell oder Sachwalter staufischer Interessen, in: Staufer Heinrich (VII.) (2001), 12–42.
Stürner, Wolfgang: Natur und Gesellschaft im Denken des Hoch- und Spätmittelalters. (StuttgartBeitrGPolitik 7) 1975.
Stürner, Wolfgang: Peccatum und Potestas. Der Sündenfall und die Entstehung der herrscherlichen Gewalt im mittelalterlichen Staatsdenken. (BeitrrGQKdeMa 11) 1987.
Suchan, Monika: Königsherrschaft im Streit. Konfliktaustragung in der Regierungszeit Heinrichs IV. zwischen Gewalt, Gespräch und Schriftlichkeit. (Monographien GMa 42) 1997.

Suckale, Robert: Die Hofkunst Kaiser Ludwigs des Bayern. 1993.

Tellenbach, Gerd: Der Charakter Kaiser Heinrichs IV. Zugleich ein Versuch über die Erkennbarkeit menschlicher Individualität im hohen Mittelalter, in: Althoff - Geuenich - Oexle - Wollasch (1988), 245-367.

Thomas Ebendorfer, Chronica Austriae, ed. Alphons Lhotsky. (MGH Ss rer germ n. s. 13) 1967.

Thomas, Heinz: Clemens VI. und Ludwig der Bayer, in: Nehlsen - Hermann (2002), 75-117.

Thomas, Heinz: Das Reich um 1300, in: Heyen (1985), 9-41.

Thomas, Heinz: Deutsche Geschichte des Spätmittelalters 1250-1500. 1983.

Thomas, Heinz: Gegors VII. imperiale Politik und der Ausbruch seines Streits mit Heinrich IV., in: Schnith - Pauler (1993), 251-265.

Thomas, Heinz: Herrschersippen und höfische Epik im deutschen Mittelalter, in: Wilfried Feldenkirchen - Frauke Schönert-Röhlke - Günther Schulz (Hgg.), Wirtschaft, Gesellschaft, Unternehmen. Festschrift für Hans Pohl. (VSWG Beih. 120) 1995, 757-781.

Thomas, Heinz: Julius Caesar und die Deutschen. Zu Ursprung und Gehalt eines deutschen Geschichtsbewußtseins in der Zeit Gregors VII. und Heinrichs IV., in: Weinfurter Bd. 3 (1992), 245-277.

Thomas, Heinz: König Wenzel I., Reinmar von Zweter und der Ursprung des Kurfürstentums im Jahre 1239, in: Hubert Mordek (Hg.), Aus Archiven und Bibliotheken. Festschrift für Raymund Kottje. (FreiburgBeitrrMalG 3) 1992, 347-372.

Thomas, Heinz: Ludwig der Bayer (1282-1347). Kaiser und Ketzer. 1993.

Thorau, Peter: König Heinrich (VII.), das Reich und die Territorien. (Jahrbücher des Deutschen Reichs unter Heinrich (VII.) Teil 1) 1998.

Thumser, Matthias - Wenz-Haubfleisch, Annegret - Wiegand, Peter (Hgg.): Studien zur Geschichte des Mittelalters. Jürgen Petersohn zum 65. Geburtstag. 2000.

Toeche, Theodor: Kaiser Heinrich VI. (JbbdtG 17) 1867 (Neudruck 1965).

Töpfer, Bernhard - Engel, Evamaria: Vom staufischen Imperium zum Hausmachtkönigtum. Deutsche Geschichte vom Wormser Konkordat bis zur Doppelwahl von 1314. 1976.

Töpfer, Bernhard: Das kommende Reich des Friedens. Zur Entwicklung chiliastischer Zukunftshoffnungen im Hochmittelalter. (ForschMalG 11) 1964.

Töpfer, Bernhard: Kaiser Friedrich I. Barbarossa und der deutsche Reichsepiskopat, in: Haverkamp (1992), 389-433.

Töpfer, Bernhard: Urzustand und Sündenfall in der mittelalterlichen Gesellschafts- und Staatstheorie. (MonographienGMa 45) 1999.

Trautz, Fritz: Die Reichsgewalt in Italien im Spätmittelalter. Heidelberg Jbb 7 (1963), 45-108.

Twellenkamp, Markus: Die Burggrafen von Nürnberg und das deutsche Königtum (1273-1417). (Nürnberger Werkstücke 54) 1994.

Ulman Stromer's »Püchel von meim geslechet und von abentewr«. 1349 bis 1407, hg. von Carl Hegel, in: Chroniken der deutschen Städte. Nürnberg Bd. 1. 1862, 1-312.

Ulrich von Richental: Chronik des Constanzer Concils, hg. von Michael Richard Buck. 1882.

Unverhau, Dagmar: Approbatio - Reprobatio. Studien zum päpstlichen Mitspracherecht bei Kaiserkrönung und Königswahl vom Investiturstreit bis zum ersten Prozeß Johanns XXII. gegen Ludwig IV. (HistStud 424) 1973.

Urkundenregesten Hofgericht Bd. 1: Urkundenregesten zur Tätigkeit des deutschen Königs- und Hofgerichts bis 1451. Bd. 1: Die Zeit von Konrad I bis Heinrich VI. 911-1197, bearb. von Bernhard Diestelkamp und Ekkehard Rotter. 1988.

Urkundenregesten Hofgericht Bd. 2: Urkundenregesten zur Tätigkeit des deutschen Königs- und Hofgerichts Bd. 2: Die Zeit von Philipp von Schwaben bis Richard von Cornwall. 1198-1272, bearb. von Ekkehard Rotter. 1994.

Urkundenregesten Hofgericht Bd. 4: Urkundenregesten zur Tätigkeit des deutschen Königs- und Hofgerichtes bis 1451. Bd. 4: Die Zeit Adolfs von Nassau, Albrechts I. von Habsburg, Heinrichs von Luxemburg 1292–1313, bearb. von Ute Rödel. 1992.

Urkundenregesten Hofgericht Bd. 5: Urkundenregesten zur Tätigkeit des deutschen Königs- und Hofgerichts bis 1451. Bd. 5: Die Zeit Ludwigs des Bayern und Friedrichs des Schönen 1314–1347, bearb. von Friedrich Battenberg. 1987.

Urkundenregesten Hofgericht Bd. 6: Urkundenregesten zur Tätigkeit des deutschen Königs- und Hofgerichtes bis 1451. Bd. 6: Die Königszeit Karls IV. 1346–1355 März, bearb. von Friedrich Battenberg. 1990.

Urkundenregesten Hofgericht Bd. 7: Urkundenregesten zur Tätigkeit des deutschen Königs- und Hofgerichts bis 1451. Bd. 7: Die Zeit Karls IV. (1355–1359), bearb. von Friedrich Battenberg. 1994.

Urkundenregesten Hofgericht Bd. 8: Urkundenregesten zur Tätigkeit des deutschen Königs- und Hofgerichts bis 1451. Bd. 8: Die Zeit Karls IV. (1360–1364), bearb. von Ronald Neumann. 1996.

Valli, Erkki (Hg.): Otto Baldemann, Von dem Romschen Riche eyn clage. (Annales Academiae Scientiarum Fennicae Ser. B 111/1) Helsinki 1957.

Vita Bennonis: Leben Bischof Bennos II. von Osnabrück, ed. Hatto Kallfelz, Lebensbeschreibungen einiger Bischöfe des 10.–12. Jahrhunderts. (AusgewQ 22) 1973, 363ff.

Vita Heinrici IV. imperatoris, ed. Irene Schmale-Ott, in: Franz-Josef Schmale (Hg.), Quellen zur Geschichte Kaiser Heinrichs IV. (AusgewQ 12) 1963, 407–467.

Vita Meinwerci Episcopi Patherbrunnensis, bearb. von Franz Tenckhoff. (MGH Ss rer germ 59) 1921.

Vogel, Jörgen: Gregor VII. und Heinrich IV. nach Canossa. (ArbbFrühmaForsch 49) 1983.

Volk, Otto: Von Grenzen ungestört – auf dem Weg nach Aachen. Die Krönungsfahrten der deutschen Könige im späten Mittelalter, in: Haubrichs – Jäschke – Oberweis (1999), 263–297.

Vollrath, Hanna – Weinfurter, Stefan (Hgg.): Köln. Stadt und Bistum in Kirche und Reich des Mittelalters. Festschrift für Odilo Engels. (KölnHistAbhh 39) 1993.

Vollrath, Hanna: Fürstenurteile im staufisch-welfischen Konflikt von 1138 bis zum Privilegium Minus. Recht und Gericht in der oralen Rechtswelt des frühen Mittelalters, in: Kroeschell – Cordes (1996), 39–62.

Von See, Klaus: Königtum und Staat im skandinavischen Mittelalter. 2002.

Wadle, Elmar: Heinrich IV. und die deutsche Friedensbewegung, in: Fleckenstein (1973), 141–174.

Walther, Helmut G.: »Verbis Aristotelis non utar, quia ea iuristae non saperent«. Legistische und aristotelische Herrschaftstheorie bei Bartolus und Baldus, in: Miethke (1992), 111–126.

Walther, Helmut G.: Das Problem des untauglichen Herrschers in der Theorie und Praxis des europäischen Spätmittelalters. ZHF 23 (1996), 1–28.

Walther, Helmut G.: Der gelehrte Jurist als politischer Ratgeber: Die Kölner Universität und die Absetzung König Wenzels, in: Albert Zimmermann (Hg.), Die Kölner Universität im Mittelalter. Geistige Wurzeln und soziale Wirklichkeit. (MiscMed 20) 1989, 467–487.

Walther, Helmut G.: Die Macht der Gelehrsamkeit. Über die Meßbarkeit des Einflusses politischer Theorien gelehrter Juristen des Spätmittelalters, in: Canning – Oexle (1998), 241–267.

Wand, Karl: Königskaisertum und Weltkaisertum bei Lupold von Bebenburg. Diss. masch. Köln 1949.

Wanger, Bernd Herbert: Kaiserwahl und Krönung im Frankfurt des 17. Jahrhunderts. (StudFrankfurtG 34) 1994.

Webb → Johann von Salisbury.

Weber, Hermann: Richelieu und das Reich, in: Lutz – Schubert – Weber (1968), 36–52.

Wefers, Sabine: Das politische System Kaiser Sigmunds. (VeröffInstEuropGMainz, Abtlg. Universalgeschichte 138) 1989.

Wefers, Sabine: Die Wirkung des Hussitenproblems auf den politischen Zusammenhang von König und Reich im Zeitalter Sigmunds, in: Macek – Marosi – Seibt (1994), 94–108.
Weichbildrecht: Das alte Weichbildrecht, ed. Eugen Rosenstock (1912), 35–53.
Weigel, Helmut: Kaiser, Kurfürst und Jurist. Friedrich III., Erzbischof Jakob von Trier und Dr. Johannes von Lysura im Vorspiel zum Regensburger Reichstag vom April 1454, in: Aus Reichstagen des 15. und 16. Jahrhunderts. 1958, 80–115.
Weigel, Helmut: Männer um König Wenzel. Das Problem der Reichspolitik 1379–1384. DA 5 (1942), 112–177.
Weimar, Peter: Zur Renaissance der Rechtswissenschaft im Mittelalter. (Bibliotheca Eruditorum 8) 1997.
Weinfurter, Stefan (Hg.): Die Salier und das Reich. 3 Bde. 1992.
Weinfurter, Stefan: Herrschaftslegitimation und Königsautorität im Wandel: Die Salier und ihr Dom zu Speyer, in: Ebd. Bd. 1, 55–96.
Weinfurter, Stefan: Reformidee und Königtum im spätsalischen Reich. Überlegungen zu einer Neubewertung Kaiser Heinrichs V., in: Ders. (Hg.), Reformidee und Reformpolitik im spätsalisch-frühstaufischen Reich. (QAbhhMittelrhKiG 68) 1992, 1–47 (zit.: Weinfurter [1992/II]).
Weinrich, Lorenz (Hg.): Quellen zur Reichsreform im Spätmittelalter. (AusgewQ 39) 2001.
Weinrich, Lorenz (Hg.): Quellen zur Verfassung des Römisch-Deutschen Reiches im Spätmittelalter. (AusgewQ 33) 1983.
Weise, Erich: Das Widerstandsrecht im Ordenslande Preußen und das mittelalterliche Europa. (VeröffNdSachsArchivverwaltung 6) 1955.
Weizsäcker, Julius: Der Pfalzgraf als Richter über den König. (AbhhGesWissGöttingen 33) 1886.
Wencker, Jacob: Apparatus et instructus archivorum. Straßburg 1713.
Wenzel, Horst: Öffentliches und nichtöffentliches Herrschaftshandeln im Erec Hartmanns von Aue, in: Melville – von Moos (1998), 213–238.
Werner, Matthias: Prälatenschulden und hohe Politik im 13. Jahrhundert. Die Verschuldung der Kölner Erzbischöfe bei italienischen Bankiers und ihre politischen Implikationen, in: Vollrath – Weinfurter (1993), 510–570.
Werunsky, Emil: Geschichte Kaiser Karls IV. und seiner Zeit. 2 Bde. Innsbruck 1880–1886.
Wido von Osnabrück: Excerpta ex Widonis Osnabrugensis libro de controversia inter Hildebrandum et Heinricum imperatorem, ed. Schmale-Ott, in: Quellen Bd. 2, 240–270.
Wiegand, Peter: Der »milte lantgrâve« als »Windfahne«? Zum politischen Standort Hermanns I. von Thüringen (1190–1217) zwischen Erbreichsplan und welfisch-staufischem Thronstreit. HessJbLdG 48 (1998), 1–53.
Wiegand, Peter: Die Ludowinger und die deutsche Königswahl im 13. Jahrhundert. Wahlverfahren im Lichte von »Papstnähe« und kanonischem Recht, in: Wolf (2002), 359–418.
Wilhelm von Ockham → Sikes.
Wilhelm von Ockham, Breviloquium → Scholz.
Wilhelm von Ockham: William Ockham. Opera Politica IV, ed. Hilary Seton Offler. (Auctores Britannici Medii Aevi 14) Oxford 1997.
Wilhelm von Ockham, De imperatorum er pontificum potestate, ed. Offler, in: ebd. 261–355.
Wilhelm von Ockham: Allegationes de potestate imperiali, ed. Offler, ebd., 357–444.
Wilhelm von Ockham: De electione Caroli quarti, ed. Offler, ebd., 445–486.
Wilhelm von Ockham, Dialogus. Auszüge zur politischen Theorie. Ausgewählt und übersetzt von Jürgen Miethke. 1992.
Willoweit, Dietmar: Fürst und Fürstentum in Quellen der Stauferzeit. RheinVjbll 63 (1999) (= Festgabe Wilhelm Janssen), 7–25.
Winkelmann, Eduard (Hg.): Acta imperii inedita saeculi XIII et XIV. 2 Bde. Innsbruck 1880/1885 (Neudruck 1964).

Wipo: Wiponis opera, ed. Harry Bresslau. (MGH Ss rer germ. 61) [3]1915.
Wittmann → Monumenta Wittelsbacensia
Wittneben, Eva Luise: Lupold von Bebenburg und Wilhelm von Ockham im Dialog über die Rechte am Römischen Reich des Spätmittelalters. DA 53 (1997), 567–586.
Wolf, Armin (Hg.): Königliche Tochterstämme, Königswähler und Kurfürsten. (StudEuropRG 152) 2002.
Wolf Armin: Königswähler und königliche Tochterstämme, in: Ders. (2002), 1–78.
Wolf, Armin: Die Entstehung des Kurfürstenkollegs 1198–1298. Zur 700-jährigen Wiederkehr der ersten Vereinigung der sieben Kurfürsten. (Historisches Seminar NF 11) 1998.
Wolf, Armin: Königskandidatur und Königsverwandtschaft. Hermann von Schwaben als Prüfstein für das »Prinzip der freien Wahl«. DA 47 (1991), 45–117.
Wolf, Armin: Von den Königswahlen zum Kurfürstenkolleg. Bilddenkmale als unerkannte Dokumente der Verfassungsgeschichte, in: Schneider – Zimmermann (1990), 15–78.
Worstbrock, Franz Josef: Politische Sangsprüche Walthers im Umfeld lateinischer Dichtung seiner Zeit, in: Müller, Jan-Dirk – Worstbrock, Franz Josef (Hgg.): Walther von der Vogelweide. 1989, 61–80.
Württembergische Regesten von 1301 bis 1500. I. Altwürttemberg. 3 Bde. 1916–1940.
Zeller, Gaston: Les rois de France candidats à l'Empire. Revue historique 173 (1934), 273–311 und 497–534.
Zernack, Klaus: Probleme des Königtums in Nordosteuropa im Zeitalter der Union von Kalmar (1397–1521), in: Schneider (1987), 405–424.
Zeumer, Karl: Die Goldene Bulle Kaiser Karls IV. 2 Teile. (QStudVerfGDtReich Bd. 2 H. 1 / 2) 1908.
Zeumer, Karl: Ein Reichsweisthum über die Wirkungen der Königswahl aus dem Jahre 1252. NA 30 (1905), 403–415.
Zey, Claudia: Der Romzugsplan Heinrichs V. 1122/23. Neue Überlegungen zum Abschluß des Wormser Konkordats. DA 56 (2000), 447–523.
Ziehen, Eduard: Mittelrhein und Reich im Zeitalter der Reichsreform. 1356–1504. 2 Bde. 1934/37.
Zielinski, Herbert: Der Reichsepiskopat in spätottonischer und salischer Zeit (1002–1125). Teil I. 1984.
Zimmermann, Harald: Die »Gregorianische Reform« in deutschen Landen. Studi Gregoriani 13 (1989), 263–279.
Zimmermann, Harald: Papstabsetzungen des Mittelalters. 1968.
Zöller, Sonja: Kaiser, Kaufmann und die Macht des Geldes. Gerhard Unmaze von Köln als Finanzier der Reichspolitik und der »Gute Gerhard« des Rudolf vom Ems. (ForschGÄlteredtLit 16) 1993.
Zotz, Thomas: Königtum und Reich zwischen Vergangenheit und Gegenwart in der Reflexion von Herrscherurkunden des deutschen Hochmittelalters, in: Goetz (1998), 237–255.
Zotz, Thomas: Präsenz und Präsentation. Beobachtungen zur königlichen Herrschaftspraxis im hohen und späten Mittelalter, in: Alf Lüdtke (Hg.), Herrschaft als soziale Praxis. 1991, 168–194.

Register

Abkürzungen: Bf. = Bischof, Btm. = Bistum, Ebf. = Erzbischof, Ebtm. = Erzbistum, Ehzg. = Erzherzog, Hzg. = Herzog, Hzgtm. = Herzogtum, Lgfen. = Landgrafen, Mgf. = Markgraf, Mgfschft. = Markgrafschaft, Kgr. = Königreich, Kf. = Kurfürst

Abhandlungen der Akademie der Wissenschaften zu Göttingen

Philologisch-Historische Klasse, Dritte Folge

265: Karl Stackmann
Philologische Untersuchungen zur Ausgabe der kleineren Dichtungen Heinrichs von Mügeln
2004. 232 Seiten , Leinen
ISBN 3-525-82537-4

264: Frank Lauterbach / Fritz Paul / Ulrike-Christine Sander (Hg.)
Abgrenzung – Eingrenzung
Komparatistische Studien zur Dialektik kultureller Identitätsbildung
2004. 578 Seiten mit 22 Abbildungen und 1 CD-ROM, Leinen
ISBN 3-525-82536-6

263: Ludger Grenzmann / Klaus Grubmüller / Fidel Rädle / Martin Staehelin (Hg.)
Die Präsenz der Antike im Übergang vom Mittelalter zur Frühen Neuzeit
Bericht über Kolloquien der Kommission zur Erforschung der Kultur des Spätmittelalters 1999 bis 2002
2004. 464 Seiten mit 33 Abbildungen, Leinen
ISBN 3-525-82535-8

262: Okko Behrends / Christian Starck (Hg.)
Gesetz und Vertrag I
11. Symposion der Kommission „Die Funktion des Gesetzes in Geschichte und Gegenwart" am 10. und 11. Mai 2002
2004. 171 Seiten, Leinen
ISBN 3-525-82534-X

261: Rudolf Hiestand (Hg.)
Hundert Jahre Papsturkundenforschung
Bilanz – Methoden – Perspektiven
Akten eines Kolloquiums zum hundertjährigen Bestehen der Regesta Pontificum Romanorum vom 9.-11. Oktober 1996 in Göttingen
2003. 400 Seiten, Leinen
ISBN 3-525-82533-1

260: Klaus Röhrborn
Interlinguale Angleichung der Lexik
Aspekte der Europäisierung des türkeitürkischen Wortschatzes
2003. 251 Seiten, Leinen
ISBN 3-525-82532-3

259: Luigi Capogrossi Colognesi
Max Weber und die Wirtschaft der Antike
Aus dem Italienischen von Brigitte Szabó-Bechstein. 2003. 432 Seiten, Leinen
ISBN 3-525-82531-5

258: Christian Wagner (Hg.)
Polyglotte Tobit-Synopse
Griechisch-Lateinisch-Syrisch. Hebräisch-Aramäisch mit einem Index zu den Tobit-Fragmenten vom Toten Meer
Mitteilungen des Septuagenta-Unternehmens (MSU) XXVIII. 2003. XXXIII, 241 Seiten, Leinen
ISBN 3-525-82530-7

V&R
Vandenhoeck & Ruprecht